揚州年鑒

2022 YANGZHOU YEARBOOK

扬州市地方志编纂委员会　编

广陵书社

图书在版编目（CIP）数据

扬州年鉴．2022 / 扬州市地方志编纂委员会编．--
扬州：广陵书社，2022.10
ISBN 978-7-5554-1923-5

Ⅰ．①扬… Ⅱ．①扬… Ⅲ．①扬州－2022－年鉴
Ⅳ．①Z525.33

中国版本图书馆CIP数据核字(2022)第184879号

书　　名　扬州年鉴（2022）
编　　者　扬州市地方志编纂委员会
责任编辑　王浩宇
装帧设计　葛玉峰　钱　伟

出版发行　广陵书社
扬州市四望亭路 2-4 号　　邮编　225001
（0514）85228081（总编办）　　85228088（发行部）
http：// www.yzglpub.com　　E-mail：yzglss@163.com
印　　刷　扬州古籍线装文化有限公司

开　　本　889 毫米 ×1194 毫米　1/16
印　　张　34
字　　数　1300 千字
版　　次　2022 年 10 月第 1 版
印　　次　2022 年 10 月第 1 次印刷
标准书号　ISBN 978-7-5554-1923-5
定　　价　300.00 元

编 辑 说 明

1.《扬州年鉴》是由中共扬州市委、扬州市政府主办，扬州市地方志编纂委员会编纂的系统记述扬州市自然、政治、经济、文化、社会、生态建设等方面情况的年度资料性文献。1991 年出版首卷，本卷为第 32 卷。

2.《扬州年鉴（2022）》以马克思列宁主义、毛泽东思想、邓小平理论、“三个代表”重要思想、科学发展观和习近平新时代中国特色社会主义思想为指导，实事求是、较为全面翔实地记述了 2021 年扬州市的基本情况及发生的各种大事、要事、新事和有影响的事，反映了全市人民在改革开放、经济建设以及社会发展中取得的新成就、新进展、新经验。

3.《扬州年鉴》采用分类编辑法，以“类目”为单元，下设“分目”和“条目”，个别分目下设“次分目”。类目标题标于各类目起始处和书眉；分目、次条目标题分别以 3 号、4 号彩色字随文标出；条目为记述实体，标题前标注彩色符号“■”。《扬州年鉴（2022）》共分 42 个类目，设 276 个分目、51 个次分目，收录条目和资料 1766 个，照片 210 幅，图表 118 张。

4.《扬州年鉴》卷首有中文详细目录和英文要目，卷末有索引。全书所有资料可通过目录、书眉、索引及掌上年鉴等检索查阅。

5.《扬州年鉴》刊用的文稿，由市各部门、各县（市、区）及驻扬单位提供，有关数据、资料均经各部门领导审阅、核实。书中“扬州市”“全市”指全扬州市，“市区”指广陵区、邗江区、江都区范围，“城区”指广陵区、邗江区范围，特殊情况另行括注。《大事纪要》中“△”表示“同日”。全书主要综合性统计资料由市统计局提供。全书所用统计数据，由于统计的来源、口径、方式、方法和时间的不同，可能存在一定差异，使用时请以市统计局提供的统计资料数据为准；凡市统计局未作统计的，以供稿单位提供的数据为准。统计数据一般使用法定计量单位。为保持文献原貌、遵从行业习惯，《特载》《农业》《乡村建设》《附录》所刊文献的文字、数据、计量单位均未作变动，《体育》中运动项目有关内容仍使用“公斤”“公里”作为计量单位。

6.《扬州年鉴》所登载的照片或文字稿件若署名遗漏或有误，请摄影者或撰稿人与编辑部联系，以便发放稿酬。

城市荣誉

中国历史文化名城
全国双拥模范城
全国社会治安综合治理先进单位
中国优秀旅游城市
国家环境保护模范城市
国家园林城市
中国人居环境奖
全国节水型城市
国家生态文明建设示范区
联合国人居奖
国家卫生城市
全国科技进步先进市
中国数字化创新管理奖
中国和谐管理城市
城市管理人民满意城市
国家森林城市
全国文明城市
全国诗词之市
国家生态市
全国小微企业创业创新基地城市示范
全国质量强市示范城市
国家创新型城市
全国法治城市创建活动先进单位
东亚文化之都
世界美食之都
世界运河之都
国家社会信用体系建设示范区

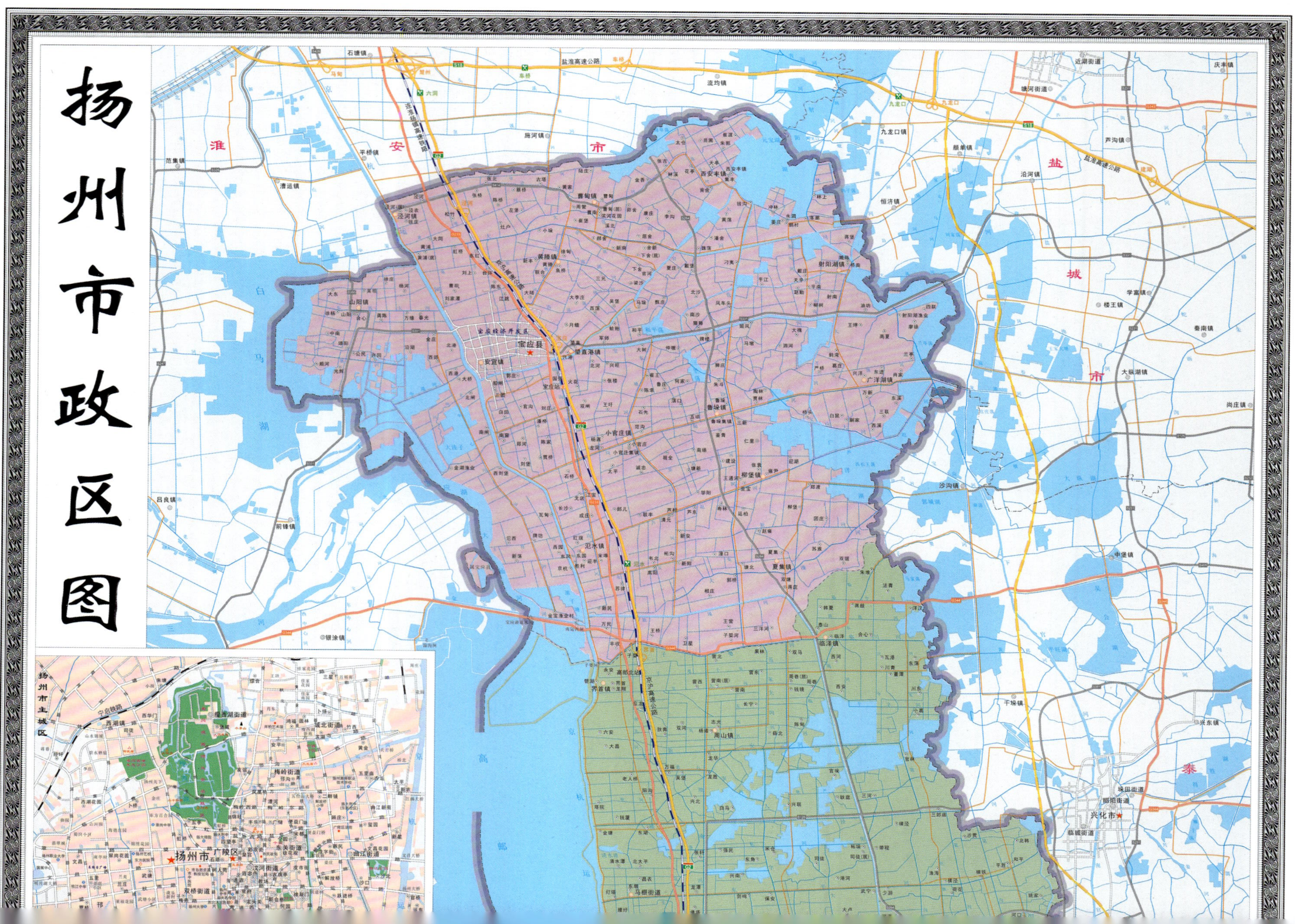
扬州市政区图
淮安市
盐城市
泰
宝应县
安宜镇
宝应经济开发区
氾水镇
小官庄镇
射阳湖镇
广洋湖镇
柳堡镇
夏集镇
山阳镇
曹甸镇
西安丰镇
鲁垛镇
望直港镇
临泽镇
界首镇
周山镇
马棚街道
兴化市
九龙口镇
沙沟镇
中堡镇
大垛湖镇
学富镇
盐淮高速公路
京沪高速公路
白马湖
高邮湖
扬州市主城区
扬州市
广陵区
瘦西湖街道
梅岭街道
文河街道
双桥街道

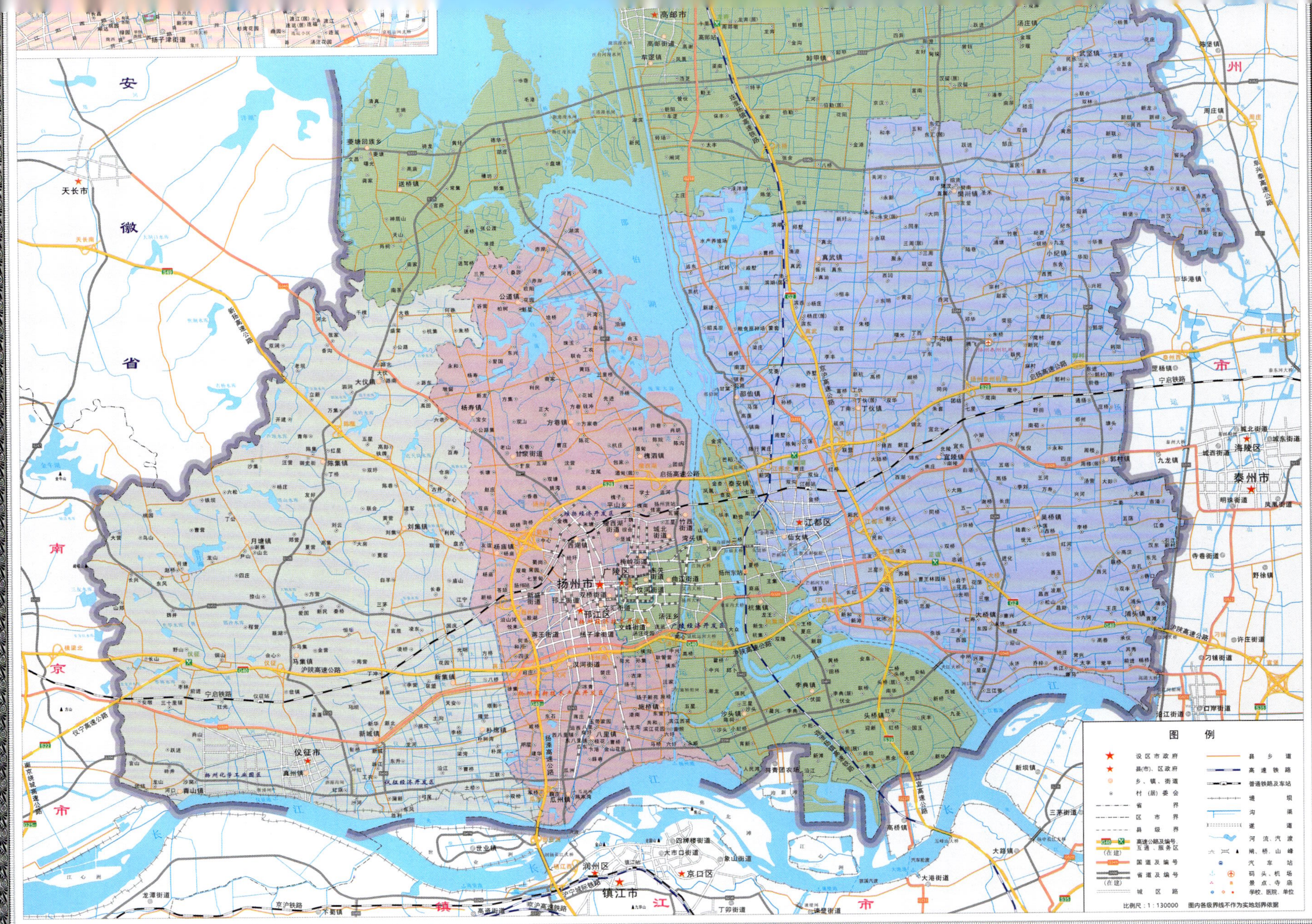

图例

符号	说明	符号	说明
★	设区市政府		县乡道
★	县(市)、区政府		高速铁路
◎	乡、镇、街道		普通铁路及车站
⊙	村（居）委会		堤坝
	省界		沟渠
	区市界		隧道
	县级界		河流、汽渡
G40	高速公路及编号、互通、服务区（在建）		闸、桥、山峰
G345	国道及编号		汽车站
	省道及编号（在建）		码头、机场
	城区路		景点、寺庙
			学校、医院、单位

比例尺：1∶130000　图内各级界线不作为实地划界依据

江苏省基础地理信息中心　编制

扬州市民政局　监制

地图审查编号：苏K（2020）012号

扬州市

江苏省基础地理信息中心　编制

城 区 图

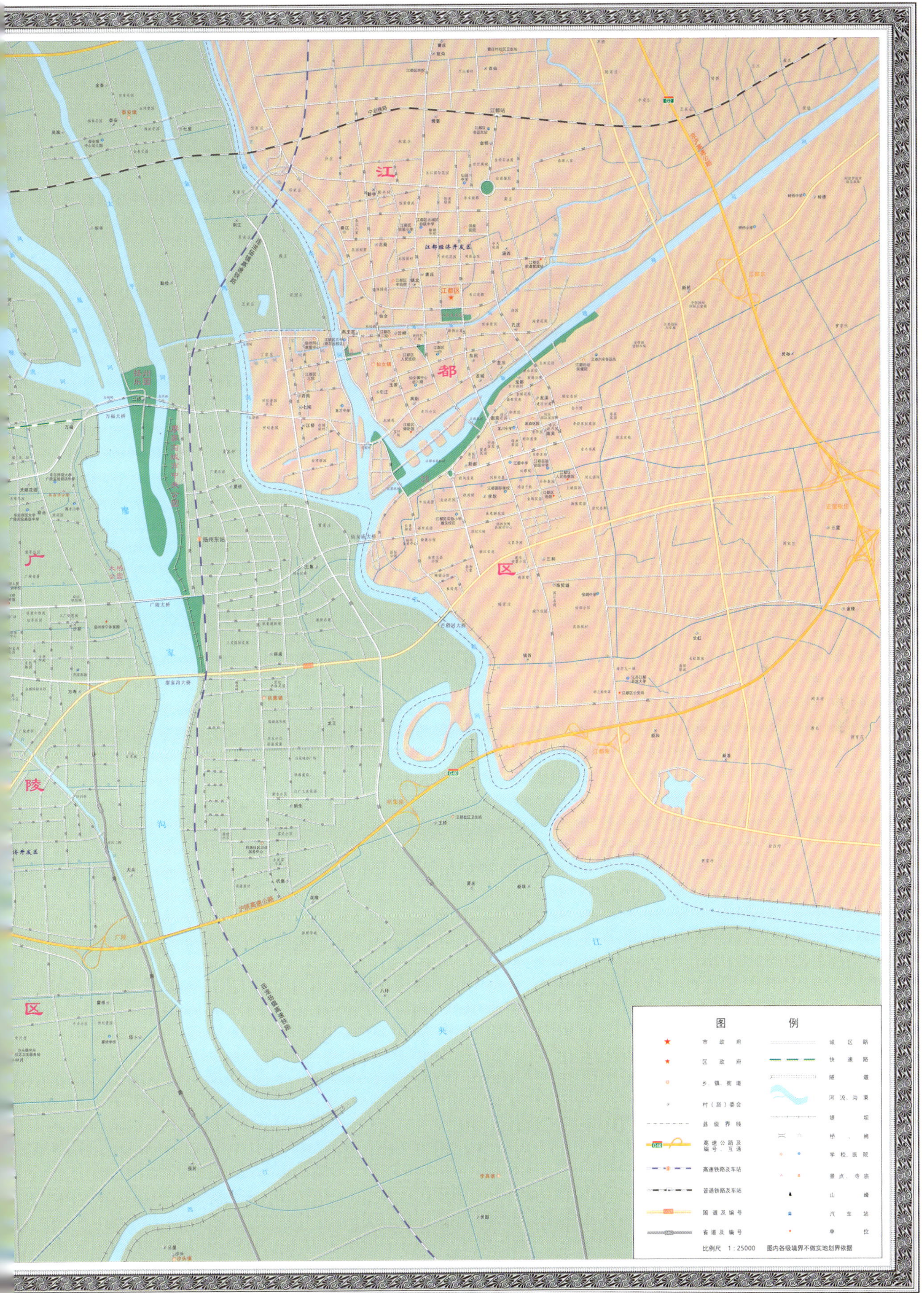

监制

地图审查编号:苏K（2020）011号

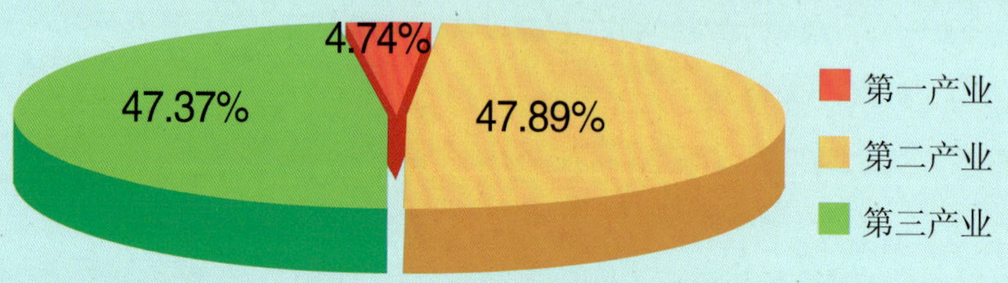

2021年地区生产总值构成

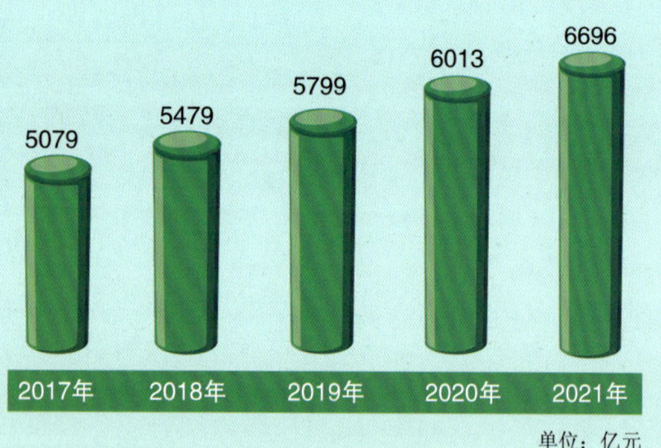

地区生产总值

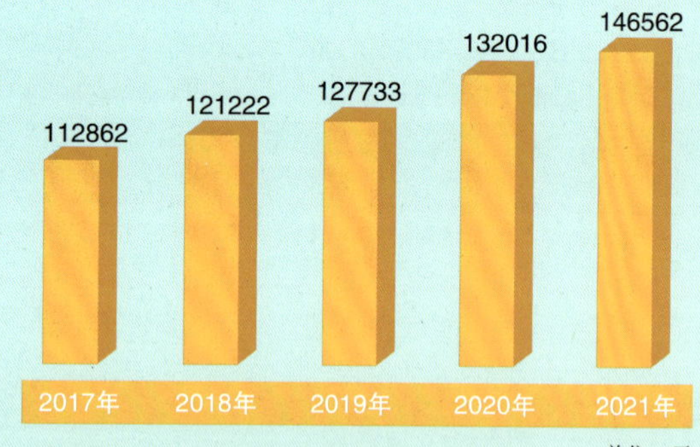

人均地区生产总值

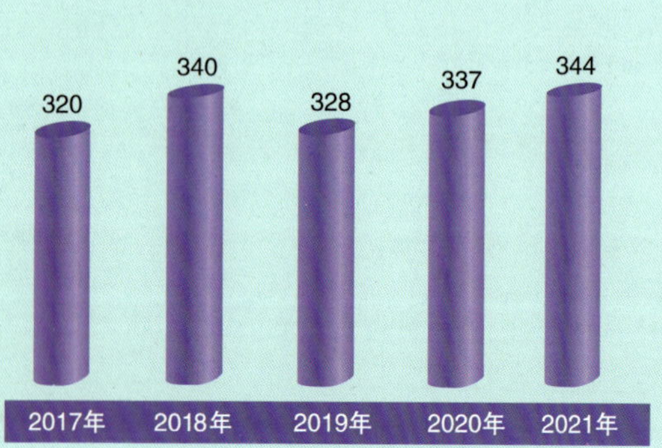

一般公共预算收入

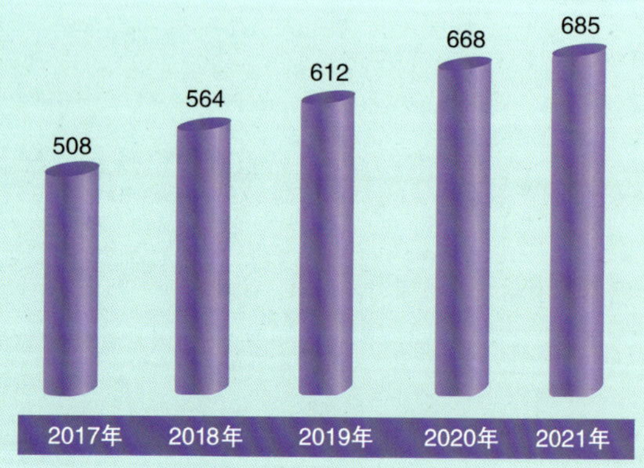

一般公共预算支出

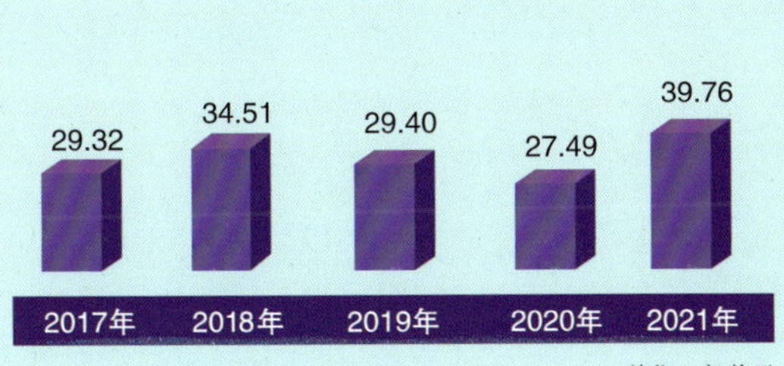

进口总额

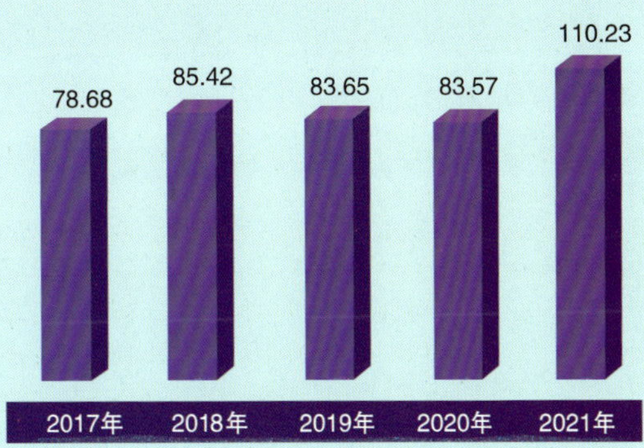

出口总额

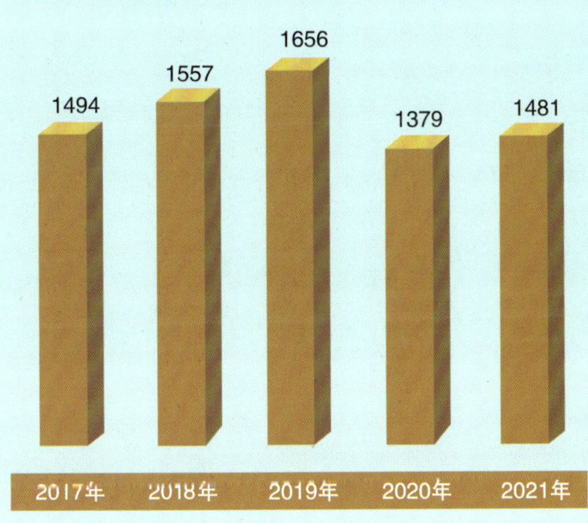

社会消费品零售总额

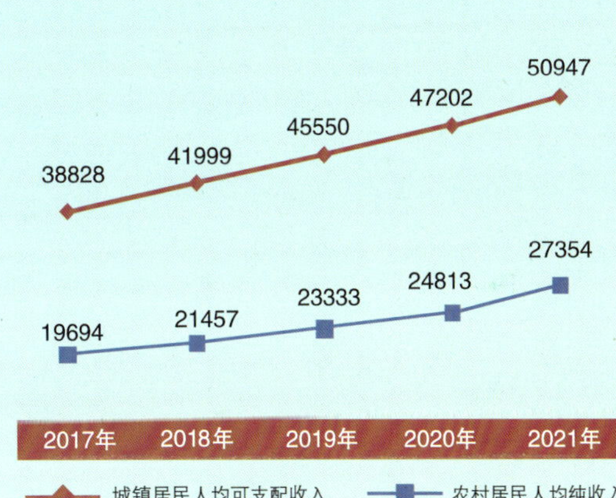

城镇居民人均可支配收入与农村居民人均纯收入

2021年扬州的一天

地区生产总值	一般公共预算收入	城乡居民储蓄余额	粮食产量	出口总额	社会消费品零售额
183464万元	9247万元	113717万元	7862吨	3020万美元	40573万元

注：本页中数据均出自《扬州统计年鉴（2022）》

秀美瘦西湖

（周　鑫　摄）

秋染蜀冈

（程 曦 摄）

❶ 何园西园（扬　年　摄）

❷ 东关街街景（司新利　乔家明　摄）

❸ 个园夏景（丁春晴　摄）

广陵新城

（中国扬州画刊　供稿）

西区新城

（望秋叹 摄）

“七河八岛”生态片区

（程建平　摄）

北湖湿地公园

（望秋叹　摄）

五峰山大桥

（张卓君 摄）

印象名城

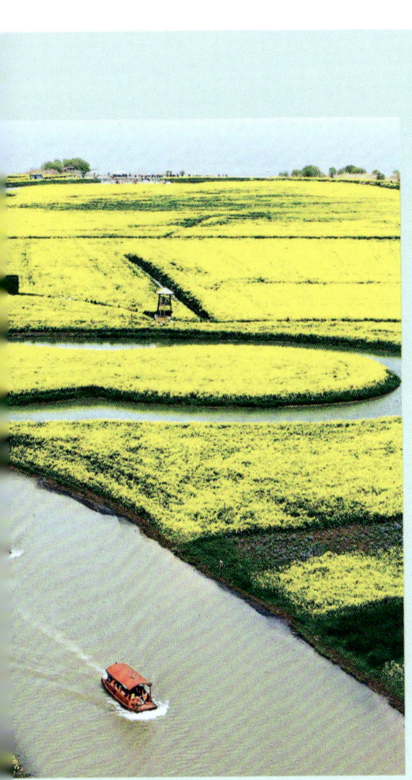

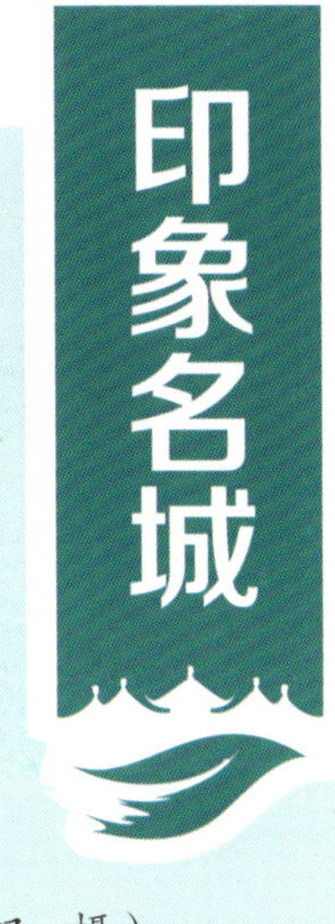

❶ 连淮扬镇铁路 （望秋叹　摄）

❷ 初夏时节，宋夹城生态体育公园内绿意盎然 （孟德龙　摄）

❸ 为保护生物多样性，高邮为东方白鹳安装人工鸟巢 （史盼盼　摄）

❹ 高邮湖滩郊野公园油菜花竞相开放 （孟德龙　摄）

❺ 广大市民群众以全民运动的方式尽享健康美好生活，共迎奋进百年新征程 （庄文斌　摄）

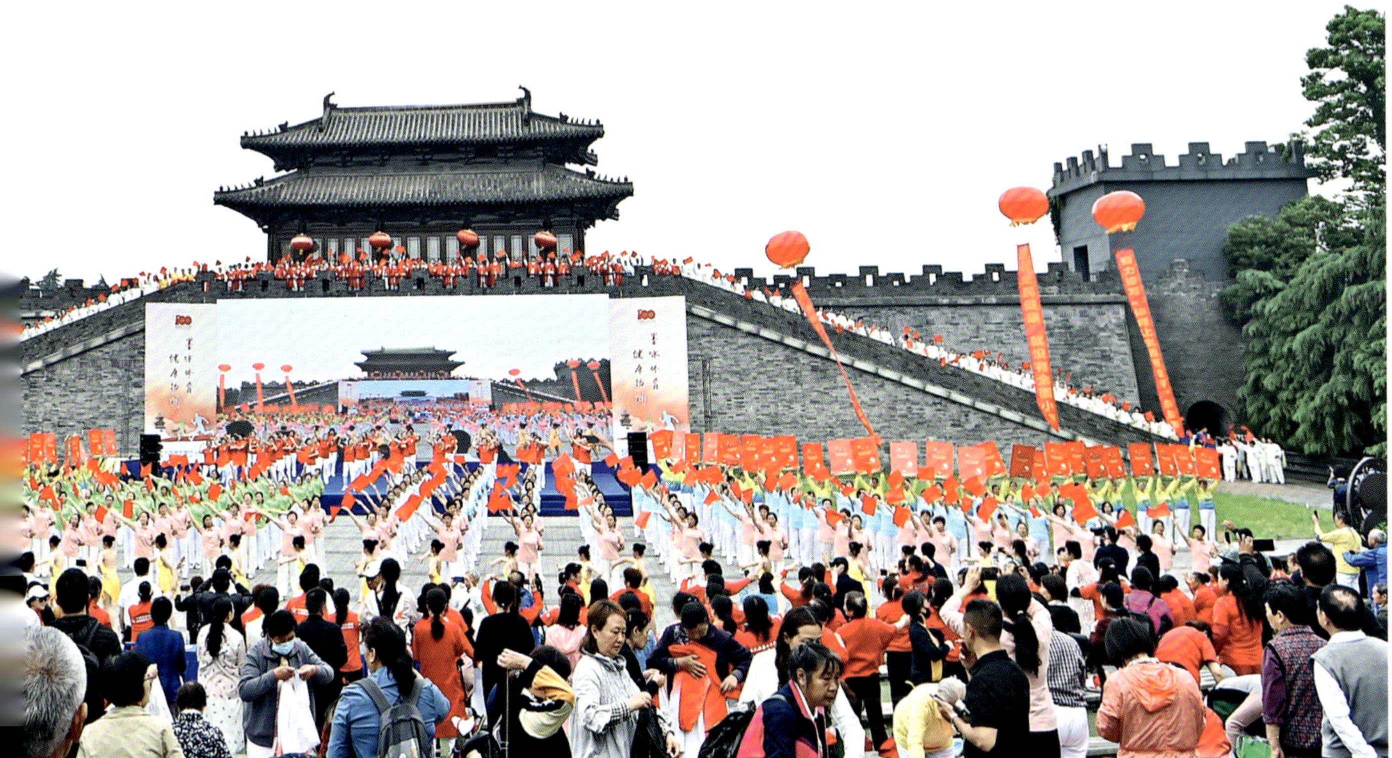

邗江区槐泗镇现代农业产业园

（孟德龙 摄）

扬州中航工业机载共性技术研发中心

（丁 蕾 摄）

丰尚农牧装备有限公司智能化生产车间　　（丰尚公司　供稿）

扬杰电子智能化生产线　　（扬　年　摄）

哈工大机器人（扬州）科创中心　　　　（扬　年　摄）

江淮汽车焊接车间机器人作业流水线　　　　（司新利　郁　兴　摄）

扬州软件园一期　　（扬　年　摄）

江苏信息服务产业基地(扬州)　　（扬　年　摄）

扬州大学国家大学科技园　　（扬　年　摄）

扬州高新区入选江苏自贸区联动创新区　　（程建平　摄）

扬州环保科技创业园 （吴忠祥 摄）

宝胜海缆公司首根大长度220kV光电复合海缆交付装船 （扬 年 摄）

沈阳飞机设计研究所扬州协同创新研究院　　（扬　年　摄）

宝应县射阳湖镇渔光互补光伏发电基地　　（薛水利　摄）

10月22—24日，中国共产党扬州市第八次代表大会举行　　（庄文斌　摄）

1月19—22日，扬州市第八届人民代表大会第五次会议举行　　（庄文斌　摄）

1月18—21日，中国人民政治协商会议江苏省扬州市第八届委员会第五次会议举行　　（董　辉　摄）

2月18日，市委、市政府召开全市优化提升营商环境大会　　（董　辉　摄）

4 月 18 日，2021 中国·扬州“烟花三月”国际经贸旅游节开幕式暨重大项目签约仪式在运河大剧院举行

（董 辉 摄）

10月，全市中小学全面启动课后延时服务，图为东花园小学开展课后延时服务现场 （刘冠霖 摄）

12 月 9 日，市政府办公室印发《扬州市城乡生活垃圾分类工作实施方案》。图为汶河小学开设垃圾分类、环保勤俭实践教育“微课堂”（庄文斌 摄）

12 月 27 日，瓜洲泵站被评为 2019—2020 年度中国水利工程优质（大禹）奖（扬 年 摄）

1

2

3

年度视点

❶ 1月20日14点54分，G880次复兴号列车从扬州东站驶出，扬州至北京的高铁首发运营（张卓君 摄）

❷ 4月29日，“中华美食荟”暨“江苏味道”启动仪式举行。图为在东关街美食广场，众多游人现场观看扬州师傅炒蛋炒饭（程 曦 摄）

❸ 6月10日，“谢馥春”脂粉制作技艺入选第五批国家级非物质文化遗产代表性项目名录。图为脂粉制作展示（庄文斌 摄）

❹ 5月13日，扬州市首次发布全域旅游地图（居小春 陈 娟 摄）

11 月 26 日，里运河－高邮灌区入选第八批世界灌溉工程遗产名录（扬州日报 供稿）

龙潭长江大桥施工现场（中国扬州画刊 供稿）

7月1日，国内首创唐诗主题全景沉浸式夜游项目——瘦西湖“二分明月忆扬州”对外营业

（黄 培 刘江瑞 摄）

五一期间，扬州市政府食堂对外开放，提供旅游简餐好味道 （中国扬州画刊 供稿）

7月底，扬州发生新冠肺炎疫情，城市按下“暂停键” （中国扬州画刊　供稿）

市领导每日主持召开新冠肺炎疫情防控工作视频点调会

（董 辉 摄）

全市全域推广使用“扬城扫码通”平台，进一步提升利用大数据服务新冠肺炎疫情防控的能力和水平

（庄文斌 韦文东 摄）

❶ 社区志愿者为居民配送蔬菜，解决新冠肺炎疫情防控期间居民“买菜难”的问题（孟德龙 摄）

❷ 一线医护人员坚守岗位，争分夺秒，全力抗击新冠肺炎疫情（王 康 谢 婷 孟德龙 摄）

❸ 扬州组织多轮次大规模核酸检测

（中国扬州画刊 供稿）

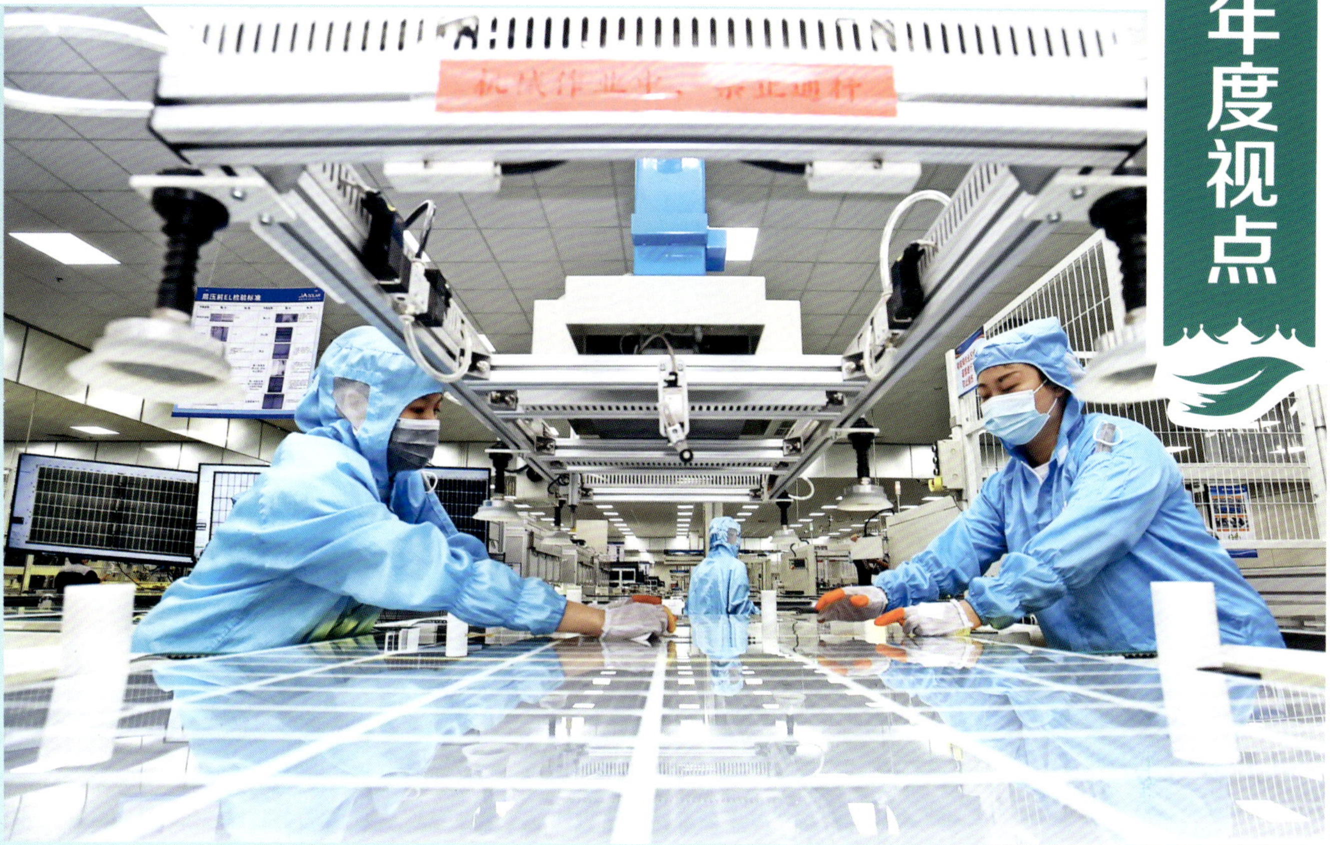

9月9日，扬州市全域调整为新冠肺炎疫情低风险地区，有序复工复产（庄文斌 摄）

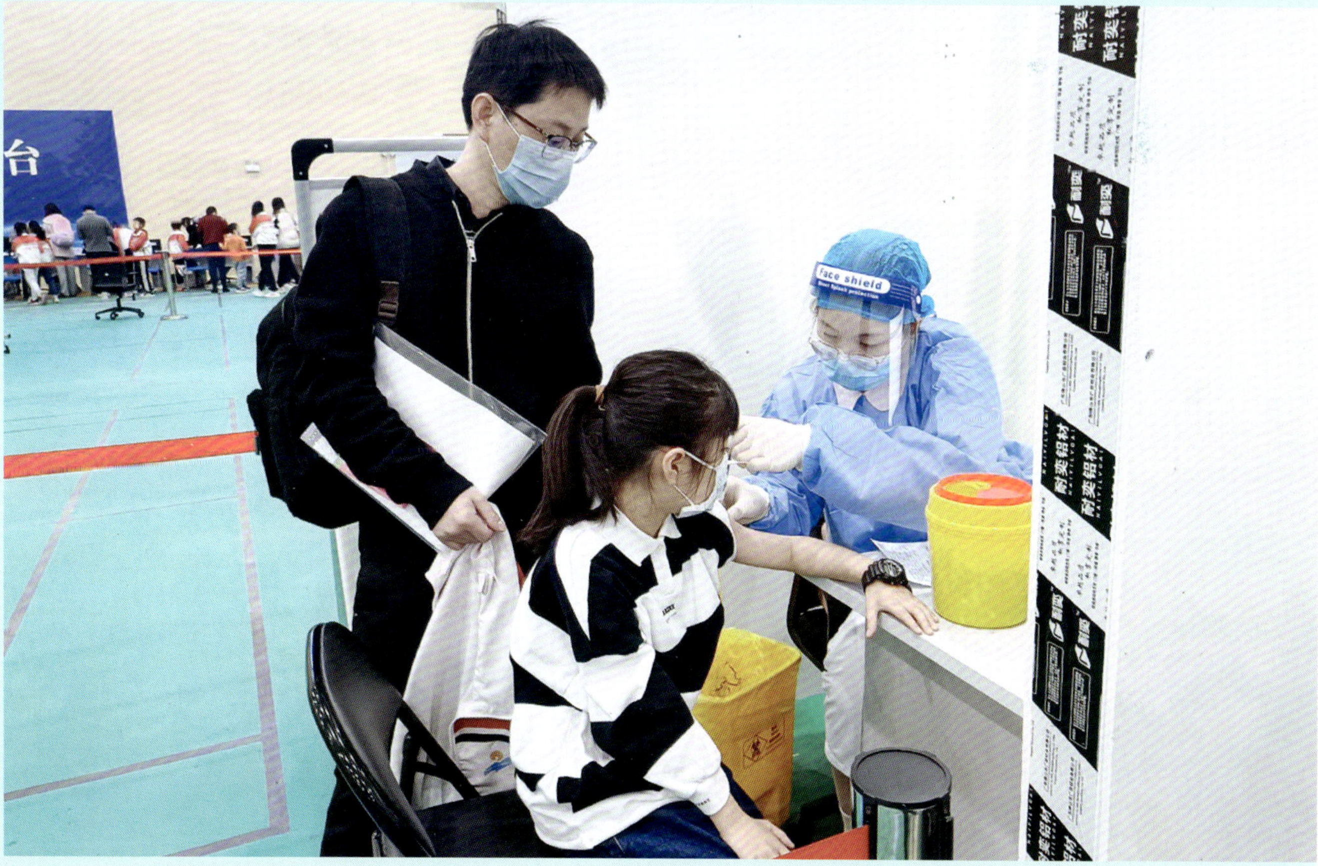

11月3日，全市启动3—11周岁人群新冠病毒疫苗大规模接种工作（司新利 摄）

3月3日，市委召开全市党史学习教育动员大会　　（董　辉　摄）

2022年1月18日，市委召开全市党史学习教育总结大会　　（董　辉　摄）

① 5月24日，高邮市汤庄镇曾钰村开展『嘎门口』讲党史活动

（市委党史学习教育领导小组办公室 供稿）

② 扬州市西湖街道经圩村党员干部学习《论中国共产党历史》

（周 俊 陈云飞 摄）

③ 5月1日，扬州评话国家级非物质文化遗产传承人杨明坤在东关街道党史书场讲述曹起溍的故事

（市委党史学习教育领导小组办公室 供稿）

❶6月30日，扬州市举行“永远跟党走”庆祝中国共产党成立100周年大型歌咏文艺演出

（庄文斌　张卓君　陈建新　摄）

❷9月10日，一支船队撞塌壁虎大桥，生态科技新城启动应急响应。经25天连夜奋战，山河岛跨壁虎河钢便桥建成开通，解决山河岛上居民“出行难”的问题　（程　曦　摄）

❸4月，邗江区卫健委组织开展“学党史办实事健康惠民”活动

（市委党史学习教育领导小组办公室　供稿）

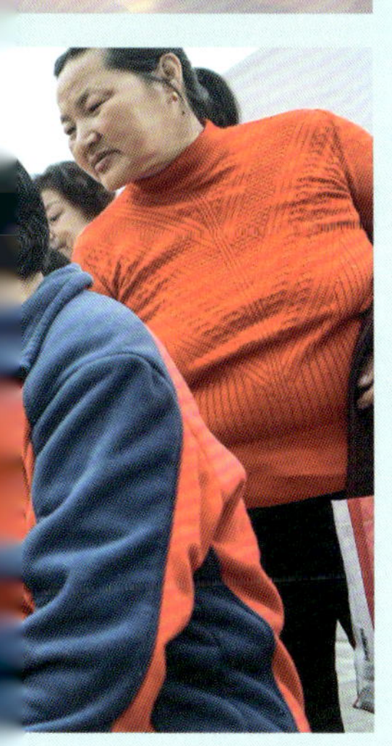

④6月30日，作为江苏省庆祝中国共产党成立100周年优秀舞台艺术作品展特邀剧目，扬剧现代戏《阿莲渡江》在江苏大剧院上演 （王　璐　摄）

⑤6月28日，江苏万顺集团党委书记、董事长周善红被授予“全国优秀共产党员”称号。图为周善红（右一）向张倪村村民了解无公害草莓采收情况 （庄文斌　摄）

⑥4月15日，蒋王小学少先队员走进“红色记忆馆”，寻访扬州好人严瑞朗爷爷

（市委党史学习教育领导小组办公室　供稿）

扬州城市内环线——运河快速路

城市快速通道

（中国扬州画刊　供稿）

城市快速通道

❶ 扬州市内第一条快速路——城南快速通道（扬　年　摄）
❷ 运河南路向北延伸至隧道口，尽展新姿（严柏平　程　曦　摄）
❸ 扬州城市内环线——江平快速路（刘江瑞　摄）
❹ 夜间，润扬快速路先导段与城南快速通道以南段高架宛如金龙飞舞（严柏平　程　曦　摄）
❺ 12月28日，举行扬州城市快速内环全线通车活动（中国扬州画刊　供稿）

❶ 3 月 28 日，2021 年扬州世界园艺博览会试运营，万名游人走进园区　（程　曦　摄）

❷ 华灯初上的扬州世界园艺博览会　（张卓君　摄）

❸ 国际展园区及国际馆　（张卓君　摄）

❹ 国内展园区　（张卓君　摄）

扬州世界园艺博览会

2

3

4

1

2

4

扬州世界园艺博览会

❶ 世界运河之旅——WCCO展园　（张卓君　摄）

❷ 园冶园　（张卓君　摄）

❸ 扬州园　（张卓君　摄）

❹ 扬州世界园艺博览会2号门梦幻叠瀑景观　（孟德龙　摄）

扬州中国大运河博物馆宛如镶嵌在三湾生态文化公园的一颗明珠

扬州中国大运河博物馆

（孟德龙　摄）

扬州中国大运河博物馆外景　　（李　博　摄）

扬州中国大运河博物馆夜景　　（中国扬州画刊　供稿）

扬州中国大运河博物馆

扬州中国大运河博物馆——大运河街肆印象　　（扬　年　摄）

扬州中国大运河博物馆——运河上的舟楫　　（中国扬州画刊　供稿）

目　　录

区域融合发展

中共扬州市委员会

扬州市人民代表大会

扬州市人民政府

法　治

军　事

经济管理

农 业

新兴产业

工　业

建筑业

商贸服务业

软件信息服务业

旅游业

房地产业

金融业

对外及港澳台经贸

开发园区

交通

水 利

综述

水利工程建设

农村水利

城市水利

水利工程管理

城市建设

综述

城市规划

新城区建设

城建重点工程

市政设施

乡村建设

生态建设

科学技术

教　育

文 化

历史文化名城保护

卫生健康

体育

收入消费

社会保障

社会事务

公共安全

区（县、市）发展

人　物

附　录

Main Contents

Rules of Law

Military Affairs

Economic Management

Agriculture

Emerging Industry

Industry

Architecture Industry

Commercial Service Industry

Software and Information Service Industry

特载

Tezai

编　辑　王妮姗　陈永华

中共扬州市第八次代表大会

2021年10月22日，中国共产党扬州市第八次代表大会在扬州会议中心开幕。张宝娟代表中国共产党扬州市第七届委员会向大会作题为《牢记殷切嘱托　扛起使命担当　奋力把“好地方”扬州建设得好上加好　越来越好》的报告。报告共分四个部分：一、“强富美高”新扬州建设取得丰硕成果；二、坚定不移沿着总书记指引的方向奋勇前进；三、奋力把“好地方”扬州建设得好上加好、越来越好；四、全面推进新时代党的建设新的伟大工程。大会书面印发中国共产党扬州市第七届纪律检查委员会向大会提交的题为《牢记新时代使命　推动高质量发展　为“好地方”好上加好　越来越好提供坚强保障》工作报告。

10月23日下午，中国共产党扬州市第八次代表大会举行第二次全体会议，选举中共扬州市第八届委员会委员和中共扬州市第八届纪律检查委员会委员。会议从59名候选人中选出市委委员52人，从37名候选人中选出市纪委委员33人。

10月24日上午，中国共产党扬州市第八次代表大会完成各项既定任务后在扬州会议中心闭幕。张宝娟主持闭幕大会。大会表决通过《中国共产党扬州市第八次代表大会关于七届市委报告的决议》和《中国共产党扬州市第八次代表大会关于七届市纪律检查委员会工作报告的决议》。

10月24日下午，中国共产党扬州市第八届委员会举行第一次全体会议，选举新一届市委常务委员会委员和书记、副书记。全会选举张宝娟、王进健、韩骅、陈锴竑、朱永安、张长金、张耀武、焦庆标、潘学元、赵庆红、储爱军为市委常委，选举张宝娟为市委书记，王进健、韩骅为市委副书记。全会通过中国共产党扬州市第八届纪律检查委员会第一次全体会议选举结果的报告。市纪委八届一次全会选举产生新的纪委领导班子，朱永安当选市纪委书记。　（许　军）

10月24日上午，中国共产党扬州市第八次代表大会闭幕　　扬　年/摄

新冠肺炎疫情防控阻击战

7月27日，扬州市检出一例新冠肺炎阳性病例，打响疫情防控阻击战。本轮疫情，扬州市累计报告本土病例570例。8月15日，在扬州市新冠肺炎定点收治医院治疗的首批5名患者出院。8月22日首次实现无新增病例。9月9日，全域调整为低风险地区。

扬州市突发新冠肺炎疫情以来，党中央、国务院高度重视，副总理孙春兰连续5天在扬州检查督导，国务院联防联控机制综合组江苏工作组驻扎扬州靠前指导。省委、省政府举全省之力支援扬州抗击疫情，省委书记娄勤俭多次到一线调研指导，省长吴政隆坐镇指挥，全省兄弟城市迅速驰援、倾力相助，省内4506名医疗队员支持扬州开展新冠肺炎确诊病例医疗救治。9月14日，经40余天努力，全市本土确诊病例全部出院。

面对突发的疫情，市委、市政

扬州新冠肺炎疫情期间，居民有序排队进行核酸检测　　扬　年/摄

府连夜启动小区封闭和区域封控措施，全面暂停扬州泰州国际机场航班起降，临时停办扬州站、扬州东站客运业务，全面暂停主城区所有公交车、出租车、旅游包车、长途班车，构筑社区、主城区、全市域“三个防护圈”。根据疫情的发展，及时调整管控等级和策略。建立核酸检测、流调溯源、隔离转运、医疗救治等工作专班，先后开展7轮主城区大规模核酸检测和多批重点人群核酸检测，新冠肺炎核酸日检测能力达40万管，切实做到应检尽检、应隔尽隔。按照“集中患者、集中专家、集中资源、集中救治”的要求，迅速提升市三院、二院等定点医院医疗救治康复能力，改造扬州大学附属医院（西区）为备用定点救治医院，全市累计改造救治床位1275张、重症床位185张、康复床位578张，省市联合组建医疗救治和康复团队，中西医结合、一人一策，中医药治疗、康复参与率100%。迅速成立行动党支部2478个，组织7.2万名党员干部志愿者下沉社区，建立封控区域“1+6”管理服务机构，统筹生活物资保供稳价工作，建立鲜活农产品“绿色通道”，及时推出平价肉、蔬菜包、套餐制、直供分送等具体措施，市区直供蔬菜包近20万份，投放省、市两级储备肉450余吨，有效保障主城封控区170万名居民的基本生活。加强对特殊群体的关心帮扶，对独居老人、重症重残人员、生活困难家庭实行“包户到人”、每日一访，帮助解决日常生活、就医购药等方面的需求，帮助4.7万名滞留人员有序返程。突出大数据疫情防控作用，研发“扬城扫码通”，实现苏康码、行程卡、核酸检测信息一屏展示。先后举行33场新闻发布会，公开发布90余个通稿，开通24小时服务热线，成立隔离点管理督查管控专班，通过多种途径及时解读防控要求、宣传防护知识，回应社会关切，推动省市督导反馈问题动态清零。

扬州疫情防控阻击战取得阶段性胜利后，全市有序推进复工复产工作。9月1日，市委书记张宝娟主持召开企业复工复产准备工作座谈会，研究部署严格落实常态化疫情防控举措、平稳有序推进企业复工复产工作。9月3日，市委副书记、代市长王进健召开全市企业复工复产准备工作会议，并于9月6—8日先后前往邗江区、广陵区、蜀冈－瘦西湖风景名胜区、生态科技新城调研疫情防控和企业复工复产复市工作。9月5日，扬州市新冠肺炎疫情防控工作指挥部企业防控组发布《全市企业复工复产操作指南》。9月以来，各地各部门全面落实省“助力企业纾困解难保障经济加快恢复30条”、市“保企业稳预期促发展10条”“金融支持实体经济14条”“促进建筑业平稳发展12条”等政策，减征职工基本医疗保险单位缴费6.34亿元，发放灵活就业社保补贴1.06亿元，全市企业有序复工复产。　　（扬　年）

扬州市创成全省首批“公交优先示范市”

2016年，扬州市启动省公交优先示范市创建工作，将公共交通放在城市发展的突出位置、给予重点保障，重点推动制度建设、运力保障、设施完善、线网优化、运行提速、服务提升、智慧公交、节能环保和需求管理等九大工程、84项建设任务。2021年7月16日，扬州市通过省公交优先示范城市建设终期考核验收，获“江苏省公交优先示范城市”称号。

同心同向抓创建，健全制度发挥引领作用。强化组织领导。突出政府主导作用，成立由市政府主要领导挂帅、21个部门参与的市城市公共交通委员会，出台《扬州市建设江苏省公交优先示范城市三年行动计划（2017—2019）》《扬州市建设国家公交都市示范城市三年行动计划（2020—2022）》，连续五年将优先发展城市公交纳入民生1号文件和政府工作报告。坚持规划引领。编制《扬州市区、江都区公共交通融合发展规划》《扬州市城市客运“十四五”发展规划》等专项规划，完成《中小城市公共交通优先发展模式扬州样本研究》《城市公共交通场站建设规范研究》等专项研究，形成一批城市公交发展的“扬州经验”和“扬州模式”。加强政策保障。出台《关于进一步加快推进城市公共交通优先发展战略的实施意见》等，制定市级公共交通财政补贴暂行办法、政府购买城市公共交通服务办法、公交运营绩效考核办法等政策措施，完善公交政策保障和财政补贴补偿机制。加大资金投入。每年将公交资金投入纳入政府年度预算优先保障，市级财政累计投入资金

43.2亿元，强化对公共交通企业收支管理指导，提升公交运营补贴到位率。

升级升档“好巴士”，运力保障优化运输结构。推动大中运量交通项目建设。结合扬州古城实际，吸收BRT（快速公交系统）主要元素，推进“好巴士”快速公交系统建设，实施文昌路“好巴士”公交快线升级，开通大站快线公交K1路。更新公交车辆，全市累计新购公交车1232辆，其中新能源公交车1092辆，占比88.6%。市区公交车总数2298辆，折合2727.5标台，比2016年增加493辆、516.1标台。

聚焦聚力补短板，完善设施改善硬件环境。完成公交枢纽建设。建成扬州东部综合客运枢纽，实施高速铁路、道路客运、城乡公交、出租等多方式“零距离换乘”，高峰时段枢纽客流量屡创新高，带动公交客流量逐步上升。加快公交场站建设。先后建成九龙湖公交首末站等公交首末站12处，东部客运枢纽公交中心等公交停车场9处，新增场站面积16.7万平方米，实现公交场站布局“城区高密度、市域全覆盖”。

分级分层优配置，优化线网打造公交特色。完成主城区和江都区公交资源整合。将江都公交整体划转到市公交集团，形成“一城一交”经营模式，完成主城区、江都区线网、设施、运力、服务“四融合”和规划、建设、运营、监管、保障“五统一”，实现主城区和江都区公交“同城同行同价”。优化公交线网布局，探索开通社区巴士免费微循环公交线路，开通运河水上旅游观光巴士、大明寺至瓜洲古镇游2线、东部客运枢纽至瘦西湖游3线等一批旅游特色公交线路，开展公交“一线一品”特色线路创建。推进毗邻公交发展。加快建设城乡公交场站，推进“城市公交下乡”。

配建配套成网络，提速运行落实路权优先。落实公交路权优先。实施公交专用道成网专项建设行动，结合城市快速路网建设，以快速路辅路为载体同步设计、同步建设公交专用道，建成南部快速通道、邗江路、文汇路等公交专用道19条，市区公交专用道总里程185.2千米，形成“八横十二纵”公交专用道网络，公交专用道实现中心城区双向机动车道6车道及以上道路全覆盖。落实公交信号优先。建成扬州市交通指挥控制中心，开通交通信息采集和信号联网控制系统功能，公交优先通行交叉口86个。实施公交专用道视频抓拍“全监管”，公交车高峰时段平均运行速度24.9千米/小时，提升公交车通行效率，主城区拥堵指数大幅下降。

用心用情办实事，优化服务彰显惠民理念。实施票价惠民政策。持续推行“宁镇扬交通一卡通，三地互通互惠政策”“持IC卡60分钟内免费换乘政策”，实施无偿献血先进个人、模范榜样人物、现役军人和市区军嫂免费乘公交和高校新生公交刷卡金额减半、外地游客节假日免费等优惠政策。提升公交服务满意度。持续开展“公交让座日”“乘客满意公交线路评选”“最美公交司机评选”等系列活动，打造公交服务品牌，加强公交队伍建设，合理提高公交驾驶员收入和社会保障水平。

创新创优建项目，智慧公交提升便捷服务。建成公交智能化二期系统。升级改造“一级管总、二级抓专、灵活调度”的公交智能调度中心，设立6个调度分中心，涵盖28个场站“云巡更系统”、116块电子站牌，运营车辆实现智能车载终端设备全覆盖和主要场站、站点及车厢内部动态实时监控全覆盖。建成出行信息服务系统。开通“掌上公交”“宜行扬州”“我的扬州”App，推出智能公交、公共自行车、智能停车、停车诱导和新能源车充电等“五位一体”服务，建成公交移动支付项目。全面升级刷卡系统，实现实体刷卡、手机NFC和“扫码付”等多重乘车支付功能，日均扫码业务量达2万笔以上。建成基于交通运输部密钥体系的新市民卡系统，拓展至健康、旅游、公用事业缴费等领域，与全国275座城市交通一卡通实现互联互通。完善智慧交通系统。强化交通指挥控制中心功能，升级部分非灯控路口行人过街预警系统，建设一批交通流信息采集设备、数据分析模块和视频解析模块，建成交通信息采集与信号联网控制系统。

多式多样重引导，节能环保践行绿色出行。推进新能源充电配套设施建设。编制《扬州市新能源汽车充电、加气设施近期建设规划》，建成配套充电设施场站26处，公交车直流充电桩390个，日均充电量5.6万千瓦时，年均减少污染排放物近6000吨。开展绿色出行宣传活动。出台《绿色行动出行计划（2019—2022年）》，创成“绿色公交示范线”20条，开展节能宣传周、绿色出行宣传月、公交出行宣传周等活动，走进客运站、走进社区宣传“绿色出行，优先公交”。推进慢行系统建设。加快慢行装备融合升级，建成市区公共自行车租赁服务系统，公共自行车1.25万辆，公共自行车服务点密度3.2个/平方千米。持续控制共享单车新增投放，扶优汰劣，实现供需平衡，共享单车1.5万辆。

调整调控强治理，需求管理完善交通评价。建立完善交通评价制度。出台《扬州市城市道路交通安全管理办法》，巩固完善交通影响评价制度。实施土地利用规划调控。在《扬州市国土空间总体规划（2021—2035年）》及综合交通专项规划、控制性详细规划中强化公交优先发展战略，促进交通与用地协调发展，保障公交场站建设用地。实行差别化交通管理策略。出台文件实施差别化机动车收费管理，引导小汽车合理使用。加强机动车、非机动车停放秩序管理。加强共享单车投放与运营维护工作，确保非机动车有序停放。（扬交运）

大事纪要

Dashi Jiyao

编 辑 姚 震

1 月

1 日 《扬州市住宅物业管理条例》施行。条例将住宅物业管理融入社区治理。

4 日 扬州市农贸市场远程智慧监管系统上线试运行，首批 30 家农贸市场纳入智慧监管。

5 日 《辛丑年》特种邮票首发式在邗城邮政支局营业大厅举行。

6 日 由全国人大代表、澳门日报社社长陆波率领的澳门新闻界江苏参访团到扬州考察访问。

7 日 市政府与江苏苏美达集团有限公司签订战略合作协议。

△ 省政府发文公布 2020 年度江苏省科学技术奖获奖名单，扬州 24 个项目获省科学技术奖、1 家单位获省企业技术创新奖。

8 日 “2020 年度华夏建设科学技术奖”授奖公告发布，由江苏省华建建设股份有限公司申报的“城市更新中历史街区建筑修复保护关键技术”成果入选。扬州建设行业类企业实现该奖项零的突破。

△ 省工信厅公布 2020 年江苏省大数据产业园、工业大数据应用示范区、大数据开放共享与应用试验区名单。仪征经济开发区获批省大数据产业园，扬州高新区获批省工业大数据应用示范区。

9 日 省政府下发《关于筹建江苏省江都高新技术产业开发区的批复》，同意筹建江苏省江都高新技术产业开发区，实行现行的省级高新技术产业开发区政策。

11 日 扬州首个进口冷链食品集中监管仓——广陵区进口冷链食品集中监管仓交付。

△ 《扬州市饮用水水源地安全保障规划（2021—2025 年）》印发。

12 日 省第一综合考核组到扬州开展年终综合考核工作。

△ 中国石油和化学工业联合会发布全国“绿色化工园区名录（2020 年版）”，扬州化工园区是全省入选的 3 家化工园区之一。

△ 省文旅厅公布 2021 年度全省国家 AAAA 级旅游景区创建名单，扬州凤凰岛生态旅游区入选。

18—21 日 中国人民政治协商会议江苏省扬州市第八届委员会第五次会议举行。何金发当选为政协扬州市第八届委员会副主席。

19—22 日 扬州市第八届人民代表大会第五次会议举行。王炳松当选为市八届人大常委会副主任，王玉军、蒋爱祥当选为市八届人大常委会委员；王道霄当选为扬州市副市长。

20 日 14 点 54 分，G880 次复兴号列车从扬州东站驶出，扬州至北京的高铁列车运营。

30 日 《全面推进健康扬州建设实施方案》印发。

是月 省委常委、省纪委书记、省监委代主任王常松到扬州调研。

2 月

2 日 扬州数字新零售产业基地开园仪式举行，“中国 5G 直播产业基地扬州站”揭牌成立。

4 日 328 国道仪征段改扩建工程主线通车。

6 日 市委书记夏心旻会见华能江苏能源开发有限公司党委书记、董事长曹庆伟一行。双方就进一步深化在新能源领域合作、推动更多项目建设进行深入交流。

8 日 副省长马欣到扬州调研文化旅游场所疫情防控和安全生产工作。

9 日 “中以应急合作”项目视频推进会召开。扬州市人民政府与以色列卫生部围绕公共卫生指挥控制中心、应急医疗救治指挥中心、模拟培训中心、健康产业园 4 个项目的建设计划开展讨论。

18 日 市委、市政府召开全市优化提升营商环境大会。会议印发市委、市政府《2021 年扬州优化提升营商环境任务清单》。

22 日 《扬州市国民经济和社会发展第十四个五年规划和二〇三五年远景目标纲要》印发。

△ 市政府举行 2021 年民生“1 号文件”新闻发布会，9 个核心板块、80 个重点民生项目服务清单出炉。

△ 扬州“12345”在线平台开通“0”号键疫情防控专线。

23 日 省委常委、宣传部部长张爱军到扬州调研重大项目建设及文化事业发展。

24—26 日 扬州组织开展全市竣工投产制造业重点项目观摩活动，举行 2021 年全市重大产业项目集中开工暨项目建设推进会。

25 日 全国脱贫攻坚总结表彰大会在北京举行。江苏万顺机电集团有限公司党委书记、董事长周善红等2人获全国脱贫攻坚先进个人表彰，扬州市对口帮扶榆林市工作组获全国脱贫攻坚先进集体表彰。

是月　省政协主席黄莉新率省有关部门负责人到扬州，深入基层、深入农村走访慰问老党员、优抚对象和困难群众。

3月

1日　中华全国妇女联合会授予扬州市消防救援支队新闻宣传科、扬州市残疾人康复管理中心、运河三湾风景区导游接待班“巾帼文明岗”称号。

2日　市政府召开全市长江“十年禁渔”监管执法百日攻坚行动部署会。

3日　市委召开全市党史学习教育动员大会。

△　江苏省社会信用体系建设领导小组公布2020年度省级部门、设区市社会信用体系建设工作评价结果、设区市和县（市、区）政务诚信评价结果，扬州获全省社会信用体系建设和政务诚信评价“双第一”，邗江区、宝应县、仪征市、高邮市获全省县（市、区）政务诚信评价一等次。

4日　省委常委、省委政法委书记费高云到扬州调研政法工作。

△　全省首个“智能充电桩+5G”在高邮市序贤路快充站投入运营。

7日　省政法队伍教育整顿驻扬指导组见面会举行。省政法队伍教育整顿驻点指导组组长张亚青到会讲话。

9日《关于明确2021年度市区住房保障准入收入线标准等相关事项的通知》出台。扬州低收入线标准降低为2150元/月（含）以下，中等偏下收入线标准为3400元/月（含）以下。

12日　市委书记夏心旻、市长张宝娟、市政协主席陈扬、市委副书记孔令俊等市四套班子领导和机关干部、群众代表，来到位于长江与运河交汇处的京杭大运河开发区施桥船闸南段参加义务植树活动。

△　由省人社厅主办的2021年“创响江苏”创业指导专家团基层行首站活动在扬州举办。

15—16日　市委书记夏心旻率队到北京拜访国家石油天然气管网集团有限公司、中国中化集团有限公司、中国航空工业集团有限公司等央企，就推进洽谈项目、扩大合作领域、携手共谋发展等进行交流，促进招商引资和项目建设。

16日　省政协副主席阎立率队到扬州，围绕挂钩联系的高技术船舶产业开展专题调研。

△　市长张宝娟会见中国汽车工业协会常务副会长兼秘书长付炳锋，就深入开展汽车产业合作、推动项目落地等方面进行洽谈交流。

17日　中国田径协会与扬州市政府战略合作协议签约仪式暨2022年世界田联半程马拉松锦标赛倒计时一周年新闻发布会在北京举行。

22日　全国政协副主席汪永清率调研组到扬州，就社会救助法的制定开展调研。

22—25日　市长张宝娟率队到上海、深圳、珠海等地开展专题招商拜访活动。

24日　省委常委、宣传部部长、省委党史学习教育领导小组副组长张爱军到扬州调研党史学习教育工作。

△　扬州新冠疫苗接种工作全面启动。

26日　扬州市政府与美团签署战略合作协议。

28日　应急管理部公布首批“工业互联网+危化安全生产”建设试点单位名单，江苏扬农化工集团、扬州化学工业园区两家单位入选。

29日　四川省委常委、成都市委书记范锐平率成都市代表团到扬州，考察扬州生态环境治理、清水活水打造、文化遗产保护及文旅产业开发等工作。

31日　扬州在全省率先开通“12345”未成年人救助保护热线。

4月

6日　市长张宝娟会见泰国驻华大使阿塔育·习萨目一行。

7日　市长张宝娟会见喀麦隆驻华大使马丁·姆巴纳、布基纳法索驻华大使阿达马·孔波雷、国际竹藤组织副总干事陆文明、日本驻沪总领事矶俣秋男等到扬州参加2021年扬州世界园艺博览会的嘉宾。

8日　2021年扬州世界园艺博览会纪念邮资明信片在世园会非遗馆首发。

8—9日　省政协副主席姚晓东率省政协监督性专题调研组到扬州，就基层社会治理体系和治理能力现代化建设，着力解决市、县政协“两个薄弱”等问题开展监督性专题调研。

8日至10月8日　2021年扬州世界园艺博览会在扬州市仪征枣林湾举行。

9日　“运河城市精品景区合作机制（CCSC）”交流会在扬州召开，经投票表决，对CCSC首届轮值主席单位扬州蜀冈－瘦西湖风景名胜区的任期进行延期。

11日　市长张宝娟会见领益智造股份有限公司董事长曾芳勤一行。

13日　省人大常委会副主任、党组副书记陈震宁率省特钢材料产业强链专班到扬州，围绕挂钩联系的特钢材料产业链开展调研，并召开座谈会。

△　全国生态文化村建设经验交流会暨《中国森林文化价值评估研究》首发式在世博园中国馆举行。扬州邗江区甘泉街道长塘村入选“全国生态文化村”。

△　扬州成为“联合国2030可持续发展”首个运河城市范例。

14—15日　省人大常委会副主任马秋林率队到扬州调研老旧小区改造工作。

15日　全国政法队伍教育整顿中央第六督导组到扬州下沉督导工作汇报会举行。

△　第二届扬州航空科技文化节在生态科技新城扬州航空馆开幕。开幕式上，601所扬州院永久基地和中国航空研究院研究生院永久校址签约落址。6个航空科技项目与生态科技新城签约。

16日　市委书记夏心旻主持召开北护城河文化旅游集聚区建设推进会。

17 日 市委书记夏心旻会见到扬州考察调研的中教数字集团决策委员会主席戴思嘉一行。

△ 市长张宝娟先后会见西门子（中国）有限公司副总裁兼华东区总经理何巍、中集集团总裁高翔等嘉宾。

△ 中国公共外交协会会长吴海龙率长三角公共外交协会联系机制嘉宾一行，考察中国扬州运河大剧院。

△ 上海市副市长汤志平一行到扬州世界园艺博览会实地考察世园会。

17—18 日 应急管理部副部长刘伟到扬州调研化工园区建设情况。

18 日 2021 中国·扬州“烟花三月”国际经贸旅游节开幕式暨重大项目签约仪式在运河大剧院举行。节庆期间，全市共落实先进制造业、现代服务业和科创产业合同项目 180 个。

△ 扬州与省港口集团签署战略合作框架协议，投资超 50 亿元的港口物流产业园合作共建项目签约落地扬州经济技术开发区。

19 日 2021 扬州（江都）创新发展·数字赋能推进大会举行。会上，江苏省江都高新技术产业开发区揭牌，45 个项目签约。

22 日 全国人大常委会委员、监察司法委副主任委员韩晓武带队到扬州，就人民检察院开展控告申诉检察工作情况开展专题调研。

23 日 扬州召开全市养老服务联席会议暨 2021 年颐养社区建设推进会。会上发布《颐养社区建设 2021 年度实施计划》。

△ 由中央广播电视总台财经节目中心、国家统计局、中国邮政集团公司联合发起的 2020—2021 年度“中国美好生活城市”发布会在成都举行。扬州入选“全国十大舒适之城”。

24 日 “中国中医药 50 人峰会”在扬州举行。会上，“中国中医药 50 人峰会”“中国华侨国际文化交流基地”揭牌。会议通过《中医药传承发展（扬州）共识》。

24—25 日 四川省攀枝花市政协一行到扬州考察，并举行扬州市政协和攀枝花市政协缔结友好政协仪式。

25 日 2021 中国·扬州生物医药论坛举行。

26 日 市残疾人康复中心升级打造的扬州首个公立儿童康复乐园运营投用。

27 日 高宝邵伯湖第 12 届放鱼节暨高邮湖生态环境司法修复基地揭牌仪式举行。高邮湖生态环境司法修复基地是扬州首个生态环境司法修复基地。

△ 扬州市扬剧研究所少儿扬剧教学基地揭牌仪式在邗江美琪学校举行，这是江苏省前瞻性教学改革试验重大项目系列活动之一。

28 日 2021 中国（扬州）“一带一路”高质量发展专家会议在扬州举行。

△ “涉税房地产价格认定数字化转型扬州试点基地揭牌”暨“中等城市房地产大数据智能估值与服务示范平台”上线发布仪式在扬州举行。活动中，国家发改委价格认证中心向扬州授牌，扬州成为国内首个涉税房地产价格认定数字化转型试点基地。

28—29 日 市八届人大常委会第三十五次会议召开。

29 日 商务部副部长王炳南到扬州调研食品产业发展。

△ 受韩国庆州市市长朱洛荣邀请，市长张宝娟参加“庆州－扬州市长线上会谈”，就提升两市关系至“姊妹城市”达成共识。

△ “中华美食荟”暨“江苏味道”启动仪式举行，2021 中国扬州淮扬菜美食节开幕。

△ 第五届“江苏好大米”评鉴评选结果揭晓。扬州共获江苏好大米“十大品牌”2 个、“十佳稻田综合种养大米”特等奖 1 个、金奖 2 个、银奖 3 个。

30 日 2021 年江苏省劳动模范和先进工作者表彰大会召开，扬州 57 人获省“劳模和先进工作者”称号。

5 月

10 日 市委书记夏心旻到国家税务总局税务干部学院（中共国家税务总局党校），就推进院地合作共建进行调研。

10—13 日 市政协主席陈扬率部分住扬省政协委员到辽宁省丹东、沈阳两市开展异地考察。考察期间，扬州市政协与丹东市政协签订友好政协交流合作协议。

11 日 副省长潘贤掌到扬州调研防汛备汛和水利设施建设。

12 日 最高人民检察院党组书记、检察长张军率最高检调研组就

4 月 29 日，“中华美食荟“暨“江苏味道”启动仪式举行。图为游客品尝扬州美食 程 曦/摄

推动检察机关政法队伍教育整顿走深走实、平等保护民营经济、服务党和国家中心工作到扬州调研督导。

13日　由市文广旅局设计印制的扬州全域旅游地图出炉，这是扬州首次发布全域旅游地图。

13—14日　市委书记夏心旻、市长张宝娟率市党政代表团拜访中国第一汽车集团有限公司，就深化合作领域，加快推动低碳出行城市建设、汽车产业发展、文创产业合作等进行深入交流。

14日　第三次南京都市圈城市人大常委会主任协商联席会议在扬州召开。会议审议并通过《关于落实〈支持和保障南京都市圈共建长三角一体化高质量发展合作示范区的决定〉年度行动计划》。

△　扬州市公共资源交易中心仪征分中心举办政府采购不见面开标仪式，标志着扬州政府采购市县一体化全流程不见面电子交易平台上线运行。

15—16日　全省绿色蔬菜产业高质量发展现场推进会在盐城市响水县召开。会上，扬州宝应县被评为首批江苏省绿色蔬菜产业特色县，5家单位获“江苏味美菜园”称号。

17日　市委书记夏心旻在苏州参加东亚企业家太湖论坛时，分别会见日本驻沪总领事矶俣秋男、韩国驻沪总领事金胜镐，就进一步推进扬州与日本和韩国之间产业合作、经贸往来、人文交流，共同推动建设东亚文化产业合作园区等方面进行交流探讨。

18日　省委常委、宣传部部长张爱军到扬州调研扬州中国大运河博物馆开馆筹备工作。

△　2021·世界运河古镇合作机制会议在扬州举行。会议达成并通过《深化世界运河古镇合作机制倡议》。

19日　国家文物局官方网站公布“庆祝中国共产党成立100周年精品展览推介名单”。扬州博物馆的“峥嵘岁月——扬州地区革命文物展”入选推介名单，成为全省5个获推荐的展览之一。

20日　扬州市检测中心揭牌成立。

20—21日　安徽省政协主席张昌尔一行到扬州考察调研经济社会发展情况。

24日　省市安全生产专项整治联动督导推进会在扬州召开。

25日　镇江市政协主席李健一行到扬州考察。

26日　市政府新闻办、市统计局召开扬州市第七次全国人口普查主要数据新闻发布会。截至2020年11月1日零时，扬州市2020年常住人口为455.98万人，十年来首次呈现净流入趋势。

26—27日　围绕“推进生态文明和大运河文化带建设”主题，苏州市政协主席周伟强率住苏省政协委员一行到扬州考察。

27日　扬州大学国家大学科技园获批“国家大学科技园”。

△　扬州宝应县入选首批全国县域足球典型。

28日　“相约世园会·共赢好地方”经贸合作峰会在扬州举行。

△　扬州高新区被确定为江苏自贸试验区联动创新发展区。

29日　第20届江苏省青少年机器人竞赛在扬州工业职业技术学院开赛。

31日　《映运而生——云上运河漫游》全媒体影像数据库发布，成为全国首个大运河全媒体影像数据库。

31日至6月1日　省政协副主席阎立一行到扬州，就“强化产业链‘卡脖子’技术创新、构建现代产业体系”议题进行调研。

6月

1日　省人大常委会常务副主任、党组副书记李小敏到扬州调研地方人大依法行使重大事项决定权情况。

2日　2021扬州（端午）节令食品直销节暨榆林好产品展开馆仪式在扬州举行。

3日　省民政厅、省退役军人事务厅、省委党史工作办公室等联合召开新闻发布会，对外发布100个红色地名。扬州江上青烈士史料陈列馆、扬州革命烈士陵园、新四军苏北指挥部红色纪念馆、江都水利枢纽、苏中革命历史纪念馆、柳堡、侵华日军向新四军投降处旧址（抗日战争最后一役纪念馆）、华中雪枫大学旧址等入选。

4日　扬州市乡村振兴局挂牌。

7—8日　省人大常委会副主任魏国强带队到扬州开展乡村振兴战略实施和长江流域禁捕情况调研。

△　辽宁省丹东市委常委、常务副市长杨树率丹东市代表团到扬州考察。

8日　榆林－扬州两市文旅融合高质量发展合作协议签订仪式举行。

8—9日　省人大常委会副主任、党组副书记王燕文带队到扬州调研养老服务体系建设工作。

9日　市委书记夏心旻会见瑞声科技控股有限公司总裁潘政民一行，就推进项目合作、实现共赢发展进行深入交流。

△　2021年度江苏省乡村旅游重点村名录发布，扬州宝应县射阳湖镇射南村、仪征市月塘镇四庄村入选。开幕式现场进行首批乡村旅游驻村辅导员签约仪式，全市首位乡村旅游驻村辅导员入驻沿湖村。

10日　省人大常委会副主任刘捍东到扬州开展主任接待代表日活动及《中华人民共和国企业破产法》执法检查。

△　江苏谢馥春国妆股份有限公司申报的脂粉制作技艺入选第五批国家级非物质文化遗产代表性项目名录。

15日　省文旅厅与市政府共建扬州中国大运河博物馆合作协议签署仪式在扬州举行。

16日　大运河文化发展论坛暨扬州中国大运河博物馆建成开放活动在扬州举行。

17日　市长张宝娟会见香港建滔集团董事、总经理郑永耀一行，就全方位深化合作，加快产业转型升级步伐，共同推动绿色高质量发展开展深入交流。

△　中国对外投资合作洽谈会扬州分会暨扬州市“一带一路”合作项目推进会举行。活动期间，签署《扬州市“一带一路”发展促进会与中外企业家联合会NGO合作框架协议》《丰尚农牧装备有限公司

全国爱国主义教育示范基地——江都水利枢纽　　孟德龙/摄

与马达加斯加园区合作框架协议》《中国产业海外发展协会与江苏舜大新能源公司推动巴拿马光伏项目合作备忘录》。

18日　《张謇辞典》首发式暨扬州大学张謇研究院揭牌仪式、张謇研究与学科建设研讨会在扬州大学举行。

19日　江都水利枢纽入选全国爱国主义教育示范基地。

22日　副省长陈星莺到扬州调研妇幼健康工作。

△　市长张宝娟带队走访慰问老党员、生活困难党员和党员先进典型，并为老党员代表颁发“光荣在党50年”纪念章。

24日　省委党史学习教育第三巡回指导组到扬州指导党史学习教育。

26日　2021“扬州的夏日”旅游产品推介和旅游创意集市走进连云港。

28日　全国“两优一先”表彰大会在北京举行。江苏万顺集团党委书记、董事长周善红被授予“全国优秀共产党员”称号；扬州市邗江区方巷镇沿湖村党委书记、村委会主任刘德宝被授予“全国优秀党务工作者”称号；扬州市广陵区东关街道琼花观社区党委和扬州市瘦西湖船娘党支部被授予“全国先进基层党组织”称号。

30日　五峰山长江大桥南北公路接线通车，五峰山长江大桥公路桥全线开通。

7月

1日　市委召开全市庆祝中国共产党成立100周年座谈会暨“两优一先”表彰大会。

△　《关于开展扬州市区既有住宅加装电梯工作的指导意见》实施。

△　国内首创唐诗主题全景沉浸式夜游项目——瘦西湖“二分明月忆扬州”大型沉浸式夜游营业。

7—11日　第11届江苏书展扬州分展场活动举行。

8日　“2021院士专家扬州行”暨院士主题报告会在扬州会议中心举行。

8—9日　陕西省榆林市委书记、市长李春临率榆林党政代表团到扬州考察，并参加扬州榆林对口协作联席会、世园会榆林活动周启动仪式。

11日　中国旅游景区协会大运河主题分会在扬州成立。大运河主题分会筹备会审议《中国旅游景区协会大运河主题分会管理办法（试行）》《中国旅游景区协会大运河主题分会筹备工作报告》《中国旅游景区协会大运河主题分会第一届理事会选举办法》等，投票选举产生中国旅游景区协会大运河主题分会第一届理事会理事长、副理事长、秘书长。

13日　省委常委、宣传部部长张爱军率队到扬州调研革命文物保护利用工作。

△　市长张宝娟会见彩虹集团有限公司董事长司云聪、中电光谷联合控股有限公司总裁黄立平一行，就开展多领域深层次合作、加快产业转型升级步伐开展深入交流。

13—14日　国家发改委相关负责人率队到扬州调研长江经济带上的“一带一路”倡议支点建设情况。

14日　扬州首部城市社区志——《文昌花园社区志》出版首发仪式举行。

15日　2021年江苏省舞台艺术精品创作扶持工程重点投入剧目签约仪式在南京举行。由扬州市扬剧研究所创排的现代扬剧《阿莲渡江》入选，并完成签约。

15—16日　省政协副主席周继业率队到扬州，围绕“实施好长江十年禁渔保护修复长江生态”情况开展视察调研和民主监督。

16日　省住建厅公示第四批江苏省传统村落名录，扬州18个村入选，是全省入选最多的城市。

19日　市长张宝娟会见上海鸥远生物技术有限公司董事长蔡建华一行，就加快在扬项目建设，进一步深化合作、拓展领域开展深入交流。

20日　扬州召开全市领导干部会议，宣布省委决定：张宝娟任扬州市委书记。

21日　城市南部快速通道至运河东西路之间的运河快速路、万福大桥至沙湾路之间的江广快速路开放交通。

23日　市委书记张宝娟检查城市隧道、建筑工地、雨水管网、排涝泵站等重点部位防汛防台风准备情况。

27日　扬州市检出一例新冠肺炎阳性病例。

28日　零时起，市政务办成立“12345”热线工作协调专班。

30日　市发改委、商务局、市监局、工信局、财政局、卫健委等部门联合成立生活物资保障工作专班。

31日　今起，主城区内所有公交车、巡游出租车、网约车及道路客运班线和旅游包车临时停运。

8月

1日　扬州市出现第一个高风险

地区。邗江区双桥街道武塘社区明月路以南、文汇西路以北、维扬路以西、新城河路以东区域由中风险地区调整为高风险地区。

△ 全市首辆移动式核酸检测车投入使用，实现移动核酸检测，一天一辆车可单检3000人次。

2日 市八届人大常委会举行第三十七次会议。会议决定任命王进健为扬州市副市长，并决定其为扬州市代理市长。

6日 12时起，临时停办扬州站、扬州东站客运业务（关闭进出站通道）。

6—7日 省长吴政隆在扬州检查指导疫情防控工作，并主持召开调度会。副省长刘旸、陈星莺分别参加有关活动。

7日 市发改委发出《关于进一步加强疫情防控期间重要民生商品保供稳价工作的通知》，要求各县（市、区）发改委、功能区经发局、扬州经济技术开发区服务业局强化价格监测预警、部门协同联动、各方力量统筹，做好重要民生商品保供稳价工作。

8日 国家、省和扬州市疫情防控三级对接会召开。省长吴政隆对扬州疫情防控工作进行再部署。国务院联防联控机制综合组江苏工作组组长、国家卫健委副主任雷海潮，副省长刘旸、陈星莺参加会议。

11日 江苏省一体化信息平台在扬州上线。

11—15日 中共中央政治局委员、国务院副总理孙春兰在扬州市调研指导疫情防控工作。与定点医院医疗专家视频连线研究患者救治工作，召开专题会议研究加强院感防控工作，部署推进重点防控任务。

15日 16时40分，在扬州市新冠肺炎定点收治医院治疗的首批5名患者出院，转至定点康复医院。

16日 省科技厅公布2021年度省级科技企业孵化器名单，扬州西湖科技创业园、中汽中心（高邮）汽车科创园和清扬智能装备科技创业园3家单位获批省级科技企业孵化器，获批数量位列全省第六位。

17日 今起，扬州全面加强主城区小区管控。要求小区居民“足不出楼栋”，村民“足不出自然村”，平房区居民“足不出巷”。

18—19日 市委书记张宝娟前往市区部分商业超市、农贸市场、食品生产企业，检查疫情防控期间市场保供情况。

19日 市政府制定出台《扬州市人民政府关于应对新冠肺炎疫情保企业稳预期促发展十条措施的意见》，从阶段性减征职工基本医疗保险保费、允许困难企业缓缴住房公积金、允许困难企业缓缴相关税款等10个方面，支持全市企业渡过难关。

20日 省委书记娄勤俭在扬州深入农贸市场调研检查疫情防控工作，视频连线慰问援扬州医疗队员，并主持召开疫情防控座谈会。

22日 0—24时，扬州首次实现无新增本土新冠肺炎确诊病例。

26日 国家发展改革委办公厅印发《关于推广第三批国家新型城镇化综合试点等地区经验的通知》，总结第三批新型城镇化试点经验并在全国范围内推广。扬州统筹改造老旧小区、老旧厂区、老旧街区及老宿舍、老宅子、老市场的成功经验在全国推广。

△ 商务部联合市场监管总局联合公布国家级服务业标准化试点（商贸流通专项）名单，扬州冶春食品生产配送股份有限公司入选。

29日 扬州市新冠肺炎疫情防控工作指挥部发布《关于疫情防控期间主城区农贸市场有序恢复经营的通告》。零时起，主城区范围内受疫情影响关闭的农贸市场有序恢复正常经营，首批30个农贸市场恢复经营。

30日 宝应县一莓阳光精品草莓主题园入选2021年江苏省休闲旅游农业主题创意农园名单，宝应湖国家湿地公园、子婴河果园场入选2021年江苏省休闲旅游农业农耕实践基地名单，白鹿岛生态旅游区、香榭丽玫瑰园入选2021年江苏省休闲旅游农业康美基地名单。

是月 市疫情防控指挥部部署建立疫情期间特殊困难群体应急临时救助机制。对主城区封控管理范围内城乡低保、特困供养对象及困境儿童等困难群众按740元/户的标准发放一次性临时生活补贴。

9月

1日 市委书记张宝娟主持召开企业复工复产准备工作座谈会，研究部署严格落实常态化疫情防控举措、平稳有序推进企业复工复产工作。

△ 今起，扬州市所有中小学启动线上教学。

8日 国家能源局发布《国家能源局综合司关于公布整县（市、区）屋顶分布式光伏开发试点名单的通知》，扬州经济技术开发区、高邮市、仪征市、江都区等4地被列入全国整县（市、区）屋顶分布式光伏开发试点名单。

9日 扬州市全域调整为新冠肺炎疫情低风险地区。

15日 市委书记张宝娟会见上海礼邦医药科技有限公司首席执行官及联合创始人夏国尧一行，就加快推进新药研发及产业化基地项目建设、深化生物医药产业合作等进行深入交流。

16日 零时起，扬州、扬州东、江都、高邮、高邮北、宝应6座火车站恢复办理客运业务。开行首日，运行列车41趟。

△ 中国质量（杭州）大会召开，第四届中国质量奖评选结果揭晓。扬州江苏省江都水利工程管理处以“水利枢纽精细化”质量管理模式获中国质量奖提名奖，这是扬州首次获该奖项。

16—17日 市八届人大常委会第三十八次会议召开。会议表决通过《扬州市人民代表大会常务委员会关于全市市县乡三级人民代表大会换届选举问题的决定》。会议决定任命张礼涛为扬州市副市长；决定任命朱永安为扬州市监察委员会副主任，并决定其代理扬州市监察委员会主任职务。

18日 扬州主城区全面启动12~17周岁人群新冠疫苗接种工作。

22日 省委书记娄勤俭在扬州

调研，实地检查常态化疫情防控、安全生产和经济社会秩序恢复情况。

23 日　扬州龙川控股集团有限责任公司 8 亿元小微企业增信集合债发行。该债券是全省首单获国家发改委注册，用于疫情防控的小微企业增信集合债。

27 日　副省长马欣到扬州检查文化和旅游领域安全生产和疫情防控工作。

△　省委常委、宣传部部长张爱军到扬州调研重大项目建设。

△　市委书记张宝娟会见中国中化控股有限责任公司总经理李凡荣一行，就进一步深化央地合作、加快在扬项目建设深入交流。代市长王进健，中国中化副总经理陈德春参加会见。

27 日　第 14 届全运会在陕西西安奥体中心闭幕。在本届全运会上，46 名扬州选手在竞技比赛中共获 6 枚金牌和 3 枚铜牌。另有 130 人参加群众体育赛事比赛，获 1 枚金牌、1 个二等奖和 2 个三等奖。

29 日　中国共产党扬州市第七届委员会第十三次全体会议在扬州举行。

30 日　市委书记张宝娟、代市长王进健、市政协主席陈扬等市领导与社会各界代表来到扬州革命烈士陵园，举行公祭烈士活动，向革命烈士敬献花篮。

10 月

8 日　副省长潘贤掌到扬州调研秋粮生产工作。

△　由国网扬州电动汽车服务有限公司与中国邮政集团有限公司扬州市分公司联合打造的全市范围内邮政配送点充电站项目建成投用。扬州率先在全省落地邮政充电站建设。

12 日　扬州军分区召开宣布命令大会。省军区政委张孟滨宣布中央军委国防动员部命令和省军区党委任职通知：任命郝云昆为扬州军分区司令员。

△　国家文物局印发《大遗址保护利用“十四五”专项规划》，扬州城遗址入选大遗址项目，板闸遗址入选大运河项目。

△　省政协副主席朱晓进一行到扬州调研指导“有事好商量”协商议事工作。

12—14 日　市委副书记、代市长王进健率队赴粤港澳大湾区开展专题招商拜访活动，并在深圳举行“粤港澳大湾区产业合作金秋洽谈会”。此次招商活动集中签约先进制造业、现代服务业和外资及港澳台资等项目 18 个，总投资 180 余亿元。其中，外资及港澳台资项目 3 个，总投资 18.3 亿美元。

13 日　市住房公积金管理委员会办公室发布《关于调整扬州市区 2021 年度住房公积金缴存基数的通知》。2021 年度市区（含广陵区、邗江区、扬州经济技术开发区、生态科技新城、蜀冈－瘦西湖风景名胜区）住房公积金缴存基数调整，职工及个人缴存者的月缴存基数，最低不低于 2020 元，最高不超过 24400 元。

14 日　中国南水北调集团有限公司党组书记、董事长蒋旭光一行到扬州调研南水北调东线工程。

△　在生态文明论坛开幕式上，扬州市广陵区获评全国第五批“绿水青山就是金山银山”实践创新基地。

15 日　高毅进、周善红、薛剑祥、戴飞、李萍等 18 名在扬全国、省人大代表围绕“扬州市长江大保护工作情况”开展专题调研。

16 日　首届数字政府与城市治理发展高峰论坛在无锡召开，对全国 370 条政务服务便民热线进行综合评估，扬州“12345”热线获全国卓越服务能力热线奖。

△　中国医药教育协会糖尿病足多学科诊疗培训基地揭牌仪式在扬州举行。

17 日　“美德之光”——第八届江苏省道德模范颁奖仪式在南京举办。苏北人民医院副院长郑瑞强、广陵区君心志愿者协会会长叶丽君当选道德模范。

18 日　中国共产党扬州市第七届委员会第十四次全体会议召开。

20 日　扬州市不动产登记交易纳税一体化平台上线，标志着扬州实现全市域“不见面”办理不动产登记事项。

△　省文旅厅公示首批省级旅游休闲街区和省级旅游休闲街区培育单位名单。扬州市广陵区东关街、皮市街入选。

△　省文旅厅、省发改委联合公布 2021 年第二批省级乡村旅游重点村名录。扬州高邮市菱塘回族乡清真村入选。

20 日至 11 月 2 日　扬州市第一届职业技能大赛在江苏省扬州技师学院举行。本次大赛聚焦扬州产业科创名城建设和“323+1”先进制造业集群，设 32 个竞赛项目（工种）。

21 日　浙江省政协主席葛慧君率团考察调研扬州经济社会发展情况。

△　仪征市、高邮市通过江苏知识产权强省建设区域示范创建期验收。

22—24 日　中国共产党扬州市第八次代表大会举行。

24 日　中国共产党扬州市第八届委员会举行第一次全体会议。全会选举张宝娟、王进健、韩骅、陈锴竑、朱永安、张长金、张耀武、焦庆标、潘学元、赵庆红、储爱军为市委常委，选举张宝娟为市委书记，王进健、韩骅为市委副书记。

△　“文华绽放新时代——第五届江苏省文华奖颁奖晚会”在江苏大剧院歌剧厅举办。扬州文艺获 7 个奖项，扬剧《阿莲渡江》获舞台艺术类集体奖最高奖——文华奖，扬州弹词《春雷》、扬州评话《一个不能少》、木偶《扇韵》获优秀节目奖，李政成、刘芋君、周紫薇分别凭借扬剧《阿莲渡江》、扬州弹词《野火春风斗古城·金环银环》、独舞《俪人行》获表演奖。

25 日　国家发改委办公厅、中国人民银行办公厅联合印发《关于公布第三批社会信用体系建设示范区名单的通知》，扬州被评为第三批社会信用体系建设示范区。

△　全市首个道路交通事故法律援助工作站实体运作。

26日　共青团中央公布2021年“全国向上向善好青年”名单，扬州青年左涛当选，全省仅两位。

26—27日　市八届人大常委会第三十九次会议召开。

△　省委党史学习教育第三巡回指导组到扬州，调研指导扬州在党史学习教育中开展“两在两同”建新功行动、“我为群众办实事”实践活动等工作。

28日　市委副书记、代市长王进健会见法国圣戈班集团亚太区首席执行官韦博立一行，就加快在扬项目建设，进一步深化合作、拓展领域开展深入交流。

31日　市政府印发《关于深入实施知识产权强市战略助推产业科创名城建设的若干政策意见》。

11月

1日　市委书记张宝娟会见中兴通讯总裁、执行董事徐子阳一行，双方就高效务实推进项目建设，在更宽领域、更深层次开展合作进行深入交流。

△　长三角消保委联盟在上海举办“2021长三角特色伴手礼发布会暨展示活动”，发布100款“长三角特色伴手礼”。扬州漆器厂有限责任公司的大漆公筷和江苏谢馥春国妆股份有限公司的谢馥春工艺国妆鸭蛋香粉入选“长三角特色伴手礼”。

3日　副省长胡广杰到扬州调研生物医药产业高质量发展工作。

△　2020年度国家科学技术奖励大会在北京人民大会堂举行。扬州大学农学院副教授周勇参与的科研项目“长江中游优质中籼稻新品种培育与应用”获国家科技进步奖二等奖。

△　全市启动3~11周岁人群新冠疫苗大规模接种工作。

△　文旅部发布《关于命名2021—2023年度“中国民间文化艺术之乡”的通知》，邗江区（琴筝）入选。

△　“全国示范性劳模及工匠人才创新工作室”在江苏油田工程技术服务中心揭牌，这是扬州首获此项劳模创新工作室国字号招牌。

3—5日　生物医药企业高管早茶会、扬州经济发展咨询会暨重点项目签约仪式等一系列进博会专题招商活动在上海举行。

5日　第八届全国道德模范座谈会和颁奖仪式在北京举行，国网江苏省电力有限公司仪征市供电分公司滨江业务所运维采集班副班长周维忠获“第八届全国道德模范”称号。这是扬州首位全国道德模范获得者。

5—6日　全国政协农业和农村委员会副主任薛延忠率住山西全国政协委员一行到扬州，就“大运河文化带建设”情况开展专题调研。

8日　潍柴－神华乌海能源150吨大型矿用卡车首批交付仪式在扬州举行，标志着全国首款150吨自主品牌大型矿用卡车批量商业化应用，打破大型矿山特种设备进口垄断，实现自主可控。

9日　扬州市绿色金融服务平台上线运行，这也是全省首个绿色金融服务线上平台。

11日　历时四年编纂而成的70余万字《扬州市援藏援疆志》通过验收。这是扬州首部系统记述对口援藏援疆历程的专业志书。

12日　国家发改委办公厅发布《关于印发第三轮中欧区域政策合作中方案例地区名单的通知》，扬州市第二次入选中方案例地区。合作期为2021—2023年。

16日　教育部发布《关于2021年度全国足球特色幼儿园示范园试点项目立项名单的公示》。扬州宝应县托幼中心、宝应县小官庄镇中心幼儿园、宝应县望直港镇中心幼儿园、宝应县曹甸镇中心幼儿园、宝应县优贝幼儿园、高邮经济开发区幼儿园等6所幼儿园入选。

17日　扬州瘦西湖风景区被全国旅游标准化技术委员会认定为第一批国家级文明旅游示范单位。

18日　2021中国科学院、工程院院士增选结果公布，扬州大学校友万宝年、李劲松当选中国科学院院士。

26日　在摩洛哥马拉喀什召开的国际灌溉排水委员会第72届国际执行理事会会议暨第五届非洲区域会议上，里运河－高邮灌区入选2021年度（第八批）世界灌溉工程遗产名录，成为江苏首个世界灌溉工程遗产。

29日　省委宣传部公布2021年江苏省中华文化走出去重点项目评审结果，扬州国际传播新媒体矩阵和大运河传媒（Grand Canal Media）入选。

△　扬州与长城控股集团整车及零部件生产基地项目签约仪式在南京举行。

30日　工业和信息化部公布第五批国家工业遗产名单，扬州谢馥春香粉厂旧址入选。

12月

1日　党史学习教育中央第五指导组到扬州开展指导工作。

△　国家市场监管总局国家标准化管理委员会发布第二批国家级消费品标准化试点项目名单，生态科技新城杭集高新技术开发区入选，是全省唯一入选该项目名单的区域。

2日　市政府与省农村信用社联合社签署战略合作协议。

2—4日　党史学习教育中央第五指导组组长孙永春率队在扬州调研指导。

4日　中国建筑学会2019—2020建筑设计奖第一届“历史文化保护传承创新专项”优秀获奖项目学术讨论会在北京召开。广陵区“仁丰里历史文化街区保护与利用工程”获一等奖。

7日　总投资约50亿元的礼邦生物医药肾脏病领域新药研发生产基地项目在扬州举行奠基仪式。

9日　省文旅厅发布《2021年江苏省工业旅游区认定结果名单》，扬州百汇园黑莓工业旅游区入选。

△　首批省文化和旅游产业融合发展示范区建设名单公布，高邮市、广陵区入选。

△　市政府办公室印发《扬州市城乡生活垃圾分类工作实施方案》。

△　扬州市退役军人就业创业促进会成立，是全省首家。

10日　第八批次江苏省特色田园乡村名单公布，江都区仙女镇曹王林园场英雄组、仪征市新集镇庙山村秦云组、宝应县柳堡镇仁里村姜庄3个乡村被命名为省特色田园乡村。

14日 2020—2021年度中国建设工程鲁班奖（国家优质工程）获奖名单公布。江苏省华建建设股份有限公司承建的深圳壹成中心花园项目、江苏江都建设集团有限公司承建的石嘴山银行银川分行办公大楼项目获鲁班奖。

14—15日 省委副书记张义珍到扬州调研乡村振兴工作。

15日 2021“创新发展·合作共赢”中欧国际合作（扬州）恳谈会举行。会议签署马可·波罗纪念馆提档升级、Slush Young 2022扬州青年科创节、中意绿色设计研究中心、中德职教等多个合作协议。

△ 平安中国建设表彰大会在北京举行。江都区被授予“2017—2020年度平安中国建设示范区”称号，并第二次获全国社会治安综合治理工作最高奖——“长安杯”。

15—16日 省人大常委会副主任、党组副书记王燕文率调研组到扬州调研省政府2021年民生实事项目落实情况。

16日 国家发改委发布《优化营商环境百问百答》，“扬州市建立采购人和供应商信用承诺制度”作为可复制借鉴的实践案例和典型经验被收录，并在全国推广。

△ 2021年度人社窗口单位业务技能练兵比武全国总决赛举行，扬州武新潮、聂慧、戴佐勇3名人社系统基层工作人员被人社部授予“全国人社知识通”称号。

17日 中国石化扬州石油文昌西路综合能源服务站为扬州公交车调试加注氢气，标志着全市第一座加氢站建成。

△ 省水利厅发布首批省级水利遗产名录，刘堡减水闸、大运河明清故道（高邮段、邵伯段）等20处水利工程入选，数量居全省第一。

18日 2021年江苏省绿色港口评价结果公布，扬州港六圩港区1~3号码头获评“江苏省三星级绿色港口”，城北作业区新港物流码头获评“江苏省五星级绿色港口”，这也是2021年度全省唯一五星级绿色港口。

22日 第七批农业产业化国家重点龙头企业名单公布。宝应县江苏包天下食品有限公司和高邮市扬州市宏大饲料有限公司两家企业入选。

△ 省工信厅公布江苏省第二批绿色工厂名单，扬州亚星客车股份有限公司等13家企业入选。

23日 省商务厅电商公共服务全省行第五站暨“台商走电商”专场活动在扬州举行。

△ 中国文联、中国戏剧家协会授予江都“中国扬剧之乡”称号。

24日 省委常委、政法委书记邓修明到扬州调研。

26日 省水利厅公布2022年国家水土保持重点工程涉及的相关县（市、区）名单，高邮市、广陵区立项。这是扬州首次有县（市、区）入选国家水土保持重点工程。

27日 省委书记吴政隆深入扬州企业、科研院所、医学观察隔离点、历史文化街区就学习贯彻党的十九届六中全会和中央经济工作会议精神、落实省党代会部署进行调研。

△ 中国土木工程学会住宅工程指导工作委员会公布“2021年中国土木工程詹天佑奖优秀住宅小区金奖入选工程”名单。由扬州科教建设公司（原教育置业公司）开发的“香茗湖一号”（原名“西溪玫瑰”）住宅小区、扬建集团承建的扬子新苑D区安置房一期工程（北组团）获金奖。

△ 2019—2020年度中国水利工程优质（大禹）奖获奖名单公布，扬州城市安全第一工程——瓜洲泵站入选。这是扬州水利工程领域摘得的首个全国顶级大奖。

27—29日 2021中国江苏乡土人才技艺技能大赛决赛在扬州486赛区比赛举行。大赛设陶刻、刺绣、玉雕、水晶雕刻、红木雕刻、剪（刻）纸、茶艺、盆景制作、修脚、烹饪10个竞赛项目。

28日 扬州城市快速内环全线通车，宁扬城际轨道交通（扬州段）开工建设。

△ 由市政府主办，市商务局承办的2021中国（扬州）国际创意美食博览会暨第三届中国早茶文化节开幕。展会采取线上线下融合方式举办。来自美国、英国、荷兰、日本等15个国家和地区的145家展商参展。

28—30日 市八届人大常委会第四十次会议召开。

30日 中国共产党扬州市第八届委员会第二次全体会议举行。

△ 2021年江苏省首台（套）重大装备认定名单公布。江苏丰尚智能科技有限公司的PTZL 5000真空喷涂机获省工信厅的省首台（套）重大装备认定。

31日 扬州工业职业技术学院入选江苏省中国特色高水平高职学校建设单位。

概览

Gailan

编 辑 王妮姗

自然地理

■位置面积 扬州市地处江苏省中部，位于长江北岸、江淮平原南端。现辖区域在北纬32度15分至33度25分、东经119度1分至119度54分之间。东部与盐城市、泰州市毗邻；南部濒临长江，与镇江市隔江相望；西南部与南京市相连；西部与安徽省滁州市交界；北部、西北部与淮安市接壤。扬州城区位于长江与京杭大运河交汇处，北纬32度24分、东经119度26分。全市东西最大距离85千米，南北最大距离125千米，总面积6590.62平方千米，其中市区面积2305.07平方千米（其中建成区面积140平方千米）、县（市）面积4285.55平方千米（其中建成区面积97.8平方千米）。陆地面积4908平方千米，占74.47%；水域面积1683.21平方千米，占25.54%。

■地形地貌 扬州市境内地形西高东低，以仪征市境内丘陵山区为最高，从西向东呈扇形逐渐倾斜，高邮市、宝应县与泰州兴化市交界一带最低，为浅水湖荡地区。境内最高峰为仪征市大铜山，海拔149.5米；最低点位于高邮市、宝应县与泰州兴化市交界一带，平均海拔2米。扬州市区北部和仪征市北部为丘陵，京杭大运河以东、通扬运河以北为里下河地区，沿江和沿湖一带为平原。境内有大铜山、小铜山、捺山等，主要湖泊有白马湖、宝应湖、高邮湖、邵伯湖等。境内有长江岸线80.5千米，沿岸有仪征、江都、邗江、广陵等一市三区；京杭大运河纵穿腹地，由北向南沟通白马湖、宝应湖、高邮湖、邵伯湖，汇入长江，全长143.3千米。除长江和京杭大运河以外，主要河流还有东西向的宝射河、大潼河、北澄子河、通扬运河、新通扬运河。

■气候 扬州市属于亚热带季风性湿润气候向温带季风气候的过渡区，气候主要特点是四季分明、日照充足、雨量丰沛，盛行风向随季节有明显变化。春季多为东南风；夏季多为从海洋吹来的湿热的东南到东风，以东南风居多；秋季多为东北风；冬季盛行干冷的偏北风，以东北风和西北风居多。冬、夏季偏长，各约4个月；春、秋季较短，各2个月。

1. 气温

2021年，全市各气象观测站测得各地年平均气温分别为：扬州17.1摄氏度、宝应16.4摄氏度、高邮16.8摄氏度、仪征16.9摄氏度、江都16.5摄氏度。2021年扬州平均气温为1961年以来历史最高。其中，扬州城区偏高1.4摄氏度。从历史趋势来看，1995年以来年平均气温整体呈偏高趋势。与常年同期比较来看，月平均气温均偏高。2021年极端最高气温全市为38.0摄氏度（7月14日，扬州）；极端最低气温为-12.1摄氏度（1月8日，宝应）；35摄氏度及以上的高温日数为5天（宝应、高邮）~16天（扬州）；终霜日为3月23日，比常年早8天（常年为3月31日）；初霜日为11月8日，接近常年（常年为11月7日）。

2. 降水

全市各地年降水量分别为：扬州1051.9毫米、宝应1055.3毫米、高邮1240.9毫米、仪征930.3毫米、江都1316.5毫米。与常年相比，除扬州持平、仪征偏少一成外，其他偏多1~3成。扬州城区降水量较常年偏多的月份有5月、7月、10月，其他月份均偏少。

3. 日照

全市各地年日照时数分别为：扬州1596.6小时、宝应1863.7小时、高邮1962.1小时、仪征1823.6小时、江都1864.4小时。与常年相比，除扬州、宝应偏少1~2成，其他与常年持平。扬州城区除1月、2月、11月和12月偏多外，其他月份均偏少。

4. 气象灾害

2021年致灾的主要天气有：强对流、大风、冰雹及台风“烟花”带来的大风与暴雨等天气。

■资源 土地资源。全市土地总面积为6590.62平方千米。其中，湿地35.07平方千米、耕地2733.39平方千米、园地40.76平方千米、林地305.19平方千米、草地31.85平方千米、城镇村及工矿用地1164.74平方千米、交通运输用地137.96平方千米、水利设施用地80.36平方千米、水域1945.26平方千米、其他土地116.04平方千米。

水资源。境内有乡镇（大沟）级以上主要河流1111条，总长6060千米。其中，淮河入江水道干支流水系河流379条1582千米、里下河水系河流506条3345千米、长江水系河流226条1133千米；县级以上河流198条2916千米、乡镇级主要河流913条3144千米。

矿产资源。境内已发现矿产资源15种，其中已探明储量的矿产资源12种。石油、天然气储量居全省前列，邗江、江都、高邮一带有丰富的石油、天然气资源，邵伯湖滨地区和里下河洼地素有“水乡油田”美誉。砖瓦黏土、石英砂、玄武岩、砾（卵）石、矿泉水、地热等矿产资源较丰富。仪征、邗江丘陵山区有黄沙储量2亿~3亿吨，石料储量1.2亿吨，卵石储量约3亿吨。全市玄武岩远景储量2.5亿吨。城区北部及仪征、高邮等地矿泉水资源丰富、品质优良，符合国家饮用天然矿泉水标准。地热资源分布广、温度高、水质好，可采储量3万立方米/天。

水产资源。全市水面广阔、资源丰富，江河湖荡中盛产鱼、虾、蟹、蚌、龟、鳖、珍珠、荷藕、芦苇等。

行政区划

扬州市现辖3个区、1个县、2个县级市。

1950年1月，扬州专区划出如皋县、海安县给南通专区，划出东台县、台北县（今盐城市大丰区）给盐城专区。设立泰州专区，辖扬州市、泰州市、兴化县、高邮县、宝应县、靖江县、泰兴县、江都县、泰县、仪征县、六合县等2个市、9个县。1953年1月，泰州专区改称扬州专区，专署由泰州市迁驻扬州市，原属皖北人民行政公署领导的江浦县和原苏北人民行政公署直辖的扬州市划归扬州专区领导。1956年2月，六合县、仪征县、江浦县划归镇江专区，原属镇江专区的扬中县划归扬州专区。1956年3月，江都县析为江都县、邗江县。1956年12月，扬中县划归镇江专区，六合县、仪征县、江浦县划回扬州专区。1958年7月，六合县、江浦县划归南京市。1958年11月，邗江县并入扬州市。1960年4月，宝应县、高邮县析湖西地区为金湖县。1962年6月，六合县、江浦县划归扬州专区。1963年3月，复置新邗江县。1966年3月，仪征县、六合县、江浦县、金湖县划给新设立的六合地区。1971年3月，六合地区撤销，仪征县、六合县划回扬州专区。5月，扬州专区改称扬州地区。1975年，六合县划归南京市，扬州地区辖2个市、9个县。

1983年3月，江苏省改革地市体制，调整行政区划，扬州地区行政公署撤销，原属扬州地区的泰州市和江都、邗江、泰县、高邮、靖江、宝应、泰兴、兴化、仪征等9个县划归扬州市管辖；扬州市改由省管辖，设广陵区和郊区。1986年4月，仪征县撤县设市；1987年12月，兴化县撤县设市；1991年4月，高邮县撤县设市；1992年9月，泰兴县撤县设市；1993年8月，靖江县撤县设市；1994年4月，江都县撤县设市；1994年7月，泰县撤县设立姜堰市。撤县设市中，行政区划均未改变。

1996年8月，经国务院批准，撤销县级泰州市，设立地级泰州市，原由扬州市代管的泰兴、姜堰、靖江、兴化等4个县级市划归泰州市管辖。扬州市设广陵区、郊区，辖宝应县、邗江县，代管仪征市、高邮市、江都市等3个县级市。2000年12月，邗江县撤销县级建制，改设扬州市邗江区。扬州市设广陵区、郊区（2002年更名为维扬区）、邗江区等3个区，辖宝应县，代管仪征市、高邮市、江都市等3个县级市。

2011年11月，经国务院批准，扬州市调整部分行政区划。撤销县级江都市，设立扬州市江都区，以原江都市行政区域为江都区行政区域；将邗江区李典、头桥、沙头、杭集、泰安等5个镇并入广陵区；

2021年扬州市行政区划和土地面积表

表3-1

地　区	镇（个）	乡（个）	街道办事处（个）	村民委员会（个）	居民委员会（个）	土地面积（平方千米）
全　市	**61**	**2**	**20**	**1009**	**391**	**6590.62**
市　区	28	1	18	467	241	2305.07
扬州经济技术开发区	3	0	2	28	30	88.23
广陵区	6	0	5	83	62	334.86
邗江区	6	1	11	97	76	552.69
江都区	13	0	0	259	73	1329.29
宝应县	14	0	0	238	45	1461.56
仪征市	9	0	0	134	51	902.2
高邮市	10	1	2	170	54	1921.79

注：扬州经济技术开发区代管邗江区2个镇、2个街道和仪征市1个镇

（统计局）

2021年扬州市乡镇、街道一览表

表 3-2

地 区	乡镇、街道名称
扬州经济技术开发区	朴席镇 施桥镇 八里镇 扬子津街道 文汇街道
广陵区	湾头镇 杭集镇 李典镇 沙头镇 头桥镇 泰安镇 东关街道 汶河街道 文峰街道 曲江街道 汤汪街道
邗江区	公道镇 方巷镇 槐泗镇 瓜洲镇 杨寿镇 杨庙镇 平山乡 邗上街道 新盛街道 蒋王街道 汊河街道 梅岭街道 甘泉街道 瘦西湖街道 双桥街道 城北街道 竹西街道 西湖街道
江都区	仙女镇 小纪镇 武坚镇 樊川镇 真武镇 宜陵镇 丁沟镇 郭村镇 邵伯镇 丁伙镇 大桥镇 吴桥镇 浦头镇
宝应县	安宜镇 氾水镇 夏集镇 柳堡镇 射阳湖镇 广洋湖镇 鲁垛镇 小官庄镇 望直港镇 曹甸镇 西安丰镇 山阳镇 黄塍镇 泾河镇
仪征市	真州镇 青山镇 新集镇 新城镇 马集镇 刘集镇 陈集镇 大仪镇 月塘镇
高邮市	龙虬镇 车逻镇 汤庄镇 卸甲镇 三垛镇 甘垛镇 界首镇 周山镇 临泽镇 送桥镇 菱塘回族乡 高邮街道 马棚街道

注：1. 邗江区扬子津街道、文汇街道、施桥镇、八里镇和仪征市朴席镇由扬州经济技术开发区代管；
2. 广陵区杭集镇、泰安镇由扬州生态科技新城代管；
3. 邗江区梅岭街道、瘦西湖街道、城北街道、平山乡由蜀冈－瘦西湖风景名胜区代管

（统计局）

撤销扬州市维扬区，将维扬区行政区域并入邗江区。扬州市设广陵、邗江、江都等3个区，辖宝应县，代管仪征、高邮等2个县级市。

2021年，撤销广陵区汤汪乡、邗江区西湖镇，设立广陵区汤汪街道、邗江区西湖街道。2021年末，扬州市共有61个镇、2个乡、20个街道，有村民委员会1009个、居民委员会391个。

历史 人文

■历史沿革 扬州有2500余年有文字可考的历史。

大约距今7000~5000年前，淮夷人就在扬州一带劳动生息，并有水稻栽种。春秋时期，今扬州市区西北部一带称邗。周敬王三十四年（前486），吴灭邗，筑邗城，开邗沟，连接长江、淮河。越灭吴，地属越；楚灭越，地归楚。周慎靓王二年（前319），楚在邗城旧址上建城，名广陵。

秦统一六国后，设广陵县，属九江郡。汉代，今扬州称广陵、江都，长期是诸侯王的封地。吴王刘濞“即山铸钱、煮海为盐”，开盐河（通扬运河前身），促进经济的发展。西汉元封六年（前105），汉武帝将江都王刘建的女儿刘细君嫁到乌孙国，比王昭君和亲匈奴早80余年。东汉末年，张婴率领的农民起义军在广陵一带转战10余年后，被广陵太守张纲劝降。

三国时期，魏吴之间战争不断，广陵为江淮一带的军事重地。南北朝时期，广陵屡经战乱，数次变为“芜城”。山东青州、兖州一带的移民南迁广陵一带，促进扬州的经济发展。北周改广陵为吴州。

隋开皇九年（589），隋灭陈，建立统一的隋政权，改吴州为扬州，置总管府。至此，完成历史上的扬州和今天的扬州在名称、区划、地理位置上的基本统一。隋炀帝时，开大运河连接黄河、淮河、长江，扬州成为水运枢纽，奠定唐代扬州空前繁荣的基础。隋炀帝大业初年改州为郡，扬州随之改为江都郡。隋大业元年至大业十二年（605—616），隋炀帝三下江都。大业十四年，隋炀帝被部将宇文化及所杀，葬于扬州城西北曹庄。

唐武德二年（619），李子通率农民起义军攻克江都，称皇帝，国号吴。武德三年，扬州为唐军占，名称屡有更改；武德九年，复称扬州，治所在今扬州。扬州是南北粮草、盐、钱、铁的运输中心和海内外交通的重要港口，曾为都督府、大都督府、淮南道采访使和淮南节度使治所，领淮南、江北诸州。嗣圣元年（684），徐敬业、骆宾王在扬州起兵反对武则天政权。唐末五代，军阀混战，扬州遭到严重破坏。光启三年（887），杨行密开始入主扬州。后梁贞明五年（919），其子杨渭（隆演）就吴国王位，改元武义。贞明六年，杨渭卒，弟杨溥即吴王位；后唐天成二年（927），杨溥即皇帝位，改元贞元，史称“杨吴”。后晋天福二年（937），徐知诰迫杨溥禅位，自即帝位，国号为唐，史称“南唐”。后周显德四年（957），后周取南唐江都府，复称扬州。

北宋建立后，农业、手工业迅速发展，商业进一步繁荣，扬州再度成为中国东南部的经济、文化中心，与都城开封相差无几。每年商业税收约8万贯，居全国第三位。北宋靖康二年（1127），宋高宗赵构迫于金人进逼，在迁都过程中以扬州为“行在”一年，促进扬州的繁荣。韩世忠、刘琦、岳飞等南宋名将在扬州进行艰苦的斗争。南宋德祐元年至德祐二年（1275—1276），李庭芝、姜才率军队和扬

州人民一起与元军展开不屈的斗争，不幸殉难。

明嘉靖三十五年（1556），扬州建“新城”。明朝灭亡后，为阻止清兵南进，南明督师史可法在扬州率军坚守孤城，宁死不降，表现出坚贞不屈的民族气节。城陷后，清军屠城十日，死者数以万计。

清代，扬州出现空前繁华，城市人口超过50万人，成为当时中国八大城市之一，也是18世纪末、19世纪初世界十大城市之一，康熙帝和乾隆帝多次“巡幸”。19世纪中叶以后，由于运河山东段淤塞，漕粮改经海上运输，淮盐改由铁路转运，加上其他方面的原因，扬州在经济上逐渐衰落。第一次鸦片战争期间，扬州府属的瓜洲、仪征等地军民奋起抵抗英军侵略。太平天国农民起义军先后3次在扬州一带与清兵激战。在孙中山领导的民主主义革命中，扬州人熊成基在安徽以陆军炮营队官的身份，于清光绪三十四年（1908）十一月组织、领导著名的安庆新军起义，开始武装夺取政权的尝试。宣统三年（1911）十一月，扬州人孙天生在扬州发动武装起义，史称“扬州光复”。

民国元年（1912），废扬州府，置江都县。民国11年，扬州境内第一条公路建成。民国14年，中国共产党开始在扬州一带组织、领导人民进行新民主主义革命。民国20年，扬州洪水泛滥，长江和运河沿线决口60余处，死于水灾、饥饿和疫病者数十万。民国26年10月，中共中央长江局派员在扬州建立中共扬州特别支部，与扬州各界人士一同开展抗日救亡运动；12月，侵华日军占据扬州，以陈文为首的扬州抗日义勇团在扬州北乡展开抗日斗争。民国28年初，新四军贯彻中共中央东进北上的方针，着手创建苏中抗日根据地。民国29年7月，陈毅、粟裕率新四军主力北渡长江、挺进苏中，在江都建立新四军江北指挥部。民国37年底至1949年4月，扬州各县相继解放。1949年1月25日，今扬州市区解放，设置扬州市；以仙女庙镇为治所，另建江都县。

■人文风貌 古代扬州，雄踞江淮中心，南北货物在这里运输，南北文化也在这里融合。东汉初，辞赋家陈琳，是史籍记载最早的广陵文学家。

唐代扬州农业、商业和手工业相当发达，出现大量的工场和手工作坊，不仅富甲江淮，而且是中国东南第一大都会，时有“扬一益二”之称（益州为成都古称）。在以长安为中心的水陆交通网中，扬州始终起着枢纽作用。唐代扬州和大食（今阿拉伯）交往频繁，侨居扬州的大食人数以千计。侨居扬州的客商主要来自波斯、大食、新罗、日本等国。日本遣唐使到扬州和高僧鉴真东渡日本促进中日两国的政治、经济、科学和文化交流。扬州学者曹宪、李善二人专攻《文选》，开中国文选学之先河。李善之子李邕能诗善文，工书法，尤擅行书，是继虞世南、褚遂良之后的大书法家。张若虚为“吴中四杰”之一，《春江花月夜》有“以孤篇压全唐”之誉。中国第一部记录典章制度的专书《通典》是杜佑在扬州编纂而成。五代宋初的扬州人徐铉、徐锴兄弟校对《说文解字》，为清代扬州学人精研《说文》学奠定基础。宋代，欧阳修、苏轼、秦观、姜夔、王令等在扬州留下大量传世名作。

元、明两代，扬州经济发展加快。到扬州经商、传教、从政、定居的外籍人日渐增多，其中仍以波斯人和阿拉伯人为最。元代，运河扬州段经几次整治，基本形成今天的走向，恢复一度中断的漕运，扬州又迅速繁华起来。明代，商品经济的发展孕育资本主义生产关系的萌芽。扬州的商业主要是两淮盐业专卖和南北货贸易，盐税收入几乎与粮赋相等。商业扩大到旧城以外。手工业作坊生产的漆器、玉器、铜器、竹木器具和刺绣品、化妆品都达到相当高的水平。文化方面，出现睢景臣等一批著名杂剧、小说作家。

清代的扬州，居交通要冲，富盐渔之利，盐税与清政府的财政收入关系极大。各地商人纷纷在扬州建起会馆，各有营业范围和地方特色。同时兴起的还有会票——信用汇兑。一些盐商广结文士，爱好藏书，捐资修建府学、县学，恢复名胜古迹，兴建园林，对扬州的文化发展作出一定贡献。其间，出现以金农、汪士慎、黄慎、李鱓、郑燮、李方膺、高翔、罗聘等“扬州八怪”为代表的扬州画派，以任大椿、汪中、焦循、阮元和王念孙、王引之父子为代表的扬州学派。扬州戏剧历史悠久，至清代大盛。清乾隆五十五年（1790），为庆祝乾隆八十寿辰，以宝应高朗亭为班主的三庆班进京演出，与其他剧种一起，对京剧的形成和发展产生重要影响。扬州的雕版印刷和评话、清曲、扬剧、木偶剧及棋艺、琴艺等均在清代达到较高水平，形成自己的特色，奠定扬州成为当时中国文化中心之一的基础。

辛亥革命以后，扬州文化艺术领域名家辈出，比较有影响的有朱自清、刘师培、李涵秋、贡少芹、张丹斧、陈含光、潘月樵和革命作家李进、李俊民、韩北屏、许幸之、江树峰等。朱自清是对中国文学很有影响的人物。李涵秋创作的33部小说中，以反映扬州里巷风俗轶闻的《广陵潮》最为著名。

人口 方言

■人口 2021年末，扬州市户籍人口451.56万人，比上年下降0.69%。全年户籍出生人口19888人，出生率4.39‰；户籍死亡人口37769人，死亡率8.34‰，当年人口自然增长率-3.95‰。年末全市常住人口457.7万人，常住人口城镇化率71.42%。

■方言 扬州市的语言是以“扬州话”为代表的江淮官话。扬州市城区、仪征、宝应、高邮（除东部与兴化交界的边缘地区外）和江都红旗河、野田河以西地区属江淮官话的洪巢片；江都红旗河、野田河以东地区，高邮东部与兴化交界的边缘地区属江淮官话的泰如片。宝应中港渔业村是中原官话方言岛。

2021年扬州市分地区人口数及构成情况表

表 3-3

地　区	总人口	男	女	性别比
全　市	**4515556**	**2245437**	**2270119**	**98.91**
市　区	2319741	1144542	1175199	97.39
广陵区	488071	239639	248432	96.46
邗江区	815534	399196	416338	95.88
江都区	1016136	505707	510429	99.07
宝应县	858987	435190	423797	102.69
仪征市	548201	274150	274051	100.04
高邮市	788627	391555	397072	98.61

（统计局）

2021年扬州市分地区户数、平均人口及密度情况表

表 3-4

地　区	户　数（户）	平均每户人数（人）	年平均人口（人）	人口密度（人/平方千米）
全　市	**1476377**	**3.06**	**4531326**	**685**
市　区	781802	2.97	2323461	988
广陵区	171428	2.85	489366	1457
邗江区	270973	3.01	812548	1192
江都区	339401	2.99	1021548	764
宝应县	263965	3.25	864614	588
仪征市	181208	3.03	550700	638
高邮市	249402	3.16	792552	410

（统计局）

民族 宗教

■民族 2021年，扬州市有51个民族。汉族人口最多，占人口总数的99.33%。有少数民族50个，户籍人口3.01万人，占人口总数的0.67%。其中，回族人口最多，约1.75万人，城区回族人口8600余人。超过100人的少数民族有回族、苗族、彝族、土家族、满族、壮族、侗族、蒙古族、布依族、维吾尔族、朝鲜族、黎族、哈尼族，其他如景颇族、京族、纳西族、高山族、毛南族、俄罗斯族、裕固族、基诺族、柯尔克孜族、塔塔尔族、赫哲族、鄂伦春族人数相对较少。少数民族人口分布较广泛，但又相对集中。回族主要分布在高邮、广陵、江都、邗江。在高邮，回族又相对集中在菱塘一带。菱塘回族乡是江苏省唯一的少数民族乡。土家族分布在江都、仪征、高邮和邗江一带。满族分布在仪征、邗江、江都一带。侗族主要分布在仪征。仪征市月塘镇龙山村、大仪镇河北村为民族村。

■宗教 扬州市为全省宗教工作重点市，佛教、道教、伊斯兰教、天主教、基督教五教齐全。2021年，全市有经登记的宗教活动场所233处、编号建档的民间信仰场所23处，有信教群众约12.4万人、经认定备案的宗教教职人员405人，有市级宗教团体6个、县级宗教团体22个、省属宗教院校1所（鉴真佛教学院）。

风景名胜

瘦西湖风景区

■概况 瘦西湖风景区为国家重点风景名胜区、全国文明风景旅游区、国家文化旅游示范区、国家AAAAA级旅游景区。自隋唐起，景区沿湖陆续建园，至清代乾隆时期，已是“两岸花柳全依水，一路楼台直到山”，湖上园林之景融南方之秀、北方之雄于一体，以风韵独具而蜚声海内外。景区内窈窕曲折的一湖碧水串以卷石洞天、西园曲水、长堤春柳、荷蒲熏风、四桥烟雨、徐园、月观、小金山、钓鱼台、水云胜概、五亭桥、白塔晴云及二十四桥景区、万花园景区等名园胜迹，俨然一幅次第展开的国画长卷。

■长堤春柳 起于虹桥西岸，向北止于徐园，为清乾隆年间盐商黄为蒲构筑。后渐渐荒废，至咸丰、同治年间，堤柳已不复存。民国4年（1915）建徐园时，恢复旧观。此景南北长650米，沿堤遍植杨柳，每至春日，柳絮随风飞舞，迷离如烟。垂柳间植有桃树，桃花开时，与杨柳相互映衬，更显清纯飘逸、艳丽多姿。长堤中段建有方亭，枕于湖上，游人于此小憩，宛如走入图画。

■徐园 原为清初韩园桃花坞故址，民国4年（1915）改为徐宝山祠堂，故名徐园，为市级文物保护单位。园门南迎长堤春柳。园内有一方荷池，缘池缀以山石，环植桃柳。池东有青石平桥。池北有“听鹂馆”三楹，取杜甫诗句“两个黄鹂鸣翠柳，一行白鹭上青天”之意。馆前平台上放置南朝萧梁时代镇水铁镬两只；馆东南为四角攒尖式碑亭；馆西有“青草池塘吟榭”，取谢灵运语“池塘生春草”之意。榭后廊复接七折曲廊，西通疏峰馆；榭之西南隅有精舍三间，为冶春后社旧址。

■小金山 原名长春岭，清乾隆年间盐商程志铨出资挖湖堆土而成，四

面环水，形如青螺。岭上多梅，岭东门额题“梅岭春深”。山上有风亭，山中有观音殿，山下有琴室、棋室、月观、木樨书屋、关帝庙、湖上草堂、玉佛洞诸景。

■莲花桥 乾隆二十二年（1757），巡盐御史高恒开莲花埂新河抵平山堂，同时在河上建桥，以便南北通行。因桥在莲性寺北，桥上五亭聚如金莲，故名莲花桥，俗称五亭桥，为全国重点文物保护单位。五亭桥形态独特，仿自北京北海金鳌玉桥和五龙亭，但又创造性地将五亭聚合，再将桥亭合二为一。桥长65米、宽7米，梯形桥身用青石叠成。五亭之中，中间一亭三层飞檐，略高；四角四亭单檐，稍低。五亭之间有廊檐相接，上覆金黄色琉璃瓦，空花脊，24个檐角似盛开的金莲花花瓣。桥身下支四翼，共有正、侧拱洞15个。据《扬州画舫录》记载：“月满时，每洞各衔一月，金色滉漾。”五亭桥结构严谨，多有创意，被茅以升誉为“中国古代交通桥与观赏桥结合的典范”、中国“最具艺术美的桥”。

■白塔 位于五亭桥南侧莲性寺内，于清乾隆年间建造，仿北京万寿山喇嘛塔形式，为全国重点文物保护单位。白塔为砖石结构，实测高度28.32米。塔分三层，下层为方形台基，四周以白石为栏，台上砖石塔座为须弥座，八角四面，每面三龛，龛内置砖雕十二生肖；中层塔身为圆形晨曦中的白塔龛室，形如古瓶，瓶腹南向辟莲瓣形龛，内供白衣大士像；上层为“刹”，呈圆锥形，有13级，刹顶置六角形宝盖，角端悬风铃，上托黄铜葫芦顶。

■熙春台 位于瘦西湖水向北转折处，又名春台祝寿（传说清乾隆帝在此为母亲祝寿），1986年按原貌复建。主楼坐西朝东，上下两层，面阔五楹，前有抱厦，四面有廊，飞檐翘角。熙春台两翼附属建筑呈“八”字形，南翼为湖石假山和复道，假山置小亭；北翼以曲廊与十字阁相接。十字阁碧瓦朱柱，四面为廊。台前偏北处有汉白玉诗碑一座，镌毛泽东手书杜牧诗《寄扬州韩绰判官》。

■二十四桥 位于熙春台北侧，桥形似玉带，因杜牧诗句“二十四桥明月夜，玉人何处教吹箫”而得名。二十四桥从西向东由落帆栈道、拱桥和曲桥组成。落帆栈道高跨湖汊，由黄石假山、竹牌、铁链构成。拱桥单孔，长24米、宽2.4米、高5米，两端桥坡台阶各24级，两侧围以汉白玉栏杆24根，栏板上雕云月图案。拱桥东接四曲平桥，桥堍置一方亭，名吹箫亭。如临月夜，桥洞拱形与水中半圆之影相合，恰成为一轮圆月，观之似霓虹卧波，令人赏心悦目。

■万花园 据清康熙《扬州府志》记载：“万花园，宋端平三年（1236）制使赵葵即堡城统制衙为之。”现今的万花园总占地44.2公顷，一期工程、二期工程分别于2007年、2009年建成开放，依托瘦西湖历史文化背景，以花文化为主题，以古典历史名园为线索，先后恢复和新建“锦泉花屿”“醉月飞琼”等景点，并结合地块内诸多历史遗迹，将唐代城门、城墙，宋代亭台，清代“石壁流淙”“锦泉花屿”及扬派盆景有机糅合，拓深瘦西湖历史，展现扬州历代文化内涵和风格。

住宅园林

■何园 又名寄啸山庄，位于市区古运河北岸徐凝门街，占地1.4公顷，建筑面积7000余平方米，为全国重点文物保护单位、国家AAAA级旅游景区。清同治元年（1862）始建。清光绪九年（1883），归隐扬州的湖北汉黄德道道员何芷舠购吴氏片石山房（又名双槐园）旧址扩建。园主取陶渊明“倚南窗以寄傲”“登东皋以舒啸”之意境，题园名为“寄啸山庄”。何园是一座大型住宅园林，由东西花园、住宅楼群、片石山房组成，尤以复道行空、回廊曲折著称，有“晚清第一园”之誉。园居院落融中西建筑艺术于一体，前进楠木大厅气势雄伟，后两进两层洋楼工艺精细考究。片石山房为大画家石涛和尚所拟构，占地不广，却丘壑宛然，被称为“江南园林中的孤例”。

■个园 位于市区盐阜东路10号，占地2.4公顷，建筑面积4700平方米，为全国重点文物保护单位、中国四大名园之一、国家AAAA级旅游景区。个园由两淮盐业商总黄至筠于清嘉庆二十三年（1818）在明代寿芝园旧址重建。园主生性爱竹，园名取自清代诗人袁枚名句“月映竹成千个字”。中部花园园景以竹石为主，以分峰用石为特色。最负盛名的是四季假山：春山笋石参差，修篁弄影；夏山湖石中空外奇，深潭清冽；秋山黄石丹枫，峻峭依云；冬山宣石似积雪未消。北部为品种竹观赏区；南部为园主人住宅，三纵三进，均对外开放。

■吴道台宅第 位于市区泰州路45号，系清代吴引孙在浙江宁绍台道道员任上，出资聘请浙江匠师在扬州营建的大型私宅，为全国重点文物保护单位。宅第建成于清光绪三十年（1904），分九路，有房屋百余间（俗称九十九间半）。宅东原有芜园和祠堂，均早毁。现存三路建筑保存良好。宅第建筑分东、中、西三轴线，规模宏大，结构精巧，雕工精致，以浙江建造法则为基础，糅合扬州传统建筑风格。东轴线从南到北为大门厅、洋楼、观音堂、亭、金鱼池、测海楼，中轴线从南到北为仪门、轿厅、爱日轩、前厨房、后厨房，西轴线从南到北为对厅、滋德堂、中进住宅、后进住宅。其中测海楼为吴家藏书楼，仿宁波天一阁，两层五楹，藏书之富名冠一时。

■卢氏盐商住宅 位于市区泰州路康山街22号，宅主为商界巨富卢绍绪，始建于清光绪二十年（1894），是扬州现存规模最大的盐商住宅建筑，也是反映扬州盐文化的重要遗迹，被誉为“盐商第一楼”，为全国重点文物保护单位。卢宅原有建筑九

小盘谷　　张孔生/摄

进200余间，曾遭火毁。2006年经修复后对外开放，门楼、住宅楼、意园、藏书楼等为原有建筑。卢宅建筑门楣砖雕精美异常，淮海厅、兰馨厅、涵碧厅、怡情楼厅堂阔大，天井两侧分布小型花园，后院意园内盝顶六角亭、石船舫、水池等相映成趣。

■**小盘谷** 位于市区丁家湾大树巷42号，占地0.57公顷，为全国重点文物保护单位。清光绪三十年（1904），两江总督周馥购得徐氏旧园重修而成。西部为平房住宅区，正中为一大厅，东部为花园。园内假山峰危路险，苍岩探水，溪谷幽深，石径盘旋，与楼、堂、桥、阁、亭、廊共纳于方寸之地，组合得体，疏密有致，故得名“小盘谷”。

■**汪氏小苑** 位于市区地官第14号，为全国重点文物保护单位，是扬州保存最为完整的清末民初大型盐商住宅之一。小苑占地0.3公顷，建筑面积1680平方米，遗存老屋97间。汪氏小苑中纵、西纵房屋为盐商汪竹铭在清朝末年所购，东纵房屋由汪家4个儿子在民国初年扩建。小苑建筑组群布局规整，住宅庭院比例均衡，采光充足，纵横互联相通，内外分合自如，体现扬州大宅门传统格局。庭园玲珑精巧，厅前屋后辟“可栖樨”“小苑春深”“迎曦”小苑。装修雕琢精湛，木雕、砖雕、石雕技法多样，门楣、石额、匾额、楹联皆出自名家之手。

■**二分明月楼** 位于市区广陵路263号，占地0.11公顷，建筑面积660平方米，为市级文物保护单位。清道光年间，员氏依唐代诗人徐凝“天下三分明月夜，二分无赖是扬州”诗意建园。光绪年间转归盐商贾颂平。园北部主楼为长楼，翘角飞檐，设敞廊、美人靠，可登高观月；东部有黄石山，依山势筑夕照阁3间；西南角置迎月楼3间，月上东山时可在阁中迎月；园中间有扇面亭、伴月廊、月亮桥等园林小品。

寺院道观

■**大明寺** 位于蜀冈中峰，曾有西寺、栖灵寺、法净寺之称，始建于南朝宋大明年间（457—464），为淮左著名古刹、全国第一批重点开放寺庙、全国重点文物保护单位、国家AAAA级旅游景区。因历史久远，原寺已废圮，现寺为清同治年间重建。大明寺占地33公顷，依山而建，由寺庙古迹、文章奥区、仙人旧馆、西苑芳圃、鉴真纪念堂、藏经楼、卧佛殿、栖灵塔、钟楼、鼓楼组成，是集宗教建筑、文物古迹和园林风光于一体的游览胜地。其中卧佛殿、栖灵塔、钟楼、鼓楼为1988年后所建。

■**天宁寺** 位于市区丰乐下街，占地1.19公顷，建筑面积5000余平方米，为清代扬州八大名刹之首，省级文物保护单位。始建于东晋，相传为谢安别墅，后舍宅为寺。北宋政和二年（1112），宋徽宗赐额“天宁禅寺”。南宋绍兴十三年（1143），名报恩光孝寺。元末，寺毁。明洪武十五年（1382）重建，仍称天宁禅寺。清咸丰年间毁于兵火，同治、光绪年间重建。清康熙帝南巡时驻跸于此，乾隆帝南巡时于此建行宫。清康熙四十四年（1705），两淮巡盐御史曹寅在寺内设“扬州诗局”，主持刊刻《全唐诗》等书。清乾隆年间编撰完成的《四库全书》藏于寺内文汇阁。天宁寺现存建筑有山门殿、天王殿、大雄宝殿、华严阁和东、西廊房及配殿等。

■**重宁寺** 位于市区长征路15号，占地1.18公顷，建筑面积3000余平方米，为清代扬州八大名刹之一，全国重点文物保护单位。始建于清乾隆四十九年（1784），寺本“平冈秋望”故址，御赐额“万寿重宁寺”。清咸丰年间毁于兵火，同治年间重建，光绪年间再建。东侧园林已毁。现存天王殿、大殿、文昌阁、僧房等。大殿歇山重檐顶，面阔五间，殿内以铁力木作柱，天花藻井彩绘完好，并存有清乾隆帝亲题匾额及其撰写的《万寿重宁寺碑》。

■**高旻寺** 位于邗江区三汊河西岸，为清代扬州八大名刹之一。始建于隋代。清顺治八年（1651），漕运总督吴惟华在三汊河建七级浮屠，名“天中塔”，顺治十一年建成；又依塔建梵宇三进，称“塔庙”。其后，寺院西侧又建行宫，规模数倍于寺。清康熙帝第五、第六次南巡和乾隆帝6次南巡，均驻跸于高旻寺行宫。清代中叶的高旻寺建筑完美、规模宏大、名僧辈出，为鼎盛时期。清咸丰年间毁于兵火，同治、光绪年间稍复旧观。民国年间，高旻寺与镇江金山寺、常州天宁寺、宁波天童寺并称中国佛教禅宗四大丛林。1983 年，高旻寺被确定为全国汉族地区重点开放寺院。此后，相继建成大雄宝殿、禅堂、天中宝塔、法堂、上客堂、斋堂、讲经堂、放生池、水阁凉亭、水晶宫、来果和尚纪念堂等。

■观音山禅寺 位于市区蜀冈东峰，依山而建，占地 1.1 公顷，建筑面积 3115 平方米，为市级文物保护单位。元至元年间，僧申律建寺。明洪武十二年（1379），僧惠整重建。明洪武年间名功德山，明末清初改称观音山或观音禅寺。清咸丰年间毁，同治年间修复，光绪年间毁后又修复。寺坐北朝南，有山门殿、韦驮殿、大殿、藏经楼、两厢廊房等。寺西有紫竹林及小庭园。东有鉴楼，相传为隋“迷楼”故址。

■仙鹤寺 位于市区南门街 111 号，又名清白流芳大寺，为中国东南沿海伊斯兰教四大清真寺之一、全国模范清真寺、全国重点文物保护单位。相传为伊斯兰教创始人穆罕默德第十六世裔孙普哈丁于南宋咸淳年间募款创建。因全寺布局如鹤形，故名仙鹤寺。明洪武二十三年（1390），哈三重建。明嘉靖二年（1523），商人马道同与寺住持哈铭重修。门前抱鼓石为明代遗存。寺内有礼拜殿、望月亭、诚信堂、水房等建筑及宋、明时期所植银杏、柏树。望月亭、诚信堂（楠木厅）均为明代建筑。礼拜殿系清乾隆年间重建，殿阔五楹，分前后两部分，前殿带卷棚廊，后殿即窑殿所在。

■蕃釐观（琼花观） 位于市区文昌中路 360 号，俗称琼花观，为市级文物保护单位。前身为后土祠（又称后土庙），汉元延二年（前 11）建，祀土神。唐中和二年（882），淮南节度使高骈重建，供奉主管大地万物生长的女神后土夫人。北宋政和年间始称“蕃釐观”。北宋至道二年（996），王禹偁为扬州太守，观内有奇花盛开，俗谓琼花。宋人欧阳修任郡守时，在大殿之西北琼花树旁筑“无双亭”。蕃釐观经历代重修、整修，曾有石牌坊、三清殿、弥罗宝阁、文昌祠、深仁祠、竹轩花亭、芍药厅等建筑。后观内建筑屡遭破坏，蕃釐观古迹荡然无存。1993 年起，扬州市先后在旧址上修复蕃釐观、无双亭和琼花台，移建三清殿，建琼花园。

■文峰寺 位于市区宝塔路 16 号，为省级文物保护单位。始建于明万历十年（1582），与寺同建的文峰塔是扬州寺院中存留时间最长的塔，明代兵部侍郎王世贞作《文峰塔记》，记录修建文峰塔过程。因寺院位于城南古运河畔，自明代起，文峰塔即成为京杭运河出入扬州城的地标性建筑。清代康熙、乾隆数次游历从此经过，帆樯林立，盛极一时，寺也因塔而名。清康熙七年（1668），山东郯城发生 8.5 级地震，波及扬州，文峰塔塔尖倾倒坠地。次年，徽商闵象南捐资修葺。清咸丰三年（1853），太平军三下扬州与清军激战，文峰寺遭遇兵火，文峰塔木质结构全部毁损。民国元年（1912），青权、宗仰、峰屏、寂山发起重修，民国 12 年落成。中华人民共和国成立后，1957 年、1961 年、2002 年，文峰塔 3 次大修。2001 年，文峰寺对外开放。2015 年，文峰寺出土雍正十一年（1733）所镌刻《重修扬州文峰寺》。文峰寺主要建筑有天王殿、钟鼓楼、大雄宝殿、僧寮等。

陵园

■汉陵苑 位于市区平山堂东路 98 号，又名汉广陵王墓博物馆，系由高邮天山搬迁复原而成，占地 2.7 公顷，为省级文物保护单位、国家 AAA 级旅游景区。汉陵苑主要展示西汉第一代广陵王刘胥及其王后的木椁墓。两座墓同属于帝胄级“黄肠题凑”式木椁墓，规模宏大、结构严谨，是中国罕见的大型汉代墓葬遗存，有 2000 余年的历史。苑内地形起伏，建筑古朴雄浑，林木葱郁、绿草如茵，是融文物与园林为一体的汉文化展示中心。

■普哈丁园 位于市区文昌中路 167 号，古运河东岸、解放桥东南，俗称巴巴窑，又称回回堂，为全国重点文物保护单位。始建于南宋德祐元年（1275），明清时多次重修，中华人民共和国成立后亦多次修缮。普哈丁园由清真寺、墓区、园林三部分组成，占地 1.5 公顷，建筑面积 800 平方米。大门西向，临古运河，拱形门上嵌“西域先贤普哈丁之墓”石额一方。清真寺坐西朝东，面阔五楹，殿内抱厦后沿设窑窝。墓区门额题“天方矩矱”，意为阿拉伯楷模人物。园内有清光绪三十四年（1908）《先贤历史记略》碑。相

文峰寺　　张孔生/摄

传普哈丁为伊斯兰教创始人穆罕默德十六世裔孙，南宋咸淳年间在扬州传教，并建仙鹤寺。园内陆续葬有宋、明、清代其他西域先贤、虔诚教徒等。

■史公祠 位于市区广储门外街24号，为全国重点文物保护单位。清顺治二年（1645），清兵围困扬州，史可法拒降固守，城破被执，不屈而死。嗣子副将史德威寻其遗骸不得，乃葬其衣冠于梅花岭下。清初，建祠于此，后圮。清乾隆三十三年（1768），两淮盐运使郑大进建祠，扬州知府谢启昆作《史忠正祠记》。乾隆四十五年、四十九年，乾隆游历扬州，特追官祭奠。清咸丰年间，祠毁于战火。清同治九年（1870）重建。中华人民共和国成立后，重修史公祠。1988年，建史可法纪念馆。现祠墓大门临北护城河，东为墓、西为祠。进门为一庭院，院中参天古银杏两株。院正中为享堂，堂内2米高的史可法干漆夹纻坐像系1985年为纪念史可法殉难340周年塑造，陈列史可法生前使用过的腰带玉片、印章及《史氏扬州城东支谱》。享堂后为史可法衣冠冢，墓后即为梅花岭。

其他景区

■茱萸湾风景区 位于市区东北湾头镇，面积约50公顷，1982年始建，为国家AAAA级旅游景区。茱萸湾风景区三面环水，是一座融自然风光、人文景观、植物和动物观赏、现代游乐为一体的半岛型生态动植物园，景区内建有华东地区一流的动物散养观赏区。环岛建有8千米的运河风光带，有季节特征明显的植物林带及各类花卉观赏园。

■凤凰岛生态旅游区 位于扬州城区东北泰安镇，邵伯湖南端与京杭大运河相接的湖口处，是首批国家级农业旅游示范点和省级森林公园。138平方千米的邵伯湖水面上，漂浮着8个柳叶般的岛屿。这里江、河、湖相连，水天相望，岛上草深林密、杂花生树；水边芦花飞扬、禽鸟相逐，是江淮平原上自然生态环境保持最为完好的平原—湖泊类型湿地景观。

■宋夹城体育休闲公园 位于蜀冈－瘦西湖风景名胜区的核心地带，总占地700余公顷，北临保障湖、汉陵苑，南接瘦西湖温泉度假村，西边与瘦西湖主景区无缝对接，是扬州最大的一座集生态、休闲、运动、文化于一体的全民健身体育公园。2014年4月19日，宋夹城体育休闲公园开园，拥有综合馆、网球馆、羽毛球馆、乒乓球馆、七片室外网球场、四片室外篮球场、五片笼式足球场、两片篮球练习场、两片儿童篮球练习场、六片户外羽毛球场、两片排球场等运动场所，有环湖健身步道、自行车道、路径健身器材、棋艺连廊、儿童乐园、玫瑰花园、自行车租赁等项目，同时配套餐饮、购物、娱乐、停车等服务。

■三湾生态文化公园 位于扬州古运河三湾段，是一个以运河三湾及周边湿地风光为依托，集生态保护、文化遗产、科普教育、休闲游览等功能于一体的综合性公园。公园面积约101.33公顷，其中绿化面积约35.33公顷、水域面积38公顷，于2014年启动征地拆迁和建设工作，2017年9月对外开放，2018年12月被评为国家AAAA级旅游景区。2020年11月13日，习近平总书记视察三湾生态文化公园，详细了解大运河沿线环境整治和文化保护传承利用等情况，并指出“扬州是个好地方，依水而建、缘水而兴、因水而美，是国家重要历史文化名城”。2021年6月16日，园内扬州中国大运河博物馆建成开放。

市花 市树 市歌

■市花 琼花。据传，隋炀帝到扬州观赏琼花，有诗曰：彼扬一株花，四海无同类。宋代庆历年间，欧阳修任扬州太守时，曾在蕃釐观琼花树旁筑“无双亭”，由此扬州琼花名扬天下。1985年7月18日，扬州市第一届人民代表大会常务委员会第十六次会议决定，扬州市市花为琼花。今瘦西湖边、平山堂西园和大明寺内等处均有琼花应时开放，其中大明寺内一株琼花已有300余岁。

芍药。历史上，扬州的芍药闻名遐迩，一度与洛阳牡丹齐名，早有“扬州芍药甲天下”之誉。据记载，扬州芍药栽培始于隋唐，盛于宋代，衰于元明，复兴于清代。宋时，蜀冈禅智寺、龙兴寺等寺院都大量栽培，朱氏南北两圃植芍药五六万丛，盛极一时，“四相簪花”的民间故事广为流传。2005年1月5日，扬

三湾生态文化公园　　程　曦/摄

州市第五届人民代表大会常务委员会第十二次会议决定，增补芍药为扬州市市花。

■市树 全国古银杏以扬州居多，扬州城内百年以上的银杏树有100株左右。扬州属江南水乡，最宜植柳，素有“绿杨城郭”的美称。隋炀帝开凿运河，将柳树种植在运河两岸，并赐名“杨柳”，扬州因柳而名。1985年7月18日，扬州市第一届人民代表大会常务委员会第十六次会议决定，扬州市市树为银杏、柳树。银杏、柳树在扬州城区及各县（市、区）均有种植。

■市歌 《茉莉花》最早属于扬州的秧歌小调，后于明代演变成扬州清曲的曲牌名《鲜花调》，在扬州民间传唱数百年，并收录到清乾隆年间一部汇集当时流传广泛的地方戏曲集《缀白裘》中。2003年3月21日，扬州市第五届人民代表大会常务委员会第一次会议决定，扬州市市歌为扬州民歌《茉莉花》。

经济发展

■古代经济 距今约一万年前的远古时期，扬州成陆于长江三角洲漫滩冲积平原，今境内高邮龙虬庄新石器遗址发现有碳化的人工栽培水稻，表明大约在六七千年前这里就有水稻种植。

西周干（邗）国建立之时，扬州原始农业已有一定的基础，并有手工作坊兴起。广陵国作为一方都会，经济发轫。吴王刘濞受封广陵，建立吴国，“即山铸钱、煮海为盐”，扬州经济发展出现历史上第一次高峰，呈现饭稻羹鱼、国用富饶的景象。汉景帝前元三年（前154），刘濞发动“七国之乱”，原有经济政策废除。三国、南北朝时期乃至隋朝初期，战乱不已，扬州成为南北拉锯的主要战场，致使经济与社会长期停滞不前。

唐初，隋炀帝杨广时期开凿的大运河成为全国南北水运交通大动脉。扬州作为万里长江的尾闾，浩瀚大海的门户，江海交汇，其地理位置、经济地位相当于今日之上海。南方诸郡贡品、东南八道物资必经扬州转运至京都长安。扬州作为海上丝绸之路的重要港口、东方四大商港之一，海运通往波斯（今伊朗）、大食（今阿拉伯）、东非、东南亚及日本、朝鲜等地。运输繁忙时期“连舻百里，帆樯蔽日”。扬州经济发展出现第二次高峰，并步入鼎盛时期，是谓“江淮之间，广陵大镇，富甲天下”，史称“扬（州）一益（州）二”。

唐代以后，宋元明三朝，扬州交通地理位置虽比较重要，但经济繁荣远不及唐时。直至清代中期，两淮都转盐运使司设在扬州，扬州占漕运、盐务、河务三大要政之利，两淮盐区每年运销食盐约占全国九大盐区额定运销总数的1/3，成为全国最大的盐业经销中心，扬州政治、经济地位再度上升，出现经济发展的第三次高峰。在盐业巨额资本利益驱动下，手工业、商业、服务业得到发展。手工艺品中的漆器业发展到鼎盛时期，扬州玉雕也颇负盛名，其中北京故宫珍宝馆的《大禹治水图》有“中国玉器之王”之称。服装鞋帽业十分兴隆，服装、衣料业多集中于扬州城内多子（缎子）街、彩衣街一带，鞋帽、首饰多集中于翠花街、埂子街附近，以戴春林、薛天锡、谢馥春三大香粉为标志的香粉业先后饮誉300余年。南北货也相当活跃，各地商人聚集扬州，经营各地特产，设立商务会馆，其时有主营绸布的浙绍会馆，有主营湘绣的湖南会馆，有主营木材、江米的湖北会馆等。饮食服务业的茶馆、酒楼、浴室遍布城内，故有“早上皮包水，晚上水包皮”之说。

■近代经济 清道光二十年（1840），鸦片战争爆发，中国逐步沦为半殖民地半封建社会。随着淮南盐业的衰微和海运、铁路兴起，扬州逐渐失去其漕运和盐运的枢纽地位，经济发展受到明显制约。

咸丰年间，长期战乱，人口锐减，苛捐杂税多如牛毛，农民苦不堪言，熟田抛荒，农业严重萎缩。自民国初至1949年，旱涝灾害频频发生，尤以水患为最，淹死饿死不计其数，广大灾民处于水深火热中。

清末民初，现代意义的工业开始在扬州出现。首先是机器纺织业兴起。嘉庆十五年（1810），仪征县城东门开办缫丝、丝织工场，为境内最早纺织机构。光绪二十九年（1903），高邮县城开办劝工织布局，为境内最早织布机构。其次是粮油、食品加工业的发展。光绪二十四年（1898），仪征胥浦开设永隆油坊，后使用柴油机引擎生产。光绪三十二年（1906），高邮人朱畴创办裕亨面粉厂，后迁至扬州，易名扬州麦粉厂兴记（即扬州“二爿半厂”之一的扬州麦粉厂前身）。

鸦片战争以后，扬州漆器业、玉琢业渐趋萧条，大型宫廷玉停止制作，玉匠开始外流上海、香港等地。清末民初，以梁福盛号漆器产量最大、工艺最精。民国4年（1915），扬州梁氏漆器在万国巴拿马博览会上获一等银牌奖。扬州香粉业的戴春林、薛天锡两商号相继闭歇，仅谢馥春号绵延未衰，尤以鸭蛋香粉和冰麝头油畅销。

抗日战争爆发后，扬州经济发展遭受严重破坏。粮食产量低下，粮食亩产只有80千克、棉花亩产仅8千克，生猪饲养量只有173万头。主要商品实行管制、配给，日货充斥市场，市场动荡、通货膨胀、物价飞涨，城区商业贸易凋零，直至扬州全境解放。

■现代经济 中华人民共和国成立之初，扬州地区经济以农业为主，农作物产量低而不稳，工业企业少而水平不高。1949年，全地区工农业总产值仅有8.07亿元（1980年不变价），其中工业总产值仅有1亿余元。经过1950—1952年三年经济恢复和第一个五年计划的实施，农业、轻工业、重工业比例开始变化。经过1958年“大跃进”开始执行第二个五年计划和1963—1965年的调整及至“文化大革命”的干扰破坏，扬州经济在曲折中仍有所发展。1975

年，全地区工业总产值突破20亿元，首次超过农业总产值，两者比例为52.25∶47.75。

1978年中共十一届三中全会以后，扬州进入改革开放的新阶段，经济建设突飞猛进。工业经济较快发展并逐渐成为全地区经济的主体，长期以农业经济为主体的经济格局逐步改变，经济结构不断改善。80年代初，国家投资29亿元在仪征境内兴建全国最大的化纤工业企业——仪征化纤工业联合公司。1985年，全市工业总产值突破100亿元，重工业产值首次超过农业总产值。90年代初，扬州加快对外开放步伐，市区及邗江、江都、仪征被国务院列为沿海经济开放地区，扬州港作为一类口岸对外开放，扬州经济技术开发区成立。全市工业门类基本齐全，形成机械、轻工、纺织、化工四大支柱，还有工艺美术、食品两大特色行业；规模经济崭露头角，形成一批有一定经济规模的企业，产生一批市场覆盖率较高的优势产品，人们形象地称为“八龙起舞”（汽车、船舶、机械、集装箱、空调器、化工、服装、特色小产品）。1993年，全市工业总产值725.84亿元，重工业产值首次超过轻工业产值，扬州在全国城市综合实力50强中名列第34位、在全国地区生产总值超百亿元城市中名列第18位。

1992年起，按照中共十四大确立的建立社会主义市场经济体制的目标，以国有企业改革为中心，以产权制度改革为重点，开展国有企业现代企业制度改革试点。1996年，扬州泰州分设，全市地区生产总值351.15亿元，工农业总产值739.31亿元，财政收入20.41亿元。1996年起，全市积极实施“科教兴市、外向开拓、规模带动、协调发展”四大战略，加快转变经济体制和经济增长方式，探索具有扬州经济特色的发展之路，规划建设大学城、旅游城、汽车城。2000年，地区生产总值472.12亿元，工农业总产值1015.21亿元，财政收入33.99亿元，达到扬州泰州分设前的全市财政收入水平，实现由温饱向初步小康的历史性跨越。

2001年起，围绕中共十六大提出的完善社会主义市场经济体制的要求，将行政管理体制改革放在突出位置，深化财税、金融、投资体制改革，非公有制迅速崛起。全市大力实施外引内联、沿江开发、城市化、科教兴市、可持续发展五大战略，着力建设“实力扬州”“文化扬州”“生态扬州”，强力打造沿江经济带、产业群，推动扬州经济从“运河时代”走向“长江时代”，扬州城市从“江北城市”走向“滨江城市”。2003年，地区生产总值631.77亿元，超过扬州泰州分设前的总量；财政收入72.91亿元，比扬州泰州分设前总量翻一番。2005年，全市地区生产总值922.02亿元，财政收入突破100亿元，达117.03亿元。2006年起，全市紧紧围绕“全面达小康、建设新扬州”的奋斗目标，全面实施开放开发、新型工业化、城市化、富民优先、科教兴市五大战略，统筹推进经济、政治、文化、社会、生态文明建设和党的建设。2010年，地区生产总值突破2000亿元，汽车船舶、机械装备、石油化工三大支柱产业产值4217亿元。

2011—2015年，全市坚持项目为王，一批重大产业项目相继落户达产，实现沿江100亿元、沿河50亿元重特大项目全覆盖。全市地区生产总值相继迈上3000亿元、4000亿元台阶，人均地区生产总值超过省均水平，一般公共预算收入突破300亿元，粮食总产量实现十二连增、规模以上工业总产值突破1万亿元、服务业增加值占地区生产总值的比重达到43.9%，初步形成以汽车、机械、旅游、建筑、软件和信息服务业、食品工业等基本产业为支撑的现代产业体系。2016年是扬州建城2500周年，站在新的历史起点上，扬州加快产业转型升级，聚焦聚力“323+1”先进制造业集群，汽车及零部件、高端装备、新型电力装备等产业集群规模超千亿。2016—2020年，全市地区生产总值连续迈上5000亿元、6000亿元两大台阶。2020年，全市地区生产总值列全国百强城市第35位，人均地区生产总值居全国城市第16位。

2021年，面对经济下行压力和疫情冲击影响，紧紧围绕“把好地方扬州建设得好上加好、越来越好”的总目标，聚焦产业科创名城建设，打好招商引资、项目建设、企业技改、园区“二次创业”组合拳，经济总量持续攀升。精心组织沪深珠专题拜访、粤港澳大湾区产业合作洽谈会等招商活动，新签约100亿元以上项目4个、50亿元以上项目8个。新开工100亿元以上项目2个、50亿元以上项目8个，列省、市级重大项目均超额完成年度投资计划，制造业投资增长26%，工业技改投资增长34%。实施绿色化改造项目117个，完成能耗“双控”年度任务。

2021年，晶澳6吉瓦（GW）组件项目投产　　吴忠祥/摄

启动“产业强链”三年行动计划，建立重点优势产业“十个一”推进机制，工业开票销售达7444亿元，新增国家级制造业单项冠军企业（产品）3家。建成国家工业互联网标识解析二级节点3个。创成省级先进制造业和现代服务业深度融合发展试点园区（企业）17个。出台“保企业稳预期促发展10条”“金融支持实体经济14条”“促进建筑业平稳发展12条”等政策。新增“四上”企业2666家。江苏华建、江都建设、秦邮特钢分别入围中国企业500强、中国民营企业500强、制造业民营企业500强。制定实施优化提升营商环境“36条”，全面推开10个“一件事”改革，建成全市域不动产交易、纳税、登记“一体化”平台，形成“拿地即开工”“拿房即拿证”“多规合一、多测合一”等一批典型案例。获评全国社会信用体系建设示范区。新认定国家高新技术企业499家、科技型中小企业2471家、专精特新“小巨人”企业15家，新增省潜在“独角兽”企业2家、“瞪羚”企业11家。扬州大学科技园获批国家大学科技园。新增省级以上“两站三中心”102家，万人发明专利拥有量22件。扬州经济技术开发区、扬州高新区入选江苏自贸区联动创新区。

2021年，全市地区生产总值6696.43亿元，比上年增长7.4%。其中，第一产业实现增加值317.18亿元，增长3%；第二产业实现增加值3207.37亿元，增长9.2%；第三产业实现增加值3171.87亿元，增长6.2%。三次产业结构调整为4.7∶47.9∶47.4。一般公共预算收入344.07亿元，增长2%。城镇居民人均可支配收入50947元，增长7.9%；农村居民人均可支配收入27354元，增长10.2%。

2021年扬州市国民经济占江苏省的比重一览表

表3-5

项　目	单　位	江　苏	扬　州	扬州占全省的比重（%）
户籍人口	万人	7881.76	451.56	5.73
地区生产总值（当年价格）	亿元	116364	6696	5.75
第一产业	亿元	4722.42	317.18	6.72
第二产业	亿元	51775.39	3207.37	6.19
第三产业	亿元	59866.39	3171.87	5.30
社会消费品零售总额	亿元	42702.65	1480.92	3.47
出口总额	亿美元	8068.73	110.23	1.37
注册外资及港澳台资实际到账额	亿美元	329.96	17.30	5.24
一般公共预算收入	亿元	10015.16	344.07	3.44
一般公共预算支出	亿元	14585.96	684.83	4.70
普通高等学校在校学生数	万人	211.08	10.75	5.09
卫生机构床位数	万张	54.86	2.70	4.92
卫生人员数	万人	69.19	3.90	5.63
执业（助理）医师	万人	27.27	1.31	4.80
在岗职工平均工资	元	115133	96754	—
城镇常住居民人均可支配收入	元	57743	50947	—
农村常住居民人均可支配收入	元	26791	27354	—

（统计局）

区域融合发展

Quyu Ronghe Fazhan

编 辑 高 新

综述

■**概况** 编制印发《贯彻落实习近平总书记重要讲话精神推进长三角一体化宁镇扬一体化发展重点任务》。多个重大铁路项目纳入《长江三角洲地区多层次轨道交通规划》《江苏省“十四五”铁路发展暨中长期路网布局规划》。扬州泰州国际机场二期扩建工程等项目纳入《华东地区民航“十四五”发展规划研究》《江苏省“十四五”民航发展规划》。参与长江经济带建设，编制形成《关于全面落实长江经济带高质量发展战略任务的分工方案》。融入南京都市圈创新发展，签署《南京都市圈创新券通用通兑试点合作协议(试行)》《南京都市圈外国人才来华工作许可互认框架合作协议(试行)》。对接合作大院大所，签订《省市共建创新要素共享服务试点示范协议。推进与西部地区区域合作，编制印发《扬州市“十四五”对口支援协作合作规划》，《扬州市援藏援疆志》出版发行。五峰山过江通道公路接线工程等项目建成投运，龙潭过江通道等工程加快推进，宁扬城际等项目前期工作取得突破。

（卢　广　包金华　李建荣）

■**招商引资** 7月8日，扬州经济技术开发区在上海举办产业合作恳谈会，现场集中签约重大产业项目12个，总投资近152亿元。7月21日，江都区在上海举办产业招商推介暨夏季产业项目集中签约活动。酷哇机器人智能网联应用、中电大丰清洁能源等14个重大产业项目签约，总投资112.4亿元。11月3—5日，在上海开展进博会专题招商，举行上海生物医药企业高管早茶会、扬州经济发展咨询会暨重点项目签约仪式等一系列进博会专题招商活动。活动期间，启迪（仪征）人工智能科技城、西门子绿色智能工厂、科霸生物等29个产业项目签约，总投资208.25亿元。

（杨　奕）

12月28日，宁扬城际轨道交通(扬州段)开工活动　　庄文斌/摄

参与“长江经济带”建设

■**政策支持** 高质量推进长江经济带建设，编制出台《关于全面落实长江经济带高质量发展战略任务的分工方案》，构建“市级抓统筹、部门管行业、地方抓落实”的工作网络体系，进一步明确各地、各部门工作职责和重点工作事项。持续推进长江经济带突出问题整改，在全省率先创新实施“年度工作要点+任务清单、问题清单、特色亮点实施方案”的“1+3”工作机制，清单化、项目化推进各项工作有序开展。

（万东民　李　俊）

■**长江岸线保护与整改** 严格落实长江保护法、生态环境“三线一单”、项目准入负面清单等刚性举措，编制完成《扬州市长江岸线保护利用规划》《长江码头布局规划》，划定开发长江的界限和规矩。水利设施不断完善，京杭运河绿色现代航运综合整治工程扬州段取得初步设计批复，长江防洪能力二期工程完成堤防主体加固45千米，里下河洼地治理工程完成总投资5.2亿元。整治修复长江干流扬州段沿线1千米周边区域263平方千米，有序恢复耕地、绿地等生态空间。加大污染治理“4+1”工程及入河排污口排查整治、非法采砂等工作力度，规范整治大运河沿线砂石码头、小船厂等153家，恢复河道滩地30万平方米。建成大运河宝应段、廖家沟广陵段、长江仪征段等生态安全缓冲区示范工程。争取中央预算内资金1062.8万元，专项用于长江大保护相关工程。研究打造三江营、廖家沟、瓜洲片区等一批特色示范工程，围绕南水北调水资源保护、里下河生态经济发展等积极探索生态产品价值实现机制。部署开展自查自纠、举一反三，建立形成长江生态问题“发现—交办—整改—销号”闭环工作机制。

（万东民　李　俊　卢　广）

长三角区域合作

■基础设施建设　扬州经扬州泰州国际机场至泰州城际、扬州经镇江南京至马鞍山铁路扬州至镇江段、淮安经扬州至南京普速铁路等项目纳入《长江三角洲地区多层次轨道交通规划》《江苏省“十四五”铁路发展暨中长期路网布局规划》；扬州泰州国际机场二期扩建工程等项目纳入《华东地区民航“十四五”发展规划研究》《江苏省“十四五”民航发展规划》。全省首条新建八车道高速公路——五峰山过江通道公路接线工程建成通车；仪征港务公用码头工程、中航宝胜件杂货码头通过竣工验收。宁启铁路仪征站站房改扩建工程开工建设；京杭运河绿色现代航运综合整治工程高邮段在全省率先开工；京沪高速扩建工程、345国道扬州开发区段有序推进。北沿江高铁扬州段工可报告获国家发改委批复；宁盐高速、仪禄高速沪陕高速至长江北大堤段工可报告获省发改委批复；353省道江都先导段初步设计获省发改委批复；扬州泰州国际机场二期扩建工程可研报告编制完成；328国道江都东段等项目前期工作加快推进。

（朱　彤　包金华）

■科创合作　签署《南京都市圈创新券通用通兑试点合作协议（试行）》《南京都市圈外国人才来华工作许可互认框架合作协议（试行）》，支持企业共享大型科学仪器和检验检测等科技服务，推进外国高端人才和重点产业发展急需的外国专业人才在都市圈内自由流动。与江苏省科技资源统筹服务中心签订《省市共建创新要素共享服务试点示范》协议，推动江苏省学会中心、南京理工大学、江苏科技大学、上海工程技术大学等高校院所在扬州设立技术转移中心。总投资50亿元的上海礼邦医药新药研发及产业化基地成功落户。上海鹍远生物科技股份有限公司基因癌症早筛研发与产业化基地项目在扬州高新区生物健康园开工。开展上海进博会专题招商活动，全市共签订1亿元以上产业项目29个，总投资208.25亿元。

（卢　广）

■多领域合作交流　第三次南京都市圈城市人大常委会主任协商联席会议在扬州召开，会议审议并通过《关于落实〈支持和保障南京都市圈共建长三角一体化高质量发展合作示范区的决定〉年度行动计划》。与联合国开发计划署（UNDP）签署合作备忘录，合作开发首个应用于运河城市的联合国2030可持续发展目标进展评估体系。参加长江三角洲城市经济协调会第21次全体会议，自贸试验区、跨境电商、音乐教育、绿色产业发展等领域集中签约一批重大合作事项。参加淮河生态经济带第三次省际联席会议和城市合作市长会商会，共同推动《淮河生态经济带发展规划》落地落实。与长三角地区城市同步开展就业、创业服务活动，企业用工需求调查，协同开展创业培训“进乡村、进社区、进高校”活动，对接泰州、盐城就业服务网络，推动就业失业登记、就业指导、职位发布、政策咨询等服务对接。举办“中华美食荟”暨“江苏味道”——2021中国扬州淮扬菜美食节。

（卢　广）

■市场监管一体化　11月3—4日，2021长三角市场监管联席会议在扬州召开。三省一市市场监管局围绕加强反垄断执法协作、强化反不正当竞争执法联动、推进平台经济协同监管、共创放心消费环境等4个方面进行经验交流，签署市场监管领域法治建设一体化合作、加强价格监管协作、加强反不正当竞争协作、加强平台经济数字化协同监管、特种设备安全监管一体化、协同推进检验检测机构行政处罚裁量基准一体化等6个合作协议，上海、南京、杭州、扬州、镇江、绍兴、安庆、亳州等8市市场监管局共同签署长三角历史文化名城标准化合作协议。会上举行长三角市场主体基础数据平台开通仪式。

（杨　奕）

■生态环境共治　与安徽滁州建立跨界河湖联合河湖长制，对高邮湖、秦栏河等跨界河湖开展巡河（湖）、会商、交办等活动。与南京、镇江共同签署宁镇扬长江禁捕执法协作共管协议，与淮安联合开展禁售高宝邵伯湖非法捕捞渔获物专项行动，与安徽天长交界湖区共同开展执法检查宣传活动。进一步深化跨界水域协同执法，共同构建水陆结合、区域协同的跨界水域禁捕执法监管新格局，实现协同管理、联合执法、联防联控，推动跨区域监管执法合作的常态化开展，落实长江流域禁捕退捕协作共管机制。

（卢　广）

■波司登高邮工业园　波司登高邮工业园于2015年4月获批，共建范围为东至国道233，西至北关河，南至波司登大道，北至东平河，规划面积2.32平方千米，以高邮经济开发区和波司登股份有限公司为合作主体，以高邮市电池工业园为共建载体，实施“两园合一、融合开发”。招引落户江苏晶旺新能源科技有限公司6吉瓦高效光伏电池线项目、中环艾能（高邮）能源科技有限公司4吉瓦高效光伏电池3吉瓦切片和2吉瓦叠瓦组件项目、航天锂电（江苏）科技有限公司5吉瓦时磷酸铁锂电芯项目、扬州晶樱光电科技有限公司高效太阳能硅片、艾诺斯（扬州）华达电源系统有限公司储能电池项目、江苏海德森能源科技有限公司智能电网储能设备等项目。2021年，园区实现工业产品销售收入255.79亿元，工业增加值47.2亿元，公共财政预算收入4.1亿元，实际利用外资及港澳台资650万美元。（娄文炳）

宁镇扬一体化发展

■**基础设施建设** 国家发改委发布《长江三角洲地区多层次轨道交通规划》，明确宁扬城际是“十四五”开工建设的市域（郊）铁路项目。省委办公厅印发《关于全面推进江苏交通运输现代化示范区建设的实施意见》，推动宁镇扬枢纽板块建设，支持扬州、镇江融入南京枢纽。《省政府关于进一步加快推进铁路发展的意见》指出，到2025年形成宁镇扬1小时“轨道交通圈”。五峰山过江通道公路接线工程建成通车。328国道快速化改造工程仪征段、江都新都路至广州路段、仪征新集南段328国道跨345国道大桥建成通车。龙潭长江大桥过江通道南锚碇沉井完成全部下沉。宁扬城际（扬州段）轨道交通开工建设。（卢　广）

■**产业协同发展** 2021年，南京理工大学在扬州建立研究院，江苏科技大学在扬州建立技术转移分中心，联合攻关技术难题。与南京船舶产业及研发机构加强对接，结合南京及江北新区的产业定位和退城项目，承接梯度转移造船产业和项目，金陵船厂整体搬迁至仪征项目进行中。（卢　广）

■**文旅和公共服务** 承办江苏省职业学校文化艺术专业表演类项目技能大赛、首届大运河文化旅游博览会。组织扬剧《秦香莲》走进镇江影剧院、句容大剧院，举行“扬州之春”艺术周系列活动。推动枣林湾生态园创建国家AAAAA级景区，加快建设仪征新集医养游、月塘康养和铜山体育健康等特色小镇，打造仪征—六合353省道沿线健康养老生态旅游休闲带。实施全程电子化登记，申请人足不出户就可以办理营业执照。第三代社会保障卡在“宁镇扬”三城一卡通行，并享同城优惠待遇。（卢　广）

■**金融纠纷多元化解机制** 2021年，中国人民银行南京分行营业管理部将“推进宁镇扬一体化金融纠纷多元化解机制建设”列为年度重点创新项目。与中国人民银行扬州市中心支行、中国人民银行镇江市中心支行签署合作备忘录，建立并完善三地统一适用的小额纠纷快速解决机制、中立评估机制、典型案例会诊等各项调解制度。宁镇扬地区共组织调解复杂、疑难金融纠纷案件486起，增长217.65%，调解成功率98%。联合中国人民银行镇江市中心支行、中国人民银行南京分行举办2021年“宁镇扬金融知识普及月”，制作短视频、动漫片、微信答题小游戏、漫画册等宣传精品，线上开展云直播启动仪式，发布金融纠纷调解典型案例，超300万人次在线观看。（杨　奕）

对口支援

■**概况** 2021年，扬州市使用省、市统筹资金4.12亿元，完成对口支援协作地区开工建设项目131个。帮助对口支援协作合作地区销售农牧渔特产品3.35亿元。派出教育、卫生、农业等各类专业技术人员198人，安排21名榆林和1名丹东干部在扬州市挂职锻炼。在国家级、省级、市县级媒体分别开展宣传报道77次、111次、208次。编制完成《扬州市“十四五”对口支援协作合作规划》。历经4年编纂的《扬州市援藏援疆志》付印出版。2月25日，全国脱贫攻坚表彰大会上，对口帮扶榆林市工作组被表彰为全国脱贫攻坚先进集体，江苏万顺机电集团有限公司党委书记、董事长周善红等2人被表彰为全国脱贫攻坚先进个人。11月10日，江苏省委、省政府就脱贫攻坚战和对口帮扶支援合作工作授予扬州市12个单位“先进集体”称号、20人“先进个人”称号。（李建荣）

■**对口支援湖北秭归县** 扬州市对口支援湖北秭归县工作始于1994年。2021年，扬州市援助湖北秭归县项目资金400万元用于公共事业建设。帮助开展脐橙线上线下促销活动，共销售800余万元。帮助培训网络直播人才300余人。仪征市第三中学、真州小学分别与秭归县第一实验中学、秭归经济开发区小学开展结对帮扶。（李建荣）

■**对口支援西藏拉萨市** 扬州市对口支援西藏拉萨市工作始于1995年。2021年，扬州市援藏教育团队共有11人，其中副校长1人、校务委员1人、教师9人。援建的拉萨江苏实验中学初中部连续4年均分和优秀率位居拉萨市第一。2021届高考本科上线率99.16%，重本率33.89%，重本率比上届翻一番。两名国家级心理咨询师赴拉萨3所学校开设心理辅导讲座4场，组织藏族教师赴内地跟岗交流培训200余人次。扬州校友会为患重病藏族学生筹集救助金5.9万元，江苏凤凰集团、朱自清中学、民盟扬州市委等单位为学生筹集价值3万余元书籍1000册，扬州树人教育集团教育基金为20名藏族学生提供助学金3万元及照相机、摄像机等学习设备。（李建荣）

■**对口支援青海贵南县** 扬州市对口支援青海贵南县工作始于2010年。2021年，共安排援建资金7288万元，实施项目17个，完成率100%。争取计划外资金和物资捐赠260余万元。整合社会资金220余万元，帮助解决民生微实事9件。全市14个乡镇与贵南县6个乡镇进行全覆盖结对，新签乡村治理体系共建协议，助力贵南县建设全国乡村治理体系试点示范。专项争取贵南县8批次9名干部人才嵌入式参加扬州培训班，帮助50名干部人才赴扬州学习。选派6名邗江区优秀专家人才支持贵南农牧科技、文化旅游规划、交通工程技术、医疗卫生等专业建设。面向贵南县干部人才开设援青讲堂15期，培训各类人员1200余人。全年互访对接11次，互访人数49人次。举办10场“进社区、进商超、进机关、进企业”线上线下活动，拓展贵南特色农牧产品在扬销售渠道，实现消费帮扶近300万元。（李建荣）

■对口支援新疆新源县 扬州市对口支援新疆新源县工作始于2011年。2021年，投入援疆资金1.32亿元，完成项目66个。投资近千万元为9个新脱贫村安装路灯1800余盏、修建便民桥4座、铺设柏油路7千米、硬化砂石路5千米，为两个乡镇共74户偏远散地区农牧民实现通电。投资近300万元扩建改建帽子工厂8座，带动全县5个乡镇发展，帮助540余名农牧民实现家门口就业。投入援疆资金642万元，实施干部人才培训类项目7个，举办各类培训班33期，培训党政干部、乡土科技人才、基层党务工作者等2300余人次。落实支持新源县各乡镇发展资金335万元，互访、互学近百人次。2021年新源县高考本科上线率71.09%，名列伊犁州八县之首。两次被央视专题采访和宣传报道；扬州指挥组被省委、省政府授予“全省脱贫攻坚暨对口帮扶支援合作工作表现突出集体”称号，2人被授予“先进个人”称号；1人获“新疆维吾尔自治区民族团结一家亲先进个人”称号；6人获伊犁州、新源县表彰。（李建荣）

■对口协作陕西榆林市 扬州市对口帮扶陕西榆林市工作始于2017年。2020年脱贫攻坚任务完成后，扬州市对口帮扶方式调整为对口协作方式。2021年，到位苏陕项目资金2.04亿元，实施重大产业项目46个。帮助农村劳动力转移就业1555人，其中脱贫人口1019人，完成率分别为167%、222%。招引落地企业31家，新增投资额4.99亿元，共建产业园区8个，援建（扶贫）车间34个。完成消费协作金额1.47亿元，完成率296%。完成援助榆林社会帮扶资金1254.17万元，完成率292%。扬州30个乡镇、30个村、22个企业、21个学校、19个医院、8个社会组织与榆林相关单位建立帮扶结对关系。选派教师、医生、农业等方面专业技术骨干163人，完成率113%。培训乡村振兴干部776人次、技术人才914人次。扬州党政代表团与榆林党政代表团多次交流互访，并召开扬州榆林协作联席会议。协助省发改委能源局争取保供煤炭指标320万吨。除苏陕帮扶资金外，扬州结对县（市、区）、功能区组织县乡财政资金3078万元，重点支撑一批特色林果、羊肉和小杂粮等农产品项目建设，助力打造15家苏陕协作乡村振兴示范村。2021年，扬州市对口帮扶陕西榆林市工作名列陕西省苏陕协作考核第一名。

（李建荣）

扬州援疆民生项目——扬新中学　　杨晓千/摄

■对口合作辽宁丹东市 扬州市对口合作辽宁丹东市工作始于2018年。2021年，扬州市与辽宁丹东市进一步落实两地对口合作协议。7月，总投资1亿元的波司登制衣项目在丹东市试生产，投资2000万元的扬州阿珂姆野营用品加工项目进入设备安装调试阶段。扬州东园集团全年采购丹东市海产品4000余万元。扬州新冠肺炎疫情期间，丹东市两家民营企业向扬州市捐赠1万套防护服。（李建荣）

■对口协作青海果洛州 扬州市对口协作青海果洛州工作始于2021年12月。江都、高邮、宝应3个县（市、区）分别结对青海果洛州甘德县、达日县、玛多县，参与全国160个乡村振兴重点县帮扶任务。3个结对地区党政主要负责人带队赴对口协作地区访问交流，并分别捐赠30万元。（李建荣）

中共扬州市委员会

Zhonggong Yangzhoushi Weiyuanhui

编　辑　崔成鹏

重要会议

■中共扬州市委七届十二次全会　6月30日，中国共产党扬州市第七届委员会第十二次全体会议举行，专题研究市委换届筹备工作，并对有关事项作出决定。

市委常委会主持全会。市委副书记、市长张宝娟代表市委常委会讲话，并就召开市第八次党代会的有关问题作说明。　（许　军）

■中共扬州市委七届十三次全会　9月29日，中国共产党扬州市第七届委员会第十三次全体会议举行，全会坚持以习近平新时代中国特色社会主义思想为指导，回顾总结扬州市高水平全面建成小康社会实践和今年以来工作，对下一步工作进行再明确、再部署，动员全市上下以“争当表率、争做示范、走在前列”的使命担当，争分夺秒、攻坚克难，统筹抓好常态化疫情防控和经济社会发展工作，奋力推动“十四五”发展和社会主义现代化建设开好局、起好步。

市委常委会主持会议。市委书记张宝娟代表市委常委会讲话，市委副书记、代市长王进健对经济工作作部署。全会审议通过全会《决议》。　（许　军）

■中共扬州市委七届十四次全会　10月18日，中国共产党扬州市第七届委员会第十四次全体会议在扬州召开。全会讨论并通过七届市委工作报告和市纪委工作报告，决定将报告提请市第八次党代会审议。全会讨论通过市第八次党代会有关重要事项、扬州市出席省第十四次党代会代表候选人预备人选建议名单等事项。会议决定，市第八次党代会于10月22日至24日上午在扬州召开。

市委常委会主持会议。市委书记张宝娟代表市委常委会向全会报告市第八次党代会筹备工作情况，并就有关工作作说明。　（许　军）

■中共扬州市第八次代表大会　参见第1页

■中共扬州市委八届二次全会　12月30日，中共扬州市第八届委员会第二次全体会议在扬州举行，全会以习近平新时代中国特色社会主义思想为指导，全面贯彻党的十九大和十九届历次全会精神，深入学习贯彻习近平总书记对江苏工作重要指示精神和视察扬州重要讲话指示精神，认真落实中央经济工作会议精神和省第十四次党代会、省委经济工作会议及市第八次党代会部署要求，回顾总结2021年工作，研究部署2022年目标任务，动员全市上下坚决扛起“争当表率、争做示范、走在前列”三大光荣使命，奋力把“好地方”扬州建设得好上加好、越来越好，以优异成绩迎接党的二十大胜利召开。

市委常委会主持会议。市委书记张宝娟代表市委常委会讲话，市委副书记、代市长王进健对经济工作作部署。全会审议通过全会《决议》，市委常委会向全会书面报告2021年工作。　（许　军）

■市委常委会会议　1月6日，市委书记夏心旻主持召开七届市委第157次常委会会议。会议研究《中共扬州市委巡视整改总结报告》，听取2020年市委巡察工作情况汇报。

1月15日，市委书记夏心旻主持召开七届市委第158次常委会会议。会议学习贯彻习近平总书记在中央政治局民主生活会、中央农村工作会议、省部级主要领导干部学习贯彻党的十九届五中全会精神专题研讨班开班式、中央全面深化改革委员会第十七次会议上的重要讲话精神，讨论《扬州市国民经济和社会发展第十四个五年规划和二〇三五年远景目标纲要草案》《市政府工作报告》及市八届人大五次会议、市政协八届五次会议相关文件；传达贯彻全国、全省冬春季疫情防控电视电话会议精神和全省深化安全生产三年专项整治暨2021年安全生产工作推进会精神；听取市关工委工作汇报。

2月5日，市委书记夏心旻主持召开七届市委第161次常委会会议。会议学习贯彻习近平总书记在中央政治局会议、中央政治局第二十七次集体学习时的重要讲话精神；听取市人大常委会、市政府、市政协、市中级法院、市检察院党组工作汇报；研究市委常委会、市人大常委会、市政协2021年工作要点；研究2月份全市重点工作；研究《关于进一步深化安全生产三年专项整治工作的实施意见》《2021年各县（市、区）、功能区党委（工委）政府（管委会）和市安委会成员单位履行安全生产责任考核评价指标》；研究《关于做好2021年民生幸福工程的实施意见》；研究《2021年扬州市营商环境建设任务清单》；传达贯彻中央、全省农村工作会议精神；传达贯彻全国、全省宣传部长会议精神；传达贯彻中央政法工作会议、全国公安厅局长会议和全省政法工作会议、全省公安局长会议精神；传达贯彻习近平总书记在中央纪委五次全会上重要讲话和中央纪委五次全会、省纪委六次全会精神，讨论市纪委六次全会报告；听取扬州市与东南大学全面合作及成贤学院转设情况汇报。

2月22日，市委书记夏心旻主持召开七届市委第162次常委会会议。会议学习贯彻习近平总书记在党史学习教育动员大会上的重要讲话精神；学习贯彻习近平总书记在贵州看望慰问各族干部群众和在中央全面深化改革委员会第十八次会议上的重要讲话精神；研究2020年全市竣工投产制造业重点项目观摩活动和2021年全市重大产业项目集中开工暨项目建设推进会方案、市领导挂钩联系重点优势产业工作方案；听取2020年全市“招商大使”履职工作、工业技改工作、重点企业政务服务专员工作情况和2021年工作安排汇报；听取2020年全市全面加强基层基础建设推进市域社会治理现代化工作情况和2021年工作安排汇报；研究2021年扬州世园会开幕式总体方案；听取当前全市疫情防控工作汇报。

3月4日，市委书记夏心旻主持召开七届市委第163次常委会会议。会议学习贯彻习近平总书记在全国脱贫攻坚总结表彰大会、中央政治局会议、中央政治局第二十八次集体学习、中央党校（国家行政学院）中青年干部培训班开班式上的重要讲话精神；研究3月份全市重点工作；研究《中共扬州市委关于开展党史学习教育的实施方案》；研究《关于推进生态环境治理体系和治理能力现代化实施方案》；传达贯彻全国、全省政法队伍教育整顿动员部署会精神，研究《关于开展全市政法队伍教育整顿的实施方案》；学习贯彻《中国共产党统一战线工作条例》，传达贯彻全国、全省统战部长会议精神；传达贯彻中央、全省对台工作会议精神；学习贯彻中央办公厅《关于加强巡视巡察上下联动的意见》，传达贯彻省委第十一轮巡视动员部署会精神和省级巡察指导督导发现共性问题通报；传达贯彻全国、全省组织部长会议和全省市县乡领导班子换届工作会议精神。

3月29日，市委书记夏心旻主持召开七届市委第164次常委会会议。会议学习贯彻习近平总书记在中央财经委员会第九次会议和在福建考察调研时重要讲话精神；研究4月份全市重点工作，听取2021中国·扬州“烟花三月”国际经贸旅游节筹备工作汇报；听取全市新冠病毒疫苗接种工作汇报；听取全市机关党的建设工作汇报；听取全省“两优一先”表彰推荐情况汇报；研究2020年度综合考核结果。

4月21日，市委书记夏心旻主持召开七届市委第166次常委会会议。会议学习贯彻习近平总书记在清华大学考察时重要讲话精神；分析一季度经济形势，部署全市冲刺“双过半”工作。

5月6日，市委书记夏心旻主持召开七届市委第168次常委会会议。会议学习贯彻习近平总书记对深化东西部协作和定点帮扶工作作出的重要指示精神、在广西考察时重要讲话精神；学习贯彻习近平总书记4月30日在中共中央政治局会议、中共中央政治局第二十九次集体学习时的重要讲话精神，研究5月份全市重点工作；学习贯彻习近平总书记关于平安建设的重要指示精神和对打击治理电信网络诈骗犯罪工作作出的重要指示精神，研究打击治理电信网络诈骗犯罪工作；传达全省安全生产电视电话会议精神，听取今年以来全市安全生产情况汇报；研究《扬州市生态环境保护责任清单》；研究《贯彻落实习近平总书记重要讲话精神推进长三角一体化、宁镇扬一体化发展重点任务》《贯彻落实习近平总书记重要讲话精神推进长三角一体化、宁镇扬一体化发展2021年工作要点》《长三角一体化、宁镇扬一体化发展重要合作事项、重大项目表（2021—2025年）》；听取全市慈善工作汇报；传达全省政协“有事好商量”协商议事工作理论研讨会主要精神；研究2019—2020年度扬州市文明行业、文明单位、文明校园、文明乡镇、文明社区、文明村、青年文明号建议名单；研究保健工作有关问题。

5月24日，市委书记夏心旻主持召开七届市委第169次常委会

全市竣工投产制造业重点项目观摩活动　　程　曦　孟德龙/摄

会议。会议学习贯彻习近平总书记在推进南水北调后续工程高质量发展座谈会上重要讲话和在河南考察时的重要讲话精神；学习贯彻习近平总书记对做好疫情防控工作的重要指示和中央有关领导批示精神，听取全市疫情防控工作汇报；传达学习贯彻中央信访工作联席会议和全省庆祝建党100周年安保维稳工作动员部署会精神，听取全市信访工作汇报；研究《关于组织开展“永远跟党走”群众性主题宣传教育活动工作方案》；听取扬州中国大运河博物馆开馆仪式建议方案汇报；听取扬州市第七次全国人口普查情况汇报；研究扬州泰州国际机场二期扩建工程规划设计方案；传达全国巡视工作会议暨十九届中央第七轮巡视动员部署会精神。

6月4日，市委书记夏心旻主持召开七届市委第170次常委会会议。会议学习贯彻习近平总书记在中国科学院第二十次院士大会、中国工程院第十五次院士大会、中国科协第十次全国代表大会上的重要讲话精神和习近平总书记给淮安市新安小学五（8）中队少先队员的重要回信精神、5月31日在中共中央政治局第三十次集体学习时重要讲话精神；研究部署冲刺“双过半”工作；听取全市高考、中考准备工作情况汇报；传达学习防止干预司法“三个规定”精神；听取县（市、区）党委换届有关情况汇报。

6月15日，市委书记夏心旻主持召开七届市委第172次常委会会议。会议研究当前安全生产工作；听取全市“两优一先”表彰推荐情况汇报；听取市第八次党代会有关筹备工作汇报。

6月30日，市委副书记、市长张宝娟主持召开七届市委第174次常委会会议。会议研究筹备召开中国共产党扬州市第八次代表大会有关事项。

7月5日，市委副书记、市长张宝娟主持召开七届市委第175次常委会会议。会议学习贯彻习近平总书记在庆祝中国共产党成立100周年大会上的重要讲话精神；学习贯彻习近平总书记在“七一勋章”颁授仪式上的重要讲话精神；学习贯彻习近平总书记在中央政治局第三十一次集体学习（用好红色资源、赓续红色血脉）和参观“不忘初心、牢记使命”中国共产党历史展览时的重要讲话精神；研究7月份全市重点工作；听取当前全市防汛防旱工作情况汇报；听取全市党史学习教育开展情况汇报。

7月21日，市委书记张宝娟主持召开七届市委第179次常委会（扩大）会议。会议深入学习贯彻习近平总书记关于疫情防控的重要论述，贯彻落实省疫情防控工作领导小组暨涉外联防联控指挥部紧急电视电话会议精神，通报南京禄口机场部分人员核酸检测阳性情况，研究部署疫情应急处置和全市常态化疫情防控工作。

7月30日，市委书记张宝娟主持召开七届市委第181次常委会（扩大）会议。会议深入学习贯彻习近平总书记关于疫情防控的重要指示精神，认真贯彻落实中央领导同志批示要求和省委、省政府决策部署，听取全市疫情防控工作情况汇报，研究部署当前全市疫情防控工作。

8月7日，市委书记张宝娟主持召开七届市委第183次常委会会议。会议深入学习贯彻习近平总书记关于疫情防控工作的重要指示精神和李克强总理的批示要求、国务院联防联控机制全国疫情防控工作电视电话会议精神及省委、省政府关于疫情防控的决策部署，深刻反思扬州市疫情防控工作的问题和短板，就下一阶段疫情防控工作进行部署。

8月10日，市委书记张宝娟主持召开七届市委第184次常委会会议。会议深入学习贯彻习近平总书记关于疫情防控的重要指示精神，认真贯彻落实省委书记娄勤俭、省长吴政隆在扬州市检查指导疫情防控工作时的讲话要求，研究部署下一阶段疫情防控工作。

8月21日，市委书记张宝娟主持召开七届市委第186次常委会会议。会议传达学习贯彻省委书记娄勤俭、省长吴政隆在疫情防控座谈会上的讲话精神，研究部署下一阶段疫情防控工作。

8月28日，市委书记张宝娟主持召开七届市委第188次常委会（扩大）会议，深入学习贯彻习近平总书记关于疫情防控的重要指示精神，认真落实省委、省政府决策部署，研究部署分级分类优化疫情防控举措和常态化疫情防控工作。

9月2日，市委书记张宝娟主持召开七届市委第189次常委会会议，会议学习贯彻习近平总书记在西藏、河北承德考察时的重要讲话精神；学习贯彻习近平总书记在中央政治局会议、党外人士座谈会和中央财经委员会第十次会议上的重要讲话精神；学习贯彻习近平总书记在中央民族工作会议上的重要讲话精神；传达贯彻省委十三届十次全会精神；研究9月份全市重点工作，部署当前疫情防控工作。

9月28日，市委书记张宝娟主持召开七届市委第192次常委会会议，会议学习研讨习近平总书记“七一”重要讲话精神；学习贯彻习近平总书记近期重要讲话和指示批示精神；传达贯彻省委书记娄勤俭在扬州调研时的讲话精神和省长吴政隆在听取扬州市相关工作汇报时的讲话精神；学习贯彻新《安全生产法》；研究市委七届十三次全会方案，讨论《张宝娟同志在市委七届十三次全会上的讲话》《王进健同志在市委七届十三次全会上的讲话》；研究10月份全市重点工作；听取当前疫情防控工作情况汇报；研究《关于健全重大疫情防控体制机制提升公共卫生应急处置能力的意见》；研究《关于深入推进美丽扬州建设的实施意见》；研究2020年扬州市重大项目建设先进集体和先进个人表彰；研究2021年度综合考核系列文件；听取各民主党派换届工作情况汇报。

9月30日，市委书记张宝娟主持召开七届市委第193次常委会会议。会议专题传达省委涉粮问题专项巡视巡察动员部署会精神，研究迎接省委专项巡视工作方案。

10月16日，市委书记张宝娟主持召开七届市委第195次常委会会议。会议学习贯彻习近平总书记近期重要讲话精神；学习贯彻中央人才工作会议和省海外引才工作会议精神；研究《关于全面推行林长制的实施方案》；研究《关于推进服务业高质量发展的实施意见》；听取市第八次党代会有关筹备工作情况汇报；听取市第八次党代会人事安排和代表选举情况汇报，研究市纪委常委换届人事方案，讨论《关于市第七次党代会以来市管党费收缴、使用和管理情况的报告》；研究扬州市新一届省委委员、候补委员、省纪委委员候选人初步人选；通报市委换届人事方案。

10月24日，市委书记张宝娟主持召开八届市委第1次常委会会议。会议研究关于进一步加强市委常委会自身建设。

10月29日，市委书记张宝娟主持召开八届市委第2次常委会会议，会议学习贯彻习近平总书记关于粮食安全的重要论述；学习贯彻习近平总书记近期重要讲话精神；学习贯彻习近平总书记在中央深改委第21次会议审议《关于更加有效发挥统计监督职能作用的意见》时的重要讲话精神和《江苏省统计局防范和惩治统计造假、弄虚作假督察工作规定实施办法》；研究11月份全市重点工作；传达全国、全省政协系统党的建设工作经验交流会主要精神，听取市政协党建工作汇报；听取市人大常委会2022年立法计划编制情况汇报；研究《扬州市推动基础设施高质量发展实施意见》；研究《市委常委会成员、市政府领导班子成员2021年安全生产重点工作清单》；研究《关于完善国有金融资本管理的实施意见》。

11月12日，市委书记张宝娟主持召开八届市委第3次常委会会议。会议学习党的十九届六中全会公报；听取省考指标推进情况汇报；研究《法治扬州建设规划（2021—2025年）》《扬州市法治社会建设实施方案（2021—2025年）》；研究《关于贯彻〈中国共产党统一战线工作条例〉和省委办公厅〈实施方案〉的工作方案》《关于建立健全特约人员工作制度的实施办法》；研究《市委统战部关于工商联（商会）换届工作的实施意见》；传达学习全国加强换届风气监督工作电视电话会议和省推进会精神。

11月19日，市委书记张宝娟主持召开八届市委第4次常委会会议。会议学习研讨党的十九届六中全会精神；传达贯彻省委十三届十一次全会精神。

11月30日，市委书记张宝娟主持召开八届市委第5次常委会会议。会议学习研讨党的十九届六中全会精神；学习贯彻习近平总书记近期重要文章和重要讲话指示精神；学习贯彻《中共中央关于新时代坚持和完善人民代表大会制度加强和改进人大工作的意见》；研究12月份全市重点工作；研究《市委关于建立领导干部"带头干带领干带动干"工作机制的意见》和全市高质量发展督查推进工作机制；传达贯彻全国、全省拓展新时代文明实践中心建设工作电视电话会议精神；传达贯彻全国、全省政协宣传思想工作座谈会精神；听取老干部工作情况汇报；研究《市委统战部、市委组织部关于政协扬州市第九届委员会人事安排的意见》；研究市各民主党派换届人事安排方案和市无党派知识分子联谊会换届人事安排方案。

12月28日，市委书记张宝娟主持召开八届市委第8次常委会会议，会议学习贯彻习近平总书记近期重要讲话指示精神；"学党史 开新局"学习贯彻省第十四次党代会精神专题学习研讨；传达贯彻省委书记吴政隆在扬州调研时的讲话精神；研究1月份全市重点工作；研究市委八届二次全会方案，讨论《张宝娟同志在市委八届二次全会上的讲话》《2021年市委常委会工作情况报告》《王进健同志在市委八届二次全会上的讲话》；传达贯彻省委人才工作会议精神；听取省年终综合考核工作动员部署会主要精神汇报，研究部署全市迎接省考核工作；听取党校工作汇报；研究"双减"、规范民办义务教育发展实施方案和市直学校布局调整方案。（许　军）

■全市庆祝中国共产党成立100周年座谈会暨"两优一先"表彰大会　7月1日，中共扬州市委召开全市庆祝中国共产党成立100周年座谈会暨"两优一先"表彰大会，学习贯彻习近平总书记在庆祝中国共产党成立100周年大会上的重要讲话精神，回顾党的光辉历程，讴歌党的丰功伟绩，表彰在全市改革发展中涌现出的优秀共产党员、优秀党务工作者和先进基层党组织。市委副书记、市长张宝娟出席会议并讲话，强调要深入学习贯彻习近平总书记在庆祝中国共产党成立100周年大会上的重要讲话精神，始终沿着习近平总书记指引的方向奋勇前进，不断从党的百年光辉历程中汲取丰厚滋养和前进动力，团结拼搏、砥砺奋进，意气风发向着全面建成社会主义现代化强国的第二个百年奋斗目标迈进，奋力谱写好"强富美高"新扬州建设的现代化篇章。市政协主席陈扬等市四套班子领导参加会议，市委副书记孔令俊主持会议。会上，市委常委、组织部部长焦庆标宣读表彰决定。全省优秀共产党员、高邮市临泽镇小葛村党总支书记、村委会主任祁志芳，全省优秀党务工作者、蜀冈－瘦西湖风景名胜区圆梦义工协会党支部书记张德兵，全市优秀共产党员、市信访局人民来访接待处处长张厚诚，全市优秀党务工作者、仪征市第三中学党总支副书记、校长林松，全市先进基层党组织负责人、亚普汽车部件股份有限公司党委书记、董事长姜林结合各自经历，畅谈学习习近平总书记在庆祝中国共产党成立100周年大会上重要讲话精神的体会感悟，就今后如何更好发挥党组织战斗堡垒作用和党员先锋模范作用，在全面建成社会主义现代化强国新征程上奋发有为、多作贡献作表态发言。（许　军）

■全市学习贯彻省第十四次党代会精神宣讲报告会召开　12月21日，扬州市召开学习贯彻省第十四次党代会精神宣讲报告会，省委宣讲团成员、市委书记张宝娟作专题宣讲。

强调要深入学习贯彻省第十四次党代会精神，准确把握现代化建设新征程前进方向，全面对标对表省党代会明确的各项目标任务，坚决扛起“三大光荣使命”，聚焦“三个名城”、争做“三个示范”，推动省党代会决策部署在扬州落地生根，奋力谱写“强富美高”新扬州现代化建设新篇章。市委副书记、代市长王进健主持会议，市委副书记韩骅参加会议。（许　军）

重要决策

■**学习贯彻习近平总书记视察江苏视察扬州重要讲话指示精神** 1月10日，中共扬州市委印发《关于深入学习贯彻习近平总书记视察江苏视察扬州重要讲话指示精神的实施意见》，提出13条意见：（1）深刻领会习近平总书记重要讲话指示精神的重大意义。（2）切实担负起习近平总书记赋予的新使命新任务。（3）坚决沿着习近平总书记指引的方向笃定前行。（4）始终坚持创新发展，不断夯实“好地方”的产业根基。（5）纵深推进改革开放，不断优化“好地方”的发展格局。（6）加快建设美丽扬州，不断厚植“好地方”的生态底色。（7）持续放大“三都”品牌，不断彰显“好地方”的文化魅力。（8）更好满足百姓需求，不断创造“好地方”的幸福生活。（9）完善提升社会治理，不断筑牢“好地方”的底线底板。（10）精心组织安排。（11）加强宣传阐释。（12）狠抓落地见效。（13）激励担当作为。（许　军）

■**民生幸福工程** 2月11日，中共扬州市委、扬州市人民政府印发《关于做好2021年民生幸福工程的通知》，确定2021年民生幸福工程项目清单，明确持续促进城乡居民增收、科学配置城乡教育资源、着力健全基本公共服务体系、加快推进颐养之城建设、切实提升健康服务水平、积极加大精神文明供给、全力强化城市本质安全水平、注重提高生态环境保护质态、努力改善城乡生产生活条件等九大版块共80个重点项目。（许　军）

■**营商环境提升** 2月10日，中共扬州市委、扬州市人民政府印发《2021年扬州优化提升营商环境任务清单》，提出36个具体事项：（1）提升企业开办便利度。（2）深化“证照分离”改革。（3）加大区域评估推行力度。（4）着力推进“多规合一”“多测合一”。（5）着力提升工程建设项目审批效率。（6）推进用水用气报装便利化改革。（7）改进供电报装服务。（8）优化不动产登记服务。（9）提高纳税服务水平。（10）清理规范涉企收费。（11）优化信贷服务。（12）提高进出口通关效率。（13）完善合同执行促进机制。（14）简化企业注销程序。（15）提升破产办理质效。（16）提高政务服务便利化水平。（17）深化“一件事”改革。（18）推进涉审数据互通共享。（19）全面推行证明事项告知承诺制。（20）建设“一网通办”政务服务地图。（21）推进线上线下政务服务联动。（22）加快推进高频政务服务事项“省内通办”“跨省通办”。（23）提高政务服务热线满意度。（24）加强事中事后监管。（25）构建信用为基础的新型监管机制。（26）完善公共资源交易监管及质疑投诉机制。（27）强化公共安全服务。（28）加大知识产权保护。（29）深化相对集中行政许可权改革。（30）完善市县乡村四级政务服务体系。（31）保障透明高效的政府采购和招投标。（32）加强政企常态化联系。（33）推进纾困惠企政策直接惠及市场主体。（34）加强组织领导。（35）完善督查考核。（36）深化宣传推介。（许　军）

■**推进乡村振兴加快农业农村现代化建设** 3月17日，中共扬州市委、扬州市人民政府印发《关于全面推进乡村振兴加快农业农村现代化建设的实施意见》，提出35条意见：（1）提升粮食供给保障能力。（2）加强“菜篮子”等重要农产品稳产保供。（3）加快推进现代种业创新发展。（4）加大耕地保护力度。（5）不断推进农业科技创新。（6）大力提升现代农业装备水平。（7）推进农业绿色发展。（8）持续打好长江禁捕退捕持久战。（9）不断提高农产品品牌影响力和市场竞争力。（10）打造现代农业全产业链。（11）加快构建现代农业经营体系。（12）激发农村消费更大活力。（13）深入推进“千企联千村共走振兴路”行动。（14）深入推进农村改革创新。（15）持续加强乡村规划建设管理。（16）不断改善农村群众住房条件。（17）实施农村人居环境整治提升五年行动。（18）大力实施特色田园乡村建设行动。（19）加大农村公共基础设施建设力度。（20）不断提升农村基本公共服务标准化水平。（21）加强农村社会保障体系建设。（22）加快推动城乡融合发展。（23）全面提高党的农村基层组织建设质量。（24）加快推进乡村治理能力现代化。（25）加强农村精神文明建设。（26）巩固拓展脱贫致富奔小康成果。（27）构建农村低收入人口增收长效机制。（28）构建经济薄弱村发展长效机制。（29）深化拓展东西部协作和对口支援。（30）落实五级书记抓乡村振兴工作机制。（31）健全党委农村工作领导小组和工作机构。（32）优先保障“三农”投入。（33）支持乡村发展用地需要。（34）不断提高农民素质。（35）强化乡村振兴实绩考核。（许　军）

■**健全重大疫情防控体制机制提升公共卫生应急处置能力** 10月16日，中共扬州市委、扬州市人民政府印发《关于健全重大疫情防控体制机制提升公共卫生应急处置能力的意见》，提出22条意见：（1）加强疾病预防控制体系建设。（2）加强医疗卫生服务体系建设。（3）加强综合监管体系建设。（4）加强院前急救转运体系建设。（5）加强基层医疗机构哨点网络体系建设。（6）构建社会心理健康服务体系。(7)加强社会防控能力建设。(8)加强监测预警能力建设。(9)加强重大疫情救治能力建设。(10)加强应急处置能力建设。(11)加强实验室建设。(12)加强信息化建设。(13)提升舆情应对能力。(14)完善应急指挥机制。(15)完善快速响应机制。(16)完善联防联控机制。(17)完善医防协同机制。(18)完善平急结合机制。(19)加强组织领导。(20)完善保障机制。(21)强化项目支撑。(22)严格督查考核。 (许 军)

■推进美丽扬州建设 10月20日，中共扬州市委、扬州市人民政府印发《关于深入推进美丽扬州建设的实施意见》，提出23条意见：(1)健全国土空间规划体系。(2)推进市域空间融合发展。(3)强化城乡空间统筹联动。(4)加大环境污染综合治理。(5)系统推进生态修复和建设。(6)提升城乡生活环境品质。(7)提升城市规划水平和功能品质。(8)提升特色田园乡村建设力度。(9)推进产业科创名城建设。(10)践行绿色发展方式。(11)筑牢世界运河之都地位。(12)放大世界美食之都魅力。(13)彰显东亚文化之都自信。(14)打造“高效处置一件事”品牌。(15)打造“好地方、事好办”品牌。(16)打造“全周期管理城市”品牌。(17)推进基本公共服务均等化。(18)营造博爱包容社会氛围。(19)倡导健康文明新风。(20)加强组织领导。(21)创新建设机制。(22)健全法治保障。(23)引导公众参与。 (许 军)

■国有金融资本管理 11月19日，中共扬州市委、扬州市人民政府印发《关于完善国有金融资本管理的实施意见》，提出23条意见：(1)明确界定国有金融资本管理范围。(2)明确政府授权财政部门履行出资人职责。(3)推进国有金融资本基础管理工作。(4)加强国有金融资本集中统一管理。(5)厘清财政部门与其他部门的监管职责。(6)严格规范金融综合经营和产融结合。(7)以管资本为主强化资产管理。(8)落实国有金融资本经营预算管理制度。(9)严格国有金融资本经营绩效考核制度。(10)健全国有金融机构薪酬管理制度。(11)支持地方国有金融机构发展壮大。(12)健全公司法人治理结构。(13)推动国有金融机构服务实体经济。(14)充分发挥党组织的领导作用。(15)进一步加强领导班子和人才队伍建设。(16)切实落实全面从严治党“两个责任”。(17)加强国有金融机构财务监管。(18)强化国有金融机构防范风险的主体责任。(19)形成全面覆盖的内外部监督体系。(20)加强制度建设。(21)加强协调配合。(22)严格责任追究。(23)加强信息披露。 (许 军)

■市领导“带头干带领干带动干”工作机制建立 12月25日，中共扬州市委印发《关于建立市领导“带头干带领干带动干”工作机制的意见》，建立7项工作机制：(1)健全重点工作任务“闭环”实施工作机制。(2)建立面对面听取企业家等服务对象意见建议工作机制。(3)建立省综合考核指标定期督查推进工作机制。(4)建立“四不两直”暗访+公布“红黑榜”日常督查机制。(5)完善县(市、区)、功能区高质量发展督查推进工作机制。(6)建立市级部门以紧扣大局抓工作、聚焦指标争进位为主题的“局长讲坛”工作机制。(7)建立乡镇围绕乡村振兴上水平、街道围绕党建引领强双基为主题的党政正职述职评议和培育选任工作机制。(许 军)

■医疗保障制度改革 12月31日，中共扬州市委、扬州市人民政府印发《关于深化医疗保障制度改革的实施意见》，提出6条意见：(1)健全公平适度统一的待遇保障机制。(2)完善稳健可持续的筹资运行机制。(3)建立管用高效的医保支付机制。(4)健全严密有力的基金监管机制。(5)协同推进医药服务供给侧改革。(6)全面推进医保公共服务治理创新。 (许 军)

重要活动

■全市党史学习教育 3月3日，扬州市党史学习教育动员大会在会议中心举行，市委书记、市委党史学习教育领导小组组长夏心旻作动员讲话，强调要深入学习贯彻习近平总书记在党史学习教育动员大会上的重要讲话精神，认真落实党中央和省委决策部署，在全市上下迅速兴起党史学习教育热潮，学党史、悟思想、办实事、开新局，更好地从党的百年伟大征程中汲取前进的智慧、奋进的力量，努力把“好地方”扬州建设得好上加好、越来越好。市委副书记、市长张宝娟主持会议，市政协主席陈扬，市委副书记孔令俊出席。

按照中央和省委统一部署，围绕“四坚持四着力”目标要求，突出抓好“六专题一实践”(开展专题学习、专题培训、专题党课、专题宣讲、专题研究宣传阐释、专题民主生活会和组织生活会及“我为群众办实事”实践活动)重点任务，把党史学习教育贯穿全年、紧抓不放，做到学有所获、思有所悟、行有所为、民有所得。组织召开党史学习教育动员大会，研究制定实施方案，成立领导小组并下设办公室集中办公，健全工作机制，强化组织调度。组建市委党史学习教育巡回指导组13个、县级巡回指导组60个，对全市634个县处级、乡科级单位开展巡回指导。市委常委会排出31项专题学习活动，市委理论中心组开展党史专题学习15次，开办市级党史专题培训班2期。全市县处级中心组开展专题学习1200余次，开办领导干部专题读书班98期，县处级以上领导干部带头主讲专题党课1100余场。全市发行四本“指定教材”30余万套，党员配备率100%。市县两级党校开办专题培训班31个，培训学员2805人。组织31万余名干部群众参加全省党史知识竞赛线上答题，党员参与率位列全省第一，获“优秀组织奖”。投入200万元，对全市150余个革命遗址旧址、纪念场馆进行修缮、改造与提升。创新开展“跟着地名学党史”活动，挖掘梳理22个红色地名，推出10条红色研学线路，200余万人次于“行走中”接受教育。开创群众家门口的“党史书场”，展演500余场。组织5万人次干部群众参观中国共产党在扬州历史展。编创大型扬剧《阿莲渡江》、淮剧《浪起宝应湖》等红色文艺作品60余部。创新开展“七个一”童心向党、跟着强国学“四史”、“开学第一课”示范课、“红领巾接力讲解岗”等特色活动，教育引导青少年知史爱党、知史爱国，感党恩、听党话、跟党走。（陈相辉　许　军）

■“奋斗百年路，筑梦好地方”中国共产党在扬州历史展 由市委宣传部、市委党史办主办，生态科技新城党工委、扬州报业传媒集团承办，是扬州市历次重大主题展览中展陈内容时间跨度最长的展览，于2021年开馆。展馆以“奋斗百年路，筑梦好地方”为主题，分为“革命征途显初心”“艰苦创业担使命”“改革潮头谋发展”“奋进扬州好地方”4个篇章，清晰梳理出各个历史年代的扬州党组织沿革及扬州地方发展成就。（高　洁）

■全市2021年度高质量发展总结表彰 3月31日，市委、市政府召开全市2020年度高质量发展总结表彰大会。市委书记夏心旻强调，要深入学习贯彻习近平总书记视察江苏、视察扬州重要讲话指示精神，动员全市上下以更加饱满的精神、更加昂扬的斗志、更加务实的作风，对标找差明导向、比学赶超再出发，集中精力把自己的事情办好，奋力在现代化新征程中干出新业绩、展现新作为，以高质量发展的过硬成果庆祝建党100周年。市委副书记、市长张宝娟主持会议，市政协主席陈扬出席会议，市委副书记孔令俊宣读2020年度综合考核表彰名单。（许　军）

■2021年扬州世界园艺博览会 4月8日，以“绿色城市、健康生活”为主题的2021年扬州世界园艺博览会在扬州市仪征枣林湾开幕。全国人大常委会副委员长曹建明，第十一届全国政协副主席、中国花卉协会名誉会长张梅颖，省委书记、省人大常委会主任娄勤俭，省委副书记、省长吴政隆，全国政协人口资源环境委员会主任李伟，国际竹藤组织董事会联合主席、中国花卉协会会长江泽慧，国家林业和草原局副局长彭有冬出席开幕式并共同开启世园之门。曹建明宣布2021年扬州世界园艺博览会开幕。吴政隆代表省委、省政府致辞。

江苏省委常委、省委秘书长、组织部部长郭元强，陕西省人大常委会副主任、榆林市委书记戴征社，江苏省人大常委会副主任、党组副书记王燕文，北京市副市长卢彦，江苏省政协副主席王荣平，江苏省人民政府秘书长陈建刚，国际园艺生产者协会副主席张启翔，部分国家驻华使节、国际组织代表参加开幕式。副省长潘贤掌主持开幕式。市委书记夏心旻、市长张宝娟、市政协主席陈扬等市四套班子领导参加活动。开幕式后，领导和中外嘉宾参观博览会的国际馆、国际竹藤组织园及北京园、榆林园等展区。

世界园艺博览会是由国际园艺生产者协会（AIPH）批准举办的国际性园艺展会，是世界各国园林园艺精品大联展。本届世园会由国家林业和草原局、中国花卉协会、江苏省政府主办，扬州市政府承办，从4月8日开幕，至10月8日闭幕，开展多项国际专业竞赛和江苏省茶艺技能竞赛等活动。园区总面积230公顷，总体采用“一轴、两脉、五心、八片区”布局，诠释绿色之美、生态之美、文明之美。共有室外展园64个，其中包括北京、上海、香港等26座国内城市和企业展园；法国奥尔良、荷兰布雷达、美国圣安东尼奥、日本奈良和国际竹藤组织、世界月季联合会等25个国外城市或国际组织展园及江苏省13个设区市展园。（许　军）

■2021“烟花三月”国际经贸旅游节 4月18日，2021中国·扬州“烟花三月”国际经贸旅游节开幕式暨重大项目签约仪式在运河大剧院举行。中集集团总裁高翔，中国文联副主席、中国电视艺术家协会主席、中央电视台原台长胡占凡，中化国际（控股）股份有限公司总经理刘红生，中兴通讯股份有限公司副总裁刘剑锋，国家电网有限公司总经理助理王益民，法国圣戈班集团中国区首席执行官盛昭宁，德国福士汽车零部件公司首席运营官马克·克鲁策等中外嘉宾出席。市委书记夏心旻致辞，市长张宝娟作主题推介，市政协主席陈扬、市委副书记孔令俊等市四套班子领导出席活动。开幕式现场，总投资40亿元的国网江苏智慧能源双创科技园首批入园

4月8日，2021年扬州世界园艺博览会开园　　扬州日报/供稿

项目、总投资1亿美元的圣戈班二期、总投资4亿美元的中粮面业、总投资30亿元的智能模块化建筑、总投资50亿元的电脑精密组件、总投资50亿元的奥克化学二期、总投资100亿元的电信天翼云长三角节点等32个重大项目集中签约。旅游节为期一个月。节庆期间，全市共落实先进制造业、现代服务业和科创产业合同项目180个，其中先进制造业和现代服务业项目总投资达1224.6亿元。 （许 军）

■扬州中国大运河博物馆建成开放 参见第179页

巡察工作

■概况 2021年，市、县两级有序开展本届党委最后一轮巡察，巡察单位54家、村（社区）34个，其中市级巡察单位10家，对两家开展巡察“回头看”，全年共反馈巡察发现问题1848个，问题线索276条，实现一届党委任期内巡察全覆盖。开展涉粮问题专项巡察和落实惠企政策专项巡察，推动中央和省委、市委决策部署落地见效。 （乔 天）

■政治巡察 市委第十三轮对8家单位党组织开展巡察，对2家单位开展巡察“回头看”，发现突出问题122个、问题线索14件，七届市委巡察全覆盖任务按期完成。稳步有序推进对村（社区）巡察工作，覆盖率94.4%。应对疫情影响，跟进开展落实惠企政策专项巡察，围绕“苏政30条”和“扬政10条”落实情况深入查找问题，推动落实减征税费、减免租金政策，增加金融机构贷款供给，帮助企业纾困解难。对七届市委历轮巡察整改情况开展质效评估，持续优化整改质效。引入群众监督、舆论监督参与评估对村巡察成效，切实增强群众获得感。贯彻落实中央、省委加强巡视巡察上下联动的意见精神，制定《关于建立联动贯通协同高效巡察监督网的若干措施》，落细落实各项要求。用好中央对江苏、省对扬州巡视巡察指导督导成果，对县（市、区）巡察工作和村（社区）巡察工作开展指导督导，推动基层巡察质量提升。 （毛前晔）

■基础建设 市委认真履行主体责任，及时调整巡察工作领导小组成员，常委会3次学习研究巡视巡察工作，组织领导小组成员常态参加巡察反馈会，推动巡察工作开展。提升巡察工作组织化程度，明确巡察质效评估核心指标，构建系统科学的巡察工作综合考评体系，坚持每月（季）通报，每年考核评优。打造梯次接续干部队伍，及时补充两名巡察组组长和两名副组长。强化争先进位，开展2020年度全市巡察机构“三比一促”活动审议评选，选出优秀报告18篇、优秀底稿16份、优秀重点课题和重点项目12个。开展市委巡察组长“导师制”结对带教，确立带教项目6个，赴仪征等地开展导师结对带教7次。开展党史学习教育，制定党史学习教育工作清单，组织全体党员赴红色教育基地进行主题实践，累计开展各类专题学习19次。加强基层党组织建设，换届选举产生第二届扬州市委巡察机构党总支委员会，优化党组织架构。坚持科技引领，推广应用扬州“巡察云”智慧管理信息化平台，召开系统建设推进会，组织专题培训，提升巡察信息化水平。系统总结七届市委巡察工作成效，形成《七届扬州市委巡察工作综述》，编印《巡察高质量 护航“好地方”—七届扬州市委巡察工作剪影》，全面展示市县巡察成效。 （乔 天）

■巡察监督 持续提升巡察服务中心大局能力，以高质量监督保障高质量发展。打好巡察“收官之战”，集中安排对人大机关、政协机关、宣传部、统战部和政法委等5个起领导作用的单位开展第13轮巡察，为扬州改革发展护航。组织涉粮问题专项巡察，贯彻落实中央和省委涉粮专项巡视巡察部署，成立市委接力、联动巡察组开展涉粮问题专项提级交叉巡察，发现突出问题98个、督促立行立改问题11个，移交问题线索62件，其中党纪立案调查15人、采取留置措施6人。推动仪征市制定粮食购销领域体制机制改革方案，为全省粮食购销领域深化整改提供借鉴。抓好惠企政策落实专项巡察，统筹市、区两级力量成立两个市委专项巡察组，围绕“苏政30条”和“扬政10条”等惠企政策落实情况开展专项巡察，推动落实减征税费、减免租金政策，增加金融机构贷款供给，有效促进各类市场主体恢复生产经营，市委主要领导批示“成效明显”。推进巡察指导督导，抓好省对市巡察督导整改的同时，有序推进对县（市、区）巡察工作指导督导全覆盖，其间现场推动解决问题18个，发现需要重点关注的问题102个。 （乔 天）

■巡视巡察整改 以高质量整改推动全市经济社会发展。把巡视整改作为重要政治任务抓实抓细，巡视整改反馈问题29个，已整改到位28个，1个正在推进中，问题整改率96.6%。推动建立完善制度机制226项。抓好巡察整改，深化落实“六责协同”整改机制和《闭环管理操作规程》，对七届市委历轮巡察整改情况开展质效评估，分析研判移交问题线索处置情况，推动巡察线索查核。牵头组织对第11轮和第12轮被巡察党组织整改情况开展“四方联评”，持续优化整改质效。出台《扬州市对村（社区）巡察整改“双报告双评价”实施办法》，引入群众监督参与评估对村巡察成效，增强群众获得感。聚焦巡察整改先进经验和典型事例，系统汇编《巡察护航》《扬州市巡视整改典型案例》《七届市委巡察整改典型案例》。 （乔 天）

■新冠肺炎疫情防控督导 面对突如其来的疫情，市委巡察机构临危受命，整建制承接隔离点管理督查管控专班，开展隔离点督促管理工作。牵头建立市、区、隔离点三级联动组织架构，健全全天候战时工作机制，组织隔离点按“一长七组”健全工作网络和责任体系。组织6个驻区督导小组直插隔离点开展常态化督导和全要素检查，推进滚动督导整改问题，通报问责突出问题，持续推动省市督导反馈问题动态清零，累计制发问题通报14期，下发省（市）督办单195份，交办并督促整改到位问题1952个，取得较好成效。（乔 天）

组织工作

■概况 2021年，全市有基层党组织1.55万个。其中，党委592个，占3.82%；党总支1359个，占8.8%；党支部1.36万个，占87.74%。全市有党员31.56万人。其中，农村党员（含乡镇、社区党员）12.18万人，城市街道、社区党员5.66万人，非公有制单位在职党员3.84万人。至年末，中华人民共和国成立前入党党员432人，女党员8.3万人，少数民族党员1635人，35岁以下党员6.4万人，大专以上学历党员15.41万人。全年新发展党员数1.14万人。人才区域核心竞争力增强，国家重大人才工程、省“双创计划”、“333工程”申报入选人数均创历史新高。全市拥有“两院”院士4人，国家重大人才工程自主申报入选38人，省“双创人才”422人，省“双创团队”35个，省“双创博士”439人。199人入选省第六期“333工程”，选聘12批科技镇长团692人次。（组织部）

■领导班子和干部队伍建设 聚焦地方领导班子集中换届需要和扬州事业长远发展，对全市干部队伍现状进行综合分析研判，突出人岗相适、以事择人，开展谈心谈话，有计划、有步骤地对部分岗位进行调整，全年调整县处级干部375人次，其中提拔178人次；晋升县处级干部128人次，其中推荐晋升二级巡视员6人次、晋升一级调研员24人次、二级调研员35人次、三级调研员63人次。组织市县乡领导班子换届，突出政治标准的首要位置，坚持将严格组织把关、严谨细致作风、严肃换届纪律和做好思想政治工作贯穿始终，推动换届工作风清气正、平稳有序，县乡领导班子结构优化、功能增强。5月底，乡镇党委换届完成，66个乡镇党委委员35岁以下占三分之一，30岁以下占11.4%；7月底，县级党委换届完成，6个县（市、区）党委班子平均年龄45.5岁，近半数具有乡镇（街道）党政正职经历。10月底，完成扬州市第八次党代会组织筹备工作和大会选举任务，选举产生八届市委委员52人、候补委员10人，市纪委委员33人，出席省第十四次党代会代表38人。持续推进年轻干部实践锻炼“十项举措”，选派80名优秀年轻干部赴重大项目一线、经济发展一线、信访一线实践锻炼，选派7名“80后”年轻干部赴陕西榆林等地挂职，全年提拔“80后”处级干部20人。实施扬州“优青计划”，面向全国“双一流”建设高校引进优秀应届毕业生100人。聚焦建设一支政治过硬、具备领导现代化建设能力的干部队伍，从严从实教育培训干部，完成省以上调训13批次、98人次，举办重点培训班45批次、培训关键领域和重要岗位干部2320人次，市县联动培训领导干部9969人次。从严加强干部监督工作，全年受理干部配备职数预审事项269批次、职数3028个，审核任前事项报告23批次。牵头组织1144名市管干部填报个人有关事项，全年抽查核实544名干部，根据结果对37人作出批评教育、责令检查处理，诫勉2人。严肃换届纪律加强换届风气监督，研究制定“责任清单20条”“工作清单20条”，签订承诺书1.6万余份，发放提醒卡2.1万余张，组织集中观看教育警示片《警钟长鸣》，组建9个督查督导组开展两轮全覆盖巡回督查督导。（组织部）

■人才工作 坚持党管人才，市委常委会专题学习中央和省委人才工作会议精神，市政协专题协商年轻人才引育，创新实施29项人才工作“一把手项目”，举办“建党百年‘健’行初心”人才健步走活动。出台“人才新政15条”、“十四五”人才发展规划、高层次人才分类认定实施办法。坚持工程牵引，入选国家级人才建议人选15人、省双创团队4个、双创人才33人，入选省第六期“333工程”第二层次12人、三层次187人，均创历史最好成绩。聚焦“323+1”先进制造业产业集群，资助“绿扬金凤计划”双创团队3个、领军人才91人、优秀博士192人，遴选第五期“英才培育计划”151人，组建第五批市级“名师工作室”37个。系统构建科技镇长团“点—线—面”工作机制，发挥“统管用转”四项制度和“团室共建”“揭榜挂帅”品牌效应，组建第四批产才对接专家组7个，210名团员服务186家科技企业，遴选新一批46名团员结对68家劳模创新工作室，推动扬州科技镇长团工作走在全省前列。坚持特色引领，承办全省乡土人才技艺技能大赛总决赛，运河“扬家匠”乡土人才“三带”创业园开园，揭牌全省唯一的省级乡土人才市场服务中心，创新推出“扬州好地方，大师造好物”乡土人才创业产品线上销售平台。探索建立科技人才“揭榜挂帅”机制，征集发布企事业单位人才需求783项、关键技术需求208项，采用“城市分站赛＋总决赛”的模式，在北京、西安、扬州3地举办“绿扬金凤”高层次人才创新创业大赛，吸引451个优质高层次人才项目参赛。坚持服务提升，建成苏中地区首家扬州国际人才社区，投入使用人才公寓811套，累计发放“绿扬英才卡”429张、人才“绿色通道”医疗证1083张，组织960人次参加人才免费体检，提供300名人才子女就学保障服务，发放大学生租购房补贴3932.8万元，举办4期青年人才交友联谊活动，1次高层次人才科学健身讲座，创新发放人才健身券。（组织部）

■基层组织建设 召开庆祝中国共产党成立100周年座谈会暨“两优

一先”表彰会，完成中央和省、市委“两优一先”推荐和表彰，江苏万顺机电集团有限公司党委书记、董事长周善红获评“全国优秀共产党员”，邗江区方巷镇沿湖村党委书记、村委会主任刘德宝获评“全国优秀党务工作者”，广陵区东关街道琼花观社区党委、扬州瘦西湖船娘党支部获评“全国先进基层党组织”，18名（个）个人和基层党组织获省委“两优一先”表彰，市委表彰300名（个）“两优一先”对象。持续加强党内关爱，颁发“光荣在党50年”纪念章3万枚，走访慰问党员8600余人。面对突如其来的新冠肺炎疫情，第一时间下发《开展“党旗在抗疫一线飘扬、党徽在‘两在两同’中生辉”活动的通知》，号召全市广大基层党组织立即行动起来，迅速成立2478个行动党支部，组织7.2万名党员干部志愿者下沉社区，建立封闭封控区域“1+6”管理服务架构，有效保障主城封控区170万名居民的基本生活。疫情防控常态化以后，全市1772个小区建立行动党支部，实现主城区小区全覆盖，3万余名企事业单位党员投身到日常小区治理，做到平时拉得出、战时打得响。聚焦基层基础，打造党建工作品牌，全省基层党建工作重点任务推进会在扬州召开。持续提升村级党群服务中心功能，全市投入4.4亿元新提标100个村级阵地，并在1407个村（社区）全覆盖建设篮球场，党群服务中心村均795.4平方米、社区每百户44.6平方米，分别高于省标98.9%、48.7%。召开全市村级党群服务中心功能提升现场会，明确村级党群服务中心政治功能、服务功能、发展功能、议事功能、教育功能、宣传功能等六大功能，形成大门常开、场所常用、活动常办、群众常来、聚人气、聚民心的“四常两聚”机制。结合党史学习教育“我为群众办实事”活动，开展党群服务中心“1+4”为民服务行动（党群服务中心全天候开放，我来为你量血压、找医生、买东西、做家政），全年累计向基层赠送血压计、血糖仪、身高体重测量仪等仪器设备4221件，全市基层党组织开展送医疗、送家政服务进村（社区）活动1.2万场次，受益群众40万人次，开展网上云诊疗服务9.8万人次，帮助群众代购代销物品25.7万件。出台《关于推进村级债务化解的实施意见》，召开全市村级债务化解推进会，将村级债务化解作为市县乡三级“书记项目”，全市累计化债4.2亿元，161个村债务实现清零，无债村数量占比73.6%。召开全市国有企业退休职工党员社会化管理后融入社区建设推进会，研究出台国企社会化管理党员融入社区建设10条措施。推进全市“两新”组织党务工作者专业化建设，省、市、县联动认证，扬州市首批初中高特“四级”专业资格党务工作者共517人。（组织部）

■**机关党建** 2021年，市委市级机关工委贯彻习近平总书记关于机关党建重要论述和视察江苏、视察扬州重要讲话精神，围绕“机关党建创新年”主题，以“六聚焦六提升”模范机关建设工程为抓手，推动机关党建提质增效，首次被表彰为全省机关党建工作先进集体。

聚焦政治引领，建好“三个表率”模范机关。落实习近平总书记建设“三个表率”模范机关的工作要求，做好深度融合大文章，在服务全市中心工作中，走在前，作表率。落实“三级责任清单”“三级联述联评联考”机制，推动制定党组（党委）主体责任清单89份、机关党委清单43份、党支部清单436份；探索建立市级机关“述评考”提级汇报制度，首次召开市级机关党组（党委）书记抓基层党建述职评议考核会议，“一把手”述职；试行“述评考”末位扣分制，构建“定责—履责—考责”闭环。印发《关于全面启动“微网格+机关党员干部志愿者”联建项目的通知》，建立“网格+行动党支部”“微网格+机关党员志愿者”联创共建机制，推动首批161个行动党支部、2000余名机关志愿“微网格员”常态化融入基层社会治理。组织26个省级机关“服务高质量发展先锋行动队”到扬州开展惠企便民活动，与16家企业，12个街道、村（社区）现场签约，推动一线需求“直通”省级机关，机关服务“直达”基层一线。

聚焦理论武装，上好党史学习教育“大思政课”。持续擦亮“我是党课主讲人”特色品牌，采用“1+X+Y”模式，主要领导带头讲，81名党组（党委）书记带头上党课；专家学者专题讲，集中举办164场专题理论宣讲报告会；全体党员广泛讲，市级机关2432名党员参与“学党史、悟思想、办实事、开新局——‘我是党课主讲人’比赛”党课活动；开展党组（党委）理论学习中心组巡学旁听49次。组织“争创模范机关·庆祝建党百年”12项系列活动，上好“创意党课”，征集庆祝建党100周年活动“金点子”创意122项；上好“音乐党课”，与市委宣传部联合举办“永远跟党走”大型歌咏文艺演出，全市32个单位近4000名党员干部参与演出，市四套班子领导集体出席。上好“沉浸式党课”，举办11场“红剧社”剧本推理活动；上好“线上党课”，开发上线“党史虚拟展厅”。推动市级机关落实党建“书记项目”54个；结合“我为群众办实事”主题实践，开展“万名党员助千企访万户”活动，累计发放连心卡1000余张，推动全市1.64万名机关党员干部帮扶联系1117家企业和640个村（社区），办理1531件“党建惠企惠民”实事。落实意识形态工作责任制，开展专题调研，组织个别访谈、座谈会，回收调查问卷200份，了解机关党员思想动态。对130余万字公开信息进行意识形态审查，引导市级机关强化对公众号等意识形态阵地管控。

聚焦基层基础，当好组织建设“排头兵”。全面落实省委“五聚焦五落实”三年行动计划要求，以首次承办全省机关党建工作交流现场会为契机，全面夯实机关党组织根基。推动基层组织标准化。开展以标准化规范化为基础，党建品牌培塑、主题党日征集、“党员之家”

建设为重点的“1+3”机关党建提升工程。对照标准化规范化建设7项31条细则，通过“四本一簿一证一册”大检查，推动基层党组织逐家过关，达标率92.34%。按照“定期排查—到期提醒—超期约谈—严格考核”四步法，指导21个直属党组织规范换届。打造“春江潮涌”扬州机关党建品牌，按照“五有”要求，打造包含75个子品牌的机关党建品牌矩阵。征集“两在两同做表率·我身边的抗疫故事”优秀主题党日75个，征文125篇。新建“党员之家”21家（除6家待搬迁单位，81个单位实现全覆盖）。推动党务干部专业化。出台《关于进一步加强市级机关党务干部队伍建设的意见》，明确选配标准，健全考核体系，强化关怀保障，全年考察配备党务干部127人，党组织负责人62人，新任专职党务干部平均年龄比上年下降5.2岁。培训市级机关党务干部1020人次；升级党支部书记讲坛等交流平台，通过“线上交流”“视频研讨”，打造党务工作在线分享平台。推动党员队伍管理规范化。把好党员发展“入口关”，全年备案入党积极分子183人、发展对象123人，发展新党员150人，是上年的2.3倍。表彰市级机关“两优一先”210个，获市级表彰66个、省级表彰16个。开展首届扬州“最美人民勤务员”评选，面向“四个一线”，征集推介身边典型。

聚焦营商环境，用好作风考评“风向标”。落实全市优化提升营商环境大会精神，展现机关担当。企业评议评“准”。深入10家重点企业座谈调研，向114家企业回收问卷2193份，找准服务企业的“痛点”“堵点”“难点”；首次开展“企业评议部门服务”测评，在市区抽样300家企业“预测评”基础上，从全市随机抽样1038家企业开展测评，实现县（市、区）全覆盖，规上、规下企业全覆盖；测评结果直接纳入年终考核。作风考评考“实”。开展明查暗访，向全市103家单位反馈社会评议意见建议121条、明查暗访问题191个、疫情防控问题162条、“作风建设日常考评”和“扣分项”15个，作风问题投诉3件，抓好跟踪问效，督促相关部门整改到位。窗口服务创“优”。印发《市级机关“转作风 提效能 助力优化营商环境”行动实施方案》，与相关部门联合开展争当“人民满意的窗口服务单位”“人民满意的窗口服务标兵”活动，推动30个窗口单位全面提升服务质效。正风肃纪从“严”。召开市级机关“廉洁文化进机关”现场会，组织“清风正气好地方·风华正茂恰百年”书画摄影展，集中展览作品118幅。加强市级机关党代表会议和区人大换届选举工作监督，152名市级机关党代表选举产生89名市党代表，得票率99.62%；组织89个单位3.42万名选民选举产生13名区级人大代表，参选率98.13%，确保换届选举风清气正。

（朱如媛）

■公务员管理 有序推进公务员分类改革，43家单位获省审批纳入行政执法类公务员职位设置范围。深入推进职务与职级并行常态化管理，至年末，全市共有职级公务员7400余人，占核定职级总数的62.5%，比上年增长7.5个百分点。全面衔接参照管理事业单位改革，扬州市被纳入第一批参照管理单位目录化管理范围，198家参照管理单位完成重新认定工作。在疫情防控形势下做好公务员考录工作，新录用公务员和参照管理人员580人，确保考录安全。拓宽基层公务员向上流通渠道，29个职位开展公开遴选，首次拿出4个市级机关副科职职位开展公开选调，拓宽各类人才进入机关的“入口”，受到各方面好评。承办2021年全省第一场苏南苏北公务员对口培训班，省级机关、各设区市机关共50名科级干部参训。创新实施年轻公务员“双百”培养计划，首批确定年轻公务员培养人选120人，市县联动培养，精准施策、动态管理。推进公务员平时考核制度，建立健全省、市两级平时考核工作联系点，打造平时考核工作特色品牌。至年末，全市共有公务员1.94万人，参照公务员法管理的事业单位工作人员2748人，合计比上年增加392人，增长1.8%。

（组织部）

■老干部工作 2021年，全市共有离休干部758人。其中，市直355人、抗日战争时期参加革命的66人、解放战争时期参加革命的289人；享受按副省（部）长级标准报销医疗费标准待遇14人、享受副地（厅）级待遇4人、享受厅（局）级医疗乘车待遇19人、享受县（处）级待遇318人。年内，全市离休干部去世52人。

思想政治建设。1月4日，市委书记夏心旻主持召开市委常委会，听取离退休干部工委2020年履职情况汇报，强调老干部工作要更好地向中心聚焦、为大局聚力，不断彰显老干部工作价值取向。3月10日，举办“永远跟党走”政治理论大讲堂，集中收看党史学习教育片《中国有了共产党》。4月8日，组织部分离退休干部党支部书记赴盐城开展“我看建党百年新成就”专题调研。5月，启动“丹心向党，银耀扬城”离退休干部党建工作和“薪火相传，为了信仰”离退休干部风采录视频拍摄工作。5月10—12日，组织行政编制离休干部及副处级以上退休干部近450人开展“跟着总书记的考察足迹看南通”活动。5月19—27日，举办两场全市离退休干部党支部书记暨专兼职老干部工作者业务知识培训班，分批次对市直及县（市、区）老干部党支部书记及专兼职工作者开展培训。5月20日，举办市四套班子老领导情况通报会，市委书记夏心旻通报全市经济社会发展情况。6月，组织开展“老党员讲党史上党课”系列活动、举办党史学习教育离退休干部专场宣讲报告会。6月，拍摄离退休干部《党旗下的祝福》庆祝建党100周年微视频，引导老同志颂党恩、听党话，永远跟党走。6月29日，组织部分“光荣在党50年”纪念章获得者集中收看收听“七一勋章”颁授仪式。7月1日，组织全市老同志及时收听收看庆祝中国共产党成立100周年大会。10月，举办“永远跟党走”政治理论大讲堂，开展学习贯彻习近平总书记“七一”重要讲话精神离退休干部专题宣讲报告会。10月17日，市委召开市四套班子老领导情况通报会，吉宜才、施国兴、洪锦华、陈卫庆等市四套班子老领导就市第八次党代会报告（征求意见稿）内容建言献策。11月1—7日，组织市四套班子老领导赴苏州开展“看高质量发展·研大运河文化”参观考察活动。11月30日，市委书记张宝娟主持召开常委会，专题听取全市老干部工作情况汇报，肯定离退休干部在聚焦“三个名城”、争做“三个示范”和把“好地方”扬州建设得好上加好、越来越好所作的关心和支持，并对做好全市老干部工作提出更高要求。12月，举办6场学习贯彻党的十九届六中全会精神离退休干部专场集中宣讲活动。

组织建设。1月，完成2020年度全市离退休干部党建考核评定工作，对67个市直部门及单位评定相应等次。2月，召开全市离退休干部工委专职副书记座谈会，研究部署全年离退休干部党建重点工作。4月，联合市委组织部印发《关于进一步落实党委（党组）加强离退休干部党建工作主体责任的通知》，推动各级党委党组落实离退休干部党建工作主体责任。5月，开展全市离退休干部党支部和党员“双十佳”推选展示活动。9月，印发《全市离退休干部党组织建设质量提升行动实施方案》，指导基层强化党支部政治功能，提升离退休干部党支部组织力。10月29日，召开全市离退休干部党建工作推进会，传达全省离退休干部党建工作和离退休干部党员“两在两同”建新功行动推进会精神，部署下一阶段工作。11月，召开全市离退休干部工委专职副书记工作协调会，部署推进老干部工作考核、信息化平台建设等工作。12月，指导市关工委成立扬州市关心下一代基金会离退休干部功能型党支部。

发挥作用。1月6日，市长张宝娟主持召开座谈会，就《政府工作报告（征求意见稿）》征求市级老领导的意见和建议。1月底，市老干部书画研究会开展“书画传关爱 送福到万家”志愿服务活动。3月，开展“开启新征程，银发再出发”志愿服务行动，组织全市离退休干部在促进乡村振兴、完善基层治理、服务名城发展等方面开展“七助七送”系列活动。7月，举办“牢记嘱托 践行使命 牵手下一代”活动，通过开展红色教育宣讲、“法治课间餐”“童心永向党，筑梦新辉煌”创作演讲比赛，引导广大老同志用心用情关心青少年成长成才。8月，引导全市老干部参与社区防疫工作。9月，组织老同志以参观、座谈、调研等多种形式开展“回望百年路，助力新征程”主题党日活动。9月，印发《关于在全市离退休干部党员中开展“两在两同”建新功行动的实施方案》，引导老同志发挥“三个优势”，助力全市经济社会高质量发展。10月，组织离退休干部开展《我身边的抗疫故事》征集交流活动，引导老同志助力疫情防控和复工复产。10月19日，扬州市成立离退休干部志愿服务协会并召开第一次会员代表大会，选举产生理事会理事、常务理事会常务理事及班子成员。11月，开展市第八次党代会精神离退休干部专场集中宣讲活动，深入社区、学校等基层举办7个专场。11月5日，召开扬州市离退休干部“两在两同”建新功行动暨扬州市离退休干部志愿服务协会运行新闻发布会。11月13日，举办离退休干部体检报告解读义诊咨询服务活动，组织老专家发挥专业技能，为前来咨询的老干部提供科学用药、医疗保健等指导性建议。12月8日，扬州老年大学举办“建功新时代，桑榆再出发”主题党日沙龙活动。12月，联合扬州大学赴高邮市珠湖小镇开展志愿服务，推动校地合作，实现优势互补。12月，构建“1+8+N”志愿服务体系获全省老干部工作实践创新项目，并获全省老干部工作创新最佳项目奖和优秀项目奖。

服务保障。春节前夕，市委、市政府向全市广大离退休老同志发出慰问信，市委书记夏心旻、市长张宝娟等市四套班子领导走访慰问部分老领导、老干部，通报情况、征求意见并致以新春祝福。1月，开展2021年“牵手夕阳”春节走访慰问活动，慰问离退休干部200余人次。3月，开展离休干部家庭医生签约续签和为离休干部提供居家养老等个性化、亲情化服务事项。3月，举办市四套班子领导“颂党恩、听党话、跟党走”红色歌曲吟唱班。6月，联合市委组织部做好抗战时期参加革命工作的部分离休干部提高待遇工作，发放“光荣在党50年”纪念章。6月，完善扬州老年大学网上报名微信缴费系统，推进落实“为民办实事”项目。7月，联合市委组织部、市人社局、市财政局做好离休干部生活补贴增发工作，为22名离休干部提高享受副省（部）长级医疗待遇，为113名离休干部提高享受按副省（部）长级标准报销医疗费待遇。为离休干部提高高龄护工费补贴。7月，开展“关爱健康 高温送清凉”走访慰问、“爱老敬老，从脚做起”、为市直抗战老干部送书画、“幸福来敲门”等活动，传递党委和政府的关心关爱。9月，组织市直行政编制离退休干部和县处级以上退休干部600余人开展以“有品质的健康生活”为主题的健康体检活动。10月22日，开展“我为群众办实事”主题党日活动，为社区90岁高龄的老同志提供亲情化、个性化服务。11月18日，市委常委、组织部部长焦庆标主持召开市委老干部工作领导小组会议，研究确定4项关爱措施。11月，举办“携手夕阳，乐享智慧生活”老年智能设备应用培训6场次，帮助老同志跨越“数字鸿沟”。

文体活动。2月3日，举办“扬州是个好地方”老干部迎春书画展，共展出老干部书画作品近300幅。5月11日，举办“颂百年党恩，传品位文化”2021年扬州市老干部桥牌交流赛。5月13日，举办“永远跟党走”扬州老年大学庆祝建党100周年书画展。5月30日，举办“童心向党”扬州市第三届“华星杯”少儿书画大奖赛获奖作品展。6月，先后举办“银发颂党恩，助力新征程”庆祝中国共产党成立100周年扬州市老干部文艺汇演、“欢歌颂党恩，追梦谱新篇”老年大学文艺汇演、“永远跟党走”庆祝中国共产党成立100周年扬州市老干部书画展、“诗心永向党、再创新辉煌”诗词朗诵会、“诵读家书学党史、党建结对聚合力”诵读等活动。8月，引导全市老同志发挥爱好特长创作诗词书画300余篇，汇聚战疫正能量。9月24日，举办“翰墨颂祖国，丹青铭党恩”书画展，集中展示老书画家精美书画作品近200幅。10月13日，开展“庆百年华诞·品书画风采”活动，向市直抗战离休干部赠送书画作品60余幅。

（顾金龙 房 园 张 驰）

宣传工作

■理论学习研究 坚持把学习宣传贯彻习近平新时代中国特色社会主义思想作为首要政治任务，紧扣党的十九届五中、六中全会精神等重大主题和习近平总书记最新重要讲话指示精神，市委理论学习中心组全年集中学习31次，领导带头交流研讨、撰写学习体会55篇。组织对各级理论学习中心组开展巡学旁听600余场次。组建市委宣讲团，围绕党的十九届五中、六中全会精神和“七一”重要讲话精神等重大主题，市级层面共开展集中宣讲281场。举办“我是党课主讲人”讲党史赛党课活动1600余场次，7万余名党员参与。市、县两级党校开设全会精神专题培训班350个（次），轮训培训党员领导干部约2.9万人、基层党员达20万人次。用好用活办好“学习强国”学习平台，创新打造11家导学空间，选聘64名学习委员。举办扬州市庆祝中国共产党成立100周年理论研讨会。围绕习近平新时代中国特色社会主义思想在扬州的生动实践，组织开展重点课题研究367项，形成《扬州经济社会发展蓝皮书》（简称《扬州蓝皮书》）课题成果32项、文化专项课题成果27项，编制《把“好地方”扬州建设好发展好——新时代中国特色社会主义扬州探索与实践》一书。建成国家级人文社科普及示范基地2个、省级社科普及示范基地12个、省级社科普及研发基地2个、市级社科普及示范基地63个。

（陈相辉）

■新闻宣传 以学习宣传贯彻习近平新时代中国特色社会主义思想为主线，围绕庆祝中国共产党成立100周年，组织高水平全面建成小康社会、党史学习教育等重大主题宣传报道。市主要新闻媒体在全媒体平台开设“奋斗百年路，启航新征程”专题，设置30余个子栏目，组织贯穿全年的系列主题采访活动，制作推出上千款融媒体产品。沿湖村小康故事成为《人民日报》头版“同心奔小康”专栏的开栏报道，扬州大运河文化带建设被央视《新闻联播》宣传。推进“记录小康工程”，编制完成市县乡村四级“大事记”。研究制定《扬州市加快推进媒体深度融合发展工作方案》，推进20项改革举措。扬州广电传媒集团获“全国新闻出版广播影视系统先进集体”称号。新媒体宣传持续强化，组织开设网络宣传专题专栏534个，报送重大主题正能量稿件4000余篇，6篇获全网推送，170篇稿件获全省推送。组织策划48项“好地方”网络主题宣传活动，举办“向往好地方”原创短视频大赛，开展“2021扬州世园会”网络主题宣传，抖音话题播放量超10亿。开展“向往好地方网眼看运河”网络主题宣传，“网眼看运河”微博、抖音双话题总阅读、总播放量1200余万人次。健全完善舆论引导和新闻发布工作机制，围绕重大活动、重要政策、热点问题等议题，组织召开新闻发布会225场、《市民论谈》4期，及时回应民众关切。新冠肺炎疫情期间，专门成立诉求舆情处置专班，解决群众反映最集中的诉求、网民最关注的问题。编印《中国国家人文地理·扬州》、《扬州传》、《中国扬州（2021）》（中英文）外宣书籍。举办2021年扬州世界园艺博览会，打造“*Find China in Yangzhou*”“大运河传媒*Grand Canal Media*”国际新媒体矩阵，在脸书、推特、优兔等国际平台及时播发扬州重大活动消息，总阅读量超1200万人次。

（陈相辉）

■精神文明建设 制定实施《2021—2023年文明城市创建三年行动计划》，累计发送创建整改通知266期，测评点位2036个，督查点位3000余次，践行创建惠民宗旨。评选命名2019—2020年度扬州市文明行业9个、文明单位700个、文明校园82个、文明社区120个、文明乡镇46个、文明村149个；评选表彰第三届文明家庭50户。全市建成新时代文明实践中心9个、实践所89个、实践站1456个，开展“讲理论、品书香、办实事、树新风”——新时代文明实践暨“三下乡”志愿服务乡村行活动13场。学习贯彻《新时代爱国主义教育实施纲要》，举办红色故事宣讲大赛。突出“节日里的党史教育主题”，打造开放15家红色教育基地，江都水利枢纽被中共中央宣传部命名为全国爱国主义教育示范基地，郭村保卫战纪念馆、扬州中国大运河博物馆被命名为省级爱国主义教育基地。评选发布“新时代扬州好少年”18人，举办“七彩的夏日”未成年人暑期系列活动25项。天乐湖扬州市未成年人社会实践基地挂牌成立。“峥嵘岁月——扬州地区革命文物展”入选中共中央宣传部、国家文物局联合推介庆祝中国共产党成立100周年精品展览。坚持典型引领、先进示范，1人被授予“全国助人为乐道德模范”，7人当选“中国好人”，3人获评江苏“最美人物”，1个集体获评省“学雷锋活动示范点”，30人入选“江苏好人”，4人获第八届江苏省道德模范及提名奖。组织开展“最美政务人”“最美科技工作者”“最美

金融人”等系列推选宣传活动。倡导喜事新办、丧事简办、厚养薄葬、节俭养德的乡村文明新风尚，发布案例385篇。（陈相辉）

■**大运河文化带建设** 举办大运河发展论坛暨扬州中国大运河博物馆建成开放活动。扬州古城、运河三湾核心展示园入选省重点打造的10处大运河国家文化公园核心展示园。围绕“古运河重生”，加快历史文化街区有机更新，精心打造“双东”（东关街、东圈门）、南河下、皮市街、仁丰里等一批历史文化街区，成为文化创意聚集地、文化展示新窗口、网红打卡目的地。扬州运河大剧院建成营运，北护城河文旅集聚区建设加速推进。承建全国首个省级大运河遗产监测管理平台投入试运行，隋炀帝墓遗址公园、扬州城国家考古遗址公园等一批重点项目加快建设。（陈相辉）

■**文旅融合发展** 编制“十四五”文化改革发展规划。举办“扬州游礼”文化创意设计大赛，征集设计作品1018件；培养资助文化经典产业“首席设计师”6人。“加快光线影视基地建设”写入省“十四五”文化改革发展规划，完成一期主体工程建设；华侨城“梦幻之城”建成开园。扬州大运河文化旅游度假区在省级考核中实现“五连冠”，高邮市创成省级全域旅游示范区，邗江区方巷镇沿湖村入选全国乡村旅游重点村，东关历史文化旅游区等4个集聚区创成省级夜间文化和旅游消费集聚区。“二分明月忆扬州”唐诗主题大型沉浸式夜游、“以梦为马”皮市集夜等“夜经济”文旅活动，不断释放“好地方”品牌效应。（陈相辉）

■**文化人才培育** 成功入选省“双创人才”1人。评选出两家文化名师工作室和15名扬州文化旅游英才。全年发放文化名师工作室、扬州英才、优秀基层文化团队补助资金82万元。与扬州大学文学院合作，继续办好“运河文学艺术创作研究院”，邀请省内外知名文学评论家和期刊主编开展3期培训工作。继续推进地校合作高端智库项目，《扬州通史》项目进展顺利。（陈相辉）

■**网络意识形态管控** 建立健全网络综合治理体系，完善网络空间审查、舆情联动处置等工作机制，深入推进“好网角”工程，以“清朗2021”行动为统揽，联合开展大庆安保维稳督查和网络意识形态、网络综合治理专项督查、“网安2021”扬州行动暨应急实战演练，发现处置可复现隐患漏洞449个，推动网络空间风清气朗。（陈相辉）

■**意识形态阵地建设** 每半年组织召开一次（网络）意识形态工作联席会议，研判形势、破解难题、齐抓共管。严格落实主管主办和属地管理原则，常态化做好各类阵地管理和意识形态风险防范。严格执行《讲坛讲座管理办法》《扬州市社科类学会、协会、研究会管理办法》等阵地管理制度。建立意识形态领域风险隐患月度排查制度，定期召开高校思想政治工作联席会议。持续加强宗教领域管理，治理基督教私设点，查办邪教、类邪教违法犯罪活动；定期深入高校课堂、讲座现场，实行动态管控。深入开展“扫黄打非”斗争，突出抓好“历史虚无主义”和错误有害信息整治清理，全年查办刑事案件7起、行政案件47起。全市未发生因阵地人员管理不力、舆情管控不当等引发重大意识形态问题，意识形态领域保持积极健康、向上向好的良好态势。（陈相辉）

统战工作

■**统战政治建设** 围绕建党100周年，在全市统一战线开展党史学习教育，率先举行“同心向党·砥砺奋进”——扬州市统一战线庆祝中国共产党成立100周年系列活动，文艺汇演拉开全省统战系统和扬州市迎庆序幕，召开各界人士座谈会，在党报专版刊发党外人士庆祝文章。举办学习贯彻习近平总书记视察江苏、视察扬州重要讲话指示精神专题研讨班。开展民族团结进步创建，建成省级“红石榴家园”11家，高邮市菱塘回族乡获评第八批全国民族团结进步示范单位。（李忠国）

■**服务中心大局** 制定出台《关于支持各民主党派市委和无党派人士开展优化提升营商环境专项民主监督工作方案》，以市委名义委托各民主党派市委和无党派人士以对口联系各县（市、区）、功能区的形式首次就优化提升营商环境开展专项民主监督，助力“好地方、事好办”政务服务品牌打造。推动定期举办企业家早茶会，面对面问需求、解难题、鼓干劲。组织统战成员立足自身岗位，发挥专业特长，通过医疗防控、志愿服务、艺术创作等方式投身疫情防控，在“大战大考”中彰显统一战线作用。发挥优势传播运河文化，承办“千年运河·苏新记忆”“海外华裔菁英青少年大运河文化线上体验”等多项活动，促进扬州对外交流。以“好地方扬州”为主题，向海外讲好扬州发展故事。（李忠国）

■**基层统战建设** 推进统战元素融入各地党群服务中心建设，打通统战服务向基层延伸的“最后一公里”。新四军统战纪念馆建成投用，各类基地建设、管理和使用的科学化、规范化、制度化水平加快提升。全市规模以上民营企业均配备统战委员或联络员，所有村（社区）均明确统战工作联络员。在全省率先探索设立乡镇（街道）民族宗教事务局，为解决基层民族宗教工作力量配备“倒金字塔”问题提供“扬州方案”，获中央统战部推介。实现欧美同学会（留学人员联谊会）县（市、区）全覆盖。基层统战工作有规范、有队伍、有阵地、有考核的做法得到省委统战部肯定。（李忠国）

■**统战工作机制建设** 坚持把学习贯彻《中国共产党统一战线工作条例》

贯穿年度工作的始终，推动将其纳入全市各级党委（党组）全面从严治党责任清单，列入市委年度督查项目，组织专题宣讲，出台工作方案，开展调研督查，省委调研督查组对扬州条例落实工作给予肯定。加强和改进对民主党派机关考核，以考核压力和评优动力促进民主党派机关建设。完成各民主党派市委、市工商联、市党外知识分子联谊会换届。推动将党外人士教育培训纳入市高层次人才培训计划，列编市欧美同学会、市统一战线事务服务中心、市社会主义学院办公室。统战理论政策研究获评省一等奖，统战实践创新成果获奖数连续两年居全省第一。（李忠国）

■统战涉侨外联拓展 建立市海外统战工作协作机制，制定落实协作机制成员单位责任清单，开展涉侨国情教育，涵养海外新侨资源，加强涉侨政策法规建设。提升“不见面审批”事项办结率，所有涉侨行政事项全部进驻市行政服务大厅。推进华文教育，5所院校与海外华校签约共建，发挥各自优势、做出特色，新冠肺炎疫情期间外派华文教师在印度尼西亚完成各项教学任务。扩大海外宣传，聚焦扬州“三都”城市名片，结合扬州世界园艺博览会、中国扬州“烟花三月”国际经贸旅游节，在美国《侨报》、法国《欧洲时报》、日本《中文导报》、俄罗斯《龙报》、英国《侨商报》等海外媒体发布扬州专版4个、重点报道1个。（李忠国）

对台事务

■概况 2021年，把持续推动扬州台湾两地民众心灵契合作为对台工作的主题主线，更加注重固底板、求创新，扬台交流合作取得成效。一些重点工作和创新举措得到领导认可和央视《海峡两岸》、新华社等主流媒体的宣传报道。

对台经贸合作。坚持聚焦重点，精准服务对台招商引资，把招商引资工作作为服务经济高质量发展的重要抓手，坚持对台招商资源向基层倾斜，帮助县（市、区）、乡镇及园区解决对台招商难题。全年全市共批准台资项目25个，实际到资2737万美元。引导支持台企创新发展，定期开展经营情况调查分析，并通过搭建平台、开拓渠道等方式，持续推动台资企业转变经营思路，加快转型升级，融入“双循环”新发展格局。加强组织指导，促进台协会稳健发展，先后组织开展4场“台商助力乡村振兴”系列活动，推动台商台胞了解“农林22条”措施，实地考察扬州现代农业发展及新农村建设情况，推介农业农村投资机遇，共同参与乡村振兴建设。

扬台交流交往。利用春节、端午节等传统佳节和2021年扬州世园会邀展、参展之机，开展“与台商台胞一起过春节，体验扬州城特色‘牛年’味”“写春联、送祝福”及“粽香端午、喜庆华诞”等文化活动，与岛内台胞采取登门拜访、视频连线等方式加强联系，确保两岸交流“不断档、不停顿”。发挥扬州台湾青年工作联席会议作用，组织扬台大学生暑期实习就业特训营、第四届“月亮城杯”扬州·台湾文创设计大赛等活动，发挥陆生联谊会组织作用，推动扬台高（职）校、中小学及青年社团协会交流合作。围绕“两岸一家亲、童心绘初心”主题，开展“喜迎多彩六一、共庆建党百年”联谊交流活动，举办以“朗诵经典华章、共迎辉煌盛世”为主题的扬台青少年美文朗读大赛暨颁奖典礼活动，活动做法得到社会各界认可，均被央视《海峡两岸》栏目等多家主流媒体报道。

涉台发展环境。举办以科技创新为主题的台企沙龙，指导近30家与会台企申报市级科技计划项目。召开台胞子女就学政策解读会，为10余名台胞集中解答入学政策，解决台企发展后顾之忧。编印“惠台68条措施”实施细则，让台胞便捷、简明了解政策，推动惠台政策落实。搭建台企与工职院校校企合作平台，促成川奇光电等4家台企达成定向合作。举办首届台企专场招聘会，为30余家台企招聘1000余个技术工种工作岗位，达成就业意向100余个。搭建银企合作平台，联合邮储银行、富邦华一银行召开银企合作恳谈会，多家台企形成合作，解决融资困难。组织台商参加省台办“台商大讲堂”等政策宣讲活动，及时获取政策信息，维护台商合法权益。与市卫健委保持沟通联系，为台胞自愿接种疫苗做好对接服务，率先组织6批166名台胞自愿接种新冠疫苗。主动为台胞办理子女就学、驾驶证换证等事宜，便利台胞在扬生活。完善涉台商事案件诉调对接工作机制、案件会商机制，拓展投诉求助协调渠道，逐步理顺仲裁、调解等矛盾调处的多元化解机制。全年全市共受理涉台诉求案件61件，结案60件，结案率98.3%，涉台案件的结案率及台胞的满意度提高。

宣传平台搭建。央视《海峡两岸》先后4次宣传报道扬州市对台工作，新华社、中国台湾网等对扬州市对台工作均有宣传报道。省台办网站用稿346篇。借助《扬州日报》、扬州电视台、“扬州发布”App、“学习强国”平台，抓好涉台常规宣传，《扬州日报》、“扬州发布”用稿27篇（其中《扬州日报》头版刊登3次），“学习强国”用稿13篇。“扬州与台湾”微信公众号全年发布52次，文稿68篇。邀请扬州文化学者编写宣传书目《扬州烟花台北雨》进入复审、复校，拍摄宣传片《相约好地方》，搭建岛内宣传平台，增进台湾民众对扬州的了解和热爱。（市委台办）

■台湾园艺微景观扬州世园会参展 4月8日，以“绿色城市·健康生活”为主题的2021年扬州世界园艺博览会（简称扬州世园会）在扬州仪征枣林湾开幕，市台办负责人陪同应邀参展的台湾园艺企业嘉宾参加开幕仪式并参观园艺展区。台湾企业参加馆内展陈，镶嵌台湾元素的园艺微景观展厅位于场馆的入口处，面积近百平方米，是单独展厅，厅内布展以中华园艺为基调，突出台湾地理环境、人文特征元素，融入当代园艺中节能环保和DIY趋势，将绿化养护修剪下来的枯树枝、生活中的旧陶器、玻璃瓶、麻绳等闲置物品重新改造、应用，获得全新意义的园艺景观，示范和推广园艺的平民化与生活化。

（张瑞明）

■2021首届电子纸产业联盟两岸智慧物联峰会 2月，电子纸产业联盟成立，拥有包括E Ink、京东方、合力泰、英业达等重点企业在内的近百家企业会员，初步形成开放性的产业创新体系。5月18日，2021首届电子纸产业联盟两岸智慧物联峰会在扬州举行，电子纸产业相关企业、业界专家等100余人参加，共同见证电子纸产业联盟的成立，共探电子纸在智慧物联网的应用与发展。本次峰会由扬州经济技术开发区、市台办、市工信局共同指导，电子纸产业联盟及移动硅谷（北京）物联网产业联盟主办。峰会开幕式上，省台办主任练月琴，市委副书记、统战部部长孔令俊，市委常委、扬州经济技术开发区党工委书记潘学元等领导及嘉宾共同为电子纸产业联盟揭牌。移动硅谷（北京）物联网产业联盟、广东平板显示促进会电子纸分会分别与电子纸产业联盟签订战略合作协议。相关高校、科研院所专家及产业头部企业围绕电子纸在各领域的应用及智慧物联网发展等主题开展专题研讨。活动期间，川奇光电首次对外开放大陆首个电子纸无纸化样板车间和电子纸创新应用馆。

（孙金海）

■“月亮城杯”2021扬州·台湾文创大赛颁奖典礼在扬州台湾两地举行 12月16日，“月亮城杯”2021扬州·台湾文创设计大赛颁奖典礼活动以视频连线直播方式在扬州和台北举行。江苏省台办副主任封志成应邀出席并颁奖，副市长张礼涛在扬州主会场宣布获奖作品名单，两岸企业家峰会副理事长陈瑞隆、台湾知名艺术家黄光南、扬州大学副校长刘巧泉、扬州市职业大学校长潘锦全、江苏省扬州技师学院副院长林峻、扬州京华城中城生活置业有限公司副董事长沈辉庭、台湾顽石文创开发顾问有限公司创办人暨创意总监程湘如、江苏奕橙文化发展有限公司总经理殷伊玲等嘉宾到会颁奖、交流发言，台湾沈春池文教基金会代理秘书长张嘉文在台北分会场致辞。部门领导，江苏旅游职业学院、扬州工业职业技术学院等院校有关负责人，县（市、区）台办、市台协会、市台属联谊会、扬州工艺坊经营管理有限公司等协会、企（事）业单位负责人，高校相关专业教师、学生代表及台湾分会场嘉宾代表160余人参加。这是扬州市举办的第四届“月亮城杯”扬州·台湾文创设计大赛。大赛的主题为“拥抱扬州‘好地方’”，大赛从4月开始筹划，8月下旬克服新冠肺炎疫情影响，采取网络、报刊等媒体对外发布、启动，先后在台湾岛内十余所高校和文化企业宣传、推介，历时3个月，共吸引600余名两岸高校在校生、设计工作者和企业的热情参与（其中台湾学生占比82%以上），累计征集到参赛作品616件。两岸专家评委围绕大赛主题，从美感、实用性、创新性、扬州历史文化元素及市场性等方面考量，经过设计图稿初选、实物样品决选，从入围的50件作品中评选出金奖3名、银奖5名、铜奖10名、优秀奖32名。（张瑞明）

5月18日，2021首届电子纸产业联盟两岸智慧物联峰会举行 市台办/供稿

■在扬台胞首获大陆工程师专业技术资格 11月，大连化工（江苏）有限公司4名台胞在市人社局协助下通过初定中级专业技术职称评定，首次获得大陆工程师专业技术资格。此类专业技术资格证书也是江苏省内首次向台胞颁发。

（徐泗旺）

■扬台青少年美文朗读大赛活动 6月12日，由市台办指导，市台属联谊会主办的“迎端午，庆百年”扬台青少年美文朗读大赛决赛暨颁奖典礼在扬州举行，来自台湾和大陆的中小学生同台吟诵，以文会友，用诗歌美文歌颂祖国、致敬先贤，用声音展示中华传统文化的魅力、增进友谊。市台办负责人、市台胞投资企业协会监事长出席，各县（市、区）台办，扬州市台属联谊会、台协会，相关学校学生及家长代表、媒体代表等100余人参加活动。本次活动于5月20日启动，通过微信和微博联动宣传，“新华社现场云”“北京时间”“今日头条”“一点资讯”“搜狐”等重点资讯平台多平台分发，向全社会发布，共吸引360名海峡两岸青少年报名，其中既有本地台湾籍学生，也有常州、南通、镇江等周边城市的台湾籍学生。岛内部分学生因疫情因素以视频的形式报送参赛作品。经过海选和专家评审，

有30组选手进入最后的决赛，其中有台湾籍选手22组。（俞　震）

■2021扬台大学生暑期实习就业体验营 7月17日，“青春展风采，筑梦在扬州”—2021扬台大学生暑期实习就业体验营在市对台交流基地——486非遗集聚区举行开营仪式，市台办负责人宣布开营并为实习体验营授旗，江苏省扬州技师学院副院长林峻致辞，扬州大学海外教育学院副院长蒋伟等分别为上年实习活动中获奖助学金的学生代表及最佳实习企业、协办单位颁奖。来自台湾大学、台湾师范大学、中南财经政法大学、扬州大学等两岸高校的大学生与市、县（市、区）台办及市台协会、台谊会有关负责人，实习企业（单位）人事主管及有关高校师生代表60余人参加开营仪式。为期一个月的暑期实习体验活动由汇成光电、京华城等台资企业和扬州大学动物医院、瘦西湖管理处等30家单位（企业）挑选优质岗位60个，安排学生走进园区、参观企业、走进基地、深入社区、融入家庭，开展“实习、文化、培训、分享”等多文化参与式体验活动。（张瑞明）

机构编制管理

■概况 2021年，市委机构编制委员会办公室（简称市委编办）以《中国共产党机构编制工作条例》为基本遵循，坚持党的机关、政治机关定位，注重改革创新，激发干部活力，以推进治理体系和治理能力现代化为主轴，聚焦党史学习教育、完善党政机构职能体系、优化重点领域体制机制、机构编制法治建设等各项重点工作，取得成效。

开展“我为群众办实事”实践活动，按照“五个围绕”工作理念，解决好民生问题，共制定实事项目6项。聚焦基层下沉编制650人，实现机构编制资源配置效益最大化；聚焦发展服务民生，全市新增事业编制的50%用于教师队伍，核增疾控机构事业编制216人，近400名编制资源定向投放文化、生态环境、安全生产等基本民生和社会治理领域；聚焦未来储备人才，在全市拿出500名编制建立周转池制度，引进经济社会发展紧缺专业人才。（市委编办）

■基层“三整合”改革 以评促改、以评促建，持续推动达标乡镇（街道）提档升级，全市所有乡镇（街道）均达到示范标准，先后三轮为全市80个乡镇（街道）核定副科级领导职数164人。牵头出台《关于持续深化基层整合审批服务执法力量改革的通知》《持续深化基层“三整合”改革的十条实施意见任务分解表》等文件，推动基层“三整合”改革提质增效。（市委编办）

■综合行政执法改革 围绕“大数据+指挥中心+综合执法队伍”建设要求，在市、县（市、区）和乡镇（街道）三级同步推进综合执法改革。市委办公室、市政府办公室印发《〈关于深化全市生态环境保护综合行政执法体制改革的实施方案〉等七个实施方案的通知》和各类改革操作口径。按照改革要求，整合各领域执法机构，归并执法队伍，明确执法层级，建立本领域指挥中心，出台一张执法事项指导清单，实现一个领域一支队伍管执法，消除多层、多头、重复执法等问题。创新在县级七大领域全面推行“局队合一”执法体制，做到科室统筹设置、人员统筹使用、任务统筹安排、工作统筹落实。（市委编办）

■事业单位改革 按照系统谋划、分类实施、配套推进、整体提升的工作思路，全面推进深化事业单位改革。改革后，除学校、医院外，扬州市本级事业单位共212家，精简175家，精简比例45.2%；收回市本级事业编制1800余人，精简比例21.8%。通过撤销一批（小散弱）、整合一批（职能交叉）、做强一批（公共服务）、创新一批（地方特色），实现布局结构更科学；下发《市级事业单位政事权限清单、机构职能编制规定和章程管理操作手册》，212家事业单位“三项机制”基本完成，实现职责履行更规范；试行事业单位“一对多”运行管理模式，跨部门综合设置市检验检测中心、统战服务中心等，实现上下管理更协调。（市委编办）

■事业单位登记管理服务 完成324次事业单位法人登记工作、443家年度事业单位报告公示工作，2020年度426家事业单位信用等级评价工作及21家事业单位的“双随机”抽查工作。（市委编办）

党史工作

■概况 2021年，中共扬州市委党史办公室（简称市委党史办）紧扣庆祝建党百年主题，把握党史学习教育主线，贯彻市委决策部署和省委党史工办工作要求，全年编辑党史类书籍、图册、手册8本，撰写资政类文章6篇，举办主题展览2次，会同市委学教办、市委宣传部等部门开展“跟着地名学党史”活动，组织党史知识竞赛并吸引3万余人参赛，赠送党史类书籍2000余本。（高忠林　束雨佳）

■党史宣传教育 选派两名业务骨干脱产参加市委党史学习教育领导小组办公室工作，参与编发扬州市党史学习教育简报200期，报送省委学教办专题约稿80批次300余篇，抽调4人参加全市巡回指导组工作。参加全市党史学习教育宣讲团，组织业务骨干组成党史学习教育宣讲辅导团深入基层宣讲。在《扬州通讯》《扬州政讯》发表专题文章2篇，参与全市庆祝中国共产党成立100周年理论研讨会，有4篇文章获奖。结合庆祝建党100周年和党史学习教育，在“扬州发布”App、“扬州网”开辟“党史学习和答题”窗口，编印《党史知识手册》，在全市组织开展党史知识竞赛，全市3万余人参加答题。

利用好红色教育基地，对曹起溍故居进行全面升级改造，使之更适应党史学习教育需要，共接待参观单位近千批次，参观人数1万余人。协助市委学教办精选出15处红色教育基地，制作成《扬州红色教育基地（首批）》H5，向全社会发布，印制《扬州红色教育基地》图册，为党员干部参观学习提供指南。开办红色教育基地讲解员培训班，对红色基地讲解员、宣传干部、党史干部进行党史知识和讲解业务培训。会同市委学教办、市委宣传部等部门策划推出“跟着地名学党史”活动，通过设置红色文化教育线路，推动党史学习教育常态化，打造扬州红色文旅品牌。重点挖掘梳理出侵华日军向新四军投降处旧址、江都水利枢纽、曹起溍故居、扬州中国大运河博物馆等红色地名30个，突出“红色”与“运河”两大主题，设计推出红色研学线路，市财政对全市红色资源的保护、开发、利用等项目进行专项奖励性补助100万元。打造红色美丽村庄，新四军苏北指挥部所在地江都区郭村镇塘头村入选中共中央组织部和财政部红色美丽村庄建设试点。市、区两级党史部门深入走访调研，加强业务指导，以捐资送书等多种形式开展结对共建，将红色元素融入村庄建设。

利用地方党报党刊、电视台及时刊发党史成果，推出专题片，架设党史学习教育走进干部群众的桥梁。在“扬州发布”App推出特别策划“百年百瞬”专题、开设线上“红色氧吧”专栏，推送红色经典、党史故事，定格扬州百年党史难忘瞬间。通过“扬州党史网”及时发布工作动态，拓宽党史学习教育覆盖面。联合市委宣传部等部门举办“奋斗百年路，筑梦好地方”中国共产党在扬州历史展，受到市委主要领导肯定。联合档案、网信等部门举办“永远跟党走，奋进好地方——谱写‘强富美高’新扬州建设新篇章”主题展览，采用线上线下联动的方式，在基层单位和公共服务场所展出，通过各大融媒体平台同步推出。（高忠林　束雨佳）

■党史资料征编　修订完成《中国共产党江苏省扬州历史》（第一卷），并在七一前夕向市级机关免费赠送“一卷本”“二卷本”1200册。在《初心之旅——扬州红色教育基地指南》基础上，编写出版《初心之铭——扬州红色人物故事》《初心之志——扬州烈士命名的红色村镇》，形成扬州红色基因传承教育系列。与市政协合作编印《扬州红色文化名片》，与市档案馆合作编写《扬州史志》庆祝建党百年增刊，挖掘整理红色文化资源，引导全市党员干部、群众和青少年，通过普及性读本学习扬州地方党史。做好改革开放以来党史资料收集整理，汇编完成《中共扬州历史大事记（2020）》。组织人员走访调查，记录整理扬州脱贫攻坚战线上先进人物和先进集体的感人事迹，完成扬州脱贫攻坚口述史稿件3篇。（高忠林　束雨佳）

■基层服务　清明节前夕，市党史部门配合江都区退役军人事务局等单位，从党史中查找线索，为解放战争中牺牲在江都三江营和邵伯保卫战中的烈士寻找亲人。4月2日，在三江营革命烈士纪念馆，烈士亲属与社会各界人士举行仪式，共同缅怀英烈。活动受到《人民日报》、中央广播电视总台、《新华日报》等全国各级媒体关注报道。持续开展“党史书籍进基层”“党史书籍进城市书房”活动，推进“红色氧吧”实体建设，多次向基层赠送党史书籍，为基层党员群众学习党史提供教材。（高忠林　束雨佳）

党校工作

■概况　2021年，市委党校在做好疫情防控的同时多办班、办好班。按照省委党校和市疫情防控指挥部的双重要求，制定并严格执行《疫情防控工作方案》，完成市干部教育培训领导小组下达的培训任务，与市内外机关部门、企事业单位对接，开展联合办班。全年共举办各类培训班次22个，培训学员1195人。主体班次学员教学测评满意率92.3%。

开展“迎百年华诞、讲百堂党课、进百家社区”活动，推出一批专题课，组织教师深入基层社区、机关部门、企事业单位，开展“四史”宣传教育、“七一”讲话、党的十九届六中全会精神宣讲。人民网、《新华日报》、交汇点、省党史学习教育简报等对活动开展情况进行专题报道。选送5名教师参加市委六中全会精神宣讲团、4名教师参加党史学习教育市委宣讲团。多名教师走进扬州电视台，解读市委全会和市党代会精神。

（高　扬）

■研学线路创新　按照“有主题、有课程、有现场、有讲解”的思路，高质量打造体现扬州特色的干部教育研学线路。形成以党性教育为主题的“沿着习近平总书记扬州考察的足迹”“红色”研学线路；以生态文明建设为主题的“宋夹城体育休闲公园、瓜洲古渡公园、邵伯临湖核心展示园”“绿色”研学线路；以“历史文化街区保护利用”和“家风教育”为主题的“历史老街——东关街、晚清第一园——何园”“古色”研学线路。全年先后有国家审计署党校干部培训班、陕西榆林干部培训班、江苏省委党校省管干部培训班、江苏省委党校乡镇党委书记培训班等35个班次到校开展现场研学。（高　扬）

■课题研究　围绕市第八次党代会“好地方”建设6个方面的具体部署，确立“优化营商环境”“推进文旅融合发展”“城乡基层治理现代化”等校重点课题。多篇研究成果入选扬州智库论坛、扬州政协论坛、《扬州通讯》和《扬州政讯》。其中，“从价值增值循环体系看扬州运河文旅融合发展——基于1216份调查问卷的分析”被扬州市智库论坛列为重点课题，7篇调研报告获市领导肯定性批示。围绕学习宣传党的十九届六中全会精神、庆祝改革开放40周年、庆祝中国共产党成立100周年和市党代会等主题，开展全市党校系统征文活动、召开理论研讨会。（高　扬）

扬州市人民代表大会

Yangzhoushi Renmin Daibiao Dahui

编 辑 陈永华

综述

■**概况** 2021年，扬州市人民代表大会常务委员会（简称市人大常委会）举行8次常委会会议，制定和审议地方性法规3件，作出决议决定21项，听取和审议“一府一委两院”（市人民政府，市监察委员会，市中级人民法院、市人民检察院）专项工作报告22项，开展执法检查3次，实施工作评议和履职评议4次，组织专题视察10次，编发审议和评议意见书19份，依法任免地方国家机关工作人员138人次，完成市八届人大五次会议确定的目标任务。至年末，在扬州的全国人大代表5人、省人大代表33人，扬州市市级人大代表421人、县级人大代表1728人、乡级人大代表5023人。（平大春 陆 亮）

■**讨论决定重大事项** 市人大常委会紧扣争做大运河文化带建设的示范，审议通过《关于加强大运河扬州段文化遗产保护传承利用的决议》，督促尽快修编大运河扬州段遗产保护规划，加大文化遗产挖掘和保护力度，扛起“让古运河重生”的使命担当。综合运用专题视察、专题询问、满意度测评等方式，对《关于切实加强颐养社区建设的决议》贯彻落实情况开展评议，推动决议目标任务落地落实。从优选重大议题、建立协调机制、加强跟踪督查等方面，提升重大事项决定权行使质效，受到省人大常委会的肯定。

（平大春 陆 亮）

■**人事任免** 市人大常委会坚持党管干部和人大依法任免有机结合，规范实行任前法律知识考试、拟任职发言、宪法宣誓等制度，保证党组织推荐的人选，通过法定程序成为地方国家机关工作人员。

1月13日，市八届人大常委会第三十三次会议决定接受陈惠辞去扬州市人民代表大会常务委员会委员职务的请求，并报扬州市人民代表大会备案。

2月26日，市八届人大常委会第三十四次会议任命：顾国先为扬州市中级人民法院民事审判第二庭庭长，免去其扬州市中级人民法院立案庭庭长职务；刘毅为扬州市中级人民法院民事审判第三庭庭长；李春蓉、杨林为扬州市中级人民法院审判委员会委员；苏岐华为扬州市中级人民法院审判委员会委员、立案庭庭长，免去其扬州市中级人民法院民事审判第二庭副庭长职务；陈明霞为扬州市中级人民法院民事审判第二庭副庭长，免去其扬州市中级人民法院民事审判第一庭副庭长职务；刘莉莉为扬州市中级人民法院民事审判第四庭副庭长，免去其扬州市中级人民法院民事审判第二庭副庭长职务；李响为扬州市中级人民法院刑事审判第一庭副庭长；陆开存为扬州市中级人民法院民事审判第一庭副庭长；韩凯为扬州市中级人民法院民事审判第二庭副庭长；黄月花为扬州市中级人民法院民事审判第三庭副庭长。免去：郑磊的扬州市中级人民法院审判员职务；陈晓珺的扬州市中级人民法院民事审判第三庭副庭长职务；尹晓涛的扬州市中级人民法院刑事审判第一庭副庭长职务。批准任命：茆小松为宝应县人民检察院检察长。批准免去：秦辉的宝应县人民检察院检察长职务。

4月29日，市八届人大常委会第三十五次会议决定接受吴效安辞去扬州市人民代表大会常务委员会委员职务的请求，并报扬州市人民代表大会备案。任命：顾涛为扬州市人大常委会经济工作委员会副主任；张影为扬州市人大常委会农村工作委员会副主任；冯雪明为扬州市人大常委会教科文卫工作委员会副主任。免去：吴效安的扬州市人大常委会副秘书长职务。决定任命：王友芳为扬州市科学技术局局长；张伟为扬州市财政局局长；王庆伟为扬州市政府国有资产监督管理委员会主任；陆安亚为扬州市统计局局长。决定免去：陈星的扬州市科学技术局局长职务；朱柏兴的扬州市财政局局长职务；王庆山的扬州市政府国有资产监督管理委员会主任职务；赵振东的扬州市统计局局长职务。任命：李刘杰为扬州市监察委员会委员。免去：陆志扬、金香平的扬州市中级人民法院审判员职务。免去：浦志强的扬州市人民检察院副检察长职务。

6月29日，市八届人大常委会第三十六次会议决定接受方桂林辞去扬州市副市长职务的请求，并报扬州市人民代表大会备案。决定接受颜安明辞去扬州市人民代表大会常务委员会委员职务的请求，并报扬州市人民代表大会备案。任命：陶健为扬州经济技术开发区人民法院审判委员会委员、审判员；毕维明为扬州经济技术开发区人民法院少年及家事审判庭（行政审判庭）庭长；吕士杰为扬州经济技术开发区人民法院民事审判庭副庭长；张长云为扬州经济技术开发区人民法院刑事审判庭副庭长。免去：姜金良的扬州市中级人民法院审判员职务；沈滢的扬州经济技术开发区人民法院立案庭庭长职务。免去：鞠进的扬州市人民检察院检察委员会委员、检察员职务。

8月2日，市八届人大常委会第三十七次会议决定接受张宝娟辞去扬州市市长职务的请求，并报扬州市人民代表大会备案。决定任命王进健为扬州市副市长，并决定其代理扬州市市长职务。决定接受夏心旻辞去扬州市人民代表大会常务委员会主任职务的请求，并报扬州市人民代表大会备案。

9月17日，市八届人大常委会第三十八次会议决定接受李航辞去扬州市监察委员会主任职务的请求，并报扬州市人民代表大会备案。决定任命朱永安为扬州市监察委员会副主任，并决定其代理扬州市监察委员会主任职务。决定接受王道胥辞去扬州市副市长职务的请求，并报扬州市人民代表大会备案。决定任命张礼涛为扬州市副市长。任命：蓉淑园、胡冬梅为扬州市人民检察院检察委员会委员；任晓为扬州市人民检察院检察委员会委员、检察员；那晓凯、赵舒宇、徐艳茹为扬州市人民检察院检察员。

10月27日，市八届人大常委会第三十九次会议任命：蔡蕾为扬州市人大常委会副秘书长。免去：张媛媛的扬州市第八届人民代表大会监察和司法委员会副主任委员、市人大常委会监察和司法工作委员会副主任职务。决定任命：雍有瑜为扬州市农业农村局局长；王志海为扬州市商务局局长；周长军为扬州市应急管理局局长。决定免去：马顺圣的扬州市农业农村局局长职务；苏爱根的扬州市商务局局长职务；熊佳芝的扬州市应急管理局局长职务。任命：赵志宏为扬州市监察委员会副主任；蒋桂芳为扬州市监察委员会委员。免去：蔡蕾的扬州市监察委员会副主任职务；陈钧、殷立琴的扬州市监察委员会委员职务。任命：王有展、葛盈盈、沈佩仪为扬州市中级人民法院审判员。免去：陈俊的扬州市中级人民法院审判委员会委员、审判员职务；徐富强的扬州市中级人民法院审判员职务；张谷的扬州经济技术开发区人民法院审判监督庭庭长职务。任命：王珺子为扬州经济技术开发区人民检察院检察长、检察委员会委员、检察员，免去其扬州市人民检察院检察委员会委员、检察员职务。免去：胡红艳的扬州市人民检察院检察员职务；田庆生的扬州经济技术开发区人民检察院检察长、检察委员会委员职务。

12月29日，市八届人大常委会第四十次会议任命：黄为民、范耘、高长明为扬州市人大常委会副秘书长；平大春为扬州市人大常委会研究室主任，免去其扬州市人大常委会人事代表工作委员会副主任职务；罗庆久为扬州市人大常委会监察和司法工作委员会主任，免去其扬州市人大常委会研究室主任职务；吴顺文为扬州市人大常委会经济工作委员会主任；徐斌为扬州市人大常委会环境资源城乡建设工作委员会主任；陈国祥为扬州市人大常委会人事代表工作委员会主任；彭苏宁为扬州市人大常委会法制工作委员会主任；李晓钟为扬州市人大常委会预算工作委员会主任；陈跃为扬州市人大常委会环境资源城乡建设工作委员会副主任；夏斌为扬州市人大常委会人事代表工作委员会副主任；陈荣为扬州市人大常委会民宗侨台外工作委员会副主任；陈军为扬州市人大常委会法制工作委员会副主任，免去其扬州市人大常委会环境资源城乡建设工作委员会副主任职务。免去：刘洁、李明安、毕刚的扬州市人大常委会副秘书长职务；阚肖虹的扬州市人大常委会监察和司法工作委员会主任职务；王华平的扬州市人大常委会经济工作委员会主任职务；刘焕琴的扬州市人大常委会环境资源城乡建设工作委员会主任职务；孙玉培的扬州市人大常委会人事代表工作委员会主任职务；刘柏的扬州市人大常委会法制工作委员会主任职务；吴焱新的扬州市人大常委会预算工作委员会主任职务；周蕾的扬州市人大常委会环境资源城乡建设工作委员会副主任职务；郑国华的扬州市人大常委会民宗侨台外工作委员会副主任职务。决定任命：王庆伟为扬州市工业和信息化局局长，免去其扬州市政府国有资产监督管理委员会主任职务；徐永泰为扬州市民族宗教事务局局长；姚爱国为扬州市司法局局长；季培均为扬州市人力资源和社会保障局局长，免去其扬州市文化广电和旅游局局长职务；刘忠华为扬州市城市管理局局长；夏正东为扬州市交通运输局局长；凌国栋为扬州市水利局局长；沈文杰为扬州市文化广电和旅游局局长；凌卫东为扬州市政府国有资产监督管理委员会主任；陈玲春为扬州市体育局局长；陈石为扬州市信访局局长；李宁为扬州市地方金融监督管理局局长；盛维林为扬州市机关事务管理局局长。决定免去：黄为民的扬州市发展和改革委员会主任职务；王正年的扬州市工业和信息化局局长职务；朱建明的扬州市民族宗教事务局局长职务；苏满满的扬州市司法局局长职务；范耘的扬州市人力资源和社会保障局局长职务；彭苏宁的扬州市城市管理局局长职务；徐斌的扬州市交通运输局局长职务；康盛君的扬州市水利局局长职务；李桂山的扬州市体育局局长职务；高长明的扬州市信访局局长职务；吴顺文的扬州市地方金融监督管理局局长职务；葛社清的扬州市机关事务管理局局长职务。任命：周旭为扬州市监察委员会委员；潘晓成为扬州经济技术开发区监察工作委员会主任；李恩东为扬州经济技术开发区监察工作委员会副主任。免去：李琪的扬州经济技术开发区监察工作委员会主任职务。决定接受薛剑祥辞去扬州市中级人民法院院长职务的请求，并报扬州市人民代表大会备案。任命李玉明为扬州市中级人民法院副院长，并决定其代理扬州市中级人民法院院长职务。免去：方恒荣、刘爱武的扬州市中级人民法院审判员职务。任命：倪华为扬州市人民检察院副检察长、检察委员会委员、检察员。免去：张晓强的扬州市人民检察院副检察长职务；浦志强的扬州市人民检察院检察委员会委员、检察员职务。（平大春　陆　亮）

■服务代表工作 政治参与。围绕“推进民生实事落实、更好发挥代表作用”主题，市人大代表以小组为单位，开展代表与选民“统一见面日”活动，走访联系选民，反映民情民意，共收集意见建议246件，督办民生实事98件。坚持“主任接待代表日”、常委会组成人员联系代表等制度，保持与人大代表的联系。常委会组成人员联系代表1400余人次，征集代表对重点审议议题和人大工作的意见建议，夯实常委会履职的民意基础。

建议办理。开展代表建议办理工作第三方评估，对《关于全市统一推进“智慧社区”整体规划建设的议案》等5件建议办理情况开展评估，市政府专门发文抓好人大评估意见的跟踪督办。完善“重点督办、市长领办、对口督办、二次办理”工作机制，提升代表议案建议办理质效。《关于加强大数据整合、提升应用水平的建议》等12件重点督办建议，以及《关于加大力度培育税源经济的建议》等6件市长领办建议，全部解决采纳。市八届人大五次会议及闭会期间代表提出的274件建议全部办结，解决率80.3%，比上年提高0.7个百分点。

依法履职。出台《评选优秀市人大代表的办法》《评选优秀代表议案和优秀代表建议的办法》，首次评选优秀市人大代表28人，表彰优秀代表议案建议31件。采取线下与线上相结合的方式，开展代表培训，提升履职水平。升级“网上代表之家”手机App，实现一网通办、一网通学、一网考评。组织代表参加视察调研、评议监督等，拓宽代表知政议政渠道。（平大春　陆　亮）

■换届选举 运用“定点＋上门”“线上＋线下”登记方式，发挥选民登记信息管理系统作用，提升选民登记便捷性和准确率。选民登记率96.5%，比上届提高1.3个百分点；选民参选率96.1%，比上届提高2.5个百分点，相关报道在“学习强国”平台点击量36万人次。落实党的十九届四中全会关于“适当增加基层人大代表数量”的要求，全市依法选出1786名县级和5143名乡级人大代表，比上届分别增加83人和20人。（平大春　陆　亮）

重要会议

■八届人大五次会议 扬州市第八届人民代表大会第五次会议于1月19—22日在扬州举行。会议听取和审议市长张宝娟代表市政府作的《扬州市人民政府工作报告》，审议《扬州市国民经济和社会发展第十四个五年规划和二〇三五年远景目标纲要》《扬州市2020年国民经济和社会发展计划执行情况与2021年国民经济和社会发展计划草案的报告》《扬州市2020年预算执行情况和2021年预算草案的报告》，听取和审议市人大常委会常务副主任李忠盛受市人大常委会委托作的《扬州市人大常委会工作报告》、市中级人民法院院长薛剑祥作的《扬州市中级人民法院工作报告》、市人民检察院检察长戴飞作的《扬州市人民检察院工作报告》。会议收到代表议案35件，将王华平等10名代表提出的《关于聚焦实体经济　夯实“好地方”产业根基的议案》，交市人大常委会在大会闭会后审议，其余34件议案作为建议、批评和意见处理；收到代表提出的建议、批评和意见237件，交有关部门和组织研究处理，并负责答复代表。会议表决通过《关于扬州市人民政府工作报告的决议》等7项决议。

会议补选王炳松为扬州市第八届人民代表大会常务委员会副主任，王玉军、蒋爱祥为委员，补选王道霄为扬州市副市长，表决通过接受何金发辞去扬州市副市长职务的请求的决定。在全体代表的监督下，新当选的同志依法进行宪法宣誓。

（平大春　高欣宜）

■人大常委会会议 市八届人大常委会第三十三次会议于1月13日在

1月19—22日，扬州市第八届人民代表大会第五次会议举行。图为人大代表认真听取政府工作报告　庄文斌　司新利/摄

扬州举行。会议听取和审议扬州经济技术开发区法院、检察院关于年度工作情况的汇报，审议通过市人大常委会工作报告、2021年度工作要点和议题安排计划，表决通过关于个别代表代表资格的报告、市八届人大五次会议主席团和秘书长建议名单，表决通过有关辞职请求的决定。

市八届人大常委会第三十四次会议于2月26日在扬州举行。会议听取和审议副市长丁一代表市政府作的关于2020年度环境状况和环境保护目标完成及相关生态环境问题整改情况的汇报，表决通过有关人事任免事项，向新任命人员颁发任命书，并进行宪法宣誓。

市八届人大常委会第三十五次会议于4月28—29日在扬州举行。会议听取和审议副市长赵庆红代表市政府作的关于2020年度产业科创名城建设工作目标完成情况和2021年实施计划安排情况的汇报，听取和审议市农业农村局、市卫健委关于落实市人大常委会评议意见情况的汇报，听取和审议市人大常委会经济工委《关于聚焦实体经济 夯实“好地方”产业根基的议案》处理意见的报告，听取部分在扬省人大代表履职情况报告。会议表决通过《扬州市居家养老服务条例》，表决通过有关人事任免事项和辞职请求的决定，向新任命人员颁发任命书，并进行宪法宣誓。会议期间，举行《江苏省优化营商环境条例》学法讲座。

市八届人大常委会第三十六次会议于6月28—29日在扬州举行。会议听取和审议市财政局局长张伟受市政府委托作的关于扬州市2020年市级决算草案的汇报，审查批准2020年市级决算，听取和审议市审计局局长蔡先建受市政府委托作的关于扬州市2020年度市级预算执行和其他财政收支情况的审计工作报告，审议《扬州市市区停车场建设管理条例（草案）》，听取和审议市人大常委会执法检查组关于《江苏省优化营商环境条例》执法检查情况的报告、关于《中华人民共和国固体废物污染环境防治法》实施情况的汇报。会议表决通过关于个别代表代表资格报告，表决通过有关人事任免事项和辞职请求的决定，向新任命人员颁发任命书，并进行宪法宣誓。会议期间，举行《中华人民共和国固体废物污染环境防治法》学法讲座。

市八届人大常委会第三十七次会议于8月2日在扬州举行。会议表决通过有关人事任免事项和辞职请求的决定，并进行宪法宣誓。

市八届人大常委会第三十八次会议于9月16—17日在扬州举行。会议听取和审议常务副市长陈锴竑代表市政府作的关于扬州市2021年上半年国民经济和社会发展计划执行情况的汇报、2020年度国有资产管理情况的综合报告和2020年度自然资源国有资产管理情况的专项报告、国土空间规划编制情况的汇报，听取和审议市财政局局长张伟受市政府委托作的关于扬州市2021年上半年预算执行情况的汇报。会议听取和审议副市长丁一代表市政府作的关于实施乡村振兴战略情况的汇报，并进行工作评议。会议听取市中级人民法院、检察院和扬州经济技术开发区法院、检察院部分员额法官、员额检察官履职情况的报告，并进行满意度测评。会议表决通过《关于全市市县乡三级人民代表大会换届选举问题的决定》，表决通过有关人事任免事项和辞职请求的决定，向新任命人员颁发任命书，并进行宪法宣誓。会议期间，举行《中华人民共和国地方各级人民代表大会和地方各级人民政府组织法》学法讲座。

市八届人大常委会第三十九次会议于10月26—27日在扬州举行。会议听取和审议市政府党组成员韦峰作的关于全市工业重大项目招引和重点产业集群发展情况的汇报、关于审计查出问题整改情况的汇报、关于《扬州市河道管理条例》贯彻实施情况的汇报、关于市八届人大五次会议代表建议、批评和意见办理情况的汇报、《关于聚焦实体经济，夯实“好地方”产业根基的议案》办理情况的汇报，听取和审议副市长张礼涛代表市政府作的关于全面推进颐养社区建设工作情况的汇报，并进行工作评议。会议听取和审议市监察委员会代主任朱永安作的关于整治群众反映强烈的问题工作情况的汇报、市人大常委会执法检查组关于《扬州古城保护条例》实施情况的汇报，审议《扬州市生活垃圾分类管理条例（草案）》。会议表决通过《扬州市市区停车场建设和管理条例》、扬州市人民代

10月27日，《扬州市市区停车场建设和管理条例》由扬州市第八届人民代表大会常务委员会第三十九次会议通过。图为赞化巷停车场　张孔生/摄

表大会常务委员会增补代表资格审查委员会委员名单，表决通过有关人事任免事项，向新任命人员颁发任命书，并进行宪法宣誓。会议期间，举行《中华人民共和国民法典》学法讲座。

市八届人大常委会第四十次会议于12月28—29日在扬州举行。会议听取和审议市发改委主任黄为民受市政府委托作的关于扬州市2021年国民经济和社会发展计划预计执行情况与2022年计划草案初步方案的汇报，听取和审议市财政局局长张伟受市政府委托作的关于扬州市2021年预算预计执行情况和2022年预算草案初步方案的汇报、关于扬州市2021年市级地方政府债券安排及预算调整方案（草案）的汇报，听取和审议副市长余珽代表市政府作的《关于推进东南片区更新改造的议案》办理情况的汇报、关于大运河扬州段文化遗产保护传承利用工作情况的汇报，听取和审议扬州经济技术开发区法院、检察院关于年度工作情况的汇报。会议听取和审议常务副市长陈锴竑代表市政府作的关于2021年度政府民生实事项目实施情况的汇报，并开展工作评议。会议表决通过《关于加强大运河扬州段文化遗产保护传承利用的决议》《关于开展第八个五年法治宣传教育的决议》，表决通过关于市九届人大一次会议的有关事项，表决通过有关人事任免事项和辞职请求的决定，向新任命人员颁发任命书，并进行宪法宣誓。

（平大春　高欣宜）

人大监督

■经济转型升级监督 审议国民经济和社会发展计划执行情况，督促政府扭住核心指标和项目投资两个关键，稳住经济运行基本面。聚焦工业重大项目招引和重点产业集群发展，听取政府专项工作报告，督办夯实“好地方”产业根基代表议案，力促实施精准招商，强化重点企业培育。视察开发园区、科技产业综合体建设运营情况，促进在引进人才、引培机构、引植项目等方面持续发展。围绕乡村振兴战略实施，评议覆盖17个部门“三农”重点工作，助推农业高质高效、农村宜居宜业、农民富裕富足。

（平大春　陆　亮）

■美丽宜居建设监督 调研“南水北调”东线源头区域生态环境保护情况，推动将其作为重要生态功能区加以管控。关注新一轮国土空间总体规划编制工作，推进“多规合一”，增强规划前瞻性、科学性、精准性。跟踪督办《关于推进东南片区更新改造的议案》，促进加快功能配套、形象提升、产城融合。视察世园会筹备及场馆建设情况，推动“后世园”时代可持续运营。（平大春　陆　亮）

■民生持续改善监督 视察审议政府年度民生实事项目实施情况，现场询问食品安全、老旧小区改造等问题，开展满意度测评。重点督办《关于加强民办幼儿园收费监管的建议》《关于推行敬老院“公建民营”，改善老年人生活质量，提高养老服务水平的建议》，推动缓解“入园贵”“养老难”等问题。首次听取市监察委员会专项工作报告，支持依法高效履行监察职能，持续深入整治群众反映强烈问题。听取疫情防控、乡镇（街道）治理体制改革、社会救助体系建设、民族宗教等工作汇报，推动夯实基层社会治理基础。（平大春　陆　亮）

■预算审查监督 关注预算执行、调整和政府债务管理及化解状况，推动财政更好支持“六稳”“六保”工作。优化预算报告质量综合评价体系，以评促改助力提升预算编制水平。首次开展专项资金预算联合评审，评审结果作为下年度预算安排的重要依据。跟踪监督审计查出问题整改，督促健全整改长效机制。

（平大春　陆　亮）

■国有资产监督 审议国有自然资源资产管理情况，推动将绿色发展理念落实到保护、开发、利用、监管各环节。优化预算联网监督系统功能，提升“横向联通、纵向贯通”质态。（平大春　陆　亮）

重点议案建议

■关于聚焦实体经济，夯实“好地方”产业根基的议案 市八届人大五次会议上，王华平等10名代表提出《关于聚焦实体经济　夯实“好地方”产业根基的议案》。主要内容：（1）聚焦高端发展、智能发展、绿色发展，构建强竞争力现代产业体系。（2）聚焦主导产业，提高产业层次，增强发展韧性和抗风险能力。扎实推进“323+1”先进制造业集群发展，聚力培育千亿级产业、百亿级企业，发展新经济、新模式、新业态。（3）聚焦产业科创主引擎，培育产业发展新动能，增创产业新优势。加快建设产业科创名城，增强“四力”支撑，鼓励支持企业技术改造、集成创新。（4）聚焦开发园区主战场，突出产业集聚，抓好产业项目特别是重大项目建设。强势推进招商引资和项目建设，把产业项目作为高质量发展的重要抓手，牢牢抓住龙头企业和特色产业。（5）聚焦优化营商环境，完善评价体系，打造营商环境“扬州样本”。坚持问题导向，减“痛点”、疏“堵点”、解“难点”，实现政府服务“零距离”，打通为企服务“最后一公里”。构建亲清政商关系，畅通政企交流通道。

（平大春　高欣宜）

■关于加强扬州古城保护和利用工作的议案 市八届人大五次会议上，刘焕琴等10名代表提出《关于加强扬州古城保护和利用工作的议案》。主要内容：（1）进一步理顺体制机制。根据《扬州古城保护条例》等法规，划分市、区（功能区）两级政府（管委会）以及市直相关部门之间关于古城保护利用工作的职能，明确彼此之间的关系和工作流程。（2）修编古城保护专项规划。建议市自然资源和规划局、市住建局结合本轮国土空间总体规划编制工作，修订完善古城保护专项规划，指导古城规划建设。（3）制定完善各项政策措施。研究制定各类政策措施和配套制度。（4）大力推进古城有机更新。加快国有古城保护项目实施和投融资平台改革，提高古城保护工程项目的管理能力。（5）积极探索古城合理利用模式。加大区域内闲置资产整合力度，整体控制古城区业态，打造街巷风貌。（平大春　高欣宜）

■关于加强农村精神文明建设，助力乡村振兴的议案 市八届人大五次会议上，夏晴等10名代表提出《关于加强农村精神文明建设 助力乡村振兴的议案》。主要内容：（1）强化农村文化阵地建设。围绕建党百年这一主线，以"党建+精神文明"为引领，发挥农村党员先锋模范作用，组织开展群众喜闻乐见的文化活动，丰富群众文娱生活。（2）加强组织统筹。把农村精神文明建设纳入"高质量发展考核指标体系"，倒逼各级主管部门加强对农村精神文明建设的重视程度。（3）深入挖掘农村文化亮点。充分培育乡村文化人才，保护优秀非物质文化遗产。加强农耕文化等的挖掘、保护和传承，打造农村文化标识。坚持创新融合，运用群众喜闻乐见的方式，发挥好文化在农村精神文明建设中的重要作用。（平大春　高欣宜）

■关于加强扬州市旅游商品开发利用的建议 市八届人大五次会议上，胡洪海代表提出《关于加强扬州市旅游商品开发利用的建议》。主要内容：（1）强化政府引导，增强旅游商品开发的行政推动力。要行政推动，规划带动，政策驱动，市县联动。（2）致力品牌建设，增强旅游商品开发的核心竞争力。加强与产业链条的衔接，加强与新技术、新工艺的连接，加强与历史文化的嫁接。（3）丰富营销方式，增强旅游商品开发的对外影响力。采取网络式经销、立体式促销、阵地式直销、创新式营销等多种方式，拓宽销售市场。（4）健全管理机制，增强旅游商品开发的行业约束力。充分发挥扬州旅游商品协会作用，相关职能部门要加强监督和管理，规范市场经营秩序。（平大春　高欣宜）

■关于加强民办幼儿园收费监管的建议 市八届人大五次会议上，沈宏跃等10名代表提出《关于加强民办幼儿园收费监管的建议》。主要内容：（1）提升办学成本核算的精准度。排查高收费营利性民办幼儿园并列出清单，对这类幼儿园办学成本进行审计核算，督促营利性民办幼儿园落实收益比例原则上不超过办园成本的15%的规定。（2）加大监管力度。建立常态化检查制度，采取日常检查和抽查巡查相结合方式开展监管，对不实行价格公示、违规收费等行为严肃处理。（3）督促落实收费公示制度。督促幼儿园进行收费价格公示，提高群众知晓度，形成部门、媒体、社会共同监督氛围。（平大春　高欣宜）

■关于科学规划建设道路绿化的建议 市八届人大五次会议上，束卫东代表提出《关于科学规划建设道路绿化的建议》。主要内容：（1）在划定道路用地红线时，同步划定道路绿化用地范围；在规划设计道路建设方案时，同步开展道路绿化方案规划设计。（2）在满足道路功能的前提下，合理划分道路横断面，加大侧分带及人行道绿化宽度，保障行道树种植空间。特别是在人行道上种植行道树，建议规划连续种植带，尽量不要设计点状树池。（3）市政道路建设及施工单位要科学施工，道路绿化用地（如中央隔离带、侧分带、人行道）下方不能采取整板刚性路基硬化措施，在路基硬化处理时要避开绿化用地，不能填埋各类建筑施工垃圾，让行道树树根能扎根土壤，从根本上解决行道树立地条件问题。（平大春　高欣宜）

■关于加大对实体经济政策扶持力度的建议 市八届人大五次会议上，李伟代表提出《关于加大对实体经济政策扶持力度的建议》。主要内容：（1）继续执行2020年政府出台的财税扶持政策。（2）出台一些新的财税扶持政策，建议在电费和银行贷款利息方面，出台一些实实在在的措施，降低企业的经营成本，帮助企业走出困境。（平大春　高欣宜）

■关于推行敬老院"公建民营"，改善老年人生活质量，提高养老服务水平的建议 市八届人大五次会议上，苏广西等2名代表提出《关于推行敬老院"公建民营" 改善老年人生活质量，提高养老服务水平的建议》。主要内容：（1）民政部门加强对"公建民营"的指导。鼓励社会力量通过独资、合资、合作、联营、参股、租赁等方式，参与公办养老机构改革。（2）政府推进养老机构分类管理。对养老机构加强质量管理体系建设。（3）加强养老服务专业化、标准化建设。招聘养老专业毕业生从事养老服务，探索养老机构与医疗机构在技术和人才等方面的合作机制，鼓励医护人员到养老机构开展多点执业和轮岗服务。支持医护人员进修培训，鼓励医护人员等专业技术人员创办养老机构或开展社区居家养老服务。（平大春　高欣宜）

■关于加大力度培育税源经济的建议 市八届人大五次会议上，吴焱新等10名代表提出《关于加大力度培育税源经济的建议》。主要内容：（1）加快推进制造业转型升级。优先发展高端装备制造等战略性产业，对产能过剩行业推动企业开展技术改造和传统产业升级。（2）加快推进企业科技创新。优化培育高新技术企业，加快建立科技含量足、规模效益明显的重点企业库，制订分级分批发展计划，给予政策倾斜。（3）争取更多政策、项目资源。利用好长江经济带建设、长三角一体化、宁镇扬一体化等战略机遇，加大招商引资力度。（4）推动金融等现代服务业提质增效。围绕现代服务业提质增效、提档升级多作努力，把现代服务业发展成为引领经济税收增长的重要力量。（5）巩固拓展房地产和建筑行业发展优势。提升规划布局的科学性和预见性，推动房地产业发展与产业结构调整、经济转型升级紧密融合；抢抓新基建、建筑产业化等机遇，提升发展效益。（6）做大做强总部经济。采取更有力措施，大力吸纳总部经济特别是金融总部机构、制造业总部基地，重点扶植细分行业的骨干企业。（平大春 高欣宜）

扬州市第八届人民代表大会第五次会议期间的代表重点议案建议一览表

表 6-1

议案建议标题	提议案建议者
关于聚焦实体经济，夯实“好地方”产业根基的议案	王华平等 10 人
关于加强扬州古城保护和利用工作的议案	刘焕琴等 10 人
关于加强农村精神文明建设，助力乡村振兴的议案	夏 晴等 10 人
关于全市统一推进“智慧社区”整体规划建设的议案	徐立平等 10 人
关于加强大数据整合、提升应用水平的建议	胡文忠
关于推广生态活水治水技术，推进我市水生态文明建设的建议	吴 霆
关于加强扬州市旅游商品开发利用的建议	胡洪海
关于加强民办幼儿园收费监管的建议	沈宏跃等 10 人
关于进一步完善市级国有金融资本集中统一管理的建议	张媛媛等 10 人
关于推动长期护理保险“扩面”工作，促进养老服务高质量发展的建议	毕 刚
关于科学规划建设道路绿化的建议	束卫东
关丁加人对实体经济政策扶持力度的建议	李 伟
关于在扬州职大高邮校区设立幼儿师范专科学校的建议	周荣祥等 10 人
关于推行敬老院“公建民营”，改善老年人生活质量，提高养老服务水平的建议	苏广西等 2 人
关于多举措开展小广告治理工作的建议	谈 映
关于加大力度培育税源经济的建议	吴焱新等 10 人
关于成立扬州市民族团结进步促进会的建议	沙宗贵

（平大春 高欣宜）

扬州市人民政府

Yangzhoushi Renmin Zhengfu

编　辑　崔成鹏

重要会议

■**市政府全体会议**　1月15日，市政府召开全体会议。市长张宝娟主持会议，会议讨论《政府工作报告》《扬州市国民经济和社会发展第十四个五年规划纲要和二〇三五年远景目标草案》。　（郁　堃）

■**市政府常务会议**　1月15日，市政府召开第47次常务会议。主要议题：（1）听取《关于岁末年初全国安全防范紧急视频会议和全省深化安全生产三年专项整治推进会议精神情况》的汇报；（2）观看《2021年江苏省长江经济带生态环境警示片》，听取《关于近期国家、省推动长江经济带发展相关会议精神情况》的汇报；（3）研究《扬州市餐厨废弃物管理办法》；（4）研究《扬州市"三线一单"生态环境分区管控实施方案》；（5）研究《关于加快培育工业大企业（集团）的实施意见》；（6）研究《关于促进全市老字号改革创新发展的若干措施》；（7）研究《关于市区贯彻落实企业职工基本养老保险省级统筹制度的实施方案》。

3月1日，市政府召开第48次常务会议。主要议题：（1）学习习近平总书记在十九届中央纪委五次全会上重要讲话精神、十九届中央纪委五次全会公报主要精神和《中华人民共和国行政处罚法》；（2）研究《关于完善仲裁制度更好发挥仲裁作用的实施意见》；（3）研究《扬州市公共安全视频图像信息系统管理办法》；（4）研究《关于推进生态环境治理体系和治理能力现代化实施方案》；（5）研究《关于支持标准化工作服务高质量发展的若干政策措施》；（6）研究《扬州市古树名木和古树后续资源保护管理办法》；（7）听取关于国家综合性消防救援队伍新工资政策有关事项的汇报。

4月19日，市政府召开第49次常务会议。主要议题：（1）学习《排污许可管理条例》；（2）研究《扬州市生态环境保护责任清单》；（3）听取全市"十三五"期间和2021年一季度重大项目建设推进情况；（4）研究《贯彻落实习近平总书记重要讲话精神推进宁镇扬、长三角一体化发展五年实施意见》《贯彻落实习近平总书记重要讲话精神推进宁镇扬、长三角一体化发展2021年工作要点》《宁镇扬、长三角一体化发展重要合作事项、重大项目表（2021—2025年）》；（5）听取全市工业企业安全生产风险报告工作，研究《扬州市省级安全发展示范城市创建工作实施方案》；（6）研究《关于促进文化和旅游产业融合发展的实施意见（2021—2023年）》；（7）研究《扬州市推进高新技术企业高质量发展（2021—2023年）的若干政策》；（8）研究《2021年度扬州市政府重大行政决策事项目录》；（9）研究《关于支持多渠道灵活就业的十七条措施》。

5月31日，市政府召开第50次常务会议。主要议题：（1）学习《防范和处置非法集资条例》；（2）听取关于贯彻实施《政府督查工作条例》进一步加强和规范政府督查工作的汇报；（3）听取2020年度法治政府建设情况汇报；（4）研究《扬州市市区停车场建设管理条例（草案）》；（5）听取全市推进"一带一路"建设情况汇报，研究《扬州市推进"一带一路"建设2021年工作要点》；（6）研究《扬州市创建国家社会信用体系建设示范城市工作方案》；（7）研究《扬州市国企改革三年行动实施方案（2020—2022年）》；（8）研究《关于完善"双随机、一公开"检查机制的实施意见》。

9月26日，市政府召开第51次常务会议。主要议题：（1）学习新修订的《安全生产法》；（2）听取《关于贯彻落实省政府审计整改工作推进电视电话会议精神的汇报》；（3）研究《关于健全重大疫情防控体制机制提升公共卫生应急处置能力的意见》；（4）研究《关于积极应对疫情影响做好全市增收节支工作的意见》；（5）研究《扬州市生活垃圾分类管理条例（草案）》；（6）研究《扬州市公共数据管理办法》；（7）研究《关于全面推行林长制的实施方案》；（8）听取《关于表彰2020年扬州市重大项目建设先进集体和先进个人的情况汇报》；（9）研究《关于推进服务业高质量发展的实施意见》；（10）研究《关于深入推进美丽扬州建设的实施意见》；（11）听取《关于"2020年度扬州市市长质量奖、推进卓越绩效管理先进单位”评审推荐工作的情况汇报》；（12）研究《关于深入实施知识产权强市战略助推产业科创名城建设的若干政策意见》；（13）研究《扬州市市属国有企业违规经营投资责任追究试行办法》。

10月20日，市政府召开第52次常务会议。主要议题：（1）学习《关于“包装式、一刀切式”落实的典型案例解析》和《中华人民共和国乡村振兴促进法》；（2）学习中央深改委第二十一次会议《关于更加有效发挥统计监督职能作用的意见》《江苏省统计局防范和惩治统计造假、弄虚作假督察工作规定实施办法》；（3）研究《市政府领导班子成员2021年安全生产重点工作清单》；（4）研究《法治扬州建设规划（2021—2025年）》；（5）研究《扬州市法治社会建设实施方案（2021—2025年）》；（6）研究《扬州市“十四五”公安事业发展规划》；（7）研究《扬州市“十四五”文化和旅游业发展规划》；（8）研究《扬州市推动基础设施高质量发展实施意见》；（9）研究《关于推进气象事业高质量发展的实施意见》；（10）研究《扬州市深化农村公路管理养护体制改革实施方案》；（11）研究《关于加快推进城市更新的实施意见（试行）》；（12）研究《基本公共服务领域市与区财政事权和支出责任划分改革方案》；（13）研究《关于完善国有金融资本管理的实施意见》。

12月7日，市政府召开第53次常务会议。主要议题：（1）学习《中华人民共和国传染病防治法》；（2）听取安全生产专项整治行动省、市任务清单完成情况汇报，研究《扬州市今冬明春安全生产与防灾减灾“百日攻坚”集中行动实施方案》；（3）研究《扬州市城镇燃气管理办法（草案）》；（4）研究《扬州市市区养犬管理办法（草案）》；（5）研究《扬州市棋牌室管理暂行规定》；（6）研究《关于加强融资平台公司经营性债务管理进一步做好地方政府隐性债务风险防控工作的实施意见》；（7）听取坚决遏制“两高”项目盲目发展相关工作情况汇报，研究《关于坚决遏制“两高”项目盲目发展、加强能耗双控的实施方案》；（8）听取全市2022年重大项目预排情况汇报；（9）听取今冬明春能源保供和下一步能源战略措施情况汇报；（10）研究《扬州市铸造退出产能统筹管理工作方案》；（11）听取统一和规范全市城乡居民大病保险合作承办工作和推动长期护理保险稳步开展工作汇报，研究《关于深化医疗保障制度改革的实施意见》；（12）研究《关于加强全市新型农村社区治理与服务的实施意见》；（13）研究《扬州市城镇老旧小区宜居改造实施意见》；（14）听取《关于西园饭店地块调整容积率的情况汇报》。

12月25日，市政府召开第54次常务会议。主要议题：（1）研究《扬州市规范民办义务教育发展实施方案》；（2）研究《关于进一步减轻义务教育阶段学生作业负担和校外培训负担实施方案》；（3）研究《扬州市“十四五”服务业发展规划》《扬州市“十四五”工业经济高质量发展规划》《扬州市“十四五”科技创新发展规划》《扬州市“十四五”全面推进乡村振兴加快农业农村现代化规划》《扬州市“十四五”卫生健康发展规划》《扬州市“十四五”综合交通运输发展规划》。 （郁 堃）

综合政务

■政务信息 2021年，市政府办公室编发《政务动态》99期、《信息专报》95期、《要情参阅》7期，向上报送信息980条，被国务院办公厅、省政府办公厅采用221条，获国务院领导批示15次、省政府领导批示3次。《扬州政讯》全年共出版13期（含增刊），刊载各类文稿231篇、图片201张，文字量近80万字。《扬州市人民政府公报》出刊11期，刊载各类文件82份，发放近千家机关、企事业单位和扬州市人大代表、政协委员。

围绕营商环境建设、现代产业集群发展、税源经济培植、专精特新企业培育、能耗双控等专题调研，《调研参考》全年遴选发表调研文章12篇。（潘 璐 周 健 李嘉晨）

■政务督查 2021年，全市政务督查系统围绕上级重要决策部署及市委、市政府中心工作，完成国、省各项重大督查任务，获省政府督查激励23项，位居全省第四位。召开全市政府督查工作会议，发布贯彻落实《政府督查工作条例》工作实施方案，明确政府督查“有为、有效、有威”的工作定位。组织开展政府工作报告任务交办、民生幸福工程、北护城河文旅集聚区建设、政风热线·市长上线、高质量考核重点指标推进、“苏政30条”贯彻落实情况、世园会建设、优化营商环境建设、大运河博物馆建设、信用城市建设、“烟花三月”节及招商活动签约项目落实等重点督查，全年共开展督查检查50余次，下发督查通知单41个，编报《政务督查专报》41期，答复国务院“互联网+督查”平台留言499条，完成市政府主要领导交办人民来信及批示329件，推动国、省、市各项决策部署和目标任务的贯彻落实。 （李 洋）

■党政目标管理 2021年，围绕市委、市政府“两报告三文件”等明确的重点工作抓好目标分解，共确定1007项任务为2021年度重点工作考评目标。各责任单位根据目标任务，分解细化，明确序时进度，抓好落实。市委、市政府对各项目标完成情况实施月督查、季分析、年中评估、年终考核，全年1007项政府目标任务完成率99.9%。 （李 洋）

■建议提案办理 2021年，市政府及各承办单位共办理人大代表建议260件，代表对办理结果满意或基本满意率100%。其中，所提建议解决采纳的有207件，占79.6%；计划解决的有29件，占11.2%；因受条件限制或其他原因，留作参考的有24件，占9.2%。办理政协提案

367件，提案人对办理态度、办理结果满意或基本满意率均为100%。其中，反映问题已经解决或基本解决的有207件，占56.4%；正在解决或列入计划逐步解决的有152件，占41.4%；因受条件限制或其他原因，难以解决或留作参考的有8件，占2.2%。（陈晓清）

■政府信息公开 2021年，通过“中国扬州”门户网站、新闻发布会、市政府公报、公共查阅点及政务微博、微信等平台和渠道，全市共主动公开政府信息30万余条，累计公开规范性文件294件。围绕党委政府中心工作，在门户网站开设疫情防控、营商环境等公开专栏，发布国家、省、市出台的一系列政策措施，并加强对政策的解读，发布解读稿件200余篇。依法依规办理政府信息依申请公开，全市各级政府及其工作部门共受理政府信息公开申请1586件，结转上年办理63件；年内办理1585件，结转下年办理64件。其中，予以公开和部分公开915件，占比57.7%；因政府信息公开被申请行政复议38件，其中纠错4件；因政府信息公开被提起行政诉讼54件，未出现纠错情况。（褚剑衡）

■政府新闻发布 围绕2021年市委市政府“一、二、三号文件”、世园会、扬州中国大运河博物馆开馆、烟花三月节、2022世马赛等重大主题活动，全年共召开市政府新闻发布会48场。围绕群众关心关切，组织召开“我为群众办实事”系列新闻发布会，以产业经济、乡村振兴、民生保障、政务服务、基层治理为主题，邀请市发改委、市工信局、市教育局等20余个政府部门分管负责人发布为群众办事成果。2021年，全市共举办新闻发布会、媒体通气会170余场。（褚剑衡）

■《寄语市长》网络问政平台 2021年，《寄语市长》共受理群众有效诉求4万余件，日均受理约120件，答复率100%。对事关群众利益、经济社会发展和突发公共事件等重点事项，及时回应办理，提高回应时效和质量。（褚剑衡）

■政务新媒体监管 推进政务新媒体健康有序发展，重点强化对政务新媒体从备案运营、功能设置到信息发布、互动交流的全流程规范管理。加强对政务新媒体的清理整顿，全市政务新媒体数量从年初的385个缩减到193个。常态化开展政务新媒体监管，每周对全市政务新媒体进行日常巡查，每月开展全面检查，每季度对巡查检查情况进行通报反馈并督促整改。2021年，市政务新媒体季度抽查合格率超过98%。（褚剑衡）

■“中国扬州”门户网站群建设 2021年，提升政府网站群建设水平，在12月中国软件评测中心公布的2021年数字政府服务能力系列评估结果中，市政府网站在全国参评的330余个地级市中列第19位，在江苏省地级市中列第五位。做好网站群的普查监测工作。形成并下发网站日巡检测报告1523份；下发季度网站问题检测报告、专项检测报告235份；下发网站安全隐患告知书69份；发送政务服务网事项检查报告52份。做好向省政府网站的信息报送工作。重点做好市政府常务会的网上直播，确保直播无差错。围绕热点关注等民生事项，策划制作15个专题和图解、7个网上调查等内容。报送省政府网站信息1594条，采用429条，累计得分名列全省第三。完成网站集约化平台用户中心建设。将市政府网站与省政务服务平台用户打通，政务服务网用户无须二次注册、登录即可使用市政府网站中的寄语市长、依申请公开等各项功能，实现“一次登录，全网通行”。及时发布有关疫情防控信息。更新维护疫情防控专题信息1600余条；《寄语市长》共发布留言4.11万条，回复率100%，其中上报市民看病、物资供应等民生紧急留言476条。协助22个部门完成防疫期间网站内容更新保障。（黄玉国　陈传庚）

政务服务管理

■概况 2021年，全市政务服务系统落实国、省“放管服”改革各项决策部署，在营商环境市场化、法治化、国际化和政务服务标准化、规范化、便利化建设方面打造以“好政策、好平台、好口碑、好服务、好队伍”为核心内涵的扬州特色“好地方事好办”政务服务品牌，为全市经济发展和社会稳定大局贡献政务服务力量。2021年度省对设区市营商环境评价14项指标中，市政务办牵头承担3项指标，与2020年相比均实现进位。政府采购由第七名上升至第一名，招投标由第五名上升至并列第二名；政务服务上升1位至第八名。扬州“12345”热线相继获市社会治理创新项目十大项目、全国卓越服务能力热线奖。市公共资源交易中心获由国家发改委指导、招投标领域领军媒体《公共采购》杂志社举办的2021年度全国公共资源交易奖项评选“全国创新创优服务先进单位（市级）”奖项。市政务办首次被市委评为档案工作表现突出集体。落实国、省部署的重点工作，全市汇聚总办件量5339.13万件，全省第二，99.1%的审批事项实现“网上办”，各级媒体报道扬州政务服务工作280余次。

（夏正燕　潘　岳　刘　杨）

■政务服务信息化建设 按照“一级开发，四级使用”原则，建成覆盖市、县、乡、村的政务服务“一张网”线上线下一体化政务服务平台，与省一体化在线政务服务平台联通，实现五级联动，11类证照在政务服务“一张网”可直接调用。全面摸排市级涉审自建业务系统，推动10个自建业务系统与统一受理平台实现“十统一”对接。推动政务服务综合管理平台与编办基层“1+4”平台、政法委社会治理综合平台、信用办双公示平台实现数据交互共享。完成与省公安“苏证通”对接并上线运行，实现线下办理和线上申报两种场景下七类个人证照“免携带”。推动1915项政务服务事项认领，认领率97.5%；已编制1915项，编制率100%，编制471个公共服务事项在线办事指南。做好省关于“证照分离”改革网上专区事项认领和办事指南编制工作，推动“证照分离”改革四类175项改革举措落地落实。出台《扬州市为民服务中心标准化评价指标实施细则（试行）》，高邮、宝应开展为民服务中心星级创建工作试点。改版升级PC（计算机）端扬州旗舰店，设置“热点服务”“专题服务”“个人服务”“法人服务”“特色服务”等六大模块。住房公积金、社保服务、交通出行、教育考试、婚育养老等15类、160个高频民生应用实现“掌上办”，江苏政务服务App标准清单接入量、高频应用接口量均居全省第一。推进“跨省通办”，与南京、镇江、常州、芜湖、马鞍山等城市签订南京都市圈“跨省通办”合作协议，建立南京都市圈“跨省通办”长效机制，制定印发首批61项“跨省通办”事项清单，实现社保办理、公积金提取、企业开办等多个涉企便民事项异地可办、跨省通办。开发“跨省通办”专栏和“跨省通办”平台，制定与对口支援地区第一批跨省通办事项68项，与陕西榆林，新疆新源，山东临沂、东营、滨州，安徽天长等地签订政务服务网上通办合作协议。

（夏正燕　潘　岳　刘　杨）

■行政审批制度改革　5月，召开全市推进相对集中审批权改革会议，市行政审批局正式进入实质性运转阶段，所有涉审人员全部进驻政务服务大厅，企业申办及生产经营、项目审批等201个事项由相应层级审批局实施，审批部门从9个部门缩减为1个，审批科室从32个缩减为3个。推动“一件事”改革，企业群众关注的新生儿出生、退休、开旅馆、开餐馆等“一件事”在全市全面铺开，就业一件事、电子营业执照和电子印章同步发放获省级试点。提升市场准入准出便利度，实现企业登记、公章刻制、涉税事项办理、社保登记、公积金缴存登记、银行开户6个环节“一窗受理、一次办结”，全市全面实现0.5个工作日常态化办结。实施住所和企业名称告知承诺制，启动“一照多址”改革和“一址多照”改革，开展“政银合作”，全面使用电子营业执照办理银行开户。将企业简易注销登记公告时间由45天（自然日）压缩为20天，办理时间由法定15个工作日压缩为3个工作日，注销材料简化为3件，办理注销登记1.17万件，其中简易注销3747件。工程建设项目审批制度改革，制定工改“一站式”服务专区实施方案，推进“工程建设项目审批管理系统”和“多规合一”平台开发，涉及工程建设项目审批的57大项81子项在工改系统中上线运行，供水、供电、燃气等市政公用服务全部进驻大厅。动态更新14个部门69项中介服务事项，搭建中介机构、业务主管单位、行业监管部门、政务办四方联动的网上中介超市。推进投资审批制度改革。制定《固定资产投资项目节能评审委托办法（试行）》，规范节能评审委托工作和经费使用程序。通过一次分送、限时办结、超时默认、容缺受理等举措，将企业投资项目核准办理时限压缩至1个工作日，备案项目压缩至0.5个工作日，政府投资项目可研、初设审批时间分别压缩至3个和5个工作日。

（夏正燕　潘　岳　刘　杨）

■市县乡村四级政务服务体系建设　构建服务主体精简、运作流程优化、全域同标通办的政务服务体系。全方位推动部门进驻，6个县（市、区）、3个功能区、86个乡镇（园区）、1363个村（社区）全部建成政务服务中心，全市共设34个一体化管理分中心。以企业群众办事“只进一扇门”为目标，推动44个部门、1877个六类权力事项进驻市级政务大厅，其中13个部门、162个事项委托政务办综合窗口接件受理。推进县级市监、税务、公安、自规部门进驻86个镇级为民服务中心，在宝应、高邮开展公共资源交易进驻镇级为民服务中心试点工作。全覆盖设置“1号窗口”，推行“一窗综合受理”改革，建立“前台综合受理、后台分类审批、综合窗口出件”服务模式，设立“主题”综合窗口151个、部门无差别综合窗口15个，市行政审批局多部门综合窗口发挥长三角“一网通办”窗口作用，提供“苏政50条”咨询3287人次，协助13个市级部门办结各项行政审批事项841件、协助后方部门受理4440件。在各级办事大厅、分中心设立168个政务服务“1号窗口”，形成以政务中心片区长为纽带、部门负责人为支撑、各业务管理部门为保障的“办不成事”协调机制，解答政策咨询33.89万件，受理“难办”事项3000件，处理现场投诉1132件。全环节接受社会监督，成立工作专班，推进评价、反馈、改进、监督闭环运转的政务服务“好差评”制度建设，全年评价量5103.7万件；在完善7种评价渠道基础上，全省创新建立政务服务社会监督员制度，开展政务服务社会开放日活动。全流程服务特殊群体，全省率先出台《便利特殊群体人员办事服务制度》《志愿者服务工作制度》，为现役军人、烈属、重大疾病患者、听力视力障碍人员、老年人等八类特殊群体开通绿色通道，提供“优先办”“预约办”“异地办”“上门办”“帮代办”服务，累计服务特殊群体8212人次。

（夏正燕　潘　岳　刘　杨）

■公共资源交易　在全省率先推进公共资源交易市场主体和第三方满意度评价机制建设、省交通工程电子交易系统优化升级改造、农业工程全流程不见面开标电子化交易平台建设并推广。其中，“公共资源交易市场主体和第三方满意度评价机制”在省营商环境创新性评价中为扬州市争获0.2加分，作为创新性典型案例选送至国家发改委。

持续优化“扬州市公共资源交易管理平台”建设，率先实现政府采购公开招标、竞争性磋商、单一来源采购等采购方式全流程电子化不见面交易全覆盖。全面推广金融、担保电子保函在工程类招投标领域应用，优化综合服务费及保证金缴退流程，提升企业获得感。引进区块链、易彩虹、云资源等新兴技术，搭建对口支援和长三角一体化发展平台，实现跨省资源共享，数据互联共建。打造“扬州市公共资源交易开评标现场实景线上监督体系”，探索综合监督、行业管理、社会监督、行政监察有机结合的监督管理机制，为社会行政监督部门提供远程公共资源交易开评标现场实景监督服务。构建以市中心为基站、各分中心为映射的“1+7”云平台共享体系的“新模式”，构成政府采购交易“一张网”，形成“市县采购一体化、数据交互云共享”的扬州独有特点。

（夏正燕　潘　岳　刘　杨）

■“12345”政务服务便民热线 推进省定35条热线完成归并，为企业群众提供“7×24小时”全天候全方位全人工服务，率先完成“接得快”试点项目。加强“一企来”企业服务热线建设，形成包含公安、城管、生态环境、公积金、供电供水等46个部门375名政策服务专员的企业服务专家库，梳理知识库信息838条，为中小微企业提供惠企政策精准推送服务。每日向市纪委监委报送全量省工单、100条市工单，加强对企业群众投诉的突出问题进行专项督查督办。牵头承办省“政风热线·市长上线”扬州专场直播活动，省办领导称赞本次市长上线活动是自开播以来“参加人员最多、播放时间最长、达到效果最好”的一期。7—9月新冠肺炎疫情期间，成立全时段工作专班，建立全方位应急响应机制，开通“0”号疫情防控专键、新增“2”号心理咨询专键，扩充话务员、召集志愿者队伍、组建临时党支部，热线接通率始终稳定在98%以上，确保群众诉求快速接听、立即转办、迅速落实。央视《新闻联播》、新华社《每日电讯》采访报道。2021年，“12345”热线平台累计受理各类诉求突破88万件，比上年增长176%，在线接通率97.73%，按时办结率97.70%，满意率98.10%。

（夏正燕　潘　岳　刘　杨）

市委书记张宝娟调研慰问“12345”政务服务便民热线

中国电信扬州分公司/供稿

信访工作

■概况 2021年，全市信访总量1.12万件次。其中，走访2518批4762人次，占比22.7%，比上年批次人次分别下降14.0%和24.4%；来信959件，占比8.7%，下降34.4%；网上信访7602件，占比68.8%，下降45.1%。全年没有发生信访极端事件、舆情炒作事件和有影响的规模集访事件，全市信访工作呈现出总体平稳、结构向好、秩序规范、质效提升、群众满意的良好态势。

（牛多雷　吕　慧）

■重点时期信访维稳 聚焦建党100周年、各级“两会”、党的十九届六中全会及省市党代会、第四届进博会、2021年扬州世界园艺博览会等重要时段，谋划部署，强化矛盾排查、源头吸附、应急处置等措施，全力以赴排风险、除隐患、保稳定，完成系列信访保障任务，实现“四个不发生”目标。新冠肺炎疫情期间，全市信访部门启动“不见面”信访，24小时滚动处理网上信访诉求，化解涉疫矛盾1249件，全力维护社会秩序稳定。（牛多雷　吕　慧）

■信访突出问题化解 深入推进治理重复信访、化解信访积案专项工作，开展化解信访突出问题“双月攻坚行动”，省交办975件重点信访事项，化解941件，化解率96.5%，居全省第三位。持续深化城乡建设领域信访矛盾整治，省交办683件重点事项，化解549件，化解率80.4%，超出省定指标；重点排查“问题楼盘”39个，逐一推动化解，有效维护群众合法权益。

（牛多雷　吕　慧）

■社会治理阵地建设 推动信访工作融入网格化社会治理，结合“微网格”建设，全面推行信访“两员制”，实现矛盾一线发现、一线化解。开展网上信访“人民满意窗口”

建设，全市信访事项及时受理率和按期办结率达99.87%和99.97%，提高群众信访的便捷程度。开展“人民满意窗口”建设质量提升工程，推进乡镇（街道）“人民满意窗口”创建，全市83个乡镇（街道）100%创建达标，大量矛盾纠纷在基层和源头得到有效解决。

（牛多雷 吕 慧）

■信访工作责任制 严格落实《关于进一步加强信访稳定工作的意见》，坚持“管业务必须管信访、管行业必须管信访”工作原则，压实信访工作“一岗双责”。开展领导干部接访下访工作，强化“TOP5”包案化解机制，市、县两级党政领导干部接访下访636人次，包案化解信访突出问题597件。加强信访工作联席会议机制，推动信访工作薄弱乡镇（街道）实行党政主要领导双召集人制度。强化风险警示和责任追究机制，严格执行“两函一单”制度，压实各级各部门信访工作责任。

（牛多雷 吕 慧）

人力资源管理

■概况 2021年，全市新增专业技术人才2.2万人，专业技术人才总量达45.2万人，组织专业技术人员参加继续教育4.4万人次。新增海外留学回国人员190人，在扬就业创业大学生1.68万人。共开发青年（含高校毕业生）就业见习岗位1.26万个，实际到岗就业见习3079人。全市享受国务院政府特殊津贴人员97人、省有突出贡献中青年专家112人、市有突出贡献中青年专家553人。新增省博士后创新实践基地14个，示范工作站1家，累计建成国家级博士后科研工作站36家、省博士后创新实践基地55家。新入选“江苏大工匠”2人、“江苏工匠”8人，全年新增高技能人才9721人，新增技师、高级技师479人次，全市高技能人才总量27.77万人。扬州市高层次人才管理服务中心被授予扬州市首个“江苏留学人员之家”，广州人才集团测评中心江苏运营中心在扬州揭牌。

（市人社局）

■人才政策兑现 营造良好人才发展环境，为符合条件的人才提供人才补贴，增强人才获得感，市、县两级财政共发放住房补贴等各类人才补贴7000余万元。拨付沈阳飞机设计研究所扬州协同创新研究院和中航机载共性人才安居补贴2300余万元。发放高层次人才“绿扬英才卡”56张，为高层次人才提供医疗就诊绿色通道、免费游览公园、免费乘坐公交等公共服务。

（人才开发处）

■“百名博士扬州实践”活动 7—8月，邀请清华大学、北京大学、南京大学等32所名校的166名博士生参加交流推介活动，为2021年“百名博士扬州实践”导师颁发聘书，与北京大学、华中科技大学、哈尔滨工业大学、东南大学签署“共建研究生实践基地协议书”。共完成实践项目36个，撰写技术报告20余万字，产生直接经济效益600万元。

（市人社局）

■“才聚扬城”招聘活动 2021年，市级人社部门共组织市用人单位1367家次，赴中山大学、贵州大学、甘肃高新技术人才市场、教育部留学服务中心等招聘站点举办各类招引活动58场，新增在扬就业创业大学生1.68万人。其中开展在扬高校招聘9场，达成就业意向1168人。开展线上“云招聘”，举办“扬州是个好地方”空中双选招聘活动、秋季大型人才网络招聘会，640家次用人单位发布职位数3663个，吸引8041人次求职者。

（市人社局）

■直播带“岗”活动 9月17日，举办“‘云’聘英才‘职’等你来”——“企业直通车”带岗直播活动，为“潍柴（扬州）特种车有限公司”专场直播，共吸引2063人参与互动并投递简历。

（市人社局）

■“三进三看”活动 11月，组织1371名在扬高校大学生参加“走进扬州企业，感受城市活力”活动16场；发挥各方力量，邀请职业指导师、人力资源专家、知名企业负责人等走进校园为在扬高校学子提供职业指导，引导在扬高校学子留扬就业。

（市人社局）

■“三支一扶”人员招募 2021年，共招募40名高校毕业生到基层一线工作；经省委宣传部、省人社厅评选，扬州市“三支一扶”人员杨玉华被评为“江苏最美基层高校毕业生”。

（市人社局）

■“扬州人才码”建设 为高层次人才、青年人才、到扬就业创业大学生等提供“一站申报、一码通享”的人才政策服务；建设引进人才数据分析管理系统，直观动态展示到扬人才就业分布情况。

（市人社局）

■第一届扬州市十佳HR经理人评选 5月12—18日，以赛促训，评选出“扬州十佳HR经理人”及“人力资源管理优秀案例奖”3人、“最具网络人气奖”3人，并推选5名选手代表扬州市参加长三角十佳HR经理人角逐。

（市人社局）

■技能人才评价 全面完成技能人才评价制度改革，水平评价类职业有序退出国家职业资格目录，准入类职业资格考点经考察、评估、推荐，获省人社厅批准并开展评价。稳步推进等级认定主体备案工作，共有18家地方重点骨干企业、17所职业（技工）院校、3个地方行业协会和6家央企经过备案评估成为扬州市职业技能等级认定主体，并组织专家对8家省行业协会推荐的考核站点进行现场评估，最终在扬州市共设立12家考核站点，全市全年共有4.46万人次获得职业技能等级认定证书。持续拓展专项职业能力考核项目，新增新能源汽车电驱动系统维护等多个考核项目，全年专项职业能力考核共取证2062人次。推进全市专项职业能力考核工作多元化、特色化，“扬州三把刀”技能人才评价体系初步构建，重点完成扬州市烹饪餐饮行业协会、扬州市美发美容与摄影协会和扬州市修脚协会的第三方等级认定主体备案工作，系统构建“扬州三把刀”相关职业（工种）技能人才评价体系，为扬州传统特色产业的技艺传承打下基础。（市人社局）

■企业新型学徒制 2021 年，新增培养企业新型学徒 4113 人，累计培养企业新型学徒 1.2 万人，培养数量居全省前列。推广企业新型学徒制，以现代制造业为主，兼顾传统特色产业的需要，把装配式建筑、电子装配等新兴工种和“扬州三把刀”传统服务业工种纳入企业新型学徒制培养范畴。将企业新型学徒培养做法进行系统整合，申报扬州市地方标准并获立项，相关工作经验获人民网点赞。《扬州推动企业新型学徒制，搓背工从“店堂”走进“课堂”》在人民网报道，《培育种子选手，驱动技能引擎》在《中国劳动保障报》头版刊登，《畅通校企合作“最后一公里”》在省人社厅简报进行经验交流。（市人社局）

■职业技能竞赛 2021 年，开展“扬州市十万职工大比武”系列职业技能竞赛活动，举办扬州市第一届职业技能大赛，聚焦先进制造业集群设置 32 个竞赛项目（工种），选拔和培养懂技术、会创新的高技能人才，同时为国赛、省赛储备竞赛选手和技能人才。组织扬州技师学院成功申报第 46 届世界技能大赛电子技术项目中国集训基地，提升技能人才载体建设层次。（市人社局）

■乡土人才队伍建设 12 月 27—29 日，承办中国江苏乡土人才技艺技能大赛总决赛，扬州市 22 名选手分获项目一、二、三等奖，获奖人次和获奖等次均居全省最前列，扬州市人社局被授予大赛“优秀组织奖”。在全省率先建设运河“扬家匠”乡土人才“三带”创业园。新入选省乡土人才大师工作室 15 家（全省 100 家），入选数全省前列；新入选 1 家省乡土人才传承示范基地、2 家省大师示范工作室。评选助理职称乡村振兴技艺师 12 人、中级职称乡村振兴技艺师 64 人、推荐入选正高级和高级职称乡村振兴技艺师 9 人。（市人社局）

■事业单位人员招录 贯彻新修订的《江苏省事业单位公开招聘人员办法》，不断优化招聘方式、提高招聘效率，统筹做好疫情防控。2021 年全市开展事业单位公开招聘 58 轮次，共计招聘工作人员 2446 人，其中市直 484 人、县（市、区）1962 人。（市人社局）

10月20日至11月2日，扬州市举办第一届职业技能大赛

陈高君 楚 楚/摄

■人事考试 全年共完成 31 项考试的报名组织和考务实施工作，累计服务考生 11.32 万人、21.26 万科次，均安全无事故，100% 完成。完成机关事业单位工勤人员职业素质提升培训 2869 人。（市人社局）

外事

■友好交流活动 4 月 6 日，市政协主席陈扬在迎宾馆会见东盟国家驻华使馆女外交官及中国－东盟中心代表参访团。参访团团长、老挝驻华大使坎葆·恩塔万表示，将加强与扬州的经贸往来、产业对接和人文交流，深化各领域合作。4 月 8 日，扬州世界园艺博览会开幕。市外办落实 41 个境外城市和机构参展（27 个室外展园和 14 家室内展陈）；邀请 15 国大使、5 国驻沪总领事及来自 45 个国家的 180 余名外宾到扬参加活动；举办“世界绿色设计组织 WGDO 荣誉日”、费城园“首届运河城市模拟联合国大会”等 24 场不同主题的展示活动。世园会期间，市长张宝娟、市政协主席陈扬、副市长余珽分别会见到扬参加世园会外国嘉宾，希望通过世园会这一平台，与各国增进友好往来，深化产业合作，加强文化交流，实现合作共赢。与会嘉宾们表示，将加强与扬州各领域合作，促进双方交往合作再上新台阶。4 月 28 日，2021 中国（扬州）“一带一路”高质量发展专家会议在扬州举行。中国欧盟协会副会长、全国政协委员、丝路规划研究中心高级顾问、中国人民对外友好协会原副会长宋敬武，省外办党组成员、副主任杨菁，市委常委、常务副市长陈锴竑，副市长余珽出席会议并参加相关活动。本次会议邀请“一带一路”研究领域的中国前驻贝宁特命全权大使刁鸣生等国内外专家学者进行“扬州

论道”，从经贸、文化、风险与管控等多角度深入探讨“一带一路”高质量发展实现路径。200余家企业参加会议。4月29日，应韩国庆州市市长朱洛荣邀请，市长张宝娟参加“庆州－扬州市长线上会谈”，共商扬州和庆州两市未来发展计划，深化友好交流。5月17日，市委书记夏心旻在苏州参加“东亚企业家太湖论坛”，分别会见日本驻沪总领事矶俣秋男、韩国驻沪总领事金胜镐，就推进扬州与日本、韩国之间的产业合作、经贸往来、人文交流及共同推动建设“东亚文化产业合作园区”等方面进行交流探讨。6月9日，副市长余珽出席由中国人民对外友好协会和宁波市人民政府共同主办的“2021中国－中东欧国家市长论坛”并作交流发言。10月25日，应日本文化厅、北九州市邀请，副市长余珽出席第二届“东亚文化之都”城市峰会在线会议。本届峰会的会议主题为“以东亚文化之都，创造新文化价值”。余珽作题为《用数字技术赋能国际文化交流合作》的发言，表示扬州愿与各“东亚文化之都”城市加强交流、分享经验、深化合作，共创文化旅游交流合作新局面。12月14日，以色列国驻上海总领事爱德华一行访问扬州市。市委副书记、代市长王进健会见总领事一行。12月21日，“感知中国·印象扬州”——扬州－布雷达友城赠礼项目启动仪式暨千名外国友人“体验江苏·读懂中国”扬州专场活动在运河三湾生态文化公园举行。荷兰王国驻上海总领事馆副总领事康如幸女士，省外办党组成员、省人民对外友好协会副会长钱文华，市人大常委会党组副书记、市人民对外友好协会会长孔令俊，副市长张礼涛等出席活动并致辞，会长孔令俊和副总领事康如幸共同为布雷达儿童水游乐场揭幕，中国驻荷兰特命全权大使谈践、布雷达市长保罗·德普拉博士专门发来视频致辞，祝贺活动举办。来自荷兰、日本、韩国、意大利、巴基斯坦、柬埔寨等14个国家的30名国际友人参加活动。（杨　乐）

12月15日，中欧国际合作（扬州）恳谈会举行　庄文斌/摄

■**招引推介**　5月17日，圣戈班建筑材料一期项目投产暨扬州公司开业仪式在扬州市举行。市长张宝娟、法国驻华大使罗梁、法国驻上海总领事纪博伟等参加活动。6月9日，市长张宝娟率市相关部门赴日本驻沪领馆官邸进行专场推介，与三菱商事、三井住友、佳能、日本贸易振兴机构（JETRO）等知名企业、机构代表进行交流，在推介会上开展系列招商活动。12月15日，举办“中欧国际合作（扬州）恳谈会”。市委书记张宝娟、意大利驻沪总领馆代总领事桂若轲、省外办副主任杨菁致辞，市委副书记、统战部部长韩骅作城市推介。会议举行签约活动，市政府与意大利驻沪总领馆签署《马可·波罗纪念馆提档升级合作项目》，扬州科教集团与芬兰Slush中国方签署《Slush Young 2022扬州青年科创节合作项目》，市发改委与意大利博洛尼亚大区签署《中意绿色设计研究中心合作项目》，扬州技师学院与德国德累斯顿工业大学签署《中德职教合作项目协议》。（杨　乐）

■**外事宣传**　2021年在“人民日报”海外网、“人民周刊”、“人民网”等平台及地方媒体发布外事活动信息报道50余篇；组织省、市媒体对到扬参加各项涉外活动的嘉宾进行专访报道；完成法国电视一台到扬拍摄“扬州炒饭”美食纪录片和“长三角高质量发展”驻沪外媒采风团相关拍摄和采访工作；组织扬州地方媒体和驻扬有关媒体对世园会相关活动及对到扬州参加活动的外国嘉宾进行专访。开启国际网络新媒体矩阵，围绕“世界运河之都”“世界美食之都”“东亚文化之都”三张世界级城市名片，开展城市整体化营销推介，实现海外主要社交媒体全覆盖。自矩阵运营至年末，粉丝达7.08万人，Facebook阅读量超788万人次，互动量近35.3万人次；Instagram阅读量超388万人次，互动量超23万人次；Youtube视频总点击量近28万人次。（杨　乐）

■**涉外管理**　严格执行中央八项规定精神，严格落实因公出国（境）计划编制和团组出访审核把关。加强外事“不见面”审批建设，优化扬州市外事信息管理系统，推动“放管服”改革和外事工作作风转变；成立“一带一路”建设保障协调小组，动态更新扬州市境外企业项目和人员数据库，健全完善扬州市公民和机构的海外安全保护机制，制定印发领事保护工作机制性文件，为全市公民、企业在海外提供有力保护和支持。全年共办理因公出国（境）团组10批23人次、办理外国人来华邀请函7批13人次，延期1批1

人次。妥处疫情相关涉外案（事）件50余起。（杨　乐）

■**涉外疫情防控** 市外办做好市“外防输入”常态化新冠肺炎疫情防控及应急处置工作。召开全市涉外疫情防控工作会议，建立完善涉外疫情防控应急管理机制。印发涉外疫情防控指导性文件。根据市“外防输入”联防联控机制统一部署，印发《市“外防输入”联防联控机制外事协调工作方案》《市“外防输入”联防联控机制外事协调应急预案》，强化外事协调作用，筑牢“外防输入”防线。确保昆山转运专班平稳有序运行，全年安全转运来自60余个国家和地区的人员3316人；妥善处理五矿集团、中交集团、中建集团、中石油集团等央企国际航线包机超过3000人次落地扬州泰州国际机场；缓解自南京空港口岸到省人员的疫情防控压力，保障超过5700人次的分流任务；完成来自印尼、柬埔寨、巴基斯坦等44个国家的281名在扬外国留学生新冠疫苗接种工作。（杨　乐）

港澳事务

■**港澳交流** 12月3日，举办“2021扬州市港澳企业家交流会”。来自仪征市、邗江区、广陵区和扬州经济技术开发区的港澳企业代表约20人参会。副市长张礼涛出席会议。市外办（港澳办）、市发改委、市商务局、市科技局、市住建局、市工信局等相关部门负责人与各港澳企业代表们进行交流。代表们分别介绍企业在扬发展情况并为扬州发展建言献策。（杨　乐）

■**港资企业调研** 2月5日，为服务扬州经济高质量发展，创新工作机制，推进与港澳企业的交流与合作，市政协党组成员陈曦走访港资企业宏运车业有限公司和尚杰针织品有限公司，了解疫情后企业生产发展情况，为企业排忧解困。（杨　乐）

机关事务管理

■**机关大院开放** 作为党史学习教育市级重点办实事项目，局党委筹划实施“五一”假期开放机关大院，解决外地游客在扬州旅游旺季停车、就餐难题。“五一”假期5天，机关西大院餐厅共计服务就餐外地游客1382人次，49家市级机关、企事业单位停车场累计提供停车服务3445辆次。相关做法受到中央电视台、《新华日报》、人民网等主流媒体肯定和好评。（司博浩）

■**机关服务保障** 完善公务用车运行管理机制，严把公车更新、购置管理关，规范商务车、越野车等公务用车配备和使用管理工作，安全行驶230万余千米。整合市级机关办公用房资源，完成12家单位办公用房调整，启动全市党政机关办公用房信息化系统建设。深化事业单位改革，新组建扬州市机关服务中心。对54处市级机关单位的办公用房进行消防安全普查，建成机关安防信息化系统并投入使用。做好新冠肺炎疫情期间各项服务保障工作，40余天时间累计保障工作用车1.6万余台次，服务各类会议160余场次，保障用餐5万余人次。为依法合规承租市级行政事业单位房产且直接自用于生产经营的318家商户减免一个月租金共计426.61万元。公务用车、会务服务、餐饮服务、机关门诊、机关幼儿教育、物业管理、文印等服务满意度持续提升。（司博浩）

■**节约型机关建设** 制定《扬州市公共机构节约资源能源“十四五”规划》，推进公共机构绿色低碳发展转型。2021年，市民政局被中共中央办公厅中直管理局等四部委评选为全国首批节约型机关。创成省级节能示范单位6家、市级节能示范单位5家，117家县级及以上党政机关创成节约型机关。完成多个公共机构太阳能光伏分布式发电项目和合同能源管理改造项目。依法对21家公共机构开展节能专项监察，提出节能意见建议，宣传普及节能法规。（司博浩）

“五一”假期，机关大院对外开放　　中国画刊/供稿

政协扬州市委员会

Zhengxie Yangzhoushi Weiyuanhui

编　辑　崔成鹏

综述

■**概况** 中国人民政治协商会议江苏省扬州市第八届委员会（简称扬州市政协）共有委员408人。2021年共召开全体会议1次、常委会议6次、议政性主席会议3次，开展专题协商、论坛协商、民主监督、民主评议、界别协商和网络议政50余次，开展视察督查活动40余次，形成专题调研和视察报告100余份，报送社情民意信息和政协内参600余篇，交办提案390件。

党史学习教育。按照中央和省委、市委的统一部署，抓实抓好党史学习教育各个阶段工作。组织4次党史学习宣讲和辅导会、6次党组和机关党委专题学习研讨会，组织支部专题组织生活会，党组成员分别上专题党课，到基层“有事好商量”协商议事室开展“七一”重要讲话精神宣讲；多层次多形式组织委员和机关干部开展“两在两同”建新功、党史学习交流研讨、庆祝中国共产党成立100周年书画作品展、机关党员“讲党史、赛党课”、为联系社区和身边群众办实事等活动。市委、市政府重视支持政协履职，市委主要领导参加市政协八届二十四次常委会议，面对面听取委员意见和建议，批示督办重点提案4件，主持召开重点提案现场督办会；市政府主要领导参加“有事好商量”政协论坛，领衔督办重点提案1件，主持召开重点提案现场办理会；市委、市政府领导参加市政协协商议政活动25次，批示建议案、调研报告、社情民意信息32件（次），督办重点提案13件。

建言资政。助力“产业科创名城建设”，常委会议就“推动科技创新，壮大实体经济，建设产业科创名城”进行专题协商，形成建议案；主席会议围绕“引进和培育优秀年轻人才，推进产业升级和城市转型”调研；围绕市委、市政府《关于推进全市开发园区“二次创业”高质量发展的意见》贯彻落实情况开展民主监督；围绕“改进政务服务，优化营商环境”开展民主评议；就“深化职业教育产教融合、校企合作”召开网络议政会。助力“生态宜居名城”建设，主席会议就“加强水环境整治”调研；围绕市委、市政府《关于全面加强基层基础建设 推进市域社会治理现代化的实施意见》开展民主监督；就“制定《市区停车场建设管理条例》”开展立法协商；就“医联体建设”“普惠托育和幼教服务体系工作”“美丽田园乡村建设”“城市重点交通工程建设”“民生‘1号文件’任务完成情况”等开展专题视察、调研协商活动。助力“文化旅游名城”建设，常委会议就“扬州古城保护与复兴”议题、主席会议就“加快运河旅游产业发展”议题、政协论坛就“持续放大‘三都’品牌效应”议题、主席会议成员就“北护城河改造”议题开展调研，为推动扬州文明文化更有分量建言献策。

打响“有事好商量”协商议事品牌。通过出台专门文件、召开推进会议、开展现场观摩、强化典型引路、塑造特色品牌、加强指导督查等，推进“有事好商量”协商议事室建设和协商议事活动开展，打响“好地方·好商量”扬州协商议事品牌；探索建设“有事好商量”协商议事网络模块并嵌入市、县、乡三级社会治理指挥调度网络平台，把协商议事成果转化为基层社会治理效能。（徐厚立）

■**政协委员队伍建设** 把学习贯彻习近平新时代中国特色社会主义思想作为首要政治任务，引导委员学习《习近平总书记关于加强和改进人民政协工作的重要思想专题摘编》《新时代人民政协理论和实践研究》等理论书籍。出台《关于加强和改进委员学习工作的意见》，在常委会议、主席会议、各专委会定期安排学习的基础上，组织委员参加省政协学习交流活动2次、召集人培训班1次；组织委员赴重庆大学参加提案专题培训1次；以专题学习报告会、委员讲堂、视频连线学习交流会等形式组织集中学习6次，参加委员共900余人次。持续开展“书香政协·同心筑梦”政协委员读书活动，多形式开展读书交流分享活动。召开庆祝中国共产党成立100周年座谈会，委员代表结合各自读书学习成果和工作实际分别作交流发言；组织各界别委员小组在四位一体“有事好商量”协商议事室开展委员读书活动，60余名委员分享读书学习心得。以界别和履职小组为单位将委员整体编入各县（市、区）和市各功能区基层协商议事室，将各界别开展协商和组织委员参加“有事好商量”协商议事活动作为履职考核的重要内容，按照市政协《关于委员履职管理办法》进行委员履职评价，评选优秀委员、优秀提案、优秀论文、优秀调研视察报告和社情民意信息，调动委员参政议政积极性。（徐厚立）

■委员联系服务 建立健全各类联系网络，坚持主席、副主席联系委员制度，执行专委会分工联系界别和委员小组制度，注重发挥委员履职信息服务平台作用，做好委员联络服务和管理工作，为委员知情明政、履行职能创造条件，有序组织委员参加政协会议和调研视察活动。持续推进“智慧政协”平台建设，完善委员基础信息登记，升级“掌上履职”App，加强委员工作的信息化建设。加强与组织、统战部门联系沟通，针对委员工作变动、离退休和违纪违法等情况，适时提出委员调整建议。通过政协网站、“扬州政协”微信公众号、《扬州政协》会刊发表委员对全市经济社会发展的建议、提案，宣传委员参政议政的成果和工作成绩。（徐厚立）

■联系联谊渠道拓展 加强与各民主党派、工商联、无党派人士的合作共事，在政协例会、民主监督、政协论坛等政协履职活动中搭建平台、加强合作，发挥其优势特长，凝聚共建“好地方”的强大合力。建立健全同各方面人士的沟通联络机制，密切同党外知识分子、非公经济人士、新的社会阶层人士、出国和归国留学人员的沟通联络，做好少数民族界和宗教界委员工作，加强扬州文史馆建设，通过公共外交协会平台开展对外友好交往工作，讲好扬州故事，塑造扬州形象。（徐厚立）

重要会议

■政协八届五次会议 1月18—21日，扬州市政协召开八届五次会议。408名扬州市政协八届委员中，352名委员参加会议。市委书记夏心旻作题为《让“好地方”扬州好上加好越来越好》的讲话；市委副书记、市长张宝娟出席会议；市政协主席陈扬代表八届市政协常委会作工作报告；市政协副主席王骏代表八届市政协常委会作关于提案工作的报告。会议举行大会发言和大组协商。会议期间，委员们分组讨论夏心旻讲话，审议市政协常委会两个工作报告；列席市人大八届五次会议，听取和讨论政府工作报告及法院、检察院工作报告。会议通过《中国人民政治协商会议江苏省扬州市第八届委员会第五次会议决议》，选举何金发为政协扬州市第八届委员会副主席，选举王志年、吉琳、伏兴中、陈曦、赵御龙、俞洪亮、蒋敏为政协扬州市第八届委员会常务委员。（徐厚立）

1月18日，市政协八届五次会议开幕　　政　协/供稿

■政协常委会议 1月12日，市政协召开八届二十一次常委会议，学习贯彻市委七届十一次全会精神，讨论《市政府工作报告（征求意见稿）》《扬州市国民经济和社会发展第十四个五年规划纲要和二〇三五年远景目标（草案）（征求意见稿）》，协商通过市政协八届五次会议有关事项和委员调整事项，决定中国人民政治协商会议江苏省扬州市第八届委员会第五次会议于2021年1月18—21日在扬州召开。

1月20日，市政协召开八届二十二次常委会议第一次会议，市委书记夏心旻出席会议并作人事安排情况说明，会议听取各组讨论市委书记夏心旻在市政协八届五次会议开幕大会上的讲话，审议八届市政协常委会工作报告、提案工作情况报告，讨论市长张宝娟所作政府工作报告的情况；协商有关人事事项；讨论大会选举办法（草案）和总监票人、监票人建议名单；协商通过《扬州市政协“1号提案”遴选办法（试行）》。

1月21日，市政协召开八届二十二次常委会议第二次会议，听取各组讨论“两院”工作报告、大会决议（草案）、选举办法（草案）、八届市政协副主席和常务委员选举建议名单、总监票人和监票人建议名单的情况汇报，协商通过市政协八届五次会议决议（草案），协商通过选举事项，协商并原则通过市政协2021年工作要点，协商确定市政协八届五次会议“1号提案”。

3月29日，市政协召开八届二十三次常委会议，学习贯彻习近平总书记在全国“两会”期间的重要讲话和全国“两会”精神，就贯彻落实工作作出部署。听取全国政协常委、经济委员会副主任，中央财经工作领导小组办公室原副主任杨伟民“深入学习领会习近平总书记‘构建新发展格局’的战略思想”形势报告和科技部全国科技振兴城市经济研究会理事长、科技部办公厅调研室原主任胥和平“坚持科技自立自强，加快建设科技强国”专题讲座。

9月17日，市政协召开八届二十四次常委会议，就“推进科技创新、壮大实体经济、建设产业科创名城”进行专题协商，市委书记张宝娟出席会议并讲话。协商通过《关于“推动科技创新 壮大实体经济 建设产业科创名城”建议案（草案）》；协商通过有关人事事项。

10月28日，市政协召开八届二十五次常委会议，听取市政府关于市政协八届五次会议以来的提案办理情况通报，书面审阅市政府《关于推进园区高质量建设和发展的建议案》办理情况通报，就“扬州古城保护与复兴”议题进行协商。市委常委、秘书长、副市长赵庆红到会，通报提案办理工作情况和第001号提案办理情况并讲话。

12月31日，市政协召开八届二十六次常委会议，市政协主席陈扬宣讲中共十九届六中全会和省第十四次党代会精神，传达贯彻市委八届二次全会精神，书面听取市政府关于办理编制《扬州市国民经济和社会发展第十四个五年规划纲要和二〇三五年远景目标（草案）（征求意见稿）》和“建设产业科创名城”建议案的情况通报，协商通过有关人事事项。 （徐厚立）

■议政性政协主席会议 4月27日，市政协召开八届二十八次主席会议，就“加强水环境整治，建设生态宜居名城”议题与市政府进行协商。市政协主席陈扬出席会议并讲话，副市长丁一参加会议。会议要求，全市各级政协组织要发挥好联系广泛、渠道畅通优势，持续跟踪水生态保护和水环境治理工作，通过开展委员专题视察、“界别活动周”和基层“有事好商量”协商议事等活动，宣传政策、凝聚共识，引导企业和群众积极参与到水环境治理中来，形成共建、共治、共享的强大合力，为水环境治理和生态宜居名城建设贡献政协智慧和力量。

7月22日，市政协召开八届二十九次主席会议，就“加快运河旅游产业发展，建设文化旅游名城”议题开展专题协商。参会委员围绕协商议题建言献策，并与有关部门单位负责人进行互动交流。市政协主席陈扬出席会议并讲话，副市长余珽参加会议。会议强调，发展运河旅游是一项战略性、全局性的系统工程，需要调动方方面面的积极性、主动性和创造性，创新体制机制至关重要。要在改革上再深化，进一步整合旅游资源，着力创新运河旅游产业发展的体制机制；要进一步强化政策集成，坚持政府主导、市场运作、多元投入，统筹市级文化产业、旅游业等各类专项资金，撬动、引导更多企业和社会资本参与运河文旅产业发展。

11月18日，市政协召开八届三十三次主席会议，就“引进和培育优秀年轻人才，推进产业升级和城市转型”议题开展专题协商。市政协主席陈扬出席会议并讲话，市委常委、组织部部长焦庆标参加会议。会议指出，要认真学习贯彻习近平总书记在中央人才工作会议上的重要讲话精神，紧紧围绕市第八次党代会关于人才工作的战略部署，切实加大对引进和培养优秀年轻人才工作的政策支持，完善人才评价体系，提高人才政策的激励效能，调动各方力量，形成强大合力，努力为“好地方”扬州建设提供有力人才支撑。 （徐厚立）

参政议政

■重点视察 3月10日，专题视察市“医联体”建设工作，实地察看广陵区文峰社区卫生服务中心、邗江区新城社区卫生服务中心和仪征市新集镇卫生院等“医联体”成员单位，了解基层医疗卫生健康服务、“医联体”帮扶、群众满意度、政府支持和医院发展等情况，观摩苏北人民医院与医联体协作单位的远程诊疗系统，听取市医联体建设情况汇报。召开座谈会，与市卫健委、市医保局、苏北医院、扬大附属医院和“医联体”部分乡镇成员单位负责人，就“医联体”建设在基层的运行情况及存在的主要问题、对策建议等进行交流探讨，听取、吸纳、总结各方意见建议，为扬州“医联体”建设工作提出有见地、可操作、高质量的意见建议。

6月9日，就“美丽田园乡村建设”开展主席会议成员专题视察活动，实地察看仪征市新集镇凌东村特色田园乡村、刘集镇白羊村新型农村社区和马集镇合心村黑莓产业园建设情况；召开座谈会，听取仪征市政府、市农业农村局、市住建局、市财政局相关工作情况介绍和市政协委员的意见建议。

6月11日，就“城市重点交通工程建设”开展专题视察并召开座谈会，围绕市委、市政府重大决策部署和人民群众的关心关注开展调查研究，通过提案、社情民意信息等形式建言献策，为助推扬州交通高质量发展、加快建设现代化交通枢纽城市献智出力，得到市委、市政府重视和肯定。

9月24日，集中视察“关于强化我市卫生监督执法体系建设的建议”“关于进一步完善城市污水设施和加强排水管理的建议”“推进智能制造战略，打造新兴科创名城”“关于加快发展在线新经济的建议”等4件主席督查督办重点提案办理情况。邀请“提案人”与“办理人”当面阐述提案背景、探讨办理思路举措，凝聚双方共识，推动提案建议落实，把重点提案办出实效。

10月14日，专题视察“健全普惠托育和幼教服务体系”工作，为推动市托育服务和学前教育健全服务体系、扩大普惠供给、实现高质量发展，让0~6岁的适龄儿童得到更好的照护和培养建言献策。在前期调研基础上，市政协组织部分委员实地视察曲江幼儿园和文昌花园社区婴幼儿照护服务中心，并召开座谈会，与相关职能部门进行面对面交流，形成一系列可操作的意见建议。

11月10日，专题视察2021年“民生1号文件”任务完成情况，实地察看北山污水处理厂（一期）工程、梅岭小学花都汇校区、市公共卫生中心、梅花园小区和邗沟社区，了解市污水处理、义务教育集团化办学、公共卫生和医疗救援应急指挥中心建设、老旧小区改造和颐养示范社区建设等5类重点民生项目实施情况，推动高质量完成年度重点民生项目和工作任务，满足市民群众更高水平的民生需求。（徐厚立）

■立法协商 5月19日，就制定《扬州市市区停车场建设管理条例》召开立法工作协商会议，听取市公安局关于条例起草情况的通报；来自规划、交通、城管、法律等领域的市政协委员围绕如何给城市停车“立规矩”，与相关部门展开讨论并建言献策；《人民政协报》以“好商量、立良法、促善治”为题，报道市政协开展市区停车场建设管理立法协商。（徐厚立）

■网络议政 5月28日，召开网络议政会，围绕“深化职业教育产教融合、校企合作”进行专题协商，11名市、县政协委员在会场或通过现场连线方式发表意见建议，市发改委、市教育局、市人社局、市工信局、市财政局、市委编办、市总工会、扬州科创教育投资集团等单位负责人当场作出回应，助力市职业教育发展、助推全市经济社会高质量发展。（徐厚立）

■界别活动周 8月23—29日，围绕“同心抗疫，共护扬城”主题，组织开展线上“界别活动周”，动员组织委员投身抗疫斗争。按照界别活动周“五个一”行动要求，共开展“有事好商量”线上协商24次，就抗疫期间和后抗疫时期相关热点、难点、痛点问题展开讨论，联系服务群众上万人次，收集意见建议108条。市政协党组向市委提交的《关于织密扎牢常态化疫情防控的报告》，得到市委肯定并转化为相关决策。《人民政协报》对扬州市政协参与疫情防控工作进行专题报道。（徐厚立）

■扬州政协论坛 11月16日，围绕“持续放大‘三都’品牌效应、助推扬州产业发展”议题，举办2021年度“有事好商量”扬州政协论坛。市委副书记、代市长王进健现场听取委员意见建议并讲话，市政协主席陈扬主持论坛。论坛将网络直播协商、市县联动协商、界别小组协商、专家高层协商等多种协商形式相结合，发动政协委员、界别群众、专家学者共同参与，联合开展视察调研、联动进行研讨交流，致力扩大宣传、汇聚智慧、凝聚共识、增进合力。市县每个界别小组围绕主题开展界别“有事好商量”协商议事并以界别名义形成论文，将重大课题协商延伸到基层和群众之中。政协委员和社会各界人士围绕主题提交130余篇论文。会前，所有收编的论文均提前送相关部门，论坛当天相关部门负责人与委员面对面交流答复。论坛依托各类云平台，吸引16万网友在线观看，超1万人次评论，委员“掌上履职”App点击率超85%。《人民政协报》以“明月犹照廿四桥”为题，报道扬州市政协持续21年打造“政协论坛”情况。（徐厚立）

■民主评议 围绕“改进政务服务，优化营商环境”进行民主评议，成立民主评议工作组，制定实施方案，重点围绕政务服务理念、工程建设项目审批制度改革落实、政务服务体系建设、政务服务便利化水平、政务服务满意度等方面内容，通过部门自评、座谈调研、社会调查、学习借鉴、集中评议等方法，了解情况，征集意见和建议。9月15日，召开民主评议“改进政务服务，优化营商环境”工作动员通报会，市政务办、市委编办、市发改委等21个单位通报本部门政务营商环境工作情况。11月3日，召开民主评议“改进政务服务，优化营商环境”工作会，肯定成绩总结经验，客观分析问题查摆不足，提出切实可行意见和建议，市委常委、常务副市长陈锴竑参加会议。（徐厚立）

2021扬州政协论坛　　政　协/供稿

■民主监督 重点围绕市委、市政府《关于全面加强基层基础建设 推进市域社会治理现代化的实施意见》《关于推进全市开发园区“二次创业”高质量发展的意见》贯彻落实情况开展民主监督。6月23日，市政协就推动市域社会治理现代化开展视察督查，实地察看康乐社区“五治”融合展示馆、扬州经济技术开发区社会治理现代化指挥中心、扬子津街道“一站式”为民服务中心，听取市委政法委、市委组织部、市委编办相关工作情况通报，部分委员和调研组成员进行交流发言并提出意见和建议，为推动市域社会治理现代化建设献智出力。9月27日，召开开发园区“二次创业”系列政策意见落实情况民主监督协商会，实地视察晶澳（扬州）太阳能科技有限公司，听取扬州经济技术开发区和有关园区介绍贯彻落实园区“二次创业”系列政策意见相关情况，部分委员和调研组成员作了发言，市直有关部门当场回应，共同为推动全市开发园区“二次创业”高质量发展建言献策。（徐厚立）

■“有事好商量”协商议事 市政协党组提请市委转发《关于开展“有事好商量”协商议事工作巩固提升年的实施意见》，7月7日，召开全市“有事好商量”协商议事工作现场推进会，出台《“有事好商量”协商议事工作质效评价暂行办法》，推动“有事好商量”协商议事室、城市书房、委员工作室、社情民意信息联系点“四位一体”融合发展，城区建成38家“四位一体”有事好商量协商议事室，全市建成企（事）业单位“有事好商量”协商议事室212家。4—6月，组织全市1340个村（社区）开展“完善村规民约 树立文明新风”专题协商议事活动。9—10月，聚焦宣讲“七一”讲话贴近群众、聚焦基层社会治理贴近社区、聚焦加快复工复产贴近企业，开展“‘七一’讲话·协商议事室委员来宣讲”暨“有事好商量·民生专题协商议事月”活动。2021年，全市共开展“有事好商量”协商议事活动3701场次，参加人数超4.6万人次，其中各级政协委员参加协商议事活动5500余人次，助推解决老百姓民生问题4000余个。（徐厚立）

7月7日，全市有事好商量协商议事工作现场推进会召开　政协/供稿

重点提案

■推进先进制造业重点产业体系建设和链式发展，夯实“好地方”的产业根基 在市政协八届五次会议上，市工商联提交《大力推进先进制造业重点产业体系建设和链式发展，夯实“好地方”的产业根基》提案。提案建议：（1）优化顶层设计，科学规划产业布局。（2）强化项目支撑，夯实产业发展基础。（3）完善集群发展环境，提升产业发展助力。（4）着力创新驱动引领，激发产业升级潜力。（5）深度融合长三角一体化，合力构建区域先进制造业集群。该提案由市工信局主办，市发改委、市科技局、市商务局协办。办理情况：市工信局针对提案提及推进市先进制造业集群发展的“科学规划、项目建设、优化环境、创新引领、区域融合”等5个方面具体建议逐项研究落实，形成一批提案内容转化成果。（徐厚立）

■依托光线电影世界项目，加快规划建设东亚文化产业合作（扬州）示范区 在市政协八届五次会议上，致公党扬州市委提交《依托光线电影世界项目，加快规划建设东亚文化产业合作（扬州）示范区》提案。提案建议：（1）向上争取，以建设东亚文化产业合作（扬州）示范区为首要任务，积极创造条件、营造氛围，努力将此项目上升为国家级示范项目。（2）向下发力，以打造世界一流文化产业合作示范区为终极目标，高标准、高起点，提前谋划布局，夯实基础及规划配套。（3）纵向施策，紧密依托光线电影世界项目，育强核心产业基础，抓实产业链延伸。（4）横向拓展，统筹利用各类项目的综合叠加效应，为东亚文化产业合作（扬州）示范区建设不断赋能加码。该提案由江都区政府、市委宣传部、市发改委、市文广旅局承办。办理情况：江都区政府、市委宣传部、市发改委、市文广旅局围绕提案内容，加强协同配合，明确办理责任，推动提案办理与成果落实。（徐厚立）

■推进智能制造战略，打造新兴科创名城 在市政协八届五次会议上，民革扬州市委提交《推进智能制造

战略，打造新兴科创名城》提案。提案建议：（1）持续调优智能制造产业生态。（2）着力打通智能制造关键环节。（3）全面凸显智能制造政策支撑，用“真金白银”的财政杠杆进一步提振企业实施智能化改造的信心和勇气。该提案由市工信局主办，市科技局、市财政局协办。办理情况：出台《扬州市推进智能制造及高端装备产业发展实施意见》《关于加快先进制造业（集群）发展的政策意见》《扬州市“互联网＋小微企业”三年（2016—2018年）提升行动计划》《深化“互联网＋先进制造业”推进工业互联网实施意见》《关于加快推进第五代移动通信网络建设发展的通知》等文件。（徐厚立）

■完善城市污水设施和加强排水管理的建议 在市政协八届五次会议上，民建扬州市委提交《关于进一步完善城市污水设施和加强排水管理的建议》提案。提案建议：（1）全力推进污水设施系统性管理。（2）全力完善政策和财力保障措施。（3）全力提高排水监管和执法力度。该提案由市住建局主办，市财政局协办。办理情况：2021年，在全面启动城镇污水处理提质增效三整治、三消除、三提升的“333”行动基础上攻坚克难、强力推进：（1）科学谋划，统筹推进，系统提升污水处理设施管理水平。（2）多措并举，健全机制，强化政策和财政保障。（3）严格审查，部门联动，不断提升监管执法力度。（徐厚立）

■加强对运河文化遗产保护与传承的建议 在市政协八届五次会议上，农工党扬州市委提交《加强对运河文化遗产保护与传承的建议》提案。提案建议：（1）进一步加大对大运河沿线各类文化遗产的保护力度。（2）切实加大运河文化遗产保护传承资金投入、代表性传承人队伍构建、非遗保护管理人才队伍建设等的工作推进力度。（3）结合扬州中国大运河博物馆建设，积极向上争取将“国家方志馆运河分馆”设在扬州，记录和挽留逐渐逝去的运河城市记忆。（4）加强全市近百处古典园林和300余处城市公园管理和维护，擦亮“扬州园林”这一城市名片，彰显城市特色和优势。该提案由市文广旅局主办，市委宣传部、市住建局协办。办理情况：坚持按照世界文化遗产的保护要求，对照国家、省、市相关保护管理制度规范，组织实施大运河本体保护和周边环境整治工作。（徐厚立）

■提升建筑垃圾资源化利用率，推动高质量发展走在前列的建议 在市政协八届五次会议上，市政协城乡建设委员会提交《提升我市建筑垃圾资源化利用率，推动高质量发展走在前列的建议》提案。提案建议：（1）强化拆迁垃圾、装修垃圾治理。（2）解决建筑垃圾资源化利用原料供应问题。（3）加大建筑垃圾资源化利用政策扶持力度。该提案由市住建局、市城管局主办，邗江区政府、市发改委、市公安局、市财政局、市生态环境局协办。办理情况：市住建局、市城管局等部门不断健全建筑垃圾全过程管理工作体制机制：（1）围绕源头、运输、消纳全过程加大治理力度，着力构建常态长效管理机制。（2）推行建筑垃圾运输“三证”“两不出场”管理。（3）住建、城管、公安等部门联合出台《扬州市区建筑垃圾运输企业日常考核管理办法（试行）》。（4）对不符合要求的“小作坊”进行关停取缔。（5）培育一批具有较高技术装备水平和较强产业竞争力的示范企业。（6）草拟《扬州市市区建筑垃圾资源化利用推广及补助办法》。（徐厚立）

■打造特色农产品产业集群，点燃乡村产业振兴引擎 在市政协八届五次会议上，委员杨文喜提交《打造特色农产品产业集群，点燃乡村产业振兴引擎》提案。提案建议：（1）建设一批产业高地，打造3~4个产值超100亿元甚至超500亿元的优势特色产业集群。（2）壮大一批龙头企业，每个优势特色产业集群培育1~2个国家级龙头企业。（3）创响一批知名品牌，争取到“十四五”末，创响一批国际有影响、国内知名的农业品牌。（4）孵化一批研发成果，在壮大高新技术企业总量、提升发展质量上取得突破，推进优势特色产业集群做大做强。该提案由市农业农村局主办，市科技局、市商务局、市市场监管局协办。办理情况：（1）做精特色农业产业，筑牢产业集群家底子。（2）壮大农业龙头企业，培强产业集群领头羊。（3）丰富产业融合载体，拓宽产业集群新路子。（4）聚焦农村创业创新，打造产业集聚新引擎。（5）发展乡村休闲农业，催生产业集聚新业态。（徐厚立）

■以“六多合一”提升项目审批，创造良好营商环境 在市政协八届五次会议上，委员沈少林提交《以“六多合一”提升项目审批，创造良好营商环境》提案。提案建议：（1）以“多规合一”破解“拿地难”。（2）以“多评合一”破解“评估繁”。（3）以“多审合一”破解“审图慢”。（4）以“多验合一”破解“验收拖”。（5）以“多测合一”破解“测绘多”。（6）以“多管合一”破解“监管弱”。该提案由市自然资源和规划局、市住建局主办，市商务局、市政务办、市市场监管局协办。办理情况：市住建局、市自然资源和规划局等承办单位从项目整合、流程优化等方面入手，切实提升项目审批时效。（1）运用“互联网＋”，建立数字化平台。（2）对自规、住建、消防等验收工作进行整合。（3）实现市现状数据和空间规划成果数据共享。（4）根据《扬州市工程建设项目“多测合一”实施意见》实现“四减三提”的改革成效。（5）统一推行工业园区各项评估评价。（6）推进“进一次门，查多项事”。（7）督促政务服务各有关部门窗口帮办、代办，推进并联审批，不断提高办事效率。（徐厚立）

2021年扬州市重点提案一览表

表8-1

重点提案	提案者
大力推进先进制造业重点产业体系建设和链式发展，夯实“好地方”的产业根基	市工商联
关于加快扬州城市轨道交通系统建设的建议	江国勤
进一步规范医疗废物处置和管理的建议	市政协教卫体委
加强对运河文化遗产保护与传承的建议	农工党扬州市委
打造特色农产品产业集群，点燃乡村产业振兴引擎	杨文喜
以“六多合一”提升项目审批，创造良好营商环境	沈少林
依托光线电影世界项目，加快规划建设东亚文化产业合作（扬州）示范区	致公党扬州市委
提升我市建筑垃圾资源化利用率，推动高质量发展走在前列的建议	市政协城乡建设委
关于加快发展在线新经济的建议	戴凌云
抓好高邮湖综合治理，推进高邮湖水质持续改善	黄富宏
关于促进扬州康养产业发展的建议	赵振东
做强技术交易市场，推动科技成果转化的建议	李文胜
关于强化我市卫生监督执法体系建设的建议	佘德宏
关于进一步推动我市义务教育集团化办学的几点建议	张苏俊
缓解民营企业“融资难”	郝辉定
关于进一步完善城市污水设施和加强排水管理的建议	民建扬州市委
推进智能制造战略，打造新兴科创名城	民革扬州市委
关于做好巩固拓展脱贫攻坚成果与乡村振兴有效衔接的建议	马顺圣
关于充分利用网格化平台深化食品安全监管的建议	施益香
乡村振兴中应加强乡村精神文明建设	张雨梅
加快我市乡村旅游业发展的建议	熊立群
夯实“好地方”底板，畅通社区治理“末梢”	徐宏宇
进一步优化我市人才环境，助推扬州高质量发展	民盟扬州市委
实施六大行动计划，推动产业联动发展，促进乡村振兴	朱新开
关于构建安责险+双重预防控制体系，助推安全生产工作再上新台阶的建议	九三学社扬州市委
关于节约水资源，强化水管理的建议	民建扬州市委
关于加强流浪犬管理的建议	戴　军
加快推进儿童剧剧场建设，全方位助推扬州文化高质量发展	民进扬州市委
让园区“二次创业”成为我市产业科创名城高质量发展的推进器	肖　义
关于推动机构—社区—居家一体化养老服务融合的建议	常　志

（徐厚立）

中共扬州市纪委　扬州市监委

Zhonggong Yangzhoushi Jiwei Yangzhoushi Jianwei

编　辑　崔成鹏

综述

■概况　2021年，全市各级纪检监察机关坚持以习近平新时代中国特色社会主义思想为指导，在省纪委和市委的领导下，围绕中心、服务大局，忠实履行党章和宪法赋予的职责，摸底数、防风险、办案件、促发展，各项工作取得新进展、新成效，为“强富美高”新扬州建设提供坚强保障。中国共产党扬州市第八次代表大会认真审查并批准通过七届市纪律检查委员会所作的工作报告，肯定过去五年七届市纪律检查委员会的工作，并选举产生八届市纪律检查委员会。　（毛前晔）

扬州纪检监察系统知识竞赛　　扬州晚报/供稿

■纪检监察体制改革　调整优化内设机构设置，监督检查室和审查调查室数量由“4+4”增配至“5+5”，编制人员向监督办案一线进一步倾斜。统筹调度审查调查、监督检查、派驻机构、县级纪委力量资源，健全“室组”联动监督、“室组地”联合办案机制，增强工作合力。县级监委派出监察员办公室工作质效不断提升，全年立案420件。优化派驻机构监督范围，派驻纪检监察组数量从21个整合至19个，提升派驻监督效能。市监委以整治群众反映强烈的突出问题为主题，首次向市人大常委会报告专项工作，得到高度评价。加强对下级监委报告专项工作的领导指导，稳步推动县级监委研究制定工作方案，依法有序推进实施。　（毛前晔）

■专业化规范化信息化建设　着力增强专业能力。优化干部培养选拔机制，完成市、县、乡纪委换届工作。着眼纪检监察事业长远发展，深化全员培训，围绕乡镇纪委书记履职、监察员办公室运行和审查调查、专项治理、案件审理、信息技术业务分级分类制定培训课程。统筹安排干部到监督检查、审查调查、巡视巡察一线实践锻炼，不断深化“导师制”带教，提升干部队伍实战水平。全市纪检监察机关共有108人次被中央纪委、省纪委抽调参加大要案办理，均受到好评。不断提升规范化水平。严格执行党章、监察法实施条例、监督执纪工作规则、监督执法工作规定等党内法规和国家法律，完善规范内控机制，严格按照制度履行职责、行使权力、开展工作。严把案件质量关、安全关，案件质量考评居全省第一方阵。持续推进自身建设专项督查，刀刃向内严格自我管理，即查即办反映纪检监察干部的信访件和问题线索，提醒诫勉3人。推进智慧纪委监委建设。制定《扬州智慧纪委监委建设实施方案》，围绕各项建设和应用任务，逐一明确工作目标、计划步骤、时序进度、责任部门，推动项目化落实。推进“监督一点通”试点，建设金融协查专网，建成运用综合办公平台，以信息化助力纪检监察工作质量水平不断提升。

（毛前晔）

重要会议

■**市纪委七届六次全会** 2月7日，中国共产党扬州市第七届纪律检查委员会举行第六次全体会议。出席会议的市纪委委员29人，列席会议134人。市纪委常委会主持会议。全会传达学习习近平总书记在十九届中央纪委第五次全体会议上的重要讲话和中央纪委书记赵乐际所作的工作报告及十三届省纪委六次全会精神。市委书记夏心旻在全会上讲话，要求深入学习贯彻习近平总书记重要讲话精神，牢牢把握一以贯之纵深推进全面从严治党的正确方向；深刻认识全面从严治党新形势新任务，以更加高度的自觉提升政治判断力、政治领悟力、政治执行力；坚定不移全面从严管党治党，为把扬州“好地方”建设得好上加好、越来越好提供坚强保障；坚决扛起政治责任，确保全面从严治党决策部署落实落地。全会审议通过市委常委、市纪委书记李航代表市纪委常委会所作的《推动新时代扬州纪检监察工作高质量发展 为“好地方”好上加好、越来越好提供坚强保障》工作报告。审议并通过《中国共产党扬州市第七届纪律检查委员会第六次全体会议决议》。（毛前晔）

■**市纪委七届七次全会** 10月17日，中国共产党扬州市第七届纪律检查委员会举行第七次全体会议。市委常委、市纪委书记、市监委代主任朱永安出席会议并讲话。全会听取市纪委向市第八次党代会工作报告的起草情况说明，审议通过市纪委向市第八次党代会的工作报告，决定将工作报告提交市委七届十四次全会审议。会议号召与会人员继续牢记初心使命，忠诚履职担当，为推动全市党风廉政建设和反腐败工作不断向纵深发展作出新的贡献。

（毛前晔）

■**市纪委八届一次全会** 10月23日，中国共产党扬州市第八届纪律检查委员会举行第一次全体会议。受中共扬州市第八次代表大会主席团委托，朱永安主持会议，31名市纪委委员出席会议。会议通过中共扬州市第八届纪律检查委员会第一次全体会议选举办法，以无记名投票方式选举并报市委八届一次全会批准，产生中共扬州市第八届纪律检查委员会常务委员会委员和书记、副书记。朱永安当选市纪律检查委员会书记，郭鹏驰、徐宏宇、赵志宏当选市纪律检查委员会副书记。朱永安代表新一届市纪委常委会讲话。会议要求，新一届市纪委要把市党代会规划的蓝图与纪委的职责使命结合起来，知责于心、担责于身、履责于行，敢于动真碰硬，勇于坚持原则，着力维护风清气正的政治生态和良好发展环境，为全面实现市党代会确定的各项目标任务作出应有的贡献。（毛前晔）

党风廉政建设

■**标本兼治** 贯彻落实中央关于加强对“一把手”和领导班子监督的意见和省委实施意见，协助市委制定重点任务分工。深入分析监督办案中发现的突出问题，市、县两级制发纪检监察建议，督促补齐制度短板、堵塞监管漏洞。聚焦开发园区融资乱象，深入剖析典型案件，拍摄《园蠹》专题警示教育片，协助市委召开年度警示教育大会。组织76名新任县处级干部旁听案件庭审直播，开展集体廉政谈话，以案明纪、以案说法。发挥“清风扬州”媒体宣传阵地作用，建成开放邱一涵事迹陈列室，牵头承办第二届中国·扬州“运河清风”微电影大赛，提升廉洁文化的影响力和覆盖面。

（毛前晔）

■**“四风”纠治** 严查享乐主义、奢靡之风。探索建立智慧监督、公车监管等平台，强化对公务支出和公款消费的信息化监管，精准发现、严肃查处虚构事项违规吃喝、套取公款消费烟酒等隐形变异问题。全市共查处享乐主义、奢靡之风问题249起，批评教育帮助和处理390人，其中给予标本兼治党纪政务处分352人，通报曝光典型问题51批122件。围绕廉洁过节，协助市委对县（市、区）、功能区党政主要负责人开展集体廉政谈话，要求严守不违规收受礼品礼金的红线；专题通报4起违规收受礼品礼金典型问题，专门发布公告向社会征集“四风”问题线索，持续释放寸步不让、越往后越严的强烈信号。整治形式主义、官僚主义。落实基层减负要求，坚持以下看上，选择48个乡镇（街道）、村（社区）持续动态监测，坚决纠治发文多、会议多、报表多

仪征市马集镇方营村的廉政文化稻田　　孟德龙/摄

等形式主义、官僚主义顽疾。开展“指尖上的形式主义”专项整治，通报6起典型问题，政务新媒体数量从385个控减到183个，持续为基层松绑减负。全市共查处形式主义、官僚主义问题121起，批评教育帮助和处理179人，其中给予党纪政务处分128人，通报曝光典型问题43批85件。（毛前晔）

■专项治理 紧盯发生在群众身边、侵害群众利益的人和事，以“小切口”精准施治，解决群众关心的大问题，全年查处突出问题195件311人。推进房屋征收（拆迁）领域专项治理顺利收尾，累计办结安置房不动产权证6.29万户，保障百姓住有安居。深化农村集体“三资”监管专项治理，围绕集体资金坐收坐支、违规报支出借、村级工程建设不规范等突出问题立案查处99人，守好村民“钱袋子”。针对养老机构管理不规范、套取供养金等突出问题，立案查处24人，推动实现老有所养。督促查处通过虚构医疗服务、诱导过度医疗等手段套取医保基金问题，追回医保基金2916万元。（毛前晔）

执纪执法

■政治监督 在省委巡视组指导下，同步开展专项巡察，对全市149个库点、53个涉粮单位开展拉网式清查，确保储备粮安全。巡纪结合，上下联动，严肃查处“靠粮吃粮”违纪违法行为，纠治粮食系统形式主义、官僚主义等问题，全市共立案53件，对12人采取留置措施，4人主动投案。一体推进发现问题、督促整改和建章立制，粮食购销领域改革的“仪征方案”得到国家、省粮食和物资储备局认可，做法和成效得到中央纪委国家监委肯定。应对突如其来的新冠肺炎疫情大战大考，统筹调度全市纪检监察力量，构建“任务清单督导+领导批示督查+群众诉求督办”的工作机制，主动监督、靠前监督，编发监督检查通报71期，发现、纠正问题3189个；上报督查报告24期，省委书记吴政隆作出批示8次，省纪委书记王常松批示“监督卓有成效”。监督守牢安全生产底线。聚焦履行安全生产监管责任、提升本质安全，推动市安委办对安全生产责任事故显著上升的地区制发督办函，对履职不力的46名党员干部和公职人员进行问责，全市未发生较大以上事故，死亡事故起数和死亡人数明显下降。严格换届风气监督检查。围绕落实“十严禁”要求，强化巡回督查和现场检查，实时监督换届风气，确保风清气正。严把选人用人政治关、廉洁关，完成58批次、1312名人选廉政意见回复工作，对14名人选提出暂缓或不予进一步使用意见。聚焦长江经济带“共抓大保护、不搞大开发”战略，紧盯京杭运河施桥船闸至长江口门段航道整治等突出问题，加强督查督办，推动取得实效。督促防范化解重大风险，有序推进政府隐性债务化解，守牢不发生系统性风险的底线。加强对公共停车收费、减税降费、长江退捕禁捕等政策落实情况的监督检查，监督推进人防系统腐败、违建别墅、农村乱占耕地建房等问题专项整治，及时发现和纠正有令不行、有禁不止行为。（毛前晔）

■惩治腐败 坚持有腐必反、有案必查，突出重点削减存量，零容忍遏制增量，全市纪检监察机关共接受信访举报2482件次、立案2122件，其中县处级34件、乡科级193件，给予党纪政务处分1929人、采取留置措施58人、移送司法机关67人。围绕推动开发园区“二次创业”、高质量发展，针对融资举债、工程建设、征地拆迁等领域突出问题，深挖彻查市国资委原党委书记、主任王某某，广陵区原副区长叶某等党员领导干部严重违纪违法问题。深入推进政法队伍教育整顿，立案审查调查政法干警120人、采取留置措施9人，其中县处级干部9人，34名政法干警主动投案或说明问题。常态化惩治涉黑涉恶腐败和“保护伞”，查处涉黑涉恶公职人员46人。严肃查处指定管辖的烟草和公安系统腐败窝案串案，得到省纪委监委肯定。（毛前晔）

■“四种形态”运用 坚持抓早抓小、宽严相济，统筹运用党性教育、政策感召、纪法威慑，做到纪法情理相融合，全市运用“四种形态”批评教育帮助和处理5647人次。其中，运用第一、二、三、四种形态分别占63.2%、31.4%、1.5%、3.9%。严肃查处恶意举报、诬告陷害行为，针对故意捏造“问题线索”、借信访举报打击报复等问题，及时对26名干部受到的不实反映进行澄清。（毛前晔）

民主党派 工商联 群众团体

Minzhudangpai Gongshanglian Qunzhongtuanti

编 辑 崔成鹏

民革扬州市委员会

■参政议政 2021年，中国国民党革命委员会扬州市委员会（简称民革市委）组织建议7件和议案4件，委托扬州民革党员中的全国人大代表在全国两会提出。在市政协八届五次全会上，提交集体提案9件，其中《推进智能制造战略，打造新兴科创名城》被列为主席督办提案，《关于推行“互联网+居家养老”的建议》被评为优秀提案，民革界别被评为先进界别小组。完善基层组织重点课题申报制度，召开“中山议政会”交流调研成果。全年重点推进课题调研5项，其中《以数字经济为引领，推动我市经济高质量发展的建议》作为民革市委参加中共扬州市委民主协商会发言基础材料。按照中共扬州市委统战部署，民革扬州市委完成对口联系广陵区“优化提升营商环境”专项民主监督工作。（姜 斌）

■思想政治建设 开展中共党史学习教育活动。制定学习教育活动实施方案，向全市民革组织和党员印发《关于开展中共党史学习教育活动的通知》。召开中共党史学习教育活动动员会，向各基层组织赠送政治学习书籍100余册；组织党员集中观看爱党爱国教育影片；组织党员撰写党史学习心得12篇；在扬州民革网站、微信公众号刊登学习教育活动相关报道11篇，推送微视频《百炼成钢：中国共产党的100年》70期。抓好理论学习和专题活动。组织收看、学习习近平总书记在庆祝中国共产党成立100周年大会和纪念辛亥革命110周年大会上的讲话。民革市委主要领导在“扬州统战”微信公众号发表署名文章《牢记合作初心，谱写履职新篇》。围绕“庆祝中国共产党成立100周年”主题，组织7篇论文参加民革中央、民革省委征文大赛，江都区基层委员会党员蒋谦撰写的《我想轻轻地对您说——来自“90后”民革党员的生日祝福》，入选民革省委“百年中国梦，风雨同舟情——庆祝中国共产党成立100周年”优秀征文。组织民革党员350余人次参加民革中央、中共江苏省委统战部举行的网络知识竞赛活动。加强“中山博爱之家”阵地建设，中共江苏省委统战部副部长、江苏省社会主义学院党组书记瞿超带领中共江苏省委统一战线工作领导小组调研组走访扬州民革“中山博爱之家”，给予肯定。召开2020年度工作总结表彰会议，表彰先进集体41个、先进个人57人。（姜 斌）

■组织建设 12月15—16日，民革扬州市第十次代表大会在扬州市会议中心举行。中共扬州市委副书记、统战部部长韩骅和民革省委副主委叶美兰到会祝贺并致辞。市人大常委会、市政府、市政协、市委统战部和市各民主党派、工商联有关领导应邀出席会议。九三学社市委主委李建芳代表市各民主党派、工商联向大会致贺词。大会选举产生民革扬州市第十届委员会，丁玉祥当选为主任委员，陈惠、刘晓明、康爱红、季泉当选为副主任委员，任命姜斌为秘书长。大会期间，选举产生出席民革江苏省第十三次代表大会代表，成立民革扬州市第十届委员会内部监督委员会。全年发展新党员14人，党员总数547人。选派4名党员参加扬州市第28期党外乡科级干部培训班，指导扬大总支、仪征市总支、中教支部和江都区支部成功换届，江都区支部升格为基层委员会。推进示范支部创建工作，市直总支三支部和经济总支二支部获评民革江苏省“示范支部”。（姜 斌）

■信息宣传 扬州民革网站发布信息82篇，微信公众号推送文章215篇。《携手同心，共克时艰——民革城建文旅总支志愿者抗击疫情纪实》等71篇文章被扬州统战、江苏民革网站（含微信公众号）采用。《弘扬博爱再帮扶，结对增力助振兴》等49篇文章被民革中央网站采用。《发挥好农村基层自治组织作用》等5篇文章刊登在民革中央机关报《团结报》。组织支部向市政协论坛投稿12篇，6篇获奖，民革市委获2021年度市政协论坛优秀组织奖。全年报送社情民意信息122件，其中8件信息被民革中央采用，4件被省政协转报全国政协，23件被民革省委采用，5件被中共扬州市委办采用。华东妹、郑珊珊、贺安新、韩勤等8人被民革省委授

予“2021年度反映社情民意信息工作先进个人”称号。（姜 斌）

■**社会服务** 赴贵州省纳雍县增力村开展医疗义诊、走访慰问、捐资助学等活动，向村卫生室捐赠血糖仪、医用电子血压计数台，帮助村卫生室提档升级。民革扬州市广陵区支部捐款1.85万元用于资助增力村在读高职学生。协调苏北人民医院帮扶纳雍县人民医院，开展第七期医疗骨干培训工作。应对“德尔塔”新冠肺炎疫情，民革市委发出倡议书，号召全市民革组织和党员参与疫情防控各项工作。向民革中央、中山博爱基金会、民革省委寻求支持，受赠50万元支持扬州市三院购买负压救护车，1.8万只防护口罩支持市防控指挥部统筹使用，价值27万元的救治设备定向捐给扬州市三院。200余名扬州民革党员志愿者深入防疫一线，全市民革党员或党员企业累计捐款捐物70余万元。组织党员围绕“疫情防控、复产复工”主题建言献策，累计反映信息43篇。（姜 斌）

民盟扬州市委员会

■**参政议政** 2021年，中国民主同盟扬州市委员会（简称民盟市委）参加各类座谈会、协商会和通报会，参与地方重大事务和重要人事安排协商，对中共党代会报告、社会经济发展战略、“十四五”发展规划等提出意见和建议。协商课题专题建言。在中共扬州市委政党协商会上提交调研报告《提高资源配置效率，提升园区发展质量》，得到中共扬州市委的重视；在市政协专题座谈会上，先后围绕“大力发展职业教育”“加强职业教育‘双师型’师资队伍建设”等作主题发言，得到中共扬州市委、扬州市政府领导认可。按照扬州“十四五”规划建议和纲要的要求，围绕扬州“好地方”建设中的重点问题及人民群众关心的热点、难点问题，选准切入点，深入调研，提出有创新、有质量的调研成果，建言献策。向市政协八届五次全会提交大会发言1件，集体提案8件，个人提案23件。其中《进一步优化我市人才环境，助推扬州高质量发展》被列为市政府分管领导推动督办提案。完成《集聚创新资源，推动高新园区高质量发展》等6篇调研报告；组织参与民盟省委举办的“一坛三会”，《浅谈深化产教融合下的高职师资队伍建设》和《完善“三生融合”机制，提升大运河非遗文化保护水平》分获教育论坛和文化发展研讨会一等奖；组织7篇论文参加市政协论坛，获优秀组织奖；上报信息180条，被全国政协采用1条，获中共江苏省委领导批示1条。围绕“优化提升营商环境”在生态科技新城开展专项民主监督，并向中共扬州市委、扬州市政府提交专题报告，助推扬州经济社会高质量发展。扬州民盟参政议政工作和信息工作均被民盟省委评为先进集体一等奖。（蒋晓琴）

■**组织建设** 12月5—6日，民盟扬州市第十一次代表大会召开，与会代表87人。会议听取民盟市委主委程吉林代表第十届委员会所作的工作报告。民盟省委副主委吴胜兴和中共扬州市委副书记、统战部部长韩骅到会祝贺并讲话，市各民主党派、工商联代表也到会祝贺并致贺词。会议选举产生新一届市委会及出席民盟江苏省第十三次代表大会的代表，殷旭东当选为主委，仲子午、张丹、陈祥、李小林、刘瑶、蒋同山当选为副主委。2021年，全市新发展盟员28人，其中硕士研究生以上6人、高级职称7人，平均年龄39.2岁。全市盟员总数840人，平均年龄55.0岁。其中，硕士研究生以上学历145人、高级职称410人、高等教育界别265人、基础教育界别221人，党派特色界别占比62.3%。在中国民主同盟成立80周年纪念大会上，刘秀梵获评“杰出盟员”。在民盟江苏省委庆祝中国民主同盟成立80周年大会上，民盟扬州市委员会获评“先进集体”，民盟扬州大学基层委员会等4个基层组织获评“先进基层组织”，王永平等16名盟员获评“先进个人”。（蒋晓琴）

■**信息宣传** 民盟市委通过微信公众号，编发学习材料，累计推送专题推文26篇，引导盟员学习党史、盟史，坚定理想信念。全年省级以上媒体采用73篇，其中杂志报纸等传统媒体采用8篇。推送微信文章86篇，阅读量累计2.18万次，4篇阅读量超过千次。1篇被“江苏统一战线”微信公众号采用，14篇被“江苏民盟”微信公众号采用，20篇被“扬州统战”微信公众号采用。4篇微信文章登上团结报团结网民主党派微信热文榜。民盟市委被民盟省委评为2020—2021年度“宣传工作先进集体”“新媒体建设先进集体”称号。信息工作在中共扬州市委统战部评比中连续9年获第一名。（蒋晓琴）

■**社会服务** 全面参与防疫抗疫，全市各级盟组织和盟员捐资捐物，为抗疫一线累计捐款1.18万元，捐赠医疗器械、物资等价值69.54万元。开展教育帮扶，服务范围从江都、高邮地区农村薄弱学校延伸至贵州省毕节市，服务内容从开设公开课、课堂点评拓展到乡村振兴人才培养工作。日化产业联盟举办高峰论坛，邀请行业专家及国内主要化妆品园区代表为扬州生态科技新城日化高新区的“二次创业”献计献策；为联盟内企业和高等学校、职业学院牵线，帮助高新区筹建人才资源库，提高扬州地区日化行业的人才储备和优化水平。（蒋晓琴）

民建扬州市委员会

■**参政议政** 2021年，中国民主建国会扬州市委员会（简称民建市委）围绕民建省委中标课题、全市党外人士调研课题、市政协界别协商课题，聚焦产业科创名城、生态宜居名城、文化旅游名城建设，谋划开展调研活动。围绕激发“三都”品牌新动能、大运河文化带建设、长江经济带高质量发展和民营企业家增强家国情怀、担当社会责任等重大战略问题调研，在中央、省、市两会上提出具有民建特色的建议和意见。面向全市基层组织开展年度调研课题（提案）招标，并与相关基层组织签订协议书。江都区基层委员会围绕民建省委重点课题开展调研，形成《深化落实“藏粮于地、藏粮于技”战略，加快完善土地流转竞价机制》课题报告，中标民建省委重点调研课题，并作为省政协十二届五十次主席会议发言材料。建设总支部提交的《关于节约水资源、强化水管理的建议》被列为市长领办提案，分管副市长参加提案答复办理。文化总支部、商务总支部提交的“聚合‘三都’文化内涵，再塑城市文化品格”被列为民建市委年度政党协商课题、市政协论坛民建调研报告。落实与政府部门对口联系制度要求，民建市委领导班子成员牵头组织，先后就“云上扬州”建设、城市快速路网建设、“四好农村路”建设、美丽乡村田园建设、水生态治理与修复、职业教育产教融合与校企合作等18项调研课题，与市发改委、市工信局、市财政局、市住建局、市交通局、市水利局、市教育局等部门开展联合调研，形成一批调研成果，为中共扬州市委、扬州市政府科学决策提供参考。伏兴中被民建中央表彰为参政议政先进个人。（周　岚）

■思想政治建设　围绕“习近平总书记重要讲话和全国两会精神”，开展思想政治教育活动。围绕“中国共产党成立100周年”开展系列庆祝活动，组织全市会员开展多层次学习教育活动，举办红色寻访、学习座谈、知识竞赛、书画展览、主题征文等活动。按照“更好地适应新时代特征，更好地体现民建特点，更好地展示扬州特色，更好地贴近广大会员”的工作要求，加强思想政治工作载体建设。重视并打造旅游总支部、医卫总支部、高邮市支部、经监总支一支部、三外总支三支部等一批统战基地创新项目。授予26家基层组织民建市委“会员之家”牌匾，“会员之家”建设的数量和质量在全省名列前茅。开展各类党史学教活动，实现民建市委领导班子、机关工作人员和基层组织负责人全覆盖。全市民建累计开展党史主题学习教育各类活动22次，直接参与的会员或群众600余人次，先后到遵义、重庆、石家庄、南京、镇江、淮安、江阴等地。民建市委在微信公众号上专门设置学党史系列活动报道专栏，第一时间传播学习成果；开辟党史视频学习专栏，推送党史微课，党史学习教育相关推文累计浏览量超过2700人次。民建市委举办“风雨同舟感党恩，同心同向促发展”中国共产党建党100周年书画展；部分基层组织将党史学习教育与结对社区节日慰问、贫困生资助研学相结合提升效果；民建德云自行车骑行队进园送党史、上党课。发动会员参与民建中央、民建省委主题征文活动、知识竞赛活动，收到各类征文作品80余篇，江苏统一战线网络知识竞赛和会内竞赛答题活动累计参与300余人。（周　岚）

■组织建设　加强人才储备和培养工作，推荐骨干会员参加中央和省级高层次培训，建立后备干部队伍。12月4—5日，中国民主建国会扬州市第十次代表大会召开。大会选举产生民建扬州市第十届委员会，王振祥当选主任委员，黄锦山、伏兴中、何晓华、王琴当选副主任委员。在十届一次全委会议上，成立民建市委监督委员会，内部监督机制得到完善和加强。根据《第三期党外代表人士导师制培养活动方案》要求，民建导学小组制定导学计划，先后开展中共党史、民建会章会史、统一战线史、参政党基本职能及能力建设等专题学习讨论，组织学员基层调研、议政建言。贯彻《各民主党派中央关于新时代组织发展工作座谈会纪要》精神，按照重点分工领域的比例要求，坚持“三个为主”、巩固主界别的传统特色，制定全市民建组织年度会员发展计划，突出发展数量、质量双提升。至年末，全市民建会员1323人，其中新会员55人；经济界会员占76%，新的社会阶层人士占23%，政府和司法机关会员占15%。编发《“民建会员之家”建设指导手册》，规范与指导“会员之家”建设工作，将“民建会员之家”建设成为思想交流的桥梁、参政议政的基地、开展工作的平台，增强基层组织的向心力、凝聚力，提升基层组织活力。按照“坚持标准、基层推荐、集体评选、组织审批”的评选原则，在会员代表大会上对5名优秀市委委员、10个全市优秀基层组织和40名在新闻宣传、组织建设、参政议政和社会服务方面有突出贡献的优秀会员进行表彰。民建市委在民建全省绩效考核中被评选为先进单位，组织管理工作被表彰为全省先进单位。完成仪征市总支部、开发区总支部、扬州大学基层委员会等31家基层组织换届改选工作。为加强民建基层组织在高等院校、科研院所的发展工作，将教育总支二支部升格为直属民建市委的扬州市职业大学支部。在4月召开的民建江苏省九届十五次常委会议上，民建广陵区基层委员会、邗江区总支部被民建省委表彰为全省民建特色基层组织。（周　岚）

■信息宣传　围绕民建市委中心工作，强化宣传阵地建设，加强会刊、网站和微信公众号管理工作，发挥“一刊一网一号”宣传党史学习教育成果、政策理论、会务要闻、履职情况、基层风采的作用。做好“扬州民建”微信公众号编辑工作，结合抗击疫情、脱贫攻坚、民主监督等重点工作，进行征稿约稿，开设相关专栏。加强民建市委网站管理，做好网站信息发布及上报工作。全年民建市委及各基层组织在各类媒体刊发稿件251篇次，在中央和省级媒体发稿147篇次。《民建扬州市广陵区基层委员会捐建“梦想小屋”》稿件被人民政协网、新华网等媒体登载，民建会员、全国人大代表高毅进在两会期间的提案建议被光明网、新华网、中国网等媒体刊登或转载，一批稿件在《团结报》《江南时报》等媒体刊出。落实民建市委参政议政考评办法，对基层组织和会员上报信息情况进行计分考核，作为推荐各级人大代表、政协委员、评选先进基层组织和会员的重要参考。准确把握民建中央、民建省委、市委统战部和市政协的采用倾向，加强信息报送的针对性和采用率。调动各基层组织及会员反映社情民意的积极性和主动性，走到会员中发现、培养、激励信息工作人才。民建市委深入基层、深入会员，开展社情民意信息培训，组织开展学习交流，提升业务能力。民建市委创新社情民意协作机制，鼓励会员自由组合，抱团撰写社情民意信息，实现 1+1>2 效应，提升工作的成效和参与率。民建市委共收到各基层组织报送的信息196篇，向民建省委、市政协、市委统战部报送社情民意 180 篇次，被采用 92 篇次。21 篇被民建中央采用，2 篇被全国政协转送有关部门。民建市委获全省民建信息工作二等奖。

（周　岚）

■社会服务 民建市委依靠会员、整合资源、积极作为，在助力脱贫攻坚、抗疫战疫、乡村振兴等大战大考中，把自身的界别特色转化为参与社会治理的履职优势。坚持对民建中央定向帮扶点——贵州黔西、河北丰宁的帮扶工作，深化与民建省委爱德基金会的合作，累计捐款捐物 52 万元。民建市委赴黔西县举办产业帮扶座谈会，协助民建省委落实对黔西县教师的智力帮扶工作，发动会员购买当地特色农产品。民建市委资助丰宁县胡麻营镇 2 个爱心超市，承接小龙潭村蔬菜大棚更换项目，发动“99 公益日”为丰宁县贫困户建设屋顶发电站项目。民建市委被民建中央授予全国脱贫攻坚先进集体，李文胜被民建中央授予全国脱贫攻坚先进个人。多方筹集资金和物资抗击疫情，民建市委、基层组织和会员为抗击疫情累计捐款捐物 226 万元。民建市委社会服务工作被民建省委表彰为优秀组织奖，“民建社区工作站，情暖万家暖人心”获全省民建社会服务品牌创新奖。结合自身工作特色，在“思源工程”品牌下设立“生育关怀”“爱心助学”“文化拥军”等子品牌。民建市委及基层组织共向计划生育困难家庭发放慰问款、慰问品及项目帮扶资金 10 万元。建设总支部坚持赴四川省、云南省山区开展爱心助学与支教，资助 160 名山区贫困生上学，累计支出支教老师补助、贫困生资助款 106 万元。与市文联合作，组织书画家先后赴军分区、消防支队、边防支队等单位创作拥军书画。推动基层组织与社区结对共建，打造民建市委“情暖万家送温暖”品牌，13 个基层组织与 15 个结对社区共开展惠民演出、授课讲座、联谊联欢等共建活动 96 次，向贫困家庭捐款捐物价值 24 万元，解决帮扶群众工作、生活问题83次。（周　岚）

■会员服务 民建市委领导贯彻联系走访会员企业工作制度，班子成员走访企业 20 余家，向上级部门报送涉企信息 60 余条，帮助解决多项企业实际困难。联系市发改委、市工信局、市财政局等对口联系部门，举办各类专题政策解读会 1 场、各类专题学习讲座 2 场，通过解读经济政策、提供政策支持等方式服务会员和会员企业。搭建会员企业与外省市会员企业的交流平台，推荐企业家会员参加民建中央、民建省委举办的企业家会员培训班，组织企业家会员参加民建中央建华课堂、中国风险投资论坛、中国非公经济发展论坛。民建市委成立合唱团、骑行队、羽毛球队，丰富民建会员业余文化生活，增强会员的团队精神和集体观念，提升会员的凝聚力。民建市委领导坚持每年春节走访慰问会员中的原工商业者及其遗孀，每年坚持对 70 岁以上会员开展慰问，对有生活困难的会员进行帮扶。民建市委通过各基层组织了解会员工作、生活的困难情况，帮助协调解决实际问题。（周　岚）

民建邗江总支走进康乐社区开展写“福”送春“廉”活动

宋永根　蒋心怡/摄

民进扬州市委员会

■参政议政 2021 年，中国民主促进会扬州市委员会（简称民进市委）秉承“广开言路、培育重点、集智聚力、质量为王”的参政议政原则，围绕发展中心确定选题，提高建言献策实效。重点课题《加快推进儿童剧剧场建设，全方位助推扬州文化高质量发展》被评为市政协 2021 年度优秀提案，《关于提升东关街和东关古渡旅游形象的建议》被评为市政协2021年度优秀社情民意信息。完成优化提升营商环境专项民主监督工作。机关综合支部承接的民进省委参政议政关注课题“坚持生态优先，着力绿色发展，全面推动长江经济带高质量发展”，广陵基层委员会承接的中共扬州市委统战部党外人士调研课题“彰显‘三湾’文化内涵，打造运河文化产业带”结题。推进社情民意信息工作，民进市委获“民进全国反映社情民意信息工作先进集体”称号，民进市委副主委肖义、市委委员张晓梅获“民进全国反映社情民意信息工作先进个人”称号。张晓梅参与完成民进中央提交全国政协十三届四次会议的《关于提升特殊教育质量的提案》，被评为民进中央2021年度参政议政二等奖。 （谭 正）

■组织建设 民进市委按照序时进度推进基层组织换届、会员发展、市级组织换届等各项工作。12月5—6日，民进扬州市第十一次代表大会召开，余斑当选民进扬州市委主委，张一军、帅潇、王嘉川、肖义当选民进扬州市委副主委。发展会员50人，平均年龄38.8岁。至年末，民进市委共有会员752人，平均年龄54.5岁。其中，中级职称263人，占比35.0%；副高职称139人，占比18.5%；正高职称36人，占比4.8%。高等教育142人，占比18.9%；基础教育282人，占比37.5%；文化艺术64人，占比8.5%；经济界会员48人，占比6.4%；新的社会阶层44人，占比5.9%。重点领域会员占会员总数的66.2%。民进江都区支部升格为民进江都区基层委员会，民进市委共有1个县级地方组织、2个区级基层委员会、3个总支委员会及14个市属支部。（谭 正）

■信息宣传 全年共报送社情民意信息80余篇，被民进中央采用5篇，民进省委采用41篇。《关于提升特殊教育质量的建议》被民进中央采纳并提交全国政协十三届四次会议，被评为民进中央2021年度参政议政二等奖。民进市委获“民进全国反映社情民意信息工作先进集体”称号，3人获“民进全国反映社情民意信息工作先进个人”称号。3个基层组织获民进省委反映社情民意信息工作先进集体称号，7名会员获“民进江苏省委反映社情民意信息工作先进个人”称号。举行履职汇报演出，专题召开“聚力十四五，同心再出发”——民进扬州市委2020年履职汇报暨2021年新春联欢会，发挥文化艺术主界别的资源优势，以文艺的形式汇报履职成就，抒发履职情怀，为中国共产党百年诞辰献礼；召开党史学习教育动员会，邀请中共扬州市委党校党史党建教研室原主任刘凤祥为民进会员作题为《深入学习中共党史，汲取前行的智慧和力量》的专题报告，在全会开展中共党史学习教育活动；开展党史教育组织培训，组织新会员、“导师制”民进组学员走进爱国主义教育基地，重温历史，增强信念；举办专题书画展，通过“庆祝中国共产党成立100周年书画展”表达民进会员的政治认同、文化自觉和使命担当。

（谭 正）

民进扬州市委2020年履职汇报暨2021年新春联欢会

宋永根 葛伟华 朱 丽/摄

■社会服务 依托社会服务品牌活动，立足社会群众需求，开展“我为群众办实事”实践活动，以服务群众的实际工作践行党史学习教育活动。民进扬州市经济界会员联谊会联合扬州开明慈善基金会实施“圆梦计划”，共开展5次集体捐助活动，累计捐款35万元。民进市委被评为民进全国社会服务暨脱贫攻坚工作先进集体。骆翔、王小斌被评为民进全国社会服务暨脱贫攻坚工作先进个人。 （谭 正）

农工党扬州市委员会

■参政议政 2021年，中国农工民主党扬州市委员会（简称农工党市委）向市政协八届五次全会提交集体提案7件，代表委员们提交议案、提案90余件，涉及医卫、环保、教育等多方面，其中《加强运河文化遗产保护与传承的建议》在政协八届五次全会上作大会发言，中共扬州市委书记夏心旻作重要批示。集体提案《开展水产养殖污染监控体系建设，促进水环境质量全面改善》的主办单位市农业农村局、市生态环境局分管领导上门沟通答复方案，并就农工党市委建议办理情况进行说明；邀请农工界别市政协委员就提案中提到的存在问题整改情况进行现场督查。集体提案《加强院前医疗急救体系及能力建设，夯实我市卫生应急工作基础》的主办单位市卫健委采纳建议，主要领导会同财政、编办等部门进行现场办公。（倪 丽）

■民主监督 农工党市委重视优化提升营商环境专项民主监督工作，制定《优化提升营商环境专项民主监督工作实施方案》，成立以赵建芳主委为组长的专项民主监督工作调研组，调研活动得到中共江都区委、区政府支持，农工党省委副主委王水两次到扬州参加专项民主监督调研活动。调研组通过走访企业、召开座谈会、问卷调查及热线电话等形式，了解江都区“优化提升营商环境”实情。调研组在11月底形成专项民主监督调研初稿，在征求多方意见后进行多次修改完善，最后形成《关于江都区“优化提升营商环境”专项民主监督工作》的调研报告，并上报中共扬州市委统战部。（倪 丽）

■课题申报 农工党市委上报农工党省委课题11项，涉及医疗卫生、环境保护、脱贫攻坚和大运河文化带建设等方面。农工党省委立项调研课题48项，其中扬州3项，分别为“擦亮运河明珠，让运河全线辉煌——以扬州为例谈运河名城名镇的保护与修复”“当前医联体（医共体）发展中存在问题及建议”“后扶贫时代新型社会救助体系的构建与完善”。“关于进一步改进市场主体注销工作的几点建议”被中共扬州市委统战部立项，并在中共扬州市委召开的民主协商会上作交流发言。（倪 丽）

■组织建设 2021年，农工党扬州市委共发展新党员40人，平均年龄40.55岁，其中具有中高级职称的党员占62.5%。至年末，农工党市委共有党员960人，其中高、中级知识分子占成员总数88.13%，医卫、环境保护、人口资源主界别占65.31%。召开农工党扬州市第十一次代表大会，选举产生农工党扬州市第十一届委员会和出席农工党江苏省第十三次代表大会的代表，赵建芳当选为主任委员，陈志华、程玮、李晓波、梁景岩当选为副主任委员。按照“成熟一家、建立一家”的原则，帮助基层组织建立“农工之家”，全年新建成江都区基层委员会、高邮市基层委员会、邗江区基层委员会3个“农工之家”。指导基层组织规范化、科学化建设和使用“农工之家”，完善硬件和软件设施，组织基层组织申报全省示范“农工之家”。（倪 丽）

■信息宣传 全年共报送社情民意信息373篇，被全国政协采用4篇，被省政协采用21篇，被农工党中央采用15篇，被农工党省委采用188篇。其中，3篇社情民意《关于全省统一提高中医辨证施治费医保统筹支付标准的建议》《建议我省加快推动实施总药师制度》《疫苗、药品配送阻碍问题急需解决》获省政府领导批示。报送宣传稿件136篇，提交理论研讨文章6篇。其中，《农工党党员在统一战线工作中的实践与思考》一文获农工党中央理论征文三等奖。《人民政协报》《团结报》等国家级媒体采用6篇，中共江苏省委统战部《挚友》杂志采用1篇，江苏统一战线等省级媒体采用10篇，“扬州农工”微信公众号推送57期共160篇文章。（倪 丽）

■社会服务 2021年，开展“医疗专家工作站”“同心社区”“同心服务基地”等活动，开展处方点评、合理用药、培训基层医卫人员等专业服务，共开展各类义诊咨询活动30次，参加党员499人次，服务群众5990人次；开展各类讲座19次，参加党员38人次，服务群众906人次，捐资助学、扶贫济困4万余元。全市共有400余名农工党党员奋战在抗疫防控的战场上，共计捐赠现金3.4万元、KN95口罩5.56万只、消毒液20箱、矿泉水110箱等。（倪 丽）

致公党扬州市委员会

■参政议政 2021年，中国致公党扬州市委员会（简称市致公党）共形成重点调研课题29项，完成致公党省委、市政协、中共扬州市委统战部相关调研任务的传达与部署，完成致公党省委招标及申报课题，立项7件，完成市政党协商、汇智论坛、政协论坛、专项民主监督、界别活动周等专项参政议政任务。选送课题获省致公党汇智论坛二等奖。（朱许婷）

■组织建设 2021年，市致公党新发展党员16人，平均年龄35岁。至年末，全市共有党员334人，平均年龄53岁。召开中国致公党扬州市第八次代表大会，选举产生致公党扬州市第八届委员会，徐晟当选为主任委员，王南海、丁明哲、龚卫娟当选为副主任委员。（朱许婷）

■信息宣传 围绕庆祝中国共产党成立100周年主题，组织开展“向党学，跟党走”系列活动，举办主题征文、主题微视频征集、致公党中央直属联系点观摩学习、党史知识竞赛、主题画展、重走致公路现场教学，组织党员和机关干部参加致公党省委、中共扬州市委统战部组织的相关庆祝活动。全年共编发宣传稿件121篇，省级及以上采用35篇次。《“导师制”助力“后浪”奔涌向前》获致公党省委创新创优项目成果奖。（朱许婷）

■对外联络 持续开展“一带一路文化先行”留学生文化交流活动，展现侨海特色，传播中国文化。协助致公党中央在扬州召开基层组织负责人培训班；邀请致公党中央组织部部长赵晓萍视察致公党中央直属联系点；协助致公党省委“走基层”活动专题调研组、致公党苏州市委“大运河文化带建设”调研组、致公党省委“农村地区公共卫生服务能力”课题调研组到扬州开展调研。听取市司法局、市市场监督管理局、市商务局、市地方金融监督管理局知情明政通报；与市委组织部、市卫健委、市工信局、邗江区政府办开展提案答复交流。

（朱许婷）

■**社会服务** 助力疫情防控，组织党员和机关干部下沉疫情防控一线开展志愿服务。持续秉承“致爱工程”社会服务品牌，组织党员投身脱贫攻坚，参与苏陕协作；支持国家扶贫计划，助力贫困地区农副产品销售。徐晟、陈家榕被评为中国致公党脱贫攻坚先进个人，王南海被评为中国致公党脱贫攻坚优秀组织工作者。致公党省委授予致公党市委、邗江区总支部、广陵区总支部、江都区总支部“脱贫攻坚先进集体”称号，张仁田被评为优秀组织工作者，6名党员被评为脱贫攻坚先进个人。

（朱许婷）

九三学社扬州市委员会

■**参政议政** 2021年，九三学社扬州市委员会（简称市九三学社）在扬州市政协八届五次会议上提交集体提案4篇，1篇被列为市长领办提案。市九三学社各级政协委员、人大代表共向各级政协、人大会议提交集体或个人提案、议案60余篇。完成关于汽车及零部件产业“两业融合”的党外人士重点调研课题，向省九三学社招标课题投稿4篇，2篇论文入选市政协论坛。报送社情民意信息78篇，6篇被九三学社中央采用，30篇被省九三学社采用，2篇被市政协采用。6月，召开社情民意信息研讨会，发放市九三学社特约信息员聘书。参加市政协“界别活动周”活动。8月，以“有效应对常态化疫情防控，加快复工复产”为主题开展网络会议、微信建言活动，形成多份调研成果。10月，市九三学社界别政协委员赴邗江区文扬社区，就如何落实差异化防控措施、提高基层社会治理水平开展调研。赴蜀冈－瘦西湖风景名胜区开展“优化提升营商环境”民主监督，并形成专项报告。（周金晶）

■**思想理论建设** 开展中共党史和社史学习教育。3月，邀请省九三学社副主委施卫东作全国“两会”精神宣讲。5月，召开党史学习教育动员会，下发《关于开展中共党史学习教育的活动方案》。组织成员赴仁丰里、扬州老照片馆、扬州家风馆、张太雷纪念馆、瞿秋白纪念馆等地参观学习。全年在省级以上媒体发稿24篇（件），市九三学社网站发稿151篇，微信公众号推送图文信息68篇。（周金晶）

■**组织建设** 2021年，市九三学社发展新成员17人，平均年龄38.2岁。其中12人具有中高级以上职称。至年末，市九三学社有社员636人，平均年龄56.7岁。其中，中高级以上职称551人。11月，市九三学社机关以99.6分通过九三学社中央机关规范化建设检查。多个基层组织和个人受到表彰。12月10日，九三学社扬州市委员会第十次代表大会召开。中共扬州市委副书记、统战部部长韩骅到会祝贺并致词，全国政协委员、南通大学校长、省九三学社副主委施卫东到会祝贺。市人大常委会副主任朱妍，市政府副市长张礼涛，市政协副主席刘流应邀出席。市致公党主委徐晟代表市各民主党派、工商联向大会致贺词。大会审议市九三学社第九届委员会工作报告，选举产生市九三学社第十届委员会和出席省九三学社代表大会的代表。选举李建芳为市九三学社主任委员，刘文、田志明、朱新开、闵凌峰为副主任委员。

（周金晶）

■**社会服务** 11月，组织社内专家赴仪征市新集镇远大养鸡场，开展第33届“国际科学与和平周”活动，为养殖户提供技术指导和业务帮扶。全社行动助力扬州“抗疫”。市九三学社29名医卫工作者奋战在一线，参与疾病救治、核酸采集及流调工作，45名社员加入抗疫志愿者行列，下沉社区一线，织密织牢疫情防控网，各基层组织和专委会向有关单位及基层捐助防护物资（资金）累计近10万元。（周金晶）

扬州市工商业联合会

■**优化营商环境** 根据《2021年扬州优化提升营商环境责任清单》中4项由市工商联牵头负责的任务，细致分工，严格落实。召开企业家座谈会，推动涉企政策制定实施办法出台。开展涉企政策落实情况调研，完成相关调查问卷答卷近200份。与市发改委联合印发《扬州市企业家参与涉企政策制定实施办法（试行）》，推动建立市企业家参与涉企政策制定的决策咨询机制。开展民营经济营商环境季度评估3次，累计填写有效问卷368份，完成扬州市营商环境工作报告及《扬州市人民政府关于应对新冠肺炎疫情保企业稳预期促发展十条措施的意见》《扬州市人民政府关于鼓励支持工业企业技术改造的意见》政策效果评估报告。新邀请30家企业负责人加入“亲清政商关系微信群”，发挥政企沟通平台作用，商请职能部门定期发布惠企政策；企业家在群里反映的停电、水涝等问题得到相关部门重视并共商解决方案。 强化1（工商联）+N（相关职能部门）协作机制，联合市人才办、市科技局召开扬州市科技人才“揭榜挂帅”助企专项行动暨企业技术需求发布会，组织民企和科研院所对接；联合市税务局举办“第30个全国税收宣传月”活动启动仪式暨“好地方，税好办”新闻发布会，发布2021年税收服务30项服务举措、7项主题活动、5项保障机制；联合市生态环境局围绕企业污染物排放、环境影响评价等开展政策解读；配合开展扬州十大经济新闻人物评选；与市贸促会、市商务局、市发改委等签订合作协议，推动民企对外发展；与市中级人民法院联合成立“扬州市总商会人民调解委员会驻扬州中院调解工作室”；与市人民检察院

1月，市民政局、市工商联签署《共同推动我市经济类商会协会改革与发展合作协议》　　扬州日报/供稿

共同签署《关于加强民营企业法治宣传的协作意见》，合作共建“护航民企网上法治基地”；与市人民检察院联合开展涉案企业第三方合规评估；与市公安局共同签署《关于建立健全服务保障民营经济健康发展合作机制的意见》，增强预防打击涉企犯罪实效；与市司法局联合开展“万所联万会”工作，搭建律师服务民营企业新平台。至年末，市工商联与11个部门开展活动23项，300余家民企参加相关活动。发挥参谋助手作用，市工商联《大力推进先进制造业重点产业体系建设和链式发展，夯实“好地方”的产业根基》被确定为2021年政协一号提案，通过提案办理调研市部分特色产业发展现状及未来发展规划；开展2020年度上规模民营经济、民企履行社会责任、民企营商环境、高质量发展等调研，扬州1家企业入围“2021中国民营企业500强”，1家企业入围“2021中国制造业民营企业500强”，10家企业入围“2021江苏民营企业200强”、1家企业入围“2021江苏民营企业制造业100强”、2家企业入围“2021江苏民营企业创新100强”；配合完成2020年扬州民营经济发展报告；开展“千企联千村、共走振兴路”专题工作调研，汇总项目情况及需求。　　（管　娟）

■**组织建设**　严格执行新任会长履行综合评价程序，副会长、秘书长履行资格审查制度。协助上级工商联完成2020年度企业家副主席副会长执委履职情况评分。配合开展党外代表人士“导师制”培养活动。举办企业家讲堂，帮助民营企业家提升能力。新成立扬州市体育产业商会、深圳市扬州商会。至年末，全市共有会员2.07万个、各级各类商会组织228个，其中乡镇（街道）商会73个。市工商联直属商会67个，其中行业商会33个、扬州异地商会28个、其他商会（商圈）6个。规范商会建设，开展“四好”商会“回头看”复查工作；扬州市安徽商会、江都工贸企业商会等7家商会获评全国“四好”商会；扬州市福建商会、高邮商会等28家商会获评省“四好”商会；扬州市盐城商会、连云港商会等33家商会获评市“四好”商会。制定并实施《“商会建设提升年”工作方案》，开展问题商会整顿治理。总商会党委开展“八个一”系列庆祝建党100周年活动。新组建陕西商会、房地产商会、姜堰商会3个党支部；与各支部签订《党建工作责任书》《意识形态工作责任书》，压实党建主体责任。总商会党委建有党总支1个、党支部31个，吸纳培养正式党员212人。（管　娟）

■**招商引资**　开展“三招三引”，接待广州市黄埔区、安徽省淮北市相山区工商联、企业负责人到扬州招商、考察。对接上海扬州商会会员企业香港澳琪实业与邗江高新区洽谈“PMI泡沫新型复合材料”项目。与宝应开发区赴无锡扬州商会对接“锂离子电池”项目落地事宜。对接绿地集团拟到扬州投资人工智能产业园项目。组织30名知名商会企业家参加市政府组织的“粤港澳大湾区产业合作金秋洽谈会”（深圳）招商活动。赴合肥市扬州商会开展调研并赴科大讯飞等企业考察拜访。向市政府报送“城市贵宾”、优秀招商大使、风云扬商建议参评名单等。开展“凤还巢”（新扬商）企业服务调研。组织企业家参加首届中国国际消博会。召开全市工商联系统联络工作暨民营企业参与国际合作情况调查会议，有23家企业和20个项目进入“一带一路”对外合作数据库。　　（管　娟）

扬州市总工会

■**概况**　2021年，扬州市总工会以学悟守正、举旗育人、建功立业、暖心聚力、强基固本“五大行动深化推进年”为抓手，聚焦推动扬州高质量发展走在前列，组织动员职工建功新时代。做好维权服务工作，不断提升职工群众的获得感、幸福感、安全感。履行社会职能和基本职责，发挥团结教育、维护权益和服务群众功能，团结动员职工为高质量发展走在前列、加快建设“强富美高”新扬州发挥主力军作用。“两堂”建设、产改工作、党建带工建、职工思想政治、脱困解困、志愿服务、协调劳动关系、劳动法律监督等多项工作获全国总工会、省总工会表扬表彰，市总工会获评《江苏省社

会科学普及促进条例》实施工作成绩显著单位，市总工会综合服务中心被授予省五一劳动奖状。至年末，全市共有基层工会组织9835家，会员105万人。（耿 娴 陈勇至）

■产业工人队伍建设改革 市总工会牵头推进“产业工人队伍建设改革提升年”行动，推动产改列入市委常委会工作要点、市委改革督查计划、市委党建工作要点和市政府“十四五”规划。制定下发2021年产改工作要点及责任分工，出台《关于深化产业工人队伍建设改革工作的意见》，探索设计产改评价体系，建立联席会议成员单位联系县（市、区）和产改试点单位制度，协同推进产改工作。召开扬州产业工人队伍建设改革联席会议暨现场推进会，举办全市民营企业家产改培训班，以“1+N”模式推进产改向纵深发展。在全市各地推广“团室联姻”经验，促成68家劳模创新工作室与46名科技镇长团团员签约结对。市委主要领导先后两次对产改工作做批示，省产改调研评估组对扬州产改工作给予肯定。（耿 娴 陈勇至）

■职工素质提升 开展“建功‘十四五’奋进新征程”劳动和技能竞赛。围绕省、市重大工程、重大项目，市、县两级共举办劳动和技能竞赛100场。持续开展群众性经济技术创新活动，引导企业班组开展“五小”（小发明、小改造、小革新、小设计、小建议）竞赛活动。资助职工创新项目10项、奖励企业一线职工授权发明专利70项，组织开展职工“十大创新成果、十大先进操作法”评选活动，1项职工创新成果入选全省职工十大发明专利。开展“六型班组”创建活动（学习型、技能型、创新型、效益型、安全型、和谐型），将“六型班组”创建活动与争创“工人先锋号”有机结合。

（耿 娴 陈勇至）

■劳模先进表彰关爱 推荐表彰5个全国五一劳动奖章、工人先锋号，57名省劳动模范、先进工作者和9名江苏大工匠、江苏工匠，命名218个市五一劳动奖状（奖章）、工人先锋号，评选30名扬州大工匠、扬州工匠。加强劳模档案动态管理，审核确认新增享受各级劳模待遇55人。发放各类劳模补助金、劳模去世抚恤金近370万元。组织各类劳模参加疗休养活动，组织省、市劳模在扬州疗养院进行体检。

（耿 娴 陈勇至）

■职工服务帮扶 关心关爱困难职工，常态化开展“四季送”、大病救助、互助医疗等帮扶活动，全年使用帮扶资金1340万元、慰问帮扶职工7000余人次。命名6家职工（劳模）疗休养基地，组织6400名职工（劳模）参加“爱扬州·看扬州·赞扬州”乡村游。发放工会会员卡3万余张，依托会员卡平台开展“5元观影”“节日福利送”等会员普惠福利活动。开展“新就业形态劳动者温暖行动服务月”活动，向新就业群体送上法律、岗位、培训等关爱服务，为1500名“八大群体”职工赠送健康体检，为1.5万名女性家政、护工等赠送免费“两癌”筛查。实施工会“暖心聚力”行动，承办省总工会“职等你来——工会促就业创业直播招聘扬州专场活动”，吸引85万余人次点击观看。举办线下招聘会19场，提供岗位近5000个。打造职工创业扶持项目“工惠贷”，专设贴息资金100万元，帮助劳模、职工申请贷款47笔、5400余万元。开展“求学圆梦计划”，为1500名农民工发放学历补贴。

（耿 娴 陈勇至）

最美产业工人　　张孔生/摄

■职工劳动保护 开展“安全生产月”和“安全生产万里行”活动，深入基层工会开展新《中华人民共和国安全生产法》学习宣讲。发放安全生产培训资料1.5万余册，全市工会开展各类劳动保护培训452次，培训人数6375人。联合市应急管理局举办“国泰杯”安全生产和劳动保护技能大赛，鼓励1万余家企事业单位参加“安康杯”竞赛，3.5万名职工参加线上劳动保护安全知识竞赛。开展夏季安康“三送”（送清凉、送安全、送法律）、“安全隐患随手拍”、“安全生产金点子征集”、“职工劳动保护模范工会创建”、“安全建设先进班组评选”等活动。新建“爱心驿站”100家，5家获评“全国最美工会户外劳动者服务站点”。

（耿 娴 陈勇至）

■职工权益维护 开展工会法治宣传，发放各类劳动法治宣传材料3.23万份，开展网络普法活动10场，制作普法宣传短视频11个。组织近万名职工参加线上普法知识竞答。开展法治宣传志愿服务走基层活动

560场次，设立咨询服务站（点）112处，面对面服务职工9200人次，为107家企业提供法律体检。组织全市工会对劳动领域用工风险进行排查，开展规模以上企业安全生产劳动保护专项监督评估行动和女职工权益保障专项监督行动，市总工会被省总工会命名为全省工会劳动法律监督工作示范单位。参与根治欠薪冬季专项行动，追发农民工工资21万元。推动乡镇级工会法律援助站点和劳动争议调解组织建设，全市共建成职工法律援助中心7个、职工法律援助站100个。

（耿娴 陈勇至）

■**女职工关爱** 开展“三月女性阅读月”系列活动，评选市女职工优秀读书项目28项，市总工会女职委被全国“书香三八”组委会评为全国女职工读书活动优秀组织奖。开展女职工特殊权益维护“十、百、千、万”专项行动，组织十场“情系女职工，法在你身边”女职工法治标杆课堂、进百企开展女职工特殊权益监督服务、发千份女职工特殊权益保护评估书、发动万名职工参加全国职工线上法律知识竞赛。实施“7+N”女职工彩色康乃馨办实事项目，建设综合型、特色型女职工康乃馨服务站60家。打造职工托幼实事项目，仪征市胥浦家园暑期职工爱心托管班被评为2021年江苏工会爱心托管班。

（耿娴 陈勇至）

■**组织建设** 新建基层工会423家，涵盖单位641家，发展会员1.2万余人。其中，新建新经济组织工会148家、小微企业建会227家、“八大群体”建会20家。完成市直111家基层工会的新建、换届、增替补、更名等批复。联合市委组织部评选20家全市非公企业党建带工建“三创争两提升”示范单位，全市建立非公企业党工联系点180家，万方电子等4家单位党建带工建项目被省总工会评为典型案例。出台《关于工会组织积极参与乡村振兴的指导意见》，高邮电商园村企联建典型案例被省总工会评为全省优秀案例。下发《关于发挥市、县级工会代表大会代表和市、县级总工会委员履职作用的意见》。在全市范围内开展企务公开民主管理工作互查互检。举办全市职工代表培训班，提高职工代表履职能力。

（耿娴 陈勇至）

共青团扬州市委员会

■**概况** 2021年，共青团扬州市委员会（简称团市委）贯彻落实市委、市政府及上级团组织的决策部署，提升团组织的大局贡献度、基层服务度和青年满意度。至年末，全市共有共青团员18.83万人，新发展团员6700人；有基层团委、团工委、团总支623个，团支部1.24万个；有领导机关团干部38人，基层团干部2280人。

（高卓）

■**青少年思想引领** 聚焦党的先进理论青年化阐释，常态化组织青年理论专家、青年讲师、青年榜样、团干部等说“青言青语”、讲党史故事，举办集中性主题宣讲、微党课微团课、云上微讲堂等，推动宣讲走进校园、企业、村（社区）等青年集聚地，实现各类青年群体全覆盖。依托党史馆、团队史馆、爱国主义教育基地等资源，打造红色“青年学习社”12家、红色“青年学习社”精品线路5条，推出全市红色“青年学习社”及线路手绘地图，结合入队入团仪式教育、主题团队日、社会实践等，让红色“青年学习社”及线路成为青少年接受党史学习教育的必选项、打卡地。

（高卓）

■**青年创新创业创优** 联合市人才办等8部门实施第六期“扬州市青年企业家发展领航计划”，全年共开展集中培训7期，累计培训70课时，依托领航计划培育工作，开展政企对话、青年企业家互访调研活动12场。动员青年企业家投身“万企兴万村”活动，组织市、县两级青商会开展青商企业“乡村行”活动23场次，并专题组织青商企业家分别走进宝应、江都、广陵开展对接会。持续做好青商企业联村共建项目跟踪服务，共推动合作项目开工61个，总投资6900万元。推进“新农菁英贷”工作，共发放面向农村创业青年的贷款产品1490笔，累计突破6.6亿元。组织银行金融业机构青年到基层团委挂职，累计开展金融帮扶活动1100余次。开展人才招聘、暑期实习、“新农菁英”就业见习等活动，共征集机关事业单位、国有企业、民营企业见习岗位1500余个，4000余名大学生参与报名。

（高卓）

■**青年群体服务** 组织系列评选表彰活动，推报国家级、省级表彰，2个集体、3人获全国“两红三优”表彰，1人获省级“青年五四奖章”提名奖，22个集体、27人获省级“两红三优”表彰。联合多部门开展江苏省民族团结宣讲团成员进校园、第13届扬州市“十大杰出青年”寻访等活动，举办互动式宣讲和集中宣讲4场次，开展杰出青年事迹分享会10场，创新开展“青联榜样说·青年科学家进校园”主题活动3场。聚焦服务海外青年人才，帮助扬州市归国青年留学生协会完成换届工作。举办“才聚扬城”海外学习看扬城系列活动2场次。组织开展“新引力”海外学子扬州就业见习项目工作，首批22家企业提供岗位35个、职数超110个，新建县级海归青年创新创业服务站6家，建成省级海外联谊站1个。

（高卓）

■**青年志愿服务品牌建设** 7—9月新冠肺炎疫情期间，发动团员青年就地转为志愿者，投身抗疫一线，参与核酸检测、社区服务、隔离点派驻等抗疫工作。全市累计组织5万人次的团员青年参与志愿服务。先后组建青年文明号集体、青安岗集体等近400支青年突击队，共计4000余名青年突击队员参与抗疫服务。开通疫情关爱热线。团市委“12355”青少年服务热线63名心

扬州市汶河小学共青团员和少先队员代表参与庆祝中国共产党建党100周年红歌汇演活动　庄文斌　蔡蓓蓓/摄

理志愿者对接9个市95个隔离点，开展线上心理援助工作。招募全市5所高校的2400余名志愿者参与世园会、扬州中国大运河博物馆开馆仪式等重大赛会活动的志愿者保障服务工作。扬州青年志愿者的良好形象和服务精神获中外嘉宾高度评价。启动2022年世界田联半程马拉松锦标赛志愿者招募培训工作，参与筹委会驻会办公，制定完成志愿者工作计划。（高　卓）

■青少年群体服务　联合多部门共同实施“为爱护航”关爱帮扶项目，依托青年之家、希望村塾等现有团属阵地，在全市建立6个“为爱护航”帮教中心，为不良行为或严重不良行为青少年提供专业化的帮教、矫正服务，该项目全年共为42人开展帮教服务。开展青少年毒品预防宣传教育活动，组织禁毒专家进社区、进校园开展禁毒知识讲座12场，覆盖600人次。组织开展市、县两级暑期青春自护教育活动，开设诈骗预防、消防安全、应急自救等主题夏令营6场。实施“梦想改造+”关爱计划，完成208间“梦想小屋”建设。按照为民办实事工作要求，同时构建1间“希望小屋”+3项结对机制+6个常态关爱项目的特色服务体系，结对志愿者每月到251名受助对象家进行家访。全年开展“宏志行动”志愿服务3500余次，集中关爱活动30余场，实现251名结对事实孤儿帮扶全覆盖，并争取市关心下一代基金会出资178万元项目资金，用于事实孤儿的助学金和慰问品发放。开展共青团“暖冬行动”，全市各级团组织精心组织“倾情相伴·点亮梦想”事实孤儿集中走访慰问、“暖手暖心”第八季温情之旅等活动，全市暖冬行动共发放慰问款物118.7万元，受益青少年2572人。开展“圆梦行动”，按照“资助+发展”的理念，全市资助贫困大一新生93人，发放助学金46.5万元。开展“牵手希望·共圆梦想”希望工程微捐赠活动，筹集各类资金158.8万元，受益人数2498人。（高　卓）

■团组织建设　2021年，新建社会领域团组织1136家，增长15.5%，排名全省第一。其中，非公企业团组织新增546家，增长18.5%。强化“青年之家”引育效应，新增30家入驻云平台，发布活动2536场，签到人数10万人次。依托“智慧团建”系统加强团员教育管理，落实新发展团员“十步骤、三公示、六必须”要求，妥善分配好6700个新团员发展指标，在全省率先完成发展首次下发的500个社会领域团员指标。推动5个县级团委开设“青马工程”班，对标习近平总书记提出的好干部标准和对团干部提出的四点要求，加强团干管理。确定邗江区作为改革试点，落实团中央《关于扩大县域共青团基层组织改革的指导意见》，围绕团的工作力量选用机制、团组织设置和运行机制、团员发展和教育管理机制、党建带团建机制推进改革。开展全市范围内中学共青团改革督导工作，指导市属高校开展高校共青团和学生会组织改革工作，推动高校进行自我革命。扬州少先队按照全国少工委通过“分批入队”增强少先队员光荣感的改革要求，在抓好“六知六会一做”的基础上，按照教育充分、程序规范、执行细化的总要求，全面实施“分批入队”。（高　卓）

扬州市妇女联合会

■概况　2021年，扬州市妇女联合会（简称市妇联）围绕全市中心工作，在投身疫情防控大局、服务妇女创业创新、弘扬社会文明新风、维护妇女儿童合法权益和加强妇联自身建设等方面取得明显成效。获“全国维护妇女儿童权益先进集体”、市级机关绩效管理和综合考评一等奖、“全市先进基层党组织”、市全民阅读“十佳阅读推广机构”等称号。全市共有市、县、乡三级妇女联合会98个、村（社区）级妇联1394个，团体会员45个。（薛芳洁）

■家庭家教家风建设　开展“访最美·传家风”主题活动，入户走访各级“最美家庭”近百户。开展“万家抗疫·最美家书”精品展播、好家风好家训征集活动，扩大好家风好家教好家训的宣传力度和示范效应。持续第八年组织开展“文明家风·科学家教”亲子大讲堂巡讲。打造“家庭教育指导服务示范社区”45个，开展家庭家教家风教育讲座、报告会、主题活动等400余场次，受益家长孩子近3万人次。（薛芳洁）

■妇女思想引领　开展党史学习教育，举办“巾帼心向党共建好地方”庆祝中国共产党成立100周年群众性宣传教育活动，四级联动深化

市妇联组织“百名女性，共绣党旗”接力活动　　妇　联/供稿

“十百千巾帼大宣讲”。开展扬城“百名女性，共绣党旗”接力，组织绣娘、“三八”红旗手、巾帼志愿者、创业女性等不同妇女群体参加活动。举办庆祝“三八”国际妇女节活动，围绕忠诚、坚韧、创新、慧雅4个篇章，彰显各界女性时代风采。突出“红色育人”底色，将爱国爱党思想教育融入儿童节庆活动，开展学习强国进家庭系列活动，组织“党史进家庭，赋能好家风”亲子红色阅读等活动。常态化联系妇女群众，开展“两在两同”建新功行动，围绕“学党史·办实事”，坚持领导班子成员领办，结合群众需求、协同各方力量推动“3+3”实事项目。（薛芳洁）

■先进典型培树 选树一批“三八”红旗手（集体），获评省级以上巾帼文明岗、巾帼示范基地等称号45个，省级以上“最美家庭”“五好家庭”等36户，评选出市级“最美家庭”“五好家庭”150户。7个巾帼文明岗（巾帼建功标兵）在全国“百千万职业女性风采宣传”中集中展示，周忠燕、黄叔怀、陈国茹、梅应恺等典型家庭专访在江苏卫视、“学习强国”等媒体刊登播出。（薛芳洁）

■妇女创业创新 发挥妇女创业担保贷款杠杆作用，联合市财政局出台《关于扬州市妇女创业创新基金（贷款）支持疫情防控工作的通知》，制定贷款到期续借、优化放贷流程等相关措施，年度发放富民创业贷款、妇女创业创新基金贷款突破3亿元。以“建功好地方·慧创新征程”为主题，启动第四届“巾帼梦圆新扬州”创业创新大赛，50余个项目报名参赛。2个项目和2名选手分获省赛最具市场潜力奖、十佳新锐女性创业人物奖，市妇联获省优秀组织奖。落实科技创新巾帼行动要求，携手中信银行签署“巾帼科创贷”战略合作协议。引领带动妇女利用新媒体开辟创业就业新路径，建立巾帼融创空间，开展公益直播带货系列活动，助力农产品、手工产品销售1000余万元。开展创业发展、劳动力转移等培训1251人次。开展女大学生创业就业孵化提升项目，开展线上培训5期，一对一孵化培训26人，达成意向入驻企业、社会组织6家。开展“千村妇女争创美丽庭院”工作，寻访美丽庭院150户，带动妇女及家庭成员建设“家和院净室洁人美”的美丽庭院。融入南京都市圈妇联融合协同发展行动，签署《战略合作框架协议》，促进区域协同创新发展。（薛芳洁）

■妇女合法维权 挂牌成立两个公益性心理咨询服务中心，组建扬州市心理咨询公益联盟，吸纳180名具有资质的心理专业人士加入，引入扬州大学教科院应用心理学专业实践基地落户中心。召开全市维护妇女儿童合法权益联席会议，扩容成员单位至22家，建立完善信息联享、重大舆情联合应对等制度。联合法院、检察院征集、评选、发布“维护妇女儿童合法权益十大典型案例”。开展各类“民法典进家庭”宣讲活动264次，发放各类资料4.5万份。坚持完善领导接访、重点案件会办、疑难信访报告和困难信访户关怀等制度，全市妇联系统接处信访500余件，成功为权益受损母女提供抚养费争取、离婚损害赔偿、家庭财产分割等3项法律援助。（薛芳洁）

■妇儿民生项目 编制“十四五”妇女、儿童两个规划，按序时完成纳入省政府民生实事的项目。市妇联争取将妇女儿童民生实事纳入市民生一号文件的经验做法在全省妇联常委会上作重点交流。成立市女性社会组织发展促进会，打造女性社会组织孵化培育中心。推动民政部门专门设立服务妇女儿童的公益创投项目和政府购买服务项目，组织市妇联妇女儿童家庭公益创投活动，运用项目化方式精准服务妇女儿童。（薛芳洁）

■妇儿弱势群体关爱 继续实施“把爱带回家·相伴共成长”爱心妈妈结对关爱项目，项目试点增至9个乡镇，结对关爱孤困儿童198人。推进“春蕾计划”，筹集善款96.53万元，发放助学金119.51万元，受益春蕾儿童1070人，新增“春蕾班”4个。“99公益日”期间组织公益项目募资近150万元，比上年翻番。推进全市“守护成长、幸福一生”儿童青少年关爱保护工程，培训儿童保护专业讲师213人，开设关爱保护课程801场次，受益儿童青少年及家长近5万人次。（薛芳洁）

■组织建设 推动市公安、城管、自然资源和规划等一批行业（系统），琼宇仁方律师事务所、万杨物业、市民观察员协会等新兴领域

群体成立妇联组织。市福建商会、安徽商会妇联相继成立，新兴领域妇联组织组建率和活跃度提高。打造交通局行业妇联微家、扬州航空馆妇女微家等各具特色的妇女微家，成为妇联组织下沉到基层、扎根妇女群众的载体。推进女性进“两委”和村（社区）妇联换届工作，基层妇联组织结构优化、职能提升。举办行业（系统）妇联培训班。

（薛芳洁）

扬州市科学技术协会

■概况 2021年，扬州市科学技术协会（简称市科协）联合市委宣传部开展扬州市“最美科技工作者”评选和事迹宣传，市、县联动启动第五个“全国科技工作日”系列活动，举办2021扬州科技论坛，开展科技工作者状况调查站点评定和培训。纲要工作纳入《扬州市国民经济和社会发展十四五规划》，召开全民科学素质工作联络员会议，中国科协流动科技馆项目落户扬州，邀请中国汽车工程学会常务副理事长张进华为市委中心组作汽车产业转型升级专题报告，推进中汽学会与开发区就汽车轻量化研究院项目达成合作。举办2021院士专家扬州行叔淳生报告会及“新产业、新人才、新城市”（汽车及零部件制造产业）专题培训班，新建4家院士工作站、10家学会专家工作站，开展专利信息应用专场培训，全年为108家企业注册专利资源库，培育30个典型案例，开展2021年软科学课题研究。迎接全省科协系统深化改革专项督查，推动江都区科协设立党组、独立建制，广陵区科协完成换届，贯彻全市优化提升营商环境大会精神，明确五个“进一步”服务企业的具体举措。

（王　翔）

■科技人才服务机制建设 先后上线“抗击新冠肺炎疫情网络专题展厅”“奋斗百年路、启航新征程”专题，开设“学党史、悟思想，中国科学家的故事”专题，开展党建书记项目“科普进基层——学党史办实事”活动312场。联合扬州高新技术产业开发区举办“2021中国·扬州生物医药论坛”。2017—2019年度扬州市自然科学优秀论文评选结果获市政府通报。推荐6人入选江苏省科协青年科技人才托举工程。协助陕西榆林市科协组织第二届企业家科技沙龙，牵线苏北人民医院与榆林市第三人民医院签订合作协议。开展2020年度市级科技工作者状况调查站点评定，新设12个单位为2021—2023年度调查站点，开展业务培训。

（王　翔）

11月12日，中国流动科技馆江苏换展扬州站首站在仪征启动

科　协/供稿

■科技服务供给机制建设 筹备2021（第15届）国际汽车轻量化大会，根据市疫情防控要求延期召开。对2018年院士工作站进行检查验收。举办扬州市创新方法培训班，扬农化工代表队获全国总决赛一等奖，并获电视擂台赛铜奖，市科协获江苏赛区优秀组织奖。推荐9名代表获评省“科创江苏创新达人”。推荐两个项目获“科创江苏”创新创业大赛三等奖，市科协连续4年获优秀组织单位奖。推荐两家企业获省科技创新协会成果转化三等奖、两家企业获科技创新发明奖。编印《2020年软科学研究成果集——科技工作者建议》，组织民营企业科技服务团赴邗江开展助力转型升级结对服务活动。

（王　翔）

■基层组织建设 共有县（市、区）科协6家。实施2021年“乡镇科协基层组织力提升计划”项目，挖掘10个优秀“四长”案例。指导47个学会创新和服务能力提升计划项目通过验收，推动6个学会换届。推荐6人入选江苏省科协青年科技人才托举工程，新成立扬州市食品安全学会，新建39家企业科协，3家企业科协获评年度省级示范企业科协。完成中国科协深化改革试点项目中期评审。组织“我学习、我受益、我分享”党员干部交流5次，实施6个“我为群众办实事”项目，9次深入推进广陵区旌忠寺社区和邗江区双墩村结对共建。邀请市委组织部组织处负责人为市级学会和高校科协干部作“提升基层党组织组织力”专题讲座。加快推进政事分开、管办分离。

（王　翔）

扬州市归国华侨联合会

■概况 2021年，扬州市归国华侨联合会（简称市侨联）围绕“侨心向党”主题，开展党史学习教育，为侨办好实事，实施“侨界空巢老人关爱行动”等实践活动，开展“侨心向党·同心同行”扬州侨界庆祝中国共产党成立100周年系列活动。围绕"创业中华"主题，持续开展"我为双招双引架金桥"主题活动，发挥侨联桥梁纽带作用，服务园区"二次创业"，组织全市多个园区赴上海、广东等地招商引资。扶助新侨在扬州创新创业，加强与新侨创业相关的部门联系合作，关注中小微新侨企业的生存发展，跟踪服务在扬侨商、创业新侨，创成省级新侨创新创业示范基地1家，命名市级新侨创新创业基地5家，在推动经济高质量发展上展现侨联作为。实施"两个拓展计划"，落实加强新时代联谊联络工作的要求，完善联谊联络工作机制，市侨联海外联谊工作经验在全省侨联联谊联络工作会议交流发言。发挥侨联涉外性优势，服务扬州世界园艺博览会，助力扬州"三都"品牌对外推介，助推扬州美食文化"走出去"。加强华侨文化交流基地建设，新增省级华侨文化交流基地2家，命名市级华侨文化交流基地9家。抓好基层基础"两个建设"，实现6个县（市、区）乡镇（街道）侨联工作站全覆盖，打造"扬州市侨胞之家"——扬州市华侨服务中心。持续做好"暖侨心"走访慰问活动，关注侨界困难群众生活，疫情后慰问侨界困难群众、志愿者、抗疫一线志愿者130余人；开展"八五"普法教育，推进"法律宣传月"活动，开展法律进社区、侨企等活动，市侨联被市委、市政府评为"2020年扬州市招商引资工作先进集体"，陶金柱被评为"2020年扬州市招商引资工作先进个人"。出版书籍《海外扬州人》第二辑、书画作品《"丹青翰墨颂党恩"扬州侨界庆祝中国共产党成立100周年书画作品集》。 （张 璇）

■侨界思想引领 12月20日，举办十九届六中全会精神市委宣讲报告团报告会归侨、侨眷、新侨专场，归侨侨眷代表、新侨代表、侨联系统工作人员50余人参加。持续深化"侨界看扬州"品牌活动，5月27日，市侨联组织开展"侨界看扬州——世园行"活动，近70名侨界群众齐聚仪征枣林湾，共赏世界园艺博览会。连续第十年联合《扬州晚报》策划"月是故乡明·亲情中华·最忆扬州"特别报道，在中秋佳节期间连线采访7名海外扬州人，倾听他们思乡情和暖心的祝福语，并在《扬州晚报》全版刊登。连续第三年组织春节海外侨胞为家乡送祝福。举办"侨界一家亲"新春联谊、"话发展、谋合作"侨界沙龙等主题活动。 （张 璇）

■侨联组织建设 坚持"党建带侨建"，将侨联组织建设向基层延伸和拓展。5月13日，全市侨联基层组织建设深化年现场推进会在宝应召开，现场观摩社区侨之家示范点—莲花社区，实地参观侨心书屋、侨憩驿站、侨界讲堂等为侨服务阵地，举行宝应县侨胞之家的揭牌仪式。至年末，全市实现6个县（市、区）的乡镇（街道）侨联工作站全覆盖。新建"社区侨之家"6个，新命名"社区侨之家"示范点6个。初步建成"扬州侨胞之家"—扬州市华侨服务中心，面积约2000平方米，成为文化交流、展示风采、服务经济、为侨服务的窗口。5月，开展每年的"侨情调查月"活动，入库侨情200余条。与山东临沂市侨联缔结友好侨联关系。 （张 璇）

■侨界权益维护 上下联动开展江苏省侨联第四届"法律宣传月"活动，针对新冠肺炎疫情防控要求，运用线上和线下相结合的方式，组织基层开展侨法宣传活动，宣传涉侨政策法规及与侨界群众相关的法律法规，借助线上平台向海内外推送"苏侨说法"微视频5期，在侨界中扩大法治学习感染力和宣传覆盖面，营造依法维护侨民权益的氛围。健全完善涉侨纠纷调解机制，开展涉侨纠纷多元化解工作，发挥扬州市涉侨纠纷调解中心和侨界法律顾问委员会的作用，处理涉侨纠纷案件约20件、来信来访40余人次。由宝应县侨联具体实施、扬州市侨联指导报送的"华侨烈士身份认定"维权案例获江苏省侨界维权典型案例一等奖。 （张 璇）

■助侨惠侨 重点实施"侨界空巢老人关爱行动"实践项目，打造"海外游子放心工程"，针对海外疫情阻隔，加强对海外侨胞国内亲人情感抚慰，发挥侨界志愿者作用，贴心关怀侨界空巢老人。针对空巢老归侨，组织开展免费体检、参观世园会、中秋重阳节慰问等活动。开展"月是故乡明""侨界看扬州"等品牌活动，发挥"社区侨之家"作用，开展联谊联络活动。为绿扬侨界老人服务中心的侨界空巢老人搭建交心交流平台，组织外出活动6次，满足侨界老人情感交流需求。关爱侨界孤寡群体，服务慰问困难生病老归侨、重点侨眷及结对挂钩贫困户40余户。7—9月新冠肺炎疫情期间，走访慰问困难归侨侨眷、长期坚守疫情一线的侨界志愿者130余人，发放中国侨联慰问金13.2万元。 （张 璇）

■关注侨界民生 开展侨界公益事业，倡导侨界服务脱贫攻坚，做好捐资助学、扶贫帮困、阳光扶贫等工作，继续做好曹茂林奖教金助学金、弘阳基金等专项基金发放。各级侨联组织侨界志愿者、侨商等侨界力量开展各类"侨+公益""侨爱心行动"等志愿服务，参与社会公益事业，履行社会责任，助力社会服务和社会治理。组建侨联志愿服务队，每月按要求赴侨企和结对社区开展"我是党员我报到"志愿服务，开展"智慧助老"志愿服务，为志愿者夏日送清凉等活动。结对阳光扶贫、贫困村、挂钩村4个，定期到村慰问。2月8日，市侨联举办"博爱在扬州"侨爱心捐赠仪式，由爱心侨商向市福利院捐赠价值约10万元的全新衣物7箱。全市侨联系统在教育、卫生、文体、扶贫、抗疫救灾等方面接收归侨侨眷、海外侨胞、港澳同胞、侨资企业等捐赠共700余万元。 （张 璇）

■服务经济建设 围绕侨联"创业中华"主题，在疫情防控的同时主动服务经济社会发展。推荐市侨联海外顾问、澳大利亚江苏工商总会会长陈银新为扬州市招商大使。开展“我为双招双引架金桥”主题活动。主动为招商引资牵线搭桥，组织全市多个园区赴广东（深圳、中山、广州）、北京、上海、浙江等多地开展招商，与来画视频、金龄科技、无人机协会、东方雨虹等10余个企业和协会对接。中国扬州“烟花三月”国际经贸旅游节期间，侨商到扬州洽谈项目合作，为园区提供项目信息20余条。牵线总投资20亿元的东方雨虹项目落户扬州经济技术开发区；老年网络教育全国领先企业金龄科技、市值66亿元的来画视频两家高科技企业就设立区域总部等与蜀冈－瘦西湖风景名胜区管委会签订项目框架协议；宝应侨联牵线海归企业江苏欣晨雅新材料有限公司落户宝应经济开发区。主动为招才引智牵线搭桥，牵线广陵区参加第六届张江国家科学城“创业汇”专场——离岸项目路演双资对接会，参观上海浦东国际人才港，并与北美洲中国学人国际交流中心达成合作意向；与深圳海归协会缔结友好合作关系，合作“百名博士扬州行”活动，邀请5名优秀海归青年博士参加扬州大学2021年第七届国际青年学者论坛，“地方侨联＋高校侨联＋校友会”机制试点工作卓有成效。服务2021扬州世界园艺博览会，牵线澳大利亚、英国、越南、南非等国侨领参与国际综合馆展陈，帮助独立展园韩中缘馆解决施工中遇到的问题。仪征侨联为参加世园会展陈的侨领解决用工问题。（张　璇）

■**“创业中华·智汇江苏”侨界专家进扬州活动**　4月9日，“创业中华·智汇江苏——侨界专家进扬州”活动在扬州举行，20余名来自省侨联侨界专家委员会的专家学者到扬州参观考察。专家团先后实地考察中航机载系统共性技术有限公司、京东物流两家企业并召开座谈会。参会企业依次介绍公司的发展现状、发展方向，提出当前企业发展的问题和需求。侨界专家为企业把脉问诊、对症下药，建言献策。

（张　璇）

■**服务创新创业**　跟踪服务在扬侨商、创业新侨、侨界人才，通过海归创业联盟、侨界人才联谊沙龙、走百家侨企等形式加强交流、了解需求，帮助协调解决融资、规划、人力资源等问题。新冠肺炎疫情后助力侨企复工复产，开展“走百家侨企”活动，实地走访侨资企业20余家，靠前服务，协调解决困难。高邮海归创业联盟通过政协“有事好商量”议事平台，促成海归纳税人之家成立。广陵区侨联联合行政审批局举办优化营商环境侨企座谈会，提高“帮代办”服务水平。组织园区创建新侨创新创业基地，扬州市环保产业园创成“江苏省侨联新侨创新创业示范基地”，命名扬州市海归人才创业园、扬州市壹点文创园等5家“扬州市新侨创新创业基地”。5月20—21日，“江苏省侨联新侨创新创业基地”苏中片区考察交流活动在扬州举办，来自南通、淮安、扬州、镇江、泰州市侨联的省侨联侨创基地代表、创业新侨代表20余人到扬州参观考察省级双创基地——扬州高新技术产业开发区和扬州市食品产业园，并就侨创基地服务侨企的经验做法、扶持政策等方面研讨座谈。

（张　璇）

■**海外联谊联络和文化交流**　各级侨联履行涉外防控领导小组成员单位职责，协同做好外防输入联防联控工作。组织干部深入社区，摸排侨情，及时了解掌握海外侨胞回国信息，协调做好到扬州侨胞隔离工作。关注支持海外侨胞稳在当地战疫。通过微信畅通与海外侨胞保持常态联系，及时回应侨胞关切。助推扬州美食文化“走出去”，助力扬州“三都”品牌对外推介，协办世界美食之都联盟（中国）筹备会议暨运河文化美食产业发展研讨会，发挥3个中餐海外推广基地、扬州大学旅游烹饪学院中餐繁荣基地及中餐海外推广大使作用，开展中国美食文化、淮扬美食文化的对外宣传，促进海内外文化交流，为擦亮扬州“世界美食之都”名片贡献力量。举办2021华裔青少年“亲情中华·为你讲故事”网上夏令营扬州营活动，夏令营为期15天，83名来自加拿大、柬埔寨、日本等国家的华裔青少年齐聚“云端”学习和感悟中国传统文化、扬州特色文化，创新开展“学中文、讲中文、写中文”主题活动。宝应侨联选送264篇作品参加第21届世界华文作文大赛，并获优秀组织奖。开展“中医惠侨行动”，助推中医药文化“走出去”。协办“中国中医药50人峰会”，“共和国英雄”张伯礼、国医大师王琦院士等出席，市长张宝娟为峰会会址揭牌，省侨联主席周建农为中国华侨国际文化交流基地——扬州国医书院揭牌。加强华侨文化交流基地建设，更好地推动交流基地发挥弘扬优秀中华文化作用，新创成阮元家庙及祠堂（扬州家风展示馆）和中国乱针绣文化产业园等2家“江苏省级华侨文化交流基地”、命名扬州竹西文化旅游融合创意产业园、苏中革命历史纪念馆(红枫园)等9家“扬州市华侨文化交流基地”。新聘请海外顾问10人。接待巴西、加拿大、泰国等海外侨领、侨胞200余人。服务2021年扬州世界园艺博览会，协助做好韩国、泰国两个使团的接待工作，促进扬州对外友好交往。

（张　璇）

扬州市残疾人联合会

■**概况**　2021年，扬州市残疾人联合会（简称市残联）争取市委组织部、市委编办支持，市残疾人康复管理中心新增领导职数2个，事业编制2个。市残疾人就业中心新增领导职数1个，事业编制1个。市残联机关提拔1名副理事长。从事业编制人员中遴选1名副科级公务员。“创新打造残疾人‘寄宿托养＋融合托养＋居家托养＋日间托养’扬州模式”项目和“与扬州大学合作办学——开展康复专业人员继续教育”项目分别被省残联评为全省残联系统2021年度创新创优示范项目和创新创优项目。至年末，全市持证残疾人数为8.53万人。其中，听力残疾0.67万人、言语残疾0.04万人、视力残疾1.07万人、肢体残疾4.31万人、精神病残疾0.94万人、智力残疾1.22万人、多重残疾0.28万人。

（陈 娟）

■助残实事活动 结合党史学习教育，市残联开展“红心向党助残同行·共创美好——我为群众办实事”实践活动。为市区30名智力、肢体重度残疾人提供24小时寄宿制托养服务，为100名残疾儿童康复机构康复师开展继续教育，为24个社区康复室维修康复器材309件，为市直448个安置残疾人就业企业提供“一窗办”“网上办”“上门办”按比例就业年审业务，开展残疾人证“跨省通办”业务35件，为426户困难残疾人家庭实施无障碍改造，对400名村（社区）残疾人工作者开展孤独症、脑瘫儿童筛查培训，为200名孤独症儿童实施康教融合服务，搭建残疾人信访接待“连心桥”，完成“我为群众办实事”项目任务10个。（陈 娟）

■走访调研 市残联在全市残联系统组织开展“进万户残疾人家庭，访万名残疾人”大走访活动。领导班子带头，市残联系统全员参与，组成走访小组25个，走访3个功能区600户重度残疾人家庭，了解残疾人在托养服务、康复服务、就业培训、无障碍改造、辅具适配等方面的需求，帮助残疾人解决实际困难。结合“两在两同建新功”，对一、二级智力、肢体重度残疾人进行“回头看”，了解疫情给残疾人生活带来的影响，并送去防疫用品和慰问品。（陈 娟）

■就业扶贫 通过按比例安排残疾人就业、集中就业、辅助性就业等形式，全市共安置残疾人就业1025人。做好2021年公务员定向招录工作，1名残疾人被江都区档案馆录用。强化残疾人职业技能培训，免费培训残疾人2120人。以“政援康医养中心”为托养主阵地，以“恒爱融合发展中心”、“残疾人之家”、居家托养服务站为托养服务载体，在市区头桥镇晨兴村、湾头镇万福社区、汶河街道树人苑社区、梅岭街道邗沟社区建成4个居家托养服务站，为城区残疾人开展居家托养服务。市及所有县（市、区）均建立居家服务队和网络服务平台，开展服务人员业务培训，全市共为750名残疾人开展居家托养服务。（陈 娟）

■助残服务 在“全国助残日”“国际残疾人日”期间，联合扬州市残疾人基金会实施“关注精神残疾人生活”“家电圆梦”“阳光浴室”“暖冬关爱”等11个助残公益项目，为全市6365名残疾人发放救助金、救助物资，让残疾人朋友得实惠、享福利。做好教育专项补贴发放工作，为市区高中及以上残疾学生发放教育专项补贴8.3万元，为贫困残疾人家庭子女及残疾学生发放考学奖励7.6万元。推进通信无障碍工作，市残联联合扬州当地通信运营商出台2021年“阳光爱心卡2.0”信息消费惠残政策，减轻残疾人信息消费成本。（陈 娟）

■康复服务 完成2451名0~17岁残疾儿童康复救助，基本实现残疾儿童应救尽救。为市区两名重度听障儿童自费植入人工耳蜗实施特别救助，为10名残疾儿童少年实施肢体矫治免费手术。持续推进残疾儿童“康教”融合发展基地建设，有4080人次残疾儿童免费入园接受融合康复。为1762名白内障患者实施免费复明手术，为市区32名残疾人开展假肢、矫形器适配工作。为3860名残疾人发放基本辅助器具，完成市区10个借用点的辅具采购和设置工作，为残疾人提供就近就便辅具服务。创新探索与扬州大学合作办学，为100名康复专业人员开展为期一年的继续教育。（陈 娟）

■残疾人维权 建成市残疾人法律救助工作站，全年来信来访共362人（批）件次，未发生集访、闹访及赴省赴京上访事件。坚持领导信访接待制度、每周三专业律师坐班制，为困难残疾人提供司法救助、法律援助，维护残疾人合法权益。组织召开市《江苏省无障碍环境建设实施办法》立法调研会，对市城区大型综合医院、商场、旅游景点、客运枢纽等41个公共服务点进行无障碍信息图片采集。全面开展残疾人证“跨省通办”，残疾人证办理不再受户籍地限制，共办理“跨省通办”残疾人证16本。核查清理“假错空”残疾人证1060本，未发生一例残疾人工作者及直系亲属违规持证情况。联合市纪委监委第七派驻纪检组开展残疾人证管理专项治理督导工作。

（陈 娟）

■残疾人文体活动 组织开展“红心向党·携手迈进新时代——扬州市残联庆祝建党100周年展演”活动，表彰2021年度最美创业残疾人、最美残疾人家庭、最美助残人。开展影院现场讲解观影活动5场次，爱心影院爱心场次4场次，无障碍电影进校园1次，620名盲人和其他残疾人朋友参与到“无障碍观影”系列活动中。“茉莉花”盲童管乐团在“中华杯”中国第14届优秀管乐团队展演中获初中组“示范乐团”，市残联获“优秀组织奖”。开展残疾人群众性体育活动，组织开展聋人运动会、残疾人趣味运动会等，丰富残疾人生活。（陈 娟）

法治

Fazhi

编 辑 崔成鹏

人大立法

■重点领域立法 制定《扬州市居家养老服务条例》，对养老服务供给、设施配建、医养融合、多元参与等作出规定。出台《扬州市市区停车场建设和管理条例》，健全市区停车场建设和管理机制，强化政府在规划设计、要素保障等方面的主导责任。完成《扬州市生活垃圾分类管理条例（草案）》一审工作。

（平大春 陆 亮）

■法律法规实施保障 市、县、乡三级人大联动开展《江苏省优化营商环境条例》执法检查，助力打造“好地方、事好办”政务服务品牌。检查《中华人民共和国固体废物污染环境防治法》执行情况，对发现的77个突出问题实行清单式交办。启动《扬州古城保护条例》执法检查，针对古城保护体制不顺等28个突出问题，督促落实整改措施。审议《扬州市河道管理条例》贯彻实施情况，推动理顺河道管护机制。

（平大春 陆 亮）

■法治氛围营造 举办民法典等学法讲座8次，作出《关于开展第八个五年法治宣传教育的决议》，助力提升全社会法治素养。组织市、县两级人大代表352人次旁听法院庭审，对12名员额法官、员额检察官开展履职评议，专题调研政法队伍教育整顿情况，推动司法公开公正。制定《规范性文件备案审查办法》，审查规范性文件19件。

（平大春 陆 亮）

政法委及综治

■概况 2021年，全市政法战线以习近平新时代中国特色社会主义思想为指导，发挥职能作用，全力以赴防风险、护安全、保稳定、促发展、战疫情，为“强富美高”新扬州建设创造安全稳定的社会环境。真抓实做党史学习教育，开展政治大历练、思想大淬炼、党性大锤炼、作风大磨炼、实践大锻炼，全系统学习教育工作得到市委巡回指导组肯定。学习贯彻习近平法治思想，组织交流会和征文等活动。开展贯彻落实《中国共产党政法工作条例》和习近平总书记对政法工作重要指示精神专项督察巡查，及时反馈一批突出问题并督促整改。把建党100周年大庆安保维稳作为首要政治任务，全面推进平安扬州建设，以最高规格健全完善市、县、乡三级平安建设工作协调新机制，开展“1+N”涉稳风险联合研判，完善重点复杂矛盾积案攻坚“Top5”挂包模式，组织全市涉法涉诉信访案件清查活动，重点推进举报平台涉法涉诉信访案件集中评查化解，全市挂包案件化解率和平台积案化解率分别达83.3%、76.5%。深化“矛盾不上交”三年行动，确保全市大局安全稳定。常态化推进扫黑除恶，组织四大行业领域整治，开展“三书一函”回头看，建成专项斗争主题公园，涉黑涉恶案件线索倒查率100%，得到中央扫黑督导组肯定。开展治安重点地区和突出治安问题集中整治，严厉打击盗抢骗、黄赌毒、食药环等严重影响人民群众安全感的违法犯罪，“2·09枪案”得到公安部通报表扬，国务委员赵克志专门批示肯定。江都区蝉联全国社会治安综合治理“长安杯”，全市县域平安建设站稳全国先进行列。制定印发《扬州市市域社会治理现代化“十四五”规划》，全面擘画未来五年扬州社会治理工作蓝图，全力做好市域社会治理全国试点工作。创新部署微网格工作体系建设，工作经验在全省推广。面对新冠肺炎疫情，组织发动全市政法干警、网格员、平安志愿者投入疫情防控阻击战，并牵头公安、民政、住建等多部门承担社区防控职责，依托市域社会治理三级指挥系统召开视频点调会800余次，连线现场300余次，排查重点人员10万余人，上报网格工单11万条，办结率99.90%，较好完成分类管控、服务保障、秩序维护等各项任务，工作经验在全省现场会交流。举办全市政法系统英模事迹宣讲报告会，开展“人民满意政法单位”“人民满意政法干警”双十佳评选，举办“扬州市第二届最美网格员评选”。

（徐 丹）

■市域社会治理 制定印发《扬州市市域社会治理现代化“十四五”规划》，明确三大重点任务、13项重点工作，全面擘画未来五年扬州社会治理工作蓝图，创新部署微网格工作体系建设，全市细化建立微网格3.02万个，配齐配强工作队伍，科学规范工作流程，工作经验在全省推广；出台全国领先的《县级社会治理现代化指挥中心建设与管理规范》和《乡镇（街道）指挥调度中心设置与工作规范》，健全完善“市级统筹、县级统抓、乡级统办”的三级联动指挥调度体系。

（汤慧芳）

■政法领域改革 推动研究制定《法治扬州建设规划（2021—2025年）》《法治社会建设实施纲要（2021—2025）》。制定《扬州市政法领域全面深化改革2021年度十项重点改革任务》，出台《关于深化司法责任制综合配套改革的实施方案》。开展长江运河生态保护，推动设立大运河环资法庭，承办最高人民检察院大运河公益保护检察论坛，公益诉讼履职成效得到最高人民检察院肯定。开展涉民营企业刑事诉讼“挂案”、长期未结破产案件专项清理，新收和审结破产清算案件比上年增长220.51%和111.32%，清结3年以上长期未结案件17件，推进知识产权“守护盾”专项行动，创新加强律师行业党的建设，市级“法治实务研究基地”增加至13家。

（闫昌洲）

■政法队伍教育整顿 市委书记、市长领导推动政法队伍教育整顿活动，推进“打造好队伍 守护好地方”行动，开展“五心向民”办实事活动。各地、各部门举办“一把手”党课80余场，51名纪委监委主要负责人讲授廉政教育课，实现8100余名政法干警政治轮训全覆盖。全系统确定整治内容35项152条，排查问题685件，制定整改措施663份，出台长效制度机制187项，扬州包案化解推动清仓见底工作经验获全国教育整顿办认可推广。（李 忠）

法治政府建设

■概况 召开全市依法治市工作会议，研究制定《法治扬州建设规划（2021—2025年）》《扬州市〈法治政府建设实施纲要（2021—2025年）〉贯彻落实方案》《扬州市法治社会建设实施方案（2021—2025年）》。开展法治政府建设示范创建活动，扬州市、宝应县被评为“争创全国法治政府建设示范市县活动先进地区”。编制扬州市2021年度重大行政决策事项目录，并公开重大行政决策事项41项。开展法治为民办实事、“援法议事”活动，培育法治为民品牌。（范晓杰）

■行政执法监督 全面推行证明事项告知承诺制，公布第一批清单76项。全面推行包容审慎柔性执法，编印《扬州市涉企行政指导汇编》《扬州市涉企轻微违法行为不予处罚清单汇编》，全面推行有温度的行政监管新模式。加强行政执法人员培训和资格管理，对“三整合”改革后全市700余名乡镇、街道“综合执法一队伍”行政执法人员进行全员大培训，全年近万人次参加各类执法培训。（范晓杰）

■立法制规 高质量开展年度立法工作，审查修改《扬州市市区停车场建设管理条例》《扬州市生活垃圾分类管理条例》两部地方性法规，《扬州市市区养犬管理办法》《扬州市城镇燃气管理办法》两部政府规章。落实合法性审查制度，制定出台《行政规范性文件合法性审查建议办理规程》，审查规范性文件7件，完成政策文件审核38件。（范晓杰）

■行政复议与应诉 发挥行政复议化解行政争议主渠道作用，完成市行政复议体制改革。全市各级各类行政复议机关共收到行政复议申请529件，受理428件。全市行政机关共办理一审行政案件665件。市司法局办理的1起案件入选省政府行政复议委员会通报典型案例，选送的1起案件获“江苏省2021年度优秀行政复议决定文书”优秀奖。

（范晓杰）

公安

■概况 2021年，全市公安机关以庆祝建党100周年安保维稳为主线，围绕推进市域社会治理现代化，咬定“全市争第一、全省争一流、全国争品牌”目标，实施“12345”总体步骤，落实战疫情、防风险、保安全、护稳定、促发展各项措施，确保全市社会大局持续平安稳定。市政府印发《扬州市“十四五”公安事业发展规划》，引领扬州公安事业高质量发展。完成建党100周年、党的十九届六中全会、全国“两会”等142批次重大安保警卫任务。闻令而动、全警动员，当好新冠肺炎疫情防控先锋队、主力军，为全市打赢疫情防控阻击战作出贡献，得到党中央、国务院联防联控机制和省市领导肯定。连续8年现行命案全破，刑事发案连续6年下降；电信网络诈骗犯罪连续两年实现立案数、损失数下降和刑拘数、破案数上升的“两降两升”目标；侦破江都“2·09枪案”受到公安部通报表扬，公安部、省公安厅主要领导专门批示肯定。道路交通运输事故数和死亡人数比上年分别下降30.8%和33.9%。二维码智慧应用生态体系建设在全省政法工作优秀创新成果评比中获二等奖，位列地级市第一名。出台《优化提升营商环境十八项措施》，全市所有户籍派出所实现195项公安高频事项“全域通办、就近可办”，擦亮“好地方、事好办”的公安政务服务品牌。推进党史学习教育，队伍教育整顿评估验收获评“优秀”等次，综合得分位居全市政法单位首位。邗上社区女子中队被评为“全国五一巾帼标兵岗”，立集体一等功，江都巡特警大队被评为全国公安机关成绩突出党员集体，戴华被授予“全国公安系统二级英模”称号，孔德年获“江苏省先进工作者”、江苏“最美法治人物”称号，全市

公安机关101个集体、293人（次）受到市级以上表彰。（周 震）

■安保维稳 推进全市公安“情指勤舆”一体化实战化建设，构建内外“双循环”的风险研判体系，形成政法委“统筹”、公安“预警”、部门“报到”的风险研判处置模式，深化“净网2021”“护网2021”专项行动，推进“1、3、5”分钟快速反应等工作机制建设，妥善处置“4·2”东关街持刀伤人案等突发敏感案事件，消除一批突出风险隐患。开展信访积案百日攻坚化解专项工作，会同相关部门妥善化解出租车群体等突出矛盾，公安部交办重点信访事项解决率99.02%；全市登记受理公安信访事项比上年下降12.5%，信访突出问题攻坚化解专项工作实现公安部和省公安厅“零挂牌”。（倪玉成）

■新冠肺炎疫情防控 扬州疫情发生后，实施最强动员“打好仗”，全警自7月28日起执行战时勤务，实行集中住宿、封闭管理，全警动员、奋战“疫”线。坚持最快速度“找好人”，担当抓好流调溯源工作，牵头组建公安、公卫、工信“三公（工）”三位一体的流调作战中心，同步并联推进流调、封控、转运、隔离工作，完成全部阳性病例流调溯源任务，按照“一刻不误、一查到底、一人不漏”的要求，全面排查潜在风险人员和点位。实行最严管理“守好线”，设立环扬查验点41个、环主城区板块查验点160个，织密环扬州、环市区两道防线；开展核酸检测样本和隔离人员转运交通保障工作，形成“采、送、检、报”四位一体工作机制，创造扬州模式。落实最实措施“控好面”，围绕全市封闭小区、封控小区、核酸检测点和集中隔离点，统筹部署值守警力，落实管控措施，从严从快依法办理涉疫案件。突出最大支撑“用好数”，紧急研发疫情防控平台，上线居家健康监测App，累计采集阳性病例、集中隔离、核酸采样等数据2270万条、健康监测信息22.5万条；研发“扬城扫码通”应用小程序，实现苏康码、行程卡、核酸检测等信息一屏展示，社会面定制二维码地址18.4万个，提供应用服务1.5亿人次，服务复工复产复市复学。坚守最牢底线“把好关”，牵头组建市、县（区）、乡镇（街道）三级区域协查核查工作组，开发涉疫数据指令核查系统，强化重点数据的汇聚、研判、下发、核查、反馈，形成数据核查“闭环链”，确保扬州无新疫情发生。（朱 荣）

■打击犯罪 深化打防电信网络诈骗犯罪专项行动，推动市委办、市政府办出台《关于进一步加强打击治理电信网络诈骗犯罪工作意见》，举办“为民办实事、全民反电诈”全市打防电信网络犯罪社会总动员启动仪式，开通“96110”反诈专线，开展“云剑”“蓝剑”“断卡”等专项行动，预警劝阻147.4万人次，封停涉案通联工具10.1万个，有效防止资金损失1874.5万余元，返还群众受骗资金4708.1万元。电信网络诈骗犯罪立案数、损失数比上年分别下降28.1%、32%；刑拘犯罪嫌疑人数、破案数分别上升10.1%、12.6%，破获“4·01特大婚恋交友诈骗”专案。推进扫黑除恶专项斗争，健全常态化扫黑除恶机制，新侦办恶势力犯罪集团案件5起。深化打击治理跨境赌博犯罪专项行动，侦破“4·23”“1·26”开设赌场案。深化防范打击非法集资犯罪行动，非法集资案件下降50%。开展“净边2021”“春雷”等专项行动，侦办妨害国（边）境管理犯罪案件52起，查获偷渡人员97人，公诉犯罪嫌疑人53人。破获非法捕捞刑事案件21起，公诉16人。强化大要案件攻坚，“3·10”生产销售假烟案受到公安部、国家烟草总局贺信肯定，全国首例“11·02”利用抖音直播平台销售伪劣食品案、部督“5·26”特大假冒注册商标案成功侦破，得到公安部批示贺电表扬。（王大纲）

■边防检查 扬州出入境边防检查站担负着扬州口岸“一港三区（扬州港，扬州、仪征、江都港区）”81.5千米长江岸线和扬州泰州国际机场国际航班的出入境边防检查任务。2021年，共检查出入境（港）船舶约1000艘次，员工1.9万余人次；完成中石油人员转运包机、公务机航班等专项勤务保障，妥善办理400余名船员换班手续。落实服务促进长三角航运枢纽建设十项措施和八项便企利民措施，为外籍船员受伤紧急入境就医和风电叶片、造船等支柱型产业出口开通“绿色通道”7次。落实“三提前、三共享”工作机制，加强出入境数据涉疫风险筛查，日均核查21天内入境的在扬住宿人员数据约5000条，累计排查扬州泰州国际机场国内订票旅客涉疫数据150余万条，及时推送全国口岸扬州籍（常住）人员入境信息2.7万条。围绕建党100周年安保主线任务，组建数据核查小组，强化数据赋能，全量核查全省铁路持出入境证件订票旅客数据1.2万余条，推送可疑人员346人。全年共筛查双重国籍人员9人，推送跨境涉赌诈违法线索72条，协助扬州公安破获跨境赌博案件1起共4人。安保期间，首创“三区分”核查法，查获两名变换身份“三非”人员。协调驻地政府推进驻企警务工作站建设，督促服务企业健全自管措施，全面扫清管控“盲点”和服务“盲区”，打造“5千米反应圈”。2021年扬州世界园艺博览会期间，累计派出200余名警力完成扬州世界园艺博览会园区安保工作，开展反诈宣传活动。落实落细总站服务复工复产八项措施，建立“千百十”边检工作评议机制，开展“优化营商环境、助力口岸发展”走访活动，向市委、市政府报送分析报告12份，研提边检视角下打造长江经济带“港口名城”、逐步开放江港客运等工作建议获市委主要领导批示肯定。跟进口岸开放建设，支持3个码头5个泊位对外开放，保障44艘新造船出口。落实惠企举措，为4家信用良好的修造船企业提供自管便利，有效降低企业经营成本，赢得企业好评。与江都区吴桥镇进化村签订“城乡结对、文明共建”协议，年内多次开展慰问。为群众做好事、做实事，走访敬老院、看望困难儿童3次，组织民警开展“5·19”慈善一日捐、集体义务献血等活动2次。完成“4·15”全民国家安全教育日和“民法典”颁布一周年普法宣传活动，走进校园为少先队员送去国防教育课。（沈奕帆）

■基层社会治理 主动融入市域社会治理现代化大局，有序推进全国社会治安防控体系示范城市创建活动，建成2个县级、10个乡镇级、50个社区级平安前哨示范点，“大数据＋网格化＋铁脚板”治理机制不断完善。落实加强新时代基层基础工作“十项措施”和派出所工作“三年行动计划”，建立警务区网格动态融合调整、社区民警网格员日常交联、警格网格双向数据交换等机制，全市677个警务区与6120个网格“一对多”精确匹配，社区治安要素全部纳入网格管理范畴。建成派出所人民调解室64个，配齐人民调解员126人。开展“千警进网格、家园当卫士、为民办实事”行动，全年走访群众18.1万户，开展防范宣传25万次，排查风险隐患5000余处（个），提供便民服务1.5万次，收集意见建议1.2万条。创新打造广陵“云格”警务，推动生态科技新城等地成立社会治理联防联控大队，提升联动防范治理合力。（吴 炅）

■治安防控体系建设 推进新一代“雪亮技防工程”建设，推动市政府出台《扬州市公共安全视频图像信息系统管理办法》，新建智慧安防小区128个，新增人脸识别点位1085个，新建更新智能卡点510个。调整确定69个“1、3、5分钟”快速反应点位，依托13个警务工作服务站，构建全天候、全覆盖的快速反应圈。开展“护校安园”专项行动，设立公安护学岗135个。开展“扬剑”系列清查行动12次，出动警力4.5万人次，异地用警打击整治重点违法场所，净化治安环境。邗江公安构建“枫桥式”警民联动巡防新模式，获评首批江苏公安“六六战略”先进实践示范点；宝应公安创新打造“全息智安”综合研判实战平台，精准高效管控社会治安要素。（仇书剑）

■公共安全监管 深化安全生产“三年大灶”专项整治，持续推进道路交通、群租房、危险物品、寄递物流、基层消防等重点领域安全整治。开展道路交通事故预防“减量控大”、智慧平安大道创建活动，联合应急、交通等部门检查交办五类173项道路交通安全隐患，查处各类交通违法行为346.9万起；登记群租房3673户，检查寄递物流网点6400家次，处罚51家；全市公交车实现GPS、一键报警、自动破玻、自动灭火技术全覆盖；依托见义勇为微信红包征集安全隐患线索200余条，发放奖金5万余元。依法查处安全生产亡人事故案件76起，采取刑事强制措施34人。构建“联动化、智慧化、体系化”安全监管新模式，获评2021年全省公安机关重大改革创新铜奖项目。（夏 挺）

■智慧警务建设 制定扬州公安智慧警务建设“潮涌计划”，绘制“6+1+8”总体蓝图，明确新发展路径。市公安局大数据管理中心投入运行，建成全省公安首家国标A级大数据中心机房，汇聚数据4800亿条，为基层实战提供全方位数据支撑服务。深化二维码门牌智慧应用生态体系建设，推动出台《扬州市标准地址资源应用管理服务规范》《扬州市“苏址通”平台数据共享与技术规范》，开发网格员、城管队员、市场监督员、水气抄表员等25种角色分级授权应用，新增地址导航、不动产信息查询、宽带申请等21项功能，汇聚治理内外部多源地址数据2200万余条，形成二维码标准地址230余万条，提供标准地址服务485万次，初步打造“苏址通”应用扬州方案。（鲜 禹）

■执法规范化建设 完善市、县两级执法管理委员会运行机制，压实执法管理责任。出台《扬州市公安机关领导干部执法办案规定》等10余项制度规范。加强涉法涉诉公安信访问题综合治理体系建设，优化全员执法办案质效积分考核平台，建立执法状况研判档案，开展执法问题专项清理整治，构建及时高效、系统全面的执法监督管理体系。规范市、县两级执法办案管理中心运作，推进电子笔录系统应用和远程视讯室建设，研发“警银易管家”

扬州市公安局大数据指挥服务中心　　市公安局/供稿

涉案资金管理系统，上线运行智慧法制一体化管理平台，推动执法办案全流程、闭环式管理。市公安局执法办案管理中心建设项目被省委全面依法治省委员会办公室评为“争创全国法治政府建设示范市县活动”优胜项目。推动市人大、市政府制定出台《市区停车场建设和管理条例》《市区养犬管理办法》和《扬州市棋牌室管理暂行规定》。举办“学思践悟习近平法治思想”研讨、首届公律刑辩大赛、“领导干部上讲台”等活动，开展网上学法考法工作，提升全警法治素养和执法水平。

（姚　敏）

■**公安“放管服”改革** 完善“一企一策”“一企一警务联络员”制度，制定涉企轻微违法行为不予处罚清单和涉企一般违法行为从轻行政处罚清单，对涉及营商环境的10种道路交通轻微违法行为实行首违不罚，提升公安机关人性执法、服务企业能力水平，着力优化营商环境。持续深化“一枚印章管审批”改革，推动市县公安审批服务事项向行政服务大厅集中、向政务服务管理部门集中。全面推行“一窗通办”“一网通办”“一件事一次办”，建成新生儿一件事“五证联办”窗口7个和新车上牌一件事综合服务窗口6个，为群众提供“一窗办”服务40余万件、新生儿和新车上牌“一件事”服务13.5万件。开展“护平安、保畅通、办实事”行动，完成百兴岗、国展岗等10个交通堵点治理工作。

（顾晓煜）

■**公安队伍建设** 举办“我是党课主讲人”“忆百年辉煌，唱红色经典”庆祝建党100周年音乐党课、“忠诚的印迹”扬州公安实物档案展等活动，组织“五红”活动220余场次，引导全警铸牢忠诚警魂。创新“警营夜校”模式，开展覆盖全警的政治轮训。建成基层所队“训练角”150个，举办警衔晋升、规范接处警等培训109期，出台教官队伍规范化建设管理办法，开展争先创优季度“达人奖”“团队奖”和“年度项目”评选活动，全面提升民警业务水平和实战能力。聚焦“6+1+N”队伍教育整顿顽瘴痼疾整治内容，同步建立完善36项制度机制。完成市委巡察反馈问题整改任务，对8个单位开展政治督察，构建扬州公安特色“大监督”格局。配合市委组织部做好市公安局领导班子成员调整工作，常态化开展提拔交流任用、“两个职级”晋升等工作，营造干事创业氛围。举办“无上荣光”庆祝首个中国人民警察节暨第六届扬州最美警察（辅警）评选揭晓仪式，开展“巾帼平安卫士”“好警嫂”和首届“警界工匠”等评选活动，景区分局旅游警察大队被命名为“江苏省学雷锋活动示范点”，沈高芳被评为“江苏省优秀共产党员”，3人被评为“江苏省先进工作者”。

（屠玉宝）

■**侦破部督“2·09”枪案** 2021年以来，扬州、江都两级公安机关贯彻落实部、省、市关于打击治理涉枪违法犯罪部署要求，发挥合成作战集群效能，通过对一起棋牌室斗殴警情深挖彻查，捕获一条由境外向境内走私贩卖枪支的重大线索，先后在广东、湖北、浙江、福建、安徽等16个省、市组织7次收网行动，抓获76名涉枪犯罪嫌疑人，缴获火药动力步枪1支、气动力枪支142支，打掉生产进口铅弹模具窝点1个，查扣铅弹模具200余套及弹药1万余发。该案成功侦办得到公安部和省公安厅主要领导批示肯定。

（顾天宇）

检察

■**概况** 2021年，全市检察机关以习近平新时代中国特色社会主义思想为指导，依法全面履行检察职能。全年共办理刑事、民事、行政、公益诉讼“四大检察”“十大业务”案件1.24万件。全市检察机关获“文明单位”“文明行业”双奖，集体和个人获市级以上表彰87次，1个案件入选最高人民检察院指导性案例，40个案件入选最高人民检察院、省人民检察院典型案例，业务、队伍实现双提升。推进党史学习教育，抓实“关键少数”领学促学，打造“四优课堂”深学研学，筑牢政治忠诚。发挥典型模范作用，开展红旗党支部、党员攻坚办案组评选，推出35名党员干警先进事迹宣传，全国十佳公诉人汤智等6名干警获评全省检察机关“守正有为检察人”。创作的红色历史讲述故事《红岩心曲》在全省检察机关比赛中获一等奖。

（杨新瑞）

■**政治安全维护** 坚持总体国家安全观，办理危害国家安全犯罪案件2件，起诉利用邪教组织破坏法律实施犯罪24人。开展扫黑除恶，实现“有黑无伞”线索清零，构建重点领域长效机制，巩固深化斗争成果。起诉故意杀人、抢劫等严重暴力犯罪41人，起诉涉黄赌毒犯罪414人。贯彻刑法修正案（十一）要求，起诉袭警犯罪21人，维护人民警察执法权威。参与反腐败斗争，立案查办司法工作人员相关职务犯罪，审查起诉职务犯罪案件62人，守护风清气正政务环境。

（杨新瑞）

■**投身战“疫”** 依法惩治新冠肺炎疫情期间销售假口罩、暴力闯卡等行为，起诉妨害疫情防控犯罪10人。12309检察服务中心开辟绿色通道，及时答复群众诉求190件，主动向律师推送案件信息412条。发布企业刑事法律风险提示，赴挂钩企业帮助落实纾困政策，助力复工复产。

（杨新瑞）

■**法治营商环境优化** 聚焦市委工作部署，建成线上“护航民企法治基地”，一站式提供风险防控、案例警示、法律咨询等服务。与市工商联会签《关于建立健全沟通联系机制的实施意见》，促进检商互动交流。强化综合司法保护，起诉侵害民营企业合法权益犯罪76人，依法对27名犯罪情节轻微的民企负责人作出不起诉决定，联合公安机关清理涉企“挂案”65件。依法有序推进企业合规建设，督促涉案企业作出合规承诺并整改，仪征市检察院被省检察院列为涉税项目试点。办理的“2·15”侵犯著作权案入选最高人民检察院知识产权保护典型案例、中国版权十件大事。（杨新瑞）

■水韵扬州守护 承办最高人民检察院大运河公益诉讼检察论坛，推进沿线八省市公益诉讼跨区域管辖协作，设立公益诉讼保护基地，协同构建全方位、立体式的公益保护格局。围绕大运河保护立案公益诉讼15件，持续跟踪检察建议落地。广陵区检察院在办理运河古渡环境整治案的基础上，以点带面绘制“大运河文物保护线路图”，实现生态环境、文化遗产一体保护，入选最高人民检察院典型案例。（杨新瑞）

■检察为民实事 紧盯“舌尖上的安全”，起诉危害食品药品安全犯罪65人，办理公益诉讼案件21件，守住食品药品安全底线。关注“脚底下的安全”，落实最高检“四号检察建议”，督促整改问题窨井盖134个、拆除私设的路牙斜坡10处。护好“钱袋子的安全”，起诉非法吸收公众存款、集资诈骗犯罪39人，涉案金额6.8亿元，与市公安、法院通力协作追赃挽损7600万元。（杨新瑞）

■网络空间治理 起诉电信诈骗、帮助信息网络犯罪活动等新型网络犯罪450人，比上年增长68%，遏制网络犯罪多发高发态势。起诉侵犯公民个人信息犯罪101人，鉴于不特定公民个人信息安全遭受侵害，提起民事公益诉讼15件。防范网络金融风险，起诉涉案金额逾44亿元的王某某等人跨国经营地下钱庄案，维护外汇市场健康秩序。（杨新瑞）

■关注群众诉求 化解矛盾纠纷，办理刑事申诉、控告案件212件，受理群众信访2797件次，做到群众信访件件有回复，仪征市检察院获评全国文明接待室。集中排查重信重访，院领导包案化解信访积案64件，在全省率先清零。强化释法说理，发挥刑事和解平台作用，促成和解43件。加大司法救助力度，为207人发放司法救助金151万元，释放司法善意。关注特殊群体权益，以支持起诉帮助330名务工人员成功追索劳动报酬596万元，以诉前检察建议督促职能部门为1802名重度残疾人员落实养老保险代缴政策，体现司法关怀。全面推进检察公开听证，举行听证会265场，以公开聚民智、解纠纷、促公正。（杨新瑞）

■参与市域社会治理 坚持标本兼治，针对办案中发现的矛盾隐患，发出社会治理检察建议23份，促进耕地保护、水利修复等工作开展。强化以案溯源，对城中村社会治理、基层粮站损害粮农利益问题撰写报告，获市委、市政府主要领导批示、推动整改。加强普法宣传，开展百场精准普法活动，受众近2.5万人。密切军地检察合作，携手南京军事检察院赴驻扬某部开展普法活动，共建法治军营。（杨新瑞）

■刑事诉讼监督 加大对刑事立案、侦查活动的监督，监督立案、监督撤案343件，纠正漏捕、纠正漏诉125人，书面纠正侦查活动违法238件。依法对刑事审判活动开展监督，提出刑事抗诉19件。贯彻少捕慎诉慎押刑事司法政策，不批捕692人，不起诉704人，审前羁押率降至22%。强化刑事执行监督，纠正案件474件。探索看守所“派驻＋巡回”检察模式，被列入最高人民检察院试点单位，对仪征市看守所开展的常规巡回检察入选省人民检察院典型案例予以发布。推进认罪认罚从宽制度落实，适用率94%，量刑建议采纳率98%，上诉率比上年下降2.9个百分点，提升司法效率，修复社会关系。反映司法办案效果的“案－件比”降至1:1.08，32项核心业务数据位于全省前列，案件质量提升。（杨新瑞）

■民事诉讼监督 办理民事生效裁判、审判和执行程序等各类监督案件603件。办理金融借贷领域虚假诉讼21件，制发加强信贷监管检察建议，入选省人民检察院优秀检察建议。围绕案结事了人和，做好民事和解工作，在办理一起家事纠纷监督案件时，引导当事人和解息诉，获央视报道。创作的民法典宣传微动漫，获全国检察十佳作品奖。（杨新瑞）

■行政诉讼监督 办理行政生效裁判、审判和执行程序等各类监督案件191件。开展行政非诉执行专项监督，提出检察建议46件，采纳率100%，确保行政行为确定的内容得到有效执行。做好行政争议实质性化解，市检察院、高邮市检察院发挥调查核实专业优势，在办理一起工伤认定与赔偿“行民交叉”案件中，通过推动关联民事案件调解，一揽子化解长达6年的行政争议，获评最高人民检察院典型案例。（杨新瑞）

■公益诉讼检察 履行公共利益代表职责，办理行政公益诉讼、民事公益诉讼671件，发出诉前检察建议567份，整改率100%，实现诉前维护公益目的。保护未成年人权益，成功办理全省首例未依法封存未成年人违法犯罪记录行政公益诉讼案，促进出台规范，获最高人民检察院简报、《检察日报》刊发。推进无障碍环境建设，宝应县检察院以公开听证凝聚合力，推动29处文物保护单位、英雄烈士纪念设施无障碍建设全部改造到位，入选最高人民检察院典型案例。（杨新瑞）

■业务建设 开展领导干部上讲台、案例指导、岗位练兵，“大讲堂”与“小课堂”互为补充，7家基层院与行政机关互派干部挂职交流。培育专业化办案团队，涌现出重大刑事犯罪办案组等一批优秀典型。刑检阅卷课程获评全省教育培训精品课程。入额院领导带头办理重大疑难复杂、新类型案件245件，列席审委会31次。

在全国知名期刊发表调研成果12篇，立项省级以上重点课题5个。10名干警在全省检察机关业务竞赛中获奖，1名干警获评全国检察机关控告申诉检察业务能手，市检察院获评全国维护妇女儿童权益先进集体。（杨新瑞）

■基层建设 把牢“办案＋指导”职能定位，完善班子成员挂钩联系、业务部门对口指导、基层院结对共建“三项机制”，制定薄弱院重点帮扶方案，上下一体联动、协力攻坚提升。发挥基层首创作用，基层院打造出全市首个未成年人司法综合保护中心、“驿路邮检”党建品牌、“春江花月夜”检察文化品牌等“一院一品”特色工作。优化智慧检务工程，完成检察工作网、统一业务应用系统2.0和政法协同平台数据交互建设，以信息化辅助监督办案、检务管理、便民服务，实现科技成果与检察业务深度融合。（杨新瑞）

■接受监督 接受市人大监督和市政协民主监督，办理建议、提案5件，邀请人大代表、政协委员、人民监督员视察检察工作、观摩司法活动500余人次。市检察院向市人大常委会专题报告队伍教育整顿工作。全市13名员额检察官接受人大常委会履职评议，满意率100%。畅通律师办案通道，规范案件管理中心辩护律师接待工作，接待律师来访、阅卷1200人次。深化检务公开，召开护航民企等检察开放日、新闻发布会40次，利用门户网站、新媒体及时发布检察动态，保障人民群众知情权、参与权、监督权。（杨新瑞）

法院

■概况 2021年，全市法院受理各类案件8.58万件，结案7.60万件，比上年分别增长8.99%和4.53%。其中，市中级人民法院受理案件7643件，结案7106件，分别增长14.06%和9.85%。（陈晓珺 王丽芸）

■刑事审判 2021年，全市法院一审审结刑事犯罪案件3402件，判处罪犯5720人，其中五年以上有期徒刑259人。推进扫黑除恶斗争常态化，聚焦“打财断血”“黑财清底”，执结涉黑恶财产刑案件369件，执行到位6.89亿元，市中级人民法院及仪征、邗江法院获评全省法院扫黑除恶专项斗争先进集体。参与信息网络等行业领域专项整治，审结电信网络诈骗犯罪案件60件210人，其中某特大跨境网络诈骗案，涉案金额29.54亿元，涉及受害者2.6万余人，多名罪犯被依法严惩。审结“盗窃窨井盖”犯罪案件，严密守护人民群众“脚底下”安全。审结催收非法债务等新罪名案件19件21人，严惩暴力或软暴力催收高利放贷等产生的非法债务行为。参与打击文物犯罪专项行动，严惩盗掘庙山汉墓职业团伙，判处主犯十年以上有期徒刑。审结贪污受贿犯罪案件45件51人、行贿犯罪案件5件5人，王某某、于某均被判处十年以上有期徒刑。（陈晓珺 王丽芸）

11月17日，高邮市人民检察院举行“驿路邮检”党建品牌发布会
扬州日报/供稿

■民事审判 2021年，全市法院审结涉及老百姓“衣食住行、业教保医”案件4万件，依法维护群众切身利益。加强老人、妇女和儿童权益保护，审结家事案件6058件，邗江法院审结的“禁止被告实施家庭暴力案”入选江苏法院人身安全保护令十大典型案例。加强人格权保护，审结涉及公民姓名权、肖像权、名誉权、隐私权等案件426件。加强未成年人保护专业化建设，实现两级法院少年审判机构全覆盖。宝应法院审结全市首起“未成年人网游充值退款案”，规制网络平台向未成年人提供付费服务，防范未成年人沉迷网络氪金游戏、打赏主播等非理性行为。仪征法院发出全市首份家庭教育指导令，指导家长承担起“依法带娃”责任。加强劳动者权益保护，审结劳动争议案件2310件，为农民工追讨欠薪5089万余元。提高司法效率，缩短办案周期，案均审理天数比上年减少9.86天。加强民生案件专项执行，执结案件3548件，执行到位1.29亿元。加大司法救助力度，对195名特困当事人救助421.03万元，减缓免诉讼费162.47万元。（陈晓珺 王丽芸）

■商事审判 2021年，全市法院优化提升法治化营商环境，落实《江苏省优化营商环境条例》，市中级人民法院出台24条措施，并与市工商联签署意见，助力打造“好地方、事好办”政务服务品牌，服务保障经济社会高质量发展。保护产权和企业家合法权益，维护公平公正公开市场秩序，审结一审商事案件2.38万件，涉及金额188.43亿元。服务高水平对外开放，依法审结涉外、涉港澳台商事案件18件。维护民营企业合法权益，保障其平等使用生产要素、平等享受国家政策支持，审结涉企业行政案件193件。服务供给侧结构性改革，审结破产

及清算案件228件，化解不良债权146.03亿元，协调安置职工3775人，盘活土地房产229.95万平方米。强化重整挽救功能，引进科技型企业，两个月内完成智途公司重整案，近1.8亿元普通债权全部受偿。广陵法院与税务部门联动解决破产涉税难题，扬州破产府院联动机制、仪征法院与税务局涉税事项便利化改革等，受到省政府领导批示肯定。

（陈晓珺　王丽芸）

■行政审判 聚焦服务保障“放管服”改革，强化行政争议实质性化解，一审审结行政案件809件。其中，实质性化解214件，占26.45%。注重司法与行政良性互动，发送司法建议9件，协助举办执法业务培训14次，2800余人次行政执法人员接受培训。江都法院分析行政诉讼形成原因并提出建议，得到区委主要领导批示肯定。审结“义务帮工受伤案”，判决被告给予原告合理赔偿，在全社会倡导互帮互助良好风尚，该案入选全国法院年度案例。审结“盗窃变压器角铁触电身亡索赔案”，驳回死者家属121万余元索赔请求，使判决不再“和稀泥”，该案入选全省法院弘扬中华优秀传统文化典型案例。深化法治宣传，开展法律咨询、法治宣讲235场，江都法院打造“情景剧+法治讲堂”在线普法新模式，收到较好效果。

（陈晓珺　王丽芸）

■执行工作 2021年，全市法院推进“切实解决执行难”，执结各类案件2万件，执行到位47.77亿元，实际执结率、执行到位率和执行完毕率等指标位于全省前列。市中级人民法院组织开展集中执行56次，出动干警2800余人次，上门查找1810处，拘传515人。坚持综合治理执行难，与公安机关健全完善执行协作联动机制，解决被执行人难查找、机动车辆难查扣等问题。持续整治执行领域突出问题，市中级人民法院抽查终本及终结执行案件5867件，纠正问题案件192件，解决违法执行问题。坚持分权制约，迭代升级执行指挥中心实体化运行“854”模式，对执行权从事后监督变为实时监管，从线下监督变为线上线下同时监管。坚持科技赋能，通过网络直播+VR云看样等方式创新执行财产处置模式，网拍成交金额12.15亿元，溢价率79.46%，为当事人节约佣金6000余万元。

（陈晓珺　王丽芸）

■立案和诉讼服务 提升一站式建设效能，坚持和发展新时代“枫桥经验”，市中级人民法院联合市司法局、市知识产权局、市工商联等建立诉调对接平台，推动诉源治理融入市域治理现代化实践。两级法院900余名干警进社区入网格，参与矛盾排查，指导诉前调解，2.91万件纠纷在诉前得到彻底化解，宝应、高邮、仪征法院获评全省法院类型化纠纷诉调对接工作先进集体。全市“民事（行政）案件万人起诉率”排名全省第二（由低到高）；民事一审案件增幅全省最低；行政一审案件比上年下降25.61%，为全省唯一负增长地区。打造“家门口”诉讼服务新模式，网上立案1.74万件，跨域立案287件。推进集中送达改革，电子送达9.04万次，成功率66.71%，提高送达效率，降低送达成本。（陈晓珺　王丽芸）

■服务创新绿色发展 强化“保护知识产权就是保护创新”理念，一审审结知识产权案件942件。市中级人民法院获评全国查处侵权盗版重大案件有功单位。马某某等4名被告人侵犯《流浪地球》及其他影片著作权案，入选中国版权十大事件、全国打击侵权盗版十大案件。广陵法院依法制裁假冒“华为”“小米”等注册商标犯罪行为，维护企业合法权益。创新知识产权审判方式，市中级人民法院在高邮高新区设立知识产权案件巡回审判点。服务科创名城建设，扬州经济技术开发区法院妥善审理涉某太阳能电池片项目建设系列案件，保障新兴产业发展。服务美丽扬州建设，参与长江生态大保护专项行动，审结涉污染企业关停取缔及大运河沿线环境整治工程类案件10件。服务保障世园会，成立枣林湾旅游巡回法庭，有效化解纠纷14件。（陈晓珺　王丽芸）

■促进城乡融合发展 服务保障乡村产业振兴，促进土地经营权流转，审结农村土地“三权分置”案件194件，助推农业规模化经营。严守耕地保护红线，审结违法使用土地及非法占用耕地行政案件55件。保障重点工程项目建设，审结涉及东南片区改造、环洲路建设、华侨城项目建设等案件123件；江都法院与行政机关联动，排除占地妨害行为，保障京沪高速扩容工程顺利进行。保障粮食安全，依法严惩“粮耗子”，审结粮食领域“靠粮吃粮”腐败案件5件，追赃退赃491.39万元。发挥人民法庭面向农村、面向基层、面向群众优势，主动参与基层社会治理，审结案件1.33万件，组织巡回审判149次，助力创建“无讼村居”21个。（陈晓珺　王丽芸）

■风险隐患防范化解 捍卫国家政治安全，审结邪教犯罪等案件8件18人。保障人民生命和财产安全，审结重大责任事故犯罪案件23件30人，其中“违章驾驶导致危化品泄漏案”主犯被判处有期徒刑十年六个月。防范化解金融风险，审结金融借款案件4717件，涉及金额40.56亿元。严惩涉众型经济犯罪，审结非法吸收公众存款、集资诈骗等案件63件230人，其中涉案金额157,59亿元、集资参与人达7.3万余人的某特大非法集资案主犯，被顶格判处无期徒刑。深化“套路贷”虚假诉讼专项治理，向公安机关移送犯罪线索21条。平等保护开发商和购房者利益，依法化解房地产领域矛盾纠纷，审结房地产类案件4438件。

（陈晓珺　王丽芸）

■新冠肺炎疫情防控保障 审结销售假冒伪劣防疫物资、利用口罩诈骗等涉疫犯罪案件7件，其中1人因售卖假口罩被判处有期徒刑三年。助力企业纾困解难与复工复产，市中级人民法院出台应对疫情影响服务企业稳定发展10条措施，与市工商联协同推进商会商事调解，调处案件3051件。贯彻善意文明司法理念，采取活封活扣等灵活多样财产保全措施。依托信息化建设成果，推行网络开庭、在线调解、线上查控、远程阅卷等，确保疫情防控和诉讼服务“两不误”。降低疫情影响，组织两级法院开展年底办案攻坚专项行动，清结各类案件2.42万件，五年以上未结破产案件实现全部清零。（陈晓珺　王丽芸）

■制约监督机制健全 细化法官及审判辅助人员权责清单，市中级人民法院制定16项措施，对审判权进行全流程监管。完善新型办案团队建设，院庭长承办案件4.56万件，占结案总数的60.03%。完善统一法律适用机制，健全完善类案强制检索制度，发挥审委会定案及专业法官会议功能，规范约束法官行使自由裁量权，推动解决类案不同判问题。坚持问题导向，加大发改案件及长期未结案件评查力度，其结果纳入法官业绩考核。坚持有错必纠，再审改判或发回重审案件53件。

（陈晓珺　王丽芸）

■诉讼制度改革 明确17项改革措施，落实四级法院审级职能定位改革试点要求，强化一审实质化解纠纷、二审有效终审功能。深化以审判为中心的刑事诉讼制度改革，对3331件公诉案件定性、量刑进行依法审查，发挥审判对侦查、起诉的制约引导作用。正确适用认罪认罚从宽制度，审结案件2634件，案均审理天数仅为19.9天，服判息诉率94.38%。强化行政机关负责人出庭应诉，出庭应诉率93.12%。全面推行民商事案件简案快审、繁案精审，探索要素式审判、示范性裁判，适用小额诉讼及简易程序审结案件3.2万件，比上年增长8.77%，案均审理天数减少13天。邗江法院组建速裁团队12个，用30%的审判力量办结70.2%的民事案件。

（陈晓珺　王丽芸）

■法院队伍建设 开展“以案为鉴、以案明纪、以案示警”教育活动。坚持典型引路、示范带动，选树4名英模个人、1个英模集体，召开英模先进事迹宣讲会。全市法院承担最高人民法院研究课题3项、国家信访局课题1项，21个集体、41人次受到省级以上表彰。开展优秀裁判文书评选、“跟班先进找差距”活动，组织业务培训103期，受训干警2930人次，选派16名干警到党政机关或上级法院挂职锻炼，提升干警能力素质。

（陈晓珺　王丽芸）

■司法公开与司法民主 全市法院主动接受监督，落实市八届人大五次会议决议。办结建议提案14件，满意度均为100%。两级法院院长走访代表委员55人次，邀请代表委员视察座谈、旁听庭审、见证执行等772人次。市中级人民法院向市人大常委会专题报告队伍教育整顿工作；8名员额法官接受市人大常委会履职评议，测评满意度均为100%；扬州经济技术开发区法院向市人大常委会报告年度工作情况。依法接受纪委监委监督，支持配合派驻纪检监察组全面开展工作。落实《中共中央关于加强新时代检察机关法律监督工作的意见》，依法接受检察机关法律监督，审结抗诉案件20件，办结再审检察建议41件。接受社会监督和舆论监督，召开新闻发布会65场，直播庭审2.75万场，公布裁判文书3.74万份。

（陈晓珺　王丽芸）

司法行政

■概况 2021年，全市共有律师事务所102家，执业律师1665人；公证机构8家，公证人员44人；法律援助中心7家，工作人员20人；司法鉴定机构6家，司法鉴定人88人；基层法律服务所93家，执业工作者367人；司法所86个；各类人民调解组织1549个，专兼职调解人员4920人。（范晓杰）

■法律服务 开展“产业链+法律服务”“园区、商会法律服务”“民法典进企业”等专项行动，发布《扬州市重点行业法治体检白皮书》，相关经验被《法治日报》头版头条报道。2021年，组织律师走访企业9560余家，开展法治体检3150余次，开展法治讲座180余场次。利用“惠企直播间”开设在线复工复产法治讲座，免费为受疫情影响的企业办理不可抗力证明事项公证。设立扬州市知识产权维权法律服务中心，新成立涉外法律服务分中心6家。建立法律援助“应援尽援”3项机制、“应援优援”3项制度，全市共受理法律援助案件5736件。（范晓杰）

■普法与依法治理 启动实施“八五”普法规划。实施民法典解读工程，开展民法典宣传进融媒体、民法典微视频作品联播、民法典主题法治文化作品征集等系列活动。挖掘大运河法治资源，征集运河法治故事，编印《流淌的法治文化》故事集。深化法治乡村建设，实施农村法律明白人培养工程，对全市7000余名“法律明白人”开展应知应会法律法规培训。开展“省级民主法治示范村（社区）巩固提升年活动”，新增全国民主法治示范村（社区）3个。（范晓杰）

■人民调解 围绕“4·18”、世园会开园、建党100周年等重要节点，加强矛盾纠纷攻坚化解。在市退役军人事务局、市县两级妇联机构设立法律服务工作站。依托非诉服务中心“一站式”服务平台，构建“分级诊疗”纠纷化解机制，推广“苏解纷”非诉服务平台和微信小程序，完善诉讼与非诉讼衔接机制，打造“枫桥经验”升级版。2021年，全市人民调解受理纠纷7.9万件，调解成功7.88万件，成功率99.75%。（范晓杰）

■社区矫正 学习贯彻《中华人民共和国社区矫正法》及其实施办法，组织实施“两月轮训”活动。紧抓建党100周年等重点时间节点，开展专项摸排，对摸排出的重点对象全部实施挂牌管控、跟踪化解，落实相应帮教措施。规范重点刑释人员必接必送工作，并提供困难人员“三个一”帮扶。强化社区矫正中心、司法所等执法场所疫情防控，组织社区矫正和安置帮教对象参与疫情防控志愿服务。（范晓杰）

仲裁

■概况 2021年，扬州仲裁委员会（简称市仲裁委）受理仲裁案件近1400件，比上年增长187%，其中物业服务合同纠纷464件、商品房买卖合同纠纷256件、借贷纠纷165件等；办结案件500件，比上年增长247%；标的额16亿元。（龚名之）

■多元解纷 以调解与诉讼衔接机制为手段，宝应办事处与宝应法院联合建立“诉调对接联络点”，通过法院立案过程中繁简分流的方式，将可由仲裁委调解或仲裁的案件引入仲裁渠道，属全省首创。全年该“联络点”共处理纠纷100余件，工作成效显著，获省高级人民法院的通报表扬。与南京、镇江仲裁委共同成立“宁镇扬”一体化仲裁联盟，扬州仲裁委加强与两家仲裁委的沟通交流，以联盟名义参与到珠三角与长三角经济带仲裁机构合作发展研讨、与广州仲裁委共同签订异地案件线上开庭协议、参加上海贸仲组织的长三角一体化会议等。结合市法治工作重点，开展理论研究，“多元化纠纷解决机制衔接问题研究”获2020年度市级社科重点研究课题一等奖。（龚名之）

■基层社会治理解纷桥梁搭建 成立驻俞桥村仲裁服务联络点。联络点采取“仲裁＋网络化＋铁脚板”工作模式，线上建立企业家答疑群，为村属地企业提供常态化法律咨询服务；线下发挥“铁脚板”的作用，为俞桥村办实事、办好事、促发展、保稳定，把俞桥村仲裁服务联络点打造成为仲裁委优化基层营商环境的重要窗口、服务企业的重要基地、参与社会治理的样板阵地。（龚名之）

■仲裁队伍专业化建设 对案件办理流程实现精细化、系统化管理；响应“好地方，事好办”号召，打造立案窗口“六办”（马上办、一次办、容缺办、省钱办、网上办、顺心办）仲裁服务品牌。打造速裁团队，实现对银行借款合同纠纷类简单案件的速调速裁。监督环节持续抓牢抓实，开展审限提示、督查催办、个案考核，对基层工作情况开展突击检查，在保证案件质量的基础上，提高办案效率。（龚名之）

■仲裁系统信息化 建设“两庭三化”科技仲裁庭工程项目并投入使用。以案件管理系统为依托，全方位监督每一起案件的关键环节，提升案件精细化管理水平；以庭审系统为平台，提高案件审理效率，改善当事人庭审体验；以远程开庭为载体，夯实后疫情时期实现“不见面”办公的软硬件基础，推动异地开庭。（龚名之）

■仲裁宣传拓展 11月，召开“扬州仲裁白皮书发布暨仲裁宣传周活动启动”新闻发布会，发布《扬州仲裁白皮书（2017—2021）》，新华网及扬州各主流媒体宣传报道，活动全程通过“扬帆”向社会直播，直播点击量达1.5万人次。举办首期仲裁论坛，围绕新形势下建筑行业热点问题开展研讨，邀请相关法律专家、管理部门、仲裁员等开展研讨，为相关企业和企业家、职能部门提供法律建议，推进仲裁更好服务高质量发展。启动“百名仲裁员进百企”活动。与“我为群众办实事”紧密结合，发挥仲裁员能动作用，邀请专业能力强、职业素养高的仲裁员走进扬州近百家民营企业，宣讲法律知识，开展法律服务，了解企业生产经营中的困难和问题，帮助规范企业经营，助力优化提升营商环境。（龚名之）

11月15日，“扬州仲裁白皮书发布暨仲裁宣传周活动启动”新闻发布会
扬州日报/供稿

军事

Junshi

编　辑　崔成鹏

扬州军分区

■**概况**　2021年，中国人民解放军江苏省扬州军分区（简称扬州军分区）面对突如其来的新冠肺炎疫情、特大洪水，面对加速推进的军事斗争国防动员准备、检查考核演训等任务，军分区党委坚决贯彻落实省军区党委和扬州市委决策部署，按照既定的目标方向，运用"身在好地方、干出好事业"专题教育抓手，团结拼搏、踏实前行，讲政治、强党建、抓战备、固基础、改作风、守底线，全面建设取得新的发展进步。

政治引领。以党史学习教育为主轴主线，巩固深化两项重大主题教育，有序落实主题党日、专题组织生活会、办实事计划，市国防教育馆暨军史馆落成，分层分类展开红色教育基地现场教学、红色影片赏析、党史专家授课、重温入党誓词等配合活动，"身在好地方、干出好事业"专题教育在江都区人武部试点先行，形式活跃、内容丰富。开展庆祝建党100周年系列活动，观看百年百部经典剧《小镇》，赴泰州接受革命精神熏陶，举行"光荣在党50年"纪念章颁发仪式，军队离休老干部与"八一"希望小学学生"大手拉小手、永远跟党走"活动引起社会强烈反响。持续推进"五看五增强"教育，学习宣扬新时代卫国戍边英雄群体，接续举办"军分区两级党委正、副书记教育讲堂"，着力在政治上解疑、思想上解惑、文化上解渴、心理上解压，引领官兵立身做人、建功军营。

练兵备战。贯彻习近平主席训令和军委军事训练会议精神，以制衡强敌、融入联战为牵引，党委4次专题议战议训解决重难点问题，修订"1+15"非战争军事行动方案，5次以上带下转入三级加强部署。以连规模轮训备勤力量为主体，深化扬州军地应急联动协作运行，构建民事力量报情网系和长效协作机制。持续推行"3+X"分级组训，走实现役官兵和文职人员分阶段集中强训、专武干部和民兵骨干封闭式专攻精训，协调组织宝应"柳堡二妹子"民兵连成建制赴某集团军防空旅挂钩联训15天，按计划落实各人武部集中轮训备勤和"跨区域联训、分专业轮训"10批。紧贴战场环境用兵强兵，协助保障海军航空兵独立某团备降扬州泰州国际机场，支援保障某集团军特战旅过境演练，完成防汛抗洪演练和"扬动-2021"军地联合演练。协助打赢疫情"歼灭战"，完成维稳执勤、抢险救灾、学生军训等任务。

国防动员。推进全市国防动员建设、军民融合发展"十四五"规划编制论证，融入省军区和扬州"十四五"规划体系。协调推进国防动员工作纳入政府目标绩效管理，部署开展重点企业单位国防动员建设，研究试行国防动员激励政策措施。专题召开潜力核查协调会，围绕8类135张表格，采集潜力数据10万余条，完成重点企业核查255家，编制重点潜力图册255条。赴浙江余姚学习调研基层武装工作，推进基层武装机构规范化建设"月清零"活动，全市87个基层武装部建设100%达标。编印《扬州市2021年民兵组织整顿工作方案》，对"三支队伍"拉动检查3次、会审整改5回合以上，高邮市代表江苏省参加军委国防动员部民兵工作综合考评验收成绩优秀。适应"一年两征"改革形势，高标准完成春秋两季兵员征集任务。

基层建设。注重抓统筹细谋划，优化挂钩帮建，开展专题调研，研究制定《关于深入做好军分区部队抓基层打基础保稳定工作的措施》。注重办实事解难题，持续推行为基层减负增力"十条举措"和"四统四放"领导方法，协调制定"军地互办实事20条清单"，打造"四个秩序"规范化建设，拨款建设基础薄弱武装部、看望慰问生活困难党员、协调军人子女教育优待、军转优质安置、助力官兵能力升级"五个纳入"等做法，受到上级肯定。始终注重抓安全保稳定，严密组织"安全大检查""百日安全""保密教育整顿"等活动，抓实安全教育、形势分析、风险评估、到点抽查等制度，确保部队安全稳定。始终注重抓后装精保障，修订完善后装保障"1+6"方案计划，协调建立区域综合保障中心，落实保障分队和物资，完成军分区机关老办公楼修缮、市民兵训练基地室外靶场整修、民兵武器装备仓库安防设施改造，协调主城区5个单位完成16轮全员核

酸检测，分批次接种新冠疫苗237人，实现“零感染”。（刘 松）

■**“四个秩序”规范化建设** 以习近平强军思想为指导，以军委国防动员部“四个秩序”规范为依据，探索新体制下军分区、人武部和干休所规范化建设的方法。3月，参加省军区试点成果汇报会，形成一套紧贴实际、实用管用、便于推广的经验做法和试点成果。（葛守玉）

■**组织日常战备** 落实上级关于战备值班的指示要求，先后4次参加战区二级部署演练，完成6项潜力点名。修订完善“1+15”非战争军事行动方案，定期召开军地情报信息联席会议，坚持民兵情报信息微信群日报告制度，累计9条信息被省军区采纳使用。指导高邮市人武部完成特战某旅过境保障任务。（葛守玉）

■**实战化训练** 1月4日，军分区组织全区开训动员暨“一个过程”实战化训练考核，全区现役干部、战士、文职人员和职工，专武部长和部分民兵应急排共130人参加，总行程35千米，动用车辆10台，聚焦打赢的鲜明导向，传导新年度大抓训练和从严治训的紧迫压力。（葛守玉）

■**军地防汛演练** 第二季度，采取上下结合、军地联合的方法，联合防空某旅对辖区长江、淮河入江水道重点防汛地区和险工患段实地勘察，共同研究兵力运用、处险措施和行动方法，参加扬州市城市防洪、内河防涝、外河防汛勘察，对接水上救护、用兵抢险等需求。6月7—11日，联合市防汛防旱指挥部在省抢险救灾训练基地组织全市165名民兵分队、水利防汛抢险专业和消防专业分队骨干，以防汛抢险基础知识、六种险情处置技术和搭建钢木土石组合坝为主要内容的军地联合抗洪抢险训练演练，规范民兵防汛抢险分队训练的组织与实施，全面检验民兵应急分队防汛抢险专业技能和遂行任务能力，提升遂行多样化军事任务的能力。（葛守玉）

■**民兵集中轮训备勤** 开展民兵应急连比武竞赛活动，持续掀起全区大抓群众性练兵热潮，军分区结合民兵集中轮训备勤开展练兵比武活动，累计完成7支民兵应急连比武考核，排出座次，比出质量，夯实基础，有效提升全区民兵应急连遂行任务的能力。提升民兵应急分队训练和处置突发事件的能力水平，全年依托市民兵训练基地和高邮、仪征、江都民兵训练基地累计完成10批1095人集中备勤训练。10月，组织市民兵应急营60名民兵骨干参训，结合民兵军事训练大纲，落实12天训练时间，重点安排军事理论、反恐维稳、防汛抢险、医疗救护和体能等内容，提升市民兵应急营遂行任务能力。（葛守玉）

■**首长机关参加省军区动员业务考核** 重点突出国防动员基础理论、要图标绘、识图用图、动员分析计算、指挥作业和体能等内容，有效打牢业务基础。11月，组织军分区机关在编人员集中强化训练并参加省军区考核验收，成绩优异。（葛守玉）

■**国防动员演练** 根据省军区方案要求，及时对接任务部队军机使用扬州泰州国际机场保障需求，协调市交通局、市公安局、市国安局、市卫健委、市网信办、扬州泰州国际机场进行任务编组，编制印发《军机使用扬州泰州国际机场总体预案》，协调海独某团和奔牛场站现地考察扬州泰州国际机场。5月和10月，两次保障东部战区海军航空兵某团军机紧急降落行动演练，检验实施方案的针对性、可行性，提升扬州市国防动员备战援战能力。11月，以人民防空动员、交通运输动员、人民武装动员、经济动员、政治动员和重要目标防卫为主要内容，采取上导下演、三级联动方式，全程演练以平战转换、动员筹划与实施和动员复员为重点的战时国防动员行动，练指挥、练协同、练保障，全面提升市、县两级国防动员行动指挥能力。（葛守玉）

■**接受省军区“一个过程”战备拉动** 11月，结合年度民兵工作考核安排，组织市民兵应急营防汛抗洪连、饮食保障排和医疗救护排集中强化训练，完成省军区“一个过程”战备拉动。（葛守玉）

■**安全培训与检查** 2月7日，组织开展一期业务集训。集训围绕机关常用公文规范、安全保密工作有关制度规定、机要保密系统操作、解读安全工作检查考评细则等方面内容，采取理论授课、上机实操、交流讨论等形式展开，提升各单位安全管理骨干业务水平。全面贯彻落实《军队安全管理条例》《军队保密条例》《预防犯罪工作条例》等法规文件，按照省军区总体部署安排，结合军分区实际，突出政治性问题和重大安全风险防范、常态化疫情防控、新兴领域安全问题治理“四大重点”，坚持以战牵管、为战抓管，预防为主、源头治理，突出重点、精准发力，上下联动、层级管理，深入清理整治各类安全风险隐患，确保军分区部队高度集中统一和安全稳定。9月下旬至年底，扬州军分区开展“百日安全活动”。活动围绕强化大抓安全稳定政治责任，突出重要敏感时节、军事训练活动、季节性风险隐患、倾向性矛盾问题和经常性教育管理重点难点，紧盯17个关键要素，坚持前瞻预测、重点管控，查纠并举、见底清零，全面防范、固本强基，持续开展隐患大排查、问题大清理、矛盾大疏解，始终保持大事大抓、群防群治强劲态势，为军分区年度工作推进创造良好安全稳定环境。（冯永勇）

■**民兵调整改革** 军地各级以深入贯彻习近平新时代中国特色社会主义思想为指导，贯彻习近平强军思想，按照党中央、国务院、中央军委关于国防后备力量建设的决策部署和省委、省政府、省军区部署要求，树立精准建设、精细管理理念，优化民兵结构布局、发展民兵新质力量、规范民兵建设秩序，巩固和深化民兵调整改革成果，提高全市民兵基于打赢现代战争和服务大局的组织动员力、快速反应力、支援保障力。高邮市高标准接受军委国防动员部检查考评，成绩优秀。（刘　云）

■基层专武干部集训 7月11—16日，军分区政治工作处联合市委组织部，集中5天时间在扬州市国防园组织全市112名专武干部集训暨资格认证。集训围绕基层人民武装工作开展，学理论、练技能、通业务、强指挥，培养一批“懂武装、爱武装、精武装”的一线指挥员。集训突出民兵工作、征兵工作、基层武装、基本技能和组织指挥5个专题，坚持学、研、训相结合，紧盯业务能力和军事技能提升，采取辅导授课、现场观摩、观看录像、讨论交流、考核评比等形式，增强爱武敬武的认识，提高强武胜武的能力。（刘　云）

■国防动员潜力核查 严格落实省国动委通知要求，在参加全省国防动员潜力统计调查工作任务部署会和数据采集系统操作培训的基础上，先后召开市国动委潜力工作部署会并组织不同类别、不同层次的业务培训。围绕综合、人民武装、国民经济、人民防空、交通运输、政治动员、武器装备、新兴领域8类135张表格内容，采集10万余条潜力数据，确保基础潜力采集全面、真实有效。围绕新兴产业、涉海力量、应急医疗、运输投送、装备生产5个方面开展重点潜力运用分析研究，现场核查24家重点潜力企业，形成分析报告。协调地方相关单位开展水下设备、智能机器人、创新科研机构、民用修造船厂和全市国有企业和非公企业专项潜力统计调查，按要求完成省军区专项潜力核查任务。（刘　云）

■组织征兵 2021年，各级兵役机关贯彻落实常态化疫情防控下征兵工作要求，以强烈的政治意识和责任担当，组织实施征兵工作，特别是面临下半年严峻的疫情防控形势，及时研判、军地合力、严密组织，安全顺利地完成征兵体格检查、政治考核、役前训练、集中管理、交接起运等工作。下半年取消广陵区、邗江区、扬州经济技术开发区及江都区丁沟镇、仙女镇等新冠肺炎疫情中高风险区征集任务。全市全年完成征集任务。（郝翌番）

■新军官制度贯彻执行 组织军分区两级业务负责人参加省军区新的军官制度政策宣讲和工作部署会，有序完成军分区37名军官等级转换审批。按照《现役军官管理暂行条例》《现役军官考核暂行规定》，严密做好军官平时考核工作，落实每季度上校以下军官常态纪实，抓好方案拟制、常态纪实、建立档案各项工作，全面真实掌握军官现实表现。（刘　松）

■后勤管理保障 牢固树立“为打仗、保打赢”的保障工作思想观念，持续深化“四个秩序”规范化建设，做好机关办公区供水管道翻新改造、老办公楼和卫生所屋檐天沟改造和内部招待所二楼卫生间整修。投资100余万元推动民兵武器装备仓库信息化改造、新增200千伏安变电箱施工和土建布局优化。全面过细组织资产大清查工作，采用“盘点单位上报情况、主管部门集中审核”的方法，前后近十次专题组织清查工作推进会和集中会审，坚持追根溯源查实账目、查漏补缺完善信息，着力建立资产“明白账”。

军交运输工作。根据军委国防动员部和省军区通知精神，规范军车号牌管理、维护军车良好形象，按照省军区统一计划安排，4月，军分区开展军车号牌申领和车辆及驾驶员年审工作，完成军分区机关、人武部、干休所共49台车辆（小车42台、大车7台）安全环保综合性能检测、18名驾驶员体检和考核评议，重新激活23台军车OBU（车载单元）电子标签。

装备管理工作。根据省军区统一部署，从3月初至6月下旬，军分区开展枪弹专项整治活动。活动以管枪管弹人员和离退休老干部为主要对象，以精准摸清底数和严防流入社会为工作重点，紧紧围绕“大教育、大考核、大排查、大收缴、大检查”，采取拉网式、过筛子等办法，严格责任分工，深入思想发动，细致核查摸排，清查核对各类武器、弹药，签订个人“零持有”承诺书344份，政治考核27人，过筛两个干休所158名老干部及配偶（含遗孀），排查两个地方场馆，发现和整治7处安全隐患，确保活动开展落到实处，问题整改及时有效。（周洪涛）

东部战区空军预备役基地

■概况 9月28日，召开东部战区空军预备役基地成立大会。预备役基地组建以来，第一批官兵不等不靠，主动作为，高标准落实空军、战区空军党委的决策部署和指示要求，抓好各项工作，部队建设有序推进。（预备役基地）

■思想政治引领 10月，基地党委将“传承红色基因、担当强军重任”主题教育和党史学习教育深度整合，深化理论武装，注重教育实效，活用驻地资源，切实解决问题，确保官兵理想信念坚定，坚决服从预备役调整改革大局，自觉听从组织安排，尽心尽责干好工作。10月初开始，基地党委抓好党委中心组理论学习，严格落实制度，常态组织学习，深入改进学风，加强调研思考，深入研读习近平新时代中国特色社会主义思想和习近平强军思想，切实在改造思想、政治强训、推动实践上下功夫，着力提高政治能力、强化责任担当、狠抓工作落实。（预备役基地）

■“学正严抓”活动 依据《战区空军预备役部队调整改革期间安全

管理措施》有关要求，第四季度，区分机关和各片区，组织“学条令、正秩序、严纪律、抓安全”活动，开展条令法规学习、队列训练和安全隐患排查，确保纪律严明、秩序正规。（预备役基地）

■规范日常战备秩序 11月，严格按照《预备役基地工作运行暂行规定》有关要求，严密组织国庆节日战备值班。下发《日常战备相关规范》《作战值班日、周、月报相关规范》，对值班制度、值班保障、值班管理、值班检查、值班登记等内容进行规范。组织完成值班业务培训和资格认证考核，确保值班有序接替、秩序正规。加强现役应急分队建设，强化七类突发情况处置预想，修订应急处突预案，组织应急处突演练。（预备役基地）

■阶段强化训练 12月，贯彻基地党委“培塑战备意识、提升作战技能”的指示精神，确立“练为战”导向，对标对表训练大纲，结合基地建设实际，下发基地首长机关带片区阶段强化训练方案计划，全面展开阶段强化训练。（预备役基地）

武警扬州支队

■概况 2021年，武警扬州支队坚持以习近平强军思想为统领，坚决贯彻武警部队、总队党委决策部署，持续统思想、凝意志，强担当、谋发展，部队建设总体向上向好，连续31年实现安全无事故，被武警部队评定为安全工作“六无”单位。（邹　成）

■政治引领 狠抓党的十九届六中全会和习近平主席“七一”讲话精神学习贯彻，统筹推进主题教育、党史学习教育和经常性教育，探索实践“好课共享”新模式，搭设“广陵卫士大讲坛”，常态组织政治考核、心理巡诊和咨询服务下基层，新兵第二适应期做法被武警部队刊发。统筹抓好政治文化环境和“书香军营”建设，组织新闻报道员、文体骨干培训和文化活动比赛，机动中队获总队主题歌咏比赛三等奖。打好意识形态领域主动仗，投身乡村振兴，开展爱心助学活动，在省级以上媒体刊稿80余篇，7—9月新冠肺炎疫情期间成功处置一起涉军舆情，得到上级肯定。（邹　成）

■练兵备战 贯彻执勤方针，推进执勤方式优化调整、“四看”建设和执勤安全教育整顿，每周评选“最美哨兵”，每季表彰“执勤能手”，优化整改执勤隐患。严密组织维稳行动演练，及时修订完善各类方案，全程自导自演“卫士”演习，完成各类临时任务，成功处置一起闹市区持刀伤人事件。贯彻军事训练工作会议精神，开展“六小”、争当“三手”和创破纪录活动，掀起群众性练兵热潮，年度执勤正规化等级评定、军事训练考核总评优秀，参加总队“运筹”“巅峰”比武均获团体第三名。（邹　成）

■基层基础建设 常态开展“学纲要、知纲要、用纲要”活动，落实重点帮建、当兵蹲连、常委带队“住一天、过一遍”等制度，组织基层党支部书记、思想骨干等培训，坚决杜绝形式主义、官僚主义，着力减压释负，提高自建能力。严密组织“学法规、守法规、用法规”“站排头、当样板、作表率”和“遵循习主席教导，用三种眼光管好部队带好兵”活动，狠抓酒驾醉驾、手机网络、内部关系等专项整治，常态开展“四不两直”检查，纠治“土政策、土规定”和不正之风，培塑法治思维，正规部队秩序，守牢发展底线。（邹　成）

■效能保障 聚焦“三个服务”，建强“一组三队”，分批次开展后勤专业兵岗位培训，做好医疗巡诊、装备巡修、官兵体检、被装精准申领等工作，及时调整补充战储物资，释放服务保障效能；立起服务官兵、服务基层的鲜明导向，开展营房维修改造和生活设施升级，慰问救济困难官兵，做到官兵及家属住院有探望、子女入学有保障、立功喜报送上门。成立工作专班，采取有力举措，推动资产大清查整改见底，成功解决长征路历史遗留问题。立足扬州防疫主战场，刚性落实防疫措施，切断感染链、实现零感染。（邹　成）

双拥共建

■双拥工作 利用全市第30个“双拥活动月”及春节退役军人返乡契

武警扬州支队练兵备战　　武警扬州支队/供稿

机，开展光荣牌悬挂“攻坚月”活动，累计悬挂光荣牌14.19万户，悬挂率超过95%。县级退役军人事务部门和人武部门联合向150户立二等功、三等功的扬州籍现役军人家庭送喜报、发立功奖励金，立功送喜报率100%。组织残疾军人证件换发工作，为2332名伤残人员换发新证。开展“戎耀今生”书画家进军营系列活动，扬州书画家走进驻扬部队，现场创作作品200余幅并赠送部队官兵。东关双拥街区和东进主题教育基地获评省级双拥示范点，江苏龙腾坤鑫科技集团有限公司董事长刘伟被评为“江苏最美拥军人物”提名奖。（张　健）

■红色文化宣传　开展“学党史砺初心——庆祝中国共产党成立100周年‘百年英烈’红色故事宣讲”活动，选聘14名红色宣讲员，走进校园、机关、企业、社区、村镇、军营，共宣讲52场，1万余人次现场学习。江上青烈士史料陈列馆、扬州革命烈士陵园、侵华日军向新四军投降处旧址被确定为江苏省首批100个红色地名，江上青烈士史料陈列馆、扬州革命烈士陵园、曹起溍故居、许晓轩故居、夏凤山纪念馆、盛氏兄弟故居、侵华日军向新四军投降处旧址等7家烈士纪念设施被市委党史学习教育领导小组办公室命名扬州市红色教育基地。举办全市英烈讲解员选拔竞赛，开展全民朗读《谁是最可爱的人》活动，在全民K歌、快手、抖音等8个平台上传作品245个。（张　健）

■文艺拥军系列活动　7月23日，市文明办、市文联、扬州边检站围绕开展“文化育警”签订三方共建协议。11月17日，由市退役军人事务局、市文联共同主办的“戎耀今生”书画家进军营活动启动仪式在武警江苏省总队医院举行。11月18日，市退役军人事务局、市文联共同主办的“戎耀今生”书画家进军营活动走进国防园。活动中，10名书画家为部队官兵创作近百幅书画作品。12月24日，由市文联主办、市曲艺家协会承办的“我们的中国梦——文化进万家”曲艺专场在江苏省军区扬州第二离职干部休养所举办。本场演出以扬州曲艺为主，包括扬州弹词《新生》、快板《天安门广场看升旗》、扬州评话《武松斗杀西门庆》等节目。（吴建军）

“戎耀今生”书画家进军营活动　　武警扬州支队/供稿

经济管理

Jingji Guanli

编 辑 郭玉祥

宏观经济管理

■**概况** 2021年，全市发展改革系统应对复杂多变的外部环境和转型升级的艰巨任务，抵御新冠肺炎疫情、能源保供等不确定因素和突发状况的冲击，保障全市经济平稳健康运行，实现“十四五”良好开局。

*统筹谋划精准调节，保障经济平稳运行。*高标准编制全市“十四五”规划，在市八届人大五次会议上获全票通过。统筹推进专项规划编制，全面加强35个重点专项规划和36个一般专项规划报批管理。做好经济运行调度，注重发挥市级经济联席会议作用，强化对主要经济指标、重点行业、重点企业数据变动的预测预警。应对新冠肺炎疫情影响，牵头向省政府提出9项政策助企纾困、恢复经济，最终被省政府采用5条。9月，在全市转入低风险地区后，出台物流快递、商务服务复工复产操作指南，帮助企业有序复工复产。做好能源保供，应对能源紧张的形势，明确电力负荷管控优先次序和行业类别，精准科学实施错峰用电，确保全市电力能源保供和电网稳定运行。强化风险预警，综合研判气象变化趋势和全市能源生产现状，出台电力和天然气供应应急预案，确保安全有序度夏过冬。

*扎实推进项目建设，夯实经济增长后劲。*完善重大项目推进体系，市委、市政府制定出台《扬州市重大项目推进管理办法（暂行）》《扬州市重大产业项目结转管理暂行办法》《2021扬州市领导挂钩联系推进重大项目制度》等系列政策意见，推动列省和市级重大项目全面开工、全面完成年度投资计划。16个列省重大项目，年度完成投资142.54亿元，完成计划的110.9%；428个市级重大项目，年度完成投资1250.76亿元，完成计划的108.5%。提升重大项目的质态，长城汽车、礼邦医药等一批优质产业项目成功落户；宝胜电缆、中远海运LNG船等一批战略性新兴产业项目开工建设；晶澳光伏、中环艾能等项目实现当年开工当年投产。做好上争工作，紧密对接国家和省发改委政策、项目、资金安排，共牵头为74个项目争取省级以上补助资金27.48亿元，其中中央预算内资金12.47亿元、省级预算内补助资金15.01亿元，带动项目总投资超160亿元。联合财政推动63个项目获批地方政府专项债券60.34亿元。成功入选中欧区域政策合作中方案例地区。

*加快产业转型升级，推动经济提质增效。*推动现代服务业发展提质增效，印发“十四五”服务业高质量发展规划。突出主体培育，全年新增规模以上服务业企业306家。聚焦两业融合，发展生产性服务业，16个“两业”融合试点项目和服务创新项目获批省现代服务业专项资金4774万元，位居全省第三；扬州港口物流园创成省级物流示范园区，中众合农产品物流园创成省级物流基地，生产性服务业占比56.3%。持续扩大战略性新兴产业规模，编制出台战略性新兴产业发展规划，构建完善“3+N”发展体系，战略性新兴产业产值占规模以上工业总产值比重42.1%。提升企业创新载体能级，新创成省级工程研究中心15家、产业创新中心1家、“双创”示范基地1家。培育发展航空产业，服务中航在扬州重点项目，沈阳所扬州院研发的两项科创成果在扬州转化并实现初步交付，春秋航空、宝胜研发中心等项目加速落地，“龙头项目+重点企业+产业园区”框架初步形成。加快推动绿色转型发展，起草《扬州市碳达峰实施方案》初稿，明确八大行动计划。稳妥实施能耗总量控制，牵头制定能耗“双控”管控方案，实行“两高”项目清单化管理，坚决遏制“两高”项目盲目发展。协调推进能耗双控和经济发展，梳理3批次能源重点保供企业名单。刚性落实并完成省下达减煤任务，全市非电行业（含自备电厂）规模以上工业企业煤炭消费量下降5%，新能源和可再生能源发电量占全市发电量的20.3%，扬州经济技术开发区、仪征市、江都区、高邮市获批国家首批整县（市、区）屋顶分布式光伏开发试点地区。

*加大统筹协调力度，促进区域联动发展。*高质量推进长江经济带建设，持续推进长江经济带突出问题整改，在全省率先创新实施年度“工作要点+任务清单、问题清单、特色亮点实施方案”的“1+3”工作机制。长江流域、黄河流域近百名省级党报记者实地考察扬州长江大保护情况，先后在中央电视台、江

苏卫视、《新华日报》等媒体宣传报道数十次。深度融入区域一体化，市委、市政府出台《长三角、宁镇扬一体化发展重点任务》，梳理2021—2025年66项重大合作项目。突出交通先行，推动宁扬城际工程开工建设，北沿江高铁扬州段工程可行性研究获批，争取将扬州经扬州泰州国际机场至泰州城际、扬州经镇江南京至马鞍山铁路扬州至镇江段、淮安经扬州至南京普速铁路等事关扬州未来发展的重大铁路项目纳入《长江三角洲地区多层次轨道交通规划》和《江苏省“十四五”铁路发展暨中长期路网布局规划》中的近远期项目；推动扬州泰州国际机场二期扩建工程等项目纳入《华东地区民航“十四五”发展规划研究》和《江苏省“十四五”民航发展规划》。统筹推进城乡发展，印发《扬州市“十四五”推进新型城镇化和城乡融合发展规划》，开展宝应县城新型城镇化试点，稳步推进农村公共基础设施管护机制改革，城乡融合发展的体制机制更加健全。深入开展对口支援合作，累计安排省市统筹资金4.12亿元，实施对口帮扶项目131个，历经4年编撰的《扬州市援藏援疆志》出版发行，市发改委获省委、省政府脱贫攻坚暨对口支援协作合作先进集体表彰。

全面深化改革开放，推动营商环境优化。持续优化营商环境，市委、市政府以“2号文件”的形式出台《2021年扬州营商环境建设任务清单》。制定出台《“营商环境优化提升年”督查考核实施办法》，先后3次开展季度督查、10余次专项工作督查，印发16期督查通报。10个“一件事”改革全面推开，“就业一件事”改革被确定为省试点，在全省率先建立公共资源交易领域市场主体及第三方满意度评价机制并推广，18个产业项目实现“拿地即开工”，成功创成国家社会信用体系建设示范区。开展重点领域改革，发展直接融资，全年帮助仪征城建集团、江都龙川集团等企业成功发行债券7只共计41亿元。牵头并联合市工信局、法院等部门完成13家“僵尸企业”处置，盘活资产5.75亿元。推进“一带一路”建设，成功举办中国对外投资合作洽谈会扬州分会暨合作项目推进会，上海合作组织秘书长、马达加斯加驻华大使等外宾到会，储备项目56个。金世缘泰国乳胶制品等5个项目进入省“一带一路”重点项目库。《中国扬州　咫尺世界》外宣片获中国“一带一路”网讲好中国故事创意传播大赛一等奖。

全力推进富民增收，提升群众幸福指数。持续增进民生福祉，印发全市富民增收工作要点，组织开展富民增收各项工作任务，全年全体居民人均可支配收入增长8.9%，高于地区生产总值增速1.5个百分点。启动低收入群体价格临时补贴与物价上涨挂钩联动机制，发放价格临时补贴约360万元，惠及困难群体5.8万人。提升公共服务水平，编制出台《扬州市“十四五”公共

2021年扬州市分地区生产总值一览表

表13-1　　单位：亿元

指标	全市	市区	广陵区	邗江区	江都区	扬州经济技术开发区	宝应县	仪征市	高邮市
地区生产总值	**6696.43**	**4014.99**	**927.06**	**1208.94**	**1220.54**	**658.45**	**841.41**	**910.71**	**929.31**
第一产业	317.18	110.03	10.46	23.37	74.83	1.37	89.96	23.84	93.35
第二产业	3207.37	1851.43	371.81	467.28	619.21	393.13	403.91	483.77	468.26
工业	2662.89	1542.14	296.69	381.59	491.69	372.17	321.72	420.86	378.17
建筑业	546.69	310.42	75.48	85.80	127.93	21.21	82.28	63.82	90.17
第三产业	3171.87	2053.53	544.79	718.29	526.50	263.95	347.54	403.10	367.70
交通运输、仓储和邮政业	160.64	97.15	23.25	36.72	21.98	15.20	17.78	23.79	21.91
批发和零售业	627.45	410.77	166.62	118.10	98.71	27.34	62.57	101.16	52.95
住宿和餐饮业	88.37	54.39	15.74	22.30	10.94	5.41	12.96	11.04	9.99
金融业	369.26	259.91	56.25	108.95	72.79	21.92	30.90	38.59	39.86
房地产业	651.73	440.76	106.72	167.50	122.75	43.79	57.65	79.44	73.88
其他服务业	1252.48	783.37	175.24	262.14	196.08	149.91	160.54	145.54	163.02
人均地区生产总值（元）	146562	151879	151915	140086	131213	274240	123320	170737	130935

（统计局）

服务规划》，明确公共服务体系建设的主要目标和推进举措。统筹考虑“一老一小”问题，5个普惠性养老服务项目、2个普惠性托育服务项目获中央预算内资金3224万元。有序开展粮食收购，加强粮食流通基础设施建设，完成年度粮食仓储设施维修改造和功能提升任务23万吨。开展“亮剑2021”专项执法行动，组织开展粮食流通领域监督检查，在全省粮食安全责任制考核中取得优秀等次，获省政府督查激励。成立推进粮食购销领域腐败问题专项整治工作领导小组，制定印发《扬州市粮食和物资储备系统开展粮食购销领域腐败问题专项整治工作的实施方案》，组织开展专项整治自查自纠和整改落实。开展安全生产专项整治，印发《电力、油气管道安全专项重点工作任务清单》，排查整治电力风险隐患55处、油气输送管道上方占压等隐患42处。扬州电力安全“9+2+1”监管模式被江苏安全生产第十督导组列为可推广的扬州经验，“三位一体”安全监督管理新模式被国家能源局江苏监管办作为典型经验在全省推广。

（孙景亮　夏卫峰　张景文）

■经济体制改革 全面贯彻中央、省委和市委全面深化改革的决策部署，以供给侧结构性改革为主线，推出一批有利于经济平稳增长、激发市场活力、推动实体经济发展的新举措，取得积极成效。

完善市场经济机制体制。全面完善产权制度。印发《关于建立市产权保护联席会议制度的通知》《市产权保护联席会议通报反馈机制》等文件，健全以公平为原则的产权保护制度，依法严肃查处各类侵害民营企业合法权益的行为，健全以管资本为主的经营性国有资产产权管理制度，健全自然资源资产产权制度。推进要素市场化配置改革。重点推进土地、人才、技术、资本和数据等要素市场化配置，最大限度减少政府对价格形成的不当干预。打造公平竞争的市场机制。全面实施市场准入负面清单制度，贯彻落实“全国一张清单”管理模式，推动“非禁即入”普遍落实。全面落实公平竞争审查制度，逐步清理废除妨碍全国统一市场和公平竞争的存量政策，加强和改进反垄断和反不正当竞争执法，培育和弘扬公平竞争文化。

推进重点领域改革。深化国有企业改革。印发《扬州市国企改革三年行动实施方案》，提出做强做优做大国有资本和国有企业的改革目标，明确全市深化国资国企改革的任务书、时间表、路线图。至年末，扬州市属国有企业完成128项改革任务中的63项，完成总体工作量的77.6%。分层分类深化混合所有制改革，指导市属国有企业子企业混合所有制改革。深化财税金融改革。研究制定《扬州市市级财政专项资金管理办法》，提高财政专项资金使用效益。全面落实减税降费政策，制定《2021年落实税费优惠政策工作任务清单》和《精准推送优惠政策信息工作方案》，优化税费服务方式，创新“非接触式”办理方式。完善融资担保体系，设立8家政府性融资担保机构，实现市、县（市）全覆盖。深化农业农村领域改革。健全农村产权交易市场体系，率先在全省完成农村产权线上交易镇级全覆盖，实现农村产权交易业务线上化、支付智能化、服务便利化。落实集体所有权，稳定农户承包权，放活土地经营权，利用农村产权交易市场推进农村承包土地经营权有序流转。推进“千企联千村、共走振兴路”行动，遴选村企联建典型并适当给予财政奖补。推进村级债务化解，制定出台《关于推进村级债务化解的实施意见》，明确“一年过半、两年基本完成、三年扫尾”要求。

推动科技体制改革。加快解决重点领域和关键环节“卡脖子”问题。开展科技人才“揭榜挂帅”助企专项行动，面向全国发布208项企业技术需求。赴西安、宁波、杭州、合肥等地拜访高校院所，帮助企业寻求技术需求解决方案。扬州市72个关键核心技术攻关项目被列入《2021年江苏省重点技术创新项目导向计划》计划，扬州大学等院校获批64项省级高校基础科学（自然科学）研究项目，作为大力培育发展战略性新兴产业、产业特色优势明显、技术创新能力较强、产业基础雄厚的地方受省政府督查激励表彰。加大重大创新平台建设力度。推进“航空发动机风扇复材叶片实验室”建设，2021年新培育12家市级重点实验室，并深入挖掘联合创新实验室项目源。推进与扬州大学市校合作专项9个平台项目立项，推荐申报省级科技公共服务平台2项，指导“扬州（清华大学）智能化技术研究院建设”完成省重大新型研发机构项目结题工作。协调国汽研究院在扬州经济技术开发区成功选址。推进广陵新城宝胜创新中心项目开工建设。推动沈阳所扬州院、中航机载共性中心和中航研究生院等航空项目建设。推荐扬杰电子申报国家技术创新示范企业。促进科技与经济结合、成果向产业转化。组织实施重大科技成果转化项目92项，其中获批省成果转化项目7个。深化产业技术研究院建设，打造企业技术需求揭榜挂帅服务、3D打印、工业互联网等公共服务平台，建立丰尚、扬力、扬杰等企业联合创新中心，累计服务企业超过2000家。支持扬州高新区向省科技厅申报“基于人工智能等技术的高端智能制造创新型产业集群”。强化企业技术创新主体地位。出台《扬州市推进高新技术企业高质量发展（2021—2023年）的若干政策》。完成32家2021年度省级工程技术研究中心申报工作。搭建完成扬州市独角兽、瞪羚企业线上申报系统并开展企业认定工作。亚普汽车部件股份有限公司获批工信部2020年工业企业知识产权运用试点。蓝翔机电和领坤生物两家企业的软件产品被江苏省认定为拟推广的首版次软件产品。（胡新林）

■营商环境优化提升 2月18日，市委、市政府召开全市优化提升营商环境大会，全市上下围绕打造市场化、法治化、国际化营商环境和“好地方 事好办”政务服务品牌，落实“2号文件”36条任务清单。成立由主要领导任组长，市相关分管领导任副组长，各县（市、区）、市各相关部门主要负责人作为成员的市优化提升营商环境工作领导小组并实体化运作。各县（市、区）、功能区参照市做法，建立相应的配套工作机制，推进营商环境建设各项工作。扬州率先在全省实现新办企业银行开户全面免费，全市实现常态化0.5天内套餐式办结，向新办企业免费发放4枚印章、银行免费开户，全市受惠企业法人数超2万户，免除费用1200余万元；扬州经济技术开发区开通“办不成事”局长热线；市政务办开设“政务服务1号窗口”专办“办不成事”，“总客服”智能升级，在全省率先开通未成年人救助保护热线及专席服务，首家完成省“接得快”试点项目；高邮市基层政务服务一体化建设工作获省推进“放管服”改革督查激励表彰；市政府采购市县一体化云平台全省率先上线；市供电公司开展“好地方好来电”专项行动，推进7个“开门接电”示范园区建设；市税务局增值税留抵退税3小时内到账，时长较以往缩短90%以上；扬州银保监分局创新服务模式，力推知识产权质押融资业务；市财政局牵头相关部门实施联合惩戒措施，推进扬州政府采购领域信用体系建设；全市推进“拿地即开工”，形成扬州高新区奥力通项目“红蓝章”审批、扬州经济技术开发区大云食业项目“五证+四批文”同日颁发等18个典型案例；仪征等县（市、区）常态化开展交房即发证；广陵区专辟营商环境投诉平台；江都区以“绣花功夫”深耕代办领域。（胡新林）

■固定资产投资 2021年，全市固定资产投资增速1.2%。工业投资比上年增长16.4%，高于省均4.3个百分点，列全省第六位。其中，技改投资增长34%，列全省第二位。服务业投资下降6.8%，列全省第十位。（徐　飞）

■重大项目建设 全年新开工100亿元以上项目2个、50亿元以上项目8个。16个列省重大项目全部开工，完成投资142.54亿元，投资完成率110.9%。428个市级重大项目完成投资1250.76亿元，投资完成率108.5%。其中，284个新开工项目完成投资667.4亿元，投资完成率105.5%。（徐　飞）

财政管理

■财政收支 2021年，全市完成一般公共预算收入344.07亿元，比上年增长2%；税收收入274.57亿元，增长3.8%；非税收入69.5亿元，下降4.6%。其中，市级一般公共预算收入78.38亿元，增长5.6%，加上上级补助收入、下级上解收入、债务转贷收入、上年结转结余、动用预算稳定调节基金、调入资金等，一般公共预算总收入358.88亿元。全市一般公共预算支出684.83亿元，增长2.5%。其中，市级一般公共预算支出191.29亿元，增长5.5%，加上补助下级支出、上解上级支出、债务转贷支出、年终结转结余等，一般公共预算总支出358.88亿元。一般公共预算收支平衡。

全市政府性基金预算收入658.99亿元，增长30.4%；政府性基金预算支出598.29亿元，增长4.4%。其中，市级政府性基金预算收入264.14亿元，增长43.1%，加上上级补助收入、下级上解收入、债务转贷收入、上年结转结余、动用预算稳定调节基金、调入资金等，政府性基金预算总收入354.66亿元；政府性基金预算支出191.77亿元，增长5.1%，加上补助下级支出、上解上级支出、债务转贷支出、年终结转结余等，政府性基金预算总支出354.66亿元。政府性基金预算收支平衡。

全市国有资本经营预算收入5.77亿元；国有资本经营预算支出3.33亿元。其中，市级国有资本经营预算收入2.75亿元，加上上年结余，国有资本经营预算总收入3.66亿元；国有资本经营预算支出2.11亿元，加上调出资金、年终结转结余，国有资本经营预算总支出3.66亿元。国有资本经营预算收支平衡。

全市社会保险基金预算收入176.09亿元（不含企业养老保险，企业养老保险由省级统筹，预算由省统一编制），增长11.2%；社会保险基金预算支出163.82亿元，增长16.3%。其中，市级社会保险基金预算收入106.78亿元，增长8.5%，加上上级补助收入、下级上解收入、上年结余，社会保险基金预算总收入254.97亿元；社会保险基金预算支出101.36亿元，增长19.8%，加上补助下级支出、上解上级支出、年终结余，社会保险基金预算总支出254.97亿元。社会保险基金预算收支平衡。（扬财富）

■服务高质量发展 培育壮大税源经济，牵头制定《税源经济（含一般公共预算收入）发展目标考核细则》，调动各地、各部门抓税源经济的积极性。持续优化营商环境，落实减税降费政策，清理规范涉企收费；建立现代政府采购制度，提高政府采购效率；优化涉企信贷服务，累计发放“小微贷”“苏科贷”等2225笔，放款金额65.86亿元；安排技改专项资金3.5亿元，中小企业和先进制造业发展专项资金各7000万元，支持实体经济发展。夯实科创产业阵地，安排产业科创名城专项资金3.47亿元，支持沈阳所扬州院、中航机载共性中心等持续发展；拨付高新技术企业奖补资金7300万元，惠及企业1712家。（扬财富）

■支持新冠肺炎疫情防控和复工复产 保障疫情防控支出，紧急开通支付“绿色通道”，优先保障医院改造、患者救治、核酸检测、物资保供等防疫资金需求。积极兑现“苏政30条”和“扬10条”政策为企业纾困解难，减征职工基本医疗保险单位缴费8.83亿元；全市发放灵活就业社保补贴2.59亿元，补助灵活就业人员6.79万人次；落实国企房租减

2021年扬州市财政收入与支出一览表

表13-2 单位：万元

项　目	全 市	广陵区	邗江区	江都区	宝应县	仪征市	高邮市
财政总收入	**5599691**	**822709**	**965573**	**956511**	**394886**	**802727**	**621165**
上划中央收入	**2159002**	**359351**	**346898**	**387513**	**143514**	**320598**	**231129**
增值税	1181199	167779	190765	233788	101720	171605	153376
消费税	155366	3952	957	35707	402	29451	4706
企业所得税（60%）	659833	166922	124641	91052	32579	96818	60427
个人所得税（60%）	162604	20698	30535	26966	8813	22724	12620
一般公共预算收入	**3440689**	**463358**	**618675**	**568998**	**251372**	**482129**	**390036**
税收收入	2745714	418619	497001	467712	194829	390009	318686
增值税	1176965	167779	190766	233788	100504	171605	152060
企业所得税	439888	111281	83094	60701	21719	64545	40285
个人所得税	108402	13799	20357	17977	5875	15149	8414
一般公共预算支出	**6848256**	**584994**	**1026407**	**1110048**	**862901**	**713477**	**881479**
一般公共服务	799749	93266	176225	92472	92768	80689	92214
科学技术	147329	11425	18735	25488	2674	15513	19920
教育	1162065	88590	211268	184918	160177	119264	160470
文化旅游体育与传媒	147734	11186	21182	10343	7231	14000	26122
医疗卫生	561829	40680	63824	86837	80773	59935	77583
节能环保	171395	8206	54507	47714	12448	11029	23753
城乡社区事务	750268	80018	163735	127970	86308	64291	77747
交通运输	325178	16803	8990	33931	19500	36912	43277
社会保障和就业	872367	73392	95193	195418	141613	95763	141943
住房保障	314876	58855	4187	101982	10438	1694	7177
农林水事务	584822	44742	54931	81987	106882	101944	89515

（统计局）

免政策，惠及1900余家中小企业和个体工商户。（扬财富）

■**保障改善民生** 优先支持教育发展，落实义务教育“双减”保障政策，规范市直学校课后延时服务收费；投入超5亿元支持技师学院迁建和扬州职业大学科技综合体建设。兜牢社会保障底线，城乡低保标准从人均710元提高至740元；发放失业补助金4.25亿元，惠及11.45万人；及时拨付养老服务事业费专项资金4400万元，支持多层次养老服务体系建设。（扬财富）

■**支持乡村振兴** 2021年，全市安排农林水支出58.48亿元，比上年增长3.8%，重点支持现代农业发展、农村环境改善、基础设施建设；设立乡村振兴基金，总规模2亿元；完善政策性农业融资担保体系，农业融资累计担保金额19.26亿元，累计担保户数3136户，有效缓解新型农业经营主体“融资难、融资贵”问题。（扬财富）

■**财政改革创新** 印发《基本公共服务领域市与区共同财政事权和支出责任划分改革方案》，明确八大类17项基本公共服务领域的事权和支出责任划分框架；创新开展市级财政专项资金预算评审试点，试行“大专项＋项目清单”管理方式；预算单位差旅电子凭证网上报销改革实现一级预算单位全覆盖，试点工作得到省财政厅肯定；以市委、市政府名义出台《关于完善国有金融资本管理的实施意见》，推动国有金融资本集中统一管理；出台《扬州市基本医疗保险基金预算管理办法》，完善医疗保险市级统筹机制。（扬财富）

税务管理

■**概况** 2021年，全市税务系统共组织各项收入767.4亿元，比上年增长11.5%。其中，税收收入505.3亿元，增长3.9%；社保费收入235.1亿元，增长27.2%；其他各项基金费收入27亿元，增长58.9%。税收收入中，一般公共预算税收收入275亿元，增长4%。（税 宣）

■**征管改革** 建立“1+7”工作机制，抓实“五个一”规定动作，系统谋划扬州“1+4+3”配套落实措施。建成江苏智慧办税体验中心一期项目，运用5G、影像交互、数字认证等新技术，推进线上线下办税渠道融合。打造智慧办税“云平台”，实现电子税务局全流程“云帮办”。创新“RPA智能退税助手”，建立非税收入政务服务“一张网”，打造“不动产交易登记纳税一体化平台”。完成全人群社保费“一体化”平台对接上线，城镇垃圾处理费等5项非税收入的征收职责顺利划转。推进企业所得税“核改查”工作，打造以土地为核心要素的链式管理机制，全面推开电子专票。（税　宣）

■**减税降费** 通过大数据筛选、点对点提醒等方式，做好“政策找人”工作，为市场主体纾困解难。全年新增减税降费33.3亿元，其中2021年新出台政策减税16亿元。办理增值税留抵退税27.5亿元，比上年增长102%。办理出口退税59.2亿元，增长26.4%。全面推行发票免费配送服务，全年为纳税人减负近500万元。（税　宣）

■**依法行政** 全面实施“三项制度”，严格落实证明事项告知承诺、执法主辅岗和“首违不罚”等制度。加快构建“1+6”一体化综合监督体系，加强对疫情防控、深化征管改革等重大决策的政治监督，构建全覆盖、快反应、常态化的贯通联动执法风险监督机制。常态化采集45家单位209项大类数据和21类互联网数据，为以数治税提供有力支撑。分级举办大数据应用和BIEE专题培训，持续提升数据分析水平。强化数据增值应用，定制开发各类数据产品17个。开展“提示提醒，互信共赢”专项行动，聚焦“五类风险”，明确“四类主责”，推进一体化综合监督体系建设。聚焦重点行业、重要区域，探索开展多税（费）种联动风险防控。（税　宣）

■**纳税服务** 连续3年推出“3075”服务企业专项行动，制定“高质量建设营商环境最佳体验区”30条措施，打造“好地方、税好办”服务品牌。深度融入网格化社会治理体系，“应进尽进”84个为民服务中心。持续推进办税厅“6S”标准化规范化建设，打造7个税邮合作样板点。实施“春雨润苗”助企专项行动，依托“银税互动”为小微企业提供信用贷款75亿元。发布《纳税人“不见面”办税操作指引》，全面落实线上办税“一揽子”措施，非接触办理率98%，“江苏税务App”户均业务量0.74笔，用户活跃度居全省第一。建立企业注销网上服务专区。优化“企业开办一件事”流程，打造智慧办税“云平台”，通过人脸识别、人工智能等开展“可视化”辅导，实现电子税务局全流程“云帮办”。（税　宣）

金融管理

■**金融供给** 2021年，扬州银保监分局实施“银行业保险业服务实体经济提升工程”，打造“好地方事好办”的服务品牌，开展5个“专项行动”。至年末，各项贷款余额7143.63亿元，比年初增长13.49%，其中全市制造业贷款余额1020.89亿元，比年初增长17.9%；全年保险金额10.87万亿元，增长23.56%。金融支持科技创新、乡村振兴、绿色发展等方面成效显著。知识产权质押融资业务取得突破，银行机构新增知识产权融资贷款88户9.43亿元，全国建行系统“云知贷”线上产品首笔50万元落地仪征；“千企联千村 共走振兴路”金融服务行动进一步深化，18项保险需求得到满足，承保金额1.82亿元，6个试点乡镇3批次116个融资项目，24.05亿元融资需求得到满足，全市普惠型涉农贷款余额较年初增长19.6%（不含贴现），高于各项贷款增速5.92个百分点；绿色金融产品创新进展顺利，成功投放扬州市首批排污权抵押贷款400万元，对全市305个长江经济带重大项目、大运河扬州段文化保护重点项目授信646.76亿元。

（朱文娇　屠志婷　王晨诗）

■**服务实体经济** 聚焦制造业，开展园区金融服务、制造业强链、小微企业优化服务、园区服务模式创新4个专题活动，助力35个县域园区“二次创业”。制造业贷款占比扭转连续8年下滑势头，比年初上升0.53个百分点；贷款增速为2013年以来最高，其中制造业中长期贷款增速51.82%，高于省均11.79个百分点；全年累放利率4.4%，下降0.24个百分点。聚焦小微民营，在新冠肺炎疫情不利影响下，快速推进首贷扩面对接工作，建立定期推送实体经济白名单的常态化银企对接工作机制。至年末，小微企业首贷扩面对接促成率9.32%，居全省第一位；普惠型小微企业贷款余额1010.42亿元，比年初增长24.97%；贷款户数新增1.65万户，其中首贷户增加3593户；普惠型金融重点领域贷款占各项贷款余额的15.47%，居全省第五位；全年普惠型小微企业贷款累放利率5.26%，下降0.36个百分点。

（朱文娇　屠志婷　王晨诗）

■**金融抗疫** 7—9月新冠肺炎疫情期间，扬州市推出加大信贷投放、开辟绿色通道、减费让利等8项举措，为全市抗疫情、保企业、促发展提供金融服务。银行机构累计发放公司类贷款2.7万笔187.14亿元，其中普惠型小微企业贷款1.71万笔148.27亿元；信用贷款2.38万笔51.04亿元；无还本续贷1696笔13.44亿元；延期还本4766笔72.6亿元。对79户防疫企业发放4.45亿元贷款、322户民生类企业发放5.07亿元贷款。保险机构累计处理3.34万件赔案，理赔3.01亿元；向医护工作者和抗疫一线人员、志愿者赠送新冠传染病保障保险超5000份，总保额13亿元。全市银行保险机构累计减免利费1.06亿元，捐资（物）1284.92万元。

（朱文娇　屠志婷　王晨诗）

■金融风险防控 扬州银保监分局印发常态化推进风险防控“三大”行动方案，全年累计处置不良贷款25.57亿元，其中核销13.11亿元，不良贷款率0.57%，低于省均0.18个百分点。支持法人银行多渠道补充资本，严格控制分红水平。开展经营用途贷款违规流入房地产领域排查，督促机构严格落实房地产贷款集中度管理要求，实现房地产贷款集中度、贷款增速双降。构建隐债风险化解“3+2”工作模式，建立常态化排查机制，督促银行机构履行合规管理和风险防控责任，合规处置存量债务，严肃查处违规抬高平台公司综合融资成本的行为。推进大额授信风险处置，依托债委会工作机制帮扶企业14户，弱化风险8.25亿元。整治市场乱象，推进“内控合规管理建设年”活动，制定屡查屡犯问题整治工作方案，开展影子银行整治、虚假信息专项整治、人身险市场乱象治理、人身险公司销售从业人员清核排查等专项整治工作。对15家机构和21名责任人实施行政处罚，罚没743.89万元，创历年新高；警告21人（家）次，禁业1人次，双罚率100%，比上年提升25个百分点。指导农商行稳妥有序退出自营理财业务，5家农商行存量理财资产在全省范围内率先完成处置工作。

市金融监管局着力化解债务风险，协助做好年化成本6%以上、期限5年以内政府隐性债务的化解和置换工作。全市银行机构贷款不良率0.57%，比年初下降0.05个百分点。基本完成仪征玉丰银行改革重组工作，树立全国包商银行系风险化解的典范。形成债券领域风险防范处置工作机制，牵头开展公开市场到期债券风险专项排查。落实房地产企业融资“三道红线”、贷款集中度管理，高度关注恒大债务风险，全市房地产贷款余额、个人住房贷款余额增速比上年均有所下降。发挥民营企业融资会诊帮扶机制，“一对一”帮助五彩世界、晶澳光伏、方正铜业、润华电缆、东晟新诚等企业解决融资需求近10亿元。 （银保监 包 智）

■融资服务 市金融监管局召开扬州（广陵）政银企合作发展大会，合作资金规模736亿元，惠及项目91个。帮助扬州经济技术开发区企业与8家银行签订合作协议，授信金额约20亿元。在邗江、广陵分别举办银企对接会，详细解读金融助企纾困政策，组织12家市级银行与34家企业现场签约授信18.84亿元。全市融资担保在保余额85.4亿元，比上年增长30%；支小支农占比90%，提高12个百分点；在保户数4118家，小微企业和“三农”占比97%，提高24个百分点。8家政府性融资担保机构在保余额、户数均提高13个百分点。争取省财政厅普惠金融发展专项资金3164.75万元，市级财政安排保费专项奖补资金1600万元，平均担保费率降至0.68%，累计减免担保费用约3513万元。对接省信用再担保公司对支小支农比例再担保业务定向降费，推行信用反担保，免除抵押、质押担保措施。在邗江、仪征试点“园区保”项目规模达18亿元。召开全市金融工作推进会，要求金融机构降低融资门槛，压降融资成本。7—9月新冠肺炎疫情期间全市银行机构累计向1.58万户企业提供200.45亿元贷款，共为企业减免融资相关费用近2000万元。全市企业贷款利率4.77%，下降12个基点，其中全市普惠型小微企业贷款平均利率5.07%，下降31个基点。配合市财政局用好应急转贷基金，累计为1667家（次）企业提供95.39亿元转贷服务。 （包 智）

■金融服务平台 升级改造扬州市综合金融服务平台，筹建征信公司。将平台建设列入省高质量考核个性指标，分解落实各县（市、区）、功能区平台注册授权企业任务。扬州市综合金融服务平台企业注册5.71万家，当年新增超1.6万家，注册企业占比20%；平台普惠贷款余额180亿元，比上年底净增97亿元，覆盖面占比15%，提前完成省考核全年目标任务。 （包 智）

■小额贷款公司运营规范 市金融监管局印发小贷公司资金头寸调剂业务指引，加强小贷公司新批设立与减少注册资本管理，对30家小额贷款公司进行现场专项检查。组织赴省金农、金创公司学习。协调推进泰和农贷、和顺农贷、阳光小贷、金海科贷、嘉禾农贷等5家小贷公司与成都新希望科技金融公司开展创新业务合作。全市小贷公司共为各类市场主体提供资金131.17亿元。 （包 智）

■典当行业健康发展引导 鼓励典当行回归本源，专注细分领域，培育差异化、特色化竞争优势，进一步降低综合融资成本，满足小微企业、居民个人短期、应急融资需求。约谈3家新开业典当企业高管，组织知识水平考试，实施为期半年的跟踪监管，重点监督是否存在抽逃注册资本、违规违法经营、倒卖经营资质等情况，把好市场准入关。至年末，全市共有典当行23家，注册资本7.2亿元，典当余额6.5亿元。 （包 智）

■金融组织监管 把好地方金融组织入口关，指导扬州现代金融投资集团设立全市首家商业保理公司。对地方金融组织实行名单制管理，公示14家疑似失联、空壳融资租赁企业名单。完成22家中基协备案私募投资机构排查检查工作，对432家涉嫌非法私募基金机构进行摸底排查和分类统计。进一步压缩农民资金互助合作社业务规模，社员人数较年初减少2583户，下降56.73%；吸收互助金余额较年初减少4992.16万元，下降39.31%；投放互助金余额较年初减少4400万元，下降29.14%。 （包 智）

■打击非法集资 调整完善防范和处置非法集资领导小组成员单位，印发《扬州市金融突发事件应急预案》《扬州市防范化解重大金融风险问责办法》。集中排查各类企业1185家，梳理排查涉金融类字样企业361家、涉非风险企业12家、涉访涉稳重点企业13家。将非法集资监测预警纳入社会治安综合治理体系，在江都区试点开展“党建+金融”非法金融活动监测预警网格点建设，形成“警格+社会网格+金融网格”三格联动防范体系。加大防范非法集资宣传力度，在“扬州金融卫士”微信公众号开展“学法用法靠大家、防非处非护小家”有奖知识竞答活动，提高群众风险防范意识。持续开展打击非法集资专项整治行动，通过列入异常、关闭、迁出等方式，加大打击处置，及时出清风险。先后约谈恒昌汇财、平安普惠等企业20余家次，对春天实业、中源乐充、明想电子商务等涉嫌集资企业予以打击。在全省率先实现非法集资陈案处置攻坚战陈案清零目标，2021年新立案数、涉案人数、涉案金额比上年下降。（包　智）

审计

■概况 2021年，全市审计机关完成审计项目140个，被采纳审计建议462条，促进被审计单位制定整改措施22条，提交审计专题报告、综合性报告和信息简报61篇次，提交宣传稿件被上级审计机关和新闻单位采用450余篇次。（吴佳佳）

■政策跟踪审计 开展邗江区长江流域禁捕退捕政策落实情况跟踪审计，审计查出问题全部整改到位。组织全市审计机关实施2020年下半年政府债务和隐性债务风险防范化解专项审计，加大非标业务融资成本审计力度。开展南通市土壤污染防治情况专项审计调查，促进南通市相关部门及县（市、区）出台5项制度。组织全市审计机关开展市本级和江都、广陵中小学教育经费专项审计调查。（吴佳佳）

■财政审计 连续6年将市属功能区纳入市级财政预算执行审计范围，认真落实中共中央、国务院《关于全面实施预算绩效管理的意见》和国务院《关于进一步深化预算管理制度改革的意见》，加强与功能区、一级预算单位沟通衔接，细化统筹融合审计事项。连续4年实施一级预算部门预算执行全覆盖审计，2021年共查出8个方面22类问题，促进项目资金拨付到位。（吴佳佳）

■经济责任审计 2021年，市审计局对16名市管党政主要领导干部和国有企业领导人员实施经济责任审计。根据省审计厅授权，实施姑苏区地方党政领导干部经济责任审计。统一组织高邮、仪征、江都、邗江、广陵等5个县（市、区）审计机关开展县（市、区）公安局局长、法院院长经济责任审计。出台《关于规范市管主要领导干部经济责任审计工作有关事项的通知》，从制度层面规范全市经济责任审计组织协调、文书格式、质量管控和结果运用工作。（吴佳佳）

■政府投资项目审计 开展扬州世界园艺博览会参展项目专项资金审计，促进专项资金规范使用。开展扬州中国大运河博物馆2021年度建设和管理情况跟踪审计，重点关注工程管理情况、资金管理情况及投资领域“放管服”改革等政策执行情况。开展扬州市房屋征收（拆迁）领域专项审计调查，查出各类问题58个。（吴佳佳）

■民生审计 2021年，全市审计机关加大对惠民政策、民生资金和项目的审计力度，为解决发展不平衡不充分问题提供审计方案。按照省审计厅统一部署，采取“上审下”的组织方式，对高邮和宝应保障性安居工程资金投入和使用绩效情况进行审计，推动宝应县公租房实行常态化分配，高邮市一保障性住房安置小区空置房源得到合理分配。（吴佳佳）

统计

■概况 2021年，全市统计系统稳步实施统计改革、监测服务、依法治统、强基固本等重点任务。经核算，全市实现地区生产总值6696.43亿元，按可比价计算，比上年增长7.4%。其中，第一产业实现增加值317.18亿元，增长3%；第二产业实现增加值3207.37亿元，增长9.2%；第三产业实现增加值3171.87亿元，增长6.2%。三次产业结构调整为4.7:47.9:47.4。（王欣歌）

■重点领域统计改革 制定《扬州市省级以上开发园区年度地区生产总值核算方案》，助推园区“二次创业”高质量发展。推进数字经济统计监测研究工作，试算全市2020年度数字经济增加值及核心产业增加值。制定印发《扬州市部门综合统计一套表制度》，科学整合高质量发展、社会经济基本情况、生态环境、妇女儿童发展等统计监测和农业、旅游、文化、邮电等专业统计报表。各项试点工作稳步推进，优化“三新”（新服务业、战略性新兴服务业、高技术服务业）统计调查工作，规范网络零售企业入统业务，健全文化企业质态跟踪监测机制，改革限额以下批发和零售业单位抽样调查统计报表制度，“金样本”单位挂牌实现全覆盖，推进知识产权产品投资统计改革，开展全市知识产权产品投资统计月度监测工作。（王欣歌）

■统计监测服务 开展高质量发展共性指标的组织协调和落实推进。围绕“323+1”先进制造业集群、战略性新兴产业及高质量发展考核指标体系中的相关指标、薄弱项目，开展针对性监测分析。加强在建项目的投资监测、产业项目的运行监测和重大项目的效益跟踪监测。按月开展统计调查研究工作。全年共形成上报各类统计信息176篇、各类调研分析93篇、统计专报27篇、调研报告25篇、《全市经济运行情况分析》12期、《扬州经济运行报告》4期。其中，被市领导批示18件次，被国家统计局网站采用20件次，被《江苏统计》《扬州通讯》《政讯》

《内参》《快报》及《调研参考》等刊物采用29件次。配合市委、市政府召开经济形势分析会11次，形成统计专报12篇、统计分析和地区评价材料20余篇，为市、县两级党委政府推动经济社会发展提供统计依据和科学参考。（王欣歌）

■统计普查调查 推动第七次全国人口普查后续工作，召开新闻发布会，及时发布普查主要结果，开展课题研究，形成《扬州市人力资源状况分析》等多个科研成果。承接“扬州市区居民绿色出行情况及服务满意率调查”“扬州市居民阅读指数电话调查”“扬州市区公交乘客满意度以及公交服务质量调查”等调查项目17个，调查样本1.5万余个。受省统计局委托，开展“苏北改善房所群众满意度调查”。（王欣歌）

■“四上”企业申报 成立“四上”企业（指规模以上工业企业、资质等级建筑业企业、限额以上批零住餐企业、国家重点服务业企业等四类规模以上企业）申报工作领导小组，并将“四上”企业入库数量列入扬州市对县（市、区）高质量考核中。市统计局争取财政5000万奖励资金对入库企业进行奖补并通过会议、专报、通报等形式压实部门和县（市、区）责任，形成《培育壮大“四上”企业 助推经济高质量发展》调研报告。2021年全年新增入库企业2666家。（王欣歌）

■基层基础建设 加大财政经费投入，全面启动市县联动、分级负责、分类实施、线上线下结合的全市一线统计人员万人大培训。打造扬州市统计经济社会数据中心，全面提升统计数据服务质量和统计监测分析能力。联合国家统计局扬州调查队制定挂钩联系县（市、区）统计工作制度，开展常态化的调查研究、业务指导。围绕高质量发展监测和地区生产总值统一核算改革等中心工作，建立并实施扬州市部门综合统计一套表制度。（王欣歌）

国有资产监督管理

■概况 至年末，市属国企资产总额1941.35亿元，比上年增长8.25%；所有者权益总额730.2亿元，增长2.86%。全年累计实现营业收入282.79亿元，增长7.74%；实现利润总额29.44亿元，增长47.83%。（陆海兵 赵蓓 洪韵）

■国企改革发展 市委、市政府成立扬州市国有企业改革领导小组，印发《扬州市国企改革三年行动实施方案》。市国资委将实施方案细化为128项改革任务，将企业实施方案落实工作纳入市属国有企业负责人经营业绩年度目标考核任务，协调市纪委等部门共同开展全覆盖的专项督查。至年末，市国企改革三年行动总体工作量完成83.5%，其中市属国有企业总体工作量完成90%以上。督导县（市、区）加快推进全民所有制企业公司制改革工作，于10月提前完成省国资委下达31家企业公司制改革任务，完成率100%，完成进度位列全省第三。推动市属国有企业参与市政府重大项目建设，市属国有企业投资项目共135项，年度计划投资额229.52亿元，其中政府投资41项、83.77亿元。至年末，市政府项目完成投资85.94亿元。对城控集团等6家企业开展“三外”投资“穿透式”检查，督促企业认真整改，提高企业投资管理水平。（陆海兵 洪韵 董嫒琳）

■国有资本经营预算 2021年，市国资委进一步规范市属国有企业国有资本经营预算的编报和管理，做好国有资本收益收缴。2021年度市属国有企业国有资本经营预算建议草案经市人大常委会通过后，市属国有企业执行国有资本经营预算，按时足额上缴国有资本收益1.57亿元。配合市财政局做好城控集团、建工控股等6家企业合计1.27亿元国有资本经营预算支出工作，并完成上缴社保3000万元。（陆海兵 洪韵 纪媛媛）

■国有企业督查 开展市属国有企业合同管理合规情况专项检查，重点关注制度建设、合同签订、合同管理、合同纠纷等4个方面，共抽查企业合同1180份，发现问题27条。9月，针对合同管理、业务接待、发放津补贴、“三外”投资等开展专项检查，发现问题38条，至年末完成整改36条，剩余两条问题列入长期关注事项。通过整改，市属国有企业共建立完善规章制度28个，清退违规费用57.3万余元。安排专职监事与14家会计师事务所对接，参与2020年度市属国有企业和委托管理企业财务年报审计和清产核资审计项目，走访企业63家185次，发现问题104项。制定《国有企业专职监事专项经费使用管理办法》。组织召开市属国有企业监事会10次，列席企业党委会15次、董事会14次，密切关注企业重大经营事项。组织专职监事配合国资委业务处室开展管理层薪酬、利息资本化、合同合规管理、津补贴发放等专项检查10次。（陆海兵 洪韵 倪家东）

价格监督管理

■价格调控 2021年，扬州市居民消费价格指数（CPI）比上年增长1.5%，完成不高于省定目标任务。强化新冠肺炎疫情期间重要民生商品的保供稳价，市区直供蔬菜包累计配送近20万份，投放省、市两级储备肉450余吨。用好新冠肺炎疫情期间省紧急调拨的价格调控专项资金，其中一次性价格补贴219.02万元、联谊批发市场保供稳价补贴280万元、联谊批发市场商户补贴136.71万元、政府蔬菜包补贴45.6万元。应对市民抢购米面油，做好重要节日期间保供稳价。11月，启动物价上涨联动机制，发放临时价格补贴约360万元，惠及困难群体约5.8万人。（范羽）

■**资源性产品价格改革** 深化电价改革，取消工商业目录销售电价，推动工商业用户全部进入电力市场，按照市场价格购电。推进天然气价格改革，全面评估居民阶梯气价政策效果，疏导工商业天然气终端销售价格。针对煤炭价格持续大幅上涨实际，先后两次联动上调蒸汽销售价格。（吴　辉）

■**房价备案管理** 落实房住不炒，做好房地产宏观调控。应对土拍封顶价上调，优化调整备案原则相关专业细节。组织岩土、结构、造价等相关专业专家，通过座谈和实地查勘，修订扬州市区房地产项目桩基工程及基坑支护备案价格原则。修订备案原则中关于杭集、湾头等偏远乡镇的定位视同主城区对待。修订备案原则中绿色建筑激励补偿标准。妥善处理涉房价格及其构成的信息公开、咨询投诉。全年共备案房地产项目59个126批次，共计280万平方米。（宋　晓）

■**宜游城市建设服务** 参照往年市委、市政府“3号文件”的要求，明确瘦西湖、大明寺、个园、何园、茱萸湾、扬州八怪纪念馆、琼花观、阮家祠堂、吴道台宅第、张玉良纪念馆、逸圃、李长乐故居、华氏园、街南书屋等景区淡旺季门票价格。9月新冠肺炎疫情结束后，联合市文广旅局出台《关于全市旅游景区实施阶段性门票价格优惠的通知》，鼓励实行政府指导价的景区门票价格适当下浮。受理并批准瘦西湖景区申报的晚间“二分明月”沉浸式演出门票价格的备案。在“五一”小长假、“国庆”黄金周等旅游旺季和法定节假日期间联合市价格监测中心开展酒店客房价格日报制度，同时联合市市场监管局对各景区门票价格及景区周边的经营服务价格进行检查。（宋　晓）

■**成本监审和农本调查** 做好重点定调价项目的成本调查工作。完成污水处理成本监审工作，启动自来水成本监审工作。落实各项农本调查任务，完成全品种常规调查，农户种植意向、存售粮、购买农资的专项调查，主要农作物成本预测工作，上下半年规模生猪成本调查，油菜籽、小麦、粳稻、设施蔬菜种植收益等调查任务。深入基层，在春耕备耕期赴农调户开展农资价格情况调查。每月开展生猪出栏、批发、零售情况及生猪养殖户成本收益的情况调研。（康　磊）

■**收费监管** 贯彻国家及省收费政策，公布《2021年扬州市行政事业性收费项目目录》《扬州市考试考务费项目目录》及《扬州市政府定价的经营服务性收费目录》。2021年收费总额32.19亿元，比上年增加7.02亿元，增长27.88%，主要原因是将72家中小学校和幼儿园、3家社区卫生服务中心首次纳入统计。收费总额占全市一般公共预算收入9.3%，增加1.9个百分点。（李有华）

■**清费减负** 清理规范水电气暖行业收费，共取消供水管网试压费、复表工料费等9个收费项目，年减轻用户负担1818万元。全面降低大工业和一般工商业电价，1—10月，累计减轻企业用电负担5.19亿元。7—9月新冠肺炎疫情期间，推动供电公司严格落实“苏政30条”电价优惠政策，共减轻用户负担0.4亿元。（吴　辉）

■**价格认定** 办理涉刑事案件42件（不含不予受理事项），涉案金额40.15万元；办理纪检监察案件3件，涉案金额231.74万元，无一件向上级价格认定机构申请复核。通过涉税价格争议和认定网上平台，处理涉税价格争议307件，涉税金额4.26亿元，计税价格标准平均提升19.48%；办理个案认定2237件，涉税金额21.12亿元，计税价格标准平均提升22.95%。受理房产处置价格合理性审查29件，公务用车处置1件。（康　磊）

■**价格争议调解** 建立健全“总对总”在线诉调对接机制，起草市中级人民法院、市发改委《关于建立价格争议在线诉调对接机制的通知（讨论稿）》，明确诉调对接的范围、方式和人员及经费配备方案；向全市价格认定系统推广“仪征模式”，主动与当地人民法院开展诉调对接工作，逐步介入法院诉前调解工作。（康　磊）

■**价格监测** 全年累计采集上报国家和省数据11万条，报送数据正确率100%，完成各类监测分析预警报告201篇。7—9月新冠肺炎疫情期间坚持42天每日现场采集物资供应和销售价格数据，向国家和省提供扬州第一手情况，较好完成保供稳价任务。启动房地产、生猪、蔬菜等专项监测，加强煤炭、水泥等重要生产资料监测，新增25家重点工业企业原材料、产成品和企业预期价格监测任务。围绕缓解游客订房难、住宿价格贵等问题，实施为民办实事，重大假日期间累计25天公开酒店客房价格及预定率。市发改委价格监测中心获2020—2021年度全国价格监测先进单位。（范　羽）

市场监督管理

■**概况** 2021年，市市场监管局蝉联“全国文明单位”称号，被国务院食品安全委员会表彰为“全国食品安全工作先进集体”，获省政府推动“放管服”、商事制度改革工作成绩突出地方督查激励，被市委、市政府评为“特别贡献单位”“营商环境工作先进集体”。市消协再获“全国消费维权先进集体”称号。全年新登记市场主体7.53万户，总量62.18万户。市场监管体制改革向纵深推进，整合组建知识产权保护中心、检验检测中心、市场监管服务中心、市场监管综合行政执法监督局，直属单位由13个精简至6个，并增设民营经济发展处。持续加大“放管服”改革力度，推行企业住所“负面清单”制度，深化“一照多址”“一址多照”改革，放宽市场主体住所登记条件，全市实现

11月4日，2021年长三角市场监管联席会议在扬州召开

扬州发布/供稿

企业开办6个环节事项0.5天办结，企业开办全过程零收费。推进企业简易注销，上线企业注销"全链通"，建立注销网上服务专区。突出放管结合，依托市公共信用信息平台大数据分析应用系统，探索推进双随机抽查事项精准分类管理。（郭　延）

■**质量强市**　培育"江苏精品"认证企业，17家企业入围全省重点培育名单，获证4家。4家企业入围省质量信用评价AAA级、9家企业入围AA级名单公示。近500人次参加首席质量官培训。举办第11届市长质量奖颁奖仪式，4家企业获"市长质量奖"。江都水利工程管理处获第四届中国质量奖提名奖，实现扬州市质量领域的历史性突破。江都区无形资产发展推进中心"一站式"质量服务窗口项目获批全省首批试点。新增认证获证企业222家、有效证书837张，全市累计获证企业和组织6147家、有效证书2.14张。（郭　延）

■**标准化工作**　创新推行企业标准总监制度，首批52家企业标准总监获聘上任。围绕增强产业发展话语权，引导企业制定国际标准3项，主导和参与制定国家标准25项、行业标准14项。开展国家和省级标准化项目建设，全年新增国家级和省级试点项目8个，其中生态科技新城杭集高新区成功入选第二批国家级消费品标准化试点项目，系全省唯一试点区域。（郭　延）

■**广告业发展监管**　全市广告经营单位有2772家，其中规模以上广告企业53家。扬州经济技术开发区智谷科技综合体成功创成江苏省广告产业园区，并建设广告产业公共服务平台，获质量强省发展奖补专项资金。（郭　延）

■**特种设备安全**　全市672千米长输管道的11家使用单位建立台账，整理有效检验报告28份。推动使用移动式压力容器信息化系统，实现自动采集上传保存充装记录。加强"96333"电梯应急处置服务平台建设，救援覆盖全市所有乘客电梯。邗江区建成电梯安全监管物联网平台。（郭　延）

■**重点产品质量安全**　严抓疫情防控物资监管，监督抽查民用口罩、熔喷布、消毒剂、一次性民用防护服等4类产品51批次，合格37批次，对不合格产品生产销售企业依法立案查处。开展燃气器具及配件产品质量安全专项整治，检查燃气器具生产销售单位240余家，发放行政提醒书151份，发现存在问题单位19家，立案查处3家。完成年度市级质量监督抽查工作，涵盖电线电缆、危化品、消防产品等53种632个批次产品，合格率92.09%。（郭　延）

■**"双随机、一公开"监管**　市政府办公室印发《关于完善"双随机、一公开"检查机制的实施意见》，探索推进双随机抽查事项精准分类管理。全市各地各部门抽查市场主体1.86万户，制定执行跨部门联合抽查任务177次。全年累计归集涉企信息4.42万条，其中行政许可4.12万条、行政处罚1017条、抽查检查信息1976条。企业年报率94.8%，创历史最好水平。（郭　延）

■**消费维权**　建立反不正当竞争工作联席会议制度，立案查处不正当竞争案件61件。强化消费者权益保护，推动"12315"与"12345""双号并行"，受理诉求1.2万件，为消费者挽回经济损失415.78万元。推进线下实体店无理由退货工作，为消费者退货1.4万件，退货金额198万元。启动美丽乡村放心消费创建，201个单位获省市放心消费创建先进(示范)单位称号。（郭　延）

■**食品药品安全**　全年共完成食品抽检4.17万批次，实施风险监测579批次，开展食品小作坊、冷冻饮品、餐饮具等专项抽检近1000批次。新建综合性食用农产品检验检测中心，在1家蔬菜批发市场、3家屠宰场及61家农贸市场建成肉菜追溯系统。提升改造7家农贸市场，50家农贸市场完成视频监控系统安装，全市680余家学校食堂、113所养老机构食堂实现"互联网+明厨亮灶"全覆盖。严格排查疫苗等风险隐患，检查零售药店、医疗器械经营企业、医疗机构4644家，移交立案查处82家，上报不良反应报告6166份、医疗器械不良事件2668份、药物滥用报告159份。开发建设药械经营企业信息化系统和移动监管App，启动与连锁企业药械购销存数据对接和部分药械经营企业试用。（郭　延）

■**药品化妆品监管**　全市共有药品化妆品生产和药品批发连锁企业（单位）150家，其中药品生产企业25家、药包材辅料生产企业17家、医院制

2021年扬州市药品生产经营使用单位情况表

表13-3　　单位：家

地　区	小　计	药品生产企业	药用辅料生产企业	药用包装材料生产企业	医院制剂室	放射性药品使用单位	药品批发企业	药品零售连锁企业
合　计	79	25	1	16	6	4	13	14
市　区	53	18	0	9	2	4	10	10
宝应县	8	1	0	2	2	0	1	2
仪征市	5	0	0	3	0	0	1	1
高邮市	13	6	1	2	2	0	1	1

注：仅指与省药监局扬州检查分局监管职责相关的涉药单位　　（戴兆慧）

2021年扬州市医疗器械化妆品生产企业情况表

表13-4　　单位：家

地　区	医疗器械生产企业				化妆品生产企业
		第一类企业	第二类企业	第三类企业	
合　计	332	187	116	29	71
市　区	287	161	99	27	68
宝应县	11	7	3	1	0
仪征市	20	11	8	1	0
高邮市	14	8	6	0	3

（周　进　江　星）

剂室6家、放射性药品使用单位4家、药品批发企业13家、药品零售连锁总部14家及化妆品生产企业71家。省药监局扬州检查分局全年检查药化生产企业78家次，开展GMP（《药品生产质量管理规范》）符合性检查10家次；开展中药制剂、流通监管、含兴奋剂药品等专项检查，现场检查56家次，立案查处4家；检查特药生产经营企业14家次，放射性药品使用单位2家次，发现各类缺陷18项，未发生特殊管理药品流弊事件；联合市食品药品检验检测中心召开风险会商会、提示会5次，约谈企业负责人3家次，发出告诫信4封、行政提示函52份，开展儿童化妆品专项抽检6批次。

（乔　虹　袁　飞）

■**医疗器械生产监管**　全市共有医疗器械生产企业332家，其中第一类产品企业187家、第二类116家、第三类29家。生产品种分三大类：一是高分子耗材及卫生材料，如麻醉包、输注泵、气管插管、注射器、输液器、导尿管、输氧管、各类手术、治疗、护理包类；二是大型设备类，主要有PET-CT、CT、直线加速器等；三是临床诊疗仪器设备，如监护仪、吸痰机、洗胃机、电动手术台、无影灯等。对8家防疫产品企业进行飞行检查，现场抽样两批，7—9月新冠肺炎疫情期间视频检查65家次；收集风险信息334条，并开展警示提醒；分类分级监管检查企业123家次，责令停产整改3家，立案查处2家，取消备案3家；行政许可现场检查37家次，组织产品注册检查40家次，退审3家；医疗器械国省抽85批次，联合市ADR中心对27家企业负责人进行集中警示约谈。　（周　进　袁　飞）

■**药品医疗器械化妆品稽查执法**　省药监局扬州检查分局开展“雳剑2021”专项行动，推进案件查办，立案67件，一般程序结案46件，简易程序结案9件，货值66.44万元，罚没款769.38万元，移送市监部门案件及违法线索2件，配合市公安部门办理案件5件。协助外地监管部门办理违法案件8件，收到新疆自治区药监局感谢信1封。

（江　星　袁　飞）

■**药械化产业发展监管**　全市药品医疗器械化妆品产业主要集聚在扬州高新区生物健康产业园、扬州健康医疗产业园（广陵头桥医械小镇）和生态科技新城杭集化妆品集中区，3个园区分别有药械化生产企业28家、171家、54家。全年对药品企业搬迁变更、产品恢复生产和质量体系建设开展指导，完成30家次现场或资料审核、6家企业34个品种的注册现场检查及抽样，完成非特化妆品备案后检查864个；举办各类业务培训7期，1030名企业人员参加；鼓励创新研发，江苏艾迪1个一类新药获批上市、1个一类新药通过注册核查，赛诺威盛4个规格型号的CT通过注册检查；联生药获批扬州首家单抗类生物制品生产许可，上市企业江苏联环药业实现整厂搬迁等，扬州高新区生物健康产业园投产和在建项目20余个，医药项目总投资超过200亿元。举办第四届中国扬州生物医药论坛、生态科技新城中国日化医美高峰论坛。4家医药企业获市级现金制造业发展奖励资金。全市在研新药、高端医疗器械27个，其中4个品种取得临床试验批件，两个三类医疗器械产品通过注册现场核查。江苏艾迪抗艾滋病新药ACC007获批上市，复方AC0007片通过现场审核。

（袁　飞）

知识产权管理

■**概况**　2021年，扬州市完成专利授权2.89万件，列全省第七，比上年增长1.6%。其中，发明专利授权1948件，增长30.74%；有效发明专利净增1595件，每万人发明专利拥有量 22 件，增长 18.6%；万人高价值发明专利拥有量 6.44 件，列全省第八；10 年以上高维持有效发明专利 1548 件，发明专利平均维持时间 6.45 年；PCT 国际专利申请 79 件。全市商标申请 2.03 万件、注册 1.84 万件；万企有效注册商标企业数 909.22 件，列全省第八；新增地理标志商标 7 件，地理标志商标总量 32 件，列全省第三。

（郭　延）

■知识产权培育与运用 广陵区成功申报江苏省军民融合区域试点和江苏省知识产权强省建设区域示范，高邮市、仪征市通过江苏省知识产权强省建设示范县（市、区）验收，扬州高新技术产业开发区、高邮高新技术产业开发区通过江苏省知识产权示范园区验收。企业知识产权贯标备案 342 家，通过贯标绩效评价 36 家，新培育市级知识产权优势企业 30 家。成功申报省战略推进计划项目 1 家、省地理标志运用促进项目 1 家、市高价值培育项目 2 家、市战略推进计划项目 10 家、市“正版正货”项目 6 家、市贯标评优 10 家。

（郭　延）

■知识产权行政执法与维权援助 全年共查处商标侵权、假冒专利行政处罚案件 115 件。公布 2021 年度全市高知名度商标和专利重点企业保护名录。开展专利侵权行政裁决联合执法行动，全市专利侵权行政裁决案件共立案 40 件，结案 39 件，完成省营商环境考核指标的 200%。加强知识产权保护体系建设，组建成立扬州市知识产权保护中心，推进高邮智慧照明知识产权快维中心申报工作。完善知识产权多元纠纷解决机制，建成市知识产权纠纷人民调解委员会、知识产权仲裁中心，设立省知识产权维权援助中心分中心及各县（市、区）维权援助分中心。知识产权维权援助移送案件 23 件，调解纠纷 23 件，入驻展会（含线上、线下）实施监管服务 3 次，出具电商平台侵权判定意见书 210 件。（郭　延）

■知识产权服务 推进知识产权服务业集聚区建设，扬州大学创成国家知识产权局全国专利文献服务网点、高校国家知识产权信息服务中心、省级知识产权公共信息服务网点。初步建成知识产权大数据平台并试运行。设立国家知识产权局商标业务扬州受理窗口。推动知识产权价值实现，推进质押融资、专利实施许可与转让等工作，全年共完成专利实施许可与转让合同备案 2509 件，完成质押融资项目 88 件，质押融资总金额 9.43 亿元。组织开展 4 批非正常专利申请专项整改，对非正常申请专利逐一过堂，推动当事人主动撤回非正常专利申请，做到应撤尽撤。（郭　延）

信用体系建设

■概况 2021 年，扬州市出台《扬州市“十四五”社会信用体系建设规划》，印发《扬州市全面推行证明事项告知承诺制工作方案》《扬州市完善失信约束制度构建诚信建设长效机制的实施方案》等文件，信用平台建设、信用监管、奖惩应用、政务诚信等工作被列入重点改革任务，进行专项督查考核。扬州市获评国家第三批社会信用体系建设示范区，被国家发改委作为信用建设示范区典型经验宣传推广。获全国信用信息平台网站观摩决赛市级组第一名，信用平台网站获“全国示范平台网站”，“江苏扬州：为‘好地方’筑牢信用底座”被“源点信用”在全国推广。扬州市“一房一价”价格备案承诺书获评市场类“全国信用承诺书示范样本”。2021 年扬州市城市信用监测月度平均排名在全国 261 个地级市中列 25 位。（高秀丽　胡　健）

■创成国家信用建设示范区 2021 年 3 月 20 日，国家发改委启动第三批社会信用体系建设示范区创建工作，创建指标共 69 项，涉及扬州市 43 家市直单位和 6 个县（市、区）及 3 个功能区。市发改委统筹推进，市政府召开动员会，印发创建工作方案，成立创建专班，抽调人员集中办公。最终以优异成绩创成国家第三批社会信用体系建设示范区，被国家发改委作为示范创建典型经验推广，被《新华日报》《中国信用》等主流媒体宣传。此次创建共 85 个城市（含直辖市区和县）符合条件参加，指标要求高、任务多、涉面广，最终仅 34 个城市创成，扬州市创建工作受到国家发改委办公厅和省领导批示表扬。据源点信用统计，至年末，国家社会信用体系建设示范区全国城市示范率仅 7.4%。

（高秀丽　胡　健）

■平台网站建设 实施“信用大数据公共服务应用”项目，各级政务服务大厅接入信用平台和信用门户网站，实现归集、服务、公示、监管一体化。建立信用信息年度发布目录、季度培训、月度通报、每日监控的工作督查机制。在全国率先将统一社会信用代码重错率降为零。平台累计归集信用信息 4.16 亿条，为 3.89 亿自然人、2709 万法人和非法人组织建立公共信用档案，覆盖国家、省目录全部事项，涵盖水电气、社保、纳税、公积金等特定信息，归集“双公示”信息 248.7 万条。

（高秀丽　胡　健）

■信用服务 信用查询、审查、异议、修复全面“线上办、掌上办”，累计向市场主体提供信用查询报告 3.1 万份，为 36 个部门提供 8.9 万次批量信用审查服务。开设失信治理专栏，设置线索举报栏目，接受社会举报，并流转部门处置。全年举办企业信用管理培训 3 期 120 人次，完成对 48 家省市信用管理示范企业的复核，6 家企业被取消资格，120 家企业通过信用管理培训，12 家企业被认定为市级信用管理示范企业，2 家企业被认定为省级信用管理示范企业。加大信用修复力度，举办企业信用修复公益性培训 16 期 1313 人次，信用修复初审通过率居全省前列。7—9 月新冠肺炎疫情期间，在全省率先将信用修复初审时间压缩到0.5个工作日，全力助推企业尽快重塑信用，为失信企业提供7723批次的信用修复服务。（高秀丽 胡 健）

■信用承诺闭环管理 扬州市率先在全省出台全面推行证明事项告知承诺制工作方案，在户籍管理、市场主体准营、资格考试、社会保险、社会救助、健康体检、法律服务等方面制定规范信用承诺书格式，开展告知信用承诺，在信用扬州网站公示，全面及时归集信用承诺及践诺履约信息320万条。将相对人承诺履约情况纳入对应主体信用档案，作为事中事后监管的重要依据。扬州市“一房一价”价格备案承诺书获第二届全国信用承诺书市场类示范性案例。（高秀丽 胡 健）

■信用分级分类评价 普及行业信用监管应用，在安全生产、生态环境、税务、金融、医保等21个领域的48个行业推行信用分级分类监管。2021年，农资经营主体、农田项目建设、粮食经营者、医疗卫生、企业债券风险、医疗保障定点机构医师等8个领域新增信用分级分类监管制度。组织18个部门在19个重点领域实施信用监管示范工程。市市场监管局“食品安全监管新模式”被表彰为“江苏省法治建设创新奖”；扬州海事局“智慧+信用”监管模式被中国信用、人民网宣传推广；市市场监管局运用信用监管清理整顿人力资源市场秩序工作受到国家级表彰。（高秀丽 胡 健）

■信用奖惩 构建以信息查询应用为指引、规范失信行为认定、实施联合奖惩的“三位一体”联合奖惩机制，要求各地和部门依法依规将联合奖惩应用于评优评先、财政资金补助、公共资源交易、行政审批、金融信贷及公共服务等领域。联合奖惩系统接口2021年被调用35万次，累计产生各类联合奖惩案例3.6万余例。开展严重违法失信问题攻坚行动，聚焦中央提出的市场秩序、扶贫脱贫、国家考试作弊、交通运输等10个重点领域，逐一梳理治理措施和对象，边排查边整治，边治理边完善，构建长效治理机制。对43家“屡禁不止、屡罚不改”的严重违法失信主体实施整治，违法失信企业台账退出率100%；全面完成170家涉及信用管理企业的排查任务。全市法院共纳入失信被执行人3614人次，限制高消费1.37万人次。（高秀丽 胡 健）

■信用信息应用 召开“信易贷”工作推进会2次，举办“信易贷”平台推介活动12场，平台注册企业5.7万家，比上年增长40%，“信易贷”规模824亿元，新增放款310亿元，其中纯信用放款123.3亿元，增长40%。将信用承诺、信用核查嵌入政务服务平台，实现“政策补贴秒兑付”。依托信用平台机制化开展信用核查，自动筛选符合政策兑付的市场主体名单，市场主体无须提交证明材料，一纸承诺、一键点击即可快速到账，构建“核查—承诺—履约”的应用闭环。“易申报”系统助力惠企项目申报，共有1071家守信企业通过平台申报36类项目，审核发票7.09万张，审核发票金额166.3万元。9月扬州新冠肺炎疫情结束后，“易申报”系统3天内提供的线上备案通道助力95%以上全市规模以上工业企业实现复工复产。（高秀丽 胡 健）

■重点领域信用建设 全面实施政务失信治理清零行动，开展“提升政务诚信 优化营商环境”集中宣传教育月活动，通过政务诚信承诺公示、专题培训、知识竞答、集中宣誓和行风评议等形式，塑造“好地方事好办”的诚信政府形象。市商务局打造扬州市重要产品追溯信息共享交换平台，推进食用农产品、食品、药品等七大类重要产品的流向管理，倒逼企业诚实守信。市市场监管局持续开展网络市场监管专项行动（“网剑行动”）。市商务局举办以“讲好诚信故事 弘扬诚信文化”为主题的“诚信兴商宣传月”活动，引导商家规范经营。市发改委、商务局落实《关于促进家政服务业提质扩容建设“领跑者”行动重点推进城市的实施方案》，开展家政服务领域失信专项治理行动。市人行加快农村信用体系建设，评定信用户41.71万户，授信436.04亿元，用信8.52万户，金额142.14亿元，评选信用镇12个、信用村212个。市中级人民法院严格落实《关于加强综合治理从源头切实解决执行难问题的实施意见》，全面推行“一案一人一账号”制度，对全市法院超期未结执行案件实行登记备案制度。（高秀丽 胡 健）

■信用宣传教育 持续开展“诚信建设万里行”活动，在第16届扬州市民日发布《做诚信市民，为扬州是个好地方助力添彩》倡议书。与扬州广电、《扬州日报》合作，专版宣传《江苏省社会信用条例》。印发《扬州市企业信用服务指南》和“信用扬州”宣传资料。举办“百城万企亮信用——扬州在行动”“普及征信知识 共建诚信社会——征信促融银企对接宣传”“送企业信用服务至园区”“重点领域失信问题专项治理成效展”“放心消费示范药店创建”“‘提升政务诚信 优化营商环境’集中宣传教育月”等较大规模诚信主题宣传活动。

（高秀丽 胡 健）

农业

Nongye

编 辑 庄晓明

综述

■**概况** 2021年，全市粮食种植面积583.05万亩，总产量286.97万吨，粮食生产实现“十八连丰”。油菜籽种植面积24.54万亩，总产量4.77万吨。深入落实“藏粮于地，藏粮于技”战略，新建高标准农田19.3万亩，耕种收综合机械化率84%，仪征市、邗江区纳入省级农业生产全程全面机械化示范县创建序列。加快实施现代种业创新工程，获批省级种质资源保护单位6个、省级优势特色种苗中心20个，“扬麦33”新品种破解抗小麦赤霉病世界难题。持续推动“31113”（力争到2022年，全市建成300万亩优质粮食种植基地、100万亩绿色园艺种植基地、100万头优质生猪养殖基地、100万亩特色水产养殖基地、3000万羽特色家禽饲养基地）农业特色产业基地建设。做好“菜篮子”重要农产品稳产保供工作，蔬菜播种面积稳定在105万亩左右，产量210万吨左右；完成生猪存栏82万头目标任务，生猪出栏114.07万头；家禽出栏5155.84万羽，年末存栏1598.59万羽；禽蛋产量9.51亿吨。水产养殖面积稳定在103.6万亩，水产品产量40.4万吨。

推动农业规模化、标准化、绿色化发展。全市绿色优质农产品比重75.7%，新获证绿色食品40个。实施农业品牌提升行动，打造一批体现扬州特色的“扬字号”产品品

2021年扬州市农林牧渔业分项产值一览表

表14-1　　单位：万元

项　　目	产值（当年价格）
农林牧渔业总产值	5614403
一、农业产值	2587892
1. 谷物及其他作物	894654
谷物	804936
棉花	5
油料	39754
2. 蔬菜园艺作物	1553412
蔬菜（含菜用瓜）	1190218
花卉	31162
3. 水果、坚果、饮料和香料作物	138866
水果坚果（含果用瓜）	115459
茶及其他饮料	23407
4. 中药材	960
二、林业产值	122205
1. 林木的培养种植	76577
2. 竹木采运	41869
3. 林产品	3759
三、牧业产值	598715
1. 牲畜饲养	27746
牛的饲养	7004
羊的饲养	11032
奶产品	9710
# 牛奶	9710
2. 猪的饲养	239085
3. 家禽	298965
4. 狩猎和捕捉动物	—
5. 其他畜牧业	32919
四、渔业产值	1964295
1. 海水产品	—
2. 淡水产品	1964295
鱼类	674373
甲壳类	1157041
贝类	11426
其他	121455
五、农林牧渔服务业产值	341296

（统计局）

牌，全市3个区域公用品牌和10个产品品牌入选省农业品牌目录。推进重大项目早开工、早建设、早达效，在建列省农业农村重大项目共76个，总投资近126亿元。立足农业多种功能和乡村经济多元化，发展休闲旅游、文化体验、农村电商等乡村新业态、新模式，休闲农业综合收入超28亿元，农村电商销售额81亿元，宝应县、高邮市入选国家级电子商务进农村综合示范县。加强农业面源污染防治，开展化肥农药减量增效工作，打造34个省、市级绿色防控示范区，废旧农膜总回收率89.5%，秸秆综合利用率98%，受污染耕地安全利用率在90%以上。根据“打、防、管、控、稳”的工作要求，开展长江“十年禁渔”联合执法行动、百日攻坚行动，出动渔政执法人员3082人次，查办长江流域禁捕重点水域案件89件。

（王伟业　周晨露）

■新冠肺炎疫情期间农产品稳产保供　疫情防控期间，及时发布指导性文件，成立专家团队，线上培训指导1.2万人次，保障生产技术到位率。开展农产品生产动态监测，指导调整生产布局，保障市场供应。建立鲜活农产品“绿色通道”，统筹市农业农村、商务、发改、工信等部门力量，协调办理农资运输通行证1000余份，保障农资供需平衡、不误农时。整理发布待销农产品名录（品种、规模、地址、联系方式），助力销售地产农产品，累计销售库存农产品2563.01吨、商品鸡（鹅）113.08万羽、鸡苗4万羽。

（徐　剑　孙建勇　杨　进）

■种质资源保护与种苗繁育　获批省级种质资源保护单位6家，其中作物种质资源库（圃）2家、畜禽遗传资源基因库1家、畜禽遗传资源保护区1家、畜禽遗传资源保种场2家。获批第二批江苏优势特色种苗中心20个，全市累计42个，其中农作物23个、畜禽8个、水产11个。（孙建勇　杨　进）

■“大棚房”问题专项清理整治行动“回头看”　按照党中央、国务院和省委、省政府部署要求，扬州市成立协调推进小组，分成3个专项行动小组，赴各县（市、区）开展督查4次。共排查各类农业设施4.92万个，面积5.5万亩。采取第三方技术复核与专班行政复核双覆盖，对上轮所有违法违规项目逐一实地检查复核，未发现死灰复燃情况，也未发现新增“大棚房”问题。

（袁　霖　陆佩玲）

种植业

■概况　2021年，围绕“稳政策、稳面积、稳产量”目标要求，克服新冠肺炎疫情和台风“烟花”等不利因素影响，加快农业“五新”（新品种、新农药、新肥料、新技术、新机具）技术推广应用，加强科学田管和病虫绿色防控。全市粮食生产再获丰收，实现“十八连丰”。全年粮食播种面积583.05万亩，比上年增加1.12万亩；总产量286.97万吨，增加0.37万吨。全市蔬菜播种面积105万亩，总产量约210万吨，其中设施蔬菜播种面积28.4万亩，总产量67.8万吨。坚持“产业主导、要素集聚、政策扶持”，强化农业产业园区科技创新和产业融合，不断推进园区建设提档升级。

（孙建勇　杨　进）

2021年扬州市主要农作物播种面积和产量一览表

表14-2

项　目	播种面积（亩）	单　产（千克/亩）	总产量（吨）
农作物总播种面积	7206465	—	—
一、粮食作物总计	5830500	492.20	2869748.36
1. 夏粮	2665500	379.41	1011312
小麦	2626650	382.01	1003408
大麦	5850	297.44	1740
蚕豌豆	33000	186.79	6164
2. 秋粮	3165000	587.18	1858436.36
稻谷	2908500	615.54	1790305.93
中稻	2908500	615.54	1790305.93
单季晚稻	0	0.00	—
双季后作稻	0	0.00	—
玉米	32900	364.44	11989.98
其他谷物	300	300.00	90.00
豆类	196650	221.85	43625.99
薯类	26650	466.21	12424.47
二、经济作物	1375965	—	—
1. 棉花	12	103	1.2
2. 油料	267958	195	52146

续表 14-2

项 目	播种面积（亩）	单 产（千克/亩）	总产量（吨）
花生	13916	225	3129
油菜籽	245426	194	47707
芝麻	8256	152	1252
3. 麻类	—	—	—
黄麻	—	—	—
红麻	—	—	—
苎麻	—	—	—
4. 糖类	300	2620	786
甘蔗	300	2620	786
甜菜	—	—	—
5. 药材	4210	—	—
6. 蔬菜瓜类	975844	2518	2456906
（1）蔬菜	927844	2530	2347399
（2）瓜类	48000	2281	109507
7. 其他农作物	127641	—	—
青饲料	12753	—	—
绿肥	53831	—	—

（统计局）

■惠农补贴 全市规范落实中央耕地地力保护补贴、稻谷生产者补贴、种粮农民一次性补贴等惠农政策，累计发放耕地地力保护补贴资金 3.55 亿元，涉补农户 69.3 万户、涉补面积 295.9 万亩；发放稻谷生产者补贴资金 2.06 亿元，涉补农户 14.3 万户、涉补面积 253.6 万亩；种粮农民一次性补贴 0.73 亿元，涉补农户 22.7 万户、涉补面积 529.9 万亩。（孙建勇 杨 进）

■优质稻米产业 推广优质食味水稻品种，以南粳 9108、南粳 5055 为主的优质食味水稻应用面积 158 万亩，占比 54.3%。突出稻米品牌培育，全市有 11 个产品和品牌在“江苏省好大米”评鉴中获奖；举办扬州市首届“好地方 好味稻”优质稻米评鉴推介活动，参评样品 87 个。挖掘稻作文化，创建江苏省“味稻小镇”，新增省“味稻小镇”3 家，累计建成省“味稻小镇”12 家。（刘绍贵 陈京都 杨 进）

■农作物种子质量抽检 春、秋两季，开展农作物种子质量抽检工作，共抽检水稻、玉米、大豆、小麦、油菜种子样品 253 个，质量均达合格标准。（刘绍贵 陈京都 邵在胜）

■农业产业园区创建 扬州市广陵区现代农业产业示范园、高邮市八桥现代农业产业示范园通过省级专家组认定，获首批江苏省农业产业示范园称号；宝应县国家现代农业产业园 5 月通过农业农村部、财政部国家现代农业产业园创建绩效中期评估，12 月通过国家级专家组验收。（孙建勇 杨 进）

■“菜篮子”基地建设 市级财政补助专项资金 1266 万元用于广陵区沙头镇，江都区吴桥镇、小纪镇，邗江区槐泗镇 4 个市区“菜篮子”基地新建与配套提升。新建与配套提升面积 1185.42 亩，其中新建 105.97 亩、配套提升 1079.45 亩。为保护扬州市地方蔬菜良种，收集扬州豇豆、鹅颈白萝卜、宝应核桃乌、仪征紫菜薹、高邮瓠子等 14 种地方特色蔬菜资源，建立示范基地 6 个、展示基地 1 个，展示配套技术 5 项。（袁 霖 陆佩玲）

宝应县国家现代农业产业园　　市农业农村局/供稿

■**绿色蔬菜产业发展** 扬州市新认定绿色蔬菜产业基地70个，其他认证认可备案的绿色优质蔬菜基地37个，基地面积26.4万亩，绿色蔬菜播种面积47.04万亩、产量86.82万吨、产值46.77亿元，绿色蔬菜播种面积占比44.8%。宝应县在“江苏味美菜园”评比活动中，成为首批十个“江苏省绿色蔬菜产业特色县”之一。 （袁　霖　陆佩玲）

园艺业

■**概况** 2021年，全市果树种植面积6万亩，总产量5.6万吨；开采茶园面积3.3万亩，干毛茶总产量540吨。一批优质园艺产品在世界园艺博览会展赛、第十届中国花博会江苏参展组合盆栽遴选、首届江苏“好鲜菇”品鉴推介、第三届江苏“好西（甜）瓜”品鉴推介活动中获奖。加强园艺作物标准园建设，新增省级园艺作物标准园5个。 （袁　霖　陆佩玲）

■**世界园艺博览会展赛** 4月8日至10月8日，2021年扬州世界园艺博览会在仪征市枣林湾举行。其间，市农业农村局承办插花花艺国际竞赛、江苏省特色园艺活动等11场专项园艺赛事，宝应县泾河镇西瓜协会、扬州奥吉特生物科技有限公司、扬州贵人生态农业科技有限公司、高邮市连标葡萄专业合作社等的优质园艺产品在展赛活动中获特等奖2个、金奖10个、银奖13个、铜奖11个、优秀奖6个、优秀组织奖3个。扬州展区获江苏省室内展区唯一大奖。 （孙建勇　袁　霖）

■**园艺作物标准园建设** 推进绿色优质园艺产品生产供给，加强园艺作物标准园建设。新增5个省级园艺作物标准园，其中蔬菜1个、水果1个、茶叶1个、花卉2个。全市共有园艺作物标准园80个。 （袁　霖　陆佩玲）

2021年扬州世界园艺博览会期间举办插花花艺国际竞赛

市农业农村局/供稿

畜牧业

■**概况** 2021年，全市生猪出栏114.07万头，年末生猪存栏82.24万头，能繁母猪存栏7.34万头，比上年分别增长0.81%、12.89%、2.09%。家禽饲养量4000万羽，保持稳定。现代化生猪养殖集聚区建设持续推进，新改扩建规模猪场5个，新增生猪产能15万头以上。全市生猪规模养殖比重恢复到76.21%；奶牛规模养殖比重100%；肉禽、蛋禽规模养殖比重分别为87.30%、85.50%。 （成　强　张　强　任志强）

■**畜禽粪污资源化利用整治提升行动** 组织开展畜禽粪污资源化利用整治提升行动，列入整治提升清单的33家畜禽规模养殖场全部通过检查认定。扬州市通过省农业农村厅长江经济带生态环境问题“以案促改”畜禽养殖污染问题现场复核检查。对畜禽规模养殖场开展专项抽查，共检查养殖场53家。 （成　强　张　强　任志强）

■**畜牧生态健康养殖全覆盖** 扬州市立华畜禽有限公司（东楼种鸡场）创成部级生态健康养殖示范场，全市创建（复检）省级生态健康养殖示范场25家，标准化生态健康养殖100%。通过创建带动、示范引领，规模养殖成为扬州市畜牧业发展的主体，生态健康养殖成为畜禽养殖新业态。 （成　强　张鹏飞）

■**畜禽遗传资源普查** 全市普查区域覆盖89个乡镇（街道）1407个行政村（社区）的全部畜禽养殖户，系统录入畜禽资源信息234条，涉及畜禽品种68种、群体数量54.8万头（羽），其中包含新发现品种徐海鸡800羽。 （成　强　张鹏飞）

■**动物防疫** 组织开展春、夏、秋三大集中免疫行动，共免疫畜禽1.01亿头（羽）次。开展非洲猪瘟等监测活动，累计监测非洲猪瘟、禽流感等样品3.8万份次，平均免疫抗体合格率90%以上，无病原学阳性。集中开展五次“三灭四消”（灭蚊、灭蝇、灭鼠和日常消毒、重要时点消毒、突击消毒、应急消毒）行动周，消毒2233万平方米，灭害855万平方米。全年未发生一起区域性重大动物疫情。 （成　强　王倩倩）

渔业

■**概况** 2021年，针对新冠肺炎疫情给渔业生产带来的不利影响，及时下发《关于做好渔业生产管理确保水产品有效供给的通知》，加强远程技术指导与水产品生产供应调度，协调解决渔业生产物资运输与水产品销售难问题，做好水产品均衡上市。同时，应对台风“烟花”等影响，抓好渔业生产设施修复，补放水产苗种，恢复灾区渔业生产，保障渔业生产供应。全市水产养殖面积103.6万亩，水产品总产量40.4万吨，比上年增长1.25%，其中特种水产养殖面积82.7万亩、产量28.7万吨。水产品供应平稳有序，价格整体回升，增长10%以上。加强高（邮）宝（应）邵伯湖、长江扬州段禁捕执法工作，阻断非法捕捞、经营销售地下产业链。

（杨显祥　邵泽宇）

第12届放鱼节　　省高宝邵伯湖渔业管委会办公室/供稿

■苗种体系建设　加强水产苗种基地建设和生产管理。全市共有水产苗种场60家，发放水产苗种许可证60本，发证率100%。新认定省级水产良种繁育场2家，复查通过省级水产良种繁育场2家；新认定市级水产良种繁育场4家；入选江苏省水产优势种苗繁育场（中心）4家。

（杨显祥　邵泽宇）

■池塘生态化改造　推进渔业生态健康发展，将池塘生态化改造年度任务指标纳入《全市渔业渔政工作要点》，多次组织督查推进。完成池塘生态化改造面积3.3万亩，新增养殖尾水集中治理示范点11个5893亩，超额完成省农业农村厅下达的任务指标。争取部级财政支持，获中央渔业发展补助资金1915万元，支持邗江区、宝应县养殖池塘生态化改造示范基地建设。

（杨显祥　邵泽宇）

■水产种质资源保护区管护　宣传落实《扬州市渔业资源保护管理办法》，召开长江扬州段四大家鱼国家级水产种质资源保护区管护工作推进会，安装水产种质资源保护区宣传牌3个，印发水产种质资源保护区宣传资料100余份。市农业农村局与市血吸虫病地方病防治领导小组办公室举行长江水生生物保护与管理工作座谈会，建立血防灭螺联动机制，加大水产种质资源保护区水生生物资源保护力度。

（杨显祥　邵泽宇）

■水产种质资源普查　全面完成普查第一阶段任务，共录入养殖主体5996个，水产养殖种质资源物种72种，为国家水产养殖种质资源数据库提供基础数据。

（成　强　颜　慧）

■特色渔业示范基地建设　在市级现代农业专项中设立特色渔业示范基地建设项目，扶持建设特色渔业示范基地4家，打造扬州现代渔业亮点，提升水产品生产能力。

（杨显祥　邵泽宇）

■高宝邵伯湖渔业　2021年，高宝邵伯湖渔业管理落实“能力提升年和数据建设年”各项任务，深化湖区资源调查，提高科学治理水平，优化“1+2”执法体系，湖区治理能力得到增强，水生生物资源得到改善，省高宝邵伯湖渔政监督支队被农业农村部确定为全国农业综合行政执法示范窗口、全国渔业执法信息化试点单位，被省精神文明建设指导委员会授予“2019—2021年江苏省文明单位”称号。

推进湖区治理科学化、制度化。通过湖区本底大调查，不断提高湖区治理水平。湖区水体氨氮浓度达到Ⅱ类水标准，高锰酸盐浓度符合Ⅲ类水标准，总氮、总磷浓度符合Ⅳ类水标准，浮游生物、鱼类、底栖动物等各类水生生物资源较为稳定，鱼类种类较1983年增加1种，保护区内外鱼类种群密度和生物量明显好于禁捕退捕前水平，鲢、鳙、草鱼、银鱼、翘嘴鲌、沙塘鳢和青虾等重要经济物种个体规格均较大幅度提升。完成全湖范围1473块养殖区域的现场核查工作，理清全湖养殖现状，通过细化清单、逐户建档、分类销号等措施，推动对违规网围等问题的整改，3处荒芜水面整改到位。举办第12届放鱼节和“全国放鱼日”活动，开展增殖放流活动7次，共投入资金100余万元，放流各类苗种9302.9万尾。根据水生生物调查结果和湖区渔业发展实际需求，修订《高宝邵伯湖水生生物增殖放流工作实施细则》，规范增殖放流工作标准、程序。启动增殖放流对白虾保护区经济和生态效益影响调查，为合理调控鱼类资源结构打基础。出台《高宝邵伯湖涉渔工程监督管理办法（试行）》，明确发现处置流程，细化责任分工。指导、督促3个涉渔工程项目开展专题论证，完成生态补偿增殖放流措施，合计补偿各类苗种15万尾、螺蛳3400千克。年内，331省道金宝特大桥涉渔工程项目通过农业农村部长江办的专项检查。

推动联合执法和普法宣传。省

高宝邵伯湖渔业管理委员会办公室与市公安、生态环境、自然资源和规划、市场监管等部门签订《高宝邵伯湖生物多样性保护协议》；与邗江渔民护渔队合作，共管保护区违规垂钓；与高邮街道、泰安镇共抓“三无船”（无船名、无船舶证书、无船籍港）治理，开展湖区“四清”工作，两地收缴邵伯湖北部水域网具100余吨、七河八岛水域“三无”船只137艘。开展跨省联合执法专项行动、保护区禁捕渔警联合执法、保护区禁钓专项执法、商船清网打非、封湖禁渔跨省联合执法等行动14次。查处“6·6”“6·10”“11·15”“12·14”等大案要案及高邮湖毒杀野鸟案件，有效消除湖区非法捕捞隐患。不断优化“空天湖”立体执法、“电子围栏”系统、渔政执法办案系统“1+2”执法体系，“空天湖”执法模式成效凸显，通过“电子围栏”系统发现并查实非法捕捞线索26起，执法文书系统实现全年案件线上操作。不断提升执法规范化水平，对近两年1002本案卷进行专业评查，有针对性开展执法专项培训，组织执法人员参加全省行政执法资格考试，制作渔政执法、安全生产工作台账，建立执法数据月报制度。不断强化执法安全管理，召开4次安全管理专题会议，签订《安全管理责任状》，公示《安全管理“十一条措施”》，压实“一岗三责”。制定《船艇管理制度》，明确船艇管理责任人。开展“安全生产大检查”“安全生产月”等活动，对渔政船艇、燃油储存点进行全面检查，在燃油储存点增设安防监控及报警装置，组织开展消防技能暨快艇驾驶培训，在渔民集中地悬挂横幅、摆放安全宣传戗牌，营造安全氛围。联合地方开展“安全垂钓”管理，劝返危险垂钓人员200余人。改造邵伯湖沿湖村渔业法治广场，建设高邮湖法治文化码头、菱塘渔港法治漫画长廊，制作“安全垂钓”“渔业安全”“非法捕捞的成本”等各类法治宣传漫画、扑克牌，散发各类宣传材料2000余份，发布手机告知短信12万条。组织开展“七进两到”（进社区、进企业、进学校、进渔村、进渔港、进市场、进餐馆，到渔家、到船头）宣传活动，并在临靠保护区的桥上架设扩音喇叭进行宣传。举办“高宝邵伯湖长江扬州段禁捕退捕·行业自律倡议”活动，实现普法全链条覆盖。

推介湖区公用品牌。组团参加中国国际渔业博览会、中国国际农产品交易会等大型国际展会。“高邮湖大闸蟹”“宝应荷藕”获江苏省农产品区域公用品牌和第二届江苏省十强农产品区域公用品牌大赛暨创新品牌推广活动提名奖。

（程　坤）

■长江流域重点水域禁捕退捕　强化渔政执法能力建设，创新推行“三警三员”（河湖警长、涉水警务区民警、专职辅警，渔政执法人员、专职护渔员、社区网格员）水域网格化治理，落实渔政执法人员60人、乡镇调剂事业编制从事禁捕工作人员31人、协助巡护人员179人。沿江地区增设高清探头43个，增购无人机5架，增配执法船4艘、趸船2艘，提高全市渔政执法管理规范化、信息化、专业化水平。与南京、镇江、泰州等地分别签署长江禁捕执法协作共管协议，通过跨地区、跨部门合作，提升执法监管成效。在长江干流扬州段和各保护区设立永久性宣传牌102块，社会群发、区域点发禁捕手机短信200余万条，提高社会知晓度。举办长江“十年禁渔”联合执法行动启动仪式、百日攻坚行动等专项行动，出动渔政执法人员3082人次、执法车辆916台次、执法船艇309艘次，查办长江流域禁捕重点水域案件89件，行政处罚金额2.65万元，阻断非法捕捞、销售、经营地下产业链。

（徐马林　饶　炜）

农业产业化经营

■概况　2021年，全市有县级以上生产加工类农业龙头企业483家，销售收入582亿元，带动农户110.3万户。扬州市宏大饲料有限公司、江苏包天下有限公司被认定为第七批农业产业化国家重点龙头企业，江苏大成羽绒科技有限公司、扬州宏盛水产科技有限公司等7家企业被认定为省级农业龙头企业。宝应县入选全国农业全产业链典型县建设名单，高邮市龙虬镇被列入全国农业产业强镇建设名单。高邮市三

高邮市龙虬镇利用高邮湖优质活水资源生态养殖大闸蟹

张　旭　孟德龙/摄

垛镇(黄羽鸡)入选第十一批全国"一村一品"示范村镇，全市国家级"一村一品"示范村镇达12个。扬州冶春食品产业化联合体等6家联合体入选农业产业化省级示范联合体，全市农业产业化省级示范联合体达29家。（张 斌 糜 裕 徐迅燕）

■农业农村重大项目建设 依托扬州自然资源禀赋和县域优势特色产业，围绕农村一、二、三产业融合发展，组织各地赴广州"2021广州国际农产品博览会"、连云港"第23届（2021）江苏农业国际合作洽谈会"等展会进行展销推介。成立专班小组，先后前往重庆、上海等地区招商拜访。全年招引农业项目94个，其中注册86个、列市重大项目（总投资额3000万元以上）新开工32个、列全市八大领域农业重大投资项目60个、列省重大项目新开工72个，年度完成投资近60亿元。（张 斌 糜 裕 陆 洋）

■返乡下乡人员"双创" 推进农村创业创新，调动返乡下乡"双创"人员积极性和创造力，推动乡村振兴、产业兴旺。评选推荐4个项目参加省农村创业创新大赛，获二等奖1个、优胜奖3个。全市18家农村双创园区入选全国农村创业创新园区（基地）目录。（张 斌 糜 裕 徐迅燕）

■创意休闲农业建设 新创中国美丽休闲乡村1个，省级主题创意农园8家、康美基地7家、农耕实践基地6家，全国精品企业（园区）五星级1家，省级精品企业（园区）五星级企业1家、四星级企业1家、三星级企业3家，"仪征市踏青世园休闲之旅"精品线路入选2021中国美丽乡村休闲旅游行（春季）推介活动，举办"苏韵乡情"系列节庆活动46次。全市有休闲农业经营主体659个，年接待游客量1666万人次，综合营收28.4亿元；从业人员近2万人，人均年收入3.73万元，带动农户2.2万余户。（张 斌 陆 洋）

农产品质量安全

■农产品生产规模主体入网监管行动 实施农产品生产规模主体入网监管行动，推进农产品质量追溯体系建设。至年末，生产经营主体累计加入省级农产品质量追溯平台1.03万家，压实生产者主体责任，建立以信用管理为核心的新型监管模式，实现食用农产品全链条监管，推动实现农产品优质优价。（单 琳）

■农药减量增效 建成省、市级水稻、小麦、蔬菜、黑莓、茶、荷藕、草莓、葡萄、西瓜等绿色防控示范区34个，示范核心区面积2.51万亩，辐射面积23.88万亩。通过推进绿色防控示范区建设，开展多种形式的统防统治，示范核心区绿色防控覆盖面100%，农药使用量减少33.85%，其中果菜茶等园艺经济作物农药使用量减少43.2%，促进农药减量增效，保障人民群众粮食、蔬菜（三棵菜）食用安全。（秦玉金）

■食用农产品"治违禁、控药残、促提升"三年行动启动 根据国家、省部署，市农业农村局、市市场监管局、市公安局、市中级人民法院、市人民检察院、市工信局、市卫健委和扬州通管办等8部门联合开展扬州市食用农产品"治违禁、控药残、促提升"三年行动。针对禁限用农药、食品动物禁止使用的药品及其他化合物、产蛋期不得使用兽药、停用兽药使用问题及常规农兽药残留超标问题，重点围绕11种农产品，采取"一个问题品种、一张整治清单、一套攻坚方案、一批管控措施"的治理模式，进一步落实属地责任、监管责任、生产经营者主体责任。全年乡镇组织巡查2.93万次，开展农残速测19.7万批次，查处农产品质量安全案件46件。（单 琳）

■农产品质量安全监管 全市共抽取宝应县、高邮市、仪征市、江都区、邗江区、广陵区等6个县（市、区）农、畜、水样品617批次（包含省级监督抽查），组织安排国庆、春节等重要节前农产品专项执法检查。全年出动执法人员2182人，办理农产品案件46件，全市未发生一起等级以上农产品质量安全事故。（胡荣利 缪丽霞）

农业标准化

■高标准农田建设 全市争取高标准农田建设项目33个，项目总投资3.45亿元。其中，中央财政资金1.82亿元、省级财政资金1.03亿元、市级财政配套资金785万元、县级财政配套资金5236万元，新建高标准农田19.3万亩。安排市级农田水利专项资金182.25万元，用于开展生态型高标准农田试点和高标准农田工程管护。在高标准农田项目区新建田间道路241.28千米，建设衬砌明渠251.39千米、排水暗渠12.52千米、农桥155座、泵站334座、配套渠系建筑物1.36万个、农田林网工程14.83万米。新增节水灌溉面积3.36万亩，其中高效节水灌溉面积0.9万亩，增加农田林网防护面积1.47万亩，新增粮食生产能力1.84万吨。（冯龙庆 凌九州）

■耕地质量监测保护 持续推进全市化肥减量增效工作，推广应用测土配方施肥、有机肥替代部分化肥、水肥一体化等技术，建立化肥减量增效示范区5个，主要大田农作物测土配方施肥技术应用550余万亩次，技术应用覆盖率90%以上。扬州市耕地质量保护站撰写的《扬州市主要农作物化肥投入量分析与评估》，获"2021年全省乡村振兴软科学课题"研究成果三等奖；作为主要完成单位参与申报的稻麦养分定量遥感与测土配方施肥全程智能化服务关键技术及应用，获农业农村部2020—2021年度神农中华农业科技奖二等奖。扬州市耕地质量保护站受农业农村部委托，先后组织3期全国县域耕地资源管理信息系统轮训班，培训31个省（市、自治区）农技人员396人，为全国开展耕地质量调查评价提供技术支持；收集整理全国2020年度测土配方施肥基础数据，整合到国家测土配方施肥数据库。（李文西 毛 伟 陈 明）

农业机械化

■**概况** 发挥各项惠农政策带动效应，推进农业机械化向全程全面高质高效转型升级。2021年，使用中央和省级财政农机购置补贴资金4585.68万元，补贴各类农机具2403台（套），受益农户及各类农业经营组织1262个。使用省级秸秆机械化还田作业补助资金8585万元，其中生态型犁耕深翻还田补助资金1400万元。完成麦稻秸秆机械化还田485.5万亩，其中生态型犁耕深翻还田38.95万亩。建设粮食生产农机农艺融合示范点30个、无人作业示范农场4个。打造特色农业机械化市级示范园6个，特色农业机械化率62%。全市农机总动力295万千瓦，农作物耕种收综合机械化率84%。（陈慧芳 邓 昕 苏 伟）

■**农机安全网格化监管** 扬州市农机安全网格化监管“柳堡模式”被写入省委一号文件。市农业农村局在宝应县夏集镇召开全市农机安全网格化推进观摩会。联合市委政法委，在全省首家由市级社会治理网格化平台统一配置农机安全责任清单。组织开展市、县、乡三级“网格+农机”业务培训，全市共明确涉农网格2745个、涉农网格员2691人，培训网格员4608人次，培训率100%。（马 勇）

■**“平安农机”创建** 市农业农村局、市应急管理局将“平安农机”作为“平安扬州”建设的重要内容。广陵区创成省级“平安农机”示范区，全市实现省级“平安农机”示范县（市、区）创建全覆盖。农机安全生产连续两年实现零事故、零亡人，受到农业农村部和省农业农村厅的肯定与表扬。（马 勇）

■**农机安全监理** 全市共检验拖拉机9212台（不含转入），比上年增长136台，检验率91.97%。检验收割机3905台（不含转入），增长508台，检验率92.82%。（马 勇 顾凤书）

农业综合行政执法

■**罚没假劣农药集中处置活动** 全市农业执法部门加强与公安等部门配合，对生产销售假劣农资等违法犯罪行为保持严管、重打、高压态势，查处一批假劣农药案件，罚没大量假劣农药。共集中处置假劣农药43.34吨，是扬州市近年来规模最大的一次集中销毁行动。处置的假劣、过期农药有阿维高氯、辛硫磷、高效氯氰菊、稻瘟灵、多菌灵、百草枯等80余个品种，大部分为农业生产的常用农药，也有部分禁用的高毒农药，由具有危险化学品处置资质的企业严格按照有关程序进行处置。（胡荣利 蒋 伟）

■**农资打假专项治理行动** 开展春季农资打假行动、农资打假“夏季百日”行动、秋冬季农资打假行动。共出动执法人员1.01万人次，检查门店和企业3261个次，抽检农药288批次、肥料27批次、种子250批次、兽药37批次、饲料40批次，查办农资案件32件。（缪丽霞 刘金晶）

■**“六送”下乡等活动** 开展“六送”（送法律、送政策、送安全、送农资、送技术、送服务）下乡和“放心农资下乡进村宣传周”等活动，累计发放宣传材料5000余份，发放种子、肥料等农资产品2000余份，接待咨询800余人次。（胡荣利 缪丽霞）

■**“铁牛卫士”农机执法专项行动** 夏秋两季农忙期间，开展两次“铁牛卫士”农机执法专项行动，重点围绕田间地头的生产作业环节，出动执法人员3218人次、执法车804车次，检查拖拉机、联合收割机及其他农业机械5326台，责令改正违规行为为387起；对农机安全违法行为实施行政处罚332起，办案数量比上年增长11.8%，其中普通程序案件40件、简易程序案件292件；没收假牌假证4套，没收拼装的农业机械2台，震慑农机安全生产非法违法行为，实现农机安全零伤亡事故的目标。（顾凤书 于 萍）

■**打击违法违规调运生猪行为百日巩固行动** 4月1日至7月8日，市农业农村局组织开展全市打击违法违规调运生猪行为百日巩固行动。建立健全农业农村、交通运输、公安、市场监督管理、邮政管理等多部门协作的生猪调运监管工作机制，设立检查卡口9个，先后安排检查人员72人，检查车1479辆，检查生猪超15万头，未发现违规运猪车辆和异常生猪；累计监测销售网络123个，检查信息190条，未发现价格偏低或其他异常情况。（杨安龙 冯太兰）

■**动物诊疗专项整治行动** 在全市范围内部署开展对动物诊疗机构专项整治行动，对动物诊疗机构资质许可、合法经营及执业兽医注册和备案等情况开展执法检查61次，检查动物诊疗企业82家，出动执法人数254人次，立案10件。（冯太兰 吴华俊）

■**新冠肺炎疫情期间屠宰场驻场监察** 8月18日至9月9日，市农业农村局派员至邗江区宜康食品有限公司驻点，指导屠宰企业严格制定疫情防控工作方案，强化防控物资储备、应急区域设置等工作，引导企业组织员工学习新冠肺炎防控知识，监督企业加强肉品品质检疫检验，规范“瘦肉精”“非洲猪瘟”检测，做好场地、车辆及人员等消毒工作。驻场监察期间，屠宰企业日屠宰量由160头上升至250头，保障疫情期间全市白条肉品的供应和市场稳定。（杨安龙 冯太兰）

新兴产业

Xinxing Chanye

编 辑 高 新

综述

■概况 编制出台《扬州市“十四五”战略性新兴产业发展规划》，在原有的“5+3”战略性新兴产业发展体系的基础上，优化产业结构，聚焦发展重点领域，打造以高端装备、智能及新能源汽车、航空产业为主的三大地标产业，培育壮大新能源、数字科技、生物医药、新材料等一批特色产业，构筑“3+N”战略性新兴产业新体系，建设具有持久竞争力的产业集群，实现战略性新兴产业高质量发展。2021年，全市战略性新兴产业产值比上年增长28%，超全省平均水平3.2个百分点。因培育发展战略性新兴产业、产业特色优势明显、技术创新能力较强、产业基础雄厚受省政府督查激励。全市申报入库规模以上战略性新兴产业企业超1300家，战略性新兴产业产值占工业总产值42.1%。

（谢兆伟 佘 辰）

■资金扶持 聚焦战略性新兴产业核心技术攻关产业化项目，争取省战略性新兴产业发展专项资金。扬州扬杰电子科技股份有限公司智能终端用超薄微功率半导体芯片封测项目获批资金2700万元，是近年来获批企业专项资金最大项目；宝胜科技创新股份有限公司年产80万箱5G通信用高速网络电缆项目获批资金1600万元；江苏艾迪药业股份有限公司原料药生产研发及配套设施项目获批资金1600万元，该项目研发的抗艾滋病一类新药首次被纳入《国家基本医疗保险、工伤保险和生育保险药品目录（2021年）》。1个项目入选国家先进制造业发展专项资金项目，获批资金9289万元。

（谢兆伟 佘 辰）

■重大项目 扬州奥力威汽车压力传感器等8个战略性新兴产业项目列入省重大项目投资计划，均全面完成年度投资。高邮中环艾能光伏用G12大尺寸高效硅片项目一期建成投产，实现开票销售34.3亿元；二期项目5条电池生产线投入使用。中石化仪征化纤短流程300万吨PTA项目进行主体施工，部分设备订购安装；远东仪化200万吨PTA项目开展前期工作。扬州晶澳太阳能光伏电池及组件项目，6吉瓦电池片项目厂房主体封顶，地坪完成，机电安装完成，主设备进场安装；6吉瓦组件厂房主体封顶，地坪完成。

（谢兆伟 佘 辰）

■创新引领 根据产业科创名城工作部署，围绕省级以上“三站三中心”建设，开展省级工程研究中心等平台载体建设。全市新获批省级工程研究中心15家，累计96家，其中国家级1家。支持具有一定科技创新能力的企业采取企业主导、院校协作、多元投资、成果分享新模式，整合优秀创新资源，推动高端人才集聚，加快建设一批产业链、创新链、资金链深度融合的创新平台。（谢兆伟 佘 辰）

新能源产业

■概况 全市共有新能源重点企业49家，其中新能源行业晶澳、中环艾能等新项目产能释放，全年开票销售318亿元。其中，晶澳集团开票销售98.4亿元，比上年增长99.6%。（谢兆伟 佘 辰）

■晶澳太阳能新增光伏电池组件项目 1月23日，晶澳太阳能新增光伏电池组件项目在扬州签约。“十四五”期间，晶澳集团拟在扬州投资100亿元，建设高效光伏电池和组件项目，一期项目总投资60亿元，重点建设10吉瓦电池和6吉瓦组件生产线。12月8日，晶澳科技扬州基地举行6吉瓦高效电池、6吉瓦高功率组件项目投产仪式，项目主要生产182毫米大尺寸高效电池、Deep Blue3.0高功率组件。仪式上，晶澳科技与扬州经济技术开发区签订分布式光伏电站合作协议，与两家院校签订校企合作协议。（杨 奕）

■中化国际新能源扬州基地 4月16日，中化国际新能源扬州基地揭牌仪式暨首批战略合作伙伴签约仪式举行。中化新能源扬州基地项目总投资约100亿元，全部建成后年产20吉瓦时三元锂电池，全部供货德国宝马。其研发中心将重点开发动力锂离子电池、高能量密度电芯体系等，加快提升扬州新型电力装备产业综合竞争力。基地占地100万

2021 年扬州市新能源产业部分重点企业一览表

表 15-1

企 业 名 称	地 区
晶澳（扬州）太阳能科技有限公司	扬州经济技术开发区
扬州协鑫光伏科技有限公司	扬州经济技术开发区
扬州荣德新能源科技有限公司	扬州经济技术开发区
扬州续笙新能源科技有限公司	宝应县
扬州鑫晶光伏科技有限公司	高邮市
扬州港口污泥发电有限公司	扬州经济技术开发区
扬州天晟光电科技有限公司	宝应县
扬州善鸿新能源发展有限公司	仪征市
扬州艺丰光电发展有限公司	高邮市
江苏金晖光伏有限公司	高邮市

（谢兆伟　余　辰）

平方米，规划分四期建设 20 吉瓦时产能。其中，一期项目于 2020 年底启动工程建设。（杨　奕）

新材料产业

■概况 实施创新驱动发展战略，推进新材料产业高端化发展，初步形成以特种金属功能材料、先进高分子材料、新型无机非金属材料等为主体的新材料产业体系。从重点企业来看，特种金属功能材料方面以江苏诚德钢管有限公司为主体，重点发展核电用钢管、石油钻井及石油天然气输送管材等；先进高分子材料方面以华奥高科、仪化东丽为主体，重点发展高性能氟塑料、高性能聚酯薄膜；新型无机非金属材料方面以仪征化纤为主体，重点发展芳纶、高性能聚乙烯纤维干法纺丝、膜用聚酯切片等产品；以仪征天龙玄武岩为主体，重点发展玄武岩连续纤维无捻粗纱、玄武岩连续纤维短切纱、玄武岩连续纤维布等系列产品。（谢兆伟　余　辰）

2021 年扬州市新材料产业部分重点企业一览表

表 15-2

企 业 名 称	地 区
扬州天富龙科技纤维有限公司	仪征市
江苏太极实业新材料有限公司	广陵区
江苏爱默生新材料有限公司	生态科技新城
江苏扬农锦湖化工有限公司	扬州化工园区
江苏瑞祥化工有限公司	仪征市
实友化工（扬州）有限公司	仪征市
江苏琼花集团有限公司	广陵区
仪化东丽聚酯薄膜有限公司	仪征市
扬州纪元纺织有限公司	广陵区
扬州新扬科技发展产业有限公司	邗江区

（谢兆伟　余　辰）

■扬州化工园区材料产业集聚 扬州化工园区坚守“高性能合成材料、高端专用化学品、高效新能源”的“三高”产业新定位，严把项目准入关，坚持新落户项目固定资产投资不低于 350 万元 / 亩，投产后亩均开票销售不低于 500 万元 / 年、亩均税收不低于 25 万元 / 年的项目准入门槛，提升项目质量；坚持招商选资不动摇，锁定世界化工 100 强、大型央企、上市公司等招商目标，推进产业链招商，加快打造国内一流的新材料产业基地。持续推动总投资 88 亿元的中化高纤芳纶纤维、长连化工电子化学品、天诗新材料特种蜡等建成项目；聚力推进远东仪化 PTA、奥克化学二期等两个重大龙头项目，服务好中化 ABS 改性材料、道赢锂电池黏结剂、创科锂电池添加剂等在批新材料项目。加快推动总投资 80 亿元的中化仪征新材料产业园项目及实友化工苯酚 / 丙酮、双酚 A，大连化工 EVA 乳胶、VAE 树脂等项目，全面提升新材料产业板块集聚度。（谢兆伟　余　辰）

■鸿达兴业股份有限公司 2021 年，鸿达兴业股份有限公司实现营业收入 65.23 亿元，比上年增长 20.93%；实现净利润 8.52 亿元，增长 4.68%。全年完成聚氯乙烯（PVC）产量 50.1 万吨，下降 16.57%；烧碱产量 41.12 万吨，下降 5.19%；电石产量 46.65 万吨，下降 26.84%；土壤调理剂产量 5.12 万吨，下降 40.35%；PVC 制品产量 1.19 万吨，下降 23.35%；稀土产品产量 0.44 万吨，下降 59.50%。

技术研发。重点围绕氢能存储和应用、土壤修复产品和技术、稀土新材料及应用、氯碱生产工艺和装置开展研发工作。主要研发和技改项目有 850Nm3h 氯碱提氢项目、乙炔发生器储斗置换乙炔气回收项目、稀土催化剂电石冶炼项目、废碱液回收制纯碱项目、CPVC 储氢瓶内胆配方设计、钙锌稳定剂部分替代有机锡稳定剂项目、微纳米抗菌熔喷布关键技术及产品开发等。（杨　奕）

■**扬州晨化新材料股份有限公司** 2021年，扬州晨化新材料股份有限公司实现营业收入11.93亿元，比上年增长32.47%；实现净利润1.55亿元，增长12.73%。

技术研发。全年研发投入4090万元。新增发明专利1件，累计拥有国家专利42件，其中发明专利30件。拥有江苏省高新技术产品5项。获批国家级专精特新“小巨人”企业，获中国石油和化学工业协会颁发的“全国石油和化学工业先进集体奖”、“科学进步奖”一等奖；“酚醛泡沫硅油制备方法”被评为中国氟硅行业优秀科技成果奖；公司科协被评为“江苏省示范企业科协”。参与修订《非离子表面活性剂 羟值的测定》《表面活性剂 碘值的测定》两份国家标准。

市场营销。国外市场方面，设立上海晨化国际贸易有限公司。全年公司产品出口1.99亿元，增长117.43%。国内市场方面，通过优化营销渠道，加大品牌宣传，强化服务跟踪，使表面活性剂、阻燃剂、有机硅橡胶材料三大系列产品产销稳健增长。（杨　奕）

■**扬州海昌新材股份有限公司** 扬州海昌新材股份有限公司成立于2001年，位于扬州经济技术开发区荷叶西路，是一家专注于粉末冶金制品研发、生产和销售的高新技术企业，主要向电动工具、汽车、办公设备、家电等领域的客户批量生产销售定制化的粉末冶金零部件。尤其在电动工具粉末冶金零部件领域，公司进入全球一流企业供应体系，与史丹利百得、博世集团、创科实业、牧田等国际知名企业建立长期稳定的业务合作关系。2020年9月公司登陆深圳证券交易所创业板，成为扬州首家通过注册制登陆创业板的上市公司。2021年，购置土地约2.67万平方米新建粉末冶金制品项目，总投资3亿元，总建筑面积约1.6万平方米。项目建成后可年产6000吨粉末冶金制品，实现年产值5亿元。该项目也是扬州经济技术开发区建园以来首个“五证齐发”项目，实现“拿地即开工”。2021年，公司实现销售收入3.07亿元、税收2823万元。（刘　峰）

国网智慧能源双创科技园　　生态科技新城/供稿

智能电网

■**概况** 扬州在全国地级市中率先响应国家建设“坚强智能电网”的战略构想，确立打造“国家级智能电网产业基地”目标，相继成为全国首家“火炬计划”智能电网特色产业基地和江苏省首家智能电网产业基地，扬州经济技术开发区智能电网综合示范工程成为国家电网公司智能电网建设试点项目。拥有省级以上研发机构30余家、省级以上高新技术产品500余个。智能电网产品覆盖“输电—配电—变电—用电—调度及通信”等各个环节。宝胜集团规模超300亿元，连续8年进入中国线缆行业竞争力企业10强榜单。腾飞电缆、阿斯塔导线、华能电缆等3家企业获评国家级专精特新“小巨人”企业。（谢兆伟　余　辰）

■**国网智慧能源双创科技园** 4月18日，国网智慧能源双创科技园在生态科技新城扬州软件园开园。国网智慧能源双创科技园及入园企业项

2021年扬州市智能电网产业主要企业一览表

表15-3

企业名称	地　区
江苏金友电气有限公司	宝应县
江苏国电南自海吉科技有限公司	扬州经济技术开发区
扬州北辰通用智能电网有限公司	扬州经济技术开发区
扬州友强电力科技有限公司	江都区
江苏海德森能源有限公司	高邮市
扬州新概念电气有限公司	扬州经济技术开发区
宝胜集团有限公司	宝应县
江苏国电南自电力自动化有限公司	扬州经济技术开发区
江苏迅达电磁线有限公司	宝应县
扬州国瑞新能源科技有限公司	仪征市

（谢兆伟　余　辰）

目总投资40亿元，构建“央企+园区+科研+企业+基金”的“五合一”创新产业化生态圈，形成覆盖全国的现代化电网新应用产品供应链体系。开园之日，威胜信息技术股份有限公司、大全集团有限公司、北京博瑞莱智能科技集团、北京人民电器厂、北京天能继保电力科技有限公司、南京国网电瑞继保科技股份有限公司等企业作为首批项目入驻。（高　洁）

■宝胜科技创新股份有限公司 2021年，宝胜科技创新股份有限公司实现营业收入428.78亿元，比上年增长25.07%。在电网招标总量下降超过三分之一的情况下，电力能源等主体市场新签合同实现稳步增长。紧抓国家“新基建”项目机遇，中标福厦客专、兴泉铁路电气化改造、京原铁路电气化改造等铁路和城轨项目；地铁市场中标哈尔滨地铁、成都地铁、南京地铁等10余个项目；中标萧山机场、盛虹炼化、南京风电、宝山钢铁等1亿元重大项目工程。在装备市场，宝胜股份进入商飞合格供应商目录，螺旋线束及组件进入ARJ21项目，编织套（管）通过商飞认证并获合格证书；三代核电通信电缆、高温电缆取得突破，实现业绩近千万元；海缆项目实现投产并完成两根大长度海缆交付。全年共立项科技项目224项，完成项目结题88项；申请专利73件，其中发明专利18件，参与编制国家标准1项；完成省、市级以上科技计划项目申报19项，其中省级以上5项。通过2021年高新技术企业认定，宝胜中压电缆制造车间获“江苏省示范智能车间”称号。（杨　奕）

■江苏江扬电缆有限公司 江苏江扬电缆有限公司创始于1988年，占地约36万平方米，拥有标准化厂房15万平方米，年综合生产能力200万千米。公司主要生产35千伏及以下各类电力电缆、控制电缆、计算机电缆、耐高温电缆、阻燃电缆、耐火电缆、架空绝缘电缆、核电站用电缆、环保电线、耐高、低温电线、电子配套电线及建筑布线等，产品应用于电网、电力、石油、石化、冶金、建材、铁路、造船等行业和部门。公司拥有自营出口权，产品远销海内外，成长为规模化经营的现代化集团企业，跻身扬州市工业企业销售10强、江苏省科技百强企业和中国机械工业500强企业，先后被认定为江苏省“重合同、守信用”企业，全国“守合同、重信用”企业和国家级重点高新技术企业。江扬牌产品被认定为江苏省名牌产品，“江扬”商标被认定为江苏省著名商标和中国驰名商标。通过ISO 9001质量管理体系、ISO 14001环境管理体系、OHSAS 18001职业健康安全管理体系、ISO 10012测量管理体系和GB/T 29490知识产权管理体系等认证。现有员工1280人，各类专业技术人员125人。成立技术研发中心，先后承担20余项国家及省级高新技术研发项目，累计获专利40余项。（刘　峰）

节能环保产业

■概况 扬州节能环保产业在政策驱动与需求拉动下稳步快速发展，产业规模迅速扩大，产业结构逐步向制造高端化、产品高效化、布局园区化方向升级演变。全市拥有国家循环经济教育示范基地、扬州环保科技产业园、苏中循环经济产业园区等集聚区，落户天雨集团、宁达贵金属等一批重点企业，基本形成以节能技术装备、环保技术装备、资源循环利用技术装备为主的产业体系。江都区重点集聚培育水、气、固体废弃物及噪声污染处理。邗江区初步形成以垃圾发电、灰渣制砖、餐饮垃圾处理为主的资源循环利用产业。（谢兆伟　佘　辰）

■江苏华旭环保股份有限公司 江苏华旭环保股份有限公司从事危险废物治理，拥有废渣处置的《危险废物经营许可证》及PTA废水、废渣、污泥处置和综合利用的核心技术，为PTA产废企业提供PTA危险废物处置服务，同时开展相关贸易。公司通过直销方式开拓业务，收入来源是提供PTA危险废物处置、综合利用服务及销售PTA水池料。2021年，实现营业收入7151.84万元，比上年下降32.48%；实现利润2528.46万元，下降42.07%。

（杨　奕）

2021年扬州市节能环保产业主要企业一览表

表15-4

企业名称	地区
江苏庆峰国际环保工程有限公司	邗江区
扬州泰达环保有限公司	邗江区
扬州佳境环境科技股份有限公司	邗江区
江苏江澄环保设备工程有限公司	江都区
扬州澄露环境工程有限公司	江都区
扬州宁达贵金属有限公司	江都区
江苏天雨环保集团有限公司	江都区
扬州市华翔有色金属有限公司	高邮市
江苏华旭环保股份有限公司	扬州化工园区
扬州港口污泥发电有限公司	扬州经济技术开发区

（赵鼎　佘辰）

生物医药产业

■概况 扬州市生物技术和新医药产业主要分布在医药制造、医疗器械、诊疗设备、生物农业等方面，集聚联环药业、伯克生物、一洋制药等一批重点企业，有多个国家一类新药品种和知名品牌，形成以扬州大学为依托，龙头生物技术和新医药企业为主体的创新体系。全市建成江苏省心血管系列新药工程技术研究中心、江苏省转基因制药工程技术研究中心等一批省部级研发机构和农业部畜禽传染病学重点实验室、江苏省植物栽培生理重点实验室等一批重点实验室。加快国家级扬州高新区生物科技园建设，联环药业、奥锐特医药、艾迪生物等一批重点项目进展提速。2021年，45家规模以上生物医药和新型医疗器械产业集群企业产值增长7.3%。

（赵 鼎 佘 辰）

■赛诺威盛CT/赛诺联合PET-CT项目 4月29日，赛诺威盛CT/赛诺联合PET-CT项目投产仪式在江都区龙投厚德制造中心举行。项目计划总投资6亿元，建设全球顶尖大型医疗影像设备生产制造中心，开展高端大型分子影像装备、高端医学影像装备及核心部件、医学机器人、智能影像云平台等一系列创新产品的研发制造。项目投产后，可形成年产PET/CT100台、CT800台的生产能力，年收入40亿元。仪式现场，扬州大学与赛诺威盛签署合作协议，扬州市江都人民医院与赛诺威盛、赛诺联合签署《临床医学影像示范中心合作协议》，苏北人民医院与赛诺联合签署合作协议。

（杨 奕）

■礼邦肾脏病新药研发生产基地项目 12月7日，礼邦生物医药肾脏病领域新药研发生产基地项目在扬州举行奠基仪式。项目总投资约50亿元，分两期建设，建成后将成为集研发中试、原料药生产、制剂于一体的产业化基地。（杨 奕）

■江苏联环药业股份有限公司 2021年，联环药业实现营业收入16.46亿元，比上年增长18.74%；实现营业利润1.56亿元，增长9.10%。

科技创新。加强扬州、南京两个研发平台建设，夯实与科研院所和高校科技合作，加大高端人才引进力度，通过组建博士团队，加强博士工作站建设。爱普列特片（川流）、依巴斯汀片（苏迪）、盐酸屈他维林注射液、特非那定片（敏迪）等产品被江苏省医药行业协会评为“江苏省医药行业优秀产品品牌”；获评江苏省工业互联网发展示范企业（标杆工厂类）；获第42次全国医药行业质量管理（QC）小组成果发表交流会一等奖及优秀奖；被国家知识产权局评为“国家知识产权优势企业”；慢性阻塞性肺部疾病药物工程技术研究中心入选2021年度江苏省工程技术研究中心新建项目名单；启动创新药LH-1801 I期临床试验；获LH-1802临床批件；完成治疗慢性肺阻新药成药性研究；获盐酸达泊西汀及片、非洛地平原料药工艺变更和一致性评价依巴斯汀片生产批件；完成7个品种国内注册申报、4个品种国际注册、18个新产品立项；申请国际发明专利2项、国内发明专利4项、实用新型专利5项。（杨 奕）

■江苏艾迪药业股份有限公司 江苏艾迪药业股份有限公司成立于2009年，是一家以现代生物制药技术为基础创立的国家高新技术企业，2020年7月20日在上海证券交易所上市，成为全市首家科创板上市公司。2021年实现销售收入2.64亿元、税收1680万元。公司一期尿蛋白生产基地占地3.33万平方米，主要从事人尿蛋白粗品的研发、收购、生产和销售。凭借全球首创的活性蛋白在线吸附技术，成为中国男性尿蛋白原料生产的龙头企业，占全球乌司他丁原料供应的80%，是全球人尿激肽原酶原料的独家生产企业。二期甘泉厂区占地8.33万平方米，主要从事固体口服制剂、口服液等研发生产。正在研制的一类新药主要分为抗肿瘤一类新药、抗艾滋一类新药和丙肝一类新药三种，其中抗肿瘤一类新药ACC006、ACC007获临床批文，抗艾滋一类新药ACC008于5月获批生产并纳入医保系统。（刘 峰）

2021年扬州市生物医药产业主要企业一览表

表15-5

企业名称	地 区
江苏联环药业集团有限公司	广陵区
江苏艾迪药业股份有限公司	邗江区
江苏中惠医疗科技股份有限公司	江都区
扬州十二粉黛生物科技股份有限公司	高邮市
扬州科恩生物科技有限公司	高邮市
扬州一洋制药有限公司	高邮市
扬州诺瑞药业公司	江都区
扬州福斯特激光仪器有限公司	仪征市
扬州市三药制药有限公司	江都区
扬州三邦生物工程有限公司	江都区

（谢兆伟 佘 辰）

工业

Gongye

编 辑 高 新

综述

■**概况** 2021年，全市规模以上工业增加值比上年增长13%，高于省均0.2个百分点；全部工业开票销售7444亿元，增长21.9%，年净增量超1300亿元，完成“十四五”规划净增目标3900亿元的33.8%；新增工业开票销售过千亿县域1家、纳税过1亿元企业4家，纳税过1亿元企业累计29家；制造业投资增长26.1%，工业技改投资增长34%，增速均列全省第二位；单位地区生产总值能耗下降3.7%，超额完成下降3.1%的年度目标，列全省第二位。

（李 晖 谢森妙）

■**产业集群建设** 全市制造业发展聚焦“323+1”产业集群，坚持一体推进招商引资、项目建设、企业技改、园区“二次创业”等重点工作，各项工作不断推向深入。编制印发《扬州市“产业强链”三年行动计划（2021—2023年）》，明确“215”产业链培育目标和重点任务，制定《市领导挂钩联系重点优势产业工作方案》，建立市领导挂钩联系13个重点优势产业机制，搭建市县、园区、部门联动工作专班。专题召开全市先进制造业发展分析推进会，各产业链挂钩市领导牵头，分别开展重点产业集中调研、招商拜访、项目推进等工作，集群培育“十个一”工作机制初步构建，产业链建设“三招引”“三服务”“三督查”稳步推进。2021年，全市“323+1”先进制造业集群企业开票销售约4900亿元（含软件行业主营业务收入），占全部工业比重超66%。汽车及零部件、新型电力装备、高端装备产业规模均过千亿。其中，先进制造业集群规模以上企业开票3845.2亿元（含软件行业主营业务收入），增长16%，高端装备、新型电力装备（含新能源）、软件、航空等产业增幅均在20%以上。

（李 晖 谢森妙）

■**园区资源集聚** 全面落实园区“二次创业”工作部署，制定园区产业转型升级发展实施细则，细化分解落实16项具体任务和14项量化目标。以“特色定位、错位竞争、链式发展”为原则，指导全市省级以上开发园区编绘19个特色产业规划和产业链图谱，引导各园区集中力量和资源打造1~2个主导产业、培育1~2个新兴产业。加大工业集中区与开发园区优化整合力度，开展资源共享和产业共建，在工业集中区评价中加大对特色产业培育的考核力度。全市省级以上园区、市级工业集中区工业开票销售占全市工业比重分别达60%、27%。

（李 晖 谢森妙）

■**重点企业培育** 发挥骨干企业的引领带动作用，出台《关于加快培育工业大企业（集团）的实施意见》，发布首批100家20亿元级以上企业培育名单，“一企一策”推动企业做大做强，宝胜股份、秦邮特材分别入围财富中国500强、全国制造业民营500强，6家企业入选省营业收入超百亿元工业企业（集团）。推进企业专精特新发展，超额完成省“千企升级”入库培育任务，4家企业入围工信部、财政部建议重点支持专精特新“小巨人”企业名单，新获批工信部制造业单项冠军企业（产品）3家、国家级专精特新“小巨人”企业15家、省级专精特新“小巨人”企业31家。完善高成长性创新型企业培育体系，新认定独角兽培育（种子）企业3家、瞪羚（培育）企业35家。（李 晖 谢森妙）

■**重大项目推进** 围绕重点优势产业开展“靶向招商”，先后赴北京、上海等地开展专题招商活动，实地拜访国家管网、中国中化、航空工业等央企、国企及特斯拉等龙头企业，与苏美达集团签订战略合作协议，牵头中兴通讯产业创新中心在扬州落地，推进与中电光谷战略合作。仪化300万吨PTA、中兴派能磷酸铁锂离子电池三期、中环艾能2.5吉瓦光伏组件、华鹏5吉瓦光伏组件等一批重点项目稳步推进。按月跟踪通报各地重大制造业项目进展，召开重大制造业项目双月推进会。全市新签约先进制造业重大项目133个，长城汽车整车及零部件、领铄精密智能制造、晶澳太阳能、礼邦医药等一批重特大项目相继签约；新开工工业重大项目89项，其中招商新建54项，比上年增加10项，41个项目列入省工信厅《江苏省重点工业投资项目计划》，数量列全省第四位。

（李 晖 谢森妙）

1月7日，扬州市人民政府与江苏苏美达集团战略合作签约仪式现场

庄文斌/摄

■核心技术攻关 引导行业骨干企业面向产业链高端领域，对标行业先进水平开展核心技术攻关，获批省级关键核心技术（装备）攻关项目1项，支持市级关键核心技术攻关赶超项目19项。引导支持企业建立高水平技术中心，新认定市级企业技术中心65家，新获批省级企业技术中心50家，连续两年列全省第二位。推动企业加快新技术新产品投入，195个项目列入2021省重点技术创新导向计划，83项新技术、新产品列入省"双新"目录，亚威股份获2021年度中国机械工业科技进步奖二等奖，4家企事业单位获2021年度江苏省军工科学技术奖，数量居全省第二位，占36.4%。加快培育壮大本土自主品牌，稳步推进企业质量管理工作，获批工信部知识产权运用试点1家、省质量标杆1家。（李 晖 谢森妙）

■融合发展 以智能化改造和数字化转型为主攻方向，推动工业和信息化深度融合，获批工信部新一代信息技术与制造业融合发展试点示范2项、国家智能制造示范工厂和优秀场景各1家，37家企业通过两化融合管理体系贯标，其中AAA级企业5家，新获批省工业电子商务发展示范3家、省智能制造领军服务机构1家、省重点工业互联网平台2个、省工业互联网标杆工厂1家，新认定市级智能车间25家，新获批省智能制造示范车间20家。推进国防科技工业发展，围绕军工企业安全生产和军品保供开展专项调研和专项排查治理，与扬州大学、沈阳所扬州院联合开展研发项目交流对接，获国防科工局原材料保障计划1项，新增8家许可（备案）单位、9家民口配套企业，全市军品及配套产业开票销售比上年增长20%。

（李 晖 谢森妙）

■绿色安全发展 突出绿色集约导向，推进工业企业资源集约利用综合评价，实现规模以上工业、化工生产和占地2000平方米以上规模以下工业等近6000家企业全覆盖。根据评价结果实施差别化政策，倒逼企业提升产出效益。全面开展"两高"项目核查和分类整治，针对56家万吨标准煤及以上重点用能企业实施差别化能耗管控措施。统筹推进全社会节能，对工业企业、大型商超及公共机构开展节能监察，超额完成省定节能目标任务。开展绿色制造体系建设，建立绿色化改造项目库，强化政策引导扶持，实施绿色化改造项目130项，节能10.5万吨标准煤，新增工信部绿色供应链企业1家、绿色工厂1家、绿色产品1项，新增省级绿色工厂13家。巩固化工产业安全环保整治提升成效，全年关闭退出化工生产企业13家，加快推动4家沿江1千米化工生产企业搬迁重组，省百日攻坚移交4410条问题隐患全部销号，12家城镇人口密集区危化品生产企业搬迁改造工作获国家工作组肯定，推进小纪粉末涂料集聚集约发展经验作为典型案例在全省推广。深化船舶行业安全生产三年专项整治，按时完成船舶行业危化品使用安全专项治理和风险报告任务，6家企业通过安全生产标准化创建，船舶生产一般事故比上年下降20%，探索船舶行业监管新路径入选省安全生产第十督导组7个典型经验。

（李 晖 谢森妙）

■融资奖补 创新"小微惠贷"专项贷款产品模式，借助国家和省融资担保基金，搭建线上申请系统，不断优化申请、审批流程，累计投放贷款655笔共17亿元。完善中小企业公共服务体系，新获批省级中小企业公共服务平台13家、省级小微企业创业创新示范基地1家，3家中小企业公共服务示范平台获国家奖补资金240万元。上争政策资金，累计获批省级以上专项资金和政策性资金5.69亿元，其中复工复产专项资金2000万元。完善市级先进制造业、中小企业发展等专项政策，全面采用"易申报"线上项目申报平台，实现工信奖补政策全流程线上申报，全年发放市级奖补资金3.65亿元。出台《2021年度扬州市先进制造业补链强链重点方向》，对产业补链强链和园区特色产业技改项目奖励标准予以上浮，引导全市7个地区增设5000万元以上技改奖励。制定年度企业减负工作清单，全年为企业减负217亿元。持续开展工业企业"争先创优"典型宣传，对工业百强、民营工业百强、项目投资十强等进行通报激励。

（李 晖 谢森妙）

■产业人才培育 扬州大学智能制造装备产业学院入选国家首批现代产业学院名单。15名优秀经营管理人才进入市"英才培育计划"。134人取得船舶和海洋工程系列中高级

2021年扬州市主要工业产品产量一览表

（规模以上工业企业）

表 16-1

产品名称	计量单位	产量
配合饲料	万吨	14.91
饮料酒	千升	71644
塑料制品	万吨	21.36
化学纤维	万吨	169.80
纱	万吨	15.95
布	万米	10945.84
呢绒	万米	236.71
蚕丝被	万条	6.50
服装	万件	8728.95
皮革鞋靴	万双	1104.61
机制纸及纸板	吨	99506
人造板	万立方米	29.56
烧碱（折 100%）	万吨	19.68
农用氮、磷、钾化学肥料（折纯）	吨	1109
化学农药原药	吨	9677
单晶硅	万千克	368.85
合成纤维聚合物	万吨	221.81
光电子器件	万只（片、套）	569543
电子元件	万只	1033004
水泥	万吨	992.91
钢材	万吨	618
金属紧固件	吨	4694
商品混凝土	万立方米	1465
铜材	万吨	12.22
变压器	万千伏安	168.95
灯具及照明装置	万台（套、个）	1274.36
金属集装箱	万立方米	255.3
金属切削机床	台	18010
金属成形机床	台	27447
汽车	辆	196419
民用钢质船舶	万载重吨	438
交流电动机	万千瓦	1634
电力电缆	万千米	409
通信及电子网络用电缆	万对千米	69
铅酸蓄电池	万千伏安时	586
太阳能电池（光伏电池）	千瓦	10597836
家用电冰箱	万台	539

（统计局）

专业技术资格，其中高级职称通过人数列全省第二位。持续开展企业公益培训服务，全年开展线下活动48场、线上活动36场，服务企业1670家。（李 晖 谢森妙）

■工业资产经营管理 2021年，江苏金茂工业资产管理有限公司实现总产值177.4亿元、销售收入165.9亿元、利税25亿元、利润15.4亿元，分别比上年增长27%、47%、82%、55%。其中，扬农集团实现销售收入90.55亿元，增长81%。晶新微电子实现销售6.22亿元，增长70%。宝军公司电子蓝军领域完成销售收入2500万元。鑫华印刷完成印刷153万色令，增长11%。减免承租户房租43万元。

项目建设。宝军公司拓展雷达综合维修服务等相关业务。瑞筑置业完成瑞祥公司285办公区代建管理服务项目土地所有权变更和用地规划许可审批及招标挂网，做好宁夏“香山一品”、仪征5000吨/年对位芳纶项目扫尾工作。扬农集团宝塔湾厂区“退城进园”。

技术创新。扬农集团通过国家技术创新示范企业复评，获首届“江苏省科技创新发展奖优秀企业”称号。宝军公司获军队科技进步二等奖1项，通过高新技术企业认定。晶新微电子获批高新技术企业。四菱电子完成MDS100BP-16、MDS200P-16整流模块产品研发，100A、200A、300A固态继电器新品通过国家认证委3C和CE认证，授权实用新型专利2件。

资产布局。向扬农集团协议转让和扬公司所持宁夏瑞泰公司股权，增强企业集聚效应。注销长力凸轮轴公司和天泽信息科技公司，退出大扬联合制罐公司所持繁昌县百福联合制罐公司股权。完成振兴煤矿100%股权转让。推进“三年大灶”、危化品等重点行业领域专项治理，开展既有建筑隐患排查治理。推进村企联建项目，与仪征周营村合作建成的新茂农业公司试运营，与高邮柳南村联建的村党群服务中心投入使用。（朱介堂 刘 芸）

电子信息产业

■概况 电子信息制造产业主要包括电子元器件和新光源两个板块。2021年，全市电子信息制造产业集群有规模以上企业290家，实现开票销售421亿元，比上年增长18%。其中，特色工艺集成电路（半导体分立器件）、印刷电路板和非动力电池开票销售收入增幅均超40%。特色工艺集成电路（半导体分立器件）、无线射频标签、新型显示等细分领域在国内外有一定比较优势；川奇光电引领全球电子纸技术；中兴派能家用储能锂离子电池出货量全球第二；无线射频标签年产量持续保持全球60%的市场份额；光伏旁路二极管产量占全球40%；扬杰科技晶新微电子5英寸硅基分立器件芯片产量国内占比50%；乾照光电红黄光LED外延片国内市场占有率40%，居全国第一；振华新云是全国最大钽电容器厂商。（李 晖 谢森妙）

■半导体设备研发制造及6英寸晶圆芯片实验线项目 3月15日，扬州思普尔科技有限公司半导体设备研发制造及6英寸晶圆芯片实验线项目签约落户扬州高新区。项目总投资10亿元，分3期实施：一期新建半导体设备研发中心、设备制造中心、设备工艺性能测试中心和一条6英寸晶圆芯片试验线，主要从事半导体高温氧化设备、全自动清洗干燥设备、涂胶显影设备和等离子刻蚀设备的生产制造。二期启动注入光刻机、金属溅射平台、深槽刻蚀等设备的研发制造。三期在现有测试中心及芯片实验线基础上，建设特殊工艺的芯片生产线及成品封装生产线。（邱 洁）

■扬州扬杰电子科技股份有限公司 2021年，扬州扬杰电子科技股份有限公司实现营业收入43.97亿元，比上年增长68%；实现净利润7.68亿元，增长103.06%。

研发技术。完成基于8英寸平台的Trench 1200V IGBT芯片系列化开发工作，对应的IGBT系列模块产品批量投放市场。瞄准清洁能源市场，利用Trench Field Stop型IGBT技术，通过采用高密度器件结构设计及背面加工工艺，降低器件饱和压降和关断损耗，推出1200V40A、650V50A/75A系列单管产品，性能对标国外主流厂家，开始小批量生产交付。在PD电源、安防等多个领域定制开发需求产品，成为MOSFET产品的核心供应商之一。完成对MOSFET产品的设计、制造工艺和质量系统的全面优化升级。进一步加大对高压SJ产品的研发投入，初步完成600V、650V和700V系列产品的设计开发和流片，其中650V首颗SJ产品完成1000小时可靠性验证。持续在第三代半导体芯片行业大力投入，在SiC、GaN功率器件等产品研发方面加大力度，开发并向市场推出SiC模块及650V SiC SBD、1200V系列SiC SBD全系列产品，SiC MOS取得关键性进展，为实现半导体功率器件全系列产品的一站式供应奠定坚实基础。继续优化晶圆线产品结构，持续向高端转型。PSBD芯片、PMBD芯片应用于新能源汽车三电领域，并持续增加新规格。其中，FRED整流芯片实现200V、1200V多系列量产。FRED续流芯片650V、1200V均批量供货；6英寸TSBD芯片在清洁能源领域获大规模应用，持续扩展产品规格，向8英寸平台拓展；ESD芯片完成普通电容单向、双向产品开发，开始量产。全面提升TVS芯片产品性能。开发Clip-PDFN等低内阻封装。

市场营销。实行双品牌营销模式。在欧美市场，主推MCC品牌，对标安森美等国际第一梯队品牌，与全球知名通路商合作。在美国、德国、法国、土耳其、意大利等地设立交付和技术服务中心，开拓当地及周边市场，为欧美国际品牌终端客户提供就地化服务，持续提升MCC品牌在国际市场的占有率。在亚洲市场，主推YJ品牌，通过持续扩大直销渠道网点、大客户经理、项目经理与后方研发技术、交付大平台相联动的销售模式，与大客户达成战略合作伙伴关系。紧抓线上消费趋势，布局国内和国际电商渠道。（邱　洁）

机械装备产业

■概况 2021年，446家规模以上高端装备产业企业完成开票销售720.4亿元，比上年增长22.7%。其中，数控机床板块开票销售97.8亿元，增长17.1%，占高端装备产业的13.6%；饲料粮油机械板块开票销售92.8亿元，增长25.4%，占高端装备产业的12.9%。丰尚获批2021年国家智能制造优秀场景项目、工信部2021年新一代信息技术与制造业融合发展试点示范项目，PTZL 5000真空喷涂机获省首台（套）重大装备认定，亚威、扬力入围全国首批18家两化融合管理体系升级版贯标AAA级名单。（李　晖　谢森妙）

■江苏省数控机床产业创新中心 1月18日，省发改委下发《关于同意建设江苏省产业创新中心的通知》，同意建设省数控机床产业创新中心（高端装备）。中心由国内锻压机床行业龙头企业扬力集团牵头，联合扬州高新区、金方圆、扬锻、扬州大学等单位共同发起，通过工艺试验与测试、成形装备性能试制等平台建设，每年突破前瞻性新技术1~2项，开发智能化锻压成形装备及核心功能部件新产品1~2个，培养行业高端人才5~10人，逐步形成数控机床产业研究开发、成果推广与服务的良性循环体系。（邱　洁）

■高端传动装备智能制造项目 6月28日，天津华建天恒传动有限责任公司高端传动装备智能制造项目签约。项目落户维扬经济开发区，总投资40亿元，主要生产5毫瓦及以上大功率齿轮箱及齿轮、航空齿轮箱齿轮、高速齿轮箱总成等，将成为华建天恒风电齿轮箱的主要生产基地和航空高速齿轮的核心研制生产基地。（邱　洁）

■江苏亚威机床股份有限公司 2021年，江苏亚威机床股份有限公司实现营业收入19.99亿元，比上年增长22%；实现营业利润1.3亿元，下降4.41%。其中，金属成形机床业务实现营业收入12.41亿元，增长15.88%；激光加工装备业务实现营业收入6.9亿元，增长40.53%；智能制造解决方案业务实现营业收入0.68亿元，下降11.33%。

技术升级。全年共投入研发费用1.23亿元，占营业收入比例6.15%。国家智能制造解决方案供应商项目通过验收，折弯机产品获评国家级制造业单项冠军产品，四边折边机获中国机械工业科学技术奖科技进步二等奖。金属成形机床方面，丰富完善四边折边机产品系列，通用型冲割复合机研发成功；完成高、中、低端全系列激光落料线研发；完成315吨以下全系列中小吨位伺服压力机研发。激光加工装备方面，坡口激光切割机、落地龙门重轨激光切割机等新机型试制成功，持续推进激光切割头、各规格卡盘的开发和优化设计；OLED激光模组切割设备研发取得新突破。智能制造解决方案方面，研制国内首台负载5吨、行程110米的直线机器人；持续推进钣金MES和设备EMC深入应用，亚威智云工业互联网平台基于标识解析二级节点和亚威智造应用集，实现批量设备接入和监测服务。牵头的高柔性高性能板料折边单元项目、参与的高转矩低脉动直驱永磁电机关键技术及应用项目获2021年度中国机械工业科学技术奖科技进步二等奖；参与的轻量化低脉动直驱永磁电机关键技术及应用项目获2021年度中国电力科学技术进步奖电气一次组一等奖。入围全国首批两化融合管理体系升级版AAA级贯标企业，获“江苏省科技创新发展奖优秀企业”称号。

市场拓展。国内市场进一步优化、细分区域管理；抢抓南美、欧洲、中东、大洋洲等地区增长机遇，实现营业收入3.9亿元，增长60%。压力机初步形成规模化销售，进入青岛海尔供应链体系，伺服压力机实现订单突破；激光切管、焊接、三维五轴激光切割机、自动化单元等激光新产品共实现订单过1亿元，增长逾3倍；精密激光加工设备持续加大技术、市场国产化力度，实现批量化销售和交付能力。（邱　洁）

■扬力集团股份有限公司 扬力集团是国内规模最大、品类最全、综合实力最强的中高端金属成形装备制造企业之一。集团建有扬力工业园、扬力科技园、扬力产业园三大制造基地，下辖扬力机床、扬力重机、扬力精机、扬力数控、扬力液压五大生产事业部。拥有60万平方米现代化标准厂房和各类高精尖加工装备，具备年产整机3万台（套）的生产能力。组建扬力研究院，下设

2021年扬州市高端装备制造重点企业一览表

表16-2

企业名称	地　区
扬力机械设备有限公司	邗江区
江苏金方圆数控机床有限公司	邗江区
亚威机床股份有限公司	江都区
扬州锻压机床有限公司	邗江区
扬州诚德钢管有限公司	江都区
海信容声（扬州）冰箱有限公司	扬州经济技术开发区
迈安德集团有限公司	邗江区

（谢兆伟　余　辰）

国家级博士后科研工作站、省级工程技术研究中心、智能制造中心、锻造技术研究所、压力机研究所、重型机床研究所、精密机床研究所、数控机床研究所和液压设备研究所等。累计获国家发明专利96件，承担国家级、省级、市级以上科技计划项目40余项，是国家锻压机械标委会压力机分会秘书处单位，主持、参与制修订国家和行业标准27项。先后被认定为“数控金属板材加工设备产业基地骨干企业”和“高新技术企业”，连续多年蝉联“中国锻压机床行业排头兵企业”“中国机床工具行业十强企业”“中国机械工业百强企业”等称号。

2021年，牵头组建的江苏省数控机床产业创新中心入选省产业创新中心认定单位及培育单位名单。连续11年蝉联中国机械工业百强，入选江苏省工业互联网发展示范企业（工业互联网平台类）。“TE4系列大型抗偏载闭式四点多工位压力机”获2021“紫金奖·工业设计大赛”工业设计奖。（邱 洁）

航空产业

■**概况** 2021年，全市共有航空产业相关企业49家，其中规模以上企业28家。拥有国家级企业技术中心1个、国家级博士后科研工作站3个，省级工程技术研究中心、省重点实验室等研发平台16个。其中，生产制造类企业42家，主要涉及航空线缆、关键零部件、航空电子元器件、复合新材料制品、发动机安装车等产品；研发设计类企业3家，涉及飞机总体设计、机载研发系统集成、航空软件等业务；服务类企业4家，涉及飞机维修、航空元器件检测、飞行等服务。全年涉及航空类产品产值12.5亿元。通过与中国航空工业集团深度合作，沈阳飞机设计研究所扬州协同创新研究院、中航机载共性技术工程中心和中国航空研究院研究生院等重点项目先后落户扬州并实现运转，本土航空产业企业发展势头良好，初步形成飞机主机和机载系统的软硬件产业发展体系及科研创新和人才培育的智力支撑体系。（航空办 李 晖 谢森妙）

■**发展规划** 9月30日，《扬州市航空产业发展规划（2021—2030）》印发。规划提出以航空协同创新为重要抓手，聚集航空研发与配套优势资源，瞄准“创新示范、多元融合、空中枢纽、军贸基地”等发展目标，打造以航空科技研发和航空装备制造为主导，以通用航空、民航运输、航空文化教育为辅的“两主三辅”产业体系。在产业布局方面，全市构建“一核引领、两基地协同、多点联动”的航空产业空间格局。江广融合区“研发核”以生态科技新城航空谷、广陵新城航空双创基地为重点，承接航空科研机构实体和人才培养机构，广陵经济开发区和杭盛科技园等园区承接配套产业化项目，实现科研和制造协同发展。江都空港新城围绕扬州泰州国际机场重点打造临空经济基地，发展航空物流、通航制造及临空服务等产业。高邮通用机场加快推进报建进度，围绕周边打造通用航空产业基地，承接通航制造、测试验证、通航运营等产业。（航空办）

■**招商引资** 全年共有在建和在手、在谈项目29个，以制造业和研发类项目为主，部分项目落地。主要包括宝应机载部件维修和航空航天线缆，仪征天启航空复合材料，江都区春秋航空扬州飞机维修、飞机智能视觉研究所和航空风扇复材叶片实验室，邗江区华建天恒航空齿轮箱和中科惯导控制系统，广陵区宝胜研发中心和万方电子可控信息系统，蜀冈-瘦西湖风景名胜区上海航空模拟器，生态科技新城航盛机载零部件、西谷元器件检测和工信部工业App航空分中心等项目。（航空办）

■**沈阳飞机设计研究所扬州协同创新研究院** 沈阳飞机设计研究所扬州协同创新研究院（简称沈阳所扬州院）是中国航空工业集团公司沈阳飞机设计研究所（601所）的全资子公司，是扬州科创名城建设的“1号工程”、孙聪院士工作站、王浚院士工作站、中国空天技术论坛和飞发一体化技术联合研究中心依托单位，重点在航空技术创新、科技成果转化、先进制造业和战略性新兴产业、军民融合等领域开展研究和合作。先后获批国防科技创新特区试验示范区试点单位、省大众创业万众创新示范基地、省智能协同作战军民融合创新平台。

2月26日，沈阳所扬州院被列入江苏省“十四五”规划纲要的重大科技创新平台建设工程，是扬州市唯一入选项目。3月1日，与江苏新扬新材料股份有限公司签约合作共建新概念飞行器联合快速试制中心。3月2日，与中航技进出口有限责任公司举行机载外置式武器火控系统合同签订仪式。12月27日，获批江苏省先进无人机系统工程研究中心。现有人员180人，硕博科研人员占比约85%；承接国家重大研发课题（含预研、技术成果和产品）100余项，合同经费总额累计约6亿元。（航空办）

■**中国航空研究院研究生院** 中国航空研究院研究生院隶属中国航空研究院。扬州是中国航空研究院研究生院的永久办学地点，设有航空科学与工程学院、人工智能与自动化学院、航空材料学院和理学院等4个学院，致力于培养空气动力、飞机结构与强度、发动机技术研究等9个领域的专业人才，通过引培结合、创新共建方式，逐步搭建飞行器新型结构技术实验室、力学教学平台、高算中心等教研创新平台，服务扬州市航空产业发展，是军工集团第一家揭牌成立的研究生院。为满足未来发展需求，在扬州航空谷规划20万平方米新校址，总投资约20亿元，可满足2000名在校研究生学习生活和科研工作需要，打造航空高科技领域最高专业学府。学校现有博士点3个、硕士点12个，2021级共招收学生185人，其中博士19人、硕士166人，涵盖学科20个。（航空办）

■第二届扬州航空科技文化节 4月15—18日，第二届扬州航空科技文化节在生态科技新城扬州航空馆举行，主题为“科技领航、文化飞扬”。4月15日，沈阳所扬州院永久基地和中国航空研究院研究生院永久校址签约落址。工信部工业App航空分中心、扬州航空技术研究中心、中航融富基金合作项目、沈阳航盛扬州基地项目、沈阳旋飞多旋翼无人机项目、沈阳航盛机载项目等6个航空科技项目与生态科技新城签约。

（航空办）

■航空谷项目 6月11日，航空谷项目在扬州生态科技新城奠基。项目总用地面积约32万平方米，总建筑面积80万平方米，预计总投资100亿元，布局航空科技创新中心、航空重点实验室、航空数据中心、研究生院等，打造人才培养平台、产学研平台、科技创新平台及高层次人才引进平台，是集科技研发、技术服务、企业孵化、成果转化于一体的全产业链集聚区。中国航空研究院研究生院、沈阳所扬州院永久基地、工信部工业App航空分中心、西安西谷微电子、航空ICP综合处理器项目等一批航空产业上下游项目入驻。（航空办）

■中航机载系统共性技术有限公司 中航机载系统共性技术有限公司是中国航空工业集团专门从事机载系统共性技术研发及推广的机构，主要贯彻落实国家大飞机战略和航空工业集团民机发展战略，承接国家机载系统提升计划相关任务，通过共性技术研发，形成一套服务于机载系统全行业的自主知识产权流程体系和配套工具链，产出一批高质量科技成果，对外提供专业技术研发、技术咨询、技术服务、成果孵化、人才培养等科技公共服务，是中国大飞机项目自主可控计划的重要支撑。共性中心有人员100人。

4月14—15日，航空工业机载2021年民机业务研讨会在扬州召开。4月16日，中心承办的“CCF信创技术发展研讨会”召开。7月9日，获第二届江苏企业（研发机构）创新大赛二等奖和优秀奖。10月12日，在第二届中国航空机载高峰论坛上，与北京航空航天大学、神州数码集团签约战略合作。与扬州电信合作建设的机载共性中心电信云平台项目上线运行，建成项目管理、试航管理、产品数据开发、供应商管理、软件平台五大功能模块。（航空办）

■扬州市航空科技产业创新联盟 在市发改委（航空办）组织下，由沈阳所扬州院、机载共性中心、宝胜集团、新扬新材料、万方电子、扬杰科技6家单位发起，联合30家航空相关企业的扬州市航空科技产业创新联盟揭牌成立。在产业创新联盟助力下，航空工业沈阳所、沈飞工业集团等单位多次到扬州联盟企业实地考察，新扬新材料、峰明光电、航鹰科技、伊兴机械等6家扬州本土企业通过产学研合作，进入中航合格供应商目录。（航空办）

汽车及零部件产业

■概况 2021年，全市汽车及零部件产业共有规模以上工业企业299家，包括整车生产企业4家、改装车企业20家，其中2021年新增改装车企业4家，分别是沃克莱消防汽车、天嘉智能装备、江淮宏运客车和女神客车。规模以上企业完成开票销售787.8亿元，比上年下降1.3%。汽车产销量26.2万辆，其中整车产销量19.8万辆，排名全省第二。上汽大众仪征分公司产销量19.3万辆，开票销售164.6亿元。零部件配套规模以上企业开票增长6.1%，汽车电子类企业开票销售增长12.9%。李尔、保来得、神州内饰件等重点企业增长均在20%以上；亚普股份获批2021年国家智能制造试点示范工厂项目，并入围全国首批18家两化融合管理体系升级版贯标AAA级名单；中集通华获批工信部2021年新一代信息技术与制造业融合发展试点示范项目。印发《扬州市“十四五”汽车及零部件产业发展规划》和《扬州市“十四五”特种车辆发展专项规划》；市级新能源汽车公共充电设施监测平台上线试运营，实现在微信公众号上统一进行充电导航、状态查询、充电预约、费用结算等服务。

（李　晖　谢森妙）

■重大项目建设 2021年，新开工重大项目14个，其中新建7个、技改7个。新建项目备案总投资52.47亿元。其中，中国中化投资车用环保三元锂电池项目，总体规划建设年产20吉瓦时的锂电池生产线，分3期实施；航天数联信息技术（深圳）有限公司总投资22亿元，新建5吉瓦时磷酸铁锂电芯项目。技改项目备案总投资16.92亿元，包括

伏尔坎特种车底盘企业忙碌的生产车间　　庄文斌/摄

杰利半导体投资3.5亿元的新能源汽车电子及大功率半导体晶圆；神舟汽车内饰件投资5亿元的3万台（套）工程机械重型驾驶室；潍柴扬柴投资2.9亿元的轻型先进发动机技术改造项目。（耿江波 韦 扬）

■研发创新 至年末，全市拥有国家级企业技术中心1个、博士后科研工作站1个、省级新型研发机构2个、省级工程技术研究中心32个、省级以上企业技术中心46家。拥有14家国家制造业单项冠军、省级以上专精特新、科技“小巨人”企业。获批省级专精特新“小巨人”企业的有伏尔坎机械制造、天富龙科技纤维、瑞斯乐复合金属材料、华光橡塑新材料、嵘泰工业股份、富威尔复合材料、德运塑业和奥吉瑞斯新能源公司。拥有省级以上研发机构115家。全年新增省级“两站三中心”19家，分别是省工程技术研究中心6家、省工程研究中心5家、省级企业技术中心6家、博士后创新实践基地2家。其中，亚星客车获批江苏省智能网联客车工程研究中心，华光橡塑新材料获批江苏省（华光）新能源汽车管路系统工程技术研究中心；东升汽车零部件和亚星客车获批博士后创新实践基地。新认定“双新”产品8项，包括首凯汽车零部件的首凯氮氧传感器性能标定软件V1.0和银宝专用车的银宝牌自装卸式垃圾车等。

（耿江波 韦 扬）

■产业基地 仪征汽车工业园。先后获批国家火炬计划汽车及零部件产业基地、省汽车及零部件特色产业基地、省汽车产业基地（乘用车）。2021年，园区内有汽车及零部件产业规模以上工业企业64家，实现开票销售332亿元、入库税收16.5亿元。经过多年培育，形成以整车生产企业——上汽大众仪征分公司为龙头，申迪实业、汇众汽车底盘、延锋安道拓座椅等一批上汽大众系统零部件生产企业为骨干，亚新科双环活塞环、日环汽车零部件、亚新科凸轮轴、吉凯恩粉末冶金等汽车发动机零部件生产企业为传统特色的产业体系。新建汽车电子产业园，招引HUD抬头显示器项目、智能汽车电子设备研发及产业化项目、智能汽车关键核心零部件研发项目。

江都高新技术产业园。先后被认定为江苏省汽车零部件产业基地、江苏省中小企业汽车及零部件产业集聚示范区、江苏省江都汽车及零部件科技产业园、扬州市汽车及零部件特色产业园。2021年，开票销售实现80亿元，园区内以江淮轻型汽车、九龙汽车、嵘泰工业、奔宇车身、日清纺大陆、胜赛思压铸、宏运车业、洪业部件、杰信空调等一批重点企业为代表，共有车辆及零部件生产企业100余家。其中，江淮轻型汽车打造国内首家轿车化水平皮卡生产基地，宏运车业、嵘泰工业、日清纺大陆等企业为宝马、奔驰等国际知名品牌供应商，奔宇车身工程机械挖掘机驾驶室销量全国第一。

邗江区。形成以客车、专用车为特色的扬州（北山）汽车产业园和以汽车电子、汽车后市场为特色的维扬经济开发区，先后获批省汽车及零部件科技产业园、省新能源汽车及车控电子科技产业园。扬州（北山）汽车产业园聚集潍柴亚星、潍柴特种车、金威环保等车辆生产企业和神州交通、虹扬电子、庆峰集团、扬子钣金、凯勒机械、通承物流、汉和房车等汽车零部件配套企业及中集安瑞科长管拖车国家检测中心等，并建成通安科技园科技综合体，实现从生产制造、实验检测到企业培育的全面发展。维扬经济开发区重点打造汽车电子及零部件、微电子、软件创智及汽车综合配套为主要功能的汽车后市场四大产业板块，聚集国内外重点汽车零部件企业50余家，吸引美国李尔汽车系统及台湾技嘉、振华集团、韦尔股份等多家国内外知名企业落户。区域内拥有苏中规模最大的汽车4S店集聚区，引进保时捷、宝马、捷豹路虎、法拉利、玛莎拉蒂等国际知名一线品牌。

扬州经济技术开发区。集聚汽车及零部件规模以上企业15家，拥有亚普股份、中集通华等龙头企业，美国李尔、德国赛夫华兰德等落户。2021年，汽车产业规模以上企业实现开票销售195.8亿元，其中开票销售超30亿元以上企业3家。亚普股份是全国唯一向国外出口塑料油箱总成、输出塑料油箱制造技术和在海外建设塑料油箱工厂的自主品牌企业，成为全国第一、全球第三的塑料油箱生产商；中集通华半挂车稳居国内市场产销量、占有率“双第一”，产品远销欧美、南美、澳洲、非洲、中东、东南亚等50余个国家和地区；潍柴扬柴年产柴油发动机30万台，成为集团三大柴油发动机制造基地之一；阿波罗蓄电池主要出口市场包括欧洲、澳洲、北美、中东、非洲等，主要客户有福特汽车、卡特彼勒、吉利集团、华普汽车、安凯客车、江淮客车、马恒达·盐拖等。

宝应县。2017年被认定为中国汽车零部件制造基地。2021年，基地内汽车及零部件规模以上企业实现开票销售25.9亿元。与二级、主机厂形成配套企业48家，拥有进出口自营权企业76家、国外注册商标38件，逐步形成维修市场、配套市场、出口市场“三足鼎立”的市场格局。

（耿江波 韦 扬）

■新能源汽车 电动汽车。拥有亚星客车、潍柴亚星新能源商用车、九龙汽车3家具备新能源整车生产资质企业，金威环保、海沃机械等新能源环保车企业及燃料电池相关企业20余家，基本形成覆盖制氢、储氢、电堆、燃料电池、整车和研发制造等主要环节的产业链。新能源汽车产（销）量实现1932辆，比上年增长57%。其中，亚星客车产（销）量实现1173辆、亚商新能源产（销）量实现391辆、九龙汽车产（销）量实现301辆。

充电桩。有交通特来电新能源、扬州供电公司、北辰电气、万帮星星新能源4家省备案的公共服务领域充电设施建设运营单位和智绿、鼎充等生产并施工建设企业。2021年，累计建成公共服务领域充电桩

3147根，其中交流1783根、直流1364根，在市区范围内基本形成“15分钟”充电圈。

加氢站。12月，中石化建成首座加氢站——文昌西路综合能源服务站，每天加注量500千克，可满足20余辆公交、重卡车辆的加氢需求。

推广应用。2021年，新能源汽车上牌数1.05万辆，其中公共服务领域新增及更新新能源公务用车2辆、公交车120辆、网约车393辆、城市邮政车辆44辆、城市物流配送车辆3辆、环卫车5辆、机场用车1辆。全市新能源汽车累计上牌数2.29万辆，其中市区公交车1945辆、网约车572辆、城市邮政车辆74辆、环卫车93辆。建成市级新能源汽车公共充电设施监测平台，“宜行扬州”公众号实现充电桩统一查找、统一服务。（耿江波　韦　扬）

■扬州亚星客车股份有限公司 2021年，扬州亚星客车股份有限公司完成客车生产1971辆、销售2023辆，分别比上年下降33.81%、31.42%；完成新能源汽车生产961辆、销售983辆，分别增长23.36%、30.03%。全年实现营业收入9.79亿元，下降47.93%。

完成燃料电池国家重点研发计划验收，项目成果“多目标寻优”“能量智能分配控制”“大数据分析”等实现应用。获批江苏省智能网联客车工程研究中心，重点攻关解决智能网联客车的核心技术问题。开展ISO 3834焊接质量体系建设，通过国际焊接学会认证，通过ISO 9001、IATF 16949质量体系认证。围绕氢燃料电池技术、智能网联技术等新产品、新技术，申报受理专利9件；已授权发明专利1件、实用新型专利6件、外观专利1件、登记软件著作权1件。至年末，累计拥有授权专利70项，其中发明专利8件、实用新型专利34件、外观专利28件，软件著作权7件。（邱　洁）

■亚普汽车部件股份有限公司 2021年，亚普汽车部件股份有限公司实现营业收入80.57亿元，比上年下降9.05%；实现净利润4.98亿元，下降15.2%。在全球累计建立生产基地26个，其中海外9个；建成工程技术中心4个，其中海外3个。

汽车储能领域成果丰硕，自主研发国内首套侧挂式氢系统搭载“成渝氢走廊”物流车示范运行，电池包下托盘样件试制成功，完成电控燃油系统的核心部件设计。进一步加强供应链垂直整合，研发低成本轻量化的柔性塑料加油管，获得项目定点。围绕实现装备自动化、柔性化和产线快速切换的目标，持续加大智能制造投资力度，在国内外各生产基地实施自动上料、自动修边水冷、柔性焊接线等智能制造项目67项，试点运行智能物流项目。数字化转型进展加快，实现海外子公司ERP系统全面覆盖，部分工厂厂内智能物流系统升级；多种智能设备高度集成，形成标准化推广模板；产品研发管理系统升级实施，进一步完善公司协同开发体系。获第22届中国专利奖优秀奖、江苏省互联网标杆工厂、国家级专精特新“小巨人”企业称号，通过国家级企业技术中心复评，是全国首批通过两化融合管理体系“3A流程级”评定的18家企业之一。入选2021年度智能制造试点示范工厂揭榜单位、制造业单项冠军产品。

（邱　洁）

■江苏奥力威传感高科股份有限公司 2021年，江苏奥力威传感高科股份有限公司实现营业收入8.57亿元，比上年增长5.38%；实现净利润9840万元，下降5.63%。

全年研发投入约3403万元，占营业收入3.97%。累计拥有专利138件，其中发明专利17件、实用新型专利118件、外观设计专利3件。拥有江苏省车用传感器多参数集成工程技术研究中心、江苏省企业技术中心，是第一批江苏省重点研发机构，模具车间被认定为江苏省示范智能车间。在压力传感器领域，通过与龙微科技资本和业务全方位深度合作，在供应链上拥有自主压力传感器核心部件的设计IP和制造能力。在中压类传感器领域，利用基于MEMS硅－玻璃－陶瓷烧结技术，实现对传统APT（陶瓷电容）中压传感器解决方案替代。新开发基于硅－玻璃－陶瓷烧结技术的MEMS中压类传感器芯片及总成，耐强酸、抗水、抗冰冻的汽车排放系统专用低压感应芯片，以及0~41兆帕、0.5%FS的高精度高压传感器解决方案，有效满足新排放法规及新技术状态下市场对内燃机进气/排气系统压力检测、新能源热管理系统压力和温度检测、大功率商用发动机共轨系统检测、高端全地形越野汽车悬架控制及刹车系统控制对新型传感器测量精度及压力量程和耐恶劣工况条件的需求。（邱　洁）

■江苏罗思韦尔电气有限公司 江苏罗思韦尔电气有限公司成立于2002年，占地4.38万平方米，员工600余人，是专业从事汽车电子智能产品研发、制造及销售的企业，旗下拥有电子电气、新能源和车联网智能终端等产品，与海内外20余家知名整车企业建立战略合作伙伴关系。主导产品涵盖车身电子控制系统、车载电子装置和汽车电器三大类12个系列，为国内10余家商用车和轿车企业提供专业配套和技术服务。公司以“家庭信息终端”项目为立足点，开展5G应用实践，制定应用场景解决方案。12月29日，与中兴通讯签订合作协议，为家庭用户提供全场景智慧生活服务，打造体系化的智慧家庭生态新格局，提高高端及创新终端产品的市场机会，引领建设智慧家庭行业发展。2021年，实现销售3.57亿元、税收538万元。（刘　峰）

■李尔汽车系统（扬州）有限公司 由世界500强企业之一、世界排名前十位的汽车零部件供应商——美国李尔公司于2011年底投资成立，主要从事汽车电子、汽车电器及其他汽车关键零部件产品的研发、生产和销售。公司在维扬经济开发区共有3家工厂，分别为一期汽车端子及连接器工厂，占地2.67万平方米；二期汽车线束工厂，占地约4万平方米；三期汽车电子工厂，占地4.67万平方米。2021年，实现销售21.8亿元、税收7182万元。（刘 峰）

■扬州五亭桥缸套有限公司 扬州五亭桥缸套有限公司，前身是扬州缸套厂，1999年企业整体改制为有限责任公司。2009年退城进园落户维扬经济开发区，厂区占地12万平方米，有员工约1100人。公司是专业生产柴油机气缸套的大型企业，缸套产品规格品种200余个，主要服务商用车、工程机械、船舶及发电机组等领域。车用柴油机市场占有率超50%。在国内为潍柴动力、康明斯工业、五十铃、依维柯、福田汽车等几十家主机厂配套，是各重点主机厂的A级供应商，成为戴姆勒奔驰、通用GE、菲亚特、康明斯等国际一流发动机企业的合格供应商。2021年，实现销售6.3亿元、税收4426万元。（刘 峰）

船舶及配套件产业

■概况 2021年，全市海工装备和高技术船舶产业规模以上企业开票销售144.3亿元，比上年增长10.5%，拥有规模以上企业43家，其中船舶修造企业近20家。扬州市船舶产业最大年造船完工量约占全省30%、全国10%。整合形成江都、仪征、广陵李典船舶产业（工业）园，以及高邮、宝应、扬州经济技术开发区船用和海洋电缆、船舶系缆绳、船舶电子等“三园三特”产业集群发展格局。扬州与南通、泰州联合申报的海工装备和高技术船舶产业入围国家重点推动的产业集群决赛；中航宝胜海洋电缆5G海缆智能制造车间获批省智能车间，中远海运重工船用条材制造车间入选全市船舶行业首家智能车间；134人取得船舶和海洋工程系列中高级专业技术资格，其中高级23人，高级职称通过人数列全省第二，创历年新高。（李 晖 谢森妙）

■扬州中远海运重工有限公司 扬州中远海运重工有限公司是国家高新技术企业，通过工信部“两化融合体系”认证，挪威船级社认证中心ISO 9001、ISO 14001、OHSAS 18001质量、环境和职业健康安全“三合一”管理体系认证，入围国家第一批船舶行业规范条件企业名单，获国家一级Ⅰ类钢质一般船舶生产企业资质，是国家安全生产标准化二级企业和节能示范企业。

1月28日，承建的21万系列散货船第三艘“惠中海”轮（N948）在上海交付。21万吨纽卡斯尔型散货船，船舶总长299.95米、型宽50米、型深25米，设计航速14.5节。7月2日，与湖南华菱湘潭钢铁有限公司在扬州签订年度合作协议，在中远海运重工系统内率先试点船企与钢企供应链合作新模式。9月24日，公司8000千瓦/3.2万千瓦时储能电站并网运行，成为扬州市建成投运容量最大的储能电站。变电站储能容量为8000千瓦，一次可充足储存电量3.2万千瓦时。9月28日，为国银金融租赁股份有限公司建造的3艘21万载重吨系列散货船首制船“山东繁荣”轮在上海长兴交付。“山东繁荣”轮总长299.95米、型宽50米、型深25米，结构吃水18.5米，设计航速14.5节，入LR和CCS双船级社。11月22日，与南京钢铁股份有限公司签订年度合作协议，在中远海运重工系统内率先试点推进船企与钢企供应链合作新模式。全年累计交付新造船13艘，共计253.8万载重吨。（邱 洁）

■招商局金陵鼎衡船舶（扬州）有限公司 公司为招商工业“金陵船厂”品牌下特色中小型液货船建造基地，手持订单和完工交付的中小型化学品船在全球细分市场中位居前列。

1月19日，建造的3600吨不锈钢化学品3#船出坞，1.63万吨双燃料化学品船FURE VINGA号交付。2月8日，110米不锈钢化学品3#船签字交付。该船长110米、宽14米、深5.85米，入籍LR船级社。4月1日，为宁申海运建造的1.2万吨不锈钢化学品船试航。该船长133.4米、宽21.6米、深10.8米，设计吃水7.9米，航速13.5节，入籍CCS船级社，挂中国旗。4月10日，1.5万吨沥青船开工。该船长145.8米、宽26.2米、深10.8米，设计吃水6.8米，航速12.5节，入籍意大利RINA船级社。6月2日，1万吨级2#舾装码头对外开放通过省级验收。6月24日，两台350方LNG双层燃料真空罐TCS内部系统通过BV船级社验收，双燃料船用罐建造技术取得阶段性突破。7月26日，为荷兰船东建造的135米和110米–4#不锈钢化学品船开工。8月16日，6000吨双燃料化学品首制船开工。

扬州中远海运重工有限公司交付的新船　　杨亚男 嵇尚东/摄

该船长93米、宽17米、深8.7米，设计吃水6米，结构吃水6.7米，服务航速11节，设置货仓12个，续航力5000海里，入籍BV船级社。珠海市旺通船务有限公司4255立方米LPG运输船、兴通海运股份有限公司7990吨不锈钢化学品船、德国John T.Essberger公司4+2+2艘6600吨双燃料不锈钢化学品船签约。

（邱　洁）

■**中船澄西扬州船舶有限公司** 公司是中国船舶工业股份有限公司、中船澄西船舶修造有限公司共同出资设立的国有合资公司。占地约130余万平方米，生产区域占地约120余万平方米。拥有长江岸线1500米、码头2600米，2万～10万吨级船台4座，大型车间1.2万平方米。具备全流程船舶建造能力，年建造10万吨及以下全系列散货船、中型油船、支线集装船及特种船20艘，钢结构10万吨。

1月4日、3月17日，为美国福茂集团建造的首艘、2号8.5万吨散货船分别交付。该船长229.9米、宽36米、深20.15米。1月15日、7月22日，为德国OLDENDORFF CARRIERS公司建造的1号、2号2.15万吨自卸船“ALYPSO”轮分别交付。该船拥有2500吨/小时卸货能力、1300吨/小时装载能力，是全球首制全回转电推自卸船。6月18日、9月23日，为国银租赁建造的5号、6号8.5万吨散货船分别交付。12月14日，为日本KUMIAI建造的全球最大沥青船2号3.7万吨沥青船“云交付”。该船长179.9米、宽30.6米、深16.8米。（邱　洁）

石油化工产业

■**概况** 2021年，全市共有规模以上石化企业76家，实现开票销售707.6亿元，比上年增长46.3%；拥有20亿元企业10家，开票销售527.3亿元，增长62.3%，成为全市先进制造业集群发展的重要支撑。扬州化学工业园区连续9年被评为“中国化工园区30强”前10强，入选应急管理部首批“工业互联网+危化安全生产”建设试点单位，是江苏省唯一入选园区。仪征化纤300万吨、远东仪化200万吨PTA等一系列重大化工项目落地建设。完成《扬州市“十四五”化工新材料产业发展规划》编制工作，构建“一园两区多点两禁”的“1+2+N+2F”产业发展总体布局，推进绿色发展、安全发展、链式发展和数字化转型。

（李　晖　谢森妙）

江苏油田

■**概况** 2021年，江苏油田总资产72.81亿元，其中固定资产净值36.86亿元。矿权面积2.03万平方千米，共探明油田38个（含广东徐闻、广西百色油田），探明含油面积283.45平方千米。投入开发油气田37个，动用含油面积216.59平方千米，动用石油地质储量2.53亿吨，占探明储量的82.87%。全年新增探明石油地质储量308万吨，新增控制石油地质储量412万吨，新增预测石油地质储量985万吨，累计探明石油地质储量3.06亿吨、天然气地质储量94.69亿立方米（含溶解气）；生产原油105.01万吨、天然气5140万立方米，累计生产原油4981.24万吨、生产天然气16.86亿立方米。实现收入58.46亿元、利润总额2300万元。（屈传刚）

■**油气勘探** 2021年，江苏油田分公司勘探总投资4.25亿元，完钻各类探井40口，下油层套管井13口，裸眼完井12口，探井综合成功率30%。江苏油田首口页岩油风险探井——花页1HF井水平段长1393米，综合评价阜二段Ⅰ类、Ⅱ类页岩油15层1212.8米、Ⅲ类页岩油2层65.2米。盐城1-2侧井钻遇阜一段气层4层29.9米，新增含气面积3.3平方千米，新增天然气预测储量18.84亿立方米。盐城8斜井钻遇阜三段油水同1层3米，新增含油面积3.2平方千米，新增石油预测储量172.69万吨。苏北盆地成熟区带勘探取得新进展，瓦29井新增探明储量21.39万吨，肖17井、河301井合计新增控制储量112.81万吨，富125侧新增预测储量154.49万吨。

（屈传刚）

■**油气开发** 全年开发总投资8.49亿元，完钻开发井66口，新增可动用储量218万吨，新建产能3.45万吨。生产原油105.01万吨、天然气5140万立方米。开展注水管理提升年活动，8个调整治理区采收率平均提高3%，油田自然递减率降至9.65%，综合递减率降至3.57%，比上年分别下降0.52个百分点、1.7个百分点。实施区带连片二氧化碳驱油，增油2万吨。试验一开完钻、推广二开一趟钻、套用老井场等新

油田地下采油、地上发电　　宋永根/摄

2020—2021年江苏油田主要生产建设指标一览表

表16-3

指标名称	单　位	2021年	2020年
原油产量	万吨	105.01	104.03
天然气产量	亿立方米	0.51	0.40
新增原油生产能力	万吨	8.74	7.67
新增探明石油地质储量	万吨	308.03	213.54
新增动用石油地质储量	万吨	177.80	151.44
二维地震	千米	—	—
三维地震	平方千米	266.35	292.00
完井	口	106	84
探井	口	40	33
开发井	口	66	51
钻井进尺	万米	26.64	21.51

（屈传刚）

措施，机械钻速提高14.69%，钻井周期下降14.22%。推广应用抽油机柔性控制、纳米乳液驱油、生物防腐等节能增油新技术，增油2.3万吨。开展SEC储量全生命周期动态评价优化，储量替代率193.4%，储采比提升至4.0。（屈传刚）

■炼油化工　全年实现销售收入26.2亿元、利润总额4428万元，入库税金4.64亿元；完成投资4151万元，计划完成率99.54%；加工成本568元/吨，比指标节约1元/吨。催化业务方面，加工原（料）油51.71万吨，比上年增长5.23%。化工业务方面，生产聚丙烯3.23万吨，增长3.15%，生产MTBE2.53万吨，下降0.64%；稀乙烯回收利用2572吨。化纤业务方面，生产复合纤维2694吨，减少2058吨，下降43.31%。销售业务方面，统配产品28.71万吨，直销产品17.89万吨，年平均销售价格5473元，增加1337元，比股份公司均值高417元。（屈传刚）

■挖潜增效　推进十大重点降本项目，实现挖潜增效1.67亿元。开展专项治亏行动，开发区块和经营业务盈利面分别提升至90%、78.6%。强化资金“分灶吃饭”，分公司经营现金流、自由现金流分别比上年增加5.79亿元、10.88亿元，资产负债率降至82.78%，下降12个百分点。强化高效资产创收提效、低效资产盘活处置，实现创效4201万元。研究争取资源税减免、专项税收返还和加计扣除政策，落实税收优惠1.02亿元。深化改革三年行动实施方案，人均劳效67万元，提升42%。（屈传刚）

■市场开拓　全年实现外部市场收入14.38亿元，比上年增长17.8%。工程技术服务新拓展大庆气井带压、新疆泥浆不落地等项目，实现收入2.99亿元，增长53.3%。物业餐饮先后中标北部湾港务集团、金陵石化等后勤物业项目，实现营业收入3.32亿元，增长34.9%。商贸物流开拓皖东北管线物资供应、华东化销聚丙烯产品运输等市场，实现收入4.9亿元，增长8.5%。全年销售卤水436万立方米、硝水109万立方米、元明粉15万吨，实现收入1.66亿元。培训服务开拓新疆、青海、总部机关等送培业务，实现收入3000万元，增长2.9%。后勤保障拓展房屋租赁、劳务输出等多元化创收渠道，实现收入9300万元，增长32.8%。（屈传刚）

■安全生产　发布实施新版HSE管理体系手册，加大宣贯培训、要素监测、体系内审工作。完成安全技术措施计划98项1603万元、安保基金项目5项644万元，重大安全风险总值由172降至152，下降11.63%。制定《关于从严直接作业环节管理，杜绝违章违规行为的通知》，从严整治违规违章行为。完成50家承包商安全资质、能力和管理体系建设情况审查和现场认证。实施工程专业化管理，整合督查、监督、消防职能，启动采油厂标准化示范区建设，江苏油田采油厂一级管理模式成为集团公司级标准。获评江苏省健康企业和职业病防治工作先进单位。（屈传刚）

■环保节能　全年制（修）定环保制度14项，设置要素监测指标96个。创新低成本绿色开发路径，通过套用老井场、井网优化、井型优化、多井共栖等方式，节约土地10.87万平方米、资金2000余万元。推广注采输一体化成果，机采系统效率超31.5%、注水系统效率超55%、集输系统效率超44%、锅炉效率超92%。编制《江苏油田碳达峰、碳中和行动方案》，与金陵石化签订合作协议，共同建设每年10万吨碳捕集利用项目。推进新能源节能控耗，建设井场光伏发电94座、井场风力发电基座2座，年节约电费960万元、减少二氧化碳排放2644吨。全年完成节能目标8774吨标煤，超额完成8000吨的标煤指标，完成江苏省“百千万”企业双控检查的能源消耗总量和强度考核目标。（屈传刚）

■科技创新　全年安排科技经费1.59亿元，实施科研项目84项，其中承担集团公司及以上科研项目21项；申请国家专利84件，获授权65件；登记软件著作权5项。完成黄4联合站信息化改造工程，推进陈堡采油班信息化建设，岗位通、应用商城、云平台等一批生产信息化应用模块上线运行。6人被评为国家首批特级技师、1人当选集团公司技能大师。

（屈传刚）

扬农化工

■江苏扬农化工集团有限公司 2021年，江苏扬农化工集团有限公司实现（不含股份公司）销售收入90.55亿元、责任利润14.23亿元，分别比上年增长80.69%、51.67%。创新投入4.6亿元，增长28%；新产品销售收入41亿元，增长36%。

科技创新。新产品新技术持续高质量产出。双氧水法环氧氯丙烷、高端尼龙及“卡脖子”中间体、光气下游产品链等多项关键核心技术取得产业化突破。通过国家技术创新示范企业复评；入选首届江苏省科技创新发展奖优秀企业、江苏省专精特新“小巨人”企业；扬农锦湖入选工信部第三批专精特新“小巨人”企业，并获批扬州市环氧树脂新材料合成与应用技术重点实验室；瑞泰公司获评宁夏回族自治区技术创新示范企业；瑞盛公司通过江苏省高新技术企业认定。全年授权国家发明专利29件、韩国发明专利1件，实用新型专利15件。1件专利获中国专利优秀奖，2件专利获中国石油和化学工业联合会专利优秀奖。PA66及其中间体己二胺关键技术研发及产业化项目入选2021年度江苏省重点技术创新项目导向计划；绿色高效催化防脱氯连续加氢技术被工信部列入《石化化工行业鼓励推广应用的技术和产品目录》，环氧树脂分段反应及闭路循环工艺入选《石化绿色工艺名录》。

项目建设。加快推进“一中心三基地”重点工程项目建设。总部科创中心项目与广陵区东南新城签订土地出让合同，完成中化集团内部立项；连云港基地环氧产业链项目——离子膜烧碱、双氧水环氧树脂和全球首套直接氧化法ECH项目完成装置中交，进入调试运营阶段，向材料战略转型迈出关键一步；电子材料HP项目进入试生产阶段；中卫基地的苯乙酮装置、氯代酯系列产品装置建成后，产品品质全球领先；副产盐资源化项目中离子膜装置建成并投产，高温盐氧化、湿式氧化完成建设进入试生产阶段；尼龙系列产品一期装置尼龙66项目及中间体J项目完成土建施工，安装完成中交，项目总进度完成75%，实现序时进度。

绿色低碳发展。组织开展挥发性有机化合物治理，环保设施低标准、排污许可执行、土壤与固废管理隐患排查等专项行动，强化源头管控，严格执行排污许可，逐步实施废水“零排放”。实施节能改造数十项，通过对标、内审等措施不断提高能源管理水平，在严格能耗双控的形势下，完成全年节能目标，万元产值综合能耗、碳排放强度分别下降22%、24%。

营销管理。芳烃产业链产研销团队开展产研销协同，打造氯化苯、间二氯苯、对邻硝基氯苯等明星产品，实现责任利润6.2亿元，增长287%，市场地位跃居全球第一；不断开拓氯化苯、对邻硝基氯苯等明星产品市场，提升新产品占有率；高品质苯乙酮、氯碱、苯丙三氮唑、氯代酯系列新产品销量逐步提升；发挥技术服务优势强化客户黏性，实现环氧树脂销售利润6.1亿元，增长95%；完成3个产品客户认证，实现国产替代；抓住国际市场供求变化的窗口期，调整销售策略，实现全年自营出口1亿美元，增长超100%，考核利润7800万元，超额完成目标。

（郭 翔）

■江苏扬农化工股份有限公司 江苏扬农化工股份有限公司是国家重点高新技术企业、国内农化上市公司头部企业，全球拟除虫菊酯原药核心供应商、全球农化企业10强中唯一的中国本土企业。2021年，公司完成销售收入118.42亿元，首次跨越百亿大关，比上年增长20.45%。其中原药销售额增长13.2%、中国植保市场销售增长7%、海外贸易业务增长93.4%。实现净利润12.22亿元，增长1.02%。获评CAC农药出口20强、ACE优秀供应商，在中国农化行业百强排名中蝉联第二，连续7年入选世界农化企业前20强。

科技创新。全年获6项科技奖项，申请国内发明专利75项、PCT专利5件，授权40件，1项专利获中国中化专利金奖。农药国家工程研究中心（沈阳）纳入国家工程研究中心新序列管理。化植保产业园、优士青山厂区、植保新基地等项目推进中。

绿色低碳。扬农股份、优嘉公司获评“十三五”石化行业环境保护先进单位。优科植保通过中国石化联合会“绿色工厂”审核。优士公司、沈阳科创通过省级“绿色工厂”认定。优嘉公司通过重污染天气农药制造行业绩效A级企业的市级核查。入选农药减量增效优秀范例，双工9080 10%四氯虫酰胺悬浮剂入选农药减量增效优秀产品。优士化学被认定为高新技术企业。

（邱 洁）

仪征化纤

■概况 2021年，中国石化仪征化纤有限责任公司以11.43亿元购买资产公司持有的仪征分公司PBT树脂业务等非股权类资产及负债。江苏华电仪化热电合资公司成立，合资码头完成二轮注资，合纤二部、合纤三部成立。全年实现营业收入179.1亿元，盈利1186万元；资产公司仪征分公司实现营业收入21.1亿元，盈利2.99亿元。全年高附加值产品比例达39.6%，提高0.2个百分点。公司现有在岗员工5924人，在岗党员2304人。

2021年，获“中国化纤行业‘十三五’高质量发展领军企业”“绿色发展示范企业”称号。连续4年获仪征市颁发特别贡献企业奖。“环保型车用高性能TPEE开发”项目获第三届中央企业熠星创新创意大赛优秀奖；“应用TRIZ实现聚酯材料光致变色功能”和“改善PBAT树脂的适用性能”项目获2021年中国创新方法大赛江苏赛区二等奖；“基于TRIZ理论解决污乙二醇危废

2020—2021年仪征化纤有限公司主要产品产量一览表

表 16-4　　　　单位：万吨

产品名称 \ 年份	2021 年	2020 年
涤纶	221.7	254.52
聚酯切片	91.42	128.29
瓶级切片	30.83	35.09
涤纶短纤维	82.86	78.7
中空纤维	16.59	12.44
聚丙烯熔喷布	0.13	0.195
对位芳纶	0.062	0.049
高纤	0.33	0.27
顺酐（MAH）	11.83	11.46
PTA	102.8	99.32
PBT 树脂	13.65	12.89
四氢呋喃	0.999	0.93

（黄　斌）

处理成本高的问题”项目获 2021 年中国创新方法大赛江苏赛区三等奖。“白斯特”品牌获评“我心目中的扬州十佳品牌”。公司党委书记、执行董事万涛获“第 17 届扬州十大经济新闻人物”称号。聚酯部二装置甲班获“全国纺织创新型班组”、BDO 部值班长孔祥林获“全国纺织行业创新型班组（团队）带头人”称号；聚酯部任勇刚获扬州市“五一劳动奖章”，水务部刘权获评“江苏省十佳行业工匠”，PTA 部唐玉刚获“扬州市大工匠”称号。

（黄　斌）

■科技创新 23 万吨/年智能化短纤、220 千瓦输配电站等项目启动建设。50 万吨 / 年新一代瓶片、12 万吨 / 年 PBT 柔性化项目等加速推进。2 万吨 / 年 MAH 增容改造项目可研获批复。远东仪化 PTA 项目环评获批复。海南 PBST 合资项目启动建设。生物可降解、新一代瓶片、对位芳纶、聚酯高洁净催化剂、聚酯再生技术等 5 项重点攻关取得实质性突破。低气阻熔喷布、芳纶阻燃服、冬奥会保暖服专用料等产品，被国资委官方媒体转载宣传。高效低阻有色系列熔喷布投入生产。生物可降解、聚酯、瓶片系列和科研新产品、新材料亮相深圳国际橡塑展。申请发明专利 38 件，获授权专利 26 件。

（黄　斌）

■绿色发展 持续开展环保问题排查整治，加强环保设施运行管理。化学需氧量、氨氮等主要污染物排放指标优于国家标准，固体废弃物产生量下降 39.6%，绿色装置覆盖率 76.2%，在集团公司绿色企业复审中被评为 A 档，获集团公司“环保先进单位”称号。完成全国碳市场首年履约。被评为江苏省 2021 年绿色工厂，成为中国石化驻苏企业首家获评省“绿色工厂”。连续 6 年获江苏省环保信用评价“绿色等级”，连续 3 年通过江苏省秋冬季大气管控“豁免”。

（黄　斌）

■中国石化首套年产 300 万吨 PTA 项目启动建设 4 月 17 日，仪征化纤公司举行 300 万吨 / 年 PTA 项目集中开工仪式，标志着中国石化单套生产能力最大的 PTA 项目启动建设。项目被列入 2021 年江苏省重大项目和中国石化重点工程。

（黄　斌）

■阻燃面料和工装研发 联合中国石化劳动防护用品检测中心成立夏季阻燃工装科研攻关小组，利用中国石化自产对位芳纶等纤维优势，采用多元组合阻燃技术，开发具有中国石化自有知识产权的夏季阻燃防静电面料 Yitex160。该面料及工装通过第三方权威机构检测，阻燃性能、防静电性能和理化性满足国家标准 B 级要求。

（黄　斌）

4 月 17 日，中国石化首套年产 300 万吨 PTA 项目启动建设　刘玉福/摄

建材工业

■概况 2021年，扬州建材工业分为混凝土、钢结构、水泥和砂浆4个行业，生产量分别为1245万立方米、51.1万吨、964.53万吨、123万吨。（卞海波）

■混凝土行业 全市拥有资质企业73家，其中正常生产企业54家、停产歇业19家。全年商品混凝土生产量1245万立方米，比上年减少120万立方米。其中，市区（不含江都区）735万立方米，减少70万立方米；高邮市100万立方米；宝应县125万立方米；仪征市140万立方米；江都区145万立方米。完成产值64亿元，下降3%；实现利税4.5亿元，下降35.71%。（卞海波）

■钢结构行业 全市钢结构行业会员企业累计制作各类钢结构约51.1万吨，安装钢结构房屋建筑259万平方米，分别比上年增长3.86%、1.57%。全年实现销售产值33.9亿元、利税2.88亿元，分别增长2.73%、23.6%。其中，宝胜系统集成科技股份有限公司实现销售12亿元，上缴税金3765万元，实现净利润3213万元。（卞海波）

■水泥行业 全市共有水泥生产企业8家，共有3.0米以上水泥磨机14台，年生产能力1500万吨。全年共生产水泥964.53万吨，比上年下降9.05%；实现产值35.76亿元、利税4.72亿元，分别增长1.68%、10.54%。（卞海波）

■砂浆行业 全市已备案并正常运营的预拌砂浆生产企业13家，其中江都区2家、广陵区2家、邗江区3家、宝应县2家、仪征市3家、高邮市1家，预拌砂浆供应实现区域全覆盖。高邮市、宝应县相继出台禁止现场搅拌砂浆规范性文件。全年累计供应预拌砂浆123万吨，比上年增长9.82%；预拌砂浆生产企业资源综合利用量（粉煤灰）8万吨。全年实现销售产值3.66亿元、利税0.36亿元，分别增长9.25%、28.57%。（卞海波）

消费品工业

■食品产业 2021年，全市食品产业规模以上企业开票销售130.3亿元，比上年增长12.5%。拥有食品生产规模以上企业101家，主要包括：1个食品专业园区，即扬州食品产业园，是江苏省唯一集食品加工、制造、流通、研发于一体的现代食品产业集聚区；3个食品特色基地，分别是宝应生态有机产业基地、高邮禽蛋产业基地、菱塘清真产业基地。拥有三和四美酱菜、富春茶社、共和春等一批中华老字号食品企业及扬州炒饭、扬州包子、扬州狮子头等一批享誉世界的“扬字号”美食品牌；创建宝应荷藕、高邮鸭蛋等全国知名的国家级地理标志商标30件。（李　晖　谢森妙）

■高端纺织和服装产业 2021年，全市224家规模以上纺织服装企业实现开票销售377.2亿元，比上年增长19.2%；形成仪征化纤无纺织物、邗江品牌服装、高邮羽绒制品三大产业集群，涵盖除印染外其他服装产业链环节。仪征化纤全年开票销售174.9亿元，增长31.6%，波司登制衣、太极实业、富威尔复合材料、虎豹集团、康源纺织、经纬纺织等龙头企业增长均在30%以上，波司登制衣车间获“全国纺织工业先进集体”表彰。（李　晖　谢森妙）

■工艺美术工业 2021年，运河文投集团延续非遗产业良好发展态势，扬州漆器厂累计实现销售4835万元（含政府采购772万元），比上年增长2.95%；被省人社厅授予“江苏省乡土人才传承示范基地”称号；高密度EPS材料在漆器脱模中的运用项目入选2021年度国家文化和旅游科技创新工程项目，传统雕漆工艺与现代四轴雕刻技术的结合项目入选2021年度江苏省重点技术创新项目导向计划，引进多功能高精度数控激光雕刻机。江苏谢馥春国妆股份有限公司实现销售收入4230万元；开发新品馥郁玫瑰花萃纯露、馥郁玫瑰润泽面膜；谢馥春脂粉制作技艺入选第五批国家级非物质文化遗产代表性项目名录；谢馥春香粉厂旧址入选第五批国家级工业遗产名单，为扬州第一家工业遗产单位。扬州文物商店实现销售收入2752.36万元；提供给盐城博物馆藏品4件（套）、四川泸州老窖博物

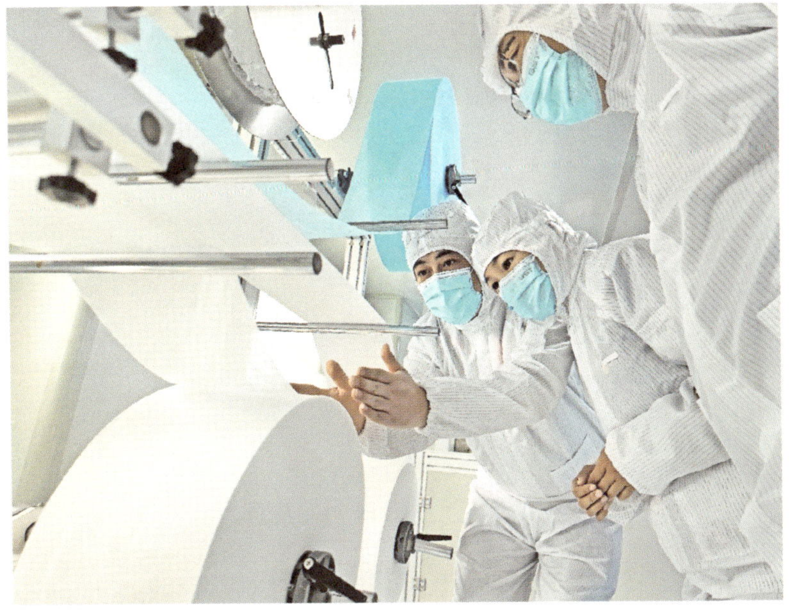

工作人员查看口罩生产过程　　孙　炎/摄

馆藏品24件(套)。扬州玉器厂《路路通》参加“丝路时光”江苏东盟文化展。扬州漆器厂漆花《大漆公筷》、谢馥春工艺国妆鸭蛋香粉入选长三角特色伴手礼。在第17届中国(深圳)国际文化产业交易博览会中国工艺美术文化创意大赛上,扬州工艺获4金、2银、2铜;在2021江苏工艺美术精品博览会暨第12届“艺博杯”工艺美术精品大奖赛上,扬州工艺获4金、3银。扬州486非遗集聚区举办市“运河·玉缘杯”玉雕创作技能大赛;运河“扬家匠”乡土人才“三带”创业园开园。(赵 燕)

■杭集高新区入选国家级消费品标准化试点项目 12月1日,国家市场监管总局国家标准化管理委员会发布第二批国家级消费品标准化试点项目名单,杭集高新技术产业开发区入选,是全省唯一入选该项目名单的区域。(邱 洁)

电力工业

■概况 2021年,全市发电企业总装机容量807.4万千瓦,全年发电量275.07亿千瓦时。其中,统调电厂(含火力机组22台、风力21座、光伏8座)总装机容量728.2万千瓦,全年发电量242.11亿千瓦时;地方公用电厂(含火力机组12台、水力1座、光伏37座)总装机容量53.9万千瓦,全年发电量14.9亿千瓦时;3家企业自备热电厂(仪征化纤、瑞祥化工、永丰余)6台发电机组,总装机容量25.3万千瓦,全年发电量18.06亿千瓦时。全社会用电量289.77亿千瓦时,比上年增长9.49%。第一产业用电量3.95亿千瓦时,增长14.98%;第二产业用电量193.39亿千瓦时,增长8.67%,其中工业用电189.62亿千瓦时,增长8.64%;第三产业用电量46.76亿千瓦时,增长16.19%;城乡居民生活用电45.67亿千瓦时,增长6.16%。(徐 莉)

■江苏华电扬州发电有限公司 江苏华电扬州发电有限公司由华电江苏能源有限公司、扬州市扬子江投资发展集团有限责任公司等8家股东共同投资。至年末,拥有2台330兆瓦燃煤发电供热机组和2台475兆瓦燃气发电机组,总装机容量为1610兆瓦。2021年,完成销售收入13.76亿元。自发电量36.37亿千瓦时,其中煤机29.36亿千瓦时、燃机7.01亿千瓦时;转移煤机电量2.99亿千瓦时;供热量121万吉焦,完成年度计划的117%。煤机综合供电煤耗323.41克/千瓦时,下降0.75克/千瓦时;综合厂用电率6.57%;燃机发电气耗0.194标立方/千瓦时,综合厂用电率5.43%。投资1397万元,建设节水型环保企业。投资3888万元,开展2×300兆瓦机组热源侧改造。先后获评国家安全文化示范企业、江苏省文明单位、江苏省电力安全生产先进单位、中国华电集团公司文明单位标兵等。(周书雅)

■扬州第二发电有限责任公司 2021年,扬州第二发电有限责任公司(江苏国信扬州发电有限责任公司)全口径统计发电量139亿千瓦时,营业收入79.37亿元,上缴税收2亿元。累计安全生产7726天,实现3个百日安全无事故周期。获评省部属企业模范职工之家,继续保持“江苏省文明单位”称号。

降本增效。克服进口煤配额不足、环保压力大等困难,全力提升进口煤、高硫经济煤种采购比重,煤炭成本显著降低。修订《招标投标管理标准》和《物资管理标准》,进一步规范招采流程、强化供货商管理。及时响应供电、供热价格政策,灵活调整营销策略,增加营销收入。拓宽粉煤灰销售渠道,针对性提升二级灰销量。

“低碳化”转型。响应“双碳”战略,整合煤棚、渣场及屋顶等厂内光伏资源,开展厂内光伏项目建设,推进扬州经济技术开发区、高邮和仪征整县光伏项目申报。开展煤场封闭和液氨改尿素两个重大安全环保技术改造。加快推动亚临界机组升级延寿改造项目,力争节煤降耗、绿色发电。

“智慧化”建设。不断完善智慧电厂经营决策支持系统,全面开展智慧安防、智慧监盘、智慧经营、设备全生命周期管理系统等功能模块升级,构建实用性更强、综合性更广的智慧电厂系统。推进压缩空气、供热联通、大重件码头经营以及大数据中心等项目,构建综合能源服务商。(毛润东)

建筑业

Jianzhuye

编　辑　王妮姗

综述

■**概况**　2021年，全市建筑业总产值达4890亿元，比上年增长6.59%；建筑企业在扬纳税56.3亿元，增长4%，占全市税收总额的11.1%；上缴国资收益1.7亿元；新增建筑业规模以上企业340家，增长40%。在手施工合同额5882亿元，增长5%。其中，新签合同额2723亿元，增长2%；房屋建筑施工面积3.25亿平方米，增长4%；建筑业吸纳本地农民工25万人，人均报酬7.2万元/年，建筑业对全市农民纯收入的贡献率在35%以上。

市场开拓。市外建筑业产值3540亿元，占总产值的73%。其中，国内市场累计新开工项目1.47万个，江苏省华建建设股份有限公司（简称江苏华建）新开工深圳市天悦壹号项目合同额5.8亿元，施工面积21.7万平方米；江苏江都建设集团有限公司（简称江都建设）新开工大连东港区H10地块项目合同额9.4亿元，施工面积12万平方米。国外市场有项目25个、合同额19.5亿美元。江苏邗建集团有限公司（简称邗建集团）中标的沙特萨拉曼国

2021年扬州市分地区建筑业生产经营情况表

表17-1

指　标	全　市	市　区	扬州经济技术开发区	广陵区	邗江区	江都区	宝应县	仪征市	高邮市
一、建筑业合同情况（万元）									
签订合同额	**71180116**	38874814	1202453	12627290	7243561	17801510	9942756	5669537	16693009
上年结转合同额	**27968923**	16238647	384793	5655262	1527653	8670939	3439819	2346517	5943941
本年新签合同额	**43211193**	22636168	817660	6972028	5715908	9130571	6502937	3323020	10749068
二、承包工程完成情况（万元）									
直接从建设单位承揽工程完成的产值	**44073761**	23782274	1008880	6937717	4983333	10852344	5629867	3747059	10914561
自行完成施工产值	**44037954**	23751091	1002872	6929813	4970402	10848004	5629858	3745806	10911200
分包出去工程的产值	**35806**	31183	6008	7904	12931	4340	9	1253	3361
从建设单位以外承揽工程完成的产值	**4866300**	2962420	209682	160609	515985	2076145	820126	277189	806565
三、建筑业总产值（万元）	**48904255**	26713512	1212554	7090422	5486387	12924149	6449984	4022995	11717764
其中：装配式建筑工程产值	**289686**	196425	—	11706	127298	57420	35377	1800	56084
装饰装修产值	**2183407**	1371070	33180	326529	804061	207301	302056	80173	430110
在外省完成的产值	**27557385**	15779250	352779	4896928	2245859	8283684	4309375	2398893	5069867
建筑工程产值	**45271378**	23593159	1178146	6865063	4983983	10565967	6419845	3793927	11464448
安装工程产值	**3122002**	2981203	33320	211361	460305	2276217	22299	79215	39285
其他建筑业产值	**510874**	139149	1089	13998	42098	81964	7840	149854	214032
四、竣工产值（万元）	**40175390**	20609367	1041817	6331543	4886020	8349987	5561789	3216195	10788039
五、房屋施工面积（万平方米）	**32532**	14467	222	4967	2360	6918	7303	2472	8291
其中：房屋新开工面积	**12339**	4885	59	1537	1273	2016	3172	656	3626

（统计局）

江都建设承建的坦桑尼亚达累斯萨拉姆大学中国图书馆项目

江都建设/供稿

王国际综合港港务设施2标段项目，合同价近2亿元，为沙特“2030愿景”国家改革计划的重要组成部分。

创优夺牌。江都建设承建的坦桑尼亚达累斯萨拉姆大学中国图书馆项目获境外鲁班奖，江苏华建承建的海南省三亚市妇幼保健院整体搬迁（新址）项目、广东省珠海市横琴隆义广场、江苏扬建集团有限公司（简称扬建集团）承建的江苏旅游职业学院一期项目，江都建设承建的陕西省西安国家数字出版基地示范区A栋塔楼及裙房工程等14个项目获2020—2021年度国家优质工程奖，获中国土木工程詹天佑奖优秀住宅小区金奖2项、中国安装工程优质奖3项、中国钢结构金奖3项、中国建筑工程装饰奖30项、“扬子杯”优质工程奖10项。江苏华建首次入围“中国企业500强”。有20家企业进入省建筑业百强企业名单，江苏瑞沃建设集团有限公司连续七年位列基础设施类第一名。

装配式建筑。全年新开工装配式建筑面积381万平方米，新开工装配化装修面积超50万平方米，产业化人员培训数1690人，超额完成省赋目标。获批省级建筑产业现代化示范项目26个，为历年最多。

（张　婧　王　鹏　卞海波）

■绿色建筑暨建筑节能 全年新增绿色建筑面积880.9万平方米（其中居住建筑662.72万平方米、公共建筑218.18万平方米），城镇绿色建筑占新建建筑的100%。既有建筑节能改造面积148.61万平方米（其中居住建筑127.82万平方米、公共建筑20.79万平方米）。太阳能光热应用面积278.39万平方米，太阳能光伏装机容量9.32兆瓦，浅层地能应用面积43.22万平方米，新增节能量10.97万吨标准煤。全市完成151幢建筑能耗统计，新增建筑能效测评标识项目46项（其中居住建筑15项、公共建筑31项），新增能耗监测分项计量项目21个。

创新突破。新增绿色建筑标识项目28个，总面积376.3万平方米，其中二星级以上绿色建筑标识项目23个，总面积341.98万平方米，占比90.87%。香颂溪岸花园28—46、48—54号楼获三星绿色建筑运行标识，绿地健康城、万科四季都会项目获健康建筑标识证书。

引导示范。高品质绿色建筑和建筑能效提升两个项目累计获补助资金830万元。联合市财政局开展市级绿色建筑暨建筑节能专项引导资金项目评审工作，4个项目获补助资金255万元。第十届江苏省园艺博览会博览园主展馆获全国绿色建筑创新奖一等奖。

机制完善。印发实施《扬州市“十四五”绿色建筑高质量发展规划》。开展绿色建筑专项检查，检查工程项目21个，下发整改通知单19份。配合省住建厅绿色建筑暨建筑节能工作考核组的考核工作，对全市获省级建筑节能专项资金项目开展绩效评估工作。（阚开慧　卞海波）

■建筑科技项目 新增省级建筑企业技术中心1家，获批省级工法90项、省新技术示范工程47项。两个项目被列为省建设系统科技项目，3个项目获省建设科技创新成果。7个项目被列为2021年度全市建设科技项目，3个建设科技项目通过结题验收。扬建集团的“塔楼一体化双层自锚式悬索景观桥建造关键技术研究与应用”获2021年度华夏建设科学技术奖二等奖。新增一级建造师1168人、二级建造师2959人，全市一、二级建造师累计有2.78万人。

（张　婧　阚开慧　卞海波）

勘察设计管理

■勘察设计 全市共有勘察设计企业167家，具有甲级资质企业41家。其中，专业设计资质企业35家，具有甲级资质企业19家（建筑甲级16家、市政甲级3家、石油甲级1家、水利甲级1家）；专项设计资质企业134家，具有甲级资质企业20家；勘察资质企业12家，具有甲级资质企业4家。从业人员3086人，其中注册执业人员610人。年产值5亿元左右，涉及工程勘察、建筑、市政、水利、水运、电力、石油、化工等8个行业及建筑装饰、智能化、建筑幕墙、轻钢结构、风景园林、消防设施、环境工程、照明工程8个专项资质。

（阚开慧　卞海波）

■行业监管 严格落实工程勘察现场作业提前告知制度，共收180个项目提前告知表。开展工程勘察现场检查，组织专家审查10个建筑工程项目的工程勘察现场、项目原始资料及台账。开展2021年勘察设计质量考评工作，考核建筑工程设计企业67家、项目941个，建筑总面积

2021年扬州市勘察设计甲级资质单位一览表

表 17-2

单 位 名 称	资 质 类 别
扬州市建筑设计研究院有限公司	建筑行业（建筑工程）、市政（道路、排水）、风景园林
扬州市城市规划设计研究院有限责任公司	建筑行业（建筑工程）、市政（道路）
扬州大学工程设计研究院	建筑行业（建筑工程）
江苏时代建筑设计有限公司	建筑行业（建筑工程）、岩土工程勘察
扬州市中珩建筑设计院有限公司	建筑行业（建筑工程）
江苏扬建集团有限公司	建筑行业
江苏江都建设工程有限公司	建筑行业（建筑工程）
江苏邗建集团有限公司	建筑行业
江苏省华建建设股份有限公司	建筑行业（建筑工程）
江苏省江建集团有限公司	建筑行业
江苏弘盛建设工程集团有限公司	建筑行业（建筑工程）
安宜建设集团有限公司	建筑行业
江苏兴厦建设工程集团有限公司	建筑行业
江苏东晟新诚建设集团有限公司	建筑行业
江苏华江建设集团有限公司	建筑行业
江苏扬安集团有限公司	建筑行业（建筑工程）
江苏瑞沃建设集团有限公司	市政行业
中石化江苏石油工程设计有限公司	石油天然气（海洋石油）行业
江苏省水利勘察设计研究院有限公司	水利行业
江苏省工程勘测研究院有限责任公司	勘察综合
扬州市开元岩土工程检测有限公司	岩土工程勘察
扬州市勘测设计研究院有限公司	岩土工程（勘察、物探测试）
扬州日模邗沟装饰工程有限公司	建筑装饰、建筑幕墙
江苏华发装饰有限公司	建筑装饰、建筑幕墙
江苏华磊装饰幕墙工程有限公司	建筑装饰、建筑幕墙
江苏环艺装饰设计工程有限公司	建筑装饰
扬州市森亿装饰工程有限公司	建筑装饰
江苏华宇装饰工程有限公司	建筑装饰
扬州新盛建筑装饰有限公司	建筑装饰
扬州艾特装饰工程有限公司	建筑装饰
江苏裕祥装饰工程有限公司	建筑装饰
扬州福腾门窗幕墙有限公司	建筑幕墙
江苏牧羊集团有限公司	轻钢结构
江苏兴业环境集团有限公司	风景园林
天翼园林建设有限公司	风景园林
扬州园林设计院有限公司	风景园林
江苏峰业科技环保集团股份有限公司	环境工程（大气污染防治）
龙腾照明集团有限公司	照明
神州交通工程集团有限公司	照明
江苏现代照明集团有限公司	照明
江苏承煦电气集团有限公司	照明

（阚开慧　卞海波）

2749.91万平方米，违反强制性条文总数918条，每万平方米违反强条0.33条，比上年下降28.26%；考核工程勘察企业17家、项目489个，违反强制性条文总数33条，每个项目违反强制性条文0.07条。开展施工图审查质量检查工作，检查8家勘察企业、9家设计企业。

（阚开慧　卞海波）

■优秀勘察设计评选 2021年，共评选市优秀勘察设计企业8家，其中上报市政府表彰企业3家。开展2021年扬州市优秀勘察设计评选活动，评出获奖项目98项，其中优秀工程设计59项、优秀工程勘察27项、优秀装饰设计12项。联合市总工会、市人社局举办2021年度“城建杯”土工试验工职业技能竞赛，17家单位共47名选手参加竞赛。21个项目获省城乡建设系统优秀勘察设计项目，其中一等奖1项、二等奖8项、三等奖12项。组织参加第八届紫金奖·建筑及环境设计大赛，获学生组三等奖1项及优秀组织奖。

（阚开慧　卞海波）

建筑企业

■概况 2021年，全市有建筑企业2839家，其中市直3家、扬州经济技术开发区156家、广陵区397家、邗江区510家、江都区445家、宝应县234家、仪征市367家、高邮市727家。新晋升一级资质企业40家、二级资质企业332家。累计有特级资质企业11家（建筑总承包特级资质10家、市政总承包特级资质1家）、一级总承包资质企业86家、一级专业资质企业256家、二级资质企业1092家、三级资质企业925家，龙头企业数占建筑企业总数的12.43%，特级资质企业数量位列全省第二。

（张　婧　卞海波）

■江苏省华建建设股份有限公司 2021年，江苏华建自行完成施工产值454.58亿元，公司首次登榜中国企业500强，位列第426位，获扬州市长质量奖，位列 ENR 中国承包商 80 强排名第 19 位、江苏省建筑业百强排名第 6 位、扬州市建筑业综合实力 30 强榜首。

市场开拓。各分公司积极开拓市场、保增量、谋发展。其中，深圳分公司稳步推进“立足深圳、放眼湾区”市场战略，新中标项目 22 个，合同额 40.09 亿元。上海分公司紧盯南京及苏锡常都市圈、淮海经济区等目标市场，在合肥、绍兴、青岛、淮安、徐州等地新接项目 12 个。扬州分公司依托在扬项目资源，扎实推动经营开拓，总合同额逾 45 亿元。苏扬公司面对海外疫情的严峻考验，完成劳务施工产值 995.69 万新元，新签合同额 500 万新元，人均年产值超 6 万新元，创苏扬公司历史新高。

质量创优。公司全年斩获 2 项国家优质工程奖［三亚市妇幼保健院整体搬迁（新址）建设项目和珠海隆义广场项目］,另创省级优质(结构）工程 25 项、市级优质（结构）工程 39 项，质量传统优势持续巩固。

技术创新。全年获各类科技成果 172 项，其中参编团体标准规范 1 项、新技术应用示范工程 15 项、实用新型专利 21 项、省级工法 10 项、QC 成果 31 项、BIM 成果 3 项、学术论文 91 篇。苏州大学高邮实验学校项目 BIM 成果获中国施工企业管理协会全国 BIM 大赛三等奖，6 人入选江苏省建筑行业协会 BIM 专家库。公司还与扬州大学共建博士后创新实践基地，与朗诗集团、国家电网扬州公司就推进科技建造、绿色建筑、综合能源服务等进行深入交流合作。

安全生产。开展安全生产专项整治三年行动。将疫情防控与安全生产放在同等重要位置，公司全年未发生一起生产性安全事故，无一例新冠肺炎疑似病例和确诊病例。新创国家级安全文明工地 2 个，省级安全文明工地 30 个，市级安全文明工地 62 个。扬州建工科技园项目入选江苏省建筑施工安全生产和绿色智慧“云观摩”工地。

多元经营。华建地产克服疫情

江苏华建承建的三亚市妇幼保健院整体搬迁(新址)项目　江苏华建/供稿

和政策因素叠加不利影响，如期交付天瑞府毛坯房、精装房 923 套，正茂府住宅全案售罄，华建天月去化 60%，华建天祥首开当月去化 60%。香颂溪岸项目绿色建筑三星运营标识通过评审，建工科技园及华建天月项目入选“广厦奖”候选项目。全年竞得地块 6 幅，地块总面积超 50 万平方米，连续 4 年跻身江苏省房地产企业综合实力 50 强，获评中国房地产业协会 2021 年房地产开发企业信用评价 AAA 级，入围“地产开发企业综合实力 500 强”，位列第 201 位。华建小贷公司获评江苏省小贷监管评级最高 AAA 级、扬州市“十佳明星小贷公司”“纳税贡献奖”；华建担保公司获评 2021 年融资担保机构信用评级 A 级信用主体，位列全市担保机构第一方阵，全年融资性担保余额超 3 亿元。检测中心取得人防工程检测、地基基础检测和地下污水管网检测等资质，获评“2021 年度江苏省建设工程质量检测优秀单位”。咨询公司中标大运河文化中心、扬州市检察普法中心等全过程咨询服务项目，业务范围从单一工程监理逐步向全过程业务扩大。　（余　涛　吴　凯）

■**江苏江都建设集团有限公司** 2021 年，江都建设完成建筑业总产值 361.8 亿元，入选中国民营企业 500 强，继续蝉联全国工程建设 AAA 诚信企业和诚信典型企业、省建筑业综合实力百强企业，被陕西省住建厅授予创“长安杯”成绩突出企业。全年缴纳税收 7.57 亿元，其中本地纳税 5.07 亿元（建筑施工 3.99 亿元、房地产开发纳税 1.08 亿元）、市外市场纳税 2.5 亿元。

市场开拓。全年在手施工面积 1908 万平方米，中标 40 万平方米以上项目 3 个、30 万平方米以上项目 3 个、20 万平方米以上项目 4 个、10 万平方米以上项目 13 个、5 万平方米以上项目 19 个。上海公司承建的外资项目上海英威达三期工程，合同价超 11 亿元，为上海市重点工程，也是扬州市石化安装体量最大的项目。

创优创安。援坦桑尼亚达累斯萨拉姆大学中国图书馆工程获境外工程鲁班奖，陕西省西安国家数字出版基地示范区 A 栋塔楼及裙房工程获国家优质工程，新创省级优质工程 6 项、省级文明工地和绿色工地 17 项。

科技创新。获全国优秀项目管理成果奖 9 项、国家级 QC 成果 3 项、省级 QC 成果 15 项、省级工法 3 项、省级新技术应用 8 项、省级绿色示范工程 6 项，获中国施工企业管理协会、陕西省科技奖各 1 项。

（朱　玲）

■**江苏邗建集团有限公司** 2021年，邗建集团完成总产值246亿元。邗建集团获评AAA级信用企业、四星级信用企业、省建筑业综合实力百强企业、省先锋企业、省安装百强企业等。

项目推进。邗建集团奋战400天，扬州中国大运河博物馆如期开馆，项目部获“2021年全国工人先锋号”称号。华侨城文旅项目开园，瓜洲安置小区、扬州技师学院新校区等项目如期封顶。

市场开拓。邗建集团新开拓盐城市场，首次进入中原市场，强化与中国交通建设集团有限公司、中国电建集团山东电力建设有限公司等单位在新能源和市政管网等工业和基础设施领域方面的战略合作，先后承建沙特利雅得排洪渠、吉达红海TP5桥梁、萨拉曼国王港等多个海外市场项目。

质量创优。扬州西溪玫瑰项目获詹天佑优秀住宅小区金奖。扬州戏曲园（艺校改扩建）工程获中国安装之星。扬州五彩世界生活广场、扬州新大剧院B区工程获中国钢结构金奖2项，是本土企业中唯一同年获两次该殊荣的企业。获国家级QC成果3项、国家发明专利1项、实用新型专利12项、省级QC成果9项、省级工法4项、十项新技术运用示范工程12项。“邗建微周报”获评2021年全国建筑业“最具影响力”公众号，邗建集团被评为省企业文化建设示范单位。

建筑产业现代化。和光新能源项目ALC轻质墙板生产厂房和单元式幕墙生产厂房建成投产，分别与东南大学、扬州大学合作开展“吸隔声一体化ALC墙板”和“轻质节能预制混凝土外墙板”研究。邗建集团被评为江苏省智能建造集成服务突出贡献单位，钢结构分公司被评为江苏省建筑产业现代化示范基地，扬州高新区实验学校、扬州市颐和医疗中心BIM技术应用获省建筑产业现代化优秀创新奖。

（居建军）

邗建集团承建的扬州西溪玫瑰项目　　邗建集团/供稿

■**江苏扬建集团有限公司** 2021年，扬建集团实现总产值205.11亿元，结转工作量130亿元，实现利润2.76亿元。集团公司信用分361.9分，居全市第二，蝉联省住建厅百强企业。

主业市场。土建主业实现产值129.59亿元，结转工作量126.68亿元。项目管理一公司、设计院牵头建设的扬州经济技术开发区晶澳厂房EPC项目，建筑面积18.62万平方米，造价7.34亿元，实际仅用8个月竣工投产。项目管理二公司总承包的大运河非遗文化园一期，仅用100天竣工交付，总承包的建工科技园（GZ137A地块）项目一年内主体封顶。项目管理五公司总承包的西部乌镇实现五一开园既定目标。泰州市场承建盐城大丰新丰镇老街EPC工程，占地40公顷，造价5.33亿元。成都市场承建14万平方米的天慧和盛美卓一期项目。无锡市场总承包江苏省锡山高级中学锡西分校项目，建筑面积12.42万平方米，造价5.41亿元。南京市场承建项目3个，新签合同额计4.22亿元。深圳市场承建14.38万平方米的英泰科汇广场项目、总承包4亿元的瑞声科技高端精密产业制造项目。受疫情影响，扬建集团牙买加市场停产，新介入以色列市场。

多元经营。多元产业实现产值74.59亿元。其中，装饰系列产值15.43亿元；安装系列产值12.22亿元；建材系列产值8.23亿元，扬州建祥高新材料有限公司被评为2019—2020年度中国混凝土行业高质量发展示范企业；江苏扬建钢构科技有限公司投产运营，完成超大体量的晶澳、乔治厂房钢结构项目，钢构系列产值4.01亿元；桩基系列产值10.12亿元，居全市第一；开泰园项目开盘，悦江湾花园开工建设，地产系列产值2.74亿元；扬州经济技术开发区扬建农村小额贷款有限公司累计放贷4.31亿元，营业收入2619万元，保持江苏省金融办监管评级AAA级；劳务系列产值10.92亿元；周材设备公司产值4160万元；市政分公司新开辟泗洪市场，产值3.14亿元；扬州华中工程管理有限公司产值800万元；扬州华正建筑工程质量检测有限公司新申报25项近80个参数扩项，取得省住建厅所有桩基检测资质，检测产值1900万元；扬州华鼎投资咨询有限公司被评为省造价咨询企业AAAA级，产值556万元；江苏华晟新型建筑科技有限公司产值1.11亿元；建筑设计研究院保持设计信用绿牌企业，产值3613万元；扬州观月湖生态农业科技有限公司产值233万元，通过江苏休闲旅游农业精品企业四星验收。

质量品牌。全年新获国家优质工程奖2项，分别为江苏旅游职业学院一期项目、扬州中学教育集团树人学校；获詹天佑住宅小区金奖1项——扬子新苑D区一期；中国安装之星2项，分别为扬州中学教育集团树人学校高中部新建项目EPC工程总承包（机电安装）项目、扬州迎宾馆地下停车场及功能完善提升工程EPC工程总承包（机电安装）；获中国建筑工程装饰奖7项；获省"扬子杯"8项，其中建筑类3项、装饰类2项、安装类2项、钢结构类1项；获市级优质工程奖40项，其中扬州市"琼花杯"36项、泰州市"梅兰杯"2项、连云港市"玉女峰杯"1项、深圳市优质工程奖1项。

科技进步。全年申报专利18项，其中发明专利4项。新获实用新型专利授权15项、软件著作权2项。获中国建筑业协会QC成果二等奖1项、省级QC成果10项、市级QC成果22项。获省级工法14项、市级工法28项，获省建设科技创新成果三等奖1项、省新技术应用示范工程26项，获省装配式示范项目3项、市装配式示范项目7项。"混凝土主梁双层自锚式悬索桥体系快速转换技术"获省土木建筑学会科技成果一等奖。

安全生产。全年未发生一般以上生产安全事故，轻伤事故频率0.15‰。创成全国标准化项目1个、省级标准化星级工地34个、省智慧工地7个。GZ137地块项目被列为全省建筑施工安全生产和绿色智慧"云观摩"工地。深圳工程处南科大二期一标被中国建筑业协会评为安全生产标准化学习交流项目（原国家AAA级工地），并获广东省示范工地2项。北方公司创成北京市绿色安全样板工地1项、北京市绿色安全工地7项、天津市安全文明工地2项。海南工程处创海南省安全文明工地2项。（蒋贵涛）

建筑装饰

■概况 全年完成装饰装修产值218.34亿元。其中，扬州经济技术开发区3.32亿元、广陵区32.65亿元、邗江区80.41亿元、江都区20.73亿元、宝应县30.20亿元、仪征市8.02亿元、高邮市43.01亿元。西区新城高级中学项目、瘦西湖路新金融商务综合体等30个项目获2021年度中国建筑工程装饰奖，其中公共建筑装饰类23个、建筑幕墙类6个、公共建筑装饰设计类1个。

（杨　鉴）

■江苏华发装饰有限公司 2021年，公司承接施工项目94个，其中新中标项目20个，完成产值15.43亿元，实现利润4730万元，先后获"江苏省建筑业百强企业""中国建筑装饰行业企业信用评级AAA级信用企业""江苏省优秀装饰企业""扬州市建筑市场各方主体信用评价绿牌企业"（扬州装饰业第一位，建筑业第四位）等称号。

市场开拓。公司承接运河南北路快速化改造一期工程（万福快速路—施井路）隧道装饰、扬州技师学院新校区建设工程施工一标段、国家文化公园三湾核心展示园——大运河非遗文化园（GZ139一期）幕墙、润扬路快速化改造工程（百吉巷—翠岗路南）隧道装饰、扬州颐和医疗健康中心项目施工二标段幕墙等工程。公司积极投身疫情防控，承建扬州市第三人民医院4、5、6号病房楼改造，苏中智慧城改造隔离场所，锦江之星等多个酒店隔离病房，广陵区交通银行新增隔断，李宁体育公园临时帐篷搭建，临湾路联合村围挡制作等改造任务。

质量创优。公司参建项目获国家优质工程奖1项、詹天佑奖1项、中国建筑工程装饰奖5项、省"扬子杯"4项、扬州市"琼花杯"11项、市外市级优质工程奖2项。

技术突破。在扬州技师学院新校区建设工程施工一标段工程中，通过犀牛软件建模解决放样难题。在三湾核心展示园工程中运用风动幕墙和UHPC（超高性能混凝土外墙板）新材料。在广陵公共文化中心工程中铺设环保新材料陶砖1.4万余平方米，墙面和公共走道运用工艺复杂的GRG波浪板。公司研发的集成化装配式无机材料吊顶部分运用于锦辰精装修项目上。全年获江苏省建设科技创新成果三等奖1项、省土木建筑学会土木建筑科技奖一等奖1项、省装饰装修行业科技创新成果奖4项，获省级工法3项、市级工法8项，获实用新型专利2项。

（蒋贵涛）

■江苏协和装饰工程有限公司 2021年，公司累计完成施工产值20.8亿元，先后获"中国建筑装饰协会幕墙百强企业"（位列80位）、"江苏省优秀装饰企业"等称号，承接工程获国家优质工程奖（参建）1项、詹天佑奖优秀住宅小区金奖（参建）1项、中国建筑工程装饰奖4项、省优质工程奖"扬子杯"4项、省建筑施工标准化星级工地2项。

市场经营。公司立足扬州、宿迁、苏州、徐州等省内市场的同时，培育京津冀地区、新疆等外埠市场。全年先后承接扬州中国大运河博物馆装饰工程、扬州技师学院新校区建设工程施工二标段、扬州颐和医疗健康中心项目施工一标段、苏州轨道交通S1号线工程车站机电安装及装修施工项目、北京万科大厂234地块精装修工程、新疆白杨河旅游基础设施建设项目等大体量工程。

科技创新。全年取得实用新型专利的授权7项，参与编制行业标准6项，其中主持编制CBDA行业标准《体育馆室内装饰装修技术规程》。

产业调整。以入驻扬州市建筑产业园为契机，建成1.75万平方米的现代化厂房，建设门窗、玻璃、单元式幕墙、钢材及型材预制等生产线，持续做好产业链延伸，打造单元式幕墙生产基地。其中，单元式幕墙在扬州中国大运河博物馆、星辰商务广场等重点项目应用。

（蒋贵涛）

扬州市获2021年度中国建筑装饰奖项目一览表

表 17-3

奖项类别	工程名称	施工单位
公共建筑装饰类	工业仓储用房建设项目——办公楼内装饰工程	扬州市华联装璜广告有限公司
	仪征市滨江新城整体城镇化一期项目（中医院东区分院）装饰工程	东晟兴诚集团有限公司
	丽朗酒店 1#、2# 楼装修工程	扬州一建集团有限公司
	汶河派出所业务用房、汶河街办树人苑社区用房装修 EPC 总承包项目	扬州新扬建工程建设有限公司
	蒋王社区卫生服务中心迁建项目装饰工程	扬州新盛建筑装饰有限公司
	Y-MSD 现代产业服务区（一期）C3-2# 楼装饰工程	江苏华发装饰有限公司
	扬州市公共卫生中心建设项目装饰工程	江苏华发装饰有限公司
	扬州 GZ062 地块幼儿园装饰装潢工程	扬州日模邗沟装饰工程有限公司
	扬州市不动产登记中心档案库房改造 EPC 工程总承包	扬州新盛建筑装饰有限公司
	广陵教育文化产业基地项目一标段工程装饰工程	江苏华发装饰有限公司
	中国农业银行股份有限公司扬州分行办公楼室内装饰、消防及暖通工程	江苏协和装饰工程有限公司
	高邮市智慧大厦建设项目配套及室内装饰工程——装饰及智能化安装	江苏华宇装饰集团有限公司
	瘦西湖路新金融商务综合体 8#—10# 楼室内装饰工程	江苏协和装饰工程有限公司
	仪征市城北幼儿园新建项目室内装饰工程	仪征市新潮装饰工程有限公司
	图书馆主楼装修工程	扬州一建集团有限公司
	高邮市卸甲镇文体中心内外配套装饰工程（人文馆、规划馆布展及装饰配套）	高邮市飞马装饰工程有限公司
	Y-MSD 现代产业服务区（一期）C3-2#、C3-3# 楼改造工程	江苏扬建集团有限公司
	高邮市苏中循环经济产业园科技孵化中心室内装饰工程	扬州市华联装璜广告有限公司
	扬州市西区商务中心二期 D 楼装修工程	江苏华发装饰有限公司
	盐城高新区人力资源服务产业园室内装饰工程	扬州润扬装饰工程有限公司
	南京邮电大学通达学院教学及配套设施建设二期项目施工一标段装饰工程	江苏华发装饰有限公司
	高邮市金帆商务中心项目政务服务中心 1—5 层室内精装修工程	扬州市华联装璜广告有限公司
	NO.2018G11（宝雅新天地雅苑）B 地块房地产开发项目 1# 楼（一层及中庭）装饰工程	扬州新盛建筑装饰有限公司
建筑幕墙类	邗江区西区新城高级中学新建工程外装饰分包工程	江苏协和装饰工程有限公司
	罗思韦尔 B1# 楼幕墙工程	扬州日模邗沟装饰工程有限公司
	扬州翼立方教育发展中心幕墙工程	江苏协和装饰工程有限公司
	仪征市滨江新城整体城镇化一期项目（中医院东区分院）外装饰幕墙工程	江苏新皋幕墙装饰有限公司
	高邮市湖西创客中心建设一期工程	高邮市飞马装饰工程有限公司
	扬州昌建广场 7# 楼幕墙施工工程	扬州日模邗沟装饰工程有限公司
公共建筑装饰设计类	扬州 GZ062 地块幼儿园装饰装潢工程	扬州日模邗沟装饰工程有限公司

（杨　鉴）

建筑工程

■坦桑尼亚达累斯萨拉姆大学中国图书馆项目 位于坦桑尼亚首都达累斯萨拉姆大学校区核心区域，是中国政府无偿援助建设的成套工程，集学习、阅读、学术报告等于一体的多功能场所，是一座设施先进、当地建筑特色与现代风格相融合的校园建筑，主要包括图书馆、孔子学院及室外园林景观工程。项目于2016年5月20日开工，2018年7月18日竣工，由江都建设承建，被坦方赞誉为“堪称中坦友谊的又一座丰碑”，中期及竣工验收均被评为优良，获2020—2021年度境外工程鲁班奖。（朱 玲）

■万福大桥 新建万福大桥是全国首座塔梁古建相结合的双层景观桥，也是扬州城市新地标。大桥全长664米，主跨188米，横跨淮河入江水道主河道廖家沟。主桥为双塔自锚式悬索桥，桥型融现代美与古典美于一体，总体风格为亭台楼阁，设计独特新颖，造型古朴典雅，与扬州城市历史悠久、文化灿烂的厚重气质相得益彰。工程于2013年9月30日开工，2015年9月20日建成通车，由扬州万福投资发展有限责任公司承建，获中国建筑工程装饰奖（建筑幕墙类）、2016年度江苏省建筑业新技术应用示范工程、2018年度江苏省“扬子杯”优质工程奖、省部级科技进步奖3项、发明专利2项、实用新型专利4项、外观设计专利1项、省部级工法7项、省部级优秀QC成果3项等。2021年12月，该工程被中国施工企业管理协会评为2020—2021年度国家优质工程奖。（杨 鉴）

■扬州戏曲园 位于四望亭路南侧、新城河东侧。由扬州文化艺术学校投资兴建，邗建集团施工总承包。建筑面积7.22万平方米，由地库、A#、B#、C#、D#、E#、F#、H#楼组成，框架及框剪结构，建筑高度49.6米，地下1层、地上10层，集教学、培训、研究、展示、排练、录制、传承等功能于一体。2016年5月1日开工，2019年10月15日竣工，总造价2.39亿元。2021年12月，该工程被中国施工企业管理协会评为2020—2021年度国家优质工程奖，并被中国施工企业管理协会授予2021年度中国安装工程优质奖。（居建军）

■江苏旅游职业学院一期项目 位于毓秀路88号。由扬州临港教育发展有限公司投资建设，是扬建集团总承包的第一个PPP（政府和社会资本合作）项目。建筑面积20.28万平方米，框架结构。首创性地提出开放式校园，设计注重多元化融合，以AAAAA级景区标准建设，规划一轴（东西中轴）、两片（南片教学区与北片生活区）、一带（滨水休闲带）的空间格局，打造理念最新、

扬州市获2020—2021年度国家优质工程奖项目一览表

表17-4

工程名称	施工单位	备 注
万福大桥	扬州万福投资发展有限责任公司	
扬州戏曲园	江苏邗建集团有限公司	
江苏旅游职业学院一期项目	江苏扬建集团有限公司	
扬州中学教育集团树人学校	江苏扬建集团有限公司	
深能高邮东部100兆瓦风电场工程（参建）	江苏永荣建设工程有限公司	
广东省珠海市横琴隆义广场	江苏省华建建设股份有限公司	
海南省三亚市妇幼保健院整体搬迁（新址）项目	江苏省华建建设股份有限公司	
广东省深圳中洲华府商业大厦	江苏省华建建设股份有限公司	
广东省深圳市中洲大厦工程	江苏省华建建设股份有限公司	
陕西省西安国家数字出版基地示范区A栋塔楼及裙房工程	江苏江都建设集团有限公司	
江苏省泰州引江河二期工程	江苏省水利建设工程有限公司 扬州水利建筑工程有限供公司	
安徽省中安联合煤化有限责任公司煤制170万吨/年甲醇及转化烯烃项目（参建）	江苏威达建设集团有限公司	
山西省运城市第一医院项目（参建）	扬州市建设安装工程有限公司	
江苏省南京市溧水区无想国际创业小镇建设工程（城隍庙文化街区）项目（参建）	龙腾照明集团股份有限公司	
广东省深圳壹城中心花园	江苏省华建建设股份有限公司	鲁班奖
宁夏回族自治区石嘴山银行银川分行办公大楼	江苏江都建设集团有限公司	鲁班奖

（杨 鉴）

扬建集团承建的江苏旅游职业学院一期项目　　扬建集团/供稿

环境最美、文化最优的旅游大学，实现产教研游融合及人与自然、社区、校园和谐发展。2016年12月15日开工，2018年12月20日竣工，总造价9.37亿元。2021年12月，该工程被中国施工企业管理协会评为2020—2021年度国家优质工程奖，先后获中国施工企业管理协会工程建设项目设计水平评价三等成果、二星级绿色建筑设计标识证书、中国建筑工程装饰奖（装饰工程），省城乡建设系统优秀勘察设计三等奖、省优质工程奖“扬子杯”、省建筑施工标准化星级工地、省级工法3项、省QC质量成果奖2项，授权发明和实用新型专利各1项。

（蒋贵涛）

■扬州中学教育集团树人学校高中部 位于九龙湖路66号。由扬建集团EPC总承包，江苏华发装饰有限公司、扬州市环境保护有限公司、扬州市桩基有限公司参建。建筑面积6.08万平方米，以“智慧、园林、绿色”为主题，融入海绵城市设计理念，提炼园林院落建筑文化元素，设计为现代江南风格，形成“两轴四区五园”的校园空间布局，总投资3.26亿元。2018年9月28日开工，2019年5月28日竣工，总造价3.26亿元。2021年12月，该工程被中国施工企业管理协会评为2020—2021年度国家优质工程奖，先后获中国施工企业管理协会绿色建造设计水平评价三等成果、江苏省勘察设计行业优秀设计、省优质工程奖“扬子杯”、省建筑施工标准化星级工地，专利3项，省级工法1项、软件著作权7项、省QC质量成果奖3项、省优秀论文3篇。

（蒋贵涛）

■扬州西溪玫瑰项目 位于邗江区国防路18号，由扬州教育置业有限公司投资兴建，邗建集团总承包，2017年8月16日开工，2018年12月30日竣工。建筑面积9.8万平方米，由12幢高层住宅组成，地上10、17、18层，总投资2.22亿元。项目坚持“以人为本”“建筑与环境并重”理念，通过人车分流、同层排水、无井盖景观设计及小区智能化技术、物业信息化管理等，打造出英式原味高品质公园式人文住宅社区。项目建筑密度11.51%、绿地率54%、公建面积700平方米，人均公共绿地面积13平方米。总户数594户，户型设计8种，整体建筑节能率65%。该项目被中国土木工程学会住宅工程指导工作委员会评为2021年中国土木工程詹天佑优秀住宅小区金奖。同时，获省新技术应用示范工程、省级建筑施工标准化星级工地、省建筑业QC活动二等奖、省级工法1项、实用新型专利1项。（居建军）

■扬子新苑D区一期 位于扬州经济技术开发区聚贤路50号。为棚户区改造项目，扬建集团总承包，建筑面积21万平方米，由13幢18层高层住宅、1幢4层配套服务用房、地下车库及人防地下室组成。总投资6.3亿元。2018年2月28日开工，2020年1月13日竣工。项目设计充分体现以人为本和舒适的居住理念，依托智能安防、智能养老、智能物业、智能服务打造一体化的智慧社区、人文社区。项目绿地率37.7%、场地年径流总量控制率50%、太阳能热水供热比例35%，设置350立方米雨水回用系统，非传统水源利用率9.86%，整体建筑节能率65.5%。工程施工中总结形成4项省级工法、取得4项专利。该项目被中国土木工程学会住宅工程指导工作委员会评为2021年中国土木工程詹天佑优秀住宅小区金奖，同时获省勘察设计行业优秀设计、省新技术应用示范工程、省级建筑施工标准化星级工地、省级QC小组活动成果奖3项等。　（蒋贵涛）

工程建设管理

■招投标管理 10月，广陵区范围内房屋建筑和市政基础设施项目招投标监督职能移交广陵区住建局。强化招标人主体责任，加强事中事后监督和评标专家评标的现场管理，对开评标活动实施巡查，开展评标后评估工作。根据疫情防控的要求，在施工、监理电子化招投标的基础上全面实行不见面开标。市区建设工程项目进入市公共资源交易中心交易施工标段299个，合同价约117.59亿元，通过招投标资金节约率约11.3%。其中，公开招标120标段，合同价38.51亿元；直接发包179标段，合同价79.08亿元。另有咨询服务类招标146标段，合同价1.77亿元；材料设备招标28标段，合同价1.17亿元。EPC工程总承包项目31个标段，合同价38.46亿元。采用评定分离方式的共29个标段，合同价25.61亿元。　（王　鹏　卞海波）

■施工许可与竣工验收备案 推进不见面审批和施工许可告知承诺制，全面实现施工许可电子证书发放，发放施工许可证52份，建筑面积101.39万平方米；完成竣工验收备案46项次，备案面积125.4万平方米。

（王 鹏 卞海波）

■数字化联合审图 印发《扬州市深化施工图审查改革实施细则》，出台数字化联合审查办事指南、新建成品住房工程施工图审查管理办法及既有建筑改造项目施工图设计文件审查细则。全年共审查施工图项目1176项，建筑面积1650.54万平方米，其中消防、人防联合审查项目270项（消防项目177项、人防项目93项），审查项目平均初审时间为4.13个工作日，平均回复审查时间为1.57个工作日。

（王 鹏 卞海波）

■工程质量管理 运用质量监管信息化系统，确保市重点工程、民生工程质量监管全覆盖。全年受理房屋建筑工程报监242项，总建筑面积117.4万平方米；受理市政工程报监53项，总造价10.47亿元；受理人防工程报监68项，总建筑面积51.4万平方米；受理绿化工程报监16项，总造价4.45亿元，质量监督覆盖率100%。抽测房屋建筑主体结构实体混凝土强度174批次、现浇板厚度164批次、钢筋保护层厚度167批次，检测人防工程实体66批次，抽测市政工程实体35批次，签发工程质量整改通知书134份、工程质量监督抽测通知单3份、工程局部停工通知书6份、行政处罚建议书4份，查处违反强制性条文质量问题126条，记录各参建单位（责任人）不良行为39条。受理消防竣工验收46项，其中特殊建设工程消防验收32项、备案抽中项目消防验收14项。受理竣工联合验收申请46批次196项单位工程，建筑面积约146.8万平方米，按时办结率100%。

（王 鹏 卞海波）

■工程安全监管 全面推行建筑施工现场安全生产网格化管理，推广使用风险部位感应式安全警示器和脚手架安全母索。继续通过政府购买第三方安全服务的形式对企业落实主体责任情况、超危工程和大型起重机械设备开展深度安全检查，提供安全技术指导。全年开展市管项目安全监督1044个次、危化品检查174个次，发现超危工程303次，下发监督抽查记录310份、限期整改通知书301份、停工整改通知书21份。办理机械设备安装告知192台次、拆卸告知192台次、使用登记证210台次、使用登记注销156台次。移交查处违法建设行为42项，上报建筑市场不良行为信息50条。其中，企业不良行为信息15条，扣除信用分75分；个人不良行为信息35条，扣除信用分139分。全年未发生统计口径内安全生产死亡事故。

（王 鹏 卞海波）

■工程造价管理 完成1311个项目的安全文明施工措施费和规费核定工作。书面回复造价争议10份，网上回复计价解释36条，电话解答近1000条，接待来人咨询和争议协调近100次。针对砂石、钢材及水泥制品价格波动异常且频繁情况，增加测报频率，及时发布价格预警7次。印发《扬州工程造价管理》12期，发布建筑材料价格信息六大类728种、厂商价1200种。发布各类工程城市住宅信息36例、典型工程指标30例、工程实例分析16例。建筑材料价格发布品种、数量和典型工程指标、住宅信息发布数量均居全省前列。

（王 鹏 卞海波）

■建筑施工扬尘污染防治 开展春季专项整治、“百日攻坚”等专项行动，制作宣教片，制发指导手册2000余册。全年检查项目工地3142个次（夜间巡查145个次），下发责令改正通知书80份、停工整治通知书6份，立案51件，下达行政处罚决定书48份。 （葛 苗 卞海波）

■建筑市场监管 发布2020年度扬州市建筑市场各方主体及从业人员信用评价成果，形成各类信用评价记录3672条，其中优良行为记录3025条、不良行为记录647条，对建设各方主体的评价记录1468条，对从业人员的评价记录2204条。修订《扬州市建筑市场信用评价规则及评价标准》。组织2020年度扬州市先进建设工程质量检测机构评选和工程监理行业评优工作，评选先进检测机构9家、优秀监理企业10家、优秀总监30人，优秀监理工程师30人。 （王 鹏 卞海波）

商贸服务业

Shangmao Fuwuye

编 辑 高 新

综述

■概况 2021年，扬州市实现服务业增加值3171.9亿元，比上年增长6.2%，占地区生产总值47.4%。构建“十四五”服务业工作框架，印发实施《扬州市“十四五”服务业发展规划》《关于推进服务业高质量发展的实施意见》。推进服务业项目建设，全年新签约服务业重点项目140个，当年开工率42.7%；新开工服务业重大项目42个，新竣工37个，新达效31个；年度列省现代服务业重点项目18个，列全省第四位。推进先进制造业和现代服务业深度融合发展，17个省以上园区和企业获评省级“两业”深度融合发展试点，同步认定市级“两业”深度融合试点32个。培育服务业发展载体，新增规模以上服务业企业306家，培育市级现代服务业集聚区3个，省级物流示范园区、重点物流基地、重点物流企业各1个。加大服务业发展资金扶持力度，16个项目获省级服务业专项资金支持，资金规模4774万元；66个项目获市级服务业发展专项资金支持，资金规模1800万元。 （陶 晶）

■“两业”融合 坚持生产性服务业与先进制造业“双轮驱动”，谢馥春入选国家级工业遗产，新获批省级工业设计中心10家、省级服务型制造示范企业4家、省生产性服务业优秀服务机构和服务方案各1家，新认定市级服务型制造示范企业10家、市级工业设计中心17家。

（李 晖 谢森妙）

■世界美食之都建设 多领域开展对外交流。高质量举办各类节庆会展活动，承办商务部等国家5部委“中华美食荟”暨“江苏味道”启动仪式，举办中国淮扬菜美食节、首届中国（扬州）国际创意美食博览会、第三届中国早茶文化节等节庆活动，邀请国内外美食城市、龙头企业、业内专家参加，组织开展展览展示、美食品鉴、论坛交流、竞赛等活动。推动扬子江集团迪拜世博会中国馆冶春餐厅项目。邀请北京、上海、江苏、浙江、广东等全国知名淮扬菜大师制作首发创意淮扬菜，推动行业协会与爱尔兰食品局开展淮扬菜技法与海鲜食材结合的厨师大赛。打造“世界美食之都”展示窗口，改造提升中国淮扬菜博物馆，发布中国扬州美食IP形象、扬州美食地图。

美食产业发展。编制《扬州市世界美食之都“十四五”发展规划》，提出推动美食产业发展、打造美食节庆品牌、开展美食教育培训，促进美食与相关产业融合、扩大美食对外交往等方面重点任务。强化示范引领，继续开展美食之都示范店认定工作，新评定示范店16家。在美食节庆活动中突出食品产业推介和项目签约。依托扬州大学旅游烹饪学院、扬州烹饪餐饮行业协会、扬州淮扬菜厨师协会等食育工程示范基地，推动美食进学校、进社区、进家庭。

惠民促销活动。发放首轮餐饮消费券300万元；邀请成都、西安、顺德等地名店名厨到扬州，与扬州本地知名餐企合作，开展“中国早茶品鉴周”活动；推动各地开展“米其林走进扬州”“百村百菜”“美

游客悠哉地吃着早茶 张卓君/摄

好新消费”“食在扬州”等系列美食促消费活动，推动行业协会和院校开展“三把刀”技能公益培训。

（郭　杰　蒯梦原）

商贸流通

综述

■**概况**　2021年，全市实现社会消费品零售总额1480.92亿元，比上年增长7.4%，其中限额以上企业零售额530.26亿元，增长15.8%。从4个行业看，限上批发业、零售业分别实现零售额46.1亿元、427.7亿元，分别增长19.8%、14.2%；限上住宿业、餐饮业实现营业额4.2亿元、15.6亿元，分别增长12.7%、12%。全市23类大宗商品实现零售额497.78亿元，增长15.7%。其中，通过公共网络实现零售额18.83亿元，增长43.7%。20类商品正增长，11类商品增幅在20%以上。

（郭　杰　蒯梦原）

■**重点商业建设项目**　2021年，全市在建1亿元以上商贸流通业重点项目26个，总投资216亿元，完成投资71.3亿元。其中，市区1亿元以上项目10个，总投资92.4亿元，完成31亿元。26个项目中10亿元以上项目14个，总投资190.95亿元，完成投资61.4亿元。市区重点监测综合体项目6个，总投资120亿元，实际完成投资30.5亿元。（郭　杰　蒯梦原）

批发零售业

■**概况**　2021年，全市批发零售业实现社会消费品零售额1369.98亿元，占全市社会消费品零售总额92.51%。其中，批发业实现社会消费品零售额234.71亿元，比上年增长4.4%；零售业实现社会消费品零售额1135.27亿元，增长8.3%。全市批发零售业有限额以上法人企业2461家，从业人员4.95万人，实现销售额2299.19亿元。其中，批发业企业1196家，从业人员1.97万人，实现销售额1763.07亿元；零售业企业1265家，从业人员2.98万人，实现销售额536.12亿元。（杨　奕）

■**扬州数字新零售产业基地**　2月2日，扬州数字新零售产业基地开园仪式在扬州信息服务产业基地举行，“中国5G直播产业基地扬州站”揭牌成立，打造扬州数字直播经济产业创新示范样本。基地提供网红直播营销、产业规划赋能、资源对接等服务，内设“数字会客厅”“共享直播间”“新零售中心”“网红商学院”“众创空间”等板块。在首届全国优秀直播基地颁奖盛典暨2021年直播电商发展新趋势峰会上，扬州数字新零售产业基地获“全国重点孵化直播基地”称号。（杨　奕）

■**扬州京华城全生活广场**　扬州京华城全生活广场位于西区新城城市商业中心，占地1.37平方千米，总建筑面积约330万平方米，其中商务集聚区200万平方千米，是国家级休闲旅游景区、江苏省现代服务业集聚区。2021年，与政府、媒体、各大品牌商等合作举办展销娱乐活动300余场，涵盖时尚新品发布会、意大利流行趋势静态艺术展、公益性生态科普展、各大品牌车展、电竞大赛、文创大赛、国际钢琴大赛、篮球嘉年华等各类艺术、体育赛事。引进设计师集合店Tie For Her、7-11、

2021年扬州市重点商贸企业经营情况表

表18-1

序号	企业名称	地区	销售额（万元）	比上年增长（%）
合　计			**1013573.35**	**9.1**
1	宝应县亚细亚商城有限公司	宝应县	6481.01	-17.2
2	高邮市人民商城有限公司	高邮市	5614.10	-47.4
3	江苏宏信超市连锁股份有限公司	江都区	119342.37	48.2
4	江苏宏信商贸股份有限公司	江都区	106051.09	37.6
5	江苏汇银电器连锁有限公司江都分公司	江都区	1540.80	-21.1
6	扬州京国实业有限公司	邗江区	377638.73	16.0
7	扬州三盛商业管理有限责任公司	邗江区	30691.50	14.5
8	扬州润良商业有限公司	邗江区	45109.00	-11.8
9	昆山润华商业有限公司江苏扬州店	广陵区	33234.60	-7.2
10	扬州金鹰国际实业有限公司	广陵区	118082.96	0.9
11	扬州时代实业有限公司	广陵区	101183.10	8.5
12	扬州苏宁易购销售有限公司	广陵区	50773.29	-40.1
13	京东五星电器集团有限公司扬州分公司	广陵区	17830.80	9.0

（郭　杰　蒯梦原）

意勒、虹料理、ESAY西餐、西町村屋、M漾、轻普拉提等人气品牌和品质餐饮店，引进狂欢花车嘉年华巡游、出走的北极熊——全国首个极地环保主题沉浸式演绎巡游等一线城市独家资源首入扬州。年中庆典举行无人机表演、明星见面会、熊猫市集等活动。引进美容、产康、医美、婚庆等多种服务业态，与京华城商业融为一体，形成“集市”概念，全方位引发集聚效应。2021年居全国商场销售额排名第47位。

（京华城）

■扬州银河电子城有限公司 扬州银河电子城有限公司是扬州市供销合作总社改制续存企业，位于文昌中路255号，有仪征、江都、高邮连锁店3家，总经营面积2万平方米，拥有固定商户400余家，从业人员1500余人，是扬州市乃至苏北地区规模较大、经营品种最全的大型电子专业零售市场。市场成交量列苏中地区IT同行之首，形成以银河电子城为中心的扬城IT商圈。先后获评全国供销合作社系统先进集体、全国诚信示范市场、江苏省文明诚信市场、江苏省放心消费示范单位、江苏省供销社系统先进集体、江苏省供销社十大市场、江苏省财贸系统和谐诚信企业。（戴井山　张　帆）

■扬州国际汽车城 成立于2008年10月，地处扬州北部门户，坐拥扬溧高速扬州北入口，是扬州市唯一的汽车贸易集中区，先后被评为市重点服务业集聚区、省级重点服务业项目。汽车城共引进各类品牌汽车4S店近50家，吸引保时捷、奔驰、宝马、奇瑞捷豹路虎、沃尔沃、凯迪拉克、进口大众等国内外知名品牌60余个，车管所、环保尾气检测站、二手车交易市场、国税办事处等一应俱全，形成购车消费、行政办理、维修售后、保险理赔等一条龙服务，是扬州乃至江苏规模最大、品牌最全、功能最优、环境最美的汽车贸易集聚区。2021年，实现销售收入100亿元、税收1亿元。

（刘　峰）

■扬州五亭龙国际玩具礼品城 位于扬子江北路1028号，占地12万平方米，总建筑面积18万平方米。其中，玩具成品区经营面积4万平方米、辅料区经营面积5.6万平方米、仓储物流区经营面积1.5万平方米、电子商务区6000平方米、玩具精品馆5700平方米、直播孵化基地800平方米，主要提供金融、贸易、信息、物流、研发、展示、培训、办公、仓储、生活配套、大型停车场等全方位服务。至年末，主营毛绒玩具及周边配套的电商经营者有1800余家，经营品种3万余个，从业人员近2万人，交易量占淘宝毛绒玩具八成以上。初步形成设计、研发、加工、生产、销售产业链，市场辐射全国各地，产品销往世界各地，是国内规模较大、档次较高的专业玩具礼品批发市场。建园以来，创成省现代服务业集聚区、省电子商务集聚区、省电子商务示范基地等多个基地，获“国家知识产权保护规范化市场”“五亭龙网红直播文化创业园”称号。2021年，实现主营收入约80亿元。（刘　峰）

住宿餐饮

■概况 2021年，全市住宿业实现社会消费品零售额10.43亿元，比

2021年扬州市重点酒店餐饮企业经营情况表

表18-2

序号	企业名称	地区	销售额（万元）	比上年增长（%）
合　计			38979.42	22.9
1	宝应县天元大酒店	宝应县	2210.00	-9.8
2	扬州百骏酒店管理有限公司	高邮市	1419 .00	10.3
3	仪征市顺水楼大酒店有限公司	仪征市	381.90	-2.1
4	扬州辰茂京江酒店有限公司	江都区	2219.10	1.5
5	扬州京华维景酒店有限公司	邗江区	4580.48	65.8
6	扬州京华城中城生活置业有限公司酒店分公司	邗江区	1167.60	37.3
7	嘉里置业（扬州）有限公司扬州香格里拉大酒店	邗江区	8041.61	22.1
8	扬州锦春大酒店	广陵区	2146 .00	15.2
9	江苏食为天假日酒店股份有限公司	广陵区	1752 .00	33.7
10	扬州富春饮服集团有限公司	广陵区	5871.53	1.1
11	扬州花园国际大酒店有限公司	扬州经济技术开发区	8046.60	60.2
12	扬州新世纪大酒店	扬州经济技术开发区	1143.60	-5.1

（郭　杰　蒯梦原）

上年增长8%；餐饮业实现社会消费品零售总额100.51亿元，增长4.1%。全市限额以上住宿业有法人企业124家，从业人员0.59万人，实现营业额13.89亿元，其中客房收入8.37亿元、餐费收入4.03亿元；全市限额以上餐饮业有法人企业222家，从业人员0.88万人，实现营业额21.29亿元，其中客房收入1.99亿元、餐费收入17.75亿元。（杨　奕）

■旅游饭店 2021年，全市有星级饭店24家，其中五星级4家、四星级8家、三星级12家。春节期间，市区主要星级饭店平均出租率11%；“五一”小长假期间，市区主要星级饭店出租率76.4%；“十一”国庆期间，市区主要星级饭店平均出租率47.3%。组织星级饭店开展管理专题培训，举行星级饭店安全生产应急演练。2家四星级、3家三星级旅游饭店通过评定性复核。（辛芝仪）

■绿皮车酒店 坐落于万福欢乐街区（原1912小镇）核心地段，紧邻扬州高铁东站，占地约2.2万平方米，3月开工建设，10月18日试营业，2021年营业收入14万元。拥有火车主题客房及蒙古大营餐饮两个区域，客房共72间、豪华蒙古包共12座。酒店联合周边乐动运动工场、深潜大运河中心及扬州航空馆推出“水陆空乐在其中”三维联动沉浸式活动体验，将吃、喝、玩、住、娱深度融合，为游客呈现多元乐趣体验。（高　洁）

■扬子江投资发展集团 2021年，集团实现营业收入7.32亿元，比上年增加6900余万元；年末集团资产总额78.13亿元，资产负债率48.5%。新冠肺炎疫情后为商户减免租金726万元。金融集团实现营业收入7277万元，增长85.64%；实现国资考核利润1.04亿元；融资15.4亿元，增加10.3亿元，增长204.87%。

市场开拓。冶春餐饮在迪拜世博会中国馆、南京园博园、无锡南长街开设门店，完成台北新店、新加坡新店搬迁装修，中标南京禄口机场200平方米店铺；4次直播销售额近700万元，包子进入南京盒马鲜生18家门店及北京大学、中国人民大学、苏州大学等高校食堂；承担江苏省科技副总项目、省级工程技术研究中心建设项目。开展各类营销活动40余次，带动商户销售额增长5000万元；引入一线品牌40余家，出租率超91%。

项目建设。世园会扬子江冶春园项目完成；扬子印象街区项目景观提升和招商工作两手抓，招商完成率近74%；中国淮扬菜博物馆项目通过概念方案设计招标、评审工作；北护城河文旅集聚区集团段项目筹备到位；文汇阁项目完成考古发掘工作；冶春、西园等改造提升设计方案通过规委会论证。

品牌建设。参与《中国地名大会》录制和“中华美食荟”暨“江苏味道”启动仪式；承办世界美食之都联盟（中国）筹备会暨运河文化美食产业发展研讨会；中国馆冶春餐厅与迪拜世博会同步开业，参与举办迪拜世博会“江苏周”活动。与江都区花彭村、鲍庄村、世元村，邗江区沿湖村开展村企共建，采购糯米等农产品6吨，合作种植糯稻近20万平方米，带动86人就业、103户农民增收。

集团荣誉。集团获评江苏省文化和旅游系统先进集体和世界园艺博览会三等功单位；获扬州市首届职业技能大赛暨2021中国江苏乡土人才技艺技能大赛中式烹调和中式面点冠军；“五自积分制管理项目”入选文旅部《星级饭店管理与服务典型案例汇编》。冶春食品获神农中华农业科技奖和中国商业联合会科学技术奖一等奖。冶春餐饮连续两年上榜黑珍珠餐厅。会议中心在中国会议酒店竞争力指数排行榜上列第二名。紫藤商务酒店连续10年蝉联扬州市级文明单位。金融集团获批省金融监管局核发扬州首个商业保理牌照。（邓芳园）

■“扬州三把刀” 扬州“三把刀”分别是沐浴业“修脚刀”、理发业“理发刀”、餐饮业“厨刀”。“三把刀”集聚区地处蜀冈−瘦西湖风景名胜区。

重要活动。4月25日，世界美食之都联盟（中国）筹备会议暨运河文化美食产业发展研讨会在扬州皇冠酒店召开。世界美食之都联盟筹备办公室落户扬州。由中国华夏文化遗产基金会指导、江苏尊佲文化发展集团出品的《中华美食·大国工匠》百集系列纪录片在会议期间首映。11月1日，由爱尔兰食品局主办的“2021‘食戟之最’爱尔兰海鲜厨师大赛”在扬州举行。扬州20家酒店、餐企的淮扬菜大厨同台竞技。12月28日，2021中国（扬州）国际创意美食博览会暨第三届中国早茶文化节举办。博览会包括开幕式、中国早茶品鉴周、创意美食高峰论坛、2021中国十大创意淮扬菜发布、创意团餐及名宴小吃制作展示、早茶品鉴会、达人们的扬州饭局、美食促消费等八大活动。

绿皮车酒店　　望秋叹/摄

乡土人才修脚大赛现场　　陈高君/摄

展会采取线上线下融合方式举办，来自美国、英国、荷兰等15个国家和地区的145家展商参展。

行业发展。扬州市烹饪餐饮行业协会、扬州市美发美容与摄影协会获批成为职业技能认定机构，分别获独立组织扬州面点师、烹调师和3~5级美发美容师职业技能认定资质。为保护长江生态，发布《不做野生湖鲜江鲜倡议书》，禁止餐饮人采购野生湖鲜江鲜食材、制作相应菜品、进行带有江鲜字样菜品推介和各种广告宣传。10月15日，第十届中国·江苏国际餐饮博览会在南京开幕，10余名淮扬菜大厨获江苏省“十大工匠”或“十佳匠厨”称号。12月4日，参加江苏省第23届美发美容行业职业技能大赛暨全国美发美容行业职业技能竞赛，美发组获1金、3银、2铜奖项，美容组获2金、1银、3铜奖项。12月24日，参加全国行业职业技能竞赛第二届全国美发美容行业职业技能竞赛，赵兵获全能职工组银奖并被人社部授予“全国技能能手”称号，李天生获男士烫发雕刻造型职工组银奖。　（“三把刀”行业协会）

粮食购销

■概况　2021年，全市实现粮食购销总量533.8万吨，其中粮食收购238.2万吨、销售295.6万吨（含省外销售量81.9万吨）。粮油加工总量99.4万吨，其中加工面粉22.1万吨、大米59.2万吨、食用植物油18.1万吨。粮油工业实现总产值125.34亿元，比上年增加6.58亿元。销售收入129.56亿元，增加12.90亿元。利润总额4.59亿元，减少0.01亿元。

（朱　伟　韩玉桥　张　琦）

■产业发展　出台《扬州市“十四五”粮食流通和物资储备发展规划》；上争“以奖代补”粮食仓储设施项目2个、仓容规模5.1万吨，完成年度粮食仓储设施维修改造和功能提升任务22万吨。邗江区粮食储加有限公司被确定为第三批省级粮食安全宣传教育基地。宝应县永佳米业有限公司宝粮大米通过苏米核心企业复评。中粮面业（扬州）有限公司名佳牌超级粉、中粮面业（扬州）有限公司名佳牌超级雪花粉入选2021年度“中国好粮油”产品。

（朱　伟　韩玉桥　张　琦）

■市场监管　开展“亮剑2021”专项执法行动，推行“双随机、一公开”一线督导检查，全市开展检查活动196次，检查单位1311家次，出动检查人员1213人次，依法作出行政处罚2例。全市共核查各类粮食收购主体181户、注销2户。审核确认有效许可证156份，其中国有及国有控股75户、民营企业67户、外商及港澳台商2户、个体12户。检测粮食样品1095份，其中新收获粮食质量调查、品质测报及安全监测的小麦、稻谷样品476份，库存粮食质量安全检测579份，军供粮油检测5份，其他类型检测样品35份，政策性粮宜存率100%。全市145家粮食经营者通过信用等级评价，比上年增加10家。

（韩玉桥　张　琦）

供销合作

■概况　2021年，市供销合作总社围绕服务乡村振兴战略，持续深化供销社综合改革，出台《合作发展基金管理暂行办法》，设立合作发展基金，每年按不低于社有资产收益的20%比例提取资金注入合作发展基金，支持系统项目建设。成立市、县社有资产管理委员会，完善《本级社有资产管理办法》。牢固树立安全发展理念，严格落实安全生产责任制，强化安全生产监督管理，加强社有老旧资产维修维护。全市供销系统未发生安全生产责任事故。投入1400余万元改造提升薄弱基层社12家。其中，高邮市社投入各类资金近900万元，新建龙虬等基层社经营服务场所7家，高邮市基层社建设工作被纳入政府乡村振兴考核指标，并在省供销合作总社系统会议上作经验交流。在江都区小纪镇、邗江区甘泉街道等6个基层社开展生产、供销和信用“三位一体”综合合作试点。继续加强与农村集体经济组织、农村能人合作，参办领办农民专业合作社22家。建立健全基层社“三会”制度，新增“三会”制度基层社4家，累计20家。出台《扬州市供销合作社监事会社情民意信息联系点建设规范》，推动监事会发挥在调查研究、建言献策等方面作用。高邮市供销合作社监事会许为玉获“全国供销合作总社监事会2021年度社情民意信息优秀信息员”称号。　（戴井山　张　帆）

■稳价保供　7—9月新冠肺炎疫情期间，全市供销系统承担社会责任，为承租企业减免房租；供销系统企业宏信龙公司推出“鲜到家·蔬菜套餐”，每天20辆货车运载70余个品种近40吨生鲜配送至主城区，成为供应主城区居民生活必需品重要渠道。组织农资企业等克服运输不畅、物价上涨、物资紧缺等困难，调运采购化肥8000吨、农药220吨，保障水稻拔节关键时期病虫害防治工作。（戴井山 张帆）

■农产品产销对接 全年开展“供销助农直通车”进乡镇、进社区12次，该项活动被列入新冠肺炎疫情后《近期扩内需促消费的工作方案》。围绕“帮助农民销、服务市民购”搭建平台，建设市、县、乡三级供销社农副产品展示展销中心17个，被写入《扬州市高质量推进数字乡村建设三年行动计划（2021—2023年）》。开展“供销助农直通车”活动，联合扬州广电总台为系统内10家“3·15”农产品放心消费品牌代言。带领农产品经纪人协会成员单位代表赴常州，开展与常州地区农产品产销对接工作，高邮咸鸭蛋、扬州风鹅、扬州杂粮、扬州包子直通常州。2021年世园会期间，仪征市供销合作社在园内建成农产品直销店2个，举办多场农副产品推介活动。邗江区供销合作社建办消费合作社2个，江都区供销合作社开设“助农直播间”、在省农展中心举办江都名特优农产品推介会暨“江都大米”品牌运营启动仪式，探索农产品销售新模式。（戴井山 张帆）

■农业社会化服务 按照“主体多元、形式多样、服务专业、竞争充分”原则，新建和改造高邮市菱塘兴旺供销合作社等3个综合服务中心，全程无忧公司投资共建7个农业社会化服务中心，在全省系统实施农业社会化服务惠农工程中形成“扬州经验”。首次争取到省农业农村厅33.33平方千米农业社会化服务项目补贴。开展年土地托管服务面积636.99平方千米，其中土地全托管面积122.67平方千米。开展测土配方施肥、统防统治和农机作业等3项环节服务面积1597.33平方千米次。（戴井山 张帆）

■农药零差率配供试点 市、县、乡三级联动，“县级配送、乡镇直销、村级加盟”的农资连锁配送模式初步形成，全市供销系统有农资配送中心21个、连锁网点683个。2021年，化肥、农药累计销售收入分别为3.54亿元、2.42亿元。依托农资连锁网点，参与县（市、区）政府的农药零差率配供试点，在邗江区、广陵区和江都区实施农药零差率配供面积110.67平方千米。（戴井山 张帆）

■农药废弃包装物回收 农药废弃包装物回收工作连续多年被纳入年度富民增收目标任务，累计获省供销合作总社专项奖励资金246万元。全市供销系统在60个乡镇140个供销网点回收处置废弃包装物878.24万件，涉农县（市、区）和乡镇回收处置覆盖率分别为100%、60%。仪征市供销合作社创新建立政府主导、供销社牵头、多部门联动的工作新机制。生活垃圾回收和农膜（地膜）回收工作逐步启动。（戴井山 张帆）

专项经营

■盐业经营 2021年，全市共销售盐产品10.25万吨，其中销售小包装食盐1.35万吨，品种盐占比21.37%。实现盐产品销售收入6711.94万元，比上年增长11.63%。（李小祥）

■卷烟营销 2021年，扬州市实现卷烟销量16.84万箱，比上年增长0.87%；实现单箱销售额4.46万元，增长6.63%；实现利税21.46亿元，增长8.25%。（许燕茹）

■烟草专卖管理 成立扬州市烟草打假打私工作领导小组，建立“政府领导、部门联合、多方参与、密切协作”打假打私体系。开展专项行动8个，查获各类案件1508起，其中50万元以上案件9起、100万元以上案件2起。连续4年破获公安、国家烟草专卖局部级部督办案件，“3·10”特大非法生产烟草专卖品案件被评为2021年全国烟草十五大打假打私经典案例。全年清理异常经营户1023户，停业整顿1025户，注销1862户。（许燕茹）

■成品油销售 2021年，全市销售成品油75.3万吨，其中汽油51.6万吨、柴油23.7万吨。出台《扬州市全面加强成品油市场综合整治方案》，明确整治责任牵头部门、工作重点、整治内容、职责分工、实施步骤和要求等；查处成品油领域案件60余起，涉嫌刑事案件3起，查获非法储存、销售油品近500吨，处罚金额500余万元；承担“江苏加油”安全App试点工作，召开现场会，全市254座加油站全部安装“江苏加油”安全App，各项指标居全省前列。（郭杰 蒯梦原）

■中国石化销售股份有限公司江苏扬州石油分公司 中国石化销售股份有限公司江苏扬州石油分公司是扬州地区最大的成品油经销企业。2021年，公司资产总额15.36亿元，用工总量886人。在营加油站131座，其中自有122座、轻资产合作9座；在营油库1座，库容3.54万立方米。成品油经营量58.74万吨，市场占有率约59.25%，其中零售46.38万吨、直分销12.36万吨；销售天然气3.1万吨。非油品业务销售1.71亿元。实现销售收入52亿元、利税1.84亿元、报表利润1.43亿元，上缴税费4077.48万元。新开业加油站2座，新增开业充电桩7座，建成光伏站23座。完成56座绿色达标加油站和34座绿色示范加油站建设。建成扬州第一座加氢站——文昌西路加油加氢站。（万江华）

特种行业

■典当行业 2021年，扬州有典当企业24家，其中法人机构23家、分支机构1家，总注册资金7.3亿元。典当余额6.49亿元，累计典当总额6.99亿元，上缴税金140万元，从业人员100人。23家典当法人机构中，注册资金2000万元（含2000万元）以上19家，500万~1500万元4家；市区（不含江都区）16家、高邮市2家、江都区4家、宝应县1家。抽取9家典当法人机构参加年审，获评A级4家、B级2家、C级2家，待整改1家。（虞振清）

■拍卖业 2021年，扬州有拍卖企业19家，其中市辖区3家、广陵区4家、邗江区9家、江都区1家、高邮市2家；有拍卖企业从业人员96人。全年拍卖成交场次262次。

（郭　杰　蒯梦原）

■特许经营 2021年，扬州市商业特许备案企业3家。其中，餐饮业2家，分别为扬州品言餐饮管理有限公司、扬州璐转珊回餐饮管理有限公司；零售业1家，即江苏宏信超市连锁股份有限公司。

（郭　杰　蒯梦原）

邮政

■概况 2021年，扬州市邮政企业和快递服务企业业务收入（不包括邮政储蓄银行直接营业收入）累计完成38.29亿元，比上年增长7.5%；业务总量累计完成37.02亿元，增长15.4%。全市规模以上快递服务企业业务量累计完成2.76亿件，增长29.53%，占全省快递业务量比重3.21%，提升0.16个百分点；业务收入累计完成26.32亿元，增长14.23%，占全省快递业务收入比重3.34%，提升0.09个百分点。

全市同城业务量累计完成2475.97万件，增长14.63%；实现业务收入1.26亿元，下降4.24%。异地业务量累计完成2.51亿件，增长31.39%；实现业务收入18.09亿元，增长22.02%。国际及港澳台业务量累计完成72.95万件，下降9.96%；实现收入1.65亿元，下降30.86%。同城、异地、国际及港澳台快递业务量分别占8.97%、90.77%、0.26%；业务收入分别占4.77%、68.73%、6.25%。

全市函件业务量累计完成159.8万件，下降44.12%；包裹业务量累计完成6.88万件，下降22.08%；订销报纸业务累计完成7237.24万份，增长4.34%；订销杂志业务累计完成259.73万份，增长0.07%；汇兑业务累计完成4.56万笔，下降25.85%。

全市共有邮政网点182个，其中城市局所24个、农村局所158个；邮政网点总面积3.28万平方米，其中城市局所面积6787平方米、农村局所面积2.6万平方米；城市局所网点平均服务半径1.5~2千米，农村局所3千米；城市网点投递网点平均投递半径3.54千米，农村网点3.85千米；邮政信箱筒401个。主城区每周营业7天，每天营业8小时；农村地区每周营业6天，每天营业6~8小时；投递频次主城区每周7天、每天2次，农村地区每周6天、每天1次。（张惠亮）

■快递业 全年快递服务企业业务量完成2.76亿件，比上年增长29.53%；快递业务收入完成26.32亿元，增长14.23%。快递业务收入占全行业业务收入比重68.74%，提高4.06个百分点。其中，国有快递企业业务量完成737.21万件，实现业务收入1.06亿元；民营快递企业业务量完成2.68亿件，实现业务收入24.65亿元；外资快递企业业务量完成76.24万件，实现业务收入0.61亿元。国有、民营、外资快递企业业务量市场份额分别为2.67%、97.05%、0.28%，业务收入市场份额分别为4.03%、93.66%、2.31%。

各县（市、区）市场占比基本稳定，扬州市其他区县完成快递业务量1.58亿件，增长26.06%；实现快递业务收入17.03亿元，增长8.33%。江都区完成快递业务量4925.85万件，增长34.45%；实现快递业务收入2.94亿元，增长21.49%。仪征市完成快递业务量3109.7万件，增长32.54%；实现快递业务收入1.89亿元，增长24.34%。高邮市完成快递业务量3087.48万件，增长41%；实现快递业务收入2.55亿元，增长33.51%。宝应县完成快递业务量689.9万件，增长17.87%；实现快递业务收入1.91亿元，增长30.82%。扬州市其他区县、江都区、仪征

2015—2021年扬州市邮政基本情况表

表18-3

指标	单位	2015年	2016年	2017年	2018年	2019年	2020年	2021年
邮政业务总量	亿元	20.60	26.61	36.08	42.44	51.70	63.73	37.02
邮政业务收入	亿元	16.50	19.25	23.36	27.61	31.91	35.62	38.29
函件	万件	1883.23	1161.61	689.96	441.86	356.02	285.95	159.80
包件	万件	12.11	9.27	8.97	8.71	7.25	8.83	6.88
报纸累计数	万张	6896.49	6530.74	6276.93	6317.59	6660.69	6936.30	7237.24
杂志累计数	万份	397.09	354.40	352.59	320.73	290.43	259.54	259.73
快递	万件	7782.23	10736.31	13045.89	15459.53	17515.80	21309.92	27603.56

（统计局）

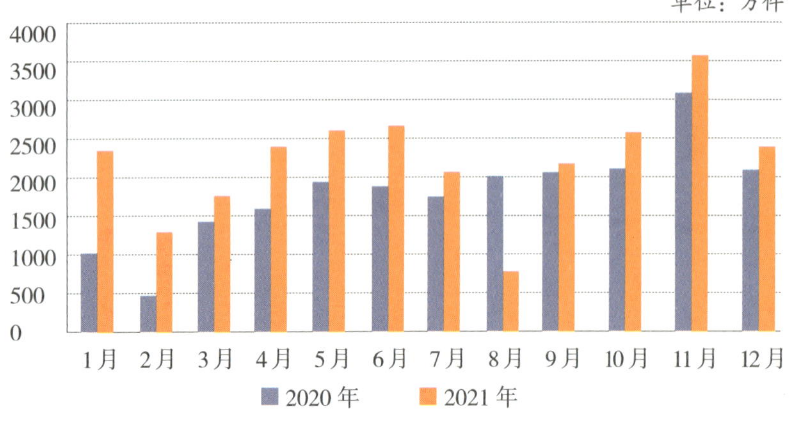

图 18-1　　2020—2021 年扬州市快递业务量分月图　　（张惠亮）

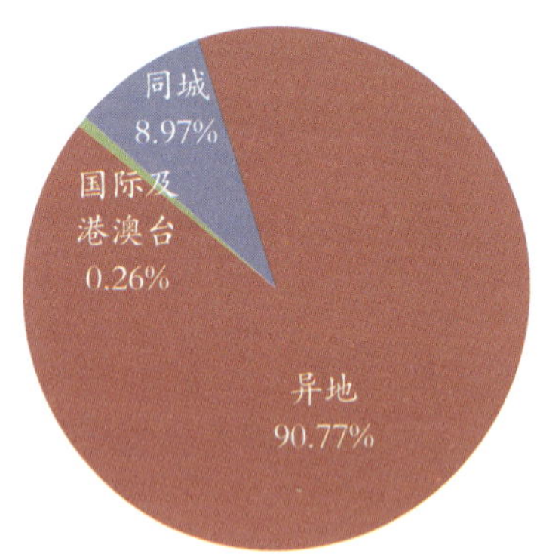

图 18-2　2021 年扬州市快递业务量结构图

（张惠亮）

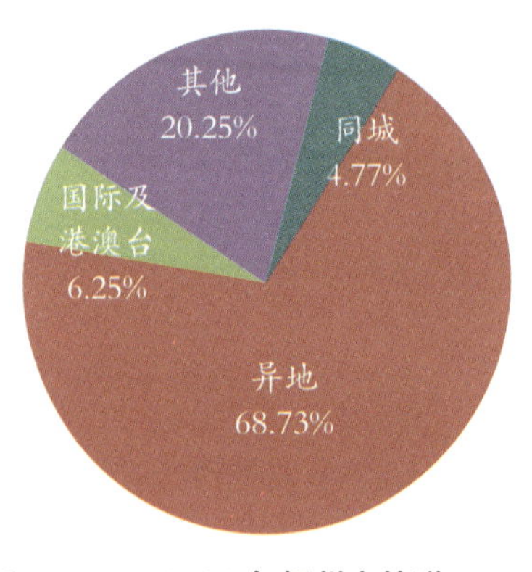

图 18-3　2021 年扬州市快递业务收入结构图

（张惠亮）

市、高邮市、宝应县快递业务量比重分别为 57.2%、17.84%、11.27%、11.19%、2.5%，快递业务收入比重分别为 64.7%、11.17%、7.18%、9.69%、7.26%。

全年快递与包裹服务品牌集中度指数 CR8 为 83.9，下降 4.54。

（邱　洁）

■中国邮政集团公司扬州市分公司 2021 年，全市邮政企业实现业务总收入 12.71 亿元，比上年增长 6.85%，列全省第五位。代理金融业务实现收入 8.1 亿元，增长 11%，增幅列全省第四位。寄递业务实现收入 3.01 亿元，其中特快业务聚焦超常规发展，收入增长 35.9%，列全省首位；快包业务行业市占率、业务占比均列全省第一位；国际业务立足跨境电商产业园，获邗江区互联网经济发展专项资金 20 万元；物流业务打造曙光电控整车运输、中粮米业商超配送、烟草物流配送服务等项目，全年业务收入完成率 109%。渠道业务推进“高邮咸鸭蛋基地”生态圈建设，探索“惠农项目 + 协同”发展模式，与 22 家农村合作社及家庭农场签订产品代销协议，开展“线上 + 线下”多渠道助力农产品进城。集邮与文化传媒业务发展“有声党建”项目，开发抗疫纪念邮品，开发扬州世界园艺博览会、扬州大学、非遗之扬州剪纸等彩色邮资机戳 24 枚。

全市邮政普遍服务重点指标管控平稳有序，全市信件、印刷品全程时限均达标；普服网点营业时间达标率、投递频次和深度达标率、机要通信安全率等均达目标。“美丽支局”创建活动成效初显，持续完善寄递营销体系、“客长制”客户维系体系，降本增效提升成效明显，五大环节全省范围内环节压降个数列第一位。全市邮政网点利润率 58.18%，高于省均 4.6 个百分点。推进农村投递改革，以头桥、运西、酒甸场地为中心，分别设立农村中心营投部，同时按照“杭集模式”全面推广复制。实际选聘见习经理 11 人，明确人才库、支局长、营投部负责人、青年大学生 4 支队伍，共招录合同制代理金融柜员 81 人、高校应届毕业生 17 人。推进“平安邮政”创建，全年未发生重大事故、案件。机要通信连续 37 年质量全红。

全市 232 个“我为群众办实事”项目、10 个“为员工办实事”项目全部完成。张新华获“全国五一劳动奖章”和“全国交通运输文化建设先进个人”称号、赵启明获“江苏省劳动模范”称号。扬州邮政分公司获 2021 年“全国交通运输公益文化建设优秀单位”称号。扬州市分公司及所辖 4 个县（市、区）分公司均获 2019—2021 年度“江苏省文明单位”称号。　（纪倩霞）

■扬州邮政配送点充电站投用 10 月 8 日，由扬州邮政与国网扬州电动联合打造的全市范围内邮政配送点充电站项目建成投用，实现全省物流充电站在扬州率先落地。项目覆盖全市 6 个邮政配送点，包含市区本部 2 个点，江都、仪征、高邮、宝应 4 个县（市、区）各 1 个点，累计建设 8 个 30 千瓦直流充电桩和 73 个 7 千瓦交流充电桩。

（纪倩霞）

■县乡村三级物流配送体系建设 下发《关于印发以新业态新模式引领新型消费加快发展实施方案的通知》《关于推进全市县乡村三级物流配送体系建设的通知》。完善农村物流网络节点体系建设，综合利用现有县级、乡镇客运站和村委会、村邮站、小超市等拓展农村物流服务功能，提升农村物流三级节点覆盖率。加强城乡快递服务网点、快递末端公共服务平台、智能快件箱、智能住宅信报箱的规划、建设、维护和管理，加快城乡快递共同配送体系建设。实施“快递下乡”，推动交邮合作、交快合作、快快合作、快邮合作等模式，共享物流信息，共建运输配送网络，探索镇村公交车辆行李堆放区代运邮件快件，协力打通快递服务“最初一公里”和“最后一公里”，实现快递村村通。（张惠亮）

邮路畅通保障 7月31日，因新冠肺炎疫情影响，扬州所有出入口全部关闭，全市所有上下行邮路无法通行。扬州邮政启动响应键，根据省分公司确定扬州市分公司的网运组织方案，严格执行省指调邮路发运计划，省内直发邮路汇集至南京、无锡集散经转。针对邮车驾驶员被隔离情况，根据省指挥调度中心安排，从南京调配3个甩挂车头供扬州使用，配备专门驾驶员。（纪倩霞）

普服网点“扫黄打非”工作站全覆盖 2021年，申创市级“扫黄打非”进基层示范点4个，全市182个普服网点实现“扫黄打非”工作站全覆盖。每个网点均对外公示“扫黄打非”工作站铭牌，设立“扫黄打非”信箱，放置“扫黄打非”宣传资料，电视显示屏滚动显示“扫黄打非”宣传标语。扬州顺丰快递有限公司、扬州申通快递有限公司高邮分公司建成“扫黄打非”工作站。（张惠亮）

《中国共产党成立100周年》纪念邮票和纪念封发售 7月1日，中国邮政集团公司发行《中国共产党成立100周年》纪念邮票及相关邮品。纪念邮票1套20枚，纪念封1套1枚。邮票总面值24元。采用连票设计形式，以红色、金色为画面主基调，运用油画写实手法表现，连绵不断的飘带贯穿整体，寓意中国共产党百年奋斗的光辉历程。扬州共发售纪念邮票1400套。（张惠亮）

2021年扬州世界园艺博览会纪念邮资明信片首发　扬州邮政公司/供稿

2021年扬州世界园艺博览会纪念邮资明信片首发 4月8日，2021年扬州世界园艺博览会纪念邮资明信片首发式活动在世园会举办。邮资明信片以本届世园会标志性建筑物江豚国际馆为主图案，以“绿杨梦双花”会徽和吉祥物“康康”“乐乐”为辅助元素，表达世园会“人与自然和谐共生”理念。4枚彩色邮资机戳为一组，图案分别为2021年扬州世界园艺博览会会标、吉祥物、国际馆、演艺馆，彩色邮资机戳附有二维码，通过扫描二维码可观看世园会宣传片。（纪倩霞）

“大运河主题邮局”彩色邮资机戳启用 6月16日，“大运河主题邮局”营业。“中国大运河博物馆”和“扬州是个好地方”两枚彩色邮资机戳在大运河主题邮局启用。首发“运河城扬州”邮资图明信片两枚，分别为扬州中国大运河博物馆正面照、侧面照。（张惠亮）

邮政电商融合发展 市邮政管理局联合市商务局、邮政公司签订邮政电商融合发展三方协议，加强三方合作对接，建立完善沟通协调、合作保障、信息互通等各项机制，并指定专门部门和专人负责推动合作协议落地见效。举办“新市场 新思维 新突破”全市“邮政＋电商”企业转型升级专题培训，搭建助力“邮政＋电商”企业转型升级平台，引导电商客户转型升级至“传统＋直播”电商营销模式，实现直播造包。充分发挥邮政综合服务资源优势，激活产业新链条，打通供应链、渠道链、物流链、资金链，构建“四链合一”。（邱　洁）

快递包装绿色转型 印发《关于全面加强生态环境保护大力推进全市邮政行业绿色发展》《扬州市邮政快递业塑料污染治理三年工作方案》等文件，围绕《邮件快件包装管理办法》《邮件快件绿色包装规范》《邮件快件包装基本要求》组织开展全市快递从业人员绿色环保包装知识技能培训，联合市环保局、市质监局等相关部门，对相关企业开展调研和检查，指导企业完成快递包装物绿色转型。（邱　洁）

物流业

概况 2021年，全市社会物流总收入491.17亿元，占地区生产总值7.3%。社会物流总费用938.86亿元，比上年增长5.63%，占地区生产总值14%。推进物流项目建设，全年开展物流专场拜访5场次，新签约

1亿元以上物流项目10个、落地5个。做强物流业发展主体，全年新增规模以上物流企业32家，累计236家；新增3A级以上物流企业10家，累计67家；新增省级重点物流企业1家，累计16家。强化物流载体建设，“扬州建设港口型、生产服务型、商贸服务型三大省级物流枢纽”纳入江苏省“十四五”现代物流业发展规划；扬州邮畅物流获批省级重点物流企业，中众合农产品冷链物流园获批省级重点物流园，扬州港口物流园获批省级物流示范园区。宝应中众合农产品冷链物流园获批中央预算内城乡冷链和国家物流枢纽建设资金800万元。夏坚和李伟获评全国物流先进工作者和劳动模范。陈菲获评国家级物流统计先进个人。江苏超达物流有限公司、扬州中众合农产品市场有限公司获评省级物流先进集体；张红梅、李云霞、钱伟、徐伟、窦健、袁俊国6人获评省级物流先进个人。（汤　鑫）

■运输结构调整 2021年，共完成铁路货运发送量21.59万吨、集装箱公铁联运量0.25万吨、港口货物吞吐量1.5亿吨（集装箱60万标箱），内河集装箱吞吐量1.89万标箱。扬州港河江海多式联运项目新增两条到上海港航线，实现集装箱联运量7万标箱，比上年增长16.7%。完成韵达江苏省快递电商区域总部基地项目一期工程28万平方米建设，建成宝应中众合农产品物流园一期项目，冷链物流区投入运营。推动构建县、乡、村三级物流体系，发展县级物流中心10个、乡镇物流服务站56个、村级物流节点751个，县、乡、村三级农村物流服务覆盖率分别达100%、98.4%、83.3%，基本完成高邮、仪征农村物流达标县建设任务。（扬交运　扬交办）

■城乡物流服务一体化发展 出台《扬州市城乡物流服务一体化发展三年行动计划（2021—2023）》，打造城区、乡镇、村组三级物流服务体系，加快农村物流网络节点布局、运输配送组织优化、运营模式创新、交邮融合发展、冷链物流建设和先进装备技术应用。印发《扬州市高质量推进数字乡村建设三年行动计划（2021—2023年）》，推进交邮融合模式，拓展县级客运站物流服务功能，打造物流节点，拓展邮政快递中转及收投服务功能，建设交通邮政综合服务站，填补末端服务空白点。根据地区发展实际有针对性推广“客运＋货运两网合一”“交通运输＋邮政快递融合”“网络平台货运＋农村物流”“特色产业＋农村物流”等服务模式。（邱　洁）

电子商务

■概况 2021年，全市实现网络零售额267.1亿元。举办江苏“电商公共服务全省行”暨“台商走电商”专场活动。新获批国家级电商示范县1个、省级数字商务企业1家、省级电子商务示范基地（园区）3家、省级数字商务社区试点2家。（郭　杰　蒯梦原）

■电商示范创建 申报国家级电商示范县，获中央扶持资金1500万元。推动邗江区扬州五亭龙电子商务产业基地、高邮市通邮电子商务产业基地、仪征市金山（国际）电商玩具城等3家电商园区获批省级电子商务示范基地（园区）；江都区江苏金世缘乳胶制品股份有限公司获批省级数字商务企业；邗江区双桥街道虹桥社区和广陵区汤汪街道通运社区获批省级数字商务社区试点。（郭　杰　蒯梦原）

■电商系列活动 联合阿里集团开展淘宝特价版和1688超级工厂专场宣讲活动，在县（市、区）面向企业举办3场专场招商会。组织开展电商直播系列专题培训班3期，培训各类企业人员400人次。与省电商协会培训平台合作，组织每周线上授课。举办江苏“电商公共服务全省行”暨“台商走电商”专场活动，省电商协会、省电商法律服务联盟、省电商直播联盟、苏台新零售产业联盟、苏宁易购、抖音、汇通达、未来直播、扬州工业职业技术学院等单位相关负责人及来自省内的台商企业代表共50人参加活动。组织本地电商平台和重点电商企业参加商务部“居家嗨购，网上过年——2021全国网上年货节”、第三届双品购物节等促消费活动。（郭　杰　蒯梦原）

2021年扬州市电商示范县

宝应县（郭　杰　蒯梦原）

2021年扬州市江苏省电子商务示范基地（园区）

扬州五亭龙电子商务产业基地
高邮通邮电子商务产业基地
仪征金山（国际）电商玩具城
（郭　杰　蒯梦原）

2021年扬州市省数字商务企业

江苏金世缘乳胶制品股份有限公司
（郭　杰　蒯梦原）

2021年扬州市省数字商务社区试点

邗江区双桥街道虹桥社区
广陵区汤汪街道通运社区
（郭　杰　蒯梦原）

居民服务业

■家庭服务业 2021年，推动家政服务业提质扩容“领跑者”行动，重点推进城市建设，不断促进家政服务“专业化、规模化、网络化、规范化”发展。争取上级政策资金扶持，领跑企业江苏华南服务有限公司的华南健康研究中心配套养老项目被纳入普惠养老城企联动专项行动2021年中央预算内计划，获中央预算内资金472万元。注重家政服务领域产教融合型企业培育和扶持，安康职业培训学校入选省第三批产教融合型试点企业名单，按规定享受产教融合领域投融资和财税等组合式激励。连续两年在市级现代服务业发展专项资金中设置家政健康服务业专项，重点支持家政服务进社区、家政服务领域校企合作、行业标准制定等，2021 年支持家政服务提质扩容专项 4 个共 67 万元。开展全市家政诚信体系建设工作，通过家政协会和发动商务条线组织申报。全市在家政服务信用信息平台完成建档企业数 112 家，在业务系统统一平台上建立信用信息家服员 3232 人，其中完成人证合一家服员 1901 人。（陆 洋）

■健康服务业 以仪征、生态科技新城等地为重点区域，推进健康服务业“长三角区域—省级—市级”三级集聚示范发展。扬州瘦西湖生态健康谷项目入选省现代服务业重大项目，全年完成投资 5 亿元。入选全市服务业重大项目的东南片区医养联合体等 3 个健康服务业共完成投资 7.5 亿元。月塘镇健康服务产业集聚区获评 2021 年度省级集聚示范区。（汤 鑫）

爸妈食堂·困境老人社区关怀计划 中国扬州画刊/供稿

■养老服务业 出台《扬州市居家养老服务条例》，于 2021 年 9 月 1 日施行。出台《2021 年扬州市基本养老服务指导性目录》《扬州市“十四五”养老服务发展规划》《扬州市新建住宅小区配建社区居家养老服务用房和设施的建设、移交与管理办法》等政策文件。宣传贯彻《养老机构服务安全基本规范》《养老机构服务质量基本规范》等国家标准，发放宣传手册 2200 份，完成贯标情况实地督查，全市养老机构达标率 99%。下发《颐养社区建设 2021 年度实施计划》，组织召开全市养老服务联席会暨 2021 年颐养社区建设推进会，完成颐养社区建设任务 31 个。新建具备日托、全托、培训、评估、上门服务等功能于一体的街道级养老服务综合体 6 家。改造提升标准化农村区域性养老服务中心 8 个，鼓励和支持机构在提供集中供养服务同时，为周边乡镇社会老人，特别是分散供养的特困老人、留守老人、空巢老人、独居老人等提供延伸服务。为 80 周岁以上户籍老年人、特困人员及低保中度、重度失能老年人提供政府购买居家养老服务，接受政府购买居家养老服务老年人占比 13%。推动公办养老机构社会化运营，全市 7 家公办养老机构实施公建民营。持续开展困难老年人家庭适老化改造，完成改造 2212 户。举办 2021 年扬州市第二届养老护理职业技能竞赛暨第一届扬州市职业技能大赛健康照护项目竞赛、全省民政行业养老护理职业技能竞赛选拔赛；对全市三级养老护理员进行培训和等级评定；组织开展“最美养老护理员”选树宣传活动和养老护理员“全员大练兵、千人大比武”活动。（周 丹）

2021 年扬州市获中央和省社会事业投资项目一览表

表 18-4

类型	项目名称	资金（万元）
合 计		3274
中央预算内投资项目	江都区同盛颐养养老护理服务改扩建项目	1240
	邗江申丞护理院改扩建项目	380
	江都区社会福利院护理楼新建项目	602
	扬子江叁陆玖养老服务有限公司人行培训中心养老改造项目	400
	广陵区华南健康研究中心新建项目	472
	广陵区曲江街道文昌花园托育中心改扩建项目	50
	邗江区竹西街道菲奇兔托育中心改扩建项目	80
省预算内投资项目	仪征市月塘中心卫生院发热门诊建设工程	50

（陆 洋）

商务服务业

■公证服务 全市共有公证机构 8 家，公证人员 107 人，全年办理公证总数 3.07 万件。

拓展公证业务领域。在征地程序关键环节，公证机构参与进行证据保全公证，办理相关公证 25 件。围绕知识产权保护，扬州公证处与市知识产权保护中心签订合作协议，实现公证对知识产权事前、事中、事后全程服务。牵头赴外地学习区块链赋强公证项目经验，推动开展小额贷款区块链赋强公证业务。开展公证进企业活动，与江苏油田等大型企业签订公证顾问协议。

加强涉疫公证服务。发布《关于免费办理不可抗力证明公证事项的通告》，实行“容缺受理”，承诺一日内出具公证书，共免费办理不可抗力证明相关公证事项100余件，涉及合同金额约13.4亿元。深化线上服务，全市各公证机构全部开通远程视频办证系统，为当事人提供“不见面”办证服务，共办理远程视频公证239件。

推进公证便民惠民。出台扬州市公证便民服务十项承诺，汇编全市公证便民服务案例。健全公证服务网络，在全市60个乡镇（街道）公共法律服务中心设立公证联系点，建立公证联络员制度，编印《公证办理指南》在各公证联系点统一投放。通过“政府采购”组织公证人员进村驻点为村民集中办理继承公证事项，打通公证服务“最后一公里”。组织开展公证“助残”“敬老”等公益服务，落实减免收费措施和服务承诺，兜底困难群众服务需求。

（范晓杰）

■律师服务 全市共有律师事务所102家，执业律师1652人，担任法律顾问3985家，办理各类诉讼、非诉讼案件3.7万余件。

推进“产业链＋法律服务”行动。围绕产业集聚特点，建立扬州市产业链法律服务团，分设高技术船舶、智慧城市、旅游用品等3个法律服务小组，通过集中走访、法治体检、普法讲座、座谈研讨等，推进法律服务强链工程。组织律师走访企业9560余家，开展法治体检3150余次，开展法治讲座180余场次，对外发布高技术船舶、智慧城市、旅游用品等3个产业链法治体检报告书，相关经验被《法治日报》头版头条报道。

加强律师人才队伍建设。以12个律师名师工作室为抓手，发挥专家律师“传帮带”作用，加强涉外、上市融资、知识产权等法律服务人才培养。推进服务团律师、产业链企业公司律师（法务）在企业、律所互派学习，推动产业链法律服务后备人才培养，实现法律服务与产业发展深度融合。依托扬州市涉外法律服务中心，新成立6家涉外法律服务分中心。

参与社会综合治理。严格落实《律师参与公益法律服务电子档案制度》。7—9月新冠肺炎疫情期间，组建50余人的法律服务团为隔离点居民提供线上法律服务。针对疫情防控背景下企业法律风险，组织律所律师走访顾问单位、对接商会、挂钩乡镇（街道），开展助力复工复产专项法律服务。在“扬州惠企”直播间举办疫情背景下企业减损和纠纷处置策略、涉企知识产权保护等公益讲座，在线观众近2000人。开展社区律师工作室规范化建设，全年律师参与社区律师值班2500人次。全市1624个网格进驻律师并进行公示。（范晓杰）

■公共法律服务 *加强公共法律服务平台建设*。在市、县、乡三级公共法律服务中心全覆盖基础上，全市1410个村（居）设“法律服务联络点”，协助或指引法律援助、司法鉴定、公证、仲裁事项办理。做好“12348”与“12345”热线合并优化提升工作，在全市选聘6家律所40余名优秀律师在线解答群众咨询。利用扬州司法行政官网、微信、微博、“我的扬州”App等新媒体平台，发布公共法律服务指引。

推动法律服务资源下沉。推动实施公共法律服务进网格、进园区、进项目、进乡村、进家庭“五进”活动。巩固村（居）法律顾问全覆盖成效，落实“挂牌服务”“见面服务”等制度。在市退役军人事务管理局成立市退役军人法律服务中心，市、县两级妇联机构设立法律服务维权工作站，针对性开展服务。与市总工会共同组建阳光法律服务律师团队，针对困难职工开展法律咨询与服务活动。

推进法援惠民生拓展工程。落实法律援助“应援尽援”3项机制，协调民政部门，将全市低保人群、特困人群数据推送给全市法院立案庭，在法院立案环节、律师代理案件首次委托谈话、网格员日常工作中，及时发现并对符合法律援助条件的对象给予指引。通过推进法律援助律师庭审旁听、法援案件卷宗评查、受援对象满意度测评，落实法律援助“应援优援”3项制度。全市7家法律援助机构，共受理法律援助案件5736件。宝应县法律援助中心对薛某某抚养权纠纷提供法律援助案获评全省十大法律援助优秀案例。（范晓杰）

软件信息服务业

Ruanjian Xinxi Fuwuye

编辑 高新

综述

■**概况** 2021年，扬州市软件和信息服务业实现业务收入92.1亿元，比上年增长20%。建成广陵新城软件园、仪征大数据产业园、扬州经济技术开发区智谷和扬州高新区等4个省级产业园区。全年新增通过评估软件企业39家、自主知识产权软件产品340个，均居全省第四位；拥有证书软件产品累计1713个，累计创成省级软件企业技术中心4家，拥有万方电子、易图地信、航盛科技等一批百人以上软件企业，仪征经济开发区通过省级数据中心产业示范基地评估，广陵新城软件园入围省级软件名园培育试点，均为苏中苏北唯一入选园区。

（李　晖　谢森妙）

4月21日，第14届扬州软件和信息服务大会举办　广陵融媒体中心/供稿

■**第14届扬州软件和信息服务大会** 4月21日，第14届扬州软件和信息服务大会暨2021扬州金融科技大会在广陵区举办，15个民资项目集中签约，计划总投资68.6亿元。签约项目涉及一批现代金融服务项目，包括赛领资本项目、非公开公司债券项目、嘉盛基金项目、嘉佑基金项目、共青城嘉荣基金项目、泽积基金项目等。会上，江苏省生产力促进中心——扬州广陵区科技服务中心、扬州市基金大厦集中揭牌。

（杨　奕）

■**2021中国·扬州5G机器视觉大赛** 10月29日至12月16日，2021中国·扬州5G机器视觉大赛决赛在扬州举办，项目涵盖工业互联网、智慧城市、AR/VR、车联网、智慧医疗等多个领域创新应用。颁奖仪式上，10个获奖项目分别与邗江区政府、维扬经济开发区和部分企业签约，形成战略联盟，推进项目成果转化为先进技术、成熟产品，加快扬州数字产业化、产业数字化进程。

（杨　奕）

智慧城市应用服务

■**大数据开放融合** 举办2021年江苏省大数据安全试点城市展示活动、2021扬州公共数据开发应用创新大赛，挖掘典型应用场景，打造政务服务标杆示范。在全省率先出台《扬州市公共数据管理办法》，加快推动全市政务信息系统整合和公共数据共享应用，办法于11月1日起施行。推进政务数据归集、共享和应用工作，建成人口、法人等五大基础数据库和政务、健康等10类主题数据库，市大数据共享开放平台累计归集数据11.45亿条，交换数据10.65亿条。

（李　晖　谢森妙）

■**“云上扬州”建设** 聚焦“群众好用、政府好管”目标，力促信息技术与经济、社会各方面融合发展，重要领域关键指标和行业应用取得突破。地区信息化发展水平总指数98.1，市信用平台网站获评“全国示范平台网站”，“智慧公积金”入选全国城建信息化典型案例和示范项目。强化信息化建设顶层设计，启动《扬州市“智慧社区”专项规划》招标编制工作，委托国家信息中心开展2021年度“云上扬州”建设总体成效评价。政府采购市、县一体化全流程不见面电子交易平台上线运行，实现全市公共资源交易信息化建设“一市一平台、一行业一系统”的总体目标；市优化办“我来办”系统上线运行；省一体化信息平台在扬州上线，可线上办理人社业务增加至400余项；全市域不动产交易登记纳税一体化平台全面上线，涵盖江都区、宝应县、高邮市、仪征市四地，实现跨区域“不见面”办理不动产登记事项；农贸市场远程智慧监管系统上线运行。“12345”政务服务便民热线中心、智慧城管、智慧磐石项目等通过验收；1个项目入选全省第三批智慧健康养老领域重点企业、优秀产品（服务），在中央网信办发布的新型智慧城市评价中居全省前列。（李 晖 谢森妙）

■**信息基础设施建设** 2021年，持续推进5G与固网“双千兆”网络建设，累计建成开通5G基站6250座，每万人拥有5G基站数居苏中苏北第一；全市家庭千兆光纤网络覆盖率100%。建成国家工业互联网标识解析二级节点3个，接入企业480家，累计标识注册量9.95亿条、标识解析量5.54亿次，初步实现“有应用、有流量”目标。推进工控系统信息安全建设，3家企业被评为省工业信息安全防护星级企业，1家企业入选省信息安全风险评估机构备案目录。（李 晖 谢森妙）

软件和互联网服务

■**数字产业发展** 推进江苏信息服务产业基地、扬州（仪征）大数据产业园、扬州经济技术开发区智谷大数据特色园区、扬州高新区工业大数据应用园区等大数据产业发展平台建设，仪征经济开发区成为省首批两家数据中心产业示范基地之一，广陵新城成为省首批8家软件名园培育试点之一，均为苏中苏北唯一入选园区。39家软件企业、340项自主知识产权软件产品通过评估，列全省第四位；新获批省首版次软件产品2件、省软件企业技术中心1家；4家企业入围省规划布局内重点软件企业培育库、6家企业入围省专精特新软件企业培育库，均为全省第五位；创信科技获省工业App开发与测试大赛二等奖，万方电子4个产品入选国家信创产品名录。（李 晖 谢森妙）

■**扬州软件园一期建成** 位于万福商务区核心位置，2019年7月开工建设，西靠烟花三月路，东临曙光路，占地约5.2万平方米，建筑面积26.2万平方米，分南北两区域。北区由4幢建筑组成，主楼建筑面积约2.3万平方米，共15层，设政务服务窗口、主题展示中心、会议中心等多功能办公区域；2号楼1.3万平方米，其余两幢建筑面积约0.5万平方米，均为5层建筑，2、3、4号楼为国网江苏智慧能源双创科技园（扬州）、《新华日报》新媒体创新中心、沈阳所扬州院超算与智能协同区域中心入驻地。扬州软件园一期南区工程地下室两层、地上3幢楼（5号、6号、7号楼），总建筑面积约17万平方米，含1幢150米超高层（7号楼）。至年末，项目主体全部封顶，5号、6号、7号楼土建安装基本完成，7号楼外幕墙完成约90%。（高 洁）

■**中国移动长三角（扬州）数据中心（一期）开工** 10月28日，中国移动长三角（扬州）数据中心项目集中开工仪式在仪征经济开发区举行。项目占地约12.33万平方米，总建筑面积约25万平方米。全部建成后可投产2.56万个机架，承载超30万台服务器，与华云大数据基地、扬州市政府云计算中心及扬州移动综合楼大数据中心“四位一体”，可承载骨干网核心节点、5G SA核心网节点及大型互联网企业华东核心节点。（袁 翔 马舒婷）

■**扬州市民卡有限责任公司** 2021年，扬州市民卡有限责任公司实现营业收入1939.11万元，比上年增长1.98%；年刷卡总额1.74亿元，下降0.9%；年充值总额1.78亿元，增长1.52%。年发行市民卡39万张，增加6.67%。累计发行市民卡392.8万张，其中“社会保障·市民卡”24.7万张、2017版市民卡16.68万张、副卡250.61万张、园林卡97.89万张、NFC市民卡2.88万张。“我的扬州”App累计下载量278万人次，注册用户138万人，平均日活3.9万人次。

“我的扬州”App提升项目。在“我的扬州”App项目竣工验收基础上，推进“我的扬州”App提

扬州软件园 生态科技新城/供稿

6月29日，中国电信江北数据中心(仪征园区)开服运营　扬州电信/供稿

升项目立项建设。项目概算总投资1400万元。重点提升便民惠民服务，继续优化完善“指尖上服务”，创新实现“卡码融合”、城控集团公用服务“一网通办”、政企便民应用整合拓展，拓展上线“贴心城管”“房产资讯”“旅游贵宾卡”“网上办电”“世园会购票”“防疫出行助手”等便民服务25项，满足市民各类办事服务需求。市公用事业缴费中心建成“一平台两中心”，实现居民缴费“一站式”服务。7—9月新冠肺炎疫情期间，搭建上线核酸检测登记平台，居住地址累计登记54.8余万人次，共24.5余万户。分十期推出“百年瞬间——建党100周年献礼”100幅党史知识漫画，线上举办“建党百年学党史答题”等庆祝活动。

民生信息化建设。担当“智慧城市”建设主力军角色，承建民生实事项目。升级“居家养老”系统，办理社区“老年福利卡”1.6万余张；“垃圾分类”实现第三方平台与智慧城管平台的数据交互；“高邮门户”开发上线县（市、区）特色服务13项；“高校大学生卡”上线电子卡系统，发卡7000余张；“扬州第三代社保卡”实现加载“交通部互联互通”应用；开发上线“实名制扬州公交卡”与扬城扫码通刷卡互通系统；参与“水、气、卡”一体化自助终端、水气户号整合、政务网“好差评”系统等营商环境优化项目建设，提升民生项目信息化水平；限量发行扬州世园会官方授权的“扬州世园会纪念卡”；联动十城（上海、常州、广州、杭州、南京、南通、宁波、沈阳、台州、扬州），发行扬州“多城联动庆建党百年纪念卡”。

（周晓凤　郑　重）

■**中国电信江北数据中心（仪征园区）开服运营**　6月29日，中国电信江北数据中心（仪征园区）开服运营，定位中国长三角大数据集群成员和电信天翼云基地，是中国电信集团“2+4+31”战略和江苏电信区域数据中心“4+2”布局的重要组成部分。项目总规划20.4万平方米，总投资120亿元，分三期工程建设，规划建设数据机楼10幢、机架容量3万架、服务器45万台。同日，项目一期工程交付。

（杨　珺）

通信服务

■**中国电信扬州分公司**　2021年，中国电信扬州分公司实现业务收入突破22亿元，比上年增长16.22%。获“中国电信集团公司先进集体”“江苏省文明单位”等称号。

网络基础设施建设。围绕市场发展，持续推进5G精准建设，建成电信5G基站3000余个，实现乡镇及以上区域室外连续覆盖，5G话务提升明显，5G流量增长16倍，5G分流比25.37%，居全省第二位。新增千兆端口1.03万个，千兆光网能力显著提升。10G PON局点占比97%，10G端口占比54.4%，均列全省第一位。

云网融合能力。完成41个小区、2.53万户光网覆盖建设，响应政企订单2200张。全年FTTH端口实占率61.65%，居全省前列。云资源池能力倍增，新增安全灾备等能力，满足全市政企上云需求。自主研发

2015—2021年扬州市通信基本情况表

表19-1

指标	单位	2015年	2016年	2017年	2018年	2019年	2020年	2021年
电信业务总量	亿元	54.85	67.31	100.89	189.93	391.43	428.09	57.96
电信业务收入	亿元	40.41	41.83	44.03	45.54	46.30	48.19	54.64
固定电话用户数	万户	115.75	107.17	99.16	93.48	89.95	85.19	81.55
移动电话用户数	万户	450.42	476.50	501.22	531.67	551.15	519.14	522.92
宽带用户数	万户	123.42	140.29	160.40	171.56	176.07	200.37	217.44

（统计局）

“扬城扫码通”“扬城E健行”等信息化疫情防控平台，交付及在研项目27个。

疫情防控。召开5次专题党委会，作出63项重要部署。保障“12345”热线，组织22个党支部450余名党团员志愿者接听“12345”政务热线，累计接听“12345”热线来电40余万次。保障政府会议，后端各党支部的75名会议保障人员驻守35个会场，32名志愿者24小时值守，保障疫情点调会234场。

（杨　珺）

■中国移动通信集团江苏有限公司扬州分公司 2021年，中国移动通信集团江苏有限公司扬州分公司年度通服收入超25亿元；服务移动通信客户超280万户，大中小型政企客户超11万家；移动业务受理营业厅980个，均居行业第一位。

打造精品新基建。“双千兆”保持领先，累计建成5G基站2483个，实现连淮扬镇铁路扬州段5G全线覆盖，市县主城区、重点乡镇连续覆盖，党政军机关、交通枢纽、核心商圈等热点场景覆盖。全域所有小区均具备千兆光网接入能力，千兆宽带客户超15.6万户，全年完成130个地下室和2020部电梯信号覆盖。

推动数字化转型。加快5G+AICDE融合创新，推动本地千行百业数字化转型。赋能产业升级，牵头成立5G产业联盟，构建5G合作新生态。与50余家企事业单位开展战略合作，仪征化纤、中航宝胜、潍柴特车、豪纬交通、扬杰电子等多家头部企业5G合作项目落地；打造省级特色项目19个，覆盖工业、文旅、交通、电力、教育等多个行业。

助力乡村振兴。发挥信息服务科技创新优势，借助“网+云+DICT”融合手段，着力打造“一个平台”（乡村振兴一体化生态大平台）与“五大振兴板块”，加速社会治理与基层治理智能化。加强与县（市、区）一级政府合作，率先打造邗江康乐智慧社区、宝应夏集平安乡村标杆示范基地。结对帮扶经济薄弱村7个，投入资金14.3万元；连续3年与云南独龙江乡中心学校开展扶贫助学活动。

优化信息服务。开展产品创新。免费配备“一卡一云N项权益”优+免费产品包，实现和彩云个人与家庭共享信息互通。拓展支付、出行、认证、金融等智慧生活新服务，推出超级SIM卡应用与市民一卡通融合。丰富互联网电视视频内容，升级全屋组网、智能安防等家庭HDICT产品，建设智慧社区200余个、数字乡村500余个。

履行央企责任。7—9月扬州新冠肺炎疫情期间，接力完成隔离酒店（小区）超1.9万套门磁安装、26轮大规模核酸检测现场保障及463次无线站点抢修；开展“断卡行动”“打猫行动”，成立打击治理电信网络诈骗犯罪工作专班，警企协同打击治理倒卖手机卡黑灰产业链及处理各类涉诈案件。

（袁　翔　马舒婷）

■中国联合网络通信有限公司扬州市分公司 2021年，中国联合网络通信有限公司扬州市分公司实现主营业务收入5.32亿元，比上年增长13.5%。

网络建设。全年开通5G基站1622个，实现重点乡镇5G全覆盖，优化完善4G网络。依托全面5G化，不断优化产品销售结构，全渠道、全场景销售5G产品。承接扬州大学5G智慧实验室、远程医疗、智慧文旅等重大项目，助力千行百业数字化转型、智能化升级、融合化创新。推进宽带业务，优化网络工程。聚焦小区千兆光纤宽带接入，开展合建区域弱光整治攻坚专项行动，全面开展弱光用户线路整治。助力乡村振兴战略，为数字乡村提供完备信息化服务平台。深耕网络建设，促进垂直应用创新。网络线降本增效成果显著，各类问题解决率、VoLTE终端注册率提升。

民生保障。7—9月扬州新冠肺炎疫情期间，出动应急通信车、扩容无线基站小区，保障核酸检测点网络，对全网用户延迟停机、为防疫人员手机添加白名单。总计安装测温设备200余套、智能门磁1万余套，统计核酸检测员100万余人，免费推送抗疫短信3000万余条。全面落实网信安工作，开启网络安全大检查，整治诈骗骚扰电话，开展“断卡行动2.0”，建立高风险电话卡“二次实人认证”、快速关停涉诈卡，清理整顿一批涉诈号卡、“囤卡养卡”、“一证多卡”及境外诈骗高发地号卡、频繁触发预警模型高风险卡。

（刘　珺）

旅游业

Lüyouye

编 辑 陈永华

综述

■**概况** 2021年,扬州市制定出台《扬州市“十四五”文化和旅游业发展规划》,聚焦扬州“好地方”品牌打造,扬州大运河文化旅游度假区省级度假区考核实现“五连冠”,高邮市创成省级全域旅游示范区,邗江区方巷镇沿湖村入选全国乡村旅游重点村,举办“扬州的夏日”“冬游扬州食泉十美”“江苏人游扬州”“二分明月忆扬州”唐诗主题夜游等品牌文旅活动。全市实现旅游业总收入812.49亿元,接待国内游客6060.73万人次,位居全省第五位,恢复到2019年的80%。

至年末,全市有国家A级景区57家,其中AAAAA级景区1家、AAAA级景区14家、AAA级景区32家,总量居全省第三位;有省级旅游度假区4家、省级工业旅游区8家、省级乡村旅游重点村8家、市级研学旅游基地14家。(霍 伟)

■**《扬州市“十四五”文化和旅游业发展规划》出台** 《扬州市“十四五”文化和旅游业发展规划》(简称《规划》)由市政府办公室于11月17日发布,是扬州市文化广电和旅游机构合并以来的第一个五年规划,是2021—2025年扬州文化事业、文化产业和旅游业发展的纲领性文件。《规划》将习近平总书记关于文化和旅游工作的一系列重要指示精神,特别是视察江苏、视察扬州重要讲话指示精神贯彻始终,把握中共十九大提出的关于基本现代化的原则方向,坚持以推动文化和旅游高质量发展为主题,以加快供给侧结构性改革为主线,按照“争当表率、争做示范、走在前列”总要求,对“十四五”时期扬州文化事业、文化产业、旅游业发展进行重点谋划。《规划》坚持目标导向、问题导向和需求导向相统一,有针对性地提出发展目标、发展战略、主要任务、实际举措和保障措施,符合扬州实际,体现时代特点。《规划》分析查找“十三五”时期扬州市文化和旅游业发展存在的突出问题、制约因素,并对新时期、新阶段文化和旅游发展背景进行分析。《规划》在主动做好与上位规划有机衔接的同时,能够按照“多规合一”的要求,加强与相关规划的对接,保证《规划》落地。

(范子悦)

■**文旅品牌创建** 2021年,扬州百汇园黑莓工业旅游区入选省级工业旅游区,东关街入选江苏省首批旅游休闲街区,邗江区方巷镇沿湖村入选全国乡村旅游重点村名录,仪征市月塘镇四庄村、宝应县射阳湖镇射南村、高邮市菱塘回族乡清真村等3个村入选省乡村旅游重点村名录,高邮市创成省级全域旅游示范区,广陵区入选省级全域旅游示范区建设单位。(戴尚虎)

■**智慧旅游发展** 按照“限量、预约、错峰”要求,国有景区全部实现网络预约功能。高邮市智慧文化馆项目获评为2021年度江苏省智慧文旅示范项目,瘦西湖风景区入选2021年度江苏省智慧旅游景区名录。

(戴尚虎)

旅游资源开发

■**概况** 2021年,全市共有45个文旅项目纳入投融资统计,累计投资95.29亿元,年度计划投资完成率76%,投资额比上年增加6.22亿元。世界园艺博览会、运河大剧院、扬州中国大运河博物馆、华侨城梦幻之城等重大文旅项目建成开放,北湖湿地公园、光线(扬州)中国电影世界等一批重大文旅项目加紧建设。扬州中国大运河博物馆、扬州京杭大运河(广陵段)文化带暨明清古城保护综合开发等6个项目纳入2021年省级重点文旅项目库。蜀冈–瘦西湖风景名胜区、广陵区被列为省级文旅消费试点单位。瘦西湖“二分明月”文旅集聚区、运河·盂城驿历史文化街区、东关历史文化旅游区成为首批省级夜间文旅消费集聚区,明月湖入选第二批省级夜间文旅消费集聚区创建单位。瘦西湖“二分明月”文旅集聚区被评为江苏省文旅消费便捷支付示范区。推动文旅品牌建设,新增省级工业旅游区1家、全国及省级乡村旅游重点村4家,东关街入选江苏省首批旅游休闲街区,高邮市创成省级全域旅游示范区;大运河文化度假区实现省级考核“五连冠”。至年末,

全市拥有国家A级景区57家，总量居全省第三位。（戴尚虎 陈述宇）

■旅游资源提档升级 开展景区“第三方”机构暗访，全年完成50家景区暗访并推动整改，提升服务质量和服务水平。大明寺、宋夹城、茱萸湾等3家景区通过省文化和旅游厅AAAA级景区复核，史可法纪念馆等9家AAA级及以下景区复核达标通过。参加省文化和旅游厅开展的“运河百景”评选，瘦西湖、邵伯古镇、高邮盂城驿等11个产品入选江苏“运河百景”标志性运河文旅产品名录，并在省第三届大运河博览会上对公众展示。推进旅游度假区建设，扬州大运河文化旅游度假区在省级度假区考核中，连续5年综合排名第一位。仪征枣林湾、扬州瓜洲等两家度假区考评排名提升5位以上，获省文化和旅游厅通报表扬。（戴尚虎）

■华侨城“梦幻之城”开园 6月23日，扬州华侨城“梦幻之城”开园。“梦幻之城”是扬州华侨城大型文旅综合项目的首发之作，位于邗江区，总占地约15万平方米，是集IP体验、游乐设施、家庭游乐、亲子互动、文化体验、主题演艺和创意餐饮于一体的文化旅游综合体。“梦幻之城”已开放游乐设备36套，每天上演文艺表演30场，构筑传统文化与现代科技结合的欢乐潮玩地。（陈述宇）

2021年扬州市国家A级旅游景区一览表

表20-1

景区名称	等级	景区名称	等级
瘦西湖风景区	AAAAA	江都自在公园	AAA
大明寺	AAAA	仪征孔雀山生态体育公园	AAA
个园	AAAA	宝应县曹甸楚甸公园	AAA
何园	AAAA	扬子郊野公园	AAA
中国雕版印刷博物馆 / 扬州博物馆	AAAA	宝射河休闲体育公园	AAA
茱萸湾景区	AAAA	宝应湖国家湿地公园景区	AAA
东关历史文化旅游区	AAAA	高邮市菱塘回族乡古清真寺景区	AAA
高邮市盂城驿景区	AAAA	高邮文化体育休闲公园	AAA
宋夹城景区	AAAA	蜀冈生态公园	AAA
汉陵苑	AAAA	花都汇－扬州园艺体验中心	AAA
马可波罗花世界	AAAA	天乐湖旅游度假区	AAA
运河三湾风景区	AAAA	扬州市民歌民乐公园	AAA
邵伯古镇景区	AAAA	扬州艺术馆	AAA
仪征市捺山地质公园	AAAA	扬州科技馆	AAA
高邮市抗日战争最后一役文化园	AAAA	界首老街文化景区	AAA
京华城休闲旅游区	AAA	荷花池景区	AAA
凤凰岛生态旅游区	AAA	高邮清水潭	AAA
史可法纪念馆	AAA	宝应荷园生态旅游区	AAA
吴道台宅第	AAA	朱自清故居	AA
宝应县纵棹园	AAA	宝应周恩来少年读书处	AA
仪征博物馆	AAA	宝应博物馆	AA
高邮镇国寺	AAA	宝应柳堡二妹子模范民兵活动中心	AA
高邮文游台	AAA	江都龙川盆景艺苑	AA
仪征市红山体育公园	AAA	宝应革命烈士纪念馆	AA
宝应宁国寺景区	AAA	扬州玉文化景区	AA
陈园景区	AAA	江都仙女公园	AA
江都开元寺景区	AAA	扬州山水园	AA
江都朴园景区	AAA	师姑塔生态体育公园	AA
润扬森林公园	AAA		

（戴尚虎）

■**78环岛大道** 扬州首条环岛旅游景观大道——78环岛大道建成。其中，金湾岛环岛路北起凤凰岛、南至夹江、西至廖家沟、东至高水河芒稻河沿岸，全长约48千米；芒稻岛环岛路全长约20千米；自在岛环岛路全长约10千米。项目统筹实施生态涵育修复、基础设施建设、配套服务提升、旅游项目开发，串联4条风光带（韩万河、三河六岸、廖家沟、夹江）及凤凰岛公园、航空馆、光影水秀、绿皮车酒店等文旅节点，打造融合运动、休闲、旅游等多功能体验空间。（高　洁）

■**瘦西湖风景区建设** 瘦西湖风景区推进基础景观环境提档升级，完成瘦西湖水系清淤及驳岸修复景观提升、栖灵塔消防设施抢修、盆景园西园曲水及妙远堂维修改造、双峰云栈平台渗漏抢修等工程。清淤施工水域面积32万平方米，清淤体量35万立方米，铺设沉河管道、安装水下防护网800余米。对长堤春柳西侧岸线采用花箱、压石和木桩结合的方法进行加固，边、坡、岸层次分明；对徐园门厅、羊公片石碑亭、西侧围墙、木樨书屋屋面、静观镂空花墙和观自在亭进行修缮，对梅影桥周边环境进行改造；对天香岭西侧高地叠石美化，桥右侧采用湖石和黑松为主要元素，将北侧木桥改为湖石汀步，整体铺装采用片石和草坪相结合的手法。增加“湖上梅林”梅花品种，提升景观效果，美景登上央视栏目，被评为江苏三大赏梅胜地之一。（蜀冈办）

瘦西湖风景区“湖上梅林”　　张卓君/摄

■**宋夹城景区建设** 宋夹城景区完成东门城墙内环及西北角楼城墙更换贴面城墙砖项目，南门北广场地面及扬州宴道路损坏处的透水混凝土改造项目，儿童乐园新增鱼池项目及入口处道路改造、景观提升工作，西门游客服务中心完善相关改造工作。完成瘦西湖水系治理工程宋夹城内清淤河道施工、撤场配合等事项。推进景区绿化改造，完成景观提升，城墙栽植爬墙虎1400株小苗，西南河边移栽紫薇260株，黄菖蒲350苗，新栽睡莲15盆，路易斯安娜鸢尾200苗。西南片区播种二月兰，大草坪推草、耕地及播种黑麦草。（蜀冈办）

■**唐子城景区建设** 唐子城景区完成唐城遗址博物馆延和阁二楼多功能厅和户外考古体验场所提升改造工程，用于开展汉唐文化研学活动。加大文物保护力度，完成扬州汉广陵王墓博物馆内广陵王地宫和王后寝宫棺椁区域亮化提升改造、广陵王地宫棺椁外围防护网安装及引水槽的改造。完善疫情防控措施，加装“扬城扫码通”一体机，引导游客健康码查验、测温及线上实名制购票，合理设置进出口线路，避免人群聚集。（蜀冈办）

■**个园建设** 个园完成南部住宅局部墙体抢修工程，剔除酥碱深度大的青砖并原样镶嵌、贴牢、勾缝，裂缝处墙身重新咬茬砌筑，对清漪亭进行修缮，除破损屋面重新翻做，并进行油漆保养。完成花局里部分建筑屋面（客服中心、餐厅西厢房等）修缮工程。做好全园绿化养护管理，制作微型盆栽，展示扬派盆景艺术。加强古树名木管理，完成广玉兰树洞修补及部分高大树木修剪。建设个园安全智能化指挥中心，整合景区监控、消防联动报警系统、智慧用电系统、游客量预警系统、应急广播系统，配备指挥中心操作员，增强安防设备联动性、时效性，发挥安全防范能力。（蜀冈办）

■**何园建设** 何园加强古树名木管理，完成读书楼白皮松钢缆加固，配合省林业科学研究院完成古树名木信息更新普查。提高绿化养护精致化程度，完成秋季红枫抹叶、冬季铁树裹布、花池铺洒地皮覆盖物、补栽麦冬、植物疏果。对片石山房前香橼及石涛书屋紫薇、红枫等品种进行移栽，增加晚樱等新品种，完成园内牡丹增补。完成何园廉政文化中心教学楼基建工程、东门客服中心提升工程、东门售票口及南门出口配套改造。完成片石山房南部水池维修补漏，推进玉绣楼二楼史料馆改造工程。对复道回廊地毯、近月亭地面进行修补，完成门窗修理及屋面杂草清除，清除全园水池淤泥，保障水质。（蜀冈办）

■**茱萸湾风景区建设** 茱萸湾风景区加快园区基础设施建设，完成猛兽区安全防护围栏项目，拆除猛兽外展区围栏，重建新防护围栏，提升展区内外的丰容设施和绿化环境，改善猛兽饲养安全性，增强动物活动和展示效果；完成黑叶猴观赏平台及周边景观提升，升级游客休闲设施，提升周边绿化植被；开展中部水系木栈道改造，采用钢柱木身的结构，打造与环境相适宜的邻水栈道。做好动物饲养繁殖工作，完成棕熊输出交换，引进白袋鼠2只，繁殖成活金丝猴2只、长臂猿1只、东北虎4只、环尾狐猴5只、松鼠猴2只、黑白疣猴2只、阿拉伯狒狒1只。（蜀冈办）

■运河三湾生态文化公园建设 6月16日，扬州中国大运河博物馆建成并对外开放，大运河非遗文化园一期同步建成，沿运博路商户全部开放，业态落位多样化，涵盖餐饮服务、非遗体验、文创展示、文艺表演等多个功能。配合办好扬州2022年世界田联半程马拉松锦标赛活动，启动兴扬路拓宽提升改造工程。完成智慧景区一期建设，新增设92路高清探头、2路人脸识别、22路高清球机等及无线网络、音响系统，覆盖景区主要道路、人群密集区域、重点区域，增强景区安全管理效能。接受扬州友好城市布雷达市（荷兰）对运河三湾生态文化公园捐赠的游乐设施，在景区织桥屋周边实施安装，汲取布雷达市建设运河城市的经验，对织桥屋周边景观绿化进行提升。（蜀冈办）

2021年扬州市省级旅游度假区

扬州大运河文化旅游度假区
仪征枣林湾旅游度假区
扬州凤凰岛生态旅游度假区
扬州瓜洲旅游度假区（戴尚虎）

2021年扬州市省级工业旅游区

中国乱针绣文化产业园
上汽大众仪征智能制造工厂
江苏丰尚科技工业旅游基地
扬州青岛啤酒观光工厂
江苏汇金酿酒工业旅游区
光大宝应环保科普教育园
扬州三邦生物工程有限公司工业旅游区
百汇园黑莓工业旅游区（戴尚虎）

2021年扬州市国家级乡村旅游重点村

邗江区方巷镇沿湖村（戴尚虎）

2021年扬州市省级乡村旅游重点村

宝应县射阳湖镇冲林村
仪征市新集镇庙山村
广陵区沙头镇沙头村
江都区吴桥镇高扬村
宝应县射阳湖镇射南村
仪征市月塘镇四庄村
高邮市菱塘回族乡清真村（戴尚虎）

2021年扬州市全域省级旅游示范区

高邮市（戴尚虎）

2021年扬州市级研学旅游基地

曹甸忆思园
抗日战争最后一役文化园
天乐湖旅游度假区
捺山地质公园
江都区学生校外活动实践基地
扬州艺术馆
宋夹城景区
沿湖村
春江花月夜艺术馆
何园
扬州科技馆
马可波罗花世界
凤凰岛国家湿地公园
瘦西湖风景区（戴尚虎）

旅游区建设

蜀冈－瘦西湖风景名胜区

■概况 蜀冈－瘦西湖风景名胜区（简称景区）于1988年由国务院批准设立，总规划面积12.23平方千米。2006年1月，景区党工委、管委会挂牌成立，实际管辖面积6.68平方千米。2013年1月和12月，市委、市政府两次对景区实施扩容。扩容后，景区下辖平山乡、城北街道、瘦西湖街道、梅岭街道等4个乡（街道）、26个行政村（社区）。2021年1月，市政府将三湾片区220公顷土地划归景区代管。景区管辖区域总面积达35.8平方千米，总人口约16万人。

2021年，景区实现地区生产总值90.23亿元，按可比价增长8.5%；完成一般公共预算收入7.46亿元，增长7.5%，其中税收收入6.7亿元，增长7.2%，税占比达90%；完成固定资产投资98.83亿元，增长11.8%；完成社会消费品零售总额45.55亿元，增长8%；实际利用外资及港澳台资1.31亿美元，超额完成5000万美元；实现服务业增加值76.39亿元，增长9.5%，占地区生产总值比重提高1个百分点；全年新增各类市场主体2171户，新设企业数增长55.6%。

景区新开工项目3个，新竣工项目2个，新达效项目2个，重大项目投资73.85亿元，超额完成10.65亿元。完善全员招商引资工作机制和考核奖励办法，建立“招商引资信息通报”制度，推行北京、上海两地驻点招商。举办“4·17”景区招商引资推介会、瘦西湖基金小镇（上海）招商推介会、招商项目集中签约仪式，新签约扬州智慧4.0冻品冷链物流中心项目、联东U谷—扬州北站科技创新港、服务型机器人研发应用集成中心等服务业项目8个。累计招引152家基金类企业落户瘦西湖基金小镇，认缴出资额75.3亿元，实缴出资额16.8亿元。

景区完成隋炀路扩建、侨香路建设和江平快速路13.8千米绿化工程，启动城北片区和北沿江高铁周边道路建设，新建槐泗老镇区污水管网4.5千米，整治雨污管网36千米、混接点760个。完成瘦西湖清淤工程，修复驳岸、码头、栈道等10.8千米，拆建、加固游船码头13座，累计清淤38万立方米。完成“城中村”拆迁16万平方米和老旧小区改造9万平方米，建成全市首座垃圾分类主题公园，并创成全省第一批生活垃圾分类示范教育基地。开展安全生产三年专项整治行动，完成重点行业领域58项整治任务，省、市安全生产督导76项反馈问题全部整改落实，全年未发生生产安全事故。

景区完成梅岭小学史可法路校区、金太阳梅岭幼儿园改造工程，推进梅岭小学上方寺校区建设，建成投用明月华侨城幼儿园、东方剑桥奥园幼儿园。新增基本公共卫生服务项目6个，推行家庭医生“首诊+点单”组合式签约，重点人群签约率70%以上，梅岭社区卫生服务中心创成省级老年友善医疗机构。提升养老服务质量，建成1家颐养示范社区、1家养老综合体，完成100户老年人住宅适老化改造，政府购买居家养老服务扩面至17.1%。新增城镇就业2550人，开展职业技能培训6500人次，提升低保、特困救助标准，全年发放各类惠民补助780万元。（蜀冈办）

■**文旅产业** 2021年，景区推进文旅融合发展，建成开放扬州中国大运河博物馆、华侨城“梦幻之城”、大运河非遗文化园首发项目，完成世界美食之都展示馆改造，启动北护城河文旅集聚区、瘦西湖美术馆建设，全新打造主题沉浸式夜游，举办“2021运河文化嘉年华·瘦西湖夜市”。瘦西湖“二分明月”文旅集聚区被评为“首批省级夜间文化和旅游消费集聚区”，瘦西湖风景区获“扬州市推进卓越绩效管理先进单位”称号，入选第一批国家级文明旅游示范单位。2021年，各旅游景点实现购票游客468.4万人次、门票收入2.2亿元，分别恢复至2019年同期80.5%、74.8%；国资餐饮、酒店板块营业收入3.43亿元，比2019年同期分别增长42.7%、16.7%。（蜀冈办）

瘦西湖千灯夜市　　黄　培/摄

古城片区

■**概况** 扬州逐步完善古城旅游配套设施，完善和提升双东历史街区，推进彩衣街、杨总门地区的街景整治和民居修缮，启动南河下历史街区保护整治，统筹做好仁丰里、湾子街历史街区和老城区五大传统建筑群的保护，展示古城精致形象。对文昌路、泰州路、广陵路、徐凝门路、国庆路、渡江路等10余条古城主干道进行街景整治和美化亮化，搬迁改造近50万平方米的乱搭乱建、不协调建筑和棚户区，保持老城区传统风貌的协调统一。扬州明清古城成为中国东南沿海地区规模最大的历史城区，吸引国内外游客到扬州参观游览。

2021年，开展“扬州古城保护与利用策略研究”，组织撰写《关于贯彻落实习近平总书记重要讲话指示精神将扬州作为全省争创历史文化名城保护和有机更新示范城市的请示》。市政府批准公布《扬州古城传统民居修缮奖补实施意见》。推进古城民居修缮更新工作，完成15户古城区民居修缮更新、资料审核和竣工验收。完善东关街历史文化街区功能配套与产业布局，推进市级文保单位广陵路252号民居楠木厅修缮和匏庐、丁氏马氏住宅活化利用工作。督导广陵区推进小秦淮河两岸环境整治工作，加大南河下和仁丰里历史文化街区整治力度，继续整治背街小巷，改善古城交通条件。加快贾氏盐商住宅整治、修缮利用工程进度，整合古城特色的文旅产业，打造古城新业态。全面实施明清古城保护暨文旅示范区项目，小秦淮河先导段改造提升、“萤火点亮古城”街巷整治等工程有序推进。仁丰里保护与利用工程获中国建筑学会历史文化保护传承一等奖，仁丰里历史文化街区、东关历史文化街区保护案例入选住建部历史文化保护与传承示范案例。（夏新平）

■**双东历史文化街区** 双东历史文化街区是东关街、东圈门历史街区的合称，位于广陵古城区内，是具有扬州特色的文化休闲旅游区。主街东关街全长1122米、宽约5米，拥有比较完整的明清建筑群及“鱼骨状”街巷体系，保持和沿袭明清时期的传统风貌特色，形成独具魅力的古巷游。街内现有50余处名人故居、盐商大宅、寺庙园林、古树老井等重要历史遗存，其中国家级文保单位2处、省级文保单位2处、市级文保单位21处。东关街将文物古迹、深宅大院、名人故居、古树名木、寻常百姓的生活场景点缀其间，融情景雕塑、主题客栈、茶社评书剧场等具有扬州特色的景观为一体，有扬州各大“老字号”和销售漆器、玉器、剪纸、雕刻品、古琴、古筝等扬州传统文化商品的商铺。年平均游客量300万人次，节假日高峰期日游客量30万人次。

2021年，对照国家AAAAA级风景名胜区的标准，督促名城公司完善东关街历史文化街区旅游软硬件设施，启动三和四美地块和原商学院地块整治修复工程。东关历史文化街区保护案例入选住建部历史文化保护与传承示范案例，东关街入选首批省级旅游休闲街区和夜间文旅消费集聚区。（夏新平）

■**南河下历史文化街区** 南河下历史文化街区位于扬州老城区南部、古运河畔，街区范围大致为北至广陵路，南至南河下中段及花园巷一线，东至徐凝门路，西至傅家甸、渡江路一线，占地22.35公顷。该街区形成于明代中后期，有“晚清第一园”何园，遍布官宦豪商住宅及徽、鄂、湘、赣盐商聚集寓所，是古运河畔的核心文化区之一和扬州保存最为完好、最有特色的历史文化街区之一。区内现存花园巷、南河下、丁家湾等老街古巷近70条，有文物保护单位32家、历史建筑109个，片区内存有百年以上古树16株。2015年，扬州南河下历史文化街区入选第一批30个中国历史文化街区，成为江苏省首批入选的5个历史文化街区之一。2017年，南河下历史文化街区家风展示区建成并向市民和游客开放，设家风教育传承基地、家风文化公园、“四维八德”廊、家风文化展示馆等37处家风展示点。2018年，综合整治徐凝门大街、皮市街。徐凝门大街成为民国风情一条街，获评“省城市管理示范大街”。

2021年，在南河下低碳社区改造筹建“中葡文化遗产保护科学一带一路联合实验室扬州研习基地”暨扬州传统建筑技艺传承中心，为扬州传统建筑技艺的传承和弘扬提供坚实保障。（夏新平）

■仁丰里历史文化街区 仁丰里历史文化街区东至小秦淮河，西至迎春巷、史巷，北至旧城七巷，南至甘泉路，占地12.07公顷，是扬州唐“里坊制”格局保存最完整的历史街区和扬州传统文化的发祥地。2011年，仁丰里被纳入国家“文化和自然遗产街区”保护项目。街巷体系呈现南北向“鱼骨状”街巷格局，两侧东西向排列着头巷、二巷、三巷、四巷、五巷、六巷、七巷等数条小巷，汇集十几处隋唐至明清的文博遗址，其中有阮家祠堂、旌忠寺、陈六舟故居等，民俗非遗文化微型博物馆——“印象仁丰里”建成开放。仁丰里文化街区有众多旅游景点，沿线深巷中隐藏着部分私家园林和民居客栈，集游览、民宿、曲艺表演、非遗文化体验、特色工艺品展示于一体。“仁丰里街巷游”游客接待量累计超过30万人次。

2021年，举办仁丰里乡土人才文创大赛等活动，在仁丰里老照片馆举行城建口述史工作室挂牌仪式。发挥仁丰里文化产业联盟作用，民智汇聚为仁丰里鼓与呼、参与谋。开展仁丰里街区“最美画境”评比，民资助力打造一店一品、一户一景、一隅一韵的美丽空间。仁丰里历史文化街区保护与利用工程获“中国建筑学会建筑设计奖项目类一等奖”，仁丰里历史文化街区保护案例入选住建部历史文化保护与传承示范案例。创新开展“仁丰里民俗文化集市”16场，打造文化游学项目27个、“仁丰里研学线”4条。（夏新平）

仁丰里民俗文化文创集市　　庄文斌　张雪松/摄

■湾子街历史文化街区 湾子街历史文化街区位于扬州老城中部，南至广陵路，北至文昌中路，东接皮市街，西接国庆路，范围内无城市道路穿越，规划占地面积32.5公顷。以手工业、商业命名的传统街巷众多，数量名列扬州各街区之首。湾子街文物古迹分布密集，有省级文保单位2处、市级文保单位31处，尚未核定公布为文保单位的登记不可移动文物192处，核定历史建筑11处；现存古井51个，含5个文保、16个未定级文物；现存古树名木10株；湾子街沿线及三义阁两侧有众多“老字号”；地藏庵附近聚集10余处宗教场所。2015年3月，《扬州市湾子街历史文化街区保护规划》通过省住建厅组织的专家评审，成为扬州第四个历史文化街区保护规划。（夏新平）

世界遗产运河景观带

■大运河文化保护传承利用 12月，由扬州市世界遗产保护管理办公室（大运河遗产保护管理办公室）组织编制的《大运河扬州段文化价值阐释弘扬专项规划》《大运河扬州段文化遗产保护传承专项规划》《大运河扬州段文化和旅游融合发展专项规划》通过专家评审。着眼于大运河流域的系统性、整体性，划定大运河扬州段498平方千米的核心监控区和181平方千米的滨河生态空间，组织开展扬州市古运河沿线（徐凝门路—荷花池路）、大运河沿线（古运河—七里河）城市设计，并以文旅融合为导向，建立大运河文化带重要节点项目名录，形成点、线、面、廊一体化的管控体系。邀请中国工程院院士、东南大学教授王建国等编制《扬州中国大运河博物馆周边区域环境管控及城市设计导则》，系统实施10个建筑风貌提升项目和6个界面风貌提升项目，实现中国大运河博物馆与周边环境的自然过渡、和谐交融，展现扬州历史文化名城的形象。

（高亦蓉　胡　玥　杨家华）

■扬州中国大运河博物馆建成开放 6月16日，大运河国家文化公园建设标志性项目——扬州中国大运河博物馆建成开放活动暨大运河文化发展论坛在扬州举行，全国政协副主席刘奇葆出席并讲话，省委书记娄勤俭，省委副书记、省长吴政隆会见部分嘉宾。活动中，省委副书记、省长吴政隆和中共中央宣传部副部长蒋建国、文化和旅游部副部长饶权分别致辞。活动中，有关方面和文艺界人士向博物馆捐赠百米长卷美术精品《中国大运河史诗图卷》、中国画《扬州胜迹图》、书法长卷《运河颂》、刻纸百米长卷《大运河》、斧劈石盆景《京杭大运河》及《大运河文化数字资源库》等展品资料，视频展示故宫博物院、国家博物馆、国家图书馆及大运河沿线省市、世界运河城市支持馆藏情况，并播放祝贺博物馆建成开放的视频。在举行的大运河文化发展论坛上，单霁翔、张锦秋和北京大学历史地理与古地图研究中心主任、《中国运河志》核心专家李孝聪，分别围绕大运河文化保护与利用、扬州中国大运河博物馆设计、鉴古知今以今忆往作主旨发言。扬州中国大运河博物馆是全流域、全时段、全方位展示大运河世界文化遗产价值的专题博物馆。博物馆属新唐风建筑，融合传统与现代之美，总面积7.9万平方米，由展馆、内庭院、馆前广场、大运塔和今月桥等5部分组成，其中馆、塔、桥相得益彰，登塔可以俯瞰“三湾抵一坝”的历史景观。作为国内首座集文物保护、科研展陈、社会教育为一体的现代化综合性运河主题博物馆，扬州中国大运河博物馆征集到从春秋至当代反映运河主题的古籍文献、书画、碑刻、陶瓷器、金属器、杂项等各类文物展品逾万件（套），基本陈列和各专题展览展示大运河的千年底蕴、时代价值、当代形象。（许 军 何安琪）

■2021世界运河古镇合作机制会议 5月18日，由扬州市政府、世界运河历史文化城市合作组织（WCCO）、江苏省文化投资管理集团主办，江都区政府、扬州运河文化投资集团承办，中国农业发展银行扬州市分行、世界绿色设计组织（WGDO）、大运河传媒共同支持的2021世界运河古镇合作机制会议在江都举行。扬州市政协主席、WCCO执行副主席陈扬，扬州市副市长方桂林，江都区委副书记、区长朱莉莉出席活动并致辞。本次大会以“世界运河古镇文化遗产保护与绿色可持续发展”为主题，来自国家发改委相关人员，比利时、荷兰农业专家，中国大运河沿线30余个运河古镇镇长和代表，20余家文旅企业、金融企业代表等围绕“在乡村振兴战略中，如何在运河古镇植入新业态，实现绿色可持续发展”“运河古镇在文旅融合发展过程中，如何实现新老共生、景社共融、主客共享”等话题举办圆桌论坛。会议为入选《中国大运河蓝皮书》发展经典案例的江苏邵伯、河南浚县、山东台儿庄、江苏窑湾、浙江王江泾、江苏界首、河北五百户、河北油坊、河南朱仙镇等9个运河古镇颁发荣誉证书。枣庄市台儿庄古城、扬州市邵伯镇、嘉兴市秀洲区分别作交流分享。会议达成并通过《深化世界运河古镇合作机制倡议》。人民网、中新网、新华网、《中国经济周刊》、江苏卫视等20余家国家、省、市媒体进行专题报道。（陈述宇）

■“中国大运河学会”成立 1月，扬州市世界遗产保护管理办公室（大运河遗产保护管理办公室）联合世界运河历史文化城市合作组织（WCCO）两家单位和王长田、朱炳仁、许江、李孝聪等10名个人发起成立全国性社会团体“中国大运河学会”。5月，文旅部批复同意大运河遗产保护管理办公室作为学会的业务主管单位。发起成立该学会，是保护传承运河文化、增强中华文化自信的客观需要，是服务大运河文化带和国家文化公园建设工程的重要途径，是汇聚各方资源力量推动大运河保护传承利用的重大举措。学会以研究、保护、传承、利用大运河文化，弘扬以大运河为象征的中华民族伟大精神为宗旨，配合党委政府，联合全国各族人民、各界人士、海外华人、国际友好团体及人士，为大运河保护传承利用作出贡献。（杨家华）

■江苏省大运河世界文化遗产监测管理平台投运 12月28日，受省文物局委托由扬州市世界遗产保护管理办公室（大运河遗产保护管理办公室）承建、运行的江苏省大运河世界文化遗产监测管理平台通过省文化和旅游厅、省文物局组织的竣工验收，投入运行。江苏省大运河世界文化遗产监测管理平台是全国

5月18日，2021世界运河古镇合作机制会议举行　　扬州日报/供稿

首个省级大运河遗产监测管理平台，从6月底试运行以来，平台通过与江苏省文物局综合信息平台、江苏省智慧文旅平台的数据互联互通，逐步形成以省级监测管理平台为中心，扬州、无锡、常州、苏州、淮安、宿迁等6个运河遗产城市世界文化遗产监测预警平台为支撑，涵盖徐州、镇江等两个运河沿线城市的江苏省大运河遗产监测管理体系。

（杨家华）

旅游业态

■假日旅游 2021年春节期间，市区主要封闭式景区共接待游客30.23万人次，东关街、宋夹城、京华城和运河三湾等4家开放式景区共接待游客68.96万人次，县（市、区）景区（共统计13家景区，有5家闭园）共接待游客11.18万人次，市区主要星级饭店平均出租率11%。清明小长假期间，市区主要封闭式景区共接待游客34.63万人次，开放式景区共接待游客30.49万人次，县（市、区）主要景区（共统计13家景区，有4家闭园）共接待游客7.78万人次。“五一”小长假期间，市区主要封闭式景区共接待游客44.36万人次，比2019年同期增长3.3%；县（市、区）景区共接待游客16.35万人次，比2019年同期增长27.9%；开放式景区共接待游客45.79万人次，比2019年同期增长12.8%；市区主要星级饭店出租率76.4%；世园会共接待游客18.05万人次。“十一”国庆期间，受疫情影响，市区封闭式景区（大明寺未开放）共接待游客10.02万人次，县（市、区）主要景区累计接待游客17.61万人次，开放式景区累计接待游客53.78万人次，市区主要星级饭店平均出租率47.3%。

（辛芝仪）

■2021年“扬州的夏日”主题活动 2021年夏季，市文广旅局举办“扬州的夏日”系列主题活动，推出“二分明月忆扬州”大型沉浸式夜游、盐商文化非遗主题研学游等25项特色旅游活动和诗词里的扬州、舌尖上的扬州、岁月里的扬州等10余条网红打卡及红色研学旅游线路产品。6月18日，与同程旅游合作，赴南京举办2021“扬州的夏日”研学季旅游产品发布暨启动仪式，举办“扬州的夏日”旅游产品创意集市活动。6月26日，组织各县（市、区）、功能区文旅部门及文旅企业，赴连云港举办2021“扬州的夏日”旅游产品推介和旅游创意集市，向连云港市民推介扬州夏日研学线路产品。7月，分赴宁波、武汉举办旅游创意集市和旅游产品推介合作恳谈会。7月19—21日，组织大咖“夏”扬州2021验客中国之扬州验客大赛，全国各地的10名旅游达人、验客大咖齐聚扬州，用图文、VLOG（视频网络日志）视频、直播等形式记录展示扬州夏日的魅力。（辛芝仪）

■2021扬州冬季养生节系列活动 12月，扬州市推出“冬季养生节”系列主题活动。12月27日，市文广旅局在市图书馆举办“2021扬州市冬季文旅活动和优惠政策发布会”，发布“暖心暖胃”冬季养生美食活动、“非遗养心”走进486雅集活动、凤凰岛“冬韵茶香”茶文化节、2021第二届邗江美食节、高邮好事成双·新春大集、金源冬季温泉养生旅游节、“‘食’‘泉’十美温暖‘仪’冬”等冬季活动。通过VLOG视频的形式发布2021扬州冬季主题线路，推出冬季温泉养生、非遗文化、园林山水、运河文化、冬季美食等主题旅游线路产品9条，游客可在扬州赏美景、品美食、泡温泉，感受“冬令养生”新体验。12月28日，邀请粉丝超千万的旅游达人房琪KiKi进行线上直播带货活动，联合扬州本地相关优质文旅企业，集聚扬州特色好礼、好物、好货，推进扬州冬季文旅消费市场扩容，共吸引122万粉丝在线观看。

（辛芝仪）

■东关街“夜经济” 2021年，东关街组织网红直播活动20余场，在线观看人数1000余万，带动消费800万元，举办为期3个月的东关街清凉夏日嘉年华夜市，培育夜食堂、夜购、夜游、夜演等夜间经济业态，打响“夜东关”品牌，促进消费回补和潜力释放，获评省级夜间文旅消费集聚区建设单位。（陈述宇）

■“二分明月忆扬州”夜游 2021年，扬州市投资上亿元打造国内唯一的唐诗主题“二分明月忆扬州”大型沉浸式夜游，以唐诗光影诗画、交互场景体验、花车巡游、千灯夜市等四大板块、十大篇章，展现扬州地方特色和景区文化内涵。业态涵盖“食、行、游、购、娱”，推进景区从传统观光向休闲体验转型升级。（陈述宇）

旅游营销

■概况 2021年，扬州市坚持整合营销、务实营销，通过举办活动、参加展会、举行旅游推介会、线上线下多渠道宣传城市形象等举措，开展城市旅游营销，放大“世界运河之都”“世界美食之都”“东亚文化之都”品牌效应，彰显城市魅力。

拓展国内旅游客源市场。整合市、县旅游资源，统一打“扬州牌”，组织县（市、区）、功能区文旅部门及文旅企业“走出去”宣传推介，展示扬州旅游形象。3—5月，分赴郑州、武汉、广州、上海等地，开展“烟花三月下扬州”暨2021年扬州世园会主题推介活动，宣传推广2021年扬州世界园艺博览会。组织各县（市、区）、功能区文旅部门和文旅企业参加南京国际度假休闲与房车展、2021西安丝绸之路国际旅游博览会、第三届大运河文化旅游博览会等系列展会，展示扬州旅游形象。

举办特色旅游活动。为推动新冠肺炎疫情后市场恢复，市文广旅局举办多场惠民活动刺激消费。5月18日，在瘦西湖西门广场与市委网信办联合举办“2021年中国旅游日惠民宣传暨‘向往扬州’网红打

卡地榜单发布”活动。9月28日，“扬州人游扬州·走进乡村”系列活动在高邮珠湖小镇启动，发布4条乡村旅游精品路线和2021美丽田园乡村网红打卡地专题榜单，联合江苏省自驾游协会筹备推出“畅游都市圈·扬州·圈圈卡”，引导市民到乡村旅游打卡。10月1日，分别组织来自南京、镇江、盐城等省内城市的40台自驾车和3辆旅游大巴246名游客齐聚瘦西湖西门广场，举办“江苏人游江苏”首发旅游团的欢迎仪式。

开展线上线下多渠道宣传。2021年夏季，市文广旅局利用江苏电视台、南京交通广播、新浪微博、铁路“12306”App等平台开展旅游宣传推广。利用“12306”开屏广告，传递扬州健康安全的形象和氛围，塑造“扬州是个好地方”形象。在江苏电视台《游在美途》旅游栏目中推广宣传，利用自驾游俱乐部会员点对点宣传扬州文旅资讯，引导和吸引省内自驾车友到扬州旅游。在喜马拉雅平台开设专题页面“声美扬州”，讲述扬州故事。在高铁上海虹桥站等重要城市铁路枢纽投放形象宣传广告，提升扬州旅游影响力和知名度。把握好上海进博会人流高峰期，利用上海出租车后屏载体投放形象宣传广告，宣传推广“扬州是个好地方”品牌形象。

开展扬州旅游精准短信营销。基于大数据智慧洞察平台识别游客，向停留扬州的外地游客定向发送旅游宣传短信，宣传文明旅游及扬州旅游资讯。利用微博、微信、网站等新媒体平台，宣传扬州旅游，提升扬州旅游的认知度、美誉度、知名度。至年末，扬州文旅微博粉丝数160万，微信粉丝数量突破40万。在省文化和旅游厅主办的“江苏文化和旅游自媒体联盟2021年度会议”上，“扬州文旅”获“最具创新奖”。市文广旅局联合《中国日报》打造一站式的扬州旅游英文网站，日均浏览量超2500次。

出品扬州旅游系列短片《扬州是个好地方》。市文广旅局与扬州报业传媒集团联合制作出品《扬州是个好地方》（12集），打破传统的宣传介绍视频，以主持人沉浸式旅游体验，将美景、美食、住宿、交通等旅游各要素贯穿其中，形成旅游攻略短视频，给游客提供最直观最详尽的旅游参考。该短片在“扬州发布”“抖音”“学习强国”等多个平台转载，点击量突破200万次。宝应县文体广旅局与江苏电视台《寻味》栏目合作，播出宝应旅游专题电视片，在京沪高速、县公交站台等多个平台播放。（辛芝仪）

■园事活动 瘦西湖风景区推出唐诗主题夜游项目“二分明月忆扬州”，主游线3.5千米，以唐诗为魂、光影为媒，打造光影诗画、交互场景体验、花车巡游、千灯夜市等四大板块及“烟花三月”“春江花月”“商贾云集”“二分明月”等十大篇章，结合水陆结合的游览模式为游客提供夜游体验。整合美食夜市、文创市集、非遗体验等多种元素，成为集吃、喝、玩、乐多元一体好玩的夜间综合性休闲项目，实现夜游、夜市、夜演、夜展四位一体，满足游客“食游购娱”全方位的消费需求。举办文旅活动，在春节、端午、国庆等传统节日，开展传统节庆活动。线上融合新媒体宣传手段，开展瘦西湖抖友节、“我心目中的万花园十景”评选等活动；线下创新活动内容与形式，办好瘦西湖万花会、非遗文化月等活动。牵头成立中国旅游景区协会大运河主题分会，瘦西湖作为第一任理事长单位，确立在全国运河文化旅游方面的核心地位，促进景区发展。全年在瘦西湖艺术中心美术馆举办“周京新画展”“春和景明——2021扬州瘦西湖当代中国画学术邀请展”等展览，打造“造化之境——中国画与扬派盆景艺术融合作品巡展”亮相2021年扬州世园会，并在多地美术馆进行巡展。

宋夹城景区全年组织筹办活动32批次，其中有2021年江苏省小篮球联赛（扬州赛区）总决赛、2021年城市健美健身赛（扬州站）、扬州市第12届篮球超级联赛等赛事。六一期间开展“童心向党”——我们都是追梦人少儿书画展。端午期间开展“粽情宋夹城，荷莲相约”活动，开展老党员讲党史专题道德讲堂、唱红色歌曲等活动。七一期间开展“建党伟业模拟体验”和“花艺献给党”等活动，制作插花作品，增进爱党爱国热情。国庆期间开展“红色电影进公园”活动，每周五、周六晚间利用十字街大屏播放爱党爱国等红色题材主旋律电影，通过看电影学党史，重温革命先烈的英雄事迹，共庆党的百年华诞。

唐子城景区发挥文博场馆优势，通过“走出去、引进来”的形式，开展汉唐文化、民俗文化及非物质文化的宣传展示，发挥博物馆社会教育职能，与扬州大学社会发展学院联合建立社会实践教育基地和博物馆课堂。全年累计完成特色文旅活动46场。其中，举办研学活动23场，文旅活动10场，汉唐文化进社区3场、进校园10场，涵盖景区、邗江、广陵、高邮、仪征、江都等6个市（区、功能区）。利用“扬帆直播”“趣扬州”等新媒体宣传学规知礼、传承美德。完成唐城遗址博物馆“扬都壮丽——由隋迄宋的扬州城”展陈提升。承办特色临时展览7次。与市外事办、韩国群山市青岛办事处合作，完成“新万金文化学堂”韩语培训。10月15日，扬州崔致远纪念馆和韩国釜山海云台共同开展2021崔致远祭享活动，双方以视频方式“云”上话中韩友谊。

个园在元旦、春节、端午、中秋、国庆等节假日举办各类园事活动60余次。突出个园竹盐商品牌特色，完成个园第七届竹文化节、2021运河·盐商文化节、2021运河·盐商美食节、第八届盐商婚礼、第七届精品碗莲展等活动。在个园花局里广陵艺术馆举行“琴韵深，谢党恩”古琴雅集、“太古遗音·广陵潮涌”古琴音乐会等活动，传承古琴文化艺术。个园秋山红叶成为市委网信办发布的“扬州秋季网红旅游点”，吸引摄影爱好者与游客前往游览。在个园抱山楼开展“欢庆建党百年传承红色基因”革命文物展。开辟新的旅游产品，利用建党100周年契机打造渡江战役红色教育基地开发红色旅游线路；结合研学和非遗开发“雅韵个园——扬州非遗小传人研学之旅”。利用网站、微博、微信公众号、“抖音”等网络平台开展宣传，推送内容以景区活动、美景、文化、节气花期、最新动态等为主，通过个园特有的盐商文化节为切入口，挖掘推广个园美景、文化等，与国家、省、市媒体开展合作，亮相央视4套、江苏卫视、人民网、交汇点、“学习强国”等平台。

何园与唐子城景区共同开发“何风汉韵”文博游特色旅游线路。“4·18”期间，联合李子柒团队共同举办“了不起的东方味道”扬州城市站活动和“花朝节”汉服活动，宣传扬州绒花、刺绣等传统非遗技艺及汉服文化。围绕“我们的节日”主题开展“‘何’你一起闹新春”“甜甜蜜蜜闹元宵”“三八妇女节”“踏春清明，追寻红色印记”“五一劳动节”“浓情端午，衣袂飘飘”“高考祈福”“情满中秋”“欢度国庆”等活动，其中春节活动被新华社报道，元宵节活动被《人民日报》报道。

茱萸湾风景区围绕春节、五一、端午等假日节点开展动物互动、花卉观赏、烧烤露营等园事活动，举办茱萸湾马戏剧场；强化动植物科普教育，举办小小饲养员、小小园艺师品牌活动，在全园设立动物科普知识免费讲解点9个，开展爱鸟周、科普宣传周、科普知识讲座等活动；植树节前后，开展“互联网+全民义务植树”系列活动。加强媒体宣传推广，将农村乡镇等周边区域作为营销重点，利用车载电视、户外大屏和本地电视、报纸媒体开展宣传，加强新媒体传播，推动游客人气回升；做好产品开发，推出七福闹新春套票和瘦西湖-茱萸湾联票和亲子年卡等。

运河三湾生态文化公园举办“大运市集”活动，汇集雕版印刷技艺、扬州刺绣、通草花制作技艺、面塑工艺等扬州特色非遗项目进驻展演。非遗传承人现场与游客互动，展示非遗产品的文化魅力，尽显扬州“好地方”的地域风情，用传统艺术作品展示传统文化之精妙，集萃传统工艺之精致，为扬州中国大运河博物馆开馆营造氛围。自扬州中国大运河博物馆开馆以来，累计接待市民游客100万余人次，受到央视、新华社等国家级媒体关注报道，提升城市知名度和影响力。

（蜀冈办）

■ **2021瘦西湖万花会** 4月6日至5月6日，2021瘦西湖万花会在瘦西湖风景区举行。本届万花会以“烟花三月，十里桃花”为主题，是集花与艺术、花与饮食、花与养生、花与民俗于一体的“万花盛宴”。通过“十里桃花”“缤纷海棠”“浪漫樱花”“无双琼花”“唯美芍药”等五大主题花季的打造，以全新的视角取代传统的仪式，打造“最美打卡地”。4月6日万花会开幕，邀请“更淮扬”“逛吃扬州”“扬州消防”等数十位网红大V与当红主播齐聚万花园，以汉服、舞蹈、雅集等元素形式，引领市民游客相约“郁金香花海”“海棠花坞”“桃源花溪”“樱花谷”等打卡胜地。通过11个主流平台、20余个自媒体账号用镜头和语言让2021瘦西湖万花会持续曝光，全网共获3000万+的阅读量，实时展示瘦西湖缤纷多彩的最美时节，展现出瘦西湖景区“天然雅趣，如诗如画”的环境特色和人文魅力。（蜀冈办）

■ **2021“荷美射阳湖·湖畔嘉年华”主题文化旅游活动** 6—10月，2021“荷美射阳湖·湖畔嘉年华”主题文化旅游活动在射阳湖镇举行。本届生态文化旅游节以“‘荷’你一起，美美与共”为主线，展示宝应县生态文化旅游亮点。活动期间，围绕建党百年红色文化主题，举办运河城市电竞足球嘉年华、“百年征程，风华正茂”百名青年湖畔行、水乡民俗婚礼展演等10项专场活动，为游客提供旅游服务。

（陈述宇）

旅游管理

■ **概况** 2021年，扬州市加强旅游管理，组织各县（市、区）、功能区的文旅部门、星级饭店、旅行社及导游代表开展文旅行业管理专题培训。提升旅游企业服务质量，2家四星级、3家三星级旅游饭店和1家五星级、3家四星级旅行社通过评定性复核。开展常态化疫情防控工作，联合多部门对星级饭店、旅行社等旅游企业开展检查督导，督促整改安全问题隐患。举行星级饭店安全生产应急演练，增强企业安全主体责任意识，营造良好发展环境。全年文化旅游行业未发生安全事故。为旅行社纾困解难，暂退质量保证金2314万元，申报奖补资金215万元。加强导游队伍建设，举办2021年扬州导游技能大赛，利用“抖音”平台开展导游线上培训，

2021年扬州市星级饭店分布情况表

表20-2　　单位：家

地　区	小　计	五星级饭店	四星级饭店	三星级饭店
合　计	**24**	**4**	**8**	**12**
主城区	13	4	2	7
江都区	6	0	2	4
仪征市	3	0	2	1
高邮市	2	0	2	0

（张松恺）

2021年扬州市旅行社(含星级)分布情况表

表20-3 单位:家

地 区	旅行社			
		五星级	四星级	三星级
合 计	**164**	**1**	**7**	**13**
主城区	121	1	5	7
江都区	16	0	0	2
宝应县	6	0	0	4
仪征市	12	0	1	0
高邮市	9	0	1	0

（吕雯雯）

组织推选两名优秀导游入选2021年全国“金牌导游”培养项目。全市注册导游3508人,其中初级3277人、中级190人、高级41人;普通话导游3348人、外语导游219人（英语209人、日语4人、德语3人、泰语1人、法语2人）。

贯彻实施《扬州市旅游标准化工作管理办法》，开展省级地方标准制定工作，完成《24小时智慧城市书房建设与服务规范》《淮扬菜新中式冷餐会服务规范》立项，参与《公共图书馆服务自助服务规范：城市书房》国家文旅行业标准制定。加大对全国旅游标准化示范单位支持力度，向50家示范单位发放标准化奖励奖金350万元。

（张松恺）

2021年扬州市出境旅行社

扬州中国青年旅行社有限公司
扬州市中国旅行社有限责任公司
扬州中国国际旅行社
江苏邮驿国际旅行社有限公司
扬州市开元国际旅行社有限公司
扬州市旅游集散中心有限公司
江苏卓悦国际旅行社有限公司
扬州小秦淮国际旅行社有限公司
扬州舜天国际旅行社有限公司
扬州苏之旅国际旅行社有限公司
江苏环球国际旅游有限公司
国旅（江苏）扬州国际旅行社有限公司
扬州市江都中原国际旅行社有限公司
江苏盛世旅程国际旅行社有限公司

（吕雯雯）

2021年扬州市五星级旅行社

扬州中国青年旅行社有限公司

（吕雯雯）

2021年扬州市四星级旅行社

扬州市中国旅行社有限责任公司
江苏邮驿国际旅行社有限公司
扬州市开元国际旅行社有限公司
哥伦布极限旅行江苏有限公司
扬州市旅游集散中心有限公司
扬州小秦淮国际旅行社有限公司
扬州舜天国际旅行社有限公司

（吕雯雯）

■旅游市场监管 实行24小时投诉、举报受理制度，加强节假日旅游投诉值班值守，利用扬州市旅游投诉分类分级处理系统提高投诉处理效率，维护市民、游客的合法权益。全年受理各类旅游投诉86件，办结率100%。组织开展为期半年的未经许可经营旅行社业务及不合理低价游专项整治行动，通过市场检查、网络巡查、案件查处等方式，重点整治旅游市场未经许可经营旅行社业务、不合理低价游等问题。加强部门联动，联合市交通部门对外来旅游包车进行专项检查，共出动执法人员70余人次，检查旅游包车38辆；联合公安、市场监管、交通运输、城市管理等部门对景区及周边的执业导游、旅游包车、宾馆饭店、人力三轮车等开展检查整顿，维护景区及周边秩序。2021年，市文广旅局累计检查旅游企业400余家次，出动执法人员500余人次，共查处未经许可经营旅行社业务、未取得导游证从事导游活动、向不合格供应商订购产品和服务等旅游行政案件9起，对7家旅行社、5名个人给予行政处罚，约谈13家旅游企业负责人及导游。（王建峰）

■放心旅游宣传进社区活动 “3·15消费者权益日”“5·19中国旅游日”期间，市文广旅局与邗江区新盛街道绿杨新苑社区、邗上街道翠岗花园社区联合开展“好地方，好风光”放心旅游宣传进社区活动，围绕旅游陷阱、注意事项、合理维权、法律普及等4个方面，通过现场设点宣传、开设提示课堂等方式，向市民宣传旅游过程中的风险及遭遇旅游消费陷阱后如何进行合理维权，共计500余人次参与活动。

（王建峰）

■旅游志愿服务 扬州市“微笑扬州”旅游志愿服务队在元旦小长假、春节黄金周、清明小长假、“五一”小长假、端午小长假、中秋小长假、国庆黄金周等重要节假日期间，组织开展旅游志愿服务活动50余场，6000余名志愿者参与，累计服务时长3.6万小时，为数十万市民游客提供服务。（李 进）

■旅游厕所建设 全市共建设旅游厕所24座，其中A级厕所11座、AA级厕所6座、AAA级厕所7座。全市累计建成旅游厕所498座，其中A级厕所252座、AA级厕所141座、AAA级厕所53座、其他旅游厕所52座。（李 进）

房地产业

Fangdichanye

编 辑 郭玉祥

综述

■概况 2021年，全市完成房地产开发投资841.68亿元，比上年增长0.92%；新开工面积735.51万平方米，下降37.96%。全年共办理商品房交付使用备案手续63批次、336.16万平方米。全市新建商品房和商品住宅批准预售525万平方米、467万平方米，下降15%、19%；合同成交527万平方米、473万平方米，下降10%、11%。房屋产权和交易管理中心办理各类业务13.75万笔，150家中介机构完成备案。完成老旧小区改造216个、408.71万平方米，共整治住宅楼2300幢，涉及4.33万户，总投入约14.67亿元。33个小区获评2021年度扬州"示范""文明"安居小区。全市住房公积金实际在册单位1.97万家，增长6.7%，实缴单位1.41万家，实缴职工61.75万人；归集住房公积金100.4亿元，增长6.2%；提取住房公积金77.63亿元，下降3.9%；发放个人住房贷款1.44万笔、48.5亿元，分别增长1.6%、2.3%。（卞海波 杨粉梅）

■房屋交易备案管理 推动房屋交易备案"不见面审批"，优化完善新的网签备案系统，实现"网签为常态、面签为例外"。将业务网直通房产中介门店，群众可就近办理房屋交易相关手续。推动全市存量房网签备案系统统一工作，"一体化"平台成功上线。全年扬州市房屋产权和交易管理中心办理各类业务13.75万笔，其中房屋交易备案5.38万笔、房屋抵押备案3.04万笔、房屋租赁备案225笔。（卞 勇 卞海波）

■二手房市场监管 强化二手房市场业务流程管控，防范涉房交易风险，确保房屋交易信息的真实性和准确性。加大对中介机构的监管力度，审核把关经纪机构和经纪人资质，将经纪机构备案工作与新的网签备案系统相挂钩，向各类市场主体提供规范化、标准化、便捷化的服务，营造稳定、透明、安全的市场交易环境。150家中介机构在市房屋产权和交易管理中心完成备案，全年监管二手房交易资金2.11万笔，建立楼盘表1464笔。（卞 勇 卞海波）

■文明安居小区创建 2021年，全市各级住建、文明办、民政部门和保障房小区建设与管理有关单位，开展文明安居小区创建活动，提升保障房小区管理水平和服务质量，推动"住有宜居"。经考核评定，扬州市联谊南园联康苑等9个保障房小区获"2021年度扬州市示范安居小区"称号，宝应县莲馨家园小区等24个保障房小区获得"2021年度扬州市文明安居小区"称号。（孙文涛 陈 伟 卞海波）

房屋征收

■概况 全市实施房屋征收项目13个，占地30万平方米，建筑面积21万平方米，其中住宅1204户8万平方米、非住宅82户13万平方米。审核市区国有土地上征收项目17个，发布房屋征收决定4个、房屋征收补偿公告4个。审核集体土地上房屋搬迁项目16个，共818户、31.33万平方米，其中住宅734户、21.68万平方米，非住宅84户、9.65万平方米。（卞 明 卞海波）

■房屋征收（拆迁）领域专项治理 全市共排查出超腾仓期未安置住房1.72万套，其中已安置4767套、已开工建设8459套、已选址3957套，3年内全部完成安置。收储地块剩余房屋搬迁涉及企业15家、住宅94户，已完成搬迁企业12家、住宅83户。化解拆迁安置房不动产权证办理难题，办理安置小区30个、住房1.87万套。全市共梳理排查出涉及征收（拆迁）领域违法建筑52起，违法建筑全部拆除。全市新制定或修订完善征收（拆迁）规范性文件38个，为规范全市征收（拆迁）工作提供政策保障。（卞 明 卞海波）

■征收（拆迁）行业监管 修订完善《扬州市市区房屋征收（搬迁）重置价格、装饰装修和附属物评估参考价》《扬州市市区国有土地上房屋征收各类补助和奖励费用指导意见》等配套政策，出台《扬州市房屋征收（搬迁）补偿资金管理指导意见》。在征收服务机构年检审核中实施"5+5"要件制，征收服务机构年检"5要件"，要求从征收服务机构基本情况、从业人员构成、制度建立、经营业绩、办公环境场所5个方面，全面申报征收服务机构信息；合格证年检“5要件”，要求从身份证明、学历证明、无犯罪记录、社保缴纳、劳动合同签订5个方面，全面申报从业人员信息。全年共举办行业培训教育两批次，完成市区23家评估机构年检、9家新入征收服务机构培训教育工作。

（卞　明　卞海波）

商品房开发经营

■房地产开发建设 全市完成房地产开发投资841.68亿元，比上年增长0.92%；新开工面积735.51万平方米，下降37.96%。其中，城区完成房地产开发投资494.91亿元，增长1.21%；新开工面积453.04万平方米，下降40.12%。编制完成《扬州市住房发展专项规划（2020—2035年）》《扬州市“十四五”城镇住房发展规划》。贯彻落实《关于应对新冠肺炎疫情促进建筑领域平稳发展的若干意见》要求，在开发项目预售进度、预售资金监管、商品房交付等领域，有效落实各项助企纾困政策。全年共办理商品房交付使用备案手续63批次、336.16万平方米。完善开发企业信用管理体系，按月实时动态调整信用等级，至年末，市区共有A级信用企业4家、B级268家、C级9家、D级1家。4家房地产开发企业成功入选“江苏省房地产开发行业综合实力50强企业”。

（孙文涛　陈　伟　卞海波）

■房地产市场供销 全市新建商品房和商品住宅批准预售525万平方米、467万平方米，比上年下降15%、19%；合同成交527万平方米、473万平方米，下降10%、11%。全年商品住宅供销比0.99。年末，全市商品住宅库存570万平方米，增长2.7%，去化周期为14.4个月，比上年末增加2个月。其中，高邮去化周期为24.9个月，比上年末增加1.5个月。全市新建商品住宅成交均价1.31万元每平方米，增长3.9%。城区新建商品房和商品住宅批准供应288万平方米、264万平方米，下降22%、25%；合同成交281万平方米、258万平方米，均下降12%。全年商品住宅供销比为1.03。年末，城区商品住宅累计可售面积为206万平方米，增长4.5%，去化周期为9.6个月，比上年末增加1.5个月。全年城区新建商品住宅合同成交均价1.64万元/平方米，增长5.9%。全年城区二手住宅成交面积204万平方米，增长0.9%。

（孙文涛　陈　伟　卞海波）

物业管理

■物业行业管理 向全市物业企业发出“加大物业服务收费信息公开力度，让群众明明白白消费”倡议书，呼吁物业企业依法经营、阳光服务、规范收费、诚信履诺。与281家物业企业签订“合法经营、规范收费”承诺书，组织物业企业自查自纠。全年创成省级示范物业管理项目16个和市级示范物业管理项目28个。

（牛　兵　卞海波）

2021年扬州市区5A信用等级物业服务企业一览表

表21-1

地　区	企业名称
广陵区	江苏永旭物业服务有限公司（扬州岭江南物业服务有限公司）
	扬州中房物业发展有限公司
	江苏兰庭物业服务有限公司
	江苏华南物业管理有限公司
	扬州珠港物业服务有限公司
	浙江佳源物业服务集团有限公司扬州分公司
	中海宏洋物业管理有限公司扬州分公司
邗江区	江苏万杨物业管理服务有限公司
	江苏恒通不动产物业服务有限公司
	南京万科物业管理有限公司扬州分公司
	扬州市康乐物业管理有限公司
	扬州市开来物业服务有限责任公司
	江苏新能源物业服务集团有限公司
	扬州市万佳物业管理有限公司
	中信泰富（上海）物业管理有限公司扬州分公司
	扬州市邗江区正通物业服务有限公司
江都区	扬州市永祥物业管理服务有限公司
	江苏碧宇物业有限公司江都分公司
	扬州市麒胜物业服务有限公司
扬州经济技术开发区	扬州爱涛物业集团有限公司
	江苏嘉宏物业服务集团有限公司
	扬州市鸿大物业管理有限公司
	扬州深鸿基物业服务有限公司
	扬州市扬子江投资发展集团现代物业管理有限公司
生态科技新城	江苏华建物业服务有限公司

（李　璐　卞海波）

■**党建引领物业管理服务** 全市物业服务企业党组织从上年的37个支部发展到1个党委和72个支部，党员人数由625人扩大到1097人。新打造10个“党建引领物业管理服务工作省级示范点”和31个市级示范点，发挥“红色物业”在基层社会治理中的作用。

（牛 兵 卞海波）

■**老旧小区改造** 制定《扬州市城镇老旧小区宜居改造实施意见》，着重改善老旧小区的“小区安全、基础设施功能、环境品质、长效管理”等迫切需要解决的难点问题，包括基础类28个子项、完善类20个子项、提升类15个子项等三大类63项内容，其中有关危房解危、外墙出新、管线下地等内容，属首次在扬州市老旧小区改造政策中予以明确，整治改造标准大幅度提升。全年完成老旧小区改造216个、408.71万平方米，共整治住宅楼2300幢，涉及4.33万户，总投入约14.67亿元。改造后的小区通过选聘市场化专业物业服务和属地街道落实基本物业服务等两种模式，实现物业管理全覆盖。（牛 兵 卞海波）

住房公积金管理

■**概况** 2021年，全市新增住房公积金归集单位1836家，比上年增长14.6%。至年末，全市实际在册单位1.97万家，增长6.7%。新开户职工6.66万人，其中城区（含市直、驻扬单位、广陵区、扬州经济技术开发区、化工园区、蜀冈－瘦西湖风景名胜区、生态科技新城）3.02万人、邗江1.07万人、江都8169人、宝应4966人、高邮5833人、仪征

2021年扬州市分地区住房公积金归集情况表

表21-2

地 区	当年归集额（万元）	增幅（%）	累计归集额（万元）	增幅（%）	归集余额（万元）	增幅（%）
合 计	**1004041**	**6.2**	**8328116**	**14.3**	**2677499**	**10.9**
城 区	435886	3.3	3674360	14.0	1121808	9.0
邗 江	102157	4.5	759639	16.1	254096	11.2
江 都	125002	14.0	918492	16.4	334561	12.9
宝 应	79188	9.1	620765	15.2	208284	14.7
仪 征	110878	7.2	916611	14.3	291847	11.9
高 邮	84419	11.1	594081	17.2	226182	17.2
仪征化纤	26741	2.8	333829	9.2	94331	6.8
江苏油田	39771	4.3	510340	8.9	146390	7.2

（杨粉梅）

2021年扬州市分地区住房公积金使用情况表

表21-3

地 区	当年提取额（万元）	增幅（%）	累计提取额（万元）	增幅（%）	当年贷款额（万元）	增幅（%）	累计贷款额（万元）	年末贷款余额（万元）
合 计	**776298**	**−3.9**	**5650616**	**15.9**	**484959**	**2.3**	**4968800**	**2254968**
城 区	358268	−7.5	2552552	16.3	279527	5.3	2425739	1124809
邗 江	79971	−9.6	505542	18.8	48471	29.8	422937	203425
江 都	91070	0.7	583931	18.5	59807	−15.8	558345	277864
宝 应	55184	3.5	412480	15.4	28036	5.0	370475	153851
仪 征	83755	−2.1	624764	15.5	30884	−17.9	524659	238625
高 邮	54069	7.8	367899	17.2	28232	20.1	344164	142845
仪征化纤	22051	9.1	239498	10.1	3809	0.8	147212	48343
江苏油田	31929	−0.3	363949	9.6	6192	−27.4	175268	65206

（杨粉梅）

6229人、仪化202人、油田307人。全市非公企业新增扩面5.41万人，占扩面总数的81.3%。自由职业者、个体工商户、新市民等灵活就业人员扩面1637人。全市实缴单位1.41万家，实缴职工61.75万人。

全市归集住房公积金100.4亿元（不含年度住房公积金结息3.55亿元），比上年增长6.2%。全市累计缴存总额832.81亿元（含住房补贴，含结息），增加103.96亿元，增长14.3%。全市归集余额267.75亿元，增加26.33亿元。全市27.5万名缴存职工提取住房公积金77.63亿元，下降3.9%。全市当年提取比率77.3%，下降8.1个百分点。至年末，全市累计提取565.06亿元。

全市发放个人住房贷款1.44万笔、48.5亿元，分别增长1.6%、2.3%。累计发放个人住房贷款20.87万户、496.88亿元，贷款余额225.5亿元，增长8%。年末，全市个贷比率84.2%，下降2.3个百分点。扬州市住房公积金管理中心获“第六届全国文明单位”称号，高邮分中心创成全国巾帼文明岗和全国职工示范书屋，江都分中心创成全国青年文明号。（杨粉梅）

■缓缴降比 印发《关于应对新冠肺炎疫情实施住房公积金阶段性支持政策的通知》，帮助企业渡难关、稳预期，规定企业缓缴期间不影响职工正常提取和申请住房公积金贷款。全年累计为61家企业办理公积金缓缴，涉及职工3156人，缓缴金额477.89万元，其中95%通过线上服务渠道办理。期限届满后，共有54家企业恢复缴存，1家企业依规继续申请缓缴。（杨粉梅）

■“租购并举”住房政策 全市缴存职工办理住房公积金提取77.63亿元，其中住房消费提取64.8亿元，租房提取2.36万笔、1.15亿元，金额比上年增长28.5%。共向1.44万户职工家庭发放住房公积金贷款48.5亿元，增长2.3%，可消化住房存量约170万平方米。住房贷款中首套房占64%，中小户型（100平方米以下）占32%，中低收入职工家庭占95%。参照最新商业性住房贷款市场报价利率（LPR）测算，预计偿还期内（平均20年）可为贷款职工节约利息支出12亿元，平均每笔贷款可节约利息支出8.4万元。（杨粉梅）

■业务收支及增值收益 全市住房公积金实现业务收入8.91亿元，比上年增长10.3%，其中存款利息收入1.79亿元、委托贷款利息收入7.12亿元。业务支出4.48亿元，其中住房公积金利息支出3.95亿元、归集手续费0.28亿元、委托贷款手续费0.24亿元、贷款贴息及其他支出0.01亿元。全市住房公积金增值收益4.42亿元，增长13%，全年增值收益率1.74%。提取贷款风险准备金2.48亿元，年末风险准备金余额18.6亿元，充足率8.2%；提取管理费用0.63亿元；提取城市廉租住房（公共租赁住房）建设补充资金1.31亿元。（杨粉梅）

■支持廉租住房建设 2021年，全市住房公积金系统共向各级政府提供2020年决算分配的城市廉租住房建设补充资金8566万元（不含仪化分中心和油田分中心），其中市中心4797万元、邗江管理部664万元、仪征分中心906万元、江都分中心1146万元、高邮分中心422万元、宝应分中心631万元。（杨粉梅）

■基数和缴存比例 扬州市区（含广陵区、邗江区、扬州经济技术开发区、化工园区、生态科技新城、蜀冈－瘦西湖风景名胜区）缴存住房公积金的月工资基数，按职工本人2020年度月平均工资收入（工资总额）核定。月缴存基数最低不低于2020元，最高不超过2.44万元。1998年12月1日后参加工作的新职工，逐月住房补贴的缴存基数与住房公积金的缴存基数相同。企业单位的住房公积金缴存比例，为单位和职工各5%~12%，同一单位须执行一个缴存比例。2021年1月1日以后新参加工作的职工，以该职工参加工作后第二个月的工资收入计算其缴存住房公积金的月平均工资。2021年1月1日以后新调入的职工，以该职工调入后当月发放的工资收入计算其缴存住房公积金的月平均工资。（杨粉梅）

■“智慧公积金”建设 完善网厅、微信等互联网服务渠道功能，建成新型规范化缴存系统，实现单位自主汇缴资金自动入账；上线数据留痕系统解决线上零材料业务档案管理及法律有效性难题；在全省率先打通全大市跨部门数据共享，基本实现区县线上业务全覆盖；成功接入“长三角一体化”服务平台，实现长三角三省一市购房提取等6项高频业务的全程不见面在线办结；在全市首家实现全流程接入省“好差评”一体化平台；实现个人及单位网厅江苏政务服务网单点登录及江苏政务App部分公积金服务功能上线；上线网页、微信、语音客服等全渠道AI机器人客服系统。“智慧公积金服务平台”获“2021扬州公共数据开发应用创新大赛”案例一等奖。“智慧公积金‘四零’服务打造高效便捷新体验”案例获首届扬州市“放管服”改革典型创新案例评选一等奖。（杨粉梅）

金融业

Jinrongye

编　辑　郭玉祥

综述

■**概况**　2021年，全市实现金融业增加值369.26亿元，比上年增长3.9%，占地区生产总值比重5.5%。金融业纳税33.47亿元，增长8.3%，高于全市税收增长4.4个百分点。全市社会融资规模增量1524亿元，增长16.6%。全市金融机构本外币存款余额8299.73亿元，比年初增加608.43亿元，增长7.91%。其中，人民币存款余额8198.32亿元，增加611.97亿元，增长8.07%；外币存款余额15.91亿美元，减少0.18亿美元，下降1.11%。本外币贷款余额7141.87亿元，增加848.55亿元，增长13.48%。其中，人民币贷款余额7124.63亿元，增加844.88亿元，增长13.45%；外汇贷款余额2.70亿美元，增加0.63亿美元，增长30.05%。市政府分别与8家省级金融机构签约，与省联社达成“十四五”融资意向5000亿元。争取三大政策性银行对接宁扬城际、国网智慧能源双创科技园、城市更新等重大项目40余个810亿元，当年投放123.92亿元。争取中国人民银行10亿元专项再贷款和12亿元支小再贷款。打造瘦西湖基金小镇，集聚金融企业188家、认缴91.27亿元。推动扬州金融集聚区机构、人员、招商运营和政策配套支持，提升金融产业集聚度，服务区域产业发展。推动25家市级银行机构上争资金和成本优惠政策，助力防疫抗疫和复工复产，累计上争追加扬州地区授信额度超过100亿元。

（朱志远　李　浓　包　智）

■**信贷结构**　从投向看，制造业贷款余额1020.89亿元，比年初增加154.98亿元，增长17.9%，占各项贷款的14.29%；战略性新兴产业贷款余额181.13亿元，增加77.05亿元，增长74.04%；普惠型小微企业贷款（不含票据）余额1010.42亿元，增长24.97%，贷款平均利率5.26%，下降0.36个百分点。从期限看，中长期贷款余额4416.17亿元，增加613.48亿元，增长16.13%，占各项贷款增量的72.25%。从担保方式看，企业类信用贷款余额526.8亿元，增加93.49亿元，增长21.58%，占各项贷款增量的11.01%。

（朱文娇　屠志婷　王晨诗）

■**资本市场**　2021年，扬州市有22家上市公司。在全省率先启动“专精特新”中小企业北京证券交易所上市计划，动态更新100家以上上市挂牌后备企业和30家重点后备企业，通过“一政策、两服务、三阵地、四机制”开展上市服务工作。实行上市企业服务专员制度，帮助天雨环保、宏远电子、新扬新材、和天下等企业协调解决历史沿革、国资确认等问题；为嵘泰股份、宏远电子、龙腾照明、扬杰科技、苏奥传感、惠通科技等10家企业申请市财政扶持资金799.93万元。嵘泰股份在上海证券交易所主板上市，扬杰科技、苏奥传感完成定增募资19.66亿元。至年末，有上市后备企业12家，江苏股交中心累计挂牌企业636家。　（包　智）

■**票据市场**　2021年末，全市票据融资余额434.53亿元，比上年增加41.34亿元，增长10.51%，增速下降6.34个百分点。　（李　浓）

扬州市金融集聚区　　扬州日报/供稿

2021年扬州市全金融机构人民币信贷分地区资金运用情况表

表 22-1　　单位：亿元

项目名称	全　市	市　区（不含江都区）	江都区	宝应县	仪征市	高邮市
资金运用总计	**8579.95**	**4481.62**	**1536.93**	**717.06**	**912.47**	**931.87**
一、各项贷款	7124.63	4091.77	1035.17	550.95	714.56	732.19
（一）境内贷款	7124.17	4091.32	1035.17	550.95	714.56	732.18
1. 住户贷款	2518.51	1544.80	354.19	198.94	231.14	189.43
（1）短期贷款	536.54	219.63	103.99	63.03	86.98	62.91
消费贷款	115.10	55.69	17.36	11.73	17.24	13.08
经营贷款	421.45	163.94	86.63	51.30	69.74	49.83
（2）中长期贷款	1981.96	1325.18	250.20	135.91	144.16	126.52
消费贷款	1808.60	1211.91	224.25	127.69	127.19	117.56
经营贷款	173.36	113.26	25.95	8.22	16.97	8.96
2. 非金融企业及机关团体贷款	4605.66	2546.51	680.98	352.00	483.42	542.75
（1）短期贷款	1696.43	903.77	271.71	148.72	170.49	201.75
（2）中长期贷款	2472.78	1364.66	332.01	183.02	286.91	306.19
（3）票据融资	434.53	278.01	77.07	20.02	24.65	34.79
（4）融资租赁	0.00	0.00	0.00	0.00	0.00	0.00
（5）各项垫款	1.92	0.08	0.21	0.25	1.37	0.02
3. 非银行业金融机构贷款	0.00	0.00	0.00	0.00	0.00	0.00
（二）境外贷款	0.46	0.45	0.00	0.00	0.00	0.00
二、债券投资	394.67	100.37	117.35	45.83	71.80	59.33
其中：境外债券	0.00	0.00	0.00	0.00	0.00	0.00
三、股权及其他投资	19.97	18.31	0.01	0.31	1.34	0.01
四、买入返售资产	0.00	0.00	0.00	0.00	0.00	0.00
五、存放非银行业金融机构款项	0.01	0.01	0.00	0.00	0.00	0.00
六、联行往来（净）	964.02	231.89	372.89	111.13	116.67	131.44
其中：境内存放二级准备金	36.07	28.27	1.48	2.60	1.70	2.02
七、金银占款	0.00	0.00	0.00	0.00	0.00	0.00
八、中央银行外汇占款	0.00	0.00	0.00	0.00	0.00	0.00
九、应收及预付款	26.39	7.18	6.55	3.58	4.49	4.59
十、投资性房地产	0.54	0.54	0.00	0.00	0.00	0.00
十一、固定资产	49.73	31.57	4.96	5.27	3.60	4.33

（赵晓红　薛　梅）

2021年扬州市全金融机构人民币信贷分地区资金来源情况表

表22-2 单位：亿元

项目名称	扬州市	市 区（不含江都区）	江都区	宝应县	仪征市	高邮市
资金来源总计	8579.95	4481.62	1536.93	717.06	912.47	931.87
一、各项存款	8198.32	4270.59	1469.01	699.32	868.08	891.32
（一）境内存款	8192.30	4266.28	1468.01	699.07	867.78	891.16
1. 住户存款	4150.69	1691.32	948.39	459.07	469.50	582.42
（1）活期存款	1075.15	493.39	208.13	121.59	104.10	147.94
（2）定期及其他存款	3075.54	1197.93	740.26	337.48	365.40	434.48
2. 非金融企业存款	2854.28	1805.36	404.23	156.82	281.76	206.11
（1）活期存款	951.51	586.96	117.35	68.19	88.05	90.96
（2）定期及其他存款	1902.77	1218.40	286.88	88.62	193.71	115.15
3. 广义政府存款	1105.12	688.81	114.85	83.18	115.64	102.63
（1）财政性存款	74.85	47.95	7.88	5.15	7.80	6.06
（2）机关团体存款	1030.27	640.86	106.97	78.03	107.84	96.57
4. 非银行业金融机构存款	82.21	80.80	0.54	0.00	0.87	0.00
（二）境外存款	6.02	4.31	1.00	0.25	0.30	0.16
二、金融债券	0.00	0.00	0.00	0.00	0.00	0.00
其中：境外发行	0.00	0.00	0.00	0.00	0.00	0.00
三、卖出回购资产	0.00	0.00	0.00	0.00	0.00	0.00
四、借款及非银行业金融机构拆入	0.00	0.00	0.00	0.00	0.00	0.00
五、联行往来（净）	0.00	0.00	0.00	0.00	0.00	0.00
六、应付及暂收款	191.01	87.51	39.84	18.50	21.21	23.95
七、各项准备	143.80	75.99	19.88	14.57	20.22	13.12
八、所有者权益	267.26	105.49	55.39	28.24	42.27	36.80
其中：实收资本	35.19	13.32	7.96	5.05	5.53	3.33
九、其他	–220.44	–57.97	–47.20	–43.58	–39.32	–33.32

（赵晓红 薛 梅）

■**地方金融组织** 2021年末，全市纳入统计的地方金融组织共4类59家，总资产133.78亿元，总负债27.96亿元。其中，小额贷款公司资产80.99亿元，贷款余额58.6亿元；融资担保公司资产32.43亿元，担保余额52.46亿元；典当行资产4.2亿元，典当融资余额2.94亿元；融资租赁公司资产16.17亿元，租赁业务余额14.97亿元。（卢 捷）

银行业

中国人民银行扬州市中心支行

■**货币政策执行** 2021年，中国人民银行扬州市中心支行贯彻落实稳健的货币政策，引导辖区信贷总量合理适度增长，全市本外币各项贷款余额7141.87亿元，比上年增长13.48%。小微企业贷款实现“增量、扩面、降价”目标，全市普惠小微贷款余额1025.6亿元，比年初增加196.8亿元，增长23.8%，超各项贷款增速10.3个百分点，普惠小微企业贷款平均利率5.3%，下降42个基点。持续拓宽企业融资渠道，推进票据业务创新发展，成功推动江扬线缆、曙光光电等企业开立2.5亿元供应链票据，为上年的25倍，占全省12.2%。推动非金融企业直接债务融资工具稳步发行，全年共发行270亿元，增长28.6%。（周 媛）

■**金融支持新冠肺炎疫情防控** 先后出台“强化金融服务支持疫情防控17条”“暂停营业期间金融服务保障工作15条”及“金融助企纾困百日攻坚专项行动12条”，向上争取金融支持政策，有效助推全市经济社会稳步复苏。落实两项直达实体货币政策，全年全市银行机构办理普惠小微延期还本384.6亿元，惠及市场主体3.2万户，累计延期率88.8%，居全省第二；全市普惠小微信用贷款新增87.2亿元，新增占比44%，其中法人机构普惠小微信用贷款新增占比62.7%，居全省第一。全市银行机构为922名个人、435家企业的信用卡业务、贷款业务等还款安排进行调整。（周 媛 樊瑾瑜）

■**绿色金融** 印发《关于加快绿色金融发展的实施意见》，为全省首家由地级市政府出台专项贯彻实施意见，同步制定绿色企业（项目）认定办法。“扬州市绿色金融服务平台”于11月9日上线。全市银行机构通过平台共发布58个绿色金融产品，解决融资需求26.7亿元。一批创新产品顺利落地。3家农商行先后发放排污权抵押贷款逾1000万元，建设银行扬州分行成功投放全市首笔“碳排放权配额质押贷款”200万元。稳步打造示范共建基地。安排10亿元再贷款额度，引领全市信贷资源汇聚广陵“两山”创新实践基地，并安排2亿元再贷款再贴现额度，推动扬州农商行3年投放50亿元支持“三江湿地美丽头桥”示范镇建设，实现从城市到乡村的绿色信贷广覆盖。（胡章灿 周 媛）

■**央行资金** 贯彻执行存款准备金政策，全年下调存款准备金率2次，累计下调1个百分点。加强对法人金融机构指导，有效放大再贷款优惠政策效果，加大对疫情防控和经济社会发展的金融支持。争取12亿元支小再贷款专用额度，用于发放优惠贷款。全年累计办理支小、支农再贷款（不含展期）66.49亿元，惠及市场主体6694户，平均利率5.03%。推动“绿色再贷款、绿色再贴现”业务的办理，全年央行资金累计支持绿色企业4.96亿元。年内共为全市法人机构普惠小微贷款延期还本和普惠小微信用贷款本金分别提供0.85亿元、7.95亿元激励资金支持。（陈佳佳）

■**利率政策执行** 推动金融机构运用贷款市场报价利率（LPR）定价，增强小微企业信贷市场竞争性。2021年12月下调支农支小再贷款利率0.25个百分点，当月1年期LPR下行5个基点，推动实际贷款利率在2020年大幅下降的基础上进一步下行。12月，一般贷款加权平均利率4.95%，比上年下降12.1个BP。企业贷款加权平均利率4.77%，下降12.3个BP。落实优化存款利率监管措施，维护存款市场竞争秩序。将存款利率自律上限改为在存款基准利率上加点确定，引导中长期存款利率下行，优化存款期限结构，稳定银行负债成本，推动企业综合融资成本稳中有降。推进信用卡透支利率市场化改革。2021年1月1日起，取消信用卡透支利率上下限管理，信用卡透支利率由发卡机构与持卡人自主协商确定。持续推动各类放贷主体明示贷款年化利率，保护金融消费者合法权益。（许 鹏）

■**金融支持制造业发展** 出台《金融支持制造业转型升级行动计划》，年末全市制造业贷款余额757亿元，比年初增加96.2亿元，增长14.5%，增速处于2013年以来最高水平。其中，制造业中长期贷款增长47.4%，高于省均8.3个百分点。（胡章灿 周 媛）

■**房地产金融** 坚持“房子是用来住的、不是用来炒的”定位，围绕“三稳”目标，促进房地产业良性循环和健康发展。执行房地产贷款集中度管理，至年末，原超限的3家机构中，1家机构顺利达标，2家机构相关监测指标稳步回落。及时落实房地产金融调控政策要求，针对10月以来开发贷、按揭贷收缩过快问题，推动开发贷恢复正常增长、按揭贷有序发放，稳定房地产信贷市场。12月末，房地产开发贷款余额为533.3亿元，比上年增长20.7%，增速连续两个月大幅回升，比10月末上升11.7个百分点。配合做好恒大房地产风险处置工作，推动银行实施贷款展期，并及时发放按揭贷款。（胡章灿）

■**金融风险防控** 推进仪征玉丰村镇银行完成改革重组重大任务。原包商银行51%股转于2021年12月底由仪征农商行承接，全程工作封闭运行，未发生舆情和流动性风险，维护包商银行全国风险处置大局。统筹运用存款保险央行评级、费率核定、现场核查、压力测试等多种手段，做好法人银行风险评估和警示工作。全年向全辖法人机构制发《存款保险现场核查意见书》4份、《金融机构评级告知意见》48份、《保费缴纳通知书》24份、《压力测试结果反馈》12份；约谈全辖法人机构高管12次。重点监测银行信贷风险、政府性债务风险、银行机构改革发展，实时开展新冠肺炎疫情、头部房企、互联网贷款等热点信用风险摸排，摸清风险底数，提升金融风险研判水平和风险分析报告质量。全年组织对辖内8家银行机构重大事项报告制度执行情况开展现场核查。2021年，金融机构共报送重大事项472项，其中涉及风险方面的重大事项34项。（黄 梅）

■存款保险 建立“分片包干”宣传机制，加强存款保险宣传。对存款保险宣传重点地区实行名单制管理，督导辖区银行机构落实宣传和培训要求，辖区42家机构836个网点提前实现“一线人员存款保险知识培训全覆盖”和“嵌入业务流程全覆盖”。全年累计报送简报和总结10期，通报2期，现场巡查276个网点，约谈和电话督导13家投保机构。创新宣传方式，联合地方金融管理部门，运用地方媒体、官方微信公众号、车载电视等方式开展全方位、立体化存款保险宣传，相关宣传内容在“学习强国”、《扬州晚报》、“扬州发布”刊登。采取有奖知识竞赛、认知问卷调查、制作微信长条、深入社区、走进电视台等方式开展宣传。组织辖内支行开展“百年历程、存保守护”活动，走进5个红色教育基地或改革开放前沿地区宣传存款保险知识。创新存款保险培训形式。利用“央行业务大家讲”平台，以及与银行机构、乡村支部联学共建等形式，扩大存款保险培训广度和深度。（黄 梅）

■征信管理 全方位推进应收账款融资服务平台业务，新推动1家核心企业——江苏江扬电缆与平台对接。持续推进“政采贷”业务，全市共17家银行发放“政采贷”业务53笔，金额13亿元。依托动产和权利担保统一登记系统创新推进排污权、碳排放权、活体畜禽等动产和权利担保融资业务，全市动产和权利担保登记4122笔，金额279.15亿元。其中，发放碳排放权、排污权抵押贷款4笔1220万元，发放1笔大闸蟹活体抵押贷款20万元，发放8笔专利权质押贷款2450万元。推进地方征信平台建设，完善江苏省企业综合信用信息服务，建立征信市场监管合作机制，制定《征信市场及市场主体管理合作备忘录》。优化征信服务，在高邮市送桥镇设立全市首个乡镇个人信用报告自助查询代理点。2021年，全市共开展企业信用报告查询9070笔，个人信用报告查询21.45万笔。（樊瑾瑜）

中国人民银行扬州市中心支行进行征信宣传　　何世春/摄

■人民币结算账户管理 2021年，全市银行机构共办理单位银行结算账户开立5.44万户、变更2.01万户、撤销2.23万户；开立个人银行结算账户178.98万户、撤销83.09万户。持续优化账户服务与风险防控，建立扬州市银行机构签署人民币银行结算账户业务自律机制公约。推进24家银行接入江苏省“全链通”政务服务平台，1家银行在网点设立企业开办政银合作工作站，16家银行在企业开户环节受理电子营业执照，41家银行支持小微企业简易开户，31家银行提供开户进度信息提示与进度查询。银行机构实现账户分类分级管理，建立延长开户时间和拒绝开户复核机制。推动银行机构落实减费让利政策，实现向企业减费1994.63万元，惠及企业64.12万户。推进“断卡”行动部署、电信诈骗、跨境赌博“资金链”治理，组织法人银行清理“一人多Ⅰ类户”、长期不动户284万户；倒查涉案个人账户350户，查摆22家开户银行在账户开立、管控过程中存在问题，约谈涉案银行3次，下发风险提示1次。深化跨部门协作，全年向公安移送风险线索257条并配合案件侦办，与市税务部门比对新开户企业涉税信息2.73万条。

（张心瑜 钦成蕊）

■移动支付便民工程 2021年，扬州市新增“云闪付”绑卡用户33.65万户，其中有交易用户18.78万户，占比55.81%。移动支付累计交易

241.87万笔、12.5亿元。完成手机闪付或条码改造的POS商户数4.61万户，累计改造完成率超过97%。与团市委合作，将移动支付便民工程与“希望工程”相结合，合力打造“移动支付+公益”项目，实现“云闪付”小程序线上捐赠1.23万人次、15.65万元。应对新冠肺炎疫情影响，通过“云闪付”发放消费券7批次，拉动消费197.62万元。围绕世园会主题，开展“移动支付惠世园”系列优惠体验活动，助力世园会主题消费扩容增效。组织“舌尖上的扬州”“一折乘公交”等多项移动支付惠民体验活动。加强移动支付引领县建设，在高邮、宝应开展“诗秦画驿 一邮倾心”“普惠荷乡 惠民助商”等“云闪付”欢乐购优惠活动，打造扬州县域首家景区移动支付示范街区——盂城驿移动支付示范街区，扩大县域农村地区“云闪付”用户规模，拓展“云闪付”App、银联聚合二维码、智能POS终端在县域农村便民场景中的受理范围，移动支付向县域下沉取得良好效果。（钦成蕊）

■普惠金融服务点 推进扬州市农村普惠金融服务点标准化改造，完成标准化改造服务点877个，改造率94.1%，年末存量服务点932个，县域地区均完成70%的年度改造目标。指导建设单位树立精品意识，结合地域特色和企业文化建设，发挥服务点在民生服务、政务服务、乡村发展等方面的作用，形成“一心驿站”“邮福之家”“荷香e站”“真心金融”“兴农驿站”等普惠金融服务点特色品牌。协助分行开发并上线“江苏省农村普惠金融服务平台”，通过系统对服务点基础信息、业务交易和风险管控实施精细化管理。（吴冬悦）

■经理国库 2021年，全市各级国库共计办理预算收入1447.44亿元，比上年增长19.29%。其中，中央级收入200.56亿元，增长12.46%；省级收入127.29亿元，增长超47倍，主要源于社保费收入省级统筹；地方级收入1119.59亿元，增长8.44%。地方级一般公共预算收入344.07亿元，增长2.02%。税收收入274.57亿元，增长3.82%；非税收入69.5亿元，下降4.6%。办理地方预算支出702.55亿元，增长9.75%。开辟绿色通道，快速拨付疫情防控资金341笔、金额3.34亿元。全年累计办理各级预算收入退库99.22亿元，增长20.61%。其中，出口产品退库74.9亿元，增长11.78%，占退库总量的75.49%；个人所得税退税29.06万笔、共计1.59亿元，增长32.43%，保证纳税人享受到个人所得税改革红利。全市共销售储蓄国债（凭证式）、储蓄国债（电子式）11.12亿元。（肖和萌）

■国库管理 完善事后跟踪监督机制，对可疑资金、可疑业务，尤其是对在柜面监督过程中发现的疑似问题重点关注，全市国库通过柜面监督共发现并纠正业务差错和不合规业务433笔，金额5.06亿元，事后监督发现并纠正不合规业务59笔，涉及金额14.93亿元。强化国库支拨监督管理，严格审核库款支拨业务，拒绝办理财政部门借用国库集中支付渠道拨付不符合预算管理要求的资金清算业务，严格要求相关财政部门对于拨往财政专户的库款支拨业务提供文件依据，累计发现财政部门通过集中支付方式拨往财政专户资金共计14笔，金额10.95亿元。与税务部门联合开展对预算收入账户清理，通过税务部门与代理银行提供的账户数据比对等方式，共清理不合规预算收入账户9户。（肖和萌）

■货币发行 制定并及时调整发行基金投放回笼计划，保障市场供应，执行发行基金调拨命令41次、255.3亿元，累计投放发行基金229.55亿元，回笼180.48亿元，净投放49.07亿元，其中元旦、春节旺季期间净投放128.57亿元。有序组织残损人民币回笼，提升流通中现金质量，共回收残损人民币91.6亿元。组织普通纪念币预约兑换发行工作，督导农行、交行、华夏、浦发等承销机构规范开展2021年贺岁普通纪念币、中国共产党成立100周年普通纪念币、冬奥普通纪念币（钞）的公开发行兑换工作。7—9月新冠肺炎疫情期间保障辖区现金供应，累计投放原封新券3.1亿元，印发《关于进一步做好新冠肺炎疫情期间现金服务保障工作的通知》，从现金交取、清分消毒、组合供应、收支两条线、重大事项报告共5个方面提出要求。（张福芳）

■人民币流通管理 对宝应农商行开展综合执法检查，组织对12家银行业机构现金整点中心的现场督导，完成辖区银行业机构人民币流通管理政策执行情况的评价。组织开展小面额现金服务暗访工作，完成199个网点的暗访和问题反馈。强化反假货币管理工作，提高柜面人员收缴假币业务的规范性，全年共收缴假人民币1.51万张（枚）、104.84万元。组织开展两次人民币整洁度监测抽样调查，督促退钞率较高的机构做好整改，畅通不宜流通人民币回笼渠道。组织银行业机构持续开展整治拒收现金政策宣传，建成整治拒收现金网格118个。建立整治拒收现金合作机制，及时处理拒收现金投诉举报，于2021年12月完成全市首个拒收现金行为的行政处罚。（张福芳）

■金融科技 推进金融科技赋能乡村振兴示范工程建设，建设“金民链”普惠金融信息服务平台，推动涉农、政务数据跨领域共享应用，为“三农”信贷融资提供可信任、可追溯的数据源，同时优化“金民通”综合服务平台，提高普惠融资服务的可得性和便利度。推进跨境人民币支付领域金融数据交换标准应用试点工作。开展CIPS标准收发器的宣传、普及工作，交通银行扬州分行为江苏璨扬光电有限公司通过CIPS标准收发器成功汇出一笔跨境人民币业务，实现全市CIPS标准收发器业务零的突破。持续开展LEI推广应用工作，至年末，扬州市赋码企业数达1270个。（韩天悦）

■反洗钱管理 加强日常监管，对144家非法人金融机构开展分类评级，对8家银行机构开展反洗钱监管走访，对2家机构开展电话质询，对1家机构开展洗钱风险评估，并下发监管提示函，对2家机构开展反洗钱执法检查，督促指导辖内12家法人机构开展洗钱风险自评估工作。强化部门间紧密协作，推动1起线索以洗钱罪立案、2起洗钱案件进入审理环节、4起洗钱案件宣判。持续做好资金监测工作，全年金融机构共报送重点可疑交易报告98份，经甄别研判向公安机关移送线索15份，其中6份线索立案，2份线索被公安部门破获。

（娄丽敏）

■外汇管理 2021年末，扬州市银行外汇存款余额15.91亿美元，比年初减少0.18亿美元。外汇贷款余额2.7亿美元，增长0.63亿美元。跨境收支总量176.13亿美元，比上年增长5.72%。其中，跨境收入123.62亿美元，增长8.51%；跨境支出52.51亿美元，下降0.32%；跨境资金顺差71.11亿美元，增长16.12%。经常项目跨境收支总量150.48亿美元，增长32.83%。其中，跨境收入106.65亿美元，增长31.38%；跨境支出43.82亿美元，增长36.5%。资本项目跨境收支总量28.71亿美元，下降48.65%。其中，跨境收入20.86亿美元，下降40.83%；跨境支出7.85亿美元，下降61.99%。银行结售汇总额115.07亿美元，增长27.30%。其中，结汇87.42亿美元，增长29.07%；售汇27.64亿美元，增长22.02%；结售汇顺差为59.78亿美元，增长32.62%。

推进资本项目便利化政策，累计为87家企业办理资本项目便利化业务7.44亿美元，增长1388%，为海沃机械（中国）有限公司申办跨国公司资金集中运营试点。为扬州园博投资发展有限公司等28家企业办理全口径跨境融资业务，融入资金合计约3.01亿美元，全口径跨境融资企业家数增长84.62%，融资规模增长96.83%，平均融资利率约1.48%。推进经常项目外汇收支便利化试点工作，全市共5家银行的9家分支机构、16家企业参与贸易便利化试点，新增5家银行分支机构、11家企业，全年共办理货物贸易项下收入2710笔、2.75亿美元，支出991笔、1.82亿美元。宣传跨境金融区块链平台功能优势，推动银行通过区块链平台发放出口应收账款贸易融资1.86亿美元，增长53.72%；办理信保保单融资3笔、79.14万美元，缓解中小微外贸企业融资难题。

全年共报送银行卡境外提现交易信息2.51万笔，金额折人民币7960万元；报送银行卡境外消费交易信息3.95万笔，金额折人民币2.79亿元。开展国际收支统计数据质量核查17.86万笔，增长5.81%；金额185.56亿美元，增长8.81%。完成大额数据核查221笔，金额45.24亿美元。开展企业汇率风险宣传系列活动，推动银行深入企业制定个性化汇率避险方案，通过减费让利等手段降低中小企业汇率避险成本，全市外汇衍生品履约23.49亿美元，套保率20.42%，为历史最高。

开展虚假外资借道经常项目流出业务专项核查，查处企业3家。开展个人分拆购付汇专项监测核查，查处个人业务项下两起以分拆方式购付汇案件，涉及违规金额96.67万美元，处罚16.29万元。加强对资本项下资金跨境流动情况的监测和核查，查出4家违规企业，其中落实处罚3家，共处罚人民币335万元。发挥联合监管机制，向税务部门移送出口少收汇企业共53家，两家企业补缴税款331万元，5名个人补缴税款8.6万元，将日常监管发现的某企业债转股业务未缴纳非居民税收情况向税务部门进行通报，成功追缴涉外税款330万元。

（人　行）

政策性银行

■中国农业发展银行扬州市分行 2021年末，中国农业发展银行扬州市分行累计投放各类贷款91.56亿元，比上年减少1.36亿元。各项贷款余额256.45亿元，比年初增加35.54亿元；存款余额65.24亿元，日均余额70.07亿元，减少15.32亿元。完成国际业务结算量4484.69万美元，超全年任务534.69万美元。无新增不良贷款，各项贷款继续保持“无不良、无欠息、无逾期”。

贷款业务。投放夏粮收购贷款16.3亿元，超额完成省行任务，投放秋粮贷款2.1亿元，增加0.2亿元。服务助力乡村振兴，全年完成新营销重点客户18个，其中列入地方银保监部门乡村振兴试点示范镇活动项目3个，金额6亿元。统筹支持长三角区域一体化发展，以县城城镇化为切入点，成功获批5个城镇更新项目，审批金额59.1亿元，累计投放12.5亿元。

存款业务。优化存款结构，开辟引存新渠道，首创“农薪宝”引存模式。至年末，各项存款日均余额70.07亿元；日均存贷比28.27%，位列系统内全省第二。

社会责任。助力精准脱贫攻坚，全年累放扶贫贷款11.5亿元，“万企兴万村”入库企业30家，完成购买贫困地区农副产品8.2万元，帮助贫困地区销售农产品150万元，落实无偿帮扶资金40万元。开辟信贷应急救灾绿色通道，支持疫情防控物资生产、保供稳价，先后支持防疫保供企业9户，累计投放应急救灾贷款9笔，金额2.08亿元。

（陈洪斌　翟　爽）

国有商业银行

■中国工商银行股份有限公司扬州分行 2021年末，中国工商银行扬州分行本外币各项贷款余额522.71亿元，比年初新增91.4亿元、增长21.19%；全年累计投放本外币贷款380.58亿元。本外币存款余额598.93亿元，新增60.1亿元、增长11.15%。实现营业收入19.22亿元，新增1.27亿元。实现拨备前利润13.81亿元，新增0.98亿元。不良贷款持续保持双降，不良贷款余额1.98亿元，减少118万元，不良率0.38%，下降0.08%。

支持实体经济。重点支持开发园区、产城融合、文化旅游等项目建设，全年实现项目贷款投放71.32亿元。推进制造业“千户工程”战略，新增制造业有贷户105户，制造业贷款比年初增加17.8亿元。提升小微企业服务水平，全年普惠有贷户净增750户，新增普惠贷款14.08亿元。实施减费让利、利率优惠，缓解小微企业“融资难、融资贵”问题，普惠口径综合利率4.08%、比上年下降25BP，全年让利超1600万元。

助力乡村振兴。成立金融服务乡村振兴工作领导小组，设立乡村振兴办公室。与市农业农村局建立战略合作关系，选派优秀干部到扬州重点村任驻村第一书记，与江都小纪、仪征马集等乡镇签订协议，支持当地特色农业项目发展，加强农村GBC场景建设，通过党建结对、金融知识下乡、定点帮扶等措施，主动探索党建共建、产业支持、金融教育新模式。

投身金融抗疫。7—9月新冠肺炎疫情期间，累计处理财政拨款1620笔、金额4.5亿元。向上争取信贷政策支持，开辟绿色通道，转变评估模式，累计为防疫重点企业、中小企业输送应急资金6200万元。联动省内兄弟行服务国际业务客户，出口交单40余笔，保障疫情期间外汇业务不间断。

防范信贷风险。严把新建信贷客户准入关，针对不同领域、不同类型客户，设定差异化准入标准，多维度核查客户真实性，防止“病从口入”。加强潜在风险客户管理，“一户一策”研究风险融资化解方案，切实缓释潜在风险压力。加快存量不良贷款处置和账销案存清收，综合运用诉讼、清收、打包、核销等手段加速表内不良资产清理，通过减免息、先核后收等方式促进表外资产多清快清。

（季晓明　陆　鹏）

■中国农业银行股份有限公司扬州分行 2021年末，中国农业银行扬州分行各项存款余额935.26亿元，比年初增加85.16亿元。各项贷款余额633.24亿元，增加93.81亿元。人民币贷款余额630.88亿元，增加93.52亿元，其中县域贷款增长19.78%，高于全行贷款平均增速2.38个百分点。普惠贷款余额87.49亿元，增加23.05亿元，增长35.77%。制造业贷款余额89.71亿元，增加25.81亿元，增长40.4%。不良贷款余额2.33亿元、占比0.37%，下降2656万元、0.11个百分点。全年实现营业收入25.92亿元，增加2.01亿元，目标完成率100.48%；实现中间业务收入4.71亿元，增加710万元；实现拨备前利润18.84亿元，增加2.07亿元，增长12.32%；实现拨备后利润12.52亿元。

支持实体经济。全年累计投放重大项目贷款27个，金额34.2亿元；累计上报项目贷款24个，金额111.5亿元；累计获批项目贷款18个，获批金额65.5亿元；年末在批项目贷款6个，金额46亿元。全年规模以上信贷客户净增208户，规模以上企业渗透率22.4%，比年初提高7.6个百分点，高于省均3.2个百分点。新拓展高邮蛋品加工产业集群等10个优质项目。推进供应链融资业务，全年供应链上线商圈6个、融资余额2.6亿元。持续开展“进村入户”金融服务活动，年末全行建档农户1.38万户，增加6122户，入库白名单798户，惠农e贷增加8.63亿元。支持农村供水、供电、道路等基础设施建设项目，向宝应县国家级农村产业融合发展示范园项目成功投放项目贷款3.5亿元。支持县域公共服务、环境卫生、市政公用、产业培育设施提档升级等，当年获批县域城市更新项目贷款9亿元。支持园区基础设施建设，向扬州圆梦、宝应科技创业两家公司发放“乡村振兴园区贷”1.5亿元。年末，全行县域贷款余额332.37亿元，增加54.89亿元。

存款业务。一季度末全行个人存款余额634.7亿元，比年初增加73.4亿元。年末，高净值以上客户个人资金比年初增加27.44亿元，占个人资金增量42.4%。全市5亿元以上23家重点专业市场商户总规模6538户，农行借记卡客户覆盖率45%。全年营销各类保证金、出让金302亿元。累计到账地方债资金9.3亿元、营销直融市场资金12亿元。日均对公存款1000万元以上客户增加23户，日均增加10.4亿元。全年累计销售大额存单17.6亿元、结构性存款22.1亿元。新增机构类有效客户157户，增加机构存款14.94亿元。

数字化转型。新增掌银注册且活跃数1.65万户。重点实施与广陵区教体局“智慧校园”战略合作项目，实现“智慧校园”在广陵区30余所中小学、3.7万余名学生全覆盖。全年智慧校区签约学校167所，新增有效81所，智慧校区场景月活客户数3万户。建成投产扬州维扬豆制食品有限公司和江苏港湾农业科技集团供应链项目，两个项目全年实现下游商户获客365户，交易笔数近4万笔、交易金额8000万元。参与建设智慧政务，与市人社局、市卫健委、市医保局合作，实现社保缴费、电子社保卡、医保电子凭证应用的新突破；上线扬州仪征建盛公共事业缴费项目，增加批扣和缴费中心渠道；完成市资源交易中心国土拍卖保证金一键退付项目；完成扬州大学自考生管理系统建设，实现扬州大学自考生掌银在线报名、选专业、支付费用，获客1.08万人，交易笔数2.61万笔、金额7331万元；完成宜行扬州App、扬大康源乳业自助售货机掌银支付平台输出。

信用风险管理。先后开展2021年信贷大检查、法人贷款押品真实性专项排查、裸贷户排查治理、低风险银票业务排查、第三方金融资产质押授信业务整治等专项活动。常态化开展每月一次全面信用风险隐患客户排查活动。全年召开市分行资产处置会18次，审议通过资产处置项目229个、本金1.64亿元。全年处置不良贷款2.54亿元，现金清收不良贷款本息1.47亿元。

（吕元兆）

■中国银行股份有限公司扬州分行 2021年末，中国银行扬州分行本外币存款余额548亿元，比年初增加37亿元，增长7.23%；本外币贷款余额555亿元，增加63亿元，增长12.8%。全年实现营业收入17.1亿元，增长4.78%。资产不良率0.63%，下降0.22个百分点。

金融抗疫。7—9月新冠肺炎疫情期间，畅通跨境金融绿色通道，办理520笔跨境汇款4925万美元。畅通民生服务绿色通道，代发2.7万人养老金、5211名农民工工资、4752名职工公积金。办理44家企业续贷7.18亿元，确保全行客户“零逾期”。投放106家实体企业16亿元，投放8家防疫和保供企业2774万元。向总行争取9月底到期的38家企业总量延期3个月的政策，金额17.21亿元。为13家民营制造、战略新兴企业申领优惠利率白名单，金额16亿元。

普惠金融。至年末，普惠金融贷款比年初增加15.12亿元，增长36.59%，超过全部贷款平均增速23.74个百分点；客户数增加452户，增长18.51%；不良率下降0.63个百分点；平均贷款利率下降0.26百分点。信用贷款占比提高0.81个百分点，中长期贷款占比提高3.32个百分点，首贷户占比提高15.68个百分点。投放全省首笔普惠新建类固定资产贷款和全市首笔小微贷、经营易贷组合贷。

跨境金融。2021年，跨境资本金汇入列同业第一，跨境人民币结算市场份额提升20个百分点。以扬州市“一带一路”促进会副会长单位为阵地，撮合会员企业叙做“一带一路”沿线跨境融资、并购业务。连续4届牵头扬州企业参加中国进博会，洽谈、签约跨境商贸合作。7—9月新冠肺炎疫情期间，针对出口交单企业因国际快递暂停导致单据无法寄送境外、面临高额滞港费的状况，创新推广电子交单模式；针对申请开立保函的企业因隔离无法提供申请资料原件的状况，通过向总、省行申请，简化优化流程，凭影像件办理，累计开立保函4127万元。

助力“三个名城”建设。加强与市科技局、市知识产权局的合作，批量对接高新制造企业，成立1家科技专营支行，专门对接科技创新型企业，先进制造业贷款新增4.02亿元，战略性新兴产业贷款新增7亿元。加大向绿色园区项目的投放，绿色信贷新增18.6亿元，增长205%；向湿地公园建设等项目投放3亿元融资；承办1家园区企业9亿元绿色债券托管业务。向现代农业项目投放2亿元，向特色田园乡村旅游项目投放3亿元，乡村振兴贷款增加14.5亿元；深化与文旅平台企业的直接融资合作，承、分销地方债35亿元。

（周广峰　张　浩　袁　庆）

■中国建设银行股份有限公司扬州分行 2021年末，中国建设银行扬州分行一般性存款日均余额914亿元，比年初新增88亿元。各项贷款余额752亿元，新增94亿元。不良贷款率0.37%。

支持实体经济。全年制造业贷款比年初增加15.6亿元，增长31.5%，高于各项贷款增速18.6个百分点。为扬州经济技术开发区临江路改造、高邮智慧城市灯网等项目累计投贷4.9亿元，为城市更新改造项目累计投放城镇化建设贷款18.8亿元。

转型发展。落地全省首个“住房租赁＋工改租”项目，投放全省首笔工改租住房租赁贷款。普惠金融客户数破万。成功将“智助公积金”、社保业务查询打印、预约挂号等56项业务移植到建行智慧柜员机。助力乡村振兴，全年大中型客户累计发放涉农贷款48亿元，余额119亿元，比年初增加20亿元。

金融抗疫。协助政府事业单位处理财政资金划拨，累计金额13.5亿元。助力小微企业发展，普惠贷款定价全省最低，坚持“不抽贷、不断贷、不压贷”，办理延期或续贷共计2.2亿元。（禹在志）

■交通银行股份有限公司扬州分行 2021年末，交通银行扬州分行资产总额299.21亿元，比上年增加16.48亿元；人民币存款余额281.27亿元，增加13.66亿元；人民币贷款余额240.99亿元，增加41.63亿元。

支持“六稳”“六保”。至年末，交通银行扬州分行普惠“两增”贷款余额13.23亿元，比年初增加4.42亿元，增长50.2%，完成率126%；普惠“两增”客户余额1001户，增加339户，增长51.2%，完成率130.4%。全年累计新发放普惠“两增”贷款15.76亿元，平均利率3.91%，下降0.36个百分点。加大对实体经济优质项目、乡村振兴重点领域的投放，至年末，分行涉农贷款余额28.36亿元，增加5.52亿元，增长24.18%；制造业贷款余额（人行口径）21.52亿元，增加8.04亿元，增长59.64%。

支持新兴产业。投向扬州“文创孵化”中心、大运河非遗文化园等项目，支持本地文旅文创产业发展。拓展非信贷资产业务，全年落地投行业务11单，累计投放53亿元，其中直接债务融资工具业务24.9亿元。深化银政合作，首单江都区唐庄片区城市更新项目、扬州市公共资源交易中心电子保函项目等落地。上线扬州首家跨境人民币CIPS收发器，助力人民币国际化。

金融抗疫。7—9月新冠肺炎疫情期间，交通银行扬州分行累计投放贷款、贴现和融资类业务13笔，共折人民币6175.56万元，其中1笔延期还本3500万元。通过债券发行绿色通道成功发行超短融5亿元，债券票面成本全国同类企业前十。

（郃　思）

其他商业银行

■中国邮政储蓄银行股份有限公司扬州市分行 2021年末，中国邮政储蓄银行扬州分行总资产726.72亿元，比上年增加71.96亿元，比上年多增6.7亿元。各项存款余额232.82亿元，增加14.43亿元；贷款余额333.28亿元，增加34.49亿元。不良贷款余额1.14亿元，不良率0.34%，降低0.02个百分点。

（詹　成）

■江苏银行股份有限公司扬州分行 2021年末，江苏银行扬州分行各项存款余额668.6亿元，比年初增加78.2亿元，增长13.2%。各项贷款余额600.8亿元，增加88.3亿元，增长17.2%。获“2019—2021年度江苏省文明单位”称号。

服务实体经济。全年对公实贷增长创历史新高，总规模跃居全市第二。投放省市重大项目11笔，金额10.76亿元。围绕扬州市“323+1”先进制造业集群，累计投放制造业贷款40亿元，制造业贷款余额71.52亿元，新增7.03亿元，规模居全市第二。普惠贷款余额55.35亿元，比年初增长31.17%。

金融抗疫。7—9月新冠肺炎疫情期间，线上发放贷款3352笔、金额5.56亿元，落地“金融助力科技防疫抗疫”白名单企业业务。对受疫情影响企业贷款延展期金额4.11亿元，8月、9月延期率分别为91.59%、92.44%。及时划拨市财政局5.16亿元医保资金，保障政府平台用款累计超10亿元。启动国际业务应急协同机制，办理跨境汇款业务400余笔，进出口单证业务10余笔，金额超6000万美元。

聚焦绿色发展。助力推动社会经济低碳转型，支持“长江大保护”“绿色制造”等特色重点项目，加大减污降碳、清洁能源等领域投放。至年末，绿色信贷余额61.56亿元，新增15.06亿元，增长32.4%，高于各项贷款增速15.15个百分点，余额、增量均居全市首位。（于潇潇）

■江苏扬州农村商业银行股份有限公司 2021年末，扬州农村商业银行资产总额422.62亿元，比年初增加37.10亿元，增长9.62%。各项存款353.39亿元，增加31.67亿元，增长9.84%。其中，储蓄存款283.38亿元，增加35.15亿元，增长14.16%；对公存款70.01亿元，减少3.48亿元，下降4.74%。各项贷款291.42亿元，增加43.95亿元，增长17.76%，为历年最高；实体贷款客户数（不含信用卡）3.13万户，增加6605户，增长26.72%。不良贷款余额4.32亿元，增加0.58亿元；不良贷款占比1.48%，下降0.03个百分点。全年实现净利润2.41亿元，增加0.1亿元，增长4.12%。至年末，手机银行客户47.84万户，增加9.25万户；社保卡发卡78.49万张，增加5.02万张，社保卡激活新增5.56万张。

“金融科技助力乡村振兴”技能大赛　　何世春/摄

增户扩面。走访各类客户5.6万户，新增授信签约1.36万户。深化政银企业务合作，开发上线承兑汇票“e秒贴”系统，联合发布“园区保”“苏科贷”“小微贷”等见贷即保产品。至年末，“小微贷”产品贷款余额1.26亿元，户数48户。

创新转型。成为扬州市首家“社银合作”服务网点，全年各类社保补贴代发金额12.71亿元，增加2.98亿元；代发笔数39.6万笔，增加22.4万笔。升级改造112家金融便民服务点，满足村民小额取现、转账、消费、缴费等基础业务需求，年均交易量65万笔。参加人行“金民链”“金民通”平台试点建设，至年末，全行线上贷款用信户数9668户，金额10.15亿元，分别比年初增加5640户、5.48亿元。

金融抗疫。7—9月新冠肺炎疫情期间，累计对900户企业和个人、6.57亿元开展授信用信延期。复工复产阶段，通过3个月集中力量的大走访，新增各类贷款客户8273户、授信金额24.48亿元、用信金额15.72亿元。（农　商）

■广发银行股份有限公司扬州分行 2021年末，广发银行扬州分行本外币存款余额59.66亿元，比年初增加5.83亿元，其中对公存款51.64亿元、个人存款8.02亿元；贷款总额66.01亿元，增加3.64亿元，其中对公贷款余额59.27亿元、个人贷款余额6.74亿元；全年实现营业收入1.81亿元，净利润1.03亿元。（广　发）

■华夏银行股份有限公司扬州分行 2021年末，华夏银行扬州分行资产总额154.77亿元，比上年增加21.22亿元，增长15.89%；各项贷款余额153.18亿元，增加21.29亿元，增长16.14%。一般性存款余额146.94亿元，增加24.04亿元，增长19.56%；一般性存款日均130.92亿元，增加10.66亿元，增长8.87%。实现营业净收入5.78亿元，增加0.4亿元，增长7.49%；拨备前利润总额4.68亿元，增加0.37亿元，增长8.63%。不良贷款余额341.89万元，减少2037.02万元，下降85.63%；不良贷款率0.02%，下降0.16个百分点。国际结算量6.02亿美元，个人金融资产总规模57.61亿元，增加10亿元，增长21%。金市和投行业务投放金额44.2亿元，再创新高。推动大额可转让存单产品营销，全年新增客户4户，新增资金10亿元，提升存款日均1.94亿元。商品房预售资金监管账户监管余额8亿元，增加2亿元。新开立上市公司IPO募集资金监管账户1户，存款余额1.4亿元。新开发国际结算客户20户，其中新开国际结算有效户13户。开立国内证16笔，合计金额7.22亿元。成功落地某企业跨境备证通业务，开出备用证1.02亿美元。（钱　峰）

■兴业银行股份有限公司扬州分行 2021年末，兴业银行扬州分行本外币各项存款余额189.82亿元，其中企金存款余额162.42亿元、储蓄存款余额27.4亿元。本外币各项贷款（不含贴现）余额179.89亿元，其中企金贷款余额112.93亿元、个人贷款余额66.96亿元。

产品运用。依托“兴享E函在线服务平台”为江苏苏新电力有限公司开立辖内首笔售电履约电子保函，成功落地辖内首单专户理财2亿元、首笔大额存单线上受让业务3000万元、首个普惠云平台、首笔“投联贷”1000万元，新增辖内首户衍生产品首办户。

风险管理。先后开展企金全面业务、押品合规管理、经营性贷款违规流入房地产等领域专项排查。组织开展兴航程“法治体系建设年”“基层经营机构合规内控履职提升年”及“零售信贷业务管理专项提升”活动，加大合规文化宣传教育。（范魏忻）

■南京银行股份有限公司扬州分行 2021年末，南京银行扬州分行各项资产总额突破700亿元，比年初增长32%；各项存款余额443亿元，增加52亿元；各项贷款余额327亿元，增加41亿元。全年累计投放表内贷款525亿元，增长65%。获“2019—2021年度江苏省文明单位”称号。

重大项目营销。全年累计投放金额近220亿元，在各县域均落地一单金额达5亿元及以上的重大项目。分行债务融资工具发行量在区域市场排名跃居首位。推进“政银园投”业务模式，高邮、江都区域首支投贷基金落地。

积极践行责任。推进普惠金融，全行首单“鑫味稻”产品在高邮区域成功落地。制造业保持高位增长，年末人行口径余额50亿元。两项直达实体经济货币政策工具、“应延尽延”、绿色金融等指标均超额完成。新冠肺炎疫情期间助力复工复产，保证金融服务连续稳定。

深化战略推进。成功上线全市17家重点客户银企直连项目，开发上线扬州地区产权交易中心电子保函系统，落地扬州地区首笔区块链出口信保保单融资业务及全行首笔线上进口押汇业务。推动零售“鑫快捷”、N Card等重点工作。（林晓辉）

■上海浦东发展银行股份有限公司扬州分行 2021年末，浦发银行扬州分行各项贷款余额193.7亿元，总存款日均180.1亿元，比上年增加20.2亿元。浦发银行扬州分行营业部被中国银行业协会授予“2021年银行业营业网点文明规范服务千佳示范单位”称号。（孙汇贤）

■招商银行股份有限公司扬州分行 2021年末，招商银行扬州分行各项存款余额142.27亿元，比年初增加8.43亿元。单位存款（不含单位保证金存款）余额86.23亿元，增加6.79亿元；储蓄存款余额45.37亿元，增加2.74亿元。各项贷款余额131.40亿元，增加10.99亿元。公司贷款余额56.38亿元，增加9.9亿元；个人贷款余额61.77亿元，增加1.49亿元；个人住房按揭贷款46亿元，增加0.67亿元；个人经营性贷款11.86亿元，增加0.03亿元。（佘振东）

保险业

■概况 2021年，扬州市有保险机构70家，其中财险公司24家、寿险公司46家，营业网点390个；保险专业中介机构54家；保险销售从业人员1.96万人。全市累计实现保费收入174亿元，占全省保费收入的4.3%，比上年增长1.39%。全市累计赔付支出54.91亿元，增长19.53%。主粮作物保障程度居全省前列。财产险种赔款支出27.01亿元，增长16.37%。其中，车险赔款支出19.9亿元，增长10.54%；责任保险赔款支出1.07亿元，增长2.96%；企财险赔款支出1.53亿元，增长192.44%。人身险种

新华保险增设银发服务驿站　王晨诗/摄

赔付支出27.91亿元，增长22.73%。其中，寿险赔付支出13.86亿元，下降12.36%；健康险赔付支出12.44亿元，增长124.93%；意外险赔付支出1.61亿元，增长15.41%。

（朱文娇　屠志婷　王晨诗）

■**服务行业发展** 提高农业保险覆盖面和标准，全年农险保费收入3.7亿元，比上年增长9.86%，提供风险保障80.74亿元，决赔款3.15亿元，增长34.53%。主粮作物保障程度居全省前列，地方特色农产品罗氏沼虾承保面进一步扩大，瓜果蔬菜价格指数保险、池塘水产品综合气象指数保险等创新险种成功纳入市级财政补贴目录。建成市安全生产责任保险信息系统，为818家企业落实事故预防技术服务，累计发现隐患2854处，主要风险源2705处，提供线上培训服务216家。全年安责险保费收入超3000万元，居全省第二位。建立江都区长期护理保险展厅，受理长期护理保险失能评估申请3489人次，通过评估认定符合重度失能标准2409人，核算支付待遇1300余万元，提高重度失能人员生活品质。与本地22家护理院、养老院、医院等签订照护协议，定向培育照护专业毕业生230人。仪征市支出型相对贫困保险基金服务项目落地，为仪征435户因灾、因病、因学返贫的居民赔付保险金额122.28万元。推进线上线下金融服务适老化改造，近七成网点增设老年人“绿色窗口”，推出手机银行App大字版，针对老年人运用智能技术困难增加指纹或面容认证、语音转账等方式。针对新冠肺炎疫情影响，保险机构累计处理赔案3.34万件，理赔3.01亿元；向医护工作者和抗疫一线人员、志愿者赠送新冠肺炎传染病保障保险超5000份，总保额13亿元。

（朱文娇　屠志婷　王晨诗）

■**中国人民财产保险股份有限公司扬州市分公司** 2021年，中国人民财产保险股份有限公司扬州市分公司实现保费收入21.5亿元，比上年增长5.5%；市场份额47.9%，位居全市财险行业第一；全年共为各类责任风险提供2.5万亿元的保险保障，累计支付赔款14.8亿元，增长14.9%。车辆保险市场份额46.3%，年服务私家车客户超过30万人次。农业保险市场份额72.8%，开办各类农业保险产品超过40个，年承保主要粮食作物超过500万亩，累计为近50万户次农户提供超过60亿元的风险保障，赔付金额2.3亿元，增长52.6%。非车非农保险市场份额44%，年服务各类企业超过5万家，包括宝胜集团、丰尚科技、扬农集团等地方大型龙头企业；承办市区城镇职工长期护理保险、市区自然灾害民生保险、宝应城镇职工医疗救助保险、仪征政府防贫救助保险等民生保险项目，服务覆盖人次超过百万人。

（人　保）

■**中国人寿保险股份有限公司扬州市分公司** 2021年，中国人寿保险股份有限公司扬州市分公司实现总保费56.93亿元，比上年下降0.91%，市场份额占比39.45%。全年实现长险首年标保3.68亿元，首年期交保费9.21亿元，10年期保费4.51亿元，短期险保费3.79亿元。从业人员8388人。至年末，承担风险保额近1.83万亿元，拥有个人客户突破203万人，大病保险客户172万人，法人客户单位4万余家。民生保险累计覆盖人群超过370万人次。在全省系统率先实现“居民基本医疗+大病保险+商业补充保险”三位一体的农村居民医疗保险保障体系。与仪征市政府合作推出“支出型相对贫困保险”，承保1129户贫困户，防止建档立卡贫困户因病二次返贫。

（王　凯）

证券业

■**概况** 2021年末，全市有36家券商、50个证券营业部，共开设资金账户97.04万户，比上年增加11.13万户，增长12.96%。客户交易结算资金余额41.37亿元，增加4.75亿元，增长12.98%，全年累计完成证券交易额1.88万亿元，增加2473.54亿元，增长15.19%。其中，股票交易额1.26万亿元，增加693.82亿元，增长5.80%；基金交易额1966.52亿元，增加989.67亿元，增长101.31%。

（赵晓红　薛　梅）

■**中国中金证券有限公司扬州营业部** 中国中金证券有限公司扬州营业部在扬州城区、江都区、仪征市、高邮市开设4家营业部。至年末，共开设资金账户12.55万户，客户交易结算资金余额7.78亿元，累计实现证券交易额2275.88亿元，其中股票交易额1773.28亿元、基金交易额48.55亿元、债券交易额18.83亿元。（赵晓红　薛　梅）

■**华泰证券扬州证券营业部** 华泰证券扬州证券营业部在扬州城区开设营业部2家，在江都区、宝应县、仪征市、高邮市各开设营业部1家。至年末，共开设资金账户24.43万户，客户交易结算资金余额10.51亿元，累计实现证券交易额7123.93亿元，其中股票交易额4579.29亿元、基金交易额1238.9亿元、债券交易额103.16亿元。（赵晓红　薛　梅）

■**海通证券扬州营业部** 海通证券扬州营业部在扬州城区、江都区、宝应县开设3家营业部。至年末，共开设资金账户15.19万户，客户交易结算资金余额5.41亿元，累计实现证券交易额1523.76亿元，其中股票交易额1100.38亿元、基金交易额62.64亿元、债券交易额54.75亿元。（赵晓红　薛　梅）

■**申万宏源证券股份有限公司扬州营业部** 申万宏源证券股份有限公司扬州营业部在扬州城区、江都区开设2家营业部。至年末，共开设资金账户4.7万户，客户交易结算资金余额3.36亿元，累计实现证券交易额1031.41亿元，其中股票交易额718.25亿元、基金交易额83.69亿元、债券交易额10.02亿元。

（赵晓红　薛　梅）

2021年扬州市证券公司主要业务指标一览表

表22-3

机构 \ 栏目		开设资金账户（户）	客户交易结算资金余额（亿元）	当年证券交易额（亿元）	#股票	#基金	#债券
合计		970421	41.37	18761.21	12648.99	1966.52	505.83
1	中金财富证券	125478	7.78	2275.88	1773.28	48.55	18.83
	其中：市区	53136	2.65	912.55	665.77	31.27	6.98
	江都区	35136	2.88	645.20	554.05	7.66	6.24
	仪征市	35285	2.19	687.19	525.98	9.01	4.97
	高邮市	1921	0.06	30.94	27.48	0.61	0.64
2	华泰证券	244299	10.51	7123.93	4579.29	1238.90	103.16
	其中：文昌中路	97909	4.31	2705.87	1696.23	454.85	40.63
	文昌西路	65695	3.62	2227.51	1112.28	672.52	31.10
	高邮市	29849	0.82	579.54	457.40	17.75	16.11
	宝应县	36280	1.30	1079.83	831.16	89.35	12.01
	仪征市	6264	0.19	181.40	155.05	1.31	1.14
	江都区	8302	0.28	349.77	327.17	3.12	2.18
3	海通证券	151868	5.41	1523.76	1100.38	62.64	54.75
	其中：市区	78624	3.20	719.75	504.51	14.75	8.74
	江都区	54181	1.63	468.48	373.43	9.50	28.54
	宝应县	19063	0.58	335.53	222.44	38.39	17.47
4	申万宏源证券	47021	3.36	1031.41	718.25	83.69	10.02
	市区	45281	3.30	1013.02	700.44	83.64	9.92
	江都区	1740	0.06	18.39	17.81	0.05	0.10
5	招商证券	73607	2.62	694.30	549.63	7.27	16.18
6	银河证券	39597	1.61	603.78	424.12	34.48	35.20
	其中：市区	35713	1.47	542.88	370.90	31.63	34.84
	宝应县	3884	0.14	60.90	53.22	2.85	0.36
7	新时代证券	22608	1.03	322.21	266.07	2.35	10.48
8	太平洋证券	5941	0.33	94.81	59.75	1.23	0.87

续表 22-3

机构 \ 栏目		开设资金账户（户）	客户交易结算资金余额（亿元）	当年证券交易额（亿元）	#股票	#基金	#债券
	东吴证券	13880	0.61	221.16	155.88	2.65	4.99
9	其中：市区	6304	0.21	66.61	48.94	1.34	1.29
	仪征市	7576	0.40	154.55	106.94	1.31	3.70
10	国联证券	7502	0.36	193.55	139.53	6.00	8.80
11	东莞证券	23760	0.57	343.84	221.44	11.15	6.12
12	东海证券	6093	0.34	143.63	104.90	11.21	4.75
13	光大证券	14249	0.42	170.31	102.93	1.42	1.12
14	德邦证券	7206	0.12	66.98	59.06	1.19	0.55
15	长城证券	5749	0.31	321.94	156.07	126.03	1.28
16	金元证券	1176	0.30	103.57	55.76	0.76	0.07
17	方正证券	20365	0.44	210.25	162.93	3.09	3.99
18	广发证券	21911	0.32	209.58	142.16	3.95	2.22
19	华龙证券	7291	0.32	122.53	75.55	0.60	1.80
20	华鑫证券	2678	0.25	120.07	73.37	2.19	2.25
21	国泰君安	26384	0.50	235.77	191.46	6.91	12.09
22	华林证券	2678	0.15	50.04	27.66	0.42	0.84
23	长江证券	9746	0.13	329.73	32.16	231.35	2.67
24	东方证券	4152	0.27	178.14	155.42	1.12	4.29
25	中信华南证券	3035	0.19	90.16	73.09	2.00	0.48
26	中信建投证券	17371	0.44	320.94	149.85	2.49	20.26
27	安信证券	21616	1.00	775.09	486.16	49.17	73.43
28	联储证券	3336	0.03	14.44	10.76	1.02	0.06
	西藏东方财富	8192	0.61	477.02	317.27	12.87	95.56
29	其中：京华城路	7555	0.57	438.04	288.32	12.63	89.54
	信息大道	637	0.04	38.98	28.95	0.23	6.02
30	国融证券	792	0.02	10.49	7.69	0.04	1.00
31	上海证券	3366	0.12	81.80	60.76	2.76	1.84
32	民生证券	1932	0.16	67.45	35.84	1.87	0.19
33	华福证券	6159	0.31	50.37	42.46	0.82	0.33
34	中泰证券	2197	0.11	79.37	63.03	0.73	4.20
35	兴业证券	16517	0.33	90.31	69.38	1.60	1.16
36	平安证券	669	0.00	12.61	5.65	1.99	0.00

（赵晓红　薛　梅）

对外及港澳台经贸

Duiwai Ji Gang-Ao-Tai Jingmao

编　辑　郭玉祥

对外及港澳台贸易

■概况　2021年，全市实现进出口总额969.1亿元（150亿美元），总量列全省第九位；比上年增长25.5%（以美元计数增长34.4%），增幅列全省第五位。其中，出口712.2亿元，增长22.8%；进口256.9亿元，增长33.7%。从贸易结构看，民营企业进出口476.5亿元，增长31.2%，占全市的49.2%，占比增加2.6个百分点，对外贸易增量贡献度达57%；外商投资企业进出口311.8亿元，增长15.7%，占全市总量32.2%，下降1.8个百分点；国有企业进出口180.7亿元，增长29.5%，占全市的18.6%，下降0.8个百分点。全年实现一般贸易进出口766.4亿元，增长29.8%，占比79.1%，增加2.7个百分点。

（郭　杰　蒯梦原）

■进出口商品结构　2021年，全市出口前五位的商品依次是基本有机化学品、半导体器件、船舶、电器及配件、集装箱，进口前五位商品依次为金属矿及矿砂、基本有机化学品、电子元件、塑料及制品、食用油。具有较高技术含量的工业制成品进出口快速增长，电子元件、集装箱、太阳能电池、汽车零配件出口分别比上年增长91%、167.6%、332.6%、14.5%，集成电路进口增长14.9%。

（郭　杰　蒯梦原）

2021年扬州市主要出口商品情况表

表23-1

名　称	累计出口额（万元）	比上年增长（%）	占全市出口比重（%）
基本有机化学品	555015	40.1	7.8
半导体器件	479941	91	6.7
船舶	455926	-4.2	6.4
电器及配件	403376	58.1	5.7
集装箱	349600	167.6	4.9
纺织制品	299835	-10.2	4.2
机床	275147	28.3	3.9
汽车零配件	231302	14.5	3.2
服装及配件	220364	-8.5	3.1
鞋靴	196331	18.8	2.8

（郭　杰　蒯梦原）

2021年扬州市主要进口商品情况表

表23-2

名　称	累计进口额（万元）	比上年增长（%）	占全市进口比重（%）
金属矿及矿砂	750617	52.8	29.2
基本有机化学品	360299	54.6	14.0
电子元件	234714	7	9.1
塑料及制品	95641	-1.3	3.7
食用油	79179	11.4	3.1
电工器材	45686	5	1.8
钢材	42585	62.8	1.7
纸浆、纸及制品	39857	-11.1	1.6
半导体制造	39655	109.5	1.5
木及其制品	37470	8.3	1.5

（郭　杰　蒯梦原）

2021年扬州市主要进出口国别(地区)情况表

表 23-3

类　型	进出口额			出口额		
	金　额（万元）	比上年增长（%）	占比（%）	金　额（万元）	比上年增长（%）	占比（%）
欧　盟	1636291	26.9	16.9	1406111	24.5	19.7
美　国	1518312	28.4	15.7	1347998	28.4	18.9
大洋洲	1048844	16	10.8	286643	-23.7	4.0
中国香港	863021	109.8	8.9	862388	111.7	12.1
东　盟	849007	12.2	8.8	596055	17.8	8.4
拉丁美洲	733850	32.4	7.6	632140	23.6	8.9
中国台湾	560933	16.1	5.8	160657	-4.4	2.3
日　本	507307	14.4	5.2	259921	3.8	3.6
韩　国	452596	39.5	4.7	204097	50	2.9
非　洲	210833	-33.7	2.2	209053	-33.9	2.9

（郭　杰　蒯梦原）

2021年扬州市对外贸易进出口总额一览表

表 23-4　　单位：万元

项　　目	进出口总额	出口总额
合　计	9691018	7122235
按贸易方式分组：		
一般贸易	7664344	5641185
加工贸易	1552865	1033180
按地区分组：		
扬州经济技术开发区	2134830	1552833
广陵区	1104327	1008747
邗江区	1839225	1601502
江都区	2268314	1371883
宝应县	620081	501576
仪征市	1267366	667296
高邮市	435383	407940

（统计局）

■进出口市场结构　2021年，欧盟（不含英国）、美国、澳大利亚、中国香港和东盟为扬州市前五大贸易伙伴，分别实现贸易额163.6亿元、151.8亿元、92.1亿元、86.3亿元和84.9亿元。全年对“一带一路”沿线国家进出口比上年增长14.6%，对RCEP国家进出口275.6亿元，增长24%。（郭　杰　蒯梦原）

■重点进出口企业　2021年，扬州市外贸100强企业进出口占全市进出口总额的67.4%，其中出口占60.4%、进口占86.5%。骨干企业带动作用进一步增强，其中泰富、中远海运、川奇光电3家合计进出口突破20亿美元，占全市进出口总额的15.6%，分别比上年增长50.5%、29.2%、30.2%。（郭　杰　蒯梦原）

■口岸建设　2021年，扬州泰州国际机场受新冠肺炎疫情影响，国际（地区）航线基本暂停，全年国际（地区）航班2架次（含国际包机2架次），出入境旅客245人次。扬州港口外贸货运量1367.2万吨，比上年增长23.47%；外贸集装箱运量13.3万标箱，下降21.7%。5个码头（泊位）对外开放获省政府批复。（郭　杰　蒯梦原）

■广交会扬州参展　4月15—24日，第129届中国进出口商品交易会（简称广交会）在线上举办，扬州市共有171家企业参展，获257个展位。10月15日至11月3日，第130届

2021年扬州市重点进出口企业情况表

表23-5

序号	企业名称	进出口额（亿元）	进出口额（亿美元）
1	扬州泰富特种材料有限公司	75.0	11.6
2	扬州中远海运重工有限公司	45.0	7.0
3	川奇光电科技（扬州）有限公司	30.0	4.6
4	晶澳（扬州）新能源有限公司	23.0	3.6
5	海信容声（扬州）冰箱有限公司	18.6	2.9
6	江苏优士化学有限公司	17.7	2.7
7	扬州飞宇国际物流有限公司	17.3	2.7
8	奥克化学扬州有限公司	14.0	2.2
9	扬州日新通运物流装备有限公司	13.6	2.1
10	江苏金飞达电动工具有限公司	11.9	1.8
11	江苏汇成光电有限公司	11.7	1.8
12	骏升科技（扬州）有限公司	11.6	1.8
13	扬州扬杰电子科技股份有限公司	11.5	1.8
14	江苏长青农化股份有限公司	11.3	1.7
15	扬州安快物流有限公司	11.2	1.7
16	大连化工（江苏）有限公司	10.7	1.7
17	扬州通利冷藏集装箱有限公司	10.0	1.5
18	江苏扬农化工股份有限公司	9.6	1.5
19	森萨塔科技（扬州）有限公司	9.6	1.5
20	远东联石化（扬州）有限公司	9.4	1.5
21	扬州峰威新能源科技有限公司	8.9	1.4
22	高露洁三笑有限公司	8.7	1.3
23	江苏瑞祥化工有限公司	8.7	1.3
24	扬州联博药业有限公司	8.1	1.3
25	仪征方顺粮油工业有限公司	7.8	1.2
26	扬州泓迅联合储运有限公司	7.6	1.2
27	李尔汽车系统（扬州）有限公司	7.6	1.2
28	扬州易凡贸易有限公司	7.5	1.2
29	扬州润扬物流装备有限公司	7.4	1.1
30	扬州福克斯减震器有限公司	7.3	1.1

（郭　杰　蒯梦原）

广交会线上线下融合举办，扬州市共有258个展位，参展企业197家。

（郭　杰　蒯梦原）

外资及港澳台资利用

■概况　2021年，全市实际利用外资及港澳台资17.3亿美元，总量位列全省第八位；比上年增长17.65%，位列全省第六位，高于省均1.4个百分点。新增协议外资及港澳台资57.4亿美元，下降0.5%，其中3000万美元以上项目98个。从产业到资看，二产实际到资5.26亿美元，增长23.23%，占全市比重30.40%，其中制造业1.32亿美元，占比7.63%；三产实际到资12亿美元，增长14.91%，占全市比重为69.36%，其中房地产业外资及港澳台资到账4.84亿美元，占全市比重27.99%。

（郭　杰　蒯梦原）

■实际利用外资及港澳台资类别　全市实际利用亚洲国家（地区）外资及港澳台资15.8亿美元，比上年增长24.94%，其中来自中国香港地区15.3亿美元，增长32.35%；实际利用南美洲外资4988万美元，下降34.83%；实际利用欧洲外资1477万

2021年扬州市外商直接投资情况表

表 23-6　　单位：万美元

地　区	实际使用外资及港澳台资金额	协议外资及港澳台资金额
全　市	**173007**	**574563**
扬州经济技术开发区	38047	181211
广陵区	29101	76335
邗江区	46382	82228
江都区	30101	53155
宝应县	15043	49206
仪征市	23011	88324
高邮市	16509	44104

（统计局）

美元，下降78.22%。

（郭　杰　蒯梦原）

■ **“530”招商行动计划** 2021年，连续实施“530”（5年内招引30家以上世界500强企业和跨国公司）招商行动计划。年内新引进赛得能源动力科技（扬州）有限公司、慕贝尔汽车部件（扬州）有限公司、扬州莎罗佳医疗用品有限公司、乔治费歇尔管路系统（扬州）有限公司、中化工程塑料（扬州）有限公司、智创数字技术创新中心等6个世界500强及跨国公司项目。

（郭　杰　蒯梦原）

对外及港澳台经济技术合作

■**概况** 2021年，全市完成对外投资总额3.06亿美元，比上年下降47.3%。其中，全市对外投资企业完成中方协议额4961.4万美元，位列全省第11位；完成对外直接投资额9270.4万美元，位列全省第九位；全市对外承包工程企业新签合同额2.69亿美元，位列全省第六位；完成营业额1.74亿美元，位列全省第七位；全市对外劳务合作企业新签劳务人员合同工资总额690万美元，位列全省第五位；完成对外输出劳务人员实际收入3902万美元，位列全省第四位。

（郭　杰　蒯梦原）

■**对外项目** 2021年，全市新增对外投资项目16个，中方协议投资额4961.4万美元。其中，在泰国、乌兹别克斯坦等“一带一路”沿线国家和地区投资项目10个，中方协议投资额4098.8万美元，比上年增长54.4%。全市共有11家对外承包工程企业完成营业额1.74亿美元，占全市对外投资总额56.9%。

（郭　杰　蒯梦原）

2021年扬州市“走出去”情况一览表

表 23-7

地　区	新批对外投资项目（个）	中方协议投资额（万美元）	对外直接投资额（万美元）	对外承包工程完成营业额（万美元）	对外输出劳务人员实际收入（万美元）	对外投资总额（万美元）
全市	**16**	**4961.4**	**9270.4**	**17404**	**3902**	**30576.4**
广陵区	0	0	1126	4403	38	5567
邗江区	7	471.9	1723	4743	300	6766
江都区	4	2768	5049.7	7742	309	13100.7
扬州经济技术开发区	1	1300	200	0	20	220
生态科技新城	0	0	3.8	0	0	3.8
蜀冈－瘦西湖风景名胜区	1	20	203.4	0	0	203.4
宝应县	0	0	565.2	366	2859	3790.2
仪征市	3	401.5	26.6	0	376	402.6
高邮市	0	0	20	150	0	170

注：1. 对外投资总额＝对外直接投资额＋对外承包工程完成营业额＋对外输出劳务人员实际收入；
2. 全市对外直接投资额中包含再投资利润

（郭　杰　蒯梦原）

国际及港澳台贸易促进

■概况 2021年，扬州市贸促会签发原产地证书1.66万份，签发FOB金额17.15亿美元，其中优惠证5206份（FOB金额3.33亿美元），比上年增长12%。出具国际商事证明书1833份，下降9%。代办使领馆认证314份，下降7%。新注册企业140家，注册企业总数1600家，会员企业410家。及时出具新冠肺炎疫情不可抗力事实性证明书87份，帮助企业减少直接经济损失约2亿美元。（梁顺龙）

■经贸交流活动 5月27—28日，“相约世园会·共赢好地方”经贸合作峰会在扬州举办，来自境外驻沪（宁）商务机构、长三角贸促系统、国际会展联盟成员单位、世界500强企业、江苏省重点企业、市相关部门和相关产业园区及市国际商会理事以上单位代表200余人参加峰会。接待埃塞俄比亚驻上海总领事一行。接待泰国投资促进委员会上海办事处主任一行。“4·18”期间，接待荷兰贸促会驻南京代表。组织会员企业参加联合国开发署在线采购竞标会、国际知识产权应用暨项目合作会、泰国投资说明会、第13届中国（江苏）企业跨国投资研讨会、第四届进博会等活动。对接省贸促会协调扬子江集团举办2020年阿联酋迪拜世博会“江苏周扬州日”活动。（梁顺龙）

■商事法律服务 全年累计接受企业咨询80余批次，内容涉及合同履约、合规经营、企业法律纠纷、疫情防控、政策帮扶等。收集、整理、发布各类“双反”经贸摩擦预警信息180余条。开展“贸法通”推广工作，在线开展法律咨询、案件指导、政策宣传。针对新冠肺炎疫情情况，就企业比较关心的知识产权海外保护、RCEP政策解读、不可抗力事实性证明及FTA优惠证业务等内容，组织企业线上培训共计23场次。邀请省专家就当前国际市场运行及发展趋势、法律风险防范、疫情影响下企业如何做好维权和汇率避险等问题组织线下培训3场次，共计500人次参加。与北京维澳专利代理有限公司共同举办知识产权签约仪式及企业知识产权海外保护培训，10家企业代表参加签约仪式和培训交流。（梁顺龙）

■组织展览 受新冠肺炎疫情影响，2021年境外展由线下展转为线上展，全年共组织23家企业参加5场线上展，主要有日本礼品消费品展、中东酒店用品展、海南酒店用品展及香港采购汇等，成交和意向总金额约5800万元。组织3家企业参加“2021江苏品牌产品线上丝路行（波兰专场）”。组织2家企业参加上海国际应急展、20家企业参加第四届中国进口博览会。（梁顺龙）

5月27—28日，“相约世园会·共赢好地方”经贸合作峰会举办 冯海庆/摄

参与“一带一路”建设

■重大活动 举办“一带一路”高质量发展专家会议，共享“一带一路”合作机遇；举办2021中国对外投资合作洽谈会扬州分会暨扬州市“一带一路”合作项目推进会，上海合作组织秘书长诺罗夫·弗拉基米尔·伊马莫维奇、马达加斯加驻华大使让·路易·罗班松等亲临现场，省发改委和中国产业海外发展协会支持指导，达成一批合作意向，签订一批合作项目；WCCO与联合国开发计划署（UNDP）签署合作备忘录，以扬州为模板，合作开发首个应用于运河城市的联合国2030可持续发展目标进展评估体系，共同开展运河城市可持续发展领域相关研究；扬州第二次入选国家发改委中欧区域合作中方案例地区，与欧盟在园区转型、科技创新、文化旅游、职业教育、绿色发展等方面继续开展合作。（吉爱平）

■人文交流 突出“一带一路”职业教育合作，扬州市职业大学、扬州工业职业技术学院、江海学院、江苏旅游学院等高职院校在校留学生规模近千人并持续增长。加快融入健康丝绸之路，市政府与以色列卫生部签订合作协议，在苏北人民医院、市疾控中心、市急救中心推进中以应急准备项目。承办东盟与中日韩文化城市网络启动仪式，规划建设东亚文化产业合作（扬州）示范区。筹办2022年世界田联半程马拉松锦标赛。（吉爱平）

■国际产能合作储备 “一带一路”项目56个，分布在亚洲、非洲、北美洲、大洋洲等28个国家（地区），涉及建筑建材、机械装备、纺织轻工、新能源等领域。嵘泰股份墨西哥汽车轻

量化铝合金零件项目、金世缘泰国乳胶制品项目、富星能源尼泊尔阿克赫科拉水电站、迈安德孟加拉MG公司5000tpd胚片及5500tpd膨化项目、扬州市职业大学面向“一带一路”沿线国家和地区职业技能优才项目等5个项目入选省项目库。将海外仓工作与国内国际双循环体系结合起来，推动扬州海外仓企业健康发展。（吉爱平）

■**海外风险防控** 统筹境外项目新冠肺炎疫情防控和生产建设，规范企业境外投资行为，梳理排查全市“一带一路”境外投资项目风险隐患，强化对外投资项目事中事后监管，开展全市“一带一路”重点项目风险排查和防范化解情况专题调研，做好境外存量项目风险妥善处置和境外新增项目风险有效控制。根据“一带一路”发展形势和要求，结合扬州实际，开展“一带一路”规划前期、应对RCEP、推进“一带一路”职业教育合作等方面的调研，形成若干调研成果和工作建议。（吉爱平）

海关监管

■**概况** 2021年，扬州海关监管进口铁矿、煤炭、液体化工品等大宗商品757万吨，查发灰分超标煤炭4.27万吨并作退运处理；查验自然箱1.21万个，查获未申报木质包装5批，检出不合格食品、化妆品4批，销毁不合格进口果干1312千克；实施传染病监测1697人次，检出传染病3例，预防接种961人次；对动植物产品、食品、化妆品开展出口前监督抽检590批，实施进口目的地事中查验9批；完成出口危化品及危包检验5138批，检出不合格58批，检验进口旧机电、医疗器械、婴童用品等重点敏感商品962批，查发异常20批，均依法进行退运、销毁、技术整改等处置；从南非进境的湿地松原木中截获重要林木害虫细角幽天牛，为全国口岸首次截获。办结稽查作业43个，引导企业主动披露4次，补征税款919万元，将专项稽查拓展到检验检疫领域，立案查处3家危化品企业伪报瞒报违规行为；聚焦进境粮食核查等重点领域，办结核查作业106起，指导57家企业规范整改，追补税款531万元。深化综合治税，加强属地纳税人管理，税收入库44.74亿元，比上年增长98%，创历史新高。2021年，扬州海关报关大厅被共青团中央、海关总署评为第20届全国青年文明号。（胡文静）

■**服务发展** 优化口岸营商环境，进出口整体通关时间分别比2017年基准值压缩82%、90%，达到历史最优水平；指导企业申报对美加征关税排除，帮助企业减免税款3400余万元；加强企业信用培育，新增1家高级认证企业——江苏三笑集团有限公司；支持地方重点特色产业发展，助推虾饺、松花蛋、冷冻黑莓等产品首次出口；支持开放载体平台建设，助推远扬江都港3号泊位、金陵鼎衡2号舾装码头等对外开放先后通过省级验收；接管仪征金陵船厂、紫金山船厂海关监管业务，实现辖区全覆盖；推动扬州综合保税区高质量发展，一线进出口值47.01亿元，比上年增长44.35%；支持扬州泰州国际机场建设进境水果指定口岸、布局跨境电商业务，拓展空港口岸功能。（胡文静）

■**改革创新** 落实业务改革，实现自报自缴和税单100%自主打印，关税保证保险担保金额2.6亿元，汇总征税比例超过40.99%；对进口铁矿、原油等大宗商品实行“先放后检”，对石英砂、钢坯等货物试点“船边直提”“运抵直装”；推进企业集团加工贸易监管改革，选取森萨塔科技（宝应）有限公司作为牵头企业参与改革试点；对12家企业试点“采信第三方出具报告制度”和“企业自查结果认可模式”；推动“无车辆运输进出区”模式落地，为企业节约物流成本400余万元。构建“一中心、四机制”后续监管体系，被吸纳为关区全业务领域一体化改革基层海关自主创新项目之一。（胡文静）

■**查缉走私** 以开展“国门利剑2021”联合专项行动为抓手，严打洋垃圾、象牙等濒危物种及其制品走私。全年侦办刑事案件12起，案值1.8亿元。办理行政案件35起，案值2.6亿元；办理“两简”案件48起、涉检案件13起，涉检案件数量位列南京关区第一，入围南京海关典型案例库3个。首次与扬州市烟草专卖局联合侦办1起走私进口雪茄案，案值130余万元，涉税72万元。开展打击保健品走私专项行动，打击利用低保价格等方式走私进口保健品犯罪团伙，抓获参与走私的犯罪嫌疑人9人，涉案案值1.6亿元，涉税3600万元，被中央电视台等媒体报道。（胡文静）

海事管理

■**进出港船舶** 2021年，扬州海事局辖区进出港货运船舶9.05万艘次，比上年增长11.12%。其中，国际航行船舶（含中国籍外贸船舶）进出港672艘次，增长21.96%；中国籍海船进出港6823艘次，下降6.64%；内河船舶（不含客汽渡船）进出港8.31万艘次，增长12.87%。辖区进出港船舶货运量1.17亿吨，增长2.12%；国际航行船舶货运量1106.40万吨，增长31.99%。（陈菊琴）

■**船舶登记** 2021年，扬州海事局登记在册船舶共计189艘，其中海船167艘、内河船22艘。办理船舶所有权登记42艘次，船舶国籍登记56艘次，船舶抵押权登记24艘次、光船租赁登记10艘次、船舶注销登记41艘次、船舶变更登记9艘次、补证换证17艘次；办理船舶识别号登记120件，船名审核61件，本年度船舶登记相关业务量共计380件。办理船舶登记资料查询6次，司法协助执行7次。（陈菊琴）

■**航运公司管理** 2021年，扬州海事局辖区共有航运公司45家，建立运行安全管理体系的国内航运公司共17家（退出2家）。体系内公司扬州15家、淮安2家；海船公司10家、内河公司7家；化学品或油品运输公司10家、散杂货运输公司7家。体系内船舶共141艘，比上年减少1.5%，其中油、化类船舶111艘，占比78.7%。开展安全管理体系审核81次，减少26.4%，其中公司19次、船舶62艘次。委托外单位审核23次，接收委托审核8次。签发符合证明（DOC）证书1份，临时符合证明（临时DOC）1份，DOC年度签注证书14份，船舶临时安全管理（临时SMC）证书30份，船舶安全管理（SMC）证书17份，SMC证书中间审核签注13次。（陈菊琴）

■**船舶载运危险货物管理** 2021年，扬州海事局办理船舶载运危险货物申报审批5907艘次，其中内贸危险品申报5004艘次、外贸危险品申报903艘次，分别比上年增长32.23%、36.87%、11.34%。辖区危险品吞吐量3027.93万吨，其中内贸危险品吞吐量2924.81万吨、外贸危险品吞吐量103.12万吨，分别增长60.75%、63.79%、5.36%（陈菊琴）

■**海事行政处罚** 实施海事行政处罚1223件，其中罚款1222件、扣留船员证书1件。未按照规定的航路或者航行规则航行666件，船舶所配船员的数量低于船舶最低安全配员证书规定的定额要求83件，船舶停泊未按照规定留足值班人员79件，未按照规定标明船名、船籍港、载重线或者遮挡船名、船籍港、载重线等73件，分别占行政处罚案件总数的54.45%、6.79%、6.46%、5.97%。（陈菊琴）

■**船舶试航与监督检查** 完成船舶检验质量监督检查67艘，其中沿海船舶8艘、内河船舶59艘，占参加安检船舶总数的21.1%；发现船舶检验质量重大缺陷9艘次。船舶建造重要日期确认272艘次，吨位丈量复核抽查31艘次船舶吨位。全年办理船舶下水（出坞）报备209件，比上年增长34.8%；办理船舶试航报备188件，增长31.5%。（陈菊琴）

大运河入江水道施桥段众多拖挂船只在海事部门的引导下有序停靠沿岸，并采取必要的防范措施　　张宝贵　程　曦/摄

■**船舶安全检查** 实施海船安全检查46艘次，实施内河船安全检查319艘次，实施船旗国监督检查应检船+可检船检查率8.23%；实施船舶现场监督检查420艘次，应检船+必检船检查率10.65%；实施港口国监督检查10艘。（陈菊琴）

■**水上巡航与搜救** 扬州海事局管辖水域有长江江都段、三江营夹江、扬州港新坝作业区、焦山水道北岸侧扬州港区、仪征捷水道和仪征水道北岸侧（至恒基达鑫危化品码头）。在编海巡艇共6艘，全年开展巡航3774艘次，出动巡航执法人员7711人次，巡航6782小时，巡航里程6.85万千米。执行24小时应急待命值班制度，加强船艇水上搜救装备配置和事故险情应急救助行动，参与和指导港航单位开展日常应急演练。接收处置水上交通事故险情64起，涉事船舶98艘，涉险人员662人，沉船1艘，未发生人员死亡失踪，搜救成功率100%；调查处理事故14起，未发生一般等级及以上事故，未发生人员死亡失踪；未发生船舶污染事故，辖区水上交通安全形势良好。（陈菊琴）

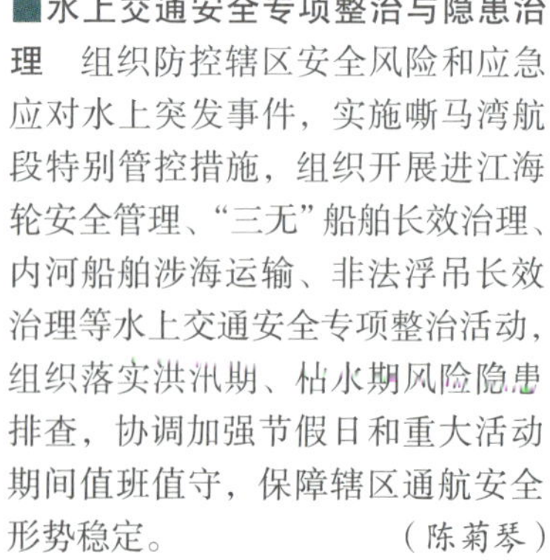

■**水上交通安全专项整治与隐患治理** 组织防控辖区安全风险和应急应对水上突发事件，实施嘶马湾航段特别管控措施，组织开展进江海轮安全管理、“三无”船舶长效治理、内河船舶涉海运输、非法浮吊长效治理等水上交通安全专项整治活动，组织落实洪汛期、枯水期风险隐患排查，协调加强节假日和重大活动期间值班值守，保障辖区通航安全形势稳定。（陈菊琴）

开发园区

Kaifa Yuanqu

编　辑　王妮姗

综述

■概况　扬州有国家级经济开发区1个、国家级综合保税区1个、国家级高新技术产业开发区1个、省级经济开发区7个、省级高新区3个（其中2个筹建），“一区多园”的管理格局初步形成。全市开发园区代管面积733.03平方千米、规划面积498.94平方千米、开发面积583.2平方千米；有企业1.2万余家，其中规模以上工业企业1800余家。2021年，全市开发园区顶住新冠肺炎疫情影响，主要经济指标稳中有升。完成地区生产总值3053亿元，占全市比重45.59%，比上年增长11.23%；一般公共预算收入102.7亿元，占全市比重29.85%，增长3.49%；工业开票销售4472亿元，占全市比重60.08%，增长18.43%；工业入库税收126亿元，占全市比重54.49%；实际利用外资及港澳台资16.61亿美元，其中制造业利用外资及港澳台资2.69亿美元。

市委、市政府印发《关于推进全市开发园区“二次创业”高质量发展的意见》及7个实施细则，通过实行“二次创业”进展情况月报制，编制工作简报，市人大、市政协督查和民主监督等方式，全方位贯彻落实。市纪委成立专项巡察办，对园区“二次创业”中涉及的土地盘活情况进行审计和巡察。2021年，各园区实际盘活存量土地562.73公顷，完成全年任务的140.68%。

（邱永永）

■招商引资　聘请23名市级招商大使，表彰5名优秀招商大使，举办3场市委、市政府主要领导参加的招商大使座谈会。市委、市政府主要领导4次率队赴上海、深圳、珠海等地开展专题拜访活动，拜访法国圣戈班、鹍远生物技术、中兴通讯、大族激光等公司，推进建筑材料、生物医药、芯片封装等一批在手在谈重点项目。举办粤港澳大湾区金秋产业合作、上海进博会专题招商和2021中国（扬州）国际创意美食博览会等3场集中签约活动，共签约项目55个，总投资超过310亿元。对集中签约项目和市领导拜访项目进展情况进行专项督查“回头看”，推动项目加快落地。编印招商工作月度简报，通报各地主要领导外出招商情况，组织3场招商引资季度“擂台赛”。2021年，全市开发园区新开工重大工业项目62项，占全市总数的69.7%，新落户“530”项目6个。

（邱永永）

■科技创新　至年末，开发园区集中全市57.9%的国家高新技术企业、47.8%的省统新型产业研发机构、48.3%的省级以上“三站三中心”（依托企业设立的博士后研究工作站、院士工作站、研究生工作站，工程技术研究中心、企业技术中心、工程研究中心）、61.2%的省级以上创新创业人才、100%的瞪羚企业、57.1%的市级以上企业重点实验室，覆盖8个国家火炬特色产业基地和10个省级科技产业园，占全市总量的80%和66.7%。其中，扬州高新技术产业开发区数控成形机床产业成为国家创新型产业集群。建成投入运营综合体33个，累计建成面积490万平方米，投入使用面积309.8万平方米，集聚企业近5000家，培育国家高新技术企业160家，引进专业运营管理机构14家、大院大所研发机构22家、各类科技服务机构近300家，累计吸纳各类人才4.4万人，其中本科以上人才2.6万人、博士人才336人。

（邱永永）

■产业发展　328国道沿线产业走廊。依托328国道沿线的扬州经济技术开发区、扬州高新技术产业开发区、仪征经济开发区、广陵经济开发区、江都经济开发区和杭集高新技术产业开发区等省级以上园区，培育新一代信息技术、生物医药和医疗器械等两个战略性新兴产业，推进先进制造业与现代生产性服务业融合发展，形成高新型产业主导、两业融合度充分、集群化优势彰显、标识性产业初显、国际国内影响力大幅提升的制造业新发展格局。

连淮扬镇高铁沿线产业走廊。依托高铁沿线的宝应经济开发区、高邮经济开发区、高邮高新技术产业开发区（筹）及宝应、高邮和江都中北部相关市级工业集中区，抓住公铁空交通一体化新机遇，形成专精特新型企业主导、特色化效应彰显、区域性影响力大幅提升的产业发展格局。

（邱永永）

2021年扬州市开发园区重点发展产业一览表

表 24-1

园 区	主导产业	新兴产业
扬州经济技术开发区	绿色光电	新一代信息技术
扬州综合保税区	医疗器械、电子信息、汽车零部件	保税维修、数据服务、保税租赁
扬州高新技术产业开发区	高端装备	生物健康
扬州化学工业园区	新材料、新能源	高性能合成材料、高端专用化学品
广陵经济开发区	高端装备	新能源
维扬经济开发区	汽车及零部件	电子信息
江都经济开发区	高端装备、新材料	新型建材
宝应经济开发区	新型电力装备	电子信息
仪征经济开发区（一区三园）	汽车及零部件、大数据	高端新材料
高邮经济开发区	新能源新光源（光储充）	电子信息
杭集高新技术产业开发区	高端日化（医美健康）	高端装备（人工智能）
高邮高新技术产业开发区	电子信息（智慧照明）	高端装备
江都高新技术产业开发区	汽车及零部件、高端装备、智能电网	智能制造

（邱永永　杨加俊）

■开放发展 全年新批外资及港澳台资项目173个，其中3000万美元以上项目98个，分别比上年增长19.3%、30.7%。开展进出口企业“破零行动”，新增外贸主体548家，实现进出口贸易额150亿美元，增长34.4%，总量规模创历史新高。对外投资总额3.06亿美元，新增对外投资项目16个，中方协议投资额4961.4万美元，对“一带一路”沿线国家（地区）投资额占比八成以上。新创成国家级外贸转型升级基地1个、省级跨境电商产业园1个、省级公平贸易工作站1个，新获评省级服务贸易基地1家、重点企业2家。（邱永永）

扬州经济技术开发区

■概况 扬州经济技术开发区始建于1992年5月。2009年7月，升级为国家级经济技术开发区。2021年，锚定“双千亿过百亿”目标，实施企业立区、项目强区、创新活区、文化铸区、生态优区“五区战略”，打造国家级产城融合示范区、长三角一流科创新区、沿江生态宜居产业新城。全年实现地区生产总值658.5亿元；规模以上工业总产值748.9亿元，增长28.6%；工业开票销售847.4亿元，工业入库税收22.5亿元，全社会固定资产投资188亿元，进出口总额33亿美元；社会消费品零售总额86.5亿元，增长8.5%；一般公共预算收入24.9亿元，增长4.2%；实际利用外资及港澳台资3.8亿美元。其中，地区生产总值、规模以上工业总产值、工业开票销售、工业入库税收、社会消费品零售总额等多项经济指标逆势上扬，增幅位居全市第一。（陈永婷）

■产业发展 实施“211”龙头企业培育工程（5年内培育300亿元级企业2个以上，百亿元级企业10个以上，1亿元以上企业100个以上），深耕绿色光电、汽车及零部件、高档轻工三大主导产业，重点发展“三新一高”产业，出台《产业发展白皮书》《推动服务业高质量发展的政策意见》等政策规划，入选江苏自贸区联动创新区。优化10平方千米港区规划，推动港口、产业、城市融合发展，扬州综合保税区在全国和东部地区的评估进入“双B”位次。新能源产业产能倍增，行业细分领域不断拓展，成为全区第一大产业集群。亚普获批国家制造业单项冠军，美德莱医疗获批国家专精特新“小巨人”企业，永道射频、惠通化工等7家企业获批省专精特新企业（产品）。智能制造产业获批省“互联网+先进制造业”特色基地、省大数据特色产业园，4家企业获6项国家级智能制造称号、3家企业获批省智能工厂、20家企业获批省智能车间，总数列全市第一。（陈永婷）

■项目引建 出台《优化营商环境五年行动纲要》，开展营商环境专项巡察。高标准建设企业家公园、产业工人公园，常态化举办服务企业座谈会、企业家沙龙、产业工人运动会等活动，回应企业需求，落实政策配套，做好服务保障。继续深化“放管服”改革，实施重大项目预审机制，开通“办不成事”局长热线，推行“一网通办”，“五证联发”“拿地即开工”成为全区常态。加快引进“基地型、总部型、产业链”项目，实施“1115”重大项目工程（每年实施工业项目100个以上、服务业项目100个以上、列省投资库5000万元以上项目100个以上、城建项目50个以上）。全年累计新签约项目153个，新实施工业项目110个、服务业项目102个、列省投资库5000万元以上项目120个、城建项目76个，超额完成全年目标。其中，总投资100亿元的晶澳太阳能电池、领益智造等重特大项目实现当年签约、当年开工、当年投产，超50亿元的华鹏光伏、港口物流产业园项目和超20亿元的尤佳医疗用品、科霸生物等项目有序推进。（陈永婷）

■科技创新 智谷科技综合体全年实现营业收入73.6亿元、税收1.92亿元，在全市30家科技综合体绩效考核中名列第一。新增宝科、惠通、扬芯激光等国家高新技术企业10家，累计认定国家高新技术企业96家。中航、美德莱等5家企业获批省研发机构。培育国家科技型中小企业91家，比上年增长65%。73家规模以上工业企业列入省高新技术产业目录库，高新技术产业产值占规模以上工业总产值比重62.6%。万人有效发明专利拥有量43.17件，列全市第一。实施重大科技成果转化项目30个，其中国宇大功率二极管芯片获资金支持1400万元，单个项目资金支持创全市历史新高。（陈永婷）

■城市建设 持续深化园区全域规划，“双轴·三带·五城·七园”（双轴：扬子江路城市发展轴和运河文化休闲轴；三带：长江大江风光带、大运河活力发展带、扬子津路生态发展带；五城：蝶湖宜居城、扬子津科创城、八里运河新城、施桥活力新城、朴席精致小城；七园：汽车及零部件产业园、绿色光电产业园、新能源产业园、高档轻工产业园、朴席智能制造产业园、港口物流产业园、双创示范产业园）的发展格局初具雏形。启动实施朴席“两园一城”规划，汽车及零部件产业园等七大“区中园”挂牌成立并实质化运作。开展全区环境大整治行动，推进32项市级城建项目和44项区级环境整治任务，完成扬州大运河博物馆周边景观提升和施桥美丽宜居街区改造。加快完善功能配套，欧美工业园一期标准厂房和中化锂电池职工宿舍竣工交付，维扬路等4条道路改造完毕，新增提升绿化面积66万平方米。推进23个53万平方米老旧小区改造。加大低效用地整治力度，处置闲置低效土地200.6公顷。（陈永婷）

■社会事业 7—9月扬州新冠肺炎疫情期间，扬州经济技术开发区两周内实现社会面零新增，3周内实现全区无新增，在较短时间内有效控制疫情发展。在常态化疫情防控期间，推动应急处置、卫生服务、基层基础等方面能力建设，完善“微网格”与社区服务融合互动的基层治理体系。进一步整合教育资源，成立扬州经济技术开发区教育集团，在全市率先实现城乡学校集团化办学全覆盖。推进医疗集团改革，加速推进施桥卫生院等二级医院建设，加强与名医名院交流合作，补齐医疗卫生短板。持续促进城乡居民收入均衡增长，全面开展社会救助，抓好援企、稳岗、扩就业、促创业。打造村（社区）综合文化服务中心，加快颐养社区建设，利用党史文化公园开展红色教育，举办“情系古运河·舞动扬子津”等群众喜闻乐见的文体活动。实体化运作社会治理现代化指挥中心，保持社会和谐稳定。（陈永婷）

■综合保税区 前身为扬州出口加工区。2016年1月，国务院批准整合优化为扬州综合保税区，规划面积2.2平方千米，其中一期1.47平方千米基础设施建设全部到位。扬州综合保税区主导产业有太阳能光伏、电子信息、装备制造和物流、大数据等，有神商机密器材、逸洁日化、王牌动力等16家制造业企业和中外运、飞宇、综保供应链、超级云计算、华云大数据等34家服务业企业。全年完成一线实际进出境货物进出口总额7.2亿美元，比上年增长38.46%；完成二线进出区货物总值19.76亿美元，增长34.42%。新招引注册法人企业21个，其中制造业企业7个、服务贸易类企业14个。与扬州港合作共建总投资约50亿元的港口物流产业园。二期（未封关区域）引进保来得科技、德国舒驰容器、鸿基福达等8个项目处于基建和前期筹备阶段。（邱永永　王　倩）

扬州综合保税区　　市商务局/供稿

扬州高新技术产业开发区

■**概况** 扬州高新技术产业开发区位于市区西南部，前身为邗江工业园，2001年启动建设，2006年被省政府批准为省级经济开发区，2012年被省政府批准更名为省级高新技术产业开发区，2015年被国务院批准升级为国家级高新技术产业开发区。2021年1月，被省工信厅评为省工业大数据应用示范区。园区总规划面积60平方千米，形成装备制造、生物健康“一主一新”的产业格局。2021年，实现工业开票销售283.7亿元，其中35家装备制造产业规模以上企业实现开票销售149.2亿元，9家生物健康产业规模以上企业实现开票销售41.4亿元。工业入库税收10.98亿元，比上年增长0.6%，其中装备制造产业规模以上企业入库税收3.92亿元，生物健康产业规模以上企业入库税收4.36亿元。固定资产投资99.8亿元，其中工业固定资产投资55.6亿元。规模以上服务业企业营业收入31.7亿元，增长8.2%。限额以上贸易企业营业收入49.9亿元，增长24.5%。 （王雨晨）

■**招商引资** 连续四年举办中国·扬州生物医药论坛，结合重点地区开展线上线下招商活动，外资及港澳台资实际到账7090万美元，总投资50亿元的礼邦药业和总投资20亿元的明德医药两个重特大项目落户，新签约老百姓大药房华东总部及物流中心、惠若化工设备、思普尔半导体设备、新世纪齿科、环球履带、苏州申赛等10个重大项目。新发展市场主体1160户，个体私营企业净增长750户，完成规改股（规模以上企业进行股份制改造）企业3家。 （王雨晨）

■**项目建设** 全年完成列省重大项目——奥力威，扬锻技改、赛分、威克、艾迪医药、大源新材料、航宇航空、伏尔坎等7个工业重大项目竣工，苏美达、奥锐特、安测、伏尔坎等4个工业重大项目达产。天平、诚华自动化、奥力通、思普尔、鹍远等5个市级工业重大项目和金鑫科创园、邗江科创中心二期等两个服务业重大项目开工。天平药业、奥力通起重机、特牛电源、奥力威传感器、鹍远基因等5个项目取得施工许可证并进入施工阶段，形成项目梯次推进的格局。 （王雨晨）

■**科技创新** 丰尚获批国家制造业单项冠军示范企业和省首台（套）重大装备，迈安德获批国家级专精特新“小巨人”企业和省智能制造领军服务机构，伏尔坎获批省级专精特新产品和省工程研究中心，安测获批省级智能制造示范车间，虎豹获批省级质量标杆企业。新增四星级上云企业1家——伏尔坎，新增恒佳自动化、悦诚（扬州）新材料、常信智能装备、熙源电子科技等18家三星级上云企业，江苏邗建集团有限公司获批江苏省第一批首席数据官制度试点企业。扬力集团、国药威克获省科技成果转化项目，茂源环保获省国际合作项目，亿迈科尼机电获省社会发展项目，扬力集团获首届江苏省科技创新发展奖优秀企业。扬州大学科技园创成国家级大学科技园，上市基地创成省级科技企业孵化器，医联医疗器械众创空间获省级众创空间。扬锻、新扬获省科学技术奖，新扬获省企业技术创新奖。实施“创享高新”人才计划，全年获评国家重大人才工程2人，科技部创新人才推进计划1人，省“双创”计划团队1个、领军人才3人。 （王雨晨）

12月7日，礼邦生物医药(江苏)有限公司肾脏疾病新药研发生产基地项目奠基 市商务局/供稿

■**城市建设** 完成汊河片区、北园片区、仪扬河南片区和建华片区控制性详细规划修编工作。盘活低效用地39.33公顷，长宏铝业6.12公顷商业地块上市。完成华师大邗江实验小学、宏溪三期安置小区等工程。进一步完善路网体系，完成“四路一河”市政配套工程，推进运西路改造、纵三路南延伸、横二路建设等工程。坚持汊河片区改造与开发西路“退二进三”并重，推进联创软件园、书香一品、世茂恒通、中书华邸等商住项目。 （王雨晨）

■**生态治理** 完成东银沟、裴庄河生态治理和西银沟绿化提升、南排涝河等5条生态河道打造。开展污染防治“百日攻坚”行动，推进排水达标示范区建设和农村生活污水专业化治理，持续做好长江入河排污口专项整治。开展汽修行业挥发性有机化合物（VOC）专项整治，常态化开展大气监测点3千米半径内餐饮行业油烟检查，推动园区生态环境提升。 （王雨晨）

■**社会事业** 全年办理社会养老保险相关业务1200余件，办理新增城乡

居民医疗保险1587人，总参保人数2.45万人，保费续缴率98.5%以上。通过居家养老政府购买，为辖区内困难老人和高龄老人提供全覆盖服务。新增城镇就业1200人以上，解决失业人员再就业430人。推进基层网格精细化治理，辖区内51个基础网格、24个专属网格建立“网格长—网格员—微网格员”全要素网格员队伍。（王雨晨）

■扬州生物健康产业园 扬州生物健康产业园于2014年开建，总规划面积8.3平方千米，其中一期3.4平方千米布局基本完成，二期规划全面启动。园区按照制药企业的需求，配备双回路供电、蒸汽管网、天然气管道等基础设施，区域环评参考FDA评价标准，允许高附加值原料药两步化学合成反应，保障园区企业的注册审批和国际认证需要。至年末，落户药企19家、拥有在研创新药21个。（王雨晨）

扬州化学工业园区

■概况 扬州化学工业园区位于仪征市西南侧，始建于2003年10月。2006年5月，国家发改委和省政府先后批准设立省级扬州化学工业园区。2020年5月，调整管理体制，由仪征市管理。2021年，实现规模以上工业增加值148.9亿元，公共财政预算收入10.67亿元，规模以上工业开票销售455.2亿元，固定资产投资额55.22亿元，在全省化工园区安全风险等级评估中获评D类（较低风险），并连续10年位列中国化工园区30强前10强。（童 俊 杜 颖）

■产业发展 围绕烯烃芳烃深度耦合产业链建设，重点发展高性能合成材料、高端专用化学品、高效新能源等产业。全年认定新开工项目4个、新竣工项目3个、新达产项目4个，新签约项目10个。远东仪化PTA、实友化工二期、奥克化学二期、东方雨虹等项目启动，推进总投资80亿元的中化仪征新材料产业园各子项目。瑞盛新材料原料切片、住友精化聚合树脂溶液等项目投入试生产，长春科技、天诗新材料、富迈特新材料等企业投产。（童 俊 杜 颖）

■科技创新 全年新增国家级专精特新“小巨人”企业1家、国家级高新技术企业3家、省级绿色工厂1家、市级以上企业技术中心（工程技术研究中心）2家、市级瞪羚培育企业1家、科技型中小企业8家。符合国家发改委绿色低碳储备项目3个，获批市科技计划项目1个，签订产学研合作项目10余项，授权发明专利13件。获批各级人才项目6人。南京大学扬州化工研究院获批扬州市二星级中小企业公共服务示范平台。（童 俊 杜 颖）

■安全环保 制定安全生产专项整治三年行动任务清单等，推动各企业切实履行主体责任。推进危险化学品使用、安全生产专项整治和国家、省市安全生产督查反馈问题整改工作，按期整改率100%。完成青山污水处理厂提标改造、挥发性有机化合物（VOCs）综合治理等工程建设，加快推动生态缓冲区建设，持续提升化工园区本质安全环保水平。（童 俊 杜 颖）

■城市建设 累计投入资金近1亿元，实施区域环境综合整治提升工程，持续推动重点区域绿化提升改造、重点道路维修改造、重点企业环境整治，园区整体环境面貌逐步改善。加强民生工程建设，提升青山沿江安置小区三期工程建设品质。成立仪征市龙山生态新城建设发展有限公司，参与龙山生态新城开发建设。（童 俊 杜 颖）

■智慧园区 以“一网、一平台、4+X应用”为主要内容的智慧园区项目全面建成投运，封闭管理二期项目开始试运行，初步实现“分类控制、分级管理”目标。推进“工业互联网+危化安全生产”试点项目，建成化工企业安全风险数据库和信息库，实现危险化学品安全生产数字化转型、智能化升级。（童 俊 杜 颖）

广陵经济开发区

■概况 广陵经济开发区位于市区东南，于2002年起步建设，2012年被批准为省级工业园区。2021年，实现工业总产值678.3亿元，比上年增长13.5%；规模以上工业总产值496.8亿元，增长18.29%；一般公共预算收入26.5亿元；税收收入24.5亿元，增长4.57%；全社会固定资产投资251.2亿元，增长9.7%。（周玲玲）

■产业建设 全年新开工、竣工1亿元项目30个，新增5000万元以上列省投资库项目32个，实施省级重点项目1个、市级重点项目14个，在广陵区占比超1/3。实施市“三新”（新开工、新竣工、新达产）先进制造业项目15个，在广陵区占比近50%。其中，扬州万方科技股份有限公司年产5000台（套）国产自主可控信息安全网络系统设备项目、江苏金智源工具有限公司年产150万台高端电动工具项目总投资10亿元；福康斯新能源江苏有限公司环保型发电机组项目总投资3.5亿元，当年6月竣工，实现开票销售超1亿元；江苏太极实业新材料有限公司年产1.24万吨车用帘帆布生产线技改项目总投资1.1亿元。（周玲玲）

■招商引资 举办“5·28”欧洲企业投资商机说明会等特色招商活动，启动创建省级中欧国际合作园，跟踪法国工程机械、加拿大汽车零部件等欧美“隐形冠军”企业。新签约外资及港澳台资项目7个、市先进制造业重大项目7个、1亿元以上民资项目15个。全年新增规模以上工业企业11家、服务业重点企业20家。江苏金智源高端电动工具、扬州天盛振宁产业园、康琪成套机

10月29日，维扬经济开发区承办2021中国·扬州5G机器视觉大赛
维扬经济开发区/供稿

电设备、恒盛智谷科技园等项目落户。成立企业服务办，推行“网格化”服务模式，56名网格员定点联系400余家企业。（周玲玲）

■科技创新 实施科技计划项目24个，其中获批市、区科技计划项目13个，市企业重点实验室1个，入库科技型中小企业63家，产学研合作项目27个，招引科技型中小企业10个。规模以上工业企业投入研发经费5.57亿元，技术合同成交额12亿元，有效发明净增28件，有效高维持发明58件。新获批高新技术企业21家，获批数占广陵区53%，高新技术企业累计52家。全年获批科技人才奖扶资金1237万元，获批省“双创计划”人才2人、市“绿扬金凤计划”6人，省工程技术研究中心1家、省科技上市计划培育企业2家、省农业科技型企业复审1家，获省科技大赛三等奖1个。（周玲玲）

■城市建设 全年盘活存量建设用地55.33公顷，整治一重科技、奔多新材料等生产经营不良状况企业，清理群租企业46家。南区霍桥集镇片区、北区“退二进三”区域拆迁安置扫尾清零。完成京杭路道路改造提升工程，中兴路西段、霍桥路东段、滨河路与广盛路交叉口拓宽工程，运东派出所和城管中队改造工程，推进南区路网、华洋东路、翠月新苑安置房建设，科技人才大厦和肖家泵站工程开工建设，启动名城路、秦邮南路、霍桥片区限价商品房建设和建成区雨污水管道溯源排查工作。（周玲玲）

■社会事业 开展爱国卫生月、健康教育宣传月和五进（进社区、进企业、进学校、进农村、进家庭）等活动，落实查灭钉螺防止血吸虫病工作，查螺410万平方米、灭螺95万平方米，创立香槟园病媒生物防制示范小区。督查统计食品经营户500余家、餐饮单位300余家、企业食品加工厂5家、农贸市场3个。新建标准篮球场9片。（周玲玲）

维扬经济开发区

■概况 维扬经济开发区始建于2001年7月，坐落于瘦西湖畔，总规划面积30平方千米，为省级经济开发区。2021年，完成工业开票销售216亿元，比上年增长20.45%；工业入库税收6.14亿元；完成固定资产投资102.43亿元，其中工业投资51.07亿元；税收收入8.58亿元、公共财政预算收入4.65亿元、限上法人销售145.8亿元；实际利用外资及港澳台资9126万美元。新增开票销售过1亿元企业4家、累计25家，税收超500万元企业5家、累计19家，其中江扬电缆开票销售超50亿元、扬杰电子开票销售超40亿元、李尔汽车开票销售超20亿元。在全省92家省级经济开发区排名考核中排名第12位，位居全市同类园区首位。（刘 峰）

■产业发展 2021年，以李尔汽车、罗思韦尔、利星行机械为代表的13家汽车电子及零部件规模以上企业完成开票销售39亿元，占工业比重的18.05%；以扬杰电子、杰利半导体、日精电子为代表的14家微电子半导体规模以上企业完成开票销售75亿元，约占工业比重的34.72%；以江扬电缆、通宇钢管、中集泰利为代表的26家高端装备制造企业完成开票销售65亿元，约占工业比重的30.09%；以艾迪药业、顶津食品、方广食品为代表的生物健康产业完成开票销售21.6亿元，占工业比重的10%，逐步形成汽车电子及零部件、半导体及微电子两大主导产业和高端装备制造、生物健康科技、长毛绒玩具三大特色产业。（刘 峰）

■项目建设 全年新签约50亿元项目1个、20亿元以上项目3个、1亿元或2000万美元以上项目12个。举办海荣粉末冶金、罗思韦尔智能网联汽车电子科技、保时捷中心等项目集中开工仪式，德衡数据金融产业园等18个重点项目开工建设，完成市级重大项目“三新”认定18项，扬杰科技集成电路及功率半导体封装测试等5个重大项目建成投产。（刘 峰）

■科技创新 承办2021中国·扬州5G机器视觉大赛、“麒麟杯”第二届东南大学校友会创新创业大赛苏中赛区活动，3人入围国家重大工程专家初选名单，获评省“双创”团队1个、省“双创”领军人才和科技副总9人。培育后备上市企业8家，4家后备上市公司启动实施股权分置改革，新增国家级高新技术企业17家、省级以上专精特新企业3家（其中国家级1家）。扬杰超薄微功率半导体芯片封测产业化项

目获省专项资金资助，艾迪药业抗艾滋Ⅰ类新药获批生产并纳入医保系统，中集泰利获批省级工程技术研究中心。（刘　峰）

■**城市建设**　双塘路、荷叶路改造配套工程和司徒庙路、新甘泉大道绿化提升工程完工。开展排水达标区建设，对小官桥路、创业园北路、创业园东路等18条道路溯源排查。新建老人沟末端截流泵站工程，解决雨天因地势低，污水倒灌进沿岸截污管道的问题。全年维修沥青路面4000平方米、混凝土路面960平方米，修复人行道板160平方米、路牙705米，更换雨污水井盖149座、雨水篦248个，安装限高架2个、道路标志牌13个、凸面镜6个，道路标线施工855平方米。（刘　峰）

■**社会事业**　推进社区网格化服务管理中心规范化建设，投入近20万元更新辖区内所有综合网格公示牌，辖区网格由27个综合网格、18个专属网格细化调整为102个综合网格（含3个沿街商铺网格）、43个专属微网格。（刘　峰）

■**微电子产业园建设**　扬州微电子产业园于2019年成立，位于新甘泉路西北侧，规划用地面积约23.33公顷。园区有微电子类规模企业14家，在建微电子关联项目7个，总投资40.8亿元，主要有扬杰晶圆及集成电路封装测试项目（一期于2021年6月投产）、联成开拓汽车电子项目、友润微电子集成电路封测项目等。2021年，实现开票销售75亿元，比上年增长53.3%，占维扬经济开发区全部工业开票销售的34.72%，实现入库税收2.14亿元，全行业保持每年30%以上的年增长速率。（刘　峰）

江都经济开发区

■**概况**　江都经济开发区成立于1993年11月，系省政府批准设立的首批省级开发区，2005年12月通过国家六部委审核确认。按照省委、省政府统一部署，2004年5月，开发区管委会移师沿江地区大桥镇。2021年，实现地区生产总值217.58亿元，比上年增长13.1%；一般公共预算收入7.85亿元，增长20.8%；工业开票销售622.8亿元，入库税收13.6亿元，固定资产投资51.7亿元，工业体量占江都区的45%。（杨汇伦）

■**产业建设**　新落户创维PCB产业基地等重大项目11个，新开工盈峰材料华东生产基地、昌盛车业车身覆盖件等市级重大项目5个，新竣工中远海运智能化钢材辊道输送系统、新米思米年产200万件支撑座等市级重大项目4个，新达产中船澄西海上风塔及桥梁钢结构、江苏诚德高钢级防腐蚀油套管及高压锅炉管等市级重大项目4个，中远海运LNG船、诚德1442毫米无缝管线管列为省级重大项目，新增工业规模以上企业19家。港口物流园、木材产业园等园中园落户项目质态不断提升，沿江物流集聚区跻身省级生产性服务业集聚示范区，江都港年吞吐量6114万吨。（杨汇伦）

■**招商引资**　建立区镇全员滚动招商和8个招商分局专业化招商联动机制，定向开展长三角、珠三角、京津冀等区域性招商及产业链招商、科技人才招商等细分领域项目招商，办理民生服务、市场准入、投资建设类事项1.75万件。新签约LNG能源综合利用、苏州吉千安工贸一体化、施璐德（扬州）海工装备制造、江苏高峰高端装备制造及江苏贵钰工业母机生产先进制造业项目5个。（杨汇伦）

■**城市建设**　构建“一核（高新技术产业集聚区）、一园（生物医药产业园）、一镇（春江花月夜古镇）、一带（大江风光带）”的“四个一”战略布局，完成江都经济开发区“三线”（生态红线、基本农田保护范围、城市开发边界）方案。推进亨达水务自来水深度处理项目建设、慈云花园二期安置房建设，完成大江化工南侧、血防站地块、长青农化东侧等沿江生态修复工程，阳光新城截污工程、三阳路至乔梓路污水管道工程及繁荣街、人民路等城镇道路提档升级，新建“一镇一环”特色农路11.4千米，创成特色田园乡村1家、美丽宜居乡村7家。滨江人民医院创成二级乙等医院。（杨汇伦）

■**生态建设**　中央、省级生态环保督察及“回头看”反馈问题全部闭环销号。统筹推进大气污染防治，空气质量明显改善。长江“十年禁渔”落实落地，白塔河、红旗河等断面水质持续向好。分类整治土壤污染，土壤环境质量总体安全。新增绿化造林20公顷，三江营生态涵养区建成开放。开展“三拆三整治”等专项行动，实现集镇区环卫市场化运作。（杨汇伦）

■**科技创新**　全年获批高新技术企业5家、省科技副总6人，发明专利授权25件，减税降费1.95亿元，科技、人才、资金等要素活力不断释放。（杨汇伦）

宝应经济开发区

■**概况**　宝应经济开发区成立于1992年，1993年获批为省级经济开发区。2017年3月，与宝应县黄塍镇实行区镇合一管理机制，总规划面积58.2平方千米。2021年，实现地区生产总值135.95亿元；一般公共预算收入6.85亿元，比上年增长4.01%；规模以上工业开票销售425亿元，实际利用外资及港澳台资1.07亿美元。（李　洲）

■**产业建设**　发展以新型电力装备、新一代电子信息及通讯、高端新材料为主导，机械装备、汽车零部件、食品制药、轻工纺织为支撑的“3+4”产业体系，新型聚酯纤维（PCT）铸片、巨丰精密电磁线、双宇电磁线等项目落户，中宝药业进入上市关键期，名仁苏打水两条生产线试生产。（李　洲）

■**招商引资** 成立招商引资工作领导小组，拜访国内外有影响力企业500余家，邀请中外客商百余批到园区投资考察，先后举办招商引资推介活动8场，其中于6月28日承办2021年宝应（无锡）投资商机推介会。全年签约工业项目19个，其中重特大项目1个、重大项目8个。（黄 玲）

■**项目建设** 采用全链闭环管理和定向服务模式，深化项目帮办并联服务机制，推动项目早开工、早竣工、早投产。提前半年完成宝应县重大项目开工任务5个，新开工1亿元项目4个，新竣工1亿元项目6个。巨丰精密电磁线、梦阳电机、升和电机、盛昊新能源汽车配件、欣晨雅5G绝缘材料等项目参加扬州“烟花三月”国际经贸旅游节宝应重大项目集中开工。德格莱斯烧烤炉、鼎昊铝业等项目当年开工、当年竣工、当年投产。（高 超）

■**科技创新** 占地3.33公顷、建筑面积4.5万平方米的科技创业园二期投入使用。中宝药业获批省重点研发计划（社会发展）项目，实现宝应县在社会发展项目医药领域零的突破。先后赴西安交通大学、重庆大学等重点高校推进校政企合作，获批省“双创人才”创业项目1个、省科技副总项目6个、市“绿扬金凤”计划创新团队项目1个，实现宝应县“绿扬金凤计划”零的突破。国家科技进步一等奖获得者姜玉敬联合北京科技大学长江学者姜建壮创办的应韵碳科技公司投产，获“创客中国”创新创业大赛优胜奖、获评“创业江苏”创业科技大赛优秀企业。（顾瑶瑶）

■**城市建设** 总投资约3.8亿元，新建工程20余项，其中宝应县发改委立项重大项目4个。宝胜路、泰山路（开发区段）、东阳路（城市河—G233）、东阳北路（曹安线）提升改造竣工通车。疏浚雨污管网40千米。宝应县属工程东阳路跨宝射河大桥开工建设，实现主体合龙。新增城市绿地3.5万平方米、绿化养护79万平方米。新建垃圾分类亭30座，金源商业综合体实行垃圾分类存放处理，金湾村建成8000平方米生态停车场。服务业奥邦时尚智慧城签约落地，中超汽车城建成，金逸影院、凯里亚德酒店开业运营。金源华府、府前嘉园创成省优物业管理小区。（梁兆瑜）

■**安全环保** 整改环保问题112件。开展危险化学品使用、粉尘涉爆、租赁厂房等专项整治，整改省市县督导问题隐患20条，排查整改一般安全隐患1386条。完成企业危废处置专项巡查100余家，关闭化工企业1家。建成区空气质量监测站1个、水质监测站2个，提升环境监测监控能力。引入第三方机构实施安全监管托管服务。（范 军）

■**社会事业** 宝应经济开发区国际学校初中部普通高中录取率位居宝应县前列，教学实绩考核获宝应县一等奖。投资7000余万元回购民营幼儿园，宝应经济开发区实验幼儿园成立。江跳村卫生室完成扩建投入使用，金湾村创成全县首批市四星级农家书屋，12个村居篮球场、互联网服务站、居家养老服务室全部建成。全年开展送戏下乡、全民运动会、文艺巡演巡展等文体活动近百场次。（徐建花）

仪征经济开发区

■**概况** 仪征经济开发区成立于1992年，1993年获批为省级经济开发区。2005年2月易址新建，现位于仪征市东部，是江苏省14个重点发展的开发园区之一。全区总体规划面积84.3平方千米，由汽车工业园和大数据产业园两个专业园区组成。2021年，完成工业开票销售479.1亿元，其中规模以上工业开票销售412.72亿元，工业入库税收21.87亿元，固定资产投资97亿元，公共财政预算收入11.7亿元。（夏智慧）

■**产业建设** 全区企业总数约550家，其中规模以上工业企业136家，全年新增规模以上企业19家，新增1亿元工业企业10家。汽车工业园依托上汽大众第五工厂，推进大众二期项目，凌云恒晋二期、维泽真空镀膜、明泰薄膜等项目开工，形成汽车及零部件、汽车电子产业集群。大数据产业园创成省级数据中心产业示范基地，14个项目参加省、扬州、仪征集中开工仪式，中兴派能技改等项目竣工投产，腾讯云、电信云项目开服运营。汽车、大数据、临江、高新等产业产值占开发区工业产值的90%。（夏智慧）

大数据产业园　　仪征方志办/供稿

■**招商引资** 持续优化营商环境，建立“真省心”服务专员制度，成立“店小二”服务站。全年签约项目31个，实际利用外资及港澳台资7253.4万美元。其中，汽车产业围绕汽车电子和精密配件开展招商，先后招引磬瑟智能化生产线、弛晨汽车数据记录系统、洛卡特汽车电子节气门等汽车电子及精密配件等项目。大数据产业签约落户美乐嘉科技新材料、万润光电薄膜二期、依利安达二三厂扩建等产业项目。（夏智慧）

■**科技创新** 全年实施500万元以上技改项目17个，新增国家级高新技术企业19家、省级研发机构4家、市级研发机构10家，新增高层次人才14人，创新创业载体面积累计约35万平方米，发明专利授权40件，其中有效发明专利25件，产学研合作8项。泽景汽车电子被评为省潜在独角兽企业、省级工程技术中心，延锋彼欧、延锋座椅、中兴派能被评为省智能制造示范车间。（夏智慧）

■**城市建设** 制订汽车工业园载体提档升级三年行动计划，推动园区“四横三纵多节点”提档升级。进一步细化完善联众路中段生态修复、园区道路及企业标识标牌、主要道路节点绿化等施工方案，占地1.2公顷的新华停车场、康民路消防栓完善工程竣工。国华路、国民路东段建成通车，新能源产业园标房建成投用，电信云东线完成架设，盐都花苑、沙河六期安置区有序推进。启动云谷众创空间、高创园二期等载体工程。推进十二圩特色古镇建设，打造集总部经济、集镇功能、文旅文创等于一体的综合性工程。（夏智慧）

■**社会事业** 全年累计发放城乡低保资金131.7万元，发放临时救助金26万元。按照省优质幼儿园标准投资新建功能较为齐全的幼儿园，满足本地幼儿就近入园需求。举办文艺演出5场，免费放映电影百余场，两淮盐运博物馆、十二圩乡愁记忆馆、江上青烈士史迹陈列馆、胶高祠、中共仪征党组织诞生地纪念馆等场馆年接待游客近3万人次。（夏智慧）

高邮经济开发区

■**概况** 高邮经济开发区成立于1993年11月，为省级经济开发区，与马棚街道实行“区街合一，以区带街”管理运行体制。2021年，实现地区生产总值237亿元，其中工业增加值146.2亿元；工业总产值687.5亿元，比上年增长22.5%；一般公共预算收入15.2亿元，增长19%；固定资产投资98.6亿元。（印锦菲 杨海蔚）

■**招商引资** 全年签约重大项目12个，其中制造业项目11个。总投资20亿元以上项目2个，分别为同翎新能源单晶N型TOPCON高效电池项目、南京云海金属集团高端汽车轻量化新材料项目；5亿元以上项目3个，分别为万锂达5G专用电源生产项目，兴晟超薄光伏玻璃自动化生产线项目，蓝可创5G滤波器、合路器项目；注册资本5000万美元以上的外资及港澳台资项目1个，完成项目注册11个。在北京举办国内首次光储充主导产业发展新闻发布会。在高邮市招商人员“大比武”中，高邮经济开发区三大产业招商专员团队获团体一等奖。（印锦菲 杨海蔚）

■**产业建设** 整合原有光伏产业链和电池工业园，与工信部赛迪研究院合作编制光储充产业发展规划，建设打造光储充产业园，招引央企5家、上市公司13家，总投资突破500亿元。至年末，光储充产业园有规模以上企业30家，累计培植光储充国家级高新技术企业13家，建成国家级博士后科研工作站2家、省级光储充企业院士工作站2家。全年光储充产业工业开票销售超170亿元，光储充产业示范基地建设工作获全市高质量发展特别贡献奖。（印锦菲 杨海蔚）

■**项目建设** 探索党建与重大项目建设深度融合，成立项目临时党支部，党组织负责人、职能部门负责人和项目建设负责人交叉任职，解决项目推进难题，不断刷新项目建设速度纪录。其中，列省项目——中环艾能二期项目当年开工，8月竣工投产，年内开票销售58.6亿元。航天锂电5GWh磷酸铁锂电芯项目年内完成洽谈签约、土建工程、设备调试、竣工投产。全年实现扬州市“三新”新开工项目6个，新竣工项目8个，其中工业7个、服务业1个。在扬州项目库的16个新达产项目全部完成认定。（印锦菲 杨海蔚）

■**科技创新** 全年获批国家级高新技术企业11家，培育入库省级高新技术企业14家，认定省科技型中小企业68家。航天水力获省科学技术奖一等奖，传艺科技获批省引智项目、省外国专家项目、扬州市国际合作项目，盈航硅业获批省重点研发计划等。获批省级工程技术研究中心1家，扬州市级工程技术研究中心5家、重点实验室1家。完成专利授权数620件，净增有效发明专利59件，PCT国际专利申请4件，传艺科技获批国家知识产权优势企业和省知识产权战略推进计划项目。出台《高邮经济开发区关于加快科技创新与人才发展鼓励扶持政策实施意见》，兑现科技人才奖励扶持资金446万元，向15家企业兑现高邮市科技创业中心入驻奖励64万元。（印锦菲 杨海蔚）

■**城市建设** 编制并实施产业园土地利用规划、道路交通规划、水系调整规划和区域环评，实现园内供水、供电、供气、供热、污水处理全覆盖，全面保障项目落户空间和周边配套，满足区域产业综合性发展需求。重点打造以北关河和秦邮路沿线为中心的城市核心功能区，全年投入1600余万元维护提升全区道路设施，完善长兴路、捷通路等污水管网建设。累计投入3500余万元，完成4号河、6号河、7号河综合整治，解决黑臭水体问题。

完善清水潭核心区旅游基础配套设施，开展文旅项目招引，提升温泉酒店、水上乐园等项目运营成效，启动AAAA级景区创建工作。

（印锦菲　杨海蔚）

■社会事业 总投资8亿元的苏州大学高邮实验学校项目交付使用。重点改造维扬小区、高沙园二组、花园新村、华雅小区等老旧小区。高邮经济开发区党群服务中心、新时代文明实践所、文体中心多功能综合体投入使用。（印锦菲　杨海蔚）

杭集高新技术产业开发区

■概况 杭集高新技术产业开发区于2016年获批筹建。2018年，批准成立省级高新区，并按"一区四园"融合发展体制，将江苏信息产业基地和沙头镇、李典镇、头桥镇3个工业集中区纳入杭集高新技术产业开发区管理范围（核心区4.88平方千米，辐射带动范围38.41平方千米）。2021年，实现地区生产总值217.01亿元，比上年增长17.07%；营业收入724亿元，增长9.17%；工业增加值174.95亿元，规模以上工业总产值528.59亿元；固定资产投资256.83亿元；技术合同交易额16亿元，进出口总额96.34亿元，高新技术产业产值占规模以上工业产值比重69%，增长1个百分点。

（杭　培）

■产业建设 进一步明确高端日化（医美健康）、高端装备（人工智能）"两主两特"发展方向，研究确立"中国美业港"发展战略和"6+2+2"产业体系。培育省级专精特新"小巨人"企业1家、省级五星级上云企业1家、省级工业信息安全防护星级企业1家、省级两化融合贯标企业2家、省级企业技术中心2家、省市级智能制造示范车间5个，高露洁三笑牙刷智能车间获评省智能制造示范车间，倍加洁获评省工业互联网标杆工厂。至年末，园区有1389家企业纳入省科技厅统计口径，其中四上企业265家，集聚美国高露洁、江苏三笑、倍加洁、两面针等国内外知名企业，牙刷年产75亿支，占国内市场80%以上，牙刷出口90%以上；酒店日用品产业占国内市场65%以上，产品远销80余个国家和地区，被誉为"中国牙刷之都""中国酒店日用品之都"。（杭　培）

■招商引资 举办首届中国日化医美高峰论坛，与中国日用化工协会、中国香料香精化妆品协会、中国口腔协会、中国日用化学工业研究院等建立战略合作。先后参加市、区各类招商引资活动10场次，赴深圳、广州、上海、浙江等地拜访意向客商、开展招商或接待客商27批次，签约国家电网、康博士化妆品、中医药生物科技、意大利香氛、美国电动牙刷、沙朗斯基高端装备等项目。

（杭　培）

■项目建设 两面针高端洗护技改项目、倍加洁年产6000吨牙膏、伊普斯高端化妆品等3个项目通过新开工认定，倍加洁年产2亿支牙刷智能生产线项目、新长城铝塑复合牙膏软管等3个项目通过新竣工认定，宜和包装、三维光学等两个项目通过新达产认定，工业投资增长33.1%，增幅位居全市第一。5万平方米航盛科技园二期人工智能园通过竣工验收，推进晨洁日化智能牙刷及精密模具、国家电网产业化基地、9.3万平方米美业科技大厦等项目建设。（杭　培）

■科技创新 获批国家级消费品标准化试点区域、省双创示范基地、省市两级两业融合试点区域。至年末，园区有国家级高新技术企业154家、科技型中小企业300家、上市企业17家（含6家世界500强）、潜在独角兽企业1家，省瞪羚企业4家；有国家级科技孵化器及众创空间8家、省级以上各类科创载体59家、研发机构218家、省级以上高端人才127人，有效发明专利1209件；制定发布国家首部牙刷标准，累计参与制定国家标准8个、行业标准2个。建有全国口腔护理用品标准化技术委员会牙刷分委、中国日用杂品工业协会牙刷分会等机构，设立国家洗漱用品检测中心、中国旅游日化电子商务平台等公共平台。

（杭　培）

■城市建设 按照"南拓北优、集约发展、精明增长"的总体思路，高起点规划建设南园，科学布局高端日化、医美健康、消费品展销、保税物流等板块。物流园、医美示范园及九圩河片区3个片区纳入市政府土地成片区开发建设方案，南园10公顷医美示范园、9.13公顷美业港科创中心纳入第一批成片开发方案。北园以"示范制造＋研发办公＋总部大厦＋新兴科研院所"为主要形态，盘活低效用地，塑造城市形态，完善配套设施。四通路一期工程竣工并投入使用，曙光路完成雨污水管网改造及路基施工。

（杭　培）

高邮高新技术产业开发区

■概况 2014年4月，扬州菱塘光电科技产业园区更名为高邮湖西新区（包括送桥镇和菱塘回族乡）。2016年5月，省政府批准高邮湖西新区筹建省级高新区，12月高邮高新技术产业开发区挂牌成立。园区面积203平方千米，与送桥镇实行区镇合一管理模式。2021年，实现地区生产总值197.9亿元，比上年增长9.64%；财政总收入7.75亿元，增长4.9%；公共财政预算收入4.82亿元，下降8.9%；农村居民人均可支配收入2.8万元，增长4.9%。实现规模以上工业产值227.21亿元，增长20.88%；工业开票销售301.3亿元，增长16.33%；工业入库税收5.94亿元，下降15%；建筑业总产值390亿元，增长7%；第三产服务业增加值61.81亿元，下降1.8%；农业增加值10.85亿元，增长3.8%。

（盛玉清）

■**产业建设** 举办中国老挝赛色塔低碳示范区合作项目援助物资发运仪式，出台《工业企业“二次创业”高质量发展政策意见》，创新“零担保、纯信用”的融资模式，做大做强智慧照明、汽车核心零部件和新能源三大主导产业。摩丁普信获批省级创新类专精特新“小巨人”企业。围绕“农业＋文化＋旅游”发展定位，出台《扶持田园综合体建设三年政策奖补意见》。推进神居山核心旅游环线和生态休闲观光农业环线建设，汉林龙茶业有限公司黄金茶生产基地、信鸽训练中心等15个农业项目入驻生产经营。完成8平方千米省级高标准农田建设，创成省五星级农产品质量安全监督管理站。（盛玉清）

■**招商引资** 举办江苏·高邮（大湾区）智慧照明产业推介会，赴京津冀、长三角、珠三角等区域开展系列招商活动。成立服务重大项目“一条龙”办公室，为项目建设提供“全生命周期”贴身服务。全年新签约项目27个、新开工项目25个、新竣工项目18个、新达产项目25个。（盛玉清）

■**科技创新** 通过省级知识产权示范园区复核验收，同济大学、厦门大学、武汉理工大学、上海产业研究院等科创载体入驻园区创客中心。山东科技大学（高邮）技术转移分中心、山东科技大学江苏（迪生）智慧照明技术研究中心成立，设立知识产权司法保护联系点。全年签约产学研项目9个，完成专利授权1300件。出台《关于加强核心区集聚人气、增引人力、留住人才的实施意见》，引进高层次人才15人、国家级青年学者6人、创业团队5个，宝典公司杨志勃团队作为扬州地区唯一代表参加中国创新创业高层次人才大赛决赛。（盛玉清）

■**镇村建设** 智慧照明产业园一期基础设施建设竣工并投入使用，二期基础设施立项。推进生态长廊PPP（政府和社会资本合作）项目建设，温泉项目酒店主楼完工，6号安置小区17幢建筑楼全部封顶，人才公寓通过竣工验收。编制新一轮农村环境提升工程实施方案，完成三片区20个农村环境提升提质工程和4个美丽乡村项目建设。（盛玉清）

■**社会事业** 建立健全低收入农户动态监测机制，启动送桥敬老院、送桥幼儿园建设前期工作，筹建省级儿童关爱之家和社会工作服务站。全年拆除房屋102户，安置354户，做好被征地农民进保、“房地一体”农村不动产登记发证工作。设立171个微网格，提升精细化社会治理能力。中国人民银行个人信用报告代理查询服务点、电信湖西分局、高邮农商银行自助银行入驻新城核心区。（盛玉清）

江都高新技术产业开发区

■**概况** 江都高新技术产业开发区位于江都区仙女镇，于2021年1月由省政府批准筹建，实行现行省级高新区政策，规划面积1.88平方千米，包括3个区块。2021年，完成开票销售335亿元，其中开票销售20亿元以上企业3个、10亿元以上企业4个、1亿元以上企业39个；入库税收15.3亿元；新增规模以上工业企业26家，累计162家，规模以上工业产值265亿元。（刘国安）

■**园区建设** 编制园区总体发展规划和产业发展规划。东部片区第一批开发边界成果获省自然资源厅批复，京沪以东片区控制性详细规划、曹王片区控制性详细规划通过专家评审进入报批阶段，商贸物流片区控制性详细规划通过市规委会审议并公示。推进园区“九通一平”建设，天山西路和协余路提档升级改造工程竣工，赵苏公路启动建设。实施拆迁项目3个，拆迁民房365户12.2万平方米、企业16户3.36万平方米。完成华动路南段、创业路、竣业路综合改造，铺设污水管网2.3千米、自来水管网3.1千米，改造绿化面积5000平方米。（刘国安）

■**招商引资** 发挥招商大使工作站作用，采取小分队招商、以企招商、以商引商等形式外出拜访19次，在上海、深圳举行招商推介活动，参加中国·扬州“烟花三月”国际经贸旅游节、数字赋能推进大会集中签约仪式。全年新签约项目15个，其中扬州晶华新能源光伏8.5吉瓦组件项目总投资35亿元、长城汽车产业园项目总投资55亿元、坎德拉飞轮储能项目总投资57.5亿元。实际利用外资及港澳台资5072万美元，新登记法人企业数2411家。（刘国安）

■**项目建设** 全年新开工项目认定17个、新竣工项目认定15个。嵘泰股份压铸车间实施智能化改造后，减少用工60余人，年产能增加150万件；奔宇车身生产线技术改造项目竣工达产后，年新增开票销售2亿元；晶华新能源实现工业开票销售16.3亿元。（刘国安）

■**科技创新** 全年获批国家级高新技术企业26家、国家科技型中小企业140家，创建省级众创空间1个，签订产学研合作协议20余份，实施关键共性技术攻关和科技成果转化项目8项。获批省“双创”人才计划2个、省“双创”科技副总7人，获批发明专利46件。亚威股份折弯机获国家级制造业单项冠军产品，金鑫电器直流GIL关键技术填补国内空白，晶华新能源获2021年亚洲光伏创新企业奖，斯帕克、金陵特涂跻身国家“小巨人”行列，扬州石化、亚威机床、诚德钢管3个项目获2021年度省科技奖。中科蓝海3款装备进入中国商飞大飞机制造应用体系，安德海睿成为博世、长城汽车供应商，云媒互联网经济孵化器落户，极社源（扬州江都）技术转移科创中心启动运营，被省科技厅评为A类科技孵化器。（刘国安）

交通

Jiaotong

编 辑 陈永华

综述

■**概况** 2021年，全市交通基础设施建设完成投资123.4亿元。其中，高速公路建设完成投资39.07亿元，国家、省干线公路建设完成投资19.68亿元，集疏散公路完成投资23.70亿元，农村公路及桥梁建设完成投资11.19亿元，客货运场站完成投资9.45亿元，航道、船闸建设完成投资13.84亿元，港口建设完成投资6.5亿元。公路、铁路、水路分别完成客运量667万人次、1348.2万人次、11.5万人次，分别完成货运量5717万吨、43.9万吨、1.09亿吨；港口完成货物吞吐量1.5亿吨；扬州泰州国际机场完成旅客吞吐量222.4万人次、货邮1.07万吨，市区（含江都区）城市公共交通行业完成客运量1.05亿人次。

《扬州市"十四五"综合交通运输体系发展规划》印发，沪渝蓉（北沿江）高铁扬州段工可获批；五峰山过江通道公路接线、328国道快速化改造工程仪征段、江都新都路至广州路段建成通车；京杭运河施桥船闸至长江口门段航道整治工程、通扬线高邮段航道整治工程交工验收，仪征港务公用码头建成投产，中航宝胜件杂货码头竣工验收；宁扬城际铁路、宁启铁路仪征站站房改扩建工程开工；建成全国首条"未来高速"（五峰山长江大桥南北公路接线工程）、全省首家区域性船闸统一调度平台，施桥船闸获"国家优质工程奖"，京杭运河长江口门段工程入选交通运输部"平安百年品质示范工程"，"江河前哨"获全国交通运输系统"传播力文化品牌"；全省公交优先示范城市创建通过验收，高邮创成"四好农村路"全国示范县，江都区创成全省农村物流示范县；帮助中海船厂、中铁宝桥码头取得部、省岸线使用许可，完成"我为群众办实事"31项，交通行政审批窗口推行"一窗通办""一章审批""跨省通办"；新辟扬州港至外高桥、

2021年扬州市全社会客货运输量一览表

表25-1

项 目	单 位	数 值
公路客运量	万人次	667
公路旅客周转量	万人千米	43169
公路货运量	万吨	5717
公路货物周转量	万吨千米	878298
水路客运量	万人次	11.53
水路旅客周转量	万人千米	69.2
水路货运量	万吨	10856
水路货物周转量	万吨千米	5268324
机场旅客吞吐量	万人	222.38
机场货邮吞吐量	万吨	1.07
铁路旅客发送量	万人次	41.17
铁路旅客到达量	万人次	39.59
铁路货运发送量	万吨	1.46
铁路货运到达量	万吨	1.88

（统计局）

2021年扬州市公路里程年末到达数一览表

表25-2 单位：千米

项目	合计	等级公路							
		高速公路				一级公路	二级公路	三级公路	四级公路
		小计	四车道	六车道	八车道及以上				
年末到达数	**9687.81**	**307.77**	**169.40**	**88.42**	**49.95**	**663.47**	**1521.38**	**1119.80**	**6075.41**
国道	**503.54**	206.96	112.38	63.22	31.36	261.89	34.69	0.00	0.00
国家高速公路	**206.96**	206.96	112.38	63.22	31.36	0.00	0.00	0.00	0.00
省道	**618.18**	100.81	57.02	25.20	18.59	308.58	208.79	0.00	0.00
县道	**1317.89**	0.00	0.00	0.00	0.00	38.74	769.74	367.72	141.69
乡道	**4228.86**	0.00	0.00	0.00	0.00	53.54	341.27	579.36	3254.69
村道	**3019.34**	0.00	0.00	0.00	0.00	0.72	166.87	172.72	2679.03

（扬公路）

2021年扬州市公路桥梁年末到达数一览表

表25-3

项目	桥梁											
	合计		互通式立交桥		按跨径分							
					特大桥		大桥		中桥		小桥	
	数量（座）	长度（延米）	数量（座）	长度（延米）	数量（座）	长度（延米）	数量（座）	长度（延米）	数量（座）	长度（延米）	数量（座）	长度（延米）
年末到达数	**4190**	**216279.48**	**26**	**13609.30**	**22**	**39962.63**	**252**	**73911.92**	**1005**	**48307.20**	**2911**	**54097.73**
国道	**338**	**58683.83**	22	11183.02	12	18829.54	76	28356.97	168	9389.03	82	2108.29
国家高速公路	**195**	**37106.73**	5	1117.25	9	14017.16	48	15756.21	108	6376.99	30	956.37
省道	**310**	**59210.17**	4	2426.28	10	21133.09	83	28159.23	135	7717.80	82	2200.05
县道	**479**	**22751.86**	0	0	0	0	35	8874.26	195	8677.48	249	5200.12
乡道	**1930**	**50425.66**	0	0	0	0	46	6554.22	362	16016.00	1522	27855.44
村道	**1133**	**25207.96**	0	0	0	0	12	1967.24	145	6506.89	976	16733.83

（扬公路）

洋山港"点对点"集装箱航线，扬州北站首次开行商品小汽车铁路专列；开展交通污染防治攻坚战，出台实施全国首部《南水北调水域船舶污染防治办法》，推动新港物流码头获评全省唯一五星级绿色港口；开展安全生产专项整治，全市交通运输安全生产形势稳定，公路、水运重点工程质量安全监督实现全覆盖。（扬交办）

■**公交优先发展** 扬州市创成省公交优先示范城市，建成文昌路等19条公交专用道，总里程185千米，形成"八横十一纵"公交专用道网络，公交专用道实现中心城区双向机动车道6车道及以上道路全覆盖。加快市区公交发展，市区新辟调整公交线路22条、新改建公交站棚53座；建成公交智能化系统二期工程；运河路、润扬路、江平路等快速路电子公交站台全面投用；英烈遗属出行等城市公交出行优待政策全面落实；针对疫情期间老年人、学生等特殊人群无手机验证健康码乘坐公交车出行问题，研发实名公交卡刷卡与扬城扫码通互通系统。

（扬交运 扬交办）

■**交通建设市场监管** 全市共上网发布公告143次，进场招投标项目

125个（160个标段），累计中标金额15亿元。其中，市管项目46个，累计中标金额5.96亿元；县管项目79个，累计中标金额9.04亿元。应招标项目公开招标率100%。

（扬交建 扬交办）

■交通工程安全质量管理 受理省级、市级质量安全监管项目6个，抽查县、市、区农村公路34条及桥梁40座质量安全监管情况。开展质量监督专项检查督查4次，印发检查通报4份，实体质量合计检测956点，合格率98.9%。开展综合、专项、随机层级督查检查11次，发现内业问题65项，现场安全隐患45项，全部得到整改。全年安全生产总体受控，提升工程质量，未发生一起质量安全生产事故。开展市级平安工地考评活动，争创省级示范工地（工程）。5个项目申报省级平安工地"示范工程（工地）"项目。扬州市京杭运河施桥船闸至长江口门段航道整治工程、通扬线高邮段航道整治工程等2项工程创成省级平安工地"示范工程"，4个工程标段创成省级平安工地"示范工地"。开展施工工地扬尘污染防治专项检查，对7个在建项目扬尘污染防治督查4次，发现现场问题34项、内业问题20项，下发整改通知书7份，未发生一起工地现场污染投诉事件。查处交通工程设备采购围标串标违法行为1件，交通工程扬尘污染违法行为1起，实现交通工程建设市场、扬尘污染防治执法"零突破"。

（扬交法 扬交办）

■交通品质工程创建 制定《扬州市交通品质工程样板2021年行动方案》，京杭运河施桥船闸至长江口门段航道整治工程入选首批交通运输部平安百年品质工程创建示范项目，省级平安百年品质工程创建示范达标项目3个，市级创建示范项目挂牌5个；完成品质工程样板建设省级重点任务5项，市级重点任务26项；管理制度和技术标准建设成果显著，形成2项指南、3项标准、4项施工工艺图集。

（扬交建 扬交办）

■"宜行扬州"智能停车管理系统 "宜行扬州"智能停车管理系统实现停车场车位查询、车位预约、多种方式支付（微信、支付宝、当面付、ETC、"宜行扬州"App等）、车辆不停车缴费、反向寻车、停车诱导信息发布及停车数据统计、分析等功能。2021年，完成19个停车场、6517个泊位数据联网；累计实现全市152个停车场，5.43万个泊位数据联网。其中，路内停车场24个，停车泊位1558个；路外停车场128个，停车泊位5.27万个。实现"宜行扬州"App收费代扣停车场129个。"宜行扬州"App累计下载量20.6万余次，日均新增下载量41次；注册用户数23.41万人，日均新增注册用户数83人，微信公众号关注人数16.39万人。

（谢倩琳）

■扬州市交通产业集团有限责任公司 2021年，扬州市交通产业集团有限责任公司（简称市交通产业集团）打造产业化的平台公司，贯彻落实国资国企改革三年行动方案，实现营业收入总额16.85亿元，完成上缴国资收益269.18万元。期末资产总额233.37亿元，净资产75.83亿元。所属江苏扬州汽车运输集团有限责任公司公路客运营运车辆361辆，营运出租车387辆，教练车97辆，经营公路客运班线130条，辐射6个省、市；年发送旅客120万人次；整合仪征长途客运资源，发展"高铁便民车"，拓展定制客运业务，驾培、修理、汽车销售等板块发展取得实效。扬州市公共交通集团有限责任公司全年运营总里程8423.8万千米、运送乘客7439.16万人次、车次执行率99.7%；现有驾驶员2217人，营运车辆2298辆，公交场站73处；线路总数191条，总服务面积超2000平方千米；"政府购买城市公共交通服务"和公交运营绩效考核97.63分；配合省公交优先示范城市验收迎检，助力扬州市进入全省首批公交优先示范市之列。江苏润扬交通工程集团有限公司加强市场开拓，新中标项目4个，合同金额2.53亿元；并购重组后累计中标项目10个，合同金额22.5亿元，运营质态持续向好。扬州市交通建设管理有限责任公司完成公司更名、营业范围扩增，注册成立扬州市交通枢纽资产管理有限责任公司，宁扬城际轨道交通项目实现开工目标，推进其他在手项目。扬州市交通停车场投资建设管理有限公司年内新增路内占道停车泊位1345个，累计建成、运营充电站95座、充电桩1352根，占市区总桩数的59%；市级新能源汽车公共充电设施监测平台上线运行。扬州市机动车辆检测有限公司通过综检能力扩项评审，实现营运车辆"三检合一"，检测范围覆盖全车系、全车型。扬州交通旅游集散有限公司组接人数位列全省第二档次、扬州第一方阵。扬州市通达公交场站管理有限公司年内新建公交站棚53座，出新公交站棚109座。

项目建设。宁扬城际项目如期开工，先后完成项目公司组建、工作专班搭建、工可报告审批等工作，12月28日，宁扬城际轨道交通（扬州段）开工仪式在仪征万年路站举行。"601所"系列项目收官，项目历时一个半月交付。590（东）地块拆迁成效显现，21户居民、6家企业签订拆迁协议，6.78公顷土地挂牌上市，落实土地收益3.4亿元。京沪高速、阜溧高速、浙江104国道、仪征大新公路等一批项目进展顺利。

民生服务。全年新辟、调整公交线路28条。报废老旧公交车132辆，新购120辆新能源纯电动公交车。建成4条路段87组智能化公交站台，建设和出新18条路段150千米公交专用道，完成杭集、文昌苑两处公交首末站扩建。开通直达世园会专线公交，旅游旺季观光巴士实行免费乘坐，全年为93.05万人次外地游客提供免费乘坐服务。扬州公交"双市同创"27项指标全部完成，通过省公交优先示范城市建设考核验收。成立专门机构负责东部枢纽运行管理，提升服务能力。完成世园会、扬州中国大运河博物馆建成开放等重大活动运输保障。

资金保障。全年新增授信52亿

元，新增融资32.86亿元。成功发行5亿元PPN（非公开定向债务融资工具）、4亿元超短融，注册5亿元公司债。落实2亿元新能源公交车购置项目和1.5亿元流动资金贷款，获得2亿元低息贷款。完成跨区域重大交通基础设施项目出资和交通民生工程投资9.66亿元。累计申报政府专项债25.07亿元，其中第一批2.95亿元按期到账。争取各类补助7000万元。

新冠肺炎疫情防控。落实省、市复工复产惠企政策，共计减免50户承租户、146.37万元租金。其间，扬汽集团、公交集团累计完成各类人员转运9.3万人次。公交集团设立24小时核酸采样点，累计完成核酸采样3.69万人次。（谢倩琳）

公路

■国家、省干线公路建设 2021年，完成普通国家、省干线公路建设投资19.68亿元，328国道仪征段、328国道江都新都路至广州路段和328国道跨345国道新集南段大桥项目建成通车。全市普通国家、省干线公路在建工程质量抽检合格率98%以上，位居全省前列。

（扬交公　扬交办）

■京沪高速公路扬州段扩建工程 京沪高速公路扬州段扩建工程项目全长110.5千米，其中宝应段40.00千米、高邮段44.47千米、江都段26.01千米，将双向4车道扩建为双向8车道，概算总投资138亿元。全线新建宝应南、高邮南等两处互通，移建真武互通，扩建泾河、宝应、界首、高邮、八桥、江都东等6处互通和丁伙枢纽。涉铁应急先导段交工验收，宝应、界首、高邮、八桥互通建成通车，2021年累计完成投资31.41亿元，基本完成路基土方、路面基层、桥梁桩基、板箱梁预制等施工。4月，在全省首用SPMT（自行式模块运输车）整体驮运拆除技术拆除5座桥梁。

（扬交公　扬交办）

■龙潭过江通道 龙潭过江通道工程北起仪征境内江北长江大堤，向南跨越长江，经南京龙潭，止于与338省道交叉处。路线全长4.93千米，概算总投资62.54亿元。按双向6车道高速公路标准建设，设计行车速度100千米/小时，建设工期5年，2019年2月12日开工建设。龙潭长江大桥采用主跨1560米钢箱梁悬索桥，主跨跨径位居世界第九位。南塔高237.5米、北塔高235.5米，结合两岸地理人文，上横梁采用“二龙戏珠”景观主题，主缆索股长2891米、单股最大重量82.5吨。南锚碇沉井基础平面尺寸73.4米×56.6米，锚碇重量54万吨；北锚碇圆形地连墙基础外径72米，地下连续墙深33.5米。2021年，共完成投资2.87亿元；完成工程北锚基坑填筑及顶板施工，推进北塔塔柱、下横梁浇筑和北引桥桩基承台工程。

（扬交建　扬交办）

■五峰山过江通道公路接线工程扬州段 五峰山过江通道公路接线工程是江苏省“五纵九横五联”高速公路规划网“纵三”组成部分，起自京沪高速与沪陕高速交叉的正谊枢纽，路线向南跨芒稻河，经扬州市广陵区头桥镇西，在镇江市丹徒区高桥镇顺接五峰山公铁合建大桥，跨长江后与铁路桥分离，向南经镇江新区东，止于泰镇高速与江宜高速交叉的大港枢纽。路线全长33.00千米，共设置互通式立交6处、主线收费站2处、服务区1处。是江苏首条新建双向八车道高速公路，是以“安全保障全天候、出行服务全方位、运营维护全数字、绿色建管全寿命”为核心的“未来智慧高速”。2021年6月30日，五峰山长江大桥公路桥全线开通。

（扬交建　扬交办）

■仪禄高速一期工程 仪禄高速一期工程是《江苏省高速公路网规划（2017—2035年）》中规划新增的47省道仪征至禄口高速公路的重要组成部分，项目起于沪陕高速铜山枢纽，偏向西南上跨宁启铁路、328国道后至扬州化工园区，沿化工园区预留通道衔接龙潭过江通道起点（长江北大堤），路线全长约12.37千米。全线采用双向六车道高速公路标准建设，一般路段设计时速120千米，328国道至龙潭过江长江大桥段设计时速100千米。全线共设置互通式立体交叉3处，其中枢纽型互通1处，为与沪陕高速交叉的铜山枢纽；出入型互通2处，分别为与328国道交叉的青山互通、与356省道交叉的龙山互通；项目共设主线桥梁6座，主线桥长6.94千米，桥梁比例为56.5%。其中，特大桥1座、大桥5座；设隧道1座，为下穿扬州化工园区青山隧道，全长1720米；项目总投资约70亿元。2021年，推动征拆和杆管线迁改工

五峰山大桥　　张卓君/摄

作，完成仪禄高速与苏北成品油管道交叉保护方案专家认证。

（扬交建　扬交办）

■农村公路建设 推进“四好农村路”创建，全年完成新（改）建农路207千米、农桥37座。高邮市被命名为“四好农村路”全国示范县。全市16条农路、10座农桥申报“水韵江苏”美丽农村路、最美乡村桥评选，其中4条入选省级“平安放心路”、4条入选“美丽农村路”，2座桥梁入选江苏“十大最美乡村桥”。

（扬交公　扬交办）

■328国道快速化改造仪征段 328国道快速化改造仪征段线路起于328国道仪征市与扬州主城区交界处，向西沿现有328国道扩建，经新集镇、新城镇、仪征汽车工业园、仪征城区，止于扬州仪征市与南京六合区交界处，接328国道南京段，全长30.29千米，项目投资38.9亿元。主线采用六车道一级公路标准，设计时速100千米；外侧设置辅道，匝道及辅道设计时速40千米，一般路段路基宽45.5米，城区段路基宽61米。2017年11月开工建设，2021年3月建成通车，年内完成投资12.5亿元。（扬交公　扬交办）

■328国道快速化改造江都新都路至广州路段 328国道快速化改造江都新都路至广州路段线路起自江都新都路与328国道交叉处，向西沿现有328国道扩建，经龙川路、广州路，终于芒稻河大桥东桥头，全长2.47千米，项目投资3.3亿元。主线采用六车道一级公路标准，外侧设置辅道，主线设计时速100千米，匝道及辅道设计时速40千米。2021年3月建成通车，年内完成投资0.8亿元。（扬交公　扬交办）

■345国道扬州西外环路 345国道扬州西外环路线路起自沿江高等级公路，经朴席镇、新集镇、刘集镇、杨寿镇，止于扬天公路，由345国道扬州经济技术开发区段、仪征新集南段、仪征新集至刘集段、邗江区段组成，全长28千米，投资26.5亿元。345国道文昌西路至扬天公路段于2020年底建成通车，328国道跨345国道新集南段大桥于2021年3月建成，扬州经济技术开发区段列入省交通运输厅2021年开工项目，于2021年4月动工，软基处理、路基填筑、桥涵结构物等有序推进；新集南段施工图设计获批，土地手续正在办理，沿线水利配套的泵站改建工程开展施工。全线累计完成投资17.9亿元，年内完成投资5.4亿元。（扬交公　扬交办）

■公路客运 2021年，全市道路旅客运输经营业户23户，营运客车1224辆（不含城市公交、出租车），客位数4.9万个，户均拥有车辆45辆。全市开通客运班线322条，其中省际班线94条、市际班线147条、县际班线21条、县内班线60条，营运范围辐射全省13个地级市及全国6个省（自治区、直辖市）。

（扬交运　扬交办）

■公路货运 2021年，全市累计完成营业性公路货运量5717万吨、货物周转量87.83亿吨千米，分别增长9.3%和0.2%。全市拥有道路货运经营业户1.23万家，其中道路危险货运经营业户51家。全市拥有载货汽车3.07万辆、总载重40.32万吨，分别增长1.3%和增长3.9%。其中，危货运输车辆1706辆、总载重2.32万吨。（扬交运　扬交办）

■节假日旅客运输 2021年春运40天（1月28日至3月8日），全市公路客运累计运送旅客106.8万人次，比2019年下降61%。国庆期间（10月1—7日），全市公路客运累计运送旅客18.0万人次，运输市场秩序平稳有序，未发生旅客滞留现象。

（扬交运　扬交办）

2021年扬州市营业性运输车辆情况表

表25-4

地　区	公路客运		公路货运	
	客车数（辆）	客位数（座）	货车数（辆）	吨位数（吨）
合　计	**1224**	**48561**	**30658**	**403180**
市　区	644	26079	19681	263260
宝应县	164	6087	2626	30546
仪征市	104	3828	4300	61787
高邮市	312	12567	4051	47587

注：公路客运车辆不含城市公交、客运出租车辆　（扬运管）

2021年扬州市公路营业性运输量表

表25-5

地　区	公路客运		公路货运	
	客运量（万人次）	旅客周转量（万人千米）	货运量（万吨）	货物周转量（万吨千米）
合　计	**667**	**43169**	**5717**	**878298**
市　区	352	22822	3724	572054
宝应县	81	5258	431	66269
仪征市	56	3635	877	134754
高邮市	178	11454	685	105221

（扬运管）

铁路

■宁扬城际轨道交通工程(扬州段) 宁扬城际轨道交通是扬州市落实国家长三角一体化战略部署和江苏首个区域同城化发展规划——《宁镇扬同城化发展规划》的重要举措，列入国家重大项目库。项目一期工程位于南京市仙林副城、龙潭新城，仪征城区、仪征经济开发区、扬州经济技术开发区及扬州市邗江区范围，建设期计划为54个月，总投资约268.52亿元。线路全长53.75千米（不含过江段），设车站16座，平均站间距3.86千米。扬州段（不含过江隧道）线路长度30.39千米，该段共设站8座，其中地下站5座。2021年，扬州市交通建设管理有限责任公司加强与南京地铁集团和相关部门的对接，向省发改委沟通汇报，推进项目公司组建、工可报批等前期工作。2月26日，项目建设主体"江苏宁扬轨道交通有限公司"注册成立；为落实共建《补充协议》中"分段建设"的原则，市交通建管公司作为扬州段代建单位与宁扬项目公司和南京地铁建设公司签署扬州段"代建协议"。12月22日，工程可行性研究报告获省发改委批复；12月28日，宁扬城际轨道交通（扬州段）举办开工仪式。本项目是扬州交通建设史上投资体量最大的单一工程和第一条城市轨道交通线（全国第一条跨江城轨线）。

（谢倩琳）

■沪渝蓉(北沿江)高铁 沪渝蓉(北沿江)高铁项目是国家中长期铁路网规划"八纵八横"之沿江通道的骨干线路、沿海及京沪辅助通道的重要组成部分、长江三角洲城市群骨干城际通道，扬州境内88.7千米，设扬州东和仪征北两站。扬州段工可审批涉及地方前置要件办理全部完成，完成省级生态管控区不可避让专题论证，境内站房方案招标完成。4月19—23日，国家铁路集团在北京组织开展沪渝蓉高铁合肥至上海段初步设计审查，对扬州地区方案进行研究评审和调整优化。11月17日，国家发改委出具《关于新建上海至南京至合肥高速铁路可行性研究报告的批复》。

（扬 铁 扬交办）

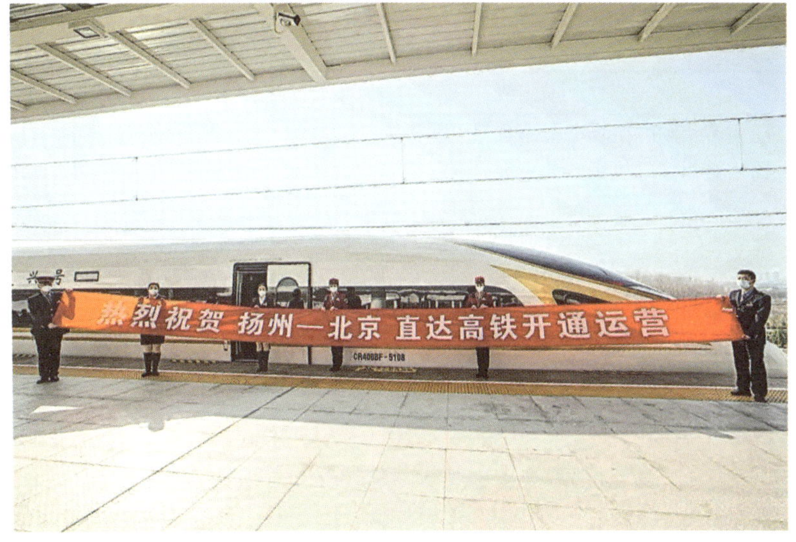

1月20日，扬州至北京的直达高铁列车正式运营　　扬州晚报/供稿

■铁路客运 2021年，宁启铁路扬州地区（扬州站、江都站）共发送旅客203.62万人次，下降7.94%；到达旅客196.50万人次，下降19.44%。连淮扬镇铁路扬州地区（宝应站、高邮北站、高邮站、扬州东站）累计发送旅客471.48万人次，到达旅客476.55万人次。（扬 铁 扬交办）

■铁路货运 2021年，宁启铁路扬州地区（扬州北站、仪征站）共发送货物21.59万吨，下降12.98%，主要为粮食、化工、钢铁等；到站货物22.29万吨，增长19.71%，主要为钢铁、粮食、化工、化肥等。

（扬 铁 扬交办）

航空

■概况 扬州泰州国际机场为民用运输机场，飞行区等级指标为4E，国家航空一类口岸。机场位于扬州市江都区丁沟镇境内，距扬州市区约30千米，距泰州市区约20千米，服务范围以扬州市、泰州市为主，辐射镇江市、淮安市及安徽省部分地区。机场占地243.73公顷，跑道长3200米（含一期扩建工程增加的800米），站坪机位14个，航站楼面积3.13万平方米。机场及相关配套工程总投资约26.41亿元。2010年3月机场奠基，机场及相关配套工程先后开工建设，2012年5月8日建成通航。2015年1月，国务院批复同意开放一类航空口岸；2016年2月，中国民用航空局同意扬州泰州机场更名为"扬州泰州国际机场"；2018年8月机场一期扩建工程完成，飞行区等级指标由4C升级为4E；2018年9月15日东部机场集团挂牌成立，扬州泰州国际机场成为东部机场集团成员机场之一。

扬州泰州国际机场由扬州泰州国际机场投资建设有限责任公司负责运营管理。2021年末，扬州泰州国际机场运营的国内航线有北京首都、北京大兴、广州、深圳、成都双流、成都天府、西安、沈阳、哈尔滨、昆明、厦门、长春、大连、石家庄、兰州、福州、乌鲁木齐、重庆、北海、珠海、天津、贵阳、银川、泉州、太原、西双版纳、长沙、榆林、海口、丹东、南昌、唐山、南宁等33条，国际（地区）航线受疫情影响暂未恢复；2021年安全保障各类飞行3.65万架次，其中保障运输飞行1.93万架次；完成旅客

2021年扬州泰州国际机场国内航班情况一览表

表 25-6

航线	航空公司名称	机型	航班
扬州泰州国际机场—北京首都国际机场	中国国际航空公司	B738	每日一班
扬州泰州国际机场—北京大兴国际机场	中国国际航空公司	B738	每日一班
扬州泰州国际机场—天津滨海国际机场	春秋航空公司	A320	每周一、五、日各一班
	奥凯航空公司	B737	每周二、四、六各一班
扬州泰州国际机场—深圳宝安国际机场	深圳航空公司	A320	每日三班
	奥凯航空公司	B737	每周一、三、五、日各一班
扬州泰州国际机场—西安咸阳国际机场	深圳航空公司	A320	每日一班
扬州泰州国际机场—广州白云国际机场	中国南方航空公司	A320	每日二班
	深圳航空公司	A320	每日二班
扬州泰州国际机场—厦门高崎国际机场	深圳航空公司	A320	每日一班
	春秋航空公司	A320	每日一班
扬州泰州国际机场—昆明长水国际机场	春秋航空公司	A320	每周二、四、六各一班
	深圳航空公司	A320	每日一班
	瑞丽航空公司	B738	每日一班
扬州泰州国际机场—珠海金湾机场	春秋航空公司	A320	每日一班
扬州泰州国际机场—海口美兰国际机场	奥凯航空公司	B737	每周二、四、六各一班
	桂林航空公司	A320	每周一、三、五、日各一班
扬州泰州国际机场—哈尔滨太平国际机场	春秋航空公司	A320	每周二、四、六各一班
	湖南航空公司	A320	每日一班
	深圳航空公司	A320	每日一班
扬州泰州国际机场—沈阳桃仙国际机场	春秋航空公司	A320	每日一班
	深圳航空公司	A320	每日一班
	瑞丽航空公司	B738	每日一班
扬州泰州国际机场—银川河东国际机场	春秋航空公司	A320	每日一班
扬州泰州国际机场—大连周水子国际机场	深圳航空公司	A320	每日一班
	春秋航空公司	A320	每日一班
扬州泰州国际机场—长春龙嘉国际机场	奥凯航空公司	A320	每周一、三、五、日各一班
	深圳航空公司	A320	每日一班
	四川航空公司	A320	每周二、四、六各一班
扬州泰州国际机场—北海福成机场	春秋航空公司	A320	每日一班
扬州泰州国际机场—石家庄正定国际机场	春秋航空公司	A320	每日一班
扬州泰州国际机场—南宁吴圩国际机场	春秋航空公司	A320	每日一班
扬州泰州国际机场—兰州中川国际机场	春秋航空公司	A320	每日一班
扬州泰州国际机场—乌鲁木齐地窝堡国际机场	春秋航空公司	A320	每日一班
扬州泰州国际机场—福州长乐国际机场	春秋航空公司	A320	每日一班
扬州泰州国际机场—重庆江北国际机场	华夏航空公司	A320	每周二、四、六各一班
	重庆航空公司	A320	每日一班
	四川航空公司	A320	每日一班
	春秋航空公司	A320	每日一班
扬州泰州国际机场—成都双流国际机场	四川航空公司	A320	每周二、四、六各一班
	华夏航空公司	A320	每日一班
扬州泰州国际机场—成都天府国际机场	四川航空公司	A320	每日一班

续表 25-6

航 线	航空公司名称	机 型	航 班
扬州泰州国际机场—西双版纳嘎洒国际机场	四川航空公司	A320	每日一班
扬州泰州国际机场—丹东浪头机场	华夏航空公司	A320	每周二、四、六各一班
扬州泰州国际机场—贵阳龙洞堡国际机场	春秋航空公司	A320	每日一班
扬州泰州国际机场—太原武宿国际机场	春秋航空公司	A320	每日一班
扬州泰州国际机场—唐山三女河机场	桂林航空公司	A320	每周一、三、五、日各一班
扬州泰州国际机场—南昌昌北国际机场	春秋航空公司	A320	每日一班
扬州泰州国际机场—榆林榆阳机场	春秋航空公司	A320	每周一、三、五各一班
扬州泰州国际机场—长沙黄花国际机场	湖南航空公司	A320	每日一班
扬州泰州国际机场—泉州晋江国际机场	深圳航空公司	A320	每日一班

（武小吉）

吞吐量222.4万人次，平均客座率72.6%；完成货邮吞吐量1.07万吨。（武小吉）

■新增唐山航线 3月28日，扬州泰州国际机场新增唐山航线。该航线由桂林航空执飞，每周4班，周一、三、五、日执飞。13:00从扬州泰州国际机场起飞，15:00到达唐山；15:50从唐山起飞，17:40到达扬州泰州国际机场。（武小吉）

■大飞机运行开启 6月27日，四川航空A330机型成都至扬州航线首航成功，标志着扬州泰州国际机场开启大飞机运行时代。扬州泰州国际机场是继南京、无锡之后，省内第三家在固定航线上成功保障A330机型的机场。（武小吉）

■新增成都天府航线 10月31日，扬州泰州国际机场新增成都天府航线。该航线由四川航空执飞，每日一班。13:00从成都天府起飞，15:30到达扬州泰州国际机场；16:20从扬州泰州国际机场起飞，19:25到达成都天府。（武小吉）

■顺丰航空开通临时货运包机 11月12日，扬州泰州国际机场联合顺丰航空开通“扬州泰州国际机场至北京大兴”临时货运包机。（武小吉）

A330降落在扬州泰州国际机场　　肖　为/摄

水路

■港口建设 仪征港务公用码头、中航宝胜件杂货码头建成投产，全年共完成港口建设投资6.5亿元，扬州港新增6个散杂货泊位，其中万吨级以上3个；扬州港仪征港区南京港股份有限公司610、611码头改建工程和高邮港区城东作业区码头、力江物流码头取得港口岸线使用批复，扬州港区内港池改建工程完成初步设计审批；大洋船厂、江都杨湾内港池码头、中铁宝桥码头完成竣工验收；中海船厂码头完成初步设计、施工图设计审批。

（扬交港　扬交办）

■通扬线高邮段航道整治工程 通扬线高邮段航道整治工程于2018年10月开工建设，2021年12月28日该工程实现航道工程交工验收，累计完成投资额16.6亿元。该工程获平安工地省级示范工程，首次建成省内航道工程智慧工地，填补省内航道智慧工地标准空白。该工程开展部级科研课题1项，省级科研课题1项，取得验收标准3项、专利4项、工法4项。

（扬交航　扬交办）

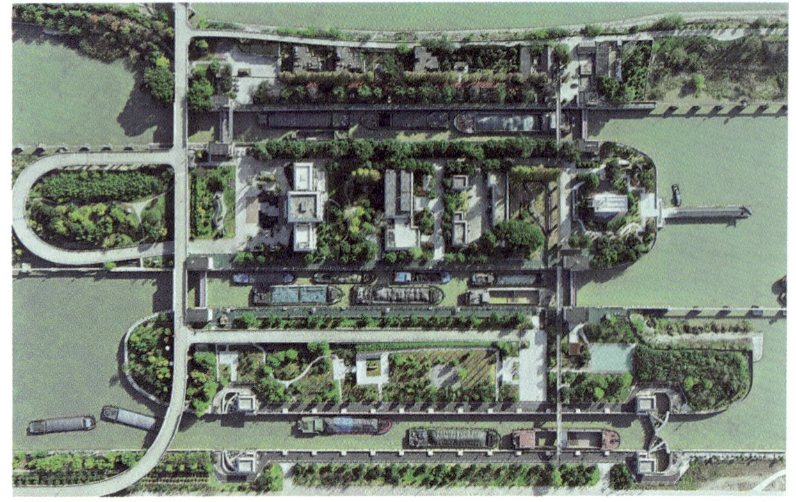

京杭大运河扬州段船只如梭，一派繁忙景象　　孟德龙/摄

■**京杭运河施桥船闸至长江口门段整治工程** 京杭运河施桥船闸至长江口门段整治工程于2020年2月开工建设，2021年11月30日实现航道工程交工验收。2021年完成投资2.5亿元，累计完成投资11.3亿元。该项目于2021年6月入选交通运输部首批“平安百年品质工程”示范创建项目清单，连续两年被省交通运输厅授予公路水运工程“平安工地”示范工程；打造“一河两岸六大文化功能分区”，建设京杭运河施桥口门文化主题公园。（扬交航　扬交办）

■**京杭运河绿色现代航运示范区** 续建城区段二期工程，推进文昌大桥西北侧环境整治。京杭运河绿色现代航运综合整治工程初步设计获省发改委批复，扬州段全线上争资金7.5亿元。配合推进各项前期工作，与沿线县（市、区）对接工程设计方案。9月30日，高邮市在全省率先开工建设高邮先导段工程，宝应段施工图通过省交通运输厅审查，其余段落正在推进施工图设计。

（扬交航　扬交办）

■**水路客货运输** 2021年，全市有水路客运经营业户1家，客运船舶9艘、客位938个。累计完成全社会营业性水路客运量11.53万人次、旅客周转量69.2万人千米，分别增长71.5%和71.5%。全市拥有水路货运经营业户85家，货运船舶1937艘、总载重383.90万吨，分别下降6.3%和增长2.0%。其中，液货危险品船150艘、总载重29.8万吨；普货船舶1787艘、总载重354.01万吨。累计完成水路货运量1.09亿吨、货物周转量527亿吨千米，分别增长44.3%和59.4%。

（扬交运　扬交办）

■**港口营运** 2021年，全市港口货物吞吐量1.5亿吨，增长4.46%。其中，沿江1.31亿吨，增长7.43%。完成外贸吞吐量1367万吨，增长23.47%。集装箱吞吐量63.13万标箱，增长19.26%。开展2020年度全市港口经营信用评定工作，全市54家港口经营企业中AAA级19家、AA级27家、A级8家。（扬交港　扬交办）

■**电煤和春节物资运输保障** 汛期、枯水期、疫情及春节等节假日期间，对电煤、成品油等重点物资运输实行“绿色通道”通航措施，重点护航，优先放行，确保“北煤南运”主通道重点物资运输快捷，全年维护7699.67万吨煤炭安全通过大运河内河水上运输。

（扬交法　扬交办）

2021年扬州市营业性运输船舶情况表

表25-7

地　区	水路客运		水路货运	
	船舶数（艘）	客位数（座）	船舶数（艘）	吨位数（吨）
合　计	**9**	**938**	**1937**	**3839015**
市　区	9	938	610	1268750
宝应县	0	0	689	627305
仪征市	0	0	265	1713548
高邮市	0	0	373	229412

（扬运管）

2021年扬州市水路营业性运输量表

表25-8

地　区	水路客运		水路货运	
	客运量（万人次）	旅客周转量（万人千米）	货运量（万吨）	货物周转量（万吨千米）
合　计	**11.53**	**69.2**	**10856**	**5268324**
市　区	11.53	69.2	3550	1722904
宝应县	0	0	1884	914170
仪征市	0	0	4730	2295418
高邮市	0	0	692	335832

（扬运管）

2021年扬州市长江港口情况表

表25-9

泊位长度（千米）	泊位个数（个）	年总通过能力（万吨）	年专项通过能力					
			货物（万吨）				集装箱（万标箱）	旅客（万人次）
			矿建材料	煤炭	液体化工	矿石		
19.55	180	14521	5442	1457	1945	706	28	10

（扬交港）

公共交通

■概况 2021年末，市区有公交企业1家，公交车2001辆，公交从业人员3678人；有公交线路195条，公交站台4800座，分别增长0%、-0.6%；公交线路总长度3751.3千米，下降1.87%；拥有公交车标台数19.6标台/万人。市区有出租汽车经营企业23家，出租汽车运营车辆2461辆，从业人员4322人；主城区有三轮车管理企业1家，在营人力观光三轮车56辆，从业人员56人；市区城市客运行业客运总运量1.05亿人次。

（扬交运　扬交办）

■城市客运管理 推进出租汽车行业改革，加快出租汽车"提档升级"，2021年市区更新巡游出租汽车223辆，单车月均收入比上年增加532.2元。深化行政事项"放管服"改革，推进"不见面审批（服务）"，优化营商环境，不见面申办巡游（网约车辆）及从业人员电子证照被评为全市政务改革创新成果。优化行政许可办理流程，全年发放网约车平台经营许可证13家，办理网约车运输证908张、网约车从业资格证830张。出新1838辆市区营运出租车标志标识，出租车车容车貌合格率100%。（扬交运　扬交办）

■公交场站建设 至年末，市区建成公交场站71座（含3座借用公交场站），总面积42.23万平方米，公交车辆进场率100%。加快公交站棚建设，市区新（改）建50座公交站棚，累计新（改）建公交站棚987座。

（扬交运　扬交办）

■镇村公交 2021年，启动镇村公交攻坚提质行动，根据客流规律、群众需求和道路状况，全市共优化调整6条镇村公交线路，提升运营质态，满足群众的出行需求。（扬交运）

交通运输管理

■交通疫情防控 扬州市交通运输系统成立防疫专班，协调交通系统间的志愿服务、卡口查控、物资人员转运、督查检查和后勤保障等各项工作，制定各项工作方案和应急预案等。强化客运疫情防控，7月29日，暂停营运主城区至高邮、仪征、江都的公交车；7月31日，全面暂停扬州泰州国际机场航班起降，全面暂停主城区所有公交车、出租车、旅游包车、长途班车；8月6日，临时停办扬州站、扬州东站客运业务；8月8日，再停办宝应、高邮、高邮北、江都站客运业务。疫情后期，制定方案，恢复以上业务。保障基本生产生活物资运输，协调镇江、泰州两地，改建镇江金山物流中心、泰州海陵区钓鱼岛物流中心为扬州市应急物资中转调运站；协调南京六合区在横梁高速口，采用接驳运输模式转运生活物资；联合市发改、商务、公安、工信等部门，在3个高速口，采取驾驶员全程不下车、点到点运输方式运送物资进出城区。做好密接、次密接人员转运工作。统筹主城区扬汽集团、外事公司和高邮、宝应汽运公司大客车，协调外市大客车驰援扬州，确保转运零差错、零感染、零事故。

（扬交疫　扬交宣　扬交办）

■公路养护 全年投资2.6亿元，完成5个普通干线公路路面养护大修工程、2个路面预防性养护工程、5个桥梁维修改造工程、2个桥梁预防性养护（支座）工程、7座桥梁安全监测系统运营维护。开展130座桥梁、84座涵洞护栏提升改造，13座桥梁增设防落网工程；水毁修复率100%。全市普通国、省干线公路技术状况指标MQI（公路技术状况指数）值92、优良路率93%。310座普通干线桥梁保持"零危桥"，一、二类桥梁比例98%以上，一级公路机械化清扫率100%。投资农村公路养护资金4.13亿元，实施养护工程454.7千米，提升农村公路路况水平，改善路域环境。出台《扬州市深化农村公路管理养护体制改革的实施方案》，成立由分管副市长为组长的"路长制"领导小组，制定"路长制"实施方案；6个县（市、区）、扬州经济技术开发区全部出台"路长制"实施方案。高邮市建成全省首个农村公路病害展研馆。（扬交公　扬交办）

■公路路政管理 全市路政巡查总里程32.00千米，拆除违法广告设施17块，清除移动式非标910块、摊点822个，清除公路用地范围内违法堆积1343处，封闭违法设置的道口18处，处理路损案件215件，收取路产赔偿费239万元，办理路政许可13起，收取公路补偿费64.36万元，与市交警部门配合查处超限超载运输车辆1827辆，卸载超限货物2.85万吨。12月13日，扬州市交通运输综合行政执法支队承接市区（含江都区）国、省干线路政执法职能。（扬交法　扬交办）

■公路客运市场管理 全市更新中高级客车111辆，中、高级客车占比64%。开展2020年度道路客运企业经营者信用等级评定，评定AA级道路旅客运输企业24家。

（扬交运　扬交办）

■水路运政执法 推进内河船舶非法从事海上运输专项整治，对扬州市先锋船务有限公司等10家航运企业开展集中约谈，要求核实并召回涉海运输内河船舶。核查通报涉海运输内河船舶24艘，召回船舶22艘。立案调查4起涉海运输违法行为，依据《国内水路运输管理条例》实施行政处罚。

（扬交法 扬交办）

■道路运政执法 2021年，全市共查处道路运输行政处罚案件1819起。其中，出租车案件936起、普通货运案件480起、“两客一危”（从事旅游的包车、三类以上班线客车，运输危险化学品、烟花爆竹、民用爆炸物品的道路专用车辆）案件202起、维修驾培案件29起、车技检测案件26起、从业人员案件50起、安全生产案件数96件。组建非法营运专班，与市公安、高速执法部门建立执法会商、信息共享、联勤联动机制，开展“两客一危”联合执法，查处非法营运案件921起，加入高速公路稽核名单443辆，移除269辆。组建安全生产法运用工作专班，实施行政处罚96起。组建重点货物装载源头接入工作专班，约谈“一超四罚”（对超限运输车辆的承运人、装载企业、货运企业、驾驶员实行的制度）企业85家次，对25起百吨王装载源头开展溯源调查，推动89家重点货物装载源头企业100%接入监管平台，出台《扬州市货物装载源头监管平台运行管理办法（试行）》。（扬交法）

■汽车维修市场管理 全市共有机动车维修企业676家，其中一类汽车维修企业98家、二类汽车维修企业166家、三类汽车维修企业376家、汽车快修企业25家、摩托车维修业户11户；完成产业值5.89亿元，基本与上年持平；完成维修工作量92.14万辆次，下降0.16%。全市有汽车综合性能检测站21家，完成机动车综合性能检测3.69万辆次。扬州市在省内首批率先实施汽车排放检验与维护制度（I/M制度）。全年共淘汰国三及以下排放标准的营运柴油货车1351辆。

（扬交运 扬交办）

■驾培市场管理 2021年，全市驾校70家（市直20家、邗江区7家、江都区12家、仪征市8家、高邮市13家、宝应县10家），其中综合类一级驾校4家、综合类二级驾校15家、专项类三级驾校51家。有备案教练员3316人，教学车辆2359辆，实现培训数据智能化管理。全年培训8.13万人次，其中从业资格培训3751人次。全市道路运输从业人员8.39万人。全市所有驾校实行“预约培训、一人一车”驾培新模式，实行“一对一教学”。全面推广驾培第四代人脸识别系统，全年新增501辆教练车完成升级改造。

（扬交运 扬交办）

■航闸养护管理 2021年，全市完成航闸养护投资4623.2万元，芒稻船闸下游右侧护岸加固改造工程总投资2300万元，于5月启动建设。运西船闸下游引航道护坡改造及疏浚工程总投资约300万元，于4月开工建设，11月交工验收。高邮湖航标改造工程（一期）完成并通过验收，高邮湖航标改造工程（二期）及仪扬河入江口门段航道疏浚工程完工。扬州船闸应急保障中心完成全省31座船闸技术状况综合检测评价。完成航道日常维护工程15项、船闸中修6项。在全省率先建成区域性船闸统一调度和远程集中控制项目，将辖区6座船闸全部接入航闸运行调度中心，实现对6座船闸的调度与集中控制，兼顾与苏北处、水利船闸、海事的流量管控，构建“统一集中控制、统一区域调度、统一信息服务”和船闸现地“少人值守”的区域性船闸运行服务新模式。

（扬交航 扬交办）

■航政执法 全年累计完成航政巡航5.10万千米，累计收取航道赔（补）偿费150.08万元，完成航道通航条件影响评价符合性技术审查12项。维护航标44座、1932次。开展船舶碰撞桥梁隐患专项治理综合协调工作，推进完成45座跨长三角高等级航道、省干线达标航道桥梁和47座跨其他等级航道桥梁的安全风险隐患排查、综合评估。12月17日，下发《关于县（市）负责普通国省道路政和航政执法职能相关事项的通知》。（扬交法 扬交办）

■船舶检验监督 2021年，全市完成船舶建造检验389艘、101.2万总吨，分别增长42.5%、44%。其中，船长120米以上船舶50艘、51.7万总吨，分别增长146.9%、170.2%。完成营运检验2941艘次、354.1万总吨，图纸审查211套，产品检验3510件。（扬交运 扬交办）

■危险品船舶安全管理 实施危险货物运输船舶进出港申报502艘次、41.97吨，组织开展船载危险货物申报员考核70人次。全面禁止单壳化学品船和600载重吨以上的单壳油船进入扬州市通航水域，通过信息化手段主动干预危化品船舶混停10起。实施2021年南水北调东线调水期间危化品船舶禁航管控，对辖区5家危化品航运公司上门宣传、发布预警信息60余条，打击危化品船舶非法进入调水通道违法行为3起。

（扬交法 扬交办）

■内河水上交通安全管理 防疫防汛期间，实施起驻点管控110天，安全维护1233支船队、3.57万艘船舶安全通过泄洪水域，出动执法人员536人次，处置险情7起。台风“烟花”“灿都”登陆期间，累计管控1320艘次船舶在扬州市锚泊避风。开展船舶超载、危化品船舶、内河船参与海上运输、桥梁防碰撞、船舶标志标识检查和长江流域禁退捕等系列水上交通安全专项整治行动，出动海巡艇2107艘次、执法人员5106人次，巡航里程3.19万千米，巡航时间4626小时，开展船舶现场监督8319次、船舶安检74次，实施水上巡航1433次、3.44万千米，实施电子巡航9.07万次，无人机巡航12次、5484千米，开展船舶标志标识检查969次，划定91座跨省干线航道桥梁桥区水域，协同查处“三无”［无船名船号、无船舶证书（无有效渔业船舶检验证书、船舶登记证书、捕捞许可证）、无船籍港］船舶6艘，快速取缔无证浮吊船11艘，打击船舶超载、船舶标志标识不全、船舶配员不足、船舶未进出港报告等违法行为1330起，安全维护20万艘船舶通过，货物通过量4.4亿吨，辖区水上交通安全形势持续稳定。完成10项水上水下活动行政许可技术审查工作，开展涉水重要工程、重大活动保障23次。组织水上交通安全知识进校园活动7次，参加师生1000余人，发放宣传资料1000余份。完成《扬州市内河水上搜寻救助应急预案》修订，启动扬州内河搜救中心配套工程建设，实施应急物资储备管理，研发应用扬州市水上交通综合监管平台。开展汛期船舶失控破损和燃油泄漏联合演练和京杭运河人命救助联合演练。（扬交法　扬交办）

■港口安全管理 开展全市危险货物港口作业安全生产重点难点问题专项整治，加强对危化品码头关键部位和重点环节安全措施落实情况检查，推进危化品码头整治提升，督促并配合扬州经济技术开发区推进不在港区规划范围内的锦程、润仪码头整治拆迁；加强安全生产标准化体系建设，全市13家危险货物港口企业全部实现安全生产标准化二级以上达标，其中11家涉及甲A、甲B类危险货物作业及重大危险源港口企业全部实现一级达标；推进平安智慧港口建设，推进南京港股份有限公司完成港口危化品常压储罐安全风险管控智慧化工程建设，是全省首个建成投用的危化品码头智慧管控平台，制定《常压储罐安全风险全过程管控智慧信息系统建设标准》《液体化工码头智慧化安全管理信息系统建设指南》；开展水路承灾体普查，完成全市重点港口企业自然灾害信息与属性信息普查和信息填报。（扬交港　扬交办）

■港口污染防治 开展港口船舶污染突出问题整改“回头看”，推进港口船舶污染物转运处置，“长江干线船舶水污染物联合监管与服务信息系统”全面应用；海昌码头、海螺水泥码头新建7套低压岸电，完成全市37家港口企业岸电设施检测评估和标准化改造，全年港口岸电使用量72.4万千瓦时，增长580%，扬州港区和江都港区完成低压岸电示范区建设；内河非干线航道沿线8套粉尘在线监测系统全部建成，覆盖全市从事易起尘货种装卸的港口粉尘监测网基本建成，全市港口粉尘在线监测项目节能减排补助申报取得省专项补助资金125.5万元；对全市57家港口企业开展码头环境污染隐患和风险普查；推进长江经济带生态环境警示片披露问题整改，督促广陵区落实京杭运河施桥大桥东侧散货码头问题整改，完成码头拆除及场地清理，并通过省级销号验收；发挥绿色示范港口引领作用，组织开展全市星级绿色港口申报，新港物流和扬州港务集团分别获评五星级和三星级省级绿色港口。（扬交港　扬交办）

■港口执法 2021年，全市港口行政处罚案件4件，罚款金额4.4万元，行政处理案件2件，下发整改通知书11份。开展港口危险货物领域重点难点问题、港口危险化学品使用安全专项治理。推动全市167个港口危化品储罐安装紧急切断阀、高低液位报警装置、高液位连锁装置，30个从事可燃液体、液化烃作业的装车平台安装流量监测装置，156个常压储罐完成技术检测。开展水上交通执法月集中执法行动，共出动执法人员27人次，检查港口企业32家，发现并责令整改问题13个。组建港口污染防治工作专班，对辖区11个码头开展执法检查18次，发现问题23起，下发责令整改通知书6份，完成整改8起，立案查处1起。开展船舶和港口污染防治三号行动，对重点港口企业水污染防治设备和船舶污染物接收设施的建设、使用情况等进行执法检查。

（扬交法　扬交办）

■内河船舶污染防治 开展船舶燃油抽检535艘次，合格率99%，实施行政处罚5起。建立水上、空中、指挥中心立体监控网络，打击船舶未封舱违法行为117艘次。推进污染物流动接收，在京杭运河扬州城区段运行1艘船舶污染物接收船，免费接收船舶生活垃圾45吨、生活污水138吨、油废水33吨，分别增长32%、91%、23%。推动江都区投入运行2艘船舶污染接收船，宝应县、高邮市启动污染物接收船建造工作。实施船舶生活污水防污设施免费铅封306艘，实施船舶固废检查616艘次、封舱检查2175艘、船舶防污染登轮检查3374艘次，全市61家港口企业全部安装“长江干线船舶水污染物联合监管与服务信息系统”，保持船舶防污染执法高压态势。《扬州市南水北调水域船舶污染防治办法》于2月1日起施行，是全国首部南水北调船舶污染防治地方规章。开展辖区11个码头执法检查18次，发现问题23起，下发责令整改通知书6份；检查船舶214艘次，发现船舶未送交污染物、船舶未封舱等违法行为8起，开出交通综合执法改革以来港口污染防治首张“罚单”。扬州市纳入淘汰拆解补贴范围单壳船共121艘，119艘完成拆解，2艘开展改造。145艘船舶完成岸电系统受电设施改造。

（扬交法　扬交运　扬交办）

■港口专项整治 推进内河非法码头专项整治，22个内河非法码头全部整治到位，共拆除21个、规范提升1个；推进内河港口码头环保问题整改，21家内河港口企业全部完成环保设施设备提升和环保手续完善工作；推进长江水上过驳浮吊整治，配合水上临时过驳区完成23条扬州籍浮吊处置，共驱离江苏水域20条、拆解3条。（扬交港　扬交办）

水利
Shuili

编 辑 陈永华

综述

■**概况** 2021年，扬州市完成重点水利工程建设投资27.2亿元。推进中小河流治理项目前期工作及淮河流域重点平原洼地治理、长江防洪能力提升等重大工程；将乌塔沟、扬州闸泵站列入重点易涝区排涝能力建设项目，获国家补助。对水利重点工程项目开展综合稽察，规范招投标管理，完成水利工程64个项目110个标段14.58亿元的招标工作。完成水利部水利建设投资、水利综合、水利服务业“三项年报”统计、审核和入库工作。市级和7个县（市、区、功能区）“十四五”水利发展规划全部完成编制并实施。开展水政监察，落实水利工程项目事中、事后监管机制，强化河湖巡查日常监管，推进采砂管理。进行水库运行管护，加强水库监测预警和调度运用。构建河湖保护体系，加强涉河项目管理。实施疏浚农村河道，构建“互联互通、引排顺畅、水清岸洁、生态良好”的农村河网体系。做好城区河道管护的日常督查，保障城区水面率和排涝安全。编制完成《扬州市“十四五”水利信息化发展规划》，推动水利信息化建设。获得大禹奖1个、“扬子杯”2个等奖项。广陵区归江河道水利风景区通过省级水利风景区验收，升级打造的瓜洲水利枢纽国家级水利风景区通过复核。

（隋 丽）

■**水利规划** 推进中小河流治理项目前期工作，4个中小河流项目在全省获批开工建设；推进淮河流域重点平原洼地治理、长江防洪能力提升等重大工程；将乌塔沟、扬州闸泵站列入重点易涝区排涝能力建设项目，获国家补助。高邮市被省水利厅、省发改委、省财政厅提名为“2021年水利建设投资落实好、省水利基本建设投资计划完成率高”的督查激励地区。将动态跟踪嵌入投资计划执行全过程，纳入中央直报的项目全年投资计划下达率、地方配套到位率、投资计划完成率实现“三个百分百”，完成国家、省级下达的投资计划执行目标考核任务。加强统计数据质量管控，严把数据源头关、数据审核关、数据报送关、跟踪监督关，完成水利部水利建设投资、水利综合、水利服务业“三项年报”统计、审核和入库工作，其中水利服务业年报获全省优秀等次。

强化与市发改委等部门协调对接，市级和7个县（市、区、功能区）“十四五”水利发展规划全部完成编制并实施；强化与市、县自然资源和规划部门协调会商，市本级和9个县（市、区、功能区）单元规划全部在“第三次全国土地调查”成果基础上编制完成，其中市本级规划于11月在全省率先通过审查；加强与省级水行政审批部门汇报沟通，3个项目水工程规划同意书获水利部淮河水利委员会、省水利厅许可实施。

瓜洲水利枢纽 中国扬州画刊/供稿

服务长江经济带发展、长三角一体化建设重大战略，加快扬州市长江防洪能力提升堤防加固二期工程建设，配合省推进江苏省长江防洪能力提升工程前期工作，在省水利厅统筹下，推进长江扬中河段应急整治工程前期工作。服务南水北调战略，深化扬州境内输水线路方案及影响研究，向市委、市政府书面汇报关于服务推进南水北调东线后续工程高质量发展有关情况，争取南水北调后续工程扬州境内采用专道输水线路。服务安全发展战略，加强对勘察设计单位安全生产工作的指导，将安全生产纳入规划与勘察设计报告编制的履约考核内容中，安全生产监督管理与业务工作同研究、同部署、同开展、同落实，确保项目前期工作安全平稳。

（徐冬蓓）

■水政监察 2021年，市水政支队开展“四不两直”（不发通知、不打招呼、不听汇报、不用陪同接待，直奔基层、直插现场）“双随机”检查10余次，对扬州经济技术开发区、蜀冈－瘦西湖风景名胜区、生态科技新城等10家单位依法送达《限期补办行政许可通知书》，并对有关涉事单位下发整改或交办通知，督促相关单位补办行政许可手续，落实水利工程项目事中、事后监管机制。调查处理施桥船闸远调站违建、古运河官邸平台违建、经纬村未批先建天然气管道、维扬发投穿堤管道违建等多起案件。强化河湖巡查日常监管。共受理水事案件40余起，其中立案查处2起。重点督查指导仪征市康平船厂占用江滩违规建设砖混平台、广陵区京杭大运河省外贸公司违法建筑问题、高邮庄台河违规建设、宝应金阳红烟花爆竹销售有限公司侵占大运河建设等一批“违建”案件。推进采砂管理。4月，牵头组织联络市公安局、市工信局、市交通运输局、市市场监管局和扬州海事局对全市重点航道、停泊点及造船企业开展摸排，对非法改装行为发现一起查处一起，进行整改。要求各县（市、区）每半个月开展一次沿江和内河造船企业及航道沿线的全面检查、巡查，建立常态化排查机制，实施“零报告”。查处“5·27非法采矿案”等案件。联合公安、海事部门开展5次联合巡查行动，全市巡查出动执法人员3523人次，出动执法艇573艘次、执法车336次，抓获采砂船8条（其中运砂船1条、隐形采砂船1条、正在改装隐形采砂船6条），6条隐形采砂船均拆除采砂机具，3条实施采砂行为的船只由于涉嫌刑事犯罪均交由公安侦办。开发建设重点水域监控系统，在原有3个球形摄像头点位（润扬河管理处、施桥永胜村、原广进船厂）的基础上，2021年增加至6个点位（新增加仪征扬子江公园、施桥六圩灯塔、江都嘶马3个点位）。推进执法装备更新换代，完成移动执法管理系统采购升级，升级后可完成前端执法后端实时查看、数据后台储存，提高装备适用性。组织考察学习，举办全市水行政执法技能培训班，编制内部控制手册，规范水行政执法行为。

（徐冬蓓）

■清水活水 2021年，完成念四河西段整治工程、陆洲泵站改建工程、北护城河综合整治工程、赵家支沟涵闸改造工程等城建目标任务和市直管理设施配套工程等项目的建设管理任务，累计完成投资2993万元，巩固城市防洪排涝安全基础。发挥黄金坝闸站、平山堂泵站等调水骨干工程效益，累计开机约1.7万台时，共计引水约1.79亿立方米；为“4·18”国际经贸旅游节、世园会开幕、扬州中国大运河博物馆开馆及全国文明城市创建等重大活动提供活水保障。开展国家级水管单位创建，完成黄金坝闸站水泵机组大修项目、平山堂泵站电容柜及铜母排改造及2021年应急及零星维修等工程项目，累计投入770万元。推进润扬河管理所精细化创建，市河道处整体通过江苏省水利安全生产标准化二级单位复核。推进2025年国家级水管单位复核工作，便益门闸站完成省三级水利工程管理单位复核。润扬河通过幸福河湖省级考核验收，创成示范幸福河湖。做好城区河道空间管控和水体管护，累计打捞水面漂浮物、垃圾、水草等约7826立方米，累计清理管理范围内的生活建筑垃圾约1563立方米，剪割堤防草皮和高秆杂草约273万立方米，修剪灌木约10万立方米，清除灌木杂草约25万立方米。先后对11个涉河项目进行监管，开展河道巡查1050余次，出动执法巡查人员2030余人次，巡查行程约1850千米，累计现场处理水事违法事件23起，依法铲除拔翻种植约880平方米；严把涉河项目的监管，做到“事前、事中、事后”全过程监管，印发河道管理告知书和市民倡议书各1000份，做好涉河项目开工建设前的事前告知工作，在建设过程中持续监管、项目完工后监督收尾复原，维护河道管理的水事权益。对辖区内13条直管河道沿线排口进行调查，封堵晴天入河排污口20处，并协同住建、环保、城管等部门排查废弃排口、雨污混排、排水井溢流口、居民私接排口等。（徐冬蓓）

■河湖管理与保护 构建河湖保护体系。贯彻落实《长江保护法》，成立扬州市长江运河管理处，强化长江大保护。启动新条件下长江镇扬河段（扬州境内）河道演变与治理措施、仪邗山洪出路不足问题及处置措施等重点问题研究。配合省水利厅确定重点保护水域名录，开展河湖水域面积等动态监测，市、县完成省级骨干河道、在册湖泊的河湖保护规划。推进河湖清理整治。对109个长江干流岸线利用项目清理整治“硬骨头”全覆盖“回头看”，严防问题反弹回潮，长效化巩固清理整治成果。大运河沿线153家砂石码头（泊位）、小船厂和混凝土搅拌站规范整治通过省水利厅、省生态环境厅、省交通运输厅的联合销号验收。做好河湖日常管理巡查。落实分级巡查管理责任，对违法违规侵害河湖行为做到立现立改、定期通报、闭环处理，维护河湖管理保护不容侵犯性。推进退圩还湖工作。宝应县实施兰亭荡、广洋湖退圩还湖一期、二期工程，总面积16.7平方千米，计划总投资2.8亿元。至年末，一期工程流转土地10.8平方千米、二期工程流转土地5.9平方千米，两期工程共退圩16.7平方

千米，恢复自由水面10.9平方千米。（徐冬蓓）

■**水库运行管护** 汛前逐库落实水库管理“四个责任人”［水库安全政府（防汛行政）责任人、技术责任人、主管单位责任人、管理单位（巡查）责任人］，明确水库管理的要求和责任，并组织有关水库责任人参加水利部网络培训，加强水库监测预警和调度运用。组织各地强化巡查管理，编制和完善水库调度运用方案（水情调度方案）、大坝安全管理应急预案、防汛抢险应急预案等预案，并经当地政府批复。督促指导各地建立健全水库管理机构，理顺管理体制，持续强化各责任人和巡查管护人员培训，提高水库管理水平，加强水库监管，确保水库安全运行。推进水库管理和保护规划编制，至年末，累计完成28座水库规划编制任务。其中，月塘水库管理和保护规划经市政府批复印发。做好全市水库运行管护和除险加固，开展水库运行管护和除险加固工作调研，了解全市水库运行管护和除险加固现状、存在问题，研究提出具体贯彻落实措施，制订市级水利部门实施意见。各地小水库地方一般债指标均下达，完成维修养护项目立项和实施方案批复。（徐冬蓓）

■**涉河项目管理** 明确各级审批权限，对涉河建设项目开展必要性、可行性审查，实现河湖分级规范管理，确保审批工作“不缺位、不越位”。全年完成审批19件，其中省级以上事权下放10件。贯彻落实《江苏省河道管理范围内建设项目监督管理实施办法》《扬州市河道管理范围内建设项目事中事后监督管理实施办法（试行）》，联合第三方技术支撑单位对省级以上权限下放、市级审批的涉河项目开展审查、施工、验收、运行管理、防汛安全等环节全覆盖、全过程事中事后闭环监管，提升管理效能。（徐冬蓓）

■**水利科技** 市水利局编制完成《扬州市“十四五”水利信息化发展规划》，完成城市水利安全运行调度基础建设工程各项前期工作，进入实时性开工阶段。宣传水利部科技推广项目，要求建设、设计、施工单位结合工程实际，引进上级水利部门推广的新技术、新工艺、新材料。2021年，推广应用一体化机泵、绿化混凝土护坡、高分子板桩等适用水利科技产品。“扬州闸泵站工程施工危险源智能管控技术研究及应用”“基于深度学习的水工建筑物内部缺陷探测系统及工程应用”“反硝化生物反应器削减农田排水氮素输出的技术研究”等3项申报省级水利科技项目。配合省水利厅完成“大型立式轴流泵流量监测关键技术研究与应用”“稻出治虫灌溉的排水过程及农药流失控制技术研究”“缓丘地区农业实时灌溉方式、定额研究与应用”等3项省级水利科技项目的验收。（徐冬蓓）

水利工程建设

■**长江防洪能力提升二期工程** 长江防洪能力提升工程总投资约53亿元，是中华人民共和国成立以来扬州市自办的一次性投资最大的水利工程。工程按100年一遇防洪达标建设，按2级堤防达标管理。计划加固堤防约123千米，除险加固建筑物124座。一期工程2019年12月完成。二期工程于2019年12月开工建设，工程概算投资42.63亿元，其中工程部分投资20.57亿元（含水保、环保），征迁部分投资22.06亿元。主要工程内容是加固堤防94.29千米，除险加固建筑物84座。2021年，工程加固堤防30千米（仪征市12千米、江都区4千米、广陵区5千米、邗江区3千米、扬州经济技术开发区3千米、生态科技新城3千米），除险加固建筑物40座，年度完成投资17.5亿元，完成二期工程整体形象进度的80%以上。（徐冬蓓）

■**扬州闸泵站工程** 扬州闸泵站工程建设总投资2.16亿元，抽排流量72立方米/秒、抽引流量29立方米/秒。工程于2021年2月开工建设，完成年度投资1.3亿元，水下主体工程完成建设。（徐冬蓓）

■**仪扬河闸功能完善配套工程** 仪扬河闸功能提升和应急抢险恢复工程于2021年初启动前期工作，10月开工建设，历时3个月，主体工程基本建设完成。工程概算总投资约3015万元，资金由市财政统筹安排。主要建设内容：新建排水箱涵两座，对称布置于仪扬河闸南北两侧，增加仪扬河闸在特殊洪水工况下的泄洪功能；对仪扬河闸东侧下游约150米抢险抛石段河道进行恢复，对两岸受损挡墙予以拆除重建处理。2021年完成投资约3000万元。（徐冬蓓）

■**淮河流域重点平原洼地近期治理扬州境内工程** 淮河流域重点平原洼地近期治理工程总投资67亿元，扬州境内投资9.09亿元，其中省级以上补助资金7.2亿元，补助比例80%。工程于2019年11月开工建设，计划总工期48个月。扬州境内工程分部在宝应县、江都区境内，主要建设内容：河道拓浚整治75.02千米，加固堤防20.02千米，新建护岸23.11千米，拆建桥梁27座，治理涵、闸、站72座。至年末，宝应县境内工程完成一期工程大溪河、杨家河、向阳河（下段），二期工程白马湖下游引河、大三王河整治工程，三期宝应大河进入开工阶段。（徐冬蓓）

■**高邮庄台河漫水闸拆建工程** 大中型病险水闸除险加固工程为国家专项规划建设项目，扬州境内工程涉及庄台河漫水闸。工程等别为Ⅲ等，主要建筑物级别为3级，主要建设内容为：原址拆除重建庄台漫水闸，拆建工程共17孔，单孔净宽6米，总净宽102米，设计流量350立方米/秒。闸室下游侧设置交通桥，桥面总宽4米。上游侧设人行便桥，桥面总宽1.2米。工作桥顶高程13.3米，宽4.5米。工程采用升卧式钢闸门17扇，门叶尺寸6×3.5米（宽×高），配卷扬式启闭机17台，叠梁浮箱式检修钢闸门1套，160千伏安干式变压器1台，视频监视系统及自动化控制系统1套，至年末工程完工，完成全部投资3764万元。（徐冬蓓）

扬州市淮河入江水道沿线病险涵闸除险加固工程 扬州市淮河入江水道沿线部分病险涵闸除险加固工程于2020年9月28日获批复，工程概算总投资7454万元。主要建设内容为：原址原规模拆建角里闸，拆建操兵坝闸、红旗河闸站、反坎河西闸、乔港闸站、丁港闸站、横沟东排涝站，新建3千米堤顶路护栏及市直管理设施配套工程等。至年末，工程完工验收。（徐冬蓓）

淮河流域及沂沭泗地区2019年旱涝灾后应急治理扬州市工程 淮河流域及沂沭泗地区2019年旱涝灾后应急治理扬州市工程于2020年4月获批复，工程概算1.01亿元。工程主要建设内容为：高水河东堤复堤加固770米、堤坡护砌500米、堤防防渗处理1460米、新建防汛道路770米；里运河东堤堤防防渗处理7430米、填塘固基230米；加固子婴闸、界首小闸、车逻闸；拆建永安洞、大兴洞、泾河洞。至年末，完成年度投资3769万元，工程完工验收。（徐冬蓓）

乌塔沟整治工程 乌塔沟综合整治工程于2020年9月开工，工程主要建设内容为：拓浚整治河道7.81千米，填筑加固堤防、新建堤顶防汛道路15.62千米，拆建沿线排涝泵站18座、电灌站18座、引排涵洞17座、跨河桥梁3座及水保绿化工程等。工程概算投资9.73亿元，其中工程部分投资3.08亿元。至年末，工程完成投资2.58亿元；国道328以北段完工验收；国道328以南段完成3.1千米范围清淤拓浚、挡墙砌筑，堤防填筑及沿线老旧涵闸、泵站拆建等主体工程；拆建的3座跨河桥梁中，1座全部完成，另外2座桥梁完成桥梁主体；剩余国道328以南段建筑物配套设施、堤顶道路及绿化。（徐冬蓓）

乌塔沟北段河道　　蒋传刚/摄

高邮市东平河综合整治工程 高邮市东平河（里运河—三阳河段）综合整治工程主要建设内容为：高邮东平河综合整治工程防洪标准为澄潼河以西段南岸50年一遇；其余段20年一遇。排涝标准为10年一遇。工程任务为通过河道疏浚、圩堤加固、岸坡防护、沿线建筑物拆建，提高东平河引排能力，保障东平河行洪安全、恢复沿线建筑物的挡洪引排功能。主要建设内容为河道疏浚13.36千米，两岸新建岸坡防护总长26.35千米，圩堤加固总长18.78千米，新建堤顶防汛道路13.21千米，拆建配套建筑物21座等。核定工程概算投资1.13亿元，其中省级以上投资7916万元，其余3392万元由地方政府负责筹措。至年末，完成投资1200万元。（徐冬蓓）

江都区红旗河整治工程 红旗河位于江都区东南部，北起新通扬运河，流经郭村、吴桥、大桥等镇，在大桥镇嘶马村入长江，全长19.8千米。红旗河整治工程于2021年9月获批复，主要建设内容包括河道疏浚6.28千米，两岸新建挡墙护岸12.59千米，拆建、新建、改造沿线配套建筑物18座，对现状5座跨河桥梁下河坡进行防护。概算总投资7555万元，其中中央资金1511万元、省级资金3022万元、区级配套资金3022万元。至年末，完成投资2400万元。（徐冬蓓）

仪征市龙河治理二期工程 龙河位于扬州市境内，呈南北走向，源于姚塘水库，入塔山水库，向南至仪扬河，全长33.4千米，是仪征北部山区的骨干排洪河道，具有泄洪、排涝、灌溉等功能。仪征市龙河治理二期工程总投资7136万元。主要建设内容为：河道疏浚13.54千米，堤防达标建设4.96千米，新建挡墙护岸1.62千米，河坡防护3.84千米，沿线建筑物新（拆）建33座，堤顶防汛道路4.81千米。至年末，工程进度完成70%，工程投资5000万元。（徐冬蓓）

农村水利

概况 2021年，全市通过对大中型灌区节水改造、农村河道疏浚整治等项目建设，完成投资4.6亿元。完成1个大型及2个中型灌区节水改造，疏浚农村河道土方567万立方米，建成农村生态河道455千米，治理水土流失面积7.6平方千米，全市农田灌溉水有效利用系数达0.63。完成4个省级以上开发区水土保持区域评估报告批复，审批生产建设项目水土保持方案428项。牵头完成“百万党员走千企访万户”中的高邮市卸甲镇伯勤村水环境提升、农村水利基础设施改造项目及“我为群众办实事”中的江都区郭村镇江泰村水系连通项目。

（徐冬蓓）

■大中型灌区续建配套与节水改造 2021年，完成高邮灌区、宝应泾河灌区、江都红旗河灌区续建配套与节水改造，年度投资2.1亿元。高邮灌区入选世界灌溉工程遗产名录（江苏首位）、全国灌区水效领跑者，并与广陵区沿江灌区入选江苏省节水型灌区。（徐冬蓓）

■农村生态河道建设 完善轮浚机制，进行全域河道情况摸排，疏浚农村河道165条、土方567万立方米。建成农村生态河道455千米，构建“互联互通、引排顺畅、水清岸洁、生态良好”的农村河网体系。

（徐冬蓓）

■水土保持监管 完成省政府对扬州市政府2020年度水土保持目标完成情况考核评估，获优秀等级，位列全省第二位。2021年，对各县（市、区）进行2020年水土保持目标责任考核评估，并向政府通报，督促整改。完成4个省级以上开发区水土保持区域评估报告批复，全市共审批生产建设项目水土保持方案428项。聘请第三方对扬州市2021年度生产建设项目水土保持开展监督，形成监督性监测分析评价报告。市级对已审批的生产建设项目开展监督检查12次，组织各县（市、区）派专人利用专用App对173个水利部、151个省水利厅遥感监测发现的生产建设项目水土保持扰动图斑疑似违法违规项目进行现场复核，对违法违规项目进行查处，要求限期整改。开展生态清洁小流域建设，治理水土流失面积7.6平方千米，逐步改善水土流失地区生活、生产条件和生态环境，促进地方经济的发展。（徐冬蓓）

城市水利

■河道管护 结合扬州市世园会水环境保障、爱国卫生运动和文明城市复查等专项工作，配合开展2021年度市级河道管护考核，对城区二类河道进行现场抽检，对发现的问题，督促责任单位整改闭环，保持城区水环境。推进城区河道管护及保洁工作复工，借助河长制管理系统、城市直管河道综合管理平台、数字化城管等平台收集的信息，做好城区河道管护的日常督查。

（徐冬蓓）

■城市水利项目审查与管理 做好城区河道整治工程可研、初设、实施方案等技术预审。按照《扬州市河道管理条例》相关规定，与市自然资源和规划主管部门做好对接，依托城市控制性详细规划，把握片区水系规划调整的原则，完成《文昌东路南侧、芒稻河西侧地块开发》《扬州市S1-1单元（扬子江路以东扬子津片区）控制性详细规划完善方案》《大学南路东侧、开发东路北侧地块》等涉及片区水系调整类规划征求意见的函复，保障城区水面率和排涝安全。完成《国家文化公园三湾核心展示园——大运河非遗文化园（GZ139一期）工程——涉水工程水工程建设规划同意书》的行政许可审批；完成念四河西段整治工程设计变更的批复，配合完成“北护城河文化旅游集聚区（一期）建设工程”项目初步设计和《小秦淮河（文昌路—大东门桥）综合整治方案》审查；组织完成《扬州市区生态河道建设方案研究》编制，为扬州市区生态河道建设提供理论依据和技术支持。推进城市水利安全运行调度基础建设工程，督促完成念四河西段整治、北护城河综合整治、陆洲泵站改建等市级工程与区级河道整治和泵站改造等城市水利项目；做好城区水环境综合治理（原瘦西湖水质提升）的相关研究工作，调研水环境治理案例，开展城区水环境综合治理综合工程方案研究，完善方案比选。对列入民生幸福工程及重大城建工程的城区河道整治工程进行督查，每月做好22个列入城建重点项目的水利工程进度汇总，将7个由市水利局负责实施的项目填报至城建项目管理系统；牵头完成2022年度城市建设和环境提升重点工程水利项目的报送。

（徐冬蓓）

北护城河综合整治工程 张孔生/摄

■**城市水利工程建设督导与检查** 参与完成年度安全生产大检查，抽查宝应洼地治理工程、白马湖下引河施工现场；完成在建工程春节前检查、赵家支沟闸改造工程与念四河西段整治工程督导检查及城市水利在建工程安全生产检查；完成赵家支沟涵闸改造工程、念四河西段整治工程、陆洲泵站改建工程水下阶段验收和北护城河整治工程完工验收。

（徐冬蓓）

水利工程管理

■**水利工程建设管理** 2021年，全市无质量事故、未发生安全生产事故；获得大禹奖1个、"扬子杯"2个、省优质工程2个、省文明工地3个，评出市文明工地10个；水库移民后扶工作在年度绩效考核中获优秀等次。提升项目管理水平。聘请省级稽察专家，完成至少5个项目的稽察。督促县级水利局开展稽察工作，建立市级稽查专家库，组织举办扬州市水利工程稽察专家暨建设管理培训班。对5项水利重点工程项目开展综合稽察，形成稽察意见5份，发现稽察问题195条。规范招投标管理。完成水利工程64个项目110个标段14.58亿元的招标工作。其中，市公共资源交易中心完成57个项目94个标段10.30亿元的招标，省公共资源交易中心完成7个项目16个标段4.28亿元的招标。以高邮市为试点开展招投标交易事权下放，联合市公共资源交易中心及高邮分中心举办水利交易事权下放第一标；印发《关于扬州市水利工程进场交易项目实行事权下放的通知》。至年末，全市范围内全面实现事权下放。制定《关于进一步规范扬州市水利工程建设项目招标文件编制的指导意见（试行）》，根据项目类型和投资金额进行界定，确保招标文件编制规范，评标办法合理合规；推广金融机构保函在涉企保证金中的应用，减少企业资金占用，降低企业经营成本。明确扬州市水利建设行业从业单位信用等级AAA级的企业免缴投标保证金，AA级的企业投标保证金减半。出台《关于规范扬州市水利工程建设项目招标投标活动投诉处理的指导意见》，明确相关投诉处理流程和责任。提升质量监督水平。每年拨付质量监督专项资金30余万元，用于实体检测、专家聘请、教育培训等，丰富质监手段，让行业专家的经验和实体检测数据结合，保障质量监督的强度和深度。开展打击出借借用资质、转包、违法分包等违法违规行为，加强违法违规处罚力度，开展专项整治活动，并常态化随机检查模式，开展5次"双随机、一公开"（在监管过程中随机抽取检查对象，随机选派执法检查人员，抽查情况及查处结果及时向社会公开）检查。多次组织全市质监人员，赴省重点工程现场，结合施工现场开展业务培训，并且细化培训内容，开展"临时用电""金属结构和机电设备""实体工程检测"等专项培训。强化工程验收管理。年初制定验收计划，纳入各县（市、区）年度工作责任状，作为考核的重要内容。指导县（市、区）安排水下工程阶段计划，组织完成扬州市瓜洲泵站工程、仪征市泗源沟二期整治工程（梅家沟东—龙河段）、镇扬三期工程、古运河东罕段、泗源沟节制闸除险加固工程和崩岸整治工程竣工验收。加强履约考核。运用履约考核手段，实现履约考核现场检查全覆盖，评价从业单位履约情况，应用质量监督、安全监督、稽察审计等监督检查成果，建立"失信惩戒，守信受益"的管理机制，净化水利建设市场秩序。每季度对扬州市水利工程在建项目进行考核，实现全覆盖，并于季度末在市水利局网站定期公布考核结果。开展农民工支付保障工作。宣传贯彻《保障农民工工资支付条例》，组织从业单位参加人力资源和社会保障部开展的劳动监察培训。开展保障农民工工资支付夏季专项行动和冬季专项行动，执行省、市级文件精神，配合市劳动监察支队开展2022年春节前农民工工资问题联合接访和检查；将农民工工资支付保障作为一项日常检查工作，各单位均能做到开通农民工工资专用账户，委托银行足额按月发放劳务报酬。开展文明创建活动。组织各参建单位开展文明工地、优质工程创建活动，根据创建计划，强化过程中各项措施的落实检查指导。瓜洲泵站工程获得大禹奖，是扬州市首次获此奖项；瓜洲泵站、扬州闸加固工程获得水利优质工程奖；扬州闸加固工程、安墩河水系调整工程二标段获得"扬子杯"；宝应洼地治理大溪河工程获得省文明工地。评选"扬州闸泵站工程"等10个建设工地为"扬州市水利工程文明工地"；制定《扬州市水利优质工程"江淮杯"评选办法》，并组织"江淮杯"申报评审。推进水利工程信息化建设。开发扬州水利建设工程监管服务平台，通过平台建设，实现项目从设计、立项批复、招投标、施工过程到质量管理、安全管理、验收管理等内容的全流程监管和大数据收集，实现对水利工程建设全过程、全覆盖的监管与服务，提升全市水利建设项目管理标准化、信息化水平。落实移民政策。严把移民安置前期工作审查审核关。介入重点水利工程移民安置前期工作，加强移民安置规划大纲和规划的编制指导。推进长江堤防防洪能力提升工程和宝应洼地工程移民征迁监督评估，完成大寨闸工程、横泾河工程移民安置专项验收。"水库移民安居幸福工程"由基础设施建设开始转移到产业扶持项目，为后扶乡镇打造"造血项目"。2021年，投入资金1230万元。其中，基金项目3个（投资140万元）、资金项目2个（投资992万元），5个项目全部完成实施。

（徐冬蓓）

■**水利工程质量监督** 2021年，全市开展质量监督检查81次，发出质量监督检查意见80份，发现质量问题540条。专项开展全市质量提升专项行动，对28个项目开展质量提升专项排查，检查发现问题231条，提升全市水利在建工程质量水平，在建工程项目质量行为规范、实体质量可控。扬州闸泵站工程、庄台闸工程和扬州经济技术开发区江堤二期三标获省级文明工地。扬州市水利建设质量工作连续获省水利厅考核A等级。制定《扬州市水利工程建设“十四五”质量提升行动方案》，明确全市省重点工程质量评定优良率提升分年度推进计划，瓜洲泵站工程、庄台闸工程、高邮灾后应急项目、束窄段整治工程获2021年度优良项目。委托有资质的检测单位对9个工程开展质量监督检测，通过检测数据对收监工程的实体质量把关；聘请专家开展质量考核和日常质量监督，全年聘请专家30人次；针对重点工程开展专项检查活动，对江堤能力提升工程和洼地治理工程开展汛前专项检查1次、实体工程专项检查1次；规范质量检测单位检测行为，对辖区内质量检测单位开展专项检查1次。加强对县级质监机构和受监工程的指导和帮扶，邀请县级质安站人员参加省级水利工程建设高质量发展工作调研会，带领县级质安站人员前往扬州闸泵站工程参观学习，对高邮庄台闸、高邮灌区改造项目、仪征龙河二期、邗江治淮新增工程、广陵治淮新增工程、江都灌区改造项目等县级质安站负责监督的重点工程进行监督指导。开展1期质量管理培训班、1期安全管理培训班。审查扬州市施工企业进入“江苏省水利水电施工企业安全生产管理人员信用信息管理系统”6家，对水利安全生产三类管理人员审批办件495人次，协助省水利厅在扬州市开办安全生产三类人员新取证培训或继续教育培训5批次。（徐冬蓓）

■**水利工程安全管理** 落实各地各单位在行业管理上的主体责任，工程管理单位在运行管理和安全生产上的主体责任。抓好抓实水库“四个责任人”履职、病险工程安全“五落实”（安全及整改责任落实、除险加固措施落实、除险加固资金落实、整改或除险加固时限落实、应急预案落实）、应急预案编制落实等重点工作环节。组织开展水利工程检查。市、县两级水行政部门持续强化运行督查，加大对水利工程运行管理的日常检查和考核。市水利局采取定期检查和不定期抽查相结合的方法，对全市水利工程运行管理工作进行督查和专项检查考核，并对发现问题及时交办、限期整改。2021年，全市完成上级检查交办的水闸、堤防、水库等各类问题整改136项，并及时上报整改情况。分级、分类推进工程观测监测。开展工程观测监测，及时掌握工程健康状况、运行管理情况和保障能力。督促指导水管单位按照《水利工程观测规程》等规范规程，逐步完善安全监测设施设备，正常化、常态化地开展监测。其中，月塘水库和瓜洲泵站通过委托第三方的形式开展工程监测，定期形成完备的观测资料报送省水利厅备案。配合省水利厅开展大中型水利工程安全监测设施调研，推进监测数据库建设，强化监测数据分析和研判，建立预报和预警机制。组织完成仪征市山头、魏井等2座水库大坝和宝应地涵、瓜洲抽水站、大桥闸、黄金坝闸站等4座中型闸站安全鉴定。（徐冬蓓）

■**水利工程运行管理** 2021年，全市水利系统争取和落实省级水利工程维修养护配套经费2333万元，争取和下达市级水利发展资金（水利工程维修养护）504万元。仪征市、高邮市、邗江区共计落实小水库地方一般债640万元，用于小型水库的日常管护。按照《江苏省水利工程维修养护项目管理办法》和市水利局、市财政局联合印发的《扬州市市级水利工程维修养护项目管理办法》，加强督查检查，压实县（市）责任，强化维修养护项目绩效管理，开展资金使用的绩效评价，提升管理水平。全市水库拦蓄洪水3亿立方米，为农业灌溉供水4000万立方米。水闸引排水25亿立方米，泵站运行3.7万台时、抽引水4亿立方米，全市水利工程实现安全运行零事故，在抗御洪涝强台风灾害中发挥工程效益。各级财政保障水利工程的维修养护资金，支撑水利工程设备完好率保持在95%以上。开展智慧水利探索。探索水闸、泵站工程运行效率提升手段，结合工程加固改造、维修养护，引入新技术、新设备，提高智能化水平，改进工程运行状况和效率。城区智慧水利综合调度工程建设方案报“云上扬州”总集成单位审核，总投资逾7000万元的城市水利安全运行调度基础建设工程开工。建设内容包括雨量站、闸泵站工情监测点，配套相应的水利物联管护系统、工程集控中心、调度中心等软硬件基础设施及网络。

（徐冬蓓）

■**水利工程达标创建** 制定印发《扬州市“十四五”水利工程精细化管理实施方案》，支持和推进水利工程精细化管理。仪征市月塘水库管理所和市河道处润扬河管理所创成全市首批精细化管理水管单位。广陵区运河管理所施桥翻水站通过省三级管理单位创建验收，省级水管单位实现县（市、区）全覆盖。仪征市风岭、龙虎斗水库创成省级规范化小水库，7座规范化水库通过复核，全市小水库规范化创建率首次突破50%。广陵区归江河道水利风景区通过省级水利风景区验收，升级打造的瓜洲水利枢纽国家级水利风景区通过复核，古运河水利风景区通过国家水利风景区高质量发展典型案例现场复核。13处水利工程上榜江苏省首批省级水利遗产名录，数量居全省第一位。（徐冬蓓）

城市建设

Chengshi Jianshe

编　辑　王妮姗

综述

■**概况**　2021年，全市完成城市基础设施投入123亿元。市区实施重大城建项目491项，推动实施城建重点工程400个，累计完成投资440.7亿元。江平路、润扬路等城市快速内环全线通车，市区快速路总里程66.49千米。开工建设江平东路东延涉铁应急段工程，推进扬子津路西延一期工程，打通文峰路、施井路、荷叶路等一批"T型路"和"断头路"，主城区道路总长超过1700千米，人均城市道路面积超过20平方米。全市新立项防空地下室103个44.79万平方米，新增停车位4430个。建成汤汪污水处理厂三期、北山污水处理厂一期工程，主城区污水处理能力达54万吨/日，处理能力提高42%。全市新改建污水管网149.6千米、镇级污水处理厂5座，30%建成区基本完成污水处理提质增效。新建（提升）公园7个，市区新增绿地面积136.18万平方米，新增城市花墙7.26千米，完成扬子江路行道树（一期）问诊复壮工作。完成17个公园增绿补绿、设施增补和6个公园林荫路建设。（卞海波）

■**城建监察**　立案查处各类违法违规案件118件，网上会办案件157件，下达行政处罚决定书114份。受理拆除承重墙、扬尘污染等各类投诉举报179件，办复率100%，群众满意度100%。开展工程质量、案卷评查、招投标、绿色建筑节能、扬尘污染防治等专项稽查，督查区管项目300个次，下发《督查通报》2期、督办单134份，督促整改裸露土方未覆盖、出入车辆未冲洗等扬尘问题280余个，指导处理市政设施维护方面案件5件、城市照明设施案件15件、城市给排水设施方面案件41件。（葛　苗　卞海波）

城市规划

■**控制性详细规划修编**　为完善重点地区公共服务与配套设施布局，完成江广融合区、东南片区、汊河片区、城北片区、蒋王片区、江都商贸物流园等6项重点地区控制性详细规划编制，完成控制性详细规划成果、专项规划、城市设计成果整理入库工作，进一步完善"规划一张图"系统。（胡　玥）

■**专项规划编制研究**　组织开展扬州市历史文化名城保护规划修编（2020—2035年）、城市综合交通规划修编（2020—2035年）、国土空间规划城市体检评估(2020年度)、开发园区空间布局优化研究、大运河核心监控区控制性详细规划优化整合、中心城区慢行交通体系专题研究等10个专项规划编制及研究，为城市建设管理提供规划研究支撑。东关历史文化街区更新策略研究入选全国国土空间规划实践案例，《扬州市江都区曹王林场乡村振兴规划研究》《扬州市建国后有价值既有建筑调查与研究》分别获2021年度江苏省优秀国土空间规划奖二、三等奖。（胡　玥）

■**用地规划管理**　研究制定《扬州市中心城区城市更新工作方案》，系统梳理121个"城中村"地块和110个城市更新单元，通过"留、整、改、拆"综合施策指导地块更新。开展美丽宜居城区建设标准、瘦西湖周边高度控制、瘦西湖西门停车场等专题规划研究，细化各类设施布局，明确控制标准。做好选址服务，完成市中级人民法院、市中医院等项目选址工作，同时做好成贤学院等高校前期选址，提出多个比选方案供市政府决策。按照年度上市计划，完成60余个地块规划设计条件下达，推动地块有序上市。（汪　洋）

■**建筑规划管理**　印发建筑面积复核告知承诺制工作方案、建筑工程规划许可证豁免项目清单，通过告知承诺、豁免办理等措施为项目建设提供高效服务。做好建管一线技术服务，提升建筑规划管理技术指导水平，全年召开方案审查会36期，审查项目61个，完成建筑工程建筑面积复核1703幢，总计1037.68万平方米。（刘海洋）

■**市政规划管理**　围绕现代综合交通体系建设，主动服务道路快速化改造等工程建设，完成北沿江高铁沿线地块研究和扬州城市道路交通规划问题分析及改善方案研究，提出快速路衔接、路网结构完善、“断头路”打通、重要节点综合整治、公交场站建设等近期实施方案。全力保障重大基础设施项目建设，做好宁扬城际、北沿江高铁及东站站房、运河北路北延、开发路东延、江平路东延等重大项目规划服务工作。全市共审查发放建设项目用地预审与选址意见书85份、建设用地规划许可证32份、建筑工程规划许可证26份、规划意见39份、管线路径方案28份，为全市重大基础设施落地建设提供技术支持与用地保障。（赵玉玲）

新城区建设

生态科技新城

■概况 扬州生态科技新城于2013年11月成立，位于扬州城市新中心江广融合地带，北起凤凰岛、南至夹江、西至廖家沟、东至高水河—芒稻河沿岸，总面积约81平方千米。下辖3区2镇（省级杭集高新区、省级凤凰岛旅游度假区、万福商务区，杭集镇、泰安镇），实有人口约8.2万人。

2021年，生态科技新城实现地区生产总值161.22亿元，比上年增长11.42%；完成社会消费品零售总额34.54亿元，增长6%；全社会固定资产投资44.07亿元，增长10.5%；一般公共预算收入4.31亿元，增长3%，其中税收3.85亿元、非税收入0.46亿元。落实国有企业改革专项行动，推进“不见面审批”工作，启动5个“一件事”改革。在全市首创微网格工作机制，建成综合网格81个、专属网格17个、微网格410个，实现微网格全覆盖。成立全市首个社会治理联防联控大队，获评市社会治理优秀创新项目，23天建成“连民心、安民心、暖民心”的山河岛跨壁虎河钢便桥。凤凰岛生态旅游区通过AAAA级景区初审。全年游客接待超120万人次，增长13%。（高　洁）

■规划编制 10月，江广融合区控制性详细规划用地规划图完成公示，获市政府批复；万福商务区城市设计成果实现固化与法定。在前期市编研中心对杭集、泰安片区控制性详细规划研究的基础上，由苏州未来都市时匡设计团队完成杭集、泰安片区全域控制性详细规划研究，完成E7、E9单元控制性详细规划修编工作及报规成果，报市国土空间规划委员会审查。11月，确定5个成片开发片区方案，新增建设用地指标约109.73公顷，12月报省自然资源厅审查。（高　洁）

■基础设施建设 推进实施北沿江涉铁、凤凰岛路改造、三笑大道南延、曙光路提升等81项城建重点工程，78环岛大道主岛全线贯通，“三河六岸”（芒稻河、金湾河、新通扬运河3条河流及两岸）公园三期、韩万河公园等绿地建设全面提速。（高　洁）

■招商引资 打造“杭集高新区·中国美业港”，构建“6+2+2”（六大主导产业：医美健康、化妆品、口腔清洁护理、家居类高端洗护、香氛精油及酒店日用品；两大配套行业：绿色和生物新材料、智能制造与包装；两大支撑动能：研发设计、检验检测及知识产权服务平台，新零售全渠道营销平台），黛莉雅美妆、康博士高档化妆品等10个项目落户，倍加洁牙刷生产线、两面针日化生产基地建成投产。18个省、市重大项目开工建设，引进工信部工业App航空分中心、新华日报新媒体创新中心等项目。全年引进项目29个，新增注册企业1211家，其中注册1000万元以上企业82家、1亿元以上企业4家，利用外资及港澳台资4950万美元。（高　洁）

■科技创新 国网江苏智慧能源双创科技园（扬州）开园，中国航空研究院航空谷奠基，扬州印象馆开工，国际人才社区揭牌，杭盛科技园建成。杭集高新区创成“江苏省大众创业万众创新示范基地”，入选全省唯一国家级消费品标准化试点区域。高露洁智能车间获评江苏省智能制造示范车间，江苏华腾个人护理用品有限公司等6家企业通过省、市级“三站三中心”（博士后科研工作站、院士工作站、研究生工作站，工程技术研究中心、企业技术中心、工程研究中心）平台认定。全年获批省、市级科技项目3个，新增复审高新技术企业5家，完成科技型中小企业备案56家。（高　洁）

■光影水秀展演 位于高铁站前区韩万河（烟花三月路至江城路段），

光影水秀展演　　生态科技新城/供稿

采用世界水景领域最先进的3D技术和数控装备，依托矩阵、水柱、激光、水幕电影、火光等表现形式，制造震撼的视觉效果。2021年启用，开展扬州运河历史、建党百年历程等主题展演。（高 洁）

■扬州国际人才社区 位于生态科技新城核心板块，建成近千套精装修人才公寓和扬州科技人才综合服务中心，于2021年启用。其中，扬州科技人才综合服务中心内设人才服务中心、人才交流中心、人才展示中心、路演中心，为住户提供政策咨询、民政服务、商务接洽、市场拓展、成果展示等服务。（高 洁）

■生态科技新城政务服务中心 5月19日开放运营。政务服务中心总面积1800平方米，其中一层400平方米、二层1400平方米，设26个窗口、4个服务专区，可办理事项282项，实现一窗受理、一站式服务、一站式办结全免费。利用机器人、智能化设备、软件系统等信息技术，提升群众办事便利度，实现“让数据多跑路、群众少跑腿”。大厅前台提供业务咨询、投诉受理、帮代办及特殊群体志愿服务等。二楼大厅设置政务公开区和自助服务区及22个业务综合窗口，主要办理餐饮经营许可等“一件事”审批及食药品经营许可、社会保障、就业人才、税务发票、违章处理、出入境等事项。大厅东侧为自助服务区，可办理税务发票及人社银行的发证业务。（高 洁）

西区新城

■概况 西区新城于2015年7月成立，位于扬州主城西翼，西起扬溧高速，北至司徒庙路，东至扬子江北路，西南至文汇西路，东南至平山堂西路、翠岗路，主要由原蜀冈生态区和原新城西区组成，横跨西湖街道和新盛街道，总面积约30平方千米。2021年，西区新城聚焦“扬州西部门户、邗江城市中心”的目标定位，落实高质量发展要求，推进片区开发、项目建设、地块上市，建设西区现代都市生活片区。（吴跃进）

■基础设施建设 推进基础路网建设，蜀冈枢纽－润江互通道路体系全面建成，怡扬路、纬一路、纬二路、纬三路和润蜀路东延等道路建成通车，产业路、经十二路、唐悦路西延等道路开工建设，并同步实施污水泵站建设项目，片区路网密集、界面互通能力提升。万达北侧水系、蓝湾臻园东侧水系、高庄冲河道二期清杂修缮等项目相继建成，润蜀南路北侧水系（瓦屋冲）、绿地唐樾府北侧公园、金辉优步学府北侧公园建设工程有序推进。西区新城渣土车停车场投入使用，西区新城停车楼开工建设。西区新城初级中学、蜀冈小学北区校进入前期申报和图纸设计阶段。（吴跃进）

■项目建设 聚焦拓展区，继续实施“四名”战略，万达商业综合体及相关配套项目、昌建综合体、新大剧院综合体投入运营。江苏省邗江中学新校区——西区新城高级中学、南京师范大学附属邗江实验小学开始招生教学，区级卫生中心投入使用。泰和佳园三期项目封顶。省建科技产业园、启迪科技园、京华城Livingmall二馆、真州北路西侧文旅项目及蜀冈小学南侧商务办公综合体等项目有序推进。GZ127商务项目开工建设。完成香茗湖一号南侧地块、联发北侧地块、万达广场（扬州蜀冈店）西侧地块和文旅西侧地块的挂牌上市。完成区域内胡场村山头组、蜀冈村东陈组等城中村改造119户、企业改造14家，拆除建筑面积约7.1万平方米，分配安置房238套、2.38万平方米。（吴跃进）

■西区新城高级中学 位于尚书路以东、怡扬路以南、润蜀路以西、纬六路以北，总用地规模32.8公顷，建筑面积18万平方米，总投资12亿元。学校以“一心三轴”为整体布局，即以图文中心为核心，南入口至教学区的行政礼仪轴线、教学区至生活区的校园文化轴线、连接河道两岸的运动休闲轴线，包括教学楼、宿舍楼、图文中心、科技中心、艺术中心、体育中心等10个单体建筑。建成后办学规模23轨，其中普通高中班20轨、新疆班3轨，可容纳3500名学生。项目于2018年7月开工建设，2020年11月竣工。2021年，获中国建筑工程装饰奖，秋季开始招生教学。（吴跃进）

■南京师范大学附属邗江实验小学 该项目是市区重大民生工程之一。位于平山堂西路延伸段南侧、润蜀路西侧，占地4.87公顷，建筑面积3.8万平方米，总投资2.7亿元，主要建设教学楼、食堂、图书行政楼、艺体楼、地下车库、停车场及300米标准田径运动场等。学校设置为8轨48个班，可容纳2160名学生。校园采用七彩元素对不同年级教室进行涂装，每个教室配备密码储物柜存放学生学习用品，并配有中央空调及新风净化系统。项目于2018年12月开工建设，2020年9月竣工。同年12月，蜀冈小学与南京师范大学、邗江区政府签署三方共建合约，更名为南京师范大学附属邗江实验小学，2021年秋季开始招生教学。（吴跃进）

广陵新城

■概况 广陵新城于2006年成立，位于扬州城市东部，东至廖家沟，西至京杭大运河，南至运河东路，北至万福路，规划面积8.5平方千米。全年服务业营业收入24.18亿元，实现固定资产投入70亿元，新签约1亿元以上民资项目12个，新开工、竣工1亿元以上项目15个，实施市级1亿元以上项目5个，实施省重点项目2个，外资及港澳台资实际到账6000万美元。按照“产城融合，工住平衡”理念，加速城市规模扩大、城市功能完善和经济社会高质量发展，打造扬州现代服务业聚集区、江广融合的先行区、扬州科创名城的示范区，建成400万平方米楼宇综合体，初步建成扬州城市核心CBD（中央商务区）。（朱晓昇 李 翔）

■**项目建设** 聚焦列省重大项目推进，服务双十项目，加快项目落地实施。污水达标片区建设完工，901地块主体结构、137地块建工科技园主体结构及住宅部分、奥园京杭湾住宅部分接近封顶。中航机载共性中心研发项目一期完成土地购置及规划设计方案批复，上线云平台基线产品“机载研云”，提供八大类78项服务，支持24个研制单位工作；列省重大项目宝胜（扬州）研发创新中心开工建设。（刘光明）

■**招商引资** 以数字经济、现代金融、航空三大产业为主，以总部经济高端商业配套为辅，瞄准“3+1+1”五大主导产业“合指成拳”全方位聚力项目招引。协调推进136地块规划调整工作。举办扬州软件和信息服务外包大会暨2021扬州金融科技大会、扬州广陵现代服务业暨数字经济（杭州）招商推介会等招商活动7场，签约落地项目11个。（仇炳虎）

■**招才引智** 广陵新城二次创业、信息服务产业基地分别获评省软件名园、省军民融合示范区。签约中科创达、奇安信、中科软等重点企业，区域内集聚产业人才3万人，其中海归博士90余人，大专及以上学历人才引入占比超93%。促成区域内科技企业与知名院校建立合作关系，累计培养引进各类人才2.6万余人，硕士以上学历或副高以上职称高层次人才1200余人，其中海归博士100余人、长江学者3人，获批省“双创”、市“绿扬金凤”、区“广聚英才”等各类人才计划项目75人，兼职、聘用各类院士、学术带头人、专家学者100余人。（胡石嵘）

东南新城

■**概况** 东南新城于2020年2月成立，东至京杭大运河，南至328国道，西至古运河沿线，北至文昌路，规划面积17.06平方千米。2021年，紧扣“让老城靓起来”总体要求，围绕“锐变焕新 又盛于今”工作理念，谋规划、定思路、出实招，初步实现从城市“洼地”到栖居热土的蝶变。全年实现一般公共预算收入15.5亿元，固定资产投资99.4亿元，规模以上工业总产值30.9亿元。认定科技型中小企业1个、新签约1亿元以上民资项目2个、新签约外资及港澳台资项目3个，完成2021年区经济社会高质量发展目标任务。（万志雨）

■**产业规划** 确立“1+2+2”（1个核心产业区：汤汪集镇东核心产业区；2个商业中心：东部、南部商业中心；2个运河文化产业高地：文峰寺、三湾运河文化产业高地）的产业布局，通过用地功能多种混合、可开发用地优化、商住比例调整等对五大区域进行量身定制，3月通过专家评审。通过招标委托知名设计院对电力修造厂地块进行前期设计研究，从优化城市形象、导入特色产业、提高土地价值3个方面进行调整、细化、完善，致力于把该地块打造成文昌路沿线城市经典。（万志雨）

■**招商引资** 以实施土地出让促进城市形象提升，推动产业集聚。精确梳理范围内所有集体土地、土储用地，建立地块权属数据库，有主有次、有依有据，推动土地上市，该应用系统为扬州市首创。坚持把招商作为工作中心，立足辖区实际，既重视“招新”，也致力“留旧”。聚焦医疗康养、文旅文创两大产业，注重做好“银发”产业文章。全年接洽客商130余批次，到北京、杭州、上海等地拜访考察30余次。举办东南新城文峰寺片区未来发展研讨会，为打造文化旅游休闲街区集智聚力。签约重大项目——扬农集团科创中心项目，项目占地4.67公顷，年税收1亿元以上，纳入2022年度市级重大项目。至年末，东南新城有16个项目施工建设中，原东南片区商业元素匮乏、产业结构落后的旧貌加速改善。（万志雨）

■**环境整治** 实施施井路提升改造工程，并作为东南新城环境形象从乱到治的首场硬仗，2020年3月进场，采取拆违、拆迁、施工“三同步”措施加快施工进度。扬州市首座环卫综合体——汤汪环卫综合体运营，提升垃圾处理能力和速度。牵头重点“双十”项目——联谊农贸批发市场整体搬迁至沙头镇，改善原市场“晴天一身灰，雨天一身泥”状况，为集聚产业提供空间。（万志雨）

■**功能布局** 牵头实施城建“双十”项目31个，约占广陵区城建“双十”项目的三分之一，其中十大项目3个、十大类项目28个。十大类项目中，综合交通类9个、功能完善类10个、环境提升类2个、民生城建类7个。推进文峰路南延整治等5个项目；九龙八期、施井花园等安置房竣工，1000余户拆迁户迁入新居；辖区内所有小学全部进入广陵区三大教育集团；华南康养项目进入建设阶段，卓越晴翠养老住宅在建中，天瑞府、金湾一号社区养老项目建设完成；宝龙城8万平方米高端商业综合体、嘉都汇4.8万平方米商业综合体等项目正在推进。（孔阳阳）

■**汤汪环卫综合体** 汤汪环卫综合体是扬州市首个地下一层垃圾中转站，在汤汪垃圾中转站基础上扩建而成，总建筑面积约4700平方米，总投资8000万元，设计日处理生活垃圾能力500吨。采用“平进低出”处理工艺，具有生活垃圾中转、可回收垃圾的分拣、大件垃圾处置等多项功能，提升处置的集约化、高效化，项目于2020年10月开工建设，2021年11月竣工验收。（孔阳阳）

城建重点工程

■**城市快速内环全线通车** 扬州城市快速内环包括运河快速路、江平快速路、润扬快速路和城南快速通道，快速路为双向六车道。其中，扬州市内第一条快速路——城南快速通道于2018年6月建成通车。同年9月，城市快速路网建设二期工程开工建设，包括江平东路快速化改造工程、江平西路建设工程、江广快速路新建工程、润扬快速路和运河路快速化改造工程，总长约45千米，总投资154亿元，是扬州市近年来投资最大的城建项目。江平快速路是城市快速内环的“北线”，东起运河北路，西至翠岗路，连接运河北路互通式立交，全长13.8千米。江广快速路是直达高铁站的重要纽带，东起万福大桥，西至运河北路，全长3.1千米，包括一座京杭大运河桥梁。江平快速路、江广快速路于2021年9月建成通车。运河快速路是城市快速内环的“东环”，北起江平东路，南至南部快速通道，全长约7.85千米，包括4.75千米高架、2.5千米隧道、0.6千米地面段和2座互通。润扬快速路是城市快速内环的“西环”，北起平山堂西路，南至南部快速通道，全长约5.65千米，包括3千米高架、2.58千米隧道、0.1千米地面段以及1座互通。运河快速路、润扬快速路于2021年12月建成通车，标志着扬州主城区“三横三纵”快速路网骨架全部建成，快速路主线设计车速为80千米/小时，实现环内任意两点20分钟通达。

（城建控股集团　樊　荣　卞海波）

■大学路南延工程全线通车　该工程是2018年市委、市政府重点民生幸福工程、环境提升重点工程。大学路南延工程分两段施工，北段是江阳路到开发路，南段是开发路到328国道。南段于2017年率先开工建设，2018年竣工通车；北段于2018年开工建设，2021年末竣工通车。全长3千米、宽40米，总投资4.86亿元，新建跨古运河大桥——文峰大桥，按照城市主干路标准设计，为双向六车道，设计车速为50千米/小时。大学路南延工程全线通车标志着市区再添一条南北向干道。

（城建控股集团）

■扬州颐和医疗健康中心主体封顶验收　该项目是市妇幼保健院异地新建项目和2018年市委、市政府重点民生幸福工程，计划建成一所集医疗、教学、科研、预防、康复为一体的三级甲等专科妇女儿童医院。位于江扬大桥东南侧、工人疗养院正南面，北至万福西路，东至京杭北路，南至韩西河，西至京杭大运河。项目总投资约25亿元，总建筑面积约20万平方米，设计床位1000张，按照三级医院标准建设，主要建设内容包括急诊部、门诊部、医技科室、住院部、保障系统用房、行政管理用房、院内生活用房等，2020年3月开工建设，至2021年末主体结构封顶并通过验收。项目建成后，将解决扬州长期以来没有专门儿童医院的缺陷，进一步满足妇女儿童医疗卫生服务需求。（城建控股集团）

■汤汪污水处理厂三期建成投运　位于广陵区汤汪街道同心村。建设规模为新建处理污水8万吨/日，提标改造处理污水18万吨/日，新建再生水利用5.2万吨/日。项目概算总投资8.1亿元，其中中央预算内投资1.15亿元。项目于2017年5月开工建设，2021年4月投产运行。项目建成后，汤汪污水处理厂污水处理规模达26万吨/日，出水水质为国家一级A标准，有效满足区域内的污水处理需求，改善淮河流域水环境质量。（城建控股集团）

■北山污水处理厂一期建成调试　位于槐泗镇沈营村。建设规模为新建处理污水16万吨/日，其中一期工程建设规模为8万吨/日，总投资约6.9亿元，出水水质为国家一级A标准。同时，厂外敷设DN1800尾水排放管道约3千米、新建进厂道路约1.7千米。2019年12月开工建设，2021年底建成并进水调试。汤汪污水处理厂三期工程和北山污水处理厂一期工程建成后，市区污水处理规模达54万吨/日，实现市区污水处理全覆盖。（城建控股集团）

■污泥处理与资源化利用项目二期建成调试　该项目南临古渡路，北至春江路，西至马港河路，建筑面积约5400平方米，总投资约1.2亿元，分为两条干化生产线，设计处理能力为200吨湿污泥/日。2020年12月开工建设，2021年末完成土建及设备安装，实现联动调试。项目建成投用后，全市污泥日处理能力达500吨，年化节约标煤1.2万吨，减少二氧化碳排放3.2万吨。

（城建控股集团）

■市区北部供热主干线一期建成投运　市区北部主干线热网工程是《扬州市区热力管网专项规划（2016—2030）》中规划建设的6条供热主干线之一。建设内容是敷设从江苏华电发电有限公司至怡扬西路的供热主管道，主要沿江苏华电发电有

汤汪污水处理厂　　城控集团/供稿

限公司铁路专用线西侧、物港路南侧、运河北路西侧、宁启铁路北侧布置。供热主管道建设总长度约15千米，管径800毫米或600毫米，同时配套建设相关支干线，预计总投资1.8亿元。一期工程建设从江苏华电发电有限公司接出，向西沿铁路北侧敷设至瘦西湖路，顶管过瘦西湖路与市区北部主干线热网二期工程管道对接，全长约6.8千米，管径为800毫米，总投资约8000万元。一期工程于2019年5月开工建设，2021年12月底建成投运。项目建成后使江苏华电发电有限公司成为市区第三个汽源点，满足市区北部区域企事业单位和居民的蒸汽需求，为实现扬州市区管网互联互通奠定坚实的基础。

（城建控股集团）

市政设施

■地下管线管理 制定《扬州市加强城市地下市政基础设施建设实施方案》。完成修补测管线道路70条、管线数据监理检查及入库522.34千米、地形数据审核入库44.26千米、带状地形修补测46.2千米，修补探测各类管线363.8千米。完成西北片区25平方千米隐患点排查，排查隐患点约188个，全部共享给管线主管部门和管线权属单位复核。协助264家单位、企业查询管线总长度7654.94千米，输出标准图幅861幅。完成供排水综合安全监管信息系统建设，接入14座供水厂、42座污水厂、48座泵站监测数据，录入80条重点排水户、165座调蓄池、562个二次供水信息，校核市区3684千米供排水管网数据。

（戴　晶　卞海波）

■城市照明管理 全年累计安装可调光的单灯控制器9510套，可调光的LED（发光二极管）超过灯盏数的20%。维修功能性照明1.52万盏、景观照明5556盏，处理单灯报修1250次，维修故障线路10.78千米，故障修复率100%。清洁灯具7.38万盏，维修控制箱1808台次，检测变压器221台，测试接地5.7万处。根据中心站软件报警信息，通知维护单位处理单灯报修774件、路灯电缆故障1069件，向邗江路灯所及其他责任维护单位报修88件。安装漏电监测保护装置215套，核实、登记变压器（配电箱）787台。功能照明主干道亮灯率99.59%以上、功能照明次干道亮灯率99.47%以上、景观照明亮灯率95.37%以上，功能照明设施完好率95.2%以上、景观照明设施完好率95%以上。

（杨姗姗　卞海波）

■排水管理 全年建成污水处理提质增效达标区48.18平方千米，2020—2021年累计完成达标区建设约76.08平方千米，基本实现“城市建成区30%以上面积建成污水处理提质增效达标区”目标。开展巡河工作21次，对水质检测不合格次数多的河道多次开展“四不两直”（不发通知、不打招呼、不听汇报、不用陪同接待，直奔基层、直插现场）检查，发现问题39处（其中水质问题26处、排口问题13处），并反馈至各责任主体立查立改。完成供排水、海绵专项审查155个、出具意见130份，重点把控项目排水规划和海绵规划的衔接、排水管材的选取、年径流总量控制率和海绵城市指标等。

（戴　晶　卞海波）

■城市供水与管理 2021年，扬州市区完成售水量2.28亿立方米，比上年增长5.05%；管网水压综合合格率100%，管网水质综合合格率100%。新发展用户2.15万户，累计57.5万户。铺设供水管道138.65千米，市区管网总长3690.02千米。全市自来水厂全部深度处理改造，实现由合格水向优质水的质变。完成390.2千米支管网改造，超计划完成56.1%。推动二次供水设施提标改造，全市完成高层住宅小区二次供水设施改造77处。对市区（含江都区）7个出厂水、60个管网水水质进行每月常规监督检测，对全市14个水厂出厂水进行一年4次的106项全分析检测并做好公示，组织开展供水事故应急演练20次。

（陈　帅　戴　晶　卞海波）

■供电 2021年末，国网扬州供电公司有基层供电所64个，营业客户277.13万户。全市有35~500千伏变电所167座，变电总容量2705.02万千伏安；有35千伏及以上输电线路396条5478.04千米；有10千伏和20千伏配电变压器4.41万台，容量1638.12万千伏安，配电线路2037条2.39万千米。2021年，扬州市全社会用电量289.77亿千瓦时，比上年增长9.49%。其中，工业用电量189.62亿千瓦时，增长8.64%；城乡居民生活用电45.67亿千瓦时，增长6.16%，全市最高用电负荷531万千瓦。全年累计完成电网投资19.63亿元，累计报装申请8.56万户，申请容量338.60万千伏安；完成业扩报装8.06万户，新增容量284.76万千伏安。全市城市、农村供电可靠率分别为99.98%和99.97%，居民户均容量5.72千伏安。

提升供电保障能力。根据《扬州电网“十四五”发展规划》，开展500千伏沿江变和220千伏北沿江牵引站配套工程规划工作。220千伏临湖变电站主变扩建工程、110千伏方桥输变电工程等27项重点电网工程建成投运，完成配农网项目1.1万个。紧密对接全市重大项目用电需求，服务“好地方”高质量发展，全年完成润扬快速路电力线路迁改等重大项目送电工程71个。疫情期间，按照“一点一策”原则，保障定点收治医院、950个临时核酸采样点、1147个疫情防控值守点用电。对涉及的273条线路和76座变电站开展常态化特巡，完成抢修任务808项，累计出动保障车辆5339辆次、保电人员1.26万人次。

服务碳达峰碳中和。编制“十四五”新能源发展规划，推进500千伏上河—高邮线路增容改造、220千伏五峰山交改直过江输变电等工程前期工作。扬州经济技术开发区、江都区、仪征市、高邮市被列入全国整县（市、区）屋顶分布

2021年扬州市电网规模一览表

表27-1

电压等级	变电站、配电变压器（座、台）	主变容量（万千伏安）	线路条数（条）	线路长度（千米）
500千伏	3/6	576	13	669.97
220千伏	33/58	1008	118	1999.77
110千伏	106/215	1060.05	199	2141.57
35千伏	25/48	60.97	66	666.73
20千伏	44122	1638.12	2037	23870.16
10千伏				

（孙　荣）

式光伏开发试点名单，对接县（市、区）政府开展光伏电网消纳能力分析和电网规划，确保光伏应接尽接。能量空间用能方案解决中心、电动汽车体验中心高质量运营，与市工信局共建全省首个属地能源云平台，138家3000吨标煤耗以上企业全接入。在江都区真武镇建成全省首个乡镇综合能源服务站。在建成瘦西湖全电景区能源互联网示范项目基础上，升级打造瘦西湖碳中和生态景区，通过实施"零碳+智慧+综合"柔性用能解决方案，实现景区整体零碳用能。加大充电设施等新基建投资力度，建成城区3千米充电圈，实现高速服务区和乡镇全覆盖。结合扬州"世界美食之都"发展需求，扩大全电厨房品牌效应，建成自主运营电厨炊品牌"爱膳电"生产线，产品入驻国网商城。全市累计推广全电厨房260户、电锅（窑）炉47台、农产品电烘干32台，建成投运岸电电源5套，累计替代电量超12亿千瓦时。扬州新能源装机容量达266万千瓦。

优化用电营商环境。制订《扬州市营造全省一流用电营商环境专项行动计划》，发布"好地方·好来电"服务举措15项，推动政府并联审批系统开发上线。业扩时长压降至5~33个工作日。与广陵经济开发区、李典新材料产业园区、江都经济开发区、宝应经济开发区签署打造"开门接电"示范区战略合作协议。落实国家电价市场化改革部署，分类梳理企业目录清单，整治"三指定"（供电企业对用户受电工程指定设计单位、施工单位和设备材料供应单位）现象和转供电加价行为，规范开展代理购电等服务工作。深化电力大数据应用，开展疫情电量、商业热力指数等分析，引导客户使用线上服务，新增网上国网客户25.14万户。落实疫情期间惠企用电政策，减少企业支出830万元。

保障民生用电安全。依托"供电+网格"营销、配电服务末端融合、供电服务指挥中心AI指挥员主动抢修等方式，提升不停电作业能力，不断压降停电时长。2021年，全口径、城市用户、农村用户平均停电时间分别低于2.3小时、1小时和2.46小时，比上年分别减少40分钟、25分钟和40分钟。加强投诉闭环管控，年万户投诉0.09次，减少80%。整治私拉乱接现象，解决"临代正"（临时电代替正式电）小区用电安全隐患。提升乡村电气化水平，在每个县（市、区）域打造乡村电气化示范镇2个，围绕智慧台区、电气化大棚、绿色出行等领域拓展项目400余个。全市累计成立驻村服务点136个，成立扶贫电站专项服务团队，对42座光伏扶贫电站进行检查，开展定点帮扶、消费帮扶，累计支出200余万元。（孙　荣）

■燃气供应与管理　《扬州市城镇燃气管理办法》于12月7日在市政府第53次常务会议上审议通过，自2022年2月1日起施行。完成《扬州城镇燃气发展规划（2021—2035）》编制并通过专家评审。全年市区（不含江都区）新建天然气中压管线52.59千米、低压管线123.75千米、调压设施101台。关停扬州客运北站压缩天然气（CNG）汽车加气站，改造文昌西路压缩天然气汽车加气子站为扬州第一座汽车加氢站。市区北部天然气干管与高邮湖西连通工程竣工，实现市区与高邮湖西天然气管网互联互通。全市新增天然气管道通气乡镇9个，分别为邗江区公道镇，生态科技新城泰安镇，江都区浦头镇，仪征市马集镇、月塘镇、陈集镇、大仪镇、刘集镇、新集镇，全市65个乡镇中累计有62个乡镇通天然气，通达率95.38%。至年末，市区（不含江都区）累计有天然气高压管线52.14千米、中压管线665.35千米、低压管线2288.73千米、调压设施1062座（台）。

市区（不含江都区）新增天然气居民用户2.15万户、商业用户261户、工业用户19户、天然气汽车140辆（其中天然气出租车45辆、私家车95辆）。至年末，累计有天然气居民用户48.86万户、商业用户2434户、工业用户129户，天然气车辆6782辆（其中出租车3318辆、公交车486辆、其他社会车辆2978辆）。全年供应城镇天然气1.88亿立方米，供应形势平稳，未出现天然气限供、停供现象。管道天然气居民销售价格继续实行阶梯气价，市区（不含江都区）每户年用气量300立方米以内（含）为2.7元/立方米，超过300立方米不足600立方米为2.92元/立方米，超过600立方米为3.67元/立方米；公共福利用气销售价格2.82元/立方米；工商用户用气销售价格随季节性波动，非采暖季3.18元/立方米，采暖季根据上游气价和外购气源价格浮动顺价，最高4.87元/立方米。瓶装液化石油气销售价格受出厂价格影响，波动较大，15千克最高售价135元/瓶，最低售价98元/瓶。

2021年，市区（不含江都区）全面实现瓶装液化石油气区域化统一配送和用户购气实名制，其经验做法在住房和城乡建设部主管的《中国建设报》2021年11月第8033期发布。扬州信达能源有限公司建立主城区统一配送调度中心和服务热线“95007”。至年末，完成用户产权液化石油气气瓶置换10.81万只，投运配送车辆135辆，建成配送供应站21座，培训考核送气工130人，完成9.66万户瓶装液化石油气用户信息录入和6万余户瓶装液化石油气用户入户安检。

持续开展城镇燃气行业安全生产专项整治三年行动，引进激光天然气检测车、激光甲烷遥测仪等燃气检测设备，修订《扬州市突发供气事故应急预案》，开展4轮燃气场站大排查和地下燃气管网专项排查行动，排查整改一般问题隐患1996条；排查不适应天然气安全运行的灰口铸铁管道约34千米，完成改造更新20千米；排查建（构）筑物占压燃气管道43处，完成清理整治41处；联合市住建、公安、交通等部门开展打击“黑气”执法专项行动，取缔黑气点8处，查扣液化气钢瓶240只，扣押违法运输面包车1辆，行政拘留3人。全年未发生一起燃气生产安全责任事故。

常态化开展入户安检和用气安全宣传，非居民用户和瓶装液化气居民用户每年至少入户安检一次，开展管道天然气用户入户安检20.21万户次、瓶装液化气入户安检1.02万户次。在扬州主城区乡镇、街道换乘站点公交站台张贴燃气安全漫画宣传公益广告，在扬州电视台各频道和扬州公交新媒体滚动播放《规范使用燃气 杜绝安全隐患》系列宣传片，组织燃气志愿者开展“五进五送”（走进乡镇、走进企业、走进社区、走进农村、走进家庭）新春燃气安全服务。6月24日，市政府在邗江区明月湖湖滨公园广场举行全市首辆城镇燃气居民使用安全主题公交发车仪式。（余　伟）

■污水处理 制定《扬州市主城区污水管网及泵站养护管理考核办法（暂行）》《扬州市中心城区生活污水处理厂运行、养护管理考核办法（暂行）》《扬州市主城区污水管网、泵站维修管理实施办法（暂行）》等。市区新增污水处理能力18.2万吨/日，汤汪污水处理厂三期工程（8万吨/日）建成投运，北山污水处理厂（8万吨/日）、宝应县安宜镇中港片区污水处理厂新建工程（0.2万吨/日）、氾水镇污水处理厂扩建工程（1万吨/日）、射阳湖镇工业集中区污水处理厂及配套管网工程（1万吨/日）基本建成，仪征实康污水处理厂迁扩建工程（7.5万吨/日）启动实施。中法环境扬州市污泥处置及资源化利用项目二期工程（200吨/日）、江都区污水厂污泥和生态固废协调处置项目基本完成，污泥无害化处置能力得到进一步保障。构建城市污水处理厂互联互通安全体系，六圩－汤汪污水处理厂污水管道连通工程（5万吨/日）运行稳定。全市累计完成新建污水管网149.6千米，污水收集率、处理率不断提升，污水处理厂进水浓度逐年提高。（戴　晶　卞海波）

扬州市第一座汽车加氢站　　燃气公司/供稿

城市管理

■概况 强化城市管理精管善治能力，完成2021年扬州世界园艺博览会开园、中国扬州“烟花三月”国际经贸旅游节、中国扬州运河大剧院和扬州中国大运河博物馆开馆等重大活动市容环境保障工作，加强疫情期间垃圾收运处置，健全“户分类投放、村分拣收集、镇回收清运、有机垃圾生态处理”的垃圾分类收运体系。数字城管升级为智慧城管，智慧城管系统上线试运行并通过市“云上办”专家组验收。深化城管领域“放管服”改革，推进乡镇（街道）城市管理综合行政执法规范化建设，达标基层单位28个。开展市区侵占公共空间问题、“清洁降尘”蓝天保卫一号行动和安全生产排查等整治行动，持续扩大厕所开放联盟，新（改）建城市公厕37座，有417家沿街单位对外开放内部厕所。（陈　燕　臧益军）

■市容环境卫生综合整治提升 推进市容环卫责任区制度落实，取缔流动摊点2000余处，规范1300余家商铺出店经营，整治1500余处城市“六乱”（乱搭乱建、乱堆乱放、乱设摊点、乱拉乱挂、乱贴乱写乱画、乱扔乱吐），规整3000余处非机动车乱停放（含共享单车）。加强路面清扫保洁，严格落实每日“两扫两保”适时洒水制度，保证城市道路、街巷清扫保洁质效。加强对垃圾中转站、公厕和垃圾容器规范管理，做到垃圾运输全密闭、日产日清日处理。通过拆除、规范、提档等手段，完成市区1629处广告店招整治。

（陈 燕 臧益军）

■智慧城管 智慧城管项目以现有数字城管平台为基础，在市区200平方千米范围内按照国家标准科学划分网格，对范围内城市部件基础数据进行普查，依托物联网、云计算、大数据、移动互联、智能感知等信息技术，构建“服务惠民、县市统一、智联互通、数据共享、运转高效”的智慧城管平台。按照“实际、实用、实效”的要求，搭建“一库、一端、一平台、五应用”总体框架，打造城市管理综合数据库、全移动办公终端、业务协同一体化管理平台及五大类智慧应用（公共服务系统、感知分析系统、智慧执法系统、综合运行体征系统及数据共享系统），初步实现“多维汇聚、一端通用、一网统管、一屏统览”。智慧城管系统上线试运行一年，共计受理案件180万件，其中约16.4万件为数字化城管信息采集员上报，总立案率99.37%，结案率99.5%。

（陈 燕 臧益军）

■城管“放管服”改革 进一步压缩“临时占用道路以及其他公共场地摆摊经营许可”等5项政务服务事项的承诺办理时限。窗口办理各类行政服务事项499件，所有办件按时办结率、承诺件提前办结率、不见面审批率及EMS寄送率均达100%。

（陈 燕 臧益军）

■违法建设治理 全年共拆除各类违法建设1982起，面积26.77万平方米。推进市区侵占公共空间问题专项整治，排定任务333起，完成445起（清单外任务112起）。扬州市区及世界园艺博览会周边地区违法建设专项整治三年行动（2019—2021年）收官，完成任务140起，拆除违法建设面积2.91万平方米。持续开展打通消防生命通道工程（含高层建筑及周边）违法建设整治三年工作，拆除可能占压消防通道的违章搭建9处（含2处高层建筑），拆除面积约813平方米，排查高层建筑1463幢。

（陈 燕 臧益军）

■生活垃圾分类 健全“投放、收集、运输、处理”四大环节。定期编印全市生活垃圾分类简报，开展居民小区生活垃圾“四分类定时定点”试点工作，新增定时定点投放设施240座，新增省级达标小区196个。新增垃圾分类乡镇（街道）12个，省级生活垃圾分类试点乡镇2个。全市生活垃圾实现全域全量焚烧，全年无害化处理主城区生活垃圾、餐厨废弃物约155万吨。

（陈 燕 臧益军）

■“三尘”管控 市渣土办开展“清洁降尘”蓝天保卫一号行动整治、污染防治攻坚“百日整治”、渣土车专项整治行动，强化建筑垃圾扬尘、道路扬尘和烧烤烟尘“三尘”管控，实施全链条监管，发现问题全部录入污染防治监管平台，高位推动问题解决。每天划片开展执法巡查，每周市城管、公安、住建、交通等部门开展不少于1次的夜间督查，不定期开展多部门联合突击整治行动20余次，加大对重点区域和重点时段的巡查执法力度和频次，巡查发现、移交、整改各类涉建筑垃圾问题330余起。加强烧烤油烟治理，出动执法人员4200余人次，执法机动车辆2000余车次，对市区389家烧烤店铺开展常态化夜查。强化道路扬尘治理，对主次干道实施清扫保洁、洒水喷雾作业，共计洒水3.79万吨。

（陈 燕 臧益军）

■执法培训与办案 开展法制讲坛两期，邀请高校教授开展民法典和行政处罚法专题讲座，组织城管系统法制审核人员赴苏州大学开展专题培训，开展行政处罚法知识竞赛。结合违建治理、市容管理等难点问题，组织“以案释法”、典型案例评析会8次，开展案卷评比两次，组织网络旁听法院庭审1次。办理普通程序案件2934起、简易程序案件9062起。做好信访工作，办理信访件（含网上投诉）4457件，按时回复率100%。

（陈 燕 臧益军）

■城管领域安全生产 开展城市管理领域安全生产排查整治，成立检查组115个，出动检查人次2867人次，组织检查企业和单位2536个，发现隐患问题66个并整改到位。

（陈 燕 臧益军）

■城市管理领域新冠肺炎疫情防控 7—9月新冠肺炎疫情期间，收运处置生活垃圾12.47万吨，累计出动环卫职工24.7万人次，消杀垃圾桶（果壳箱）近137.12万次、生活垃圾中转站99座、公厕1006座、生活垃圾收集车（转运车）1203辆。对封闭小区、隔离点及核酸检测点等重要场所生活垃圾实行单独收集运输处理。协助转运医疗废弃物772.18吨、处理418.1吨。

（陈 燕 臧益军）

乡村建设

Xiangcun Jianshe

编　辑　庄晓明

综述

■**概况** 2021年，全市农村居民人均可支配收入27354元，比上年增长10.2%，城乡居民收入比下降至1.86:1。农村居民人均生活消费支出20042万元，增长21.1%。严格落实脱贫攻坚“四个不摘”（摘帽不摘责任、不摘政策、不摘帮扶、不摘监管）要求，坚持困难群众脱贫后扶持政策不变、支持力度不减、帮扶力量不撤。市级投入1700万元，重点扶持29个经济薄弱村发展乡村产业，全市无返贫致贫人口。持续推动“千企联千村 共走振兴路”行动，全年投资百万元以上项目900个，投资金额14.7亿元，村企联建率98.3%。

推动城乡统筹，改善乡村环境。全市完成村镇建设投资86.67亿元，竣工住宅、公共建筑、生产性建筑合计369.81万平方米。全面完成镇村布局规划调整完善，在40个行政村试点编制“多规合一”的实用性村庄规划。开展特色田园乡村建设行动，新创省级特色田园乡村9个，市级特色田园乡村25个、美丽宜居村庄159个，年度增幅居全省第一。新创省级传统村落21个，仪征市陈集镇获省级重点及特色镇发展项目。有序推进新型农村社区建设，建立农村低收入群体等重点对象住房动态排查制度，完成危房改造134户。推进农村公路建设，优化镇村公交线路，新建改建农村公路180千米、桥梁30座。按照推动农业农村高质量发展的要求，打造8个全要素综合示范镇，为全市乡村振兴积累经验、提供示范。

深化农村综合改革，开展农村改革试点试验。培育新型农业发展主体，新创省级示范家庭农场18家、市级示范合作社58家。推进农村集体产权制度改革，落实年终分红的村占近27%，总分红超4800万元。仪征市创成省级农村改革试验区。

（杨熙元　刘翔麟　杨奕光）

仪征市陈集镇西山雅集农民新居　　张孔生/摄

扬州市“江苏省特色田园乡村”

宝应县夏集镇果园场同心组
宝应县柳堡镇团庄村团庄
宝应县柳堡镇仁里村姜庄
宝应县射阳湖镇射南村龙沟组、上圩组
宝应县射阳湖镇冲林村冲林
高邮市三垛镇少游村秦家垛
高邮市卸甲镇金港村港西庄
高邮市菱塘回族乡清真村清真
仪征市马集镇方营村吴庄组、联合组、合心组、殷庄组
仪征市马集镇合心村丁三魏
仪征市月塘镇四庄村四庄组、东队组
仪征市月塘镇尹山村窦巷、河西
仪征市陈集镇沙集村洪庄组、沙集组、高庄组
仪征市新城镇三茅村永久组
仪征市新集镇凌东村林坎组
仪征市新集镇庙山村秦云
仪征市枣林湾旅游度假区长山村头王
仪征市青山镇跃进村大营、小营
江都区丁沟镇黄花村新一组、南蒋组
江都区吴桥镇高扬村郭姚庄
江都区小纪镇纪西村新庄组、大林组
江都区大桥镇花荡村花荡组、河西组、前进组
江都区仙女镇曹王林园场英雄
广陵区沙头镇沙头村永太组、永加组
广陵区沙头镇人民滩村五、七、八组
邗江区甘泉街道长塘村高庄组

邗江区方巷镇沿湖村沿湖
邗江区方巷镇裔家村裔家

（卞海波　杨奕光）

扬州市"江苏省传统村落"

宝应县广洋湖镇白鼠村五组
宝应县广洋湖镇东溪村一组、二组
宝应县广洋湖镇蒯家村一组、四组
宝应县广洋湖镇桥头村五组
宝应县广洋湖镇鹤湾村十组
宝应县广洋湖镇葛庄村三组
宝应县柳堡镇团庄村团北组
宝应县射阳湖镇冲林村二组
宝应县射阳湖镇姜庄村四组
宝应县射阳湖镇落潮村三组、四组、五组
宝应县射阳湖镇臧陈社区官南
宝应县西安丰镇集丰村东荡片
宝应县夏集镇蒋庄村蒋庄
宝应县西安丰镇林溪村林溪
宝应县广洋湖镇兰亭村一、二组
宝应县广洋湖镇兰亭村五、六组
宝应县望直港镇北沙村八组
宝应县柳堡镇仁里村姜庄
高邮市车逻镇特平村公田张庄
高邮市界首镇甓湖社区（国家级）
高邮市临泽镇董潭村董潭
高邮市临泽镇临泽社区中街
高邮市临泽镇薛北村薛北庄
高邮市临泽镇周巷村老周巷
高邮市菱塘回族乡清真村清真
高邮市三垛镇大卢村大卢
高邮市三垛镇东风社区东二街
高邮市三垛镇官垛村官垛
高邮市三垛镇少游村秦家垛
高邮市三垛镇司徒村司徒
高邮市三垛镇耿庭村耿庭庄
高邮市三垛镇柳南村南浩
高邮市汤庄镇曾钰村姜家庄
高邮市卸甲镇金港村港西庄
高邮市周山镇吴堡村集镇
高邮市甘垛镇横铁村横铁
高邮市甘垛镇三河村姚庄
仪征经济开发区蒲薪村（国家级）
仪征市马集镇方营村吴庄
仪征市新城镇三茅村团结
仪征市月塘镇四庄村四庄
仪征市月塘镇尹山村窦巷
仪征市陈集镇沙集村洪庄、高庄、沙集
邗江区甘泉街道长塘村高庄
邗江区槐泗镇团结村杜庄
江都区丁沟镇黄花村南蒋组
江都区丁沟镇黄花村新一组
江都区郭村镇塘头村花园组
江都区武坚镇花庄村花家庄
江都区武坚镇新祥村华家舍
江都区武坚镇新龙村宋家庄
江都区小纪镇东舍村沈舍庄
江都区小纪镇花彭村东彭庄
江都区小纪镇嵇庄村嵇庄组
江都区小纪镇全鑫村墩头庄
江都区小纪镇西彭村西彭庄
江都区小纪镇吉西村建新组
江都区小纪镇宗村村宗村组
江都区邵伯镇渌洋湖村扬子东庄
江都区大桥镇花荡村花荡组、前进组、河西组
江都区樊川镇西闫村阎厦组
江都区丁伙镇锦东村中心组
江都区吴桥镇进化村网桥
扬州市生态科技新城杭集镇双隆村船村

（卞海波　杨奕光）

■农村改革试验区　江都区做好省第三轮农村改革试验区工作，11个农业社会化服务综合体建成运营，开设的"农服通"社会化服务平台受到省农业农村厅肯定。仪征市组织第四轮改革试验区申报，"构建农业经营主体质量安全信用监管体系""粮食规模经营附属（配套）设施用地集约化供给试点"入选全省第四轮农村改革试验课题，争取省财政扶持资金500万元。高邮市菱塘回族乡、邗江区方巷镇沿湖村、宝应县广洋湖镇蒯家村、仪征市刘集镇白羊村入选全国第二批乡村治理示范村镇。

（王芳君）

■农村重点领域扫黑除恶专项斗争　印发《关于成立扬州市农业农村局扫黑除恶斗争工作领导小组的通知》《关于成立扬州市农业农村局扫黑除恶斗争工作专班的通知》，以整治行业领域乱象为目标，加强对扫黑除恶专项斗争的组织领导。结合农资下乡、农民教育培训、安全生产月等工作开展各类宣传，通过设立咨询点、发放宣传材料等，在农资店、农产品生产基地、农村集市等场所宣传扫黑除恶相关内容，鼓励和引导农民群众参与扫黑除恶专项斗争。针对农村集体"三资"领域违规出借、公款私存、变相高息揽储、擅自从事发放贷款业务等突出问题，开展农村集体资产专项治理，规范农村集体资产管理，增强基层干部廉政意识。开展涉农领域专项行动，全年出动执法人员1.72万人次，检查生产经营单位6381个次，办理案件563件，有效整治农业领域行业乱象。

（胡荣利　于　萍）

农村经济

■富民增收　市政府出台《2021年促进农民增收工作意见》，明确4大项22条增收举措，分解落实18个职能部门工作责任，形成工作合力。组织300人次的农民增收业务

邗江区方巷镇沿湖村　　　中国扬州画刊/供稿

培训，编印《全市农民增收典型案例》并发至镇村，发挥典型示范作用。全市农村居民人均可支配收入增幅快于全体居民增幅1.3%，快于城镇居民增幅2.3%，快于地区生产总值增幅2.8%。城乡收入比从2020年的1.90:1缩小到1.86:1。持续加强农民负担监管，编印年度农民负担监督卡，将86.8万份农民负担监督卡、83.5万份收费专用票据填写、发放到户。配合人社部门开展拖欠农民工工资专项督查。

（李名春）

■农民合作社建设 修订出台市级示范合作社评定和监测办法，新培育市级示范合作社57家、县级示范合作社124家。县级以上合作社示范率21%，省级以上合作社示范率26%。38家合作社获中央财政资金扶持，51家获省、市、县财政资金扶持，均联合财政部门立项，其中18个项目当年通过第三方审计事务所验收，196万元财政资金拨付到位。宝应县晨光水产品产销专业合作社、宝应县氾水庆丰收割机跨区作业专业合作社、高邮市汉留镇元鑫虾业专业合作社、江都区真武镇真武粮食种植农地股份专业合作社、扬州市白沙玉叶茶叶专业合作社入选2021全国合作社500强，分别列第46、147、209、363、377位。高邮市兴旺禽业产销专业合作社被列为全国农民合作社典型案例，仪征市壮禾米业专业合作社列入全省十佳案例。举办第14届江苏省农民合作社产品展销（云展）会高邮、仪征专场，销售合作社农产品59万元。

（沈 翔 陈文杰）

■家庭农场建设 全市1.3万家家庭农场纳入全国家庭农场名录系统，总经营面积164万亩，从事种植业、渔业、畜牧业、种养结合的家庭农场分别占57.2%、37.7%、0.65%、3.9%，经营收入近50亿元。新创省级示范18家，无一家被取消省级示范称号。高邮鑫潮生态家庭农场、邗江区公道徐杨家庭农场入选全省20佳家庭农场典型案例。省、市、县三级示范家庭农场分别达215家、389家、1025家。省家庭农场随手记App软件安装有效用户2753家，居全省第四位。

（蔡琳娜）

■村集体经济发展 多途径增加村集体收入，增强村集体经济实力。全市村集体经营性收入20.12亿元，比上年增长9.6%。共有经济强村302个，占比27.9%。市农业农村局配合市人大开展功能区村集体经济发展调研，重点围绕功能区村集体经济发展的现状、经验做法、存在不足与问题、下一步打算，形成调研报告。选定8种类型15篇典型案例，培育先进典型，打造农村集体经济发展“扬州品牌”。完成新型农村集体经济发展情况自查。

（刘乃祥 陈雪子）

■农村集体“三资”管理 对农村集体财务与“三资”（农村集体资金、资产、资源）管理信息系统进行二期开发，新增组级账户管理和多项平台预警项目，督促各地建立村级集体资金收付系统。对2020年村主办会计异地交流奖补资金进行绩效评估，下拨2021年奖补资金440万元。开展村主办会计异村交流任职问卷调查，保障村主办会计权益。开展农村集体资金管理使用突出问题专项治理，各类违规现象得到有效遏制，基层干部廉政意识增强。举办两期农村财务管理业务培训班，培训从业人员98人。至年末，全市1082个村（社区）共有集体总资产160.48亿元，其中经营性资产69.51亿元、货币资金45.05亿元；资源性资产（农用地）584.1万亩，其中耕地400.8万亩。（刘乃祥 焦友柯）

■村集体债务化解 开展村级债务化解工作。2月，市农业农村局与市委组织部、市财政局组成专题调研组，对全市6个县（市、区）村级债务情况进行联合调研。制定出台《关于推进村级债务化解的实施意见》，明确化债范围、目标、程序等，对化债工作进行详细部署。11月，市农业农村局与市委组织部、市纪委监委、市财政局、市审计局组成督查小组，开展村级债务化解专项督查，对村级债务情况、债务形成原因、化解举措和化解实绩进行全面了解、核查。在此基础上，拟定扬州市无债村认定流程、村级债务化解考核资金奖补办法。至年末，全市有村级非经营性债务2.15亿元，比年初下降70%；有无债村796个，占比73.6%。

（刘乃祥 陈雪子）

■农村产权流转交易 推行农村产权线上交易，在全省率先实现农村产权线上交易镇级全覆盖。举办4期农村产权线上交易业务培训班，培训从业人员380余人次。全市完成农村产权交易1.33万笔、21.18亿元，溢价9583万元，溢价率4.8%，溢价率居全省第三位；其中线上交易3513笔、12.59亿元，分别占总交易量、交易额的26.5%、59.4%，比上年增长133%、195%。

（刘乃祥 倪先元）

■土地承包管理 推进农村集体土地“三权分置”（所有权、承包权、经营权分置），落实集体所有权，稳定农户承包权，放活土地经营权。组织农户承包土地经营权进场交易4280笔，涉及金额12.81亿元，流转土地32.3万亩，有序推进农业适度规模经营。举办农村土地承包经营纠纷调解仲裁业务培训班，培训从业人员98人。接待涉地农民上访40余批次，化解土地承包管理方面的矛盾。（刘乃祥 倪先元）

■农村集体产权制度改革 印发《关于开展村（社区）股份经济合作社换届选举工作的通知》，指导村股份经济合作社换届选举与村“两委”换届选举相衔接。开展农村产权制度改革“回头看”，巩固完善全市农村产权制度改革成果，做到成员身份不重不漏、集体经济组织建设统一规范、规章制度健全完善、档案资料和信息管理全面完整。探索推进“政经分开”“股份继承”改革试点，分别确定试点村10个。开展农村集体产权制度改革业务培训，培训从业人员120人。
（刘乃祥 汪 逆）

■“千企联千村 共走振兴路”行动　将村企联建项目列入全市重大项目，统一举行开工仪式。召开全市“千企联千村 共走振兴路”行动联络员会议，加强协同合作，推进村企联建工作。实时跟进联建项目落地情况，及时审核各县（市、区）联建项目。至年末，全市在省平台审定通过的已投资100万元以上联建项目900个、联建村1032个，联建覆盖率98.3%。联合开展2021年“千企联千村 共走振兴路”典型村评选工作，评选出仪征市新城镇周营村等23个典型村，下发奖补资金合计200万元。（刘乃祥 汪 逆）

■**农村扶贫开发**　6月，市乡村振兴局挂牌。全市乡村振兴系统紧扣“巩固拓展脱贫攻坚成果，做好与乡村振兴有效衔接”核心任务，贯彻落实市委办、市政府办《关于开展富民强村帮促行动 助推乡村全面振兴的实施意见》要求，完善巩固脱贫成果政策体系，推进富民强村帮促工作。全市无新增返贫致贫人口，脱贫致富奔小康成果进一步巩固提升，富民强村帮促工作通过省第三方调查评估。强化政策衔接，严格按照“新政策不出、旧政策不退”原则，确保5.86万名原建档立卡低收入人口继续享受“十三五”精准帮扶各项政策。组织市、县、乡2.5万名帮扶责任人逐户走访原建档立卡低收入农户及重点监测对象，访民情、送温暖。夯实经济薄弱村产业发展基础，市级财政投入衔接推进乡村振兴专项资金1700万元，按照“扩面扶持一批、巩固提升一批、示范引领一批”的工作思路，分类扶持29个村。加大涉农产业扶持力度，全市6个示范引领类项目全部为涉农产业项目，项目预期收益高、带动农民作用强、示范引领效果明显。化解新冠肺炎疫情对工作的不利影响，对因疫情暂时不能外出务工的低收入人口进行就业帮促，开发卡口值守、物资运送、环境消杀等公益性岗位近300个，增加低收入劳动力工资性收入。选树脱贫攻坚先进典型，全市3名对象获全国脱贫攻坚先进表彰，49名对象获省脱贫攻坚先进表彰，2名对象获省脱贫攻坚记大功奖励。（印 笋 潘 婷）

村镇建设

■**概况**　全年完成村镇建设投资86.67亿元，其中住宅建设投资24.73亿元、公共建筑建设投资7.2亿元、生产性建筑建设投资27.13亿元、基础设施建设投资27.61亿元。竣工住宅建筑面积171.07万平方米、公共建筑面积45.68万平方米、生产性建筑面积153.06万平方米。新增村镇道路141.53千米、供水管道138.23千米、排水管道118.51千米。全市小城镇绿化覆盖面积累计5540.38公顷，公园绿地面积累计4489.19公顷。（杨奕光 卞海波）

■**城乡发展布局优化**　统筹考虑“十四五”发展规划和长江经济带、大运河文化带、长三角一体化等重大战略落地需求，综合测算县（市、区）资源承载潜力、产出效益水平等指标，差别化分配4933公顷新增建设用地规模，引导资源要素向优势地区集聚，构建“一区一带”城镇一体化发展格局。开展“结对振兴，共绘美丽乡村”送规划师下乡活动，指导县（市、区）按照实际需求，因地制宜组织“多规合一”村庄规划试点编制。全年完成仪征市大仪镇朱桥村、江都区武坚镇花庄村等40个行政村规划成果，构建城乡共兴“一张蓝图”。（胡 玥）

■**小城镇建设**　按照“分类指导、差别化发展、择优培育”原则，因地制宜、科学谋划、有序推进小城镇特色多元化发展。全市新建小城镇项目634个，投入资金96.4亿元，重点完善小城镇基础设施和公共服务设施，提升镇区人居环境水平，促进产镇融合、功能提升。合理保护、利用特色小城镇各类文化遗存、传统街巷等特色资源，强化特色风貌塑造，提升城镇空间品质。仪征市陈集镇申报并获批省级重点及特色镇发展项目1个。做好77个被撤并乡镇集镇区整治提升工作，从基础设施、公共服务、长效管护等方面，改善被撤并乡镇集镇区环境面貌，提升集镇区居民生活品质。
（杨奕光 卞海波）

■**特色田园乡村建设**　围绕“生态优、村庄美、产业特、农民富、集体强、乡风好”目标，统筹推进全市特色田园乡村建设和特色田园乡村示范区建设。全市新创省级特色田园乡村9个、市级特色田园乡村25个，累计创成省级特色田园乡村28个、市级特色田园乡村49个。4月，省政府办公厅对2020年特色田园乡村建设成效明显的地区予以通报奖励，扬州市是获通报奖励的两个设区市之一。（杨奕光 卞海波）

■**美丽宜居村庄建设**　开展农村生活垃圾和污水处理、河道（河塘）整治、村庄基础设施和公共服务设施建设等工作，改善农村人居环境。年内新创各类市级以上美丽宜居村庄159个，累计创成609个，其中宝应县110个、高邮市133个、仪征市77个、江都区158个、邗江区60个、广陵区53个、扬州经济技术开发区6个、生态科技新城7个、蜀冈－瘦西湖风景名胜区5个。
（杨奕光 卞海波）

■**农民住房条件改善**　在试点基础上，按照“政府引导、农民主体、生态优先”原则，组织和引导各地采取村庄发展改建、异址新建及农民集中居住区改建、结合项目新建等方式，有序推进新型农村社区建设，累计建成新型农村社区24个。落实农村困难群众危房改造政策，解决困难群众住房安全问题。建立农村低收入群体等重点对象住房动态排查制度，确保新增危房及时处置，完成危房改造134户。
（杨奕光 卞海波）

■农村房屋安全隐患排查整治 依法依规有序开展农村房屋安全隐患排查整治工作，累计完成排查71.62万户。组织各地对农村四类重点自建房（三层及以上、用作经营、人员密集、擅自改扩建的自建房）进行全面复查，累计完成复查1.8万户，抽查其他农村房屋3.62万户，完成用作经营的105户农村自建房安全隐患整治工作。对初判存在安全隐患、未用作经营的农村自建房和非自建房，完成评估鉴定工作。扬州市农村房屋安全隐患排查整治工作联席会议办公室印发《关于加强用作经营的农村自建房使用安全管理的通知》，要求各地严格落实使用安全责任人主体责任，加快构建属地负责、部门协同的安全管理机制。

（杨奕光　卞海波）

■农村宅基地管理 市委农村工作领导小组办公室、市农业农村局、市自然资源和规划局、市住房和城乡建设局联合印发《全市农村宅基地和住房建设管理实施意见（暂行）》，加强和规范农村宅基地和住房建设管理。举办全市农村宅基地业务管理培训班，市、县、镇180名业务骨干参加培训。妥善处置涉及宅基地的群众来信来访，接待来访群众22人次、来电咨询35件。

（王芳君）

■传统村落和建筑组群保护 开展传统村落和建筑组群调查，梳理全市传统村落和传统建筑组群的数量、类型、地理分布及现状条件等情况，组织申报省级传统村落和建筑组群。年内申报并获批省级传统村落21个，全市累计64个村庄获"江苏省传统村落"称号，数量居全省第二。

（杨奕光　卞海波）

农村环境

■概况 2021年，全市共动员干部群众252.3万人次，清理农村垃圾41.6万立方米，疏浚河塘沟渠、排水沟4.33万处，建成农村生态河道50条。全市农村生活污水治理农户覆盖率35.5%，已建农村生活污水治理设施正常运行率83%。完成对2013年以来农村户厕摸排工作，共排查、整改问题厕所1428座。投入资金4963.51万元，实施村级公益事业建设一事一议财政奖补项目173个，涉及165个行政村，惠及村民47.44万人。创成国家卫生镇4个、省卫生村51个，省级健康镇6个、健康村22个、健康社区20个，省级绿美村庄36个；组织实施村庄环境长效管护示范工程，培育美丽宜居村庄和一般村庄长效管护示范村100个。全市所有行政村将环境整治纳入村规民约，全部建立"六有"（有制度、有标准、有队伍、有经费、有督查、有奖惩）长效管护机制，村庄环境管护人员1.15万人，长效管护投入近3亿元。仪征市被省政府表彰为"开展农村人居环境整治成效明显的地方"。（张永林　徐　剑　薛　飞）

江都区武坚镇新龙村　　张孔生/摄

■秸秆离田收储利用 整市推进、合理布局秸秆离田利用产业和收储体系，重点推进秸秆生物质发电、秸秆成型燃料、秸秆打捆直燃等生物质能利用工作，提升农作物秸秆综合利用质量和效益，全市秸秆离田综合利用达17.33万吨。对秸秆收储利用市场主体实施按量奖补，共发放奖补资金594万元。（郑　伟）

■废旧农膜回收 全市废旧农膜年产生量1783.2吨，回收量1596.3吨，总回收率89.5%。建有"五有"（有固定防渗场地、有统一标牌、有专门管理人员、有废膜储有量、有规范台账）回收点85个、回收企业3个、加工企业1个。创新废旧农膜处置方法，建立废旧农膜回收体系，制定废旧农膜"以旧换新"兑换办法，推动废膜回收与处置工作。

（刘绍贵　陈京都　唐建鹏）

■农村能源安全监管 深化全市农村能源领域安全生产监管工作，着重对安全管理主体责任落实、安全管理制度落实、安全生产隐患排查等开展检查，做到检查全覆盖、整改无死角，确保各类安全问题第一时间发现、第一时间处置、第一时间解决。全年对各类沼气工程检查75批次，检查排查生产主体269个，查找隐患问题58个；对秸秆收储利用场所检查22批次，检查排查生产主体71个，查找隐患问题21个；对户用沼气检查26批次，检查排查生产主体1162个，查找隐患问题79个；安全处置沼气设施52处。（郑　伟）

生态建设

Shengtai Jianshe

编　辑　陈永华

综述

■概况 2021年，扬州市统筹经济社会发展和生态环境保护，统筹疫情防控和环境安全。市区细颗粒物（$PM_{2.5}$）浓度为33微克/立方米，比上年下降8.3%，首次进入国家空气质量二级标准城市行列；全市省考以上断面水质优于Ⅲ类比例为93.6%，上升9.2个百分点，无劣Ⅴ类水体，水污染防治工作位于全省先进行列；土壤环境质量保持稳定。（樊盛健）

■森林城市建设 4月7日，第十三届全国政协常委、第十三届全国政协人口资源环境委员会主任李伟到扬州市调研森林城市建设，听取扬州市国家森林城市建设情况汇报，并参观三湾生态文化公园等森林城市建设现场；7月15日，扬州城市森林生态系统国家定位观测研究站建设项目通过国家验收；9月22日，印发《扬州市“十四五”林业发展规划》；10月26日，《仪征市森林城市建设总体规划（2019—2028）》通过专家评审，仪征成为全省首个申创并通过评审的县级市。邗江区甘泉街道长塘村获评“全国生态文化村”称号。扬州市捺山地质公园“扬州捺山森林步道”入选首批16条“江苏森林步道”。（孙羊林　赵景奎）

■服务高质量发展 出台生态环境系统优化营商环境服务企业高质量发展“16条”，落实重点企业政务服务专员制，打造环评审批、排放总量筹集、资金争取、政策咨询等绿色服务保障链，一批重大项目获批落地；建立执法监督正面清单制度，印发《扬州市生态环境监督执法正面清单实施细则》，全面推动差别化执法监管；加强非现场不接触监管，开展柔性服务式、提醒式监管执法。（吕海燕）

■自然资源执法监察 加快完善自然资源综合执法机制，3月，市委编办批复成立市自然资源监察支队，全面整合国土、规划、林业执法职能。2021年，组织土地、矿产执法巡查7556次，林业、野生动物巡查375次；立案查处各类违法案件共113件，其中土地违法案件90件、森林违法案件19件、野生动物违法案件4件；开展自然资源领域扫黑除恶、行业乱象重点问题深化整治和四大行业整治，常态化开展扫黑除恶斗争；巩固违建别墅整治行动成果，开展已整改问题“回头看”；推进农村乱占耕地建房整治、历史违法用地三年整治、违法用地“清零”等专项执法活动，开展2020年土地例行督察、2021年度卫片执法检查、2021年耕保督察等发现问题整改，全部完成阶段性目标任务。（赵明华）

■公园建设管理 至年末，全市有公园306个。其中，综合公园33个、社区公园181个、“口袋”公园58个、专类公园34个。组织“城市公园‘啄木鸟’”“公园管家”等志愿者对全市公园管理情况进行巡查，发放巡查通报27份，对306个公园提出整改建议约1200条，收回满意度调查表3200张，督促各管理部门规范管理。组织扬州大学园林园艺、植物保护等专业的100名大学生成立“城市公园‘青年卫士’”志愿者队伍，开展公园植物App云诊治、植物生长情况调查、制作城市公园手绘地图等“十个一”活动，为公园的景观设计、绿化养护、生态评估、趣味游园等提供技术支持，提高公园管理服务水平。（陈　军　卞海波）

土地资源管理

■国土空间生态修复 组织编制《扬州市国土空间生态保护和修复规划（2021—2035年）》，初步划定全市生态修复重点区域。开展全域综合整治试点，江都区邵伯镇全域土地综合试点争取1.35亿元省级补助资金。完成省级投资土地整治项目7个，建设规模4200公顷，新增耕地51.17公顷。完成仪征市长江沿线国土空间生态修复工程（4个废弃露天矿山生态修复项目和6个长江临岸地生态修复项目）。组织宝应、江都、广陵、邗江等地开展“十四五”第二批国家级山水林田湖草沙一体化项目申报。“运河三湾生态修复项目”获评“江苏省最美生态修复案例”。（朱　前）

■矿产资源开发利用 编制完成《全市“十四五”矿产资源规划》，合理控制矿业权数量和规模，促进矿山企业空间布局优化。加强矿业权人勘查开采信息公示监管，做好瘦西湖1号、2号地热井，高邮山壶泉矿泉水采矿权延续办理，高邮马棚地热井、送桥地热井采矿权新立办理。至年末，全市共有矿山企业14家，自然资源部发证的江苏石油1家，省自然资源厅发证的地热、矿泉水企业13家。境内年开采原油约48万吨、占江苏油田年开采总量的近50%，年开采地热水、矿泉水10.6万吨。组织开展“绿色矿山”创建，高邮马棚地热井（清水潭温泉）创成全市首家省级绿色矿山。

（石　铭）

■地质调查与矿地融合 推进扬州城市地质调查项目实施，完成基础地质结构与区域稳定性评价、工程地质和地下空间、水文地质调查与地下水应急水源地评价、土地质量地球化学调查与评价、地热资源调查与评价、地质灾害调查与监测等专题研究，研究成果获评省优秀等级，初步建成地质数据库与地质信息服务平台。组织实施“江淮生态大走廊特定区域生态地质环境综合调查”“扬州市江都区邵伯镇土地质量地质调查评价与资源环境综合监测”“江都区镇村级规划生态地质环境综合调查”等省级自然资源保护利用专项资金项目，为地方经济社会发展提供地质技术支撑。

（石　铭）

■地质灾害防治 编制完成《全市“十四五”地质灾害防治规划》，划分地质灾害易发区，部署地质灾害监测与防治任务。制定《扬州市2021年度地质灾害防治方案》，明确重点防范区域、重点防范时段及工作责任、工作制度和工作要求。“烟花”台风、强降雨等极端天气期间，联合市气象局加强会商研判，及时发布地质灾害气象预报信息，对重要隐患点实行全天候专家驻守，汛期开展隐患点雨前排查、雨中巡查、雨后复查共计80余次。督促瘦西湖景区加强观音山隐患点巡查监测，实施排水系统改造和开裂围墙加固工程，在仪征捺山、青山隐患点设立自动化监控和语音播报提醒设施，构建“人防＋技防”立体防治体系。完成11个省级以上开发区地质灾害危险性区域评估，推进区域评估成果的查询应用。

（石　铭）

■测绘地理信息管理 加强测绘地理信息服务，获取全市域卫星遥感影像数据并应用于市交通基础设施国土空间规划、扬州中国大运河博物馆周边环境管控及城市设计导则等项目，规范开展测绘资质单位复审换证服务，城市似大地水准面再精化方法研究获中国卫星导航定位协会颁发的“卫星导航定位创新应用奖”铜奖。（施小建）

■耕地红线守护 全市完成92个耕地占补平衡补充耕地项目，新增耕地146.23公顷。完成城乡建设用地增减挂钩复垦项目193个，新增农用地104.08公顷，新增耕地103.31公顷。宝应县和江都区小纪镇等4个镇受到省级耕地保护激励。宝应县等3个县（市、区）、宝应县曹甸镇等15个乡镇、宝应县曹甸镇官河村等30个村因耕地保护工作成绩突出，获评2020年度市级耕地保护激励单位。（罗燕秋）

■土地计划指标和征收 2021年，争取新增建设用地计划675.87公顷，使用流量计划609.73公顷；获批土地征收666.23公顷（农用地601.18公顷）。其中，高邮市占比19.71%，宝应县占比12.76%，仪征市占比22.26%，广陵区占比5.18%，邗江区占比16.09%，江都区占比6.52%，生态科技新城占比7.45%，扬州经济技术开发区占比10.02%。优化建设用地审查报批流程，完善征地文书参考格式和建设用地组卷报批材料，市级审批43个批次460.98公顷，新增建设用地407.35公顷。承接省级委托城乡建设用地增减挂钩审批权，梳理审批要点和流程，市级审批增减挂钩实施方案17个，新增建设用地418.4公顷。

（林　森）

■重大项目用地服务 建立“专员＋专班＋专干”重大项目服务保障机制，坚持“重保优供”用地导向，深化土地利用计划管理方式改革，对省、市重大项目实行分级保障，开辟省级重大项目用地审批“绿色通道”，中粮粮谷宝应新型粮仓及粮食安全提升工程、仪征江扬电缆、高邮传艺电脑精密组件等省市重大项目实现“应保尽保”。

（林　森）

■土地供应 全市供应土地2065.53公顷，减少0.2%。其中，商服用地

2021年扬州市各县（市、区）、功能区土地供应情况一览表

表29-1　　单位：公顷

县（市、区）	供地量	出　让	划　拨
合　计	**2065.53**	**1317.48**	**748.05**
广陵区	327.69	170.33	157.36
邗江区	215.20	131.15	84.05
江都区	219.64	118.34	101.30
扬州经济技术开发区	142.57	134.83	7.74
生态科技新城	74.93	61.87	13.07
蜀冈－瘦西湖风景名胜区	36.34	33.56	2.78
宝应县	243.45	164.30	79.16
仪征市	370.64	281.41	89.23
高邮市	435.08	221.70	213.38

（王满松）

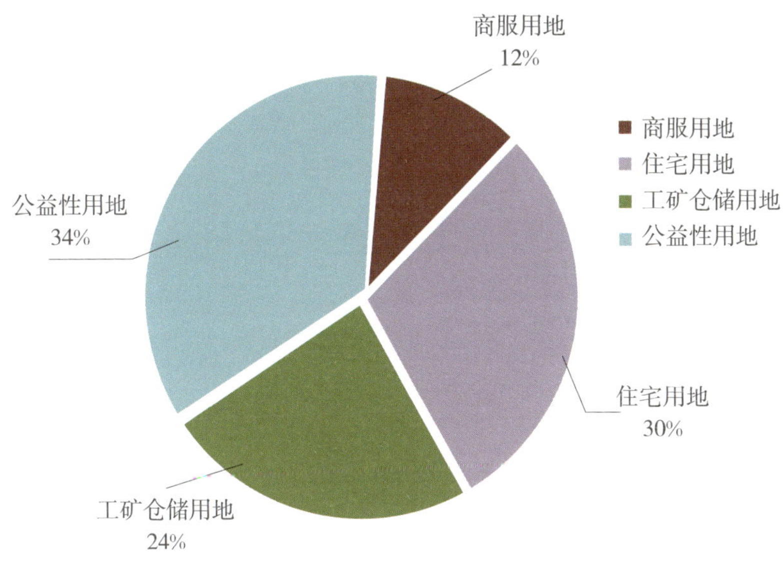

图 29-1 2021 年扬州市土地供应分类结构示意图 （王满松）

255.19 公顷、住宅用地 611.76 公顷、工矿仓储用地 489.75 公顷、公益性用地 708.83 公顷。（王满松）

■土地出让 2021 年，全市出让土地 1317.48 公顷，比上年下降 8.92%；合同出让金 630.83 亿元，增长 1.00%。其中，招拍挂出让土地 1303.67 公顷，下降 3.82%；合同出让金 627.07 亿元，增长 9.15%。市区（不含江都区）出让土地 531.74 公顷，下降 3.26%，合同出让金 369.14 亿元，增长 4.77%。（王满松）

■服务园区“二次创业” 完成扬州市产业发展及开发园区空间布局优化研究，以全市省级以上开发园区为主体，整合周边工业集中区（功能园区），构建“一廊一轴六片区”的园区协同发展布局（一廊：G328 科创走廊；一轴：G233 产业提升轴；六片区：都市服务核心区、扬州高新产业集聚区、仪征先进制造业集聚区、江都先进制造业集聚区、高邮经济开发区、宝应经济开发区）。开展园区存量土地盘活专项行动，对 1193 公顷各类存量土地进行全面“起底”，通过逐园区分解任务、逐地块科学处置，盘活各类存量土地 562.7 公顷，促进园区用地集约、发展提质。（胡玥 倪哲）

■用地产出效益提升 健全工业项目全生命周期监管机制，全面推行“合同 + 协议”监管模式，持续推广“两提高一缩短”工业用地模式，依据企业产出效益进行资源差别化配置，促进企业自觉节约、主动集约。开展工业用地更新调查，从用地规模、生产销售、利税收入等 11 个方面，对全市 1 万余个企业进行现状调查和效益评价，运用调查评价结果，通过收购储备、有偿流转、协议置换等方式，全年处置 794 公顷批而未用土地、1000 公顷低效用地。邗江区、宝应县获评全省自然资源节约集约模范县（市、区）。（倪哲）

■自然资源和不动产统一确权登记 全年颁发不动产权证书 52.15 万本、不动产登记证明 13.59 万份。市本级及各县（市、区）不动产交易登记纳税“一体化”平台全部建成运行，实现不动产交易、纳税、登记的全流程“不见面”服务；全市各级登记平台接入全国不动产登记网上“一窗办事”平台，不动产抵押登记，商品房预售、抵押预告登记和不动产登记资料查询等事项实现“跨省通办”。扬州市被列为自然资源部、国家林草局清理规范林权确权登记历史遗留问题 16 个试点市之一，推进自然资源统一确权登记，完成凤凰岛国家湿地公园等 6 个年度项目登记。开展不动产登记领域“我为群众办实事”活动，基本完成房地一体农村不动产登记发证任务，实现“应登尽登、应发尽发”；印发《关于加快解决不动产登记历史遗留问题的通知》，全年解决各类不动产登记历史遗留问题 2 万余件；开展“交房（地）即发证”工作，完成“交房即发证”小区 19 个，涉及房屋 3779 套、面积 49.67 万平方米；完成“交地即发证”项目 105 宗，涉及土地面积 290.2 公顷。（唐小军）

■土地储备和“城中村”改造 市土地储备中心新增储备土地 10 宗、66.87 公顷，保持储备库存动态平衡；完成市区 15 个“城中村”地块改造，为城市发展积蓄后劲。（王宝玉）

2021 年扬州市区“城中村”改造完成情况一览表

表 29-2

区（功能区）	地块数（个）	腾让土地（公顷）	搬迁户数（户）	拆除房屋建筑（万平方米）
合 计	**15**	**91.97**	**1475**	**70.43**
广陵区	4	22.17	353	11.36
邗江区	5	16.33	366	13.76
江都区	1	15	193	6.53
扬州经济技术开发区	1	3.2	93	2.6
生态科技新城	3	34.6	415	34.48
蜀冈－瘦西湖风景名胜区	1	0.67	55	1.7

（王宝玉）

水资源管理

■概况 结合水源地专项整治活动，统筹推进集中取水、集中保护。实施宝应县取水口搬迁工程，2月3日宝应县里运河氾水水源地达标建设通过省级验收。推进宝应湖备用水源地工程建设，4月30日通水运行。2021年，组织实施扬州市入江水道廖家沟、江都区长江三江营、仪征市长江滨江、高邮市里运河清水潭等4个水源地标准化建设，排查风险隐患，规范标识标牌设置，强化隔离设施管护，加强水源地水量水质监测监控，12月26日通过市级验收。开展取水工程（设施）规范化管理，完成28家重点监管取水户取水工程规范化建设任务。编制完成《扬州市取水口监测计量体系建设实施方案（2021—2023年）》，提高监测计量覆盖面、提升监测计量数据质量及强化监测计量成果应用。强化全市水资源管理信息系统运行维护，全市系统在线率97%，非农取用水在线计量率83%以上。推进跨县河湖水量分配，编制子婴河、邵伯湖、乌塔沟、公道引水河等4条河湖水量分配和宝射河、向阳河、秦栏河等12条河流生态流量（水位）确定与保障方案，加强取用水和水资源监控体系建设。严格取水许可与水资源论证制度，开展水资源论证区域评估，编制《江苏省江都经济开发区水资源论证区域评估报告》，探索推行告知承诺制。持续推进水权交易改革工作，宝应县名仁天然药物有限公司与江苏金夏集团公司、蓝宝石食品有限公司签订51万立方米水权转让协议，解决区域水资源供需矛盾。细化最严格水资源管理监督考核，注重水资源刚性约束的发挥，强调责任和工作措施的落实，组织编制《扬州市水资源综合规划（2021—2025年）》《扬州市水资源管理与保护规划》《扬州市地下水利用与保护规划（2020—2030年）》。以月塘水库、小秦淮河等5条市县领导担任河（湖）长的河湖和群众关注度高的河湖为重点，推进河湖生态状况评价，树立润扬河、胥浦河等幸福河湖样板。强化取水许可事中事后监管，严把取水许可审批、验收等关键环节，梳理取水许可有关问题，强化取水项目审批整改提升。推广取水许可电子证照应用，全市634张取水许可证全部完成电子证照转换。

（徐冬蓓）

■节水工作 市水利局联合市发改委等部门印发《扬州市“十四五”节水型社会建设规划》；联合市市场监管局出台《扬州市农牧渔业、工业、服务业和生活用水定额（2021年修订）》，修订1项领跑值和2项先进值，补充3个门类、26项产品、45个用水定额；针对高耗水工业行业和重点生活服务业拓展完善市级重点监控用水单位名录，由原来的24家扩增至51家。对全市2700余家规模以上用水户下达用水计划并定期考核，计划用水率100%；开展年中监督检查，抽查全市60家重点用水户，并逐户整改；全市共有24个项目通过节水评价；累计完成8家重点用水单位用水审计，10家单位水平衡测试；建立水务经理联络机制，设置水务经理岗位责任制，联合苏州节能管理学院举办首届水务经理培训班，以新节水管理机制来激活用水户的内生动力。制定扬州市国家节水型城市建设实施方案，提请市政府召开复查迎检推进会，明确各部门工作职责，完成《扬州市城市节约用水规划（2018—2025）》中期评估。巩固扬州市节水型城市创建成果，邗江区创建国家节水型社会达标县通过水利部命名，宝应县通过省级行政验收并公示，继省级节水示范区全覆盖之后，国家级达标县实现全覆盖。开展省级节水型载体建设25家、市级节水型载体24家，完成水利行业节水型单位4家、高校对标达标1家、节水技改示范项目9项，高邮灌区获评全国、全省水效领跑者。完成节水型载体信息数据库可视化项目，数据库收录历年省、市级节水型载体资料信息，可随时查看载体位置分布，通过数据统计功能进行检索、筛选、分类、汇总，提高节水精细化管理水平。组织全国城市节水宣传周、“节水中国你我同行”、全国节约用水知识大赛、“水韵江苏——节水少年行”、市级节水有奖征文比赛、“关爱山川河流、保护大运河”节水宣传、县委书记谈节水等宣传活动。其中，省级“节水少年行”活动报送作品获省一等奖作文2篇、二等奖作文1篇、优秀奖作文15篇；市级有奖征文暨“节水大使”聘任活动评选30篇获奖作品并在《扬州晚报》专版刊登。

（徐冬蓓）

■河湖长制 市级总河长、市委市政府主要负责人专题调研河湖长制工作，多次巡查督导长江大保护、黑臭水体整治、幸福河湖建设等工作。市委常委会听取全市河湖长制及幸福河湖建设情况汇报，对河湖生态环境治理保护提出明确要求。市政府将“拓展基层河湖长制”“探索建立联合河湖长制”等工作写入政府工作报告，并专题召开河湖长制工作会议，推进幸福河湖建设。完善以党政领导负责制为核心的河湖管理保护责任体系，先后两次对市级河湖长进行优化调整，确保职责不断档。全市共落实市、县、乡、村四级河湖长3512人，通过政府网站、公众号等平台予以公告，形成自上而下、河湖全覆盖的河湖长组织体系。各级河湖长通过巡查现场、召开会议、交办督办等方式治河护河，累计履职4.9万人次。制定《2021年全市河湖长制工作要点》，定期召开工作会议，编报《扬州市全面推行河长制工作动态》12期，督导河湖“四乱”（乱占、乱采、乱堆、乱建）专项整治，开展河湖长制工作年度考核。统一“河长”与“断面长”工作职责，推行河湖警长护航河湖长制，建立“河湖长+检察长”协同工作机制，将禁捕退捕工作纳入河湖长制管理与考核，发挥“河长制+”作用。先后在《中国水利报》等媒体介绍扬州市河湖长制工作开展情况。更新完善河长公示牌4913块，公示河湖长信息、监督电话，畅通群众监督渠道。组织开展“河小青”志愿护河行动、“民间河长”集体巡河活动，举办河湖长制进公园、进电台、进社区、进高校、进广场活动，围绕河湖治理、幸福河湖建设征求公众意见，营造人人参与、人人受益的河湖保护氛围。落实最严格的水资源管理考核制度，组织编制《扬州市水资源综合规划（2021—2025年）》《扬州市水资源管理与保护规划》，实施水资源消耗总量和强度“双控”（控制总量、强度）行动，强化水资源刚性约束，统筹推进跨县河湖水量分配。2021年，全市用水总量约31亿立方米，单位地区生产总值用水量约为54立方米/万元，比上年下降5.5%左右。推进重点水域禁捕退捕，建档立卡渔民中有劳动能力和就业意愿的2613人全部转产就业。出动渔政执法人员3082人次，查办长江流域重点水域违法捕捞案件70件，查获涉案人员74人，移送司法机关5起，有效遏制非法捕捞行为。打击非法采砂，出动执法人员3523人次，抓获采砂船9条，长江采砂管理形势稳定可控。开展入河排污口排查，对重要水体及主要一级支流排水（污）口进行分类整治。推进农业面源污染综合治理，化肥用量较2015年削减10%，农药用量实现负增长。严格落实断面长制度，市、县两级断面长多次现场督导国、省考断面达标工作。推进污水处理提质增效行动，完成43个达标区建设，总面积76平方千米，基本实现“城市建成区30%以上面积建成污水处理提质增效达标区”的目标。以省环境保护督察为契机，对照问题清单，组织相关地区和部门开展问题整改，确保件件有回应、事事有落实。开展河湖“清四乱”专项整治，完成99个“四乱”问题整改工作，拆除违法建筑1688平方米，清理垃圾151吨、非法网箱213平方米，恢复河道岸线7千米。推进城乡河道治理，实施北护城河、念四河等河道综合整治。里运河－高邮灌区入选世界灌溉工程遗产名录，成为江苏省首个世界灌溉工程遗产。实施联合河长制，39条县级以上跨界河湖协同治理机制全部建立，并同步推进镇村河道联合跨界治理。开展里下河地区“清剿水葫芦，改善水环境”联保共治专项行动，累计出动1.1万车（船）次、2万余人次，打捞水葫芦、水花生等漂浮物1万余吨，河道水葫芦基本消除。全年投入水利建设资金33亿元，实施淮河入江水道沿线除险加固、长江防洪能力提升堤防加固、里下河洼地治理、乌塔沟综合整治、扬州闸泵站等一批水利工程，保障城市防洪安全。瓜洲泵站工程获中国水利工程优质（大禹）奖，实现扬州市自办水利工程该奖项零的突破。市委、市政府主要负责人联合签发《关于全力建设幸福河湖的动员令》，印发《扬州市幸福河湖建设实施意见》，将建设任务纳入对县（市、区）、功能区的高质量发展考核体系。将“幸福河湖建设”写入年度河湖长制工作要点，按照20万元/条（个）的标准，对幸福河湖建设进行专项奖补。制定《扬州市幸福河湖建设工作要点》《扬州市幸福河湖评价补充规定（试行）》，规范建设标准、评价程序、资料整理等方面。编制完成《扬州市幸福河湖总体规划（2021—2025年）》，实施清单化管理、项目化推进。对幸福河湖建设工作进行逐个督导检查，并将情况通报至各地，确保以数量、质量的“双提升”推动工作争先进位。建成润扬河、唐子城护城河等示范幸福河湖17条（个），实现骨干河道、建成区河道、农村河道、湖泊、水库等类型全覆盖。开展河道整治、优化河湖环境、强化长效管护，建设河长制公园、幸福河湖文化园。

（徐冬蓓）

林业资源管理

■**林业资源资产** 2021年，全市实现林业总产值73.13亿元，比上年增长2.96%。其中，第一产业41.22亿元，增长2.82%；第二产业25.56亿元，增长3.36%；第三产业6.35亿元，增长2.25%。（李军民）

■**森林资源监管** 市委、市政府审议通过《关于全面推行林长制的实施方案》，林长制在全市全面推行，“市、县、乡、村”四级林长制体系全面建成，全市共设立市级林长11人、县级林长137人、乡级林长949人、村级林长1192人。完成林草生态综合监测评价、国家级公益林优化调整及森林资源管理“一张图”年度更新。实施用林预审和会办工作机制，保障345国道等14个重大工程使用林地需求，面积30.52公顷。推进放管服改革，明确采伐审批权限，发放采伐许可证490份，面积453.41公顷，蓄积6.33万立方米。规范省级以上重点公益林调整程序，牵头审核并上报省级公益林调整手续4批次，调出10.83公顷，根据“占一补一”规定调入11.89公顷，保持省级公益林总量平衡。

（陈翔轩）

■**森林防火** 制定实施《2021年度森林防火重点工作任务清单》《扬州市森林防火野外火源治理和查处违规用火行为专项行动工作方案》等文件，全年组织各类森林防火督查（检查）1164次，检查2087个森林防火区域，清理可燃物面积200余万平方米，查出安全隐患93个，并全部按时整改到位；开展森林防火业务培训，购置发放森林防火机具器材100余件，组织森林防火应急演练，提升各级处置森林火灾突发事件能力。组织仪征市森林消防专业队参加全省第12届林业系统森林防火技能竞赛，并获优胜奖。

（石高岳）

■**食用林产品监管** 配合省级食用林产品质量安全抽检，监测薄壳山核桃产品6批次，对应土壤3批次；在生产季节、病虫害防治等关键时点对银杏、板栗、薄壳山核桃等数量较多的区域进行监督检查；实地查看食用林产品企业生产加工场所、企业相关台账和食品安全检查记录。围绕食用林产品安全，在重点乡镇、区域张贴食用林产品宣传彩页，科普宣传食用林产品相关法律法规和科学知识，营造让群众放心满意的食用林产品消费环境。（金　蓉）

■**造林绿化**　全市新建成片林827.7公顷，超出计划数1.64%；新建省级绿美村庄36个；建设农田林网1万公顷；完成森林抚育2753公顷，超出计划数3.2%；完成长江沿岸造林80.87公顷，超出计划数3.68%。全市林木覆盖率24.02%，比上年提高0.35个百分点。（李军民）

■**城市绿化**　完成春江路（马港河路—京杭运河桥）沿线景观提升工程、盐运路南（曙光路—金湾路）绿化提升工程、大运河绿化带、生态园西侧绿地等37个城市绿化项目，新增城市绿地133.86万平方米。完成汤汪花园—联谊南苑南侧院墙花墙、蜀冈小学周边花墙、春风十里路沿线花墙等15个城市花墙项目，新增城市花墙7.26千米。投资预算超400万元的各类城市绿化工程项目设计方案报市住建局组织专家评审，投资预算低于400万元的城市绿化工程设计方案报各区城市绿化主管部门审查并报市住建局备案。以验槽、验土、验树、验种等"四验"为核心，开展"样板引路"质量管理和城市绿化工程质量通病防治，推动"四验"工作在绿化工程质量管理中的运用，试行施工过程"四验"质量报告在城市绿化工程项目验收、付款、审计、追责、移交管养、评奖评优、企业信用评价等7个方面运用。市直在建园林绿化工程监督项目18项，工程总造价5.04亿元，提升园林绿化工程质量。加强绿化工程质量执法管理，对质量行为存在问题的施工单位和个人依法采取相应处理，形成园林绿化工程质量监督闭环。向社会公布2020年度83家园林绿化施工企业信用评价结果，得分70分以上的企业15家、得分50~70分的企业16家、得分50分以下的企业52家。印发《关于将扬州市2020年度园林绿化施工企业信用评价结果纳入招投标环节的通知》《关于开展园林绿化施工企业现场行为信息评价的通知》，组织开展现场评价17次，对项目现场质量进行考核，引导企业提升实体质量管理。对市区城市绿地实行三级养护管理，定期组织开展城市绿地养护管理检查和考核。（贾文倩　卞海波）

■**义务植树活动**　3月12日，市四套班子领导及市级机关和开发区机关干部群众代表300余人，在京杭大运河和长江交汇处参加植树节活动，栽植树木1200余株。全市开展线下植树活动420场次，9.8万人参与，创建纪念林30个，开展线上宣传100余次。新建省级"互联网+全民义务植树"基地2个，全市省级以上基地5个，其中国家级1个。（李军民）

■**古树名木保护**　修订《扬州市古树名木和古树后续资源保护管理办法》，3月1日经市政府常务会议审议通过，7月1日起施行；完成全市范围内古树名木和50年以上古树后续资源普查工作；编制完成《扬州市古树名木保护管理规划（2021—2035）》；组织对驼铃巷千年古槐树和文昌路千年古银杏等7株重点古树进行抢救复壮。（孙羊林）

■**林业有害生物防控和种苗管理**　完善升级监测直报系统，加强精准监测预警，强化防控责任，监测覆盖率99.98%，防治作业面积2.3万公顷，防治率99.83%，无公害防治率100%，成灾率低于1.4%，全面完成省林业局下达年度防控目标任务。美国白蛾防控成效显著，发生面积下降50%以上。松材线虫病疫点拔除申报通过省级查定。编印《扬州市蔷薇科林木常见病虫害图册》。宝应县国家级林业有害生物中心测报点获年度考核优秀等次。1人被国家林草局森林和草原病虫害防治总站表彰为"全国优秀测报员"。组织编制《扬州市林木种质资源保护与利用规划（2021—2035）》。（赵景奎）

■**湿地保护修复**　服务"南水北调东线源头生态带"和"江淮生态大走廊"工程建设，开展退化湿地生态修复，编制地方标准《乡村小微湿地修复规范》，全市新建仪征登月湖，宝应下引河、劳动河—沿运干渠、三阳河—三横河，江都高水河、新通扬运河，广陵长江头桥段等7个湿地保护小区，修复湿地238.67公

北湖湿地公园　　望秋叹／摄

项，完成省级重要湿地名录标识标牌二期建设，全市自然湿地保护率67.9%，增加7.2个百分点。邗江北湖国家湿地公园创建通过国家林草局专家现场评估。（郝奇林）

■野生动植物保护 开展“世界野生动植物日”和“江苏爱鸟周”科普宣传活动，举办“扬州是个好地方—蒋永庆园林鸟类生态摄影展”走进学校系列活动两期。组织签订《高宝邵伯湖生物多样性保护合作框架协议》，开展野生动物收容救护排查整治和监督检查，江苏省重点保护和国家保护“三有”（有重要生态价值、有科学价值、有社会价值）陆生野生动物人工繁育许可证年审。加强野生动物救护，全年救助国家保护重点一级野生动物东方白鹳38只，国家重点保护二级野生动物长耳鸮1只、短耳鸮1只，国家重点保护“三有”野生动物51只。

（郝奇林）

环境质量

■空气环境质量 2021年，扬州市环境空气有效监测天数365天，优良天数286天，优良天数比例为78.4%，比上年下降1.4个百分点；其中优81天、良205天、轻度污染65天、中度污染11天、重度污染2天、严重污染1天。市区环境空气中$PM_{2.5}$年均浓度为33微克/立方米，下降8.3%；可吸入颗粒物（PM_{10}）年均浓度为62微克/立方米，下降1.6%；臭氧日最大8小时滑动平均值的第90百分位数为176微克/立方米，无变化；二氧化氮年均浓度为31微克/立方米，下降3.1%；二氧化硫年均浓度为9微克/立方米，上升12.5%；一氧化碳日均值第95百分位数为0.9毫克/立方米，下降10.0%。其中，空气优良率改善幅度排全省第11位，$PM_{2.5}$年均浓度降幅排全省第十位。全年共出现79个污染天。其中，以臭氧为首要污染物的天数为54天，占68.4%；以$PM_{2.5}$为首要污染物的天数为17天，占21.5%；以PM_{10}为首要污染物的天数为6天，占7.6%；以二氧化氮为首要污染物的天数为2天，占2.5%。

2021年，江都区优良天数比例为80.5%，$PM_{2.5}$年均浓度为31微克/立方米；高邮市优良天数比例为83.3%，$PM_{2.5}$年均浓度为33微克/立方米；仪征市优良天数比例为81.1%，$PM_{2.5}$年均浓度为30微克/立方米；宝应县优良天数比例为81.1%，$PM_{2.5}$年均浓度为32微克/立方米。

2021年，扬州市平均降尘量为2.8吨/月·平方千米，达标，下降31.7%。其中，广陵区、邗江区、江都区、仪征市、高邮市、宝应县降尘量分别为2.0、3.1、2.5、3.1、3.0、2.8吨/月·平方千米。

2021年，扬州市区酸雨率为13.1%，下降8.1个百分点，江都区、仪征市、高邮市、宝应县均未监测到酸雨。（王　宁）

■水环境质量 2021年，全市有10个县级以上集中式饮用水源地列入考核；各饮用水源地水质达标率100%。各饮用水源地监测的109项中补充项目（5项）和特定项目（80项）的浓度均远低于标准值。

扬州市地表水总体水质持续改善，长江扬州段、京杭运河扬州段、新通扬运河总体水质为优，古运河、北澄子河、三阳河、仪扬河、宝应湖总体水质为良好，高邮湖、邵伯湖、白塔河总体水质为轻度污染。15个国考断面水质达标率100%，其中Ⅱ～Ⅲ类断面比例为86.7%，Ⅳ类断面比例为13.3%，无劣Ⅴ类断面；47个省考断面水质达标率97.9%，Ⅱ～Ⅲ类断面比例为93.6%，Ⅳ类断面比例为6.4%，无Ⅴ类及劣Ⅴ类断面。全市省考断面的水质优良比例及劣Ⅴ类比例均完成省年度工作目标。

全市7个地下水监测井中，水质为Ⅱ类的监测井有3个，水质为Ⅲ类的监测井有1个，水质为Ⅳ类的监测井有2个，水质为Ⅴ类的监测井有1个。与上年相比，有1个监测井水质下降1个级别，其他各监测井水质保持稳定。（王　宁）

■声环境质量 2021年，高邮市、扬州市区（广陵、邗江）、江都区、仪征市昼间区域环境噪声平均等效声级分别为54.3分贝、53.0分贝、50.5分贝、50.2分贝，均为二级（较好）；宝应县昼间区域环境噪声平均等效声级为55.3分贝，为三级（一般）。高邮市各类功能区监测点的昼间噪声达标率96.4%，其他县（市、区）各类功能区监测点的昼间噪声达标率均为100%；各县（市、区）各类功能区监测点的夜间噪声达标率范围为78.6%~100%；全市各类功能区昼、夜间噪声平均等效声级均达标。扬州市区（广陵、邗江）昼间道路交通噪声平均等效声级为66.8分贝，为一级（好），超标路段长度为10.1千米，占监测总路长7.82%；各县（市、区）昼间道路交通噪声平均等效声级范围为62.7~64.9分贝，均为一级（好），均无超标路段。（王　宁）

■土壤环境质量 2021年，扬州市共设置34个国、省控土壤监测点位，其中28个点位各项监测因子浓度均未超过农用地风险筛选值，有6个点位的个别监测因子超过农用地土壤污染风险筛选值、未超过农用地土壤污染风险管制值。（王　宁）

■生态环境质量 2020年，扬州市生态环境状况指数为68.01，生态环境质量等级为良，生物多样性较丰富，植被覆盖度较高。与上年相比，生态环境状况指数上升1.13，植被覆盖指数略有降低，水网密度指数显著升高，其他指数基本稳定。各县（市、区）生态环境质量等级均为良，其中宝应县生态环境质量相对较好，其次为高邮市、江都区、市区（广陵、邗江）和仪征市。与上年相比，宝应县、仪征市、江都区生态环境状况略有变好，其他县（市、区）生态环境状况无明显变化。

（王　宁）

节能减排

■遏制“两高”项目盲目发展 梳理建立已建、在建和拟建“两高”（高耗能、高排放）项目环评管理台账，将“三线一单”（生态保护红线、环境质量底线、资源利用上线，生态环境分区管控与生态环境准入清单）、主要污染物总量核准、区域污染物削减方案作为先决条件，严把生态环境准入关口，全年否决、劝退不符合环保法律法规、政策的重点行业项目9个。（吕海燕）

■推进碳达峰、碳中和 编制《“十四五”应对气候变化专项规划》《扬州市2019年温室气体清单》，配合开展电力、石化等重点行业企业碳排放第三方核查；加强碳排放权有偿使用制度和低碳综合管理体系建设，督促扬州市已纳入碳交易的10家电力企业按期履约，首个履约周期碳排放配额清缴履约率100%。（陈 湨）

■能源利用 完成“控煤”工作任务。2021年，全市非电行业煤炭消费量239.5万吨，比上年减少12.3万吨，下降4.9%。单机10万以下煤电公用热电联产机组煤炭消费量33.26万吨，减少14.5万吨，下降30%。全市非电行业和单机10万以下煤电公用热电联产机组煤炭消费量273万吨，减少26.8万吨，下降9%。全市电力行业电煤消费占全市规上煤炭消费量比重76.4%。非化石能源消费比重超12%。根据“十四五”总体控煤目标，制定《扬州市“十四五”期间控煤计划表》和减煤重点项目清单，并执行《扬州市关于打好污染防治攻坚战进一步做好减煤工作的实施意见》和《削减煤炭消费总量专项行动目标考核办法》。明确减煤各项重点工作任务的牵头部门，并逐一制定减煤实施路径，细化分解工作目标，层层落实行动方案，确保控煤政治任务完成。

绿色能源持续高质量发展。倡导低碳经济，实现绿色发展。推进煤炭清洁高效利用，发展非煤能源，形成煤、油、气、新能源、可再生能源多轮驱动的能源供应体系，同步加强能源输配网络和储备设施建设。煤炭消费占全市能源消费比重不断下降，新能源和可再生能源比重逐年大幅提高，全市能源结构发生根本性的改变。全市非化石能源消费比重12.1%。可再生能源装机容量314.91万千瓦，占全市装机容量35.9%，增加20.56万千瓦。可再生能源装机占比提升1.5个点。全市发电量282.63亿千瓦时，其中可再生能源发电量57.36亿千瓦时，可再生能源发电占比为20.30%，可再生能源发电占比较上年提升6.59个百分点。9月，国家能源局公布整县（市、区）屋顶分布式光伏开发试点名单，扬州经济技术开发区、仪征市、江都区、高邮市成为国家首批整县（市、区）屋顶分布式光伏开发试点地区。全市新能源汽车推广应用1.05万辆，为2020年的2.1倍。至年末，全市新能源汽车为2.29万辆，其中市区公交车1945辆、注册网约车654辆、城市邮政车辆74辆、环卫车93辆。编制下发《扬州市“十四五”充换电设施布局规划》，基本形成建成区全覆盖充电服务设施的网络化布局。编制完成《扬州市“十四五”加油、加气、加氢布局规划》，建成扬州市首座加氢站。

煤电油气保供。落实国家发改委、国家能源局《关于加快储气设施建设和完善储气调峰辅助服务市场机制的意见》和省政府与扬州市签订的民生用气保障责任书关于储气设施建设目标要求，制定并下发《扬州市储气设施建设实施方案》。全市所有城镇燃气企业通过现有储气能力建设或与上游公司签订代储协议等方式，完成年用气量5%的应急储气能力建设。扬州城投与中国燃气总公司投资建设的扬州市区108万立方米LNG（液化天然气）储气应急储备设施、仪征24万立方米LNG储气应急储备设施、高邮深燃12万立方米LNG储气应急储备设施等天然气储备设施全面投产，青宁线输气管道扬州段建成投产。至年末，江苏国信扬州电厂和江苏华电扬州电厂连续20天存煤可用天数达到20天以上，完成国家下达的电煤库存任务。全市天然气供应平稳，完成2021年度天然气保供工作任务。

油气管线安全管理。根据市安全生产专项整治领导小组《关于印发市油气输送管道安全生产专项整治实施方案的通知》要求，油气输送管道专委会办公室牵头组织各地政府及油气输送管道安全生产专业委员会各成员单位按照职责分工，对19项重点工作任务（其中监管责任落实5项、属地责任落实6项、企业主体责任落实8项）进行跟踪落实，全年未发生重特大安全生产事故和一般安全生产事故。排查一般风险性隐患12处，未发现重大隐患，所有隐患均在6月底前完成整改并销号。

能源基础设施建设。江苏华电仪征热电有限公司2×5万燃机热电联产背压机项目进入施工阶段；江苏华电江都开发区分布式热电联产项目开工建设；中石化头道桥油库搬迁工作进展顺利，中石化新扬州槐泗油库进入施工阶段。江苏华电扬州电厂煤机供热改造项目在冬季采暖季前实现竣工投产，扬州北部片区新增100蒸吨/小时供热能力，实现北部片区供热全满足目标。

扬州市“十四五”能源发展规划下发。市发改委联合扬州大学编制的《扬州市“十四五”能源发展规划》通过专家评审。《扬州市区汽车充换电设施“十四五”规划》《扬州市加油、加气、加氢站“十四五”发展规划》《扬州市“十四五”资源综合利用发电规划》等一批“十四五”专项规划编制完成。（陆 扬）

污染防治

■大气污染防治 建立“直通国省控空气监测站点点位长”“点位长工作日”等机制，先后组织开展“首季争优”“斩污卫蓝”“春夏攻坚”“治臭氧、增优良”等专项行动，围绕重点园区、重点企业、企业集群、餐饮油烟等治理，完成615项大气污染防治工程项目和4267项工作任务；落实高排放车辆禁限行管控，加大重型柴油车路检路查、非道路移动机械监督抽测力度，打击机动车排放检验机构违法违规行为；持续开展“清洁城市行动”，推进扬尘污染防治条例立法工作，整治各类扬尘污染；加强秸秆禁烧督查巡查，严肃追究焚烧火点责任；建成联网乡镇空气质量监测站78个和社区微型站61个；开展大气污染过程预警管控和秋冬季应急减排攻坚，全年重点管控46次99天。

（陈　淏）

■水污染防治　建立“断面长＋河长”联动机制和高宝湖联防联控机

2021年扬州市环境保护基本情况表

表29-3

项　目	单　位	全　市	广陵区	邗江区	江都区	宝应县	仪征市	高邮市
废水排放总量	万吨	**25751.89**	170.26	1460.11	400.67	309.51	2119.50	593.69
其中：工业源	万吨	**5027.52**	170.26	1441.38	400.59	309.51	2118.66	587.12
生活源	万吨	**20698.14**	—	—	—	—	—	—
集中式治理设施	万吨	**26.23**	0.00	18.73	0.08	0.00	0.84	6.57
化学需氧量（COD）排放量	吨	**27839.27**	275.60	1100.67	162.52	195.36	313.61	400.01
其中：工业源	吨	**2599.59**	275.60	1020.52	162.52	195.36	313.33	388.23
农业源	吨	—	—	—	—	—	—	—
生活源	吨	**25147.46**	—	—	—	—	—	—
集中式治理设施	吨	**92.22**	0.00	80.15	0.00	0.00	0.28	11.78
氨氮排放量	吨	**908.35**	11.40	51.82	5.21	5.09	3.18	12.42
其中：工业源	吨	**91.92**	11.40	48.80	5.21	5.09	3.17	12.22
农业源	吨	—	—	—	—	—	—	—
生活源	吨	**813.20**	—	—	—	—	—	—
集中式治理设施	吨	**3.23**	0.00	3.02	0.00	0.00	0.01	0.20
总磷排放量	吨	**125.34**	0.93	7.03	2.33	1.96	1.34	1.44
其中：工业源	吨	**16.82**	0.93	6.70	2.33	1.96	1.34	1.31
农业源	吨	—	—	—	—	—	—	—
生活源	吨	**108.06**	—	—	—	—	—	—
集中式治理设施	吨	**0.46**	0.00	0.33	0.00	0.00	0.00	0.13
废水治理设施数	套	**406.00**	23.00	62.00	124.00	35.00	75.00	87.00
废水治理设施处理能力	万吨／日	**32.57**	3.95	6.99	2.50	0.58	12.51	6.03
废水治理设施运行费用	万元	**27893.55**	696.10	5494.43	5572.87	192.19	11099.61	4838.36
二氧化硫排放量	吨	**4546.60**	1065.44	988.10	212.16	91.09	463.85	1216.91
其中：工业源	吨	**4012.23**	1065.44	988.07	212.16	91.09	463.58	1191.89
生活源	吨	**509.05**	—	—	—	—	—	—
集中式治理设施	吨	**25.32**	0.00	0.03	0.00	0.00	0.27	25.02
氮氧化物排放量	吨	**13085.57**	3785.30	3850.87	889.92	159.58	1416.37	2650.14
其中：工业源	吨	**12601.65**	3785.30	3850.82	889.92	159.58	1414.01	2502.02
生活源	吨	**333.38**	—	—	—	—	—	—
机动车	吨	—	—	—	—	—	—	—
集中式治理设施	吨	**150.54**	0.00	0.05	0.00	0.00	2.36	148.12
烟（粉）尘排放量	吨	**7124.74**	1056.88	978.14	1502.65	155.45	317.74	1067.85
其中：工业源	吨	**5072.66**	1056.88	978.14	1502.65	155.45	314.54	1065.00
生活源	吨	**2046.03**	—	—	—	—	—	—
机动车	吨	—	—	—	—	—	—	—

续表 29-3

项 目	单 位	全 市	广陵区	邗江区	江都区	宝应县	仪征市	高邮市
集中式治理设施	吨	**6.05**	0.00	0.00	0.00	0.00	3.20	2.85
挥发性有机物（VOCs）排放量	吨	**13710.06**	765.59	1729.10	648.00	321.80	5455.76	161.47
其中：工业源	吨	**9081.72**	765.59	1729.10	648.00	321.80	5455.76	161.47
生活源	吨	**4628.34**	—	—	—	—	—	—
机动车	吨	—	—	—	—	—	—	—
废气治理设施数	套	**1600.00**	76.00	250.00	617.00	82.00	323.00	252.00
废气治理设施处理能力	万标立方米/时	**77816.57**	1405.57	7674.26	2319.78	186.01	1428.85	64802.11
废气治理设施运行费用	万元	**110563.82**	1882.83	73605.01	15353.75	1417.35	8977.54	9327.34
一般工业固体废物产生量	万吨	**597.08**	187.76	194.98	23.83	10.98	61.80	117.73
一般工业固体废物综合利用量	万吨	**563.96**	184.74	175.78	20.70	10.83	57.81	114.10
其中：综合利用往年贮存量	万吨	**2.99**	0.00	0.00	0.90	0.05	0.51	1.52
一般工业固体废物综合利用率	%	**93.98**	98.39	90.15	83.68	98.17	92.79	95.68
危险废物上年末贮存量（万吨）		**0.23**	0.01	0.02	0.06	0.00	0.11	0.05
危险废物产生量	万吨	**17.84**	0.33	1.16	5.11	0.84	5.01	5.39
危险废物利用处置量	万吨	**17.73**	0.32	1.08	5.08	0.84	5.01	5.39
其中：利用处置往年贮存量	万吨	**0.20**	0.00	0.01	0.04	0.00	0.10	0.04
危险废物本年末贮存量	万吨	**0.35**	0.01	0.10	0.08	0.00	0.10	0.06
当年完成“三同时”环保验收项目环保投资	万元	**17818.00**	8500.00	0.00	9318.00	0.00	0.00	0.00
工业污染防治施工项目本年完成投资	万元	**2066.92**	0.00	100.00	278.62	0.00	1688.30	0.00
废水治理项目	万元	**771.00**	0.00	0.00	0.00	0.00	771.00	0.00
废气治理项目	万元	**1268.62**	0.00	100.00	261.12	0.00	907.50	0.00
工业固体废物治理项目	万元	**0.00**	0.00	0.00	0.00	0.00	0.00	0.00
噪声治理项目	万元	**0.00**	0.00	0.00	0.00	0.00	0.00	0.00
其他治理项目	万元	**27.30**	0.00	0.00	17.50	0.00	9.80	0.00
环境空气质量		—	—	—	—	—	—	—
可吸入颗粒物（PM_{10}）	微克/立方米	**62**	62	62	61	60	50	56
细颗粒物（$PM_{2.5}$）	微克/立方米	**33**	33	33	31	32	30	33
二氧化硫	微克/立方米	**9**	9	9	10	8	8	8
氮氧化物	微克/立方米	**31**	31	31	28	22	35	26
空气质量达到及好于二级的天数比重	%	**78.4**	78.4	78.4	80.5	81.1	81.1	83.3
水环境质量		—	—	—	—	—	—	—
集中式饮用水源地水质达标率	%	**100**	100	100	100	100	100	100
地表水劣Ⅴ类水体比例	%	**0**	0	0	0	0	0	0
道路交通噪声等效声级	分贝（A）	**66.8**	66.8	66.8	62.7	63.7	64.9	64.1

（统计局）

制，开展“全域治理、全河（湖）达标”行动，修订实施《扬州市水环境区域补偿工作方案》，设立64个市考断面并纳入高质量发展考核；开展古运河、仪扬河全线及支流溯源排查分析，建成分散式污水处理设施2座，推动城河水质提升；加强重点、薄弱断面督导，强化汛期等特殊水情水况断面调度管控；编制完成全市839个长江排口具体分类、分布清单，排查问题排口279个，超额完成首批排污口分类整治省定目标；全市行政村生活污水治理设施覆盖率100%，超额完成省民生实事项目既定目标。（许正华）

■净土保卫战 配合省级土壤污染防治审计，做好审计反馈问题整改；调整更新土壤污染重点监管单位名录，推进实施土壤污染隐患排查整治，扬农化工等一批重点企业退出遗留地块风险管控有效落实，大学路南延扬农段实现安全贯通；开展全市地下水污染防治分区划定和化工园区地下水调查，6个地下水国考点水质优Ⅲ比例达50%，比全省平均水平高出35%；加强入境固体废物监督管理，全面禁止洋垃圾入境。（李　晖）

生态环境安全

■自然生态系统监管 启动县（市、区）生物多样性本底调查，签订《高宝邵伯湖生物多样性保护合作框架协议》；建成大运河（宝应段）、廖家沟（广陵段）、长江（仪征段）等生态安全缓冲区示范工程，实现生态安全缓冲区建设区域全覆盖；广陵区获得全国“两山”实践创新基地命名；创成省级生态文明建设示范镇（街道）8个、示范村（社区）14个。（孙　江）

■生态环境风险防控 推进危险废物全生命周期监控系统上线运行，全市80家年危险废物产生量1000吨以上企业及化工园区内化工企业完成视频监控系统安装并联网；持续推进核与辐射安全风险隐患排查治理三年行动，建立市核安全工作协调机制；组织夏季突发疫情医废处置，制（修）订九版《大规模核酸检测医疗废物管理要求》，推动建成扬州首拓环境科技有限公司医废生产线技改项目，做好疫情期间及常态化疫情防控下医疗废物收转处置，实现主城区和全市域涉疫医废“日产日清、日产日毕、安全无虞”，获省生态环境厅肯定。（汤潜之）

■生态环境分区管控 发布《扬州市“三线一单”生态环境分区管控实施方案》，划定281个环境管控单元，形成一张全覆盖、多要素、能共享的生态环境管理底图；加快“三线一单”成果落地应用，规范开发建设活动，形成11个应用案例，优化国土空间开发格局。（吕海燕）

■环境应急事件处置 修编发布“政府专项预案”“生态环境部门应急预案”和“县级以上集中式饮用水水源地应急预案”，编制完成全市突发水污染事件应急防范体系实施方案，组织开展突发环境事件、辐射事故应急演练，全年处置突发环境事件7件，未发生重大环境安全事故。开展突出环境信访“百日双百”攻坚专项行动，共受理并按期办结环境信访3849件，省以上交办环境信访143件，下降6.5%。（周长松　王德辉）

环境监管

■环境执法监管 深化生态环境综合行政执法改革，基本完成县（市、区）生态环境局“局队合一”管理体制改革；聚焦违法行为、环境质量及突出环境问题，将执法力量向查处案件集中、向治污攻坚集中、向民生问题集中，组织开展打击废水偷排直排、大气污染因子协同管控、工业园区外排污企业执法行动等10余项专项行动。全系统共下达行政处罚决定749件，处罚金额5615.6万元，运用环保法配套办法查处案件166件，比上年分别增长15%、67.5%、23%。做好首轮中央、省环保督察及“回头看”反馈问题整改，接受第二轮省级生态环境保护例行督察，序时完成长江经济带警示片曝光突出问题整改。第一轮省级生态环保督察宣传发动、即知即改工作得到督察组肯定。（朱健荣　樊盛健）

■环境监测体系 印发《全市生态环境监测要点及方案》，统筹开展生态环境质量监测任务；推进省级以上工业园区监测监控能力建设，加强“十四五”细颗粒物与臭氧协同控制建设，开展自动监测监控联网集成工作，完成“生态环境监测一张网”主体项目建设，组建市生态环境监测监控中心、市生态环境指挥调度中心，推进基础设施建设项目挂网招标。（张素玲）

■环境保障能力 印发实施《扬州市生态环境保护责任清单》《扬州市推进生态环境治理体系和治理能力现代化实施方案》，编制完成《扬州市“十四五”生态环境保护规划》；上争中央大气污染防治切块专项资金1263万元、省级污染防治切块专项资金1135万元、省绿色金融奖补资金237.35万元；印发《生态环境损害赔偿工作内部规程》等制度文件，开展生态环境损害赔偿案件31起，追偿金额1156万元；建立健全例行新闻发布制度，举办“人与自然和谐共生”为主题的“6·5环境日”活动，组织疫情期间医疗废物监管宣传，全年在各类媒体刊发宣传报道3900余条。（杨叙霞）

科学技术

Kexue Jishu

编 辑 陈永华

综述

■**概况** 2021年，扬州市聚焦产业科创名城建设，推动产业科创和科创产业双向发力，加快经济转型、动能转换步伐。突出项目引领，瞄准产业科创主攻点。聚焦全市重点发展的先进制造业集群，组织实施102项产业关键共性技术攻关和105项重大科技成果转化项目，18个项目获批省现代农业重点研发项目，立项数居全省第一位，获批资金1655万元；7个项目获批省重大科技成果专项资金，立项数居全省第五位，获批资金8000万元，推动产业“调高调优”。牵头编制扬州市“十四五”科技创新规划并发布，提出实施“533”（培育壮大5个新兴产业：航空产业、生物医药产业、新一代信息技术产业、新材料产业、新能源新光源产业；转型升级3个主导产业：汽车及零部件产业、高端装备制造业、新型电力装备产业；改造提升3个优势传统产业：海工装备和高技术船舶产业、高端纺织与服装产业、食品产业）产业科创计划和科技创新“七大行动”（产业技术创新突破行动、创新主体梯队培育行动、创新平台强基跃升行动、创新载体提质增效行动、高新区高质量发展行动、科技成果富民惠民行动、科创生态体系优化行动），为扬州未来五年科创产业发展明确时间表、路线图。突出载体建设，夯实科创产业主阵地。江都获批筹建省级高新区，扬州大学科技园获批国家大学科技园，扬州国家农业科技园以优秀等次通过综合评估。国电智慧能源双创科技园、中国航空谷揭牌奠基，北京机电所精密成形技术创新中心、国汽轻量化技术研究院落地，航空发动机风扇复材叶片实验室、国汽轻量化（江苏）汽车技术有限公司及与扬州大学共建的9个科创平台项目获市财政科技专项支持，宝胜创新中心开工。突出政策驱动，培强创新发展主力军。出台《扬州市推进高新技术企业高质量发展的若干政策》，建立市高新技术企业培育库，在研发奖补、税费减免、创新奖励、金融支持、引才补助等方面强化政策激励，省、市联动开展创新券、科技金融等政策扶持，推动创新企业梯队壮大、企业创新能力培强。新获批省级以上“两站三中心”（“两站”指院士工作站、博士后工作站，“三中心”指工程技术研究中心、企业技术中心和工程中心）102家，亚普、曙光、扬杰等3家企业入选省百强创新型企业。突出环境营造，构建宜创宜业主生态。全市1个项目获国家科学技术奖、23个项目获省科学技术奖（其中主持项目一等奖2个、二等奖4个），4个团队获批省“双创”科技创新团队，省“科技副总”获批数居全省第一位。举办全国优秀科普微视频作品展演活动、中国创新挑战赛（扬州）现场赛、火炬科技成果直通车暨省专利（成果）拍卖季扬州生物健康专场、瘦西湖创客论坛等活动，与省科技资源统筹服务中心合作开展科技人才“揭榜挂帅”助企专项行动，登记技术合同输出额169.8亿元，外国高端和专业人才在扬州工作人数292人。

凯翔精铸科技公司员工在车间忙碌　　庄文斌/摄

江苏里下河地区农业科学研究所在研课题（项目）187项，新立项各类课题（项目）92项。新立项项目合同经费3504万元，实际到账经费2112万元。获批江苏省种业振兴“揭榜挂帅”项目2项，争取到国家青年基金项目3项、省自主创新资金7项、省重点研发计划（现代农业）6项、省农科院科技项目4项。获各类成果奖13项，培育的各类作物新品种30个通过审定、登记（录）。创新服务模式，推动富民兴农。实施科技服务类项目11项，建立各类综合示范基地13个、示范点60余个；推广自主研发品种33个、技术11项，成果累计推广58.4公顷；召开现场会、推介会、培训会259场次，发放技术资料3.74万份，培训1.63万人次。

江苏省家禽科学研究所到账科研经费2057.5万元，其中新增经费1087.5万元、往年项目延续970万元；横向经费到账189.8万元。发布地方标准2项、团体标准2项。申报专利40项，授权专利49项，获软件著作46项。开展家禽种质资源保护及评价、家禽遗传育种与种禽扩繁、家禽生产配套技术研究与示范、家禽业信息服务与决策咨询等。进行科技成果的集成推广，社会咨询服务和扶贫工作，学术交流与合作。

扬州市年平均气温16.7摄氏度，高温日数与常年持平；年降水量1119.0毫米，正常略偏多；年日照时数1822.1小时，正常略偏少。天气气候事件主要有年初寒潮带来剧烈降温和严重冰冻天气；春夏之交冰雹、大风、短时强降水等强对流天气频发；台风“烟花”造成特大暴雨，从影响时间和降水强度综合来看，是对扬州影响最大的台风；年末出现5次寒潮，其中有2次达到超强寒潮；出现暴雨、雾、霾、区域性干旱等天气。全市气象部门向各级地方党委政府及相关部门发送决策气象服务短信373条，报送各类决策服务材料304期；完成冬季、春运、汛期、春耕春播、夏收夏种、秋收秋播、中高考气象服务及“4·18”烟花三月国际经贸旅游节、扬州世界园艺博览会开幕式等重大活动气象保障服务工作；发送气象灾害预警信号357次；启动（解除）寒潮、暴雨、台风气象灾害内部应急响应命令7次，市气象灾害防御办公室启动（解除）台风气象灾害应急响应命令2次。

江苏省水文水资源勘测局扬州分局做好水文测报工作，通过扬州市境内水文站网对江河、湖泊、水库的水位、流量、水质、水温、水下地形和地下水资源及降水量、蒸发量、风暴潮等实施监测、分析与计算，为开发、利用、节约、保护水资源和防灾减灾提供服务。编制扬州市水资源公报、扬州市地下水监测年报、饮用水源地长效管理与保护评估报告、饮用水源地标准化建设方案、扬州市用水统计核查和核算综合报告等。完成刘集水土保持径流场和林下盖度监测点监测工作，扬州市长江地形对比分析工作等。

科学素质纲要工作纳入《扬州市国民经济和社会发展“十四五”规划》，播放“科普中国”防疫科普视频，受众人数约300万人。扬州科普e站通转载应急科普信息80篇，阅读量10万人次。科普中国信息员注册1.06万人。实施基层科普行动计划，扶持35个科普公益创投项目，认定10个市级科普教育基地，宝应入围2021—2025年度第二批全国科普示范县（市、区）创建单位名单。市科协承办第20届江苏省青少年机器人竞赛，开展第二届青少年科技创新后备人才选拔培训，组织第33届青少年科技创新大赛暨第11届青少年科技创新市长奖评选等活动。（刘薇 许婷 杨科）

■产业科创名城建设 2021年，扬州市出台《扬州市推进高新技术企业高质量发展的若干政策》《扬州市“产业强链”三年行动计划》《关于加快培育工业大企业（集团）的实施意见》等政策意见，健全工作机制、强化统筹协调、狠抓督查推进，以企业为主体、产学研相结合的技术创新体系加速形成，在产业创新、研发投入、创新能力等方面明显进步，形成一批在全省有影响力的科创产业集群，壮大实体经济规模，产业科创名城建设取得显著成效。

全社会研发投入占地区生产总值比重比上年提升0.05个百分点以上。全年获批高新技术企业499家，科技型中小企业入库2471家，新增省潜在独角兽企业2家、高新区瞪羚企业11家、科技上市培育计划入库企业6家。科技产业综合体新增入驻企业658家，累计入驻企业近5000家，新创成3家省级孵化器、7家省级众创空间，省级以上孵化器和众创空间数突破100家，科技企业孵化器建设获省政府督查激励。签约产学研合作协议974项，引进国际先进技术或科研成果22项，柔性引进海外工程师103人。扬州市上榜长三角城市群科创重点城市，创新生态指数在长三角41个城市中位居第11位、省内第五位。

（刘薇 许婷）

■产学研合作 推动重大科创项目建设，国电智慧能源双创科技园、中国航空谷揭牌奠基，北京机电所精密成形技术创新中心、国汽轻量化技术研究院落地，航空发动机风扇复材叶片实验室、国汽轻量化（江苏）汽车技术有限公司及与扬州大学共建的9个科创平台项目获市财政科技专项支持，宝胜创新中心开工。组织开展创新创业活动，赴长三角周边城市学习调研，寻求合作。举办中国瘦西湖创客活动周、科技创业大赛、中国创新挑战赛（扬州）暨J-TOP创新挑战季、科技成果直通车（扬州）等品牌活动，集聚优质创新资源、营造宜创氛围。突出大院大所合作共建，推进与江苏省产业技术研究院、南京航空航天大学、江苏科技大学、上海工程技术大学的战略合作。突出国际合作方式创新，围绕产业链建设，以企业为主体、项目为纽带、活动为载体开展国际技术人才对接交流，组织参加江苏－日本新材料领域线上技术对接交流会、江苏－捷克线上技术对接交流会、第19届国际人才交流大会、东亚生物医药和健康产业合作对接交流会、江苏—维州生物医药领域技术创新合作会、长三角中芬创新合作交流会、2021江苏—韩国智能制造领域线上技术对接交流会、2021江苏—香港技术创新合作“云”对接会等国际科技对接交流活动。

3月5日，扬州大学干部培训学院和扬州市科技干部进修学院举行全面合作协议签约仪式，双方约定共同培养科技型人才，为“十四五”扬州高质量发展积蓄科技人才资源。

5月17日，科技部火炬中心下发《关于举办第六届中国创新挑战赛的通知》，扬州市获批第六届中国创新挑战赛的承办权，这是扬州市连续第四年获批承办此项国家级活动。5月19日，科技部火炬中心下发《关于启动2021年度“火炬科技成果直通车”工作的通知》，扬州市获批国家科技成果直通车的承办权，这是扬州市连续第三年获批承办此项国家级活动。

6月7日，市科技局和市工商联联合开展“企业+人才、企业+科技”科技助企专项行动，实地调研省照明商会和扬州市江都工贸企业商会。6月16日，由省科技厅指导，省科技资源统筹服务中心、市人才办、市科技局、市工商联主办，市科技资源统筹服务中心、江苏技术产权交易市场扬州分中心、扬州博士创新技术转移有限公司联合承办的2021年扬州市科技人才“揭榜挂帅”助企专项行动暨企业技术需求发布会在扬州技术产权交易市场举办。

7月5—7日，市科技干部进修学院院长带队走访宁波大学、中科院宁波材料研究所、镇海科技市场、浙江大学技术转移中心、浙江工业大学、安徽科技大市场、安徽大学，与各单位科技服务部门负责人探讨科技要素市场的建设及成果转化等方面的工作经验，表达扬州市的需求和合作意愿。7月13—14日，市科技局分别赴南通市科技局、盐城市科技局调研交流，学习借鉴周边城市先进经验做法。7月20—23日，中科院海西院、中科院金属研究所、原中国一汽专家教授到扬州市力德企业、宝应巨神绳缆有限公司、海沃机械（中国）有限公司等企业参观交流，探讨合作计划。

8月24日，省技术产权交易市场扬州分中心邀请南京航空航天大学专家团队与江苏应韵碳科技有限公司、江苏奥力威传感高科股份有限公司进行线上需求对接活动。8月31日，第六届中国创新挑战赛需求集中发布会在北京召开。全国33个地区代表参会。市科技局、市科技资源统筹服务中心、市技术产权交易市场作为扬州赛区承办方代表线上参会，第六届中国创新挑战赛（扬州）需求企业代表江苏奥力威传感高科股份有限公司线上同步参会并进行需求发布。

11月10日，由科技部指导，科学技术部火炬高技术产业开发中心、江苏省科技厅、扬州市人民政府共同主办的第六届中国创新挑战赛（扬州）现场赛开幕。全市相关高校院所创新载体、科技镇长团、技术转移机构和技术经理人代表80余人参加活动。11月11日，2021年度“火炬科技成果直通车”暨江苏省第二届专利（成果）拍卖季（扬州生物健康专场）活动在扬州迎宾馆举办。11月23日，市科技局赴扬州大学交流，贯彻落实扬州市人民政府与扬州大学全面深化合作协议，推动扬州市技术转移和成果转化工作与扬州大学合作。11月24日，华为江苏政企业务部副总经理晁文广一行到市科技局交流合作事宜。

12月2日，市科技局邀请华为江苏政企数通解决方案销售部部长康鹏飞、华为扬州政企业务部副总经理赵伟等技术专家走进高邮高新区，助推智慧照明产业升级转型。12月3日，由市科技局和扬州科创教育投资集团共同主办，扬州市众创协会和扬州教投科创有限公司承办的“创新创业好地方”——2021扬州瘦西湖创客论坛活动在扬州创新中心举办。市科技局、科创载体平台和企业创客代表等20余人参加活动。（刘薇 许婷）

■公共科技服务平台建设 2021年，扬州市技术产权交易市场提升技术转移服务，建立以需求为引导、企业为主体、市场为导向、产学研深度融合的产业创新体系，作为首批科技市场入网单位，加入上海技术交易服务生态网络，参与省、市共建创新要素共享服务试点示范，组织5家技术转移机构加入省级技术经理人事务所管理体系。搭建产研对接平台，举办中国创新挑战赛、火炬科技成果直通车等活动。开展科技人才“揭榜挂帅”助企专项行

11月10日，第六届中国创新挑战赛（扬州）现场赛 扬州日报/供稿

动，公开发布企业需求208项，促成技术合同成交额近170亿元，增长31.74%。夯实资金支持基础，争取省技术转移奖补资金151万元，联合省统筹中心开展“金融助力科技”防疫抗疫活动，帮助11家企业争取低息贷款2000余万元，解决企业创新难题，提升产业科创能力。

扬州市产业技术研究院通过引进、共建等方式，先后联合清华大学、南京大学、大连理工大学、江南大学、中科院沈阳自动化所等高校院所建设智能化技术、高端装备设计制造、高性能复合材料、食品生物技术、工业自动化等7家专业研究所，开展关键共性技术和前瞻性技术研究、重大科技成果转化等，为全市企业技术创新、产品开发、知识产权和人才培养等提供服务。对3D打印、工业互联网、赛伯乐产业科技创新赋能中心等3家公共服务平台审计并加强监管整改，化解风险点，在企业联合创新中心及全面合作方面加强互动沟通，提升产研院发展水平，为全市相关产业发展和企业创新提供服务。2021年，工业互联网平台共新增企业用户730家，累计1020家，直接服务企业69家，实现营业收入579.37万元；3D打印公共服务平台共服务企业197家，与扬州技师学院合作共建朱士云技能大师工作室增减材复合制造产学研基地，实现营业收入1119万元。（刘　薇　许　婷）

■科技创新园区　2021年，科技创新园区争先进位、梯次发展。杭集高新区在全省高新区创新发展综合考评排名中进位3位，提升至第37位；扬州高新区、杭集高新区、高邮高新区共获省财政奖励资金1820万元。（刘　薇　许　婷）

■科技创新载体建设　全市共认定科技产业综合体41个，其中在建8个、投入运营33个；累计建成490.2万平方米，投入使用309.8万平方米；共入驻企业4936家，培育高新技术企业160家、孵化科技型中小企业583家；吸纳各类人才4.4万人，其中在扬州市参保4.28万人。共拥有软件著作权授权1698项；拥有专利授权4889项，其中发明专利授权648项。新创成省级孵化器3家、省级众创空间7家，省级以上孵化器和众创空间数分别达35家和71家。（刘　薇　许　婷）

2021年扬州市国家特色产业基地情况表

表30-1

序号	基地名称
1	国家火炬计划邗江数控金属板材加工设备特色产业基地
2	国家火炬计划扬州汽车及零部件产业基地
3	国家火炬计划扬州绿色新能源产业基地
4	扬州国家半导体照明高新技术产业化基地
5	国家火炬计划扬州智能电网特色产业基地
6	国家火炬计划江都建材机械装备特色产业基地
7	国家火炬邗江硫资源利用装备特色产业基地
8	国家火炬高邮特种电缆特色产业基地
9	国家火炬扬州高邮智能健康装备特色产业基地
10	国家火炬扬州高邮智慧照明特色产业基地

（刘　薇　许　婷）

2021年扬州市省级科技产业园情况表

表30-2

序号	园区名称	地区
1	江苏省宝应输变电设备科技产业园	宝应县
2	江苏省高邮绿色照明科技产业园	高邮市
3	江苏省高邮特种电缆科技产业园	
4	江苏省高邮智能健康装备科技产业园	
5	江苏省仪征汽车及零部件科技产业园	仪征市
6	江苏省江都建材装备科技产业园	江都区
7	江苏省江都汽车及零部件科技产业园	
8	江苏省扬州邗江数控装备科技产业园	邗江区
9	江苏省扬州环保科技产业园	
10	江苏省邗江新能源汽车及车控电子科技产业园	
11	江苏省扬州生物医药科技产业园	
12	江苏省邗江文化科技产业园	
13	江苏省扬州广陵液压装备科技产业园	广陵区
14	江苏省扬州健康医疗科技产业园	
15	江苏省扬州光电科技产业园	扬州经济技术开发区

（刘　薇　许　婷）

2021年扬州市省级以上科技企业孵化器情况表

表 30-3

序号	孵化器名称	级别	地区
1	宝应县高新技术创业中心	省级	宝应县
2	宝应科技创业园	省级	
3	高邮市科技创业中心	国家级	高邮市
4	江苏红旗光电科技创业园	省级	
5	高邮城南经济新区科技企业孵化器	省级	
6	高邮智慧照明科技企业孵化器	省级	
7	中汽中心（高邮）汽车科创园	省级	
8	仪征市科技创业园	国家级	仪征市
9	扬州乐业科创园孵化器	省级	
10	扬州市江都区高新技术创业服务中心	省级	江都区
11	扬州（江都）软件园	省级	
12	星创科技孵化器	省级	
13	扬州菁英汇工业设计孵化器	省级	
14	扬州市邗江区高新技术创业服务中心	国家级	邗江区
15	扬州环保科技创业园	国家级	
16	扬州大学科技园	国家级	
17	扬州金荣科技创业园	国家级	
18	清扬智能装备科技创业园	省级	
19	西湖科技创业园	省级	
20	扬州市维扬区高新技术创业服务中心	省级	
21	国泰科技创业中心	省级	
22	扬州酷立方创业园	省级	
23	扬州通安科技创业园	省级	
24	扬州软通乐业空间	省级	
25	扬州职业大学创新创业孵化器	省级	
26	八戒扬州创新创业园区	省级	
27	扬州广陵高新技术创业服务中心	国家级	广陵区
28	江苏扬州广陵经济开发区高新技术创业服务中心	国家级	
29	扬州市广陵区曲江高层次人才创业服务中心	省级	
30	扬州创新中心孵化器	省级	
31	扬州高新技术创业服务中心	国家级	扬州经济技术开发区
32	西安交通大学扬州科技创业园	国家级	
33	扬州万方科创孵化器	省级	生态科技新城
34	江苏两岸双创科技孵化器	省级	
35	扬州软件园马场创业街	省级	

（刘薇 许婷）

表 30-4

2021年扬州市科技产业综合体情况表

序号	名称	地区
1	宝应软件信息产业科技综合体	宝应县
2	宝应科技创业园	
3	高邮市城南经济新区科技产业综合体	高邮市
4	高邮市科技产业园	
5	高新区光电科技产业综合体	
6	中汽中心高邮汽车科创园	
7	仪征科技创业园	仪征市
8	大众广场	
9	扬州金山文创科技产业园	
10	中南高科仪征智慧工业园	
11	江都软件产业科技综合体	江都区
12	扬州市江都区仙城科技产业综合体	
13	扬州四新产业园科技综合体	
14	税友软件园（南方）	邗江区
15	金荣扬州科技园（高新区）	
16	甘泉生态科技园	
17	智能装备科技园	
18	通安科技园	
19	西湖生态科技园	
20	扬州邗江互联网产业园	
21	国泰创业创新示范中心	
22	华城科技广场	
23	扬州环保产业综合体	
24	江苏信息服务产业基地	广陵区
25	广陵经济开发区科技产业综合体	
26	食品科技园	
27	扬州创新中心	
28	扬州经济技术开发区科技园	扬州经济技术开发区
29	扬州智谷	
30	西安交大科技园	
31	扬州软件园双创基地	生态科技新城
32	杭集科技产业综合体	
33	扬州北大科技园	蜀冈－瘦西湖风景名胜区

（刘 薇 许 婷）

2021年扬州市省级以上众创空间情况表

表30-5

序号	众创空间名称	级 别	地 区
1	扬州纵横创客巢	省 级	
2	纵横时空	省 级	
3	通宝众创空间	省 级	
4	扬州星火科技创客园	省 级	宝应县
5	锐拓科技创客园	省 级	
6	山阳众创空间	省 级	
7	鲁垛乱针绣创客工坊众创空间	省 级	
8	文游汇	国家级	
9	通邮梦工厂	国家级	
10	大邮众创空间	省 级	
11	秦邮众创空间	省 级	高邮市
12	神居客众创空间	省 级	
13	新世纪众创空间	省 级	
14	仪征创途在线	省 级	
15	乐泊世业创客空间	省 级	
16	YI智汇	省 级	仪征市
17	扬州黑莓众创空间	省 级	
18	盘古悠客众创空间	省 级	
19	创·艺985	国家级	
20	江都创客邦	国家级	
21	星客梦工厂	省 级	
22	智创梦工场	省 级	
23	青禾众创	省 级	江都区
24	仙城工创坊	省 级	
25	龙川文创众创空间	省 级	
26	梦里水乡创客荟	省 级	
27	扬州大学大学科技园众创梦工场	国家级	
28	扬州金荣科技园创富创新工场	国家级	
29	扬州上市基地创新工场	国家级	
30	扬州创谷·创客工场	省 级	
31	创客“1+1”	省 级	邗江区
32	和天下绿色建筑众创空间	省 级	
33	扬州优客工场	省 级	
34	酷立方（扬州）众创空间	省 级	
35	通安创客空间	省 级	

续表 30-5

序号	众创空间名称	级 别	地 区
36	扬州市软通众创空间	省 级	邗江区
37	扬子津青年街众创空间	省 级	
38	西湖众创空间	省 级	
39	八戒扬州工场	省 级	
40	扬州职业大学浩峰睿创空间	省 级	
41	扬州海创众创空间	省 级	
42	扬州壹点众创空间	省 级	
43	邗上街道众创空间	省 级	
44	杨寿众创空间	省 级	
45	润扬创客驿站	省 级	
46	友谊创客空间	省 级	
47	智能绿建众创空间	省 级	
48	医联医疗器械众创空间	省 级	
49	中国创谷	国家级	广陵区
50	圆梦创新工坊	国家级	
51	北京大学创业训练营江苏基地	国家级	
52	扬州青麦坊互联网＋文创空间	省 级	
53	曲江创客工场	省 级	
54	悦课·教育孵化众创空间	省 级	
55	智创天地	省 级	
56	东创星辉	省 级	
57	扬州新物种创业工坊	省 级	
58	广陵峰汇众创空间	省 级	
59	扬州科技广场众创空间	省 级	
60	扬州市创新驿站	国家级	市 直
61	扬州左岸右转众创空间	省 级	
62	扬州智谷众创空间	国家级	扬州经济技术开发区
63	瑞丰众创空间	省 级	
64	爬山虎众创空间	省 级	
65	西安交通大学思源创客	省 级	
66	扬州大创 HR 睿创空间	省 级	
67	尚锦汇都创业孵化工场	省 级	生态科技新城
68	扬州软件园马场创业街	省 级	
69	扬州万方科创众创空间	省 级	
70	杭集旅游日化产业众创空间	省 级	
71	扬州北大创业孵化营	省 级	蜀冈－瘦西湖风景名胜区

（刘 薇 许 婷）

■**高新技术产业** 2021年，扬州市高新技术产业产值增长23.5%，占规模以上工业产值比重51.1%，比上年增长3个百分点，获批高新技术企业499家，科技型中小企业入库2471家，新增省潜在独角兽企业2家、高新区瞪羚企业11家、科技上市培育计划入库企业6家。

围绕“323+1”（汽车及零部件、高端装备、新型电力装备等3个千亿级集群，微电子及软件和信息服务业、高端纺织和服装等2个五百亿级集群及海工装备和高技术船舶、生物医药和新型医疗器械、食品等3个百亿级集群，1是航空产业集群）先进制造业集群，组织企业实施102项产业前瞻与共性关键技术项目，3个项目获省重点研发计划（产业前瞻与共性关键技术）立项支持，其中江苏中兴派能电池有限公司实施的“千万安时低成本长寿命钠离子电池关键技术研发”获省碳达峰碳中和科技创新专项。

举办科技创业大赛，全市有241个项目报名参赛，最终90个项目获得资金、项目及政策等方面的支持。其中，1个项目入围省创新创业大赛行业赛总决赛并获三等奖，6个团队获优秀团队奖，23个企业获优秀企业奖。（刘 薇 许 婷）

科技项目和成果

■**重大科技成果转化项目** 2021年扬州市聚焦“323+1”先进制造业，实施105项重大科技成果转化项目。其中，7项获省重大科技成果转化资金支持。（刘 薇 许 婷）

■**民生科技** 加快农业新技术、新品种研发。以省、市科技计划项目为引导，开展优良品种选育、产业技术融合创新、绿色生态发展等集成技术创新和示范。18个项目获省级重点研发（现代农业）立项，获批资金1655万元，项目获批数位居全省第一位。扬州大学的“畜禽重大疫病T细胞免疫防控新技术及其应用研究”项目获批重点项目支持，江苏里下河地区农业科学研究所的“稻虾共作水稻量质协同绿色生产关键栽培技术研究与应用”项目获省农业科技计划支持。

强化农业科技服务。完善农业科技服务体系，至年末，扬州市有农村科技服务超市42家，其中分店14家、便利店28家。高邮特种水产、仪征设施蔬菜、邗江主要农作物产业分店、蒋王都市观光农业星创天地等4家超市分店和星创天地获省资金奖补，单向支持额度30万元。

加强社会发展及基础科学研究。在医疗卫生领域，扬州中宝药业股份有限公司的“国家一类抗心律失常新药硫酸舒欣噻注射液的研究”项目获省重点研发计划（社会发展）项目立项。加大对基础研发活动的激励，扬州市有68个项目获省自然

2021年扬州市获批省重大科技成果转化专项立项项目一览表

表30-6

序号	项目名称	承担单位	产学研合作单位	属地
1	新一代超大型绿色环保滚装船关键技术研发及产业化	招商局金陵船舶（江苏）有限公司	江苏科技大学	仪征市
2	基于LTCC的小型化高性能开关滤波组件研发及产业化	江苏江佳电子股份有限公司	华南理工大学	江都区
3	基于国产创新SiPM器件的全数字化PET/CT整机研发及产业化	江苏赛诺格兰医疗科技有限公司	北京师范大学 清华大学	
4	智能高效高可靠精密锻造柔性生产线研发及产业化	扬力集团股份有限公司	南京理工大学	邗江区
5	禽腺病毒（I群，4型）多联高效疫苗的研发及产业化	国药集团扬州威克生物工程有限公司	扬州大学	
6	基于智能焊接系统的大跨度重载钢桥关键构件研发及产业化	中铁宝桥（扬州）有限公司	江苏科技大学	广陵区
7	车规级大功率快恢复外延二极管（FRED）芯片研发及产业化	扬州国宇电子有限公司	中国电子科技集团公司第五十五研究所	扬州经济技术开发区

（刘 薇 许 婷）

2021年扬州市获批省重点研发计划(现代农业)项目情况表

表30-7

序号	项目名称	承担单位
1	畜禽重大疫病T细胞免疫防控新技术及其应用研究	扬州大学
2	特色小体型肉鸭新品系选育与应用	扬州大学
3	江苏省重要根茎类水生蔬菜创新“种苗”技术的研发、应用与推广	扬州大学
4	优质多抗鲜玉米品种扬“甜糯104”的选育与应用	扬州大学
5	适合机械化作业的杂交油菜新品种“扬杂11号”选育与应用	江苏里下河地区农业科学研究所
6	设施早熟长灯笼形辣椒“扬椒5号”的选育与应用	江苏里下河地区农业科学研究所
7	抗病优质高效迟熟中粳新品种的精准设计与选育	江苏里下河地区农业科学研究所
8	优质绿色弱筋小麦新品种选育	江苏里下河地区农业科学研究所
9	稻虾共作水稻量质协同绿色生产关键栽培技术研究与应用	江苏里下河地区农业科学研究所
10	基于智慧云管控的温室精细化高效生产关键技术研究	江苏宏诚智能科技有限公司
11	辣椒智能化精细生产成套技术装备研发与集成应用示范	扬州农科农业发展有限公司
12	饼粕功能性多肽生物饲料的局效创制	扬州市宏大饲料有限公司
13	地方蛋鸡开发用高产粉壳蛋鸡品系的选育	江苏省家禽科学研究所
14	优质广适宜机玉米新品种“晶白甜糯”和“晶彩糯”的选育与应用	江苏润扬种业股份有限公司
15	高邮特种水产产业分店	高邮市阳光特种水产专业合作社
16	仪征设施蔬菜产业分店	仪征市绿篱无公害蔬菜生产试验场
17	邗江主要农作物产业分店	江苏金土地种业有限公司
18	蒋王都市观光农业星创天地	扬州市蒋王都市农业观光园有限公司

(刘　薇　许　婷)

2021年扬州市获批省重点研发计划(社会发展)项目情况表

表30-8

序号	项目名称	承担单位
1	含油污泥中低温解析界面分离处理关键技术与集成装备研发	扬州亿迈科尼机电科技有限公司
2	国家一类抗心律失常新药硫酸舒欣噻注射液的研究	扬州中宝药业股份有限公司
3	光伏晶体硅切割废料一步法熔炼制备铝硅合金关键技术研发	扬州盈航硅业科技有限公司

(刘　薇　许　婷)

科学基金项目立项，其中省杰出青年基金项目1项、优秀青年基金项目3项、青年基金项目53项，面上项目11项。 （刘 薇 许 婷）

■江苏里下河地区农业科学研究所 2021年，江苏里下河地区农业科学研究所（简称农科所）在研课题（项目）187项，新立项各类课题（项目）92项，其中国家级课题（项目）11项、省级课题（项目）36项。新立项项目合同经费3504万元，实际到账经费2112万元。获批江苏省种业振兴"揭榜挂帅"项目2项，争取到国家青年基金项目3项、省自主创新资金7项、省重点研发计划（现代农业）6项、省农科院科技项目4项，四类重点项目立项数在地区级农科所均位列第一位。

农科所获各类成果奖13项。其中，主持完成的"控制病媒蚊虫的新型微生物制剂创制与应用"获江苏省科学技术奖三等奖。获全国商业科技进步奖一等奖1项、二等奖2项、三等奖1项，江苏省农科院科学技术奖一等奖1项，江苏省农学会科技奖一等奖2项，江苏省科技咨询协会科学技术奖二等奖1项；与其他单位联合申报获江苏省农业技术推广奖一等奖1项、河南省科学院科技成果奖特等奖1项、江苏省科学技术奖三等奖1项和中国商业联合会科学技术奖特等奖1项。

农科所培育的各类作物新品种30个通过审定、登记（录）。其中，小麦品种"扬麦32""扬麦33""扬麦36"和水稻品种"扬粳708"通过国家审定，小麦品种"扬麦34"、水稻品种"扬香玉1号""扬粳糯5号""扬粳7028""润两优612""扬粳7081""香缘99""扬粳722""扬粳5118""扬香玉1号"通过省级审定，油菜品种"扬杂11号"通过国家登记，"gongjin"等16个花菖蒲品种通过国际登录。肥料新产品"微生物菌剂"、农药新产品"枯草芽孢杆菌"获登记，"一种抗赤霉病多结实小穗数小麦的分子标记辅助选育方法"等10项成果获国家发明专利，"一种新型育苗盘"等2项成果获实用新型专利。制定发布《青花菜—慈姑轮作栽培技术规程》和《一稻三虾生态种养技术规程》2项省级技术标准。科研人员发表各类论文64篇，其中6篇论文被收入SCI（科学论文索引），1篇论文在国际基因组学顶级学术期刊*Genome Biology*（IF：13.583）发表，并被*Nature Food*编辑专刊评论。出版技术挂图1个，出版专著1部。

"扬香玉1号""香缘99"等抗稻瘟病优良食味粳稻新品种，解决长江中下游软米水稻品种稻瘟病抗性偏弱的"卡脖子"难题；标志性研究成果"高产、抗病、优质分子设计育种"获"填补基因组学技术应用于作物育种实践空白"的评价。育成的水稻品种"金香玉1号""金香优100"获第五届"前黄杯"江苏好大米品鉴推介会特等奖；"扬两优6号"入选改革开放以来水稻最具影响力三大品种之一；高产、多抗、广适杂交籼稻品种"扬籼优919"及粉体保水复合型种衣剂入选中国科创平台。培育的"扬麦33"实现抗赤霉病与高产协同遗传改良的重大突破，受到中国工程院院士张洪程等业内专家肯定，引发《科技日报》、新华网等媒体关注；"扬麦25"在江苏淮河以南地区种植面积位列第二位。高含油率油菜及观花、菜用等多功能油菜的选育和应用研究取得新进展，初步集成蔬菜工厂化育苗植物生长调节剂促抗提逆技术，创制茄果类蔬菜专用缓释肥。利用诱变育种技术培育的高产中强筋小麦新品种"扬辐麦13"抗白粉病特性显著，优质高产小麦新品种"扬辐麦5059"、弱筋品种"扬辐麦5162"综合性状优良。创研的"一稻三虾"模式被列入联合国2030可持续发展合作项目案例，受到央视媒体关注报道；筛选出适合稻虾种养水稻品种。在国内首次报道稗草除草剂靶标基因乙酰乳酸合成酶的574位点突变。创制出安全、高效、持久的新型微生物灭蚊制剂，推进病媒蚊虫及传播疾病的安全可持续控制。开展里下河地区特色水生蔬菜、野菜、蔬菜等种质资源挖掘鉴定和提纯复壮，推进产业化开发，提升"世界美食之都"的特色与内涵。首次完成并报道中国春兰全基因组测序及春兰基因组、转录组基因功能分析，阐明春兰形态发育的分子调控机制。"春兰、蕙兰入选国家花卉种质资源库"入选中国原子能农学会2020年度十大进展。

省农业科学院专家组对"扬麦33"示范田进行评鉴 周 晗/摄

实施科技服务类项目11项，建立各类综合示范基地13个、示范点

60余个；推广自主研发品种33个、技术11项，成果累计推广58.4公顷；召开现场会、推介会、培训会259场次，发放技术资料3.74万份，培训1.63万人次，科技服务成效凸显。所地联动助力乡村振兴发展，结合推进区域特色产业发展，与广陵区开展“三农科技指导员”结对挂钩帮扶，遴选38名党员、科技干部与广陵区“三镇一区”40个行政村开展结对挂钩，帮助指导镇村农业产业发展，提升农业科技水平。与高邮市开展战略合作，围绕“四河四路”乡村振兴综合试验区建设，合作开展良种科研生产基地建设、水生花卉繁育栽培布景示范，助推种业产业和乡村振兴发展。“党建+科技服务”效能持续激活，“星火”农业科技服务团深入邗江、宝应、高邮、仪征、生态科技新城等地，进行“点穴式”指导，为保障粮食稳产高效提供专业方案。以广陵区头桥镇庆丰村为试点，实施“亚夫”科技专项，推广“戴庄经验”，促进农业增效、农民增富、农村增色。

完成国家农业微生物扬州观测实验站建设任务，建成长江中下游农业微生物观测评价、资源综合利用共享平台。国家农作物区域性品种测试站建设项目基本竣工，通过初验。江苏现代农业（花卉）产业技术体系扬州推广示范基地立项。牵头组建“江苏省迟熟中粳育种科技创新联合体”，参与组建“江苏小麦育种科技创新联合体”。邗江、江都现代农业（蔬菜）科技综合示范基地通过考评验收，成绩名列前茅。樊川基地建设有序开展，完成基地田间建设工程招投标。

（陈以博 朱凌宇）

■江苏省家禽科学研究所 2021年，江苏省家禽科学研究所（简称家禽所）到账科研经费2057.5万元，其中新增经费1087.5万元、往年项目延续970万元；横向经费到账189.8万元。发布地方标准2项、团体标准2项。申报专利40项，其中发明专利34项；授权专利49项，其中发明专利30项；获软件著作46项。“鸡基因库创新保护及新品种培育”获江苏省科学技术奖三等奖，“屠宰型黄羽肉鸡育种技术创新与应用”获江苏省畜牧兽医学会科技奖一等奖。全所共发表科技论文166篇，其中SCI收录17篇；出版专著1部。

开展家禽科技研究、家禽种质资源保护及评价。在基因库继代繁殖的基础上，重点测定10个品种的体尺、蛋品质、繁殖性能、屠宰性能和肉品质，利用分子技术手段对保种场和基因库保存的3个品种的保种效果进行监测和遗传多样性变化分析。研究中国地方鸡种W染色体变异模式、遗传分化差异和分子遗传多样性，并比较与部分国外进口品种的差异，为中国地方鸡种质资源保护、科学分类及开发利用提供基础。研究21个不同生长速度鸡种线粒体单倍型分布规律，结合线粒体单倍型和外貌特征，构建不同长速鸡种特征数据库。开展鸡Smad4基因克隆、生物信息学和组织表达分析工作，为鸡繁殖活动中的Smad4基因分子机制研究奠定基础。探究miR-18a-5p生物信息学特点及其在鸡不同生长时期组织表达变化规律。鉴定、筛选由不同SNP组成的品种特征性SNP标记，构建鸭种质资源鉴定用SNP数据库。选择信号分析鉴定鸭鹅生长、繁殖相关基因及信号通路，鉴定到相关特异性基因并进行KEGG通路富集分析。通过重测序和全转录组分析，挖掘影响乌骨鸡黑色素沉积和代谢的关键基因4个。对“昆山麻鸭”“娄门鸭”“太湖点子鸽”保种继代繁殖、地方资源“舞阳鸽”“乌蒙凤鸡”进行挖掘，完成“徐海鸡”遗传资源鉴定申报。建立一套适合家禽的样本库信息化管理系统，形成家禽遗传资源生物样本库建设规范送审稿。为国家生物种质与实验材料资源库6个家禽品种共3600份精液样本入库保存。家禽遗传育种与种禽扩繁。肉鸡育种，作为第一完成人单位，培育出中国首个屠宰加工型黄羽肉鸡新品种——花山鸡，获国家畜禽遗传资源委员会审定通过。持续选育优质黄羽肉鸡“苏禽3号”配套系。蛋鸡育种，特色蛋鸡“苏禽6号蛋鸡”配套系，在送测的基础上在扬州等地开展中试推广；持续开展优质高产青壳蛋鸭配套系4个世代家系自繁选育。水禽育种，持续开展优质高产青壳蛋鸭配套系选育，整理3世代育种资料，制定配种方案，进行4世代家系自繁。特禽育种，“天成王鸽”“和田肉鸽”配套系基础群组建与种质性能测定。家禽品种性能测定与品质监督检验。承担国家首批培育的白羽肉鸡的生产性能测定，完成国内培育的3个快大型白羽肉鸡品种（圣泽901、广明2号和WOD188）与国外品种（科宝和AA+）对比测定。新增种禽生产性能测定业务9个品种，完成禽产品委托检测任务239批次，名特优新任务27批次。家禽生产配套技术研究与示范。开展纳米氧化铁通过ROS-JNK通路调控细胞自噬清除鸡胞内沙门氏菌的机制研究；染料木素通过cAMP/PKA-StAR通路调控产蛋后期蛋鸡卵泡颗粒细胞孕酮合成的机制研究；基于AMPK-mTOR信号通路介导的细胞自噬探讨纳米铁抑制鸡肠道肠炎沙门氏菌增殖的机制研究；集成饲喂方式改善产蛋后期蛋品质的技术、蛋鸡生产中草药应用技术；开展新型禽专用微囊缓释包被复合酸化剂的研发，形成鸡用饲料复合酸化剂产品1个；开展新型高效肉鸭笼具设计及关键配套技术研发；集成鸭笼养设施设备标准化技术和高效绿色笼养关键技术。家禽疫病研究与防治。在开展鸡传染性支气管炎、沙门氏菌病研究基础上，开展快速检测技术和疫苗株筛选研究；开展种鸡场“二白”净化技术研究与应用；对外开展禽病诊断、检测技术服务和科研用病料的收集，以及病原库的建立工作；探索性开展水禽呼长孤病毒和肉鸡梭菌性肠炎等禽病储备性研究。家禽业信息服务与决策咨询。《中国家禽》2021年复合影响因子为0.88，比上年度的0.80提高10%，学术期刊影响力指数（CI）学科排序由17/68提升到14/70。年度创收（不含项目经费）逾240万元；《中国禽业导刊》保持综合指导类期刊定位，坚持关注国内外家禽业现状，跟踪重点企业、成长型企业动态，把握产业发展趋势与脉搏，开展相关产业信息调研。

家禽所进行科技成果的集成推广，与江苏立华牧业股份有限公司、崇仁县畜牧水产局、高邮鸭集团、江阴威特凯公司、泰高集团等23家单位进行合作研究和技术推广应用。特禽团队为合作企业出谋划策，联系新疆和湖南多家企业拓展销售渠道近1000万元的产值。

开展社会咨询服务和扶贫工作。应农业农村部种业司要求，撰写蛋鸡主要指标说明、修改蛋鸡种业发展情况报告；应全国畜牧总站要求修改全国蛋鸡遗传改良计划配套技术文件，撰写2020蛋鸡遗传改良进展报告、畜禽种业科技创新战略研究、畜禽种业企业发展报告等相关部分内容。参加省农业农村厅组织的“畜禽种业翻身仗发展专题研讨会”，组织撰写“两节一增”技术书籍。为500余个养殖户，4000余人提供技术咨询服务，为10余家企业提供技术支持，建立家禽产业交流微信群及QQ群，并组织所内专家答疑，让养殖户获得信息与指导，与泗阳县等签订合同协议开展科技帮扶。

组织召开中国畜牧兽医学会家禽学分会第11次全国会员代表大会暨第20次全国家禽学术讨论会，家禽所研究员邹剑敏当选为第11届理事会理事长，研究员窦新红当选为秘书长，提升在家禽行业的地位。承办国家蛋鸡产业技术体系服务县域经济发展（海安市）工作推进会暨执行专家组会议。筹建成立全国畜牧业标准化技术委员会禽业标准化工作组，并承担其秘书处。承办中国畜牧兽医学会期刊编辑学分会的七届五次常务理事会议、蛋鸭粪污处理、养殖技术与数字化管理平台应用培训会等。先后组织科技人员参加国内线上线下学术会议300余人次。全年邀请4名外单位专家到所交流，与中国农业大学、中国农科院畜牧兽医所、全国畜牧总站、扬州大学、河南农业大学、江西农业大学等开展科研交流活动。

（肖　芹）

■扬州市24个项目获江苏省科学技术奖　2021年，全市共有24个项目获得2021年度江苏省科学技术奖，其中一等奖3项、二等奖7项、三等奖13项、省企业技术创新奖1项。

（刘　薇　许　婷）

扬州市获2021年度江苏省科学技术奖项目情况表

表30-9

序号	获奖项目名称	获奖等级	扬州承担单位
1	面向配电网高可靠供电的智能指挥与控制关键技术	省科学技术一等奖	国网江苏省电力有限公司（主持）
2	全复合材料飞机大部件的材料研发设计制造一体化技术及应用	省科学技术一等奖	江苏新扬新材料股份有限公司（主持）
3	异类逼近器耦合协同设计与控制综合理论方法及应用	省科学技术一等奖	扬州市慧宇科技有限公司（参与）
4	高强耐热铸造稀土镁合金及其在航空航天等领域应用技术开发	省科学技术二等奖	扬州峰明光电新材料有限公司（主持）
5	重油选择性裂解技术的开发与工业应用	省科学技术二等奖	扬州石化有限责任公司（主持）
6	面向精密钣金加工的绿色智能化成套装备关键技术研发及产业化	省科学技术二等奖	江苏亚威机床股份有限公司（主持）
7	H5/H7亚型禽流感病毒流行机制	省科学技术二等奖	扬州大学（主持）
8	高产优质食味粳稻南粳46、南粳5055和南粳9108的创制与应用	省科学技术二等奖	扬州大学（参与）
9	水稻主要病虫害防控精简用药关键技术创新与应用	省科学技术二等奖	扬州大学（参与）
10	大尺寸金属回转体构件连续局部塑性成形技术与应用	省科学技术二等奖	江苏兴洋管业股份有限公司（参与）
11	北斗智能终端关键技术开发与应用	省科学技术三等奖	中电科技扬州宝军电子有限公司（参与）
12	智能高效大型叶片泵基础理论和关键技术及推广应用	省科学技术三等奖	江苏航天水力设备有限公司（参与）
13	种群迁移和传染病扩散的模式分析	省科学技术三等奖	扬州大学（主持）

续表 30-9

序号	获奖项目名称	获奖等级	扬州承担单位
14	高铬耐热钢连铸坯直接制造大直径无缝管关键技术及产业化	省科学技术三等奖	扬州诚德钢管有限公司（主持）
15	面向泡沫控制的生物基载体超支化改性硅材料的研究与应用	省科学技术三等奖	扬州四新新材料科技有限公司（参与）
16	战略金属锗铟镓绿色循环及高纯材料制备关键技术及应用	省科学技术三等奖	扬州宁达贵金属有限公司（主持）
17	全流程智能控制柔性化高精密辊弯成形生产线	省科学技术三等奖	江苏省南扬机械制造有限公司（主持）
18	数控高速精密冲压成套装备技术及其应用	省科学技术三等奖	扬州锻压机床有限公司（主持）
19	低扬程大中型泵站节能高效关键技术与应用	省科学技术三等奖	扬州大学（主持）、江苏省水利勘测设计研究院有限公司（参与）
20	灌区规模化管道输水灌溉工程技术装备研发及推广应用	省科学技术三等奖	扬州大学（主持）
21	鸡基因库创新保护及新品种培育	省科学技术三等奖	江苏省家禽科学研究所（主持）
22	莲新品种选育和产业化关键技术创新与应用	省科学技术三等奖	江苏里下河地区农业科学研究所、扬州大学、江苏荷仙食品集团有限公司（均参与）
23	优质特色鲜食玉米种质创制及新品种选育与应用	省科学技术三等奖	江苏润扬种业股份有限公司（参与）
24		省企业技术创新奖	江苏新扬新材料股份有限公司

（刘　薇　许　婷）

行业科技

气象测报

■概况 2021年，扬州市年平均气温偏高，为1961年以来最暖的一年，全年平均气温16.7摄氏度，高温日数与常年持平；年降水量1119.0毫米，正常略偏多；年日照时数1822.1小时，正常略偏少。天气气候事件主要有年初寒潮带来剧烈降温和严重冰冻天气；春夏之交冰雹、大风、短时强降水等强对流天气频发；台风“烟花”造成特大暴雨，从影响时间和降水强度综合来看，是对扬州影响最大的台风；9—10月初期间，平均气温创历史同期新高，≥35摄氏度高温日为历史最晚，国庆假期为历史最热；年末出现5次寒潮，其中有2次达到超强寒潮；出现暴雨、雾、霾、区域性干旱等天气，是近十年以来影响天气较多、较强的年份。

（徐莎莎）

■气象灾害 2021年，扬州市导致灾情的天气过程主要有强对流、大风、冰雹及台风“烟花”带来的大风与暴雨等天气。

（1）4月30日，受低涡和强冷空气影响，宝应县出现强对流、冰雹、大风天气。宝应上电投新能源发展有限公司光伏组件支架受损10组，组件损坏数量30片，安宜西港村一养殖区电线杆被风刮断，省道331倒伏树木若干，高铁站站

2021年扬州市区气象资料表

表 30-10

天气现象	初日	终日	初终间日数（天）
霜	—	—	—
雪	12月14日	12月30日	18
积雪	—	—	—
结冰	—	—	—
最低气温≤0.0摄氏度	11月30日	3月2日	93

注：表内资料统计时段为2020年11月至2021年12月

（张网定）

前路大树倒伏25株。

（2）5月14—15日，受雷雨大风影响，仪征枣林湾70株树倒伏，月塘、大仪10余户房屋损坏。

（3）7月15日，受强对流天气影响，高邮甘垛镇受损民房59户，多处广告牌受损，13处养殖房屋受损，平胜社区、北韩部分村组电力中断；15家工业企业厂房有不同程度受损；大海鸭业倒塌鸭棚15幢、电线杆断11根、受潮饲料15吨、成品蛋受损4000千克左右、鸭死亡6000羽左右、蛋箱受损500只左右、监控设备全损。汤庄镇倒伏树木约830株，农作物倒伏58公顷，经济作物受损3.07公顷、大棚受损0.67公顷，民房受损1530间，厂房屋顶受损约35间，受损圈舍近2320平方米，杆线受损近百根。

（4）7月26—28日，受第6号台风“烟花”影响，市区出现1处内涝积水点（邗江区尚城小区地下车库进水）。全市受灾人口859人，其中紧急转移安置群众806人，因台风房屋倒塌6户8间、严重损坏8户10间、一般受损16户29间，无人员伤亡。江都区城区出现部分道路和小区内涝和积水，其中有12条道路淹水，50个小区积水（含13个积水严重的小区）。全市农作物受淹面积860公顷，成灾面积257.13公顷，其中玉米17公顷、大豆51.33公顷、蔬菜瓜果185.47公顷、其他3.33公顷；绝收面积13.53公顷（蔬菜瓜果）；设施大棚受损372个，其中毁坏1个，受损面积18.5公顷。主要受灾地区有宝应望直港、山阳、柳堡、泾河，高邮开发区、卸甲、界首、临泽，江都小纪、吴桥等乡镇。水产养殖业受灾0.25万公顷，水产品损失2930吨，受灾重点区域为高邮卸甲镇、城南新区、甘垛镇，仪征大仪镇，江都小纪镇，邗江方巷镇、杨寿镇。全市畜禽圈舍受灾9.66万平方米，饲料受潮71.45吨，伤亡畜禽约14万只（头）。有3家钢铁企业受台风影响，局部停止作业；5家深井铸造企业停工。全市有483家冶金等工业企业停止现场作业。宝应经济开发区柳河路局部电路受损，造成约40家企业全线停产。（徐莎莎）

■主要天气气候事件

（1）梅雨

2021年，扬州市梅雨呈现非典型性，主要特点：入梅略早，出梅正常，梅期略偏长。6月13日入梅（常年6月19日），7月11日出梅（常年7月10日），梅长29天。梅雨量总体偏少。全市平均梅雨量190.0毫米，比常年偏少2成，雨量南北分布不均，北部地区偏多1~3成，南部地区偏少2~6成。各地具体雨量：扬州96.8毫米、宝应309.9毫米、高邮260.3毫米、仪征102.4毫米、江都180.5毫米。降水呈过程性、间歇性特征。梅雨期出现3段连续性降水天气，为6月13—18日、6月25—27日、7月2—9日，其中6月14—15日宝应出现暴雨，7月5—8日连续出现局地暴雨。梅雨期日照偏少，全市日照80.5（扬州）~118.6（宝应）小时，与常年相比，偏少3~4成。全市雨日（≥0.1毫米）13（宝应）~16（仪征、江都）天。

（2）暴雨

2021年，扬州市共出现10个暴雨日，其中2次区域性暴雨，降水时空分布不均。7月28日江都观测站日雨量（319.0毫米）和高邮气象观测站日雨量（287.1毫米）均超当地有气象记录以来的最大值，部分地区出现内涝。

（3）高温

2021年，高温日数总体接近常年，全市出现≥35摄氏度高温的日数分别为：扬州16天、宝应5天、高邮5天、江都12天、仪征10天。主要分布时段为：6月6—7日和23—24日、7月10—15日、8月30—31日、9月22—23日。其中8月高温日数1~3天，为近10年来最少；9月平均气温创历史新高，9月22—23日出现区域性高温，扬州36.0摄氏度为历史同期最高，打破高温最晚历史纪录。

（4）强对流频发

2021年，冰雹、雷雨大风、暴雨、短时强降水等强对流天气频发，尤其是“4·30大风冰雹”“5·14大风暴雨”，两次强对流对全市影响较大。4月29日，受高空冷涡影响，全市普遍出现7级以上西南大风，最大为18.5米/秒（邗江杨寿镇，8级），夜里扬州城区、邗江和宝应的部分地区出现雷雨天气。受冷涡影响，4月30日夜里全市普遍出现7级以上的偏北大风，其中36个乡镇达到8级以上，6个乡镇达10级以上，最大29.0米/秒（江都，11级）。宝应城区、泾河、西安丰出现冰雹（直径1.5厘米~3.5厘米）。5月14—15日，全市出现中到大雨，部分地区暴雨到大暴雨，并伴有强雷电、短时强降水、雷暴大风等强对流天气，最大风力10级（24.5米/秒，高邮卸甲镇八桥社区）。7月3日，宝应出现雷电，全市部分地区出现短时强降水，最大小时雨强为13.4毫米/小时（高邮市），汉河街道出现8级（17.3米/秒）的雷雨大风。7月8日，全市大部分地区出现雷电，部分地区出现短时强降水，最大小时雨强为58毫米/小时（宝应射阳湖），江都宜陵镇出现8级（20.5米/秒）的雷雨大风。7月9日，全市部分地区出现短时强降水，最大小时雨强为32.6毫米/小时（江都浦头镇），江都浦头镇出现9级（21.1米/秒）的雷雨大风，江都大桥镇出现直径1厘米左右冰雹。7月10日，全市大部分地区出现雷电，部分地区出现短时强降水，最大小时雨强为25.2毫米/小时（仪征新城镇），仪征新集镇出现8级（19.6米/秒）雷雨大风，仪征联盟村出现直径1厘米左右冰雹。7月15日，受江淮地面辐合线影响，高邮市甘垛镇和汤庄镇出现雷暴大风天气，其中甘垛镇出现11级（29.8米/秒）大风，汤庄镇出现9级（21.3米/秒）大风。

（5）台风

台风“烟花”是2021年影响扬州时间最长、降水量最大的台风。7月24—29日，全市累计雨量有94个乡镇（街道）气象站超过200毫米，其中48个超300毫米（含400

毫米以上的14个，其中500毫米以上4个），最大降水量为569.2毫米（江都真武镇），位列江苏第一位；7月28日，全市大部分地区单日雨量达暴雨到大暴雨，江都、高邮出现特大暴雨，日雨量均突破当地历史极值，最大小时雨强为89.2毫米/小时（7月28日17—18时，曲江街道）。

（6）寒潮

2021年，冷空气活动频繁，出现6次寒潮天气，降温幅度大，并伴有6~7级的偏北大风。年初寒潮带来强降温和严重冰冻，市区最低气温降至2000年以来新低；进入11月后，出现5次寒潮，降温幅度大。1月5—8日，降温幅度10.3摄氏度（江都）~11.4摄氏度（宝应），极端最低气温-12.1摄氏度（1月8日，宝应）。11月4—7日，降温幅度13.3摄氏度（高邮）~15.7摄氏度（宝应），过程最低气温0.4摄氏度（11月8日，扬州），为近20年同期最低。11月20—22日，降温幅度11.5摄氏度（高邮）~15.3摄氏度（仪征），最低气温首降零摄氏度以下。11月30日至12月2日，降温幅度7.6摄氏度（高邮）~11.1摄氏度（江都），11月30日一夜入冬，较常年晚4天。12月16—18日，降温幅度10.6摄氏度（宝应）~15.3摄氏度（江都），过程最低气温-6.6摄氏度（12月18日，江都）。12月23—27日，扬州降温幅度9.1摄氏度，极端最低气温-9.5摄氏度（12月27日，仪征）。

（7）异常偏暖事件

2021年年平均气温创1961年以来新高，并有3段异常偏暖天气事件。2月平均气温8.1摄氏度（宝应）~9.3摄氏度（扬州），偏高4.0摄氏度（宝应）~4.7摄氏度（扬州）。2月21日最高气温26.3摄氏度（宝应）~26.9摄氏度（扬州），扬州、宝应、高邮等3个站点日最高气温突破2月历史极值。9月中下旬气温异常偏高，22—23日出现区域性高温，扬州36.0摄氏度为9月下旬历史新高，打破高温出现最晚纪录。10月上旬持续晴热天气，国庆假期平均气温、极端最高气温双创历史新高。

（8）大雾

2021年，各地的雾日数分别为：扬州46天、宝应69天、高邮41天、仪征60天、江都67天，与常年相比，高邮减少8天，其他增多8~35天。

（9）霾

2021年，各地的霾日数分别为：扬州31天、宝应42天、高邮38天、仪征31天、江都23天。较2020年相比，扬州持平，宝应减少2天，仪征和高邮增多1天，江都增多9天。扬州城区霾日数与上年接近，为2000年以来最少。3月14日开始，中国北方出现近十年来最强沙尘过程，受污染源输送影响，扬州市15—17日出现沙尘天气，空气质量严重下降到中度到重度污染。

（10）干旱

11月11日至12月31日，全市降水量异常偏少，多地累积雨量不足10毫米，较常年同期偏少8~9成，区域性气象干旱有所发展。

（徐莎莎）

■气象基础业务建设 2021年，扬州市气象灾害监测预警服务中心项目建设全面完成。宝应X波段双偏振天气雷达通过验收，稳定试运行中；高邮湖湖面气象观测平台建设完成，通过验收，开始数据考核。智慧气象服务平台投入使用，集“96121”、电子显示屏、FTP、短信平台、邮件、传真等多功能于一体，对接“天擎”云系统、本地数据库、预报预警数据产品与世园会气象台对接，进行智能推送。进行全市气象观测质量管理体系评审，配合省气象局通过ISO 9001质量管理体系现场审核。落实气象设备社会化保障工作，完成全市全年巡检监督全覆盖。全年气象基础业务质量保持平稳，综合气象探测业务质量99.55%，48小时晴雨预报准确率83.6%，最高温度准确率88.5%，最低温度准确率87.1%；气象台共发布暴雪、道路结冰、霾、大雾、雷暴、大风、暴雨、台风等预警信号78期，准确率88.7%。（石建红）

■气象人才队伍建设 2人分别获批市科技局、省气象局青年基金项目各1项；自立科研开发项目8项、业务建设项目2项；《基于DSG1型降水现象仪自动观测与人工观测误差对比分析》《扬州地区精细化网格产品要素检验》等项目通过验收并实现成果转化和实际应用。发表SCI论文2篇、国内核心期刊论文3篇、新型使用专利1项、软件著作权4项。落实《扬州市高层次人才分类认定实施办法》，3人纳入江苏省气象英才培养计划；1人获评正高级职称、2人获评副高级职称；完成江苏省气象局业务科技青年新秀年度考核评估。联合市总工会、市人社局举办全市气象行业职业技能竞赛并组队参加全省综合技能竞赛。在全省竞赛中获团体第四名，1人获个人全能第四名，被授予“江苏省技术能手”“江苏省气象行业技术能手”称号，获“扬州市五一劳动奖章”。（石建红）

■气象科普 市气象学会围绕科技创新，提升科学普及能力。利用“3·23”世界气象日、“5·12”防灾减灾日、全国科普日、科技活动周、安全生产月等重要节点，结合“微信微博”等融媒体，以“请进来、走出去”“线上、线下”等形式，全年开展各类科普咨询宣传23场。被市科协评为“科普特色学会”。1名会员获江苏省第12届优秀科普作品二等奖、1名会员作为扬州市代表队成员获2020—2021年度江苏省全民科学素质大赛线下赛二等奖、1名会员获江苏省气象学会2021年度科普讲解大赛优秀奖。（徐　乐）

■气象服务 2021年，全市气象部门向各级地方党委政府及相关部门发送决策气象服务短信373条，报送各类决策服务材料304期；完成冬季、春运、汛期、春耕春播、夏收夏种、秋收秋播、中高考气象服务及“4·18”烟花三月国际经贸旅游节、扬州世界园艺博览会开幕式等重大活动气象保障服务工作；健全气象灾害应急机制，提高气象信息覆盖面，全年全市气象部门发送气象灾害预警信号357次；启动（解除）寒潮、暴雨、台风气象灾害内部应急响应命令7次，市气象灾害防御办公室启动（解除）台风气象灾害应急响应命令2次；强化农业农村气象服务，做好春播春耕、夏收夏种、秋收秋种等关键农事季节气象服务专报，加强农业病虫害防御、生态农业、设施农业等专题气象服务，为涉农部门提供各类服务材料235期；做好人工影响天气工作，加强人工影响天气队伍建设，全年开展人工影响天气作业1次，改善空气质量。（徐　乐）

■气象灾害防御体系建设 完善预警信息发布机制，完成年度预警责任人名录库更新。加强气象灾害防御工作部门联动，与扬州市市域社会治理领导小组办公室联合印发《关于推进气象灾害防御有关工作纳入网格化社会治理的通知》，共同推进气象灾害防御工作与网格化社会治理深度融合，实现全市气象灾害预警信息传播网格覆盖；与应急、政法部门对接，将灾害信息员、网格员纳入气象信息员，实现多员合一，全市气象信息员共2391人；与市生态环境局就生态环境监测数据共享、环境质量预报、信息发布、大气污染防治等方面达成共识，并签订相关合作协议；联合市应急局、文广旅局、市广播电视台组建工作组，签订《扬州市广播电视系统重大灾害预警信息快速播发合作协议》，共同推进重大灾害预警信息全面接入广播、应急广播、电视传播体系。防范极端气候领域风险，编制印发《扬州市气象局应对防范极端气候领域风险工作方案》，成立扬州市气象局应对防范极端气候领域风险工作领导小组，领导全市气象部门应对防范极端气候领域风险工作。推进气象灾害综合风险普查工作，编制印发《扬州市气象灾害综合风险普查工作方案》，完成9种致灾因子基础数据的上传、审核及灾情数据的收集上报。（徐　乐）

水文测报

■概况 2021年，江苏省水文水资源勘测局扬州分局做好水文测报工作，通过扬州市境内水文站网对江河、湖泊、水库的水位、流量、水质、水温、水下地形和地下水资源及降水量、蒸发量、风暴潮等实施监测、分析与计算，为开发、利用、节约、保护水资源和防灾减灾提供服务。

地表水水文测验。全市水文站网观测水位、潮位、流量、降水量、水温和蒸发量等6类48项水文数据。

地下水监测。全市有Ⅰ～Ⅳ承压的深层地下水监测井65眼（其中国家级监测井11眼、市级监测井54眼）。Ⅰ承压含水层中，各县（市、区）水位均保持稳定。Ⅱ承压含水层中，水位上升区位于市区、江都区和宝应市部分区域，其余地区水位保持稳定。Ⅲ承压含水层中，水位上升区位于江都区和高邮市、宝应县部分区域，其余地区水位保持稳定。Ⅳ承压含水层中，水位上升区位于高邮市和宝应县，其余地区水位保持稳定。全市有浅层地下水监测井23眼（其中国家级监测井21眼、省级监测井2眼），水位比上年略有回升。

水文部门在大运河扬州市与淮安市交界处的泾河镇设立省属市际断面，实时监测大运河流量，计量考核全市里运河沿线各县（市）实时用水情况。（谈　立　赵林林）

■水文服务 编制扬州市水资源公报、扬州市地下水监测年报；编制饮用水源地长效管理与保护评估报告、饮用水源地标准化建设方案；编制扬州市用水统计核查和核算综合报告、扬州市水资源管理与保护规划、扬州市子婴河水量分配方案、扬州市生态流量（水位）确定和保障方案、扬州市河湖健康评估报告、扬州市水旱灾害风险普查报告、邗江区地下水压采效果评估，为河湖资源保护、水源地保护、水资源管理等方面提供保障和技术支撑。完成刘集水土保持径流场和林下盖度监测点监测工作，完成扬州市长江地形对比分析工作，编制完成《扬州市2021年度水土保持监测报告》《青宁管道末站与西一线青山站互联项目水保方案表》《华电仪征大仪风力发电项目输电线路水保方案表》。（赵林林　王亚宾）

■雨情水情 2021年，扬州市降水较多，其时间分布极为不均；入梅前降雨较少，宝应县部分地区用水紧张；入梅后全市降雨频繁，7月受6号台风“烟花”影响，降水极多，部分测站最大3日降水量超历史最高，沿江潮位和里下河地区水位先后超警，仪六区内河排水不畅，月塘水库水位超历史最高，防汛态势一度极为严峻。

一、雨情

2021年，全市降雨较多，年总降水量为1101.6毫米（与市气象局监测站点不同），比常年多6.8%，比上年少8.5%。

1. 降水的时间分布

全市降雨的时间分布极为不均，降雨主要集中在7月，月降水量510.6毫米，占全年总量的46.4%，比常年同期多140.4%，在1980年以来的同期最大降水量系列中排名第二位，仅次于1991年；最大连续3个月降水为5月、6月和7月，合计降水690.4毫米，占全年总量的62.7%，比常年同期多54.4%；12月降水最少，全市面平均降水量4.9毫米，比常年同期少82.7%。

2. 降水的空间分布

全市降雨的空间分布较为均匀，除仪征市降雨比常年偏少外，其余县（市、区）都比常年偏多。江都区降雨最多，面平均总量1217.5毫米，比常年多16.6%；仪征市最少，面平均总量971.1毫米，比常年少9.0%；最大降水量点为江都区三江营站（1264.5毫米），比常年多21.3%，最小降水量点为仪征市泗源沟闸站（935.5毫米），比常年少16.3%，最大点和最小点降水量比值为1.35。

3. 暴雨

全市降水频繁，共有5次全市范围的强降水过程（5月15日、

7月4—8日、7月16—17日、7月25—29日和8月13日），其总雨量接近全年总量的一半，尤其是7月25—29日的超强降雨过程，其最大1日降水量为212.5毫米（高邮站），在该站1961年以来的最大1日降水量系列中排名第二位，仅次于1976年的219.2毫米。最大3日降水量为412.5毫米（六闸站），比该站历史最大3日降水量（1961年以来）多144.1毫米。

4. 梅雨

扬州市入梅偏早（6月13日），出梅正常（7月11日），梅雨期29天，比常年多7天左右。面平均梅雨量208.9毫米，比常年偏少10.7%。宝应县梅雨量最多，面平均降雨310.3毫米，比常年多38.0%；仪征市最少，总量131.4毫米，比常年偏少45.6%。最大降雨量点为宝应县射阳镇站（388.5毫米），比常年多70.0%，最小为仪征市泗源沟闸站（96.5毫米），比常年少62.0%。

5. 台风

2021年西太平洋共生成21个台风，对扬州市水雨情有影响的有两个，6号台风“烟花”和14号台风“灿都”，后者对扬州市影响不大。6号台风“烟花”于7月21日11时被中央气象台升格为强台风，7月25日12时30分前后在浙江省舟山市普陀区沿海登陆。受其影响，扬州市25—28日遭遇超强降雨过程，同时入江水道大流量行洪，三河闸最大流量位列历史第七位，归江控制线敞开泄洪，高邮湖和邵伯湖水位高涨，沿江潮位受台风影响增高，仪六区内河排水不畅，水位高涨，月塘水库水位超历史最高，扬州市防汛态势极为严峻。

二、水情

1. 淮河入江水道

2021年上半年，高邮湖和邵伯湖水位正常。入梅后，三河闸开闸13天小流量行洪，入江水道水位全线略涨。

7月上旬起，三河闸开闸大流量行洪，7月下旬受台风“烟花”带来的强降雨影响，三河闸下泄流量继续加大，最高达8150立方米/秒（7月31日）。受长江高潮位影响，万福闸泄洪不畅，归江控制线敞开泄洪，最大流量9310立方米/秒（7月29日），高邮湖和邵伯湖水位持续上涨，其最高水位分别达8.31米和7.42米，均未超警戒水位。其后，三河闸流量下跌较快。

8月中旬至10月底，三河闸持续开闸泄洪（9月17日起关闸5天）；11月和12月，三河闸和万福闸分别开闸4天和24天小流量排水，两湖水位比常年同期略偏高。

2021年，三河闸开闸130天，排水282.5亿立方米；万福闸开闸128天，排水277.5亿立方米；太平闸开闸25天，排水15.67亿立方米；金湾闸开闸24天，排水17.58亿立方米；归江控制线合计排水310.8亿立方米。

2. 里下河地区

2021年，扬州市里下河地区遭遇严重涝情，江都抽水站和宝应站开机抽排涝水，射阳镇站和三垛站水位两次超警戒水位。

入梅前，江都东闸开闸引水，补充里下河地区用水。入梅后，受持续降雨影响，里下河地区水位全线上涨，射阳镇站和三垛站水位超警戒水位，江都抽水站开机抽排里下河涝水。出梅后，里下河地区水位全线回落，7月下旬受台风带来的持续超强降雨影响，里下河地区水位全线猛涨，射阳镇站最高水位2.89米（7月30日），超警戒水位0.89米，在1951年以来的最高水位系列中排名第五位；三垛站最高水位3.22米（7月29日），超警戒水位1.22米，在1960年以来的最高水位系列中排名第四位。江都抽水站和宝应站先后开机抽排里下河涝水，其后直至年末，里下河地区水情平稳，水位正常。

3. 里运河

年初，江都抽水站和宝应站开机抽水，给宝应湖补水和满足沿线用水需求，1月下旬关机，淮水南下；3月宝应站再次开机，给宝应湖补水；其后直至年末，里运河一线淮水南下，满足沿线用水需求。7月，江都抽水站和宝应站开机抽里下河涝水，经芒稻闸排入长江；11月上旬起，江都抽水站自流发电。

2021年，江都抽水站开机抽江水23天，抽水量为1.70亿立方米，抽里下河涝水19天，抽水量为6.46亿立方米；宝应站开机抽江水44天，总抽水量为3.56亿立方米；经泾河站，江水北上量为0.28亿立方米，淮水南下量为38.88亿立方米；芒稻闸开闸98天，排水14.49亿立方米。里运河一线水位正常。

4. 长江来量和沿江潮位

2021年长江大通平均流量在3.07万立方米/秒左右，比常年多7.7%，最大来量6.11万立方米/秒，最小来量1.13万立方米/秒。

1—4月，大通来量呈缓慢上涨态势，总体比常年偏多一成半左右，扬州市沿江潮位较常年偏高。

5—6月，大通流量急涨急跌，最大流量（6.11万立方米/秒）出现在5月28日，为历年来罕见，并在1950年以来的同期最大流量系列中与1975年并列第一位，其后迅速下跌。其间，全市沿江潮位偏高。

7月上旬至10月中旬，大通流量呈高位持平态势，最大和最小来量分别为4.73万立方米/秒和3.69万立方米/秒，为近年来少见。受其影响，扬州市沿江潮位略偏高。7月下旬，受台风“烟花”影响，沿江潮位上涨迅速，三江营站、瓜洲闸站和泗源沟闸站最高潮位分别为5.55米、5.97米和6.40米，分别超警戒水位0.23米、0.28米和0.04米。

10月下旬至年末，大通量持续下跌，沿江潮位从比常年略偏高回落至正常。

5. 扬州城区与仪六区月塘水库

2021年入梅前，全市降雨偏少，瓜洲闸开闸排水，改善城区内河水环境，泗源沟闸相机开闸排水，仪六区和城区河湖水库水位正常；入梅后降雨增多，瓜洲闸加大排水流量，月塘水库水位缓慢上涨；7月下旬起，受台风“烟花”带来的持续强降雨影响，城区和仪六区内河水库水位普涨，瓜洲闸和瓜洲泵站抢排，扬州城区内河水位正常，由于长江潮位较高，泗源沟闸排水不畅，仪六区内河和水库水位高涨，月塘水库7月28日水位达32.24米，超历史最高水位0.16米，开启溢洪道溢洪。8月和9月，泗源沟闸相机开闸引水，瓜洲闸开闸排水，城区和仪六区内河正常，月塘水库水位回落。其后直至年末，泗源沟闸和瓜洲闸间断开闸排水。

2021年，泗源沟闸开闸引水0.34亿立方米，排水1.02亿立方米，瓜洲闸排水7.16亿立方米。（谈　立）

■水质监测　2021年，水文部门加强对南水北调输水干线、集中式饮用水水源地、国家重点水质站、流域性河道、骨干河道、国家重点水文站、省管湖泊、水功能区、入江支流、深（浅）层地下水、入河排污口及突发性水污染事故等水质监测。定期定点不重复监测站点227个。其中，南水北调输水干线监测站点16个，集中式饮用水水源地监测站点10个，国家重点监测站点10个，流域性河道、骨干河道监测站点29个，国家重点水文站监测站点10个。全年监测总站次约1600次，监测项目包括水质感观、无机物污染、有机物污染、有毒有害物质等，获各类数据3万余个。编制《扬州市集中式饮用水源地水文情报》22期，编制扬州市水功能区监测成果年度报告及各县（市、区）水资源质量监测成果年度报告。

水功能区水质监测。3月、5月、9月和11月，监测全市75个水功能区87个水质监测站点。除8月因扬州疫情影响未能开展监测外，每月监测全市35个省级重点水功能区42个水质监测站点。为掌握扬州市水功能区及水资源质量状况，实现水资源的优化配置、合理利用和有效保护提供科学依据。

集中式饮用水水源地水质监测。每月上半月和下半月分别对全市10个集中式饮用水水源地进行监测，保障居民饮用水安全。

地下水水质监测。加强丰水期和枯水期地下水水质监测，3月和9月，分别对全市12个深层地下、18个浅层地下水及34个国家地下水水质监测站点进行监测，为水利部门开发地下水资源提供技术支撑。

入河（湖）排污口水质监测。5月和10月，分别对65个入河（湖）排污口进行水质、水量同步监测，为扬州市水环境治理提供科学依据。

省管湖泊水质监测。在高邮湖、邵伯湖、宝应湖和白马湖等各生态区共布设监测站点13个，每季度监测1次，为湖泊管理提供基础资料。

（刘　芳）

科学知识普及

■科学素质纲要　2021年，科学素质纲要工作纳入《扬州市国民经济和社会发展“十四五”规划》，召开全民科学素质工作联络员会议。运用立体化信息平台进行疫情防控科普宣传，7—9月疫情期间，通过扬州电视台、“扬州发布”、“扬帆”及各县（市、区）主流媒体、科普大屏等每天持续播放“科普中国”防疫科普视频，受众人数约300万。扬州科普e站通转载应急科普信息80篇，阅读量10万人次。科普中国信息员注册1.06万人。王德平被评为中国科协全民科学素质工作先进个人。6名学生入选省科技创新后备人才培养计划。

（刘　悦　王　翔）

■科普项目建设　市科协与市旅游协会签订“旅游＋科普”合作协议，举办8期科普e路游学活动。实施基层科普行动计划，扶持35个科普公益创投项目，认定10个市级科普教育基地，宝应入围2021—2025年度第二批全国科普示范县（市、区）创建单位名单，仪征捺山地质公园获2022—2023年度省专业科普场馆扩大开放单位。

（刘　悦　王　翔）

■青少年科技教育　市科协承办第20届江苏省青少年机器人竞赛，开展第二届青少年科技创新后备人才选拔培训，组织第33届青少年科技创新大赛暨第11届青少年科技创新市长奖评选、“飞鲨杯”市青少年科技模型竞赛及航空知识竞赛、金钥匙科技竞赛等活动。12万余人参加青少年科技活动，6人获扬州市青少年科技创新市长奖。

（刘　悦　王　翔）

■扬州科技馆科普活动　2021年，扬州科技馆走进汶河小学东区校、梅岭街道丰乐社区等开展馆校合作、馆社合作，在万方科创书院建成户外活动示范基地。先后与盐城、泰州、榆林科技馆建立馆际合作，开展“寻找未来科学家”夏令营，打造“传承航空精神，逐梦蓝天梦想”品牌活动，邀请院士专家作青少年航空知识科普报告。（刘　悦　王　翔）

教育

Jiaoyu

编 辑 陈永华

综述

■**概况** 2021年，全市共有各级各类学校781所，在校生71.65万人，专任教师4.90万人。其中，幼儿园378所，在园学生10.96万人，专任教师7615人；小学202所，在校生22.78万人，专任教师1.49万人；初中132所，在校生10.40万人，专任教师1.03万人；普通高中32所，在校生7.20万人，专任教师6552人；中等职业学校9所，在校生2.94万人，专任教师2207人；特殊教育学校7所，在校生962人，专任教师236人；普通高校8所，在校生12.04万人，专任教师5606人。全市3~5周岁学前三年教育毛入园率99.5%，义务教育入学率、高中阶段毛入学率100%。全市中等职业学校毕业生就业率99.6%，直接就业学生中本地就业率87.4%。

统筹做好疫情防控和各级各类学校返校复课。扬州市发生新冠肺炎疫情期间，全市教育系统1.7万名干部教师奔赴基层一线，参与入户排查、社区服务、协助核酸检测等志愿工作。市直教育系统挂包6个封闭小区，承担357名医护人员后勤保障，市直1666名干部教师在社区参加志愿服务。牵头筑牢高校疫情防控防线，确保1.15万名在校大学生“零感染”。全市各级教育行政部门向社会公布咨询电话40部，接受学生家长电话咨询3.5万人次；各级各类学校普遍开通心理咨询热线，缓解学生居家或在校隔离期间负面情绪。全面开展线上教学，延期开学返校期间，集中抽调全市优秀教师和技术骨干，制作线上精品课程及儿童居家生活指导安排，为全市50余万名学生及外地滞留扬州的中小学生提供“停课不停学”线上学习服务。各学校制定线上教学“一人一案”，对因疫情等各种原因仍滞留外地的学生、抗击疫情一线人员子女及农村留守儿童、孤儿、残疾儿童少年等给予特别关爱；为全市964名家庭经济困难学生提供线上学习设备或网络服务，确保线上学习“一个不能少”。推进开学复课，加强师生员工返校前健康管控，开展校园环境消杀、校园和校车安全隐患排查，组织师生员工防疫培训及演练，落实部门联动和医校对接机制。制定各级各类学校秋学期开学《条件标准》和《验收清单》，联合市卫生健康、市场监管、公安、应急管理等部门对标对表逐校验收，全市各级各类学校开学返校安全平稳、秩序井然。复学后，创新设立市、县、校三级疫情信息研判工作专班和疫情处置工作专班，开展师生员工健康信息排查和人员管控，制定校园应急处置操作模板并开展防控演练，强调对疫情的“早发现”“快处置”，推进青少年学生疫苗接种“应种尽种”，守牢守好校园疫情防控防线。

开展建党100周年庆祝活动，全面加强教育领域党的建设。动员部署教育系统党员干部和师生党史学习教育工作，突出强化青少年党史学习教育，厚植爱党爱国情怀。扬州市育才小学“童心向党、快乐成长”主题活动在《人民日报》头版刊发；扬州市职业大学成立大学生宣讲团，通过网络视频宣讲扬州地区的党史人物、党史故事和党史知识。推进中小学校党组织规范化建设，落实民办学校党建要求。遴选优秀党课100节，开展区域巡讲活动；开展“两优一先”推荐工作，238个单位和个人受到表彰；新增9个省级“一校一品”党建特色品牌成果。加强党风廉政建设，召开全市教育系统全面从严治党会议、全市教育系统服务高质量发展作风建设会议。落实省委巡视和市委巡察“四方联评”（市纪委监委、市委组织部、市委宣传部和市委巡察组四方力量参与的集体评估工作机制）问题整改。推进廉洁文化进校园，改编出版《小学生家风读本》，加强学生家风教育和廉洁教育。出台《关于进一步加强中小学（幼儿园）收费管理的意见》，开展“中小学有偿补课和教师违规收受礼品礼金问题”专项整治。全市教育系统共办理各类信访投诉126件，批评教育、约谈提醒20人次，处理师德失范行为11起。

加快推进教育现代化建设，全面提升学校办学品质。启动新（改、扩）建幼儿园20所、义务教育学校5所、普通高中3所。落实省政府为民办实事项目，完成广陵实验高中、宝应县曹甸高中体艺馆建设工程，完成57所学校照明改造提升。实施“智慧教育扬州路”工程，新建智慧校园32所，推进扬州智慧学堂建设与应用，全市城乡学校网上结对率巩固保持100%。抢抓高校独立学院转设机遇，引进东南大学成贤学院到扬州办学，市政府与东南大学成功签约，推进广陵学院、南邮通达学院转设。提升基础教育质量。推进教育内涵项目建设，创成江苏省优质幼儿园8所、市优质幼儿园5所，在省、市优质园就读幼儿比例达94%；创成江苏省品格提升工程4个、江苏省小学特色文化项目5个、江苏省中学课程基地6个，创建扬州市绿色学校6所，评选扬州市实验教学先进校20所。召开初中阶段课堂教学改革推进会，打造初中课堂教学改革共同体，推进初中课堂教学改革。实施"一文一武一科技"("青少年苗壮成长工程"、"五个一百"工程、"STEAM"课程)素质教育实践，推广劳动教育。学生耐力跑首进中考，蒋王中学高中男子篮球队获中国高中篮球联赛江苏赛区亚军。2021年高考全市本科以上各个层次的录取均创下扬州历史最好水平，其中录取清华大学、北京大学20人，实现新高考在扬"平稳落地、首战大捷"目标。实施义务教育集团化办学（组团办学），主城区义务教育学校集团化或组团式办学比例达76.8%。增强职教社教服务发展能力。推进优质职业学校和品牌专业建设。深化校企合作，2所学校通过江苏省现代学徒制试点合格验收，评审市级现代学徒制试点项目14个，7家企业入选省产教融合型企业建设培育库。推进职教创新创业教育，在江苏省双创大赛获一等奖4个、二等奖7个、三等奖14个。推进职业教育教学改革，优化专业设置，全市中等职业学生就业率99.6%。扬州市被省政府评为2020年度全省职业教育改革发展成效明显的设区市。创建社区教育特色品牌，启动社教富民深化工程建设，建成居民家门口的老年大学办学点11个。深化教育领域改革。落实"双减"（减轻义务教育阶段学生作业负担和校外培训负担）政策，开展义务教育阶段学校课后服务，学生参与率97.4%。创新服务内容和方式，引导学生全面而有个性地发展，注重培养学生兴趣爱好和劳动生活技能。设定学生作业内容和作业量，构建"研、审、批、析、辅、评"作业管理机制，减轻学生的作业负担。市教育局等四部门出台《关于全面推进全市中小学课后服务进一步提升课后服务质量的实施意见》，指导全市课后服务工作，减轻学生课业负担和家长经济负担，促进学生健康成长。强化校外培训机构治理。学科类资金预收费监管全覆盖，学科类机构压减率90%以上。跨部门联合执法，开展不公平格式条款、广告管控、收费监管、疫情防控等执法检查工作。成立"市级校外培训机构风险处置专班"，防范校外培训机构涉稳风险。

*提升教育保障能力，营造良好的教育发展环境。*启动新一轮师德师能建设"百千万"工程［师德"百千万"活动：百校师德建设工作经验大展示活动、千则"扬州最美教师（群体）"先进事迹大宣讲活动、万名教师"协同育人"家庭大走访活动；师能"百千万"活动：百名校长"四有"好教师团队建设行动，千名骨干教师课堂风采展示行动，万名青年教师启航争优行动］、"扬州最美教师（群体）"评选、师德建设案例评比、家访手记征集等活动。樊蓉等6名教师获评"江苏省优秀教师"；赵涛等2名教师获评"江苏省优秀教育工作者"；戚立俊等10名教师获评"最美扬州教育人"。开展新一轮省市特级教师和市特级班主任评选，加强"四有"（有理想信念、有道德情操、有扎实学识、有仁爱之心）好教师团队建设。落实国、省、市各项助学政策，全市举办宏志班25个。落实居住证制度，持有居住证的外来务工人员子女在本地100%安排公办学位接受义务教育，平等参加升学。扬州市学生资助管理中心获评扬州市脱贫攻坚记功集体；遴选优秀干部教师赴对口支援城市支教、送教，扬州市教育局获评江苏省脱贫攻坚暨对口帮扶支援合作先进集体。维护校园安全稳定，开展学校消防安全、学校实验室及危化品安全、学校治安安全和校车安全等专项整治，完成145所学校（幼儿园）"三位一体"（采用"启动会＋现场执法检查＋总结会""企业主要负责人＋安全管理人员＋岗位操作员工全过程在场"和"执法＋专家"工作模式）综合执法检查，先后下发督办单9批次，督办学校128所。全市校车安全工程实现全覆盖，基本满足义务教育阶段学生上放学出

2021年扬州市教育事业基本情况表

表31-1

学校类别	学校数（所）	班级数（个）	在校学生数（人）	专任教师数（人）
合　计	**781**	**13032**	**716489**	**49004**
普通高校	8	—	120431	5606
成人高校	1	—	28730	70
普通中学	164	3930	176052	16867
高中	32	1528	72017	6552
初中	132	2402	104035	10315
小学	202	5513	227782	14933
幼儿园	378	3505	109554	7615
特殊教育学校	7	84	962	236
中等职业学校	9	—	29408	2207
技工院校	12	—	23570	1470

注：1.表格数字按省教育厅统计口径填报；
2.本表技工院校数据由市人社部门提供

（柏　珏　发规处）

行乘车需求。全市30%学校完成智慧安防建设目标。（柏 珏）

■**教师队伍建设** 启动新一轮师德师能建设“百千万”工程。全市建设58个省、市“四有”好教师重点培育团队，2000节优秀课通过扬州智慧教育平台公开展示。落实“乡村教师支持计划”，招录乡村定向师范生276人，委托培养五年制学前教育专业师范生40人；推进14个乡村教师培育站建设，组织省、市特级教师到乡村支教送教110人次。开展名师、名校长培训，培训市级及以上教师3.5万人次。开展各县（市、区）、功能区落实义务教育教师工资收入待遇情况专项督导，推动各地落实保障教师待遇措施。全市中小学新增3名“苏教名家”培养对象、18名正高级教师和4名正高级讲师。开展新一轮省、市特级教师和市特级班主任评选。邗江、仪征和江都建成江苏省级示范性教师发展中心。在江苏省第二届中小学青年教师教学竞赛中，2人获特等奖、2人获一等奖。在2021年江苏省基础教育类教学成果奖评审中，扬州市共获奖24项，宝应县实验小学的“基于儿童认知风格的小学数学因材施教实践探索”项目获特等奖。

（柏 珏 教师处）

■**教育科研** 研究、谋划新高考、新教材、新课程的教学与备考策略。对所有高中学校进行全覆盖“订单式”教学视导，送课送讲座400余节次；开展“层递式”高三教学质量分析，先后6次召开全市高三调研测试质量分析会、支撑校与发展校质量分析会。在江苏省2021年教学成果奖评审中，扬州市基础教育类共获奖24项（特等奖1项、一等奖6项、二等奖17项），获奖率85.7%。在2021年度江苏省教育研究成果奖评审中，扬州市共有8项获奖（其中一等奖1项、二等奖2项、三等奖5项），在全省排名第三位。在2021年江苏省青年教师教学基本功大赛、评优课竞赛等各类竞赛中，共有41人次获省级一等奖及以上，其中全国一等奖1人、省特等奖2人。做好义务教育质量监测工作。

（柏 珏 教科院）

■**教育督导** 对各县（市、区）和功能区2020年度教育工作进行督导考核，督促县级政府履职尽责。完成江苏省对设区市政府履行教育职责督导考评自评工作。开展县域义务教育优质均衡和县域学前教育普及普惠监测，组织江都、宝应、高邮、仪征向江苏省评估院申报省级义务教育优质均衡发展县（市、区）。完成县域义务教育优质均衡发展督导评估工作规划编报。对各县（市、区）、功能区落实义务教育教师工资收入待遇开展专项督导，督促各地落实义务教育教师待遇，并形成长效机制。开展《江苏省职业教育校企合作促进条例》落实情况、中小学校体育工作、“双减”和规范民办教育发展工作等专项督导。聘任新一届市直学校责任督学，开展岗前培训和省责任督学信息化平台操作培训，优化责任督学队伍年龄结构、任职结构、岗位结构、学科结构，推进督导信息化。

（柏 珏 督导办）

■**校园和校车安全** 2021年，全市教育系统开展校车安全、实验室及危化品安全、消防安全等专项整治，全系统未发生安全责任亡人事故，市教育局连续7年被评为市安全生产先进单位。市教育部门联合市公安、应急、市场监管、消防救援等部门完成145所学校（幼儿园）“三位一体”综合执法检查。加大人防、物防、技防建设，对全市学校1750名保安员进行网上全员培训，各县（市、区）、各功能区完成30%校园智慧安防建设任务。推进校车安全工程，宝应、高邮、江都实现国标校车全覆盖，校车安全工程实现义务教育阶段全覆盖。全市中小学幼儿园一律实行封闭式管理。学生上放学时段，各学校均建立“五位一体”（校领导带班、教师值班、保安人员值守、家长志愿者护校、公安民警护学）护学机制。

（柏 珏 安保处）

■**招生考试** 新高考平稳落地，实现无安全责任事故、无失密泄密事件、无群体性舞弊事件、无网络舆情事件的“四无”目标。2021年，扬州市教育考试院组织30次各级各类教育考试，报考人数56万人，参考人次141万人次。首次实施中考艺术素养考试新方案。新制订《扬州市艺术学科素养考试考务实施细则》，考试全部采用人机对话形式，全市131个考点、173个机房考场全程视频监控。首次承办研究生自命题考试，首次承办南京师范大学和苏州大学自命题考试。首次在县（市、区）设立高考美术、编导考点。书法艺术水平考级重新开考，全年报考人数8万人。推进中考标准化考点考场建设，基本实现与市教育考试指挥中心或区域指挥中心联网监控全覆盖。（柏 珏 考试院）

■**教育经费** 2021年，全市地方教育经费总投入149.87亿元，比上年增加15.92亿元，增长11.89%。其中，财政性教育经费127.82亿元，比上年增加12.2亿元；教育事业收入18.59亿元，比上年增加2.96亿元；民办学校中举办者投入0.15亿元，比上年减少0.01亿元；捐赠收入0.22亿元，比上年增加0.16亿元；其他收入3.1亿元，比上年增加0.62亿元。市直教育系统（含市属高等学校）经费总额28.84亿元，比上年增加5.38亿元。其中，财政性教育经费23.33亿元，比上年增加4.54亿元；教育事业收入4.84亿元，比上年增加0.61亿元；捐赠收入0.2亿元，比上年增加0.16亿元；其他收入0.48亿元，比上年增加0.08亿元。（柏 珏 财审处）

■**教育信息化** 加强智慧环境和智慧课堂建设，推进智慧校园创建工作。全年创成扬州市智慧校园32所（累计275所）、江苏省智慧校园示范校5所（累计14所，全省共152所）。推进城乡学校网上结对，继续保持网上结对巩固率100%。启动全市实验教学先进校评比工作。高邮市获评教育部办公厅网络学习空间应用普及活动优秀区域，仪征市实验小学西区校被评为优秀学校。做好智慧学堂建设与应用，平台日均活跃用户数3.5万人，日均访问量30万人次，覆盖全市90%以上中小学校。“以扬州智慧学堂为抓手推进城乡教育公平，提升乡村教育质量”入选数字江苏建设优秀实践成果案例。加强教育系统网络安全保障，组织“网安2021”扬州教育渗透测试和攻防演练，举办网络安全宣传周活动。加强教育技术与教育教学深度融合，完成全市61个教育信息化课题结题工作，市教育局完成承担的省重点资助课题“智慧教育区域推进与效益评价研究”及其20个子课题的结题工作。

（柏　珏　电教馆）

■语言文字工作 2021年，全市完成普通话测试1.89万人次。组织开展“诵经典·习党史”2021年度全市中华经典诵写讲系列活动，获优秀组织奖。组织开展小学组、中学组（初中、高中、中职）、教师组及社会人员组等4个组别的中华经典诵读大赛，选拔出697个视频参加省赛，其中9个视频获省赛特等奖，1个视频获国赛优秀奖。组织教师参加国家语委组织的“嘉陵杯”古诗文讲解大赛，2名老师获全国一等奖。开展2021扬州市“永远跟党走，奋进新征程”——学党史全民阅读最美声音征集活动。组织开展2021年扬州市中小学“小手拉大手”亲子共读读后感比赛活动。发放全民阅读宣传卡片4.2万张，评选出10个最美阅读家庭。

（柏　珏　语委办）

■校外培训机构规范监管 市教育局牵头完善“双减”阶段协同工作机制，印发《关于调整扬州市校外培训机构管理联席会议成员单位和职责的通知》，明确18个联席会议成员单位的部门职责。成立市级校外培训机构风险处置专班，加强学科类校外培训机构监管，稳妥处置潜在风险，强化校外培训机构治理。学科类资金预收费监管全覆盖，学科类机构压减率90%以上。跨部门联合执法，开展不公平格式条款、广告管控、收费监管、疫情防控等执法检查工作。

（柏　珏　职社处）

■大思政工作机制构建 扬州市统筹推进大中小学思政课一体化建设。11月，市委教工委依托江苏省高职院校大思政研究协同创新基地课题组，发挥高校马克思主义学院的学科优势和人才优势，与扬州大学、扬州工业职业技术学院联合成立“扬州市大中小思政课一体化建设联盟”，大中小学联盟校共35所；聘请22名思政课专家为大中小思政课一体化建设指导委员会成员，初步建立大中小学思政课教师一体化备课和纵向跨学段、横向跨学科的交流研修机制。

（柏　珏）

学前教育

■概况 2021年，全市有幼儿园378所，比上年增加10所；有幼儿教学班3505个，减少96个；有在园幼儿10.96万人，减少5501人。全市3~5周岁学前三年教育毛入园率99.5%。有幼儿园教职工1.39万人，增加399人。其中，幼儿专任教师7615人，增加5人。

全市创成江苏省优质幼儿园5所、扬州市优质幼儿园6所，在省、市优质幼儿园就读幼儿比例94.06%。江都区教育局创成江苏省幼儿园课程游戏化区域建设项目，扬州市6个县（市、区）全部创成江苏省幼儿园课程游戏化区域建设项目。

（柏　珏　基教处）

2021年扬州市学前教育情况表

表31-2

地　区	幼儿园数（所）	班级数（个）	在园幼儿数（人）	专任教师数（人）	教职工数（人）
合　计	**378**	**3505**	**109554**	**7615**	**13886**
广陵区	47	469	14995	1054	1959
邗江区	57	631	21772	1459	2701
江都区	73	623	19383	1308	2318
扬州经济技术开发区	17	172	5627	363	687
生态科技新城	3	34	1137	73	143
蜀冈－瘦西湖风景名胜区	12	123	3931	277	512
宝应县	55	521	14445	1100	1895
仪征市	46	424	13339	955	1708
高邮市	68	508	14925	1026	1963

注：表格数字按省教育厅统计口径填报

（柏　珏　发规处）

■“五个幸福”推进邗江区学前教育高质量发展 邗江区明确以“办适合的教育，建高品质幼儿园”为目标，突出“五个幸福”建设，推进全区学前教育高质量发展。实施幸福管理。规范食品卫生，规范卫生保健，做好膳食营养、体格锻炼、健康检查、卫生消毒、疾病预防等工作，为幼儿和教师幸福生长提供良好的环境。建设幸福园所。改善办园条件，实施维修改造，添置保教设施设备和玩教具、图书等，满足保教需要。培养幸福教师。配齐保教人员，每班达到“两教一保”，保障教师合法权益，提升聘用教师工资待遇，落实聘用教师社会保障。培育幸福儿童。巩固“幸福教育背景下幼儿园课程游戏化的区域探索”省级项目成果，推进课程游戏化项目建设。构建幸福生态。关注残疾儿童等特殊儿童，利用特殊教育资源中心，促进各类特殊儿童快乐成长。（柏 珏）

■“扬州教育讲坛——2021学前教育专场” 4月22日，由市教育局主办、扬州市学前教育沐文扬名师工作室承办的“扬州教育讲坛——2021学前教育专场”举行。扬州市名师工作室全体成员、市幼教骨干教师代表500人参加。5名教师向参会人员分享课程游戏化背景下，依托园本、立足保教工作一线开展的课程案例。华东师范大学教授、中国学前教育研究会学术委员会委员教授周兢作题为“幼儿园语言教育活动质量提升的几个问题”的专题讲座，聚焦分析“幼儿园语言教育活动的质量在哪里”“教师应当拥有什么样的儿童语言学习核心经验框架知识”等问题，并就提升语言教育活动质量给出3条方法策略。（柏 珏）

小学教育

■概况 2021年，全市有小学202所，增加1所；有教学班5513个，增加121个；有在校生22.78万人，增加5200人。全市小学学龄儿童入学率保持100%。全市小学专任教师1.49万人，增加344人。

落实“双减”政策，发挥学校育人主阵地作用。健全作业管理机制。压减义务教育阶段学生的作业总量和时长、减轻过重作业负担。健全作业管理机制，坚持精心研制、审核把关、细心批改、精准分析、悉心辅导、评估改进，科学设定学生作业内容和作业量，确保小学一、二年级不布置家庭书面作业，可在校内适当安排巩固练习；小学三至六年级书面作业平均完成时间不超过60分钟；初中书面作业平均完成时间不超过90分钟。全市所有义务教育学校均启动课后服务，实现两个“全覆盖”，全市所有义务教育学校全覆盖，确保有需要的学生全覆盖。各学校根据学生年龄特点、学段要求和学校实际等情况，五育并举，分年级、分层次、系统性、个性化统筹开设课后服务课程，提升学生综合素养。全市32万名学生参与其中，占全市义务段学生总数97.4%，教师参与率90%。（柏 珏 基教处）

■江都区新组建5个教育集团 江都区新组建龙川小学教育集团、小纪片小学教育集团、区三中教育集团、区二中教育集团、实验初中教育集团等5个教育集团。5个教育集团分别由1所集团核心校和N所成员校组成。各教育集团建立完善办学理念、管理模式、质量管理、教师发展、培养目标等“五统一”制度，实践以“联研、联教、联培、联评、联谊、联建”为主要内容的义务教育集团化办学“六联”机制，缩小

2021年扬州市小学教育情况表

表31-3

地 区	学校数（所）	班级数（个）	在校生数（人）	专任教师数（人）
合 计	202	5513	227782	14933
广陵区	18	781	35002	2182
邗江区	19	876	41772	2456
江都区	49	1073	40294	2802
扬州经济技术开发区	7	224	10134	619
生态科技新城	2	69	2841	188
蜀冈－瘦西湖风景名胜区	3	224	10797	612
宝应县	37	872	32870	2366
仪征市	29	618	24925	1656
高邮市	38	776	29147	2052

注：表格数字按省教育厅统计口径填报 （柏 珏 发规处）

义务教育城乡、校际差距，推进义务教育城乡优质均衡发展。（柏　珏）

■扬州经济技术开发区组建教育集团 7月，扬州经济技术开发区成立教育集团，实行1个教育集团、若干分校，推进办学理念、管理模式、课程教学、文化建设等方面的融合，构建集团内部“管理互融、师资互派、教学互通、学生互动”和“资源共享、文化共育、质量共评、品牌共创”发展格局。扬州经济技术开发区印发《关于推进扬州经济技术开发区教育集团化改革的意见》《扬州经济技术开发区教育集团化改革实施办法》《扬州经济技术开发区创新编制管理和教师岗位设置服务教育事业发展实施办法》等。在待遇保障上，确保中小学教师平均工资收入水平不低于公务员，每年安排1200万元专项资金，用于教育系统人才引进、教研培训、专项奖励等。在队伍建设上，加大教师编制供给力度，推行教师备案制管理，探索区聘、校聘教师择优转合同制教师的路径。在职称评聘上，通过优化岗位设置、加大职称评聘力度、向农村一线倾斜等措施，释放、新增更多的中级岗位、高级岗位。

（柏　珏）

■学生作品入围国家级主题书画作品展 扬州市宝应汜水镇中心小学学生于泽轩的手抄报作品入围由国家新闻出版总署、教育部主办的“永远跟党走，书香伴小康——我的书屋·我的梦”主题书画作品展。本次展览共分绘画、手抄报、硬笔书法、软笔书法等四大类，江苏有7人入围，于泽轩的作品是扬州市唯一的入选作品。（柏　珏）

■东关小学创客团队获全国佳绩 7月，由中央电化教育馆主办的第22届全国学生信息素养提升实践活动在线上举行，本届实践活动以“实践、探索、创新”为主题，分数字创作项目、程序设计项目、创客项目、人工智能项目、机器人项目等五大类。扬州市东关小学创客社团队员张文译和万静洋选送的3D创意设计作品《防疫神笔》获该项目全国第一名。两名同学获全国“创新之星”称号。（柏　珏）

中学教育

■概况 2021年，全市有普通中学164所，增加1所，其中高中32所（含完全中学），增加1所；初中132所（含九年一贯制学校），与上年持平。有高中班级1528个，与上年持平；有初中班级2402个，减少58个。中学在校生总数17.61万人，减少697人。其中，高中在校生7.20万人，增加559人；初中在校生10.40万人，减少1256人。有高中专任教师6552人，增加253人；有初中专任教师1.03万人，减少118人。

制定《扬州市高品质教育建设先进单位评估实施办法》，评选2021年度扬州市高品质教育建设先进单位41个。实施青少年茁壮成长工程，完善校、县、市三级联动的体育竞赛机制，全年举办全市中小学生阳光体育比赛近千场次，10万余人次参加15大项比赛。8所学校申报全国足球特色校，创成全国青少年校园足球试点县1个。推进青少年体育训练“5621”［每个县（市、区）至少推动5个运动项目，每个项目至少布局6所小学、2所初中、1所高中］计划，创成扬州市体育传统学校特色学校109所。提高艺体类教育教学质量，首次开展全市高中校体艺学科专项调研视导工作。实施青少年急救教育行动计划，完善学校急救教育标准，推进学校校医、体育教师等重点教职员工应急

2021年扬州市普通中学情况表

表31-4

地　区	学校数（所）		班级数（个）		在校生数（人）		专任教师数（人）	
	初中	高中	初中	高中	初中	高中	初中	高中
合　计	**132**	**32**	**2402**	**1528**	**104035**	**72017**	**10315**	**6552**
市　直	11	6	477	304	23233	14576	1564	1099
广陵区	9	2	106	59	3354	2221	501	220
邗江区	15	4	288	203	12928	9471	1240	781
江都区	30	6	461	313	19522	14890	2110	1456
扬州经济技术开发区	3	—	52	—	2242	—	190	—
生态科技新城	2	—	19	—	585	—	132	—
蜀冈－瘦西湖风景名胜区	1	—	11	—	355	—	46	—
宝应县	24	5	409	271	17148	12809	1903	1241
仪征市	16	4	268	161	11402	7932	1197	713
高邮市	21	5	311	217	13266	10118	1432	1042

注：表格数字按省教育厅统计口径填报

（柏　珏　发规处）

高考生充满自信地步入考场　　孟德龙/摄

救护持证上岗。提升心理健康教育能力，联合扬州市心理健康教育协会、五台山医院成立全市中小学生心理健康教育咨询热线，校校建立心理健康咨询热线。

（柏　珏　基教处）

■“乡村学校少年宫”建设　3月31日，市教育部门对“乡村学校少年宫”运营作出要求，要求设施配套化、队伍专业化、管理规范化、活动经常化。“乡村学校少年宫”是依托乡镇中心学校现有场地、教室和设施，进行修缮并配备必要的设备器材，依靠教师和志愿者进行管理，在课余时间和节假日组织开展普及性活动的公益性场所。作为推进素质教育的载体和阵地，是加强未成年人思想道德教育、促进农村未成年人健康成长和全面发展的实践课堂。至年末，全市实现每个乡镇至少建设1所“乡村学校少年宫”的目标任务。（柏　珏）

■邗江区发布《书香家庭建设指南（试行）》　4月23日，邗江区举行“家在邗城”首届新家庭阅读大会，发布邗江区新家庭教育实验《书香家庭建设指南（试行）》。《书香家庭建设指南（试行）》共20条，分别从环境建设、方法指导、活动课程和习惯养成等4个方面对书香家庭建设提出指导性建议。（柏　珏）

■扬州市天乐湖中小学生素质教育实践基地挂牌　11月11日，扬州市天乐湖中小学生素质教育实践基地挂牌，该基地由市委宣传部、市文明办、市教育局、共青团市委、市关心下一代工作委员会等在天乐湖文旅基地的基础上建设而成，满足城区每年3.5万名中小学生参与劳动实践的需求。挂牌仪式上，该基地被市文明办命名为“扬州市未成年人社会实践基地”。天乐湖中小学生素质教育实践基地位于仪征市月塘镇江扬天乐湖旅游度假区，基地整合利用江阳文旅集团旗下的有机食品基地、有机水产品养殖基地和文旅产业主题乐园等项目资源，成为对中小学生进行爱国主义、国防、科技、劳动实践教育的综合性基地。全市建成邗江、宝应、江都等3个市级中小学生素质教育实践基地和劳动实践基地，每年接纳6万人次学生参加活动。

（柏　珏）

特殊教育

■概况　2021年，全市有特殊教育学校7所。有特殊教育班级84个，比上年减少5个；有特殊教育学校在校生962人，减少22人。全市特殊教育学校专任教师236人，增加7人。全市义务教育学段，有在普通义务教育学校随班就读残疾学生911人，送教上门182人，并接受相应的特殊教育辅导。（柏　珏　基教处）

■融合教育指导　全市83个乡镇建设义务教育阶段融合教育资源中心172个（其中小学89个、初中83个），为特殊学生的教育创造条件。2021年，市特殊教育指导中心完善扬州市融合教育资源管理平台，成立由7名特教教师组成的巡回指导团队，定期对市直及功能区的29个资源中心进行巡回指导，落实特殊教育服务清单。为重度残疾儿童少年提供政策咨询和融合教育指导。全市有182名重度残疾儿童接受送教上门服务，其中市特殊教育指导中心直接负责5名送教上门服务对象，每学期制定好送教计划，每月送教上门2次。（柏　珏）

2021年扬州市特殊教育情况表

表31-5

地　区	学校数（所）	班级数（个）	在校学生数（人）	专任教师数（人）
合　计	**7**	**84**	**962**	**236**
市　直	1	17	95	82
广陵区	1	9	119	16
邗江区	1	9	107	20
江都区	1	12	160	43
宝应县	1	16	222	30
仪征市	1	9	92	15
高邮市	1	12	167	30

（柏　珏　发规处）

■宝应县融合教育资源中心建设实现全覆盖 宝应县落实省、市特殊教育二期提升计划要求，推进融合教育，累计建设完成45个普校融合教育资源中心，全部通过扬州市教育、民政、残联、卫生等部门的联合认定。其中30个获评优秀等级，实现全县乡镇中心初中、中心小学、中心幼儿园及职业教育学校融合教育资源中心建设全覆盖。宝应县通过发挥特殊教育指导中心专业指导作用，普通学校和特殊教育学校责任共担、资源共享、合作共进，推进示范性融合教育资源中心创建工作，开展个别化教育实践研究。

（柏 珏）

中等职业教育

■概况 2021年，全市有中等职业学校9所，与上年持平。有中等职业学校在校生2.94万人（不含职教培训机构在校生），减少3746人。有中等职业学校专任教师2207人，减少79人。有技工学校及技师学院12所，与上年持平，技工类学校在校生总数2.36万人，增加576人。全市各类中职校和技工类院校在校生总数5.30万人，减少3170人。推进职业教育教学改革，优化专业设置，全市中职学生就业率99.6%，本地就业率87.4%。3月，扬州市被省政府评为2020年度全省职业教育改革发展成效明显的设区市。

深化产教融合，推进校企合作。开展全市《江苏省职业教育校企合作促进条例》落实情况实地督导，并做好省对市督导的牵头组织工作。扬州市有7家企业入选江苏省第三批产教融合型试点企业，并纳入江苏省产教融合型企业建设培育库。开展现代学徒制试点工作，扬州旅游商贸学校和江苏旅游职业学院两家省级试点单位均通过江苏省合格验收。组织开展扬州市级现代学徒制试点项目第一批验收和第二批评审，第一批验收通过6家，第二批评审通过8家。

（柏 珏 职社处）

2021年扬州市中等职业学校(机构)情况表

表31-6

学校名称	在校生数（人）	专任教师数(人)
合 计	29408	2207
扬州高等职业技术学校	3733	287
江苏省扬州旅游商贸学校	3327	184
扬州生活科技学校	1340	82
扬州市体育运动学校	297	48
扬州文化艺术学校	806	77
扬州市天海职业技术学校	1002	12
扬州市弘扬中等专业学校	675	78
邗江中等专业学校	2741	230
扬州新东方职业学校	—	81
江苏省江都中等专业学校	3220	407
扬州市江都区教师进修学校	—	47
江苏省宝应中等专业学校	5168	254
江苏省仪征工业学校	1083	130
江苏省高邮中等专业学校	5061	247
江苏省高邮中等专业学校菱塘办学点	703	34
高邮市朝阳学校	—	9

注：1. 扬州高等职业技术学校另有江苏联合技术学院分院学生1402人；
2. 合计数含有江苏旅游职业学院附设中职班，学生107人；扬州市特殊教育学校附设中职班，学生145人；
3. 扬州新东方职业学校有专任教师81人

（柏 珏 发规处）

■扬州旅游商贸学校获省职业院校创新创业大赛一等奖 扬州旅游商贸学校的“淮扬宴，开创宴席服务新纪元”项目获省教育厅、省文明办、省科技厅、省人社厅等部门联合主办的2021年江苏省职业院校创新创业大赛一等奖。项目团队经营思路定为“送宴上门”，围绕淮扬传统文化，团队设计不同的菜品组合，形成国宴、文人宴、运河宴等三大系列8套宴席。重点关注如何在“送宴上门”的前提下满足客户需求。

（柏 珏）

■扬州7家企业入围省第三批产教融合型试点企业名单 2021年，江苏省第三批产教融合型试点企业名单公布，全省51家企业入围，扬州完美日用品有限公司、扬州安康商务服务有限公司、江苏邗建集团有限公司、扬州依利安达电子有限公司、天嘉智能装备制造江苏股份有限公司、扬州市邗江测量服务所、扬州能煜检测科技有限公司等7家企业入围，并纳入江苏省产教融合型企业建设培育库。入选企业按规定享受产教融合领域投融资和财税等组合式激励政策。

（柏 珏）

普通高等教育

综述

■概况 2021年，扬州市有普通高等学校8所，其中市属高等学校1所，即扬州市职业大学（扬州教育学院划入职大管理，不计校数），有在校普通专科生1.57万人，教职工1556人；有驻扬省属高校3所，分别是扬州大学、扬州工业职业技术学院、江苏旅游职业学院，有在校本专科生5.80万人，教职工5610人；有驻扬省属民办高校1所，即江海职业技术学院，有在校专科生8218人，教职工487人；有民办高校3所，分别是扬州大学广陵学院、南京邮电大学通达学院、扬州中瑞酒店职业学院，其中扬州大学广陵

2021年扬州市普通高等学校情况表

表 31-7

学校类别	办学层次	普通本专科学生（人）	教职工数（人）
合　计	本专科	107465	8398
扬州大学	本　科	30046	4323
扬州大学广陵学院	独立学院	12428	376
南京邮电大学通达学院	独立学院	10863	257
扬州市职业大学	专　科	15730	1556
江海职业技术学院	专　科	8218	487
扬州工业职业技术学院	专　科	15353	765
扬州中瑞酒店职业学院	专　科	2230	112
江苏旅游职业学院	专　科	12597	522

注：表格数字按省教育厅统计口径填报　　（柏　珏　发规处）

学院、南京邮电大学通达学院为独立学院，在校生总数2.33万人，教职工633人；中瑞酒店职业学院为高职院校，在校生2230人，教职工112人。扬州市有研究生培养院校1所，即扬州大学，在校硕士生1.18万人，在校博士生1157人。

（柏　珏　高教处）

■**东南大学成贤学院转设扬州办学签约**　2月6日，东南大学成贤学院转设扬州办学签约仪式举行。签约仪式上，扬州市人民政府与东南大学、成贤学院签署《东南大学成贤学院转设三方合作协议》，落实教育部《关于加快推进独立学院转设工作的实施方案》文件要求，将东南大学成贤学院转为扬州市属公办普通本科院校作为转设工作方向。成贤学院学科结构与扬州产业发展高度契合，促进扬州产业科创名城建设和经济社会高质量发展。

（柏　珏）

扬州大学

■**概况**　扬州大学是江苏省人民政府和教育部共建高校、江苏省属重点综合性大学、江苏高水平大学建设高峰计划A类建设高校，全国首批博士、硕士学位授予单位，全国率先进行合并办学的高校。学校前身是清光绪二十八年（1902）由近代著名实业家、教育家张謇创办的通州师范学校和通海农学堂。1952年全国院系调整时，其农科和代办的文史专修科西迁扬州，组建苏北农学院和苏北师范专科学校；其他4所院校相继在扬州建立或迁到扬州办学。1992年，学校由扬州师范学院、江苏农学院、扬州工学院、扬州医学院、江苏水利工程专科学校、江苏商业专科学校等6所高校合并组建而成。学校占地390.14公顷。

学校学科门类齐全，涵盖哲学、经济学、法学、教育学、文学、历史学、理学、工学、农学、医学、管理学、艺术学等12大学科门类。2021年，学校有普通全日制本科生3.07万人，各类博、硕士研究生1.62万人。有一级学科博士学位授权点21个、一级学科硕士学位授权点53个、博士专业学位类别3个、硕士专业学位类别31个、博士后流动站20个；拥有国家级重点学科2个、国家重点（培育）学科1个、省优势学科7个、省一级学科重点（培育）学科9个，化学、植物与动物科学、工程学、农业科学、临床医学、材料科学、计算机科学、生物学与生物化学、药理学与毒理学、环境生态学、微生物学等11个学科的ESI排名进入全球大学和科研机构前1%。

学校建有国家级一流本科专业建设点32个，国家级特色专业6个，江苏高校品牌专业建设工程一期项目6个、二期项目18个，国家级人才培养模式创新实验区2个，省级优秀研究生工作站22个，教育部卓越人才培养项目8个，14个专业通过工程教育、临床医学及师范类专业认证和评估。拥有国家级一流本科课程20门，国家级精品课程14门，国家级精品资源共享课13门，教育部精品视频公开课2门，国家级双语教学示范课程1门，国家精品在线开放课程5门，国家级教学团队3个，教育部、农业农村部农科教合作人才培养基地2个，国家级校

2月6日，东南大学成贤学院转设扬州办学签约仪式　　董　辉/摄

外实践教学基地1个，国家级实验教学示范中心1个，国家级虚拟仿真实验教学中心1个，国家级示范性虚拟仿真实验项目5项，获国家级教学成果二等奖4项、省高等教育教学成果特等奖5项和国家研究生教育成果二等奖1项。学校提升专业建设水平，实施扬州大学本科专业品牌化建设与提升工程，推进通识教育改革，深化创新创业教育，强化实践育人，打造“一院一品”，实行第二课堂学分制，推动第一、第二课堂融合发展。学校混合教学改革案例入编联合国教科文组织《混合学习白皮书》，连续6次获全国“挑战杯”大学生课外学术科技作品竞赛“优胜杯”，多次获全国“挑战杯”大学生创业计划竞赛金奖并获“优胜杯”，获中国“互联网+”大学生创新创业大赛金奖3项，获评全国首批深化创新创业教育改革示范高校、全国实践育人创新创业基地、全国创新创业典型经验高校。2004年通过教育部本科教学工作水平评估，2016年通过教育部本科教学审核评估。

学校有教职员工6000余人，其中专任教师2700余人，医护人员2000余人，具有高级职称教师1400余人，博、硕士生导师3500余人，中国工程院院士2人、外籍院士2人，国家“万人计划”科技创新领军人才入选者3人、科技创业领军人才入选者1人、教学名师入选者2人、青年拔尖人才入选者1人，“长江学者奖励计划”入选者4人，“杰出青年科学基金”获得者7人，“优秀青年科学基金”获得者4人，首批全国高校黄大年式教师团队1个，国家级教学名师1人，“百千万人才工程”国家级人选11人，教育部“新世纪优秀人才支持计划”入选者11人，“创新人才推进计划”中青年科技创新领军人才4人。

学校拥有国际合作联合实验室1个，教育部国别和区域研究中心（备案名单）1个，部、省级重点（建设）实验室25个和工程技术研究中心、公共技术服务中心、研究院（基地）54个，省级协同创新中心2个，国家技术转移示范机构1个、国家级科技特派员创业培训基地1个。承担各级各类科研项目3700余项，年科技总经费8.2亿余元，共有17项成果获国家科学技术奖二等奖。研制的重组新城疫病毒灭活疫苗（A-VII株）获一类新兽药注册证书；连续9年获国家社科基金重点（重大）、重大招标项目，1项成果获第六届高等学校科学研究优秀成果奖（人文社会科学）一等奖，1项成果入选《国家哲学社会科学成果文库》。“十三五”以来，学校获国家科学技术奖二等奖7项（第一完成单位5项），实现国家自然科学奖、技术发明奖、科学技术进步奖“全覆盖”。获部省级自然科学类成果奖116项（第一完成单位），其中一等奖14项；人文社科类部省级成果奖74项（第一完成单位），其中一等奖16项。

学校推进智库建设，1项成果转化为全国政协重点提案，多项成果获国务院和江苏省领导批示。推进获得700万元资助的《扬州通史》编撰工作。推进产学研深度融合，建有校企联盟950余个，省级校地研发平台32个，校外科技推广基地380余个，获批国家大学科技园，科技开发与成果推广工作形成以江苏为中心、辐射全国的格局，创造经济社会效益，多次获国家和部省级表彰。

学校推进国际交流合作。依托中非高校20+20合作计划、中阿10+1高教合作、中国—东盟教育培训中心、江苏英国高水平大学联盟、欧亚太平洋学术协会等项目和平台，先后与56个国家（地区）的283所高校和研究机构建立校际交流合作关系。学校获批全国首个海外惠侨工程中餐繁荣基地、国家创新型人才国际合作培养项目4个、国家高端外国专家引智项目40项。学校具有招收外国留学生的资格，通过教育部来华留学质量认证，开展留学扬大行动计划，海外学生2400余人，生源国80余个，2所孔子学院、1所孔子课堂4次获评全球孔子学院先进集体。

学校围绕中心抓党建，抓好党建促发展。全面落实管党治党、办学治校主体责任，推进全面从严治党，学校建有教育部高校思想政治工作队伍培训研修中心，获评“全省首批马克思主义大众化学习实践基地”，连续被评为省高校思想政治教育工作先进集体，校党委先后被表彰为“全国先进基层党组织”“江苏省先进基层党组织”“全国教育纪检监察先进集体”。（陶天云）

■学科建设 学校有3个学科获评“十三五”省重点学科终期验收“优秀”等次。10个学科入选“十四五”省重点学科。通过省优势学科三期项目年度考核验收。新增一级学科硕士点3个和专业学位硕士类别4个。新增ESI全球前1%学科4个，总数11个，提升整体学科排名。12个学科入选“2021软科世界一流学科排名”，35个学科入选“2021软科中国最好学科”；5个学科入选“2022年泰晤士世界大学学科排名”。

（陶天云）

■科学研究 自然科学方面，学校新增国家级项目220项、部省级项目251项，其中国家自然科学基金项目176项，重点项目2项、重点（组织间）国际科技合作研究项目5项，海外优青项目2项、外国学者优青项目1项。获部省级及以上科技成果奖29项。1项技术入选农业农村部重大引领性技术。新增国家林草局第三批林草科技创新团队1个、省高等学校优秀科技创新团队1个。发表SCI收录论文3791篇，申请专利1245件，获授权专利972件，其中授权发明专利401件，获国际授权专利17件。最高专利转化单项合同金额1000万元。知识产权信息服务中心被认定为高校国家知识产权信息服务中心。新增省高校国际合作联合实验室、省工程研究中心各1个，牵头建设“科创中国”“一带一路”专业科技创新院2个。新增军工科研项目6项、横向项目39项。获国防科技进步一等奖1项。

人文社会科学方面，学校新增

国家社科基金项目34项，其中重点项目3项。新增部省级项目46项。发表CSSCI、SSCI、A & HCI收录论文389篇，出版著作77部；获教育部第六届全国教育科学研究优秀成果奖三等奖1项，省高校哲学社会科学优秀成果奖二等奖5项、三等奖6项，省应用精品工程奖一等奖2项、二等奖4项。新增智库成果46项。成立“张謇研究院”，举办《张謇辞典》首发式。建立全国首个大运河全媒体影像数据库。完成《扬州通史》编撰工作。入选第三批文化和旅游部重点实验室1个。学报农业与生命科学版、自然科学版入选《中文核心期刊要目总览（2020年版）》，人文社会科学版、高教研究版入选SCD来源期刊。

（陶天云）

■**人才培养** 学校加强本科教学工作。召开第五次本科教学大会，发布《本科教学卓越框架2.0》，举办首届本科教学节系列活动。历史学、翻译、物理学、环境设计等14个专业入选国家级一流本科专业建设点，学校国家级一流本科专业建设点总数32个；省级一流本科专业建设点24个。深化“三全育人”（全员育人、全程育人、全方位育人）综合改革，出台《扬州大学关于进一步加强马克思主义学院建设的实施意见》，推进思政课程和课程思政建设，入选省课程思政示范专业2个。通过工程专业认证2个、师范类专业认证4个、省本科专业综合评估11个、省新设本科专业评估1个。42门课程被认定为首批省级一流本科课程。获国家级教材建设奖二等奖1项，13部教材入选省重点教材立项建设项目。获批教育部新文科研究与改革实践项目1项、省级重点培育项目3项，省教学改革研究课题项目15项。学校合唱团获批省级大学生艺术团。获批首批国家级现代产业学院1个。获第七届中国国际“互联网+”大学生创新创业大赛国赛金奖2项、银奖2项、铜奖5项。获第五届中国青年公益创业大赛金奖1项。推进研究生教育改革。召开研究生教育会议。获省优博论文5篇、优硕论文9篇。新增中国管理案例共享中心案例库案例2个、省产业教授10人、省研究生工作站13个。新增全国专业学位研究生教育指导委员会委员3人、省十佳研究生导师团队1个。博士研究生322人、硕士研究生4323人。推进继续教育工作。在全省高校继续教育管理工作会上作经验交流。获批第二批国家级职业教育教师教学创新团队培训基地2个。

（陶天云）

■**师资队伍建设** 学校加强师德师风建设。获评第二批全国高校“黄大年式教师团队”1个，1名教师获评“2021年度江苏教师年度人物”，1个学院获评省教育系统先进集体。高层次人才规模持续扩大。新增国家级人才9人，其中国家级重大人才工程项目A类1人；江苏特聘教授5人，省“双创计划”双创人才5人、双创团队1个、双创博士59人，省“青蓝工程”中青年学术带头人4人、优秀青年骨干教师6人、优秀教学团队2个。报到博士以上高层次人才210人。入选全球“高被引科学家”2人、“中国高被引学者”8人。获评各类博士后科研项目53项，其中中国博士后科学基金特别资助3项、面上资助26项。学校连续第三年获评省本科院校教师培训优秀管理单位。（陶天云）

■**对外交流** 学校获批国家高端外国专家引进计划16项、省外国专家工作室7个。1名教授获江苏友谊奖。共同发起成立苏港澳高校合作联盟。获评“江苏高校中外合作办学高水平示范性建设工程先进单位”。获省教育厅“十四五”首批教育对外开放质量提升工程3项。提高海外教育规范化程度。连续第五年获评省来华留学生教育先进集体。国际学生1631人，博硕士生占比25.4%。加强校友联络服务，成立福建、广西校友分会等，完成连云港、上海校友分会换届。基金会获评AAAAA等级。（陶天云）

■**社会合作与服务** 扬州大学科技园被认定为国家大学科技园。新增省农业产业技术体系创新团队22个。获省农业农村厅种业振兴“揭榜挂帅”项目16项（一类9项、二类7项），资助金额7060万元。新签技术合同1200余项，技术合同额7.92亿元，横向到账经费1.5亿元。推进医教研协同发展，成立扬州大学公共卫生学院。（陶天云）

其他高校

■**扬州市职业大学** 扬州市职业大学（简称扬州职大）是一所经江苏省人民政府批准、教育部备案，由扬州市政府主办的全日制综合性高等职业技术院校，是教育部高职高专人才培养工作水平评估优秀院校，江苏省中国特色高水平高职学校培育单位。学校坐落于扬州，办学历史可溯源至清光绪三十二年（1906）创办的晚清新式学堂，先后与扬州市广播电视大学、扬州教育学院、扬州环境资源职业技术学院等17所学校和1个研究所合并办学。学校总占地99.51公顷，校舍建筑面积50万平方米，绿化覆盖率45%。现有实验实训室317个，教学仪器设备总值2.3亿元。图书馆纸质文献总量175.46万册，电子图书240万册（本地镜像96万册），中外文纸质期刊4600余种。智慧校园集教学资源库系统、远程教育系统、数字图书馆系统、OA办公系统、校内生活App平台等于一体。学校设有农林牧渔、资源环境与安全、能源动力与材料、土木建筑、装备制造、生物与化工、轻工纺织、食品药品与粮食、交通运输、电子信息、医药卫生、财经商贸、旅游、文化艺术、新闻传播、教育与体育、公共管理与服务等17个大类、68个专业。有国家级骨干专业5个，中央财政支持建设的专业4个；省级品牌专业1个，省级高水平骨干专业4个，省级重点专业群6个，省级特色专业8个，省级人才培养模式创新实验基地3个；国家级实训基地2个，省级实训基地5个，省级产教深度融合实训平台2个，生产性实训基地7个；国家在线开放课程1门，国家精品课程1门，省级在线开放课程35门，省级精品课程21门；出版教材、编写讲义353部（种），其中国家规划教材13部、省级精品教材12部、省重点教材13本；获江苏省高等教育教学成果一等奖4项、二等奖9项；获江苏省大学生实践创新训练计划项目278个；国家级和省级大学生各类知识竞赛、职业技能竞赛获奖432项。

至年末，学校有全日制在校生1.57万人，成人业余和开放教育在校生1.6万余人，设有22个教学单位。有教职工1556人，专任教师1100人。其中，具有博士和硕士学位的教师869人，正高级专业技术职务人员83人，副高级专业技术职务人员421人。有政府特殊津贴1人，省级教学名师1人，省“333工程”第二层次培养对象1人、第三层次培养对象28人，扬州市有突出贡献的中青年专家14人，江苏高校“青蓝工程”科技创新团队1个、优秀教学团队3个、中青年学术带头人11人、优秀青年骨干教师49人，专业基础课和专业课教师中具有双师素质的教师占85%以上。学校建有教育部协同创新中心1个，省高校协同创新中心1个，省级工程研发中心7个，省级优秀科技创新团队5个，省级双创示范基地1个，江苏省科技企业孵化器、江苏省众创空间各1个，市级工程研发中心12个，扬州市创业孵化基地1个，建成扬州市智能制造先进技术示范中心、石柱山康养城附属医院、省服装设计与贸易产业链产教深度融合实训平台、省国土资源勘测与环境保护实训平台、金方圆培训学院等产教深度融合平台（中心）。学校参与“双创示范”工作，发挥资源优势，获“扬州市产业科创名城先进集体”称号；至年末，学校开展面向中小企业的科技服务项目680余项；主持或参与市级及市级以上科研项目280余项，其中国家级项目1项、省部级项目26项；获各级各类科研奖励330余项，其中教育部科技进步二等奖1项、省科技进步三等奖1项、梁希林业科学技术二等奖1项、省五个一工程优秀作品奖1项、省农业技术推广奖1项；发表论文2600余篇，其中SCI、EI、ISTP收录和中文核心期刊300余篇；国家专利680余项，其中发明专利23项；组织学术报告200余场次。

学校与美国、加拿大、德国、韩国、日本、新加坡等20余个国家及地区的40余所院校建立友好合作关系，是“江苏美国高职教育合作联盟”“江苏高职院校一带一路人才培养合作联盟”成员单位；引进境外优质职业教育资源，与美国、英国高校合作举办中外合作办学项目3个；响应国家“一带一路”倡议号召，与东盟国家，葡语系国家，非盟国家，中亚、南亚国家的教育部门建立合作关系，设立留学生项目，开展技术技能培训和学历教育，为地方经济社会发展提供人才服务，为扬州企业海外分支机构培养本土化人才。每年选派优秀师生赴海外研修、交流，实施国际教育合作高质量发展。（职 大）

■扬州工业职业技术学院 2021年，扬州工业职业技术学院设有化学工程学院、建筑工程学院、智能制造学院、信息工程学院、商学院、艺术设计学院、交通工程学院、海外教育学院、继续教育学院、马克思主义学院、基础科学部、体育部等12个学院（部）和47个专业。学院占地73.07公顷。有全日制学生1.54万人（其中留学生205人），高职毕业生4371人，教职工765人（其中专任教师577人）。入选江苏省中国特色高水平高职学校建设单位，在江苏省综合考核中连续两年位列全省同类高职院校第一等次。

教育教学改革和人才培养。学校通过国家第三批现代学徒制试点验收，获省现代学徒制优秀研究成果6项、优秀案例5项；牵头成立扬州市大、中、小学思政课一体化建设联盟，2门课程入选教育部课程思政示范课程；获首届全国教材建设奖一等奖，获评江苏省优秀培育教材1部，获批省高校重点教材3部；获省教学成果奖特等奖、一等奖、二等奖各1项；“深化‘三教’改革，提升教学有效性”案例获评全国高等职业教育改革发展优秀成果案例；获批省教改研究课题7项。新增2个专业、调整撤销3个专业；实验实训室面积比上年增加1400余平方米，仪器设备资产增加1047万元，轨道交通实训室等建成投入使用；获批省职业教育示范性虚拟仿真实训基地1个；获省高职院校优秀毕业设计一等奖2项。新增4个“1+X”证书试点项目。学生参加技能大赛获国家级一等奖1项、省级一等奖6项；在第七届中国国际“互联网+”大学生创新创业大赛中获金牌2枚；获省“挑战杯”大赛特等奖1项、省职业院校创新创业大赛金奖4项；校舞龙队获2021年中华龙狮大赛金奖和全国舞龙舞狮锦标赛龙狮创意项目一等奖。

师资队伍建设。出台教职工在职攻读博士学位管理办法补充规定及高层次人才科研启动经费管理办法，新增博士教师28人（其中引进26人、在读毕业2人），新增在读博士11人；晋升高级职称22人（其中正高职称4人）；新增省“青蓝工程”培养对象等省级高层次人才3人，获批省教学、科技创新团队3个；教师参加省教学能力大赛获一等奖3项；开展条件破格职称评审，破格晋升教授1人。1名辅导员获“江苏省高校辅导员年度人物”。

招生就业。2021级新生报到5062人，四星级高中录取人数占比超过50%，“3+2”录取分数线位居全省高职第一方阵；2021届毕业生年终就业率98.53%，协议就业率81.63%，高质量就业率35.01%。省高校招生就业指导服务中心2021年统计数据显示，学校毕业生总体满意度位列全省高职第二位。

科研与社会服务。成立学校社科联；连续3年获批省级工程研究中心；22名教师入选江苏省科技副总，数量连续两年位列全省高职首位；获批教育部人文研究课题1项；获批省级产学研合作项目17项（位列全省高职第一位）；获批市厅级以上科研项目 77 项（其中省部级 30 项、自然科学类 28 项）；获授权专利628项(其中发明专利101项，位列全省高职第一位）；科研经费到账 3153 万元，其中与企业开展横向合作项目 317 项，“四技”（技术开发合同、技术转让合同、技术咨询合同、技术服务合同）服务合同成交额 2978 万元，增长 58%；获市厅级以上科研成果奖 10 项；1 名教师获批江苏省科协青年科技人才托举工程资助培养对象。非全日制学历教育在读规模 6200 余人；继续教育总收入 2230 余万元，其中面向地方企事业单位和各类群体开展社会培训 2.97 万人次，培训收入 920 余万元；获首批江苏省退役军人就业创业示范园地。学校科研与社会服务竞争力位列全国高职第 11 位。

合作办学。推进“区园企校”合作，学校与 1012 家企业开展校企合作；重点加强与行业头部企业深度合作，与百度、联通、碧桂园、奇安信等企业在人才培养、专业共建等方面开展合作，与 ABB（中国）、国泰应急、多伦科技、晶澳太阳能等企业共建产业学院；与扬州广宁器化玻合作共建现代分析测试中心；牵头组建全国建筑消防职教集团和全国汽车检测与维修职教集团，江苏核电建设职教集团获批全国示范性职教集团培育单位。与中国扶贫开发协会联合成立乡村振兴人才联合培训院电商直播教学中心；与市应急管理局、扬州化工园区共建化工安全技能实训基地；与市台办签署框架合作协议，搭建政校企三方平台。启动全国首批来华留学生高等职业教育质量认证项目认证工作（江苏共 8 所）；与韩国湖西大学等 5 所境外院校开展合作，引进优质资源，共建合作平台；获批教育部瑞士 GF“智能制造创新实践基地”项目；牵头国家级产能合作示范园—中阿（联酋）产能合作示范园建设；推进 2 个“江苏高校中外校群合作平台”建设。入选教育部金砖国家职业教育合作联盟牵头院校；获中国－东盟未来职业之星创新创业营最高奖项“双创卓越团”称号。（罗玉俊）

■南京邮电大学通达学院 南京邮电大学通达学院是经教育部批准，由南京邮电大学于 1999 年创办的全日制本科独立学院。学院实行理事会领导下的院长负责制。2012 年，学院迁址扬州办学。学院占地 59.27 公顷。学院设有 19 个以电子信息类专业为主干，工、管、文、经等相互交融的优势专业，其中通信工程、信息工程、电气工程及其自动化、金融工程和电子商务等 5 个专业被评为江苏高校一流本科专业。2020 年度在江苏省独立学院中获批江苏省大学生创新创业实践教育中心建设点，学院双创中心共有校内场地建筑面积 8602 平方米。“新建教学及配套设施建设工程”项目获全国高校基建管理创新奖三等奖。

至年末，学院有在校生 1.09 万人。2021 年，招生录取江苏省内文科（历史类）、理科（物理类）分别位列同类院校第 14 名与第 10 名，排名分别提高 8 名和 6 名。2021 届学生年终就业率 95.60%，提高 5.72%。毕业生升学率 14.79%，通信工程专业升学率 32.38%。有专、兼职教师 622 人，其中高级职称 287 人。专任教师中具有博士、硕士学位的教师占 95.79%，省“333 工程”培养对象 1 人，省“青蓝工程”中青年学术带头人和优秀青年骨干教师 5 人。1 人被授予“江苏省优秀党务工作者”称号，1 人被授予“南京邮电大学优秀教师党支部书记‘双带头人’”称号，1 个党支部获南京邮电大学党建工作创新三等奖，7 个党支部获标准化建设先进奖。《扬州：大学生团队攻克 5G 基站精确选址难题》等近 40 篇新闻报道在“学习强国”、《扬州日报》等地市级及以上新闻媒体上发表。在首届江苏省高校教师教学创新大赛中获一、二等奖各 1 项，获江苏省微课竞赛一等奖 1 项、二等奖 1 项、三等奖 2 项。

2021 年，学院首获江苏省高校哲学社会科学重大项目立项、省教育厅未来网络科研基金项目立项，2 个项目均列江苏省独立学院首位并取得零的突破。在 2021 年“互联网+”大学生创新创业大赛中获国赛银奖，获省赛一等奖、二等奖、三等奖各 1 项；在全国大学生电子设计竞赛中获国家级一等奖。辅导员工作案例获江苏省高等教育学会评比二等奖；在团中央基层建设部与中国青年报联合主办的“团支部炼成记”展示活动中，学院团支部被评选为 2020—2021 学年度高校活力团支部。（张荣 徐文慧 李家艳）

成人教育

■概况 2021 年，扬州市无独立建制的成人高等学校，原属成人教育系列的扬州教育学院纳入扬州市职业大学统一管理；其他在扬普通高校分别设有成人教育机构，招收参加全国成人高考的本、专科毕业生。全市有 2.45 万人参加各类成人高考。

（柏珏 职社处）

■社区教育 开展社教富民深化工程，拓展社区教育外延。2021 年，扬州市在社教富民“五个一批”（老年学习苑、青少年校外培训、新型职业农民培训、特色家长学校、优秀学习共同体）建设的基础上，开展社教富民深化工程。社教富民深化工程每年开展社教富民精品项目和社教富民先进单位建设工作。全市创建社教富民精品项目 10 个，社教富民先进单位 5 家。社教富民精品项目围绕老年教育、青少年校外课堂、职业技能培训、特色家庭教育和社区学习共同体建设拓展社区教育外延。社教富民先进单位是对在社区教育的制度建设、队伍建设、阵地建设与品牌项目打造方面的有领先优势单位的表彰和鼓励。

（柏珏 职社处）

■老年教育 2021 年，扬州老年大学于春季学期线下全面复课，开设 200 个班，近 1 万人次学员到校学习；秋季学期因疫情影响，转为线上教学，学校精选20门线上课程以直播和录播的形式开展教学，约18万人次观看。通过《扬州老年大学校刊》和“扬州老年大学”“扬州老年学习之友”微信公众号宣传办学情况，参加中国老年大学协会举办的“家乡推介短视频大赛”等公益活动。春节期间，怡情书会赴各社区开展写春联、送福字活动。4月，组织召开教学工作座谈会。5月，成立扬州市域老年大学网课联盟，为老年学员提供网络课堂。加强防疫防控，通过“开学第一课”、专题健康知识讲座等方式，宣传普及防控知识，强化对疫情防控的认识与警惕。（万立军）

■老年大学办学点建设 通过市、县（市、区）两级开放大学系统完善基层老年教育的阵地建设，以送教到街道（乡镇）、社区（村）的形式，打通老年教育“最后一公里”。2021年，全市建设居民家门口的老年大学办学点11所，建成江苏省级老年教育资源库5个。

（柏 珏 职社处）

■自学考试 2021年，扬州市共有26.16万人参加各类自学考试。其中，学历教育考试报名人数7.94万人、非学历考试报名人数18.22万人。

全市非学历证书报名考试人员中，参加全国计算机等级考试（NCRE）5.68万人，参加全国英语等级考试（PETS）4304人，参加教师资格证书考试2.62万人，参加书法考级人数8.57万人。

全市有10.48万课次通过自学考试学历考试合格，占实考课次的74.1%。（柏 珏 考试院）

2021年扬州市成人高等教育招生录取情况表

表31-8

地 区	报名人数（人）			录取人数（人）			
	小 计	统一考试	非统一考试	小 计	专科升本科	高中升专科	高中升本科
合 计	**24508**	**17622**	**6886**	**19812**	**11145**	**8367**	**300**
市 区	**6270**	4341	1929	**5626**	3095	2309	222
邗江区	**8483**	5630	2853	**6568**	3940	2604	24
江都区	**3401**	2573	828	**2627**	1403	1217	7
宝应县	**2151**	1798	353	**1660**	848	805	7
仪征市	**2302**	1756	546	**1816**	955	821	40
高邮市	**1901**	1524	377	**1515**	904	611	—

（柏 珏 考试院）

2021年扬州市学历自学考试报名考试情况表

表31-9　　单位：课次

地 区	总 计	1月考试	4月考试	7月考试	10月考试
报考课次	**177777**	54948	42645	45224	34960
实考课次	**141433**	45641	33521	36113	26158
合格证次	**104776**	34837	25096	27215	17628

（柏 珏 考试院）

文化

Wenhua

编　辑　崔成鹏

综述

■概况　2021年，扬州市持续放大“三都”品牌效应，不断丰富文化产品供给，加快推进文化产业发展、文艺精品创作和公共文化服务体系建设。完成2021年扬州世界园艺博览会开幕式演出，举办大运河文化发展论坛、“永远跟党走”扬州市庆祝中国共产党成立100周年大型歌咏文艺演出、江苏省庆祝建党100周年“百年百场”优秀群众文艺作品巡演巡展等重大活动。扬剧《阿莲渡江》等作品获江苏省文华大奖、紫金文化艺术节优秀剧目奖等奖项，4部作品入选江苏省庆祝中国共产党成立100周年优秀舞台艺术作品展演，《评话党课·小马说党史》入选“优秀理论宣讲微视频”，两个项目入选2020年国家基金艺术资助项目。“峥嵘岁月——扬州地区革命文物展”入选中共中央宣传部、国家文物局联合推介庆祝中国共产党成立100周年精品展览。聚焦大运河文化带建设，编制完善《大运河扬州段文化和旅游融合发展规划》，扬州中国大运河博物馆开馆运营，大运河遗产监测管理平台试运行，两个项目入选大运河国家文化公园建设项目库。完成2个县级文化场馆、8个乡镇文化站（文体中心）、112个村（社区）综合文化服务中心服务效能提升，13个公共文化场馆入选省首批“最美公共文化空间”打造对象，17支群众文化团队入选全省首批优秀群众文化团队培育打造对象，开展文化进基层活动1500余场。发挥广播电视教育引导作用，创作系列优秀广电作品，《为三营烈士寻亲记：跨越72载的“团聚”》获省优秀新闻节目，《三湾的昨天、今天与明天》《我和我的运河》推荐为国家广电总局年度优秀网络视听作品，动画片《疫情之下——人类命运共同体》《跟着喜鹊瑞瑞学党史》获全省社会主义核心价值观动画片创作大赛三等奖，《党旗红 稻花香——网红女农机手的春华秋实》等18件作品入选全省重点网络视听项目库。（霍　伟）

■文化文艺建设　举办“永远跟党走”扬州市庆祝中国共产党成立100周年大型歌咏文艺演出、“曲唱百年”扬州曲艺现代作品展演等活动。新创扬剧现代戏《阿莲渡江》入选省舞台艺术精品创作扶持工程重点投入剧目，相继获紫金文化艺术节优秀剧目奖、省第五届文华奖。淮剧《浪起宝应湖》获紫金文化艺术节优秀剧目奖。舞剧《朱自清》、木偶剧《白雪公主》、电视纪录片《山高水长》获年度省优秀文艺成果奖，入选数量位列全省第三。创新实施

2021年扬州市文化事业基本情况表

表32-1

项　目	单　位	全　市	市　区	江都区	宝应县	仪征市	高邮市
广播覆盖率	%	**100**	100	100	100	100	100
电视覆盖率	%	**100**	100	100	100	100	100
剧场、影剧院数	个	**9**	6	1	0	1	2
公共图书馆	个	**8**	5	1	1	1	1
公共图书馆图书总藏量	千册、件	**5020**	3699	454	290	618	413
博物馆数	个	**16**	9	1	2	1	4

（统计局）

文化惠民工程，常态化组织扬剧、曲艺进景区、社区、学校演出1500余场，开展非遗“四进”活动350场。谢馥春脂粉制作技艺入选第五批国家级非物质文化遗产代表性项目名录。举办第六届文艺展示月活动，持续办好“美术双年展”“书法双年展”“百场公益演出”“周周看扬剧”“市民开放日”等公益性文化演出活动。（陈相辉）

公共文化

■概况 2021年，全市公共文化工作聚焦公共文化服务设施效能提升、群众文化队伍培育、群众文化人才培养，以高效能服务、高品质供给、高质量发展为目标，持续推进全市公共服务取得新进展、实现新突破。全市建成市、县、乡、村四级公共文化设施网络，有县级以上图书馆8个、文化馆7个。注册登记博物馆、纪念馆16个，其中国家一级博物馆1个、国家三级博物馆3个。有演出剧场8个、美术馆1个，乡镇（街道）文化站83个、村综合文化服务中心1325个、农村文化广场1000余个。全市“三馆一站”覆盖率125%，综合性文化服务中心覆盖率100%。

提升公共文化场馆服务效能。在实现县级文化馆、图书馆总分馆制全覆盖基础上，协调扬州市文化馆、扬州市图书馆及各县（市、区）文广旅局，推进两馆总分馆制建设，实现城乡公共文化服务资源有效整合、互联互通、共建共享。推进县、乡、村三级公共文化场馆服务效能提升，开展基层公共文化设施运行情况排查，按照分级指导原则，推动各级各类文化场馆加快完善场馆服务设施，整合公共文化资源、创新公共文化产品、改进文化供给方式，全年完成高邮市图书馆、宝应县文化馆及8个乡镇文化站（文体中心）、112个村（社区）综合文化服务中心的服务效能提升。根据《江苏省打造“千个最美公共文化空间”实施方案》，扬州市初选20个项目推荐上报省文旅厅，扬州市图书馆等13个公共文化场馆成为全省首批“最美公共文化空间”打造对象。

加强公共文化服务供给。举办扬州市第六届“绿杨人家”社区艺术节、“忆峥嵘岁月，扬时代风帆”——庆祝中国共产党成立100周年群众歌咏大会、“回望光辉岁月，再走红色旅程”——庆祝中国共产党成立100周年书画摄影展系列活动。承办江苏省庆祝中国共产党成立100周年“百年百场”优秀群众文艺作品巡演7场次、优秀美术作品巡展7场次、优秀摄影作品巡展活动9场次。开展“追忆峥嵘岁月，回望强国之路”——微视频作品征集活动。组织“绿杨行”送文化进基层30余场，开展“春节天天乐”“国庆七天乐”戏剧专场演出、“扬剧周周唱”、越剧票友仲夏演唱会等公益文化活动80余场，举办“扬图讲堂”27场。开展群众文化需求征集问卷调查，根据群众需求，制定任务清单和计划，把群众文化需求和送文化活动任务有机结合，全年共完成1500余场次送文化进基层活动。以文旅融合为主线，开展送文化进景区活动，组织文艺活动、非遗展演展示走进瘦西湖、个园、何园等重点景区和乡村旅游度假区。

繁荣群众文化艺术创作。举办扬州市第四届“绿杨风”群众文艺新作评比活动，全市共有86件作品参与初评，评出舞台类获奖作品35个，其中音乐类13个、舞蹈类12个、戏剧曲艺类10个。评出静态类获奖作品61个，其中美术类20个、书法类19个、摄影类22个。集中展示2020—2021年扬州市群众文艺精品生产创作的最新成果。（李 进）

中国扬州运河大剧院 孟德龙/摄

■扬州市图书馆 扬州市图书馆总馆占地5232.73平方米，建筑面积2.17万平方米，城市书房面积1.15万平方米，拥有通借通还“一卡通”分馆50家，城市书房46家。2021年，扬州市图书馆共服务读者115.46万人次，借还图书89.49万册次，数字资源访问下载39万次，电视图书馆平台点击量309万余次。采购中文纸质图书1.13万种、3.99万册，馆藏总量180万册。拥有32个外购数据库和6个自建数据库，存储容量85太字节。与喜马拉雅签署战略合作协议，在各大城市书房建设书房听吧。扬州市图书馆获2021长三角地区公共图书馆阅读马拉松大赛优秀组织奖、2020—2021年度江苏省图书馆学会学术年会优秀组织奖、扬州市第四届未成年人思想道德工作先进集体。“城市书房”获2021年度江苏省“最美公共文化空间”打造对象。扬图讲堂“扬州历史与扬州文化”系列讲座获评2021年全国科普日优秀活动。

城市书房建设。新建城市书房5家，分别为扬州国网24小时城市书房、维扬经济开发区城市书房、邗建城市书房、戏曲园城市书房、槐泗城市书房。开展省级标准化试点、省标、国标申报等工作，完成《文化场馆旅游功能开发与建设研究——以扬州市城市书房建设为例》

研究报告，完成江苏省地方标准《24小时智慧城市书房建设与服务规范》及江苏省标准化试点的申报立项工作。联合温州市图书馆完成《公共图书馆服务自助服务规范：城市书房》行业标准申报国家标准工作。

特色品牌活动。举办“携手共读·阅读共享”特殊群体活动，针对残障读者、留守儿童，开展主题展览、文化讲座、赠送阅读礼包等活动7场，为特殊群体送上温暖、带去快乐。与南京图书馆、上海图书馆等多家单位联合主办2021年度长三角阅读马拉松大赛，扬州市图书馆作为扬州主赛区，吸引众多选手报名参赛。组织开展“我心向党 庆百年”红领巾读书征文活动，全市4万余名中、小学生参加，共收到稿件4000余篇，256篇征文分获市一、二、三等奖，26篇征文参加省赛事分获省一、二、三等奖，扬州市图书馆获省文旅厅颁发的优秀组织奖，少儿部获扬州市优秀组织奖。

（田　平）

■扬州市少年儿童图书馆 市少儿图书馆成立于1997年，馆舍面积1.31万平方米，馆藏文献62万余册，为国家一级图书馆。2021年，市少年儿童图书馆组织业务知识学习24场，包括2021阅读推广人培训课程（第一期）、“阅读推广人”培育行动（第18期）、全国图书馆未成年人服务提升计划等，累计培训馆员400余人次。在2021年全省业务竞赛中获团体二等奖。全年共接待读者18.53万次，解答读者业务咨询约15万次，记录读者咨询1.84万余条；书刊文献外借49.96万册次，流通图书88.17万册次；新办读者证4258张，持证读者累计6.36万人，新建重点读者档案106份，延续跟踪重点读者档案64份。全年采选文献8000余种2.5万余册，订购期刊595种、报纸113种；分编入藏图书1.03万种3.12万册；交送图书8247种2.56万册。开设陈列专架，共计举办书展43场，吸引阅览读者2.16万人次；利用微信公众号、网站等线上途径推荐新书、专题书目51次，推荐图书275种。全年新增智能咨询导览机器人项目、图书馆资源及应用保护平台项目、“有声图书馆”数据库项目、“3D互动及数据库资源”项目等数字资源4项。全年新建分馆3个，流通点2个。加强分馆和流通服务点后期业务指导和图书更换工作，为分馆和流通服务点送书21次，总计1.37万册图书。分编著录老干部活动中心分馆既有馆藏441册，参与新大洋造船和老干部活动中心分馆5000册和800册图书的理书排架。

改善公共文化服务设施。4月，少儿教育期刊阅览室与少儿期刊阅览室合并为期刊阅览室，自习室调整至少儿教育期刊阅览室原有位置，并对原自习室进行重新布局，整合功能重合区域，提高场馆利用率。5月，成长体验楼建成录播室并投入使用。11月，玩具馆、绘本馆桌椅维修与换新升级，外借楼报告厅墙面进行翻新防水处理，并更换座椅、窗帘，升级会议系统。第四季度，电影院原有投影式大屏升级为液晶显示屏，满足多种场景的活动需求。

开展阅读推广活动。围绕庆祝建党100周年，开展“绎红色初心，迎百年华诞”广播剧本配音、“红船精神”主题手工制作、“中华先锋人物故事汇”系列丛书推荐等主题活动，打造红色主题空间沉浸式阅读体验。连续11年开展“零岁阅读计划”活动。参加“全民阅读春风行动”，向农村留守儿童、城市困难家庭子女等提供阅读关爱。与扬州市世界遗产保护管理办公室联合举办“传承千年韵 情系大运河”主题活动。邀请知名儿童作家录制助力小读者居家抗疫视频33期，点击量7699人次。与接力出版社共同打造线上免费阅读资源大礼包，点击量2803人次。推荐馆内自购自建数字资源3期，推出故事交换集市线上共享图书18期。全年共开展《创意拼搭，爱我中华》、火星探索计划等5场线上直播课，约960人次参与，单场参与率居全省前列；少儿编程线上公开课12次，423等线上主题知识竞答19场，线上展览14场；发布诗词里的古代生活18期、简笔画20期、赛阅线上英文绘本推30期、红色故事绘之《党史上的今天》52期、《看党史故事，忆峥嵘岁月》50期；举办一路畅游等主题阅读4场，百馆荐书12期24场。

开展特色品牌活动。线上举办“爱我扬州，欢乐暑假”第23届图书交换节暨第18届少儿科技文化节，共2000余位小朋友参与其中。连续第六年主办“我最喜爱的童书评选”阅读推广活动，打包1800包近4000册童书送入各个学校，送海报、宣传册2万余册进学校，2.02万名学生享受到阅读的福利，在微信公众号连续推出线上阅读分享课30期。从4月2日国际童书日开始，联合市阅读办举办“悦动童年”第三届亲子嘉年华活动，持续一季。全年举办“悦读有声”朗读交流活动、奇思妙想科学实验屋等8个阵地品牌活动160场，参与读者5047人次。

发展合作新模式。在杨庙小学等9所学校开展阅读推广进校园活动9次，服务1138人次。与四季园小学签署“共绘悦读新美景”合作协议，组织4场共170人次的读者活动。与钟书阁（五彩世界店）组合运作模式，开创图书馆与书店等休闲文化服务机构合作新模式。定期开展游学活动，暑假带领小读者走进扬州著名百年老店富春茶社、端午节与农科所合作开展科普活动。

（陈　罗）

■扬州博物馆 扬州博物馆占地总面积5万平方米，建筑面积2.5万平方米，其中展区面积1万平方米、文物库房面积5000平方米、办公区3000平方米、公共服务区7000平方米。馆内设有《广陵潮——扬州古代城市故事》《扬州八怪书画》《国宝厅》《流光溢彩——馆藏元明清瓷器精品展》《中国雕版印刷展厅》《扬州雕版印刷展厅》《现代艺术展厅》和特展厅共8个展厅。2021年，扬州博物馆共举办展览19期，“峥嵘岁月—扬州地区革命文物展”入选中共中央宣传部、国家文物局联合推介庆祝中国共产党成立100周年精品展览。“世世相印—雕版印刷与世博版画艺术展”入选江苏省2021年度“弘扬优秀传统文化、培育社会主义核心价值观”主题展览推介项目。全年共接待观众41.3万人次，讲解接待1607批次，完成重要接待40余批次。围绕节日、纪念日开展特色社教活动83场次，在运河中学、育才小学西区校开展校本课程的教学，共授课79课时，“古代雕版印刷”校本课程成功申报“长三角博物馆优秀教育案例”。扬州博物馆接收各类捐赠49件（套），使用专项经费56万元征集书画、雕版活字等藏品12件（套）。“扬州博物馆藏珍贵文物数字化保护项目”“扬州博物馆藏珍贵纸质文物修复项目”“无锡宋元墓葬出土木漆器保护修复项目”均结项，完成“周恩来纪念馆木质文物保护修复项目”家具修复工作。参与科技部国家重点研发计划项目“有机质可移动文物价值认知及关键技术研究—竹木漆器文物的价值认知及关键技术研究”，采样90余件，完成研究论文1篇，项目通过中期考核。木漆器保护工作站完成木漆器文物脱水保护约80件、木漆器文物修复60件，赴社科院考古所华东基地（无锡）参与苏州出土宋代棺椁“考古方仓”实验室考古与现场文物保护。装裱书画文物20件，修复陶瓷器文物标本20件。编辑出版《七轶集—扬州博物馆征集文物选辑》《江淮文化论丛》《吴砚耕菊花图册》。文创产品销售额87万余元，开发新产品12款，其中“馆有心意”系列书签参加全国文化创意产品推介活动，获“全国百佳文化创意产品”。（徐添奇）

■**扬州市文化馆** 2021年，扬州市文化馆举办系列群众文化活动，将举办第六届“绿杨人家”社区艺术节与庆祝中国共产党成立100周年重要群众文化活动有机结合，组织开展“忆峥嵘岁月，扬时代风帆”——庆祝中国共产党成立100周年群众歌咏大会、“回望光辉岁月，再走红色旅程”——庆祝中国共产党成立100周年书画摄影展系列活动和“追忆峥嵘岁月，回望强国之路”——微视频作品征集活动。举办扬州市第四届“绿杨风”群众文艺新作评比活动，入围的作品集中展示2020—2021年扬州市群众文艺精品生产创作的最新成果。举办“绿杨行”送文化进基层活动，先后走进朴席镇、槐泗镇、高桥村、绿杨新苑等地。举办“永远跟党走 幸福舞起来”扬州市广场舞展演、“颂歌献给党”江苏省第五届紫金合唱节扬州合唱比赛、“红心向党 歌声飞扬”扬州市文化馆庆祝中国共产党成立100周年文艺演出等主题活动。承办江苏省“百年百场”优秀群众文艺作品巡演和优秀群众美术书法摄影作品巡展（扬州站）。举办“百年盛典——晚会纵横谈”文化创意活动培训、“光影世界”摄影公益培训班、2021“老年新媒体全能课”公益培训班、2021年声乐大课堂春季班、音乐沙龙春季班、2021非遗系列公益培训课堂（古琴艺术、古筝艺术、扬州剪纸、扬派盆景技艺）等全民艺术普及活动。与扬州大学音乐学院签署战略合作协议，共同为“扬州大学音乐学院实习实训基地”揭牌。承办2021年度扬州市非物质文化遗产（传统音乐类）非遗代表性传承人培训班。（周 宇）

■**农家书屋建设** 完成全市1094家农家书屋信息核查工作，制定全市《农家（社区）书屋提档升级建设标准》，推进农家书屋通借通还建设，为星级书屋免费订阅报刊，完成30个农家（社区）书屋示范点建设，完成市级农家书屋图书更新。全市开展1724场农家书屋主题阅读活动，市级活动9场。全市多家农家书屋利用“有声阅读墙”，开辟红色党史名著阅读专区。组织开展四星级示范农家书屋认证和优秀农家书屋管理员推选工作，宝应县山阳镇兴同村等13家农家书屋被评为四星级示范农家书屋，宝应县广洋湖镇严桥村农家书屋宋玉娟等20名管理员被评为优秀农家书屋管理员。市新闻出版局联合市教育局开展扬州市“我的书屋·我的梦”农村少年儿童阅读实践活动，征集各类作品660余件，评选出市级奖作品共81件，其中17件作品在全省获奖，一等奖2人、二等奖5人、三等奖10人。（陈相辉）

■**全民阅读活动** 以“耕读传家，为乡村振兴赋能”为主题的第11届江苏农民读书节暨扬州市第七届“朱自清读书节”活动，在宝应县柳堡镇启动。召开扬州市全民阅读活动领导小组（扩大）会议，全年安排8个篇章500余项全民阅读系列活动。开展扬州市

中秋假期，游客和市民走进书店，品味书香　孟德龙/摄

公益阅读推广认证扶持工作，扶持6个项目，发放扶持资金5.6万元。扬州市“全民阅读春风行动”，相继走进广陵区工人新村小学、杨庙镇赵庄村农家书屋，在扬州东站开展“温暖回家路 书香伴你行—带一本好书回家过年”主题公益活动，发放春联、福字、阅读宣传海报1.4万余份、赠送图书3000余册、捐赠“书香”书包（文具）600份。设立第11届江苏书展扬州分展场，向市民发放10万元电子惠民购书券，举办阅读活动100余场，参与活动的读者达5万余人，两家书店获省优秀分展场。举办“永远跟党走 奋进新征程”—扬州市学党史全民阅读最美声音征集活动，3000余人参与。召开全市全民阅读媒体宣传工作会议，开设“书香扬州”微信公众号、视频号，制作全民阅读公益广告宣传片、宣传海报、宣传折页（单张），利用自媒体、手机短信、电视开机画面、公交车、出租车等，常态化开展全民阅读宣传。推广江苏书香红色经典阅读平台、江苏省数字农家书屋线上阅读平台、“学习强国”扬州学习平台等线上阅读资源，向全市居民发送书香助力战疫提示短信，推进数字化阅读服务，为市民提供多种免费的电子阅读渠道，丰富居民阅读方式。新建维扬经济开发区城市书房、邗建城市书房等5家城市书房，全市共建成57家城市书房。（李相林）

文学艺术

综述

■概况 2021年，扬州各艺术单位围绕建党百年主题，创作推出系列文艺作品。创作打磨扬剧《阿莲渡江》、扬剧《血色浪漫》、中篇扬州曲艺《永远的长征——梨花又开放》、木偶剧《铁道小飞虎》、扬州评话《永恒的信仰》、淮剧《浪起宝应湖》等大型剧目。创作双档弹词《写给女儿的信》、扬州评话《一个不能少》等小型节目。《抗战之高邮战役》《把一切献给党——吴运铎》等主题性美术作品对外展出。新冠肺炎疫情期间组织创作近百件文艺作品，其中歌曲《我的扬州》在各大网络平台播放量超过百万，并登陆“学习强国”全国平台。扬剧《阿莲渡江》《三江口》分别入选2021年江苏省舞台艺术精品创作扶持工程重点投入剧目、扶持剧目。扬州文艺作品获第五届江苏省文华奖7项大奖、第九届江苏省文艺大奖·曲艺奖5项大奖、江苏省文艺大奖·第十届戏剧奖4项大奖。扬州文化艺术学校获2022年江苏省职业院校技能大赛3金、1银、8铜奖项。扬剧《阿莲渡江》等4部作品入选江苏省庆祝中国共产党成立100周年优秀舞台艺术作品展演。国画《把一切献给党——吴运铎》等3件作品入选“百年征程”江苏省庆祝中国共产党成立100周年美术书法精品展。杖头木偶制作人才培养项目、民族舞剧《朱自清》入选2020年国家艺术基金资助项目。中篇扬州曲艺《永远的长征——梨花又开放》、木偶剧《哪吒》入选2021江苏艺术基金大型舞台资助项目。至年末，全市有市级文联1家、县（市、区）级文联6家、行业文联3家、企业文联8家。市文联有下属文艺家协会（研究会）37个，会员万余人，其中国家级会员405人、省级会员近1900人。（梁致宁 吴建军）

■庆祝中国共产党成立100周年系列活动 市文联带领全市文艺界开展“颂歌献给党”庆祝中国共产党成立100周年文艺演出、“百年风华——扬州市庆祝中国共产党成立100周年书画精品展”多场主题演出、展览等活动。

3月20日，由市文广旅局主办，市曲艺研究所、市文化艺术创作研究中心、市曲艺家协会联合承办的“曲唱百年——庆祝建党100周年扬州曲艺现代作品展演”在扬州市音乐厅举办。本次展演以“讲好党的故事、展示党的成就、展现新时代文艺工作者新风貌”为主题，由市曲艺研究所优秀青年演员领衔，演绎扬州清曲《扬州是个好地方》、扬州评话《在岗》、扬州弹词《第一书记》、开篇《红船颂》等10部新创红色现实题材曲艺作品。省文联党组成员、副主席、书记处书记刘旭东，市委常委、宣传部部长张

2021年扬州部分出版文艺作品一览表

表32-2

书名	类别	作者	出版社
广陵韵	散文集	王资鑫	团结出版社
草戒指	诗集	袁伟	百花洲文艺出版社
清风徐来——徐光庆、李晔原创音乐作品集	歌曲作品集	徐光庆 李晔	苏州大学出版社
信美在扬州——旧体诗词自选集	诗词集	周冠军	广陵书社
夜行人——肖德林短篇小说选	短篇小说集	肖德林	江苏凤凰文艺出版社
百年风华——庆祝中国共产党成立100周年书画精品集	书画作品集	扬州市文联	
风雨同舟跃百年，肝胆相照谱华章——扬州市党外人士庆祝中国共产党成立100周年书画作品集	书画作品集	扬州市委统战部、扬州市文联	

（吴建军）

长金，市政协副主席刘流，市文广旅局、市文联、市政协文化和文史委员会、市文物局负责人参加活动。4月16日，由市文联主办，扬州市曲艺家协会、邗江区文体旅局、邗江区教育局、邗江区文联、邗江区槐泗镇人民政府承办的“春的律动——庆祝建党100周年文化惠民演出”在槐泗镇陈俊学校举行。演出将“学党史”和“非遗进校园”相结合，用孩子们喜闻乐见的方式，讲述中国共产党的故事及革命烈士们的事迹。4月24日，由市文联主办，市舞蹈家协会、扬州曜阳国际老年公寓承办的“庆祝中国共产党成立100周年——扬州市第六届春的律动‘颂党恩’文艺演出”在曜阳国际老年公寓举行。近百位老年观众欣赏舞蹈《灯火里的中国》《芳华》、歌曲《妈妈教我一支歌》、手风琴独奏《跟着毛主席跟着党》、扬州评话《陈毅过江》等节目。4月28日，由市文联、江都区吴桥镇党委政府主办，吴桥镇文联、吴桥镇文体站、吴桥镇文化志愿者协会承办的庆祝中国共产党成立100周年“颂歌献给党”文艺演出在吴桥镇红河村举行。演出扬州评话《陈毅过江》、扬剧《杨开慧》、木偶戏《双绝》、民俗表演《花船锣鼓颂党恩》等10余个节目。6月4日，由市文广旅局、市文联主办，扬州文化艺术学校、市音乐家协会、市流行音乐学会等单位承办的“颂歌百年给党听——殷德平原创作品演唱会”在扬州戏曲园大剧场上演。本次演出精选的13首作品，均为扬州文化艺术学校党支部书记、校长，市音乐家协会副主席殷德平原创。6月15日，由市文联主办，市曲艺家协会、市曲艺研究所、邗江区文联承办的“曲唱党史颂党恩——庆祝中国共产党成立100周年曲艺专场演出”在邗江区文化馆举行。整场演出以扬州评话为主，包括《永恒的信仰》《江心洲》《在岗》《一个不能少》等节目。6月19日，由市文联主办，市音乐家协会、扬州名星艺术团承办的“筑梦新时代，颂歌献给党”——庆祝中国共产党成立100周年歌舞文艺演出在蜀冈万达广场举办。整场演出围绕着庆祝中国共产党成立100周年主题，有歌曲《映山红》《祖国万岁》、舞蹈《红枣树》、乐器演奏《广陵春色》等10余个节目。6月20日，由市委宣传部、市文明办、市文广旅局、市体育局、市文联联合主办的“永远跟党走，幸福舞起来——2021扬州市广场舞展演”在扬州市职业大学体育馆举行。本次展演吸引近千支广场舞队伍、万余人参加。整场展演活动围绕庆祝建党100周年的主线，展示扬州市民爱党、爱祖国、爱家乡的精神风貌。经比赛，2支队伍获一等奖、4支队伍获二等奖、6支队伍获三等奖。6月20日，由省文联、市文联主办，省舞蹈家协会、省文艺志愿服务中心、市舞蹈家协会等单位承办的“永远跟党走 旋舞颂党恩——广场舞精品展演”活动在扬州市职业大学体育馆举行，邗江区石桥天之韵艺术团等20支广场舞表演团队参加庆祝演出。6月22日，由市文艺家活动中心党总支、市文联党支部、市文化馆党支部主办的“听党话、感党恩、跟党走”艺术作品展在市文化馆举行。展览包括书法、美术、摄影等艺术作品，票证、火花、观赏石、老报纸等红色收藏精品及部分实物，共100幅（件）。6月23日，由市文联主办，市书法家协会、市美术家协会承办的“庆祝中国共产党成立100周年南线书画院作品展”在市文联美术馆开幕，共展出书画作品50余幅。6月25日，由市委组织部、市委宣传部、市委老干部局、市文广旅局和市文联主办，市老干部书画研究会、市诗词协会承办的“永远跟党走——扬州市老干部书画展”在市美术馆开幕，共展出300余幅书画作品。6月26日，“百年华彩，翰墨白沙——庆祝建党100周年书画作品展暨常春藤书屋揭牌活动”在江都区大桥镇若虚文化艺术中心举行。6月29日，由市文联主办，扬州书法院、市书法家协会、市美术家协会等单位承办的“百年风华——扬州市庆祝中国共产党成立100周年书画精品展”在市美术馆开幕。本次展览自2月面向全市征稿，共收到书法作品150余幅、美术作品80余幅。经评审，并特邀部分知名老艺术家参展，共展出书法精品89幅、美术精品43幅。展览持续至7月12日。7月8日，由市委统战部、市文联主办，市各民主党派、市无党派知识分子联谊会、市欧美同学会、市新的社会阶层人士联谊会、市美术家协会、市书法家协会、扬州书法院、市美术馆共同承办的“风雨同舟跃百年，肝胆相照谱华章”——扬州市党外人士庆祝中国共产党成立100周年书画作品展在市美术馆开幕。本次展览自3月面向全市征稿，经评审，共展出书画精品100幅，其中特邀作品25幅。展览持续至7月15日。 （吴建军）

■市统一战线举行百年党庆文艺汇演 4月25日，市统一战线在运河大剧院举行“同心向党，砥砺奋进”庆祝中国共产党成立100周年文艺汇演。市委书记夏心旻出席并代表中共扬州市委接受统一战线赠送的书画作品，市长张宝娟、市政协主席陈扬等市四套班子领导、省委统战部常务副部长李国华等观看演出。文艺汇演在歌舞《我爱你中国》中拉开序幕，整场演出分为“同心同德共风雨”“同心同行谱华章”“同心同向谋幸福”3个篇章，音舞诗画《春天的携手》、扬州评话《永恒的信仰》、歌曲《那一抹红》、音乐说唱《同心谱华章》、小品《你好，老洪》、男女声二重唱《出征，出征》、扬州清曲《扬州是个好地方》、新民歌联唱《九九艳阳天》《相约枣林湾》《春江花都》和歌舞《同心同向同心圆》等节目展演。 （梁致宁）

■第四届“公益扬州”微电影大赛 4月16日，由市民政局、市文联、市文广旅局指导，市社会组织培育发展中心、市微电影协会主办的第四届“公益扬州”微电影大赛表彰会在邗江区新盛街道绿杨新苑社区举行。此次微电影大赛共收到参赛作品30余件，经评审，《楼上的年轻人》获一等奖，《生命如花，向

阳不变》获二等奖，《回家》获三等奖。（吴建军）

■古城红色记忆征文发布暨采风活动 5月28日，由市文联主办，广陵古城管委会、广陵区文联、汶河街道党工委共同承办的“千年文昌百岁荣光——古城红色记忆征文发布暨采风活动”在珍园街区举行。本次活动共收到参赛作品200余篇。经过专家评委初评、复评，评出散文类一等奖1篇、二等奖3篇、三等奖4篇、优秀奖4篇；诗歌类一等奖1篇、二等奖2篇、三等奖5篇、优秀奖3篇；诗词类一等奖1篇、二等奖2篇、三等奖4篇、优秀奖4篇；对联类一等奖1篇、二等奖2篇、三等奖3篇。（吴建军）

■“颂歌百年给党听”原创作品演唱会 6月4日，“颂歌百年给党听”殷德平原创作品演唱会在扬州戏曲园大剧场举行。本场演唱会由市文广旅局、市文联主办。市委宣传部、市文广旅局、市文联等有关单位负责人、嘉宾及扬州文化艺术学校全体师生、文扬社区党员代表近千人共同观看演出。整场演出以“颂歌百年给党听”为主题，演唱《坚韧》《我送亲人过大江》《一枚党徽一团火》《从这一刻起》《儿女心》等13首原创作品。（梁致宁）

■扬州市庆祝中国共产党成立100周年大型歌咏文艺演出 6月30日，“永远跟党走”扬州市庆祝中国共产党成立100周年大型歌咏文艺演出在运河大剧院举行，市长张宝娟发表致辞。演出以《永远跟党走》《党旗飘扬的方向》《百年再启航》3个篇章展开，通过《党啊，亲爱的妈妈》《党旗飘扬的方向》《向往》等节目讴歌中国共产党团结带领全党全国各族人民从站起来、富起来到强起来的伟大光辉历程，展现全市人民紧密团结在以习近平同志为核心的党中央周围，扛起“争当表率、争做示范、走在前列”光荣使命，谱写“强富美高”新扬州建设现代化篇章，把“好地方”扬州建设得好上加好、越来越好的坚定信心和豪迈之情。市中级人民法院院长，市检察院检察长，市各有关部门、单位，驻扬单位主要负责人，市各民主党派、市工商联负责人和无党派人士代表，先进模范人物代表，基层代表观看演出。（梁致宁）

■“艺”起战疫 8月3日，市文联发布《致全市文艺家、文艺工作者的倡议书》。至9月17日，共推出《“艺”起战疫、共克时艰，扬州文艺界在行动》抗疫微信特辑36期。特别是“诗书同心齐战疫，笔墨共舞沐芳华”扬州抗疫诗词书法作品征集活动，得到全国各地诗词作者、书法家的响应，收到来稿数千篇，其中有苏士澍、周文彰等名人大家的作品。9月27日，市文联与广陵区东关街道彩衣街社区共同开展“两在两同”党建共建活动暨抗疫书画捐赠仪式。双方进行座谈交流，市文联向社区赠送艺术家们创作的书画作品。（吴建军）

■扬州抗疫诗词（书法）作品征集活动 7月底至9月上旬，扬州市诗词协会向全国发起抗疫诗词（书法）作品征集活动。在中华诗词学会、省诗词协会的支持推动下，“诗援扬州”“诗书抗疫”形成热潮。在40天时间内，市诗协共收到全国各省、市、自治区、特别行政区来稿1万余件，编发微刊32期，发表作品约2000首（件），形成扬州本地抗疫诗词专辑、全国各地声援扬州抗疫诗词专辑、扬州抗疫诗词书法专辑及主题专刊4个系列。中华诗词学会官方公众号和省诗协《江海诗词》，以“封城封路，挡不住诗人词家真情倾诉——全国各地声援扬州抗疫诗词逾两万”为题，推出长篇深度报道专刊，予以肯定。中华诗词学会会长周文彰评价这次活动“以自己特有的方式支持了抗疫，唤起全国的诗人给扬州抗疫以精神力量”。（吴幼萍）

■《扬州童话》作品研讨 11月10日，由市委宣传部主办，扬州大学文学院、运河文学艺术创作研究院承办，市文联、市作协协办的《扬州童话》作品研讨会在萃园城市酒店举办。作家、编剧朱苏进，江苏凤凰文艺出版社副社长孙茜，市文联、市作协、市委宣传部文艺处、市委宣传部干部处负责人，《扬州童话》作者涂晓晴等参加活动。扬州大学文学院教授、博士生导师张堂会主持活动。（吴建军）

■扬州市文艺创作引导资金 2021年，市文联加大对文艺创作引导资金项目的统筹规划、质量把关，申报范围涵盖各个艺术门类，共收到近百项创作规划和实施方案。经省、市两级专家评审，共扶持扬州弹词《如果有来生》、舞蹈《运河鼓韵》、话剧《苏中甲申记》、歌曲《有一种力量》等16部舞台表演类项目，长篇小说《单库》、短篇小说集《夜行人》、歌曲作品集《清风徐来——徐光庆、李晔原创音乐作品集》等9部出版类项目，“百年风华——庆祝中国共产党成立100周年书画精品展”等重大主题展览类项目。（吴建军）

■文艺惠民 市文明办、市文联共同举办“我们的中国梦——文化进万家”志愿服务系列活动。1月14日至2月9日，市文联共组织书法家100余人（次），开展写春联、送春联活动20余场，将3000余副春联、5000余个福字，送给凤凰桥、彩衣街等社区居民、扬州火车站的过往旅客、市级机关相关单位和部门、挂钩联系点的困难家庭等。举办“金牛迎春——扬州市第19届迎春书法作品展”等两场展览。3—12月，市文联组织发动各县（市、区）文联和3个功能区相关责任部门，以“民生幸福工程·文艺名家走基层”为活动主题，共开展210余场“文艺名家走基层”活动，内容包括文学、书法、美术、音乐、舞蹈、摄影、曲艺、戏剧等多个艺术门类。开展“线上文艺讲座”16场。4月，市文联组织开展的第六届“春的律动”文艺系列活动展示月，连续第五

2021年扬州市文联讲堂情况一览表

表32-3

时　间	地　点	主讲人	主　题
3月26日	江都老年大学	朱红林	褚遂良《大字阴符经》与行书的关联性
3月28日	市税务局	周梅生	风景摄影与自然观
4月14日	琼花观	倪　刚　陶恩朝	冲刺“江苏省第七届刻字艺术展”公益课堂
4月20日	树人学校（凤栖湖校区）	蒋永庆	鸟类生态摄影
6月2日	市书协	汪　凯	冲刺“江苏省第七届刻字艺术展”作品点评
6月3日	市书协	张一冰	冲刺“第九届中国书坛新人新作展览”作品点评
7月2日	市书协	谢少承	王羲之书法审美简谈
10月19日	琼花观	周　晨	民生幸福工程第一讲：现代舞——解放肢体
10月22日	琼花观	刘玉海	民生幸福工程第二讲：写意花鸟画的魅力
10月26日	琼花观	姜庆玲	民生幸福工程第三讲：扬州评话及当代的传承状况
10月29日	琼花观	霍宝华	民生幸福工程第四讲：简帛书对当代隶书创作的影响
11月2日	琼花观	马恒福	民生幸福工程第五讲：摄影基础概论
11月9日	线上	苏如春	民生幸福工程第六讲：文化视野下的书法艺术
11月12日	线上	曹永森	民生幸福工程第七讲：扬州楹联创作与欣赏
11月16日	线上	相　东	民生幸福工程第八讲：影视歌曲赏析与演唱
11月19日	线上	康　康	民生幸福工程第九讲：“说而优则演”——论曲艺表演中演的重要性
11月24日	线上	张　军	民生幸福工程第十讲：怎样学习硬笔书法
11月26日	线上	戈　弘	民生幸福工程第十一讲：非物质文化遗产语境下的扬州民歌
12月1日	线上	薛小勤	民生幸福工程第十二讲：色彩在绘画中的运用
12月8日	线上	华干林	民生幸福工程第十三讲：唐诗与扬州
12月20日	线上	刘勇刚	民生幸福工程第十四讲：秦少游
12月24日	线上	涂晓晴	民生幸福工程第十五讲：《扬州童话》创作谈
12月30日	线上	殷旭明	民生幸福工程第十六讲：浅谈书法四要素及临创转换

（吴建军）

年被市委、市政府纳入“烟花三月”国际经贸旅游节活动。市文联利用一个月的时间，共组织开展20余项文艺活动，分别由各县（市、区）文联、各文艺家协会及相关文艺团体具体承办，涵盖文学、音乐、舞蹈、书法、美术、戏剧、曲艺、剪纸等各艺术门类，包括4场公益演出、“彩墨报春晖——扬州市女画家协会书画作品展”等5场展览及多场文艺讲座、作品首发式等活动。5月23日，由市委宣传部（市文明办、市委讲师团）、市教育局、市文联等单位联合主办的“讲党史·品书香·办实事·树新风”——新时代文明实践暨“三下乡”志愿服务乡村行活动在甘泉街道四方广场举行。多家单位的志愿者结合自身工作职能，为当地群众送上健康义诊、科普法治、书法创作、艺术表演等志愿服务。活动中，市文联联合市文明办在全市成立扬州市新时代文明实践文艺志愿服务队，并以市文联机关、书法院和11家对口文艺家协会为基础建立13支专业分队。相关服务队分别在文昌花园社区、毓贤街阮元广场、邗江区甘泉街道、仪征市月塘镇、高邮市汤庄镇开展多场文艺志愿活动。（吴建军）

戏剧曲艺

■ **“曲唱百年”庆祝建党100周年扬州曲艺现代作品展演** 3月20日，由市文广旅局主办的“曲唱百年”庆祝建党100周年扬州曲艺现代作品展演在市音乐厅举办。省文联党组成员、副主席、书记处书记刘旭东，市委常委、宣传部部长张长金，市政协副主席刘流等出席活动。本次展演以“讲好党的故事、展示党的成就、展现新时代文艺工作者新风貌”为主题，市曲艺研究所优秀青年演员刘芓君、谭敏、赵松艳等领衔演绎扬州清曲《扬州是个好地方》、

“曲唱百年”庆祝建党100周年扬州曲艺现代作品展演——扬州清曲《扬州是个好地方》 庄文斌/摄

扬州评话《在岗》、扬州弹词《第一书记》、开篇《红船颂》等新创红色现实题材曲艺作品。此次创作的10余个曲艺节目，根据英雄人物、历史事件改编，有反映抗战、解放战争的红色题材及反映决战决胜脱贫攻坚、为民办事服务新时代题材。（梁致宁）

■扬州曲艺《永远的长征——梨花又开放》首演 7月17日，由市文广旅局打造的中篇扬州曲艺《永远的长征——梨花又开放》在扬州戏曲园首演，500余名党员干部、观众观看试演。中篇扬州曲艺《永远的长征——梨花又开放》以长征这一重大历史事件为背景，以长征路上3名女红军的苦难历程为主线，表现她们是母亲，却舍弃骨肉，藏起转身后心里的巨痛，用柔弱的肩扛起崇高的革命理想，通过以大历史中的小人物、大时代中的小情感展现长征的艰苦历程和重大意义。该剧巧妙地将扬州曲艺三大曲种——扬州评话、扬州弹词、扬州清曲熔于一炉，除清曲部分有男声和声伴唱，其余全部由女演员完成，以女性演员讲述女性故事，这在扬州中、长篇曲艺创作史上也是首次。（梁致宁）

■江苏优秀青年扬剧人才专场演出 10月16日，“艺动青春”江苏优秀青年扬剧人才专场演出在南京江南剧院举行。演出由省委宣传部、省文旅厅、省文联主办，省戏剧家协会、市戏剧家协会协办，市扬剧研究所献演，展示江苏戏曲类“名师带徒”计划和扬剧后备人才培养取得的成果，展现扬剧艺术的魅力和优秀青年演员的风采。（梁致宁）

■扬剧《阿莲渡江》获第五届江苏省文华大奖 10月24日，“文华绽放新时代”第五届江苏省文华奖颁奖晚会在江苏大剧院歌剧厅举办。扬州文艺获7项大奖，其中市扬剧研究所演出的扬剧《阿莲渡江》获舞台艺术类集体奖的最高奖——文华大奖，为扬州首次获得该奖项。扬剧现代戏《阿莲渡江》由剧作家罗怀臻及青年剧作家部庆龙担任编剧，韩剑英担任导演。该剧入选2021年江苏省舞台艺术精品创作扶持工程重点投入剧目，获2021紫金文化艺术节优秀剧目奖，入选江苏省庆祝中国共产党成立100周年优秀舞台艺术作品展演。（梁致宁）

■全省优秀青年扬剧人才专场演出 11月1日，江苏优秀青年艺术家系列展示——优秀青年扬剧人才专场演出活动在江都举办。此次展演演员均是市扬剧研究所青年优秀演员。演出共展演《秦香莲·闯宫》《玉蜻蜓·游庵认母》《三江越虎城》3台扬剧代表作的节选，文戏婉约、武戏豪放都得到展示。（梁致宁）

■2021第四届扬州市“芍药奖”曲艺大赛 11月11日，由市文联主办，市曲艺家协会、市曲艺研究所、市文化馆承办的2021第四届扬州市“芍药奖”曲艺大赛评审结束。受新冠肺炎疫情影响，本次大赛改为线上视频比赛，全市45个节目分别参加少儿组、少年组、成人业余组、成人专业组4个组别的比赛。经评审，共评出一等奖5个、二等奖10个、三等奖18个、入围奖12个、组织奖7个。（吴建军）

■扬州院团接受省国有文艺院团评估定级考核在扬州举行 11月24日，2021年江苏省国有文艺院团评估定级考核会扬州地区举行。省文旅厅组织专家组对扬州市戏曲园内4家市直国有文艺院团的硬件设施、剧目创排及人才传承等情况进行调研，现场观摩扬剧《三江越虎城》、木偶剧《铁道小飞虎》、中篇扬州曲艺《梨花又开放》、扬州弹词《给女儿的信》等优秀剧目的排演。专家组成员听取扬州市歌舞剧院有限公司、扬州市木偶研究所、扬州市扬剧研究所、扬州市曲艺研究所、宝应县淮剧团、仪征市演艺影剧有限公司、江都区扬剧艺术发展中心等7家参评院团代表的汇报，检查各院团自评表及相关支撑材料。专家组对扬州市近三年来在艺术创作、演出活动、艺术普及等方面取得的成绩给予肯定。（梁致宁）

■扬州文化艺术学校举办2022届毕业生专业汇报展演 12月3日，扬州文化艺术学校举办2022届毕业生专业汇报表演暨毕业展览暨供需见面洽谈活动，来自苏州市歌舞剧院、宋城演艺等省内外30余家用人单位代表及学校领导、师生、家长等参加活动。此次展演活动以“与美相拥，启程逐梦”为主题，集中展示音乐表演、舞蹈表演、美术设计与制作三大专业教学成果。（梁致宁）

■公益性小剧场建设 2021年，全市建成小剧场31家，规划建设小剧场4家，多数为公益性质。发挥政策引导作用，连续多年开展扬州市区文化艺术精品工程专项资金资助，共资助小剧场剧目50余部，推动跨界剧目《厨神传奇》、评话《永恒的信仰》等一批剧目登上小剧场舞台。推动“绿杨人家”社区艺术节、“周周看扬剧”等惠民活动与小剧场的衔接，支持优秀节目在小剧场展演与分享，充实小剧场演出内容。探索推广小剧场专业化运营模式，加大与“抖音”“微信”等网络平台合作，培养吸引一批年纪轻、消费强、黏度高的年轻观众，青麦坊等一批小剧场配套服务与观众体验感得到认可。（梁致宁）

■扬州市木偶研究所 2021年，扬州市木偶研究所精修提高木偶戏《铁道小飞虎》，增加扒火车、夺药箱等情节的趣味性，重新调整部分舞美设计和木偶制作，赴全国各地巡演30余场。改编木偶戏《扇韵》获得第五届江苏省文华奖“优秀节目奖”。全年演出349场，综合创收1360余万元。（梁致宁）

■扬州市曲艺研究所 2021年，扬州市曲艺研究所创作中篇扬州曲艺《永远的长征——梨花又开放》、新创打磨扬州弹词《给女儿的信》、扬州评话《又唱艳阳天》等一批红色、现实题材节目。扬州清曲《别样的美丽》等5个节目入选中国曲协“庆祝中国共产党成立100周年优秀曲艺作品”，扬州弹词开篇《歌吹古运河》入选第16届马街书会优秀曲艺节目网络展播，扬州评话《在岗》等4个节目入选中国东部优秀曲艺节目展演，扬州评话《永恒的信仰》入选江苏省庆祝中国共产党成立100周年优秀舞台艺术作品展演，扬州评话《江心洲》等两部作品入选“传承红色基因，礼赞建党百年”江苏省非遗曲艺书场作品展播，扬州弹词《如果有来生》等7个节目入选2021年度扬州市文艺创作引导资金项目，扬州弹词《春雷》、扬州评话《一个不能少》获江苏省文华奖“优秀节目奖”并入选2021年江苏省曲艺家协会重点中长篇创作项目。承办“曲唱百年”庆祝建党100周年扬州曲艺现代作品展演、“牡丹花开心向党”第三届中国东部优秀曲艺节目线上展演等重要活动。《小马说党史》系列节目入选中共中央宣传部党史学习教育优秀宣讲视频。全年开展“百场公益进社区”曲艺惠民演出449场，景区惠民演出120场。（梁致宁）

■扬州市扬剧研究所 2021年，扬州市扬剧研究所创作的扬剧《阿莲渡江》入选江苏省舞台艺术精品创作扶持工程重点投入剧目，获第五届江苏省文华奖文华大奖、紫金文化艺术节优秀剧目奖，入选江苏省庆祝中国共产党成立100周年优秀舞台艺术作品展演。李政成获第五届江苏省文华奖表演奖，王安琦、张圣荃分别获江苏省文艺大奖·第十届戏剧奖金奖、铜奖。参加东亚文化之都城市戏曲经典荟萃、扬州市世界园艺博览会扬州城市主题周活动、扬州中国大运河博物馆开馆演出、江苏省庆祝中国共产党成立100周年优秀舞台作品展播、2021紫金文化艺术节、中国·泰州首届“百梅争艳”戏曲汇演等重要艺术活动。举办紫金文化艺术节“艺动青春”优秀扬剧人才专场演出。全年组织各类演出共计114场，其中商业性演出102场、公益性演出12场。（梁致宁）

■扬州市文化艺术创作研究中心 2021年，扬州市文化艺术创作研究中心集体创作的中篇扬州曲艺《永远的长征——梨花又开放》入选2021年度江苏艺术基金舞台艺术创作资助项目，获第九届江苏省文艺大奖·曲艺奖节目奖。创作的木偶剧《哪吒》入选2021江苏艺术基金资助项目。依托胡小元名师工作室创作《永远跟党走》《石榴花开》《我多想》等一批节目。扬州弹词《家》入选中国曲艺家协会庆祝中国共产党成立100周年优秀曲艺作品。7—9月新冠肺炎疫情期间，推出的抗疫歌曲《我的扬州》登录“学习强国”“扬州发布”等平台，在各大视频平台播放量超百万。（梁致宁）

■扬州文化艺术学校 2021年，扬州市文化艺术学校被市委、市政府命名为“扬州市文明校园”；学校团委被团省委授予“江苏省五四红旗团委”称号。参与2021年扬州世园会开幕式文艺演出、“永远跟党走”扬州市庆祝中国共产党成立100周年大型歌咏文艺演出等重大文艺活动，举办“颂歌百年给党听”殷德平原创作品演唱会，承办第18届扬州市职业学校文化艺术类项目技能大赛赛点工作，获8金、9银、6铜奖项。获上半年江苏省职业学校文化艺术表演与艺术设计类项目技能大赛2金、6银、3铜奖项，奖牌总数再创历史新高，综合考核在扬州市所有职业学校中排名第一；年底省赛中，艺校13名师生参赛，共获3金、1银、8铜奖项。（梁致宁）

音乐舞蹈

■扬州市歌舞剧院 4月，参加2021年扬州世界园艺博览会开幕式专场文艺演出；扬州市统战部庆祝建党100周年文艺汇演活动。4—5月，在南京参加江苏省第11届园艺博览会开幕式和荣耀盛典演出活动。5月，舞剧《朱自清》在上海参加首届“当代精品舞剧演出季”演出；6月，参加扬州中国大运河博物馆开馆专场演出；7月，参加中国大运河大剧院开业演出；10月，舞剧《朱自清》片段《背影》相关演职员赴横店，参与河南卫视和B站合作的舞蹈节目《舞千年》的录制，12月播出；12月，在深圳参加第17届深圳文博会艺术节演出。舞剧《朱自清》入选2021年全国优秀舞剧邀请展演。5—6月，剧院举办独、双、

舞剧《朱自清》演出　　陈　炎/摄

三专场舞蹈精品展演和“我们的中国梦——文化进万家”舞蹈精品节目专场演出活动。6月，先后参加江苏省、南通市、泰州市庆祝中国共产党成立100周年文艺演出活动。7—9月新冠肺炎疫情期间，剧院编排音乐舞蹈短视频《舞蹈接力，为扬州抗疫加油！》，出品原创MV歌曲《秀美扬州风雨刚强》。9月，参加兴化2021中国农民丰收节活动。10月，周紫薇独舞《俪人行》获第五届江苏省文华奖表演奖。11月，双人舞《相遇》入选第二届中国舞蹈优秀作品集萃。12月，参加《美声之林》嘉宾演唱会演出活动，2021年度专业技能考核在剧院抖音和B站官方账号进行现场直播活动。（赵　燕）

■**扬州市第13届“琼花奖”舞蹈比赛**　6月8日，由省文联、市文联主办，省舞蹈家协会、省文艺志愿服务中心、市舞蹈家协会、扬州文化艺术学校承办的“庆祝中国共产党成立100周年优秀舞蹈节目展演暨扬州市第13届‘琼花奖’舞蹈比赛颁奖晚会”在扬州戏曲园剧场举行。本场展演分为《浴血奋斗》《激情燃烧》《扬帆远航》3个篇章，共18个优秀舞蹈，包括现代舞、民族舞、古典舞等多个舞种，这些节目均是从第13届“琼花奖”舞蹈比赛获奖节目中挑选而出。本届“琼花奖”共评出少儿组金奖37个、银奖35个，青年组金奖12个、银奖12个，中老年组金奖7个、银奖1个，专业组金奖11个、银奖11个，优秀创作奖4个、创作奖3个、优秀舞蹈之星14个。（吴建军）

■**2021年扬州市中小学生“茉莉花奖”声乐、器乐大赛**　11月30日，由市文联主办、市音乐家协会等单位承办的2021年扬州市中小学生“茉莉花奖”声乐、器乐大赛评审结束。受新冠肺炎疫情影响，本次大赛改为线上视频比赛，吸引全市344名选手分别参加儿童A组、儿童B组、少年A组、少年B组和组合组5个组别的比赛。经评审，共评出一等奖13人、二等奖30人、三等奖66人。（吴建军）

■**2021年扬州世界园艺博览会开幕演出**　4月8日，以“绿色城市、健康生活”为主题的2021年扬州世界园艺博览会在扬州市仪征枣林湾开幕。开幕式专场文艺演出运用沉浸式艺术表现手法，通过园艺符号与扬州文化符号的紧密结合，并运用多种全新光影技术，为观众呈现一场如梦如幻的独特视觉文艺，向世界发出扬州春天的邀约。本场演出以“绿”“花”“约”3个篇章，高度融合园艺元素与扬州地方文化元素，将花、竹等园艺符号和花、月等扬州文化符号紧密结合碰撞，融入扬州清曲、杖头木偶等地方特色艺术。音舞诗画《荷塘月色》等5个节目体现本届世园会“绿色生活，美丽家园”的主题。（梁致宁）

书画美术

■**扬州市书画摄影精品展**　1月20日，由市文联主办，扬州书法院、市书法家协会、市美术家协会、市

4月8日，2021年扬州世界园艺博览会开幕式　　庄文斌/摄

摄影家协会等单位承办的“辉煌小康路——扬州市书画摄影精品展”在市美术馆开展，展期1个月。展览面向扬州全市征稿，共收到书法作品110余幅、美术作品80余幅、摄影作品300余幅。经过评审，并特邀部分知名老艺术家参展，共展出书法精品59幅、美术精品58幅、摄影精品50幅。（吴建军）

■扬州市书画作品慈善义卖 3月28日，由市慈善总会、市文联主办，市旅投集团承办的“艺”起来公益——扬州市书画作品慈善义卖活动在瘦西湖畔举行。市慈善总会会长洪锦华为书画家、企业家颁发证书。义卖现场，中国画研究院原副院长舒建新等10余名书画家捐献作品义卖，扬州13家单位到场奉献爱心。活动最终募集慈善资金近10万元，全部捐给市慈善总会用于慈善公益事业。（吴建军）

■党史学习教育主题书法作品创作 4月1日，由市文联主办、市书法家协会承办的“永远跟党走，书法颂党史——扬州市党员书法家党史学习教育主题书法作品创作”活动在扬州文艺界“党员之家”举行。书法家们围绕党史学习教育的有关内容，创作书法精品40余幅，并于4月23日在市文联美术馆展出。（吴建军）

■2021扬州瘦西湖当代中国画学术邀请展 5月11日至6月10日，由省中国画学会、蜀冈－瘦西湖风景名胜区管委会、市文广旅局、市文联共同主办的“春和景明——2021扬州瘦西湖当代中国画学术邀请展”在瘦西湖艺术中心美术馆举办。本次展览邀请全国及省级中国画学会艺术家代表40余人参加，共展出近百幅国画精品。（吴建军）

■扬州市市级机关主题书画摄影展 6月8—15日，由市纪委监委、市委市级机关工委、市文广旅局、市文联共同主办的“清风正气好地方，风华正茂恰百年”市级机关主题书画摄影展在市美术馆举办。展览共收到来自31个单位的143幅作品。通过专家评审，精选出近百幅作品集中展览。（吴建军）

■2021扬州书法双年展 7月13日至8月20日，由省书法家协会、市委宣传部、市文广旅局、市文联主办，市国画院、市美术馆、市书法家协会共同承办的“庆祝中国共产党成立100周年—2021扬州书法双年展”在市美术馆展出。本次展览自征稿以来，共收到来自全省各地及部分外省的书法作品830件，其中扬州246件。经过初评和终评，入展作品165件，并评出优秀作品20件。（吴建军）

■扬州市第六届瓷画作品展 10月1—15日，由市文联指导，瘦西湖风景区管理处和市瓷画协会联合主办的“湖上佳景——扬州市第六届瓷画作品展”在瘦西湖艺术中心美术馆举行，共展出100件以瘦西湖风景为主题的瓷画作品。（吴建军）

■扬州市国画院 2021年，扬州市国画院共有17件作品参与国家级、省级各项创作展览及活动，其中国家级6件。安玉民作品《古运今晖》入选中共中央宣传部、文旅部“伟大征程，时代画卷”庆祝中国共产党成立100周年美术作品展，《吉祥腾飞》入选中国国家画院“第七届全国国家画院美术作品展”，贾修森作品《如花美眷丽人行》、王长栓作品《清浅水畔》入选中美协“抱石风骨”首届中国画双年展，徐震作品《月晓风清》入选中美协“百花向阳”2021全国花鸟画作品展，滕强作品《扬州胜景四屏》入选中美协“重温经典”第五届娄东（太仓）全国山水画作品双年展。安玉民参与中美协组织的内蒙古美术创作“双万工程”主题创作，完成巨型山水长卷作品《万马奔腾图》和《万里绿色长城图》。承办“庆祝中国共产党成立100周年”2021扬州书法双年展。全年共举办国家、省级书画展览20余场。（梁致宁）

社会科学

■概况 2021年，市社科联围绕“牢记殷切嘱托、扛起使命担当，奋力把‘好地方’扬州建设得好上加好、越来越好”的主题，主动融入中心大局，在理论研究、决策咨询、社团管理、社科普及、机关建设等方面取得一定成效，为扬州经济社会发展提供理论支撑和智力支持。紧抓习近平新时代中国特色社会主义思想的学习研究宣传。结合党史学习教育，先后召开专题会议，深入学习习近平新时代中国特色社会主义思想、党的十九届六中全会精神、习近平总书记视察江苏重要讲话指示精神等，通过学原文、谈体会、交流宣讲等多种形式，引导社科工作者自觉用中国特色社会主义理论武装头脑、指导实践、加强研究、形成成果。紧扣庆祝中国共产党成立100周年等重大节点开展理论研讨，举办扬州市庆祝中国共产党成立100周年理论研讨会、学习习近平总书记“七一”重要讲话精神座谈会等活动，组织多篇理论文章在《扬州日报》“学思行”专版刊登。在总书记视察扬州一周年之际，出版扬州市中国特色社会主义理论研究中心课题组成果《把“好地方”扬州建设好发展好——新时代中国特色社会主义扬州探索与实践》一书，营造良好的理论氛围。市社科联获“2019—2020年度扬州市文明单位”称号。市社科联及各县（市、区）社科联共5个创新工作被省社科联表彰为“省社科联系统2020年度工作创新案例”。《把“好地方”扬州建设好发展好》获全市宣传思想文化工作创新提名奖。

课题研究。市社科联坚持围绕市委、市政府中心工作，以扬州高质量发展和“三个名城”建设为主攻方向，解决社科课题“课题从哪里来、课题由谁研究、成果到哪里去”的问题。全年完成“开启全面建设现代化新征程的扬州经济社会发展机遇挑战及战略研究”“高铁时代扬州旅游发展研究”“扬州民生幸福提升研究”等重大课题项目，形成年度重点课题成果357项、《扬州蓝皮书》成果32项、文化专项成果27项、网信专项成果45项，并资助12项重大课题成果出版。

社科普及。结合庆祝建党100周年，在全市范围内开展“百年风华，党史回眸”专题社科学堂，共征集专题讲师40余人。扬州新冠肺炎疫情结束后，从9月下旬开始，在第18届社科普及宣传周期间集中开展专题党史讲座10余场，全年专题讲座在乡村、机关、学校等地举办32场。编辑出版《让红旗插遍江高宝》主题书籍。继续加印《歌吹扬州》，向扬州市图书馆、城市书房赠送及在各项活动中向市民群众发放数千册。推进社科普及基地建设，全市共建成国家级人文社科普及示范基地2家、省级社科普及示范基地12家、省级社科普及研发基地2家、市级社科普及示范基地63家。对《扬州社会科学》、社科联网站、出版书籍等理论阵地，严格管理、严格把关，确保正确的政治方向和学术导向。

学会管理。指导新四军和华中抗日根据地研究会、历史文化名城研究会、现代金融学会、群众文化学会等学会完成换届工作；指导农村金融学会、地方人大工作研究会等调整理事会领导班子，指导党建学会变更业务主管单位；向省社科联推荐全省模范学术社团，卫生经济学会获评“全省优秀学术社团”，市场监督管理学会获提名；联合市民政局约谈农村财政学会、卫生政促会、流行音乐学会等3家学会，督促流行音乐会进行整改；注销扬州经济学会；指导新成立古陶瓷研究会；完成2020年度学会年检工作。

社科队伍。把习近平新时代中国特色社会主义思想落实到社科联各个方面、各项工作、各个环节中，把服务市委、市政府中心大局同立足实际创造性开展工作统一起来，开展“党史学习教育”，以抓落实的实际成效诠释初心使命。加强党性教育，强化攻坚克难的勇气、敢于担当的精神与创新突破的思维。抓好社科联基础建设，帮助县（市、区）社科联加强发展规划，强化基层社科联工作者能力素质培养，培育扎根基层、服务地方发展的社科队伍。（孔　悫　李雪晨）

■ 2021年度《扬州蓝皮书》 2021年度《扬州蓝皮书》共收到申报课题106项，其中立项32项、结项32项。《扬州蓝皮书》共分为总报告、“经济发展高质量”研究报告、“改革开放高质量”研究报告、“城乡建设高质量”研究报告、“文化建设高质量”研究报告、“生态环境高质量”研究报告、“人民生活高质量”研究报告等七部分，紧扣扬州推进“六个高质量发展”的理论思考和实践探索，增强课题的研究性、实用性和前瞻性，预测与解答扬州未来发展中可能遇到的问题。（孔　悫　李雪晨）

2021年度《扬州经济社会发展蓝皮书》结项课题一览表

表32-4

课题名称	课题组成员
2021—2022年扬州经济社会发展形势分析与预测	黄为民　孙景亮　夏卫峰　胡凌子　张景文
扬州产业科创名城建设现状和对策研究	扬州市科技局课题组
扬州制造业高质量发展研究	赵宽安　李　晖　卜玉江　谢森妙
2021年扬州市服务业发展研究报告	扬州市发改委课题组
2021年扬州外经贸发展形势分析报告	王志海　陈　清　郭　杰　徐建华　蒯梦原
2021年扬州市市场主体发展报告	扬州市市场监督管理局课题组
2021年扬州金融形势回顾与展望	扬州市金融学会课题组
邗江县域产业体系研究报告	吉和庆　蔡历历
扬州开启现代化新征程的定位、目标、路径	程兆君　陶小军　张克辉
2021年扬州市经济体制改革研究报告	韩长金　胡新林　姜金元
扬州政务营商环境优化提升研究报告	陆安亚　刘加祥　查　盛
智慧应用生态体系在市域社会治理现代化建设上的运用	宫文飞　张继东　周　震　倪玉成　吴　昊
监督推进“一件事”改革的实践研究	徐宏宇　蒋桂芳　冯旭枫　步　爽
2021年扬州市营商环境满意度研究报告	夏祥红　蔡　俊　孔婷婷
扬州群团组织“小机关、大社会”的研究	徐志刚　黎小生　周　婷

续表 32-4

课 题 名 称	课 题 组 成 员
2021 年扬州乡村振兴战略研究报告	阚成法　张　影
扬州农村集体经济增收途径研究	扬州市审计局课题组
扬州农业人口转移状况分析	扬州市职业大学课题组
扬州市村级债务现状及化解对策研究	马顺圣　袁强华　王伟业　刘乃祥　杨熙元
扬州旅游新业态研究	王　丹　周　斌　王　洋　林　刚　陆建飞　卜雪梅
2021 年广陵区古城保护复兴研究报告	夏　俊　邱　露　池家强　张　健　郑　茜
扬州湿地旅游资源保护与开发路径研究——以宝应县为例	赵明亮　吴小洪　董庆源　张继华　英　震
2021 年南水北调东线源头生态环境改善研究报告	潘玉华　周　伟　吴　蒙　陈　森　费震禹
2021 年扬州创业就业形势分析与预测	范　耘　李宏平　李德江　林　强　李　洁
2021 年扬州市城乡居民收入与消费状况分析报告	刘春来　谢　阳　解国元　叶　进
2021 年扬州居民消费价格形势报告	谢　阳　张曼曼　季　杰
2021 年扬州教育事业发展研究报告	周应华　姜师传　谈　雷
2021 年扬州卫生健康事业发展报告	赵国祥　陈东升
2021 年扬州体育融合发展报告	李桂山　周　烈　钱咏红　宋　倩　刘　凤
2021 年扬州民政事业发展报告	王振祥　曾漳龙　蒋承骏
扬州市科创人才集聚研究	赵振东　陈凤桂　石火培　王　敏
扬州市产业工人队伍建设改革评价体系研究	扬州市总工会课题组

（孔　忞　李雪晨）

■扬州市庆祝中国共产党成立 100 周年理论研讨会 6 月 21 日，由市委党史学习教育领导小组办公室、市委宣传部、市社科联共同主办的“扬州市庆祝中国共产党成立 100 周年理论研讨会”召开。市委常委、宣传部部长、市委党史学习教育领导小组副组长、办公室主任张长金，市政协副主席董玉海出席活动。各县（市、区）委宣传部、社科联分管负责人，各功能区分管负责人，市直宣传文化系统各单位主要负责人，市直有关部门单位分管负责人，各高校分管负责人、科研处负责人，市各学会、协会、研究会代表，入选论文作者代表及社科理论专家代表共 100 余人参加会议。研讨会共收到征文 203 篇，60 篇论文被评为本次研讨会的优秀论文，8 名优秀论文作者在会上进行交流发言。

（孔　忞　李雪晨）

■扬州市第 13 届哲学社会科学学术年会 扬州市第 13 届哲学社会科学学术年会以“奋斗新征程，建设‘好地方’”为主题。分为金融、税务、县（市、区）3 个专场。其中，金融专场开展金融助力名城建设研讨；税务专场以“深化税收治理，助力扬州发展”为主题，进行专场交流；县（市、区）专场以“加快推进社会治理现代化，筑牢经济社会高质量发展底板”为主题展开研讨交流。

（孔　忞　李雪晨）

新闻出版

综述

■概况 2021 年，全市有出版社 1 家、报纸 5 种、期刊 16 种、连续性内部资料性出版物 43 家、驻扬记者站 3 家。有印刷企业 557 家，其中出版物印刷企业 15 家、专项印刷企业 6 家、数字印刷企业 3 家、包装装潢印刷品印刷企业 332 家、其他印刷品印刷企业 201 家，销售总额 40 亿元，利润 2.4 亿元，从业人员 0.99 万人，省级示范企业 4 家。有出版物发行企业 1011 家，其中出版物批发企业 31 家、出版物零售企业 780 家，销售总额 1.1 亿元，从业人数 0.41 万人。有网络出版单位 3 家。

（陈相辉）

■印刷发行管理 完成 557 家印刷企业年度报告公示和 1011 家出版物发行单位年度核验工作；开展扬州市印刷复制发行暨内部资料性出版物“双随机、一公开”抽查工作。开展全市印刷企业危化品专项整治，规范印刷企业油墨使用管理，督促指导使用单位完成“江苏省危险化学品使用安全专项治理信息系统”信息填报工作。3家企业获省服务业（新闻出版）专项扶持资金150万元。在第三届江苏省新闻出版政府奖评选活动中，广陵书社获第三届江苏省新闻出版政府图书奖，江苏凤凰扬州鑫华印刷有限公司获印刷复制奖，广陵书社刘栋获优秀新闻出版人物奖。在第七届江苏省印刷行业职业技能大赛活动中，3人获职工组二等奖，1人获三等奖，3人获优秀奖。举办扬州市出版物发行行业职工职业技能竞赛。（李相林）

■报刊管理 开展全市新闻单位社会效益考核初审，加强报刊审读和报刊社、记者、记者站事中、事后监管，加强新闻机构持记者证人员的监管，完成43家连续性内部资料性出版物编印单位年度核验。召开2021年度扬州市出版管理暨审读工作会议，落实“三审三校”制度，编发《扬州市报刊审读》12期。严格落实报刊年度核验制度，坚持问题导向，聚焦重点报刊，对群众反映的意见和诉求及时进行核查处理。（李相林）

■版权管理 新建版权工作站2家，总数18家。全年作品登记数量5959件，比上年增长11.28%。组织参加全省著作权法知识答题竞赛。开展打击侵权盗版“剑网行动”，查办版权案件11起，其中刑事案件2起、办结9起。扬州“2·15”马某某等侵犯影视作品著作权案、扬州谷某等制售侵权盗版玩具案入选“2020年度江苏省打击侵权盗版十大案件”。3个项目入选全省2021年优秀版权作品产业转化重点培育项目，1家单位创成省版权示范单位。（管　斌）

■广陵古籍刻印社 2020年12月至2021年1月，扬州广陵古籍刻印社（简称刻印社）与扬州小记者中心合作，定期进入校园，通过讲座、互动体验等形式，让传统手工艺走进学校。1月，刻印社策划开展“年画重回春节”活动，创作“牛气冲天”福筒，推动年画这一传统习俗重新回到百姓生活中，该活动反响热烈，“学习强国”、腾讯网等20家媒体进行新闻报道。2月11—17日，刻印社前往扬州文化馆展示宣传雕版印刷技艺。3月，刻印社传习所开展精品年画《群仙贺寿图》创作。3月14日，刻印社在扬州绿杨新苑参加“送文化进乡村”系列活动，向群众宣传普及雕版印刷技艺。4月8日，刻印社在仪征参加世界园艺博览会活动，展示雕版印刷精品。5月18日，刻印社在瘦西湖景区西门广场参加中国旅游日系列活动，展示雕版印刷技艺。6月，刻印社完成市属国有企业干部职工人事档案专项审核。3—6月，为传承弘扬红色文化，庆祝中国共产党成立100周年，刻印社先后用雕版印刷技艺创作《入党誓词》《不忘初心，永葆青春》《沁园春·雪》《毛泽东诗词六十七首》《辉煌百年，福泽久远》等5件作品，作品先后入选中国传统工艺邀请展、“百年百艺”庆祝中国共产党成立100周年非遗作品展等，“学习强国”、新华网、荔枝网等10余家新闻媒体进行报道。6月7日，刻印社与广储社区结对共建，现场展示雕版印刷技艺，并与社区居民互动体验，将创作的“匠心向党”系列作品《入党誓词》赠送给社区老党员。6月11日，刻印社在扬州大学扬子津校区参加非遗日活动，展示雕版印刷技艺。6月12日，刻印社在皮市街参加“粽情端午，同袍有爱”活动，展示雕版印刷技艺，获中央电视台宣传报道。6月15日，刻印社获国家级非物质文化遗产保护专项资金75万元。6月18日，刻印社在南京参加“扬州的夏日”研学季发布暨启动仪式，展示宣传雕版印刷技艺。6月25日，刻印社在南京传媒学院图书馆四楼参加党史课程思政展，现场与学生互动体验雕版印刷技艺。6月27—28日，刻印社前往扬州皮市街参加“皮市集”活动，宣传展示雕版印刷技艺。7月16日，刻印社在嘉境公园参加“送文化进乡村”系列活动，向群众宣传普及雕版印刷技艺。7月23日，省人社厅人才开发和对外合作处调查员蒋刚前往刻印社，参观考察刻印社“江苏省乡土人才示范大师工作室”建设情况。扬州大学“非物质文化遗产自媒体传播视频设计研究”项目组前往刻印社商谈合作拍摄事宜。9月，刻印社陈美琦获高级工艺美术师、高级乡村振兴技艺职称。刻印社李鑫、阚恺、李金晶参与创作拍摄的《饾版印刷·门神制作》在第九届全国高校数字艺术设计大赛中获江苏赛区三等奖。9月22日，刻印社参加第三届大运河文化旅游博览会，现场展示人类非物质文化遗产——雕版印刷技艺。10月15日，《开放大学》老年教育栏目前来刻印社拍摄雕版印刷技艺，制作纪录片。首都博物馆一行参观访问刻印社。10月28日，新华日报交汇点一行参观刻印社。11月，刻印社李鑫、阚恺、李金晶、陈静参与创作拍摄的《留住技艺，记录非遗——饾版印刷》在第七届江苏省科普公益作品大赛中获得二等奖。11月，刻印社陈美琦参加江苏省第十四次党代会。11月5日，上海豫园商行一行参观考察刻印社。11月8日，光大文投公司考察刻印社。11月30日，刻印社数件雕版印刷精品在江苏省非物质文化遗产保护中心非遗空间展出。11月，刻印社顾孝慈参加江苏省青年马克思主义培训班（国企班）。12月1日，刻印社为年老雕版艺人开展抢救性保护数字记录工作。12月16日，世明双语学校走进刻印社参观学习雕版印刷技艺。12月22日，GZ263地块暨中国印刷博物馆广陵分馆奠基开工。12月，刻印社陈美琦个人工作室获“扬州市名师工作室”称号。刻印社阚恺入选扬州市优秀高技能人才第五期“英才培育计划”。12月15日，刻印社成功申报扬州市生产性保护示范基地，并获相关经费2万元。（赵　燕）

扬州报业传媒集团

■概况 2021年，扬州报业传媒集团谋划重大主题和中心工作宣传，持续推动媒体深度融合发展，巩固发展积极健康向上的主流思想舆论，为庆祝建党百年、推动改革发展、做好疫情防控、促进和谐稳定营造良好舆论氛围。集团产业经营取得新成效，改革发展增添新活力，治理效能得到新提升，各项事业保持良好发展势头，“十四五”实现良好开局，打造新型主流媒体集团迈出坚实步伐。

全面构建主流舆论新格局。集团各媒体平台围绕庆祝建党百年、党史学习教育、建设“三个名城”、打赢疫情防控硬仗等主题，精心策划、周密部署，制作有品质、有格调的内容，增强正面宣传表现力和感染力，涌现出一大批有影响力和传播力的作品。集团全面落实“政治家办报”要求，做好重大主题宣传。各媒体深入宣传阐释习近平新时代中国特色社会主义思想，刊发一批重点报道和专题专栏，《扬州日报》“学思行”理论专版、融媒专栏“广陵潮评”成为理论宣传重要阵地。聚焦庆祝中国共产党成立一百周年和党史学习教育，《扬州日报》《扬州晚报》先后开设“奋斗百年路，启航新征程”“学党史，悟思想，办实事，开新局”“古城红色印记”“我家的红色记忆”“我为群众办实事”等栏目，累计刊发党史学习教育相关报道2000余篇次。扬州发布策划大型融媒体综合行动“百年史·记”，包括“百年百瞬”“百年百问”“云览中国红”“‘百炼成钢’文艺精品展示”等特色栏目。扬州网开设“百年风华扬州路，新百年新起点”“学习党史践初心，奋勇争先开新局”等专题。“学习强国”扬州学习平台开设“党史学习资料馆”“党史百年·天天读”等专题专栏，承制系列短视频《红色文物述说人间正道》和“评话党课”。“七一”期间，《扬州日报》推出政论文章《奋斗百年路，初心不变创伟业》、跨版特刊《党旗飘“扬”》《百年激“扬”》等；《扬州晚报》推出特刊《百炼成钢》。《扬州日报》联

2021年扬州报业传媒集团获省好新闻作品一览表

表32-5

类　别	作品标题	作　者	编　辑	等　次
消　息	7万党员上讲台讲党史	丁佐春	毛建国　雷　菡　曹　燕	一等奖
通　讯	一家三代“小巷总理”70年接力“守心”	李继业　周明涛 胡　俭　刘　贺	李　峰　雷　菡　朱东伟	一等奖
系列报道	“为三江营烈士寻亲”系列	嵇尚东　王　卉 庄文斌　顾建春 孙冬萍	毛建国　刘　贺　陈惟金 李文明　蒋斯亮　曹　燕	一等奖
新闻版面	《扬州日报》4月8日T1-8版《“园”梦好地方》	刘　贺　曹　燕 詹大云		一等奖
报纸副刊	冰刃上的火焰	李蓉君	周明涛　李　峰　胡　敏	一等奖
媒体融合	抗疫“扬州家书”系列	李继业　周明涛 张志虹　拾景炎 赵　钢　蒋大伟 毛建国　李蓉君	朱广盛　陈惟金　于彬彬 曹寅峰　蒋斯亮　刘国锋 王子亭	一等奖
消　息	“扬麦33”：破解小麦赤霉病世界难题	周　晗	刘　贺　陈惟金　朱东伟	二等奖
消　息	千余毕业生“净”悄悄离校	乔　云	毛建国　郑　岢	二等奖
消　息	“妈妈，是你吗？”	郑露莎	刘　贺　李文明	二等奖
通　讯	“让古运河重生”的扬州实践	王　鹏	吴生锋　陈惟金　曹　燕	二等奖
通　讯	张家宏：把论文写在稻虾田里	周　晗	刘　贺　曹　燕　朱东伟	二等奖
评　论	如果再遇到一个毛某宁怎么办	毛建国	吴生锋　陈惟金	二等奖
名专栏	扬州晚报“马上办”	张志虹　谢翠红 张瀚月	张瀚月	二等奖
媒体融合	小石头的一节课	蒋大伟　冯庭如 董斯达　孙　浩	凌　鹏　季　璇	二等奖
新闻摄影	左手烟火，右手清欢	司新利		二等奖
报纸副刊	奔赴千年的约定 ——记录扬州中国大运河博物馆建设背后的故事	朱广盛	周明涛　胡　敏　谈海蓉	二等奖

续表 32-5

类　别	作品标题	作　者	编　辑	等　次
报纸副刊	枕戈待旦廖主任	吴周文	陈爱东	二等奖
新闻论文	突发事件报道的五种“打法”	李继业		二等奖
新闻论文	新闻写作场景化初探	雷　菡		二等奖
消　息	国内首条“未来高速公路”启用	石默然　嵇尚东　黄媛媛	刘　贺　李文明　刘冠霖	三等奖
消　息	扬州党组织最早入党誓词现身	姜　涛	吴生锋　郑　岑	三等奖
通　讯	这一年，“小石头”成长记	林倩雯	邹亚琴　刘　静	三等奖
通　讯	谢谢你们，与我们风雨同“州”	丁　云　王诗韵	毛建国　朱东伟	三等奖
系列报道	“运河新故事，行走看变化”系列	嵇长青　张　旭　陈云飞　钱　伟　詹叶青　李彬彬　郑露莎　胡　俭	周明涛　李　峰　拾景炎　冯　刚　吴生锋　毛建国　刘　贺　曹　燕　朱东伟　郑　岑	三等奖
网络作品	再继续坚持一下，让“好地方”恢复生机和活力	毛建国	朱广盛　陈书戈	三等奖

（陈惟全　刘新平）

合市委宣传部、市社科联举办学习习近平总书记“七一”重要讲话精神座谈会，并在“学思行”专版推出多期学习研讨理论文章。贯彻习近平总书记视察江苏、视察扬州重要讲话精神，集团媒体持续开展“扬州是个好地方”主题宣传，组织《践行嘱托开新局——争当表率，争做示范，走在前列》等一批专题专栏。习近平总书记视察扬州一周年之际，《扬州日报》撰写长篇通讯《“让古运河重生”的扬州实践》、评论《古今辉映向复兴》。集团各平台推出系列报道“运河新故事·行走看变化”及《小石头的一节课》等融媒产品。集团媒体聚焦江苏省第十四次党代会、扬州市第八次党代会、扬州世界园艺博览会、扬州中国大运河博物馆建成开放等重要会议、重大事件，充分用好融媒手段，精心组织立体宣传。7 月底新冠肺炎疫情发生后，积极打好新闻宣传正面战、阵地战、歼灭战、心理战、主动战，全媒体平台 40 余天累计发稿 8500 余条，其中“10 万 +”稿件 820 余篇，全平台总点击量“6 亿 +”；以“扬州发布编辑部”名义发出 6 封家书，总传播量突破 8 位数；《扬州日报》连续刊发 37 篇“战疫评论”，创下扬州传媒史纪录。集团媒体围绕“三个名城”建设、招商引资、项目建设、优化提升营商环境和开发园区“二次创业”、大运河文化带建设等推出一批有影响的专题专栏。集团积极组织对上宣传，全年在《人民日报》及海外版发稿约 40 件，一批重点报道登上新华社平台。

全面提升媒体融合新境界。集团持续推进媒体深度融合发展，不断完善全媒体指挥体系和运行机制。4 月，集团与世界运河历史文化城市合作组织联合成立大运河传媒，在北京开设新媒体直播室。大运河传媒入选 2021 年江苏省中华文化走出去重点项目。5 月，集团成立新闻采编工作委员会，并定期召开编委会（扩大）会议，谋划部署新闻宣传任务。完善全媒体新闻中心媒体资源使用、公众号申请备案、“三审三校”记录单留档等工作制度。优化调整全媒体新闻中心机构设置和人员配备。微视频《评话党课·小马说党史——〈一颗种子〉》入选中共中央宣传部 2021 年度“优秀理论宣讲微视频”。“小康百村行”系列视频获 2020—2021 年度江苏省报业新媒体创新项目二等奖。视频《四海情牵·扬州安好》《江苏扬州非遗：扬派折扇》、MV《当我别上这枚党徽》等被“学习强国”全国平台首页推荐。城市形象宣传 MV《故乡是扬州》、视频《又见扬州四月天》等，广受好评。在 2021 年度全省好新闻评选中，扬州报业传媒集团 25 件作品获奖，其中一等奖作品 6 件。

全面培育产业发展新动能。2021 年，集团实现考核销售收入 2.55 亿元，超额完成考核任务，实现利润 2102.1 万元。面对新冠肺炎疫情的冲击，集团党委多次专题研究，稳住基本面，培育增长点。集团与市纪委监委共同策划发起第二届中国·扬州“运河清风”微电影大赛，共收到参赛作品 1605 部。承办“2021 黑珍珠餐厅指南”发布暨颁奖盛典，促成美团与扬州市政府签订战略合作协议。寻求新的合作伙伴，10 月成立乐程喜童（扬州）智慧交通有限公司。广陵书社完成办公场所搬迁。

全面打造现代管理新模式。集团推动党史学习教育走深走实，做好“党建 +”和巡察“后半篇”文章，把组织生活与提升党员干部能力、服务基层群众、促进集团中心工作、推动报业转型发展有机结合起来。集团深挖党史、报史资源，结合学习践行马克思主义新闻观，开展老报人党史报史公开课、“我在追寻那抹红”青年记者讲述红色故事、支部书记读书班等活动，打造党建新品牌。省“三教办”推广集团开展党史学习教育的经验做法。年内，“扬州发布”App 编辑部获“全国巾帼文明岗”，健康融媒中心丁云获全国红十字志愿服务先进典型。11 月，扬州日报社恢复为差额拨款事业单位获市编办批复。集团对全媒体新闻中心、全媒体经营中心、产业、行政管理四大板块实行预算管理，节流与开源并举，运营成本明显下降。

（陈惟全　刘新平）

■《扬州日报》 2021 年，《扬州日报》出版 352 期，印数（开机数）8.04 万份，征订数 7.79 万份。《扬州日报》把版面资源更多向本地新闻、原创新闻集聚，做强“党报调查”“党报评论”等品牌栏目，新设《幸福运河》周刊；坚持“每逢大事必有特刊”传统，策划制作《“园”梦好地方——2021 年扬州世界园艺博览会特刊》《“0 新增”不等于“0 风险”》《好地方，新模样》等专题特刊。（陈惟全　刘新平）

■《扬州晚报》 2021 年，《扬州晚报》出版 325 期（8 月因新冠肺炎疫情休刊 30 天），印数（开机数）6.84 万份，征订份 6.8 万份。《扬州晚报》紧扣特色化办报思路，推出“大家说”“凡人传”“口述史”“扬手拍”等新版面新栏目。扬州晚报微信全年“10 万 +”稿件 60 余条，影响力在全省新闻媒体中位居前列；新辟“新闻评话”栏目，连续刊发 60 余期。《扬州晚报》微博被新浪授予“百万粉丝俱乐部终身 VIP 会员”。

（陈惟全　刘新平）

■扬州发布 2021 年，“扬州发布”客户端下载用户突破 150 万；“扬州发布”微信粉丝量增至 60 万；“扬州发布”、扬州网和《扬州晚报》联合打造的“马上办”专栏，成为集团“学党史、办实事”重点项目。

（陈惟全　刘新平）

■扬州网 2021 年，扬州网先后制作《新春走基层——访企业谋发展访民生谋幸福》等专题 90 余个，品牌栏目“广陵潮评”全年刊发网络评论 2000 余篇，其中原创评论 700 余篇。“学习强国”扬州学习平台创设导学空间 12 个，选聘学习委员 100 余名，被全国平台采用稿件 463 篇，位居全省设区市前列。

（陈惟全　刘新平）

广播影视

综述

■概况 2021 年，市文广旅局推出广播电视创新创优节目《向上吧！新时代好少年》、专题“奋斗百年路，启航新征程”、建党百年主题 MV《当我别上这枚党徽》、微纪录片《留住红色记忆，保护红色地名》、网络短视频《抢代言 C 位！运河国宝 battle》等一批精品节目作品，扬州全省季度推优获奖总数位居全省设区市第四位。《跟着习近平爷爷游扬州》等 3 件节目（栏目）获评年度江苏省广播电视少儿精品。《疫情之下——人类命运共同体》等两部作品在省社会主义核心价值观动画短评创作大赛中获奖。《为三江营烈士寻亲记：跨越 72 载的“团聚”》获省优秀新闻节目。《三湾的昨天、今天与明天》《我和我的运河》入选国家广电总局年度优秀网络视听作品。动画片《疫情之下——人类命运共同体》《跟着喜鹊瑞瑞学党史》获全省社会主义核心价值观动画片创作大赛三等奖。在全省广播电视科技创新奖评比中，扬州获一等奖 1 个、三等奖 4 个。在全省广播电视技术能手竞赛中，扬州获二等奖 1 个、三等奖 3 个。在全省广播电视节目录制技术质量奖评比中，扬州获一等奖 4 个、二等奖 8 个、三等奖 5 个。

（魏　昕　吴立伟）

■电影管理 全市开展“百片千村万场”公益电影展映活动，组织“四史”电影教育课献礼影片观看。完成 4 部电影立项工作。争取扬州影视基地水景拍摄中心项目奖补资金 1000 万元；帮助大河影业向上争取 300 万元票房过亿奖励资金；《催眠裁决》获第三届“江苏省文艺大奖·电影奖”二等奖；帮助中国·扬州电影世界申报省级电影基地。做好《江苏省电影摄制服务指南》资料收集工作，14 个点位纳入全省拍摄取景地。推进农村固定放映点建设，新建固定放映点 278 个，新建成乡镇影院 7 家。（管　斌）

■广电宣传管理 《扬州新闻》先后开设《奋斗百年路，启航新征程》《学党史，悟思想，办实事，开新局》《我为群众办实事》《奋斗百年路启航新征程·同心奔小康》等多个专栏，分阶段打好建党百年宣传战役，不断将宣传氛围推向高潮。各级广播电视台策划“好地方，心向党”大型融媒体直播、“红色传家宝”新闻行动、“我在社区这些年——光辉百年党员初心录”融媒体主题活动、“我心向党”红色经典诵读大赛等主题宣传活动。围绕扬州发生的新冠肺炎疫情，各级广播电视行政管理和播出机构以抗疫防疫为宣传主题，指导开辟战疫话题 70 余个，推出短视频、微视频、MG 动画、海报、动图、一图读懂等各类抗疫新媒体报道超过 5000 篇（部）。以《扬州收听收看》期刊为抓手，开展广播电视节目评议活动，全年编辑出刊 27 期，刊登评议文章 80 余篇。（魏　昕）

■智慧广电乡村建设 市文广旅局围绕智慧广电赋能乡村振兴和打造“一镇一品、一村一特色”的建设目标，与相关单位通力协作，克服新冠肺炎疫情影响，完成 2021 年度省政府下达扬州市的 10 个智慧广电乡镇（街道）民生实事建设目标任务，为农村地区提供更加优质的公共文化、涉农信息、乡村治理和产业支撑等服务，推动由“看电视”向“用电视”的转变。（吴立伟）

■应急广播管理 7 月底，扬州新冠肺炎疫情发生后，全市应急广播系统紧急启动应急机制，83 个乡镇（街道）、1324个行政村（社区）的近1.6万个应急广播终端投入疫情防控宣传，助力打赢疫情防控阻击战。7月27日至9月8日，全市应急广播系统累计播发信息条数近2.6万条，播发时长2400余小时，覆盖人群超过400万，系统维护出动8600余人次，巡检平台5000余个，巡检终端近2.5万个。（吴立伟）

■广告管理 加强广播电视广告日常监管，全年下发违规广告整改通知书4份，处理群众举报1起，停播违规商业广告5条，督促备案养生类节目8档，停播违规养生类节目4档。开展“灰广播”及非法医药广告播出集中整治行动。扬州广播电视台制作的《为了谁》《节约粮食从我做起》被评为全省公益广告优秀作品。（魏　昕）

■境外卫星管理 开展境外卫星电视传播秩序专项整治，“七一”前抽查8个社区（含行政村）、12家星级宾馆、1家涉外企业、4家网络公司营业厅、5家电子市场，拆除没收2个非法安装“小耳朵”。指导宝应县创成全省境外电视传播秩序先进单位。开展全市调频广播秩序治理专项行动，打击治理“灰广播”和非法医药广告。联合宝应、仪征、蜀冈—瘦西湖风景名胜区公安部门，打击销售非法机顶盒和非法传播境外电视节目行为。（魏　昕）

■网络视听管理 扬帆、扬州新闻网等两家持证网站及各县级融媒体中心旗下App，策划推出“好地方，心向党”大型融媒体直播、“我在社区这些年——光辉百年党员初心录”等融媒体主题宣传活动。抗疫期间，扬州市两大持证网络机构阅读播放量超过“10万+”的优秀视听作品近400条。扬州电视台“最铁嘱托”获评2021长三角白鳍豚原创网络视频大赛评委会大奖，“百件藏品，百年奋斗”系列vlog获评2021年度全省网络视听新媒体“十佳”栏目。《党旗红，稻花香——网红女农机手的春华秋实》等18件作品入选全省重点网络视听项目库。（魏　昕）

■媒体融合管理 扬州广播电视台制订媒体深度融合发展三年行动计划，形成内容与产业双驱融合的“扬州模式”，获2021年度长三角广播电视媒体融合先导单位。扬州台合并电视、广播、新媒体广告等部门，组建融媒体经营中心，对广播电视节目和广告实施一体化运营改革，打造智慧平安扬州平台、手持一体化城管执法仪等“智慧广电”业务。全年扬州台旗下“扬帆”总访问量达2亿人次，平均月活跃用户超15万，各社交媒体账号总粉丝数超600万。（魏　昕）

扬州广播电视传媒集团（总台）

■概况 2021年，扬州广播电视传媒集团（总台）（简称扬州广电）全年尼尔森收视指标47.81%，比上年增长3.4%，尼尔森年度最有影响力的城市台排名全国第二；精品创作持续领先全省，28件节目作品、5件技术项目获省级政府奖一等奖及以上奖项；扬州广电获“全国广播电视媒体融合先导单位提名”“长三角广播电视媒体融合先导单位”称号，当选为新一届中国电视艺术家协会城市电视台工作委员会会长台。（林　静）

■广播电视节目 2021年，扬州广电自办广播频率5个、电视频道5个，电视节目制作总量4548小时31分，广播节目制作总量1.79万小时，先后新开办《聚焦开发区》《快活一刻》，将《天天喵喵》改版为《美味呱呱叫》，为受众提供资讯、娱乐、服务等多方面功能。（林　静）

■重大主题宣传报道 围绕“建党百年”这一重大主题，扬州广电各平台先后推出《奋斗百年路，启航新征程》《我为群众办实事》《红色“传家宝”》《永远的丰碑》《红色家风》《歌声中的党史故事》等10余个专栏专题，推出上千篇主题报道。季播化综艺竞技节目《我把歌舞献给党》吸引全市200支工会代表队、64支群众广场舞团队近6000人次现场参与；融媒新闻行动《好地方心向党》被省网信办全网推送；《光辉岁月——红色档案之声》“让沉睡的档案活了起来”项目获评全市档案系统建党百年优秀档案编研成果特别奖（最高奖）。围绕新冠肺炎疫情防控，扬州广电启动应急预案，新闻频道24小时全天候播出，多节目并机播出，各平台聚焦抗疫动态，第一时间发布权威消息，共播出涉疫新闻报道1800余篇、新媒体产品3000余条、抗疫公益广告2000余条次，现场直播32场新闻发布会。围绕省市党代会、省市“两会”、“烟花三月”国际经贸旅游节、世界园艺博览会、扬州中国大运河博物馆建成开放、高质量发展、重大项目建设、乡村振兴等重点活动重大主题宣传报道。5月，扬州广电配合省广电总台完成《政风热线·市长上线》大型全媒体直播扬州专场活动，并在多端口推出专栏。（林　静）

■对上对外宣传 2021年，扬州广电在“学习强国”平台发稿500余条，江苏台发片超过800条，央视发稿138条，其中《新闻联播》采用29条，并两度登上《新闻联播》头条。5月9日，在扬州广电策划下，央视《新闻联播》头条以“在习近平新时代中国特色社会主义思想指引下—扬州三湾：古运河畔换新颜”为题，用4分17秒的篇幅，对扬州运河三湾的生态变迁进行专题报道。报道提升扬州城市的知名度、美誉度，扬州在大运河文化带建设这一国家战略中的地位作用进一步彰显。（林　静）

■媒体融合发展 在扬州广电在融媒体新闻中心成功运转的基础上，整合资源，成立融媒体节目中心、融媒体广播中心和融媒体经营中心。围绕重大事件和重要时间节点，扬州广电以视音频节目制作为核心竞争力，在以“扬帆”App、微信公众号、视频号、微博构成的新媒体矩阵中持续发力。各端口制作形式多样的短视频、图文、海报等新媒体产品，受众年龄层更加宽泛合理。至年末，“扬帆”App 用户数、微信公众号“扬州广播电视台”粉丝数均突破百万，“扬州广电”“扬州那些事”抖音号粉丝总量突破 50 万，单条最高阅读量超过 1000 万。（林 静）

■技术平台创新创优 按照《智慧广电建设 2021 行动计划》，扬州广电全面启动高清融媒体平台项目建设。至年末，融媒体中心大楼封顶，架构于楼内的高清融媒体技术平台建设全面启动实施。围绕智慧广电建设，扬州广电完成高清播总控系统的搭建；研发推出“扬帆 TV”大屏版，可实现在有线数字机顶盒上进行扬帆视频和节目点播、直播观看、商品展销等多屏共振功能；推进“扬帆优选”电商直销服务能力系统化，拓展本地生活服务营销业务的功能。以智慧广电为平台，延伸搭建智慧城市建设，拓展智慧工地、智能电动车充电桩、智慧教育等项目，实现广电技术在城市端口的应用和勾连。（林 静）

省广电有线信息网络股份有限公司扬州分公司

■概况 2021 年，省广电有线信息网络股份有限公司扬州分公司完成庆祝中国共产党成立 100 周年大会等一系列重要保障期的安播保障任务，实现广播电视安全播出零事故并优质传输；做好扬州 32 场新冠肺炎疫情防控新闻发布会、扬州中国大运河博物馆开放仪式、扬州市第八次党代会、扬州世界园艺博览会等活动的直播保障。全年实现主营业务收入 4 亿元，全市数字电视有效用户 102 万户，高清互动终端 50 万台，广电宽带有效用户 23 万户，全面完成年度经营发展目标，在省网系统内保持领先地位。深化创新智慧西湖综合治理项目，新增疫情防控、铁道管理、河道管理、智慧社区等场景应用，助力政府基层治理智慧化功能更加完善，获江苏有线科技创新奖二等奖，并成功申报 2021 年度省广电局广播电视发展专项资金项目。扬州分公司创成扬州市文明单位；扬州分公司、扬州广电网络公司获江苏有线 2021 年度综合考核第一等次；扬州分公司领导班子获江苏有线 2021 年度经营性公司优秀领导班子。（广电有线）

■服务保障新冠肺炎疫情防控 发挥“党媒政网民屏”作用，为打赢疫情阻击战提供服务保障。坚守维护一线，及时抢修处理各类广电网络故障，做好应急广播设备线路维护，确保应急广播终端通响率 100%。发挥广电网络优势，完成邗江、景区、江都等一批核酸检测点的视频监控建设任务。疫情期间免费开放所有付费收视业务，为全市有线电视用户提供精神文化生活。开发上线《战疫必胜》互动专栏，权威发布疫情防控专项培训、疫情动态、自我防范、心理调适等各类内容，保障用户及时了解疫情资讯，安心居家抗疫。在中小学秋学期延期开学期间，开通 9 套教学直播频道，制作上线“2021 秋学期全市中小学线上教学回放”互动点播栏目，覆盖全市，免费观看，保障“停课不停教，停课不停学”。（广电有线）

■智慧广电乡村工程 贯彻落实乡村振兴战略部署，按照 2021 年度省政府 15 类 52 件民生实事工作安排，完成扬州市邗江区槐泗镇、李典镇，宝应县射阳湖镇，高邮市高邮街道、甘垛镇、开发区，仪征市大仪镇、十二圩，江都区武坚镇、宜陵镇共 10 个智慧广电乡镇（街道）建设任务，对全市 1 万户农村低保户收看有线电视给予收视维护费补贴。创新打造“一镇一品”专属电视门户，全面融入便民惠民、基层治理、产业振兴等特色内容，为农村地区提供优质公共文化、涉农信息、乡村治理和产业支撑等服务，推动由“看电视”向“用电视”的转变。结合实际开展“一村一品”项目建设，全市共完成 30 个“一村一品”智慧村、29 个“高清宽带互动村”建设。推进光纤入户工作，全面升级改造乡村广电有线网络，提升有线网络承载能力和服务功能。（广电有线）

■地方特色内容建设 坚持以用户为中心，做大做强“有线+”特色文化内容生产，全年开发上线《百炼成钢：中国共产党的 100 年》、党史学习教育专区等 18 个电视专题栏目，提升公共文化产品供给能力，满足用户的新观看需求。履行宣传思想文化职责，通过数字电视互动平台推出强国 TV、中国共产党在江苏历史展 VR 电视馆等互动应用，开辟大屏在线学习渠道，筑牢舆论宣传主阵地。创新打造政协“有事好商量”电视互动平台，构建呈现议题征集、商前调研、参加协商、协商过程、协商结果等全流程功能，方便基层群众参加协商议事。打造推出扬剧频道，丰富观众业余文化生活。（广电有线）

档案

■概况 2021 年末，全市 7 家综合档案馆馆藏文书档案 148.97 万卷、145.51 万件，资料 12.14 万册，录像 1.65 万盘，照片 11.61 万张，实物档案 9108 件。其中，市档案馆馆藏文书档案 23.44 万卷、43.98 万件，资料 3.92 万册，录音录像 1.14 万盘，照片 3.83 万张，实物 5805 件。2021 年，全市综合档案馆接待查档人员 7.2 万人次，提供档案资料 13.35 万卷（件、册）。其中，市档案馆接待查档人员 2319 人次，提供档案文件资料 1.22 万卷（件、册）。（陈 婧）

■档案规范化建设 完成国家综合档案馆业务建设评价，提升基础业务整体水平，达到“以评促建”“以评促改”的目的。开展归档业务指导，扩大指导范围，规范全市档案业务工作。市、县（市、区）联动，推动有条件的单位有序开展档案工作规范化建设，完成规范化建设单位超 100 家。履行监督检查职能，组织开展年度文件材料归档工作检查，共检查110家单位，并完成国资监管企业档案执法检查及防疫档案、扶贫档案、重大活动档案、档案服务外包企业专项检查。（陈　婧）

■档案安全建设 对照《档案馆安全风险指标体系》要求，严格落实档案安全管理责任制，完善档案安全保密工作机制。加大对档案资料实体保护设备的投入，延长纸质档案的使用寿命。开展馆藏破损珍贵档案的抢救性修复。强化档案馆网络和档案信息系统维护，做好数据安全备份、数据在线安全维护和高危漏洞预警处置。加强安全保密人员培训和管理，继续完善、及时检修消防系统、监控系统、红外报警系统等安防设施，建立人防、物防、技防“三位一体”安全体系。（陈　婧）

■档案资源建设 着重做好红色档案征集，征集到革命烈士纪念章、立功证等一批珍贵的红色实物档案。继续补充征集书画名家作品及“非遗”文化名人档案，推动工业遗产档案征集和保护，彰显扬州文化名城特色。征集重大活动照片830余幅，重大项目视频、照片410余幅（件），珍藏城市发展历史印记。（陈　婧）

■档案信息化建设 开展数字档案馆系统日常维保，组织电子政务终端日常维护，完成系统风险评估和等级保护复测，加强档案数据安全管理与更新备份，筑牢档案信息安全防线。加强档案数字资源建设，建立出生医学证明、第19届省运会、新冠肺炎疫情防控、扬州援疆建设等档案专题数据库，提高档案信息共享利用水平。（陈　婧）

■服务重点工作和重大活动 参与庆祝建党100周年活动。联合制作24期音频节目《光辉岁月——红色档案之声》，收到良好社会反响。精选馆藏精品档案参加省档案馆“江苏百件红色珍档”评选，“古城保护1号通令”“孙宅璞烈士档案”“扬州中共地下工作者合影”等入选并受到省、市媒体聚焦。统筹做好新冠肺炎疫情防控期间档案服务工作，在落实防疫措施的同时及时高效提供档案利用服务。对疫情防控材料收集归档工作开展业务指导，在市疫情防控指挥部支持下，做到疫情防控档案应收尽收、应归尽归。（陈　婧）

■民生服务 以便民惠民服务为着力点，努力建立满足人民群众需求的档案资源体系和利用体系，为公众提供便捷高效的“智慧档案”服务。优化服务流程，树立热情周到、便捷高效、务实创新的档案窗口人员形象。指导市直12家医疗机构完成2003—2014年，近11万人2440卷出生医学证明档案整理、移交工作。联合市民政局启动儿童福利机构规范建档，到市福利中心现场指导。选择扬大附中东部分校作为试点单位，开展中小学档案规范建档工作。（陈　婧）

■“6·9国际档案日”活动 围绕“档案话百年”主题，开展“6·9国际档案日”系列活动。现场举行市委党校研学基地、“学习强国”扬州学习平台导学空间揭牌，档案征文和档案知识竞赛获奖人员颁奖，红色档案捐赠、“红色档案之声”嘉宾访谈等活动。“红色档案之声”邀请党史专家、纪念馆工作人员讲述档案背后的红色故事，感悟中国共产党始终秉承的初心和使命。（陈　婧）

■城建档案管理 2021年，市城建档案馆签订档案报送责任书72份，组织建设工程档案预验收108次，出具档案接收证明书79份，接收各类城建档案1.74万卷（册），其中工程竣工档案1.72万卷（册），用地规划档案15卷，施工许可、竣工备案、建筑业管理等业务档案220卷。全年共整理档案3万卷（册），接待查档622人次，查阅各类城建档案4242卷（册），打印复印图纸1.3万张、文字7647页，出具查档证明22份。开展馆藏档案数字化扫描，共扫描文字12.61万页、图纸8.14万张。围绕城建重点工作和重点工程，开展声像档案工作，全年共拍摄照片2164张，录音录像896分钟，接收71个工程项目照片1953张，提供利用59人次，提供照片1407张、录像53分钟。（王　涓　卞海波）

地方志

■概况 2021年，扬州市乡镇(街道)、村（社区）志编纂成效显著。《汤汪乡志》《蒋王街道志》《陈集镇志》出版，新增10部乡镇（街道）志提交出版。至年末，全市乡镇（街道）志累计出版18部、提交出版16部、通过终审（形成终审稿）19部、形成初稿20部。全市首部城市社区志《文昌花园社区志》出版发行，并成为2021年江苏书展地方志展厅重点推介的志书。（陈　婧）

■《扬州市第七次党代会以来发展成就集萃》编纂 服务市第八次党代会，编纂《扬州市第七次党代会以来发展成就集萃》，反映市第七次党代会以来，市委、市政府在推进“强富美高”新扬州建设进程中全面贯彻习近平新时代中国特色社会主义思想，落实新发展理念的重大决策部署、重要施政举措，取得的重要成就，为社会各界研究扬州市经济社会发展提供现实依据和历史经验。（陈　婧）

■《扬州市援藏援疆志》出版发行 《扬州市援藏援疆志》共74万字，配图426幅。适应“全媒体志书”发展趋势，结合扬州援建亮点，立体展示扬州援藏援疆工作取得的成果，展现援藏援疆干部勇于担当、无私奉献的精神风貌，为社会各界了解扬州援藏援疆工作的历程提供全面系统、真实权威的历史资料，为加深扬州市与两地人民的情谊、加强交流合作作出贡献。（陈　婧）

■**“扬州记忆”品牌打造** 以出精品编研图书为目标，对《经济的基石：扬州民国工商业档案拾零》《江淮安澜扬州工——1952—1956年扬州治淮记忆》书稿作进一步完善。完成《中国国家人文地理·扬州》“名士寻踪”“历史溯源”篇章编撰，从不同维度展示扬州生态文明和历史人文。参与扬州工业遗产保护，开发具有地域特色的历史文化资源，珍藏好扬州工业发展历史记忆。（陈 婧）

■**年鉴获奖** 《扬州年鉴（2020）》获评全省地方综合年鉴质量评审一等年鉴，《宝应年鉴（2020）》获全省地方综合年鉴质量评审一等年鉴、《江都年鉴（2020）》获二等年鉴、《高邮年鉴（2020）》获三等年鉴，打造在全国、全省具有影响力的扬州年鉴品牌。（陈 婧）

■**资源开发** 结合移动互联网传播规律和融媒体发展趋势，深入挖掘地情资源，将微信平台打造成方志文化宣传新阵地。主动融入宣传工作大局，在发挥自身资源优势的同时，注重利用社会宣传资源，形成联动宣传格局，促进方志事业与经济社会协调发展。与市委党校共建研学基地，与“学习强国”扬州学习平台共建全市首家导学空间，为社会各界提供爱国主义教育资源，服务全市党史学习教育活动。

（陈 婧）

文化产业

■**概况** 2021年，全市有规模以上文化企业701家，有国家级文化产业园区5个、省级文化产业园区9个，全年实现总营业收入369.9亿元，文化产业增加值34.86亿元。整合运河文化资源，成立资产规模近80亿元的扬州运河文化投资集团，市文化产业逐步向支柱性产业迈进。扬州中国大运河博物馆、扬州京杭大运河（广陵段）文化带暨明清古城保护综合开发、扬州瓜洲古渡文旅小镇、扬州空港新城影视文旅产业基地、扬州国家文化公园三湾核心展示园——大运河非遗文化园、扬州邵伯中格万象文旅生态项目一期等6个项目入选2021年江苏省重点文化和旅游产业项目名单，其中竣工项目1项、在建项目4项、新开工项目1项，入选项目数居全省第五。（陈述宇）

■**文化产业发展** 突出规划引领，加快编制《大运河扬州段文化和旅游融合发展专项规划》，出台《扬州市“十四五”文化和旅游业发展规划》。聚焦文旅产业融合发展持续发力，市政府印发《关于促进文化和旅游产业融合发展的实施意见（2021—2023）》，涵盖加快重点文旅项目建设、强化城市IP营销推广、完善现代公共服务体系、推动文旅市场健康发展、增强文旅融合发展保障5个部分20条重点任务。各地出台《高邮市关于推动文化产业加快发展的若干政策（试行）》《仪征市支持重大文旅项目办法》等系列政策性文件，广陵区、高邮市以入选首批省级文化和旅游产业融合发展示范区建设单位为抓手，出台创建实施方案，释放文旅产业融合发展动能。培育文化产业发展新动能。以北护城河文化旅游集聚区建设为抓手，培育486非遗集聚区创建国家级文化产业示范园区。江广智慧城通过省级文化产业示范园区复核。组织文旅企业参加首届上海旅游产业博览会、第三届大运河文化旅游博览会等省内外展会，推动企业“走出去”。指导文化创意企业发展，举办“扬州游礼”文创设计大赛，收到参赛作品1000余件。“烟花三月”国际经贸旅游节期间，组织省内外多家重点文旅企业到扬州考察，推动驴妈妈集团与瘦西湖景区围绕共建智慧旅游平台达成战略合作协议。（陈述宇）

■**光线（扬州）中国电影世界项目影视基地项目结构结顶** 2021年，光线（扬州）中国电影世界项目基地内最大单体摄影棚顺利完成土建结构结顶，B1、B2、E1、E2四个影棚完成土建结构结顶。（陈述宇）

文化交流

■**扬州亮相《中国地名大会》第二季** 1月24日，由中央广播电视总台和民政部联合摄制的地名文化节目《中国地名大会》第二季在央视中文国际频道首播。首期节目中多次提及扬州清曲、扬州木偶、淮扬菜等扬州代表元素，展示扬州独特的文旅魅力。节目通过《运之都·味道》《美之都·嫦娥舒袖》《文之都·八怪》3段展演引出4道题目，加深观众和选手对扬州文化历史的了解。展演过程中，副市长余珽登台向电视观众介绍扬州的历史文化。

（梁致宁）

■**文艺交流** 4月9—11日，海南省作家协会主席梅国云一行12人到扬州进行调研采风。6月4日，陕西省榆林市文联党组书记、主席雷晴初，党组成员、副主席高岱峰，榆林市美协顾问马飞等一行6人到扬州参观扬州市文联美术馆和扬州市文艺家活动中心等地，并与扬州市文联进行座谈交流。6月5日，由榆林市委宣传部、榆林市文联、扬州市文联主办，扬州八怪纪念馆、榆林市美术家协会等单位承办，扬州市美术家协会、扬州市书法家协会等单位协办的“陕北风—山水画家马飞作品展”在扬州八怪纪念馆开幕。展览共展出榆林画家马飞写生、创作精品80余幅。（吴建军）

■**扬剧《阿莲渡江》亮相江苏大剧院** 6月30日，由市扬剧研究所创排的扬剧现代戏《阿莲渡江》作为展演特邀剧目在江苏大剧院戏剧厅上演。省委常委、宣传部部长张爱军，省文旅厅党组书记、厅长杨志纯，省文化投资集团有限公司总经理兼省大运河文化旅游投资管理有限公司董事长徐宁，市委常委、宣传部部长张长金及省文联、省演艺集团等单位领导出席并观看演出。该剧以渡江战役这一重大历史事件为背景，通过对阿莲、江华、琼花、富贵、谢华等人物不同人生经历的描述，揭示他们之间的情感纠葛，折射出他们在渡江战役过程中思想观念和道德观念的变化与升华。该剧由“扬剧王子”李政成和李霞、孙爱民、王海等扬剧名演员领衔出演，使用游佳琦等大量青年演员。特别在主要角色的配置上，采用新老演员AB角交替的双配置，让年轻演员有跟班学习机会。《阿莲渡江》创新舞台表现形式，将现代舞台装置技术与传统程式表演技巧有机结合，完成一次戏曲现代性创作与演出的艺术“渡江”。（梁致宁）

文化市场管理

■概况 2021年，持续加强全市文化和旅游市场管理，出动执法人员5500余人次，检查各类文旅经营场所2000余家次，立案51起，罚没款67.27万元。市文化市场综合执法支队先后被评为扬州市文明单位、江苏省文化和旅游系统先进集体、全省境外卫星电视传播秩序专项整治工作先进单位。（王建峰）

■常态化监管 完善文化市场日常监督机制，加强日常巡查和重点时段专项检查。落实“双随机一公开”机制，开展跨部门联合检查，形成监管合力。坚持落实24小时投诉、举报受理制度，全面维护合法权益。建设文化市场执法指挥调度中心，实现对全市旅游、文化、文物等市场的全天候远程监督。打击违法违规经营行为，规范文化市场经营秩序。先后开展营业性演出经纪行为执法检查、保障建党100周年文化市场综合执法行动、危险化学品专项治理督导检查、境外电视传播秩序专项整治暨广播电视广告播出情况检查、“扫黄打非，新风2021”、全省集中打击网络侵权盗版等专项行动。完成省文旅厅督办的“扬州本原时代文化创意发展有限公司未经著作权人许可，复制、发行、通过信息网络向公众传播其作品案”，依法查处“佐佐网络技术有限公司（‘无双永恒’网站）擅自从事网络出版服务未经著作权人许可通过信息网络传播其作品案”“扬州市玛瑞莎玩具礼品有限公司未经著作权人许可复制、发行他人作品案”“上海笛航公关顾问有限公司擅自从事营业性演出经营活动案”等一批大案要案，全面净化市场环境。3起案件分别入选全国文化市场综合执法重大案件、省打击侵权盗版十大案件和长三角广播电视行政执法优秀案例。（王建峰）

■扫黄打非 全市建立“年初差别化任务清单、每月通报年度任务完成比例、年终定性考核和定量考核相结合”的推进机制，发文明确成员单位工作职责，落实各地各部门责任。先后召开领导小组会议、办公室主任会议、重点任务交办会、重大案件协调会，推动重点工作落实。开展五大行动，突出抓好历史虚无主义和错误有害信息整治清理，为庆祝建党100周年营造良好的思想舆论氛围。强化与成员单位之间的联动，走访市国安、民宗、台办、海关、邮政等部门，会商“1号工程”部署落实工作。健全“领导带队常态查，整合力量集中查，不打招呼随机查，接到举报立即查”的检查机制，联合文化市场执法支队开展集中执法检查13次，组织各地开展交叉执法检查2次，联合市民宗部门开展宗教场所执法检查1次。出动执法人员754人次，组织出版物市场、印刷复制市场检查1500家次，全面清查中小学校园周边文化经营场所，收缴违法出版物854件，其中有害少儿出版物372件、盗版教辅教材482件，处罚金额44.62万元。查办刑事案件8起、行政案件50起（其中网络案件5起），办结全国挂牌督办案件2起。向省“扫黄打非”办备案重大案件10起，其中全国、全省挂牌督办5起，扬州《楚天今报》非法经营罪案入选江苏2020年“扫黄打非”十大典型案件。至年末，全国挂牌督办案件1起、全省挂牌督办6起，重大案件备案及督办数量位居全省前列。开展“扫黄打非”进基层示范创建，双桥街道申报全国“扫黄打非”进基层示范点，5家单位创成2021年江苏省“扫黄打非”进基层示范点，评定2021年扬州市“扫黄打非”进基层示范点25家。组织全市1439人参加“扫黄打非”进基层业务知识网上答题竞赛活动，合格率100%，王达玲等3人获奖。结合江苏农民读书节暨扬州市第七届“朱自清”读书节、江苏书展扬州分展场等载体，开展“护苗2021”宣传，共印制宣传海报5.13万余张、绿书签11.35万份。开展“护苗·开学季”活动75次，“护苗·绿书签”121次，“护苗·网络安全进课堂”活动44次，发放倡议书3.25万份，播放“护苗”公益宣传片、警示教育片等1760余次。强化出版物鉴定，充实违禁、非法出版物鉴定员队伍，完成16批出版物鉴定。强化“扫黄打非”信息管理系统推广使用。联合扬州报业传媒集团，开展“扫黄打非e心护航”主题短视频展播活动。联合新华书店，开展“绿书签”优惠购书活动。（管 斌）

历史文化名城保护

Lishi Wenhua Mingcheng Baohu

编　辑　崔成鹏

古城保护利用

■**概况**　2021年，开展渡江路、国庆路及“三路一环”城市环境综合整治等提升工程，对南河下、仁丰里两个历史文化街区进行全面保护与整治，推进沿街房屋合理利用，引入文化创意产业，初步形成“新形态、新业态、新生活”全面发展的古城复兴新格局。深化规划策划，委托同济大学阮仪三工作室、苏州启迪设计院、东南大学设计院、扬州大学城市规划与发展研究院等单位，形成《扬州明清古城复兴总体策略暨文旅发展研究》《小秦淮河地段概念性规划》《广陵路地段整治规划》《皮市街环境提升规划》等多个研究成果。优化形象肌理，按照“微更新、抓统筹、强文化”的总体思路，梳理排定小秦淮河、广陵路、皮市街等扬州明清古城保护与利用重点项目。小秦淮河先导段项目完成三元桥—务本桥段两岸改造提升。仁丰里历史文化街区保护与利用工程于12月获评中国建筑学会2019—2020建筑设计奖历史文化保护传承创新一等奖。创新开展“萤火点亮古城”微更新行动，对古城犄角旮旯进行修缮和景观提升。宣传引导，举办首届文创产业沙龙、广陵古城伴手礼大赛、皮市街文创集市、仁丰里乡土人才文创大赛等活动，联合扬州电视台制作市民论坛广陵古城复兴专题活动，皮市街文创集市活动得到央视《新闻直播间》、江苏卫视《江苏新时空》、人民网、新华网等众多主流媒体关注和宣传。（吴　昊）

■**名城保护规划**　坚持“保护与利用统筹、改造与复兴并举”方针，编制《扬州历史文化名城保护专项规划（2020—2035）》并通过省级审查，规划构建“市域－历史城市－历史城区”3个层面空间保护体系，系统优化扬州历史城市的空间形态。深化“双东”、南河下、仁丰里等历史文化街区保护更新策略研究，指导编制北护城河、“三和四美”、扬州大学商学院等地块设计方案，推动古城进一步靓起来、活起来。（刘海洋　胡　玥）

■**古城保护复兴推进**　城控集团坚持城市建设与古城保护一体化推进，以科学规划统领古城保护。完成三和厂厂房利用工程和广陵路252号原粮食局楠木厅修缮，彩衣街农贸市场升级改造工程建成并投入使用；推进“双东”历史街区AAAAA级创建工作，东关街被授予“江苏省首批旅游休闲街区”“首批省级夜间文旅消费集聚区”称号。（城建控股集团）

物质文化遗产保护

■**概况**　2021年，持续加强物质文化遗产传承、保护和利用，相继组织实施扬州麦粉厂旧址、盐宗庙、徐园、湾子街210号民居、谢馥春旧址、城隍庙、铁佛寺、陈六舟故居、吕氏住宅、广陵路252号民居等一批文物保护单位修缮工程；加强文物建筑科学化利用，将省级文保单位匏庐打造为中医药研究院，市级文保单位四岸公所与全国重点文物保护单位贾氏盐商连片打造成文旅项目；提高文保专项经费绩效，全年补助四岸公所修缮工程、费密故居二期修缮工程、小金山月观方亭屋面修缮工程、谢馥春旧址桂花厅修缮工程、埂子街172号梁氏住宅局部抢修工程，共用修缮资金120万元；组织申报国家、省级文保专项补助资金，宋大城北门外城防设施考古发掘、盐宗庙彩绘修复、贾氏盐商住宅修缮等5个项目获国家文物保护专项资金1271万元，胡笔江故居修缮、高邮陈西楼茶干作坊旧址修缮、仪征新四军月塘地下交通站旧址修缮等4个项目获省级文保资金补助385万元。文物安全工作有序推进，全年开展安全巡查检查80余次，参与检查人员508人次，发现安全隐患292处，整改到位272处。小盘谷、汪氏小苑、贾氏盐商住宅3处全国重点文物保护单位安防、消防方案和宝应学宫防雷方案、何园消防方案通过省文物局审批。（王署帆）

■**革命文物保护利用**　开展全市革命文物概况摸底调查，全市共有各级各类不可移动革命文物104处，其中曹起溍故居、扬州革命烈士陵园、新四军挺进纵队二三支部司令部旧址、周恩来少年读书处、华中雪枫大学旧址、侵华日军投降处旧址、新四军苏北指挥部旧址等60处文物保护单位被列入江苏省第一批不可移动革命文物名录并对外公布。组织编报省级文物保护单位新四军挺进纵队二三支队司令部旧址东偏房修缮及花园整治方案、新四军苏北指挥部旧址东西区域修缮设计方案，通过省文物局审批；组织编制江都县抗日民主政府旧址修缮方案，与新四军苏北指挥部旧址打造革命文物片区；组织实施新四军苏北指挥部、新四军挺进纵队二三支队司令部旧址第三进第四进建筑修缮工程，修缮过程中新发现一处地窖和一口水井。推进江都区郭村镇、大桥镇等地开展革命文物集中连片保护活动，利用列入革命文物片区的优势，集中修缮一批革命文物。7月，高邮市侵华日军投降处旧址保护利用工程入选江苏省“十三五”时期红色遗产维修保护与展示利用优秀工程。（王署帆）

■文物保护展示 持续开展馆藏陶瓷器文物、纸质文物、金属文物保护修复工作。“扬州博物馆藏珍贵文物数字化保护项目”“扬州博物馆藏珍贵纸质文物修复项目”“无锡宋元墓葬出土木漆器保护修复项目”结项，“周恩来纪念馆木质文物保护修复项目”家具修复完成。扬州博物馆参与的科技部国家重点研发计划项目“竹木漆器文物的价值认知及关键技术研究”通过中期考核。扬州博物馆木漆器保护工作站完成木漆器文物脱水保护80件、木漆器文物修复60件，装裱书画文物20件，修复陶瓷器文物标本20件。江都区博物馆完成馆藏纸质文物修复项目，共计20件（套）。仪征市博物馆同南京江宁区博物馆合作，对馆藏特色文物进行保护修复，完成文物修复134件（套）。（王署帆）

■第八批国、省保单位档案编制 参照国家文物局《全国重点文物保护单位记录档案工作规范》的要求，编制隋炀帝墓、西方寺大殿、仙鹤寺、临泽任氏宅、兴隆典当、新四军挺进纵队二三支队司令部旧址、新四军苏北指挥部旧址、侵华日军投降处旧址、高邮城墙及奎楼等9处第八批国、省保单位的专门保护机构、标志说明、记录档案、保护范围“四有”档案，并上报省文物局。（王署帆）

■文博活动 2021年，市文广旅局组织各文博场馆利用馆藏资源，策划举办系列红色主题展览，展示中国共产党百年辉煌历程和伟大功绩。策划推出“永远跟党走群众宣教活动”“革命文物小课堂”“革命文物故事会”等，开展“峥嵘岁月·百炼成钢——扬州地区革命文物图片展”进校区、进社区系列活动，“党的故事我来讲——争做红领巾讲解员”实践体验活动等，做到送党课上门，送活动进社区，推进文博资源社会共享。（何安琪）

■隋炀帝墓保护设施工程 隋炀帝墓保护设施工程保护对象为隋炀帝与萧后陵墓（M1及M2）两处遗迹及其封土，以考古成果为核心依据，结合文物保护相关法律法规实施保护设施工程。保护设施采用轻质钢结构保护棚，钢柱脚落于混凝土柱墩之上，以减少对隋炀帝墓及萧后墓封土的破坏。保护设施为一层建筑，整体高度为15.95米，建筑造型借鉴隋唐大型陵墓常用的“覆斗”形式，与传统建筑的庑殿顶形式相结合，内部空间屋顶天花为圆形，与方形轮廓脱开一定距离设置天窗。工程投资4000余万元，12月竣工。（王署帆）

■扬州麦粉厂旧址修缮工程 扬州麦粉厂旧址位于扬州市区便益门广场、古运河西岸，现存生产大楼为制粉车间，建筑中西合璧，南向，砖木结构，面阔九间，进深四间，主楼高四层，局部五层，楼东侧现存德国西门子发电机一组，2011年被省政府公布为第七批江苏省文物保护单位。2021年5月，扬州全域旅游有限公司委托扬州祥成建筑设计有限公司编制麦粉厂旧址修缮方案，采用揭顶不落架的手法修缮，具体修缮措施包括整修木构架、更换糟朽腐烂木构件、恢复青瓦屋面、加固墙体、更换雨落水管等。（王署帆）

■同松药店局部抢修工程 同松药店位于宝应县安宜镇南大街54号，清代建筑，坐西朝东，前店后作坊，临街二层小楼为店铺门面，上下八间，后进上下两层楼房和前进店铺有过廊相连，店铺西侧有药材加工间一幢，2011年被省政府公布为省级文物保护单位。2020年5月，宝应县住建局委托江苏大润环境建设集团有限公司对同松药店进行局部抢修，工程内容包括翻盖瓦屋面，增设SBS防水层，更换腐朽的木椽、桁条、梁柱等构件，整修门窗等，

隋炀帝墓上方优美“皇冠”初步呈现　　张孔生/摄

同年6月竣工，2021年2月通过省文物局验收。（王署帆）

■盐宗庙彩绘保护修复工程 盐宗庙位于康山街20号，始建于清同治十二年（1873），原为供奉夙沙、胶鬲、管仲三位盐业始祖，后为纪念曾国藩改为曾公祠。现存门厅、二厅、祠堂前后三进，占地400余平方米，是大运河扬州段遗产点。二厅、祠堂梁架彩绘保存完整、工艺精湛，是扬州市区古建筑保存为数不多的梁架彩绘之一。2019年，市名城建设有限公司委托南京博物院编制盐宗庙古建筑彩绘保护修复方案，同年4月方案通过省文物局批准，7月开工，工程主要内容有清除彩绘表面积尘、加固彩绘表面颜料、修补木构件裂缝、修复彩绘表面等，2020年7月竣工，2021年2月通过省文物局验收。（王署帆）

■徐园修缮工程 徐园位于瘦西湖景区内，系军阀徐宝山的祀祠。园中有荷池，周叠山石，池北有“听鹂馆”“碑亭”“春草池塘吟榭”，现为市级文物保护单位。2020年12月，瘦西湖公园管理处委托扬州润泰建筑设计有限公司对园门、碑亭、南侧围墙进行修缮，采取揭瓦不落架修缮手法进行修缮，2021年1月竣工，7月通过市文物局组织的专家组验收。（王署帆）

■广陵路252号民居修缮工程 广陵路252号民居系晚清民居，民国年间为国民党交通银行扬州支行行址。厅坐北朝南，硬山顶，楠木梁柱，前后皆有卷棚，厅南两侧有抄手廊相接，厅北存住宅楼等建筑，现为市级文物保护单位。2020年11月，市名城建设有限公司对该建筑进行全面修缮，以揭瓦大修和局部落架大修的手法，拆除后增设的构件，牮正大木构架，整修木椽、增加屋面防水层，2021年6月竣工，7月通过市文物局组织的专家组验收。（王署帆）

■藏经院局部修缮工程 藏经院位于广陵区宛虹桥58号，始建于明万历年间。原大门已拆除，现存房屋三进，均面阔五间，硬山顶，小瓦屋面。第二进建筑有藏经阁楼，现为市级文物保护单位。2021年6月，市公房管理中心委托江苏古宸环境建设有限公司对局部存在安全隐患的建筑进行屋面修缮，并对局部受力构件进行加固，排除安全隐患，确保建筑安全使用，7月竣工，12月通过市文物局组织的专家组验收。（王署帆）

■天主教耶稣圣心堂照壁抢修工程 扬州天主教耶稣圣心堂位于北河下25号，清代建筑。大门东向，门前为砖砌照壁墙。进门迎面为教堂，哥特式建筑，两侧有对称钟楼，现为省级文物保护单位。2019年，扬州市天主教爱国会安全巡查时发现照壁墙体存在垂直裂缝，明显歪闪，委托扬州意匠轩古建筑营造股份有限公司设计抢修方案，三信建设工程有限公司施工，2020年6—8月对照壁进行加固抢修，2021年1月通过市文物局组织的专家组验收。（王署帆）

■城隍庙修缮工程 城隍庙位于平山乡堡城村十字街东北侧，清代建筑，其地历史上为唐代衙署所在，现仅存大殿，现为市级文物保护单位。2021年3月，蜀冈－瘦西湖风景名胜区管委会规划建设局组织修缮工程，拆除不属于原建筑的构筑物、牮正大木构架、恢复青砖外墙、重新铺设小青瓦屋面、恢复原有木门窗，6月竣工，10月通过市文物局组织的专家组验收。（王署帆）

■铁佛寺修缮工程 铁佛寺位于扬州市城北乡卜杨村余田组，建于清代，现仅存后殿三间，东部僧房五间，为市级文物保护单位。7月，蜀冈－瘦西湖风景名胜区管委会规划建设局启动铁佛寺修缮及周边环境整治，将不属于原建筑的构筑物拆除，更换糟朽木构架，重新铺设小青瓦屋面，恢复传统形制木门窗，同时对周边环境进行整治，9月竣工，10月通过市文物局专家组验收。（王署帆）

■湾子街210号民居修缮工程 湾子街210号民居为清末民初建筑，坐东朝西，由东、西两进楼房和一进平房组成。东为平房三间两厢。西为四合院式串楼，串楼上下两层，有一门厅通湾子街，现为市级文物保护单位。3月，东关街道古旗亭社区委托文物保护工程资质单位对其进行全面修缮，采用揭瓦大修的方法进行修缮，拆除现代门窗、后增设的披房，发平牮正大木构架，按原样拆砌檐墙，整修、更换木构件，全面整修木楼面，适度抬高室内地面，做好地下排水，方便居民生活，7月竣工，10月通过市文物局专家组验收。（王署帆）

■谢馥春旧址局部修缮工程 谢馥春旧址位于广陵区东关街243号，谢馥春系清道光年间谢宏业开设，生产香粉、头油、棒香、香件，销往全国各地和东南亚一带，尤以香件闻名，1915年获巴拿马万博会银质奖章。1956年公私合营，谢馥春香粉铺改名为谢馥春香粉厂；1966年易名为谢馥春日用化工厂。西侧有小四合院；东侧有花厅一进，面阔三间，进深七檩，硬山顶，现为市级文物保护单位，由金茂工业资产管理有限公司使用管理。1月，采用揭顶不落架的方式对花厅进行维修，牮正木构架，重砌东山墙，翻铺屋面，整修地面、门窗，2月竣工，10月通过市文物局专家组验收。（王署帆）

■苏唱街24号吕氏住宅局部修缮工程 吕氏住宅原房主为开设绸缎庄的吕氏，坐北朝南，前后五进。第一、二两进为二层楼房，上下六间带两厢四间；第三、第四进为对合形式的四合院，皆面阔三间；第五进为楼上下六间两厢四间小楼，现为市级文物保护单位。6月，市公房管理中心对吕氏住宅第一进建筑进行修缮，采用揭瓦大修的方式，更换糟朽木构件、拆砌西侧围墙、增设屋面防水层、铺设小青瓦等，7月竣工，12月通过市文物局专家组验收。（王署帆）

■**埂子街172号梁氏住宅局部抢修工程** 梁氏住宅为清代建筑，坐东朝西，分南、中、北三路建筑，现为市级文物保护单位。7月，该建筑局部屋面结构糟朽腐烂，屋面坍塌，原市文化局托管中心委托江苏古宸环境建设有限公司对其进行抢修，整修加固大木构架，增设加固墙体，在望砖层上铺设防水层，重新铺设瓦屋面，9月竣工，12月通过市文物局专家组验收。（王署帆）

■**陈六舟故居局部抢修工程** 陈彝，字六舟，仪征人，清同治三年（1864）传胪，官至安徽巡抚。陈六舟故居有两处，一处位于糙米巷6、8、10号，一处位于东关街羊巷23号，清代建筑。本次抢修工程为东关街羊巷23号住宅局部建筑，更换糟朽木构件、重新铺设望砖、增设防水层、铺设小青瓦、重新砌筑墙体、按原样配置门窗，解决瓦屋面渗漏、墙体空鼓、老化等问题，排除安全隐患，确保结构安全使用。（王署帆）

非物质文化遗产传承保护

■**概况** 2021年，举办2021年扬州世界园艺博览会"中国馆展陈"非遗展示活动，开展非遗"四进"活动350场，谢馥春脂粉制作技艺入选第五批国家级非物质文化遗产代表性项目名录，非遗进瘦西湖风景区等3个项目入选江苏省首批无限定的非遗进景区试点项目。（李 进）

■**非遗文化活动** 举办"非遗悦心"非遗进景区活动41场、"非遗悦心"线上小课堂活动7场，举办2021年广陵琴派古琴新春音乐会和"广陵琴荟"古琴名家系列活动。承办2021年扬州世界园艺博览会非遗展、扬州中国大运河博物馆开馆暨大运河非遗文化园开街非遗展、"百年百艺"庆祝中国共产党建党100周年非遗作品展、"百年百艺·薪火相传"中国传统工艺邀请展等重要非遗展示活动，组织开展2021年"文化和自然遗产日"非遗宣传系列活动。（李 进）

■**非遗传承人记录工程** 根据文旅部及省文旅厅部署，按照《国家级非物质文化遗产代表性传承人记录工作规范》及操作指南要求，市文广旅局联合扬州发布、扬州大学新闻与传媒学院推进完成杖头木偶戏国家级代表性传承人殷大宁、富春茶点制作技艺国家级代表性传承人徐永珍的记录工作，通过省非遗保护中心审核验收，并作为省优秀项目推送至文旅部。（李 进）

■**非遗产品网络化销售** 推进非遗活化利用，市文广旅局搭建拓展非遗产品销售渠道，组织市非遗传承人、非遗企业等相关单位20余项非遗产品在阿里、京东、苏宁、拼多多、美团、快手、东家等网络平台参与"非遗购物节"销售活动。借助2021年扬州世园会非遗展示区、皮市街、非遗工坊等平台，组织开展"非遗购物节""非遗市集"等活动。（李 进）

■**非遗与旅游融合** 开展非遗进景区活动，组织非遗展陈、展示、展演、体验等活动走进瘦西湖、个园、东关街、三湾公园、盂城驿景区等重点景区。市非遗进瘦西湖风景区、进运河·盂城驿历史文化街区、进国家文化公园三湾核心展示园——大运河非遗文化园等3个项目入选江苏省首批无限定的非遗进景区试点项目。非遗进东关街等7个项目获评市级非遗进景区项目。（李 进）

考古发掘

■**概况** 2021年，市考古研究所配合城市基本建设开展考古调查、勘探项目156项，调查勘探面积1103.3万平方米，创历史新高，确保运河三湾文化街区等重大列省项目及江苏省复员退伍军人精神病医院精神病患者康复基地建设等民生项目推进与实施。开展考古发掘工作36项，其中配合性考古发掘项目33项、抢救性考古发掘2项、主动性考古发掘1项，总计发掘古墓葬、古窑址、古井等遗迹2000余处，发掘遗址面积超7000平方米，出土文物标本3000余件（套）。（张富泉）

■**友好会馆南地块遗址考古发掘** 扬州市友好会馆南地块位于北门外街东侧，友好会馆南侧，西园饭店西侧，丰乐上街北侧。2020年7月29日至2021年1月31日，市考古研究所对这一地块进行考古发掘，发掘面积600平方米。通过发掘揭露唐至明清文化层堆积厚3米，发现唐代至明清时期遗迹现象有房址6处、灶1处、灰坑99处、井4座、柱洞21处、灰沟4条、道路2条。其中，宋代砖构建筑遗迹因文化价值较高，被整体提取后异地搬迁保护。出土各类文物900件（套）。种类较为丰富，但大多保存状况较差。遗物的种类以瓷器数量最多，另有陶器、釉陶器、坩埚、铜器、铜钱、铁器、骨器、石器、建筑构件、铭文砖等。（张富泉）

■**何园北广场遗址考古发掘** 何园北广场建设工程项目位于何园刁家巷以北，徐凝门大街以西。2020年11月18日至2021年3月9日，市考古研究所对该项目进行考古发掘，实际发掘面积300平方米。发掘出唐至明清时期文化层堆积1.8米，其中唐宋时期文化层包含物较少。发掘井4处、房屋1处（F1）。F1：位于地块西北部，叠压于第一层下。主体部分被现代地层破坏较严重，院墙、门、天井、中庭、厢房和排水系统结构尚能分辨，房屋主体破坏严重，位置推测在东北部。F1东西最长14.5米、南北最宽9.6米，整体坐北朝南，门向西。从活动面高差看，天井北部及部分墙体有过垫高修补。在F1南部发现小型巷道一条，宽2米，道旁有砖砌排水明沟。（张富泉）

■**扬州大学文汇路校区地块遗址考古发掘** 扬州大学文汇路校区位于邗

江区，宝带河（又名蒿草河）东、文昌中路南、大学北路西、文汇东路北。2020 年 12 月 5 日至 2021 年 1 月 17 日，市考古研究所在该地块开展考古发掘工作，发掘面积 600 平方米。通过发掘揭露出唐至明清文化层堆积 1.9 米。该区域整体包含物较少，发现灰坑 35 座。出土遗物以板瓦、筒瓦残片和陶瓷器为主及少量的铜钱等；时代以唐代为主，少量宋元明清时期瓷片。宋至明清瓷器主要有景德镇青花瓷器、白瓷、粉彩瓷等；唐代瓷片数量较多，窑口以宜兴窑为主，长沙窑、寿州窑次之，洪州窑、巩县窑、定窑仅有数件。器形以碗、盘类为主，仅有少量的罐、执壶、枕等。通过考古发掘明确，这一区域地处唐代扬州罗城内，人类活动较少。（张富泉）

■三星王塘墓地考古发掘 三星王塘墓地位于邗江区东北侧，在江平路绿化带南侧、叶桥路西侧、规划物港路北侧、江都北路东侧。2021 年 6—7 月，市考古研究所对该地块进行考古发掘。共清理出遗迹 317 处：墓葬 258 处、窑址 2 处、灰坑 44 处、灰沟 10 条、古井 3 处，出土陶、瓷、铜、石、铁等器物 285 件（组）。墓葬绝大多数为小型墓葬，开口于表土层下，打破生土。墓葬盗扰严重，多数仅存底部，很多墓葬无随葬品。时代上迄汉，延至隋唐五代，下至明清。（张富泉）

■宋大城遗址北门外城防设施、唐代官河、宋代河道考古发掘 宋大城遗址北门外城防设施、唐代官河、宋代河道考古发掘项目位于唐罗城北部，宋大城北门外、宋夹城东侧。唐代时期处于南北向河道中部偏北的位置，后周至宋代位于城外，清末民初，以米市逐渐兴盛。5 月，扬州唐城考古工作队对该项目进行发掘，新发现宋代夯土包砖墙体 3 段，明清铺砖地面 1 处。本年度的考古发掘，解明夯土包砖墙体西段底部结构，新发现夯土包砖墙体的中段、东段和南段部分遗迹，明确夯土包砖墙体的东部边界、南部边界，为全面揭示夯土包砖墙体的整体结构及宋大城北门外的城市布局奠定基础。揭露的夯土包砖墙体最大范围为：东西长 85.6 米，南北间距 36.5 米。夯土包砖墙体西段最东端折向东南，中段最西端折向西南，南段也折向东北，结合上一年度在 D1529T3B 探方内发现的 3 处重叠的道路（夯土包砖墙体中段与西段之间），故推测夯土包砖墙体具有南北两个对称的八字口结构，可能与桥梁遗迹相关。（张富泉）

■新盛陈庄宋墓考古发掘 新盛陈庄宋墓位于交警支队车辆管理所交通指挥控制中心项目地块，邗江区新盛街道果园村，国防路与真州北路交叉口东南。9 月，市考古研究所对该墓葬进行考古发掘。该墓为砖石混筑墓，坑口大致呈长方形，长 4.75 米，宽 2.05~2.38 米，方向 74 度。填土为黄褐色黏土，松软，包含大量碎砖和碎石。构筑方式上，该墓底砖和砖墙砌筑于生土之上，底砖两层，北高南低，再于其上用长方形石板封顶，青砖之间有灰白色黏合剂。因盗扰严重，仅出土墓志 1 盒、铜镜 1 件和铜钱数枚。墓志为砂石质，由志盖和志身两部分组成，志盖盝顶形。据志文记载，结合传统史料，可知墓葬年代为北宋嘉祐七年（1062），墓主人为吕某某。（张富泉）

■仪征大仪镇灵萱公园南侧窑址考古发掘 仪征市大仪镇灵萱公园南侧窑址考古发掘项目位于仪征市大仪镇，西至官塘路，南至凤仪路，东至中兴路，北至润仪路。市考古研究所于 12 月在该地块进行考古发掘，发掘出六朝时期窑址群一处。共发现 7 座窑，均为砖窑。其中，Y2 为东西向，其他均为南北向；Y6 窑床在南，其他均窑床在北。以 Y6 为例，从北向南分别为窑床、火塘、火门和操作间。开口距地表 0.5 米，通长 7.78 米，宽 0.6~2.55 米，残深 1.4 米。窑床平面近梯形，填土为较致密的红烧土夹扰乱的五花土，窑床及四壁为红色烧结面，底部较平坦。南北长 1.66 米，宽 2.2~2.55 米，残深 0.9 米。火膛近扇形，底部较平坦，填土为灰土。券顶砖砌，宽 0.6 米，高 0.6 米，深 0.48 米。操作间平面近长方形，南北长 4.54 米，东西宽 2.0 米，深 1.4 米，填土为灰黑色灰烬土。出土砖尺寸为 31 厘米 ×15 厘米 ×5 厘米、31 厘米 ×15 厘米 ×4.5 厘米。根据窑址形制和砖尺寸初步判断该窑年代为六朝时期。（张富泉）

■科技考古与文物保护 2021 年，市考古研究所继续加大文物保护与科技考古的投入力度。江扬电缆仪征项目二期六朝窑址、原扬州大学商学院地块扬州城东城墙等得到原址保护，对扬州市友好会馆南地块发掘的宋代砖构建筑进行整体搬迁保护。与西北大学合作，对三布厂地块汉代水井 J66 出土人骨开展体质人类学研究，人骨的病理、创伤研究，部分样品的锶同位素检测、DNA 检测、碳氮同位素检测。与陕西文物保护研究院合作，对隋炀帝墓本体进行加固保护。与出土木漆器保护国家文物局重点科研基地扬州工作站合作，对扬州高南汉墓等地块出土漆木器继续进行脱水保护。（张富泉）

■公众考古 2021 年，市考古研究所分别与扬州博物馆、南京博物院、清华大学博物馆、杭州市园林文物局等机构合作举办“璀璨惟扬”扬州考古成果展、“考古江苏”、“万物毕照”中国古代铜镜文化与艺术、“石铭江南”钱氏吴越碑拓展等展览。注重考古现场宣传，通过考古现场的专业讲解和展示，让考古工作走入寻常百姓视野，让大众了解考古工作程序，体会考古工作的意义和重要价值，增强公众的文物保护意识。（张富泉）

卫生健康

Weisheng Jiankang

编 辑 陈永华

综述

■**概况** 2021年末，全市卫生机构总数1899所（含诊所、医务室、卫生所、社区卫生服务站、村卫生室），医疗机构床位2.70万张，卫生人员3.90万人，各级各类卫生机构万元以上医疗设备3.14万台，总价值52.77亿元。

2021年，全市医疗机构总诊疗人次数2417.61万人次，医疗机构居民平均年诊疗次数5.28次，医疗机构入院人数71.46万人，医疗机构病床使用率71.52%，医疗卫生机构收入163.43亿元。

做好执业医师准入与管理。2021年国家医师资格考试全市网上报名人数1891人，经审核符合报考条件1736人，组织1333人参加国家医师资格考试，开展2019—2020年度医师定期考核检查。加快医疗机构门急诊电子病历系统结构化改造。6家二级以上医院作为省急性呼吸道传染病综合检测哨点医院，完成系统升级改造，在普通门诊、急诊和发热门诊使用，向省医疗服务综合监管系统上传数据，7家非哨点医院完成系统升级改造。推动公立医院绩效考核。梳理国家和省级层面对2019年度三级公立医院绩效考核国家监测指标数据分析情况，下发《关于2019年度全市三级公立医院绩效考核国家监测指标情况的通报》，扬州市考核情况总体排名位列全省第六位。以“维护安全稳定”和“开展安全隐患排查整改”为重点推进平安医院建设，12月10日，扬州市中医院接受省级示范平安医院考核。以建设一批示范发热门诊、培育一批市级临床重点专科、备案一批限制类诊疗技术、组织一次民营医院发展座谈会、成立一个多学科诊疗中心、召开一次继续教育培训班等“六个一”为工作目标，开展为期两年的“民营医院医疗管理能力提升年活动”，推进中以卫

2021年扬州市卫生事业情况表

表34-1

项目	单位	全市	市区	广陵区	邗江区	江都区	宝应县	仪征市	高邮市
医疗卫生机构数	个	**1899**	1135	238	466	431	329	177	258
医院数	所	**96**	63	20	28	15	16	8	9
卫生院数	所	**53**	17	1	4	12	14	10	12
医疗卫生机构床位数	张	**26998**	16373	6003	5397	4973	3717	3101	3807
医院床位数	张	**19624**	12695	4608	4650	3437	2171	2395	2363
卫生院床位数	张	**4395**	1479	128	148	1203	1247	566	1103
卫生技术人员数	人	**31897**	20004	6867	7537	5600	4106	3639	4148
执业（助理）医师数	人	**13097**	7928	2628	3016	2284	1764	1533	1872
注册护士数	人	**13386**	8711	3134	3353	2224	1573	1483	1619

（统计局）

生应急合作项目。借鉴以色列国家急救中心（红大卫盾会）的先进管理经验，完成扬州市卫生应急医疗救援信息化系统方案编制。市公共卫生中心室内装饰工程完成装修招标程序，进入现场施工阶段。市公共卫生中心信息系统由市“云上办”总集成单位按信息化项目方案编制要求进行审核。市医疗救援应急指挥中心建设经费获批，推进招标采购。开展对口支援。督促三级支援医院与受援医院对接沟通，接收新疆新源县卫健系统到扬州跟岗学习医疗、管理骨干28人。安排晋升职称人员对口帮扶支援基层180人次。落实疾病应急救助制度，制定《关于进一步做好市区疾病应急救助工作的通知》。推进人体器官移植捐献，开展器官捐献与移植专项整治活动。（丁昊骏）

■国家卫生城市复审 2021年，扬州市接受国家卫生城市复审，市政府成立国家卫生城市复审迎查工作领导小组。4月22日，市政府召开国家卫生城市复审迎查暨健康城市建设推进会，对全市复审迎查工作进行布置，在全市开展迎复审宣传与健康教育、市容环境卫生整治、背街小巷和城中村及城乡接合部环境卫生整治、食品安全、重点场所卫生整治、农贸市场整治、建筑（拆迁、待建）工地整治、环境保护、社区和单位卫生整治、病媒生物防制等10项专项行动。市复审办通过组织市级模拟暗访、开展复审迎查宣传、建立挂钩联系制度、开展“啄木鸟找问题”行动，推进城乡环境整治，完善公共卫生设施，倡导文明健康、绿色环保的生活方式，改善健康生活环境。扬州市先后通过省级暗访和国家级暗访，国家卫生城市实现“六连冠”。（新 龙）

■《扬州市“十四五”卫生健康发展规划》出台 整理制定扬州市“十四五”卫生健康事业规划和各项工作规划编制目录，下发“十四五”卫生健康规划目录及编制工作指导意见。出台《扬州市“十四五”卫生健康发展规划》，并与《扬州市“十四五”经济社会发展规划》和省卫生健康发展规划紧密对接，将更多卫生健康发展目标、任务、重大基础设施项目列入省、市规划。（陈东升）

■基本公共卫生服务 2021年，市卫健委、市财政局联合下发《2021年度国家基本公共卫生服务项目实施方案》，明确基本公共卫生服务项目经费标准提高到人均88元，对项目范围、项目内容、项目要求、主要任务等进行明确，要求做好常态化疫情防控、优化项目管理。探索实施公共卫生工作资格准入制度，培育县、乡二级师资，组织基层医防协同“大练兵”活动，开展医防融合岗位培训班2期、培训46名基层公共卫生骨干人员。组织开展首届优质“质控”方案评选展示活动，推进建立县乡联动、全员参与、全项目开展，质控结果、问题整改与绩效考核捆绑的质量管理长效机制。高邮市、宝应县、江都区分获优秀“质控”方案一、二、三等奖。推进基层医疗卫生机构设立慢性病门诊，以高血压、糖尿病等慢性病管理为切入点，让基本医疗融入基本公共卫生服务中。在全省优秀基层糖尿病并发症筛查工作站遴选活动中，全市获二等奖1个、三等奖1个和特殊贡献奖1个。在全省县级基本公共卫生服务支付标准优秀方案评选展示活动中，仪征市、江都区、邗江区获评优秀方案。（罗保华）

■体卫融合 建立市卫健部门与市体育部门会商制度。市卫健委与市体育局联合印发《关于进一步深化体医融合的实施意见》，明确发展目标和7个方面重点工作。2021年，市卫健委与市体育局共同建成9个体医融合中心。全市培养运动处方师83人，所有运动处方师均持证上岗，成为“运动是良医”的推广者和体医融合的践行者。3月，市卫健委参加全省体医融合战略合作签约仪式暨省体医融合联席会议第一次会议，作经验交流发言。（新 龙）

■新冠肺炎疫情防控能力提升 扬州市按照定点医院设置要求对3个顺位定点医院进行改造升级。推进宝应县、高邮市、仪征市和江都区等4个县（区）级传染病医院或综合医院传染病区建设。提升全市发热门诊内涵建设，提请市指挥部为全市29家发热门诊配备专用CT。全市纳入规划建设发热门诊46个，有32家发热门诊完成建设，其中26家基本符合新的规范和标准。有40家机构具备独立开展新冠病毒核

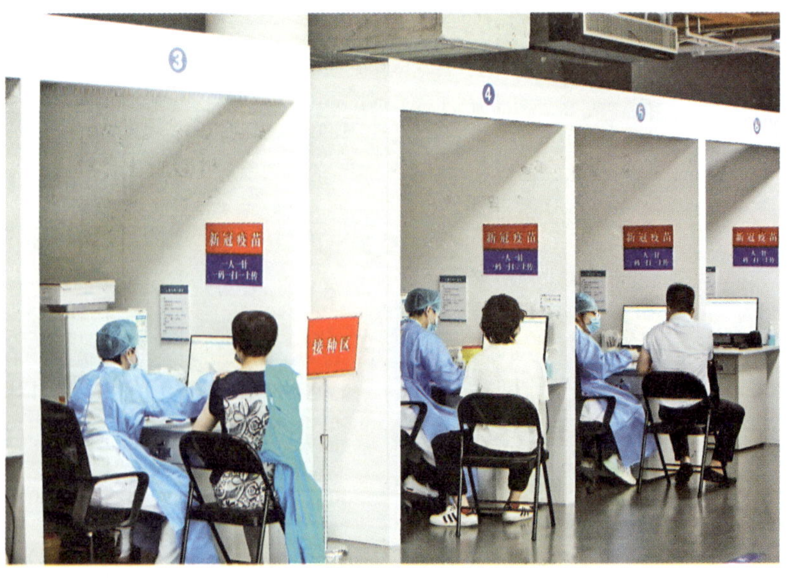

市民有序接种新冠病毒疫苗 孟德龙/摄

酸检测能力，全市新冠病毒核酸日检测能力达40万管/日。推进新冠病毒疫苗接种，至年末，全市4个集中接种点和3个流动接种点完成接种近120万剂次。（丁昊骏）

医疗卫生机构

■概况 2021年末，全市卫生机构总数1899所（含诊所、医务室、卫生所、社区卫生服务站、村卫生室）。其中，医院96所，社区卫生服务中心（站）217个，卫生院53所，村卫生室749个，门诊部187个，诊所、卫生所、医务室553个，计划生育技术服务机构1个，疾病预防控制机构7个，专科疾病防治院（所、站）3所，妇幼保健院（所）8所，急救中心（站）2个，采供血机构1个，健康教育机构1个，卫生监督所（中心）7个，其他卫生机构14个。

2021年末，全市医疗机构床位2.70万张，其中，医院床位1.96万张（占72.69%）、社区卫生服务中心（站）床位1817张（占6.73%）、卫生院床位4395张（占16.28%）。医疗机构床位比上年增加682张。每千人口床位数5.90张。

全市卫生人员3.90万人，其中乡村医生和卫生员1460人。卫生人员中，卫生技术人员3.19万人，执业（助理）医师1.31万人（其中执业医师1.10万人），注册护士1.34万人。每千人口卫生技术人员6.97人，每千人口执业（助理）医师2.86人，每千人口注册护士2.92人。

全市各级各类卫生机构万元以上医疗设备3.14万台，总价值52.77亿元。

全市医疗机构总诊疗人次数2417.61万人次。其中，医院883.64万人次，占36.55%；社区卫生服务中心（站）389.61万人次，占16.12%；卫生院399.02万人次，占16.50%；村卫生室356.79万人次，占14.76%；门诊部88.36万人次，占3.65%；诊所、卫生所、医务室

2021年扬州市医疗卫生机构情况表

表34-2

卫生机构	合　计	按经济类型分				
		公　立			非公立	
			国　有	集　体		私营
总　计	**1899**	**1215**	**519**	**696**	**684**	**611**
医院（所）	**96**	28	24	4	68	48
基层医疗卫生机构（个）	**1759**	1149	457	692	610	559
社区卫生服务中心（站）	**217**	204	48	156	13	6
卫生院（所）	**53**	53	25	28	0	0
村卫生室（个）	**749**	748	285	463	1	0
门诊部、诊所、卫生所、医务室（个）	**740**	144	99	45	596	553
专业公共卫生机构（个）	**30**	30	30	0	0	0
其他卫生机构（个）	**14**	8	8	—	6	4

（陈东升　吴南星）

2020—2021年扬州市医疗机构工作量、效率分析表

表34-3

项　　目	2021年	2020年	增减数	增幅（%）
总诊疗人次数（万人次）	2417.61	2301.49	116.12	5.05
入院人数（万人）	71.46	72.11	-0.65	-0.90
病床使用率（%）	71.52	75.34	-3.82	-5.07
平均住院日（天）	9.00	9.20	-0.20	-2.17
每诊疗人次费用（元）	233.50	213.80	19.70	9.21
每出院者费用（元）	10336.80	9963.10	373.70	3.75

（陈东升　吴南星）

195.56万人次，占8.09%；专科疾病防治院（所、站）4.45万人次，占0.18%；妇幼保健院（所）95.60万人次，占3.95%；其他医疗机构4.58万人次，占0.19%。全市医疗机构居民平均年诊疗次数5.28次，其中门（急）诊次数5.05次。

全市医疗机构入院人数71.46万人。其中，医院56.20万人，占78.65%；社区卫生服务中心（站）2.70万人，占3.78%；卫生院9.30万人，占13.01%；其他医疗机构3.26万人，占4.56%，平均每千人口入院人数156.12人次。全市医疗机构病床使用率71.52%。其中，医院77.51%、社区卫生服务中心43.62%、卫生院52.04%。医疗机构出院者平均住院日9.0日。

全市医疗卫生机构收入163.43亿元，增加11.03亿元，增长7.23%。其中，财政拨款收入26.79亿元，下降3.84%；上级补助收入5.29亿元，增加3.06亿元，增长137.22%；事业收入122.57亿元，增长4.23%。全市医疗机构支出159.10亿元，增加12.54亿元，增长8.56%。其中，业务支出134.88亿元，增加10.84亿元，增长8.74%。全市医疗卫生机构平均每诊疗人次费用233.5元。其中，药费86.30元，占36.96%；检查治疗费47元，占20.13%。平均每一出院者住院费用1.03万元。其中，药费3022.50元，占29.24%；手术费694.20元，占6.72%；床位费442元，占4.28%。出院者平均每床日住院医疗费用1153.30元。（陈东升）

■卫生健康重大项目 推进市妇女儿童医院易地新建。年内推进市妇女儿童医院A地块项目建设，A地块项目土建封顶；原拆迁厂房区域，完成场地平整、井点降水。开展B地块项目需求调研、需求对接、规划设计条件对接。推进市中医院新院区项目建设。完成市发改委立项，市发改委、市卫健委（市中医药管理局）联合向省发改委等3个部门申报，将扬州市中医院列入国家中医特色重点医院建设项目；接受省项目专家评审、省发改委等3个部门实地调研、向省卫健委专题汇报。服务对接仪征市省人民医院扬州分院及医疗产业重大项目。根据市委、市政府重大项目专班服务工作要求，市卫健委做好项目专班服务，开展调研指导，重大问题把控，做好项目需求对接、协调对接、问题对接，按月完成汇报。推进市直其他重大基础设施建设项目。协助推进省五台山医院、市精神卫生防治中心东扩项目开工建设；推进市政府协调市区医用物资储备中心土地等事项落实。推进县级医院易地新建。推进易地新建宝应县人民医院、高邮市人民医院、江都区人民医院建设。围绕中央预算内投资公共卫生应急管理体系建设项目，重点推进高邮市人民医院、仪征市人民医院项目建设。6月，接待国家发改委、国家卫健委对高邮市人民医院中央预算内投资项目的督查。（陈东升）

■苏北人民医院 苏北人民医院即扬州大学附属苏北人民医院、扬州大学临床医学院。医院前身是美国浸礼会清光绪二十六年（1900）创办的扬州浸会医院。1994年被原卫生部评定为江苏省首批三级甲等综合性医院，是国家首批“建立健全现代医院管理制度试点医院”。2021年，医院开放床位2444张，医院在职职工近3000人，固定资产超25亿元，设备总值超11亿元。门（急）诊病人175.84万人次，出院病人12.27万人次，手术总量7.16万台次，其中开展日间手术1.69万例，出院患者平均住院日6.70天。开展云门诊5.77万例，开展量居全省综合医院第一位，增长3.4倍。新冠疫情期间提供网上诊疗、药品配送到家等服务，解决患者就医刚需，获《人民日报》点名表扬。

2021年扬州新冠肺炎疫情发生后，组织全院干部职工开展疫情防控和医疗救治，140名医护人员支援南京核酸检测，120余名医护人员进驻新区分院参与患者救治，5000余人次参加核酸采样及转运任务共计服务近120万人次，实现“双零”目标。

2021年，神经康复科、胃肠外科和内镜诊治中心通过评审成为市级临床重点专科，有省级临床重点专科26个、市级临床重点专科17个，位列全省地市级医院第一方阵。医院重症医学科、神经外科、心血管内科、心血管外科、胸外科、麻醉科、普通外科、急诊科、护理学等学科跻身中国医院科技量值（STEM）前100强。连续4次获全国文明单位。新增硕士研究生指导教师26人、博士研究生指导教师15人。招录博士21人、硕士67人，柔性引进海外人才教授曹望森、南京大学教授姜润秋。成立苏北人民医院重点学科/专科孵化中心。苏北人民医院中医馆投入使用，与荷花池公园共建“扬州市中医药文化主题公园”。启用新生儿“五证”［出生医学证明、户口登记（身份证号码）、新生儿医保卡、儿童预防接种证、母子健康手册］联办窗口，实现扬州市7个县（市、区、功能区）新生儿“五证”一站式办理服务。新添置启用320排高端ECT、智能化直线加速器、飞利浦悬吊式DSA、西门子数字化SPECT等大型设备。选派胃肠外科专家作为江苏省第十批援疆医疗队干部赴新源县人民医院开展支援和帮扶工作。2021年公布的国家三级公立医院绩效考核榜单中，医院前进21位，进入全国百强，位列第86位，省内位列第四位。

（徐　捷）

■扬州大学附属医院 扬州大学附属医院（扬州市第一人民医院），创建于1960年，系扬州大学唯一直属附属医院，是省教育厅、省卫健委共建单位，是一所集医疗、教学、科研、急救、预防、康复于一体的综合性三级甲等医院。医院先后被确立为住院医师规范化培训国家级基地、全科医师规范化培训省级示范基地、江苏省老年友善医疗机构优秀单位、江苏省儿科慢性疾病护理培训基地。2008年获国家药物临床试验机构资格认定。先后被评为“全国精神文明建设工作先进单位”

和“全国文明单位”称号。

医院有普外科、消化内科、神经内科、心血管内科、儿科、麻醉科、重症医学科、肿瘤科、病理科、影像科、超声科、呼吸与危重症医学科等省级临床重点专科12个，泌尿外科、急诊科、临床营养科等市级临床重点专科27个。先后发表SCI论文300余篇，获国家自然科学基金立项22项，获国家专利101项，有78项科研成果获各级各类科技进步奖和新技术引进奖。

2021年，医院拥有东、西两个院区，占地9.21公顷，总建筑面积17.3万平方米，总资产17.1亿元，各类专业诊疗设备3000余台（套）。医院实行一院两区一体化管理，开放床位1767张，开放病区42个。医院门（急）诊量151.56万人次，出院患者6.71万人次。医院设立一级科室51个、二级科室79个、三级科室22个，拥有在职员工2234人，其中高级技术职称617人、博士118人。拥有博士、硕士生导师163人，享受政府特殊津贴专家4人，有突出贡献中青年专家18人，江苏省医学重点人才7人，“333工程”人才24人，扬州市“科教强卫工程”医学重点人才15人，省级以上专业委员会委员113人，市级专业委员会主任委员13人。医院开展分级诊疗体系建设，牵头20家医疗机构组建扬州大学附属医院医疗联合体，丰富“健康中国扬州样本”的内涵。

（施文大）

■扬州市中医院 扬州市中医院是综合性三级甲等中医医院、南京中医药大学附属医院。2021年，医院总收入4.71亿元，增长22.74%；业务收入4.41亿元，增长31.02%；有效业务收入2.41亿元，增长9.93%。完成门（急）诊诊疗55.09万人次，增长17.80%；出院1.56万人次，手术4819人次，增长14.60%；三、四级手术分别占比46.79%、24.28%，其中四级手术占比提高4.68个百分点，西成药占比23.96%，下降2.45个百分点。医院“十四五”发展规划纲要发布，新院区建设纳入扬州市2022年民生“1号文件”，获批国家中医特色重点医院，在2019年国家公立中医医院绩效考核中位列第63位，连续两年取得A级。创成市级临床重点专科3个。脑病科、脾胃病科通过省级中医重点专科复核评价。胸痛、卒中、创伤三大中心通过市级验收。成立扬州市中医院消化病诊疗中心。与苏北人民医院共建中西医融合发展联盟，发挥肿瘤一体化诊疗中心、颈肩腰腿痛诊疗中心的作用。

2021年，医院新增9个中医优势病种诊疗方案。中医特色护理门诊开诊。开展“冬病夏治”“三伏贴”“膏方养生”“三九贴”等品牌活动。熬制膏方2000料，协定方和院内制剂使用分别增长16%、13%，中医非药物疗法服务4.78万人次，增长17.03%。开展中医药“七进”29场，服务2609人次；重点人群健康教育“五进”活动38场，服务1994人次，发放中医药健康教育宣传资料2683份、健康促进器具1527份。加强中医药文化宣传推广，在“学习强国”和《江苏中医药》杂志等市级以上媒体发表报道300余篇。开展中医药养生保健宣讲活动12场、中医药文化科普巡讲10场、名中医讲坛6场，创制中医药文化产品14种。制作健康教育课件8份、微视频1个、平面科普宣传材料5种，安排专家45人次参加“967健康学堂”，4人入选扬州市健康科普专家库。开展市、局级以上中医药科研16项，获实用新型专利授权33项。获评省中医药科学技术奖三等奖1项、市卫生新技术评估一等奖2项、二等奖4项，发表SCI论文9篇、核心期刊论文11篇，举办省级以上继续教育项目5项，其中国家级1项。挂牌长春中医药大学实践教学基地。开展第三届院内师承，遴选20名青年骨干与20名名老中医结对跟师。规培基地接受省级督查，排名全省第四位，中医住院医师规范化培训率100%，结业考核合格率98.36%。制定人才分层次培养方案，1人成为全国中医临床优秀人才研修项目培养对象，2人成为省中医临床优秀人才研修项目培养对象，2人成为“扬州英才”培养对象。新增省名中医工作室1个、市中医药名师工作室2个和龙砂医学流派传承工作室扬州推广工作站。加入江苏省人民医院血管外科联盟。召开年度孵化中心建设大会，授牌11家基层单位。在基层开展适宜技术培训2场，参培195人次，义诊和健康讲座33场次，参与专家130人次，受益群众2500人次。开展B超、影像、心电图等远程诊疗服务6774人次。医院被省卫健委评为“老年友善医院”优秀单位。与市慈善总会合作开展“光明梦行动”白内障慈善复明工程，至年末，医院帮助1万余人次白内障老年患者恢复光明，减免费用1563.63万元。该项目获评中华慈善总会2020年度“中华慈善品牌”项目、第二届“扬州慈善奖”最具影响力慈善项目，并登上“学习强国”平台向全国推广。

（周　宇）

■扬州市妇幼保健院 扬州市妇幼保健院是三级甲等妇幼保健院。2021年，医院门（急）诊40.5万人次，出院1.4万人次，手术7200人次，平均住院日6.2天。有在职职工797人，其中高级职称175人、研究生109人。妇科、产科为江苏省第三周期妇幼健康重点学科，新生儿科为江苏省新生儿急救中心扬州市妇幼保健院协作中心，共有儿科、超声科等17个市级临床重点专科。年内共立项科研课题11项，获省、市新技术引进奖5项、省第六届儿童康复治疗师儿童组团体二等奖和市妇幼健康技能竞赛团体一等奖，1人获省预防医学科技奖。

医院辖扬州市医学遗传中心（出生缺陷质控中心）、扬州市危重孕产妇救治中心、扬州市危重新生儿救治中心、扬州市儿童保健中心等4个市级区域性中心，扬州市婴幼儿照护服务指导中心落户医院，有扬州市妇产科、新生儿科等两个质控中心。年内新增省儿科慢病护理专科护士实习基地、省妇幼健康监督实训基地。与北京儿童医院新建技术合作关系。全市40万份出生医学证明档案移交市档案馆。配齐院感科、公共卫生科专职人员，先后选派300余名医务人员参与南京、扬州疫情防控工作，相继完成发热门诊、方舱CT、预检分诊等改造并通过市级验收。医院开设新生儿护理门诊、产后康复多学科联合门诊，引进实施院级新技术新项目23项，拓展互联网+服务，完成国家医保平台切换，通过国家四级电子病历评审，通过省三级甲等妇幼保健院复评。

2021年，医院有1人先后被评为省党代表、致公党江苏省委脱贫攻坚先进个人、省卫健委行业党委“两个卫士”主题实践活动表现突出个人、第十批伊犁州卫生优秀援疆专家，1人命名市第五批名医工作室。2人入选市英才培育计划，1人被评为省妇幼健康重点人才，新增省、市母婴、助产等10名专科护士。医院举办70周年发展大会，被评为省文明单位。（董　雷）

■扬州市第二人民医院　医院占地面积3公顷，总建筑面积2万余平方米；固定资产1.96亿元，其中医疗设备总值5272万元。医院设有内科（神经内科、心血管内科、呼吸内科、内分泌科、消化内科、血液内科、肾病学专业、老年病专业）、外科、妇科、儿科、检验科等临床诊疗科室。神经内科、肾内科、康复医学科是市级重点专科。拥有联影1.5T超导磁共振、富士电子胃肠镜、口腔全景机、肺功能测试仪、耳鼻喉综合治疗台、眼底相机、强脉冲光治疗仪、二氧化碳激光治疗仪等医疗设备。

2021年，医院有编制床位301张，实际开放7个病区325张床位（含总院烧伤科、康复科）。有在岗职工255人，其中卫生专业技术人员218人（高级职称人员43人）。门（急）诊5.96万人次，出院3798人次，医院落实各项惠民政策，进行医疗救助2698人次，医疗救助总金额251.37万元。8月13日至9月15日，作为扬州新冠肺炎疫情期间新冠肺炎治愈患者康复治疗定点医院，共计收治患者296人。做到全体医务人员“零”负伤，住院病人“零”死亡，全院人员“零”感染，完成新冠肺炎治愈患者康复治疗任务。（孟兆祥）

■扬州市第三人民医院　扬州市第三人民医院（扬州市传染病医院、苏北人民医院新区分院）是三级传染病专科医院。2021年，医院开放床位548张，有在职职工339人，医院总收入2.05亿元，增加479.38万元。收治住院4167人次，出院4234人次，门诊3.64万人次。配齐配全感控专职人员8人，收治本土新冠肺炎确诊病例260例；收治本土新冠肺炎康复患者285例、复阳患者158人次，发热门诊接诊复诊606人次。完成PCR实验室、内镜中心改造。11月，接受江苏省三级乙等传染病医院评审验收。创成1个市级临床重点专科——呼吸内科。医院有感染病科、肝病科、结核病科、医学检验科、医学影像科、呼吸内科等6个扬州市临床医学重点专科。加强传染病疫情报告管理，全年网络直报1540例，其中结核530例（含收治）、肝炎213例、新型冠状病毒肺炎635例、手足口病4例、艾滋病19例、疟疾4例、腮腺炎7例、梅毒70例、狂犬病1例、其他感染性腹泻1例、其他传染病20例（水痘）、其他疾病36例。临床第二党支部获评2021年度全省卫生健康系统“做维护核心的忠诚卫士、做守护群众的健康卫士”先进集体。（丁志国）

医疗服务

■医疗民生幸福工程　开展方便老年人就医服务工作，全市所有二级以上公立医院在门诊设立老年人挂号、缴费、取药等优先窗口，张贴“70岁以上老年人优先”标识，并逐步为80岁以上无陪护的老年人提供协助挂号、就诊、检查、取药等伴医服务。全市23家医院针对群众看病需求大、号源紧张的专家，开设弹性门诊服务，10家医院新增16个多学科诊疗中心。11月，增设的扬州东站（杭集）院前急救站点接受省卫健委考核组验收，得到专家组肯定。采取全面托管试点、设立联合病房、组建专科联盟、推进县域内医共体建设、设立名医工作室、设立市级孵化中心等方式推进分级诊疗服务，全市累计创成126个市级特色科室、30个省级特色科室。2021年，建成省级名医工作室96个、市级名医工作室172个、联合病房32个、专科联盟24个。（丁昊俊）

■“互联网+医疗健康”建设　开展“互联网+医疗健康”服务。全市创成12家互联网医院，获得互联网医院执业许可。所有县及以上医院均开设互联网诊疗咨询服务，免费开通24小时网上发热咨询门诊和发热心理咨询门诊，免费为发热患者提供发热咨询和心理干预疏导。利用远程会诊系统，提升基层医疗机构服务能力。各医院基于远程会诊中心，实现常态化远程会诊、疫情防治指导等服务。市级远程会诊平台功能包括：患者就诊资料自动采集；使用AI数据搜索引擎信息技术，实现病历、检查、检验报告及影像资料自动采集；利用扬州预约挂号网，引导百姓分时段就诊；利用远程视频会议系统，助推疫情防控工作部署。（陈东升）

■全民健康信息平台建设　市级全民健康信息平台实现硬件网络环境“云架构”建设，统一部署在市政府数据资源中心，由市级统一建设五区（广陵区、邗江区、扬州经济技术开发区、蜀冈－瘦西湖风景名胜区和生态科技新城）共用，江都、仪征等2家县级平台初步建成运行并完成升级改造，高邮、宝应做好平台升级完善基础工作。应用集成系统、全民健康信息专网在全市各级各类医疗机构实现全覆盖，基本建立起市、县两级全民健康信息平台。接入乡镇卫生院、社区卫生服务中心（站）、村卫生室近2000家医疗卫生机构，实现全市市、县乡村所有医疗机构全接入，实现患者在不同医疗机构、不同就诊时间的健康档案信息随时调阅。全市基层医疗机构数据传输进入平台。全市标准化数据上传位于全省各市前列。扬州全民健康信息平台通过省卫健委专家五级应用评审，行政获批，是省内唯一最高等级；市卫健委“扬州全民健康信息平台惠民惠医项目”获市政府“2021扬州公共数据开发应用创新大赛”案例类二等奖。仪征、宝应全民健康信息平台通过省卫健委四级评审。实现居民健康档案、个人体检报告通过扬州卫健委网站、“健康扬州”App查询。（陈东升）

■**新冠肺炎确诊病例医疗救治** 7月28日，扬州市突发新冠肺炎疫情。国务院联防联控机制江苏工作组进行指导，省、市处置扬州疫情联合指挥部领导，省内4506名医疗队员支持，经过40余天，全市完成570名新冠肺炎确诊病例的医疗救治。（丁昊骏）

■**家庭医生签约服务** 推行“首诊+个性”组合式签约，全市重点人群签约率68.6%，首诊签约率20.5%，个性签约人数8.95万人，签约率7%。前移服务阵地，新增29个家庭医生工作室，有117个工作室常态化运行，其中5个创成2021年江苏省星级家庭医生工作室（宝应县1家、高邮市2家、仪征市2家）。拓展服务内涵，委托市营养学会培养首批52名家庭营养师，全部下沉基层提供膳食指导、营养食谱制定等服务。创新服务模式，各地至少明确上门服务、体医融合等某一领域开展创新试点，其中广陵区成立签约志愿服务团队，形成品牌效应，相关工作获省政府真抓实干激励表彰。仪征市真州镇社区卫生服务中心、大仪中心卫生院，江都区卫健委、宜陵中心卫生院，宝应县曹甸镇中心卫生院等5家单位获2021年江苏省家庭医生创新单位，全市创新单位创成数位居全省第二位。（罗保华）

基层卫生健康

■**基层卫生服务体系建设** 2021年，全市新增达到国家“优质服务基层行”“推荐”标准和“基本”标准的基层医疗卫生机构分别为7家、12家，分别占基层医疗卫生机构27.96%、81.72%，均远超省定20%和65%的目标任务。新增达江苏省能力建设“推荐”标准的村卫生室18家，择优推荐15家申报江苏省甲级村卫生室。5家基层医疗卫生机构创成省级社区医院，累计16家，创成率居全省第三位。9家基层医疗卫生机构创成省级农村区域性医疗卫生中心，累计17家。新增省级基层特色科室10个，累计40个；市级基层特色科室126个，有特色科室的基层医疗卫生机构占比近70%。全市建有7个县域医共体，均实质性运行。市卫健委联合市编办、市人社局等部门出台《关于全面推进紧密型县域医疗卫生共同体建设的实施意见》，提出区域医共体建设模式。仪征市医共体运行质态良好，在2021年全省基层卫生健康工作会议上做经验交流，被国家卫健委评为2021年度基层卫生健康优秀创新案例。市卫健委实施并撰写的“目标引领 制度创新 推进基层卫生事业‘三个工程’建设”“首诊签约‘小支点’撬动医保资源‘下基层’”入选2021年全国基层卫生综合改革典型案例。（罗华）

■**基层医防融合** 2021年，开展驻点共建技术指导，市、区两级疾控机构成立驻点共建团队，定向包干、全程参与市直二级及以上9家医院公共卫生科技术指导和运行共建，确保公共卫生科建设的针对性和运行的实效性。组织开展首期市直二级以上医院公共卫生科科长和业务骨干培训班，建立扬州市基层医防融合培训专家团队、培养基层培训骨干师资力量15人，培训全市基层公共卫生服务从业人员47人。（陈晨）

■**基层卫生人才队伍建设** 贯彻落实《扬州市卫生人才强基工程推进方案（2019—2023年）》，聚焦人事薪酬改革、乡村医生保障等重点环节落实举措、加强监测。继续提高基层中、高级岗位比例，高邮市高级岗位比例超25%，宝应县、仪征市、江都区、广陵区和生态科技新城的高级岗位比例均达到20%左右；落实定向委培乡村医生基本工资和“五险一金”保障，宝应县、仪征市、邗江区、广陵区扩大覆盖面至全体乡村医生；仪征市、宝应县、江都区推行“县管乡用”，设立专项编制池，打通人才县、乡流通渠道，提升人才吸引力；推行“一类保障，二类管理”，宝应县、江都区基层医疗机构绩效工资总量与本地区事

家庭医生签约服务　　扬　年/摄

业单位绩效工资基准线的比例均超170%。江都区在全市率先设立偏远乡镇人员、全科医生、中医人才等补贴。全市建成基层卫生人员实训基地6家，委托苏北人民医院完成首批104名县级适宜技术师资培训，师资下沉实训基地开展三类人群的常态化轮训。创新实施基层卫生管理“领军人才”三年培养行动，依托南京大学等高校资源，分卫生行政、基层院长和后备骨干等3个层次开展培训，89名基层管理者完成本年度学习。（罗保华）

妇幼保健

■概况 2021年，全市孕产妇死亡率为0、婴儿死亡率2.52‰、5岁以下儿童死亡率3.45‰。全市婚检率95.87%，妇女病普查率97.08%，剖宫产率42.21%，产前筛查率97.69%，新生儿疾病筛查率99.51%。托幼机构卫生保健合格率100%。（林　萍）

■妇幼健康服务体系 新建市妇女儿童医院大楼主体封顶。与北京儿童医院完成签约仪式并建立技术合作关系，确保新院硬件建设和软件实力的同步发展。推动妇幼保健“所转院”建设，全市妇幼保健院建成率100%。推进基层妇儿保门诊建设，全市有72家基层单位通过市级验收确认为市级示范门诊，6家创成省级妇幼健康示范门诊。全市妇幼健康规范化门诊建成率85%。（林　萍）

■妇幼健康服务能力 推进妇幼保健重点学科和人才建设。2021年，扬州市获评省妇幼健康重点学科4项、省第三周期妇幼健康重点人才2人。市妇保院先后引进中晚孕迟发畸形筛查、儿童视听觉评估、精神发育量表等妇幼32项新技术、新项目，妇保科、儿康科、儿保科被评为市级临床重点专科。加强妇幼保健人员能力培训，开展母婴保健专项、产科质量评估、婚检孕检及三网监测等业务指导50余次，举办各类培训班9期，为198名托幼机构负责人和458名保健老师进行培训并发放上岗证。在全省妇幼健康技能竞赛中获团体三等奖和个人二等奖、三等奖。制定《扬州市母婴保健专项技术人员考核实施方案》，规范母婴保健专项技术的准入考核和定期考核的相关要求，确保妇幼健康从业人员100%持证上岗、依法执业。（林　萍）

■母婴安全保障 全市建成孕产妇和新生儿危急重症救治中心16个，其中省级救治中心2个、市级救治中心1个。举办联合应急演练和桌面推演活动。开展母婴安全督促检查，重点开展产儿科服务、孕产妇与儿童健康管理、计划生育技术服务等质量评价，开展“双随机”督查，建立约谈通报制度，累计评估32家，限期整改2家；执行分级服务，清单式交办问题并督促整改，实现闭环管理，严控非医学指征剖宫产。（林　萍）

2020—2021年扬州市区儿童健康体检抽样调查情况表

表34-4

指标		2021年	2020年
受检人数（人）		23845	30096
受检率（%）		98.79	99.60
体重达标率（%）		71.60	73.14
身高达标率（%）		71.17	75.76
乳牙龋齿发生率（%）		25.77	15.89
患病率	肥胖儿发生率（%）	9.36	6.85
	低体重发生率（%）	0.23	0.58
	发育迟缓发生率（%）	0.56	0.64
	消瘦发生率（%）	1.07	0.90

（林　萍）

■妇幼民生实事项目 开展一级预防，落实婚前医学检查、孕前优生健康检查要求，应用母子健康手册App，提高服务的快捷性、便利性，全市婚检率95.87%，孕前优生健康检查率101.6%，全年免费为育龄妇女补服叶酸1.62万人。推进二级预防，出台扬州市高危孕产妇筛查评估管理规范，开展妊娠风险筛查和评估，对孕产妇进行五色分级分类管理；对高危孕产妇实行专案管理，保证专人专案、全程管理、动态监管、集中救治；对患有疾病可能危及生命不宜继续妊娠的，经评估和确诊告知继续妊娠风险，并提出医学建议。实施出生缺陷综合防治工程，免费开展3种产前筛查和3种遗传代谢疾病筛查，产前筛查率97.69%，孕产妇艾滋病、梅毒、乙肝筛查率100%，阻断干预治疗率近100%。落实三级预防，产前诊断项目纳入医保支付范畴，下发《扬州市儿童听力“防治康管”行动方案》，明确筛查、诊断、治疗机构名单，成立新生儿听力筛查管理办公室，帮助患儿重建听力、回归有声世界。（林　萍）

■妇幼健康服务监督管理 优化督导与考核方法。常态监督与定期评价相结合，质量评价与业务指导相结合，全面系统评价与随机抽样评价相结合，考核结果与年终评优评先挂钩。加强母婴保健专项技术的监督管理，严格机构和人员准入与监督管理。2021年，无新增母婴保健专项技术服务机构，对35家城区托幼机构的卫生健康合格园进行初评和复评。规范《出生医学证明》的发放和管理，在全省率先开展新生儿出生“五证”联办工作。联合市公安局、市医保局、市政务办等8部门制定《扬州市推进新生儿出生“一件事”改革实施方案》，完成“五证”联办的线上申办。（林 萍）

疾病预防与控制

■重点传染病防控 2021年，全市甲、乙类传染病发病率107.63/10万，丙类传染病发病率46.63/10万。规范处置突发公共卫生事件20起。指导哨点医疗机构共报告流感样病例2410例、住院肺炎病例1004例、发热病例1083例，开展321例住院肺炎病例多病原检测，阳性率31.78%。网报肺结核可疑者人数1494例，转诊1394例，总体到位率98.26%。全市登记活动性肺结核患者958例，病原学诊断阳性率60.96%。推进学校结核病筛查，规范处置学校结核病散发疫情44起，对扬州大学来自重点地区（主要指结核病高发省份）的507名入学新生开展胸片监测，同时开展PPD试验，并创新采用重组结核杆菌融合蛋白（EC）筛查。全市新发现艾滋病病毒感染者和艾滋病病人230例，比上年增长17.95%。新发现性病1568例，其中梅毒1611例、淋病152例，分别比上年增长9.37%和32.17%。（陈 晨）

■血地寄防 全市完成查螺面积1.79亿平方米，超额119.48%；完成药物灭螺面积2906.61万平方米，超额129.18%。全年共发现疟疾病例6例，均为境外输入。对6882例发热病人进行血片检查，检出疟疾阳性血片6例。建立三江营区域血吸虫及江滩野鼠野粪哨鼠监测体系。扬州市新冠肺炎疫情常态化防控形势下输入性疟疾防控措施在全省推广。2项课题获得省地病协会立项。（陈 晨）

■免疫规划 2021年，全市适龄儿童建卡率100%，儿童免疫规划疫苗报告接种率99.9%，免疫规划疫苗相关传染病继续维持在历史最低水平，全市无疫苗质量事故、接种差错事故、群体性反应和严重接种纠纷报告。市妇幼保健医院建设全市首家儿童预防接种咨询门诊，加大对孕产妇的培训宣传，增强儿童家长预防接种意识，提升预约工作效率和疫苗接种率。（陈 晨）

■慢性病防控 围绕“一高、一低”（提高居民期望寿命、降低居民过早死亡率）的发展目标要求，落实慢性病防控的各项措施。探索“五师”（专科医师、全科医师、护师、运动处方师和营养师）共管“三高”（高血脂、高血压、高血糖）患者模式，打造医防融合、体医融合的基层慢病管理新模式，筛查管理“三高”人群1188人，任务完成率148.5%。全市慢病病人规范化管理覆盖率100%，在前期慢阻肺监测基础上，开展慢阻肺高危人群筛查和慢阻肺患者社区管理，共筛查慢阻肺高危人群3958人，任务完成率100%。落实全民健康生活方式，推动“三减三健”专项行动开展，实现由防病向健康管理转移，全市高血压、糖尿病管理有效率分别为71.97%和57.61%。（陈 晨）

■卫生监测 2020—2021学年，指导因病缺课上报学校377所，覆盖率100%，上报率98.7%，非零上报率58.48%，预警处置率99.95%。起草扬州市学生近视防控工作方案并协助市卫健委组建专家团队，指导全市中小学生视力建档，对全市30余家近视筛查队伍举办能力提升培训班，建档8.92万人，建档率46.44%。组织开展102场近视防控讲座进校园活动。完成165家企业的工作场所职业病危害因素监测，完成率117.9%（165/140），完成28家企业现场验证检测的质控和报告复核，复核率20%（28/140），超额完成省下达的10%复核任务。完成9.23万名劳动者重点职业病常规指标监测，518名接尘人员尘肺病主动监测，完成率129.5%（518/400）。全市完成90个城市饮用水监测点、276个农村饮用水监测点共计1464份水样的采集，合格率均为100%。健康危害因素监测项目完成50家公共场所基本情况调查、1394份样品检测和636份从业人员健康状况问卷调查及网报，在全省工作会议上作经验交流发言。作为全国4个试点调查点之一，开展“新冠肺炎健康促进活动和健康素养调查项目”，累计完成有效问卷265份，超额完成250人的调查任务，抽样复核及符合率均达预期目标要求，通过中疾控现场评估验收。全市开展食品安全风险监测，共采集八大类356份食品样品，共检测2364项（次）国家食品安全限量指标，样品采集完成率、数据网报及时率均为100%。规范处置食源性疾病暴发事件6起。全市食源性疾病哨点医院监测，共上报病例信息4811例，病例信息上报完成率104.6%；全市共采集病例生物标本1062份，病例标本采集完成率106.2%，病例标本阳性检出率5.0%。（陈 晨）

健康促进

■概况 2021年，扬州市爱国卫生运动委员会办公室（简称市爱卫办）以宣传健康文明、绿色环保生活方式为主题，印发《关于开展第33个爱国卫生月活动的通知》，以“三个一”行动（“文明健康始于心”科普行动、“低碳环保践于行”群众实践行动、“绿色家园齐守护”共建行动）为重点，组织开展爱国卫生月系列活动，倡导健康文明生活方式。爱国卫生月期间，全市开展健康教育活动86场，发放宣传材料2.13万份，服务人群1.01万人次。9月，市委、市政府印发《关于进一步加强爱国卫生运动 筑牢织密新冠肺炎疫情防线的通知》，动员全社会参与公共卫生和环境卫生治理，引导群众养成文明健康绿色环保生活方式；市新冠肺炎疫情防控指挥部印发《关于大力开展清洁消毒和环境卫生整治活动的通知》，在全市组织开展清洁消毒、清洁家园和清洁环境活动。

2021年，市爱卫办推进卫生镇村创建活动。宝应县射阳湖镇、山阳镇，高邮市周山镇，生态科技新城泰安镇等4个镇创建成国家卫生镇，宝应县小官庄镇王圩村等51个村创建成省卫生村。宝应县城、小纪镇、杭集镇、菱塘回族乡、丁伙镇等5个国家卫生镇（县城）均通过复审。（新 龙）

■健康教育 2021年，全市城乡居民健康素养水平31.2%，比上年增长10.6%；15周岁以上成年人烟草使用率22.6%，下降8.5%。完成健康教育"五进"（进企业、进农村、进社区、进学校、进家庭）活动889场次，开展健康科普大巡演18场，发放"三减三健"折页、控烟、居民健康素养66条宣传册等健康知识宣传材料18万余份，服务人群10.98万人次。市卫健委组织各地和各直属单位参加全省健康科普作品大赛，健康科普作品获二等奖1个、三等奖1个、优秀奖1个。（靳 龙 陈 晨）

■健康城镇村建设 广陵区创成江苏省健康促进区；宝应县广洋湖镇，仪征市新集镇、青山镇，江都区邵伯镇，邗江区西湖镇，蜀冈－瘦西湖风景名胜区平山乡等6个镇（乡）创成省级健康镇，全市累计建成江苏省健康村22个、健康社区20个。全市城乡居民健康素养水平32.21%。12月31日，全国爱卫办通报2020年度全国健康城市建设评价结果，扬州市被评价为全国健康城市建设样板市。（靳 龙 陈 晨）

■病媒生物防制 市爱卫会印发《关于组织开展以灭鼠为重点的春季除四害活动的通知》《关于开展夏秋季灭蚊蝇、灭蟑螂活动的通知》《关于开展冬季灭鼠工作的通知》。开展环境综合整治，清除卫生死角、阴沟污物、杂草等滋生地。结合季节特点，分别开展春季灭鼠除四害活动、夏秋季灭蚊蝇灭蟑螂集中行动和冬季集中灭鼠行动。市区共投放灭鼠药9.8吨、粘鼠板1.20万块，灭蚊蝇药物10吨。共建病媒生物防制示范小区15个，新增（修缮）毒饵站5700个，设置（修缮）诱蝇笼1040只，灭蚊灯10台，完成主要病媒生物密度监测和常用杀虫剂的抗药性监测任务。城市、农村监测水样合格率均为100%。（靳 龙）

维扬实验小学开展爱耳护耳主题活动　　田文荟　孟德龙/摄

中医中药

■中医药参与抗疫 中医药参与新冠肺炎疫情应急处置，中医药防治举措融入新冠肺炎疫情防控工作，在中西医协同救治与康复、集中隔离点中医药防治应用、医疗机构防控能力建设、中医药参与社区防控等方面发挥作用。在定点救治医院、康复医院针对确诊患者的中药汤剂使用率96.92%，康复患者中药使用率92.22%，中医药治疗、康复参与率100%。（陈 长）

■中医机构能力建设 2021年，市中医院在国家三级公立中医院绩效考核中连续两年获A级、获批国家中医特色重点医院建设单位；扬州市中医院新院区建设纳入政府工作计划和2022年"民生实事"项目，苏北人民医院获批江苏省"中西医结合旗舰医院"项目建设单位。完成省、市两级2020年中医药资金项目绩效考核，涉及中央中医药资金项目192万元、省中医药资金项目773万元，接受市财政局委托的第三方对扬州市2020年中医药事业发展引导资金进行检查。参与江苏省乡镇卫生院、社区卫生服务中心等级中医馆标准（草案）制定，高邮经济开发区社区卫生服务中心中医馆、宝应县氾水镇中心卫生院中医馆、仪征市大仪中心卫生院中医馆、江都区真武中心卫生院中医馆、广陵区汤汪社区卫生服务中心中医馆、高邮市送桥中心卫生院中医馆、宝应县望直港镇中心卫生院中医馆等7家单位获评省五级中医馆，省财政厅、省中医药管理专门给予210万建设资金支持。扬州市中医院国家中医住院医师规范化培训基地接受省级复审。成立市中医医疗质量控制中心、市中医病案质量控制中心。（陈 长 陈 玥 黄海晨）

■中医药服务能力提升 开展扬州市中医药特色村卫生室（社区卫生服务站）申报、评审。组织开展2021年度扬州市中医药示范村卫生室（社区卫生服务站）申报。抽调8名专家走进基层进行全面评估，遴选命名20家市级中医药示范村卫生室（社区卫生服务站），夯实基层中医药网底服务功能，推进基层中医药服务能力提升。组织开展扬州市中医重点专病申报、评审。发挥中医药在维护和促进人民群众健康中的独特作用，推动全市中医药传承创新，带动医院特色发展。针对市域范围内各类优势明显、疗效显著、群众口碑良好的中医专病开展市级中医特色专病遴选。全市共有85个特色专病申报，经市级专家评审，共遴选出特色专病30个。开展中医医疗机构“三大中心”创建活动。组织三级综合医院有关专家开展扬州市中医医疗机构“三大中心”创建现场评估。至年末，扬州市中医院建成市级胸痛、创伤和卒中救治中心，高邮市中医医院、江都区中医院建成县级中医创伤救治中心，中医医疗机构提高危重症中医药参与率，提升危急重症救治能力。

（陈　玥）

■中医药人才队伍建设 完成首届江苏省基层卫生技术人员中医药知识与技能培训技能考核（扬州考点）工作，通过考核141人，通过率98.6%；组织151名基层卫生技术人员参与第二批中医药知识与技能培训项目；组织2021年江苏省中医类别住院（全科）医师规范化培训结业考试，技能考试通过率100%，理论考试通过率98.4%；组织开展中医经典人讲堂活动，来自全市各级各类医疗机构中青年中医学员近180人参加，邀请南京中医药大学教授马勇、马俊杰等专家授课，讲解中医经典理论，分享临床学术经验，为中医人才搭建高层次平台；扬州市获评2021年度江苏省中医药科技发展项目8项（专题项目2项、面上项目6项）。

（黄海晨）

■中医药健康文化宣传 下发《关于公布〈2021年度扬州市中医药健康文化惠民主要活动计划〉的通知》，制定印发扬州市中医药文化基层行计划。开展扬州市“中医中药基层行”中医药“七进”（进校园、进军营、进荧屏、进社区、进乡村、进家庭、进课本）、“中医药就在你身边”健康巡讲、名中医讲坛、“岐黄校园行”等中医药健康养生宣讲活动。全年开展中医药养生保健知识“七进”活动414场，覆盖群众8.15万人次，发放材料3.54万份。

（黄海晨）

■仪征市通过全国基层中医药工作先进单位复核 10月20—22日，省级评审专家组对仪征市开展全国基层中医药工作先进县（市）复核评审。专家组听取创建工作汇报，并通过随机抽签，以查阅台账资料、问卷调查、现场访谈、实地检查等形式，对铜山乡卫生院等4家基层医疗机构进行检查评审。最终，仪征市通过全国基层中医药工作先进单位评估。

（陈　玥）

■43项中医医疗服务项目价格调整 9月，市卫健委、市医保局、市中医药管理局联合印发《关于调整部分中医医疗服务项目价格的通知》，对扬州市公立医疗机构包括中医外治、中医骨伤、针刺、灸法、推拿疗法等43项中医类医疗服务项目价格进行调整。此轮价格调整，完善体现中医药特色服务价值的中医医疗服务定价机制和医保支付政策，改变部分中医医疗服务项目成本倒挂现象，鼓励中医药适宜技术的临床应用。此轮价格调整平均调价幅度40%，最高调价幅度66.7%，最低19%，每年将会为全市各级各类公立医疗机构增加总计约1800余万元的中医医疗服务毛收入。调整后的项目价格同步纳入医保支付范围，基本不增加参保患者的个人医疗负担。

（陈　长）

卫生监督

■概况 2021年，全市监管单位1.87万户，受理立案各类行政处罚案件663件、一般程序196件、向公安机关移送3件、跨行政部门移送案件及线索19件；合计罚没款290.47万元，增长17.6%。完成检查工作1168件，立案查处94件，联合市公安、市场监管、消防等部门开展旅店、娱乐场所跨部门双随机抽查任务20件，累计罚款7.5万元，完成率94%，完结率100%。探索“信用+监管”“互联网+监管”，强化卫生监督执法队伍建设，提升卫生监督队伍业务能力和职业化水平，推进卫生监督执法体系建设。开展重点场所疫情防控工作督查、医疗机构停诊情况督查、“扬城扫码通”推广使用情况督查等工作。市卫生监督所出动车辆1126车次，监督员3946人次，检查单位6408户次。协助市卫健委与市市场监管局、市农业农村局联合制定下发由扬州市承担《食品安全国家标准食用淀粉》（GB 31637-2016）等6项标准跟踪评价工作方案并组织实施，协助其他地区开展《食品安全国家标准乳糖》（GB 25595-2018）等8项国家标准及相关检验方法和指标的跟踪评价任务。开展保健食品、特殊医学用途配方食品、婴幼儿配方食品的企业标准备案工作，完成食品安全企业标准备案95户。制定完善八类31项卫生行政执法全过程记录相关制度，为全市202名一线卫生监督员配备执法记录仪118台，市本级和大部分县（市、区）设置询问调查室，配备同程录音录像设施，做到全过程执法音像记录，打造“阳光卫监”。全市有基层卫生监督协管机构90个，卫生监督协管员330人，共巡查被监管单位1.95万户次，发现413个事件或线索，报告413个事件或线索，上报率100%，培训162次，宣传212次，通过协管上报查处案件6件，查处的案件罚没金额6万元。

开展“信用+综合监管”，推进全市819家四类行业公共场所单位量化分级管理，将248家医疗卫生机构纳入传染病防治卫生监督综合评价试点工作，开展打击无证行医及非法医疗美容行为专项整治行动，加强重点领域失信问题惩处。推进“互联网+监管”，对接市“互联网+监管”平台和事中事后监管平台，协助市卫健委梳理卫生健康部门监管事项、监管内容、监管人员和监管数据，完善卫生监管事项目录清单和执法检查实施清单。在医疗技术临床应用、医院感控、医疗废物、生活饮用水等领域探索推行以数据监测、远程监管、预警防控为特征的“非现场执法”。参与推进“开旅馆一件事”行政许可改革。对政务服务网公示的公共服务事项办事指南开展质检，整改办事事项5项、条目16条。开展许可专项工作，完成许可事项164项。全面实施公共场所卫生许可告知承诺制许可模式。（姚　昱）

■职业、放射卫生监督 开展全市25家存在疑似职业病病人（57人）未进入诊断程序的用人单位和职业卫生服务机构监督检查，完成全市450家用人单位双随机监督检查，推进现场快速检测技术在职业卫生现场执法的应用，对全市135家单位501个点位进行现场快速检测。2021年，全市职业卫生日常监督796户次，查处职业卫生违法案件220起，其中一般程序案件34起、简易程序案件186起，罚款金额100.85万元。开展全市医疗机构发热门诊方舱CT专项监督检查和放射诊疗机构放射防护管理专项整治行动，对全市279家放射诊疗机构进行全覆盖监督检查，查处放射卫生违法案件11起，其中一般程序案件3起、简易程序案件8起，罚款金额2.1万元。（姚　昱）

■学校卫生监督 完成全市755所各级各类学校（含托幼机构363所）传染病防控、中小学校教学及生活环境、饮用水卫生全覆盖监督检查，强化学校结核病防控专项监督检查，参与复学复课综合评估验收。全市共查处案件13起，其中4起为饮用水抽检不合格、9起为学校教学环境不合格。（姚　昱）

■饮用水卫生监督 完成全市13家集中式供水单位每季度一次监督检查，对58家二次供水单位和22家涉水产品生产企业40个批件进行全覆盖检查，抽检5家涉水产品生产企业5个样品，检测结果均为合格；对8家现制现售饮用水水质处理器经营单位的13个涉水设备进行检查和抽检，检查出2个制水设备出水水质不达标，对抽检水质不合格的制水设备责令立即停止供水，查明原因，提交整改报告并经专业检测机构复检合格后恢复供水；开展2个电商平台6家网店销售的9款水质处理器专项检查。（姚　昱）

■公共场所卫生监督 全市检查相关公共场所159家，重点对美容美发店、小旅馆、小歌舞厅、小浴室等“四小行业”开展专项监督检查。共下发创建要求、卫生监督意见书等1000余份，发放公共场所卫生监督信息公示牌100余块，公共用品消毒标识、消毒卡片300余张，禁烟标识150余张。做好重大活动公共保障，先后参与扬州“两会”、扬州世园会、“烟花三月”节开幕式、中国大学生游泳锦标赛、扬州党代会等重大活动公共卫生应急保障工作。对相关场所集中空调通风系统等公共卫生设施运行、二次供水管理、公共物品消毒制度落实等情况进行监督检查；世园会运行期间，开展卫生监督保障133次，出动监督员298人次，填写现场快检单266份，开展在线巡查3516人次，巡查在线监测、监控设备2.44万户次，发现问题594个，均及时进行处理。（姚　昱）

■消毒产品卫生监督 开展消毒产品卫生监督抽检工作，结合春节、“三八”妇女节、中秋节、国庆节等重要节日，检查经营单位77家产品237个，抽检22个批次164件产品，开展两轮餐饮具集中消毒监督抽检，共抽检35户次，合格率100%。（姚　昱）

■医疗机构卫生监督 对全市医疗机构超范围执业、医师跨类别执业和限制类医疗技术备案、任用非卫生技术人员执业、出租承包科室等违法行为进行重点监督检查。2021年，共查处违法案件136起，其中一般程序案件117起、简易程序案件19起，罚没款166万元；立案查处非法行医案件36起，罚没款106万元，移送涉嫌非法行医犯罪人员2人。重点开展冬病夏治穴位贴敷服务技术应用管理专项检查，共检查医疗机构261家，其中中医医院10家、中医门诊部6家、中医（综合）诊所24家、中医（备案）诊所34家、其他医疗机构187家。（姚　昱）

■血液卫生监督 组织开展全市医疗机构临床用血安全监督检查，重点对机构和人员资质、布局和设施、血液来源、血液运输储存使用管理等进行全流程监督。全市共检查医疗机构71家，对存在问题单位现场下发卫生监督意见书并责令限期整改。开展采供血机构监督抽查，对扬州市中心血站及其仪征采血点、宝应采血点、高邮采血点、江都采血点等5家供血点进行全面检查。（姚　昱）

医政药政管理

■医药卫生体制改革 苏北人民医院完成建立健全现代医院管理制度国家试点任务，扬州市中医院、高邮市人民医院完成省级试点任务。全市16家参加改革的二级以上公立医院全部完成章程制定，全面实行党委领导下的院长负责制，现代医院管理制度建设取得初步成效。在省医改办组织的2020年度公立医院综合改革效果评价中位列全省第三位，被省卫健委纳入省政府督查激励推荐名单。（沈　怡）

■药政管理 全市9个地区全部建立基本用药统一目录，基层医疗卫生机构与二、三级医疗机构药品医保报销目录进行统一，促进上下级用药衔接，满足基层首诊、双向转诊、分级诊疗和家庭医生签约服务用药需求。仪征市、高邮市、邗江区试点建立医共体电子处方前置审核中心，医共体内基层医疗卫生机构电子处方经过审核之后，方可进

入收费和调配环节。广陵区文峰街道连福社区成立全省首家家庭药师工作室。（沈 怡）

■院感防控 开展常态化院感防控督导检查，全市共排查医疗机构4419户次，医疗机构自查发现问题累计6840条；卫生健康部门督查发现问题2108条，整改2101条、整改中7条。疫情期间，成立省、市联合督查组，针对医疗机构、核酸采集点、隔离点、发热门诊、医务人员驻地酒店，累计开展29轮院感专项督查，现场下发督查通报，并对整改情况进行“回头看”。组建两支常态化感控督查队、一支后备感控督查队，每个工作日对全市各级各类医疗卫生机构组织开展感控常态化专项督查，每次督查现场反馈问题印发督查通报，同时报纪委，并组织开展“回头看”，形成督查—整改—再督查闭环。推进扬州市医疗废物信息管理平台建设，至年末，二、三级医院建立医疗废物信息管理平台比例分别为84.6%、100%。（丁昊俊）

■医疗机构内涵建设 提升医院专科服务能力。2021年，全市二级以上医疗机构有33个专科被确认为市级临床重点专科。推进医疗机构高质量发展。1月，市二院被省卫健委确认为三级康复医院；11月，市三院、仪征市人民医院分别接受省卫健委三级医院定等考核；12月，江都区滨江人民医院被市卫健委确认为二级乙等综合性医院。扬州市妇幼保健院、宝应县妇幼保健院被评为省优秀试点医院。限制性医疗技术备案检查，规范医疗行为。全年共备案15家医疗机构91项限制类医疗技术，并组织专家对各县（市、区）卫健委及全市27家二级以上医院开展医疗技术临床应用检查。先后印发《关于进一步加强市级医疗质量控制中心工作的通知》《扬州市医疗质量控制中心管理办法（2021版）》《扬州市医疗质量控制中心考核评分标准（2021版）》《关于开展2021年市级医疗质量控制中心年度考核的通知》，调动和发挥市级质控中心作用，强化医疗质量管理。推进优质护理服务工作，全市优质护理服务病房覆盖率100%，优质护理服务病房总数312个，A类病房数143个。举办“传承红色基因，创新发展护理”——扬州市庆祝5·12国际护士节暨建党100周年大型活动，全市评选出优秀护士50人、优秀护理管理干部30人。（丁昊俊）

■血液安全信息化建设 2019年起，启动建设扬州市血液保障分析预警系统。2021年，实现全市具备临床用血资质的83个医疗机构全面联网该系统。血液发放预定100%从系统平台进行，用血者血费直接减免率90%以上，居全省14个采供血机构领先地位。采供血不良事件网络上报全面实现系统平台直报，血液区间调剂更便捷高效。7月，新冠肺炎疫情期间，通过系统平台数据共享，市中心血站对接联系周边采供血机构，于省内调拨红细胞制品1395单位、血小板制品234单位，保障疫情期间的临床供血。（丁昊俊）

■医疗行风建设 印发《2021年全市卫生健康行风建设工作要点》《扬州市开展不合理医疗检查专项治理行动实施方案》《进一步规范医疗行为促进合理医疗检查的实施意见》，联合市医保局、市市场监管局、市卫生监督所开展专项检查工作。协同市公安、市场监管、医保等相关部门健全完善纠风工作联席会议制度，明确部门工作职责，针对行业突出问题，强化部门联动、统筹协调、信息共享和互通，重大案件联合查办。（丁昊骏）

■卫生科教 2021年，全市650名住院医师规范化培训学员参加国考，获国家和省专项资助资金2000万元，连续两年位列全省第四位。获国家自然科学基金17项和省卫生健康委医学重点项目2项，立项总数位列全省第三位。7—9月扬州新冠肺炎疫情期间，500余万管、3300余万人次的检测未出现差错。专家驻点督导制度被国家卫健委列入大规模核酸检测工作指南。完成区域14家大规模核酸检测实验室的备案、实验报告资质。创新全科医生培养，组建扬州市全科医院，获评扬州市人才工作品牌。新增国家重点住培专业内科学1个。招录农村定向医学大学生132人，超额完成市目标任务。指导扬州职业大学医学院新增康复医学专业，并开始招生。在省卫生健康科教年会上，扬州市作生物安全管理经验交流。（江 澜）

生育服务

■概况 2021年，全市常住人口数457.7万人，出生率3.4‰，死亡率6.04‰，自然增长率-2.64‰，二孩及以上出生占比41%，出生人口性别比108，出生总量持续走低。全市办理生育登记1.45万件，办理再生育审批212件，生育服务综合满意率80%以上。发放各类奖励扶助资金3.68亿元，惠及26.71万人。实施“三个全覆盖”（计生特殊家庭双岗联系人制度、家庭医生签约和定点绿色通道医院）专项行动，吸纳家庭医生和志愿者以“2+N”（2指家庭医生和志愿者，N指特殊家庭）形式结对进行帮扶，100%全覆盖落实计生特殊家庭双岗联系人制度、家庭医生签约、定点绿色通道医院和住院护理险，家庭医生服务团队为1.2万名计生特殊家庭成员提供医疗服务2.75万人次。各地均开通医疗机构就医绿色通道，共计58个，为计划生育特殊家庭提供服务5522人次。完善帮扶电子档案6839户，覆盖率94.92%。利用人口公益金和慈善总会、计生协等项目资金801.5万元，为7163户特殊家庭发放359万元慰问金及慰问品，开展特殊家庭专项帮扶慰问24场次。（刘 砺）

■生育政策宣传 全市办理生育登记1.45万件，办理再生育审批212件，生育服务综合满意率80%以上。举办全市实施三孩生育政策培训会，解读优化生育政策及配套支持措施，确保政策落实到位。利用传统媒体和互联网新媒体，宣传倡导三孩生育政策，营造积极生育的良好氛围。（刘　砺）

■**普惠托育**　2021年，婴幼儿照护服务工作列入“扬州市民生幸福工程”项目。印发《扬州市2021年普惠托育民生实事项目实施方案》，明确政府购买服务、财政补贴、提供场所、减免租金、税费优惠等政策措施，扶持社会力量兴办普惠托育机构。启动全市托育机构布点规划编制，对中心城区托育机构设置数量、具体方位、建设规模、机构性质、实施时序和建设方式等进行设计。制定《扬州市普惠托育机构评审标准》，推进托育服务专业化、标准化、规模化建设发展。全市7个县（市、区、功能区）出台辖区3岁以下婴幼儿照护服务发展实施意见，6个县（市、区）建立部门联席会议制度。依托各级妇幼保健院建立市（1个）、县（5个）两级婴幼儿早期发展指导中心，建成“1+5+N”托育服务管理体系建设。全市可提供0~3岁婴幼儿照护服务机构309家，可提供托位数1.24万个，每千人托位数2.71个。建成省示范托育机构2家、省普惠托育机构6家、市普惠托育机构16家。备案托育机构21家。2家机构申报中央预算内投资项目，获中央预算经费130万元。（刘　砺）

■**计生卫生监督**　组织开展全市应用人类辅助生殖技术专项监督检查，共检查医疗机构107家，其中技术准入机构2家、非准入医疗机构105家，均未发现擅自开展人类辅助生殖技术、非法采供精、非法采供卵、非法性别鉴定及“代孕”等违法违规行为。（姚　昱）

老年健康

■**概况**　至年末，全市60周岁及以上户籍老年人口118.77万人，占总人口的26.30%；65周岁及以上户籍老年人口93.94万人，占总人口的20.80%。2021年，全市构建养老孝老敬老社会环境、推进老年人精神关爱工作，实施应对人口老龄化国家战略，推进老龄工作。实施老年人运用智能技术专项普及培训工程。针对微信聊天、预约挂号、健康扫码、手机支付、网约车出行等常用生活场景，开展老年人智能手机运用培训，培训老年人4.40万人次。参加江苏省第一届“老年达人”运用智能技术大赛决赛，扬州市代表队获一等奖。开展全国示范性老年友好型社区创建活动。围绕改善老年人居住环境、方便老年人日常出行、提升为老年人服务质量、扩大老年人社会参与、丰富老年人精神文化生活等，组织开展全国示范性老年友好型社区创建，高邮市高邮镇大淖社区、邗江区双桥街道石桥社区、蜀冈－瘦西湖风景名胜区平山乡雷塘社区被命名为首批全国示范性老年友好型社区。实施老年健康关爱系列项目。通过面向社会组织购买的形式，在市区启动实施健康促进、健康养生、心理关爱、温暖夕阳、智能培训、文体活动等老年健康关爱项目47个，受益老年人2万余人。组织“敬老月”系列活动。举办扬州市第五届“十大孝星”评选表彰活动，组织开展2021年“敬老月”广场咨询服务活动，组队先后参加江苏省第二届老年大学合唱节、江苏省老年太极健身展演、江苏省老年书画展、江苏省第十届老年春晚海选等活动。市卫健委与市发改委、市民政局共同完成“国家积极应对人口老龄化重点联系城市”的申报，扬州市被国家发改委确定为“国家积极应对人口老龄化重点联系城市”。（陈　钢）

■**医养结合与老年健康管理**　2021年，全市新增3家医养结合机构，累计有医养结合机构32家，其中两证齐全25家、开展养老服务的医疗机构（养老服务未备案）2家、医疗机构提供嵌入式医疗服务的养老机构5家；护理院11家、康复医院4家，共有医护人员943人，有医养结合床位数7178张，其中养老床位5510张、医疗床位1668张；全市医养结合机构共为8128名老年人提供服务，满足老年人机构养老的医疗服务需求。全市有4所非政府所在地的乡镇卫生院增设康复护理病区，所有的乡镇养老机构均就近与所在地的乡镇卫生院落实签约服务，解决农村人健康养老需求。为全市50.76万名65周岁以上老年人进行免费健康管理。开展老年友善医疗机构建设，有85家医疗机构创成省级老年友善医疗机构，其中6家医疗机构创成省级老年友善医疗机构优秀单位。

开展老年医学研究和老年医学学科人才队伍建设，组织开展省级老年科研项目、老年健康引进新技术等申报，经过推荐和选拔及省级答辩，获批老年科研项目3个、老年健康引进新技术1项、老年医学临床应用研究项目单位1个、老年医学临床应用研究项目建设单位1个、老年医学临床应用研究项目带头人（培养对象）1人、老年医学临床应用研究项目培养对象2人，促进老年医学科的能力建设。（张加云）

■**养老机构安全管理**　强化属地管理职责，督促养老机构落实主体责任，加大自我检查、重点排查、联合巡查力度，发现和排除安全隐患。发挥市质量指导中心监管作用，开展专项督查和不定期的动态检查。联合市市场监管、住建（消防）等部门采用“四不两直”方式，不定期督查养老机构在食品安全、消防安全、住房安全等方面的落实情况。新冠肺炎疫情期间对全市养老机构实施封闭管理，执行“只出不进”、健康监测、通风消杀等防控举措。督促各地民政部门、养老机构做好疫情防控和生活物资保障。开展线上心理辅导，关注养老机构工作人员和住养老人身体心理健康状况。其间，全市养老机构实现“零感染”。引导政府购买居家养老服务组织开展关爱高龄、空巢、独居、失能（失智）等困难老年人活动。（周　丹）

体育

Tiyu

编　辑　陈永华

综述

■**概况**　2021年，扬州市印发《扬州市“十四五”体育发展规划》《扬州市全民健身实施计划（2021—2025年）》，在全省率先出台《关于进一步规范公共体育健身器材规划布局和建设管护的意见（试行）》，排查全市1.20万处健身场地器材，督促整改700余处问题场地设施。配置更新健身路径、篮球架等体育健身器材400余套，建成全民健身步道50余公里。生态科技新城凤凰岛古运河生态跑步线路、广陵区七里河公园跑步线路入选2021江苏省最美跑步线路，广陵区沙头镇人民滩村体育公园、头桥镇头桥村健身公园获评2021江苏省最美乡村健身公园。举办扬州市第19届全民健身体育节系列活动、“健身不打烊，运动过大年”线上比赛和全民健身日网络直播活动，参与省第二届网络全民健身运动会，市参赛人数居全省第二位。代表江苏省参加第14届全运会群众体育项目比赛，获二等奖1个、三等奖2个、最佳人气奖1个。部分地区和体育社团开展中华龙狮大赛、首届中国运河城市垂钓大赛、全国光板乒乓球邀请赛、全国第七届体育舞蹈公开赛、全国业余围棋公开赛等群体活动。出台《关于助力体育协会高质量发展的实施意见（试行）》，成立市属体育社团党委。全市创成AAAAA级体育社团11家，总数位于全省前列；扬州市冬泳协会、仪征市武术协会晋升为AAAAA级体育社团，扬州市体育文化交流协会、扬州市长跑协会通过AAAAA级复评。推动“百团万员进网格”活动，形成15个特色社会治理项目，被市域社会治理领导小组办公室评为“社会治理创新十大项目”。“红马甲”社会治理项目在全省体育局长会议上得到表扬。与市卫健委联合印发《关于进一步深化体医融合工作的实施意见》，建成扬州市体育康复医院并入选江苏省五大运动促进健康中心试点单位之一。完成市政府年度民生幸福工程目标任务，建成体医融合服务中心10个，新建、提升全民健身益站20个，扩大四级科学健身体系网络覆盖面。扬州市体育局等11家单位获评2017—2020年度全国群众体育先进单位，李桂山等8人获评2017—2020年度全国群众体育先进个人。

生态科技新城78环岛大道　　望秋叹/摄

建立第20届省运会备战参赛指挥体系和督战研判制度，排定参赛大项29个，参赛队伍组建完成。形成体育部门与社会俱乐部联动的竞技体育发展机制。跳水、艺术体操等9个优势项目以赛代练、以赛促练。扬州籍运动员参加第14届全运会，获链球、摔跤、蹦床、棒垒球、手球等6个竞技体育项目金牌，超额完成预定目标。与市教育局联合印发《关于深化体教融合 促进青少年健康发展的意见》。拓宽实践路径，先后召开全市体教融合会议、全市青少年体育工作会议和体教融合专家论坛。中国棒球协会、仪征市政府、市体育局三方签订共建协议，中国青少年（U14）棒球队训练基地落户仪征，国家体育总局将“仪征——棒垒球项目‘一条龙’人才培养”案例收录为体教融合典型案例。“省、市、县、校”四方联办体育合作项目——江苏省07—08男子足球队落户宝应，宝应县入选首批101个全国县域足球典型的名单。省体育局到扬州市调研青少年体育工作，肯定广陵区体教融合模式。全年承办7项省级青少年体育赛事，举办16项中小学生阳光体育赛事，项目设置量增加60%。体适能、射击、速度轮滑、击剑等4项新优项目首次设项，市级体育协会首次参与赛事承办。举办第20届中国大学生游泳锦标赛、中国·扬州大运河城市足球精英邀请赛。

成立2022年世界田联半程马拉松锦标赛（简称2022年“世马”）扬州筹委会，集中办公并进入实质化运作阶段。2022年“世马”倒计时一周年新闻发布会在北京举办，世界田联主席给扬州发来贺信。按照世界田联金标赛事和中国田协标牌赛事标准，推进2022年“世马”测试赛各项筹备工作。市政府与中国田协签订合作协议，江都区创成省级体育消费城市试点单位，扬州体育公园、仪征市综合体育馆和高邮市珠湖小镇获评第四批省级体育服务综合体，全市6个体育产业项目获2021年省体育产业发展专项资金支持。成立扬州市体育产业商会，联合市总工会、市工商联举办“体企融合”发展研讨会，开展第三届“名城百企”运动会和健康体测企业家专场活动，以体育力量助推企业高质量发展。出台《2021年扬州市体育局服务体育企业行动计划》，提出创新服务举措16条，下放经营高危险性体育项目行政审批权，“举办健身气功活动及设立站点审批（跨县区）”等4项审批权与监管权分离，提升体育产业营商环境。

扬州新冠肺炎疫情发生后，市体育局采取公共体育场馆关停管控、赛事活动缓办指导、体育社团联防联控、训练队封闭管理等应对举措，全市体育系统未发生1例疫情。倡导市民居家健身，印发科学健身宣传手册2000余份，录制科学健身视频近70期，《扬州日报》专题刊登23期。出台《扬州市体育健身场所开放指引》《关于做好体育系统过渡期和常态化防控阶段疫情防控工作的通知》，开展全市体育场所常态化疫情防控检查，指导体育场馆有序复工复产。加强赛事安全监管、反兴奋剂治理、高危险性体育项目检查等工作力度，守牢体育安全底线。（宋　倩）

■扬州市获全省县级体育重点工作督查佳绩 1月15日，2021年全省体育局长会议以视频会议形式在南京召开，会上公布2020年度全省县级体育重点工作督查结果，江都区、邗江区、仪征市在全省64个县（市、区）中分列第九位、第十位和第12位，分获苏中地区前三名。继2019年后，扬州市再次包揽苏中地区前三名。（宋　倩）

■2020年度扬州“十大体育新闻”和“最美体育人”发布 2月9日，2020年度扬州“十大体育新闻”和“最美体育人”评选活动举行，经过预选推荐、网络投票、专家评审和组委会终评等环节，发布评选结果。“扬州市公共体育领域公共服务满意度排名全国第一”等10条新闻获评“十大体育新闻”，中超联赛冠军主力队员吉翔等10人获评“最美体育人”。“扬州市3地包揽省县级体育重点工作督查苏中地区前三名”列为2020年度扬州“十大体育新闻”评选特别新闻。（宋　倩）

■中国田径协会与扬州市人民政府战略协议签约仪式在北京举行 3月17日，中国田径协会与扬州市人民政府战略协议签约仪式暨2022年“世马”倒计时一周年新闻发布会在北京举行。中国田径协会主席段世杰、副主席蔡勇，扬州市人民政府副市长余珽等出席发布会，世界田联主席塞巴斯蒂安·科给扬州发来贺信。会上，中国田径协会与扬州市人民政府签订战略协议。（李昌融）

■2022年“世马”倒计时一周年健身跑活动 3月27日，2022年“世马”倒计时一周年健身跑活动在三湾生态文化公园举行。活动仪式上发布2022年“世马”logo、吉祥物和赛事线路。世界田联理事、中国田径协会党委书记、副主席王楠，中共扬州市委书记、市人大常委会主任夏心旻，扬州市委副书记、市长张宝娟，中国田协相关部门负责人等出席活动。（李昌融）

2022年“世马”倒计时一周年健身跑活动　张卓君/摄

■扬州市体校与拉萨市体校签订项目合作协议 4月13日，为落实中央援藏工作政策，促进跨区域资源优化配置，共同培养优秀体育后备人才，扬州市体校与拉萨市体校签订项目合作协议，签约仪式在扬州市体校举行。两地体育局、体校相关人员参加活动。 （黄 娟）

■中国青少年（U14）棒球队训练基地落户扬州 4月16日，中国棒球协会、扬州市体育局和仪征市人民政府在仪征举行签约仪式，三方共建中国青少年棒球项目，中国青少年（U14）棒球队训练基地揭牌。继2018年中国青年女子（U19）垒球队训练基地之后，扬州市再添1个国家级训练基地。 （宋 倩）

■扬州市龙狮运动协会成立 6月16日，扬州市龙狮运动协会成立大会暨第一次会员大会在扬州工业职业技术学院举行。大会选举产生第一届理事会及领导机构，傅伟当选为第一届理事会会长、沈昌圣当选为秘书长。 （朱 涛）

■扬州市社会体育指导员协会成立 10月28日，扬州市社会体育指导员协会成立，并召开第一届会员代表大会。大会选举田伟担任会长，杨文担任秘书长，选举产生副会长8人、监事1人及常务理事17人。 （朱 涛）

■《关于深化体教融合 促进青少年健康发展的实施意见》印发 11月11日，市体育局、市教育局联合印发《关于深化体教融合 促进青少年健康发展的实施意见》（简称《意见》）。《意见》旨在全面贯彻国家教育方针，推动扬州市体教融合开展。《意见》从加强学校体育工作、完善青少年体育赛事体系、加强体育师资队伍建设等7方面提出25条主要任务。 （黄 娟）

■扬州两项目获评2021中华体育文化优秀项目 11月26—28日，2021中国体育文化博览会、中国体育旅游博览会在广州举行，博览会现场举行中华体育文化优秀项目推介活动。中国仪征城市龙舟公开赛获评2021中华体育文化优秀节庆项目，中国·江都龙狮运动获评2021中华体育文化优秀民俗民间项目。 （宋 倩）

群众体育

■“健身不打烊，运动过大年”线上科学健身系列活动 除夕至农历正月十五期间，市体育局举办“健身不打烊，运动过大年”线上科学健身系列活动。通过扬州电视台新闻频道、城市频道、生活频道、邗江频道，“扬帆”App、“运动扬州”微信公众号等平台推出“指导不打烊”专题健身知识普及栏目，指导群众居家科学健身。发布“场馆不打烊”专题报道，开展“活动不打烊”线上四分马、健身气功、广场舞比赛。全市近5万人观看、参与“健身不打烊，运动过大年”线上科学健身系列活动。 （朱 涛）

■江苏省定向越野俱乐部联赛（扬州站） 3月28日，由江苏省体育总会、扬州市体育总会联合主办，江苏省无线电和定向运动协会、仪征市文体广电和旅游局及仪征市月塘镇政府共同承办的“天乐湖杯”江苏省“智跑江苏”定向越野俱乐部联赛（扬州站）暨第二届自行车定向越野邀请积分赛在天乐湖嬉戏谷开幕。来自宁、镇、扬等周边近300名运动员参赛，该赛事是仪征市2021年首项省级赛事。此次赛事采用自行车定向积分赛的方式进行，全程60~70公里，共设28个积分点，总分3150分，骑手们从天乐湖出发，途经四庄村史馆、登月岛生态园、月塘邮局、明月广场月塘文史馆、欣国生态园、鸿儒山庄、六松水库、捺山那园、捺山地质公园、石柱山国际康养城、尹家河公园、映月广场等，最终到达扬州观月湖生态园游客中心。本次比赛共设6个奖项，仪征市自行车运动协会第一代表队获一等奖；仪征市铁人三项运动协会代表队、扬州市邗江区顺研单车俱乐部第一代表队获二等奖；扬州市邗江区顺研单车俱乐部第二代表队、仪征市自行车运动协会第二代表队、凤台县淮上明珠单车俱乐部获三等奖。 （朱 涛）

■全国第四届“巴纳杯”光板乒乓球邀请赛在扬州举行 4月10—11日，全国第四届“巴纳杯”光板乒乓球邀请赛在扬州举行，来自全国各地的70余支代表队300余名光板乒乓球爱好者参赛。本次邀请赛由扬州市体育局、扬州市体育总会、全国光板乒乓球联盟及扬州市广陵新城管委会联合主办，扬州市乒乓球协会和广陵区教体局共同承办。扬州代表队获男子青年组单打、女子青年组单打和男子青年组团体3项冠军。 （朱 涛）

■2021年扬州市老年人体育节在宝应举行 4月25日，2021年扬州市老年人体育节开幕式在宝应生态体育休闲公园体育馆举行，老年健身群众近800人参加活动。本次活动由扬州市体育局、扬州市卫健委老龄工作委员会办公室、扬州市老年人体育协会主办，宝应县文体广电和旅游局、宝应县老龄工作委员会办公室、宝应县老年人体育协会承办，来自宝应县老年体协、县健走协会进行舞龙舞狮、秧歌、莲湘舞、太极、中华武术、健身气功、柔力球等健身项目的展演。 （朱 涛）

■2021年江苏省健身气功交流展示系列活动启动仪式在扬州举行 5月9日，“庆建党，颂祖国”2021年江苏省健身气功交流展示系列活动启动仪式在扬州体育公园举行。来自扬州市区各站点的300余名健身爱好者参加展演，展示健身气功八段锦、十二法等健身项目。 （朱 涛）

■2021扬州城市4分马开赛 5月9日，“从心出发，助力世马”2021扬州城市4分马（四分之一马拉松路程)赛事在扬州马拉松公园举行。由扬州市体育总会、广陵区教育体育局指导，扬州市长跑协会主办，扬州市长跑协会马拉松俱乐部承办。本次比赛地点选在广陵新城，起终点设置在马拉松公园，沿途经过滨水路、健民路、京杭湾和文昌东路，全程10公里。各跑步团体800余人参赛。（朱　涛）

■全国第七届体育舞蹈公开赛在扬州举办 5月15日，全国第七届体育舞蹈公开赛暨2021江苏省体育舞蹈俱乐部联赛（扬州站）在广陵区体操馆举办。本次比赛由江苏省体育总会、扬州市体育总会主办，江苏省体育舞蹈运动协会、扬州市广陵区教育体育局等单位承办，中体城（扬州）运营管理有限公司、广陵区体育发展中心及广陵区体育舞蹈协会协办。55支代表队2000余人参加摩登舞、拉丁舞各5个项目比赛。（朱　涛）

■2021城市定向挑战赛（扬州站） 5月15日，2021城市定向挑战赛（扬州站）在扬州体育公园开赛，共有250个团队1000余名运动爱好者参加。该活动由江苏省体育竞赛管理中心、江苏无线电和定向运动协会联合指导，邗江区体育总会、扬州体育产业发展有限公司及江苏洋河酒厂股份有限公司共同主办。活动以团队的形式按照线路图，寻找最具扬州特色的任务点标，用脚步打卡扬州“好地方”，共同见证5月的美丽扬城，探索人文景观，欣赏自然环境。（朱　涛）

■扬州健身气功代表队获省联赛佳绩 5月15—17日，2021年江苏省健身气功站点联赛暨第14届全运会群众展演项目健身气功江苏省选拔赛（中南部）在无锡惠山体育馆举行，来自苏州、无锡、常州、镇江、南京、扬州等中南部13个站点代表队的84名健身气功爱好者参加。扬州代表队获城市街道组集体项目五禽戏第一名、八段锦第一名、气舞第一名。（朱　涛）

■高邮市第12届环高邮湖自行车赛 5月16日，由江苏省体育竞赛管理中心、扬州市体育局和高邮市政府主办的2021“农商行杯”第12届环高邮湖自行车赛在净土寺广场开赛。赛程约168公里，赛道经过高邮、天长、金湖、宝应等县（市），800余名骑手参赛。来自南京GIANT车队的李长春获男子组冠军，仪征市自行车运动协会的邹霞获女子组冠军，丹阳轮语单车俱乐部车队获团体冠军。赛事期间，举办约20公里的大众体验骑行活动。（朱　涛）

■全国老年人太极拳健身推广展示大联动（扬州站）活动 5月19日，2021年全国老年人太极拳健身推广展示大联动（扬州站）在广陵区七里河休闲公园北广场举行。本次活动由扬州市老年人体育协会主办，扬州市广陵区老年体育协会承办。省老年人体育协会副会长兼秘书长孙海连向广陵区颁发江苏省老年人体育特色项目“太极系列之乡”牌匾。活动现场展演二十四式太极拳、养生太极掌、太极双扇等节目。（朱　涛）

■扬州市第19届全民健身体育节开幕式 5月23日，扬州市第19届全民健身体育节开幕式、2021年扬州市体育文化系列活动启动仪式、全国百城千村健身气功展示交流系列活动（扬州站）在宋夹城体育休闲公园北门广场举办。该活动由江苏省体育局指导，扬州市政府主办，扬州市体育局、扬州市体育总会、蜀冈－瘦西湖风景名胜区管委会承办，中国民生银行股份有限公司扬州分行支持。开幕式现场进行健身气功、广场舞等群众体育项目演示。（朱　涛）

■“我要上全运”江苏省气排球扬州赛区选拔赛 6月12日，由江苏省体育局、江苏省体育总会主办，江苏省体育彩票管理中心、江苏省排球运动协会、扬州市体育局、扬州市邗江区文化体育和旅游局承办的第14届全国运动会群众比赛“我要上全运”江苏省气排球扬州赛区选拔赛在扬州中瑞酒店职业学院体育馆开幕。本次比赛设青年组、城市街道社区组、农村乡镇组和企事业单位组等4个竞赛组别，各竞赛组别分别设男子组和女子组。来自全省各地的21支代表队近200名运动员、教练员参加比赛。经过3天的比赛，扬州市邗江区竹西街道代表队获男子城市街道社区组冠军，扬州广陵沙头镇代表队获女子农村乡镇组冠军。（朱　涛）

■全国“行走大运河”全民健身健步走江苏扬州分会场活动 6月10日，2021全国“行走大运河”全民健身健步走江苏扬州分会场活动在扬州马拉松公园举行。本次活动由国家体育总局、国家发改委、文旅部主办，江苏省体育局、扬州市政府等承办，来自市、区相关单位和部门负责人、长跑健身爱好者参加活动。由扬州市区和仪征市的16家单位600余人组成9个花样健走方阵、3个持杖健走方阵沿马拉松起跑点出发，经廖家沟公园、大运河返回起点。全程2.5公里的健步走路线将体育健身与沿途景点自然融合，展现京杭大运河文化风貌，助力打造大运河体育旅游特色品牌，促进体育和文化、旅游融合发展。（朱　涛）

■江苏省广场健身舞百万人大展演扬州分会场活动 10月16日，“颂歌献给党，幸福舞起来”江苏省广场健身舞百万人大展演扬州分会场活动在扬州体育公园举行。活动通过视频连线的形式进行，扬州分会场的800名广场舞选手与全省13个设区市的百万群众共同表演《没有共产党就没有新中国》《最美的歌儿唱给妈妈》《跟党走》等3支舞蹈。各县（市、区）分别设分会场开展活动。（朱　涛）

■扬州获健身气功赛冠军 12月3日，在2021年全国健身气功站点联赛暨全国健身气功助力乡村振兴八段锦网络视频大赛导引养生功十二法和八段锦的比赛中，代表江苏省出战的扬州市健身气功协会阳光拳社获两项冠军。12月3—5日，2021年江苏省健身气功俱乐部（站点）交流展示大会在宿迁举行。来自全省的22个代表队近200人参赛，扬州代表队在集体赛八段锦、大舞两个项目中获冠军，团体总分获第二名。（朱　涛）

■扬州获4个省创编广场舞交流赛第一　12月16日，“永远跟党走、幸福舞起来”第九届江苏省创编广场舞（健身操）交流比赛在全省13个地级市以线上展演方式同步举行。邗江区凯之韵舞蹈队代表扬州市参赛，获创编金奖，并获团体总分、规定套路、自选套路等3个一等奖。（朱　涛）

竞技体育

■扬州两位“冠军”入选全国竞走裁判员　1月20日，中国田协在官网发布《关于公布2020年全国竞走裁判员培训班合格人员名单的通知》，全国共有44名专业竞走裁判员榜上有名，扬州宋红娟和史天舒通过考核。（黄　娟）

■江苏省青少年击剑冠军赛在扬州举办　3月30—31日，2021年江苏省青少年阳光体育运动联赛——2021江苏省青少年击剑冠军赛（第一站）在扬州市体校综合球类馆和扬州体育公园玉剑击剑馆举行。本次赛事由江苏省体育局、江苏省教育厅、江苏省文明办、共青团江苏省委、江苏省妇女联合会、江苏省发展体育基金会主办，扬州市体育局、邗江区文体旅局承办，共有12支队伍参赛。扬州代表队获2枚金牌、6枚银牌、7枚铜牌。（黄　娟）

■2021年全国棒球锦标赛在仪征举行　4月19—25日，2021年全国棒球锦标赛在仪征综合体育场馆棒垒球场举行。本次比赛由国家体育总局手曲棒垒球运动管理中心、中国棒球协会、江苏省体育局、扬州市政府联合主办，是国内竞赛水平最高的棒球赛事之一，也是仪征市2021年举办的首项国家级赛事。10支队伍300余名优秀运动员经过7个比赛日29轮比赛，上海队获冠军。（黄　娟）

■第20届中国大学生游泳锦标赛在扬州举行　5月30日至6月5日，第20届中国大学生游泳锦标赛暨第31届世界大学生夏季运动会游泳项目选拔赛在扬州体育公园游泳跳水馆开赛。比赛由中国大学生体育协会主办，中国大学生体育协会游泳分会、扬州市体育局、扬州市教育局承办。来自北京大学、清华大学、复旦大学、上海交通大学、同济大学、北京工业大学等58所高校的运动员、领队、教练员、裁判员和工作人员等近1000人参加。深圳大学以团体306分获丁组团体冠军，北京大学以团体279.5分获丙组团体冠军。（李昌融）

■扬州首次举办软式棒垒球锦标赛　6月6日，2021年扬州市软式棒垒球锦标赛在邗江区蒋王中心小学举行，这是扬州市区首次举办软式棒垒球比赛。本次比赛共设U9和U12两个组别，共7支队伍参加。陈集小学获U12组的冠军，蒋王小学获U9组的冠军。（黄　娟）

■扬州选手获第25届全国少儿乒乓球比赛佳绩　7月10—16日，第25届全国“银河·创新杯”少儿乒乓球比赛在秦皇岛举办，来自全国的822名乒乓球选手参赛。扬州派出的6名选手获2枚金牌、1枚银牌、1枚铜牌。（黄　娟）

■击剑项目首次被列入扬州市阳光体育竞赛序列　7月21日，2021年“奔跑吧·少年”儿童青少年主题健身活动——市2021年阳光体育小学生击剑比赛在宋城国际击剑俱乐部开幕，这是击剑项目首次被列入市阳光体育竞赛序列。比赛由市体育局和市教育局联合主办，市击剑协会承办，吸引5支代表队的111名小运动员参赛。蜀冈－瘦西湖风景名胜区代表队获6枚金牌、3枚银牌、6枚铜牌，江都区获5枚金牌，邗江区获3枚金牌，广陵区获2枚金牌。（黄　娟）

■扬州获第14届全运会佳绩　7月31日，江都舞龙队获第14届全运会农村乡镇组二等奖。本次运动会，江都区有3个项目（武术、太极拳、小纪舞龙）代表江苏省备战第14届全运会的群众体育项目。9月5日，第14届全运会蹦床项目男子团体决赛在陕西西安西北大学长安校区体育馆举行，由扬州市体育运动学校培养输送的运动员孙逸辰代表江

孙逸辰（右二）和队友站在全运会的冠军领奖台上　　扬州晚报/供稿

苏队与队友合作以178.11分的总分获得冠军，这是扬州运动员在本届全运会上获得的首枚金牌。9月10日，在第14届全运会女子垒球决赛中，扬州籍球员王兰所在的江苏女子垒球队以7:0战胜四川队，获得冠军。9月12日，在第14届全运会男子手球决赛中，扬州籍选手李安所在的江苏队以22.5:21.5战胜北京队，获得冠军。9月12日，在第14届全运会棒球比赛中，扬州籍主教练陈彪和扬州籍球员吴安俊帮助江苏棒球队以3:1战胜天津队，首次获得全运会的冠军。9月17日，在第14届全运会柔道项目男子90公斤级比赛中，宝应籍运动员马丛明战胜东道主选手王威获得赛事第三名，这是扬州柔道运动员获得的扬州柔道历史最佳成绩。9月18—26日，第14届全运会群众比赛围棋项目比赛在合肥市进行。经过40支代表队的248名运动员为期9天的比赛，扬州籍棋手金添和队友艾欣楠合作，战胜广东队，为江苏队获得金牌。9月23日，在第14届全运会田径男子链球决赛中，扬州籍运动员王琦以73.47米的成绩获得冠军。9月25日，在第14届全运会女子自由式68公斤级摔跤决赛中，扬州运动员王娇战胜辽宁选手周凤，获得金牌。

（朱　涛　黄　娟）

■**全国少年垒球锦标赛在扬州举行**　10月23—26日，2021年全国少年垒球锦标赛在仪征综合体育场馆棒垒球场举行，来自广东、江苏、上海等6省1市的17支队伍300余名运动员参赛。比赛分为U15体校组、U15普校组和U12普校组等3个组别。仪征泮池青少年棒垒球俱乐部获U15普校组第三名。

（黄　娟）

■**李翰文获ITF世界网球巡回赛多哈站冠军**　10月25日，在ITF世界网球巡回赛多哈站男子单打决赛中，由扬州市体校培养输送的运动员李翰文战胜8号种子选手卡什获得冠军，这是李翰文转战职业赛场后收获的首个成年组单打冠军。

（黄　娟）

■**2021年中国·扬州大运河城市足球精英邀请赛在扬州举行**　12月3—15日，2021年中国·扬州大运河城市足球精英邀请赛在扬州体育公园举行。来自合肥、武汉、苏州等地的全国U14年龄段的6支代表队参赛，江苏宝楠学校U14队1队获冠军。

（李昌融）

体育产业

■**扬州6个项目获2021年江苏省体育产业发展专项资金补助经费**　2月9日，省财政厅、省体育局联合下发《关于下达2021年度省级体育产业发展专项资金项目及补助经费的通知》，省体育局联合省财政厅对各地2020年度组织申报的体育产业项目进行评审、会商、公示。扬州6个项目获380万元省级体育产业发展专项资金资助。

（李昌融）

■**扬州市体育产业商会成立**　4月26日，扬州市体育产业商会成立大会暨第一次会员代表大会召开，全省首家市级体育产业商会——扬州市体育产业商会成立。近100家会员单位参加会议，共同审议通过商会章程、会费收取标准和选举办法，并选举产生商会第一届理事会理事及领导班子。张燕当选扬州市体育产业商会第一届会长，市体育局、市工商联、市民政局等相关部门出席活动。

（李昌融）

■**扬州市第一届“体企融合”发展研讨会**　4月27日，创新开展“体企融合”战略合作，探索“体企融合”扬州模式，扬州市第一届“体企融合”发展研讨会在五彩世界UFO Sky Dinning召开。市体育局、市总工会、市工商联和市体育产业商会等相关人员出席活动。会议以“‘体企融合’让‘好地方’好上加好”为主题，通过论坛、主题报告等形式开展互动交流。

（李昌融）

■**《2021年扬州市体育局服务体育企业行动计划》发布**　4月27日，市体育局发布《2021年扬州市体育局服务体育企业行动计划》（简称《计划》）。《计划》从机制、政策、资金、平台、载体等16个方面，提出服务措施，打通体育产业政策落地“最后一公里”，推进各项体育政策落地落实，提升服务体育企业的能力水平，推动扬州体育产业高质量发展。

（李昌融）

■**扬州3家单位获评省第四批体育服务综合体**　9月9日，江苏省体育局发布江苏省第四批体育服务综合体名单，扬州体育公园、仪征综合体育场馆、扬州市珠湖小镇等3家单位入选。至年末，扬州累计有6家单位获得认定。

（李昌融）

收入消费

Shouru Xiaofei

编　辑　王妮姗

居民收入

■概况　2021年，扬州市居民人均可支配收入42287元，比上年增长8.9%。其中，城镇居民人均可支配收入50947元，增长7.9%；农村居民人均可支配收入27354元，增长10.2%。居民人均可支配收入中，工资性收入25429元，增长10.3%，对收入增长贡献率68.7%，拉动收入增长6.1个百分点；经营净收入6757元，增长5.8%，对收入增长贡献率10.7%，拉动收入增长1.0个百分点；财产净收入3369元，增长6.2%，对收入增长贡献率5.7%，拉动收入增长0.5个百分点；转移净收入6732元，增长8.2%，对收入增长贡献率14.9%，拉动收入增长1.3个百分点。工资性收入、经营净收入、财产净收入、转移净收入分别占居民人均可支配收入的60.1%、16.0%、8.0%、15.9%。农村居民收入与城镇居民收入相比，经营净收入占比多9.6个百分点，财产净收入占比少7.3个百分点。　（叶　进）

2021年扬州市分地区居民可支配收入构成表

表36-1　单位：元

可支配收入	广陵区	邗江区	江都区	宝应县	仪征市	高邮市
合　计	**51242**	**52983**	**42189**	**32327**	**40255**	**35549**
工资性收入	31805	37548	25186	18895	27084	21257
经营净收入	6584	8628	6868	5557	6907	6345
财产净收入	4284	1236	3543	2522	1241	2511
转移净收入	8569	5571	6592	5353	5023	5436

（叶　进）

2021年扬州市分地区城镇居民可支配收入构成表

表36-2　单位：元

可支配收入	广陵区	邗江区	江都区	宝应县	仪征市	高邮市
合　计	**54443**	**57037**	**52366**	**38698**	**52037**	**45066**
工资性收入	33307	40655	31554	22102	36105	27480
经营净收入	6624	9081	7100	5230	8504	6263
财产净收入	5030	1310	5704	4375	1883	4273
转移净收入	9482	5991	8008	6991	5545	7050

（叶　进）

2021年扬州市分地区农村居民可支配收入构成表

表36-3　单位：元

可支配收入	广陵区	邗江区	江都区	宝应县	仪征市	高邮市
合　计	**36654**	**30358**	**29427**	**25788**	**26376**	**25732**
工资性收入	24962	20203	17201	15120	16458	14836
经营净收入	6399	6104	6576	6109	5026	6431
财产净收入	884	820	834	670	484	693
转移净收入	4409	3231	4816	3889	4408	3772

（叶　进）

■城镇居民收入　2021年，扬州市城镇居民人均可支配收入50947元，比上年增长7.9%。其中，工资性收入30721元，增长9.2%，对收入增长贡献率69%，拉动收入增长5.5个百分点；经营净收入6980元，增长5.0%，对收入增长贡献率8.8%，拉动收入增长0.7个百分点；财产净收入4942元，增长5.2%，对收入增长贡献率6.6%，拉动收入增长0.5个百分点；转移净收入8304元，增长7.6%，对收入增长贡献率15.6%，拉动收入增长1.2个百分点。工资性收入、经营净收入、财产净收入、转移净收入分别占城镇居民人均可支配收入的60.3%、13.7%、9.7%、16.3%。　（叶　进）

■**农村居民收入** 2021年，扬州市农村居民人均可支配收入27354元，比上年增长10.2%。其中，工资性收入16303元，增长12.2%，对收入增长贡献率69.7%，拉动收入增长7.1个百分点；经营净收入6373元，增长7.0%，对收入增长贡献率16.3%，拉动收入增长1.7个百分点；财产净收入657元，增长6.3%，对收入增长贡献率1.5%，拉动收入增长0.1个百分点；转移净收入4021元，增长8.5%，对收入增长贡献率12.5%，拉动收入增长1.3个百分点。工资性收入、经营净收入、财产净收入、转移净收入分别占农村居民人均可支配收入的59.6%、23.3%、2.4%、14.7%。（叶 进）

居民消费

■**概况** 2021年，扬州市居民人均生活消费支出26083元，比上年增长18.2%。恩格尔系数（食品消费支出占消费支出的比重）29.0%。其中，城镇居民人均生活消费支出29586元，增长16.7%；农村居民人均生活消费支出20042元，增长21.1%。居民生活消费支出中，食品烟酒消费支出7552元，增长17.5%，占消费支出的29.0%；衣着消费支出1996元，增长14.6%，占7.7%；居住消费支出6045元，增长17.3%，占23.2%；生活用品及服务消费支出1546元，增长18.6%，占5.9%；交通通信消费支出2986元，增长19.0%，占11.4%；教育文化娱乐消费支出3895元，增长23.3%，占14.9%；医疗保健消费支出1403元，增长18.0%，占5.4%；其他用品和服务消费支出660元，增长14.6%，占2.5%。八大类消费中，食品烟酒、居住、教育文化娱乐消费支出位列前三。城镇、农村居民人均住房建筑面积分别为48.6平方米、62.4平方米。（叶 进）

■**城镇居民消费** 2021年，扬州市城镇居民人均生活消费支出29586元，比上年增长16.7%。恩格尔系

2021年扬州市居民生活消费支出构成表

表36-4 单位：元

生活消费支出	广陵区	邗江区	江都区	宝应县	仪征市	高邮市
合　计	**39132**	**37350**	**28075**	**20326**	**24432**	**24214**
食品烟酒	11007	10797	8037	6079	7158	6988
衣着	2535	2267	2327	1554	2465	1793
居住	7139	4821	6518	4358	4770	5437
生活用品及服务	2398	2038	1519	1161	1931	1466
交通通信	4295	4040	3410	2522	2593	2812
教育文化娱乐	6429	7532	4132	2916	4009	3638
医疗保健	2998	3381	1302	1120	977	1442
其他用品和服务	2331	2474	830	616	529	638

（叶 进）

2021年扬州市城镇居民生活消费支出构成表

表36-5 单位：元

生活消费支出	广陵区	邗江区	江都区	宝应县	仪征市	高邮市
合　计	**41685**	**39732**	**32187**	**22866**	**28875**	**29160**
食品烟酒	11838	11497	8982	6830	8454	8407
衣着	2784	2387	2859	1795	3376	2361
居住	7252	5121	7615	4911	5162	6831
生活用品及服务	2761	2199	1732	1250	2542	1716
交通通信	4187	4319	3749	2739	2856	3177
教育文化娱乐	7041	7961	4784	3501	4623	4488
医疗保健	3159	3563	1601	1118	1235	1429
其他用品和服务	2663	2685	865	722	627	751

（叶 进）

2021年扬州市农村居民生活消费支出构成表

表36-6 单位：元

生活消费支出	广陵区	邗江区	江都区	宝应县	仪征市	高邮市
合　计	**27499**	**24060**	**22919**	**17720**	**19199**	**19111**
食品烟酒	7221	6893	6853	5295	5632	5524
衣着	1403	1595	1661	1293	1392	1207
居住	6626	3150	5142	3738	4309	3999
生活用品及服务	745	1146	1251	1061	1211	1209
交通通信	4786	2483	2985	2320	2284	2434
教育文化娱乐	3638	5135	3314	2407	3284	2761
医疗保健	2264	2366	928	1131	674	1456
其他用品和服务	816	1292	785	475	413	521

（叶 进）

2021年末扬州市百户家庭耐用消费品拥有量表

表36-7

消费品名称	单位	城镇家庭拥有量	农村家庭拥有量
家用汽车	辆	53.2	47.3
摩托车	辆	9.8	20.7
助力车	台	167.1	176.7
洗衣机	台	106.7	107.2
电冰箱（柜）	台	114.2	146.7
微波炉	台	96.0	93.9
彩色电视机	台	192.3	190.4
空调	台	238.8	208.6
热水器	台	122.6	109.6
排油烟机	台	89.3	57.6
固定电话	线	30.2	32.3
移动电话	部	266.8	272.8
#接入互联网	部	229.1	232.4
计算机	台	81.6	55.6
#接入互联网	台	77.2	51.6
照相机	台	24.0	5.7
中高档乐器	架	9.4	2.6
健身器材	台	8.1	3.8

（叶　进）

数28.9%。消费支出中，食品烟酒消费支出8550元，增长15.8%，占城镇居民生活消费支出28.9%；衣着消费支出2396元，增长12.2%，占8.1%；居住消费支出6982元，增长15.9%，占23.6%；生活用品及服务消费支出1746元，增长18.7%，占5.9%；交通通信消费支出3195元，增长17.6%，占10.8%；教育文化娱乐消费支出4527元，增长21.7%，占15.3%；医疗保健消费支出1450元，增长17.0%，占4.9%；其他用品和服务消费支出740元，增长13.3%，占2.5%。（叶　进）

■农村居民消费　2021年，扬州市农村居民人均生活消费支出20042元，比上年增长21.1%。恩格尔系数29.1%。消费支出中，食品烟酒消费支出5833元，增长20.7%，占农村居民生活消费支出的29.1%；衣着消费支出1303元，增长20.5%，占6.5%；居住消费支出4429元，增长20.1%，占22.1%；生活用品及服务消费支出1202元，增长17.7%，占6.0%；交通通信消费支出2625元，增长21.6%，占13.1%；教育文化娱乐消费支出2806元，增长26.5%，占14.0%；医疗保健消费支出1323元，增长19.7%，占6.6%；其他用品和服务消费支出521元，增长16.8%，占2.6%。（叶　进）

消费价格

■概况　2021年，扬州市居民消费价格指数（简称CPI）101.5，涨幅1.5%，比上年收窄1.0个百分点。扬州CPI各月同比走势与全国、全省基本一致，全年涨幅比全省低0.1个百分点，比全国高0.6个百分点，在全省13个城市由高到低排序中与南京市、常州市并列第五位。在苏中3市中，涨幅比南通市低0.3个百分点，比泰州市高0.2个百分点。扬州市核心CPI（扣除食品和能源价格指数）上涨1.0%，涨幅与2020年保持一致。

从消费结构看，构成CPI的八大类商品“七涨一跌”。其中，食品烟酒价格上涨0.8%，衣着价格上涨2.2%，居住价格上涨1.4%，生活用品及服务价格上涨0.5%，交通和通信价格上涨4.1%，教育文化和娱乐价格上涨1.3%，医疗保健价格上涨0.7%，其他用品和服务价格下跌0.4%。

分月来看，2021年CPI月度环比“六涨三跌三平”。1—2月，受春节因素影响，鲜活食品价格上涨，CPI环比分别上涨1.1%、0.2%；3—4月，鲜活食品价格季节性回落后保持平稳，CPI环比分别下跌0.3%、持平；5—6月，成品油价格上调，CPI环比分别上涨0.2%、0.2%；7月，受高温天气影响，食品价格走高，CPI环比上涨0.5%；8月，受疫情影响，生鲜食品供应偏紧，价格大幅上涨，CPI环比上涨0.9%；9月，疫情影响消退，食品价格快速回落，CPI环比下跌0.7%；10—11月，气候适宜，价格较为平稳，CPI环比均为持平；12月，鲜菜价格回落，成品油价格下调，CPI环比下跌0.3%。（季　杰）

■主要商品和服务价格特点　2021年，食品烟酒价格比上年上涨0.8%，带动CPI上涨0.23个百分点。其中，食品、茶及饮料、烟酒价格分别上涨1.2%、2.3%、0.8%，在外餐饮价格下跌0.5%。列入调查范围的14个食品类别中，有12个类别价格上涨，涨面85.7%。

粮食价格比上年上涨2.2%，其中大米价格下跌0.8%、面粉价格上涨10.0%、粮食制品价格上涨3.3%、其他粮食价格上涨 19.2%。食用油价格上涨 14.0%，其中食用植物油价格上涨 15.0%、食用动物油价格下跌 10.1%。菜及食用菌价格上涨 5.5%，其中鲜菜价格上涨 6.0%、鲜菌价格下跌 0.3%。畜肉类价格下跌 17.1%，其中猪肉价格下跌 27.2%、其他畜肉及副产品价格下跌 14.2%。水产品价格上涨 17.6%，其中淡水鱼价格上涨 28.9%、虾蟹类价格上涨 16.7%。禽肉类价格下跌 2.7%，其中鸡肉价格下跌 7.1%、鸭肉价格上涨 4.7%。蛋类价格上涨 16.3%，其中鸡蛋价格上涨 20.0%。干鲜瓜果类价格上涨 9.0%，其中鲜果价格下跌 11.0%。

衣着价格比上年上涨 2.2%，其中服装价格上涨 2.5%、鞋类价格上涨 1.1%。居住价格比上年上涨 1.4%，其中住房保养维修及管理价格上涨 3.8%、水电燃料价格上涨 1.7%。生活用品及服务价格比上年上涨 0.5%，其中家用器具价格下跌 0.1%、家庭日用杂品价格上涨 1.6%、个人护理用品价格下跌 1.9%。

交通和通信价格比上年上涨 4.1%，其中交通价格上涨 5.3%、通信价格上涨 0.5%。教育文化和娱乐价格比上年上涨 1.3%，其中教育价格上涨 0.3%、文化娱乐价格上涨 2.5%。医疗保健价格比上年上涨 0.7%，其中药品及医疗器具价格下跌 0.5%、医疗服务价格上涨 1.1%。其他用品和服务价格比上年下跌 0.4%，其中其他用品类价格下跌 0.2%、其他服务类价格下跌 0.6%。

（季　杰）

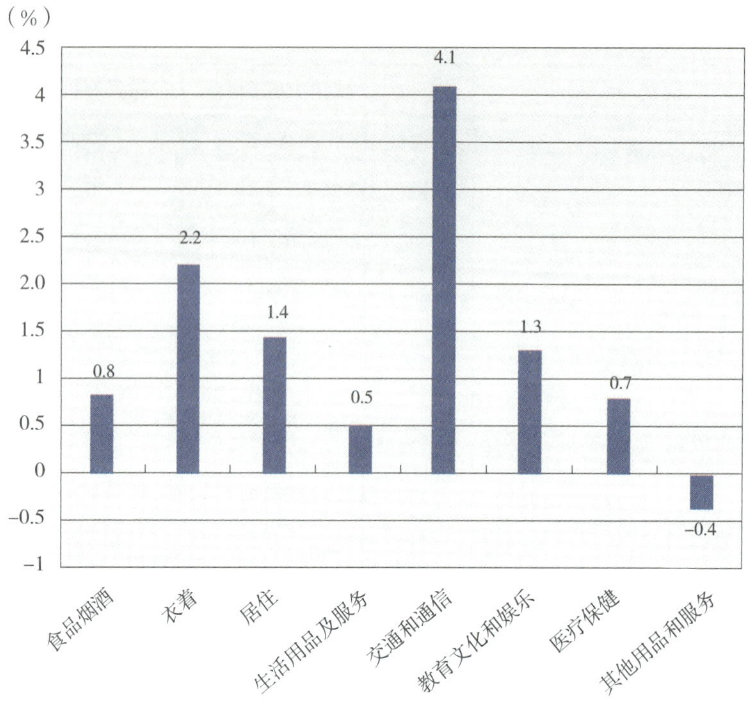

图 36-1　**2021 年扬州市 CPI 八大类商品价格指数涨跌幅统计图**　（季　杰）

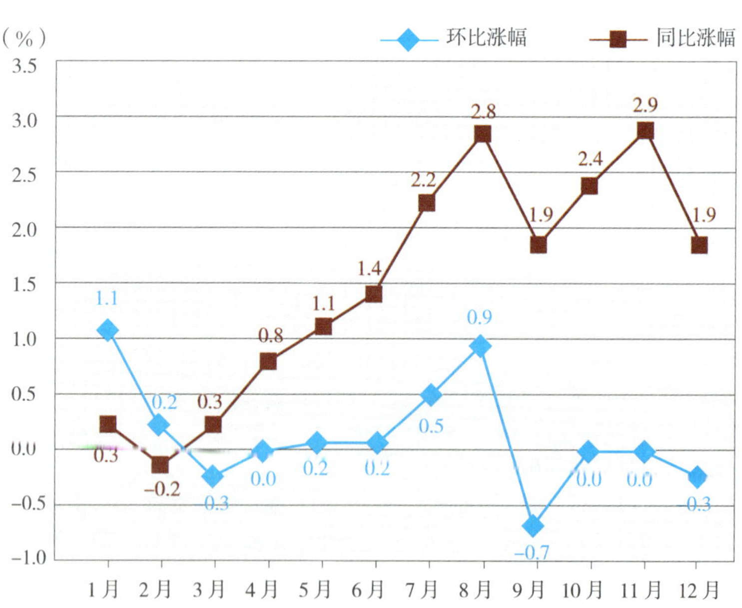

图 36-2　**2021 年扬州市各月 CPI 环比同比走势图**　（季　杰）

■消费价格影响因素　食品价格有所上涨。粮食价格稳中有涨，上涨 2.2%。国际市场大豆、玉米、油菜籽等油料作物价格上涨，食用植物油价格延续上涨态势，食用油价格上涨 14.0%。受天气、新冠肺炎疫情等因素影响，鲜菜供应量有所下滑，价格上涨 6.0%。随着生猪稳产保供措施成效进一步显现，生猪产能持续释放，存、出栏比上年大幅增长，猪肉供应充足，猪肉价格下跌 27.2%。淡水鱼养殖面积减少，供应量下滑，淡水鱼价格上涨 28.9%。由于养殖户养殖意愿跌低，产能减少，玉米、豆粕等饲料价格大幅上涨，鸡蛋价格波动回升，鸡蛋价格上涨 20.0%。

成品油价格上调。受新冠肺炎疫情和国际政治经济形势等因素影响，2021 年 25 轮成品油调价窗口，其中 15 次上调、5 次下调、5 次搁浅，汽油、柴油分别累计上涨 1475 元 / 吨、1420 元 / 吨，比上年上涨 17.9%、19.4%。（季　杰）

2021年扬州市部分食品价格一览表

表36-8　　单位：元/500克、元/5升、%

商品名称	零售价 规格等级	1月	2月	3月	4月	5月	6月	7月	8月	9月	10月	11月	12月	年平均	比上年
1.成品粮															
晚籼米	二级	2.34	2.33	2.33	2.33	2.34	2.35	2.33	2.33	2.35	2.34	2.38	2.38	2.34	2.63
粳米	三级	2.35	2.36	2.39	2.39	2.39	2.39	2.39	2.43	2.42	2.37	2.37	2.36	2.38	1.28
粳米	苏北产，二级，袋装（10千克）	2.41	2.53	2.53	2.53	2.53	2.53	2.53	2.56	2.55	2.5	2.52	2.52	2.52	5.88
粳米	东北产，二级，袋装（10千克）	2.99	3.04	3.04	3.04	3.04	3.04	3.04	3.04	3.03	3	3.02	3	3.03	2.36
面粉	标准粉	2.44	2.47	2.47	2.48	2.52	2.54	2.62	2.78	2.78	2.78	2.84	2.95	2.64	10.92
面粉	特一粉	2.73	2.81	2.84	2.85	2.86	2.9	3.02	3.23	3.23	3.22	3.32	3.53	3.05	15.09
玉米粉	脱胚玉米粉	3.52	3.68	3.68	3.68	3.75	3.76	3.76	3.85	3.78	3.53	3.58	3.65	3.69	12.16
2.杂粮															
红小豆	中等	6.2	7.45	7.7	7.78	8.28	8.26	8.42	8.85	8.82	9.05	9.1	9.66	8.3	40.20
绿豆	中等	5.68	6.96	7.68	7.88	7.74	6.86	7.15	9.19	6.44	6.1	6.36	6.41	7.04	24.82
黄豆	标准品（三等）	4.18	4.51	4.68	4.48	4.64	5.08	5.31	5.4	5.13	4.78	5.01	5.06	4.86	14.35
3.食用油															
菜籽油	桶装一级压榨	73.54	73.54	73.54	73.54	73.54	73.54	73.54	73.54	73.54	73.54	73.54	73.54	73.54	0.43
菜籽油	桶装一级浸出	58.36	58.36	58.36	58.36	58.36	58.36	58.36	58.36	58.36	58.89	59.96	59.96	58.67	1.05
大豆油	桶装一级浸出	45.08	45.08	45.08	45.08	45.08	45.08	45.08	45.08	45.08	46.51	49.38	49.38	45.92	8.61
花生油	桶装一级压榨	135.2	135.2	135.2	135.2	135.2	135.2	135.2	135.2	135.2	135.2	135.2	135.2	135.2	0.00
玉米油	桶装一级压榨	68.78	68.78	68.78	68.78	68.78	68.78	68.78	68.78	68.78	68.78	68.78	68.78	68.78	0.00
大豆调和油	桶装一级	51.42	51.42	51.42	51.42	51.42	51.42	51.42	51.42	51.42	51.89	52.82	52.82	51.69	0.53
4.肉禽蛋															
鲜猪肉	精瘦肉	32.52	29.6	28.05	24.78	22.39	19.29	18.84	21.45	16.35	15.47	18.05	18.59	22.12	-28.83
鲜猪肉	肋条肉	28.12	27.65	25.79	21.92	19.39	16.59	15.89	17.23	13.69	12.83	14.56	14.49	19.01	-32.03
鲜猪肉	去骨后腿肉	27.49	26.53	24.8	20.9	17.77	14.62	14.24	15.5	13.02	11.67	13.96	14.29	17.9	-34.09
鲜牛肉	腱子肉	52.57	52.17	51.03	48.79	48.79	48.79	48.79	48.79	48.79	48.79	48.39	52.18	49.82	8.87
鲜牛肉	牛腩	51.11	51.14	49.54	46.78	46.78	46.78	46.78	46.78	46.78	48.91	48.91	50.98	48.44	0.77
鲜羊肉	新鲜去骨	38	38	38	38	38	38	38	38	38	38	38	38	38	6.50
鲜羊肉	新鲜带骨	40.59	41.45	40.45	39.12	39.12	39.12	39.12	39.12	39.39	40.19	41.46	41.15	40.02	15.50
鸡肉	白条鸡、开膛上等	12.2	12.01	11.66	11.86	11.93	11.83	11.96	12.82	12.09	11.92	11.92	12.05	12.02	10.28
活鸡	活肉鸡1~1.5千克	9.84	9.67	9.28	9.17	9.06	9	9	10.28	11.33	9.78	9.67	9.67	9.65	-16.67
鸡蛋	新鲜完整（洋鸡蛋）	5.08	4.83	4.38	4.44	4.61	4.73	4.85	6.42	5.66	5.19	5.91	5.51	5.13	30.87
鸡蛋	品牌草鸡蛋	6.87	7.16	6.96	6.95	6.98	6.98	6.97	8.21	7.23	7.14	7.32	7.23	7.17	9.97
5.水产品															
带鱼	冰鲜250克左右	17.67	17.81	16.92	16.92	16.92	16.92	16.92	25.25	20.45	16.92	16.99	16.72	18.03	1.58
鲳鱼	冰鲜250克左右	31.65	31.98	32.82	33.4	33.4	33.73	33.9	30.65	30.57	31.57	31.65	31.65	32.25	4.98
鲫鱼	活350克左右	11.99	12.99	13.45	13.83	16.77	18.01	18.05	19.25	15.26	13.21	12.65	12.52	14.83	17.89
鲢鱼（白鲢）	活1000克左右	4.5	4.5	4.41	4.75	6.21	6.5	6.5	7.5	5.75	5.5	5.25	5.25	5.55	23.06
鳙鱼（花鲢）	活1500克左右	8.41	8.99	9.09	11.09	14.51	14.88	14.97	14.79	11.91	9.62	9.68	9.33	11.44	26.83
鳊鱼	活500克左右	8.54	9.43	9.19	9.75	11.55	13.97	13.93	14.39	12.25	9.87	9.87	9.93	11.06	13.67
6.蔬菜类															
芹菜（西芹）	新鲜一级	4.25	4.33	3.23	3.08	3.36	3.46	3.67	4.92	4.34	4.44	5.19	4.4	4.06	17.68

续表 36-8　　　　单位：元/500克、元/5升、%

商品名称	零售价 规格等级	1月	2月	3月	4月	5月	6月	7月	8月	9月	10月	11月	12月	年平均	比上年
芹菜（旱芹）	新鲜一级	4.65	4.26	2.91	2.6	2.44	2.95	3.67	5.58	4.3	4.58	4.78	3.74	3.87	10.26
大白菜	新鲜一级	1.66	1.73	1.45	1.27	1.14	1.197	1.32	2.34	1.9	1.68	1.92	1.62	1.6	-1.84
油菜（青菜）	新鲜一级	4.02	3.88	1.82	2.2	2.05	2.3	2.61	3.87	3.41	3.01	2.86	1.85	2.82	25.33
黄瓜	新鲜一级	4.36	4.7	4.07	3.52	2.84	2.12	2.54	3.84	2.84	5.1	5.17	4.66	3.81	1.60
萝卜	新鲜一级	1.82	1.94	1.63	1.45	1.37	1.33	1.4	2.09	1.51	2.08	2.05	1.59	1.69	10.46
茄子	新鲜一级	5.18	5.63	4.35	4.18	3.43	2.49	2.56	4.51	3.17	3.93	4.51	4.52	4.04	-5.39
西红柿	新鲜一级	4	4.16	3.68	3.34	2.98	2.38	2.68	4.27	3.76	4.22	4.5	4.5	3.71	-13.32
土豆	新鲜一级	2.17	2.4	2.32	2.05	1.97	1.88	1.91	2.35	1.67	1.87	2.11	2	2.06	-17.27
胡萝卜	新鲜一级	2.46	2.76	2.44	2.42	2.28	2.31	2.18	2.65	2.09	2.25	2.65	2.64	2.43	0.41
青椒（菜椒）	新鲜一级	6.58	7.57	4.82	4.39	3.96	3.1	3.17	5.01	4.11	4.44	5.86	5.79	4.9	1.87
薄皮青椒	新鲜一级	6.5	8.64	5.15	4.02	3.5	2.88	2.71	4.39	3.57	3.7	5.19	5.18	4.62	11.86
尖椒	新鲜一级	5.65	8.4	5.51	4.98	4.71	3.47	3.27	6	5.12	4.78	5.28	5.38	5.21	27.38
圆白菜（包菜）	新鲜一级	2.43	2.96	2.05	1.72	1.43	1.39	1.53	2.21	1.54	1.97	2.46	2.28	2	1.52
豆角	新鲜一级	7.2	8.79	8.05	5.94	4.77	4.7	6.32	7.07	4.92	4.33	5.53	6.1	6.14	-5.68
蒜薹	新鲜一级	7.47	8.4	7.91	5.32	4.8	4.67	4.65	5.76	5.57	5.71	6.35	6.11	6.06	-4.42
韭菜	新鲜一级	4.62	4.49	3.82	2.96	2.75	2.52	2.61	3.92	3.42	3.25	3.45	3.71	3.46	-3.08
花菜	新鲜一级	5.2	4.47	3.43	3.34	2.9	3.3	3.61	4.87	4.28	4.38	5.38	4.66	4.15	10.96
洋葱	新鲜一级	2.26	2.81	2.66	2.23	2.18	2.2	2.1	2.35	1.98	2.04	2.23	2.14	2.27	6.07
冬瓜	新鲜一级	2.86	4.53	3.87	2.99	2.21	1.64	1.58	1.68	1.32	1.53	1.63	1.93	2.31	57.14
黄豆芽	新鲜一级	2.1	2.21	2.17	2.17	2.17	1.96	2.02	2.07	1.97	2	2.12	2.12	2.09	0.48
绿豆芽	新鲜一级	1.9	1.98	1.9	1.9	1.9	1.93	2	2.17	2.02	1.92	2.02	2.02	1.97	3.68
菠菜	新鲜一级	4.86	4.4	3.32	3.98	3.92	4.79	6.44	7.52	7.49	7.78	6.67	4.16	5.44	0.18
山药	新鲜一级	3.9	4.1	4.07	3.67	3.66	3.85	3.97	4.8	4.84	4.54	4.2	4.24	4.15	0.73
西兰花	新鲜一级	5.04	5.27	4.56	4.44	3.78	4.56	4.96	6.43	5.96	5.97	6.07	5.77	5.23	-7.10
生菜	新鲜一级	4.75	4.48	2.7	2.63	2.49	2.65	3.07	4.03	3.76	3.26	4.1	3.59	3.46	3.90
蘑菇	新鲜一级	9.78	10.69	9.76	9.44	9.23	9.37	9.4	10.8	9.78	9.75	9.44	9.08	9.71	3.85
平菇	新鲜一级	6.65	6.56	6.16	5.56	5.02	5.36	5.69	6.19	6.06	6.09	5.96	6	5.94	-3.73

续表 36-8

单位：元 /500 克、元 /5 升、%

商品名称	规格等级 \ 零售价	1 月	2 月	3 月	4 月	5 月	6 月	7 月	8 月	9 月	10 月	11 月	12 月	年平均	比上年
丝瓜	新鲜一级	6.83	7.85	6.84	5.16	4.32	3.63	3.02	5.27	4.19	5.43	6.03	6.14	5.39	9.55
毛豆	新鲜一级	6.85	7.99	7.86	6.22	4.38	4.74	3.64	3.94	3.32	3.26	4.85	5.33	5.2	3.38
蒜头	干，新鲜一级	5.4	5.4	5.33	5.14	5.02	5.02	5.22	5.32	5.51	5.66	5.59	5.39	5.33	-10.57
生姜	老姜，新鲜一级	9.51	9.12	8.99	8.12	7.92	7.59	7.59	6.58	5.28	6.12	6	5.32	7.35	-9.48
7. 豆制品															
素鸡	散装	6.18	6.18	6.18	6.18	6.18	6.18	6.3	6.36	6.36	6.36	8.25	9.32	6.67	7.93
百叶	散装	8.1	8.1	8.1	8.1	8.1	8.1	8.1	8.1	8.1	8.1	9.84	10.56	8.45	4.32
老豆腐	散装	2.96	2.96	2.96	2.96	2.96	2.96	3.01	3.04	3.04	3.04	3.81	4.2	3.16	6.76
内酯豆腐	盒装	2.25	2.25	2.25	2.25	2.25	2.25	2.15	2.1	2.1	2.1	2.13	2.2	2.19	-2.67
8. 水果															
脐橙	一级	5.66	5.78	6.12	6.63	6.3	6.36	6.4	7.82	7.29	6.79	5.99	6.06	6.43	-0.77
苹果	红富士一级	4.84	5.47	5.43	5.65	5.97	5.17	5.63	6.07	4.84	4.36	4.38	4.76	5.21	0.77
香蕉	国产一级	3.3	3.7	3.57	3.53	3.88	3.27	3.4	4.36	3.6	3.66	3.49	3.49	3.6	8.11
西瓜	地产主销 一级	3.43	4.47	4.45	4.47	3.77	2.8	2.54	2.93	2.46	2.96	3.97	3.97	3.52	25.71
梨	当地主销 一级	2.86	3.23	3.07	3.16	3.13	2.76	3.38	4.43	3.6	3.37	3.36	3.08	3.29	31.60
9. 副食品															
酱油	当地主销（瓶装）500 毫升	6.66	6.66	6.66	6.66	6.66	6.66	6.66	6.66	6.66	6.66	6.66	6.66	6.66	0.00
醋	当地主销（瓶装）500 毫升	6	6	6	6	6	6	6	6	6	6	6.09	6.14	6.02	0.33
食用盐	精制食用盐（绿色）	2.2	2.2	2.22	2.22	2.22	2.22	2.22	2.22	2.22	2.22	2.22	2.22	2.22	0.91
味精	当地主销	8.46	8.46	8.46	8.46	8.46	8.46	8.46	8.46	8.46	8.46	8.15	8	8.4	-0.71
鸡精	当地主销(袋装)	15.39	15.39	15.39	15.39	15.39	15.39	15.39	15.39	15.39	15.39	14.64	14.27	15.23	-1.04
绵白糖	当地主销(袋装)	4.8	4.8	4.8	4.8	4.8	4.8	4.8	4.8	4.8	4.8	4.8	4.8	4.8	0.00
白砂糖	当地主销(袋装)	4.5	4.5	4.3	4.3	4.3	4.3	4.3	4.3	4.3	4.3	4.26	4.24	4.33	-3.78
红糖	当地主销(袋装)	7.3	7.3	7	7	7	7	7	7	7	7	7	7	7.05	-3.42
鲜牛奶	当地主销(袋装)	5.4	5.4	5.4	5.4	5.4	5.4	5.4	5.4	5.4	5.4	6.09	6.43	5.54	2.59
纯牛奶	盒装 250 毫升	2.8	2.8	2.8	2.8	2.8	2.8	2.8	2.8	2.8	2.8	2.84	2.86	2.81	0.36
纯净水	当地主销 瓶装 550 毫升	1.5	1.5	1.5	1.5	1.5	1.5	1.5	1.5	1.5	1.5	1.41	1.36	1.48	-1.33

（陆朱健　朱　萍）

社会保障

Shehui Baozhang

编　辑　王妮姗

社会保险

■**概况** 2021年，扬州市企业职工基本养老保险、城乡居民基本养老保险、机关事业单位养老保险、城镇职工基本医疗保险、城乡居民基本医疗保险、工伤保险、生育保险、失业保险参保人数分别为164.49万人、147.88万人、15.02万人、163.1万人、265.89万人、96.79万人、93.26万人、77.07万人。除医疗保险、生育保险外社会保险基金当期结余15.38亿元，累计结余88.09亿元。落实企业职工基本养老保险和工伤保险省级统筹制度，扬州市养老保险工作首次受到省政府督查激励。

（市社保中心　市医保局）

■**企业退休人员养老金调整** 实现企业退休人员养老金"第十七连调"，调整后月人均养老金（包含被征地农民转参企业职工基本养老保险人员）收入为2419元。（养老处）

■**城乡居民基本养老保险** 2021年，巩固拓展城乡居民养老保险对困难群体的扶贫成果，全市困难群体有3.3万人享受城乡居民养老保险待遇，1.35万人享受代缴居民养老保险费。全市城乡居民基本养老保险基础养老金最低标准205元/月，比上年增长17.1%。（市社保中心）

■**机关事业单位养老保险** 调整机关事业单位退休人员养老金。推进实施"中人"待遇申领计发工作，明确2020年度退休"中人"养老金待遇，完成2020年前退休"中人"待遇计发工作。将职业年金归集到省投资运营工作，开始计发2020年底前退休"中人"职业年金。

（市社保中心　养老处）

2021年扬州市社会保险参保人员、基金收支情况表

表37-1

保险种类	参保人数（万人）	基金收入（亿元）	基金支出（亿元）
企业职工基本养老保险	164.49	127.40	153.81
城乡居民基本养老保险	147.88	30.12	21.97
机关事业单位养老保险	15.02	44.71	43.68
城镇职工基本医疗保险	163.10	64.73	60.41
城乡居民基本医疗保险	265.89	27.72	25.63
工伤保险	96.79	3.38	3.05
生育保险	93.26	2.84	2.80
失业保险	77.07	5.17	8.3

注：企业职工基本养老保险、机关事业单位养老保险和城乡居民基本养老保险参保人数包含参保缴费人数和领取待遇人数（市社保中心　市医保局）

■**企业社保成本降低** 根据《关于疫情期间阶段性降低工伤保险费率的通知》，从8月1日起，全市现行实施省定基准费率的地区，工伤保险费率降低20%，8—9月共减征约765万元。宝应县、仪征市继续落实国家阶段性降低工伤保险费率政策，工伤保险费降低50%，全年分别减征约2310万元和3518万元。

（市社保中心）

■**社会保障卡应用** 全市省社会保障卡（简称社保卡）持卡人数436.8万人，电子社保卡签发量182万张。推进社保卡"一卡通"民生工程，完成三代卡发行工作。联合金融机构在全市共建社银合作服务网点21个，将银行网点延伸为办理人社服务的便民窗口。12333（全国人力资源社会保障服务热线）电话呼入总量57.1万个，服务满意度92.8%。

（综合服务中心）

■**退休人员社会化管理服务** 2021年，3.53万名企业退休人员被纳入社区管理。至年末，全市实现社会化管理服务的企业退休人员52.5万人，社区管理率100%。组织慰问市区国有企业老党员、老先进、老劳模等各类退休人员3829人次，送上慰问金106.54万元。疫情期间，通过延长贴花有效期、预约办理、增加服务网点及工作人员、开通电子缴费等措施保障退休人员游园福利，全年为17万名退休人员办理景区景点优待证。结合人大代表建议，协调景区相关部门，达成退休人员刷省社保卡免费游园共识。以打造“夕阳e+”党建品牌为抓手，开展“品牌文化进中心”活动，建设“一室一街一品牌”的退休人员活动场所，与汶河街道共建就业服务分站、退休人员活动室等共享式活动平台。围绕中国共产党建党100周年，在全市退休人员中开展“建党百年·唱响中国”网络K歌、“墨香颂党恩，佳作庆百年”书画展、“我想对党说”视频录制、红色观影、庆祝建党百年文艺汇演暨摄影作品展等系列庆祝活动。其中，庆祝建党百年文艺汇演暨摄影作品展被《人民日报》海外版、新华网、“扬帆”等媒体直播和报道。（退管办）

■医疗保障制度体系建设 按照基本政策、待遇标准、基金管理、经办管理、定点管理、信息系统“六统一”要求，全面做实市级统筹。至年末，全市基本医保参保人数428.99万人，比上年增长6.37万人，参保率98%以上；城镇职工基本医疗保险、城乡居民基本医疗保险政策范围内住院费用报销比例分别为86%、72%。城镇职工基本医疗保险二类门诊特殊病种由13个增加至26个，病种实施叠加政策，叠加后最高支付限额由2500元调整为3500元，取消二类门诊特殊病种专项药品目录。落实“两病”（高血压、糖尿病）门诊用药待遇保障，全市120家基层医疗卫生机构全部纳入“两病”定点机构范围。推进长期护理险试点，集中审核失能评估结果14批次，确认1730人符合重度失能标准，累计有8312人次享受长期护理险待遇，基金总支出近1000万元。减轻失能人员家庭照护压力和经济负担，提升居家照护质量和人文关怀水平。（问　聪）

■医疗保障制度改革 参与6批次国家和省组织药品耗材集中采购工作。实施两批次药品耗材集中采购续约，其中第二轮国家采购32种药品续约预计每年节约医药费用2324万元。开展四市联盟普通耗材续约谈判，扩大中选企业范围，丰富平台产品品种，预计每年节约医药费用2889万元。实施医疗保险基金预付政策，医疗保险基金按不低于年度约定采购金额的30%专项预付给医疗机构，累计拨付7批次集中采购医保预付款3838.2万元。持续推进医疗服务价格改革，动态调整43项中医类医疗服务项目价格，加权平均调价幅度为40.08%。调整全市核酸检测项目价格，大规模人群筛查核酸检测标准不高于16元/人次。全面启动全市范围内具有住院资质的二级及以上综合定点医疗机构按病种分值付费(DIP)支付方式改革。（问　聪）

■医保基金监管 6月，市、区医疗保险基金管理中心相继成立。开展基金监管源头治理，全市1820家“两定”医药机构（定点医疗机构、定点零售药店）自查自纠实现全覆盖，曝光违规“两定”医药机构41家。与市公安、卫健、审计、市场监管等部门开展联合检查，召开全市医保基金监管警示教育大会，查处一批大案要案、曝光一批典型案例。全年共追回违规费用和行政处罚5179.38万元，其中行政罚款2105.03万元。市医保局“严打欺诈骗保，守好老百姓的‘救命钱’”项目被市委表彰为2021年扬州市法治为民办实事优秀项目。（问　聪）

■医保惠民举措 扩大异地就医门诊直接结算范围，年内实现与全国大部分试点省市跨省门诊互联互通，有效减轻长期居住异地的慢、重病患者的门诊就医负担。城镇职工基本医疗保险实施统一的市内住院和异地转诊政策，参保人员在扬州市域范围内定点医疗机构住院可实时联网结算，发生政策范围内住院医疗费用按照定点医疗机构相应等级的报销比例执行。简化门诊特殊病种和异地转诊的申办流程，由各医保经办机构审批前置到定点医疗机构“一站式”完成申请、审核、认定。高标准打造“15分钟医保服务圈”省级试点，方便群众就近办理医保业务，受到省人大、省医保局肯定。（问　聪）

■医保领域疫情防控 7—9月新冠肺炎疫情期间，市医保局印发《新冠肺炎疫情防控期间优化医疗保障举措的通知》，加大对疫病收治医院基金预付比例，及时调整医保待遇政策，做好新冠肺炎患者医保结付，满足疫情防控期间患者看病用药需求。联合市财政局、市税务局

6月，扬州市医疗保险基金管理中心成立　　市医保局/供稿

开展阶段性降低职工基本医疗保险单位缴费费率工作，累计阶段性降低全市用人单位职工基本医疗保险单位缴费费率4个百分点、灵活就业人员缴费费率2个百分点，减轻企业和个人负担，支持复工复产。（问 聪）

社会救助

民政救助

■城乡居民最低生活保障 7月1日起，扬州城乡最低生活保障（简称低保）标准统一从月人均710元提高至740元，实现全市城乡低保标准一体化。至年末，全市有城乡低保对象1.87万人，其中城市0.23万人、农村1.64万人，支出低保资金1.2亿元；有在册特困供养人员2.35万人，其中城市特困供养5000人、农村特困供养1.85万人，支出特困供养金2.19亿元；救助各类困难群众4.57万人次，支出临时生活救助资金3247.97万元。春节慰问困难群众4.11万人，发放慰问资金941.38万元。（肖 虎）

■救助管理服务 在全省率先开展特困专项治理、低保专项治理“回头看”，印发《关于进一步明确低保审核确认环节相关事项的通知》，对全市所有在保1.9万名特困人员重新审核审批，及时将易返贫、易致贫人口中符合条件对象按规定纳入低保、特困供养和临时救助范围，确保“应养尽养，应退尽退”。出台《扬州市因病支出型贫困家庭生活救助办法（试行）》，稳步扩大救助范围、提高救助标准、简化救助程序，向519人发放救助资金186.8万元。改造升级社会救助系统，建成扬州市民政智慧大救助管理服务平台，形成“一站受理、多点认领、数据跑路、限时联办、实时反馈、周到服务”的社会救助联办模式。完善社会救助信息库，建成扬州市低收入人口数据库，实现救助事项“掌上办”“指尖办”。市民政局社会救助处被表彰为“全省脱贫攻坚暨对口帮扶支援合作先进集体”。（蒋承骏 曾漳龙）

■未成年人保护 市、县两级均成立未成年人保护工作领导小组。市未成年人救助保护中心救助帮扶各类困境（留守）未成年人338人次，其中流浪乞讨未成年人救助、帮扶贫困学生返乡、部分社区困境儿童慰问182人次，其他各类关爱活动及走访慰问156人次。依托“12345”政府服务热线，4月1日开通未成年人救助保护专席服务，设政策法规咨询、救助服务、权益维护、心理疏导、求助转接、协调服务等服务内容。全年接听有关未成年人保护方面的诉求电话102个，跟踪服务29件，处置红色高危风险未成年人个案6件，有效维护未成年人的合法权益。联合团市委、市广播电视总台在梅岭中学运河校区举办“12355”青春热线中、高考减压专题讲座，开通援助专线，邀请5名心理老师组成专家团，为考前焦虑的青少年及所在家庭提供24小时线上心理疏导服务。（韩红红 冯东进）

■流浪乞讨人员救助 按照“先救治后救助”原则，做到应助尽助、应救尽救，相关做法获省民政厅专项督察组肯定。全市各救助站救助流浪乞讨人员1744人次，其中站内救助1434人次、街面救助266人次、医疗救助44人次。护送返乡省内139人次、省外124人次。市救助站救助1086人次，其中成年人受助人员904人次、各类未成年人182人次；对精神障碍、智力残疾等特殊受助人员开展护送服务69人次，其中跨省护送30人次、送医救治29人次、甄别寻亲51人。打造“甄情驿站”专业化寻亲工作室，设置驻站警务室，利用人像识别系统、DNA核查、网络媒体扩散寻亲信息等新手段，对122名无语言表达能力的滞留人员进行反复筛查，成功甄别120人并护送返乡，寻亲成功率98.38%。

7—9月新冠肺炎疫情期间，市救助站编制实施《扬州市救助管理站疫情防控四级响应机制》。各救助站严把各道关口，做好救助对象的行程问询甄别、体温及核酸检测、卫生管理和饮食保障等工作，救助流浪乞讨人员386人次，其中站外救助352人次，为救助服务对象检测核酸874人次，无疑似病例和确定病例。

编制形成《救助管理机构街面巡查自然启动工作机制》，将寒潮、高温及六类气象灾害的预警作为街面巡查“自然启动”的触发条件，对应设置黄色、橙色、红色三级响应阶梯，明确不同响应级别的巡查人员、巡查内容、巡查要求、责任分工等。开展2021年“夏季送清凉”专项行动，主动巡查265次，出动人员647人次，劝导40人次，向每名救助对象发放“四个一”（一份防暑降温药品、一份防疫物资、一份救助食品、一张救助联系卡）。11月，开展“寒冬送温暖”专项行动，出动救助人员及专业社区工作者1262人次、车辆131车次，劝导服务各类街面受助人员155人次，其中劝导职业乞讨132人次、务工不着14人次、心理疏导流浪人员返乡8人次、接回站内救助1人次。（孙 荣 冯东进）

■民政应急服务 7—9月新冠肺炎疫情期间，全市民政系统坚守“民政服务机构不发生疫情”“涉疫群众不因疫情影响而陷入困境”两条底线，在全省率先启动疫情期间特殊困难群体应急临时救助机制，创新采取“现金＋物资＋服务”的方式开展困难对象救助，向1.19万户困难家庭发放临时生活补贴874.86万元；向5415户困难家庭发放米油肉蔬等生活物资；组织志愿者聚焦困难群体开展帮扶，确保困难群众疫情期间生活有人管、困难有人帮。做好外地滞扬人员服务保障工作，开通24小时服务热线，接听电话1.8万个，帮助4万名滞留人员有序返程。按照“快进快出、物走账清”原则，接收和发放捐赠物资170余万件，出入流畅，账实相符。强化社区联防联控，动员1万余名社区工作者、网格员夜以继日守住疫情防控基层防线。养老机构落实“人物同防、只出不进”要求，严格封闭管理。殡葬机构实行 24 小时留馆驻守，确保民生服务不断档。市民政局“突发疫情下的民政应急服务”项目被省民政厅评为全省高质量民政事业发展优秀成果。

（曾漳龙　卞晓蕾）

慈善救助

■**概况**　2021 年，全市各级慈善会［含市慈善总会和各县（市、区）慈善会、基层慈善工作站］共募集慈善资金 4.5 亿元，使用救助资金 2.54 亿元，18.32 万人次困难群众受益。市慈善总会有单位会员 80 家、个人会员 100 人，慈善义工组织 13 家，慈善组织公开率 100%。市慈善总会募集慈善资金 1 亿元，使用救助资金约 3600 万元，受益困难群众 2.3 万人次，赠发中华慈善总会抗癌药品价值 4790.18 万元，救助困难家庭癌症患者 4957 人次。7—9 月新冠肺炎疫情期间，接收全国各地疫情防控善款 8300.11 万元、物资价值 1158.58 万元。其中，市慈善总会接收疫情防控善款 1991.12 万元、物资价值 348.12 万元。善款按照捐赠者的意愿及时发放到医疗卫生部门、医疗废弃材料处理企业、乡镇社区基层战疫一线。市慈善总会配合市疫情防控指挥部，支出善款 360 万元，慰问援扬医务人员，资助滞扬外地人员。

（朱荣臻　林　芝）

■**“孤困必帮，同享阳光”助孤项目**　1 月 16 日，由市关工委、市慈善总会、团市委合作开展的“孤困必帮，同享阳光”项目启动。该项目被纳入市委、市政府“一号文件”《关于做好 2021 年民生幸福工程的实施意见》，为全市 251 名事实孤儿提供“一对一”结对帮扶、服务和关爱，平均每人每年资助 5000 元（4000 元助学金和 1000 元生活用品），每个孩子帮扶 6~10 年，并为有学习生活空间改造需求的青少儿“梦想小屋”建设项目提供奖补资金。

（朱荣臻）

■**“情满扬州”春节慰问活动**　1 月 25 日，市民政局、市慈善总会联合举办 2021 年“情满扬州”春节慰问活动新闻发布会，发放爱心资金和物资 1355 万元，资助全市儿童大病患者、重特大疾病患者、血友病患者、城区低保家庭中尿毒症血透患者等大病困难家庭 332.79 万元；资助临时急难、非大病困难等特困家庭现金 555 万元和物资 25 万元；资助困境青少年、事实孤儿等学生困难家庭 80 万元；资助“失独”困难家庭 103.2 万元，省慈善总会资助 3 个关爱老年组织项目 5 万元；执行江苏省中西部扶贫协作计划，包括扬州对口支援陕西榆林市、拨付“腾讯 99 公益日”项目资金、为慈善志愿者赠保险等公益项目，支出资金 253.97 万元。

（朱荣臻）

■**市慈善总会获全国血友病援助突出贡献奖**　3 月，市慈善总会在中华慈善总会拜科奇 / 科跃奇 Co-pay 慈善援助项目（简称血友病慈善援助项目）年度业务考核综合评分中获第二名，被授予 2020 年度血友病慈善援助项目突出贡献奖及优秀标杆奖。江苏省华建建设股份有限公司、江苏省苏北人民医院获项目奉献奖，市慈善总会救助项目部主任金晏、仪征市新世纪房地产开发有限公司董事长徐军洪、扬州丰盈置业有限公司董事长徐雷获血友关爱之星金奖。获奖数量在全国所有参评慈善机构中名列前茅。

（朱荣臻）

■**市慈善总会第四届会员代表大会**　3 月 26 日，市慈善总会第四届会员代表大会在西园饭店召开。会议审议通过市慈善总会第三届理事会工作报告、财务工作报告，第三届监事会工作报告和新修订的《扬州市慈善总会章程》，选举产生市慈善总会第四届理事会、常务理事会、监事会及其领导班子。在当天举行的市慈善总会第四届理事会第一次会议上，洪锦华当选为市慈善总会会长，赵庆红当选为常务副会长，王振祥、刘晓明、徐龙等 14 人当选副会长，市纪委监委第七纪检监察组组长张荣林当选监事长。（朱荣臻）

■**第四届“大爱之城”公益慈善义演晚会**　5 月 19 日，市委、市政府主办的扬州市慈善总会成立 20 周年暨第四届“大爱之城”公益慈善义演晚会在扬州运河大剧院举行。晚会现场，39 家企业捐赠善款 6120 万元，评选出第二届“扬州慈善奖”获奖单位和个人 100 个，其中“最具爱心捐赠单位”22 家、“最具爱心慈善贡献奖”17 家、“最具爱心慈善捐赠个人”12 人、“最具爱心慈善行为楷模”20 人、“最具影响

5 月 19 日，市委、市政府举办第四届“大爱之城”公益慈善义演晚会

市民政局 / 供稿

力慈善项目”16个、“最具感召力慈善工作者”13人。（朱荣臻）

红十字会救助

■概况 2021年，市红十字会印发《扬州市“十四五”红十字事业发展规划》。全市红十字会组织发放救灾救助款物5492万元，扬州发生新冠肺炎疫情期间，接受社会捐赠款物4467.32万元（款2430.11万元、物资2037.21万元），其中市本级款物1403.34万元，全部用于疫情防控。新增造血干细胞入库志愿者849人，捐献12人（累计捐献50人），突破全市年度历史最高捐献数，获全省2021年度造血干细胞捐献服务二等奖。新增遗体捐献志愿者87人（累计登记志愿者861人）、实现捐献66人（累计捐献164人）。新建社区红十字博爱家园65个，新增红十字志愿服务队63支、注册志愿者823人。市直学校、高校，各乡镇（街道）全部建立红十字会组织，县（市、区）全日制学校全面建立学校红十字会，建会率93%。至年末，全市有基层红十字会组织728个、团体会员单位415个、红十字会员28万人、注册红十字志愿者6981人、社区红十字博爱家园112个、红十字志愿服务组织305个。（潘 杨）

■应急救援 2021年，市红十字救援队在赈济救援分队基础上，新增应急救护、“邮爱”救援、社区服务等3支红十字救援分队。市红十字救援队开展演练集训两次，改造提升市红十字救援队（宝应）集训基地，与市体育局、中国邮政集团有限公司扬州市分公司、相关药企、帐篷生产企业签订救灾物资应急储备与应急物流协议，打造整体运行、共享协同、服务集成的应急救灾救助物资保障体系。响应市减灾委等要求，做好应对恶劣天气、防汛等应急准备，依法开展查灾、报灾、救灾工作。（潘 杨）

■博爱救助 畅通网上筹资渠道，打造“博爱超市”“好地方·博爱家园”等品牌，2021年全系统完成筹资6082万元（含疫情防控）。主动服务富民增收、乡村振兴和对口支援，开展“博爱送万家”“大重病患者家庭困难救助”“博爱1+1好人传温暖”等项目，全年全系统累计开展人道救助款物928万元（不含救援救灾、疫情防控），对口支援陕西榆林、新疆新源红十字人道救助58万元。（潘 杨）

■救护培训 主动融入“健康扬州”建设，全年开展系统业务培训和工作推进会6次，其中“百万培训”项目培训初级救护员7259人，普及性培训5.71万人次。持续推进救护培训“五进”工作，打造“红十字生命关爱”“红十字救在身边”应急救护品牌，推广景区红十字救护站建设经验，在“486非遗集聚区”共建红十字救护站，继续开展东关街“红十字生命关爱示范街”项目，配备除颤仪（AED）等应急救护设备。组织冠名红十字医疗机构共同开展送健康服务，全年开展“红十字博爱送健康”进社区活动102场次，受益人数1.52万人次。（潘 杨）

社会福利

■老年人福利和保障 2021年末，扬州市有60周岁及以上老年人口118.77万人，占户籍总人口的26.3%。其中，城镇老年人口80.14万人，占比67.48%；农村老年人口38.63万人，占比32.52%。有65周岁及以上老年人93.94万人，占户籍总人口的20.8%。全市有80周岁及以上老年人17.7万人，占60周岁及以上老年人口的14.9%；有100周岁及以上老年人497人。全年为18.7万名高龄老年人发放尊老金1.43亿元。

市政府印发《颐养社区建设2021年度实施计划》，组织召开全市养老服务联席会暨2021年颐养社区建设推进会。全年完成颐养社区建设任务31个，新建6家具备日托、全托、培训、评估、上门服务等功能的街道级养老服务综合体，改造提升8个标准化农村区域性养老服务中心，鼓励和支持机构在提供集

2021年末扬州市老年人分布情况一览表

表37-2　　单位：人

地　区	60周岁及以上老年人数量	百岁老人数量
合　计	**1187665**	**497**
广陵区	121542	114
邗江区	119025	24
江都区	288715	110
扬州经济技术开发区	42285	40
生态科技新城	17768	21
蜀冈－瘦西湖风景名胜区	23608	20
宝应县	218561	82
仪征市	137123	31
高邮市	219038	55

（周 丹）

中供养服务的同时，为周边乡镇社会老人，特别是分散供养的特困老人、留守老人、空巢老人、独居老人等提供延伸服务。7—9月新冠肺炎疫情期间，对全市养老机构实施封闭管理，做好疫情防控和生活物资保障工作，开展线上心理辅导，实现全市养老机构零感染。市人大对颐养社区评议结果为满意。

《扬州市居家养老服务条例》于9月1日施行。出台《2021年扬州市基本养老服务指导性目录》《扬州市“十四五”养老服务发展规划》《扬州市新建住宅小区配建社区居家养老服务用房和设施的建设、移交与管理办法》等政策文件。为80周岁以上户籍老年人、特困人员及低保中度、重度失能老年人提供政府购买居家养老服务，接受政府购买居家养老服务老年人占比13%。推动公办养老机构社会化运营，全市7家公办养老机构实施公建民营，完成2212户困难老年人家庭适老化改造。

联合市人社局、市总工会举办2021年扬州市第二届养老护理职业技能竞赛暨第一届扬州市职业技能大赛健康照护项目竞赛、全省民政行业养老护理职业技能竞赛选拔赛，全市60名养老护理员参加比赛。对全市三级养老护理员进行培训和等级评定。组织开展“最美养老护理员”选树宣传活动和养老护理员“全员大练兵、千人大比武”活动。（周　丹）

■残疾人福利和保障 2021年，全市有4.24万人享受困难残疾人生活补贴和重度残疾人护理补贴（简称两项补贴），其中享受困难残疾人补贴3.44万人、享受重度残疾人护理补贴3.32万人（2.52万人同时享受两项补贴），共发放两项补贴2.94亿元。全市重度残疾人护理补贴标准由城镇120元/月、农村80元/月提高至城镇130元/月、农村90元/月（农村籍仅限宝应县、高邮市、仪征市），并对2021年1月1日起享受重度残疾人护理补贴的对象实行补发。建立困难残疾人生活补贴与低保标准调标同步增长机制。仪征市被省民政厅列为困难重度残疾人社会化照护服务工作试点单位。

（孙　荣）

■困境儿童分类保障 落实困境儿童基本生活费补贴标准自然增长机制，集中供养孤儿、散居孤儿、父母监护缺失儿童、父母无力履行监护职责儿童及重病重残儿童的月补贴标准分别不低于2760元、1980元、1584元、1188元、990元。全市全年资助困境儿童2504人，发放基本生活补贴2447.28万元。建立困境儿童主动发现机制，通过“三步排查”，建立困境儿童信息库和“四色管理”档案，主动送政策上门，为困境儿童及家庭提供“N重关爱”，全市8825名困境儿童从中受惠。探索农村留守儿童和困境儿童的关爱服务模式，召开全市儿童“关爱之家”建设现场会、儿童福利政策宣讲进村（居）推进会，新建省级儿童“关爱之家”示范项目6个，重点推广“54321+N”的宣传模式，累计开展宣传活动1833场次，发放宣传资料9万余份，实现“一村一栏”“人手一册”，形成全社会关爱未成年人的氛围。

（韩红红）

■市社会福利中心孤老残儿保障 2021年，市福利中心儿童生活补助标准由每人每月2730元增长到3003元。推行科学精准养育，完善功能用房布局，丰富多元康教课程，对重残儿童实施“一人一案一专项”全周期个性化康复，提升儿童生活质量。市福利中心“三无”老人生活补助根据城镇常住居民人均可支配收入增长提升至每人每月1708元。与扬州东方医院合作建设的颐和护理院完成环境评估、功能室设置、医护人员电子化注册，“三无”老人全部入住，享受高质效的医疗护理服务，有效应对“三无”老人高龄化、失能化困境。市福利中心增设功能用房，提升硬件设施设备，围绕老年人生活、医疗、娱乐和情感等各类需求，配备社工、医生、护士、全科助理，组建高效联动的服务团队，每日跟踪记录老年人动态变化，提供更精准的养老服务，被省民政厅评为省首批五级养老机构，成为扬州市唯一一家五级养老机构。（陈　琳）

■福利彩票 2021年，全市在销站点数648个，实现福利彩票年销售额2.91亿元，其中电脑票销售额2.39亿元、刮刮乐即开票销售额5197万元，筹集福彩公益金9200万元。市直完成福利彩票销售额4685万元，其中电脑票销售3802万元、刮刮乐即开票销售883万元。全年共中出双色球一等奖2注，分别为宝应县1注、江都区1注。全市彩票公益金资助支出1565.96万元，其中老年人福利类支出1304.2万元、儿童福利类支出49万元、社会公益类支出212.76万元。各级福彩机构开展“福彩爱心敬老”“福彩爱心助学”活动，助力扬州广电新闻女生“三关爱公益行动”和今日生活“温暖大行动”。（赵　亮）

住房保障

■概况 围绕“住有所居”目标，不断加大住房保障工作力度，扩大保障覆盖面，市区住房保障低收入和中等偏下收入准入线标准从人均月收入2050元、3275元放宽至2150元、3400元。完成老旧小区整治214个402万平方米，惠及4.3万户13万人。至年末，全市城镇保障性住房覆盖率24.46%，市区城镇保障性住房覆盖率23.97%，基本实现中低收入住房困难家庭“住有所居”的总体目标。

（孙文涛　陈　伟　卞海波）

■保障性安居工程 全市棚户区改造新开工6598套、基本建成8290套，分别完成年度目标任务的132%、141%。市区实施公租房、限价商品住房等基本住房保障423户，完成年度目标任务的141%。市区新开工人才公寓1.13万平方米，完成年度目标任务的113%。

（孙文涛　陈　伟　卞海波）

社会事务

Shehui Shiwu

编 辑 王妮姗

基层自治组织建设

■概况 2021年，扬州市有居委会391个、村委会1009个。全市村（居）民委员会换届选举，一次性选举成功率100%。分级分层对新当选的城乡社区工作者开展培训工作，村（居）“两委”成员完成全覆盖轮训。开展第12届“明星社区”“十佳社区”“十佳社区工作者”评估工作。指导开展协商议事活动，江都区邵伯镇高蓬村、邗江区甘泉街道双山村村级议事协商创新方案入围民政部全国村级议事协商创新实验试点单位。城市、农村和谐社区建设达标率分别为99.6%、97.5%。（余 浚 林 芝）

■村（居）委会换届选举 2021年12月至2022年1月，全市村（居）民委员会“两委”换届选举，进行集中投票选举，一次性选举成功率100%。其中，1009个村进行换届选举，选出村委会主任1009人、副主任1375人、委员2973人；398个社区进行换届选举，选出社区居委会主任398人、副主任652人、委员1103人。市民政局指导各村（居）委会修订完善《村（居）民自治章程》《村规民约》《居民公约》等自治制度，推选产生新一届村务监督委员会，覆盖率100%。（余 浚）

■社区治理与服务创新 印发《关于加强全市新型农村社区治理与服务的实施意见》，遴选18家新型农村社区为市级试点单位，进一步提升新型农村社区公共服务能力。指导各社区发挥有事好商量、民主协商议事会、听证会、联席会、圆桌会等议事平台作用，将公益事业、物业权益、志愿服务等涉及多数居民共同利益的内容纳入基层民主协商范围，鼓励业主委员会、专家学者、党代表、人大代表、政协委员等不同人群参与，推广居民提案制等创新做法，实现居民事、居民议、居民决。经各地推荐、专家评审、公示立项等程序，全市立项社区治理与服务创新项目15个，涵盖社区治理机制、社区文化建设、社会工作服务站建设等。其中，邗江区“社区提案制解锁基层治理新路径”获江苏省基层社会治理创新成果奖，仪征市“创新推行镇纪委委员挂钩联系村务监督委员会制度”获创新成果提名奖。（余 浚）

■社会工作平台建设 市、县两级均印发《关于加快推进乡镇（街道）社会工作服务站建设的通知》等，将乡镇（街道）社会工作服务站作为社会工作者深度参与基层治理、打通为民服务“最后一米”的重要平台。全市建成乡镇（街道）社会工作服务站87个，在全省率先实现全覆盖。各级共投入700余万元，支持乡镇（街道）社会工作服务站建设和开展社会工作服务项目，受益群众6万余人次。组织开展2020年度江苏省优秀社会工作案例及项目征集、评选和推荐工作，获评省优秀案例一、二、三等奖各1个，省优秀项目二、三等奖各1个。组织开展第三届江苏省“最美社工”评选推荐工作，张雪松、单琳等两人被评为“最美社工”称号。社会工作逐步形成制度体系，相关做法在《江苏民政工作通报》刊载，并在全省推进会上作交流发言。（卞晓蕾）

■社会工作人才培养 联合市人社局组织开展2021年度社会工作者职业水平考试工作，有269人考试合格，其中初级196人、中级73人。组织开展第五期“英才培育计划”优秀社会工作人才培养对象申报遴选工作，朱云龙、陈琳、王均兰等9人被确定为培养对象。至年末，全市共有“英才培育计划”优秀社会工作人才培养对象26人。（卞晓蕾）

■第12届“明星社区”“十佳社区”“十佳社区工作者”评估 举办全市第12届“明星社区”“十佳社区”“十佳社区工作者”评估活动。江都区仙女镇禹王宫社区、邗江区双桥街道康乐社区、蜀冈－瘦西湖风景名胜区梅岭街道丰乐社区等5个社区被评为“明星社区”称号；广陵区汶河街道旌忠寺社区、宝应县安宜镇莲花社区、仪征市真州镇鼓楼社区等10个社区被评为“十佳社区”称号；广陵区东关街道何园社区党总支书记、居委会主任姚翠红，扬州经济技术开发区文汇街道春江社区党委书记、主任李庆玲，高邮市马棚街道关河社区党委书记、主任凌淑一等10人被评为“十佳社区工作者”称号。（余 浚）

社会组织管理

■概况 2021年，全市有各类社会组织5252个，其中社会团体2318个、民办非企业单位2911个、基金会23个；登记各类社会组织218个；651个社会组织参加年检，年检合格率78%；有106个社会组织完成等级评估，其中AAAAA级6个、AAAA级58个、AAA级9个、AA级3个、A级22个。制定《扬州市社区社会组织三年行动计划实施方案》，开展“我为企业减负担”专项行动、扬州市第九届公益创投项目征集活动，加大非法社会组织、“僵尸型”社会组织、行业协会商会乱收费整治力度，培育发展社区社会组织，实现50%以上街道和20%以上社区社会组织培育孵化机构的有效覆盖。（张绍华）

■社会组织党建工作 制定《扬州市社会组织综合党委工作规则》《扬州市社会组织综合党委管理的社会组织负责人人选审核办法（试行）》《社会组织党建工作指引》等制度，理顺行业协会商会党建管理体制，在社会组织登记、年报（检）、评估等过程中推进党建工作，实现社会组织党建工作从有形覆盖到有效覆盖的转化。（张绍华）

■社会组织作用发挥 制定《社会组织承接政府转移职能和购买服务推荐性目录编制管理办法》，将职业资格认定、业务评估、行业数据统计、信息采集等事务性管理工作转移给有条件的社会组织承担。支持社会组织参与基层治理和社会服务，督促指导各地实施乡镇（街道）购买服务指导性目录，购买服务成为乡镇（街道）提供公共服务的重要方式。开展扬州市第九届公益创投项目征集活动，立项37个，投入资金113.8万元，重点支持乡镇（街道）社工站建设、社会组织公益服务，巩固和完善“三社联动”机制（通过社会组织引入外部资源和社会力量，通过社会工作者提供专业化服务，把矛盾化解在社区的新型社会治理模式、社会服务供给方式和全新社会动员机制）。（张绍华）

■社会组织常态化监督管理 与市场监督管理部门开展联合执法，对社会组织实行分类管理。推行社会组织拟任负责人任职谈话制度，构建登记管理机关、业务主管单位、行业管理部门等相互配合的综合管理体制。开展非法社会组织、“僵尸型”社会组织整治专项行动，查处非法社会组织21个，确定“僵尸型”社会组织88个，撤销12个、注销4个、整改24个。与市发改委、市市场监督管理局共同开展全市行业协会商会乱收费专项清理整治工作，对市直60%的行业协会商会进行审计和抽查，对2020年发现问题的行业协会商会进行“回头看”，全面规范行业协会商会各类收费行为。（张绍华）

■“我为企业减负担”专项行动 每季度组织行业协会商会座谈会，开展问卷调查，收集整理企业对营商环境的意见建议121条，及时将收集的意见建议向市营商办反映，促请有关部门解决相关问题，发挥行业协会商会在优化营商环境中的作用。（张绍华）

区划地名管理

■区划管理 2021年，完成江苏扬州与安徽滁州1条省界界线、扬州与镇江1条市际界线和邗江与广陵1条县际界线联检工作。推进平安边界建设，落实界线管理责任，确保边界地区和谐稳定。完成汤汪乡和西湖镇区划变更工作。（冯 静）

■地名管理 市区命名各类地名173个，其中道路、街巷名95个，居民住宅区名57个，商用建筑物名21个。江上青烈士史料陈列馆、扬州市革命烈士陵园、新四军苏北指挥部纪念馆、江都水利枢纽、苏中革命历史纪念馆、柳堡、侵华日军向新四军投降处旧址（抗日战争最后一役纪念馆）、华中雪枫大学旧址8个红色地名入选省级首批100个红色地名。（冯 静）

2021年扬州市区新命名的道路、街巷一览表

表38-1

名 称	地 理 位 置（起 讫 点）
安墩巷	位于广陵区汶河街道安墩新寓3幢与4幢中间，东起南门外大街，西至荷花池路
安墩南巷	位于广陵区汶河街道，南起居民区，北至安墩巷
安墩一巷	位于广陵区汶河街道安墩新寓南侧，东起居民区，西至荷花池路
安墩二巷	位于广陵区汶河街道荷花池商业街北侧，东起南门外大街，西至荷花池路
安华路	位于广陵区曲江街道，南起二里桥路，北至安康路
二畔铺路	位于广陵区曲江街道扬州市城市管理行政执法局直属分局南侧，东起江都路，西至规划路
育文路	位于广陵区文峰街道东花园小学北侧，东起康苑路，西至金鱼塘路
玉康路	位于广陵区湾头镇，东起茱萸湾路，西至运河风光带
永达路	位于广陵区李典镇，东起环洲大道，西至新大洋南门

续表 38-1

名　称	地 理 位 置（起 讫 点）
崇文路	位于广陵区李典镇，东起和平组，西至吴桥路南端石家桥
太丰路	位于广陵区李典镇，东起吴桥路新坝村中三组，西至太平洋大道
三圣路	位于广陵区李典镇，南起沿江路，北至田桥港（一河两岸西侧）
健安路	位于广陵区李典镇，南起沿江路，北至田桥港（一河两岸东侧）
嘶马路	位于广陵区李典镇，东起吴桥路与石家桥交界处，西至太平洋大道与义龙组交界处
运博路	位于广陵区汤汪街道，东起大学南路，西至大运河博物馆东门
勤学路	位于广陵区汤汪街道汤汪中学南侧，东起汤汪路，西至东花园新村小区
甪里路	位于广陵区汤汪街道东方国际食品城与通运商贸城之间，南起运河南路，北至东方国际食品城
泰康路	位于广陵区汤汪街道联谊南园小区联泰苑和联康苑之间，南起同心河公园，北至连运路
泰福路	位于广陵区汤汪街道联谊南园小区联泰苑和联福苑之间，南起同心河公园，北至连运路
小运河路	位于广陵区汤汪街道，南起连运路，北至开发东路
康苑路	位于广陵区，南起七里河路，北至江阳东路
滨水路	位于广陵区，原滨水路北延至长安路，南起运河东路，向北折西至长安路
福康路	位于广陵区，原福康路北延至天顺路，南起锦华路，北至天顺路
天顺路	位于广陵区，原天顺路东延至扬州市育才小学西侧规划路
江广快速路	位于广陵区，西起运河快速路，东至万福大桥路（规划东延至金湾路）
江广路	位于广陵区，东起万福大桥，西至运河北路
广沃路	位于广陵区，东起龙泉路，西至滨河路
慕尔路	位于广陵区，东起广恒路，西至龙泉路
潮龙港路	位于广陵区潮龙港河东侧，南起五星村，北至迎春河
邱卜路	位于广陵区，南起邱卜村，北至迎春河
恒智路	位于广陵区，南起强民村，北至迎春河
康馨巷	位于邗江区邗上街道邗上社区辖区内，东起康馨花园小区西门，西至邗江中路
农园路	位于邗江区蒋王街道，东起七里沟路，西至乌塔沟堤防
连钱路	位于邗江区蒋王街道，南起蒋王西路，北至连塘桥
联悦路	位于邗江区蒋王街道，南起后庄路，北至农园路
后庄路	位于邗江区蒋王街道，东起连钱路，西至廿八路
蒋王西路	位于邗江区蒋王街道，东起蒋王路，西至四联村后庄组东侧
华园路	位于邗江区汊河街道，南起宏溪路，北至华洋西路
书园路	位于邗江区汊河街道，南起宏溪路，北至丁庄河路
华星路	位于邗江区汊河街道，东起西银河，西至吉安路
东银巷	位于邗江区汊河街道，南起华洋西路，北至银河路
陆州街	位于邗江区汊河街道，东起邗江南路，南至扬州工业职业技术学院
柏圩路	位于邗江区汊河街道，南起高桥社区花园组，北至宏溪路
职中路	位于邗江区汊河街道江苏省邗江中等专业学校南侧，东起邗江南路，西至润扬南路
育新路	位于邗江区新盛街道，东起新盛路，西至启扬高速东侧
锦塘路	位于邗江区甘泉街道双塘村，南起扬天路，北至五湖村

续表 38-1

名　称	地 理 位 置（起 讫 点）
花庄路	位于邗江区甘泉街道双塘村，西至扬天路，向东折北至曹下组
王庄路	位于邗江区甘泉街道双塘村，东起居庄桥，西至扬天路
学文路	位于邗江区甘泉街道双塘村，南起扬天路，北至圣荣生颐养中心
甘创路	位于邗江区甘泉街道双塘村，东起许庄村，西至扬天路
朝尚路	位于邗江区甘泉街道双塘村工业园区内，南起新甘泉路，北至杨庄组
盐厅子路	位于邗江区竹西街道，南起古运洞天花苑小区，北至竹西路
锦鸿路	位于邗江区杨庙镇，南起杨冶路，北至锦鸿苑小区
香达路	位于邗江区杨庙镇，南起香缇花园小区，北至杨冶路
念四桥路	位于邗江区，原念四桥路西延至维扬路，南起四望亭路，向北折西至维扬路
马港河路	位于邗江区，原马港河路南延至长江大堤
润扬快速路	位于邗江区，润扬路原址改造，南起江阳西路，北至蜀冈枢纽
熙春北巷	位于邗江区，东起新城河路，南至熙春西巷
熙春西巷	位于邗江区，南起江阳中路，北至熙春北巷
运河快速路	位于邗江区及广陵区，运河南北路原址改造，南起七里河路，北至江平东路
江平快速路	位于邗江区及蜀冈－瘦西湖风景名胜区，东起运河北路，西至翠岗路
芸都路	位于江都区仙女镇，南起南苑路，北至长江东路
王楼路	位于江都区仙女镇，东起新都南路，西至鸿江花园小区
腾辉路	位于江都区仙女镇，东起规划路，西至新都南路
三和路	位于江都区仙女镇，南起建新路，北至宜和路
宜和路	位于江都区仙女镇，东起新都南路，西至龙川南路
悦都路	位于江都区仙女镇，东至规划路，西至龙川南路
合力路	位于江都区仙女镇，南起都源路，北至文昌东路
春熙路	位丁江都区仙女镇，南起建乐路，北至文昌东路
都源路	位于江都区仙女镇，东起龙川南路，西至金奥路
江湾路	位于江都区仙女镇江桥村，东起芒稻河，西至金湾快速路
观江路	位于江都区仙女镇江桥村，东起芒稻河，西至双迎南路
阅江路	位于江都区仙女镇江桥村，南起春江花月路，北至龙城路
百花路	位于江都区丁沟镇，南起飞天路，北至飞鹰路
金鸡路	位于江都区丁沟镇，东起星光路，西至百花路
白玉兰路	位于江都区丁沟镇，南起飞天路，北至飞鹰路
星光路	位于江都区丁沟镇，南起飞天路，北至空港路
三阳河路	位于江都区丁沟镇，南起飞天路，北至空港路
飞鹰路	位于江都区丁沟镇，东起安大路，西至三阳河路
飞天路	位于江都区丁沟镇，东起安大路，西至三阳河路
港城路	位于江都区丁沟镇，南起飞天路，北至空港路
空港路	位于江都区丁沟镇，东起航站路，西至三阳河路
宜小路	位于江都区宜陵镇，东起宜大路，西至文兴南路

续表 38-1

名　称	地　理　位　置（起　讫　点）
耿张路	位于扬州经济技术开发区，东起运河南路，西至望江路
褚坝路	位于扬州经济技术开发区醒园西侧，南起汪家路，西至规划路
康宁路	位于扬州经济技术开发区施桥镇，东起汪家村仇庄组，西至施桥北路
宝华路	位于扬州经济技术开发区施桥镇，南起邗江河北路，北至施沙路
钱湾路	位于扬州经济技术开发区施桥镇，东起施桥南路，西至裕元工业园
千灯路	位于生态科技新城韩万河北岸，东起曙光路，西至烟花三月路
碧云路	位于生态科技新城韩万河南岸，东起曙光路，西至烟花三月路
江城路	位于生态科技新城，南起文昌东路，北至夏桥路
锦云路	位于生态科技新城，南起盐运路，北至夏桥路
四通路	位于生态科技新城杭集镇，东起九龙路，西至廖家沟路
安宜路	位于蜀冈－瘦西湖风景名胜区，南起上方寺路，北至江平东路
江都北路	位于蜀冈－瘦西湖风景名胜区，原江都北路北延，南起江平东路，北至规划路

（吴兴浩）

2021 年扬州市区新命名的住宅区、建筑物一览表

表 38-2

名　称	地　理　位　置（起　讫　点）
云筑花园	位于广陵区曲江街道，东至规划路，南至规划路，西至运河南路，北至规划路
璀璨商业广场	位于广陵区文峰街道，东至渡江南路，南西至璀璨铂湾花园，北至南区大润发
璟萃苑	位于广陵区湾头镇，东至京杭北路，南至规划路，西至规划路，北至玉康路
荟文苑	位于广陵区李典镇，东至新坝村新发组，南至三支河，西至吴桥路，北至新坝村前三组
怡居佳苑	位于广陵区李典镇，东至三圣路，南至花园东路，西至花园北路，北至悦来路
江洲小区	位于广陵区李典镇，东至华扬路，南至北洲路，西至华能路，北至田桥村新河组
联谊农产品批发中心	位于广陵区沙头镇，东至规划路，南至 S356，西至规划路，北至规划路
丰和佳园	位于广陵区沙头镇，东至人民北路，南至迎宾路，西至黄港河，北至三星路
大同苑	位于广陵区头桥镇，东至思源路，南至大同村徐庄组，西至通达北路，北至朝阳路
文香花园	位于广陵区头桥镇，东至红平村红桥十一组，南至红枫西路，西至红中路，北至吴家桥路
悦江湾花园	位于广陵区头桥镇，东至规划路，南至朝阳路，西至规划河道，北至规划路
悦江汇商业广场	位于广陵区头桥镇，东至规划路，南至朝阳路，西至规划河道，北至悦江湾花园
韵和星辰花园	位于广陵区广陵经济开发区，东至规划道路，南至高罗河，西至板桥路，北至规划路
腾飞科技广场	位于广陵区，东至福康路，南至文昌东路，西至临湾路，北至规划路
璟誉花园	位于广陵区，东至规划路，南至开发东路，西至规划路，北至规划路
华著苑	位于广陵区，东至江都路，南至安康路，西至规划路，北至规划路
璀璨铂湾花园	位于广陵区，东至渡江南路，南至文苑路，西至文峰河，北至南区大润发
晴翠苑	位于广陵区，东至文峰河，南至开发东路，西至规划路，北至七里河

续表 38-2

名　称	地 理 位 置（起 讫 点）
龙誉华庭	位于广陵区，东至渡江南路，南至开发东路，西至规划路，北至规划路
龙誉广场	位于广陵区，东至渡江南路，南至开发东路，西北至龙誉华庭
紫云苑	位于广陵区，东至沙施河，南至规划路，西至规划路，北至施井路
如园	位于广陵区，东至公园绿地，南至方跳河，西至桑家河，北至滨水路（北延段）
珺璟雅苑	位于广陵区，东至规划路，南至规划路，西至江都路，北至二里桥路
江河汇花园	位于广陵区，东至滨水路，南至高家河，西北至李宁体育公园
都荟滨江园	位于广陵区，东至滨水路，南至规划路，西至规划路，北至规划路
欣珑苑	位于广陵区，东至规划路，南至规划路，西北至富佑路
嘉都汇商业广场	位于广陵区，东至观潮路，南至规划路，西至规划路，北至沙中一村
三湾文化广场	位于广陵区，东至大学南路，南至运博路，西至扬州中国大运河博物馆，北至开发东路
翠语江南园	位于广陵区，东至规划路，南至规划路，西至湾头镇中心小学，北至滨水路
江山映园	位于广陵区，东至沙湾北路，南至规划路，西至福康路，北至安康东路
佳运商业广场	位于广陵区，东至滨河路，南至规划路，西至规划路，北至规划路
凤鸣云庭	位于广陵区，东至江阳东路，南至大水湾公园，西至规划路，北至规划路
锦绣星汇花园	位于邗江区汊河街道，东至邗江南路，南至规划路，西至规划路，北至扬子津路。包括东苑、西苑
景泰商务楼	位于邗江区汊河街道，东至规划路，南至规划路，西至祥园路，北至华阳西路
云萃苑	位于邗江区竹西街道，东至运河北路，南至江平东路，西至规划路，北至江平快速路
仁槐苑	位于邗江区槐泗镇，东至泗陈线，南至泗甸村泗甸组，西至泗许线，北至润槐路
北山里生活广场	位于邗江区槐泗镇，东至规划路，南至规划路，西至规划路，北至潍柴大道
润槐苑	位于邗江区槐泗镇，东至规划路，南至规划路，西至规划路，北至新甘泉东路
西江樾澜园	位于邗江区杨庙镇，东至规划路，南至规划路，西至规划路，北至扬冶公路
玖棠湾花园	位于邗江区杨庙镇，东至香达路，南至规划路，西至规划路，北至扬冶路
云潮里广场	位于邗江区西湖街道，东至润蜀路，南至怡扬路，西至云潮望雅园小区，北至规划路
水秀华庭	位于邗江区，东至璀璨星辰花园小区，南至张房路，西至赵家支沟，北至宏溪路
天祥苑	位于邗江区，东至锦苑，南至翠岗路，西至紫荆苑，北至沿山河。包括云园（B 地块北区）、智园（B 地块南区）、慧园（C 地块）
宏业大厦	位于邗江区，东至水晶湖路，南至水晶湖路，西至规划路，北至规划路
铂雅花园	位于邗江区，东至扬子江北路，南至双塘西路，西至规划路，北至规划路
天赋星辰花园	位于邗江区，东至七星路，南至扬州大学附属医院新城分院，西至润蜀路，北至怡扬路
锦上花园	位于邗江区，东至万德隆购物中心，南至赵家沟，西至真州中路，北至吉祥路

续表 38-2

名　称	地 理 位 置(起 讫 点)
美居生活广场	位于邗江区，东至扬子江北路，南至双塘西路，西至规划路，北至规划路
春华坊	位于邗江区，东至运河北路，南至秋实路，西至规划路，北至规划路
天骄望雅园	位于邗江区，东至润蜀路，南至星领地花园，西至尚书路，北至润扬北路
金誉名苑	位于江都区仙女镇，东至规划路，南至规划路，西至龙溪路，北至文昌东路
玲珑雅园	位于江都区仙女镇，东至新都河，南至泰山路，西至新都北路，北至中天花苑
金奥富贵苑	位于江都区仙女镇，东至春熙路，南至建乐路，西至建都路，北至都源路。原福贵花园更名为金奥富贵苑
润江园	位于江都区仙女镇，东至龙溪路，南至润江路，西至龙川幼儿园，北至怡园公寓
阳光嘉苑	位于江都区小纪镇，东至鸿福嘉苑小区，南至规划路，西至双纪路，北至鸿福嘉苑
宜文景园	位于江都区宜陵镇，东至宜大路，南至老 328 国道，西至东原河，北至宜小路
长河东岸佳苑	位于江都区，东至白玉兰路，南至金鸡路，西至百花路，北至飞鹰路
江广汇商务中心	位于江都区，东至建都路，南至规划路，西北至金奥路
悦都云庭	位于江都区，东至规划路，南至建新路，西至三和路，北至宜和路。包括秀园（A 地块）、锦园（B 地块）
观江雅园	位于江都区，东至迎丰河，南至观江路，西至金湾路，北至江桥路
龙瑞花园	位于江都区，东至芒稻河，南至规划路，西至观江雅园，北至江桥路
亚龙花园	位于江都区，东至明珠路，南至黄山路，西至新都河，北至规划路
开泰园	位于扬州经济技术开发区，东至金河路，南至金港花园，西至金港花园，北至规划路
开晨园	位于扬州经济技术开发区，东至施桥南路，南至规划路，西至规划路，北至贵宇广场（暂用名）
长鑫荟生活广场	位于扬州经济技术开发区，东至顺达路，南至魏西花园，西北至长河新苑小区
金港荟生活广场	位于扬州经济技术开发区，东至规划路，南至金港路，西至金河路，北至规划路
锦麟世纪花园	位于扬州经济技术开发区，东至扬子江南路，南至规划路，西至规划路，北至华阳西路
和光昕苑	位于扬州经济技术开发区，东至规划路，南至规划路，西至扬子江中路，北至规划路
九樾园	位于扬州经济技术开发区，东至规划路，南至规划路，西至规划路，北至江阳中路
景悦星辰花园	位于生态科技新城杭集镇，东至规划路，南至规划路，西至伟业路，北至翟庄路
春晓澜亭花园	位于生态科技新城杭集镇，东至规划路，南至新生路，西至规划路，北至琼花路
汇智科创中心	位于生态科技新城，东至汇智路，南至裔王路，西至规划路，北至文昌东路
东望雅园	位于生态科技新城，东至金湾河绿地，南至规划路，西至耀阳路，北至扬州耀阳老年公寓
精英人才公寓	位于生态科技新城，东至曙光路，南至董庄河路，西至烟花三月路，北至韩许河路
慧谷商务中心	位于蜀冈－瘦西湖风景名胜区，东至名湖路，南至秋实路，西至瘦西湖路，北至江平东路
锦麟天煦花园	位于蜀冈－瘦西湖风景名胜区，东至规划路，南至江平东路，西至江都北路延伸段，北至规划路
凤凰水岸商务楼	位于蜀冈－瘦西湖风景名胜区，东至凤凰桥街，南至梅岭西路，西至玉带河，北至万福西路
锦玥花园	位于蜀冈－瘦西湖风景名胜区，东至规划路，南至秋实路，西至江都北路，北至规划路

（吴兴浩）

婚姻家庭

■婚姻登记 2021年，全市办理结婚登记2.51万对（其中涉外、涉港澳台34对），离婚登记5595对（其中涉外、涉港澳台5对），登记合格率100%，未发生一起有效群众投诉和违法登记事件。各婚姻登记处通过“情人节”“520”登记高峰日在服务大厅滚动播放婚姻家庭培训专题课件，免费发放婚姻家庭宣传手册，推进婚姻家庭文化建设。聘请专业人士和专业社会组织常态化开展婚姻危机干预和疏导，开展家庭辅导3227人次，举办婚姻家庭讲座36次，挽救320余桩危机婚姻。江都区婚姻登记处、仪征市婚姻登记处被评为省婚姻登记机关规范化建设试点单位（第一批），仪征市被评为省婚姻改革实验县（市、区）（第一批）。（孙 荣）

■结婚“一件事”改革 以结婚登记跨区办理为突破口，推动结婚“一件事”取得实效。完成中华人民共和国成立以来现存婚姻纸制档案的电子化存储，各婚姻登记机构完成身份证比对、人证比对、高拍仪等智能化办公设备的配备，为实现结婚登记“市内通办”奠定基础。6月1日，启动全市结婚登记跨区办理工作，凡扬州市户籍居民可在全市范围内的任一婚姻登记机构办理结婚登记手续。9月16日，市民政局联合市公安局、市政务服务管理办公室、市大数据管理局印发《关于印发扬州推进结婚“一件事”改革实施方案的通知》，明确一站式联办、一体化服务的工作程序和措施。江都区婚姻登记处购置登记服务自助机，可无缝连接江苏省婚姻登记信息系统，实现婚姻登记、证件补领、自助拍照、档案打印等自助功能。全市办理跨区结婚登记404对（其中全国通办26对、全省通办44对、全市通办334对），所有结婚登记业务均实现即时即办、当天办结。（孙 荣）

■收养登记 贯彻落实民政部《收养评估办法（试行）》，按照法定机构、法定要件、法定程序、法定时间要求，规范评估，严格登记，确保儿童利益最大化。全市办理收养登记49件。（韩红红）

殡葬管理

■概况 2021年，全市各殡仪馆火化遗体3.89万具，享受政府惠民殡葬政策3.68万人，减免费用4643.61万元。实现经营收入1.15亿元，实现业务盈余2044.06万元。其中，扬州市殡仪馆火化遗体1.08万具。实施身后“一件事”改革，开展违建墓地专项整治成果巩固提升行动和殡葬业价格秩序、公益性安葬设施经营专项整治行动，督导全市殡仪服务单位接入全国殡葬管理信息系统，强化殡葬服务信息共享，推进“互联网+殡葬”信息化建设。（管其君 孙 荣）

■殡葬基础设施建设 完成西屏山人文纪念园工程。纪念园位于邗江区甘八线一侧，占地约5.33公顷，围绕“扬州记忆”的主题，建设“一心一轴三带五区”：“一心”为综合服务中心；“一轴”为扬州故事文化主轴；“三带”为扬州历史文化风情带、扬州名人文化风情带、生态殡葬示范景观带；“五区”为竹贤苑、广陵苑、巷城、轩廊苑和月明苑。秉承“以人为本，回归自然”的理念，纪念园推进树葬、花坛葬、壁葬等建设，实现土地资源合理使用和对生态环境的保护。加强公益性安葬设施建设，全市改扩建农村公益性骨灰安放（葬）设施8个（宝应县、高邮市各2个，仪征市、江都区、广陵区、邗江区各1个）。（管其君 孙 荣）

■殡葬服务 3月29日，扬州墓园举办全市第四届集中生态安葬暨云祭扫服务开通仪式，完成生态安葬33穴。清明节前，在“96444西屏山白事无忧”网络预约信息平台和“扬州民政”微信公众号上推出“祭扫预约”民政便民服务，引导群众预约祭扫、错峰祭扫、分时祭扫，减少人员聚集。清明三天小长假网上预约人数约5000人次，创历史新高。园内继续禁烧纸钱，倡导开展“纸钱换鲜花”，服务150户。继续提供代客祭扫服务，清明假期接洽办理7户。疫情期间，切实加强馆内（园内）疫情防控管理工作，市殡仪馆制订《新冠肺炎患者遗体应急处置预案》等，严格控制送丧、安葬人数（原则上每户不超过5人），推出多项便民及费用减免措施，开展全天24小时服务，对遗体接运、遗体存放、骨灰寄存等提供免费服务，对因疫情而导致困难的家庭给予适当的费用减免。（管其君 孙 荣）

■殡葬领域专项整治 联合市发改委、市公安局等9部门制定《扬州市违建墓地专项整治成果巩固提升行动方案》，从2020年10月至2021年12月在全市范围内联合开展违建墓地专项整治成果巩固提升行动。9月，联合多部门印发《扬州市殡葬业价格秩序、公益性安葬设施经营专项整治行动方案的通知》。市民政局联合派驻纪检组组成工作督查组，对各地殡葬服务机构进行督查，重点整治墓地价格秩序、殡仪馆违法违规谋利、殡葬中介服务违法违规谋利、未经审批或审批手续不全擅自建设安葬设施、改变公益用途违规经营等五类行为。（孙 荣）

就业创业

■概况 2021年，扬州市城镇新增就业5.97万人，新增转移农村劳动力7300人，城镇失业人员再就业4.1万人，就业困难人员再就业2.23万人，创业带动就业9.54万人。全市规模以上企业劳动合同签订率99.99%。城乡劳动者就业技能培训4.15万人，新开发公益性岗位共2777个，期末城镇登记失业率

3.03%。启动劳动关系“和谐同行”三年行动，对全市542家劳务派遣单位开展经营情况年度核验。做好最低工资调整工作，广陵区、邗江区、江都区及3个功能区由2020元/月调整为2280元/月，高邮市、宝应县、仪征市由1830元/月调整至2070元/月，为提高低收入群体工资性收入发挥托底作用。发布2021年市属企业工资指导线和部分从业人员工资报酬，指导企业合理调整工资收入分配水平。开展“扬州市最佳雇主企业”评选表彰工作，市人社局等3家单位被省农民工工作领导小组办公室评为全省农民工工作先进集体，高雁等6人获评全省优秀农民工，扬州选手包揽省创业讲师大赛综合能力赛SYB（“创办你的企业”）赛道冠亚军。

（市人社局）

■就业创业政策 3月30日，市政府召开全市就业创业大会。市政府办公室印发《关于支持多渠道灵活就业的十七条措施》。5月，市就业创业工作领导小组办公室印发《2021年度推进就业和社会保障工作促进城乡居民收入增长的实施意见》。市人社局出台《维护新就业形态劳动者劳动保障权益专项行动工作方案》，在产权改革单位开展技能人才薪酬分配指引服务试点。印发《关于进一步完善落实扬州市区社会保险补贴政策的通知》，全市共审核就业困难人员灵活就业社会保险补贴5.82万人，补贴资金约2.9亿元。疫情期间，贯彻落实惠企政策“苏政30条”，鼓励企业结合实际灵活安排工作时间，助力企业复工复产，惠及企业34家；继续实施失业保险稳岗返还、阶段性降低失业保险费率政策，全年向2.19万家企业发放稳岗返还资金8900万元，累计为全市参保单位节省失业保险费2.34亿元。继续实施失业保险支持参保职工技能提升补贴政策，向1.67万名职工发放参保职工技能提升补贴2847.8万元。（就业处 就服中心）

■重点群体就业 促进高校毕业生就业，省内就业率97.53%，实名登记离校未就业高校毕业生5259人，登记率100%。向49名2021届困难家庭毕业生补发求职创业补贴7.35万元。根据全市最低工资标准、城乡居民最低生活保障标准适时调整失业保险金上下限标准，市区失业保险金月发放标准最高不超过最低工资标准2280元/月，最低不低于当地城市居民最低生活保障标准的1.5倍，即1110元/月，向2.26万失业人员发放失业保险金2.1亿元、医疗保险补贴2855万元、动态物价补贴64万元。（就服中心）

1月27日，扬州市2021年新春综合类人才招聘会在国展中心举行

孟德龙/摄

■退捕渔民安置保障 1月，召开全市退捕渔民转产安置工作推进电视电话会议。3月，联合相关部门启动全市长江流域“十年禁捕”监管执法百日攻坚行动，2020年度全国长江流域重点水域禁捕退捕相关工作受到部际工作专班肯定。11—12月，对全市各地退捕渔民安置保障工作进行督查互查、检查考核。至年末，退捕渔民转产就业率100%。

（就业处）

■公共就业服务 实施就业登记“一件事”改革，在市政务服务大厅开设专窗，实现社会保障卡申领、就业登记、企业职工养老保险参保登记（含失业保险、工伤保险）、职工基本医疗保险参保登记（含用人单位生育保险）、住房公积金个人账户设立等政务服务事项一次性综合办理。江苏省人社一体化信息平台按时切换上线，网办单位注册量3.48万家、公共服务事项411个，26个服务事项实现跨省通办，业务总办件量72.13万件，其中线下办件量53.2万件、线上办件量18.93万件。全面推行人力资源服务行政领域证明事项告知承诺制。组织开展首届“创响江苏”职业指导员技能大赛扬州市选拔赛。在全市范围内开展业务轮训班8期，培训基层劳动保障协理员670余人，向未就业人员提供公共就业服务4962人次。（市人社局）

■农民工服务 新增市委网信办、市教育局、市商务局、市邮政管理局、市银保监分局等部门为市根治拖欠农民工工资工作领导小组成员单位，成立并调整市县两级根治拖欠农民工工资工作专班，协同应对校外培训机构、新就业形态、扶贫项目、房地产等领域欠薪问题。印发《扬州市七部门关于做好农民工服务保障专项活动的实施办法》，重点开展苏农务工就业促进服务点、农民工关爱服务驿站建设和关爱农民工留守儿童、扶持农民工返乡就业创业4项活动。围绕新冠肺炎疫情下农民工就业问题、农民工高质量市民化等课题开展调查研究，并形成调研报告。春节前后，对外出农民工春节返乡情况进行网上问卷调查，通过多种渠道发布《致广大在扬务工人员的一封公开信》，鼓励在扬务工人员就地过年。2月24—28日，联合市司法局开展第15届“农民工学法活动周”活动，向600余名外来务工人员发放就业、社会保险宣传资料1400余份。2020年度保障农民工工资支付工作代表江苏省通过国家实地核查，并实现全省考核“三连A”。

（农工处　监察支队）

■中国·扬州人力资源行业数字化赋能创新论坛 6月3日，论坛由市人社局联合扬州经济技术开发区管委会举办。论坛以“拥抱变化、守正出新、数字升级、共赢未来”为主题，江苏、上海、浙江、河南等地人力资源服务机构、行业协会负责人和扬州部分企业负责人代表320余人参加论坛活动。无锡一米网络科技有限公司、扬州中正企业管理顾问有限公司与扬州经济技术开发区管委会签约，投资“我要干好活”灵活用工项目。

（就业处）

■劳动人事争议调解仲裁 持续开展提升仲裁队伍建设“六个一”（即举行一次公开庭审观摩活动、开展一次仲裁案件办理质量及裁决书专项评查活动、进行一次调解专家平台整合、推出仲裁案件跟踪回访制度、举办一次全市仲裁员和调解员培训班、举行全市仲裁员和调解员岗位业务技能竞赛）活动，规范案件处理程序，完善劳动人事争议多元化处理机制，坚持案件处理集体评议制度，提升办案质效。开展“金牌调解组织”创建活动，实现调解专家团队全覆盖。全市各级劳动人事争议仲裁委员会共处理劳动人事争议9639件，其中实际立案2878件，案件涉及劳动者人数2178人。劳动人事争议仲裁结案率99.27%，劳动人事争议调解成功率87.56%。宝应县经济开发区劳动人事争议调解中心、蜀冈－瘦西湖风景名胜区梅岭街道社会事业局劳动人事争议调解中心被评为省金牌劳动人事争议调解组织。

（仲裁处）

■劳动监察执法 开展人力资源市场秩序清理整顿、女职工产假权益等专项执法检查，超额完成全市人均“双随机”执法检查用人单位数等3项省考核指标。以网上申报和材料预审等方式开展用人单位2020年度劳动用工情况书面审查和诚信示范单位认定工作，梳理报送劳动保障监察条线涉企行政指导内容及轻微违法行为不予处罚清单，全面推行包容审慎柔性执法。组织“庆建党百年，护劳动权益”劳动保障法治宣传活动。全市劳动保障监察机构检查用人单位3221户，受理各类案件线索1.19万件，立案查处819件，责令补签劳动合同136份，为1.07万名劳动者追发工资待遇8926.53万元，督促社会保险缴费48.71万元，向公安机关移送涉嫌欠薪犯罪案件12件。

（监察支队）

■劳动关系监测预警 印发《扬州市劳动关系监测预警信息联动处置实施方案》，发挥市劳动关系监测预警维权调度指挥中心作用，以红、橙、黄三色和“人社＋总工会”分类处置预警信息，推动劳动关系领域矛盾纠纷从事后处置向事前预防转变。

（监察支队）

■和谐劳动关系创建 全面启动劳动关系“和谐同行”三年行动，制定《2021年劳动关系和谐企业培育方案》，编印《和谐企业指导手册》。开展和谐企业创建活动，有14户培育企业被评为“江苏省优秀劳动关系和谐企业”。组织开展劳动关系协调员职业技能培训，200余人次参训。其中，62人通过劳动关系协调员职业技能等级认定考核，6人被评为省级金牌劳动关系协调员。

（劳动关系处）

民族宗教事务

■概况 2021年，全市有1个民族乡（高邮菱塘回族乡）、2个民族村（仪征市月塘镇龙山村、大仪镇河北村），有9个“十三五”期间全国民族特需商品定点生产企业、1个少数民族传统体育训练基地。邗江中学12个新疆班有学生500人；高邮菱塘回族乡有民族中小学和幼儿园共3所。全市有省属宗教院校1所（鉴真佛教学院）、市级宗教团体6个、县级宗教团体22个；有经登记的宗教活动场所233处，其中佛教135处、道教4处、伊斯

6月3日，中国·扬州人力资源行业数字化赋能创新论坛举办

市人社局／供稿

兰教8处、天主教2处、基督教84处，有编号建档的民间信仰场所23处；有信教群众约12.4万人，经认定备案的宗教教职人员405人，其中佛教教职人员286人、道教教职人员30人、伊斯兰教教职人员12人、天主教教职人员2人、基督教教职人员75人。高邮菱塘回族乡被国家民族事务委员会命名为第八批全国民族团结进步示范区。

（市民宗局）

■民族团结进步教育 市民族团结进步促进会成立。举办第一期少数民族国家通用语言文字培训班，15人参加培训。在“学习强国”扬州学习平台开设“铸牢中华民族共同体意识——中央民族工作会议精神学习大家谈”专栏，发布学习心得26篇、“民族团结看扬州”系列报道4篇。宝应县安宜镇画川社区、宝应县经济开发区小垛村等11家单位被列为省第二批“红石榴家园”，宝应县氾水镇红旗社区、宝应县射阳湖镇天平社区等20家单位被列为市首批民族工作“红石榴家园”。牵头世园会伊犁园建设，该园获中华展园铜奖。（朱萍 龚方艳）

■宗教团体建设 修订《扬州市宗教团体考评办法》，出台《关于加强市级宗教团体联络员工作的十条意见》等，推进宗教团体规范化建设。夯实乡镇（街道）民宗干部队伍建设，全市83个乡镇（街道）全部配备民宗局局长。举办全市乡镇（街道）民宗干部培训班、“坚持佛教中国化方向”学术研讨会，开展全市宗教界“爱党爱国爱社会主义”主题教育活动等。（张琛 龚方艳）

■宗教场所管理 2021年，开展宗教活动场所法人登记试点工作，向广陵区文峰寺、旌忠寺，江都区大桥基督教堂，仪征市地藏寺4家试点单位颁发宗教活动场所法人登记证书。印发《关于加强民间信仰活动场所规范管理的意见（试行）》《扬州市宗教活动场所安全工作专项整治三年行动方案》《宗教活动场所安全工作标准化建设指南》。6月和10月分别开展“安全生产月”活动和安全工作培训。组织安全专题宣讲22场，参加人数约800人次；组织应急演练54场次，参加人数1600人次。对全市233个宗教活动场所进行全覆盖检查，梳理问题隐患654条，整改率100%。扬州新冠肺炎疫情期间，迅速实施宗教场所“双暂停”和封控管理，确保全市宗教领域零感染、零病例、零扩散。印发《扬州市宗教活动场所有序恢复开放工作指引》，督查宗教活动场所常态化疫情防控工作。

（卢道岭 郭宏芳 龚方艳）

世园会伊犁园　　张卓君/摄

退役军人事务管理

■概况 2021年，完成全国首次优抚对象年度确认工作，全市享受国家抚恤补助的优抚对象约2.46万人，按月发放各类抚恤、定补资金1.94亿元。安置转业军官91人、随调家属5人、符合政策的退役士兵106人，接收复员军官4人、病残士兵1人及自主就业退役士兵。推进军人退役“一件事”改革。建成退役军人综合服务信息系统，开展县级以下英雄烈士纪念设施整修工程、“慰英魂”烈士遗属关爱行动、光荣牌悬挂“攻坚月”等活动。扬州市区军队离休退休干部休养一所被退役军人事务部、军委政治工作部联合表彰为全国军休工作先进单位。

（张健）

■退役军人安置 坚持“阳光安置”“积分选岗”与“直通车”安置有机结合，安置转业军官91人，其中25人实现“直通车”安置；安置随调家属5人；安置符合政策的退役士兵106人，事业编制比例68.9%。团职干部实职占比、转业军官行政参公占比、符合政策的退役士兵安置事业单位占比等指标均居全省前列。（张健）

■退役军人就业创业 10月12日，举行扬州市2021年秋季退役士兵欢迎典礼暨适应性培训开训动员仪式，召开专场招聘会，推荐退役士兵与承训单位签约见面。11月19日，在第二届全国退役军人创业创新大赛江苏选拔赛上，扬州参赛项目“驰骋在希望的田野上”“百润团餐智慧供应链”获二等奖，“新轻中式茶饮品牌开创者”获优胜奖。12月9日，扬州市退役军人就业创业促进会成立，56名退役军人企业家成为首批会员，扬州东升汽车零部件股份有限公司董事长刘旭任理事长。

（张健）

■**抚恤优待** 落实重点优抚对象抚恤补助标准动态调整机制，义务兵家庭优待金标准提高至21241元/年。符合低保条件的烈士遗属最低生活保障金增长10%。继续落实享受国家抚恤补助的优抚对象水、电、气、网络宽带费补贴和公交、游园、体检“三免费”等优待政策，364名重点优抚对象参加短期疗养，409名重点优抚对象参加医疗巡诊，为157名市区户籍军嫂办理游园优待卡，为107名市区户籍军嫂办理公交优待卡年审手续，为189名市区现役军人和随军家属及未成年子女换发医疗优待证，为14名市区驻扬部队随军未就业家属发放一次性自谋职业扶助金80.8万元，为市区现役军人家庭办理意外伤害商业保险，赔付68件12万元。（张 健）

■**烈士褒扬** “慰英魂”烈士遗属关爱行动入选扬州市“学党史办实事”重点项目，报省党史学习办备案，由市主要领导领办。为67名在邵伯保卫战中牺牲、8名在三江营战斗中牺牲的烈士寻到亲人，为市区7名烈士后人寻得烈士安葬地。按照“应迁尽迁、集中管理”的原则，全市86个零散烈士墓迁入烈士陵园集中安葬，对确因文物保护等法律政策原因不宜迁移的散葬烈士墓，明确责任人和保护职责。清明期间，开展“守护·2021清明祭英烈”活动，共800余家单位、9万余人次到各烈士陵园祭扫英烈，8万余人次参加网上祭英烈活动。9月30日（烈士纪念日），市委、市政府在扬州革命烈士陵园举行烈士公祭活动，各县（市、区）在当地烈士陵园举行烈士公祭活动。在江上青烈士史料陈列馆举行新婚夫妇向革命烈士献花活动，40对新婚夫妇向革命烈士敬献鲜花，表达对先烈的缅怀和敬仰之情。开展“学党史砺初心”百年英烈红色故事宣讲活动，累计组织52场，1.03万人参加。（张 健）

■**军队离退休干部服务** 经市委编办批复，扬州市区军队离休退休干部休养一所、二所、三所、四所合并，组建扬州市军队离休退休干部服务管理中心（正科级）。落实军队离退休干部“两个待遇”（政治待遇、生活待遇），接收军队离退休干部（士官）10人，向61名满50年党龄军队离退休干部发放建党百年纪念勋章，举办“同心向党庆百年，共启辉煌新征程”庆祝中国共产党成立100周年文艺汇演，组织开展军队离退休干部口述历史征集活动。（张 健）

■**退役军人服务** 推进军人退役“一件事”改革，通过部门协同、数据共享、集成服务等方式，实现军人退役返乡报到、信息采集、预备役登记、户口登记、党团组织关系转接、医保社保参保转接、一次性经济补助等19个事项“一表申请、一窗受理、联动办理、限时办结、一次告知”。建成退役军人综合服务信息系统，为全市退役军人及其他优抚对象精准建档立卡，实现全市退役军人基础信息动态更新和各项业务数据分类保存、多维关联，打造“互联网+退役军人服务”。开展县乡村三级示范型退役军人服务中心（站）创建工作，6个县级服务中心、85个乡镇（街道）服务站和57个村（社区）服务站创成全国示范型退役军人服务中心（站），5个乡镇（街道）服务站被评为江苏省百家红色精品退役军人服务站。（张 健）

■**退役军人志愿服务队** 依托各级退役军人服务中心（站）和机关企事业单位，组建市、县（市、区）、乡镇（街道）、村（社区）四级退役军人志愿服务队1183支，招募退役军人志愿者1.7万余人，开展志愿服务活动1230场次，2.1万人次退役军人参与志愿服务。中央电视台、《中国国防报》、“学习强国”等媒体对扬州退役军人志愿服务队事迹和做法进行宣传和报道，8支志愿服务队被评为全省百家优秀退役军人志愿服务队。（张 健）

关心下一代

■**概况** 2021年，全市有各级关心下一代工作委员会（简称关工委）组织3168个、“五老”（老干部、老专家、老教师、老模范、老战士）志愿者4.5万人，90%的村级关工委达到“五有五好”建设标准。完善“党建带关建”机制，各县（市、区）、街道（乡镇）将关工委工作纳入党建工作目标考核体系，形成关心下一代工作与党建工作同研究、同部署、同督查、同考核、同奖惩的良好格局。推动阵地联建、资源联用、活动联办、工作联动，继续开展“孤困必帮·同享阳光”活动等。进一步加强“网上关工委”建设，市关工委工作网站于3月底开通上线。召开市关工委成立30周年纪念会议，20个集体和44名个人被表彰为全省关心下一代工作优秀集体和优秀个人。市关工委被中央政法委、司法部、中国关工委等部门表彰为“全国青少年普法教育先进集体”。（练瑞芳 徐微微）

■**青少年思想道德教育** 开展“颂建党百年，做时代新人”主题教育活动，编写《学习党的历史，传承红色基因》等宣讲材料，制作宣讲视频线上播放。以“千场党史报告进校园”活动为载体，组织“五老”举办1500余场次党史报告会、红色故事会，有54万人次青少年参加听讲。举办各类教育实践活动近800场，有36.6万人次青少年参加。情景诗朗诵《扬州是个好地方》参加全省“庆祝中国共产党成立100周年老少同台节目展演”，获特等奖。市少儿活动中心持续开展“读红色图书、讲红色故事、看红色电影、颂红色成就、做红色传人”系列教育活动。4月20—21日，中国关工委机关刊物《中国火炬》杂志社社长、总编李小千到扬州调研，对扬州开展“五红”教育、建好用好红色教育基地等做法给予肯定。（练瑞芳 徐微微）

■校外教育辅导站建设 全市有辅导站（点）1072个。联合市教育局在江都区召开全市校外教育辅导站工作现场推进会，推进"校站结合"，选派3600余名优秀教师、名师进站辅导，满足"双减"后青少年的新需求和家长的新期待。13个优秀校外辅导站获省专项奖励，15家关工委、11个辅导站和35名"五老"、中小学生在"童心永向党，筑梦新辉煌"创作演讲比赛获省表彰。

（练瑞芳 徐微微）

■预防和减少青少年违法犯罪 全市1000余名"五老"法治报告员举办法治讲座和报告会800余场，受教育青少年37万人次。连续9年开展"法治课间餐"活动，举办全市中等职业学校、技工院校关工委思想道德（法治）联席会线上交流活动。开展第四届"关爱明天，普法先行"青少年法律知识学习竞赛活动，有46万余人次参加网上学习和答题。开展"结对帮教、引领人生"活动，组织和动员900余名"五老"志愿者帮教员，组成366个帮教小组，对全市300余名失足青少年进行帮教，帮教转化率94.6%。全市600余名"五老"网吧义务监督员紧盯"未成年人禁入"红线，做好监督巡查工作。全面推进青少年"零犯罪零受害"社区（村）建设，全市98.4%的社区（村）实现零犯罪，97.8%的社区（村）无未成年人受害。

（练瑞芳 徐微微）

■关爱帮扶活动 全市关工委筹集助学助困资金近2000万元，受益贫困家庭青少年1.3万余人。市关心下一代基金会资金规模1400万元。连续13年联系爱心企业对贫困家庭中小学生进行跟踪结对资助。联合市慈善总会、团市委继续开展"孤困必帮·同享阳光"活动，对事实孤儿进行结对关爱帮扶。此项目被市委、市政府列为民生幸福工程之一。组织全市1000余名老科技人员指导帮助青年农民创新创业，服务乡村振兴。5月17日，省关工委、省农业农村厅在高邮市召开现场推进会，推广扬州加强农业系统关工委基层建设的做法。

（练瑞芳 徐微微）

消费者权益保护

■概况 2021年，扬州市有各级消费者协会（简称消协）基层分会95个、消费者投诉站189个、企业监督站722个，在册维权志愿者360人，消费者教育讲师团成员64人、法律工作者志愿者22人。全市消协系统办结消费者投诉9199件，比上年增长2.48倍，为消费者挽回经济损失1400余万元；接待来电、来访6637人次，增长20.28%。投诉量占比较高的依然集中在与老百姓生活密切相关的领域，如商品领域的食品类、日用商品类、服装鞋帽类，服务领域的美容美发类、通信服务类和健身服务类。受新冠肺炎疫情、教育"双减"影响，旅游、教育培训行业的投诉量激增。全市培育发展和解企业188家，其中市级和解企业86家，自行和解各类纠纷2万件，涉及金额219万元。市消协紧扣"守护安全，畅通消费"消费维权年主题，营造"好地方，好消费"的消费环境，被中消协授予"2020—2021年度全国消费维权先进集体"称号。 （吴 涛）

■消费纠纷调处 继续推进"互联网＋维权"线上线下投诉渠道融合建设，指导50家企业进入省消费者权益保护委员会"智慧315"平台，构建"市、县、基层"纵向信息传输和"消费者—消协—企业"横向协调沟通的双循环纠纷调处渠道。新冠肺炎疫情期间，创造性实施"不见面退货"和"异地维权调处"，快速解决多起旅游退定投诉，实现"云上维权"。聚焦风景区、大型商超、商业综合体、特色街区等消费集聚区，以培育一个县（市）区域、一个景区、一条商业示范街、一个商业综合体、一个专业市场和一个连锁超市的"六个一"为重点，在全市范围内全面推进线下实体店无理由退货工作。"双十一"前后，开展以"舒心消费无忧退，诚迎天下八方客"为主题的"承诺宣传周"活动，全市11个商业综合体和超市、100余个知名品牌集中向社会公开承诺无理由退货。至年末，全市培育发展承诺商家7082家，其中可实现异地退货商家31家，共完成退货1.42万件，涉及金额198万元。

（吴 涛）

■消费咨询服务 发挥公益律师团的作用，建立重点投诉律师协办制度，组织召开公益律师协调会4次、线上咨询会13次，为"海盗船长"充值卡消费、宝应碧桂园房产投诉等难点投诉提供法律意见。实行公益律师轮值制度，通过市消协微信公众号，开设"律师在线行动"主题栏目，共举办8期，为消费者提供各类法律咨询26人次。5—11月，市消协开展"企业客服日"咨询服务活动，组织23家企业客服经理或负责人走进消协投诉窗口，"零距离"接受消费咨询和投诉，其中大型商业综合体5家、通信行业3家、公共服务企业4家、金融保险企业6家、大型超市和电器卖场5家，受理各类涉企投诉175件，接待咨询429件，调处办结率100%，帮助消费者挽回经济损失36.64万元。6月9日，市消协举办"认证认可日"宣传活动，与市检测检验中心签订公益性合作协议，建立商品质量检测检验战略合作关系，协调电动车、家装、家具、洗染等4个行业聘请48名技术型专家组建专家委员会，全年为消费者提供免费技术咨询125人次、免费检测200批次。与市广播电视总台合作开通"315维权的声音"，组织市、区两级消协组织4次走进行风政风热线，直播解答消费者的问题。 （吴 涛）

■3·15活动 围绕"守护安全，畅通消费"消费维权年主题，全市消协组织开展系列纪念宣传活动。市消协联合市市场监督管理局、扬州邮政分公司发行"纪念2021年3·15国际消费者权益日"专用邮资图明信片，编印发行《扬州315专刊》。

3·15“消费维权宣传进社区”活动现场 消 协/供稿

举办“消费维权宣传进社区”和“打击假冒伪劣商品展示宣传”等活动，召开新闻发布会，发布消费维权典型案例、投诉数据分析报告。联合市放心消费创建活动领导小组办公室、市市场监督管理局、市广播电视总台举办“云上315”咨询服务活动，各县（市、区）均设立活动现场。3月，全市各级消协组织共组织普法活动50次，印发各类宣传资料2.7万份，开展大型咨询活动44次，发布重要新闻6次，摆放公益广告282条，参加活动的经营者1277人次，参加活动的消费者1.8万人次。（吴 涛）

■消费调查 针对发热内衣、直播购物、网课教育、文具盲盒、一人份小家电、儿童化妆品、一口价金、老年旅游等消费现象，开展消费调查和体验，在放心消费网等自有媒介上发布消费警示或建议37篇。开设“你投我晒”栏目，不定期在微信公众号上公布典型维权案件。指导组织大学生志愿团，开展“市区电影消费服务”调查，对3D眼镜收费、黄金观影区收费、禁止外带食品、开票服务等侵权行为进行曝光。先后邀请人大代表、政协委员、消费者代表参与“迎接5G时代”“食药检测中心一日行”等企业体验行活动。围绕消费热点和重点行业，开展“扬州市疫情防控后居民消费调查”和“零售药店消费者满意度调查”，并发布调查报告。定期分析投诉数据，针对投诉热点行业，及时开展电影复映服务、黄金一口价销售、最低套餐不公示、新冠肺炎疫情期间机票退订等专题行政约谈，推动行业作出整改。（吴 涛）

■诚信消费环境建设 围绕中国消费者协会“凝聚你我力量，让消费更温暖”公益主题，联合市家装协会、物业协会，开展“诚信家装进社区”活动，推广规范家装合同的使用。围绕“两反两保”（反垄断和反不正当竞争监管执法，保护知识产权和保护消费者合法权益）专项主题行动，开展“安全放心消费环境创建行动”。联合市文明办、市放心消费创建活动领导小组办公室开展“百城万企亮信用活动”，发展“诚信旅游商家”60家，培育省市级放心消费示范街4条、省级先进企业23家、市级先进企业178家。联合市放心消费创建活动领导小组办公室推进“放心消费美丽乡村”创建活动，推出分别以渔文化经营、豆制品生产、茶叶种植生产销售为代表的沿湖村、苗圃村、四庄村，其中沿湖村获“江苏省放心消费美丽乡村”称号，13个乡村受市级表彰。开展“示范药店评比”活动，10家单位获“扬州市放心消费创建示范药店”称号。组织扬州老字号商品、名特商品参加第二届“江苏好礼、舒心相伴”特色伴手礼评选活动，“点石成金（狼兼毫系列）毛笔”获“好礼奖”，“大漆公筷”“谢馥春鸭蛋香粉”入选“长三角特色伴手礼”。（吴 涛）

公共安全

Gongggong Anquan

编　辑　崔成鹏

应急管理

■应急管理队伍建设 完成全省应急管理综合执法改革试点任务，市级层面组建综合执法局，设7个大队，各县（市、区）实行“局队合一”体制，形成“科室＋中队”监管执法模式。推动安委办实体化运作，市、县安委办设立专职副主任，调增25名编制人员；市、县两级组织部门抽调60余名青年骨干建立专项整治专班，协助安委办开展工作。市应急管理局搬迁至新办公场所，面积5000平方米；处室由6个增加到14个，编制由37名增加到79名。新增市危化品安全技术保障中心和危化品安全监察大队20名事业编制，有效缓解危化品监管人员少、专业性不强等突出问题。加强专业救援队伍和灾害信息员队伍建设，培育遴选6支市级、2支省级重点专业救援队伍，配备市、县、乡、村四级灾害信息员2462人。组织282人参加全国应急管理干部大培训，78名业务骨干系统学习应急管理、安全生产、防灾减灾救灾等专业知识。（燕海霞）

■科技信息化建设 市应急管理信息化（一期）项目建成投用，“扬州市应急指挥信息系统”和“危化品安全生产风险监测预警系统”通过验收，实现危化品监管智能化，应急值守与信息报送、应急响应和指挥调度信息化，并与省应急管理厅系统、化工园区“智慧安监”平台、县区局系统实现对接，成为华为公司应急工程全国地市级样板，获国际权威分析机构IDC颁发的智慧城市（中国区）大奖。扬州化工园区依据《化工园区安全风险排查治理导则（试行）》制定“一园一策”“一企一策”整治方案，全面完成封闭管理一期项目，再次被确认为D类（较低安全风险）。作为全国十个试点地区之一，扬州化工园区率先建成重大危险源在线监控及事故预警系统，20余批来自全国各地的领导和同行到扬州化工园区考察调研园区信息化建设，应急管理部和广东省等领导给予肯定；推进“智慧安监”二期工作，实施智能视频系统建设，建立特别管控危化品数据库信息系统，探索电子标签等物联网技术，实现全生命周期跟踪追溯。（燕海霞）

■应急管理宣传教育培训 以安全生产月、防灾减灾日等为载体，推进宣传教育“五进”活动。突出16名首届省市“最美应急人”选树学习宣传活动。宣传“扬州公共安全教育警示24条”，组织志愿者队伍开展风险隐患群防群治。发动企业开展安全生产“随手拍”“安全红袖章”“事故隐患大扫除”等活动1263场，4.2万余人次参与。2.17万名特种作业人员、高危行业企业主要负责人、安全管理人员通过考核领证；依托扬州化工园区与扬州工业职业技术学院共建扬州市化工安全技能实训基地；在全省率先自主开发地震避险宣教产品，及时在官网和微信公众号推送；创新开展三轮有奖知识竞答，吸引超1.7万人参与。（燕海霞）

■防灾减灾基础建设 科学编制出台《扬州市“十四五”防灾减灾规划》《扬州市市级应急救援救灾物资和装备储备三年规划（2021—2023）》。开展第一次全国自然灾害综合风险普查。市政府成立由分管领导任组长的普查工作领导小组，先后召开全市自然灾害综合风险普查工作动员会、推进会，牵头编制《扬州市第一次全国自然灾害综合风险普查工作方案》，指导各地编制普查方案并完成相关调查任务。统筹推进自然灾害防治9项重点工程建设，印发实施《扬州市地震易发区房屋设施加固工程协调机制》《扬州市地震易发区房屋设施加固工程工作方案和行业实施方案》；推动实施城区不涝不淹工程及闸体系建设，长江25千米堤防完成水下部分并通水验收，G328以北段完成水下工程并通过水下验收，G328以南段完成河道清淤，东堤挡墙底板、堤后建筑物基础、站身底板和北侧部分翼墙底板浇筑。牵头组织市住建、气象、消防等部门成立工作组，指导社区争创全国综合减灾示范社区创建工作，组织社区自评、县级初评和市级初步验收，遴选全市7家社区报省参评。（燕海霞）

■应急救援和灾害救助 组织修订、发布31个市级专项应急预案，基本完成全市各级各类应急预案修编。举行全市自然灾害应急救援综合演练，指导江苏油田生产安全事故、高邮市城乡供水突发事故、城市快速路（高架桥）冰雪灾害等应急演练活动。研究制定《应急救援队伍管理办法（试行）》，遴选6支市级重点专业队伍，推荐江苏水建、仪征化纤列为省级重点专业队伍，督促加强县乡两级专业救援队伍建设，与消防救援队伍形成优势互补。“4·30”风灾、台风“烟花”等一系列自然灾害发生后，围绕“统筹、协调、指导、宣传”四方面，第一时间启动响应机制，派出工作组指导抢险救援，组织基层灾害信息员核查、上报灾情信息，统筹协调交通、住建、消防、电力等部门进行隐患排查，安全转移安置群众887人，第一时间下拨省级救灾资金55万元，启动自然灾害民生保险理赔，保障受灾群众基本生活。

（燕海霞）

■应急指挥机制完善 与扬州军分区、市气象局、市防汛防旱指挥部分别签订应急救援、气象预报预警、防汛物资和培训演练等方面合作框架协议，共建共享防灾减灾救灾信息。在全省率先实施全年、全员参与的“二级值班”模式，严格落实领导带班、关键岗位24小时值班和事故信息报送制度。5—9月防台防汛重要阶段，针对60余份灾情预警、天气信息、重大气象信息，均第一时间会商研判、部署落实，成功应对4次较大雷雨、大风等恶劣天气和2次过境台风。强化应急响应，以实战为标准，举办自然灾害、事故灾难应急救援综合演练1000余场。（燕海霞）

安全生产

■概况 2021年，市应急管理局按照“务必整出成效”和“两个不放松”的总目标，以补齐历史“欠账”、重构发展逻辑、奠定未来之基为总体思路，推进安全生产专项整治，排查整改风险隐患，守住安全生产底线底板，全市安全生产质态明显提升。全市共发生各类生产安全事故102起、死亡70人，比上年分别下降27.1%、25.5%，事故起数、死亡人数实现“双下降”，重点时段、重大节日、扬州新冠肺炎疫情期间安全管控有力，连续两年未发生较大及以上生产安全事故，安全形势持续平稳向好。（燕海霞）

■党政领导责任落实 2021年，市委常委会、市委中心组学习会、市政府常务会、市长办公会16次专题听取安全生产工作情况，研究安全生产重大事项。落实《扬州市党政领导干部安全生产责任制规定实施办法》及其清单，出台《市委常委会成员、市政府领导班子成员2021年安全生产重点工作清单》，细化市委、市政府领导年度安全生产工作职责，并定期发送手机短信进行履职提醒。盯紧重要时间节点和关键环节，市主要领导、各分管领导带头深入基层和企业一线督导检查，确保重点时段安全稳定。印发《2021年县（市）区党委政府、功能区党工委管委会履行安全生产工作职责评价指标》，强化重点工作任务落到实处；各级党政组织开展“百团进百万企业千万员工”宣讲活动，结合新《安全生产法》宣贯工作，全市590名干部深入一线，累计宣讲场次642场，开展开发区、高新区和乡镇（街道）党政主要负责人“四个一”说安全活动，累计覆盖企业1.3万余家。（燕海霞）

■部门监管责任落实 印发《2021年市安委会成员单位履行安全生产工作职责评价指标》，推进部门监管责任，加强市级部门履职尽责。持续强化安全生产问题处置监管平台推广应用，将安全生产大检查、监管执法、巡查督导、隐患举报、日常检查等发现的问题隐患均纳入平台，主动接受纪检监察部门监督。2021年，录入平台数据14万余条，为上年的5.6倍。全面用好《扬州市安全生产警示提示制度》等5项制度，紧盯事故频发、存在较大风险的行业领域，对农村房屋安全、水上交通安全等重点问题下发督办单、交办单33份，对事故多发地区、领域下发警示提示函6份，市安委办组织对市交通局、市工信局等11家部门（单位）开展履职情况监督检查，一对一反馈检查意见，推动重点行业领域安全生产监管部门履职尽责。

（燕海霞）

■企业主体责任落实 加大主体责任专题整治，推进企业安全生产由被动接受向主动加强管理转变，隐患排查治理由部门行政执法为主向企业自主开展转变。全市建立安全生产承诺制度1.05万家，建立隐患排查治理制度7463家企业，完成危险作业事项管控措施3804家。专门设立1000万元“有奖举报”专项资金，调动全民主动参与隐患排查。全年共接处安全生产举报线索1.32万条，实施奖励76万余元；宣传推广隐患排查“红丝带”经验做法，1340家企业参照瑞祥模式，激励员工排查、治理和消除各类安全隐患5.7万余条，发放奖励近400万元。投资70余万元，依托扬州化工园区与扬州工业职业技术学院共同建设扬州市化工安全技能实训基地，12月下旬挂牌。做大做强安责险，市委2号文件将安全生产安责险作为优化营商环境重要内容，加强管理平台归口，引进第三方保险经纪公司，从展业扩面、技术服务和信息平台建设3个方面求突破，安责险投保规模再创新高，坚决撑起企业安全“保护伞”。2021年，安责险保费4042.1万元，投保企业2093家，投保人数6.8万人。（燕海霞）

■安全生产专项整治 统筹衔接安全生产专项整治“一年小灶”与“三年大灶”。全面落实领导责任不变、工作专班不撤、督导机制不改的工作要求，成立市委、市政府主要领导任组长的安全生产专项整治三年行动领导小组，制定印发《关于进一步深化安全生产三年专项整治工作的实施意见》，以“三个清单”方式明确全市20项、市重点行业领域112项和各地42项重点任务，从专项整治牵头部门抽调干部组建专项整治工作专班，统筹推进全市专项整治工作。2021年，全市累计成立检查组1.51万个，开展督导检查4.26万次，检查单位5.66万家次，排查隐患9.22万处，整改完成8.56万处，行政处罚4726万元，责令停产整顿195家。（燕海霞）

■**安全生产督导** 年初，市政府主要领导签发《关于深入开展全市安全生产督导工作的通知》，组建9个市级督导组，对重点工作推进情况常态化驻点督导、机动督导和联动督导。市专治办每月印发工作简报，通报工作进展、交流典型做法、明确督导重点，提升督导工作的针对性、时效性。各县（市、区）、功能区组建76个督导组，督导工作同步开展。全年市级9个督导组累计开展座谈150余次，检查企业(单位)400余家，交办问题隐患428条，完成整改408条；提请市专治办转（交）办的难点问题6件。（燕海霞）

■**安全生产问题整改** 2020年国务院督导组反馈363条问题隐患全部整改完成。省第十督导组移交365项问题隐患已整改326项，前三季度移交问题隐患于12月底前全部整改完成，第四季度移交的28项隐患全部分解、正按计划推进整改；上年移交的卞宝第故居有关问题取得阶段性进展，住户全部撤离，人员安全进出通道建成，开展修葺、维护工作。省深化三年专项整治重点工作清单明确的4项任务完成2项，其余2项完成年度计划任务。郭村镇37座隐患桥整改21座，其余16座采取安全措施。大江化工完成多余物料的清理，1号车间设备拆除，2、3号车间设备正按计划拆除，并保持厂区内24小时有人值班值守。省第十九巡查组移交的安全生产责任不落实清单15项问题和重大风险隐患清单10项问题正在推进中，明察暗访发现的115项问题隐患完成整改101项。（燕海霞）

■**重点任务推动** 10月底，全市1.55万家工业企业全部提前完成风险报告，完成率100%，存在较大以上风险企业占比59%，均落实安全防控措施。统筹协调全市15个部门、18个行业领域推进危化品使用安全专项治理。2021年，全市危化品使用安全专项治理信息系统共录入危化品使用单位1.38万家，各部门牵头检查2.28万家次，发现隐患2.26万条，完成整改2.23万条，立案查处253起，行政处罚1011.46万元。全域推进安全发展示范城市创建，印发《扬州市省级安全发展示范城市创建工作实施方案》，成立创建工作领导小组，举办培训班，聘请专家对创建责任部门逐家指导帮助，印发《创建任务书》，细化各地、各部门责任分工，推进安全发展示范城市创建工作；拟通过购买服务方式引进第三方加快推进创建工作，申请市本级创建经费465.6万元，招标工作启动。加强对各地创建工作督促指导，全市7个创建主体全面启动相关工作，高邮市通过省级评估验收。（燕海霞）

■**安全监管执法** 市委常委会、市委学习中心组、市政府常务会议3次学习研讨新《安全生产法》，市政府印发《关于深入学习宣传贯彻新〈安全生产法〉的通知》，开展“八个一”专题宣传贯彻活动，加强安全监管，完善权力责任清单，严格规范执法行为。各级党政领导将新《安全生产法》纳入安全生产宣讲主要内容；在微信公众号和联动媒体上开设“学习贯彻新安法大家‘一起谈’”专栏，交流学习贯彻新《安全生产法》的心得体会。开展安全生产监管执法，突出道路交通、建筑施工、危险化学品、冶金工贸、深井铸造、消防安全等重点行业领域，始终保持严管重罚高压态势，强化“四个一律”安全监管执法，对发现的重大风险隐患、违法违规问题坚持一查到底，确保执法严格、不留余地。2021年，全市应急部门执法检查企业3774家，立案查处2024起，罚没金额3855.8万元，分别增长77%和65%。将“三位一体”综合执法检查纳入民生“1号文件”，并将其作为专项整治深化攻坚重要抓手，强化深度体检、“点穴式”精准执法，采用“启动会＋现场执法检查＋总结会”“企业主要负责人＋安全管理人员＋岗位操作员工全过程在场”和“执法＋专家＋培训”工作模式，指导企业主动辨识和消除违法行为，帮助企业排查整治一批源头性、核心性问题隐患，倒逼安全生产责任层层落实、落地见效。（燕海霞）

■**重点时段安全保障** 开展“保大庆”安全“六个一”突击行动，通过实施一批安全生产硬措施，排查整治一批安全风险隐患，查处一批违法违规行为，宣传一批典型经验，曝光一批典型案例，开展一批应急演练，建立安全生产日报制度，全市安委会成员单位开展检查1.35万家次，发现一般隐患8912条，重大隐患26条，完成一般隐患整改5435条、重大隐患整改3条，对3起非法储存销售汽油案件和全市19家企业安全生产违法行为进行集中曝光，保障建党100周年大庆期间安全稳定。统筹抓好新冠肺炎疫情防控期间安全生产。印发《关于全面加强疫情防控期间安全生产工作的紧急通知》《致全市工矿商贸企业的公开慰问信》，组织对全市196家集中隔离点开展两轮“全覆盖”安全检查和一轮“回头看”，通过一线督查指导、实时反馈、集中交办、市纪委监委督察等方式，压紧压实集中隔离点和滞扬人员集中安置点安全责任，三轮检查共排查整改隐患638个，新冠肺炎疫情防控期间全市集中隔离点未发生一起生产安全事故。提前部署安全复工复产“五个一”措施，在严格遵守疫情防控要求下，企业主要负责人主持召开一次安全生产会议、制定一份安全复工复产工作方案、开展一次全员安全教育、进行一次应急演练、组织一次全厂性安全检查，采取企业承诺与监督检查相结合，开展“五个一”措施3161家，实施安全复工复产硬措施795项，完成开工前安全检查3742家。全面部署节日期间安全生产。每日收集通报安全生产监督检查情况，推动各级各部门履职尽责；实施企业（单位）安全检查两轮全覆盖，消除苗头性事故隐患；市应急管理局领导班子挂钩督查，指导督促各地落实安全防范措施，中秋节、国庆节期间，全市共成立检查组4019个，组织检查企业1.18万家次，发现问题隐患1.64万项，立即整改1.38万项；强化党的十九届六中全会和省、市党代会期间安全风险研判，常态化实施重点时段安全生产日报、周报制度，加强全市安全生产工作情况分析调度，强化重大风险隐患和突出问题研判防范，确保安全生产形势平稳。加强实验室安全隐患排查整治。南航实验室事故发生后，市安委办印发《关于立即开展全市实验室安全隐患排查整治行动的通知》，从企业自查、县级督导、市级督查3个层次部署全市实验室安全隐患排查整治行动。各地共排查各类实验室556间（所），9个市级督导组下沉各地实施专项督导，市安委办组织6个督查组对市卫健委、市生态环境局、扬州大学等13家重点单位开展督查。（燕海霞）

消防安全

■概况 2021年，扬州消防救援支队党委以践行习近平总书记重要训词、视察江苏重要讲话指示精神为指引，按照建设“好队伍”、护航“好地方”工作思路，团结带领支队全体消防救援人员把握新机遇、找准新定位、谋求新发展，基本实现争先创优目标：支队被总队评为“先进支队”，在消防执法、执勤训练、安全工作等3个领域获先进荣誉；有3个基层单位和2名个人获全省“十佳”称号。全年，全市共发生火灾3501起，死亡1人，直接财产损失4256.3万元。出动车辆1.11万辆/次，出动警力4.91万人/次，抢救被困人员353人，疏散被困人员379人，抢救财产价值约1.38亿元，保护财产价值约1.91亿元。（消防支队）

■消防救援队伍建设 按照“样板打造、巩固推广、达标创优”的总体规划，制定下发《正规化建设达标创建工作方案》《正规化建设指导意见》等规范文件，召开正规化建设现场会，实现“队站建设科学合理、工作运行井然有序”预定目标。完善《政府专职消防队伍管理办法》，落实政府专职消防员同国家队员一体化管理。部署开展“九无文明单位争创”和“基层安全万里行”活动，对查找剖析的作战训练、车辆装备、卫生防疫等103条安全隐患进行挂图作战，落实“清单式”销号，堵塞风险漏洞。成立绩效督察办公室，修订《督察工作规定》，建立常态化督察、专项督察和绩效督察相结合“三合一”督察模式，实现“白+黑”“小远散”全覆盖，队伍未发生安全事故。打造成才平台。与扬州大学、扬州职业技术学院等4所驻地院校签订共建协议，18名指战员考取大专以上学历；利用高校摄影、音乐、烹饪、导游等专业教学优势，培养消防员第二职业技能，32名消防员取得汽修、导游、烹饪等技能证书。减轻基层负担，制定《服务基层七项措施》，逐条逐项落实到位，全年各类检查、会议、文件精简32%、36%、41%，在重大安保、节假日期间机关下沉参与执法执勤400余人次。主官挂帅协调、部门密切配合，完成两批次90名消防员招录和102名政府专职队员征召工作。（消防支队）

■消防主导职责落实 市委、市政府连续6年将消防工作纳入民生1号工程予以推进，与9个县（市、区、功能区）和34个市直单位签订《政府消防工作责任状》，下发《工作任务清单》。常态化召开消委会成员单位联席会议，建立会商研判和约谈机制，开展联合检查70余次，向18个行业部门下发工作提醒函60余份，对3家发生有影响火灾的单位进行联合约谈。加强社会单位消防安全“四个能力”和“明白人”队伍建设，推进消防安全标准化管理工作，召开城市综合体和高层建筑“1234＋N”达标创建现场会，对6000余名物业管理单位和重点单位责任人进行约谈，督促落实人防、技防措施。报请市政府专题部署消防安全“三年大灶”和建党100周年消防安全专项治理行动，开展化工企业、电动车、密室逃脱、文博建筑等8个专项整治工作，累计检查单位1.03万家，督改火灾隐患2.08万处，整改销案18家重大火灾隐患单位，责令“三停”122家。将消防安全工作纳入“大数据+网格化+铁脚板”工作机制，发动3000余名基层网格员排查1.1万家“九小场所”，整改隐患2万余处，清理违规住宿5000余人。联合市公安、城管部门持续开展“生命畅通工程”，排查小区843个，拆除道路和登高面障碍4000余处，新增临时泊车位1万余个，消除各类隐患5000余处。推进公共基础设施建设，紧盯消防规划落实，新建智能消火栓538个，取水码头2处；推广安装感烟报警4267个，简易喷淋593套，集中充电装置757套，均超额完成总队交办任务。建强基层监管力量，联合市公安局制定《关于加强公安派出所消防监督工作的实施意见》，成立实体专班，落实监管责任；依托10个防消联勤为民服务站，建立“1+3”网格巡防监管体系，研发“巡防一体化”App，实现重点商圈和居民集聚区数据采集、隐患整改、消防宣传动态管理。营造消防安全氛围，利用“五大平台”开展消防宣传，发布消防公益广告3200余条，推送消防安全提示5400余条，在中央和省级媒体刊播稿件190余篇；组织“开学第一课”、“5·12”防灾减灾日等线上线下主题宣传活动，举办消防知识专题讲座200余场次，发放宣传资料16.7万余份，受惠群众近50万人；针对“小火亡人”问题，利用消防宣传车、大喇叭、墙报、横幅等形式，发动社区（村）居委会、消防志愿者采取面对面、点对点的入户宣传方式，有效遏制亡人火灾事故发生。对标“全灾种、大应急”任务需要，围绕应急救援“主力军、国家队”建设标准，多措并举提升队伍战斗力。持续推进全员岗位练兵，分级开展基础体能、岗位技能和整建制合成训练考核，深化“红门标兵”争创活动，指战员体技能达标率提升至98%，在总队化工火灾救援操法竞赛中获团体第二名，在指挥中心比武竞赛中获团体第四名。完善“营区、单位、基地”三位一体组训机制，开展攻坚组、班长骨干等培训12期；强化“863”系统应用，各级开展熟悉演练1290次，修订数字化预案1780份。按照“实体化运作、一体化值守、专业化指挥”要求规范全勤指挥部运行，针对各类灾害事故特点，分类别、分等级制定处置预案，常态化开展战例复盘、典型灾害攻关、“师傅带徒弟”等活动，在研战中谋打赢、提能力。完善地震、水域、高层、化工等7支专业队伍作战编成、装备配备体系，各大队结合辖区救援实际建设水域、公共卫生等处置分队，开展合成演练和跨区域拉动演练8次。推进专职消防员员额管理制度落实，明确队站建设、执勤训练、指挥调度、综合保障责任归属，每月开展练兵考核，每季度进行轮训，队伍战斗力大幅提升，参与各类灭火救援任务2874次。完善以作战指挥平台、4G图传、无人机、通讯指挥车为基础的指挥调度网络，攻克公网通信系统“三断”难题，实现全天候和恶劣环境下的不间断通讯，5次代表总队参加应急管理部消防救援局应急通信保障拉动考核。发挥指挥中心决策中枢作用，对5.09平方千米古城区和112家重点单位进行三维建模，将全市道路监控、气象信息等接入119指挥中心，打造“一张图”作战指挥模式。创新研发以长航时无人机为载体的空地一体化作战指挥平台，攻克无人机自动起降、航线智能规划、自动侦查等技术难题，增加密集度采集、高空喊话、红外成像等功能，为作战指挥提供决策依据，并代表总队在全国职业技能大赛进行展示。

（消防支队）

“11·9”全国消防安全日，扬州市消防救援支队在扬州大学开展“消防安全进校园”活动　孟德龙/摄

■**消防设施建设**　按照新修订《城市消防站建设标准》，推行“普通站+小型站”建站模式，广陵路消防站、临泽专职队、泰安专职队等3个队站投入执勤，金韵路消防站等11个队站和3个训练塔项目完成升级改造任务，启动西湖专职队、宝应城南消防站2个站点建设。按照“配足基础性装备、配优针对性装备、配强杀手锏装备”的建设思路，科学编制装备建设规划，购置举高喷射等各类消防车22辆，装备器材1.5万余件（套）。完善战勤保障体系，建强战勤保障大队和各分队，配齐专业人员及装备物资，完成总队达标验收。完善应急救援联动机制，与市公安、应急、气象、水利、120等部门建立会商研判、信息共享、战时协作机制，聘请31名储能电站、危化品、航空器火灾等消防救援领域专家；与航空、铁路、物流等23家驻地单位和6家大型机械厂商签订应急装备物资更新轮换、产能储备、联勤保障协议，强化全行业全领域资源支撑。每季度召开联勤保障单位联席会议，开展合成演练4次，形成“市内1小时、区（县、市）内半小时”保障圈。　（消防支队）

防汛防旱

■**汛前准备**　防汛责任落实。市防汛防旱指挥部（简称市防指）和各县（市、区）防汛防旱指挥部组成人员全部于主汛期调整到位，各乡镇、行政村在原有基础上均建立防汛组织网络；在5月18日《扬州日报》公布全市大江大河、城市防洪、抗旱等各类工程行政和技术责任人及水库防汛、行政、技术、巡查“四个责任人”，接受社会监督。汛前检查督查。春节前即部署对各类工程进行汛前全覆盖检查，重点对水利工程安全隐患、跨汛期施工工程、水库安全管理、城市防洪排涝工程设施、河湖违章设施清除等方面进行全面排查，对检查出的险工隐患和问题登记造册，17处城区阻水坝埂于主汛前全部拆除到位。市防指各成员单位组织开展行业内部汛前检查，并于5月中旬派出9个督查组，对可能影响安全度汛的险工患段和薄弱环节，进行再检查、再落实。水利工程调度。按照南水北调调水

“水质水量双达标”的要求，强化沿线地区用水管控和堤防巡查，完成2020—2021年度向省外调水6.74亿立方米的任务。加强城市清水活水工程联合调度和城乡河道管护保洁力度，保障世界园艺博览会、扬州中国大运河博物馆开馆、新冠肺炎疫情防控期间城市良好水环境。按照有备无患的原则，采取拦、蓄、引、调等措施超前储备夏栽水源，特别是利用洪泽湖控制汛限水位的契机，补充高邮湖、邵伯湖水源近2亿立方米，确保工农业生产生活及生态用水需要。应急能力提升。市、县两级结合水情、工情变化，修订完善水利工程调度方案；对防汛会商系统进行调试维护，确保省、市、县、乡（防汛重点乡镇）四级互联互通；充实防汛物料，全市共储备三袋334万只、块石5万吨、木材4807立方米、土工布34万平方米等物资，落实各类防汛抢险队伍1125个、4.1万人，并对各地在建水利、交通、市政等工程的施工队伍和机械设备信息收集登记；6月7—11日组织开展全市军地抗洪抢险演练，提高抢险队伍的实战能力。（徐冬蓓）

■**防汛救灾责任制落实** 长江防汛进入应急响应期后，市委、市政府把长江防汛抗洪作为中心工作来抓，专题研究部署防汛抗洪工作，并多次赴沿江地区督查。7月14日，市委、市政府派出9个由市四套班子领导带队的督导组驻地一线督导，并于7月17日印发《关于进一步强化当前防汛抗洪工作的紧急通知》对做好防汛抗洪工作进行全面部署。各县（市、区）将防指前移，党政领导坚持下沉一线、靠前指挥，乡镇党政领导驻堤防守。各地各部门闻汛而动，贯彻省、市党委政府有关决策部署，排查整改风险隐患，落实各类防范措施，及时启动应急响应，向社会发布预警信息，做好防汛抗台工作，维护全市人民生命财产安全。省防指工作组、专家组及时对扬州市防汛防台风工作进行指导。强降雨和台风到来前，市防汛防旱指挥部均及时发出通知，对台风和强降雨防御工作超前部署安排，根据防汛防台风形势调度指挥，部署重点工作；及时派出市水利局领导带队的检查组赴沿线各地检查指导，对发现的隐患问题及时提交市防办下发交办单督办。及时应急响应，市、县防指按照防台风预案，加强与水文、气象等部门会商研判，并通过“12379”预警发布平台发布应急响应和预警信息420余万条，确保预警预报始终在台风登陆之前、强降雨到来之前。7月24日，市防指即启动防台风Ⅲ级应急响应；7月28日，市防指经综合研判后，启动全市防汛Ⅳ级应急响应，并对防汛工作进行再部署、再落实。按照预案，7月29日，市结束防台风Ⅲ级应急响应，8月7日，市结束防汛Ⅳ级应急响应。精准调度工程，统筹调度瓜洲外排泵站等城市防洪排涝工程，外排城市涝水3200余万立方米，代排丘陵山洪涝水5400余万立方米，保障城市运行基本正常，有效缓解仪邗圩区防洪压力；督促丘陵山区超汛限水位水库及时泄洪4500余万立方米，确保水库运行安全。应急响应期间收集各地各部门防汛防台风动态，及时、主动、准确、全面地通过扬州新闻、扬州发布、扬帆等新闻媒体向社会通报雨情水情和台风信息，向省防办、省水利厅和市委市政府编报防汛防旱简报6期、政务信息20余条。汛期启用包括市委、市政府主要领导、分管领导及市、县两级防指领导在内的防汛防台风工作微信群，保证防汛防台风动态及时汇报，政令及时传达，全面提升工作的主动性和时效性。（徐冬蓓）

■**防汛抗台** 市水利局履行市防办职责，应急响应期间，全体干部职工放弃双休日，并成立综合组、水情组、统计组、物资组等4个小组，投入防汛抗台工作。各成员单位分区域、分条线，对全市地质灾害隐患点、城区重点易淹易涝区域、危旧房屋、城市户外广告设施、渔船回港停靠、危化品生产设施、输变电设备等方面进行排查防治，累计撤退人员2449人、回港避风船只3168条（渔船2838条、其他船只330条），排查消除广告牌等市政设施和建筑工地各类隐患468处，城市农村危房2594处、转移居民499人，18家船厂51艘新造舾装船完成抛锚、缆绳系固，170余家危化品生产、经营、储存、使用企业落实各项防范措施；交通部门对运河汛期启动交通管制Ⅱ级应急响应，暂停所有自驾船和古运河旅游观光船运营，停运63个道路客运班次；文广旅部门延办或取消各类文旅活动，关闭22家旅游景区；教育部门暂停所有培训机构线下授课；各地关停企业296家、

7月，扬州消防官兵紧急驰援河南，疏散群众　　黄　静/摄

工地436处；农业部门派出4个工作组，协助地方做好农田排涝工作，确保1.29公顷受淹农作物及时出水、18.5公顷受损设施大棚及时修复；消防救援部门对16处重点易涝区域前置消防车18辆，并处置排涝警情300余起、排除城乡雨涝积水3亿余立方米；城管部门出动环卫人员约1635人次，各类车辆207辆次；供电部门落实应急抢修队伍18支、抢修车辆72台、发电车8辆，通讯、燃气和自来水等部门做好检查维护，保证安全运行和水电气正常供应。（徐冬蓓）

■抗洪防守 各地累计日均落实2000余人，实行定人包段定责任，全面加强长江、淮河入江水道、里下河圩堤防、涵闸和水库塘坝巡查，对沿线闸站工程运用严格控制，薄弱堤段、险工患段、病险涵闸落实专人防守；对长江及归江河道易坍地段加强水下监测，发现问题及时采取应急措施。严格落实24小时防汛值班，密切关注天气和水、雨情变化，及时掌握工情和灾情。遇有紧急情况，立即处理并及时上报，保证防汛信息畅通。（徐冬蓓）

防震减灾

■规划编制 编制完成《扬州市“十四五”防震减灾规划》，并于11月向各县（市、区）人民政府和市防震减灾联席会议成员单位印发。规划注重科学性，突出高质量发展导向，合理设置“十四五”发展目标，明确主要任务和重点工程，并注重与省、市“十四五”相关发展规划有效衔接。（何雨薇　卞海波）

■地震监测 2021年，全市地震形势总体平稳，共记录到地震活动11次，主要为超微震。其中，里氏1.0级以上地震2次，分别为1月21日高邮三垛里氏1.5级地震、2月1日江都小纪里氏1.1级地震。11月17日盐城大丰海域里氏5.0级地震和12月22日常州天宁里氏4.2级地震，扬州市有震感，多数市民感到地震晃动，但未造成人员伤亡和经济损失。全市地震台网运行正常可靠，在全省评比中获多项表彰。市地震局获市级测震台网系统运行第三名；高邮地震台获地磁FHD第一名、地电阻率第一名、地磁秒采样优秀奖、地电场优秀奖、前兆数据管理与系统维护第一名、强震运维第三名；仪征地震台有人值守市县地震台站观测资料质量优秀奖、强震运维第三名；宝应地震台获强震运维第一名。（何雨薇　卞海波）

■震害防御 坚持深化行政审批改革，强化事中事后监管，定期开展建设工程地震安全监管检查，确保新、改、扩建设工程全部达到抗震设防要求，不断提升城市地震灾害防御能力。制定《扬州市区域性地震安全性评价实施细则（试行）》，规范和推动全市区域性地震安全性评价工作。全面推广震害防御领域研究成果转化利用，对在产业类型相近、功能要求相似的，原则上不再实行单独项目评估，全面提升服务效能。开展地震灾害风险普查，编制《扬州市第一次全国自然灾害综合风险普查（地震灾害专篇）实施细则》，并组织实施，摸清地震灾害风险隐患底数。依托“全国房屋设施抗震设防信息采集和管理平台”，建立房屋设施抗震设防信息采集和动态更新常态化工作机制，构建全市房屋设施抗震设防信息数据库，提升城市抗灾能力，增强城乡发展韧性。（何雨薇　卞海波）

■应急响应 从单位职责和实际出发，修订完善《扬州市住房和城乡建设局地震应急预案》，建立健全突发地震灾害事件应急救援体系和运行机制，提升市地震局地震应急处置能力。强化地震应急技术系统的运维管理，准时参加全省每月的视频会议点名和短波电台点名，定期通过“12322”平台开展灾情速报测试，完成省、市联合通信演练，保障扬州市地震应急能力提升。在省地震局召开的2021年度全省市级地震应急技术系统运维考核会议上，扬州市被评为“优秀单位”，8人被评为“全省‘12322’优秀灾情速报员”。规范全市地震群测群防工作，健全防震减灾“三网一员”网络体系，开展业务培训，提升基层防震减灾工作人员的综合能力。（何雨薇　卞海波）

■科普宣传 开展全国防灾减灾日、唐山地震纪念日、国际减灾日等重要时间段科普宣传，持续推进防震减灾科普教育“进学校、进机关、进企事业单位、进社区、进农村、进家庭”活动，社会公众的防震减灾知识和风险防范意识、应急避险能力有明显提高。示范项目创建成果显著，新增省级防震减灾科普教

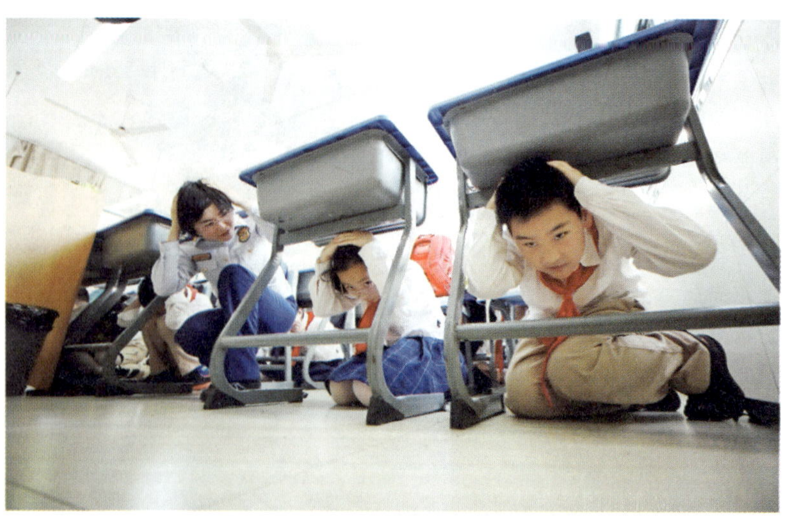

“5·12”全国防灾减灾日，汶河小学开展应急疏散演练　孟德龙/摄

育基地1个，联合市应急部门建成全国综合减灾示范社区5个，有效发挥其在防震减灾科普宣传方面的示范引领作用。（何雨薇 卞海波）

无线电管理

■概况 2021年，全市应缴无线电频率占用费单位66家，共计征收无线电频率占用费73.6万元，征收完成率100%，比上年增长7.3%。累计受理行政许可93件，办理完结率100%。其中，受理无线电频率许可事项23件，指配频率32组，核发无线电台执照63个，注销无线电台15个，受理无线电台识别码核发事项14起，准许许可14起。（陈 晔）

■专项行动 集中开展打击“黑广播”专项行动，查处案件13起，查获设备13套，累计出动人员46人次、车辆18车次、设备55套次、监测时间148小时。5—7月，集中开展为期两个月的打击治理“黑广播”“伪基站”违法犯罪专项行动。开展在用无线电台站随机抽查。在全市57家专业电台设台单位中抽检15家，抽检率26.3%，责令整改3家；为有1.8千兆赫台站新设等情况的供电公司颁发新版电台执照，平稳有序推进新旧执照更迭替换。开展销售无线电发射设备执法抽查。9月26日，在全市54家无线电发射设备经销商中抽检达菲电子、大科电子、创兴申欧和旺达电子等4家，抽检率7.4%，现场指导整改与后台补充完善相结合，规范无线电发射设备市场。开展1.4千兆赫、1.8千兆赫频段无线电频率使用监督检查。对市区内相关无线电频率使用、许可用频单位执行无线电管理规定及有无重大违法违规用频等情况进行检查；通过众包系统、实地检测等方式对在用台站开展抽查，对新增258座台站核发无线电台执照。开展150兆赫、400兆赫频段双频组网频率使用监督检查。抽调监测骨干技术力量，运用固定监测站和移动监测技术设备，对150兆赫、400兆赫频段分别组织开展频段频率占用监测、设台用频数据核查、干扰信号分析排查和违法问题整改等“双频段”整治行动，累计排查不明信号10个，查实均为合法信号，推动无线电频率使用事中事后常态化监管。（陈 晔）

■无线电安全保障 为2021年扬州世界园艺博览会、“中华美食荟”暨“江苏味道”启动仪式等重大活动提供无线电安全保障，协调运营商做好公安消防指挥调度、广电信号传输及公众移动通信保障工作。先后开展全国高考、国家统一法律职业资格考试、公务员招录考试等各类重要考试保障28次，累计出动保障人员272人次、设备190套、车辆79车次，未发生利用无线电设备作弊事件。全年共计查处非法干扰9起，其中对合肥讴科节能环保有限公司擅自使用无人机干扰器干扰航空GPS一案进行查处，没收干扰器并罚款3万元。针对“春节”“两会”“七一”“防汛”“国庆”等重要时期开展无线电频率监测值班，针对航空和水上重要频率开展针对性监测。（陈 晔）

■法制科普宣传 在社区内部进行无线电和防范电信诈骗知识科普宣传；通过悬挂横幅、分发宣传手册、有奖问卷小调查等形式向社区居民宣传无线电使用的法律法规与注意事项。9月26日，在廉政广场摆放宣传展板，悬挂“依法使用无线电，共护绿色电磁环境”宣传条幅，向市民发放《漫画无线电管理》等宣传手册100余册。在报纸杂志、广播电视、网络媒体、微信公众号等平台推送新闻话题和专题报道；在中国无线电管理网站等国家级平台登载文章2篇，市级以上平台登载文章和专题报道等35篇。（陈 晔）

网络安全

■概况 2021年，全市网信系统贯彻落实市委网信委会议和全省网信办主任会议精神，统筹推进党史学习教育、巡察整改、庆祝建党百年和疫情防控网络保障等工作，组织发布《扬州市“十四五”网络安全和信息化发展规划》《扬州市“十四五”信息化发展规划》，制定发布《扬州市高质量推进数字乡村建设三年行动计划（2021—2023年）》，提升管网、治网、用网水平，推动扬州网信工作发展迈上新台阶。（庄 浩）

■网络传播引领 坚持用习近平新时代中国特色社会主义思想凝心铸魂，聚焦中国共产党成立100周年、党史学习教育、习近平总书记视察江苏视察扬州一周年、党的十九届六中全会等开展重大主题网上宣传，组织开设专题专栏572个，策划报送重大主题稿件4000余篇，6篇获全网推送，186篇稿件获全省推送。开展“向往好地方”网络主题项目，举办第六届扬州市网民节暨网络文化季、“向往好地方”原创短视频大赛、“向往扬州”网红打卡地榜单发布、“向往好地方，网眼看运河”网络主题宣传等活动。（庄 浩）

■网络综合治理 构建清朗、健康、文明的网络生态，建立健全网络联合执法机制，出台《网络信息管理联合执法协作机制》，联合开展大庆安保维稳督查和网络综合治理专项督查，强化专项整治，清理不良有害信息，处置、整改、关停相关问题网站、平台、新媒体账号。创新实施网络清朗“护企”“助政”“爱苗”“清扬”专项行动。实施网信普法“七进”活动，《青少年与网络安全》普法教案入选全市法治名师云课堂，“大手拉小手”网信普法进校园活动获中央网信办官网推介。举办“文明办网·文明上网”优秀案例发布会，定期发布全市新媒体影响力榜单。（庄 浩）

■网络社会工作 实施网络统战“同心圆”工程，建立“有事好商量”互联网人士议事协商机制，指导成立扬州市自媒体协会，召开自媒体圆桌会。组织开展“点亮满天星，书送新希望·红色经典进乡村”网络公益活动，开展“书香扬州”网上宣传。打造“党建领航 E 企扬帆”互联网党建品牌，实现市、县两级互联网行业党委全覆盖。开展互联网行业党史学习教育，举办“E 企学习”红色讲师团扬州报告会，举办“i 江苏 e 同行”全省网络人士红色基地行暨扬州市“百年路 奋斗史”红色寻根活动，组织“党建领航 E 企扬帆”互联网行业党建系列宣传。（庄 浩）

■网络安全防护 召开全市网络安全工作推进会，出台《2021 年全市网络安全工作要点》《扬州市政务信息化项目网络安全管理规定》，修订《扬州市网络安全事件应急预案》，协同市大数据局出台扬州市公共数据管理办法。常态化召开网络安全统筹协同工作联席会，处置网络安全事件。联合开展“网安 2021”扬州行动暨应急实战演练、互联网资产普查专项行动、网络安全工作责任制落实情况督查检查，保障网络安全。举办 2021 年江苏省大数据安全试点城市展示活动，举办网络安全宣传周开幕式及系列主题日活动，常态化开展网络安全周周宣。打造网络安全宣传示范点，推进宣传进社区、进公园、进书房、进公交、进银行、进乡村等。举办全市网络安全政策技能培训班、全市职工网络安全职业技能大赛、全市青少年网络信息安全知识竞赛。（庄 浩）

■信息化建设 推动网络强市建设，制定发布《扬州市高质量推进数字乡村建设三年行动计划（2021—2023 年）》，召开会议协调推动数字乡村建设，推动开展区块链试点，部署推进 IPv6 升级改造，协调推动 5G 网络建设与行业应用，组织申报国家智能社会治理实验基地。联合市农业农村局开展“e 企致富”苏货直播新农人培育行动，协调召开抖音电商基地考察座谈会，调研五亭龙集团、云听、杭集牙刷等电商基地。（庄 浩）

■“好网角”工程建设 率先制定发布首个地方标准《“好网角”工程网情网格信息点建设规范》，制定《“好网角”工程网情网格信息点验收方案》等规章制度，发布辟谣和有害不良信息，举办平台使用指南。放大蒋王社区、杭集镇试点经验，分别建立 31 个网情网格信息点、630 人的志愿者队伍，实施线上监测和线下探访。将扬州市互联网辟谣和有害不良信息举报平台接入省平台、市域社会治理现代化管理平台，与扬州网、名城扬州网、百姓生活网、“扬州发布”App、“扬帆”App 及各地融媒体中心对接，实现各类举报数据联接、互通。（庄 浩）

■“向往好地方”主题宣传 组织策划 48 项“好地方”网络主题活动和 25 项第六届扬州市网民节暨网络文化季活动，重点奏响“向往三部曲”，举办“向往好地方”原创短视频大赛，收到 285 条参赛短视频，总播放量 1.2 亿人次。举办“向往扬州”网红打卡地榜单发布活动，相关话题最高位列江苏抖音同城榜热搜第一并连续 3 天占据热榜前十。开展“向往好地方，网眼看运河”网络主题宣传，制作推出 10 部“古运新生”系列短视频精品。“向往扬州”抖音话题播放量 14.5 亿人次，“2021 扬州世园会”抖音话题播放量 10.2 亿人次，“网眼看运河”微博、抖音双话题总阅读、总播放量 1200 余万人次。（庄 浩）

■扬州市网络文明实践中心建成 在扬州市互联网产业园业恒生活广场 1、2、5 楼，与邗江区委、区政府共建扬州市网信工作综合基地，建设集习近平总书记关于网络强国的重要思想实景教育、互联网行业党建工作综合服务、网络统一战线和政治协商、青少年网络文明素养培育、网信综合实训于一体的综合平台。（庄 浩）

■编制扬州网信发展“十四五”规划 邀请东南大学文化传媒与国际战略研究院参与指导规划编制，组织发布《扬州市“十四五”网络安全和信息化发展规划》。联合市工信局编制出台《扬州市“十四五”信息化发展规划》。（庄 浩）

人民防空

■人防遂行任务能力建设 制定出台《防空警报告知系统规划、建设与管理工作制度》《关于每周三进行全市人防指挥通信系统合练的通知》等制度文件，探索以城市为统一框架的指挥关系，建立市区范围内“一级指挥、二级行动”的新型指挥协同机制。成立人防指挥工程抢险抢修专业队和人防伪装防护专业队。建成人防警报控制东区分中心、“红网”备份中心，全市 258 台警报器良好率 100%。全年先后组织人防机动指挥所跨区域支援演练、重要经济目标防护演练和专业队集训、国防动员指挥训练演练等活动。（卞海波）

■人防工程建设管理 规范使用省人防工程信息管理系统，实现全市新立项、新开工、竣工人防工程数据采集和录入及时、准确，并对历史工程档案及数据进行集中整理，逐步实现数字化、信息化管理。全市防空地下室新立项 103 个、44.79 万平方米，竣工验收项目 42 个、22.05 万平方米，新增停车位 4430 个。推进人防工程使用证发放管理和人防工程标识设置工作，无缝衔接安全生产“一年小灶三年大灶”，对全市人防工程开展拉网式排查，及时消除安全隐患，人防战备效益持续提升。（卞海波）

■人防宣传教育 建立“扬州人防”微信公众号，全年刊发信息 200 余条。初步建成广陵区五里社区人防体验馆，集宣传、教育、体验、互动、阅览、展示等功能于一体，成为社区群众了解人防、参与人防的重要渠道。在中小学开设人防教育课程，为市区中小学生配发人防知识读本 1.2 万余册。（卞海波）

区（县、市）发展

Qu(Xian Shi) Fazhan

编　辑　崔成鹏

广陵区

■**概况**　广陵区总面积255平方千米，辖4个乡镇、5个街道，有行政村62个、社区61个，年末户籍总人口42.5万人，常住人口54.34万人。2021年，全区实现地区生产总值765.84亿元，比上年增长7%；固定资产投资319.74亿元，增长4.5%；社会消费品零售总额286.88亿元，增长6.6%；城镇居民人均可支配收入54443元、农村居民人均可支配收入36654元，分别增长7.6%、9.4%；一般公共预算收入42.02亿元，增长15.2%，其中税收收入占比90.5%；实际利用外资及港澳台资2.41亿美元。

农业。全年完成粮食种植面积1.01万公顷，产量6.675万吨；建立院士张洪程创新品种示范基地56.67公顷。实施小麦、水稻绿色高质高效示范片4个，总面积266.67公顷。完成省市级病虫绿色防控示范区3个，核心区绿色防控覆盖面100%。完成666.67公顷高标准农田建设任务。农产品电商销售额超13亿元。完成列省农业农村重大项目10个，市“三新”（现代农业新产业、新业态、新商业模式）农业重大项目新开工3个、新竣工2个。创成省级农业产业化示范联合体、主题创意农园、园艺标准园各1个。

工业和建筑业。液压装备及精密制造、金属新材料、食品加工、医疗器械等支柱产业集群规模持续攀升。先进制造业开票销售占规模以上工业比重70%。规模以上工业企业增至246家，全年工业开票销售637.7亿元、增长25.5%，恒润海工、扬农集团开票销售分别突破200亿元、100亿元，完成工业投资80.23亿元、增长24.2%。新增国家级绿色供应链企业1家、省级以上“专精特新”小巨人企业6家，创成省级智能车间2家。嘉和热系统获评“市推进卓越绩效管理先进单位”。建筑业产值突破800亿元，江苏华建获“市长质量奖”。

服务业。服务业营业收入突破700亿元。服务业增加值占地区生产总值比重达62%以上。软件信息、商贸物流、科技金融等特色产业扩量提质，江苏信息服务产业基地创成国家级电子商务示范基地，金融集聚区建设成效凸显，交通银行金融服务中心、基金大厦等投入运营，引进各类金融机构231家。入选首批省级文化和旅游产业融合发展示范区建设单位、首批省级全域旅游建设单位和省级文旅消费试点单位。东关街入选首批省级旅游休闲街区和夜间文旅消费集聚区。

重大项目。项目建设攻坚突破，实体化运作招商引资和重大项目工作专班，推行“产业链”招商、“大使”招商、招商“擂台赛”等新举措。成功签约慕贝尔汽车零部件、影石科技等113个项目，总投资约341亿元。“1135”重大项目工程全速推进，2个列省重大项目开工建设，福康斯环保发电机组等项目基本竣工，中铁宝桥智能车间等项目投产达效。完成市“三新”项目55个。

2021年广陵区经济社会发展主要指标一览表

表40-1

项　　　目	单　位	数　量	比上年增长（%）
地区生产总值	亿元	765.84	7
第一产业增加值	亿元	9.09	0.3
第二产业增加值	亿元	277.55	8.3
第三产业增加值	亿元	479.2	6.4
规模以上工业总产值	亿元	530.3	15.6
固定资产投资总额	亿元	319.74	4.5
实际利用外资及港澳台资	亿美元	2.41	—
社会消费品零售总额	亿元	286.88	6.6
一般公共预算收入	亿元	42.02	15.2
城镇居民人均可支配收入	元	54443	7.6
农村居民人均可支配收入	元	36654	9.4

（广陵统计局）

科技创新。新增高新技术企业40家、科技型中小企业244家。获批省市工程技术研究中心16家、省级企业技术中心9家、市级以上科技计划项目23项。获批市级以上创新创业领军人才项目14个，15人入选江苏省“科技副总”。建成投用科技产业综合体126万平方米，省级以上孵化器和众创空间达16家。万方科技、华光新材料完成股改并入选省科技企业上市培育计划入库企业。宇安电子获批省潜在独角兽企业。扬农集团科创中心落户。获批江苏省知识产权强省建设示范区、省首批知识产权军民融合试点。

城乡建设。实施94个城建“双十”项目，改造提升78个老旧小区，全年拆迁55万平方米，推动107公顷经营性用地挂牌上市。明清古城保护暨文旅示范区项目全面实施，小秦淮河先导段改造提升、“萤火点亮古城”街巷整治等工程有序推进。仁丰里保护与利用工程获中国建筑学会历史文化保护传承一等奖。特色小镇有序建设，湾头工业遗址产业园投入运营，头桥医疗创谷主体建成。农村人居环境整治巩固提升行动全面实施，“环洲一号”公路全线贯通，创建省级特色田园乡村2个。生态环境质量持续向好，创成国家级“两山”实践创新基地、省级生态文明建设示范区。归江河道水利风景区创成省级水利风景区。

社会事业。完成市、区“1号文件”民生任务76项。持续实施民生社会事业补短板三年行动计划，教育均衡化改革成效明显，主城区内公办小学集团化办学实现全覆盖。建成广陵新城高中，新（改）建幼儿园2所，“双减”工作全面落实。设立5000万元深化医改引导资金，基层卫生服务能力和队伍建设受到省政府督查激励。围绕“一老一小”，新建颐养示范社区7个，实施居家适老化改造450户，打造省级儿童“关爱之家”2个。区垃圾综合处置中心、厨余垃圾预处理中心完成建设，垃圾分类进一步推进。固化工作专班、协查核查等机制，建成区级日检万人核酸检测基地，实施发热门诊标准化建设，公共卫生应急能力快速提升。“微网格”工作体系初步建成，3609个微网格实现区域全覆盖，基层社会治理全面加强。（吴　昊）

明清古城　孟德龙/摄

■广陵区入选第五批国家级“绿水青山就是金山银山”实践创新基地　10月12日，生态环境部公布第五批国家级“绿水青山就是金山银山”实践创新基地名单，广陵区成功入选，成为全市首家、全省第六家获命名单位。近年来，广陵区多措并举构建“绿水青山”向“金山银山”转化之路，凝练形成“全域发展”与“金山银山”互促共进的广陵“两山”转化模式，打造万里长江的最美岸线，传承千年运河的开放基因，赓续历史古城的深厚文脉，着力建设绿水青山和金山银山和谐共生、产业人才和粮田都市互动并进、文化发展和文明实践相融合的好地方。（吴　昊）

邗江区

■概况　邗江区总面积552.7平方千米，辖8个街道、6个乡镇、1个国家级高新区、1个省级开发区，有91个行政村、56个社区，年末户籍人口53.06万人，常住人口72.98万人。2021年，全区实现地区生产总值1117.29亿元，按可比价计算，比上年增长5.2%。实现一般公共预算收入54.41亿元。城镇居民人均可支配收入57037元、农村居民人均可支配收入30358元，分别增长7.6%、9.3%。

产业经济。工业经济稳健运行，完成工业投资160亿元，实现工业开票销售770亿元、入库税收28亿元，规模以上工业增加值增长14%，新增规模以上工业企业68家，先进制造业占工业开票达70%。现代服务业提质增效，新增服务业重点企业264家，规模以上服务业营业收入150亿元，服务业增加值增长4.5%，电商交易额突破200亿元。新增资质以上建筑业企业69家，实现建筑业产值670亿元。举办主题招商推介活动84次，新签约华建天恒、礼邦医药等产业项目49个，奥力通起重机、海昌粉末二期、奥力威大厦等21个项目开工建设，赛分科技、扬杰半导体封测、星辰商务广场等24个项目竣工，奥吉瑞斯、奥锐特、中集文昌商业中心等23个项目达产达效，实际利用外资及港澳台资3.33亿美元，蝉联市招商引资“擂台赛”流动红旗。

创新建设。推进平台建设，新增省级以上“三站三中心”22家、省级孵化器2家、众创空间4家，新建集萃企业联合创新中心6家，扬州大学科技园获批国家大学科技园，中兴通讯（扬州）创新中心签约落户。举办“双高”交流洽谈会、中国·扬州5G机器视觉大赛，引进获评国家重大人才工程专家9人、

2021年邗江区经济社会发展主要指标一览表

表 40-2

项　目	单 位	数 量	比上年增长(%)
地区生产总值	亿元	1117.29	5.2
第一产业增加值	亿元	22.90	0
第二产业增加值	亿元	453.16	8.1
# 工业增加值	亿元	369.56	11.6
第三产业增加值	亿元	641.23	3.5
人均地区生产总值(按常住人口计算)	元	153400	6.2
规模以上工业总产值	亿元	—	25.7
农林牧渔业总产值	亿元	40.13	0.7
固定资产投资总额	亿元	—	-5.4
新增私营企业	户	7479	—
实际利用外资及港澳台资	亿美元	3.33	14.9
社会消费品零售总额	亿元	263.32	7.2
一般公共预算收入	亿元	54.41	-9.5
城镇居民人均可支配收入	元	57037	7.6
农村居民人均可支配收入	元	30358	9.3

(邗江统计局)

创历史新高。加速企业创新转型,实施工业技改项目195个、投资69亿元,新增国家高新技术企业55家,艾迪抗艾滋Ⅰ类新药获批生产,扬力集团、新扬新材料获省首批科技创新发展奖。持续塑强竞争优势,新增省质量信用AAA级企业1家,净增有效发明专利256件,冶春冷链物流配送获批国家级服务业标准化试点。新增国家级制造业单项冠军企业1家、国家级“专精特新”企业3家,获批省级智能车间2家、省重点工业互联网平台2家。实施“610”上市行动计划,金泉旅游完成主板申请材料受理,江苏和天下、嘉华电气辅导备案。

城乡环境。空间布局持续优化,国土空间规划发展大纲形成初步成果,生态保护红线、永久基本农田、城镇开发边界以及新增建设用地基本划定。城市建设推进,润扬快速路、江平快速路主线通车,开展“一环、十路、五小区”环境整治,实施城中村改造9个、老旧小区整治7个,创成生活垃圾分类示范镇3个、示范小区12个。污染防治成效明显,实施6个片区排水达标区建设,建成分布式污水处理设施3座,仪扬河冻青桥国考断面水质稳定达优Ⅲ类,$PM_{2.5}$年均浓度下降8.4个百分点、空气质量优良天数比率77.5%。

乡村振兴。镇村环境不断改善,投入3.1亿元实施“2+4”环境综合整治,开展9个“多规合一”村庄规划编制试点,新改建农路33千米、农桥3座,新建污水管网7千米,建成美丽宜居乡村13个。新增绿化造林43.13公顷,修复湿地28公顷。

劳动和社会保障。突出就业优先,支持成功自主创业1800人,创业带动就业6200人。强化兜底保障,建立“8+1+1”综合救助机制,提档升级瓜洲、公道区域性养老服务中心,实施杨寿、方巷敬老院复建改造。

社会事业。提升公共服务,西湖蜀冈、邗上实验公办园建成启用,邗江中学新校区、邗实蒋王分校、南师大附属邗江实小招生运营,完成23家镇村文体中心升级改造。增强公共卫生应急处置能力,建成PCR实验室、日最大检测能力达3万管,疫苗接种152万剂次、3周岁及以上人群覆盖率87.8%,公道卫生院改扩建主体竣工,区医保分中心实质化运营。 (吉和庆)

2021中国·扬州生物医药论坛

4月25日,2021中国·扬州生物医药论坛在邗江举办。论坛以“中国医药创新转型之路”为主题,邀请两院院士、国家重点人才计划专家及知名医药企业、科研院所、专业投资机构负责人等参加,分别围绕“创新药开发的技术与法规”“创新药开发的趋势与机会”等主题进行研讨。 (吉和庆)

4月25日,2021中国·扬州生物医药论坛现场　　扬州发布/供稿

■**2021 中国扬州（邗江）高层次人才高科技成果交流洽谈会** 5月14日，2021中国扬州（邗江）高层次人才高科技成果交流洽谈会在邗江举办，来自清华大学、浙江大学、上海交通大学、山东大学等50余家高校院所的150余名专家应邀参加活动。活动现场签约人才科技项目30项。其中，高层次人才创新项目10项、高科技人才创业项目10项、关键技术揭榜挂帅项目10项。

（吉和庆）

江都区

■**概况** 江都区总面积1329.29平方千米，辖1个省级经济技术开发区和13个镇，259个行政村、73个社区。年末户籍总人口101.61万人，比上年减少1.1%。2021年，全区实现地区生产总值1220.54亿元，增长8.0%；一般公共预算收入56.90亿元，增长2.2%；城镇居民人均可支配收入52366元、农村居民人均可支配收入29427元，分别增长8.3%、6.4%。入围年度全国高质量发展百强区、中国工业百强区，分列第61位、第55位。

农业。全年粮食生产面积9万公顷、总产量65.66万吨。新建提升“菜篮子”基地面积36.67公顷，建成高标准农田4400公顷。新建省级绿色优质农产品基地6个、面积1.37万公顷。新增绿色食品17个、有机食品12个，新申报“大桥荞麦”地理标志农产品1个，绿色优质农产品占比94.9%。2102家生产主体实现入网追溯管理，出具农产品合格证或追溯码69.8万张。全年新开工农业重大项目10个、新竣工7个；新招引农业重大项目16个、计划总投资5.1亿元。水产品总产量超5万吨，全年生猪出栏35万头。化解村级非经营性债务2.29亿元，259个村实现无债务村121个。培育高素质农民2017人，新增区级以上示范合作社40家、示范家庭农场248家，建成农业社会化服务综合体5座。至年末，全区农产品电子商务网上营销主体124家（其中规模以上农产品电商主体30家），全年农产品网上销售总额15.16亿元，增长7.2%。

工业。全年工业开票销售突破1400亿元，增长21.26%；规模以上工业企业总数741家，其中开票销售1亿元以上150家、10亿元以上25家，分别增加62家、12家，泰富特材突破150亿元。全年在库工业投资项目510个，占全部投资项目总数的66.8%，工业投资增长29.4%，高于市均13个百分点；工业投资总量占全部固定资产投资比重达44.1%，提高9.9个百分点，拉动全区固定资产投资增长10个百分点。新增省星级上云企业68家，其中四星级15家；新增市级以上智能车间4个，亚威机床、金陵特涂获批国家级单项冠军企业；永坚公司等4家企业获批国家级专精特新“小巨人”企业；推进优势特色产业培育和产业链补链强链，编制高端装备、汽车及零部件、新型电力装备3条产业链图谱；粉末涂料、氧化锌产业集约集聚发展新格局加速形成。武坚、大桥建成省级小微企业双创示范基地，真武、高端装备园建成市级小微企业双创示范基地；完成市、县、乡三级服务体系建设并投入运营，全区累计申报并获批14家省级中小企业星级公共服务平台；上争国家、省市各级奖励资金3.91亿元，发放江都区高质量发展专项扶持资金1.2亿元。

建筑业。全年完成施工产值1420亿元，增长1.05%；地方纳税18亿元，增长15.38%。江都建设承建的援坦桑尼亚达累斯萨拉姆大学中国图书馆项目创成境外“鲁班奖”，江都江安集团承建的扬子江药业项目和参建的无锡村田电子项目获“中

2021年江都区经济社会发展主要指标一览表

表40-3

项　　目	单 位	数 量	比上年增长（%）
地区生产总值	亿元	1220.54	8.0
第一产业增加值	亿元	74.83	1.3
第二产业增加值	亿元	619.21	9.3
#工业增加值	亿元	491.69	11.6
第三产业增加值	亿元	526.5	7.5
人均地区生产总值（按常住人口计算）	元	131213	9.7
农林牧渔业总产值	亿元	77.67	1.4
粮食总产量	万吨	65.66	—
固定资产投资总额	亿元	—	0.3
外贸自营出口	亿美元	21.2	33.2
实际利用外资及港澳台资	亿美元	3.01	111.2
社会消费品零售总额	亿元	277.14	7.4
一般公共预算收入	亿元	56.90	2.2
公共财政预算支出	亿元	111	-4.9
城镇居民人均可支配收入	元	52366	8.3
农村居民人均可支配收入	元	29427	6.4
年末存款余额	亿元	1474.94	8.2
年末贷款余额	亿元	1047.27	18.9

（江都区统计局）

国安装工程优质奖”。江都建设、江建集团跻身省民企200强，华江建设、江安集团、龙腾坤鑫等5家企业被省住建厅评为2020年度“江苏省建筑业百强企业”。

服务业。全年实现服务业增加值526.50亿元，增长7.5%，占全区地区生产总值的43.1%，降低1.8个百分点，总量位列全市第二。物流项目、高端酒店、商业综合体等生产型和生活配套类服务业项目持续增加。沿江物流园、宏信龙物流园、美钢物流中心等现代物流项目有效提高物流集约化程度，增加规模效应，江都港年吞吐量突破6500万吨；高星级酒店项目陆续落地，全面提升江都区整体城市形象，长青国际酒店、方正国际大酒店全年营业额分别达6508万元、5250万元；现代服务业加快集聚，砂之船·奥特莱斯全年商品销售额超3亿元，拉动全区商品销售额增长5.6个百分点，与金鹰新城市中心等商业综合体带动形成文昌东路商圈。全年接待游客460万人次，实现旅游总收入4.79亿元，新增国家AAA级景区5个，邵伯古镇创成AAAA级景区，入选省级文旅项目。极社源（扬州江都）数字工业协同创新联合体揭牌运营，传感器创新应用验证中心、有数工业大数据研究院江都中心等项目落地筹建。由蚂蚁链（扬州）创新应用联合实验室开发的“江都区智慧监督平台”项目通过专家组验收。

对外经贸。全年利用外资及港澳台资3.01亿美元，增长111.2%，创历史最好水平，综合排名全市第一；完成货物进出口总额约30亿美元，增长21.5%，实现服务贸易进出口额约3.2亿美元，对外投资总额约1.3亿美元，货物进出口总额、对外投资总额、“货物和服务贸易总额占全市比重及增速”均列全市第一。组织企业参加广交会、华交会、“江苏优品·畅行全球”省贸促计划系列展会、中国—非洲经贸博览会；59家企事业单位成功报名中国国际进口博览会。用好惠企政策，年度共申报进口贴息、外贸稳中提质、服务贸易创新发展等国家、省、市、区级项目资金1062.98万元，拨付资金1280.4万元。扬州中远海运重工、金陵鼎衡船舶2家企业获评省级服务贸易重点企业，江都职教集团获批市级服务外包培训基地。举办扬州海关服务高质量发展江都行政策宣讲会、全区跨境电商峰会、外贸发展专项资金政策说明会、“苏港合作—海外市场研讨会”线上会议、扬州市跨境电商培训会、银企对接会、外经企业走出去培训会等20余场次。拓展外经合作领域，新批境外投资企业4个。

国内贸易。全年完成社会消费品零售总额277.14亿元，增长7.4%；初审通过限上批零住餐企业253家，总数居全市前列。开展示范创建，编写《江苏省商贸流通示范县申报书》，申报省级商贸流通示范县；金世缘成功申报江苏省数字商务企业、长青国际酒店成功申报“世界美食之都示范店”。政策落地服务，为全区批零住餐企业申报留江补贴；落实扬州市“保企业稳预期促发展十条措施”，为全区13家企业申报房产税、垃圾处理费等税费减免；为全区8家企业申报2021扬州市级商务发展专项资金电子商务项目及市场体系建设项目。开办公益培训。联合区饭店行业烹饪协会开展“全区餐饮行业高质量发展巡讲活动”；开展线上线下电商培训10余场，惠及企业200余家次，参训700余人次。

旅游业。修订《江都区鼓励旅游业发展政策扶持意见》，重点针对项目建设、产品研发、业态导入、游客招徕等强化政府引导和扶持，帮助文旅企业上争政策资金270万元。推动邵伯渌洋湖村、丁伙镇丁伙村创建江苏省乡村旅游重点村，推荐江苏卫视《走遍江苏》栏目专题拍摄省级乡村旅游重点村吴桥镇高扬村。举办中国·扬州第21届邵伯湖旅游龙虾节、第十届螺蛳大众美食节暨第三届蜜蜂文化旅游节，推出运河文博、生态美食等精品旅游线路；举办“游园锦梦”——汉服国风游园会、扬剧艺术进景区、蜂文化主题活动等“5·19”中国旅游日系列活动，推动“文化+旅游”“工业+旅游”“非遗+旅游”等融合发展；结合党史主题教育、爱国主义教育等，向国家、省、市及民众宣传推介江都红色资源，在“扬州的夏日”南京、宁波、武汉、连云港等推介会上发布江都7个红色景点、5条精品红色旅游线路；承办2021世界运河古镇合作机制会议，发布《深化世界运河古镇合作机制倡议》，邵伯古镇入选首批《中国大运河蓝皮书》。

交通和供电。328国道江都城区段改扩建工程于4月1日建成通车，353省道江都先导段、432省道江都段（永大线）序时推进。五峰山过江通道工程于6月底建成通车。京沪高速扩容工程109户民房全部拆除，主线交地，全面开展二期118户临路房屋处置工作。“四好农村路”推进，全区首条全生态乡村旅游公路——新通扬运河北岸美丽乡村路建成通车。全年改建农村公路15千米、危桥维修改造10座，21组国、省干线公路港湾式公交站台基本建成。全年全社会用电量48.85亿千瓦时，增长4.69%；售电量46.78亿千瓦时，增长3.94%；最高负荷94.53万千瓦，创历史新高。完成电网投入3.2亿元，年度开工110千伏及以上工程7项，标准化开工3项，投产1项。加强配农网建设，全区配变户均容量提升至5.37千伏安。扬州最大容量储能电站中远海运8兆瓦/32毫瓦时并网运行。全年推广电窑炉5台、餐饮电气化14户。

经济管理。建设涉企奖补资金云平台，涉企资金申报、审批全程实现“云上办”，全年通过平台发布涉企政策及项目申报通知18条、注册企业199家，共有168家企业申报项目247个，申请奖补资金1.63亿元。招标存放财政存量资金20亿元，金融部门为790家企业提供定向贷款和转贷资金达41亿元。取消政府采购投标保证金和履约保证金，降低公共资源交易成本。推行“不见面开评标”，上线运行“苏采云”

系统，打造务实高效的政府采购环境。坚持就业优先战略，发放社保补贴、技能提升、稳岗返还等就业补贴资金3267.64万元。推进国企改革三年行动，至年末，完成工作任务32项、工作措施109项，完成率80%。

城乡建设与环境保护。实施53个重点城建项目，完成引江社区大会堂南路公交巷等共15条背街小巷整治；对21个老旧小区实施改造，项目总建筑面积37.48万平方米、100幢楼，惠及约2968户；新开工保障性住房629套、基本建成407套。持续开展“三拆三整治”，对红光小区、公检法宿舍区、建工学校宿舍区等老旧小区违法建设和市容环境脏乱差问题进行集中整治，拆除小区历史违建50处、2135平方米。加快城镇生活污染治理，实施建成区污水管网空白区消除工程，提速推进城乡污水管网配套工程，全年新增污水管网43千米；推进污水处理提质增效达标区建设，建设农村污水处理设施，2021年度建设项目完成可行性研究报告编制，14座设施开工建设，77座设施完成招标；2021年化肥施用总量3.52万吨（折纯），减施214.71吨，下降0.61%；农药使用量约667.2吨，下降0.68%；废旧农膜回收量为231.25吨，增加3.74吨，回收率88.34%，增长2.31%。完成新增国、省控断面监测溯源，推进河湖“两违三乱”专项整治，省、市交办206处问题全部整改销号，国、省考断面达标率及水质优良比例为91.67%，实现双达标；集中式饮用水源地达标率100%。推进城乡生活垃圾分类和治理，34个小区通过省级垃圾分类达标小区验收并完成相关平台的台账数据申报；生活垃圾焚烧量32万吨，实现全量消化；餐厨垃圾处置量9500吨，处理率84%。常态化实施大气质量管控，环境空气优良率80.5%，$PM_{2.5}$年均浓度30.2微米/立方米，下降14.8%。

科学技术。推进“高企引领”“强基提质”工程，高新技术企业总数380家，位居苏中、苏北前列。夯实创新载体建设，科创园御龙湾科技综合体建成投运，数字经济运营中心启用、城市大脑项目（一期）上线。入驻擎云科技、万徽科技等企业40余家科技产业综合体，新增开票销售15亿元。“星创科技”获评省科技企业孵化器绩效评价A类。达成产学研合作项目169项，完成企业技术合同备案金额35亿元。累计获批市级以上科技计划项目40余项，上争资金近4000万元。其中，江佳电子、赛诺格兰获批省重大科技成果转化项目、华伦化工获批省重点研发计划项目。立德粉末、金鑫电器等9个项目获评“中国好技术”，亚威机床、扬州石化、扬州诚德等4家企业获省科技进步奖。稻源微电子、优佳创生物、奇辉生物入选省“双创”人才计划，获批省“科技副总”46个。

文化教育。100个村（社区）综合文化服务中心因地制宜开展农家书屋提升、设施改造、器材增值等硬件设施提升工作。新建3家“常春藤书屋”。推出“学百年党史，展龙川之志”五个“百场”活动，全年五个“百场”展演活动累计覆盖观众300余万人次。集成全区十大红色教育基地，融合21处红色景点、31个红色遗址和45个重要红色事件，制作“红色江都”720度VR全景地图，推出“红色江都”系列“红色地图”产品。做好“书香江都”建设，举办第七届“书香江都”读书节，开展“学党史，享书香”主题阅读活动百余场。江都水利枢纽被中共中央宣传部命名为全国爱国主义教育示范基地，郭村保卫战纪念馆（新四军苏北指挥部纪念馆）被省委宣传部命名为省级爱国主义教育基地。优化教育布局，一中初中部与三中合并办学，实现深度融合；完成10所小区配套园整治、16所无证园“清零”任务；采取“1+N”模式，组建龙川小学、小纪片小学、三中、二中、实验初中等5个教育集团，以强扶弱，促进城乡教育一体化发展。新建区级名师工作室13个，300余名教师获省、市比赛一等奖。创成“省示范性县级教师发展中心”。

卫生体育。异地新建江都人民医院工程主体封顶；二姜、周西卫生院改扩建工程竣工；郭村、浦头、樊川3家卫生院改扩建工程建成投用；江都中医院城南分院改扩建工程开工建设。协调推进人口健康信息平台建设。建设区域检验、远程会诊中心，开通“江都智慧医疗”便民服务平台。推进紧密型县域医共体建设，组建江都人民医院医共体，仙女社区卫生服务中心加挂江都人民医院仙女分院牌子并实质运行。中医院与城南卫生院，大桥中心卫生院与浦头、吴桥卫生院签订医共体协议。推进村卫生室达标建设，开展村卫生室服务能力建设评价，全区申报124家符合基本标准，34家符合推荐标准；9家村卫生室进行改（扩）建，10家村卫生室进行内部改造。改造建设新冠病毒核酸检测基地，具备日检3万管能力，建立健全实验室生物安全管理体系，规范感染性物资运输及医疗废物处置。创新建立群众体育网格化管理体制，配置全民健身路径60套，建成村篮球场258片，新建、提档全民健身益站各1个。举办承办第三届王者荣耀全国大赛华东赛区决赛、省少儿乒乓球冠军赛、省青少年赛艇冠军赛、市阳光体育羽毛球比赛等赛事活动10余场。

劳动和社会保障。2021年，分批发放就业困难人员灵活就业社保补贴2244万元。城乡居民基础养老金每人每月上调15元，最低生活保障费用调高30元，被征地农民养老补助金月增资33元。推进就业创业，全年新增城镇就业7721人，期末城镇登记失业率2.46%；继续落实失业保险稳岗补贴、以工代训扩围、吸纳就业补贴等政策，减轻企业负担。全年共发放失业保险稳岗返还1087万元，向在岗职工发放技能提升补贴656万元，向29家企业620人发放一次性吸纳就业补贴62万元。推进困境、留守儿童精准排查保障工作，精准排查4500余名未成年人，形成四色档案管理3200余人，救助帮扶70余人。依托“12345”开通

11月29日，长城汽车生产基地项目落户扬州　　庄文斌/摄

未成年人救助保护专席服务，被扬州市唯一推荐为争创国家级未成年人保护示范县（市、区）。全年全区累计发放低保、特困人员、残疾人、优抚对象、困境儿童等各类救助保障金1.99亿元。住房公积金全年开户单位236个、新增扩面7800人。

（江都府办）

■江都区与省环保集团达成战略合作　5月12日，江都区与省环保集团举行战略合作协议签约仪式，双方以水环境流域综合治理为抓手，溯源调查相关河道、排口、管网、泵站、污水处理终端设施等现状，整合管网、污水、河道、泵站、涵闸等建设内容，按照“以省为主、省区共建、联合运营”原则，对所涉水环境基础设施进行投资，做到一体规划、一体设计、统一建设、统一运管，共同打造全省乃至全国的水环境流域治理典范。（江都府办）

■长城控股整车及零部件生产基地落户江都　11月29日，扬州市人民政府和保定市长城控股集团有限公司在南京签订整车及零部件生产基地项目战略合作协议。该项目落户江都高新区，用地105.33公顷，建设以汽车整车制造为核心，零部件为配套的汽车产业园，构建多业态协同发展的新能源与智能汽车产业集群。其中，10万辆标准产能整车（含底盘、内外饰件）生产基地总投资不低于55亿元；汽车零部件产业园入园企业总投资不低于18亿元。以上项目建成投产后十年内，年均工业开票销售不低于320亿元，年均税收不低于8.5亿元。（江都府办）

宝应县

■概况　宝应县总面积1461.56平方千米，辖14个镇，有238个行政村，45个社区。有省级经济开发区和宝应湖旅游度假区各1个。年末户籍总人口85.89万人。2021年，实现地区生产总值841.41亿元，比上年增长7.5%；完成一般公共预算收入25.13亿元，其中税收收入19.48亿元；固定资产投资增长4.6%，社会消费品零售总额增长6.9%；城镇居民人均可支配收入38698元，农村居民人均可支配收入25788元，分别增长8.1%和10.7%。

现代农业。粮食综合单产全省领先，获评全国粮食生产先进集体。新增有机农业面积381.47公顷、绿色有机农产品13个。生态化改造

2021年宝应县经济社会发展主要指标一览表

表40-4

项　目	单 位	数 量	比上年增长（%）
地区生产总值	亿元	841.41	7.5
第一产业增加值	亿元	89.96	4.1
第二产业增加值	亿元	403.91	8.7
#工业增加值	亿元	321.72	10.1
第三产业增加值	亿元	347.54	7.0
人均地区生产总值（常住人口）	元	123320	11.0
规模以上工业总产值	亿元	730	19.2
农业总产值	亿元	155.99	5.2
粮食总产量	万吨	87.18	0.04
固定资产投资总额	亿元	374.77	4.6
外贸自营出口总额	亿美元	77624	35.3
实际利用外资及港澳台资	亿美元	1.50	49.27
社会消费品零售总额	亿元	170.46	6.9
财政总收入	亿元	95.21	13.5
#一般公共预算收入	亿元	25.13	1.1
城镇居民人均可支配收入	元	38698	8.1
农村居民人均可支配收入	元	25788	10.7
年末存款余额	亿元	699.32	6.7
年末贷款余额	亿元	550.95	9.3

（殷　超）

初秋时节采藕忙　　王　卓/摄

池塘1000公顷。实施农业规模项目20个。国家现代农业产业园通过中期评估。培育国家级农业龙头企业1家、省级3家。入围全国农业全产业链典型县建设名单。农村产权进场成交5.8亿元。农产品网上销售增长20.5%。

工业经济。完成工业开票销售969亿元，规模工业产值730亿元。新型电力装备、电子信息、新材料产业开票销售分别增长14.6%、12.2%、18.8%。新增10亿元企业1家、5亿元企业3家、1亿元企业38家、规模企业89家，获评国家级“专精特新”小巨人企业4家、国家两化融合贯标企业2家。建筑业施工总产值达700亿元、增长7.5%。

商贸服务。完成服务业增加值347.54亿元、增长7%。韵达物流园一期建成运营，极兔速递签约落地。新增省级物流示范基地1家。获批全国电子商务进农村综合示范县。华夏银行宝应支行挂牌设点。新增服务业规模以上企业25家、税收过千万元企业5家、过百万元企业60家。创成省乡村旅游重点村1个，射阳湖荷园通过国家AAAA级景区资源评审。

项目建设。出台制造业及生产性服务业招商引资项目引进奖励办法。开展小型务实招商活动36场、“云签约”活动12场，新签约重大项目27个、亿元项目52个。维之恩精密轴承、虹途电子等11个重大项目开工建设，锡洲电磁线、国人5G射频滤波器等15个重大项目竣工，宝胜系统集成、鼎钰玻璃等14个重大项目实现达产。新开工1亿元以上工业项目21个、新竣工24个。工业企业追加技改投入5亿元以上。

重点改革。工程建设项目实现全流程线上审批，10个“一件事”一窗办常态化运行，重点行业准入许可实行“一业一证”，跻身全国营商环境百强县。农村不动产权登记基本完成。减税降费3.08亿元。新增制造业贷款21.2亿元、小微企业贷款14亿元。向上争取非普惠制资金16.5亿元。获评省自然资源节约集约利用模范县、省级耕地保护激励县。重大项目代帮办服务联盟成功组建，中粮面业项目实现“六证联办”。开办企业政银合作模式启动实施。政府投资项目、国企投融资和借款担保行为规范，政府性债务管控持续加强。国企改革“三年行动”稳步推进，行政事业单位经营性资产有效盘活。

创新创业。获批国家高新技术企业54家、科技型中小企业211家、省农业科技型企业3家。实施省级科技项目2项。新创省级众创空间2家、研发机构4家。第14批科技镇长团实现“镇镇通名校、一镇一博士”。获批省“双创团队”1项、“双创人才”3项、“科技副总”33项。新增发明专利授权151件。参与制订国家标准7项。

城乡建设。国土空间规划近期实施方案编制获批。先后完成泰山路、宝胜路、北河路、运河路中段黑色化改造。东阳路跨宝射河大桥主桥合龙，白田路、淮江大道南延工程主体完工。改造老旧小区23.2万平方米、棚户区及危旧房1324套。新改建各类公园11个。射阳湖、鲁垛省道331连接线建成通车，完成县道大中修32千米，新建农村公路51千米，改造危桥10座。宝应湖备用水源地建成通水，里下河洼地治理二期、泾河灌区改造一期工程基本竣工。完成氾水污水处理厂二期扩建、运西污水处理厂提标改造，铺设城乡污水管网55千米。110千伏氾水变电站竣工投运。实施乡镇“三个一”“五个一”工程52个，创成省级特色田园乡村2个、市级美丽宜居村庄10个，建成省级绿美村庄8个。整治疏浚农村河道20条。垃圾分类和治理新三年行动有效落实，新建垃圾分类亭454座，新增垃圾分类小区20个，餐厨废弃物处理项目建成投运，垃圾分类集中处理率85%。

生态建设。新建镇级空气自动监测站12个，空气优良天数比率81.1%、$PM_{2.5}$年均浓度降至32微克/立方米。打造幸福河湖2条，国、省考断面水质优Ⅲ比例100%。国家级县域节水型社会达标创建通过省级验收。全面推行林长制，绿化造林206.67公顷，修复湿地53.33公顷。关闭退出化工企业5家。

社会保障。新增城镇就业7100人，医疗、工伤、失业等保险基金减征1.24亿元，扶持自主创业3119人。新增职工“四险”参保1.77万人次。归集住房公积金7.8亿元，贷款支取8.2亿元。建成颐养示范社区4个，适老化改造300户。实现低收入人口和经济薄弱村“双增收”，在全市率先实现村企联建全覆盖。

社会事业。新改建普惠制幼儿园3所、义务段学校2所、高中3所。有效落实“双减”政策，中高考成绩继续保持全市第一方阵。改造提升镇文体中心2个，建成文化大舞台13个、健身步道60千米。获“首批全国县域足球典型”称号。成功举办第14届县运会。国家卫生县城通过复审。疫情防控应急处置能力显著加强，建成PCR实验室5个，单日最大检测能力达4.5万管，启动8个标准化发热门诊建设。镇、村志编修全面推进。入围全国科普示范县创建名单。（殷 超）

■宝应县入选全国营商环境百强县 12月7日，中国社会科学院财经战略研究院发布2021年全国营商环境百强县（市）排名，宝应县位列第63位。该排名从全国综合竞争力百强县（市）和全国投资潜力百强县（市）中各取前150名，合计204个县（市）参与“全国营商环境百强县(市)”评比。（殷 超）

■韵达物流园一期建成运营 该项目位于宝应县泾河镇道口工业园区，总占地20公顷，总投资15亿元，总建筑面积28.8万平方米。其中，智能快递分拣作业区域和智能快递云仓区域于5月生产运营，智能快递分拣中心、智能快运中心和电商中心于6月生产运营。至12月实现税收1050万元，日派单量100万单，吸纳就业1000人。（殷 超）

仪征市

■概况 仪征市总面积857.14平方千米，辖9个镇，136个村、59个社区（其中9个村、社区合一）。年末户籍总人口54.82万人。城区周边布局有大数据产业园、化工园区、汽车园、枣林湾旅游度假区。2021年，全市完成地区生产总值910.71亿元，比上年增长7.6%。三次产业比例为2.6∶53.1∶44.3。全年固定资产投资增长0.1%。居民消费价格比上年上涨1.5%。城镇居民人均可支配收入52037元，增长8.4%，人均消费支出28875元，增长16.9%；农村居民人均可支配收入26376元，增长10.2%，人均消费支出19199元，增长20.7%。

农林牧渔业。全年粮食总产量26.27万吨，其中，夏粮产量5.32万吨、秋粮产量20.95万吨。油料总产量0.74万吨，蔬菜总产量30.76万吨。全年粮食种植面积3.64万公顷，油料种植面积2933.33公顷，蔬菜种植面积7686.67公顷。肉类总产量1.49万吨，牛奶总产量1975吨，禽蛋总产量0.79万吨，水产品总产量7610吨。实施新一轮沟渠河埂疏浚工程，新增高标准农田1533.33公顷。成立储备粮管理中心和粮食储备公司，在全国率先探索实施粮食购销领域体制机制改革。省级茶果示范园启动创建，马集黑莓产业、陈集循环农业加快发展。“仪征紫菜薹”获批地理标志证明商标，入选省农业品牌目录3个。创建市级以上示范家庭农场10个、示范社12个，农业电商销售额14.8亿元。开展土地托管服务1.2万公顷。

工业。全市规模以上工业实现产值1238.29亿元，增长12.5%；规模以上石化无纺产业实现产值448.47亿元，增长33.1%；规模以上汽车及零部件产业实现产值360.21亿元，下降9.9%。全市工业开票销售收入1310.61亿元，增长15.6%。在列入统计的主要工业产品中，产量增长的有32种，下降的有17种。其中，服装、灯具及照明装置、纺织专用设备、纤维增强塑料制品、印制电路板等产品产量增长30%以上；空调设备、精制食用植物油、水泥制品、工业自动调节仪表与控制系统等产品产量下降20%以上。

旅游业。年末全市旅游景点10处，旅行社及分支机构55家，星级旅游酒店饭店3家。全年接待旅游者525万人次，增长75.9%。旅游业总收入41.8亿元，增长37.3%。

建筑业。全年建筑业实现总产值402.3亿元，增长8.3%；竣工产值321.62亿元，增长3.4%。建筑业企业房屋建筑施工面积2471.56万平方米，增长4.3%；竣工面积689.89万平方米，下降12.0%。

国内外贸易。全年实现社会消费品零售总额123.51亿元，增长7.8%。其中，限额以上社会消费品零售总额20.33亿元，增长18.7%。批发业销售额658.76亿元，增长19.4%；零售业销售额140.49亿元，增长10.0%；住宿业营业额

2021年仪征市经济社会发展主要指标一览表

表40-5

项　目	单 位	数 量	比上年增长(%)
地区生产总值	亿元	910.71	7.6
第一产业增加值	亿元	23.84	4.1
第二产业增加值	亿元	483.77	7.8
第三产业增加值	亿元	403.10	7.5
规模以上工业产值	亿元	1238.29	12.5
工业开票销售	亿元	1310.61	15.6
建筑业总产值	亿元	402.3	8.3
一般公共预算收入	亿元	48.21	0.4
进出口总额	亿美元	19.61	47.3
实际利用外资及港澳台资	亿美元	2.30	-8.0
固定资产投资	亿元	—	0.1
社会消费品零售总额	亿元	123.51	7.8
城镇居民人均可支配收入	元	52037	8.4
农村居民人均可支配收入	元	26376	10.2

（吕 伟）

1.16亿元，增长25.7%；餐饮业营业额20.15亿元，增长18.2%。全市实际利用外资及港澳台资2.30亿美元，下降8.0%。

交通和邮电。年末全市公路里程1691.92千米。全年公路客运量37.76万人次，公路货运量586.5万吨，水路货运量2482万吨，铁路货运量14.6万吨。年末民用汽车拥有量11.09万辆，增长4.4%，其中私人汽车拥有量10.11万辆，增长4.1%。全年邮政业务收入0.45亿元，增长17.2%；电信业务收入4.7亿元，下降15.3%。全市电话用户81.57万户，增长1.6%。其中，固定电话用户11.85万户，下降9.3%；移动电话用户69.72万户，增长3.8%。年末互联网宽带接入用户31.95万户，增长6.0%。

科技创新。实施创新驱动发展战略，企业研发经费增长9.8%，技术合同成交额实现翻番。通过知识产权强省建设区域示范验收。新认定国家高新技术企业70家，高新技术产业产值占比37%。深化校地合作，推进协同创新，达成产学研合作项目73项。做优“凤来仪”人才品牌，上线“凤来e”人才服务云平台，获批省市创新创业领军人才项目18个，新引进高层次人才创新创业项目28个。

城乡建设。国土空间总体规划形成初步成果。推进城建十大工程，加快城市更新改造。实施棚户区（城中村）改造征拆680户，提交净地66公顷。三河片区城市更新启动。完成危房解危1.5万平方米、老旧小区综合整治39.8万平方米。完成伍子胥大道建设、解放路改造，推进红旗路西延、胥浦路、浦东路建设，工农路南延跨仪扬河大桥竣工。完成胥浦河景观带、大江风光带一期工程，实施328国道两侧绿化亮化。启动龙山生态新城建设，推进规划、征拆、招商等工作。聚焦城市顽疾，实施“六乱”治理。全国文明城市创建接受省级测评，国家卫生城市通过复审。启动乡村振兴“十百千”工程，完善政策、工作、制度体系。推进第二批乡村振兴综合示范村建设。新增省级特色田园乡村3个、绿美村庄5个，新建美丽宜居村庄17个。认定省级传统村落1个、新型农村社区2个。月塘镇四庄村被确定为全国美丽休闲乡村。

环境保护。聚焦“蓝天、碧水、净土”三大领域，深入打好污染防治攻坚战。实施大气污染防治工程项目189项，完成9个镇级空气自动监测站建设。空气质量优良天数比率81.1%。$PM_{2.5}$浓度29.5微克/立方米，下降16.4%。推进污水处理厂迁扩建、仪扬河大桥断面整治提升工程，高质量发展考核断面水质达标率100%，饮用水源水质达标率100%。加强长江岸线环境保护，完成长江沿线绿化造林274.13公顷。

社会事业。育才小学北区校、古涓幼儿园等4所新校区投入使用，东区普通高中主体封顶。加强与宁镇扬名校合作共建，培育高水平合作办学项目。全市省优质幼儿园比例61.36%，省现代化小学比例100%，省现代化初中比例100%，省三星级以上高中比例75%。全市各类学校95所，招生1.49万人，在校生5.88万人。3~5周岁幼儿毛入学率99.11%，小学净入学率100%，初中净入学率100%，初中升学率100%。共有省人民教育家培养对象2人，省、扬州市特级教师34人，扬州市中小学特级班主任7人，扬州市有突出贡献中青年专家、英才培养对象6人，扬州市级骨干教师792人。深化医药卫生体制改革，落实分级诊疗制度，构建“1+1+2”医共体新模式。市人民医院创建三级乙等综合医院通过省级验收。提升公共卫生服务均等化水平，建立居民健康档案51.2万份。共有各类卫生机构（不含村卫生室）99个，增加1个；拥有床位数3101张，增加69张；共有卫生技术人员4124人，减少79人，其中执业医师、执业助理医师1469人，减少149人。诊疗164.44万人次，下降31%。广播节目制作时间3833小时，电视节目制作时间655小时，广播节目综合覆盖率100%，电视节目综合覆盖率100%。电影放映单位11个、艺术表演场馆1个、博物馆1个、公共图书馆1个、文化站9个，艺术表演观众6.5万人次，文物展览参观9.6万人次，公共图书馆总藏书量66.4万册、件，书刊文献外借36.44万册次。年末全市共有体育场8个、体育馆10个、游泳池馆10个，教练员31人、等级裁判员201人、等级运动员342人。运动员获奖牌总数69枚，举办体育竞赛表演112次。中国青少年（U14）棒球队训练基地入驻仪征。举办全国棒垒球锦标赛、仪征市第七届运动会等体育赛事。完善村、社区全民健身活动设施和学校文体设施2652个，全市体育人口达26.13万人。

社会保障。年末城镇登记失业率3.49%，城乡基本养老保险参保率、失业保险参保率均为98%，参保人数分别达到12.64万人、9.9万人。落实技能提升补贴、稳岗返还等政策，发放稳岗补贴1237万元。新增城镇就业8000人，农村劳动力转移900人，扶持自主创业1900人。健全城乡居民医保筹资增长机制，提高财政补助标准。推进落实企业职工养老保险省级统筹。建立城乡居民养老金正常调整机制。新建标准化居家养老服务中心11个、颐养示范社区4个。推动“同舟计划”，建筑业新开工项目工伤保险参保率100%。4.7万人纳入被征地农民生活保障，实现“应保尽保”。推动建设分层分类梯度救助体系，提高社会救助和社会福利标准。开展低保边缘家庭和支出型困难家庭认定，惠及群众1.8万人。新增经济适用房、公租房保障80户。新增住房公积金归集扩面3800人。

项目建设。实行“9+13+X”招商联动机制，新聘招商大使33人，凝聚“部门+企业”招商合力。开展春季招商突击月、夏季产业链专题招商、流动红旗季度赛、四季度“百日冲刺”等活动。组织小分队外出招商263批次，新签约1亿元以上项目105个。实际利用外资及港澳台资2.3亿美元，新落户3000万美元以上外资项目14个。实体化运作重大办，落实重大项目“一月一督

2021年扬州世界园艺博览会　　扬州日报/供稿

查、一季一汇报、半年一开工”机制，开展“家家到”观摩活动，63个列扬项目加快推进，111个项目参加集中开工。（吕　伟）

■世园会在枣林湾举办 围绕开园节点，挂图作战，合力攻坚。主要展馆、各类展园、景观工程如期建成，宣传策划、安保维稳、智慧园博扎实开展，园博酒店、商业市场顺利投运。运营期间，开展各类表演近1000场、月度主题活动180余场，呈现具有仪征风情、扬州韵味、中国特色、国际水平的园艺盛会。累计接待游客220万人次，受到上级领导和各方游客好评。（吕　伟）

高邮市

■概况 高邮市总面积1921.79平方千米；辖13个乡镇（园区、街道），其中含1个乡（菱塘回族乡）、2个省级开发区（高邮经济开发区、高邮高新技术产业开发区）、1个新区（高邮城南经济新区）；有170个行政村、54个社区；年末户籍人口78.86万人。2021年，全市实现地区生产总值929.31亿元，可比价增长7.8%。人均地区生产总值13.09万元，增长16.5%。三次产业结构比例由上年的10.8:49:40.2，调整为10:50.4:39.6。实现公共财政预算收入39亿元，增长2.9%；完成公共财政预算支出88.15亿元，增长6%。完成固定资产投资482.1亿元，增长0.3%。城乡居民人均可支配收入分别实现45066元、25732元，分别增长8.2%、10.4%。

农林牧渔业。全市实现农林牧渔业总产值165.94亿元。粮食、油料、蔬菜总产量分别实现84.4万吨、1.49万吨、66.25万吨；生猪和家禽出栏量分别实现21.8万头、2573.1万只，实现水产品产量23.05万吨。粮食生产实现“十七连丰”，实施粮食绿色高质高效创建、粮豆轮作、绿色防控示范区建设项目24项，面积近8814公顷。投资1.5亿元，推进实施高标准农田建设项目12项，面积5666.7公顷。新增高效节水灌溉面积近750公顷。启动实施全省唯一的中央财政秸秆综合利用产业模式县项目、国家绿色种养循环农业试点项目，融合推进“三田”模式，实现农作物秸秆离田、产业化开发与利用2.2万余公顷。发展农业产业化经营，新创成扬州市级以上农业产业化龙头企业16家，其中含国家级1家、省级2家，国家级农业龙头企业实现零的突破。新创成扬州市级以上示范家庭农场18家，其中含省级3家；新创成扬州市示范合作社10家；新创成省级休闲观光

2021年高邮市经济社会发展主要指标一览表

表40-6

项　　目	单 位	数 量	比上年增长(%)
地区生产总值	亿元	929.31	7.8
第一产业增加值	亿元	93.35	4.3
第二产业增加值	亿元	468.26	9.1
#工业增加值	亿元	360.5	12.5
第三产业增加值	亿元	367.7	7.1
人均地区生产总值（常住人口）	元	130935	16.5
规模以上工业产值	亿元	946.4	23.3
农林牧渔业产值	亿元	165.94	3.2
粮食总产量	万吨	84.4	0.1
固定资产投资总额	亿元	481.39	0.3
外贸自营出口总额	亿美元	4.8	7.6
实际利用外资及港澳台资	亿美元	1.65	10.1
社会消费品零售总额	亿元	185.2	7.9
公共财政预算收入	亿元	39	2.9
城镇居民人均可支配收入	元	45066	8.2
农村居民人均可支配收入	元	25732	10.4
邮电业务收入	亿元	8.71	—
#电信业务收入	亿元	5.14	—
年末存款余额	亿元	898.34	12.3
年末贷款余额	亿元	736.39	24.7

（高邮市统计局）

与乡村旅游示范点5个。新获批“二品一标”（绿色食品、有机农产品和农产品地理标志）农产品7个，其中农产品地理标志1个（“龙虬罗氏沼虾”）、绿色食品品牌6个，累计达97个。实施农业电商项目9项，实现农产品电商销售额17.37亿元。发放耕地地力保护补贴和稻谷补贴近1.46亿元、农机购置补贴1172.2万元。兑付秸秆禁烧、还田及综合利用奖补资金2444万元，完成秸秆机械化还田面积8万公顷。举办高素质农民培训班17期，培训农民2434人。农村产权交易额实现6.2亿元，增长5.3%。完成政策性农业保险保费收入1.05亿元，兑现理赔资金8529万元。累计实施“百企联百村、共走振兴路”村企联建项目180项，计划总投资2.83亿元，村均投资额159.81万元。提升农业机械化水平，全市农机总动力75.6万千瓦，粮食生产综合机械化水平84%。推进县乡级河道治理，新疏浚河道29条、36千米，完成土方量33万立方米；生态化提升农村骨干河道8条，栽植树木2万余株，铺植草皮8万平方米。高邮市获2021年度全省推进乡村振兴战略实绩考核县级进位第一等次，获评2021年农业农村部农情统计优秀基点县和2020年度全省农村人居环境整治工作评估第一等次县。市农业农村局获评全省脱贫攻坚暨对口帮扶支援合作先进集体、2019—2020年全省基层农技推广体系改革与建设绩效延伸管理结果排名靠前的单位。菱塘回族乡获评第二批全国乡村治理示范村镇；送桥镇农产品质量安全监督管理站获评江苏省五星级乡镇农产品质量安全监管机构。“里运河－高邮灌区”入选2021年度（第八批）世界灌溉工程遗产名录（全省首家）及江苏省首批省级水利遗产名录，并获评“全国第二批灌区水效领跑者”“江苏省第三批水效领跑者”“江苏省节水型灌区”；市现代农业产业示范园创成首批省级现代农业产业示范园；扬州高邮国家农业科技园区获评2021年度江苏省数字农业农村基地。市高邮湖芦荡迷宫主题创意园、市萌宠多肉体验主题创意园、市扬州临湖农耕农旅体验园、市珠湖小镇获评2021年乡村休闲旅游农业“一园两基地”。“高邮鸭蛋”获批2020全国绿色农业十大最具影响力地标品牌，“龙虬罗氏沼虾”获批农产品地理标志登记证书。

工业。全部工业实现开票销售1207.92亿元、入库税收28.2亿元，分别增长25%、–4%。全市605家规模以上企业实现工业总产值946.4亿元、营业收入920.91亿元、利税总额64.53亿元、利润40.35亿元，分别增长23.3%、23%、25.1%、30.1%。规模以上工业产销率96.4%。机械装备、电线电缆、纺织服装3个传统产业及光储充、电子信息、智慧照明3个新兴产业发展势头良好，其中规模以上企业分别实现开票销售447.8亿元、303.1亿元，分别增长17.3%、24.9%，分别占全市规模以上工业总量的51.5%、34.8%。全年新增规模以上企业101家；有产值1亿元以上企业191家，其中10亿元以上企业15家。有开票销售10亿元以上企业10家，其中100亿元以上企业1家。新认定扬州市“三新”（新开工、新竣工、新达产）工业项目46项，其中新开工14项、新竣工（含设备达序时）13项、新达产19项。新获批国家高新技术企业94家、省级以上专精特新“小巨人”企业6家（含国家级2家）、省服务型制造示范企业2家、省工业互联网发展示范企业（标杆工厂类）1家、省星级上云企业47家（含四星级7家）、扬州市瞪羚企业9家、扬州工业百强企业12家。获批省重点技术创新导向计划项目66项、扬州关键核心技术攻关项目6项。获批省级“专精特新”产品3种、省重点推广应用新技术新产品32种、省示范智能车间1个、扬州市智能车间5个，通过省级推广应用鉴定新产品29种，新认定省级企业工程技术研究中心2个、扬州市企业技术中心26个。注重发展绿色工业，获批省级以上绿色工厂4家（含国家级1家），实施节能技术改造项目16项、循环经济项目4项、清洁能源替代项目6项，全年单位地区生产总值能耗下降3.8%。向上争取项目资金9300万元以上，其中含省级转型升级项目资金453万元、扬州先进制造业发展资金1002.6万元、扬州市技术改造专项资金4684.53万元、扬州中小企业发展专项资金1213万元。高邮市获评2021年中国工业百强县（市）、2021年中国创新百强县（市），分别列第56名、第41名。扬州市秦邮特种金属材料有限公司入选“江苏民营企业制造业100强”“2021江苏民营企业200强”。

建筑业。全市建筑企业承接施工面积8260万平方米，其中新开工面积3410万平方米。完成建筑业企业总产值1650亿元，建筑业总产值1322亿元，分别增长5.3%、9.8%；完成税收8.43亿元，下降3.5%。累计吸纳就业24.9万人，其中带动本地就业10.2万人。有产值超10亿元建安企业17家，其中10亿元（不含，下同）至50亿元企业9家、50亿元至100亿元企业4家、100亿元以上企业4家。建筑业外埠市场累计覆盖国内30个省份的100个县（市、区），当年实现外埠施工产值1007亿元。承建工程获评中国建筑工程装饰奖5项、省级优质工程奖6项、市级优质工程奖89项，获评省级文明工地36处、市级文明工地64处。推进建筑业现代化，预制构件工厂投产，装配式施工面积30.2万平方米。全市共有各级各类资质建筑业企业727家（当年新增108家），其中特级总承包资质企业3家、一级总承包资质企业17家（当年新增1家）、二级总承包资质企业45家（当年新增1家）、三级总承包资质企业109家、专业承包资质企业477家（当年新增一级资质企业12家、二级资质企业5家）、劳务分包资质企业39家、不分等级企业37家。高邮市获扬州市建筑业经济综合考核二等奖。

服务业。全年实现服务业增加值367.7亿元、税收17.04亿元，分别增长7.1%、12.7%。全年净增服务业规模以上企业10家（新增16家，退出6家）。完成服务业用电量5.48亿千瓦时，增长26.8%，增幅高于全社会用电量13.8个百分点。加快电商产业特别是农村电商发展，推进国家级电子商务进农村综合示范县项目建设，全年实现电商交易额100亿元，增长36.2%。新创成“扬州老字号”品牌3个、扬州世界美食之都示范店2家。坚持“全域即景区、旅游即生活”发展理念，加大文旅融合力度，举办第四届湖上花海旅游节暨第二届美丽高邮全国摄影大赛、抖音挑战赛和高邮全域旅游夏季主题游发布会暨高邮湖·驿心水乐园戏水节、“诗秦画驿，一邮倾心”运河·盂城驿历史文化街区主题夜市等系列活动，推动省级全域旅游示范区创建取得新突破。全年接待国内过夜游客73.64万人次，盂城驿、文游台、清水潭等主要收费景区入园人数77.4万人次，分别增长6.5%、211%。高邮市获评第四批省级全域旅游示范区、省文化和旅游产业融合发展示范区建设单位，入选首批长三角高铁旅游小城。非遗进运河·盂城驿历史文化街区入选首批省无限定空间非遗进景区项目，运河·盂城驿历史文化街区获评首批省级夜间文化和旅游消费集聚区。

国内贸易。全年实现社会消费品零售总额185.2亿元，增长7.9%。限额以上企业实现消费品零售额53.92亿元，增长23.6%。在限额以上主要商品零售中，日用品类、粮油及食品类、金银珠宝类、烟酒类增势明显，分别增长86.3%、54.8%、41.5%、20.8%。

对外及港澳台地区经贸。举办第17届中国双黄鸭蛋节暨首届邮商大会，开展“招商引资突击月”、“长三角招商周”、招商“攻坚月”等活动，提升小分队点对点招商实效。全年赴外招商368批次，开展专题招商推介活动5场；新签约各类产业项目151项，其中含投资额20亿元以上项目9项；实现外资及港澳台资到账1.65亿美元，增长10%，超额完成扬州市下达目标。是年，高邮市在扬州招商引资“擂台赛”综合评比中，连续3个季度取得第一名佳绩。承办“江苏优品·畅行全球”——扬州机械欧洲专场线上对接会，帮助50余家扬州机电企业搭建与欧洲优质客户线上洽谈合作平台。组织19家企业参加线上广交会。全年完成进出口总额近6.74亿美元，完成服务贸易执行额9267万美元，增长18.5%。

固定资产投资。全市实现固定资产投资481.39亿元，增长0.3%。其中，第一产业投资14.34亿元，下降38.6%；第二产业投资281.37亿元，增长12.1%；第三产业投资185.68亿元，下降10%。全年5000万元以上重大项目投资下降4.7%。新增列统5000万元以上项目187项。新开工投资额1亿元以上项目115项，其中含投资额10亿元~20亿元项目4项、30亿元项目1项、50亿元项目1项。新竣工投资额1亿元以上项目121项，其中含投资额10亿元以上项目10项。全年实现房地产开发投资86.83亿元，其中住宅投资77.82亿元、商业营业用房投资3.89亿元、办公用房投资2.76亿元、其他用房投资2.36亿元，分别增长6.4%、18.7%、-65.4%、173.3%、-38.4%。商品房竣工面积45.87万平方米，下降63.7%；商品房销售面积58.78万平方米，下降近0.5%。

科技创新。做大“聚才创新·智汇高邮”品牌，举办“高邮市第三届科技人才创新创业大赛”等活动。新获批国家高新技术企业94家（累计283家），省高企入库培育企业100家、省农业科技型企业4家；新增备案省科技型中小企业523家，完成率扬州第一；入选省科技企业上市培育计划入库企业2家。获批省重点研发项目3项、省科学技术奖3项、省创新能力提升项目1项、扬州市科技计划项目15项。获批省级科技企业孵化器1家、省级企业工程技术研究中心2家、省“双创计划”科技副总44人；获批扬州市企业工程技术研究中心16家、扬州市企业重点实验室3家。助企获“高企贷”项目授信3.49亿元，其中19项项目获发贷款1.03亿元；助企获批“苏科贷”项目32项、资金6930万元；助企获批高邮市中小企业风险补偿资金池项目16项、资金4700万元。向上争取项目资金4438万元。继续发挥“院团会”协作效应，推动150余家企业与30余家高校院所合作，达成校地、院地全面合作项目256项，服务引进科技成果转化项目70余项，促成上海交大与高邮高新区合作共建。实施产学研合作项目238项，新建校企联盟10个。举办第三届科技人才创新创业大赛，在决赛现场签约项目6项。全年“智汇高邮”平台线上发布相关科技成果与需求42次，其中达成初步合作意向项目20项。中汽中心（高邮）汽车科创园获批省级科技企业孵化器，智慧照明科技企业孵化器获省孵化器绩效评价“B类”。实现高新技术产业产值454.27亿元，占规模以上工业产值的48%；规模以上工业企业研发经费27.58亿元，占营业收入比重3.2%。

交通和电力。继续加大投资，推进打造“公铁水空”一体化交通新格局。完善交通基础设施建设，加快推进S264三垛服务区建设工程、S333甘垛服务区建设工程、S352高邮段路面改造工程、S333秦邮公路养护综合服务中心建设工程、波司登大道东延下穿连镇铁路立交工程。完成京沪高速高邮段扩容工程主线征地、拆迁。通扬线高邮段航道整治工程完成护岸，沿线二沟大桥、三垛西桥、三垛东桥、河口大桥、威高大桥建成通车，武安大桥完成80%工程量，捍海大桥开工建设。优化城乡公交一体化运营服务，公交车刷卡设备安装率100%，公交全网络出行信息服务实现实时查询。持续推进“四好农村路”建设，乡村振兴桥梁项目完成前期工作，整治农村公路安全隐患203.5千米。高邮市创成“四好农村路”全国示范县，为扬州地区唯一获此称号的县（市、区）。通扬线高邮段航道整治工程乡镇5座桥梁及接线工程获评省级公路水运工程平安工地建设示范工程和示范工地。

全市拥有新能源发电装机总规模1159.4兆瓦，其中并网发电装机容量857.4兆瓦、清洁能源和资源综合利用项目272兆瓦、在建分散式风电项目30兆瓦，年发电总量约14.85亿千瓦时（不含清洁能源和资源综合利用项目272兆瓦的发电量）。全年完成电网建设投资1.78亿元；全社会用电量45.13亿千瓦时，售电量42.64亿千瓦时，分别增长3.2%、12.3%。

财政和金融。全市实现公共财政预算收入37.91亿元，增长2.9%。实现税收收入39亿元，增长2.8%，占公共财政预算收入比重81.7%。公共财政预算支出88.15亿元，增长6%。全市金融机构年末各项存款余额898.34亿元，比年初增加98.51亿元，增长12.3%。其中，住户存款583.02亿元，比年初增加67.15亿元，增长13%。全市本外币各项贷款余额736.39亿元，比年初增加145.76亿元，增长24.7%。

城乡建设与生态建设。组织实施2021年度城建重点工程，涉及澄子河湿地水系连通工程及周边配套项目、高铁周边提升提质项目、老旧小区改造项目、邮驿运河文化公园（盂城驿景区）馆驿巷业态和景观提升项目、污水处理提质增效项目、市妇幼保健院建设项目、乡村振兴1号路项目（澄潼河水生态修复与景观提升工程）、扬州大学现代农业科教示范园区（高邮校区）科教服务中心项目、交通基础设施项目、城区河道水质提升项目等10个重点项目，计划总投资23.25亿元。同时，推进实施计划总投资47.32亿元的城建重点工程项目库项目，涉及城市品质提升类、清水活水类、民生工程类、基础设施建设类、古城保护类、东部商圈周边配套完善类、文明城市常态长效类、园区建设类等8类47项项目，其中当年实施第一批财政投资项目11项，分别为中山路改造工程（含民政局内部场地改建停车场）、东入口提升提质工程、城市基础设施维修改造工程、城区道路提升提质工程、城市亮化提升改造工程、慢行步道改造工程、北澄子河国考断面达标工程、南海和中市口农贸市场升级改造工程、年度二次供水设施改造及监管平台系统建设、历史建筑测绘建档、东部新城电力管网建设工程，计划总投资近3.58亿元。完善旅游配套服务功能，新、改建标识标牌77处。持续开展蓝天保卫行动，建成乡镇环境空气监测站点12个。制定“点位长”制度，完成餐饮油烟整治及“回头看”项目470项。开展“禁止使用煤炭”“煤改电”入户宣传，推进“全电厨房”“煤改电”工作。开展城镇污水提质增效行动，完成城区污水管网检测、清淤与修复30千米；新建农村生活污水处理设施20套，对投用的50套独立设施和81个行政村的农村生活污水管网进行修复，完成2条农村黑臭水体治理。持续推进江淮生态大走廊建设，完成成片造林250.9公顷，修复湿地53.3公顷，林木覆盖率、自然湿地保护率分别为23%、67.2%。全市$PM_{2.5}$年均浓度32.8微克/立方米，平均降尘量3吨/平方千米·月，优良天数比率83.3%，完成$PM_{2.5}$年均浓度和优良天数比率“双达标”任务，首次达到国家空气质量二级标准。全市10个国省考断面水质达标率100%，优良（达到或优于Ⅲ类）比例89.1%，无劣Ⅴ类断面，2个县级以上集中式饮用水水源地水质达标率100%。土壤环境质量保持稳定，污染地块安全利用率100%。全年未发生重大环境安全事故。是年，高邮市成功延续省级生态文明建设示范县（市、区）称号3年，界首镇获评第四批省级生态文明建设示范乡镇。

社会事业。提升公共文化服务水平。注重发挥“汪曾祺文学奖”、“邮驿路，运河情”全国美术作品展、“秦邮文化讲坛”等品牌效应，提升高邮知名度和对外影响力。实施文化阵地提档升级工程，提升汤庄镇文化站等15个镇、村（社区）综合文化服务中心服务效能。组织“文艺进景区”“送文化下乡”等文化惠民演出156场次，开展“文艺宣传村村行，文化文明进万家”活动20场，服务观众130余万人次。市图书馆全年接待读者94万人次，新增注册读者2.8万人；新建分馆9个，新增馆外流通点5个，在界首初中成立高邮市图书馆阅读基地，在文游台景区新设全省首个免费智能微图书亭——江苏文旅书亭。“里运河－高邮灌区”入选世界灌溉工程遗产名录。市文化馆获评国家一级馆。智慧文化馆、漂流书屋分别入选2021年度江苏省智慧文旅示范项目和培育项目，市文化艺术中心、汪曾祺书房入选省最美公共文化空间。《圆梦》（小品）、《山水》（美术）和《春到水乡》（摄影）3件作品获第四届“绿杨风”群众文

汪曾祺纪念馆　　扬州晚报/供稿

艺新作评比一等奖。

举办全民健身体育节暨老年体育节、环高邮湖自行车越野赛、大运河半程马拉松赛等品牌赛事。承办省、市足协培训班，高邮市获评省足球运动协会改革试点县（市、区），市女子足球队获扬州市“市长杯”冠军。实施体艺“2+1”工程，持续推进手球、跆拳道、足球等特色项目建设。引进充实优秀运动员，着力备战省运会，全年注册省级运动员269人。完善城市社区“10分钟健身圈”，实施市体育馆改造工程，新增配套村（社区）篮球架54个，更新室外健身路径20余套。开展三级社会体育指导员培训351人次。稳定体彩事业发展，实现年销售额7642万元。“珠湖小镇”入选省体育服务综合体单位名单。

发展教育事业。稳步推进教育基础设施建设，完成市秦邮小学、市机关幼儿园等新改扩建工程15项，竣工面积4万余平方米。聚焦“双减”，义务段学校课后服务实现全覆盖，受益学生4.18万人，参与率98.8%。统筹推进城乡教育一体化发展，实体化运行市第一小学教育集团，实行同一地点统一招生、分轨集中办学。探索职业教育发展新模式，高邮中等专业学校获批教育部“1+X”证书制度试点项目4项，扬州市级现代学徒制试点项目1项；职教高考本科达线48人，获扬州县（市、区）职校系统“十连冠”。高中教育多元特色发展，年度高考本科达线2745人，达线率82.3%。高邮市获评2020年度全国网络学习空间应用普及活动优秀区域，获2020年度全省学生资助工作绩效评价“优秀”；市教体局获评扬州市2020年度县（市、区）教育工作一等奖单位、2020年度扬州市第二批高品质教育建设先进单位、2021年扬州市高中教育教学质量综合评估一等奖。

推进“健康高邮”建设，高邮市通过国家卫生城市复审，菱塘回族乡通过国家卫生乡镇复审，周山镇创成国家卫生镇，新创成省级健康村4个，省、市级卫生村29个。推进开展城乡环境“美颜”等7个专项行动，实现社会健康综合治理新突破，新增健康企业15个、健康单位6个、健康广场（步道）4个、健康促进医院3家，获评扬州市健康家庭示范户150户。建成“国家标准化代谢性疾病管理中心”，新创省“星级家庭医生工作室”2家，新建家庭医生工作室1家。基本公共卫生服务项目经费人均标准提高到88元，新生儿疾病筛查率97.6%、老年人健康管理率81.2%，其他项目完成率持续保持在98%以上。提高卫生健康供给水平，市人民医院新区建成启用，市中医医院创成扬州大学医学院临床学院，市中西医结合医院创成北京大学人民医院医联体成员单位，市妇幼保健院“所转院”项目加快推进。持续深化医药卫生体制改革，推进紧密型医共体建设，全市医疗机构配备使用基本药物品种和金额占比增加5%，县域就诊率稳定在92%以上。医疗服务水平不断提升，7家基层医疗机构达到“优质服务基层行”国家推荐标准，新增江苏省社区医院4家、江苏省农村区域性医疗卫生中心2家、江苏省5星级中医馆2家，新增省级特色科室1个、扬州市级临床重点专科3个。

加快推进市域社会治理现代化建设。从机制建设、微网格管理、“多元化”治理、事项准入等入手，推进“一网统管统治”，打造基层社会治理新格局。

社会保障。全市城镇职工退休工资普调约5.8%，城乡居民基本养老保险基础养老金标准提高17.1%。城乡居民基本医疗保险各级财政补助610元，城镇职工基本医疗保险和城乡居民基本医疗保险政策范围内住院医疗费用基金支付比例分别在85%和70%左右。全年城镇职工基本医疗保险21.48万人、生育保险9.46万人、城乡居民基本医疗保险50.14万人。城乡最低生活保障标准提高到每人每月740元。强化住房保障，新建成棚户区改造安置住房537套（户），发放公租房租赁补贴38户、9.82万元，审核各类保障房申请121户，分配各类保障房107套（户）。住房公积金扩面5833人，发放住房公积金贷款2.82亿元。继续开展急难家庭救助，全年实施医疗救助161户（人），发放医疗救助金130.5万元。继续开展医疗救助，落实资金760余万元，全额资助1.93万名城乡困难群体参加城乡居民基本医疗保险；发放医疗救助金1853.11万元，共惠及困难对象16.46万人次（含住院救助8995人次）。市慈善总会筹集慈善资金4182.58万元，慈善救助支出2374.66万元，惠及困难群体近1.66万人次。全年新增就业岗位2.14万个，帮助城镇失业人员和就业困难人员实现再就业6984人，“双零”家庭保持动态清零，城镇登记失业率3.4%。通过创客服务中心购买创业培训服务，扶持创业5950人，发放创业担保贷款2.9亿元。新建成颐养示范社区5个、标准化居家养老服务中心11个、镇级老年活动中心4个和乡镇区域性养老服务中心1个；完成困难老人家庭住宅适老化改造300户，建成家庭照护床位100户；推动13家城市社区居家养老服务中心实现社会化运营。

（宝珍芳）

■第17届中国双黄鸭蛋节 4—10月，高邮市举办第17届中国双黄鸭蛋节暨首届邮商大会。此届节庆遵循“精彩、节俭、务实、惠民”原则，相继开展开幕式、首届邮商大会·高质量发展论坛暨项目签约仪式、品鉴高邮美食餐叙、“看邮城”和“我的家乡在高邮”征文、摄影大赛等多项系列活动。其间，共落实签约项目55项，其中含先进制造业项目44项，计划总投资403亿元。（宝珍芳）

人物

Renwu

编　辑　王妮姗

先进模范

全国脱贫攻坚先进个人、全国优秀共产党员

■**周善红**　男，1968年8月出生，中共党员，高级经济师，江苏万顺集团党委书记、董事长，全国人大代表，江苏万顺机电集团有限公司党委书记、董事长。2000年，周善红返乡创办万顺集团。他在公司设立“万顺救助基金”，帮扶孤寡老人、贫困学子、留守儿童等，年均超过100万元。20年来，周善红带领万顺集团在公益慈善事业上累计捐款近4000万元。2014年全国“两会”期间，他开始关注扶贫事业，把福建省宁德市下党村作为扶贫的起点，在该村创建全国首家“定制爱心茶园”，联系多家企业认租茶园、定制茶叶，为村民们每年增加纯收入200余万元，下党村的“扶贫定制茶园”被国务院扶贫办列为全国12个精准扶贫典型案例之一。多年来，万顺集团累计出资3000万元，通过发展产业、扶持创业、带动就业，帮扶5个村摘掉“贫困帽”，带领建档立卡719户2728人实现脱贫。周善红先后被授予“江苏省优秀共产党员”“江苏省五一劳动奖章”“全国创业之星”“全国劳动模范”“全国脱贫攻坚奖——创新奖”等称号，2021年被评为全国脱贫攻坚先进个人、全国优秀共产党员。

（江都方志办）

全国优秀党务工作者

■**刘德宝**　男，1974年2月出生，中共党员，大学学历，方巷镇沿湖村党委书记、村民委员会主任。2006年，刘德宝召开村民代表大会，提出“填塘整地、上岸定居”的目标。他率先交出自己的2个池塘，村里很快整出600余亩土地。整整6年，荒滩变土地。又过3年，沿湖大道两旁村民全部上岸，住进设施齐全的“新渔小区”。“头上有了瓦，脚下有了根。”他开始专心带领村民发展特色养殖，让只会打鱼不会养鱼的渔民“钱袋子”渐渐鼓起来。2017年初，邵伯湖沿岸3千米范围内启动实施退养还湖。他整合村里的文化和旅游资源，提出“党建+旅游”的思路，先后开展冬捕“杀围节”、邵伯湖渔家民俗风情节等特色活动，村庄迅速成为“网红村”，先后获“国家级最美渔村”“全国生态文化村”称号，相继亮相《人民日报》和央视《新闻联播》。作为群众的“当家人”，他明确提出“集体不与群众争利”，村里所有餐饮和民宿均为渔民个人所办，2020年村集体收入达到2250万元，农村常住居民人均可支配收入3.31万元。他积极争取政策，让1499名渔民全部进保，无后顾之忧。村“两委”积极打造国际垂钓中心举办系列赛事，建立内湖高效养殖基地；成立渔民物业公司，壮大三产服务业队伍；做亮渔民大舞台、渔家书房、渔文化博物馆等文化阵地，推动渔民“离湖不离水”“离湖不离村”“离湖不离文化”。沿湖村实现从填塘

全国优秀党务工作者——刘德宝(左)　　庄文斌/摄

造地到上岸定居、从靠水吃饭到发展特色乡村旅游、从贫瘠落后的“渔花子村”一跃成为享誉全国的“最美新渔村”的历史性跨越。2021年被评为全国优秀党务工作者。

（邗江方志办）

全国道德模范

■**周维忠** 男，1969年11月出生，中共党员，国网江苏电力扬州仪征市供电公司滨江业务所运维采集班副班长。他从事农村电力服务30余年，群众满意率100%。他连续23年为沿江村15户困难家庭垫付电费超过12万元，常年照顾孤寡老人，为他们养老送终。因为熟悉村里情况，他主动承担很多“分外事”，帮助村委会协调解决村民矛盾200余起，帮助700余户村民“代办代缴”电费、购买生活用品，修整危桥2座、装设路灯70余盏。2011年，国网仪征市供电公司党委成立以“周维忠”命名的共产党员服务队，沿江村的每个配电箱上都有周维忠共产党员服务队“亮身份、亮职责、亮承诺”的铭牌。2016年夏天，长江大堤沿江村段出现险情，周维忠和服务队队员们在堤坝上驻扎45天，及时排除险情。2021年新冠肺炎疫情期间，他第一时间为疫情检测点架设电线4.8千米，安装照明灯具30余盏，为贫困家庭测体温、赠送口罩、捐款捐物。他先后被授予“全国劳动模范”“江苏省优秀共产党员”“江苏省道德模范”“国家电网公司抗击新冠肺炎疫情先进个人”等称号，2021年被评为全国道德模范。

（孙　龙）

全国道德模范——周维忠（右）　　供电公司/供稿

全国“五一劳动奖章”获得者

■**张金龙** 男，汉族，1966年12月出生，中共党员，大专学历，江苏省工程勘测研究院有限责任公司地基检测中心主任、高级工程师。他主持和参与国家重点工程南水北调东线一期工程、淮河入海水道二期、淮河入江水道整治工程、太湖底泥疏浚规划研究太湖污染底泥采样与初步测量、淮河流域重点平原洼地治理工程等工程勘测项目，其中太湖底泥疏浚规划研究被水利部评为大禹水利科学技术二等奖，扬州市公安局公安业务技术用房工程获国家优质工程银质奖，淮河入海水道滨海枢纽项目获省城乡建设系统优秀勘察设计一等奖，泰州引江河工程勘察项目获省厅级优秀工程勘察二等奖，扬州市国税局税收综合业务用房岩土勘察工程获省城乡建设系统优秀勘察设计二等奖，参建的扬州市智谷科技综合体和扬力大厦获国家“鲁班奖”，扬州建设大厦、扬州昌建广场获国家优质工程奖，江苏国信高邮2×100兆瓦级燃机热电联产工程获中国电力优质工程奖，扬州科技综合体（西区）、扬州星座国际商务中心、扬州万宇城等项目获省优质工程奖“扬子杯”奖。他先后在《江苏水利》《工程勘察》《西部探矿工程》等刊物上发表科研论文7篇，参与发明“一种钻孔取样装置”获实用型专利证书，并广泛应用于实际工作中。2010年被授予江苏省“五一劳动奖章”，2021年被授予全国“五一劳动奖章”。

（伍瑞庆）

■**张新华** 男，汉族，1971年7月出生，研究生学历，中国邮政集团有限公司扬州市分公司党委书记、总经理。他在宿迁公司创新实施“点、线、面”党建工作法，宿迁邮政获“全国先进基层党组织”称号，宿迁邮政总收入从2016年4.6亿元增长到2019年9亿元，完成率始终保持全省前两位，打造全国邮政的“宿迁现象”。在扬州公司，他将党建工作融入企业发展中心，践行“人民邮政为人民”服务宗旨，打造中国邮政农产品基地——高邮咸鸭蛋基地，建设扬州法院集约送达中心、杭集酒店用品集群市场、跨境电商产业园等，扬州邮政志愿项目代表扬州市参展江苏第五届志交会获银奖。2020年，扬州邮政累计实现业务总收入13.6亿元，全面完成省分公司下达的各项目标任务。在扬州疫情最严重的时候，他冲锋一线，坚守阵地，统筹抓好疫情防控和复工复产工作。他弘扬劳模精神，在宿迁培育十三届全国人大代表殷勇，在扬州培育十九大党代表、“全国邮政行业劳动模范”顾松学。他坚持以员工为中心，建设职工小家、改善员工食堂、美化工作环境、提升队伍素质、关爱离退休人员，不断提升员工的幸福感、获得感、安全感。2020年，宿迁、扬州市分公司均获“第六届全国文明单位”称号。2020年被授予江苏省“五一劳动奖章”，2021年被授予全国“五一劳动奖章”。

（伍瑞庆）

全国先进老干部工作者——王德辉(左)　　市委老干部局/供稿

“全国先进老干部工作者”称号获得者

■王德辉 男，汉族，1978年11月出生，中共党员，本科学历，仪征市委离退休干部工委副书记。1997年7月参加工作，24年来始终以强烈的事业心投身老干部工作，以高度的责任感服务老干部群体。他坚持定期走访，做到思想上关心、生活上照顾、精神上关怀老同志。针对离休干部整体进入高龄期现状，他牵头制定精准化服务档案90余份，为他们解难事、办实事20余件，不折不扣落实老干部各项生活待遇。他积极拓展工作思路，推动形成《仪征老干部工作十条》，进一步规范全市老干部工作。创新做好“三有一落实”（离休干部看病就医有一条就医绿色通道、有一名家庭签约医生、有一套医疗费补助办法，落实好离休干部医疗待遇）工作，建立老干部局、卫健委、家庭医生共同参与的工作平台，及时为老干部提供精准服务。2019年，全省“三有一落实”现场会在仪征召开，“扬州模式、仪征样板”在全省推广。他全力打造“白沙映霞”老干部党建工作品牌，实现仪征市48个离退休干部党支部“六有一提升”（有党的组织、有领导班子、有组织活动、有作用发挥、有工作制度、有工作保障，提升组织力）达标全覆盖。成立“银发生辉·白沙映霞”老干部志愿服务队，每年组织开展各类主题志愿服务活动30余场次，取得良好的社会反响。他先后获江苏省先进老干部工作者，扬州市老干部工作先进个人，仪征市优秀共产党员、优秀公务员、优秀党务工作者等称号。2021年被中共中央组织部、人力资源和社会保障部授予“全国先进老干部工作者”称号。

（张　驰）

“全国文化和旅游系统先进工作者”称号获得者

■姜庆玲 女，汉族，1968年7月出生，中共党员，大专学历，扬州市曲艺研究所党支部书记、所长，一级演员。任职以来，致力于扬州曲艺传承、传播工作，每年组织曲艺惠民演出千余场。参与策划、主演的曲艺作品连续获得6项中国曲艺最高奖——牡丹奖。经市委宣传部授牌，成立姜庆玲扬州评话名师工作室。2015年，被省人社厅、省文联授予“第四届江苏省中青年德艺双馨文艺工作者”称号。2018年，领衔主演的中篇扬州评话《玉山子传奇》被中国文联、中国曲协授予第十届中国曲艺牡丹奖·节目奖。2020年，被省文旅厅评为省级非遗扬州评话代表性传承人。2021年被人力资源和社会保障部、文化和旅游部授予“全国文化和旅游系统先进工作者”称号。

（霍　伟）

■戴荣华 男，汉族，1966年11月出生，中共党员，大专学历，扬州市木偶研究所所长、书记，一级舞美设计。戴荣华凭借扎实的杖头木偶造型、设计、制作技艺功底，不断创新，博采众长，使扬州杖头木偶大放异彩，如木偶剧《神奇的宝盒》中，“小玉”会绽放出红、黄、蓝三色，“银豆豆”能钻进宝石，“大嘴巴”更是能上天入地。他在全国首次用3D打印技术为湖南卫视《我们来了》10位明星制作木偶头饰。全国各木偶院团用于舞台表演的杖头木偶约80%是由戴荣华团队设计并制作。2016年，扬州市木偶研究所挂牌成立“中国木偶艺术人才培训基地”，并主办全国首期“木偶制作人才培训班”。他还成

全国文化和旅游系统先进工作者——姜庆玲　　市文广新局/供稿

功将杖头木偶制作技艺运用于花车、花船等文旅项目上，在扬州华侨城“文旅一期梦幻之城”建设项目中向游客提供表演、培训、木偶销售等综合服务。在他主导下先后创作排练新版《嫦娥奔月》《胡桃夹子》《森林王子》等近20台新编剧节目，其中《嫦娥奔月》获第七届中国儿童戏剧节“优秀展演剧目奖”，《神奇的宝盒》获“2018年度十大优秀儿童剧”奖，另有省市级奖项9个。他组织建立营销团队，先后签约武汉、重庆、郑州等28个城市的演出订单，组团赴美国、德国、澳大利亚等国家和地区演出，每年演出200场以上，《嫦娥奔月》《神奇的宝盒》两次亮相国家大剧院。“十三五”期间，扬州市木偶研究所经营收入4300余万元，取得社会效益和经济效益双丰收。2021年被人力资源和社会保障部、文化和旅游部授予“全国文化和旅游系统先进工作者”称号。（霍　伟）

“江苏省劳动模范”称号获得者

■包四平　男，汉族，1968年4月出生，中共党员，本科学历，扬州保来得科技实业有限公司综合管理部总监、工程师。他先后担任制造、技术、质量、销售、综合管理等部门的负责人，在工作中坚持党建引领，推进组织生活制度化建设，通过“学政治，明方向，找差距，树典型”等一系列措施，强化党员的组织意识、自我要求和示范作用。在2020年初的新冠肺炎疫情防控期间，勇挑重担，沉着处置，协调资源，人员、物资、制度一一落实，复工比例、复工产出率在扬州经济技术开发区均处于领先水平，实现全年15%增长的超常规的发展。担任综合管理部门负责人以来，通过政策定调、政策导向，调动全员的创造热情；通过制度建设、制度修订，强化制度保障，促进公司提质增效。在2020年村企联建工作中，安排互访交流，落实对口支持。2021年获“江苏省劳动模范”称号。

（伍瑞庆）

■王　哲　男，汉族，1991年6月出生，中共党员，本科学历，宝应县润华静电涂装工程有限公司技术开发部主任，工程师、科技咨询师。他主要从事技术开发工作，研发高性能膜材料及涂装工艺，主导创新开发PVDF（聚偏二氟乙烯）膜制备技术，实现PVDF膜国产量化的突破。2016年，他参与企业燃料电池膜开发工作，主持并制定项目开发的主要要求，申请并获得省重点研发项目支持，此项目关键技术达到国内领先、国际先进水平，2017年获省科学技术二等奖。2019年，主持公司环氧锌基智能化喷涂线的新项目开发。通过一年的开发，国内首台套八管内喷环氧锌基喷涂线在山东源通交通设施有限公司投入运行，带动交通设施涂装设备的跨越式发展。他注重团队技术创新建设，领衔的技术开发部被授予“江苏省工人先锋号”称号，其主持建立的研究生工作站被评定为省研究生工作站。主持研发的项目获国家中小企业技术创新基金项目1项、省重点研发项目1项，获批专利4项。2021年获“江苏省劳动模范”称号。（伍瑞庆）

■丁振中　男，汉族，1986年3月出生，中共党员，本科学历，扬州日兴生物科技股份有限公司综合办主任兼项目部主任，高级工程师、高级经济师。他主持或参与国家星火计划2项、省重大成果转化A类项目1项、省自主创新项目1项、省国际合作项目1项、省前瞻性产学研合作项目3项、省农业科技自主创新资金项目1项、省第五期“333工程”培养专项1项，相关项目获省科技进步二等奖2项、省科技进步三等奖1项、全国商业联合会一等奖4项、省轻工协会科技进步一等奖2项。他带领团队开发具有自主知识产权的新产品，经省科技厅认定的新产品20项，获授权专利40件（其中美国发明专利1件、中国发明专利9件）。他帮助企业创成国家博士后工作站、国家虾蟹类综合利用加工技术研发分中心。他具有较强的集团荣誉感，关心一线工人生活，不断改善员工的工作和生活条件，解决职工的后顾之忧。2021年获“江苏省劳动模范”称号。

（伍瑞庆）

■王文川　男，汉族，1985年1月出生，中共党员，本科学历，上汽大众汽车有限公司仪征分公司生产经理、工程师。他把互联网技术应用到生产和现场管理中，分解现场管理和创新降本目标，实现在“云端社交”平台中相互融合、汇聚合力的新型协作模式，构建车间+专家+群众的共同体。他领衔成立劳模创新工作室，为提升车间现场管理献计献策，“SMC密封套件优化”创新点子被评为公司十强，“通过增长打磨轴节省打磨片”KVP创新改善案例被评为德国大众优秀案例，“一种便于快速更换砂轮片的激光焊接打磨头”项目获国家实用新型专利，累计在全国和省级刊物上发表论文10余篇，培养一大批攻坚克难的项目团队、“5×100”人才和“JUMP计划”人才。他带领工作室成员启动“阳光伙伴”计划，发挥老员工“传帮带”作用，搭建部门间的交流平台，促进新员工专业技能快速提升。作为扬州市人大代表、分公司工会主席，他定期走访慰问困难家庭，带头为困难员工捐款，为员工办实事、解忧难，是一名“党政好帮手”“工会娘家人”。2021年获“江苏省劳动模范”称号。

（伍瑞庆）

■殷远东　男，汉族，1972年2月出生，中共党员，本科学历，国网江苏省电力有限公司扬州市江都区供电分公司电力工程服务分公司工程项目班班长、工程师。他30年如一日投入一线岗位，赢得江都配网“活地图”美誉。作为1200千米电缆“掌门人”，20年来保电工作无差错，100余万户居民用电正常。2018年，以他名字命名的创新工作室升级为省公司级殷远东劳模创新工作室。他领衔研发创新成果20项，获国家发明专利2项、实用新型专利10项。作为公司“自在心灯”志愿服务队骨干，他以交心扶志的方式帮扶家境困难的学生，以产业扶贫的形式参与帮扶贫困家庭。他先后获省首席企业技师、扬州市劳动模范、国网江苏省电力有限公司“苏电工匠”、国家电网公司劳动模范等称号。2021年获“江苏省劳动模范”称号。（伍瑞庆）

■**李景华** 男，汉族，1971年9月出生，中共党员，本科学历，江苏邗建集团有限公司副总工程师、技术副总经理，高级工程师、国家一级注册建造师。他一直从事或分管集团的质量创优和科技进步工作，“现代高效预应力在体育工程中的应用与研究”通过省级专家鉴定达省内先进水平，“建设工程材料成本控制系统”获第十届全国工程建设企业管理现代化成果二等奖，“建设工程智能动态成本控制系统”获中国施工企业管理协会科学技术奖技术创新成果二等奖，“一种多功能聚合物砂浆搅拌施工一体机”“一种整浇空腔楼盖预制构件”“一种更加节能的水泥养护窑加热系统”获实用新型专利，“中国大运河博物馆BIM技术应用”获2020年首届全国钢结构行业数字建筑及BIM应用奖一等奖、被中国建筑业协会评为中国建设工程BIM大赛一类成果。他助力公司成立国家级博士后工作站，集团公司连年被评为省建筑业技术进步和质量管理先进单位、全国工程建设QC成果优秀企业、国优工程特殊贡献单位等。他被评为2018年度扬州市有突出贡献的中青年专家，2021年获“江苏省劳动模范”称号。（伍瑞庆）

■**何　兵** 男，汉族，1972年1月出生，中共党员，中专学历，扬州金鹰玉器珠宝有限公司副总工艺师、中国玉石雕刻大师、中国玉雕艺术大师、江苏省工艺美术名人、高级工艺美术师。他负责玉雕创作与生产，从业30余年来致力于扬州玉雕技艺的传承与发扬，被中国玉雕研究院和中国轻工珠宝首饰中心聘为专家委员，创作作品获国家级、省级金银等大奖200余项，创作的白玉山子雕“吟春”“鸣琴鹤舞”先后被邀请参加2016年和2018年中国当代工艺美术双年展，并在中国国家博物馆展出。他被江苏旅游学院聘为宝玉石鉴定与加工专业常年顾问、客座教授。2009—2021年，义务培训9届近200名毕业生，其中获玉雕高级工资格证书60余人。他热心公益事业，先后为灾区和贫困地区弱势群体及一线抗疫人员捐赠善款3万余元。2019年，何兵被评为第二届“扬州大工匠”，授予扬州市“五一劳动奖章”。2020年被授予江苏省“五一劳动奖章”。2021年获“江苏省劳动模范”称号。（伍瑞庆）

■**吴德钱** 男，汉族，1982年1月出生，本科学历，永丰余造纸（扬州）有限公司机械处经理。他先后担任机械组助理工程师、机械组主任、设计组主任及工务部机械处副经理、经理等职务。工作中，钻研新造纸设备的先进性，改善旧造纸设备，精益求精完成每一项设备维修、改造、验收工作，提高旧设备的运转性能。对设备故障进行根源性分析，由事后故障维修改变为预防维修，有效减少设备意外故障停车，降低维修成本，为公司创造不菲的经济效益。他培育一批优秀的维修技术人才，形成老中青三代骨干。2021年获“江苏省劳动模范”称号。（伍瑞庆）

■**高德俊** 男，汉族，1975年1月出生，大专学历，亚普汽车部件股份有限公司总经理助理、高级工程师。他是汽车部件行业生产工艺方面的全球顶级专家，也是公司本土培育的高层次技术人才。公司B5油箱开发认证最终审核前的两个小时，调试产品突然出现异常波动，作为帕萨特B5油箱产品调试的负责人，他沉着应对，成功解决问题，奠定公司与大众良好的合作基础。2009—2012年，他带领团队成功研发新一代油箱生产技术–YNTF®技术，并培育国内配套产业链，突破世界塑料燃油箱生产巨头的技术封堵，使亚普股份的油箱生产技术实现更新迭代。仅2020年，亚普股份YNTF®技术的油箱销售额50亿元，应用该技术生产的油箱占公司总销量的一半以上。2019—2021年，他持续改进项目87个，节约9184万元，其中主导项目节约1242万元。2009—2021年，他成功申请专利56件，其中发明专利36件、授权18件、国际专利5件。他注重传帮带，两名徒弟为亚普股份海外分厂负责人，3名徒弟为国内分厂负责人，20余名徒弟为公司骨干技术人员。2021年获“江苏省劳动模范”称号。（伍瑞庆）

■**邵长喜** 男，汉族，1982年5月出生，大专学历，江苏扬城一味餐饮管理有限公司行政总厨、中式烹调高级技师。他经过专业院校的系统培训，从事淮扬菜烹饪20余年，磨砺于各类美食技能大赛，勤勉承袭于扬州淮扬菜大师，深得厨艺精华。作为扬城一味餐饮管理有限公司行政总厨，邵长喜发扬当今工匠精神，对厨房运营、生产盈利、生产安排、人员管理、场地设备、制度规范、出品控制、安全责任、菜品研发等环节严格把控、精益求精。他多次参与接待江泽民、胡锦涛、法国前总统希拉克等国家领导人及国外元首，多次参加全国、省、市及国际烹饪比赛并获奖，参与研发中国淮扬菜、扬州红楼宴、扬州八怪宴，参与编写《淮扬菜新风集》等书籍。2017年获江苏省乡土人才“三带”新秀，2020年获江苏省乡土人才“三带能手”，2020年获“扬州市劳动模范”称号，2021年获“江苏省劳动模范”称号。（伍瑞庆）

■**陆亚君** 女，汉族，1981年12月出生，中共党员，本科学历，中国邮政储蓄银行扬州市邗江区支行副行长。她工作10余年，从一名普通储蓄柜员成长为区支行副行长，主动服务三农和小微企业，营造团队氛围，在市区支行中第一个实现福费廷业务的突破、第一个实现破产管理人账户的开立、第一个实现楼盘认筹款项目的突破，实现全国首单理财直融业务突破，所在支行经营管理水平不断提升，先后获“扬州市工人先锋号”“扬州市优质文明明星服务窗口”“扬州市群众满意的窗口服务单位”“市分行先进集体”“江苏省分行先进集体”“江苏省金融工会女职工文明示范岗”等称号。2021年获“江苏省劳动模范”称号。（伍瑞庆）

■**焦建华** 男，汉族，1965年10月出生，民盟盟员，本科学历，江苏省水利勘测设计研究院有限公司副总工程师兼建筑设计分公司经理、研究员级高级工程师。他辩证把握建筑与人、环境的依存关系，在全国同行业首先提出整体性设计的理念，改变水利行业总体规划简单的做法。在国家重点工程南水北调东线工程宝应站等建筑设计中，把人水和谐的水生态、水文化新理念运用到水利工程设计中。他牵头成立的劳模创新工作室成果丰硕，淮河入海水道河道工程获全国优秀工程设计金奖、新中国成立60周年百项经典暨精品工程、第七届中国土木工程詹天佑奖，沂沭泗河洪水东调南下续建工程新沂河整治工程获全国优秀水利水电工程勘测设计奖银质奖，泰州引江河高港枢纽工程获国家第十届优秀工程设计铜奖，泰州引江河第二期工程获2020—2021年度国家优质工程奖，国家重点工程南水北调新沂市尾水导流工程湿地设计获第一届“中水万源杯”水土保持与生态景观设计优质奖，三河闸、泰州引江河枢纽等建筑入选《全国水工程与水文化有机融合典型案例》。他参与设计的南水北调金湖站、洪泽站工程及四川官宋硼堰取水枢纽工程等获水利部大禹奖10余项、省部级优秀工程设计奖20余项。他在核心期刊上发表科研论文10余篇，获发明专利1项，论文《从孤立到综合——水利工程建筑与环境设计思考》被中国水利水电出版社《调水工程应用技术研究与实践》一书收录，并在全国调水工程科技论坛上作大会交流发言。他多次被邀请到全国各地学术论坛作讲座，个人先后被评为南水北调建设管理先进个人、省水利科技工作先进个人、中华水文化专家，2020年获“扬州市劳动模范”称号，2021年获“江苏省劳动模范”称号。（伍瑞庆）

■**魏晓羽** 男，汉族，1975年7月出生，博士学位，江苏曙光光电有限公司设计师、研究员级高级工程师，全国光学和光子学标准化技术委员会电子光学系统分技术委员会委员、《激光技术》编辑委员会委员。他曾赴德国弗朗和费激光技术研究所做长期合作研究，致力于激光产品及光电系统的研发，带领团队创新研发多种激光核心及关键技术，研发的激光器应用到上百个激光类产品中，部分技术达到国际先进水平，先后获省部级二、三等奖2项，中国兵器集团级二、三等奖5项，获国防专利6项，参与制定国家标准3项，得到中国科学院等多家单位认可，实现公司固体激光器迭代有序发展，巩固公司在激光相关领域的国内领先地位。获“全国知识型职工先进个人”称号，2017年入选中国兵器科学家培养计划，2020年获“扬州市劳动模范”称号，2021年获“江苏省劳动模范”称号。（伍瑞庆）

■**黄爱军** 男，汉族，1970年8月出生，中共党员，本科学历，扬州亚星客车股份有限公司总经理助理兼汽车研究院院长、全国专业标准化技术委员会委员、扬州大学信息工程学院兼职教授、高级工程师。近30年来，他一直从事客车产品研发和技术管理工作。2000年因工作表现突出被委派至德国进行为期两年的客车研发培训。回国后，他担任多项重大产品开发项目负责人。2008年担任公司技术研发主要领导以来，带领技术团队每年开发数十款新品基础车型，深耕新能源客车产品技术开发与批量配套，创新应用新材料、新技术，优化设计动力总成及底盘系统，实现整车减重10%以上、新能源客车产品同等使用条件下降低能耗20%，整车轻量化效果显著，产品投放市场取得良好市场效应。2017年获“扬州市劳动模范”称号，2021年获“江苏省劳动模范”称号。（伍瑞庆）

■**吴春艳** 女，汉族，1979年7月出生，中共党员，本科学历，中国联合网络通信有限公司扬州市分公司广陵营销中心部门经理。她扎根网络通信经营发展一线最前沿，以实际行动践行着“一切为了客户、一切为了市场、一切为了一线”的工作理念，各项业务指标均在扬州公司排名前列。她积极参与社会公益活动，带领所在中国联通江都分公司开展文明单位争创工作，江都分公司被评为2017—2018年度扬州市文明单位。吴春艳连续多年被中国联通扬州分公司评为先进个人，2017—2018年连续两年被中国联通江苏分公司评为省级先进个人，被中共中国联通江苏省分公司党委评为2017年度优秀共产党员，被市委表彰为2017年度优秀共产党员，2020年获“扬州市劳动模范”称号，2021年获“江苏省劳动模范”称号。（伍瑞庆）

■**束　坤** 男，汉族，1969年1月出生，中共党员，研究生学历，中国船舶重工集团公司第七二三研究所首席技术专家、研究员。他先后获国防科技进步奖二等奖1项、三等奖1项，获集团科技进步奖一等奖2项、二等奖1项、三等奖3项。2021年获“江苏省劳动模范”称号。（伍瑞庆）

■**赵启明** 男，汉族，1966年2月出生，中共党员，本科学历，中国邮政集团股份有限公司扬州市分公司城区寄递事业部经理。多年来，他投递邮件零差错，支局储蓄余额名列前茅，超额完成发行专业收入任务。在他的带动下，城区寄递事业部每年投递报纸杂志超过2200万份、邮件超过580万件，党报党刊投递及时率100%。面对疫情，他连续两个多月每日赶往各城区揽投网点查看员工健康、疫情防控、邮件揽投情况，完成防疫物资寄递等紧急任务。面对经营发展任务，他深入一线，钻研数据、实地查看、跟段记录、反复测算，整合投递资源，推行转型新模式，打造资源整合和业务发展的扬州样板，以实际行动展现“人民邮政为人民”的服务宗旨。2021年获“江苏省劳动模范”称号。

（伍瑞庆）

■于笔钧 男，汉族，1962年3月出生，中共党员，大专学历，江苏菲达宝开电气股份有限公司总经理、高级工程师。他以企业为家，竭尽全力带领团队把公司做大做强，公司产值从1800余万元增长到2021年销售额5.15亿元、利税8000余万元，国有资产增值18倍，上缴利税稳步增长。2001年，以为全球500强企业卡特彼勒供应零部件为契机，形成工程机械、农业机械、发电机组、自动售货机等为主导产品的战略格局，实现企业战略转型。2015年，他提出以智能物流装备系统为企业新的增长点和战略方向，先后研发自动化立体仓库、电子商务货物配送分拣输送系统，开发亚马逊、顺丰、国药等近百家高端客户。他参与新品研发20余个，作为主要发明人获发明专利7件、实用新型专利20件。他协助公司成立省认定企业技术中心、省研究生工作站等科技创新平台，设立管理改善办公室，提升企业效率、实现降本增效的举措被《工人日报》详细报道。公司先后被评为国家级高新技术企业、省绿色发展优秀案例企业，获扬州市“市长质量奖”。他心系员工，建立职工医疗互助基金。累计当选四届扬州市人大代表，先后获“2020年省企业‘七五’普法先进个人”“扬州市优秀共产党员”“扬州市劳动模范”等称号，2021年获“江苏省劳动模范”称号。（伍瑞庆）

■李　俊 男，汉族，1973年3月出生，本科学历，江苏新扬新材料股份有限公司董事长兼研发中心主任、正高级工程师。他先后主持省科技成果转化项目等省部级以上项目13项，获国家授权专利35项。研究成果获2019年度省科学技术一等奖（排名第一）、2019年度中国航空学会科学技术二等奖（排名第三）等省、市科技奖励6项。个人先后获省有突出贡献中青年专家、省333工程优秀人才（中青年学术技术带头人）、省首批科技企业家等称号。2021年获“江苏省劳动模范”称号。（伍瑞庆）

■施　茜 女，汉族，1972年10月出生，中共党员，研究生学历，江苏有线扬州分公司党委书记、总经理，工程师。她长期在广电系统工作，从基层一线一步步走上领导岗位。作为国有文化企业负责人，她牢牢坚守广电网络作为党媒政网民屏的初心，把安全播出作为首要政治任务，强化广电网络服务百姓、服务社会的功能，推进城市数字化、网络化、信息化建设，实现社会效益和经济效益相统一，推动广电网络事业高质量发展。2019年率领江苏有线扬州分公司获江苏有线突出贡献奖，2020年带领公司累计实现营业收入4.16亿元、利润4594万元，获“江苏有线2020年度优秀分公司”称号。她牵头建设的扬州市“基于IP城域网的4K多终端CDN服务平台”，获2020年度江苏省广播电视科技创新奖二等奖、江苏有线科技创新奖一等奖。2021年获“江苏省劳动模范”称号。（伍瑞庆）

■臧正志 男，汉族，1966年12月出生，中共党员，本科学历，江苏扬州农村商业银行股份有限公司党委书记、董事长，高级经济师。他坚持“围绕发展抓党建，抓好党建促发展”的思路，高品位打造企业文化新形象、新品牌（LOGO），深耕普惠金融，助力“六稳六保”，2020年新增小微贷款27.91亿元，向实体企业减费让利1.32亿元，不断降低小微企业融资成本。他创建“一当”金融平台，推进信贷数字化平台建设，集聚3.3万户商户，快速迭代金融产品，线上线下新产品受小微客户青睐，获江苏省农商银行系统信贷科技创新竞赛一等奖。他高标准建强总部，打造“学习型”企业，多条线在省内农商行系统考核排名大幅提升，纳税总额位居市区各银行机构前三。他热心公益，成立助学基金200万元资助贫困学子圆梦大学，组织定向捐款179万余元支持抗疫前线，2021年向市慈善总会捐款100万元。2020年获“扬州市劳动模范”称号，2021年获“江苏省劳动模范”称号。

（伍瑞庆）

■缪小鸥 女，汉族，1975年6月出生，中共党员，本科学历，江苏旭升石化有限公司财务总监。作为企业财务负责人，她精益求精，每一份报表、每一个数字都要求一丝不苟、准确无误。她积极运作，合理安排资金，有力保障公司生产及各方面的资金需求。2016年5月公司二期工程开工建设，再加上原材料价格上涨，公司资金骤然紧张，为解决基建和生产的资金问题，缪小鸥连续两个月未休息一天，协调解决资金问题，保障公司二期工程顺利竣工。作为公司党支部书记和工会委员，她时刻把公司和职工利益放在首位，致力于公司女工工作，组织各类培训，及时帮助解决员工实际生活中遇到的困难。2021年获“江苏省劳动模范”称号。

（伍瑞庆）

■徐玉祥 男，汉族，1974年12月出生，中共党员，本科学历，国网江苏省电力有限公司仪征市供电分公司总经理、高级工程师。2020年疫情期间，他积极助力地方复工复产，推广应用“抗疫复产电力大数据云网”平台，为防疫生产企业办理快速复容手续，有序落实国家减免工商业电费5%政策，减少客户电费支出约6457万元。他全面推行安全责任清单，建立健全安全监督、保证体系，仪征公司实现连续安全生产9478天，连续3年被评为地方安全生产目标管理先进单位。他积极服务地方重特大项目，扎实开展世园会配套建设，公司被仪征市委、市政府授予“特别贡献奖”。他率先垂范结对帮扶贫困户6户，推动公司领导班子成员结对帮扶贫困户48户，累计资助“春蕾女童”100余人，严格落实低保户、五保户用电优惠政策，2021年减免电费56.7万元。2021年获“江苏省劳动模范”称号。（伍瑞庆）

■王金卿 男，汉族，1982年12月出生，中共党员，研究生学历，江苏华江建设集团有限公司总工程师。他积极开展产学研工作，建设高新技术企业、工程技术中心、研究生工作站，参与《混凝土预制构件智慧制造工厂评价标准》《装配式混凝土结构预制构件质量检验规程》《建筑外墙防水保温工程技术规程》等省级及行业标准编制，获国家发明专利2项、实用新型专利3项。他研发的预应力技术在PC环形生产线上应用的技术、陶粒混凝土内隔墙“先装墙、后装梁”安装工艺获全国工程建设优秀质量管理小组成果（创新型）二等奖、省施工工法。他带领技术团队将研发新技术应用在多个工程项目上，其中两个项目获评省建筑产业现代化示范项目。2021年获“江苏省劳动模范”称号。（伍瑞庆）

■刘　峻 男，汉族，1970年9月出生，中共党员，研究生学历，江海职业技术学院机电技术专业教学团队负责人，教授、高级工程师。刘峻技能大师工作室被评为扬州市级技能大师工作室，领衔的数控操作技能名师工作室命名为扬州市市级名师工作室。主持建立扬州市钛合金光学反射镜工程技术研究中心江海学院工作站，被认定为市级高校科协专家工作站。主持建成省级现代机电制造技术实训基地、省级机电技术专业群、省级高水平骨干专业、扬州市新型学徒制试点单位。2017—2021年，发表论文26篇，其中核心期刊6篇，出版教材2部，授权发明专利1项、实用新型专利14项、计算机软件著作权2项。主持省市级课题5项、企业横向课题12项，“高职数控专业模块化教学的研究与实践”课题获中国职教学会课题研究一等奖，所带教学团队获省教科研成果二等奖2项、三等奖2项，省级教学大赛一等奖1项、二等奖5项，指导学生获省市技能竞赛奖50余项，科研社会服务金额300余万元，4人入选省高校“青蓝工程”项目。2021年获“江苏省劳动模范”称号。（伍瑞庆）

■刘艳成 女，汉族，1972年5月出生，中共党员，大专学历，宝应县安宜镇白田社区党委书记、居委会主任。她组织成立社区淮剧票友协会、阳光艺术团、夕阳红腰鼓队等文体组织，连续举办10届千家欢邻里文化节，通过居民自编自演，宣传党的政策、法律知识及文明礼仪，成为居民喜闻乐见的文化大餐，满足居民对文化的需求，提升社区知名度和居民认同感。作为扬州市妇联执委，她多年来一直关心贫困母亲和留守儿童，组织成立白田社区晴雨伞妇女儿童工作站、吴老师巧手工作室、故事妈妈兴趣小组，成为白田社区工作亮点。作为社区领头人，始终将群众需求放在首位，居民群众的大事小情，总是第一时间赶到现场。多方筹措资金，修整小街巷路面，改造辖区内老旧小区15万平方米，切实为民办实事、解难事。疫情期间，她身先士卒，带领大家巡卡口、查人头、跑楼宇、走街巷，为社区居民筑起疫情防控“安全墙”。2021年获“江苏省劳动模范”称号。（伍瑞庆）

■张　玉 女，汉族，1979年9月出生，中共党员，本科学历，邗江区邗上街道翠岗花园社区党委书记、居委会主任、助理社工师。她通过争取上级党委政府支持，完成6个小区326个楼道灯的安装，协助开展5个老小区改造，小区面貌焕然一新。针对社区老干部、老党员较多的实际情况，她探索实践“一方隶属、多重管理”模式，成立“夕阳红”党支部，引导老干部、老党员担任社区“十大员”，助力社区治理。2019年，该支部获全国离退休老干部先进集体。她在扬州率先组建“1+N”网格服务团队，促进每个网格做到“服务有人抓、困难有人帮、心结有人解、秩序有人管”。作为一对双胞胎儿子的妈妈，她舍小家，顾大家，每天坚持第一个上班，最后一个离开。遇到创建、选举、疫情防控等重要任务时，她既当指挥长也当战斗员。20年来，她用自己的热心、爱心、关心温暖民心，创新实干，团结带领党员和居民建设文明和谐社区。2021年获“江苏省劳动模范”称号。（伍瑞庆）

■刘吉荣 男，汉族，1978年7月出生，大专学历，江苏一莓阳光现代农业有限公司总经理。他成立江苏一莓阳光现代农业有限公司，建设智能温室大棚3万余平方米，推广应用草莓架式无土栽培、农业物联网、水肥一体化、自动控温、二氧化碳施肥等多项新技术，亩效益10万元以上。公司生产的“一莓阳光”草莓获国家绿色食品认证、中国精品草莓擂台赛全国金奖。2019年，园区获批江苏省“十佳草莓园”，央视7套进行为期5天的草莓生产新技术应用专题拍摄。2020年，获批江苏省园艺作物生产标准园区。他在致富的同时不忘回报社会，园区有果蔬种植技术人员3人、管理人员6人，常年用工近40人，采摘高峰用工80人，农民人均年收入2.2万元，有效解决当地及周边村庄剩余高龄劳动力的增收问题，实现农民家门口打工赚钱。他先后带动周边4个村110余户农户种植蔬菜，为农户集中育苗、定期提供技术指导，形成“春红椒+秋甘蓝”等一系列高效种植模式。他利用自己的销售网络，帮助社员销售产品，取得较好的经济效益和社会效益。2021年获“江苏省劳动模范”称号。（伍瑞庆）

■葛忠奎 男，汉族，1977年8月出生，高中学历，扬州市三五斗农业生产综合服务专业合作社联合社理事长。他带领周边的农业企业、合作社、家庭农场和种植大户成立优质食味稻联合体，实现粮食种植全程机械化作业，在产前、产中、产后诸多环节上结成完整产业链，实现资源优化配置，促进农村种植结构和产业结构的调整与优化，增加农民的收入，每年带动周边农户2000余户，累计多增收1500万元，解决农民就业35人，人均年收入3万元以上。他不定期开展农机、农技现场会，为周边农户提供技术支持。2017年获扬州市双创一等奖，2019年被评为陕西爱心大使，2020年获“扬州市劳动模范”称号，2021年获“江苏省劳动模范”称号。

（伍瑞庆）

■祁志芳 女，汉族，1975年3月出生，中共党员，大专学历，高邮市临泽镇小葛村党总支书记、村委会主任。小葛村地处全镇东南角的“锅底洼”，属经济薄弱村。她担任村支书后，发挥村4800余亩水面养殖资源优势，做足水文章，带领群众走出一条养殖致富的成功之路。2008年，她承包100余亩废弃鱼塘生长荷藕。2010年起，她在藕塘套养小龙虾，每亩增收1000余元。在她的示范引领下，成立兴渔水产养殖合作社，全村有荷藕面积2400亩、大闸蟹养殖600亩、“四大家鱼”1800亩、养殖户200余户。通过招商引资建立扬州东寅水产品批发市场，年交易额3亿余元。在实现水产养殖强村富民的同时，她通过农业招商引资、推行土地流转、实施生态特色、高效种养殖业，全力化解集体债务问题，实现农民增收、农业增效。2021年，全村实现社会总产值2.1亿元、村集体经营性收入190余万元。小葛村获市级“先进基层党组织”“四星级村党组织”等称号。她注重为民把好事做好、实事办实，群众都夸她是“小葛村里的当家人”。2020年，新建两个流量的排涝站、桥梁3座、通组道路4条，提档升级村级道路2000余米，实施亮化工程5个组，加固防涝圩堤3000余米、河道疏浚4000余米，投入300余万元新建两层占地650平方米的村党群服务中心。她先后获扬州市级“三八红旗手”、扬州市“十佳村（社区）党组织书记”等称号，2021年获“江苏省劳动模范”称号。

（伍瑞庆）

■潘传镜 男，汉族，1981年5月出生，中共党员，大专学历，广陵区李典镇李典村党总支书记、村委会主任。他从增加村民收入和改变村容村貌入手，整体改造村内闲置的荒滩，打造经济果林，发展绿色农业，近8个组村民因此受益。他牵头成立扬州典农园生态农业发展有限公司，通过村集体以资产，个人以资金、产品入股的方式推动村集体经济发展，带动村民就业增收致富。李典村先后被评为省级农业农村精品村、扬州市计划生育协会先进集体、扬州市农村科普先进单位、扬州市文明村、扬州市信用村等。他带头坚守在疫情防控第一线，团结带领村“两委”干部和党员志愿者积极投入疫情防控工作。2021年获“江苏省劳动模范”称号。（伍瑞庆）

■岳小猛 男，汉族，1989年5月出生，中专学历，海信容声（扬州）冰箱有限公司模具维修班长。他努力提高检修效率和维修服务质量，培训新员工，培养多技能人员，保障生产任务及时有效完成。他建立快速反应机制，只要出现抢修任务，他和团队能第一时间赶到现场。2020年，扬州工厂投入高端冰箱银河、淮河、珠江、秦岭等全新产品，他带领团队研究优化开模技术要求，制定标准化零部件图纸，对新入厂模具按照技术协议逐一验收，大大提高模具零部件标准化和模具使用寿命。高端冰箱生产环节中模具调试最为艰苦，他带领班组成员加班加点进行模具调试工作，实现各高端产品满足单班生产量500~800台。2021年获“江苏省劳动模范”称号。

（伍瑞庆）

■周桂云 男，汉族，1971年12月出生，中共党员，初中学历，扬州英谛车材实业有限公司生产总部副总部长、工会副主席。他从基层做起，带领冲压科先后创成扬州市“工人先锋号”、江苏省“工人先锋号”。2019年，他被破格提拔为公司生产总部副总部长，负责3个车间的生产工作。他打破公司固有的部门配置，多方挖掘现场省人省力化空间，充分调动部门之间的内部资源，为企业降本增效。公司人均效率从2.2台/小时提升到2.36台/小时，峰值达2.7台/小时，全年直接人工费用下降300余万元，产出比上年增加5万台，电耗下降3.47%，节约费用62万余元。2019年，吉利产品正式量产，日产量从300套提升到700套。重型水箱与小水箱合并生产，钎焊炉调配作业每月节约能耗35万元。2020年获“扬州市劳动模范”称号，2021年获“江苏省劳动模范”称号。（伍瑞庆）

■孙延宝 男，汉族，1970年6月出生，初中学历，江苏扬建集团有限公司瓦工班小组长。从小工到瓦工，从瓦工到小组长，从小组长到扬州技能状元，孙延宝一干就是30年。30年间，他不辞辛劳，苦练技术，一年365天，工地就是他的家，在工期紧、任务重的工程面前，他总是带头加班加点、冲在最前头。他对工地同事关爱有加，当他们家里有事或者身体不适时，他总是力所能及地照顾他们，帮他们顶班。当过春节时，他总是主动要求多加班，让路远的同事先回家过年。2012年、2014年和2018年，他3次参加“江苏技能状元”扬州市砌筑工选拔赛，获一等奖2次、二等奖1次，被评为扬州技能状元，2014年被市总工会授予扬州市五一劳动奖章，2015年被国务院农民工工作领导小组授予“全国优秀农民工”称号，2021年获“江苏省劳动模范”称号。

（伍瑞庆）

■邱红星 男，汉族，1974年9月出生，中共党员，本科学历，高邮市卸甲镇禾丰农机专业合作社理事长。他扎根基层，服务三农，潜心钻研各类农业机械维修技术，积极参加各级农业部门举办的农业技术培训班学习，利用农闲时认真检修保养每一台农业机械，保证农忙时发挥机械作业最佳状态。多次参加全国、省、市农业职业技能大赛，被各级部门表彰为“全国技术能手”“江苏工匠”“江苏省乡土人才三带名人”等称号。2013年，成立高邮市卸甲镇禾丰农机专业合作社，发展成员55人，拥有先进农机具65台（套），服务农田面积1.08万亩。2016年，自筹资金100万元新添6组粮食烘干机，日烘干粮食150吨，有效解决周边群众卖粮食难和晒粮食难的问题，2017年合作社被评为省农机合作社示范社。他领衔创办名师工作室、技能大师工作室、劳模创新工作室，与农业院校联合举办新型职业农民、插秧机操作工、农机修理培训班，每年培训农业人员480人。通过传帮带共培育农机修理工30人，培育种养大户、致富能手10人，5名农机手在省市技能竞赛中取得好成绩。呼应八桥国家农业科技园的发展，引进光明集团、扬州大学项目落户，协助流转土地1200亩，引进项目资金1600万元打造高标准农田建设。组建劳务服务公司，安排群众再就业。通过实事兴办、项目引进使该村农业基础设施硬件进一步提升，村容村貌焕然一新。他带头开展结对帮扶工作，主动结对帮扶5户低收入家庭。2021年获“江苏省劳动模范”称号。（伍瑞庆）

■**王宝松** 男，汉族，1974年8月出生，中共党员，大专学历，仪征市真州镇清水湾水产养殖专业合作社理事长。他毕业后从事粮食生产营销12年，长期开展对水产饲料的研究。2010年，他联合95户农民成立仪征市真州镇清水湾水产养殖专业合作社，创办特种水产品养殖场，成为仪征农业科技推广黄颡鱼苗种培育基地。2013年，他又成立仪征市轩轩鱼种场，倡导“市场带基地，基地联农户”的发展策略，辐射带动周边水产养殖农户1506户，为合作农户提供优质种鱼、饲料等，提供技术指导，以代购代销方式协助销售水产品。2021年获“江苏省劳动模范”称号。（伍瑞庆）

■**徐兴和** 男，汉族，1969年11月出生，中共党员，中专学历，扬州兴和养蜂专业合作社理事长。他牵头成立集养殖、育种为一体的扬州兴和养蜂专业合作社，有社员80户、蜜蜂3万余群，建有标准化仓储和冷藏系统、绿色养蜂基地和标准化生产车间，“露成”商标为省、市名优品牌，产品获“江苏省优质农产品”等称号，为省内外10余家权威医疗机械或高校中药制剂的原料供应商，社员收入增加30%以上。十多年来，他致富不忘本，坚持“回报社会、关爱他人”，每年组织社员去敬老院送温暖、捐钱物；走村串户，正常资助残弱群体；向黄石灾区、镇防疫一线人员、扬大真一实验蜂厂等捐赠；捐资修缮家乡宜北六组道路、安装路灯；捐资改造南陵社区老路1条，并为小区居民新建小型停车场。他先后获“省优秀农民专业合作社理事长”“扬州市劳动模范”等称号，2021年获“江苏省劳动模范”称号。（伍瑞庆）

■**徐大中** 男，汉族，1963年3月出生，中共党员，高中学历，扬州市邗江区公道镇大众机械插秧专业合作社理事长、助理农艺师。他扎根农村30年来，认真学习农业种植业科学技术，积极参加省、市、区各级农业培训，流转承包650亩土地作为试验示范基地，示范种植稻麦优良品种，试验示范推广稻麦秸秆全量还田高产栽培技术、粮食生产农机农艺融合、测土配方施肥技术、稻麦病虫草害绿色防控技术，稻麦精确定量高产栽培技术等，为市、区有关技术人员和规模种植户提供参观学习基地。在推广农业实用新技术的前提下做好农业综合服务，相继成立邗江区公道镇大众机械插秧专业合作社、徐杨家庭农场、邗江区爱农植保专业合作社，年服务面积33万亩，服务范围涵盖江西南昌、山东日照、安徽安庆及南京、泰州、常州等地。他为贫困户无偿提供技术支持和资金帮助，48户贫困户成为规模种植户并成立家庭农场。2020年，受新冠肺炎疫情影响，组织20余名懂技术有能力的农民成立综合服务队，帮助远在他乡的规模种植户做好夏熟作物的病虫草害防治、施肥、清墒理沟。2021年获“江苏省劳动模范”称号。（伍瑞庆）

“江苏省先进工作者”称号获得者

■**朱　宇** 男，汉族，1979年9月出生，中共党员，本科学历，宝应县公安局刑警大队大队长。他一直战斗在公安工作的一线岗位，从办事员到副所长、指导员、所长，以自己的实际行动诠释人民公安为人民的初心。他主动承担大要案件和复杂的疑难案件的侦办工作，在办案中提高自身业务水平。2017年，被省人社厅和省公安厅表彰为全省优秀人民警察。2019年，因屡破大案立下战功和对刑侦事业的满腔热情，他走上公安局刑警大队大队长的领导岗位。朱宇不负党委重托，投身到打击各类刑事犯罪和扫黑除恶的专项工作中，2019年被省扫黑除恶专项斗争领导小组表彰为江苏省扫黑除恶先进个人，2020年入选江苏省扫黑除恶专家库人选。2021年获“江苏省先进工作者”称号。（伍瑞庆）

■**张曰兴** 男，汉族，1967年1月出生，中共党员，本科学历，中共高邮市委组织部常务副部长、市公务员局局长。他先后担任高邮市委组织部干部科科长、高邮市委组织员、高邮市委组织部副部长、常务副部长，兼任高邮市委老干部局局长、高邮市公务员局局长。从事组织工作近30年，多年如一日地坚持对组织人事的政策知识的学习钻研，是高邮干部工作的“政策通”和干部信息的“活字典”，被誉为组工战线上的“老黄牛”。他始终把改革创新干部工作作为服务中心工作、全市大局的重要途径，牵头推动的中层干部任期制、年轻干部“墩苗计划”、“三项机制”探索实践、“四个一线”选育管用机制、“三型干部”评选等工作成为高邮干部工作的创新品牌。个人连续10余年在公务员年度考核中被评为优秀等次，2012年被扬州军分区评为军转工作先进工作者，2014年被扬州军分区评为优秀预备役军官，2018年被评为扬州市优秀共产党员，2019年获扬州市五一劳动奖章。2021年获“江苏省先进工作者”称号。（伍瑞庆）

■杨　明　男，汉族，1965年10月出生，中共党员，本科学历，仪征市人民医院党委书记、主任中医师。他带领全院干部职工，持续提升医疗质量，不断强化服务内涵，进一步完善分级诊疗服务模式，着力推进绩效改革，仪征市人民医院创成三级综合医院。他始终牢记“大医精诚”的古训，从事中医事业30年来，一直主攻中医内科消化专业，开设脾胃专科门诊，年门诊量5000余人次，在仪征市内率先开展多种内镜下治疗术，被选为扬州市中青年拔尖人才。他常年下乡指导工作，协助乡镇卫生院、村卫生室中医科室的业务管理和技术指导，为仪征市创建“全国农村中医工作先进县”和医院获“全国综合医院中医药工作示范单位”称号作出积极贡献。疫情期间，他勇担重责，第一时间成立疫情防控工作领导小组，带头递交请战书，研究部署筹建发热门诊、发热病人隔离观察病房、集中隔离医学观察点等防疫基础设施，迅速建成标准化PCR实验室，为仪征市常态化疫情防控筑起“防护墙”。2021年获“江苏省先进工作者”称号。（伍瑞庆）

■孔德年　男，汉族，1977年2月出生，中共党员，本科学历，扬州市公安局江都分局刑警大队中队长。他一直战斗在打击犯罪的一线，密切关注行业前沿知识和技术进展，深入钻研，探索求新，研发软件和技战法10款（种），负责的“合成作战中心”成为分局侦查破案的“最强大脑”，为全国基层公安机关刑侦信息化应用的排头兵。江都分局侵财类案件破案率从2016年前全市倒数第二名上升到全市第一名，并高出同行10个百分点以上。他敢担当讲奉献，一心扑在工作上，每月加班都在10个工作日以上。在成为刑侦系统信息化应用拔尖人才后，仍秉持初心，多次谢绝企业高薪聘请，坚守在艰苦的侦查岗位上。从警20年来，先后立个人二等功3次、三等功1次，被评为“全国百名追逃能手”“全国刑侦研判能手”“全省优秀人民警察”“全省人民满意公务员”等称号。2021年获“江苏省先进工作者”称号。（伍瑞庆）

■谢博名　男，汉族，1969年10月出生，中共党员，本科学历，邗江区瓜洲中学党总支书记、副校长，高级教师。他是扬州市农村高中第一个艺术高考班的缔造者，一直站在美术高考教学工作的第一线，构建“先学后导、分层教学、合作探究、自主构建”的美术课堂教学模式，主持省、市规划课题各1个，发表论文15篇，其中核心期刊3篇。辅导学生在各级才艺大赛中屡屡斩获特等奖和一等奖，每年被评为市优秀指导教师，学校被表彰为市艺术工作组织单位先进集体。他先后教授学生3000余人，其中考取美术本科2500人以上，一大批农家子弟迈进中国美院等八大美院和985、211高校。他多次帮扶和资助家庭情况特殊或经济特别困难的学生，金额超过5万元。2017年担任年级分管校长以来，全身心投入教育教学。2019年，他分管的高二年级“小高考”合格率100%，书写“学在邗江”的美谈。2020年，学校重点本科达线人数126人，本科率87.6%，创造瓜洲中学高考质量的历史。他历经瓜洲中学搬迁、江苏省重点高中创建、三星级高中转评、四星级高中晋升等重点节点。由于长时间超负荷工作，患上罕见的鼻腺癌，但从未请假休息。2010年被表彰为扬州市“十佳师德标兵”，2011年获评扬州市教育“十大新闻人物”“扬州好人”，2012年被表彰为江苏省师德先进个人，2020年被表彰为“扬州市先进工作者”。2021年获“江苏省先进工作者”称号。（伍瑞庆）

■付宝鼎　男，汉族，1976年11月出生，中共党员，本科学历，扬州市广陵区头桥社区卫生服务中心主任、副主任医师。他扎根基层20余年，将头桥社区卫生服务中心创成江苏省示范中心及扬州市文明单位。他成立家庭医生志愿者健康扶贫协会，带头捐款设立健康扶贫基金，为首批18户困难家庭实施精准健康扶贫。在新冠肺炎疫情防控关键时期，由于头桥镇在武汉等外地做生意的返乡人员较多，作为头桥镇疫情防控医疗救治组组长，他连续奋战3个月，带领头桥社区卫生服务中心15名家庭医生对外地返乡人员实施居家医学观察网格化管理，协助医用口罩、手套等疫情防控物资的生产供应管理。头桥镇获全国“疫情防控先进集体”称号。他先后获“中国好人”“全国群众满意的社区医生”“中国好医生”“全国十大最美医生”“江苏省优秀共产党员”“江苏省十大医德标兵”“扬州市劳动模范”等称号，其先进事迹被中央电视台、央视网、中央文明网、《新华日报》等媒体多次宣传报道。2021年获“江苏省先进工作者”称号。（伍瑞庆）

■张小军　男，汉族，1970年8月出生，中共党员，研究生学历，扬州经济技术开发区税务局党委委员、副局长。他先后在原扬州地方税务局、原江苏省地方税务局、国家税务总局江苏省税务局等部门和岗位，负责和参与税收大数据应用分析、税收风险管理、国家税务总局金税三期工程在原江苏省地税系统上线、江苏省税务系统原国地税金三系统并库等项目。在税收大数据应用分析和税收风险管理方面，主持建立原扬州地税大数据平台和风险指标库，开发税收风险应对质量监控系统、原江苏地税纳税人风险提示软件和第三方数据采集系统等，建立和完善税收大数据应用和纳税人涉税风险识别推送体系，为扬州市和江苏省原地税系统税收风险管理工作奠定良好基础。在全省金三系统上线和并库期间，他克服家庭困难，前后被抽调至省局工作三年多，负责系统数据迁移验证、数据质量管理和数据维护等系列工作，完成金三系统上线和并库工作，并在后期数据质量保障和维护工作中发挥关键作用。2017年、2019年，他先后被原江苏省地方税务局、国家税务总局江苏省税务局记二等功、三等功。2021年获“江苏省先进工作者”称号。（伍瑞庆）

■陈晓飞 男，汉族，1981年2月出生，中共党员，研究生学历，扬州市市政建设处工程管理科科长、高级工程师。他先后主持和参与瘦西湖隧道、蜀冈中西峰生态修复、扬子津路跨古运河大桥、江平西路快速化改造等扬州市政府重大工程。其中，瘦西湖隧道工程获国家“鲁班奖”，江都北路跨古运河大桥工程获省“扬子杯”，主持的蜀冈中西峰生态修复一期工程被中国风景园林学会评为园林工程银奖。扬州快速路江平西路二期工程上跨宁启铁路预制梁架设施工必须在春运前完成，且施工时间限制在夜间23:00至凌晨3:00铁路“天窗期”内，他带领参建各方连续挑灯夜战27天，历经两次二级封锁、6次三级终点、17次三级封锁，顶风冒雪，攻克技术难关，顺利完工。他坚持技术创新，积极推广新技术，承担多项省市级科研项目，其中“基于BIM的城市超宽单索面斜拉桥建管养一体化研究”被住建部科学技术司评为华夏建设科学技术二等奖，“瘦西湖隧道超大直径盾构施工风险研究”获扬州市科技进步一等奖，参与草拟《工程计量环节操作规范实施意见》在全市推广。2018年，他被省人才工作领导小组定为江苏省333高层次人才培养工程第三层次培养对象。2020年，被江苏省建设工会评为2019年度重点工程劳动竞赛有功个人，被市政府授予扬州市先进工作者。2021年获“江苏省先进工作者”称号。（伍瑞庆）

■朱　军 男，汉族，1967年1月出生，中共党员，本科学历，扬州市图书馆馆长、支部书记，扬州市政协委员，扬州市全民阅读促进会会长，扬州市古籍保护中心主任，研究馆员。他主持国家级示范项目“‘四位一体’公共图书馆服务体系建设”获2018年国家公共文化服务示范项目，奖励国家专项资金50万元。他主持文化和旅游部全国文化信息共享工程地方资源建设项目——《扬州地方戏曲》专题片获国家专项资助资金25万元。他主持完成国家数字图书馆推广工程数字资源联合建设——地方文献图书数字化项目（2017）、网事典藏项目（2015—2018）、政府公开信息项目（2014—2018）。他主持的扬州24小时城市书房年度建设项目，获省委宣传部和市政府工作创新奖，2018年获第二届江苏省全民阅读十佳推广项目。他组织的扬图讲堂被省委宣传部评为优秀讲堂，全市古籍保护普查工作和市图书馆古籍地方文献数字化项目获江苏省古籍保护建设先进单位。他主持市图书馆参加第六次全国地市级公共图书馆评估定级，取得全省第一的成绩。2019年1月，当选扬州市“十大功臣”。2017年4月、2019年9月，先后被评为扬州市劳动模范、年度人物，2021年获“江苏省先进工作者”称号。（伍瑞庆）

■吴梦雷 男，汉族，1982年10月出生，中共党员，本科学历，江苏省扬州中学教务处副主任、高级教师。近十多年，他一直担任扬州中学创新班的班主任（兼物理奥赛教练员），专注于拔尖创新人才的培养工作。2014年9月，他以主教练身份带领扬州中学物理奥赛选手在第31届全国中学生物理奥林匹克竞赛中取得32个全省第一、1个全国第一的好成绩；2015年高考，他任班主任班级有3名学生被清华大学录取、1名学生被北京大学录取，高考总分全校第一，南京大学录取线以上人数全校第一；2018年高考，他任班主任班级有3名学生被清华大学录取，3名学生被北京大学录取，高考总分全校第一，400分以上人数全校第一，南京大学录取线以上人数全校第一；2018年9月，他任扬州中学首届“2+4”拔尖创新人才早期培养班班主任，该班学生在第35、36届全国中学生数学冬令营（CMO）比赛中获全国2金1银牌好成绩。2021年获“江苏省先进工作者”称号。（伍瑞庆）

■李　刚 男，汉族，1981年2月出生，中共党员，本科学历，扬州市公安局经侦支队一大队副大队长。他潜心钻研业务，通过国家司法考试，总结出资金数据分析“三步走”研判规范，提炼技战法12个，开发类罪线索数据模型9个，系省公安厅人才库中数据研判和规范执法双料专家。他先后侦办部省挂牌重特大经济犯罪案件20余起。他参加全国经侦“论剑2017”情报导侦大比武，为江苏团队夺得第一名立下头功，被省公安厅评为“全警练兵竞赛活动业务标兵”，立二等功。2018年，被抽调到省公安厅参与“反洗钱线索”专项研判，生成“地下钱庄”案件线索4条，其中运用数据分析手段破获“1·11”特大地下钱庄案，被省公安厅誉为“数据赋能应用的典型”。2019年，参加全国经侦“论道2019”比武获个人项目金奖。2020年1—9月，他运用数据穿透分析战法，锁定犯罪团伙及核心证据，为侦破江苏省首例操纵证券市场案发挥关键作用。2021年获“江苏省先进工作者”称号。（伍瑞庆）

■刘志勤 女，汉族，1969年12月出生，中共党员，研究生学历，扬州市交通工程安全质量监督站站长，正高级工程师。她一直从事交通工程技术工作，全面参与扬州交通“十一五”“十二五”“十三五”期间重点工程建设，担任数十个重点公路水运工程项目质量监督负责人，两个项目获部优质工程，7个获“扬子杯”及省优质工程表彰，两个项目获省平安示范工程，25个标段获省平安工地示范。她发表论文10余篇，取得实用性发明专利10项，牵头编制地区管理规范性文件和标准指南等10余项，主导拍摄《江苏交通行政执法教学片》和质监执法规范汇编等。她主动参加以救助社会失学女童为主的“春蕾计划”，当好“爱心妈妈”。2021年获“江苏省先进工作者”称号。

（伍瑞庆）

■**高建立** 男，汉族，1975年6月出生，中共党员，研究生学历，扬州市纪委监委第二监督检查室副主任。他一直在反腐一线工作，先后主办、参办各类严重违纪违法案件80余件，多次被抽调到省纪委监委参与大案、要案查处工作，在突破疑难复杂案件中屡屡发挥重要作用，为国家挽回经济损失近亿元，2019年被市委组织部推选为新时代新担当新作为先进典型，立三等功1次。2020年，面对新冠疫情防控的严峻形势，及时转变工作思路，充分运用大数据信息优势，树立信息引导初核的理念，展开精细化初核，迅速掌握大案、要案线索。2021年获“江苏省先进工作者”称号。（伍瑞庆）

■**吴菲菲** 女，汉族，1987年8月出生，中共党员，本科学历，江苏省扬州市消防救援支队新闻宣传科一级助理员、一级消防指挥员衔、国家一级注册消防工程师。她全力投入到消防安全综合治理中，将消防安全知识多角度、多阵地送进千家万户，引导市民预防火灾发生，掌握科学自救逃生知识，使扬州市民对消防关注度显著增强、群众消防知识知晓率连续上升、火灾起数逐年下降、暖心正能量不断增多。2016年以来，她带领扬州消防新闻宣传科先后获评“扬州市全民科学素质工作先进集体”、国家级巾帼文明岗、2019年扬州市“文明办网”优秀案例奖、2020年第四届扬州网民节活动优秀项目奖、扬州市科学创意作品征集大赛优秀奖，并被江苏广播电视总台评为媒体融合报道先进单位，在江苏省第11届优秀科普作品评选中获新媒体组二等奖，在全国优秀消防科普宣传教育作品评选大赛中获二等奖。参与运维的抖音号“扬州消防”获“2020年全国十佳消防抖音号”。她抓住亲子活动这一优质宣传阵地，依托消防科普教育基地资源，打造出扬州“小小消防员”亲子体验活动品牌，累计体验家庭超2万户，被省委宣传部、省文明办、省民政厅、共青团江苏省委评为“2017年度优秀志愿服务项目”，2018年被市委宣传部、文明办评为“一类重点服务项目”，2017—2019年连续3年被评为“扬州市优秀志愿服务组织”。2021年获“江苏省先进工作者”称号。

（伍瑞庆）

■**赵　敏** 男，汉族，1974年2月出生，中共党员，本科学历，扬州市税务局副科长、高级工程师。他干一行、爱一行、专一行、精一行，是江苏国税首批高层次复合型人才。从事信息工作时，他在地市级数据集中、江苏国税管理信息系统推广应用、CTAIS2.0江苏优化版上线、基层管理平台上线、金税三期网络改造等工作中被赋予重任。从事财务工作时，他多次参加总局业务研讨和业务需求的编写，成为省局财务人才库人员，并入选省局政府采购专家库。他始终把廉洁自律作为立身之本，做到忠于职守、清正廉洁。他多次被评为优秀公务员、先进工作者、优秀共产党员，两次立三等功并被评为市级劳动模范。2021年获“江苏省先进工作者”称号。（伍瑞庆）

■**嵇海宗** 男，汉族，1971年10月出生，中共党员，研究生学历，扬州海事局后勤管理中心主任。他在扬州海事局基层一线工作岗位从事执法工作16年，在他的带领下，保障长江江苏段“三大险道”之一——长江嘶马弯道江都段水上通航安全形势持续稳定，取得长江嘶马弯道江都段连续5年未发生一般及以上等级事故的成绩。他落实“长江大保护”要求，与江都区交通部门联合开展辖区码头、船舶防污染防治工作，推动形成港口防污染工作的“江都模式”。他坚持服务港航企业发展，多年来带领同事安全维护中远海运船厂40万吨矿砂船等100余艘大型新造船出坞、下水、试航等作业。新冠肺炎疫情期间，他为辖区企业水上作业提供安全维护，全力支持企业复工复产，联合相关单位多次为因受疫情影响陷入生活困境的船民采购、运送生活物资。在他的带领下，所在部门先后获“江苏省青年文明号”“长航系统百佳党支部”“江苏海事局先进基层党支部”等称号。2020年6月，他到江苏海事局后勤管理中心扬州分中心挂职，坚持规范管理、服务为本，争做“满意后勤”，所在部门被江苏海事局后勤管理中心评为2020年先进集体。2021年获“江苏省先进工作者”称号。（伍瑞庆）

■**徐道亮** 男，汉族，1963年9月出生，中共党员，本科学历，苏北人民医院党委书记，主任医师、教授。2020年2月13日，他担任江苏第七批援鄂扬州医疗队领队，带领扬州市各家医疗机构164名医疗队员支援武汉抗疫，整建制接管武汉市第一医院两个重症病区，收治新冠肺炎患者82人，3月17日两个重症病区清仓，3月19日医疗队凯旋，全员零感染。在武汉的35天，他开展一系列工作，为打赢武汉保卫战作出积极贡献。医院获“全省抗击新冠疫情先进集体”，个人获“全省抗击新冠疫情先进个人”，医院党委被授予“江苏省卫生健康行业先进基层党委”称号。作为资深医院管理者，他推进医院改革发展，在改善患者服务、互联网医院、危急重症五大中心建设等方面取得成效，医院被国家卫健委医政医管局评为2018年、2019年度改善医疗服务十大亮点单位、全国改善医疗服务群众满意医疗机构，个人被评为2018年全国改善医疗服务优秀个人、第16届中国科学家论坛建国70周年中国科技创新先锋人物、2018年国家卫计委脑卒中防治工程委员会模范院长。2021年获“江苏省先进工作者”称号。（伍瑞庆）

■**周长军** 男，汉族，1968年6月出生，中共党员，研究生学历，蜀冈－瘦西湖风景名胜区党工委委员、管委会副主任。“十三五”期间，他先后分管景区规划建设、城乡管理、综合执法、民政、社会保障等多项工作，秉持“干在实处、走在前列”的目标定位，精当规划、精致建设、精细管理景区建设，为打造宜游宜居宜业的世界级景区、建设扬州国际文化旅游名城和“令世界人民向往的好地方”作出积极贡献，连续3年年度考核优秀，2018年被市委、市政府表彰为“扬州市十大功臣”。2019年底，他响应中央东西部扶贫协作号召，奔赴地处毛乌素沙漠与黄土高原过渡地带的陕北横山，团结带领援陕队员，围绕产业合作、就业促进、消费扶贫、资金支持、人才交流、携手小康等工作重点攻坚克难、创新实干，多项工作成为苏陕56个结对县区的亮点，为横山区高质量打赢脱贫攻坚战、代表陕西省高标准通过国考第三方评估作出贡献。2020年被榆林市委、市政府授予“脱贫攻坚贡献奖”。2021年获“江苏省先进工作者”称号。（伍瑞庆）

■**丁岩冰** 男，汉族，1969年8月出生，中共党员，博士学位，扬州大学附属医院副院长、消化内科主任，教授、主任医师。作为扬州大学附属医院新冠肺炎疫情防控工作组总指挥，他始终把疫情防控工作作为当前头等大事来抓，每天工作超过12小时，经常在夜间凌晨接到紧急电话立即协调应对，坚持编写工作小结，梳理防控重点，解决防控难题，组织医务人员完成支援湖北和北京疫情防控任务。作为消化内科学科带头人，他组建扬州大学消化病研究所（常务副所长）、扬州大学附属医院胰腺中心。2018—2020年，消化内科被遴选为扬州市医学中心，获国家自然科学基金4项、省自然科学基金1项，每年发表SCI收录论文10余篇。他坚持以精准检查、持续随访为基本方法，至2020年12月完成上消化道肿瘤筛查活动22次，累计近6000人，检出上消化道进展期肿瘤和消化道早期癌症近200例。消化内科被评为扬州市学雷锋示范点、2018年扬州市创新平台，获扬州市首批基层科室市级孵化中心年度一等奖等。2021年获“江苏省先进工作者”称号。（伍瑞庆）

扬州市获评2020年江苏省防汛抗洪工作先进个人一览表

表41-1

序号	姓名	工作单位及职务	表彰单位
1	凌国栋	扬州市水利局副局长	中共江苏省委、江苏省人民政府
2	刘爱军	扬州市防汛防旱指挥部办公室主任，高级工程师	中共江苏省委、江苏省人民政府
3	路庭军	扬州市城市河道管理处润扬河管理所副所长，工程师	中共江苏省委、江苏省人民政府
4	俞　湛	扬州市应急管理局指挥中心主任	中共江苏省委、江苏省人民政府
5	王刘陈	扬州广播电视传媒集团（总台）制片人	中共江苏省委、江苏省人民政府
6	沈伯宏	宝应县委常委、副县长	中共江苏省委、江苏省人民政府
7	潘玉华	高邮市水利局党组书记、局长，经济师	中共江苏省委、江苏省人民政府
8	田文远	仪征市副市长	中共江苏省委、江苏省人民政府
9	汤　炜	扬州市江都区水务局工管科科长，高级工程师	中共江苏省委、江苏省人民政府
10	曹　俊	扬州市邗江区瓜洲镇党委书记	中共江苏省委、江苏省人民政府
11	董大军	扬州市广陵区水利局党组书记、局长	中共江苏省委、江苏省人民政府
12	张永军	扬州经济技术开发区朴席镇农业农村局支部书记、副局长	中共江苏省委、江苏省人民政府
13	杨政祥	扬州市生态科技新城杭集镇政府一级主任科员	中共江苏省委、江苏省人民政府

注：表彰时间2021年5月　（张晶晶　冷　洁）

扬州市获评江苏省脱贫攻坚暨对口帮扶支援合作先进个人一览表

表 41-2

序 号	姓 名	工作单位及职务	表彰单位
1	马顺圣	扬州市委农村工作领导小组办公室主任，市农业农村局党组书记、局长，市政府扶贫工作办公室主任	中共江苏省委、江苏省人民政府
2	王 艳（女）	苏北人民医院人力资源部主任	中共江苏省委、江苏省人民政府
3	王 辉	蜀冈－瘦西湖风景名胜区管理委员会团工委书记、规划建设局副局长	中共江苏省委、江苏省人民政府
4	王晓峰	扬州市发展和改革委员会支援合作处处长	中共江苏省委、江苏省人民政府
5	印 笋	扬州市农业农村局扶贫开发处处长	中共江苏省委、江苏省人民政府
6	朱仕燕（女）	扬州市三元桥小学教师	中共江苏省委、江苏省人民政府
7	朱毓哲	扬州市政府办督查专员，陕西省榆林市政府办综合七科副科长（挂职）	中共江苏省委、江苏省人民政府
8	刘同胜	仪征市发展和改革委员会副主任	中共江苏省委、江苏省人民政府
9	杜稼锋	扬州市人民政府教育督导室办公室主任，新疆新源县教育局党委委员、副局长	中共江苏省委、江苏省人民政府
10	杨大忠	高邮市高邮镇副镇长、陕西省米脂县政府办副主任（挂职）	中共江苏省委、江苏省人民政府
11	杨长雨	扬州市江都区滨江人民医院副院长，扬州市江都区援子洲县支医组原组长，陕西省子洲县苗家坪镇卫生院原副主任医师（挂职）	中共江苏省委、江苏省人民政府
12	杨志荣	仪征市农业农村局党委委员、市扶贫办副主任	中共江苏省委、江苏省人民政府
13	张永明	扬州市江都区郭村镇张倪村党总支书记、村民委员会主任	中共江苏省委、江苏省人民政府
14	张跃春	扬州市人力资源和社会保障局党委委员、副局长，青海省贵南县委常委、副县长（挂职）	中共江苏省委、江苏省人民政府
15	金晓文	中共扬州市纪律检查委员会党风政风监督室副主任	中共江苏省委、江苏省人民政府
16	郎 俊	扬州市发展和改革委员会党组成员、重大办副主任，扬州市对口帮扶榆林市工作组组长，陕西省榆林市政府副秘书长（挂职）	中共江苏省委、江苏省人民政府
17	孟德和	中共扬州市邗江区委副书记，扬州市对口支援新源县前方指挥组党委书记、组长，新疆新源县委副书记（挂职）	中共江苏省委、江苏省人民政府
18	赵 涛	扬州市梅岭中学副校长，西藏拉萨江苏实验中学原党委委员、副校长（挂职）	中共江苏省委、江苏省人民政府
19	赵学斌	宝应县夏集镇人民政府扶贫工作办公室主任	中共江苏省委、江苏省人民政府
20	施俊俊	扬州市生态科技新城社会治理现代化指挥中心主任、政法信访办公室副主任（主持工作），陕西省榆林市横山区政府办公室原副主任、招商局原副局长、西南新区管委会原副主任（挂职）	中共江苏省委、江苏省人民政府
21	顾 峰	宝应县农业农村局党委委员、县政府扶贫工作办公室副主任	中共江苏省委、江苏省人民政府
22	倪长春	高邮市甘垛镇农业农村局副局长	中共江苏省委、江苏省人民政府
23	徐志龙	宝应县西安丰镇人民政府副镇长，陕西省定边县政府办副主任（挂职）	中共江苏省委、江苏省人民政府
24	郭 佳（女）	扬州市财政局副局长	中共江苏省委、江苏省人民政府

续表 41-2

序 号	姓 名	工作单位及职务	表彰单位
25	黄文伟（女）	扬州市广陵小学副校长，扬州市广陵区援陕老师临时党支部书记，陕西省佳县第一小学教师（挂职）	中共江苏省委、江苏省人民政府
26	常志敏（女）	扬州市邗江区公道镇农业农村局局长	中共江苏省委、江苏省人民政府
27	梁惠良	扬州市邗江区西湖镇畜牧兽医站兽医师，陕西省绥德县畜牧兽医技术推广站副站长（挂职）	中共江苏省委、江苏省人民政府
28	韩志新	高邮市委组织员、高邮市委组织部干部培训办公室主任，扬州市对口支援新源县前方指挥组干部人才处处长，新疆新源县委组织部副部长（挂职）	中共江苏省委、江苏省人民政府
29	阚海茵	扬州市人力资源和社会保障局组织人事处处长，扬州市对口支援新源县前方指挥组干部人才处原处长，新疆新源县委组织部原副部长（挂职）	中共江苏省委、江苏省人民政府
30	戴生明	高邮市周山镇初级中学副高级教师，陕西省米脂县一中原教师（挂职）	中共江苏省委、江苏省人民政府

注：表彰时间为 2021 年 10 月 31 日　（张晶晶　冷　洁）

2021年扬州市获评江苏省特级教师一览表

表 41-3

序 号	姓 名	工作单位及职务	表彰单位
1	郑　朋	扬州市江都区仙女镇双沟小学副校长	江苏省人民政府
2	陆高平	高邮市车逻镇初级中学教科室主任	江苏省人民政府
3	居殿兵	江苏省高邮中学教科处副主任	江苏省人民政府
4	陈　林	宝应县泰山小学校长	江苏省人民政府
5	李秋华	宝应县氾水高级中学教科室副主任	江苏省人民政府
6	王强国	宝应县实验小学教科室主任	江苏省人民政府
7	徐兆林	江苏省宝应中等专业学校副校长	江苏省人民政府
8	孙冬梅	扬州市育才小学教导主任	江苏省人民政府
9	丁宏喜	仪征市实验小学副校长	江苏省人民政府
10	李胜凯	仪征市实验小学副校长	江苏省人民政府
11	吴春燕	扬州市教育科学研究院教研员	江苏省人民政府
12	陈　芳	江苏省扬州中学教师	省人力资源和社会保障厅、省财政厅
13	陈彩霞	扬州市竹西中学工会主席	江苏省人民政府
14	黄　彪	扬州市邗江区实验小学校长	江苏省人民政府
15	范洪亚	扬州大学附属中学级部主任	江苏省人民政府
16	刘吉才	江苏省高邮实验小学副校长	江苏省人民政府

注：表彰时间 2021 年 12 月　（张晶晶　冷　洁）

2021年度扬州市享受市级表彰待遇者一览表

表 41-4

序号	姓名	工作单位及职务	奖励名称	表彰单位
1	林永贵	扬州市江都区发改委主任、党组书记	全省市场监管系统先进工作者	省人力资源和社会保障厅、省市场监管局
2	王彩霞（女）	扬州市生态科技新城市场监督管理局副局长	全省市场监管系统先进工作者	省人力资源和社会保障厅、省市场监管局
3	盛春海	扬州经济技术开发区市场监督管理局施桥分局局长	全省市场监管系统先进工作者	省人力资源和社会保障厅、省市场监管局
4	蒋斌	扬州市市场监管局综合规划处（研究室）处长（主任）、一级主任科员	全省市场监管系统先进工作者	省人力资源和社会保障厅、省市场监管局
5	周波	扬州市市场监管局食品餐饮安全监督管理处处长、四级调研员	全省市场监管系统先进工作者	省人力资源和社会保障厅、省市场监管局
6	茆法勇	扬州市市场监管局标准化处处长、四级调研员	全省市场监管系统先进工作者	省人力资源和社会保障厅、省市场监管局
7	陈仟军	扬州市市场监管综合行政执法监督局一级主办	全省市场监管系统先进工作者	省人力资源和社会保障厅、省市场监管局
8	颜德平	扬州市江都区市场监督管理局食品经营监督管理科科长兼任特殊食品安全监督管理科科长、四级主办	全省市场监管系统先进工作者	省人力资源和社会保障厅、省市场监管局
9	王征	仪征市市场监督管理局市场综合执法大队副大队长	全省市场监管系统先进工作者	省人力资源和社会保障厅、省市场监管局
10	刘士顺	扬州市广陵区市场监督管理局经济开发区分局局长	全省市场监管系统先进工作者	省人力资源和社会保障厅、省市场监管局
11	杨书生	扬州市财政局工贸发展处二级主任科员	全省财政系统先进工作者	省人力资源和社会保障厅、省财政厅
12	鲁兴华	扬州市宝应县财政局行政政法科科长、四级主任科员	全省财政系统先进工作者	省人力资源和社会保障厅、省财政厅
13	魏建震	扬州市仪征市财政局党组成员、副局长	全省财政系统先进工作者	省人力资源和社会保障厅、省财政厅
14	陈昊	扬州市广陵区财政局行财科科长、四级主任科员	全省财政系统先进工作者	省人力资源和社会保障厅、省财政厅
15	周步祥	中共扬州市委市级机关工作委员会副书记、三级调研员	全省机关党建工作先进工作者	省人力资源和社会保障厅、省委省级机关工委
16	夏振中	中共扬州市江都区委区级机关工作委员会群团科科长	全省机关党建工作先进工作者	省人力资源和社会保障厅、省委省级机关工委
17	姚秋波	扬州市自然资源和规划局机关党委专职副书记、机关纪委书记	全省机关党建工作先进工作者	省人力资源和社会保障厅、省委省级机关工委
18	韩菲（女）	江苏省扬州市中级人民法院机关党委四级主任科员	全省机关党建工作先进工作者	省人力资源和社会保障厅、省委省级机关工委
19	陆海兵	扬州市政府国有资产监督管理委员会产权收益与资本运营管理处处长	全省国资系统先进个人	省人力资源和社会保障厅、省政府国有资产监督管理委员会
20	陈家宏	江苏省华建建设股份有限公司深圳分公司副总经理、成都分公司总经理	全省国资系统先进个人	省人力资源和社会保障厅、省政府国有资产监督管理委员会
21	陈爱文	扬州市交通运输局综合计划处处长、一级主任科员	江苏省交通建设功臣	省人力资源和社会保障厅、省交通运输厅
22	刘曙明	扬州市港航事业发展中心副主任	江苏省交通建设功臣	省人力资源和社会保障厅、省交通运输厅

续表 41-4

序号	姓名	工作单位及职务	奖励名称	表彰单位
23	陈文华	扬州市交通工程建设事业发展中心工程管理科科长	江苏省交通建设功臣	省人力资源和社会保障厅、省交通运输厅
24	屠春荣	宝应县政协副主席、交通局局长、党委书记	江苏省交通建设功臣	省人力资源和社会保障厅、省交通运输厅
25	吉增晖	扬州市公路事业发展中心副主任	江苏省交通建设功臣	省人力资源和社会保障厅、省交通运输厅
26	樊　蓉（女）	江苏省扬州中学教师	江苏省教育系统先进个人（优秀教师）	省人力资源和社会保障厅、省教育厅
27	赵　涛	扬州市朱自清中学校长、党委副书记	江苏省教育系统先进个人（优秀教育工作者）	省人力资源和社会保障厅、省教育厅
28	何云峰	邗江区教育局局长	江苏省教育系统先进个人（优秀教育工作者）	省人力资源和社会保障厅、省教育厅
29	孙　波	江苏省宝应中学教师	江苏省教育系统先进个人（优秀教育工作者）	省人力资源和社会保障厅、省教育厅
30	居殿兵	江苏省高邮中学支部书记	江苏省教育系统先进个人（优秀教育工作者）	省人力资源和社会保障厅、省教育厅
31	刘庆良	仪征市香沟中心学校工会主席	江苏省教育系统先进个人（优秀教育工作者）	省人力资源和社会保障厅、省教育厅
32	刘德俊	扬州市江都区樊川中学书记、校长	江苏省教育系统先进个人（优秀教育工作者）	省人力资源和社会保障厅、省教育厅
33	周红强	扬州市广陵区新坝中学副校长	江苏省教育系统先进个人（优秀教育工作者）	省人力资源和社会保障厅、省教育厅
34	安玉民	扬州市国画院院长、党支部书记	江苏省文化和旅游系统先进工作者	省人力资源和社会保障厅、省文化和旅游厅
35	殷德平	扬州文化艺术学校党支部书记、校长	江苏省文化和旅游系统先进工作者	省人力资源和社会保障厅、省文化和旅游厅
36	胡　琴（女）	仪征市文体广电和旅游局党委委员、副局长	江苏省文化和旅游系统先进工作者	省人力资源和社会保障厅、省文化和旅游厅
37	顾文慧（女）	扬州东园食品有限公司综合办总监	江苏省文化和旅游系统劳动模范	省人力资源和社会保障厅、省文化和旅游厅
38	秦如峰	扬州市歌舞剧院有限公司党支部书记、董事长、总经理	江苏省文化和旅游系统劳动模范	省人力资源和社会保障厅、省文化和旅游厅
39	徐卫星	扬州市政协办公室副主任	全省政协系统先进工作者	省人力资源和社会保障厅、省政协办公厅
40	沈晓明	高邮市政协提案委员会主任	全省政协系统先进工作者	省人力资源和社会保障厅、省政协办公厅
41	何兆云	仪征市政协原党组成员、秘书长、办公室主任	全省政协系统先进工作者	省人力资源和社会保障厅、省政协办公厅
42	张红梅（女）	国药控股扬州有限公司执业药师物流运行部总监	全省物流行业先进个人	省人力资源和社会保障厅、省发展和改革委员会、省物流产业促进会
43	李云霞（女）	扬州亲亲万吨冷储物流有限公司副总经理	全省物流行业先进个人	省人力资源和社会保障厅、省发展和改革委员会、省物流产业促进会
44	钱　伟	江苏省扬州港务集团有限公司总经理、助理经济师	全省物流行业先进个人	省人力资源和社会保障厅、省发展和改革委员会、省物流产业促进会
45	徐　伟	江苏百润餐饮管理股份有限公司董事长	全省物流行业先进个人	省人力资源和社会保障厅、省发展和改革委员会、省物流产业促进会

续表 41-4

序 号	姓 名	工作单位及职务	奖励名称	表彰单位
46	窦 健	江苏方正钢铁集团有限公司总经理物流师	全省物流行业先进个人	省人力资源和社会保障厅、 省发展和改革委员会、省物流产业促进会
47	袁俊国	扬州三笑物流有限公司总经理	全省物流行业先进个人	省人力资源和社会保障厅、 省发展和改革委员会、省物流产业促进会
48	赵志宏	扬州市纪委副书记、市监委副主任，一级调研员	全省纪检监察系统先进工作者	省人力资源和社会保障厅、省纪委监委
49	王 静	扬州市纪委常委	全省纪检监察系统先进工作者	省人力资源和社会保障厅、省纪委监委
50	葛 祥	扬州市委巡察办综合处处长	全省纪检监察系统先进工作者	省人力资源和社会保障厅、省纪委监委
51	戚新明	扬州市纪委监委第八审查调查室副主任	全省纪检监察系统先进工作者	省人力资源和社会保障厅、省纪委监委
52	朱 飞	扬州市纪委监委第五派驻纪检监察组副组长	全省纪检监察系统先进工作者	省人力资源和社会保障厅、省纪委监委
53	高 丽	宝应县纪委监委第五审查调查室主任	全省纪检监察系统先进工作者	省人力资源和社会保障厅、省纪委监委
54	陈 军	高邮市纪委监委一级主任科员	全省纪检监察系统先进工作者	省人力资源和社会保障厅、省纪委监委
55	陈 兵	仪征市纪委常委，市委巡察办主任	全省纪检监察系统先进工作者	省人力资源和社会保障厅、省纪委监委
56	洪 祥	广陵区纪委常务副书记、区监委副主任	全省纪检监察系统先进工作者	省人力资源和社会保障厅、省纪委监委
57	禹良健	扬州广播电视传媒集团纪委副书记	全省纪检监察系统先进工作者	省人力资源和社会保障厅、省纪委监委
58	张 勇	江苏宝应安宜镇人民政府党委副书记	2020 年扬州市重大项目推进工作先进个人	中共扬州市委、扬州市人民政府
59	李 青（女）	江苏宝应氾水镇经济发展局副股职干部	2020 年扬州市重大项目推进工作先进个人	中共扬州市委、扬州市人民政府
60	仲伟俊	宝应县工信局行政服务科科长	2020 年扬州市重大项目推进工作先进个人	中共扬州市委、扬州市人民政府
61	耿志林	宝应县交通工程安全质量监督站站长	2020 年扬州市重大项目推进工作先进个人	中共扬州市委、扬州市人民政府
62	吉沐平	江苏宝应经济开发区党工委委员、管委会副主任	2020 年扬州市重大项目推进工作先进个人	中共扬州市委、扬州市人民政府
63	陈 洪	宝应县市场监督管理局党委书记、局长	2020 年扬州市重大项目推进工作先进个人	中共扬州市委、扬州市人民政府
64	王文庆	江苏省宝应县自然资源和规划局党组书记、局长	2020 年扬州市重大项目推进工作先进个人	中共扬州市委、扬州市人民政府

续表 41-4

序号	姓名	工作单位及职务	奖励名称	表彰单位
65	陈　虹（女）	高邮市发展和改革委员会工业科（重大办）科长	2020年扬州市重大项目推进工作先进个人	中共扬州市委、扬州市人民政府
66	邵　杰	高邮市住建局退休人员支部书记	2020年扬州市重大项目推进工作先进个人	中共扬州市委、扬州市人民政府
67	张晓展	高邮市工业和信息化局工业重大项目办公室科长	2020年扬州市重大项目推进工作先进个人	中共扬州市委、扬州市人民政府
68	陈维飞	高邮经济开发区管理委员会党工委员、管委会常务副主任	2020年扬州市重大项目推进工作先进个人	中共扬州市委、扬州市人民政府
69	秦　峰	高邮市农业农村局乡村产业发展科科长	2020年扬州市重大项目推进工作先进个人	中共扬州市委、扬州市人民政府
70	宰志忠	高邮高新区经济发展局项目办主任	2020年扬州市重大项目推进工作先进个人	中共扬州市委、扬州市人民政府
71	夏晓逸（女）	高邮城南经济新区管委会项目服务科副科长	2020年扬州市重大项目推进工作先进个人	中共扬州市委、扬州市人民政府
72	李卫国	仪征市发展和改革委员会投资科科长	2020年扬州市重大项目推进工作先进个人	中共扬州市委、扬州市人民政府
73	王世杰（女）	仪征市住房和城乡建设局政策法规科（行政服务科）科长	2020年扬州市重大项目推进工作先进个人	中共扬州市委、扬州市人民政府
74	孙　燕（女）	仪征市统计局固定资产投资科科长	2020年扬州市重大项目推进工作先进个人	中共扬州市委、扬州市人民政府
75	夏　晶	仪征市博物馆馆长	2020年扬州市重大项目推进工作先进个人	中共扬州市委、扬州市人民政府
76	骆仁林	江苏省仪征经济开发区管委会招商局招商一组组长	2020年扬州市重大项目推进工作先进个人	中共扬州市委、扬州市人民政府
77	江　阳（女）	江苏省仪征枣林湾旅游度假区管理办公室经济发展部产业促进科科长	2020年扬州市重大项目推进工作先进个人	中共扬州市委、扬州市人民政府
78	孔志强	仪征市陈集镇人民政府经济发展局副局长	2020年扬州市重大项目推进工作先进个人	中共扬州市委、扬州市人民政府
79	马仪刚	扬州市江都区工业和信息化局投资与技术改造科科长	2020年扬州市重大项目推进工作先进个人	中共扬州市委、扬州市人民政府
80	戴明欣	扬州市江都区农业农村局乡村产业发展科（农业招商引资科）科长	2020年扬州市重大项目推进工作先进个人	中共扬州市委、扬州市人民政府
81	孙广军	扬州市江都区住房和城乡建设局道桥科科长	2020年扬州市重大项目推进工作先进个人	中共扬州市委、扬州市人民政府
82	杜　渊	扬州市江都区生态环境局行政服务科科长	2020年扬州市重大项目推进工作先进个人	中共扬州市委、扬州市人民政府
83	倪晓东	扬州市江都区应急管理局副局长	2020年扬州市重大项目推进工作先进个人	中共扬州市委、扬州市人民政府
84	周　皓（女）	江苏省江都经济开发区科技创业园管理办公室主任	2020年扬州市重大项目推进工作先进个人	中共扬州市委、扬州市人民政府
85	阮衍恩	国家税务总局扬州高新技术产业开发区税务局党委委员、副局长	2020年扬州市重大项目推进工作先进个人	中共扬州市委、扬州市人民政府
86	吴宝宏	扬州市邗江区工业和信息化局产业投资科科长、二级调研员	2020年扬州市重大项目推进工作先进个人	中共扬州市委、扬州市人民政府

续表 41-4

序号	姓名	工作单位及职务	奖励名称	表彰单位
87	高智康	江苏扬州维扬经济开发区管理委员会规建局办事员	2020年扬州市重大项目推进工作先进个人	中共扬州市委、扬州市人民政府
88	吴姗姗（女）	扬州市邗江区审计局固定资产投资审计科科长	2020年扬州市重大项目推进工作先进个人	中共扬州市委、扬州市人民政府
89	庄新星（女）	扬州市邗江区竹西街道经发局局长	2020年扬州市重大项目推进工作先进个人	中共扬州市委、扬州市人民政府
90	张　亮	江苏扬州广陵经济开发区管委会综合服务中心副主任	2020年扬州市重大项目推进工作先进个人	中共扬州市委、扬州市人民政府
91	刘光明	扬州市广江资产管理有限公司规划建设部长	2020年扬州市重大项目推进工作先进个人	中共扬州市委、扬州市人民政府
92	张月婷（女）	扬州市广陵区李典镇人民政府办事员	2020年扬州市重大项目推进工作先进个人	中共扬州市委、扬州市人民政府
93	尤少俊（女）	扬州市广陵区曲江街道经济发展局党支部书记	2020年扬州市重大项目推进工作先进个人	中共扬州市委、扬州市人民政府
94	丁晓雪（女）	扬州市广陵区文峰街道办事处经济发展局副局长	2020年扬州市重大项目推进工作先进个人	中共扬州市委、扬州市人民政府
95	叶长松	扬州市广陵区政府办副主任	2020年扬州市重大项目推进工作先进个人	中共扬州市委、扬州市人民政府
96	周　峰	扬州市自然资源和规划局扬州经济技术开发区分局局长	2020年扬州市重大项目推进工作先进个人	中共扬州市委、扬州市人民政府
97	张晓明	扬州市朴席镇党委副书记、镇长	2020年扬州市重大项目推进工作先进个人	中共扬州市委、扬州市人民政府
98	尤志清	扬州经济技术开发区管委会建设局工程处（建设工程消防管理处）处长	2020年扬州市重大项目推进工作先进个人	中共扬州市委、扬州市人民政府
99	叶志和	扬州市自然资源和规划局生态科技新城分局耕保地籍监察科科长	2020年扬州市重大项目推进工作先进个人	中共扬州市委、扬州市人民政府
100	陈　枫	扬州市生态科技新城管理委员会规划设计中心规划服务科科长	2020年扬州市重大项目推进工作先进个人	中共扬州市委、扬州市人民政府
101	马广跃	扬州市蜀冈－瘦西湖风景名胜区管理委员会规划建设管理局局长	2020年扬州市重大项目推进工作先进个人	中共扬州市委、扬州市人民政府
102	杜　乾	扬州瘦西湖旅游发展集团有限公司党总支书记、董事长、总经理	2020年扬州市重大项目推进工作先进个人	中共扬州市委、扬州市人民政府
103	袁文奎	中共扬州市委办公室档案管理处处长	2020年扬州市重大项目推进工作先进个人	中共扬州市委、扬州市人民政府
104	刘　浩	扬州市人民政府办公室秘书一处三级主任科员	2020年扬州市重大项目推进工作先进个人	中共扬州市委、扬州市人民政府
105	丁江平	扬州市委组织部综合干部处副处长、干部规划建设办公室主任	2020年重大项目建设先进集体和先进个人	中共扬州市委、扬州市人民政府
106	江　勇	中共扬州市委宣传部文艺处处长、一级主任科员	2020年扬州市重大项目推进工作先进个人	中共扬州市委、扬州市人民政府

续表 41-4

序号	姓名	工作单位及职务	奖励名称	表彰单位
107	朱　枫（女）	扬州市重大项目办公室副主任	2020 年扬州市重大项目推进工作先进个人	中共扬州市委、扬州市人民政府
108	张进扬	扬州市发展和改革委员会固定资产投资处副处长	2020 年扬州市重大项目推进工作先进个人	中共扬州市委、扬州市人民政府
109	朱　彤	扬州市重大项目办公室综合处处长	2020 年扬州市重大项目推进工作先进个人	中共扬州市委、扬州市人民政府
110	杨开文	扬州市发展和改革委员会服务业处副处长	2020 年扬州市重大项目推进工作先进个人	中共扬州市委、扬州市人民政府
111	陆　洋	扬州市发展和改革委员会社会发展处四级主任科员	2020 年扬州市重大项目推进工作先进个人	中共扬州市委、扬州市人民政府
112	林　铃（女）	扬州市科学技术局科研机构处（行政审批处）处长	2020 年扬州市重大项目推进工作先进个人	中共扬州市委、扬州市人民政府
113	许立新	扬州市工业和信息化局党组成员、副局长	2020 年扬州市重大项目推进工作先进个人	中共扬州市委、扬州市人民政府
114	丁子建	扬州市工业和信息化局投资与技术改造处处长、一级主任科员	2020 年扬州市重大项目推进工作先进个人	中共扬州市委、扬州市人民政府
115	宰大伟	扬州市工业和信息化局投资与技术改造处四级主任科员	2020 年扬州市重大项目推进工作先进个人	中共扬州市委、扬州市人民政府
116	刘　健	扬州市财政局预算处一级科员	2020 年扬州市重大项目推进工作先进个人	中共扬州市委、扬州市人民政府
117	袁志鹏	扬州市人力资源和社会保障局机关纪委副书记	2020 年扬州市重大项目推进工作先进个人	中共扬州市委、扬州市人民政府
118	林　森	扬州市自然资源和规划局国土空间用途管制处处长	2020 年扬州市重大项目推进工作先进个人	中共扬州市委、扬州市人民政府
119	陈修道	扬州市生态环境局党组成员、副局长	2020 年扬州市重大项目推进工作先进个人	中共扬州市委、扬州市人民政府
120	余　郁（女）	扬州市市政建设处副主任	2020 年扬州市重大项目推进工作先进个人	中共扬州市委、扬州市人民政府
121	陈爱文	扬州市交通运输局综合计划处处长	2020 年扬州市重大项目推进工作先进个人	中共扬州市委、扬州市人民政府
122	丁　平	扬州市水利工程建设中心工务科科长	2020 年扬州市重大项目推进工作先进个人	中共扬州市委、扬州市人民政府
123	糜　裕	扬州市农业农村局农业招商中心办公室主任	2020 年扬州市重大项目推进工作先进个人	中共扬州市委、扬州市人民政府
124	冯龙庆	扬州市农业农村局农田建设管理处处长	2020 年扬州市重大项目推进工作先进个人	中共扬州市委、扬州市人民政府
125	张永林	扬州市农业农村局畜牧兽医处处长	2020 年扬州市重大项目推进工作先进个人	中共扬州市委、扬州市人民政府
126	陈　清	扬州市商务局党委委员、副局长、二级调研员	2020 年扬州市重大项目推进工作先进个人	中共扬州市委、扬州市人民政府
127	陈玲春（女）	扬州市文化广电和旅游局党委委员、副局长	2020 年扬州市重大项目推进工作先进个人	中共扬州市委、扬州市人民政府

续表 41-4

序号	姓名	工作单位及职务	奖励名称	表彰单位
128	石　旋(女)	扬州市审计局固定资产投资审计处处长、一级主任科员	2020年扬州市重大项目推进工作先进个人	中共扬州市委、扬州市人民政府
129	乔有金	扬州市政务服务管理办公室党组成员、副主任	2020年扬州市重大项目推进工作先进个人	中共扬州市委、扬州市人民政府
130	顾鸿浩	扬州市统计局固定资产投资处处长	2020年扬州市重大项目推进工作先进个人	中共扬州市委、扬州市人民政府
131	沈一进	扬州市地方金融监督管理局银行保险处处长	2020年扬州市重大项目推进工作先进个人	中共扬州市委、扬州市人民政府
132	刘　毅	国家税务总局扬州市税务局收入核算科科员	2020年扬州市重大项目推进工作先进个人	中共扬州市委、扬州市人民政府
133	嵇尚东	扬州报业传媒集团首席记者、产经融媒中心副总监	2020年扬州市重大项目推进工作先进个人	中共扬州市委、扬州市人民政府
134	焦建文	扬州万福投资发展有限责任公司党支部书记、董事长	2020年扬州市重大项目推进工作先进个人	中共扬州市委、扬州市人民政府
135	陈正华	国网江苏省电力有限公司扬州供电分公司员工	2020年扬州市重大项目推进工作先进个人	中共扬州市委、扬州市人民政府
136	杨　军	国网宝应县供电公司副总经理	2020年扬州市营商环境工作先进个人	中共扬州市委、扬州市人民政府
137	尹为群	宝应县行政审批局二级主办	2020年扬州市营商环境工作先进个人	中共扬州市委、扬州市人民政府
138	丁国平	宝应县泾河镇人民政府副镇长	2020年扬州市营商环境工作先进个人	中共扬州市委、扬州市人民政府
139	苗建华	江苏宝应经济开发区便民服务中心主任	2020年扬州市营商环境工作先进个人	中共扬州市委、扬州市人民政府
140	刘雪峰	扬州市宝应生态环境局综合科科长	2020年扬州市营商环境工作先进个人	中共扬州市委、扬州市人民政府
141	吴文嵩	宝应县住房和城乡建设局建设工程消防管理科科长	2020年扬州市营商环境工作先进个人	中共扬州市委、扬州市人民政府
142	朱广跃	高邮市住房和城乡建设局副局长、主任科员	2020年扬州市营商环境工作先进个人	中共扬州市委、扬州市人民政府
143	牟疆燕(女)	高邮市人民法院审判管理办公室四级法官助理	2020年扬州市营商环境工作先进个人	中共扬州市委、扬州市人民政府
144	王永莉(女)	扬州市高邮生态环境局副局长	2020年扬州市营商环境工作先进个人	中共扬州市委、扬州市人民政府
145	张　华(女)	高邮市自然资源和规划局不动产登记中心副主任	2020年扬州市营商环境工作先进个人	中共扬州市委、扬州市人民政府
146	郭长清	高邮市科学技术局综合计划与资源配置科科长	2020年扬州市营商环境工作先进个人	中共扬州市委、扬州市人民政府
147	厉廷胜	仪征市发展和改革委员会政策法规科科长	2020年扬州市营商环境工作先进个人	中共扬州市委、扬州市人民政府
148	柳晶晶(女)	仪征市自然资源和规划局不动产登记中心综合科科长	2020年扬州市营商环境工作先进个人	中共扬州市委、扬州市人民政府

续表 41-4

序 号	姓 名	工作单位及职务	奖励名称	表彰单位
149	余 雷	仪征市人民法院民二庭庭长	2020年扬州市营商环境工作先进个人	中共扬州市委、扬州市人民政府
150	赵海峰	国家税务总局仪征市税务局征收管理股股长	2020年扬州市营商环境工作先进个人	中共扬州市委、扬州市人民政府
151	耿 杰（女）	国网江苏电力有限公司仪征市供电分公司营业业务专职	2020年扬州市营商环境工作先进个人	中共扬州市委、扬州市人民政府
152	苏 丹	国网江苏省电力有限公司副总经理	2020年扬州市营商环境工作先进个人	中共扬州市委、扬州市人民政府
153	陈学军	扬州市江都区住房和城乡建设局工程建设管理科科长	2020年扬州市营商环境工作先进个人	中共扬州市委、扬州市人民政府
154	胡国祥	扬州市不动产登记中心江都分中心副主任	2020年扬州市营商环境工作先进个人	中共扬州市委、扬州市人民政府
155	殷桂宏（女）	扬州市江都区人民法院民二庭庭长、执行裁判庭庭长	2020年扬州市营商环境工作先进个人	中共扬州市委、扬州市人民政府
156	童海燕（女）	扬州市邗江区市场监督管理局信用与风险监管科科长	2020年扬州市营商环境工作先进个人	中共扬州市委、扬州市人民政府
157	祁海翔	中共扬州市邗江区委编制委员会办公室机构编制科科长	2020年扬州市营商环境工作先进个人	中共扬州市委、扬州市人民政府
158	肖 琦	扬州市邗江区司法局法规监督科科长	2020年扬州市营商环境工作先进个人	中共扬州市委、扬州市人民政府
159	刘 明	扬州市邗江区人民法院民二庭副庭长	2020年扬州市营商环境工作先进个人	中共扬州市委、扬州市人民政府
160	陈 乐	扬州市广陵区发展和改革委员会重大办副主任	2020年扬州市营商环境工作先进个人	中共扬州市委、扬州市人民政府
161	韦 俊	扬州市广陵区市场监督管理局四级主办、综合监督管理科科长	2020年扬州市营商环境工作先进个人	中共扬州市委、扬州市人民政府
162	孙俊红（女）	扬州市广陵区住房和城乡建设局工程管理科科长	2020年扬州市营商环境工作先进个人	中共扬州市委、扬州市人民政府
163	任 亚	扬州市自然资源和规划局广陵分局党组成员、副局长	2020年扬州市营商环境工作先进个人	中共扬州市委、扬州市人民政府
164	张雨旸	扬州经济技术开发区财政局副局长	2020年扬州市营商环境工作先进个人	中共扬州市委、扬州市人民政府
165	卞大成	扬州经济技术开发区行政审批局建设事务审批处处长	2020年扬州市营商环境工作先进个人	中共扬州市委、扬州市人民政府
166	郭福宏	中共扬州市委编办体改处（法规处）处长	2020年扬州市营商环境工作先进个人	中共扬州市委、扬州市人民政府
167	宋晓波	江苏省扬州市中级人民法院执行局副局长、指挥中心主任	2020年扬州市营商环境工作先进个人	中共扬州市委、扬州市人民政府
168	沈佩仪（女）	江苏省扬州市中级人民法院民四庭法官	2020年扬州市营商环境工作先进个人	中共扬州市委、扬州市人民政府
169	王 斌	扬州市发展和改革委员会服务业处二级主任科员	2020年扬州市营商环境工作先进个人	中共扬州市委、扬州市人民政府

续表 41-4

序号	姓名	工作单位及职务	奖励名称	表彰单位
170	高秀丽（女）	扬州市发展和改革委员会信用建设处处长	2020年扬州市营商环境工作先进个人	中共扬州市委、扬州市人民政府
171	傅元春（女）	扬州市发展和改革委员会组织人事处处长	2020年扬州市营商环境工作先进个人	中共扬州市委、扬州市人民政府
172	陈锦龙	扬州市工业和信息化局办公室主任	2020年扬州市营商环境工作先进个人	中共扬州市委、扬州市人民政府
173	李国喜	扬州市工业和信息化局优化处处长	2020年扬州市营商环境工作先进个人	中共扬州市委、扬州市人民政府
174	郑彩琴（女）	扬州市司法局立法处副处长	2020年扬州市营商环境工作先进个人	中共扬州市委、扬州市人民政府
175	赵　娴（女）	扬州市人力资源和社会保障局政策法规处处长	2020年扬州市营商环境工作先进个人	中共扬州市委、扬州市人民政府
176	王　赋（女）	扬州市自然资源和规划局不动产登记局副局长	2020年扬州市营商环境工作先进个人	中共扬州市委、扬州市人民政府
177	校　杰	扬州市不动产登记中心副主任	2020年扬州市营商环境工作先进个人	中共扬州市委、扬州市人民政府
178	高　茜（女）	扬州市不动产登记中心办事员	2020年扬州市营商环境工作先进个人	中共扬州市委、扬州市人民政府
179	陈立军	扬州市住房和城乡建设局工程建设管理处处长	2020年扬州市营商环境工作先进个人	中共扬州市委、扬州市人民政府
180	蒋艳春（女）	扬州市住房和城乡建设局政策法规处处长	2020年扬州市营商环境工作先进个人	中共扬州市委、扬州市人民政府
181	沈鑫鑫	扬州市房屋产权和交易管理中心信息科科长	2020年扬州市营商环境工作先进个人	中共扬州市委、扬州市人民政府
182	郭　杰	扬州市商务局综合处处长	2020年扬州市营商环境工作先进个人	中共扬州市委、扬州市人民政府
183	张京生	扬州市政务服务管理办公室行政审批制度改革处四级主任科员	2020年扬州市营商环境工作先进个人	中共扬州市委、扬州市人民政府
184	苏慧婷（女）	扬州市政务服务管理办公室机关纪委专职副书记	2020年扬州市营商环境工作先进个人	中共扬州市委、扬州市人民政府
185	孟　峰	扬州市公共资源交易中心工程交易科科长	2020年扬州市营商环境工作先进个人	中共扬州市委、扬州市人民政府
186	沈　路	扬州市市场监督管理局注册与登记指导处副处长	2020年扬州市营商环境工作先进个人	中共扬州市委、扬州市人民政府
187	卞德勇	扬州市市场监督管理局信用与风险监督管理局二级主任科员	2020年扬州市营商环境工作先进个人	中共扬州市委、扬州市人民政府
188	陈菁逸（女）	扬州市知识产权维权援助服务中心知识产权工程师	2020年扬州市营商环境工作先进个人	中共扬州市委、扬州市人民政府
189	马春祥	扬州市地方金融监督管理局资本市场处处长	2020年扬州市营商环境工作先进个人	中共扬州市委、扬州市人民政府
190	张　赟（女）	国家税务总局扬州市税务局第二税务分局股长	2020年扬州市营商环境工作先进个人	中共扬州市委、扬州市人民政府

续表 41-4

序号	姓名	工作单位及职务	奖励名称	表彰单位
191	王明世	国家税务总局扬州市税务局考核考评科科员	2020年扬州市营商环境工作先进个人	中共扬州市委、扬州市人民政府
192	赵　毅（女）	中国银行保险监督管理委员会扬州监管分局普惠金融科科长	2020年扬州市营商环境工作先进个人	中共扬州市委、扬州市人民政府
193	陈　洁（女）	扬州海关副关长、党委委员、二级高级主办	2020年扬州市营商环境工作先进个人	中共扬州市委、扬州市人民政府
194	孔德存	扬州中燃城市燃气发展有限公司党委书记、董事长	2020年扬州市营商环境工作先进个人	中共扬州市委、扬州市人民政府
195	杨　岳	国网江苏省电力有限公司扬州供电分公司员工	2020年扬州市营商环境工作先进个人	中共扬州市委、扬州市人民政府
196	孙　静（女）	江苏宝应经济开发区招商局信息科副科长	2020年扬州市招商引资工作先进个人	中共扬州市委、扬州市人民政府
197	许　杰	宝应县曹甸镇党委书记	2020年扬州市招商引资工作先进个人	中共扬州市委、扬州市人民政府
198	郑良琴（女）	江苏宝应安宜镇人民政府工业助理	2020年扬州市招商引资工作先进个人	中共扬州市委、扬州市人民政府
199	李金良	宝应县望直港镇人民政府经济发展局副局长	2020年扬州市招商引资工作先进个人	中共扬州市委、扬州市人民政府
200	郁伟民	江苏锡州新材料科技有限公司董事长	2020年扬州市招商引资工作先进个人	中共扬州市委、扬州市人民政府
201	姜国权	高邮市乡情办公室主任	2020年扬州市招商引资工作先进个人	中共扬州市委、扬州市人民政府
202	李贵军	江苏省高邮经济开发区党工委委员、管委会副主任、招商局局长	2020年扬州市招商引资工作先进个人	中共扬州市委、扬州市人民政府
203	谭　杰	高邮市智慧照明特色产业园区管委会主任、招商局局长	2020年扬州市招商引资工作先进个人	中共扬州市委、扬州市人民政府
204	范建国	高邮城南经济新区招商总公司招商专员	2020年扬州市招商引资工作先进个人	中共扬州市委、扬州市人民政府
205	张延朝	高邮市高邮街道招商总公司招商办主任	2020年扬州市招商引资工作先进个人	中共扬州市委、扬州市人民政府
206	张　靖	江苏晶旺新能源科技有限公司董事长	2020年扬州市招商引资工作先进个人	中共扬州市委、扬州市人民政府
207	华　鹏	江苏省仪征经济开发区管理委员会招商局局长、扬州（仪征）大数据产业园管理办公室主任	2020年扬州市招商引资工作先进个人	中共扬州市委、扬州市人民政府
208	张文美（女）	江苏扬州化学工业园区招商局局长	2020年扬州市招商引资工作先进个人	中共扬州市委、扬州市人民政府
209	巫春勇	仪征市汽车工业园招商部副部长	2020年扬州市招商引资工作先进个人	中共扬州市委、扬州市人民政府

续表 41-4

序 号	姓 名	工作单位及职务	奖励名称	表彰单位
210	李 青	江苏省仪征枣林湾旅游度假区经济发展部部长	2020 年扬州市招商引资工作先进个人	中共扬州市委、扬州市人民政府
211	刘昌金	仪征市经济开发区党工委委员、管委会副主任，新集镇党委书记	2020 年扬州市招商引资工作先进个人	中共扬州市委、扬州市人民政府
212	罗 俊	仪征市商务局投资促进科科长	2020 年扬州市招商引资工作先进个人	中共扬州市委、扬州市人民政府
213	徐 晖（女）	扬州市江都区丁伙镇人民政府党委书记	2020 年扬州市招商引资工作先进个人	中共扬州市委、扬州市人民政府
214	花保康	扬州市江都区丁沟镇人民政府科技主任	2020 年扬州市招商引资工作先进个人	中共扬州市委、扬州市人民政府
215	童 佳	江苏省江都经济开发区管委会招商一分局局长	2020 年扬州市招商引资工作先进个人	中共扬州市委、扬州市人民政府
216	马 杰	扬州市自然资源和规划局江都分局主任	2020 年扬州市招商引资工作先进个人	中共扬州市委、扬州市人民政府
217	纪恒峰	扬州市江都区小纪镇人民政府经济发展局副局长	2020 年扬州市招商引资工作先进个人	中共扬州市委、扬州市人民政府
218	谈红群（女）	扬州市邗江区商务局党组副书记、副局长	2020 年扬州市招商引资工作先进个人	中共扬州市委、扬州市人民政府
219	孙贵平	扬州维扬经济开发区管理委员会党工委委员、招商局局长	2020 年扬州市招商引资工作先进个人	中共扬州市委、扬州市人民政府
220	张晓琳（女）	扬州市邗江区杨庙镇经济发展局副股职	2020 年扬州市招商引资工作先进个人	中共扬州市委、扬州市人民政府
221	孙亚楠	扬州高新技术产业开发区招商局项目三局局长	2020 年扬州市招商引资工作先进个人	中共扬州市委、扬州市人民政府
222	孔庆文	扬州市邗江区蒋王街道经济发展局局长	2020 年扬州市招商引资工作先进个人	中共扬州市委、扬州市人民政府
223	林 微（女）	扬州市邗江区西湖镇经济发展局局长	2020 年扬州市招商引资工作先进个人	中共扬州市委、扬州市人民政府
224	陈晓辉（女）	扬州市广陵区东关街道党工委副书记	2020 年扬州市招商引资工作先进个人	中共扬州市委、扬州市人民政府
225	韦玉山	扬州市广陵区头桥镇经济发展局局长	2020 年扬州市招商引资工作先进个人	中共扬州市委、扬州市人民政府
226	谢树人	江苏扬州广陵经济开发区招商服务中心副主任	2020 年扬州市招商引资工作先进个人	中共扬州市委、扬州市人民政府
227	王 君（女）	扬州市广陵区李典镇经济发展局副局长	2020 年扬州市招商引资工作先进个人	中共扬州市委、扬州市人民政府
228	项唯樑	扬州市广陵区曲江街道经济发展局副局长	2020 年扬州市招商引资工作先进个人	中共扬州市委、扬州市人民政府
229	潘 明	扬州经济技术开发区经济发展局党组成员、副局长（主持工作），企业党工委副书记	2020 年扬州市招商引资工作先进个人	中共扬州市委、扬州市人民政府

续表 41-4

序号	姓名	工作单位及职务	奖励名称	表彰单位
230	孙晓军	扬州经济技术开发区招商局党总支委员	2020 年扬州市招商引资工作先进个人	中共扬州市委、扬州市人民政府
231	奚佩明	扬州经济技术开发区招商局党总支委员	2020 年扬州市招商引资工作先进个人	中共扬州市委、扬州市人民政府
232	韦　颜（女）	扬州经济技术开发区招商局职员	2020 年扬州市招商引资工作先进个人	中共扬州市委、扬州市人民政府
233	汪奚纬	扬州经济技术开发区招商局职员	2020 年扬州市招商引资工作先进个人	中共扬州市委、扬州市人民政府
234	丁文才	扬州市生态科技新城社会事业局副局长	2020 年扬州市招商引资工作先进个人	中共扬州市委、扬州市人民政府
235	高　强	江苏省杭集高新区管委会工作人员	2020 年扬州市招商引资工作先进个人	中共扬州市委、扬州市人民政府
236	尤婷婷（女）	扬州凤凰岛生态旅游度假区管理办公室工作人员	2020 年扬州市招商引资工作先进个人	中共扬州市委、扬州市人民政府
237	华　荣	扬州市蜀冈－瘦西湖风景名胜区管理委员会财政审计局局长	2020 年扬州市招商引资工作先进个人	中共扬州市委、扬州市人民政府
238	王逸伦	扬州市蜀冈－瘦西湖风景名胜区管理委员会经济发展局招商处处长	2020 年扬州市招商引资工作先进个人	中共扬州市委、扬州市人民政府
239	倪　源	扬州市蜀冈－瘦西湖风景名胜区管理委员会市场监管局副科长	2020 年扬州市招商引资工作先进个人	中共扬州市委、扬州市人民政府
240	丁　谦	扬州市人民政府办公室秘书二处副处长	2020 年扬州市招商引资工作先进个人	中共扬州市委、扬州市人民政府
241	孙景亮	扬州市发展和改革委员会党组成员、副主任	2020 年扬州市招商引资工作先进个人	中共扬州市委、扬州市人民政府
242	夏　坚（女）	扬州市发展和改革委员会服务业处处长	2020 年扬州市招商引资工作先进个人	中共扬州市委、扬州市人民政府
243	张　煜	扬州市科学技术局创新发展处处长	2020 年扬州市招商引资工作先进个人	中共扬州市委、扬州市人民政府
244	许亚军	扬州市工业和信息化局党组成员、副局长	2020 年扬州市招商引资工作先进个人	中共扬州市委、扬州市人民政府
245	殷　鑫	扬州市工业和信息化局产业人才与合作处处长	2020 年扬州市招商引资工作先进个人	中共扬州市委、扬州市人民政府
246	李　佳（女）	扬州市财政局基金管理处副处长	2020 年扬州市招商引资工作先进个人	中共扬州市委、扬州市人民政府
247	王　波	扬州市农业农村局乡村产业发展处处长	2020 年扬州市招商引资工作先进个人	中共扬州市委、扬州市人民政府
248	叶荣明	扬州市商务局四级调研员	2020 年扬州市招商引资工作先进个人	中共扬州市委、扬州市人民政府
249	陆春林	扬州市商务局投资促进处处长	2020 年扬州市招商引资工作先进个人	中共扬州市委、扬州市人民政府
250	卜焕林	扬州市科学技术情报研究所副所长	2020 年扬州市招商引资工作先进个人	中共扬州市委、扬州市人民政府

续表 41-4

序号	姓名	工作单位及职务	奖励名称	表彰单位
251	孙金海	中共扬州市委台湾工作办公室经济处处长	2020年扬州市招商引资工作先进个人	中共扬州市委、扬州市人民政府
252	王晓楠（女）	扬州市人民政府外事办公室欧非处处长	2020年扬州市招商引资工作先进个人	中共扬州市委、扬州市人民政府
253	陶金柱	扬州市侨联经济科技文化交流部部长	2020年扬州市招商引资工作先进个人	中共扬州市委、扬州市人民政府
254	戴凌云（女）	扬州经济技术开发区管委会副主任（原市工商联副主席）	2020年扬州市招商引资工作先进个人	中共扬州市委、扬州市人民政府

注：2020年扬州市重大项目推进工作先进个人、2020年扬州市营商环境工作先进个人、2020年扬州市招商引资工作先进个人表彰时间为2021年10月

（张晶晶 冷 洁）

新增院士

■万宝年 男，江苏海安人，汉族，1962年6月出生，中国科学院等离子体物理研究所所长。从事输运、稳定性及其托卡马克运行模式的研究。1982年毕业于扬州师范学院，1985年获中国科学院等离子体物理所硕士学位，1992年获德国维尔茨堡大学博士学位。2021年当选为中国科学院院士。

（王 翔）

■李劲松 男，江西南昌人，汉族，1971年10月出生，中国科学院生物化学与细胞生物学研究所研究员、细胞生物学国家重点实验室主任。干细胞与发育生物学家，主要从事细胞重编程、干细胞与发育调控机制的研究。1993年毕业于江西农业大学，1996年获扬州大学硕士学位，2002年获中国科学院动物所博士学位。2021年当选为中国科学院院士。

（王 翔）

逝世人物

■袁 净 男，江苏大丰人，汉族，民国18年（1929）8月31日出生，民国35年1月30日参加工作，民国36年12月31日加入中国共产党，离休前任扬州市对外经济贸易委员会副主任，1989年9月28日离休，享受副地（局）级待遇。2021年1月9日逝世。

（张 驰）

■季建斌 男，江苏泰兴人，汉族，民国19年（1930）9月9日出生，民国33年8月31日参加工作，同年8月31日加入中国共产党，离休前任扬州市卫生局药政处主任，1990年12月17日离休，享受副地（局）级待遇，2015年提高享受按副省(部)长级标准报销医疗费待遇。2021年1月11日逝世。

（张 驰）

■何 铨 男，江苏南通人，汉族，民国16年（1927）10月31日出生，民国33年12月31日参加工作，民国35年12月31日加入中国共产党，离休前任扬州市计划委员会副主任、物资局局长，1989年12月30日离休，享受副地（局）级待遇，2015年提高享受按副省（部）长级标准报销医疗费待遇。2021年1月14日逝世。

（张 驰）

■顾 峰 男，江苏滨海人，汉族，民国17年（1928）8月31日出生，民国32年6月30日参加工作，民国36年12月31日加入中国共产党，离休前任扬州化肥厂调研员，享受副地（局）级待遇，2015年提高享受按副省（部）长级标准报销医疗费待遇。2021年1月27日逝世。

（张 驰）

■朱栋成 男，江苏靖江人，汉族，民国19年（1930）12月28日出生，民国37年1月31日参加工作，民国37年4月30日加入中国共产党，离休前任扬州市人民政府财贸办公室主任，享受副地（局）级待遇。2021年5月3日逝世。

（张 驰）

■杨雨秋 男，江苏宝应人，汉族，民国16年（1927）2月1日出生，民国34年3月31日参加工作，1950年5月31日加入中国共产党，离休前任扬州市经济协作委员会副主任，享受副地（局）级待遇，2015年提高享受按副省（部）长级标准报销医疗费待遇，2021年提高享受副省（部）长级医疗待遇。2021年5月17日逝世。

（张 驰）

■戴兴邦 男，江苏泰兴人，汉族，民国16年（1927）9月30日出生，民国33年8月31日参加工作，同年5月31日加入中国共产党，离休前任扬州市政协副秘书长，享受副地（局）级待遇，2015年提高享受按副省（部）长级标准报销医疗费待遇，2021年提高享受副省（部）长级医疗待遇。2021年5月21日逝世。

（张 驰）

■李汉章 男，江苏盐城人，汉族，民国13年（1924）12月31日出生，民国30年2月28日参加工作，同年5月31日加入中国共产党，离休前任扬州市交通局局长，享受副地（局）级待遇，2015年提高享受按副省（部）长级标准报销医疗费待遇，2021年提高享受副省（部）长级医疗待遇。2021年6月5日逝世。

（张 驰）

附录

Fulu

编　辑　王妮姗　陈永华　高　新

组织机构及负责人

（截止时间：2021年12月31日）

中国共产党扬州市委员会

书　记　张宝娟（女）
副书记　王进健　韩　骅
常　委　陈锴竑
　　　　朱永安
　　　　张长金（女）
　　　　张耀武
　　　　焦庆标
　　　　潘学元
　　　　赵庆红
　　　　储爱军
秘书长　赵庆红（兼）
副秘书长
　　　　肖卫东
　　　　张贵强
　　　　陈永平（兼）
　　　　王　浩
　　　　张　烽

市委工作机构

市委办公室（挂“市国家保密局”“市国家密码管理局”“市档案局”牌子）
主　任　肖卫东（兼）
副主任　李炜冰
　　　　李道松
　　　　王佳斌
　　　　马　俊
　　　　杨　海
市国家保密局
局　长　肖卫东（兼）
副局长　高海巍
市档案局
局　长　陈永平（兼）
副局长　薛晓军（女）
市委组织部（挂“市委非公有制企业和社会组织工作委员会”“市公务员局”牌子）
部　长　焦庆标（兼）
常务副部长
　　　　徐　龙
副部长　徐志刚
　　　　夏顺义（兼）
　　　　康　尧
市委非公有制企业和社会组织工作委员会
书　记　康　尧（兼）
副书记　王　兵
市考核工作委员会办公室
副主任　郎克光
市委党的建设工作领导小组办公室
副主任　孙　明
市委宣传部［挂“市政府新闻办公室”“市精神文明建设指导委员会办公室”“市新闻出版局（市版权局）”牌子］
部　长　张长金（女，兼）
常务副部长
　　　　李广春
副部长　殷元松（兼）
　　　　周学军
　　　　陈　洁
　　　　范梅青（女）
　　　　吴　军
市政府新闻办公室
主　任　周学军（兼）
副主任　崔道锋
市精神文明建设指导委员会办公室
主　任　吴　军（兼）
副主任　江　勇
市新闻出版局
副局长　姜师立
市委统一战线工作部（挂“市政府侨务办公室”牌子，市委统一战线工作领导小组办公室设在市委统一战线工作部）
部　长　韩　骅（兼）
常务副部长
　　　　吉　琳（女）
副部长　顾元周
　　　　徐永泰（兼）
　　　　李厚林（兼）
市政府侨务办公室
主　任　顾元周（兼）
副主任　李越平
　　　　庞春奎
市委政法委员会
书　记　张耀武（兼）
常务副书记
　　　　许林灿
副书记　宫文飞（兼）
　　　　成　勇
　　　　严立松
法学会
专职副会长
　　　　夏　晴（女）
市委研究室（市委全面深化改革委员会办公室、市委财经委员会办公室设在市委研究室）
主　任　王　浩（兼）
副主任　杨　健

陈公廉

市委网络安全和信息化委员会办公室（挂“市互联网信息办公室”牌子）

主　任　殷元松

副主任　黄振宇

张先斌

沈娟娟（女）

市委机构编制委员会办公室（挂“市事业单位登记管理局”牌子）

主　任　徐志刚（兼）

副主任　周秀亮

陆　妍（女）

市委台湾工作办公室（挂“市政府台湾事务办公室”牌子）

主　任　黄俊华

副主任　崇玉强

巫国胜

王　晔

市委市级机关工作委员会

书　记　王　涛（女）

副书记　刘　刚

徐良明

殷　珺（女）

纪工委书记

夏祥红（女）

市委巡察工作办公室

主　任　李刘杰（兼）

副主任　孙凌雷

郑　州

市委巡察组

组　长　杨世春

余通海

池建强

陈　钧

殷立琴（女）

朱宋华

副组长　薛　翔

方加根

殷晓竞（女）

郭荣中

曹让礼

孙桂生

郑依贫

潘大联

周明章

杨道龙

吕抒怡（女）

张曰兴

市委老干部局（挂“市委离退休干部工作委员会”牌子）

局　长　夏顺义

副局长　章士江

唐小月（女）

张　华

市委离退休干部工作委员会

书　记　夏顺义（兼）

副书记　骆礼国

市委直属单位

市委党校

校　长　韩　骅（兼）

党委书记

王岚峰

常务副校长

王岚峰（兼）

副校长　李存灵

薛　峰

胡志高

社会主义学院

副院长　杨秀华

市行政学院

院　长　韩　骅（兼）

副院长　王岚峰（兼）

季培均（兼）

李存灵（兼）

薛　峰（兼）

胡志高（兼）

市档案馆（挂“市地方志办公室”牌子）

馆　长　陈永平

副馆长　马　俊

朱道宏

田　雨

市地方志办公室

主　任　陈永平（兼）

副主任　马　俊（兼）

朱道宏（兼）

市委党史办公室

主　任　罗瑞勤

副主任　冯雅勤

李　颖（女）

扬州报业传媒集团（扬州日报社）

集团党委书记

李继业

集团党委副书记

周明涛（兼）

张广秀（女）

集团纪委书记

李继学

集团有限公司董事长

李继业（兼）

集团有限公司总经理

袁文生

集团有限公司副总经理

曾学文

扬州日报社社长

李继业（兼）

扬州日报社副社长

周明涛（兼）

扬州日报社总编辑

周明涛

扬州日报社副总编辑

李　峰

拾景炎

扬州市人大常委会

党组书记

张宝娟（兼）

党组副书记

孔令俊

王炳松

李忠盛

党组成员

韩　方

沙志芳（兼）

范天恩（兼）

杨正福（兼）

蒋爱祥

徐祥华

刘晓明（兼）

副主任　王炳松（兼）

李忠盛（兼）

朱　妍（女）

沙志芳

范天恩

杨正福

秘书长　刘晓明

副秘书长

王玉军

蔡　蕾（女）

黄为民

范　耘
高长明

市人大常委会办公室、研究室，各工作委员会

办公室
主　任　王玉军（兼）
副主任　陈　曦（女）
　　　　吕天龙
　　　　张敬武
研究室
主　任　平大春
副主任　殷　荣（女）
监察和司法工作委员会
主　任　罗庆久
副主任　朱正明
经济工作委员会
主　任　吴顺文
副主任　顾　涛
农村工作委员会
主　任　阚成法
副主任　王　平
　　　　张　影（女）
教育科学文化卫生工作委员会
主　任　沈宏跃
副主任　冯雪明
　　　　江晓昀（女）
环境资源城乡建设工作委员会
主　任　徐　斌
副主任　陈　跃
人事代表工作委员会
主　任　陈国祥
副主任　夏　斌
民宗侨台外工作委员会
主　任　许　明
副主任　王元平
　　　　陈　荣
法制工作委员会
主　任　彭苏宁
副主任　于　力
　　　　陈　军
预算工作委员会
主　任　李晓钟
副主任　王　薇（女）

扬州市人民政府

党组书记
　　　　王进健（兼）
党组副书记
　　　　陈锴竑（兼）
党组成员
　　　　丁　一（兼）
　　　　宫文飞（兼）
　　　　赵庆红（兼）
　　　　张礼涛（兼）
　　　　尤在晶（兼）
　　　　韦　峰
代市长　王进健
副市长　陈锴竑
　　　　丁　一
　　　　宫文飞
　　　　余　珽
　　　　赵庆红
　　　　张礼涛
秘书长　尤在晶
副秘书长
　　　　佘俊臣
　　　　张其龙（兼）
　　　　林宝荣
　　　　陈　石（兼）
　　　　刘卫清
　　　　王辉森
　　　　张思忠
　　　　王　震
　　　　王　岭（挂职）

市政府工作机构

市政府办公室（挂“市政府研究室”“市大数据管理局”牌子）
主　任　佘俊臣（兼）
副主任　邱加永
　　　　顾友红
　　　　陈　健
　　　　袁　骏
　　　　张　春
市政府研究室
主　任　佘俊臣（兼）
大数据管理局
主　任　佘俊臣（兼）
发展和改革委员会（挂“市粮食和物资储备局”牌子，市委军民融合发展委员会办公室设在市发展和改革委员会）
党组书记
　　　　黄为民（兼）
党组副书记
　　　　姜开圣
副主任　姜开圣（兼）
　　　　韩长金
　　　　卞　吉
　　　　孙景亮
　　　　王　峰
　　　　臧　斌
粮食和物资储备局
副局长　黄学东
　　　　朱晓进
市委军民融合发展委员会办公室
副主任　徐　健
重大项目办公室
主　任　韩长金（兼）
副主任　张苏煜
　　　　戴富云
　　　　朱　枫（女）
教育局（市委教育工作委员会与市教育局合署办公，市政府教育督导室设在市教育局）
局　长　周应华（兼）
副局长　卫　刚
　　　　匡成兰（女）
　　　　昌　明
　　　　徐　晟（挂职）
市委教育工作委员会
书　记　周应华（兼）
副书记　王朝勃
市政府教育督导室
副主任　李斌桃
　　　　赵　云
科学技术局
局　长　王友芳（女）
副局长　赵松林
　　　　赵浩岭
　　　　李　锋
　　　　钱　东
　　　　卞加林
工业和信息化局
局　长　王庆伟
副局长　许亚军
　　　　张云翔
　　　　赵宽安
　　　　陈江伟（对口帮扶陕西）
　　　　郭万山

许立新
华占军
王　波（挂职）

民族宗教事务局
局　长　徐永泰
副局长　廖　勇
郑　妮（女）

公安局
局　长　宫文飞（兼）
副局长　秦雨花
黄太鹏
杨　林
刘春林
韩　川
周　晖（挂职）
政治部主任
夏忠平

民政局
局　长　王振祥（兼）
党委书记
陈小浩
副局长　陈小浩（兼）
徐德林
钱建忠
王艾平

司法局（市委全面依法治市委员会办公室设在市司法局）
局　长　姚爱国
副局长　丁玉祥
王桂才
徐晓明

市委全面依法治市委员会办公室
副主任　黄金龙

财政局
局　长　张　伟
副局长　高　阜
郭　佳（女）
杨建民
徐　军

人力资源和社会保障局
局　长　季培均
副局长　张跃春（援青）
李宏平
周光践
王锦程
居乃军
杨　洋

自然资源和规划局（挂“市林业局”牌子）
局　长　林宝荣
副局长　叶卫东
伏年久
裴东伟
沈万林
陶加宏
总规划师
朱雷亭

林业局
局　长　林宝荣（兼）

生态环境局
局　长　金春林
副局长　陈修道
姚江潮
张国权
总工程师
陈　刚

住房和城乡建设局（挂“市人民防空办公室”“市园林管理局”“市地震局”牌子）
局　长　陶伯龙
副局长　肖　波
刘　泓（女）
总工程师
傅士斌

人民防空办公室
主　任　陶伯龙（兼）
副主任　侯载铭
朱　元
苏明清

园林管理局
局　长　陶伯龙（兼）
副局长　张家来
唐红军
陆士坤
赵　岚（女）

地震局
局　长　陶伯龙（兼）

城市管理局（挂“市城市管理综合行政执法局”牌子）
局　长　刘忠华
副局长　吴　广
杨晓荣
杨卫东

城市管理综合行政执法局
局　长　刘忠华（兼）
副局长　王友书

交通运输局（挂“市地方铁路建设办公室”牌子）
局　长　夏正东
副局长　印德明
杨步云
丁泽民
王才林
张宏亮（兼）
总工程师
盛　宇

地方铁路建设办公室
主　任　夏正东（兼）
副主任　赵　骥

水利局
局　长　凌国栋
副局长　尹晓斌
徐海中
郑灯龙
张东培
张世政（挂职）
总工程师
季暑月（女）

农业农村局（挂“市乡村振兴局”牌子，市委农村工作领导小组办公室设在市农业农村局）
局　长　雍有瑜
党组副书记
周学金
副局长　周学金（兼）
殷立松
顾加旺
吴　华（女）
潘绪海
汪爱智
李铁军
袁冬贞（女，挂职）
总畜牧兽医师
徐煜峰
总农艺师
丁　涛（女）

市委农村工作领导小组办公室
副主任　袁强华

市乡村振兴局
局　长　雍有瑜（兼）

商务局（挂“市口岸办公室”牌子）

局　长　王志海
副局长　张连生
　　　　何　炜
　　　　陈　清
　　　　王　琴（女）
　　　　刘海平
口岸办公室
主　任　王志海（兼）
副主任　张　军
中国国际贸易促进委员会扬州市委员会
会　长　钱中声
副会长　韩世来
秘书长　潘阳春
文化广电和旅游局（挂“市文物局”牌子）
局　长　沈文杰
副局长　王明宏
　　　　毛卫东
　　　　李政成
　　　　王官宏
　　　　顾红霞（女）
文物局
局　长　沈文杰（兼）
副局长　徐国兵
　　　　曹华军
卫生健康委员会（挂“市中医药管理局”牌子）
主　任　赵国祥
党委副书记
　　　　王　林
副主任　王劲松
　　　　尹成雷
　　　　缪　彦（女）
中医药管理局
局　长　赵国祥（兼）
副局长　田华萍（女）
退役军人事务局
局　长　孙玉金
副局长　翟江淮
　　　　王春香（女）
　　　　刘学军
　　　　吴敬文
　　　　胡安荣
应急管理局
局　长　周长军
副局长　王兆龙
　　　　周　炜
　　　　胡顺斌
　　　　卜广年
　　　　付有根
总工程师
　　　　张景臣
安全生产委员会办公室
副主任　俞　湛
审计局（市委审计委员会办公室设在市审计局）
局　长　蔡先建
副局长　袁竹青
　　　　周春山
　　　　潘宝庆
　　　　陈焕章
　　　　冷静玉（女）
总审计师
　　　　高金松
市政府外事办公室（挂“市政府港澳事务办公室”牌子，市委外事工作委员会办公室设在市政府外事办公室）
主　任　车国华（女）
副主任　蒋旭东
　　　　徐　静（女）
市政府港澳事务办公室
主　任　车国华（兼）
副主任　夏　莹（女）
市政府国有资产监督管理委员会
主　任　凌卫东
党委副书记
　　　　张　伟
副主任　沈家宽
　　　　夏心忠
　　　　顾克荣
政务服务管理办公室（挂“市行政审批局”牌子）
主　任　张其龙
副主任　曹文明
　　　　王早东
　　　　李　伟（浙江挂职）
　　　　乔有金
　　　　吴明菊（女）
行政审批局
局　长　张其龙（兼）
市场监督管理局（挂“市知识产权局”牌子）
局　长　胡春风
党组副书记
　　　　谈法华
副局长　谈法华（兼）
　　　　王海峰
　　　　苏　明
　　　　刘观清
　　　　杜建武
　　　　谈嘉山
　　　　刘如林
　　　　夏增忠
　　　　姜文洋
食品安全总监
　　　　洪　昊
知识产权局
局　长　胡春风（兼）
副局长　肖　猛
体育局
局　长　陈玲春（女）
副局长　周　烈
　　　　张　荣
　　　　郭金权
统计局
局　长　陆安亚
副局长　陈凤桂
　　　　刘加祥
　　　　钱利东
　　　　薛曦晨
　　　　王梅峰
医疗保障局
局　长　华德荣
党组书记
　　　　许德奎
副局长　许德奎（兼）
　　　　管宏喜
信访局（市委信访局和市信访局合署办公）
局　长　陈　石
副局长　景　虎
　　　　袁志刚
　　　　孙　波（女）
督查专员
　　　　张　澎
　　　　高　峰
地方金融监督管理局（挂“市政府金融工作办公室”牌子）
局　长　李　宁（女）

副局长　许立宏
　　　　沈一进

市政府金融工作办公室

主　任　李　宁（女，兼）

机关事务管理局

局　长　盛维林
副局长　张　林
　　　　阎　军
　　　　许宝忠
　　　　顾晓晖（女）

市政府派出机构

扬州经济技术开发区管理委员会

党工委书记
　　　　潘学元（兼）
主　任　朱柏兴
党工委副书记
　　　　朱柏兴（兼）
　　　　侯承海
　　　　李　琪（女）
副主任　李　琪（女，兼）
　　　　谢百川
　　　　臧灿甲
　　　　杨　斌
　　　　戴凌云（女）
　　　　孙海佳
　　　　徐春茹（女）
　　　　竭岸扬（挂职）
纪工委书记（监察工委主任）
　　　　潘晓成
组织部部长
　　　　吴龙林
政法委书记、市公安局开发区分局
局长　张力前

生态科技新城管理委员会

党工委书记
　　　　杨　蓉（女）
主　任　李桂山
党工委副书记
　　　　李桂山（兼）
　　　　袁慧中（女）
副主任　杨玉宇
　　　　陈　彬
　　　　唐朝文
　　　　吴国群
　　　　时克祥
　　　　沈钟璞（挂职）
纪工委书记
　　　　邵海峰

蜀冈－瘦西湖风景名胜区管理委员会

党工委书记
　　　　汤卫华
主　任　沈伯宏
党工委副书记
　　　　沈伯宏（兼）
　　　　刘马根
副主任　陆志林
　　　　顾永良
　　　　陈福新
　　　　王勤刚
　　　　王向前
　　　　王青海
纪工委书记
　　　　刘　咏

市直属单位

供销合作总社

主　任　乔国银（女）
副主任　赵国斌
　　　　马越飞
监事会主任
　　　　陈正清

扬州仲裁委员会秘书处

秘书长　张媛媛（女）
副秘书长
　　　　胡士博
　　　　朱毅锴
　　　　黄　志（女）

扬州广电传媒集团（扬州广电总台）

集团党委书记
　　　　陈韵强
集团党委副书记
　　　　王　永（兼）
　　　　吴黎宁
集团纪委书记
　　　　张晓斌
集团有限公司董事长
　　　　陈韵强（兼）
集团有限公司总经理
　　　　高华彬
集团有限公司副总经理
　　　　周晓晓（女）
　　　　顾忠先
广电总台台长
　　　　陈韵强（兼）
广电总台副台长
　　　　经　农
　　　　刘万松
广电总台总编辑
　　　　王　永
广电总台副总编辑
　　　　孙建昶
　　　　张红军

＊住房公积金管理中心

主　任　张　龙
党支部书记
　　　　王正凡

江苏省工人扬州疗养院

院　长　夏朋林
副院长　顾　淋

市域社会治理现代化指挥中心

主　任　成　勇（兼）
副主任　汤慧芳（女）
　　　　黎小生

江苏里下河地区农业科学研究所

所　长　李爱宏
党委书记
　　　　陈贵江
党委副书记
　　　　李爱宏（兼）
　　　　王守红
副所长　周如美
　　　　苏建坤
　　　　吴宏亚
纪委书记
　　　　雪　峰

政协扬州市委员会

党组书记
　　　　陈　扬（兼）
党组副书记
　　　　韩　骅（兼）
　　　　何金发
　　　　夏正祥
党组成员
　　　　王　骏（兼）
　　　　刘　流（女，兼）
　　　　林正玉（兼）
　　　　陈　曦
　　　　汤天波（兼）

主　席　陈　扬
副主席　何金发（兼）
　　董玉海
　　程吉林
　　王静成
　　夏正祥（兼）
　　王　骏
　　刘　流（女）
　　林正玉
　　王振祥
秘书长　汤天波
副秘书长
　　冬　冰
　　王振宗
　　赵御龙
　　李春国
　　葛社清
　　刘　文（女，兼）
　　黄锦山（兼）

市政协办公室、研究室，各专门委员会

办公室
主　任　葛社清（兼）
副主任　王荣山
　　许　勇
　　徐卫星
研究室
主　任　伏兴中
副主任　杨国屏
提案委员会
主　任　吴　军（女）
副主任　李广春（兼）
　　徐宏宇（兼）
　　施益香（女，兼）
经济科技和农业农村委员会
主　任　陈荣进
副主任　常春芳（女）
　　姜开圣（兼）
　　钱中声（兼）
　　周学金（兼）
　　李　锋（兼）
城乡建设委员会（人口资源环境委员会）
主　任　耿　良
副主任　吴有新
　　蒋立新
　　陶伯龙（兼）
　　叶善祥（兼）
　　姚江潮（兼）
　　刘马根（兼）
教育卫生体育委员会
主　任　周应华
副主任　孙华幸（女）
　　赵国祥（兼）
　　李桂山（兼）
　　薛　峰（兼）
社会和法制委员会
主　任　陈　莘
副主任　曹卫国
　　许林灿（兼）
　　姚宏斌（兼）
文化和文史委员会
主　任　吴道根
副主任　邱振华
　　殷元松（兼）
　　华德荣（兼）
　　仲衍书（兼）
　　王岚峰（兼）
　　王永平（兼）
港澳台侨委员会（外事委员会）
主　任　王玉琴（女）
副主任　陈　静（女）
　　杨为民（女，兼）
学习和委员工作委员会
主　任　王志年
副主任　贾　平（女）
　　徐志刚（兼）
　　孙玉金（兼）
　　陈　静（女，兼）

中共扬州市纪律检查委员会
市监察委员会

纪委书记
　　朱永安（兼）
纪委常务副书记
　　郭鹏驰
纪委副书记
　　徐宏宇
　　赵志宏
纪委常委
　　李刘杰
　　蒋桂芳（女）
　　高玉波
　　王　静（女）
　　朱　娟（女）
监委代主任
　　朱永安（兼）
监委副主任
　　郭鹏驰（兼）
　　徐宏宇（兼）
　　赵志宏（兼）
监委委员
　　李刘杰（兼）
　　蒋桂芳（女，兼）
　　高玉波（兼）
　　何巧明
　　周　旭
派驻纪检监察组
市纪委监委第一派驻纪检监察组
组长　王　明
市纪委监委第二派驻纪检监察组
组长　叶燕琼（女）
市纪委监委第三派驻纪检监察组
组长　徐茂生
市纪委监委第四派驻纪检监察组
组长　魏德余
市纪委监委第五派驻纪检监察组
组长　黄　燕（女）
市纪委监委第六派驻纪检监察组
组长　张　曹
市纪委监委第七派驻纪检监察组
组长　张荣林
市纪委监委第八派驻纪检监察组
组长　问庭青
市纪委监委第九派驻纪检监察组
组长　窦广平
市纪委监委第十派驻纪检监察组
组长　张正华
市纪委监委第十一派驻纪检监察组组长　仲玉书
市纪委监委第十二派驻纪检监察组组长　何巧明（兼）
市纪委监委第十三派驻纪检监察组组长　曹育新
市纪委监委第十四派驻纪检监察组组长　刘德广
市纪委监委第十五派驻纪检监察组组长　冯佑红
市纪委监委第十六派驻纪检监察组组长　吕所宝

市纪委监委第十七派驻纪检监察组组长　颜　非
市纪委监委第十八派驻纪检监察组组长　王　睿
市纪委监委第十九派驻纪检监察组组长　卢华月
市纪委监委第二十一派驻纪检监察组组长　曹　妍（女）

民主党派 工商联

中国国民党革命委员会扬州市委员会
主任委员
丁玉祥（兼）
副主任委员
刘晓明
陈　惠（兼）
康爱红（女，兼）
季　泉（兼）

中国民主同盟扬州市委员会
主任委员
殷旭东（兼）
副主任委员
仲子午（兼）
张　丹（女，兼）
陈　祥（兼）
李小林（兼）
刘　瑶（女，兼）
蒋同山（兼）

中国民主建国会扬州市委员会
主任委员
王振祥（兼）
副主任委员
黄锦山
伏兴中（兼）
何晓华（兼）
王　琴（女，兼）

中国民主促进会扬州市委员会
主任委员
余　珽（兼）
副主任委员
帅　潇（女）
张一军（兼）
王嘉川（兼）
肖　义（兼）

中国农工民主党扬州市委员会
主任委员
赵建芳（女，兼）
副主任委员
程　玮
陈志华（兼）
李晓波（兼）
梁景岩（兼）

中国致公党扬州市委员会
主任委员
徐　晟（兼）
副主任委员
王南海（女）
丁明哲（兼）
龚卫娟（女，兼）

九三学社扬州市委员会
主任委员
李建芳（女，兼）
副主任委员
刘　文（女）
田志明（兼）
朱新开（兼）
闵凌峰（兼）

市工商业联合会
主　席　董玉海（兼）
党组书记
李厚林
副主席　李厚林（兼）
徐　直
徐　敏（女）
郭万山（兼）
王　宏（兼）
梁　勤（女，兼）
江　强（兼）
卢之云（兼）
何小军（兼）
曹宽平（兼）
林在珏（兼）

人民团体

市总工会
主　席　杨正福（兼）
党组书记
蒋元峰
副主席　蒋元峰（兼）
洪慧娟（女）
陈维权
韩士军
杨　浩
王锦程（兼）
戚安宝（兼）
徐　勇（兼）
林　峻（女，挂职）

中国共产主义青年团扬州市委员会
书　记　洪　扬（女）
副书记　滕　蔓（女）
梅天顺
魏　源（兼）
王愉翔（兼）
俞　斌（挂职）

市妇女联合会
主　席　马　宁（女）
副主席　陈　静（女）
王雅静（女，海南挂职）
周彩虹（女）
方　敏（女）
匡成兰（女，兼）
徐　蕾（女，兼）
戴凌云（女，挂职）

市文学艺术界联合会
主　席　仲衍书
副主席　朱红林
吴乃怀
李政成（兼）
张美林（兼）
周永平（兼）
周启云（兼）
王　永（兼）
周鸿钧（兼）
夏　峰（兼）

市科学技术协会
主　席　徐　健
副主席　王德平
钱靖平
徐乐东
程顺和（兼）
黄建晔（兼）
王大新（兼）
丁爱军（兼）
王国宏（兼）
周颖华（兼）
梁文旭（兼）

市哲学社会科学界联合会
主　席　晏　明
副主席　张锡文
李镇风
徐宏宇（兼）

黄俊华（兼）
陈亚平（兼）
许金如（兼）
高　阜（兼）
臧灿甲（兼）
管路平（兼）

市归国华侨联合会

主　席　杨为民（女）
副主席　周　军
高志刚（兼）
魏全林（兼）
王　飞（兼）
姚友礼（兼）
孔庆友（兼）

市残疾人联合会

理事长　顾爱华（女）
副理事长
张佑根
鲁玉军
赵　新
张跃春（兼）

***红十字会**

会　长　余　珽（兼）
党组书记
张宝马
常务副会长
张宝马（兼）
副会长　吴　军（兼）
叶柏森（兼）
徐　龙（兼）
周学军（兼）
王　骏（兼）
昌　明（兼）
李春阳（兼）
郭　佳（女，兼）
韩　飞（挂职）

法院　检察院

市中级人民法院

代院长　李玉明
党组副书记
任国凡
常务副院长
任国凡（兼）
副院长　姚宏斌
张　澎
沈　红（女）
政治部主任
袁江华
审判委员会专职委员
单华东
朱　明

扬州经济技术开发区人民法院

院　长　纪晓东
副院长　刘　俊
乔文进
政治处主任
陶　健
审判委员会专职委员
柏文栋

市人民检察院

检察长　戴　飞（女）
党组副书记
郭锦勇
副检察长
郭锦勇（兼）
樊跃先
倪　华
检察委员会专职委员
秦　辉
姚仕廉

扬州经济技术开发区人民检察院

检察长　王珺子（女）
副检察长
刘大军
朱桂明
政治处主任
费　依（女）

高等院校

扬州大学

党委书记
姚冠新
副书记　焦新安
叶伯森
校　长　焦新安
副校长　黄建晔
陈国宏
洪　涛
陈亚平
俞洪亮
刘巧泉
周如军
纪委书记
周　琴（女）

市职业大学

党委书记
马顺圣
校　长　潘锦全
党委副书记
潘锦全（兼）
许金如
副校长　许金如（兼）
陈亚鸿
刘　宏
吴书安
纪委书记
黄华明

江苏省扬州技师学院

党委书记
苏爱根
院　长　耿春霞（女）
党委副书记
耿春霞（女，兼）
刘建伟
副院长　陈康林
王思源
林　峻（女）
纪委书记
刘建伟（兼）

驻扬州机关单位

国家税务总局扬州市税务局

局　长　仰　远
副局长　柏兆邦
方　林
秦永宏
纪检组长
徐　军
总会计师
张耀斌

扬州气象局

局　长　秦铭荣
副局长　谢义明
朱　清（女）
纪检组长
邹　霁

扬州海关

关　长　唐仁军
副关长　陈　洁（女）
刘振宇

朱凤家
杨　南（女）
南京海关党委派驻第十六纪检组组长
叶果亮
南京海关党委派驻第十六纪检组副组长　赵　鹏
缉私分局局长
徐旭辉
缉私分局政委
赵　芳（女）
缉私分局副局长
夏天明
卞辉文
南京海关轻工产品与儿童用品检测中心副主任
吴　斌
朱国强
应万钧

扬州海事局
局　长　郭学军
政　委　王瑞荣
副局长　李大为
耿　亮
李祝清

中国人民银行扬州市中心支行
行　长　何　敏（女）
副行长　崔　萌
蔡定洪
张　轲
何　飞（女）
纪委书记
张立红（女）
工会主任
蒋　昊

扬州银保监分局
局　长　曹　维
副局长　陈　洪
高　峰
滕宏超
纪委书记
仲　瑞

国家统计局扬州调查队
党组书记
张　丽（女）
队　长　张　丽（女）
副队长　谢　阳（女）
金　馨（女）
纪检组长
王能标

省高宝邵伯湖渔管会
主　任　谢伟军
副主任　左兆卫
孙文祥

县（市、区）

宝应县

中共宝应县委
书　记　张小辉
副书记　胡晓峰
常　委　周正威
顾锡芳（女）
魏　建
于祝君
郝　骥
陈　坚
王元顶
赵　宇
姚绍瑜（女）
张倩桦（女）

宝应县人大常委会
主　任　陈金荣
副主任　翟士高
吴建志
谢存道

宝应县人民政府
代县长　胡晓峰
副县长　周正威
杨洪国
金　陵
张倩桦（女）
梅灯昌
丁子建
张绍文（挂职）

政协宝应县委员会
主　席　顾长荣
副主席　王松年
傅春景
周新华
姜海峰

高邮市

中共高邮市委
书　记　张　利
副书记　田醒民
郑志明
常　委　王学峰
陈立柱
杨文喜
许　辉（女）
李深红（女）
李　杰（女）
曹伟伟
王怀忠

高邮市人大常委会
主　任　张秋红（女）
副主任　赵广华
潘建奇
李　生
薛晓寒
孙明如
吴惠山
杨向东

高邮市人民政府
代市长　田醒民
副市长　王学峰
王　薇（女）
王永海
马　舟
周　伟
史美山
张继东
蒋　玮（挂职）

政协高邮市委员会
主　席　徐永宝
副主席　张贵龙
钱富强
张拥军
居晓波
周启泉

仪征市

中共仪征市委
书　记　孙建年
副书记　李　林
常　委　丁雪海
胡彩云（女）
胡海洋
储　昱（女）
赵　军
张宏康
苏广西

杨庆洋

仪征市人大常委会

主　任　仲　玲（女）
副主任　李正涛
　　　　骆　翔
　　　　徐厚江
　　　　刘长荣

仪征市人民政府

代市长　李　林
副市长　丁雪海
　　　　杨庆洋
　　　　赵建芳（女）
　　　　黄苏晋
　　　　李晟文
　　　　田文远
　　　　俞　蕾（女）
　　　　尤玉军（挂职）

政协仪征市委员会

主　席　邵　卫
副主席　崔学锋
　　　　马立新
　　　　吴正明
　　　　陆永进（女）
　　　　赵永江
　　　　施伟文（女）

江都区

中共江都区委

书　记　朱莉莉（女）
副书记　朱定金
常　委　葛智勇
　　　　储晓来
　　　　吴亚龙
　　　　杜　辉
　　　　闫冬梅（女）
　　　　张　旭
　　　　李向阳
　　　　冯旭枫（女）

江都区人大常委会

主　任　张永庭
副主任　李　杰
　　　　顾　明
　　　　杨德银
　　　　孙恩明
　　　　沈仁礼
　　　　陆德川

江都区人民政府

代区长　朱定金
副区长　葛智勇
　　　　孙　明
　　　　杨晓荣
　　　　侯耀武
　　　　胡付祥
　　　　杜　辉
　　　　徐　晖（女）
　　　　王　荣（挂职）

政协江都区委员会

主　席　曾庆玲（女）
副主席　孙　明
　　　　刘宝宏
　　　　钱正明
　　　　樊洪喜

邗江区

中共邗江区委

书　记　张耀武
副书记　张新钢
　　　　孟德和
　　　　闫　伟
常　委　柳　进
　　　　黄金发
　　　　孙爱东
　　　　陈　建
　　　　徐安朝
　　　　任彬彬（女）
　　　　贺宝兰（女）
　　　　尹　根

邗江区人大常委会

主　任　陈佳宏
副主任　祁胜媚（女）
　　　　朱发奎
　　　　曹占田
　　　　李德居
　　　　吴心明

邗江区人民政府

区　长　张新钢
副区长　徐安朝
　　　　尹　根
　　　　丁明哲
　　　　范红彬
　　　　蔡卫荣
　　　　张　玲（女）
　　　　郭永强（挂职）

政协邗江区委员会

主　席　朱跃龙
副主席　徐　明
　　　　徐　晟
　　　　羊汉江
　　　　高长明
　　　　沈少林
　　　　何晓华
　　　　张亚彤（女）

广陵区

中共广陵区委

书　记　韦　峰
副书记　郎　俊
　　　　李　斌
常　委　喻智荣
　　　　王飞飞
　　　　白　江
　　　　傅　颖（女）
　　　　孟亚东
　　　　戴维宝
　　　　杨　勇
　　　　邹　晋（女，挂职）

广陵区人大常委会

主　任　赵长松
副主任　周鸿钧
　　　　周家富
　　　　马新阳
　　　　徐　超
　　　　倪　凌

广陵区人民政府

代区长　郎　俊
副区长　王飞飞
　　　　李建芳（女）
　　　　叶　浩
　　　　万潇潇（女）
　　　　王绪林
　　　　梁　波
　　　　仲子午
　　　　康　凯（挂职）

政协广陵区委员会

主　席　刁顺勤
副主席　胡明寿
　　　　阚永明
　　　　刘　兵

说明：注有“*”的为副处级建制单位。

重要文件目录

中共扬州市委重要文件目录

中共扬州市委　扬州市人民政府关于做好2021年民生幸福工程的通知（扬发〔2021〕1号，2021年2月11日）

中共扬州市委　扬州市人民政府关于印发《2021年扬州优化提升营商环境任务清单》的通知（扬发〔2021〕2号，2021年2月10日）

中共扬州市委关于印发《中共扬州市委常委会2021年工作要点》的通知（扬发〔2021〕3号，2021年2月7日）

中共扬州市委关于深入学习贯彻习近平总书记视察江苏视察扬州重要讲话指示精神的实施意见（扬发〔2021〕10号，2021年1月25日）

中共扬州市委关于转发《扬州市人大常委会2021年度工作要点和议题安排计划》的通知（扬发〔2021〕12号，2021年2月9日）

中共扬州市委关于转发《扬州市政协2021年工作要点》的通知（扬发〔2021〕13号，2021年2月7日）

中共扬州市委　扬州市人民政府关于表彰“最美扬州教育人”的决定（扬发〔2021〕31号，2021年3月17日）

中共扬州市委　扬州市人民政府关于全面推进乡村振兴加快农业农村现代化建设的实施意见（扬发〔2021〕34号，2021年3月17日）

中共扬州市委　扬州市人民政府关于扬州市2020年度综合考核结果的通报（扬发〔2021〕35号，2021年3月30日）

中共扬州市委　扬州市人民政府关于命名2019—2020年度扬州市文明行业、文明单位、文明校园、文明乡镇、文明社区、文明村、青年文明号的决定（扬发〔2021〕40号，2021年5月8日）

中共扬州市委关于表彰全市优秀共产党员、优秀党务工作者、先进基层党组织的决定（扬发〔2021〕45号，2021年6月28日）

中共扬州市委关于中国共产党扬州市第八次代表大会代表选举工作的通知（扬发〔2021〕46号，2021年7月2日）

中共扬州市委　扬州市人民政府关于进一步加强爱国卫生运动筑牢织密新冠肺炎疫情防线的通知（扬发〔2021〕50号，2021年9月2日）

中共扬州市委　扬州市人民政府关于健全重大疫情防控体制机制提升公共卫生应急处置能力的意见（扬发〔2021〕56号，2021年10月16日）

中共扬州市委　扬州市人民政府关于深入推进美丽扬州建设的实施意见（扬发〔2021〕60号，2021年10月20日）

中共扬州市委　扬州市人民政府关于表彰2020年扬州市重大项目建设先进集体和先进个人的决定（扬发〔2021〕61号，2021年10月18日）

中共扬州市委　扬州市人民政府关于完善国有金融资本管理的实施意见（扬发〔2021〕69号，2021年11月19日）

中共扬州市委印发《关于建立市领导“带头干带领干带动干”工作机制的意见》的通知（扬发〔2021〕80号，2021年12月25日）

中共扬州市委　扬州市人民政府关于深化医疗保障制度改革的实施意见（扬发〔2021〕82号，2021年12月31日）

中共扬州市委办公室关于转发《扬州市关心下一代工作委员会2021年工作要点》的通知（扬办发〔2021〕1号，2021年2月1日）

中共扬州市委办公室关于印发《市委七届十一次全会重点任务落实分工方案》《美丽扬州建设“六场硬仗”“三大行动”2021年任务分工方案》的通知（扬办发〔2021〕2号，2021年2月10日）

市委办公室　市政府办公室关于印发《2021年扬州世园会开幕式总体方案》的通知（扬办发〔2021〕3号，2021年2月26日）

市委办公室　市政府办公室关于开展2020年度县（市、区）打好污染防治攻坚战成效考核工作的通知（扬办发〔2021〕6号，2021年3月10日）

市委办公室　市政府办公室关于印发《2021中国·扬州“烟花三月”国际经贸旅游节总体方案》的通知（扬办发〔2021〕7号，2021年4月9日）

市委办公室　市政府办公室印发《关于完善仲裁制度更好发挥仲裁作用的实施意见》的通知（扬办发〔2021〕10号，2021年4月15日）

市委办公室　市政府办公室关于印发《2021年市领导挂钩联系推进重大项目制度》的通知（扬办发〔2021〕12号，2021年4月15日）

市委办公室　市政府办公室印发《关于开展富民强村帮促行动 助推乡村全面振兴的实施意见》的通知（扬办发〔2021〕20号，2021年7月20日）

市委办公室　市政府办公室关于印发《关于在全市范围内开展社会主义现代化建设路径探索工作的实施方案》的通知（扬办发〔2021〕21号，2021年9月15日）

中共扬州市委办公室印发《关于在全市党员干部中开展“两在两同”建新功行动的实施办法》的通知（扬办发〔2021〕22号，2021年9月17日）

市委办公室　市政府办公室关于印发《扬州市“十四五”青年发展规划（2021—2025年）》的通知（扬办发〔2021〕24号，2021年9月22日）

市委办公室　市政府办公室关于印发《关于深化全市生态环境保护综合行政执法体制改革的实施方案》等七个实施方案的通知（扬办发〔2021〕25号，2021年9月22日）

中共扬州市委办公室关于印发《市第八次党代会重点任务落实分工方案》的通知（扬办发〔2021〕28号，2021年11月8日）

市委办公室　市政府办公室关于印发《扬州市推进微网格建设完善基层社会治理体系　助力常态化疫情防控工作的指导意见》的通知（扬办发〔2021〕30号，2021年11月11日）

市委办公室　市政府办公室关于减轻中小学教师负担进一步营造教育教学良好环境的通知（扬办发〔2021〕36号，2021年12月23日）

中共扬州市委办公室关于调整市纪委监委派驻纪检监察组监督范围的通知（扬办发〔2021〕37号，2021年12月22日）

中共扬州市委办公室印发《关于保障全市党员权利的实施意见》的通知（扬办发〔2021〕38号，2021年12月23日）

市委办公室　市政府办公室　市政协办公室印发《关于加强市党政部门单位与市政协专门委员会对口联系工作的实施意见（试行）》的通知（扬办发〔2021〕39号，2021年12月23日）

市委办公室　市政府办公室印发《关于加强全市新型农村社区治理与服务的实施意见》的通知（扬办发〔2021〕41号，2021年12月31日）

市委办公室　市政府办公室关于印发《关于进一步减轻义务教育阶段学生作业负担和校外培训负担的实施方案》的通知（扬办发〔2021〕42号，2021年12月31日）

扬州市政府重要文件目录

扬州市渔业资源保护管理办法(政府令99号，2021年1月18日)

扬州市市区养犬管理办法(政府令100号，2021年12月20日)

扬州市城镇燃气管理办法(政府令101号，2021年12月21日)

市政府关于印发《扬州市餐厨废弃物管理办法》的通知(扬府规〔2021〕1号，2021年2月20日)

市政府关于印发《扬州市公共安全视频图像信息系统管理办法》的通知(扬府规〔2021〕2号，2021年3月11日)

市政府关于印发《扬州市古树名木和古树后续资源保护管理办法》的通知(扬府规〔2021〕3号，2021年4月16日)

市政府关于印发《扬州市公共数据管理办法》的通知(扬府规〔2021〕4号，2021年10月8日)

市政府关于印发《扬州市棋牌室管理暂行规定》的通知(扬府规〔2021〕5号，2021年12月16日)

市政府关于印发《2021年度政府工作报告目标任务分解表》的通知(扬府发〔2021〕1号，2021年2月9日)

市政府关于印发《全面推进健康扬州建设实施方案》的通知(扬府发〔2021〕5号，2021年2月1日)

市政府关于2020年度全市建筑业先进单位和先进个人的通报(扬府发〔2021〕7号，2021年2月5日)

市政府关于加快培育工业大企业(集团)的实施意见(扬府发〔2021〕20号，2021年4月4日)

市政府关于授予2020年度优秀“招商大使”的决定(扬府发〔2021〕21号，2021年4月15日)

市政府关于聘请2021年度扬州市“招商大使”的决定(扬府发〔2021〕22号，2021年4月15日)

市政府关于第二届“扬州慈善奖”评选结果的通报(扬府发〔2021〕23号，2021年4月27日)

市政府关于扬州市第十届青少年科技创新市长奖评选结果的通报(扬府发〔2021〕24号，2021年4月27日)

市政府关于印发《扬州市推进高新技术企业高质量发展(2021—2023年)的若干政策》的通知(扬府发〔2021〕27号，2021年5月6日)

市政府印发《关于促进文化和旅游产业融合发展的实施意见(2021—2023)》的通知(扬府发〔2021〕30号，2021年5月18日)

市政府关于下达扬州市区2021年企业职工基本养老保险基金收支计划的通知(扬府发〔2021〕31号，2021年5月28日)

市政府关于2020年度全市工业企业高质量发展结果的通报(扬府发〔2021〕36号，2021年6月9日)

市政府关于印发《扬州市2020年土地例行督察整改工作方案》的通知(扬府发〔2021〕44号，2021年6月29日)

市政府关于印发扬州市深化“证照分离”改革进一步激发市场主体发展活力实施方案的通知(扬府发〔2021〕46号，2021年7月15日)

市政府关于应对新冠肺炎疫情保企业稳预期促发展十条措施的意见(扬府发〔2021〕52号，2021年8月20日)

市政府关于市、县(市、区)人民政府统一行使行政复议职责有关事项的通告(扬府发〔2021〕59号，2021年9月28日)

市政府关于授予2020年度扬州市市长质量奖的决定(扬府发〔2021〕65号，2021年10月20日)

市政府关于同意变更广陵区部分行政区划的通知(扬府发〔2021〕70号，2021年10月27日)

市政府关于同意变更邗江区部分行政区划的通知(扬府发〔2021〕71号，2021年10月27日)

市政府关于深入实施知识产权强市战略助推产业科创名城建设的若干政策意见(扬府发〔2021〕72号，2021年11月1日)

市政府关于加快推进城市更新的实施意见(试行)(扬府发〔2021〕73号，2021年11月2日)

市政府关于推进气象事业高质量发展的实施意见(扬府发〔2021〕74号，2021年11月30日)

市政府印发《有关加强融资平台公司经营性债务管理进一步做好地方政府隐性债务风险防控工作的实施意

见》的通知(扬府发〔2021〕92号,2021年12月28日)

市政府关于印发《扬州市全民健康(2021-2025)》的通知(扬府发〔2021〕102号,2021年12月29日)

市政府办公室转发市住房和城乡建设局关于进一步加强智慧工地建设实施意见的通知(扬府办发〔2021〕2号,2021年1月18日)

市政府办公室关于印发《扬州市科技产业综合体绩效评价激励办法(试行)》的通知(扬府办发〔2021〕3号,2021年1月18日)

市政府办公室印发《关于促进全市老字号改革创新发展的若干措施》的通知(扬府办发〔2021〕4号,2021年1月25日)

市政府办公室关于印发《扬州市基本医疗保险基金预算管理办法(试行)》的通知(扬府办发〔2021〕5号,2021年1月21日)

市政府办公室关于发布2020年度扬州市独角兽、瞪羚企业名单的通知(扬府办发〔2021〕6号,2021年1月25日)

市政府办公室关于公布扬州市市设权力清单的通知(扬府办发〔2021〕7号,2021年2月7日)

市政府办公室印发《关于市区贯彻落实企业职工基本养老保险省级统筹制度的实施方案》的通知(扬府办发〔2021〕8号,2021年2月2日)

市政府办公室关于下达2021年全市招商引资、工业(技改)投资和开发园区"二次创业"工作任务的通知(扬府办发〔2021〕11号,2021年2月26日)

市政府办公室关于印发2021年市级重大项目清单和政府投资计划的通知(扬府办发〔2021〕12号,2021年2月10日)

市政府办公室关于印发《扬州市"产业强链"三年行动计划(2021—2023年)》的通知(扬府办发〔2021〕15号,2021年2月26日)

市政府办公室关于下达2021年城市建设和环境提升重点工程项目计划的通知(扬府办发〔2021〕16号,2021年3月3日)

市政府办公室关于印发《扬州市全面推行证明事项告知承诺制工作方案》的通知(扬府办发〔2021〕17号,2021年3月12日)

市政府办公室关于印发《2021年重大项目考核细则》的通知(扬府办发〔2021〕19号,2021年3月22日)

市政府办公室印发《关于支持标准化工作服务高质量发展的若干政策措施》的通知(扬府办发〔2021〕20号,2021年3月22日)

市政府办公室关于印发《扬州市开发园区高质量发展综合评价办法(2021年版)》的通知(扬府办发〔2021〕23号,2021年3月30日)

市政府办公室关于下达2021年"城中村"改造任务的通知(扬府办发〔2021〕24号,2021年4月14日)

市政府办公室关于印发2021—2023年全市交通重点项目前期工作三年滚动推进计划的通知(扬府办发〔2021〕25号,2021年4月19日)

市政府办公室关于印发《颐养社区建设2021年度实施计划》的通知(扬府办发〔2021〕26号,2021年4月20日)

市政府办公室印发《关于支持多渠道灵活就业的十七条措施》的通知(扬府办发〔2021〕28号,2021年4月25日)

市政府办公室关于促进畜牧业高质量发展的实施意见(扬府办发〔2021〕32号,2021年5月7日)

市政府办公室关于公布《2021年度重大行政决策事项目录》的通知(扬府办发〔2021〕33号,2021年5月10日)

市政府办公室关于印发扬州市重大项目推进管理办法(暂行)的通知(扬府办发〔2021〕35号,2021年5月17日)

市政府办公室关于印发《扬州市水环境区域补偿工作方案(2021年修订)》的通知(扬府办发〔2021〕36号,2021年5月19日)

市政府办公室关于公布《扬州市实行告知承诺制的证明事项清单(第一批)》的通知(扬府办发〔2021〕37号,2021年5月20日)

市政府办公室关于印发《扬州市创建国家社会信用体系建设示范城市工作方案》的通知(扬府办发〔2021〕40号,2021年6月8日)

市政府办公室关于完善"双随机、一公开"检查机制的实施意见(扬府办发〔2021〕41号,2021年7月5日)

市政府办公室关于印发《扬州市公共资源交易目录》的通知(扬府办发〔2021〕42号,2021年6月28日)

市政府办公室关于规范管理并充分应用二维码门牌和标准地址的通知(扬府办发〔2021〕45号,2021年7月12日)

市政府办公室关于印发《近期扩内需促消费的工作方案》的通知(扬府办发〔2021〕46号,2021年9月12日)

市政府办公室关于深化危险货物运输安全生产专项整治工作的实施意见(扬府办发〔2021〕48号,2021年9月17日)

市政府办公室关于印发扬州市以新业态新模式引领新型消费加快发展实施方案的通知(扬府办发〔2021〕49号,2021年9月22日)

市政府办公室关于印发《扬州市既有建筑安全隐患排查整治专项行动方案》的通知(扬府办发〔2021〕50号,2021年9月23日)

市政府办公室关于印发《2021年扬州市制造业重点项目评比办法》的通知(扬府办发〔2021〕52号,2021年10月8日)

市政府办公室关于印发《扬州市市属国有企业违规经营投资责任追究试行办法》的通知(扬府办发〔2021〕54号,2021年10月18日)

市政府办公室关于印发《扬州市"十四五"人力资源

和社会保障发展规划》的通知(扬府办发〔2021〕55号,2021年10月18日)

市政府办公室转发人民银行扬州市中心支行等部门关于加快绿色金融发展实施意见的通知(扬府办发〔2021〕57号,2021年10月19日)

市政府办公室关于进一步加强城镇燃气安全监管工作的实施意见(扬府办发〔2021〕58号,2021年10月21日)

市政府办公室印发《关于积极应对疫情影响做好全市增收节支工作意见》的通知(扬府办发〔2021〕59号,2021年11月1日)

市政府办公室关于印发《扬州市"十四五"城镇住房发展规划》的通知(扬府办发〔2021〕60号,2021年11月17日)

市政府办公室关于印发《基本公共服务领域市与区共同财政事权和支出责任划分改革方案》的通知(扬府办发〔2021〕61号,2021年11月2日)

市政府办公室关于印发今冬明春电力保供和有序用电工作方案的通知(扬府办发〔2021〕62号,2021年11月3日)

市政府办公室关于印发《扬州市"十四五"文化和旅游业发展规划》的通知(扬府办发〔2021〕64号,2021年11月8日)

市政府办公室关于印发《扬州市"十四五"民政事业发展规划》的通知(扬府办发〔2021〕65号,2021年11月8日)

市政府办公室关于印发《扬州市"十四五"信息化发展规划》的通知(扬府办发〔2021〕66号,2021年11月8日)

市政府办公室关于印发《扬州市"十四五"应急管理体系和能力建设规划》的通知(扬府办发〔2021〕67号,2021年11月9日)

市政府办公室关于印发扬州市深化农村公路管理养护体制改革实施方案的通知(扬府办发〔2021〕68号,2021年11月5日)

市政府办公室关于印发《扬州市"十四五"安全生产规划》的通知(扬府办发〔2021〕69号,2021年11月9日)

市政府办公室关于进一步优化政务服务便民热线的实施意见(扬府办发〔2021〕71号,2021年11月15日)

市政府办公室关于印发《扬州市"十四五"建筑业发展规划》的通知(扬府办发〔2021〕72号,2021年11月16日)

市政府办公室关于印发《扬州市相对集中行政许可权改革"谁审批、谁负责""谁主管、谁监管"实施办法(试行)》的通知(扬府办发〔2021〕73号,2021年11月30日)

市政府办公室关于印发《扬州市"十四五"水利发展规划》的通知(扬府办发〔2021〕74号,2021年12月1日)

市政府办公室关于印发《扬州市"十四五"医疗保障发展规划》的通知(扬府办发〔2021〕75号,2021年11月19日)

市政府办公室转发《市发展改革委等部门关于清理规范城镇供水供电供气供热行业收费促进行业高质量发展实施计划》的通知(扬府办发〔2021〕77号,2021年12月8日)

市政府办公室关于印发《扬州市"十四五"推进新型城镇化和城乡融合发展规划》的通知(扬府办发〔2021〕78号,2021年12月13日)

市政府办公室关于印发《扬州市公共数据共享开放责任清单(2021年)》的通知(扬府办发〔2021〕79号,2021年12月10日)

市政府办公室关于发布2021年度扬州市独角兽、瞪羚企业名单的通知(扬府办发〔2021〕80号,2021年12月14日)

市政府办公室关于印发《扬州市城乡生活垃圾分类工作实施方案》的通知(扬府办发〔2021〕81号,2021年12月13日)

市政府办公室关于公布扬州市2021年度化工重点监测点的通知(扬府办发〔2021〕82号,2021年12月14日)

市政府办公室关于印发《扬州市2021年今冬明春错峰用电工作方案》的通知(扬府办发〔2021〕84号,2021年12月14日)

市政府办公室关于印发《扬州市"十四五"时期高质量推进"一带一路"建设规划》的通知(扬府办发〔2021〕85号,2021年12月28日)

市政府办公室关于印发《扬州古城传统民居修缮奖补实施意见(试行)》的通知(扬府办发〔2021〕86号,2021年12月24日)

市政府办公室关于印发《扬州市消费促进总体方案》的通知(扬府办发〔2021〕87号,2021年12月24日)

市政府办公室关于印发《扬州市"十四五"金融业发展规划》的通知(扬府办发〔2021〕88号,2021年12月27日)

市政府办公室关于印发《扬州市"十四五"残疾人事业发展规划》的通知(扬府办发〔2021〕89号,2021年12月27日)

市政府办公室关于印发《扬州市"十四五"社会消防救援事业发展规划》的通知(扬府办发〔2021〕90号,2021年12月28日)

市政府办公室关于印发《扬州市"十四五"公共服务规划》的通知(扬府办发〔2021〕91号,2021年12月27日)

媒体报道

2021年境外媒体及国家级、省级主流媒体部分扬州报道情况一览表

表 42-1

报道标题	媒体名称	报道日期
中国田径协会与扬州市人民政府签署战略协议	新华社	3月17日
烟雨扬州：探幽千年“造园梦”	新华社	4月8日
扬州“烟花三月”国际经贸旅游节开幕，32个重大项目共绘“好地方”新蓝图	新华社	4月15日
江苏扬州第二届“运河清风”微电影大赛启动	新华社	4月16日
韩国媒体专题报道扬州世园会	新华社	4月20日
累计接待游客175690人次！五一黄金周，扬州世园会交出亮眼成绩单	新华社	5月7日
扬州中国大运河博物馆“展透”来了！1万余件文物中哪件才是“镇馆之宝”？	新华社	6月12日
首座“国字号”运河主题博物馆在扬州建成开放	新华社	6月17日
扬州世园会——荷兰园，一不小心掉进梵高的“向日葵”	新华社	7月8日
扬州：繁华斟在一盏茶碗里 曲调萦绕在阡陌小巷里（什么是扬州）	新华社	8月14日
致敬一线抗疫英雄——疫情下的“扬州色彩”	新华社	8月27日
运河城市模联大会在扬州世园会开幕，参会代表将深入讨论“可持续发展”	新华社	10月3日
2021年扬州世界园艺博览会圆满闭幕——精彩永不落幕，期待再次相聚！	新华社	10月10日
千年运河千里行：探寻古城扬州的运河发展史	新华社	10月20日
争做大运河文化带建设示范！让古运河重生的“扬州实践”	新华社	11月12日
扬州不光有“三把刀”，更有高科技	新华社	11月23日
运河原点再续华章：向世界，Show扬州	新华社	12月10日
台胞庆元宵	《人民日报·海外版》4版要闻	2月26日
走进扬州中国大运河博物馆，探寻大运河“前世今生”	《人民日报·海外版》7版文明中国	12月7日
澳门新闻界高层参访扬州 零距离感知“好地方”魅力	中新社（总网）	1月6日

续表 42-1

报道标题	媒体名称	报道日期
扬州面向全球征集“2022 世马”形象设计方案	中新社（总网）	2月3日
50名“洋学生”聚扬州大运河畔　喜庆中国年共叙运河情	中新社（总网）	2月10日
2022 世马倒计时一周年　中国田协签约扬州共促田径发展	中新社（总网）	3月17日
2021 年黑珍珠餐厅指南名单在扬州揭晓　全球 296 家餐厅上榜	中新社（总网）	3月26日
扬州世界园艺博览会开幕：海内外名城共赴“花海之约”	中新社（总网）	4月8日
江苏扬州本土文化学者为古城立传：向世界讲述扬州故事	中新社（总网）	4月9日
运河原点城市扬州成为“联合国 2030 可持续发展”首个范例	中新社（总网）	4月14日
海内外客商“烟花三月下扬州”　千年运河畔话未来之约	中新社（总网）	4月18日
江苏扬州版“百科全书”《中国国家人文地理·扬州》揭幕	中新社（总网）	4月27日
中外运河古镇聚首扬州大运河畔　畅谈运河文化的保护传承和利用	中新社（总网）	5月18日
扬州中国大运河博物馆建成开放	中新社（总网）	6月16日
中国扬州运河大剧院正式启用　续写千年运河文脉	中新社（总网）	7月18日
2021“月亮城杯”扬州·台湾文创设计大赛启动	中新社（总网）	9月27日
首届运河城市模拟联合国大会在扬州世园会开幕	中新社（总网）	10月3日
扬州世园会“闭幕不落幕”“后园博”时代已然开启	中新社（总网）	10月8日
“千年运河千里行”中外媒体采风活动走进扬州　感受古城新“运”	中新社（总网）	10月19日
日本汉学家写诗声援扬州抗疫	江苏国际在线	8月20日
江苏省援扬白衣战士仍坚守“疫”线	江苏国际在线	8月24日
扬州世界园艺博览会闭幕　累计举办活动逾千场	江苏国际在线	10月9日
扬州：让“园博精彩”永不谢幕	江苏国际在线	10月11日
扬州：河“红”水碧，“好地方”好上加好越来越好	江苏国际在线	11月11日
向往“好地方”“网眼”看运河　寻访运河沿线那些藏不住的美	江苏国际在线	11月13日
千年运河“苏”醒重生	江苏国际在线	11月15日
里运河－高邮灌区入选世界灌溉工程遗产	江苏国际在线	11月27日

续表 42-1

报道标题	媒体名称	报道日期
扬州维扬经济开发区加速新旧动能转换	江苏国际在线	12 月 9 日
世园会，“园”来你是这么美	法国《欧洲时报》	4 月 26 日
“好地方”发展的蓬勃之力应“运”而来	法国《欧洲时报》	4 月 28 日
扬州中国大运河博物馆建成开放	法国《欧洲时报》	7 月 1 日
新闻版：2021 扬州世界园艺博览会倒计时 100 天活动举行，会歌和官方门票票样发布	美国《国际日报》	1 月 14 日
新闻版：2020 年扬州地区生产总值可望突破 6000 亿元；扬州华侨城“梦幻之城”今年运营；扬州“好地方”亮相《中国地名大会》	美国《国际日报》	1 月 28 日
新闻版：喜看扬州新“年味”；扬州特产“跨省”过年；年味十足——“世界非遗”款年画	美国《国际日报》	2 月 11 日
新闻版：好地方、事好办，扬州以“城”相待；留“好地方”过“扬式年”；“洋学生”体验扬州年	美国《国际日报》	2 月 25 日
新闻版：扬州世园会将于 4 月 8 日开幕；世园会中国馆闪耀扬州元素	美国《国际日报》	3 月 13 日
新闻版：明年 3 月 27 日，请来“好地方”跑世马；相约好地方 探访世园会	美国《国际日报》	3 月 27 日
新闻版：2021 年扬州世界园艺博览会开幕；扬州举行 2022 年世马赛倒计时一周年活动	美国《国际日报》	4 月 15 日
新闻版：“烟花三月”国际经贸旅游节拉开帷幕“好地方”发展的蓬勃之力应“运”而来	美国《国际日报》	4 月 29 日
新闻版：“中华美食荟”暨“江苏味道”启动仪式在扬州举行；万余名网友为扬州美食“打 call”	美国《国际日报》	5 月 15 日
新闻版：2021·世界运河古镇合作机制会议在扬州召开；一场“皮市集”文青争“打卡”	美国《国际日报》	5 月 27 日
新闻版：扬州中国大运河博物馆建成开放；大运河非遗文化园一期建成开放	美国《国际日报》	6 月 19 日
新闻版：瘦西湖“二分明月忆扬州”大型沉浸式夜游正式运营；江苏书展扬州分展场活动丰富	美国《国际日报》	7 月 15 日
新闻版：中国扬州运河大剧院正式投用；2021 海外华裔菁英青少年大运河文化线上体验活动启动	美国《国际日报》	7 月 29 日
新闻版：扬州归来；扬州部分旅游景区恢复开放；超市上新“中秋装”烟火气里见扬州	美国《国际日报》	9 月 16 日
新闻版：扬州元素闪亮第三届大运河文化旅游博览会；扬州美食飘香迪拜世博会；《美丽中国》摄制组来扬拍摄运河主题旅游纪录片	美国《国际日报》	9 月 30 日
新闻版：2021 年扬州世界园艺博览会圆满闭幕；“运河游”成新宠“夜扬州”绽魅力	美国《国际日报》	10 月 14 日
新闻版：18 个大湾区项目签约“好地方”扬州；“千年运河千里行”中外媒体采风团打卡扬州；迪拜世博会“江苏周”活动开幕	美国《国际日报》	10 月 28 日
新闻版：扬州深度推进文旅融合 让古运河重生；扬州赴上海进博会专题招商活动结硕果；扬州老字号闪耀上海进博会	美国《国际日报》	11 月 11 日
新闻版：千年运河“苏”醒重生；中外学子同上文化实践课；扬州木偶制作中国冰雪运动文化卡通吉祥物	美国《国际日报》	11 月 26 日

（于玲玲 董潇潇）

书目

2021年扬州籍作者出版的部分图书

活在大运河:大运河如何影响老百姓的生活/姜师立著/中国地图出版社

浊酒一杯天过午/金实秋著/中国书籍出版社

尘界与天界:汪曾祺十二讲/王干著/江苏凤凰文艺出版社

初心:农民将军甘祖昌/雷献和著/广东人民出版社

大运河传奇:京杭大运河与中华优秀传统文化/周竞风 谢世诚编著/上海科学技术文献出版社

大运河文化的传承与创新/姜师立编著/江苏凤凰科学技术出版社

个人所得税一点通/邱志远 冷雪晴著/中国税务出版社

菰蒲深处说汪老/金实秋著/中国书籍出版社

广陵诗事/〔清〕阮元撰/广陵书社

淮海英灵集 附淮海英灵续集/〔清〕阮元 〔清〕阮亨纂/广陵书社

黄跂予诗文选集/黄跂予著/中国文史出版社

家风(2021·春)/扬州市纪检监察学会 扬州报业传媒集团编著/广陵书社

家风(2021·夏)/扬州市纪检监察学会 扬州报业传媒集团编著/广陵书社

历史古城谱新篇:扬州市城乡建设大事记/王骏主编/广陵书社

曲尽其妙:马维衡昆曲专辑/马维衡编/重庆天健电子音像出版社

三家诗补遗 仪礼石经校勘记 曾子注释/〔清〕阮元著/广陵书社

石渠随笔 石画记/〔清〕阮元著/广陵书社

世界运河之都:扬州是个好地方/范世宏主编/苏州大学出版社

琐忆汪老/姚维儒著/中国书籍出版社

桐林夜话/马维衡著/重庆出版社

文昌花园社区志/扬州市广陵区曲江街道 文昌花园社区地方志编纂委员会编/广陵书社

小沧浪笔谈 定香亭笔谈/〔清〕阮元著/广陵书社

小秦淮河钩沉/孙宁著/文汇出版社

扬州传:绿杨明月映珠帘/韦明铧著/新星出版社

扬州古树名木/吴建华等编著/江苏凤凰科学技术出版社

扬州评话:三国·三气周瑜/康重华口述/广陵书社

扬州文化研究论丛(第26辑)/赵昌智主编/广陵书社

扬州学研究(2020)/陶伯龙主编/广陵书社

摇曳的名分:明代礼制简史/陈士银著/浙江古籍出版社

长北谈艺述往/长北著/江苏凤凰美术出版社

中正平和:马维衡古琴专辑/马维衡编/重庆天健电子音像出版社

运河王朝:从东周到明清/姜师立著/中国地图出版社

扬州经济社会发展报告(2020)/陈锴竑主编/社会科学文献出版社

中国共产党江苏省扬州历史 第一卷(1927—1949)/中共扬州市委党史办公室著/中共党史出版社

初心之铭:扬州红色人物传记/中共扬州市委组织部 中共扬州市委宣传部 中共扬州市委党史办公室编/广陵书社

初心之志:扬州烈士命名的红色村镇/中共扬州市委组织部 中共扬州市委宣传部 中共扬州市委党史办公室编/广陵书社

汤汪乡志/扬州市广陵区汤汪乡地方志编纂委员会编/广陵书社

首届扬州市新人书法篆刻作品展作品集/扬州市文学艺术界联合会编印

百年风华:扬州市庆祝中国共产党成立100周年书画精品集/扬州市文学艺术界联合会编印

广陵韵/王资鑫著/团结出版社

信美在扬州:旧体诗词自选集/周冠军著/广陵书社

夜行人:肖德林短篇小说选/肖德林著/江苏凤凰文艺出版社

我亲爱的人啊:里下河人物札记/何洪著/江苏凤凰文艺出版社

清风徐来:徐光庆、李晔原创音乐作品集/徐光庆 李晔著/苏州大学出版社

2021年广陵书社出版的部分图书

郁达夫日记/郁达夫著

郁达夫自传/郁达夫著

洩水村史话/蒋雪峰 胡燮敏著

张家港市统战志/《张家港市统战志》编纂委员会编

中华近代学术典籍汇编·哲学卷/张浩然编

中华近代学术典籍汇编·历史学卷/张浩然编

镇江市图书馆藏珍贵古籍图录/褚正东主编

我的梦,我的青春/郁达夫著

郁达夫诗词/郁达夫著

品六居集/林之源著

孝心妙笔逾清奇/王苏平主编

岁月峥嵘/中共常熟市委党史工作办公室 常熟市新四军历史研究会编

中华近代学术典籍汇编·社会学卷/张浩然编

蒋巷村志/《蒋巷村志》编纂委员会编

金坛国土资源志/《金坛国土资源志》编纂委员会编

〔乾隆〕隆昌县志二种/〔清〕黄文理〔清〕朱云骏纂修 陈仕海 陈薛屹 马振君点校

无锡县中历史资料选编/钱江主编 无锡市第一中学编

民国时期报纸文艺副刊汇编·第二编/李杨主编

近代西学东渐文献丛刊·政治学、法学卷(续编)/樊秋实编

心仪之城/汪向荣著

张謇辞典/周新国 张慎欣主编

文选/〔南朝梁〕萧统编〔唐〕李善注〔清〕胡克家撰

家风(2021·春)/扬州市纪检监察学会 扬州报业传媒集团编

乍浦/嘉兴港区(综合保税区)党工委编

扬州学研究(2020)/陶伯龙主编

张民表集/〔明〕张民表著 郑州古都学会编 李俊兰 陈万卿 袁升飞点校

抗战时期《字林西报》新闻翻译与研究/岳钦韬 王争宵著

华亭年鉴(2020)/《华亭年鉴》编纂委员会编

王阳明稀见版本辑存/邹建锋主编

盛泽镇志/《盛泽镇志》编纂委员会编

鲁迅的青年时代/周作人著

鲁迅小说里的人物/周作人著

支塘镇志/江苏省常熟市《支塘镇志》编纂委员会编

聊斋志异/〔清〕蒲松龄著

虞山惠风/中共常熟市纪律检查委员会 常熟市地方志编纂委员会办公室 常熟市古里镇编

近代安徽慈善公益事业研究/明成满著

儒林外史/〔清〕吴敬梓著

言子思想的当代传承和价值/陈颖主编

滨湖文库/中共无锡市滨湖区委宣传部 无锡市滨湖区档案史志馆编

荷莲解说龟病防治/荷莲编著

飞影阁画报/〔清〕吴嘉猷绘

黄易往来书札考/许隽超著

文昌花园社区志/扬州市广陵区曲江街道文昌花园社区地方志编纂委员会编

无锡市革命遗址和纪念设施概览/无锡市档案史志馆 无锡市老区开发促进会编著

镇江文库·史料编·教育文化卷/马明龙主编

镇江文库·史料编·社会经济卷/马明龙主编

镇江文库·史料编·兵事卷/马明龙主编

镇江文库·史料编·地理游记卷/马明龙主编

镇江文库·史料编·传记资料卷/马明龙主编

群玉斋本《儒林外史》/〔清〕吴敬梓撰

陈维崧文献辑刊/裴喆主编

蒋王街道志/邗江区蒋王街道地方志编纂委员会编

河南省文物考古研究院藏黄河碑拓精粹/河南省文物考古研究院编

黄丕烈文献辑刊/张小华主编

鲁迅杂文选/鲁迅著 陈武选编

初心之志:扬州烈士命名的红色村镇/中共扬州市委组织部 中共扬州市委宣传部 中共扬州市委党史办公室编

初心之铭:扬州红色人物传记/中共扬州市委组织部 中共扬州市委宣传部 中共扬州市委党史办公室编

采玉群山/王京州 周生杰主编

近代广告史研究资料汇编/刘晨编

民国中牟县志/熊绍龙等编 中牟县人大常委会整理

历史古城谱新篇:扬州市城乡建设大事记(1949—2008)/王骏主编

扬州文化研究论丛(第26辑)/赵昌智主编

历史文献研究(总第46辑)/中国历史文献研究会编

中国农工民主党常熟市委员会志/《中国农工民主党常熟市委员会志》编纂委员会编

青鹤/〔民国〕陈灨一主编

淀山湖年鉴(2021)/《淀山湖年鉴》编纂委员会编

花桥经济开发区年鉴(2021)/《花桥经济开发区年鉴》编纂委员会编

庄炘集/〔清〕庄炘著 许隽超 吕亚南 李思源整理

昆山历代人物志/昆山市档案馆 昆山市地方志办公室编

扬州印象/邓予立著

2020年无锡教育评估监测年度发展报告/无锡市教育评估院编著

中国昆山昆曲志/《中国昆山昆曲志》编纂委员会编

荷乡溯初心/中共宝应县委组织部等编

把“好地方”扬州建设好发展好/扬州市中国特色社会主义理论研究中心课题组编

小学生家风读物/陈萍主编

三家诗补遗 仪礼石经校勘记 曾子注释 /〔清〕阮元著 万仕国 赵阳点校

文廷式文献辑刊/陆有富主编

朱家宕村志/《朱家宕村志》编纂委员会编

清代新疆的赋税制度与基层社会组织研究/李德政著

常熟市人民代表大会志/《常熟市人民代表大会志》

编纂委员会编

汤汪乡志/扬州市广陵区汤汪乡地方志编纂委员会编

巴城年鉴(2021)/《巴城年鉴》编纂委员会编

宝卷文献丛刊/骆凡 王定勇编著

博学于文/狄霞晨著

今古奇观/抱瓮老人编

锦溪年鉴(2021)/《锦溪年鉴》编纂委员会编

康熙荥阳县志/〔清〕顾天挺修〔清〕水星曜纂 陈万卿校注 荥阳市文物保护中心编

昆山民俗故事/王中名主编

连云港历史文献集成(第三辑)/连云港市地方志编纂委员会办公室编

菱湖图咏/董玉书等著 董肇夔编 章安庆整理

陆家年鉴(2021)/《陆家年鉴》编纂委员会编

山北村志/《山北村志》编纂委员会编

故园情/顾山镇人民政府编

万景映湖/杨映池著

古越藏书楼书目/〔清〕徐树兰编

扬州古城老建筑实录解析/胡正勤 赵立昌编著

秦巷村志/《秦巷村志》编纂委员会编

何垠注本《聊斋志异》/〔清〕蒲松龄著〔清〕何垠注释

家风(2021·夏)/扬州市纪检监察学会 扬州报业传媒集团编

苏州高新区(虎丘区)年鉴/《苏州高新区(虎丘区)年鉴》编纂委员会编

道德经/〔春秋〕老子著 若水古社译注

周新镇历史文献典藏/王金中 钱江主编

檀弓注疏长编/王宁玲编纂

南京卫生健康年鉴(2021)/《南京卫生健康年鉴》编纂委员会编

山阴光相桥王氏宗谱/张校军 释净芳总纂

昆山经济技术开发区年鉴(2021)/《昆山经济技术开发区年鉴》编纂委员会编

香雪村志/《香雪村志》编纂委员会编

吴砚耕菊花图册/吴砚耕绘 扬州博物馆编

海虞苏作红木家具发展史/赵建国主编 胡燮敏著

读文法笺注/唐文治编著 邹登泰注 朱光磊 李素洁编

美丽镇江/镇江市史志办公室编

战国策/〔西汉〕刘向整理 周柳燕选译

高新区(塘桥镇)年鉴(2021)/《高新区(塘桥镇)年鉴》编纂委员会编

千灯年鉴(2021)/《千灯年鉴》编纂委员会编

畴人传:附畴人传续编/〔清〕阮元等纂 彭卫国点校

昆山高新技术产业开发区年鉴(2021)/《昆山高新技术产业开发区年鉴》编纂委员会编

昆山年鉴(2021)/昆山市地方志编纂委员会办公室编

张浦年鉴(2021)/《张浦年鉴》编纂委员会编

周市年鉴(2021)/《周市年鉴》编纂委员会编

宝应年鉴(2021)/宝应县地方志编纂委员会编

易说揆方/〔清〕郑作相撰

盱眙年鉴(2021)/盱眙县地方志编纂委员会编

扬州市邗江区汊河街道志/《扬州市邗江区汊河街道志》编纂委员会编

凤凰年鉴(2021)/《凤凰年鉴》编纂委员会编

镇江图鉴(2021)/镇江市史志办公室编著

琴学启智/钱晓莉编著

江南故纸堆/沈潜主编 翁同龢纪念馆编

周庄年鉴(2021)/《周庄年鉴》编纂委员会编

江都年鉴(2021)/扬州市江都区地方志编纂委员会编

红色记忆/中共无锡市新吴区委党校 无锡高新区(新吴区)退役军人事务局编

昆山旧志导读·县志篇/昆山市档案馆(地方志办公室)编

镇江新区年鉴(2021)/政协镇江市委员会新区工作委员会办公室编

近代音乐史研究资料汇编/马昕编

历史文献研究(总第47辑)/中国历史文献研究会编

扬州评话:三国·三气周瑜/康重华口述 张棣华 曹永森 吴铁铮整理

我的家乡/丁毅编著

金庭传统村落合志/江苏省苏州市吴中区《金庭传统村落合志》编纂委员会编

音乐欣赏/尹力 韩亚芹主编

扬州评话:杨香武三盗九龙杯/李信堂编著 李燕等整理

南丰年鉴(2021)/《南丰年鉴》编纂委员会编

荥阳孙氏碑志文献辑绳初编/孙凯编

邗江年鉴(2021)/扬州市邗江区党史地方志办公室编

洛社年鉴(2021)/洛社镇文史档案编纂委员会编

高邮年鉴(2021)/高邮市地方志办公室编

明清鳌台王氏遗文集/〔清〕王应奎纂 欧明炽编

韵动/李桂山主编

柳风集/毛川著

乐斋绝句论词八十家/纪宝成著 侯书栋品读

驼庵词萃/顾随著〔加〕叶嘉莹选编

扬州年鉴(2021)/扬州市地方志编纂委员会编

江苏诗征/〔清〕王豫辑

常熟市图书馆藏拓片选粹/王忠良主编

梁溪琴存/顾颖编著

信美在扬州:旧体诗词自选集/周冠军著

扬州年画艺术/孙璐著

曾国藩家书/〔清〕曾国藩著 若水古社注

重刊宋本《夷坚志》/〔南宋〕洪迈撰

广陵年鉴(2021)/扬州市广陵区档案馆编

六经要义/金生杨编

光绪盱眙县志稿/〔清〕王锡元修〔清〕高延第等纂 淮安市地方志办公室编 夏维新点校

仪征年鉴(2021)/仪征市地方志编纂委员会编

武骑初摛翰,文学正题鞭/吴健超著

全刊初刻正续子不语/〔清〕袁枚著

瓜洲续志/于树滋纂 孟德荣整理 扬州市邗江区党史地方志办公室编

汶河街道志/扬州市广陵区汶河街道地方志编纂委员会编

江淮安澜扬州工/扬州市档案馆 扬州市地方志办公室编

汾湖高新区(黎里镇)年鉴/《汾湖高新区(黎里镇)年鉴》编纂委员会编

唐《元包经传》《关氏易传》研究/梁明玉著

筝学教程/封敏主编

复旦大学图书馆藏宝卷/纪秋悦编著

吴语区民间宝卷选集/尚丽新编著

泰山宝卷/王定勇编著

吴方言区民间宝卷研究/陆永峰著

〔道光〕内江县志要/〔清〕王果纂修 王昕点校

〔嘉庆〕威远县志/〔清〕陈汝秋等纂修 余霞点校

〔道光〕隆昌县志/〔清〕张聘三修〔清〕耿履端纂 陈康哲点校

荛圃诗存/〔清〕黄丕烈著 张小路辑

许獬集/〔明〕许獬著 陈炜点校

中国家谱丛编·上海卷续编/周德明主编

瑶光阁诗钞/赵松元著

诗书古训 儒林传稿/〔清〕阮元著 赵阳 伍野春点校

题录

经济

扬州市试行食用农产品合格证制度现状及建议/单琳、陈霞/江苏农村经济/2021-01-10

扬州湾头小微玉雕企业人才培养发展路径研究/朱成军/美与时代(上)/2021-01-15

扬州市江都区:乘势而上谱写高质量发展新篇章/周圆、咏梅/建筑/2021-01-20

乡村振兴战略背景下农民工返乡创业的困境与对策——以扬州市为例/吴健华、权伟、蒋贞露、李建军/乡村科技/2021-01-30

推广农机安全监管"柳堡模式" 构建"三员三级共管共治"新机制/李铁军、马勇/江苏农机化/2021-01-31

长三角区域一体化战略下的扬州传统产业发展方向研究/戴孝林、刘荣平、周军/轻工科技/2021-02-02

商业银行流量经营转型策略探究——以农业银行扬州分行为例/扬州市农村金融学会课题组、潘道荣、杨忠/现代金融/2021-02-10

项目建设强引擎 产业发展提质效/沈建华、姜瑾华、陈陆/江苏农村经济/2021-02-10

扬州港口经济高质量发展研究/潘岑欣、周春应/中国水运/2021-02-15

校地合作视角下的扬州科创名城建设研究/杨振方/现代商业/2021-02-18

长粒型中熟中粳稻新品种扬农粳1030的选育/张宏根、王睿璇、许作鹏、刘巧泉、严长杰/江苏农业科学/2021-02-20

铅酸电池现状及发展/张永锋、俞越、张宾、赵俊、许卫疆/蓄电池/2021-02-20

电动汽车共享充电桩初探/盛凌伟、翟娟、彭泉、杨沁昕、章伯兆/电子元器件与信息技术/2021-02-20

基于老城复兴的商业服务业调研与分析——以扬州市老城区为例/马岩/居舍/2021-02-25

基于服务评估的轨道线网优化策略思考——以扬州为例/陈玮、赵静瑶、高磊、崔逸如/交通与港航/2021-02-25

聚焦"新基建" 加快建设新能源汽车充电桩——以扬州为例/王功/现代工业经济和信息化/2021-02-28

扬州古运河旅游生态环境感知研究/陈霏、李永乐/国土与自然资源研究/2021-03-05

从文化多样性到创意城市:美食之都的理论逻辑与实践探索/侯兵、杨磊、陈倩/美食研究/2021-03-15

智慧城市视野下的环境设施创新设计探究——以江苏省扬州经济技术开发区智慧易安装路灯为例/姚逸凡/中国建筑装饰装修/2021-03-15

扬州现代服务业创新发展的路径与政策研究——基于重点制造业的视角/陈郁青/扬州教育学院学报/2021-03-30

先进制造业竞争力培育中的问题与对策——基于江苏扬州地区的经验分析/刘嫣/扬州教育学院学报/2021-03-30

"区块链+农业"模式下扬州市农产品安全经济效益优化路径研究/陈晨、王琳、梁传波/市场周刊/2021-04-01

生态公益林市场化补偿机制研究——以扬州市为例/高梅/市场周刊/2021-04-01

扬州相对贫困人口食品安全风险分析/沈周阳、李孟

琪、张璐琪、田雨、任建超/合作经济与科技/2021-04-08

基于精准扶贫视角下农村合作社引入物流金融的研究——以扬州市宝应县为例/卞晓芸、张思嘉、瞿梦妍、顾茗思懿/山西农经/2021-04-15

连镇高速铁路对未来扬州经济发展的益处分析/陈伟/营销界/2021-04-16

扬州文化创意产业的产教融合新发展路径研究/徐丹丹/文化学刊/2021-04-20

南京至扬州城际通道系统方案研究/李福新/铁道建筑技术/2021-04-20

从品牌文化浅谈扬州地方服装品牌发展/陈亮、戴孝林、刘荣平、文斌/轻纺工业与技术/2021-04-25

扬州市重点用能企业空压机能源利用状况及对策研究/马继松、严乐荣、赵鲁苏/能源研究与利用/2021-04-25

扬州智慧社区农村电商平台的设计与实现/马艳伟、杨帆/商业文化/2021-04-25

绿色城市、健康生活——2021扬州世园会开幕/陈可涵/中国会展(中国会议)/2021-04-29

唐代扬州成为中日经济交流中心的内在成因/王丽芳/江苏商论/2021-05-20

推动扬州规模以下服务业持续健康发展的思考/赵犁/统计科学与实践/2021-05-25

新型农业经营主体企业家才能研究——基于江苏省扬州市新型农业经营主体样本分析/王雅静、陆建飞/江苏社会科学/2021-05-26

增值税优惠政策对扬州小微企业的影响/江玉、姚耕宏、张鑫/时代金融/2021-05-30

低碳背景下扬州对外经济发展的研究/衣俊衡、谷励/商场现代化/2021-05-30

我们的制造业仍在大踏步前进——扬州企业参观感想/张金/锻造与冲压/2021-06-01

基于数字媒体艺术的文化旅游影响力提升研究——以扬州为例/陈皎月/美与时代(上)2021-06-15

科创名城创新视域扬州老字号品牌全渠道营销/姚忠、李亚美/西部皮革/2021-06-15

大运河扬州段非遗数字化设计与展示策略/杨阳/美术教育研究/2021-06-25

扬州市邗江区推进"农药使用量零增长行动"实践与思考/董红刚/中国植保导刊/2021-06-25

新冠肺炎疫情背景下旅游消费行为特征及影响因素研究——扬州市区样本/张旗、柳思雨/扬州职业大学学报/2021-06-30

无车承运人运行模式的创新——以扬州为例/吴浩、沈王仙子、赵扬/市场周刊/2021-07-01

扬州农产品区域公用品牌建设研究——以绿杨春为例/潘岑欣/中国林业经济/2021-07-01

跨江铁路对扬州城市发展的影响研究/王义芳、史艳娜/中国市场/2021-07-05

依托生态文明示范创建 推进扬州"科创名城"战略实施/陈广桂、陈云岳/中国集体经济/2021-07-08

长三角一体化背景下扬州"飞地经济"发展路径研究/孙虹、朱明珠/职教通讯/2021-07-10

推动扬州规下服务业持续健康发展的思考/赵犁/统计科学与实践/2021-07-25

新冠疫情冲击下"三美"提振扬州地方经济的策略研究/徐锁玉/湖北开放职业学院学报/2021-07-28

南京都市圈下扬—镇合并跨江融合发展浅议/陈广桂、陈云岳/中国农业会计/2021-08-10

基于RMP分析的扬州研学旅游产品创新研究/潘长宏、张慧/湖北开放职业学院学报/2021-08-15

扬州市农产品质量追溯体系建设研究/薛艿、王奎萍、刘萍、徐月明、金晶/安徽农学通报/2021-08-15

交通强国背景下扬州智慧交通研究/高峰/广东交通职业技术学院学报/2021-08-15

媒介融合背景下扬州旅游形象构建与传播策略研究/王格、张雪梅/无锡商业职业技术学院学报/2021-08-25

复杂网络视角下区域专利的发展演化特征——以扬州地区为例/傅春花/知识管理论坛/2021-08-31

网红皮市街里的店主们/梅静/方圆/2021-09-15

扬州画派创作元素在文创产品中的应用研究/汪宇婷/美术教育研究/2021-09-15

扬州先进制造业集群发展分析/张汉翔、石火培/统计科学与实践/2021-09-25

扬州市"十四五"旅游产业创新与高质量发展研究/丁唯也/江西电力职业技术学院学报/2021-09-28

数字经济与特色小镇融合发展下的"双创"人才培养研究——以扬州市职业大学为例/陈海鹏、张飞越/就业与保障/2021-09-28

产教融合视域下扬州产业科创名城建设研究/焦世奇、罗玉俊/产业创新研究/2021-09-28

政务大数据在智慧城市建设中的应用探索——以"云上扬州"建设为例/韩义森/新型工业化/2021-10-20

扬州工业发展成就与启示/吴滨兰/中国外资/2021-10-25

"三化融合"推进扬州实体经济迭代升级/温菊萍/合作经济与科技/2021-10-28

江苏省扬州市优质稻米产业发展现状与对策/马顺圣、陈京都、唐建鹏、张明伟、姚义/江苏农业科学/2021-11-05

中心城区快速路用地控制研究——以扬州市为例/刘霞、祁健/交通世界/2021-11-05

"短视频+扬州美食"营销策略/曾兴林、田雨/商业文化/2021-11-15

社交媒体背景下的扬州美食旅游营销/王兆成、李凤

娇/现代食品/2021-11-28

扬剧元素在文创产品设计中的应用研究/端木丹青、姜舟/设计/2021-11-30

扬州市林木种苗产业情况调查分析/金蓉、赵景奎、黄则月、纪开燕/安徽农业科学/2021-12-08

以美食文化与运河区域文化遗产资源打造国际旅游名城策略的研究——以扬州为例/田雨、曾兴林、张旭/现代食品/2021-12-15

扬州市智慧农机装备与推广现状分析/徐舒/现代农机/2021-12-15

产业集群视域下的扬州市数字文化产业发展策略研究/李升文/商讯/2021-12-15

放大"世界美食之都"品牌国际效应,打造扬州国际旅游文化名城新路径/张红光/财富时代/2021-12-25

扬州明清古城街巷的文化内涵与旅游开发策略/赵金霞、刘佳惠、李敏、徐卫萍/无锡商业职业技术学院学报/2021-12-25

数字时代城市形象的重塑——以扬州市为例/马超、陈豫苏/新媒体研究/2021-12-25

"互联网+"背景下扬州乡村旅游与农村电商融合发展策略研究/崔敏静/黑龙江粮食/2021-12-25

"好地方"视域下扬州中西餐融合发展的研究/黄娟、张瑜/现代食品/2021-12-28

扬州古建遗存及其文化旅游现状剖析/左春丽、侯岩妍/四川建筑/2021-12-28

扬州众创空间新发展模式与提质增效策略研究/肖淑梅、张军、吴亚平/扬州教育学院学报/2021-12-30

社 会

着力打造颐养示范社区/郑翔/中国民政/2021-01-30

扬州市主城区黑臭河道整治现状分析/唐中亚、茆吉庆、戴晶、郭翔、张洋阳/能源环境保护/2021-02-15

扛起"让古运河重生"的使命/张来根/群众/2021-02-20

扬州市农业综合执法改革后农机执法工作新貌/顾凤书/中国农机监理/2021-02-20

老龄化背景下老旧小区环境改造设计思考——以扬州市阳光新苑为例/张雨晴/美与时代(城市版)/2021-02-25

扬州市江淮生态大走廊环境质量现状调查/王宁/清洗世界/2021-02-28

扬州新型冠状病毒感染的临床特点分析/周海娟、龚圣兵、谭亮/现代医药卫生/2021-02-28

明确定位,突出重点,新起点上展现新作为/孔令俊/中国老区建设/2021-03-01

以奋斗实干推动新时代工会事业再上新台阶/李春国/工会信息/2021-03-01

扬州市各级工会多举措参与整治欠薪/耿娴/工会信息/2021-03-01

扬州生活垃圾分类行为导向性研究/施苏峰、陈桂凤、陈阳/四川建材/2021-03-10

长江下游城市冬季供暖现状与路径分析——以江苏省扬州市为例/李薇、朱莹/科技创新与生产力/2021-03-10

扬州古街区的开发与保护——以仁丰里、皮市街为例/鲍竹映/中华手工/2021-03-15

以全天候均等化服务模式引领公共文化服务新风尚——以扬州"不打烊"城市书房建设与发展为例/杨烨/新世纪图书馆/2021-03-20

黄莉新在扬州走访慰问困难党员和群众 始终把人民群众放在心中最高位置/郑萱/江苏政协/2021-03-22

社区嵌入式养老服务模式的经验与推广路径——基于扬州市文昌花园社区的调查研究/蒋铭霁/中国商论/2021-03-23

扬州广陵:四项建设打造一流城管队伍/莫昕/城乡建设/2021-04-20

女大学生村官参与乡村治理探究——以扬州市L镇为例/顾惠玲/农村经济与科技/2021-04-20

提升农村人居环境质量 打造美丽田园乡村高地/张拥军/江苏政协/2021-04-22

行为学架构下的扬州老城区公共空间激活途径研究/钱章琳、沈诚昊/居舍/2021-05-05

扬州市古树名木资源调查与保护/邵晨佳、曹云河、金筱榕、贺惠文/绿色科技/2021-05-15

扬州农村地区人群幽门螺杆菌感染现状及其与胃黏膜病理变化的关系/张云、冯心怡、李贵庆、许菲、刘芳/世界华人消化杂志/2021-05-28

扬州教育培训市场的发展现状与治理路径——以艺术类培训为例/徐彩云/营销界/2021-05-28

社区居家互助养老服务之"时间银行"设想——以扬州市为考察对象/杨雪、张栋栋/住宅与房地产/2021-06-05

城市开放式住区公共空间更新设计研究——以扬州市集贤新村为例/孙雨/设计/2021-06-07

扬州工会:从党史学习中坚定奋斗前行力量/杨正福/中国工运/2021-06-10

第二课堂体系对提升大学生就业能力的实证研究——以扬州大学本科生调查数据为例/陶金沙、冯亚新、陈华/就业与保障/2021-06-15

扬州地区运河影响下的传统聚落布局与营建/吕婉玥、吴迪、郭巍/小城镇建设/2021-06-15

江淮地区居民用餐时长的差异化特征研究——以扬

州为例 / 袁陆嘉雨、孙萍 / 美食研究 /2021-06-15

浅谈扬州大数据中心网络安全保障体系建设 / 朱贤斌、程海翔 / 中国信息安全 /2021-06-15

扬州“智慧云脑”的建设思路 / 张贞、程海翔 / 中国信息化 /2021-06-20

社区参与视角下新农村精神文化建设探究——以扬州市新杨村为例 / 钱文婧 / 农村经济与科技 /2021-06-20

扬州新兴科创名城建设进程中如何完善知识产权保护体系 / 苏海悦、姚远 / 法制博览 /2021-06-25

扬州市篮球俱乐部开展现状调查分析 / 孙跃跃 / 当代体育科技 /2021-06-25

扬州鉴真国际半程马拉松赛对城市发展的影响研究 / 郭益廷、谢静月 / 当代体育科技 /2021-06-25

建立智慧城市一体化安全保障体系的研究与途径——以扬州“一中心三平台七类云”应用为例 / 韩义森 / 网络空间安全 /2021-06-25

“城市双修”视角下垃圾填埋场的改造策略研究——以扬州“小茅山”垃圾填埋场改造为例 / 朱李奎、吴玉林、卢伟、孙煜 / 上海城市规划 /2021-06-28

打造文化品牌 探索宗教中国化扬州实践 / 朱建明、曹云梅 / 中国宗教 /2021-06-28

“好地方”扬州在古城保护和城市更新方面的经验与启示 / 贾文娟、于兴福 / 上海城市管理 /2021-07-22

智慧社区促进扬州乡村振兴——基于信息管理的视角 / 马艳伟、杨帆 / 公关世界 /2021-07-25

对民营养老机构发展状况的调查和思考——以扬州市为例 / 赵姝 / 营销界 /2021-08-13

扬州市婴儿发育性髋关节发育不良发病率及流行病学特征研究 / 王玉欢、王加宽、盛春勇、陈智博、李俊 / 中华小儿外科杂志 /2021-08-15

城镇地区 0~3 岁婴幼儿托育供需现状分析与对策——以扬州市为例 / 卞红梅 / 和田师范专科学校学报 /2021-08-15

“三生融合”视角下江淮生态大走廊水生态文明建设初探——以扬州为例 / 朱凌宇、王守红、何榕、寇祥明、徐荣 / 环境与可持续发展 /2021-08-16

扬州市体育公园体系建设的调查研究 / 徐久阳 / 卜文倩 / 当代体育科技 /2021-09-05

扬州湾子街历史文化街区空间形态特征探析 / 周旋、胡振宇 / 建筑与文化 /2021-09-15

关于扬州老城区徐凝门大街街道活力的调查报告 / 何佳俊、刘雯斐、于佩紫、岳焱 / 居舍 /2021-10-05

完善扬州现代职业教育体系建设的对策思考 / 徐雪峰 / 内蒙古科技与经济 /2021-10-15

扬州市发热门诊放射诊疗场所感染防控、放射防护的调查分析及对策研究 / 卢叶松、杨骅、陈玲、杨志彬 / 中国卫生监督杂志 /2021-10-20

扬州老旧小区更新改造实践与探索 / 聂春扬、羌伊然 / 城市开发 /2021-10-23

扬州古城保护更新的难题 / 高永青 / 城市开发 /2021-10-23

开放式保护与利用古城——以扬州为例 / 邱正锋 / 城市开发 /2021-10-23

积极探索政府职能定位，发挥养老资源效用最大化——以扬州市为例 / 龚燕 / 就业与保障 /2021-10-28

“长三角一体化”背景下城市引智发展模式探讨——以扬州市高等教育发展为例 / 杨寅、龙苏 / 智能城市 /2021-10-28

扬州地区中医流派的特征与传承研究 / 申菲菲、张辉、金凌 / 江苏卫生事业管理 /2021-10-28

基于城乡互助养老的乡镇养老适宜性评价研究——以扬州市为例 / 郑春平、葛幼松 / 上海城市规划 /2021-10-28

个体对大学生创业率的影响——基于对扬州六所高校 2019 届毕业生的调查 / 郜仁飞 / 老字号品牌营销 /2021-11-10

农村环境质量监测与研究——以扬州市为例 / 俞健平、易海、颜峰 / 皮革制作与环保科技 /2021-11-15

扬州市 11026 名 6~14 岁儿童体格发育情况与全国标准对比分析 / 杭琳、孙欣鑫、尹悦、蒋丽军、廖月霞 / 公共卫生与预防医学 /2021-11-17

驻地红色文化资源融入地方高校党史教育路径研究——以扬州为例 / 刘冰 / 无锡职业技术学院学报 /2021-11-20

农村残疾人社会保障问题研究——以扬州市汤汪乡为例 / 朱涵 / 经济研究导刊 /2021-12-05

江苏省扬州市小学生视力和色觉现状调查 / 廖月霞、孙欣鑫、杭琳、陈玉瑛、杨勇 / 疾病监测 /2021-12-08

扬州美丽乡村建设可持续发展路径研究 / 董薇、周寅飞、沈王仙子、田跃 / 农村经济与科技 /2021-12-30

扬州开放大学老年教育需求调查与发展策略研究 / 姜静 / 扬州教育学院学报 /2021-12-30

文 化

城市文脉的文化用典——以宋代诗词中的扬州书写为中心 / 陈燕妮 / 河南大学学报(社会科学版)/2021-01-01

曲艺高等教育刍议——以扬州曲艺教学为例 / 赵松艳 / 曲艺 /2021-01-01

进士家族后人口述历史采访的实践及其思考——以阮元后人访谈为例 / 金戈 / 文物天地 /2021-01-01

曲艺“当随时代”——“寻声·绿杨记忆”演出迸发的

扬州曲艺时代之声/胡展/曲艺/2021-01-01

扬剧金派唱腔的发展与特点/崔希/当代音乐/2021-01-05

广陵山林——《晚清扬州私家园林》评析/陈雨菲/荣宝斋/2021-01-15

扬州清曲中扬琴的形制变化/钱旸/艺术评鉴/2021-01-15

扬州评话《武松》"斗杀" ECM的存在行为研究/张靖宇/湖州师范学院学报/2021-01-15

金农的晚境/喻军/荣宝斋/2021-01-15

《红楼梦》与京杭大运河/苗菁/红楼梦学刊/2021-01-15

隋文帝开山阳渎考论/滕汉洋/档案与建设/2021-01-20

《扬州评话探讨》/易德波、米锋、陈亚文/民间文化论坛/2021-01-20

《扬州剪纸》体验式装帧设计研究/任远、覃会优/西部皮革/2021-01-25

从"我们"到"我"——论汪曾祺《落魄》中的文化姿态变迁/廖秋静/汉字文化/2021-01-25

扬州历代诗词中的"鹤"文化研究/卢旭/汉字文化/2021-01-25

每到平山忆醉翁——简论苏轼与扬州平山堂/莫砺锋/中国文学研究/2021-01-30

红色档案资源的保护与开发——以扬州市档案馆为例/侍琴、宋神恬、卞晶晶、范一洲/档案与建设/2021-02-20

浅谈南京绒花和扬州绒花的区别/潘璐、范丽、张华/纺织报告/2021-02-20

小人物与大潮流——清末民初的政治潮流与徐宝山的选择/吴莉莉/民国档案/2021-02-25

清代文人画与禅宗的关系 以清代"扬州八怪"为例/刘天华、普颖华/中国宗教/2021-02-28

浅论扬州评话长篇书目的传承现状、机遇与挑战/胡展/曲艺/2021-03-01

石涛历史地位变迁考/韦宾/美术观察/2021-03-05

"债负"与"清偿":郑板桥的书画应酬/邓景增/中国书画/2021-03-05

运河古镇扬州市邵伯镇历史文化特色保护/陈华、汪涛/山西建筑/2021-03-10

康熙年间扬州诗局的文学活动研究/陈舒琪/名作欣赏/2021-03-10

《平山堂图志》——清代扬州山水版刻图像中的风景与文化价值研究/李伊依、霍艳虹、曹磊/国画家/2021-03-10

"杜牧与扬州"典故及后世评判/张敬辰/文学教育(下)/2021-03-16

书场内外:新见《申报》所载扬州评话相关史料考释/王丹、许建中/江苏社会科学/2021-03-23

近十年(2008—2018)中国古代扬州流寓文学研究综述/丁彦文/戏剧之家/2021-03-29

"非遗公开课"扬州评话、扬州清曲案例研究与思考/张婷钰/艺术评鉴/2021-03-30

扬剧《茶山女人》:一个女人的命运史诗/郑世鲜/影剧新作/2021-03-30

论古诗词艺术歌曲《扬州慢》的钢琴伴奏文本/朱基/艺术评鉴/2021-03-30

论十八世纪前后扬州盐商园林中的书香文气/李金宇、王燕/扬州教育学院学报/2021-03-30

扬州盐商与苏商文化/吴跃农/江苏地方志/2021-04-10

宋代琼花的人文发现/蒋少华/江苏地方志/2021-04-10

扬州剪纸艺术在毛呢服装设计中的应用/戎丹云、黄辰、吴熙清、赵红妹/毛纺科技/2021-04-16

大运河江苏段沿线戏剧遗产传承生态保护与发展研究/倪漫、曹娅丽/戏剧之家/2021-04-19

扬州谢馥春Logo的视觉形象再设计探研/杨璐/西部皮革/2021-04-25

教育映传承——以扬州剪纸窥民间美术教育的流变/张江云/美术教育研究/2021-04-25

江苏扬州市小杨庄西汉墓葬M28的发掘/周赟、秦宗林/考古/2021-04-25

扬州、海盐等地出土蜀师铭文砖再考/余国江/中国地方志/2021-04-25

扬州清曲与扬剧的比较研究/邵萍/当代音乐/2021-05-05

广陵琴派琴乐传承特征探究/苏侨/当代音乐/2021-05-05

跨文化视域下扬州文化品牌建设对城市形象国际传播的影响探究/刘泽庆、朴锦珠/新闻传播/2021-05-08

焦循《里堂书跋》补遗一则/王少帅/江海学刊/2021-05-10

欧阳修的多重身份与扬州形象的宋型建构——从唐型扬州到宋型扬州的转变/吕肖奂/西北民族大学学报(哲学社会科学版)/2021-05-10

雨落扬州声声慢/仇士鹏/浙江林业/2021-05-15

扬州刊刻《全唐文》二三事/马俊/唯实/2021-05-15

扬州"一州两格"与宋明帝的上台——孝武帝置王畿的政治影响/李磊/北京社会科学/2021-05-16

基于《平山堂图志》的扬州园林景观艺术特征研究/梅晓林、贾志楠、薛宁、邹昌锋/南方农业/2021-05-25

扬州画派作品世俗性的社会心理背景分析/李书铱/美术教育研究/2021-05-25

从清代文献记载看江苏文士与盐商的食生活/邵万宽/古籍整理研究学刊/2021-05-25

扬州方言语气词的分布及语用研究/李妍诺/汉字文化/2021-05-25

试论《啼笑因缘》对扬州弹词的影响/刘芊君/曲艺/2021-06-01

扬州地区早期党组织的创建/杨志军/世纪风采/2021-06-09

扬州民歌的保护措施分析/王金鑫、姚霆/音乐生活/2021-06-10

刘宝楠《宝应文征》编纂考论——以新见"上图抄本"《刘端临先生文集》为中心/黄睿、柳宏/图书馆杂志/2021-06-15

钱镜塘旧藏"扬州八怪"作品/杨彬/收藏/2021-06-15

金农书画作品中的别号/朱天曙/荣宝斋/2021-06-15

扬州清曲音乐的审美特征及文化内涵分析/孙荟涵/艺术评鉴/2021-06-15

基于扬州运河文化活态数字化发展构建研究/张飞越、陈海鹏/中国新通信/2021-06-20

扬剧"华派"艺术形成研究/谈欣/戏曲艺术/2021-06-25

道光二十八年扬州卫三帮漕运水程清册研究/钮希强/农业考古/2021-06-26

基于融媒体的运河文化"微传播"路径研究——以扬州运河文化为例/郑珊霞、刘晓宏/湖北职业技术学院学报/2021-06-25

秦观词的空间书写/连梦云/豫章师范学院学报/2021-06-30

明代扬州府文化与科技成果简述/张光华/扬州职业大学学报/2021-06-30

扬州地区露筋娘娘运河女神形象研究/高丹/扬州教育学院学报/2021-06-30

《扬州画舫录》中百工技艺人物探析/蒋杏雨、陆学松/扬州教育学院学报/2021-06-30

充分发挥扬州评话在方言保护中的独特作用/谭敏/曲艺/2021-07-01

兴化李鱓与石涛晚年在扬州的活动(上)/朱天曙、吴倩/中国书画/2021-07-05

盛仪《嘉靖惟扬志·经籍志》目录学思想探析/房亮/图书馆研究与工作/2021-07-10

张若虚《春江花月夜》的历史地理学解读/王旭、蔡婷婷/黑龙江社会科学/2021-07-15

闵贞当属"扬州八怪"考辨/尹文、顾志红/南京艺术学院学报(美术与设计)/2021-07-15

唐宋时期越窑瓷器流通渠道探讨——以扬州、明州港为中心/谢西营、陈佳佳/中国港口/2021-07-15

江苏扬州三星叶桥墓葬群/孙晨、张敏/大众考古/2021-07-20

金农杭州交游考/冯葳/美术学报/2021-07-25

清风徐来 以文化人——扬州市廉洁主题文物展的实践与思考/宗苏琴、刘媛/东南文化/2021-07-26

晋王杨广佛教经营中的政治经纬——以其僚属群体为着眼点/王璐/佛学研究/2021-07-31

《王少堂》(口述本)改编始末/王兆根、马伟/曲艺/2021-08-01

兴化李鱓与石涛晚年在扬州的活动(下)/朱天曙、吴倩/中国书画/2021-08-05

扬州民歌文化发展探析/葛灵月/当代音乐/2021-08-05

基于VR技术的3D互联网在扬州城市文化传播中的应用/刘秋平/科技视界/2021-08-05

扬州瘦西湖"四桥烟雨"关联意境的形成/魏怡勤/江苏地方志/2021-08-10

王士祯词学活动对清初词坛的影响/丁远芳/今古文创/2021-08-12

蒋仁客居扬州考/方小壮、杨奕婷/中国书法/2021-08-15

嘉道时期扬州卫三帮漕运档案/钮希强/历史档案/2021-08-15

大运河扬州段诗词中的琼花意象研究/刘宁子、沈佳芸、黄石明/名作欣赏/2021-08-18

唐代的邗沟运河风物地情——以《全唐诗》为中心的考察/刘芹/档案与建设/2021-08-20

档案视角下的非遗保护"扬州样本"/邓天白、薛晓军、徐国磊/中国档案/2021-08-20

盛世造园:唐代扬州园林情势考论/刘恋/档案与建设/2021-08-20

大运河江苏段饮食文化遗产保护传承研究——以富春茶点制作技艺为例/孙傲、陈娟、韩臻/农村经济与科技/2021-08-20

当代时代背景下读"'扬州八怪'之艺术精神"/李孝正/美与时代(下)/2021-08-23

江苏扬州御河苑二期工程地块发现宋代农田遗址/束家平、刘刚、刘松林、田松亭/文物春秋/2021-08-25

"扬州八怪"绘画思想中的雅俗之辨/黄滢、陈楚楚/美术教育研究/2021-08-25

扬州与连云港城市文化述论/王江雪/今古文创/2021-08-30

"扬州八怪"与金石学/吴舒舒/西泠艺丛/2021-08-31

大运河文化带扬州段的建设与提升路径探究/陈新春/产业与科技论坛/2021-09-01

为扬州金韵乐器工匠写像/孟建军/乐器/2021-09-05

“扬州八怪”绘画与清代书法的创新性发展/蔡显良/中国书画/2021-09-05

“领异标新——‘扬州八怪’与扬州三百年绘画特展”概述/易东华/中国书画/2021-09-05

试论华喦与“扬州八怪”/周锦嫦/中国书画/2021-09-05

金农书画赏鉴初探/耿尹箫/中国书画/2021-09-05

扬州民歌的演唱风格与情感表达——以秧号子《一根丝线牵过河》为例/冯凌燕、许成桢/音乐天地/2021-09-15

清代扬州漆艺的历史地位和当代价值/陈雅淇/南京工程学院学报(社会科学版)/2021-09-15

李方膺绘画图式中的“三绝”/胡春涛/艺海/2021-09-15

人民至上 档案为凭——三份有关扬州解放的红色珍档/雍俊/中国档案/2021-09-20

咸丰年间京杭大运河河运停滞与扬州衰落/王玥/档案与建设/2021-09-20

何园瓦当的图像及地域文化内涵解读/高子晗/美术教育研究/2021-09-25

探析扬州画派的雅俗共赏/周丽唯、曹加杰/美术教育研究/2021-09-25

铰花的追风——当代扬州剪纸时尚性演变及文化人类学缘由/郭晨晨/美术教育研究/2021-09-25

中华书局点校本《方舆胜览·淮东路·扬州》纠谬九则/陈雪飞/扬州教育学院学报/2021-09-30

扬州西山陈集林述曾及其家族事迹考/罗加岭/扬州职业大学学报/2021-09-30

扬州古代“平山堂”与“平山”诸义辨析——兼议古代平山堂由大明寺代为管理/明光/扬州职业大学学报/2021-09-30

试论李亚如先生对扬州画派的继承与贡献/徐震/扬州职业大学学报/2021-09-30

清代扬州木刻版画的艺术特色/陈篱/扬州职业大学学报/2021-09-30

扬州风物最相思——扬州运河考察记/李修建、王芯克/中国摄影家/2021-10-01

大运河文化如何开发？——以扬州中国大运河博物馆为例/郑晶/美术观察/2021-10-05

城市社区志的特色与创新之作——评扬州市《文昌花园社区志》/杨杏芝/江苏地方志/2021-10-10

“醉翁”的另面:欧阳修扬州任上眼疾综论/王永、常小兰/北方工业大学学报/2021-10-15

古诗词艺术歌曲《扬州慢》的艺术特征/李韵琴/黄河之声/2021-10-15

清代扬州会馆研究述略/朱旭辉、成梦琳、吴涛/居舍/2021-10-15

关于扬州剪纸的艺术特色研究/于淼、高红梅/美术教育研究/2021-10-15

江南古典园林扬州个园的叙事性研究/罗芮、许克福/安徽建筑大学学报/2021-10-15

扬州市东关历史文化街区更新案例/刘泓、张晶、付元宁、高永青、邱正锋/城市开发/2021-10-23

扬州新见唐代邢良墓志研究/魏旭、刘刚、秦宗林/博物院/2021-10-28

大运河与扬州文化基因研究/李燕、李明/中国农史/2021-10-28

杜牧对扬州太重要了——“解密杜牧”之二/张永祎/博览群书/2021-11-01

运河社会变迁与扬州杖头木偶戏的艺术重构/路璐、吕金伟/民俗研究/2021-11-02

扬州清曲曲牌系统构成及衍化研究/谈欣/艺术百家/2021-11-15

新时期扬剧现代戏的地方性与现代性/郑世鲜/江苏师范大学学报(哲学社会科学版)/2021-11-15

皇权与市场——清乾隆中后期江广盐价的逐年奏报制度/韩燕仪/清史研究/2021-11-15

地域文化基因视角下运河非遗传播路径研究——以“扬州工”为例/郑珊霞、刘辕/传媒论坛/2021-11-23

扬州大运河文化带工业遗产活态传承利用研究/李升文/大众标准化/2021-11-23

清末民初扬州书法家群体及其交游/邱哲/美术教育研究/2021-11-25

活态传承视域下扬州漆器非遗产品设计实践/张慧、刘晓宏/江西电力职业技术学院学报/2021-11-28

扬州水文化的“水”性特质/齐俊/文化产业/2021-11-30

扬州中国大运河博物馆的功能定位和发展对策/刘润楠/江南论坛/2021-12-15

解读清代扬州画派艺术风格及特色——以扬州市江都区博物馆藏品为例/许倩/文物鉴定与鉴赏/2021-12-15

扬州八怪的艺术世界/薛永年、薛峰/大学书法/2021-12-15

江苏扬州市郊三座宋元墓发掘简报/秦宗林、魏旭、刘刚/文物/2021-12-25

扬州古建遗存及其文化旅游现状剖析/左春丽、侯岩妍/四川建筑/2021-12-28

王士祯的生平及宦游创作/刘国蓉/新纪实/2021-12-28

扬州匡时学会成立考略/徐明涛/扬州职业大学学报/2021-12-30

清代扬州园林图画解析/黄宇超、乐为、徐亮/扬州教育学院学报/2021-12-30

清代扬州《平山堂图志》书籍插图版画的艺术特征/陈篱/扬州教育学院学报/2021-12-30

索 引

说 明

一、本年鉴索引依照国家标准《索引编制规则(总则)》GB/22466-2008进行编制,由主题索引、图照索引和表格索引三部分组成。

二、类目、分目标题用黑体字标示。

三、主题索引中文标目按汉语拼音顺序排列,同音字按笔画数从少到多排列。第一字相同,按第二字音序排列,依次类推。标目后的阿拉伯数字表示内容所在页码。数字后的英文字母a、b、c分别表示从左到右第一、二、三栏。标目后有多个页码的,则表示相关信息在这些页码中均出现。副标目缩进一个汉字放在主标目下面。

四、图照索引按汉语拼音顺序排列,同音字按笔画数从少到多排列。第一字相同,按第二字音序排列,依次类推。仅标注所在页码,不标注分栏。

五、表格索引按页码排列,仅标注所在页码,不标注分栏。

主题索引

A

B

C

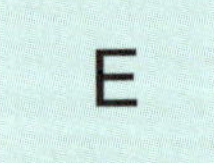

F

H

K

L

M

N

P

S

T

W

Y

图照索引

A

B

C

D

F

G

H

J

K

L

M

N

Q

R

S

T

Z

表格索引